南京国民政府
县政研究

（上）

翁有为 等 著

社会科学文献出版社
SOCIAL SCIENCES ACADEMIC PRESS (CHINA)

图书在版编目（CIP）数据

南京国民政府县政研究：全二册／翁有为等著. --
北京：社会科学文献出版社，2023.10
（国家哲学社会科学成果文库）
ISBN 978-7-5228-1983-9

Ⅰ.①南⋯ Ⅱ.①翁⋯ Ⅲ.①县-地方政府-行政管
理-中国-民国 Ⅳ.①D693.62

中国国家版本馆 CIP 数据核字（2023）第 105454 号

·国家哲学社会科学成果文库·

南京国民政府县政研究（全二册）

著　　者／翁有为 等

出 版 人／冀祥德
责任编辑／宋荣欣　陈肖寒　李丽丽 等
责任印制／王京美

出　　版／社会科学文献出版社·历史学分社（010）59367256
　　　　　　地址：北京市北三环中路甲 29 号院华龙大厦　邮编：100029
　　　　　　网址：www.ssap.com.cn
发　　行／社会科学文献出版社（010）59367028
印　　装／北京盛通印刷股份有限公司

规　　格／开　本：787mm×1092mm　1/16
　　　　　　印　张：58.5　字　数：805 千字
版　　次／2023 年 10 月第 1 版　2023 年 10 月第 1 次印刷
书　　号／ISBN 978-7-5228-1983-9
定　　价／298.00 元（全二册）

读者服务电话：4008918866

《国家哲学社会科学成果文库》
出版说明

　　为充分发挥哲学社会科学优秀成果和优秀人才的示范引领作用，促进我国哲学社会科学繁荣发展，自 2010 年始设立《国家哲学社会科学成果文库》。入选成果经同行专家严格评审，反映新时代中国特色社会主义理论和实践创新，代表当前相关学科领域前沿水平。按照"统一标识、统一风格、统一版式、统一标准"的总体要求组织出版。

全国哲学社会科学工作办公室

2023 年 3 月

目　录

（上）

CONTENTS

VOLUME I

VOLUME II

绪　论

一　问题的提出

任何一个学术问题的提出，无不有其自身学术积累的深化和延伸，难以凭空而生。本项研究当然也是这样。就个人研究经历而言，自 20 世纪 80 年代中后期硕士阶段确立南京国民政府[1]政治制度研究的选题后，90 年代逐步转向南京国民政府的地方政府制度，在我 2006 年完成、2008 年出版的关于中国近现代行政督察专员区公署制研究的博士学位论文后记中，曾记述了最初设计的"三步"研究规划：第一步，先研究省县之间的专员区公署制度；第二步，研究省制；第三步，研究县制。[2] 而随着研究的展开与深入，在南京国民政府行政督察专员区公署制研究工作完成后，原研究计划中作为第三步的县制问题研究，被提前一步提上了研究日程。

之所以在行政督察专员区公署制研究完成后，先选择研究南京国民政府县的制度，主要基于以下诸因。其一，随着个人研究进程的推进，日益觉得县的制度研究是本研究计划的瓶颈和突破口。即县的制度研究才是基础，只

1　"南京国民政府"一词，系指以孙中山正统继承者自居的蒋介石国民党权力体系从 1927 年到 1949 年间所建全国性政权的代称，包括 1927—1937 年的南京国民政府、全面抗战时期作为陪都的重庆国民政府、抗战胜利后还都的南京国民政府，以及"行宪"后至迁台前在大陆的"总统府"各时期。

2　翁有为：《专区与地区政府法制研究》，人民出版社 2007 年版，自序，第 2 页。在后来完成的这一课题的进一步研究中，也提到当初的规划，见翁有为等《行政督察专员区公署制研究》，社会科学文献出版社 2012 年版，第 460 页。

有把基础打牢，才能进一步研究好省制，而如果不做县的制度研究而径做省制研究，可能难以把省制研究做好。正是从这个角度考虑，县的制度问题研究浮出了水面。而在确立了县的制度研究后，出于避免和突破以往单纯的制度史研究模式之窠臼的考虑，在具体研究方向上改为以制度为中心而包含政务实践及其他诸要素的县政研究课题。

其二，之所以选择这一时期的县政问题进行研究，还在于个人在研究行政督察专员区公署制的过程中，体会到选择什么样适合的选题才能把制度史做得更深、更透的问题。在制度史研究的实践中，我越来越感到，如果仅就制度而研究制度，很难把制度研究深、研究透。因为，制度史主要是研究政权更易、兴衰及得失之道的学问，但要研究好政权更易、兴衰及其得失，仅就制度而言制度还很难把这一问题解决好。因为从根本上说，政权兴衰及其维持与发展问题，是与社会需要和生产力的发展状况紧密联系在一起的。也就是说，社会经济物质基础是一个政权能否存在和巩固的重要前提。因此，政治制度史研究必须进行"制度社会史"[1] 视角的扩展，才能触及制度背后更深刻、更根本性的因素，添加这样一种角度才有可能把制度史研究做得更有深度和更加透彻。而处于近代中国新旧社会转型期的南京国民政府，统治的基础还是中国广大农村，而广大的农村社会状况和生产力状况与南京国民政府统治表现为一种什么样的关系，恰可透过县政研究来表达与呈现。换言之，这一问题正是县政研究的一项主要对象和重要内容。就此来看，研究南京国民政府县政问题，恰是将制度史研究与社会史研究相贯通的契合处。

其三，个人在研究中，还深感以往制度史研究重视制度条文规范而忽视人物群体、见制度而不见人之弊，尤要补正。实际上，制度的规定与实际运作之所以存在差异，之所以能有"活的制度史"，除了受制度实施的社会历史

---

[1]　翁有为、任润鑫：《改革开放以来的中国近代地方政治制度史研究》，《东岳论丛》2015 年第 1 期，第 52 页。

条件的约束，因为"徒法不足以自行"，[1] 在很大程度上还是有人的作用的因素。而县政制度下除了公务员群体，更有新历史条件下的"士农工商"等各种不同的阶层和人群。这些不同的人物群体和阶层是如何作用与被作用于县域治理的，市制研究因缺乏广大农民这个主要人物群体而不具备"见人"的完整性，只有在县政研究中才可找到"见人"制度研究案例独一无二的最完整的样本。因此，县的制度研究是补正以往制度研究忽视人物、见制度不见人之弊的最为适宜的研究课题。

其四，从近代中国历史矛盾运动的逻辑来看，南京国民政府县政恰是这种矛盾运动的集中爆发处和问题最终解决聚焦处。这是由于，近代中国历史矛盾运动的主要外在压力乃外国列强势力对中国生存和发展所造成的严重威胁，仅依靠现存的社会统治力量及精英已经无力解决。经过晚清、民初的积累，到国民政府时期这种矛盾已经无法再延迟，进入最终解决期。而要最终解决，则必须对中国社会进行最广泛的社会动员，从而形成全社会合力，这就尤其需要关注中国最有力量的人群——占全国总人口比例最大的农村农民和掌握先进生产力的城市工人。国民党一大"扶助农工"[2] 思想政策的提出正是缘于此。其中占中国人口最大多数属于社会底层的农民及其生存问题，就属于县政治理的主要范畴。南京国民政府能否把农民这个阶层动员起来并纳入其政治体系内转化为支持性力量，不仅关乎南京国民政府能否维持其统治地位，而且关乎近代中国既有治理体系有否继续存在的生命能量及价值。而

1　（宋）朱熹注《新刊四书五经·四书集注》，中国书店 1994 年版，第 254 页。

2　国民党一大宣言中提出："中国以农立国，而全国各阶级所受痛苦以农民为尤甚。国民党之主张，则以为农民之缺乏田地，沦为佃户者，国家当给以土地，资其耕作，并为之整顿水利，移植荒徼，以均地方。农民之缺乏资本，至于高利借贷以负债终身者，国家为之筹设调剂机关，如农民银行等，供其匮乏，然后农民得享人生应有之乐。""中国工人之生活绝无保障，国民党之主张，则以为工人之失业者，国家当为之谋救济之道。尤当为之制定劳工法，以改良工人之生活。"《第一次全国代表大会宣言》（1924 年 1 月 23 日），荣孟源主编《中国国民党历次代表大会及中央全会资料》上册，光明日报出版社 1985 年版，第 18 页。

实际上，从国民党一大左翼革命立场转变为政治上右翼保守立场的南京国民政府，恰未能做到"扶助农工"，背离了孙中山关于"耕者有其田"[1]的农民政策，因此亦就不能把农民纳入支持其统治的"维护性"力量，农民转化为对抗性力量也是必然的，其统治的合法性基础不能不随之丧失，其前途未卜即知。由此而言，南京国民政府县政研究，无疑成为观察研究南京国民政府治理成败乃至近代中国历史转折的重要切口。

从上述诸方面的具体分析看，南京国民政府县政课题有重要研究价值和研究的急需性，而南京国民政府县政研究本身的独特内涵及内在价值，则更值得进行全面深入的专题探讨。

二　本课题现有研究状况和有待进一步解决的问题

县级政权在中国几千年的传统政治结构中，一直是一个极为重要和关键的基础性管理层级，受到历代统治者的高度重视，他们往往把县政的治理状况与天下的治乱与国运兴衰直接相联系。尤其是汉唐推行的计口授田制度消亡后，宋以降社会贫富矛盾加剧，基础的治理更为重要，县政的管理更加受到执政者重视。宋代曾任河阳、常州知县，后官至侍御史的陈襄在任知县期间就撰写了关于州县官员治理政务之道的系列论述，他病故后友人将其论述编为《州县提纲》一书。[2]宋代李元弼在任职扬州知县时，常与乡老讨论为政之道而有所心得，撰写了《作邑自箴》一书，作为自己治理县政的规诫。[3]宋代曾任潭州、泉州等知州的真德秀所著《政经》中的州县治理和为官之道的谕文后被编为《西山政训》。[4]元代张养浩在任知县时，曾撰有《牧民忠告》

1　《三民主义·民生主义》（1924 年 1 月至 8 月），广东省社会科学院历史研究室等合编《孙中山全集》第 9 卷，中华书局 2006 年版，第 399 页。

2　陈襄撰《州县提纲》，陈生玺辑《政书集成》第 3 辑，中州古籍出版社 1996 年版，第 1115—1228 页。

3　李元弼撰《作邑自箴》，陈生玺辑《政书集成》第 3 辑，第 1229—1340 页。

4　真德秀撰《西山政训》，陈生玺辑《政书集成》第 4 辑，中州古籍出版社 1996 年版，第 547—561 页。

一书，阐释"戒贪、治民、治吏、审狱诸事"，与他后来撰写的《风宪忠告》和《庙堂忠告》合称为《为政忠告》。[1] 明代曾任山东朝城、江西都昌知县的杨昱根据自己的县政管理所得，撰写了《牧鉴》一书，涉及县政治理的各个方面。[2] 明代曾任地方知县，后官至刑部侍郎的吕坤在其所撰的《实政录》一书中，也有对州县治理的论述。[3] 清代曾任知县的丁日昌、徐栋均辑录有地方县政治理、为官的心得与经验之道。[4] 甚至一些州县幕府中的幕僚也撰作治理心得，如汪辉祖的《佐治药言》《学治臆说》，万维翰的《幕学举要》，王又槐的《办案要略》等，是对县政官吏所撰所辑论述的补充。[5] 仅从以上粗略的梳理中，即可看到中国古代尤其自宋以后对县政治理问题的重视。中国古代社会县政受到如此之重视，主要是中国社会长期是一个农耕社会，农业经济支撑着国家的生存和发展，县政的任务就是管理县域区划单元内的农民。所谓"牧民"即是此意，这是国家统治中最重要的一项任务。

清末至民国是中国社会由传统向现代转型的过渡时期，最主要的表现也是由传统农耕文明社会逐渐向现代工商文明社会过渡和转型。这一转型看起来容易，国人曾多次乐观估计能短期赶上甚至驾乎西方之上，实际上实现这一转型是相当艰巨而复杂的。这是一次全方位、各领域、各层次的转型。其中，近代县政的转型是十分重要和基础性的一环，因为国家所需要的由传统农业社会为主到现代工商社会为主的改造主体，就是县政管理的农村。要实现县政的现代转型，广阔无垠的中国农村显然是中国社会由传统到现代转型过程中最艰难的主战场。能否充分地认识到这一问题，是关乎中国社会转型

1　张养浩撰《为政忠告》，陈生玺辑《政书集成》第 5 辑，中州古籍出版社 1996 年版，第 1—80 页。

2　杨昱撰《牧鉴》，陈生玺辑《政书集成》第 6 辑，中州古籍出版社 1996 年版，第 1—142 页。

3　吕坤撰《实政录》，陈生玺辑《政书集成》第 6 辑，第 143—838 页。

4　丁日昌辑《牧令书辑要》，陈生玺辑《政书集成》第 9 辑，中州古籍出版社 1996 年版，第 1—1232 页。丁日昌辑《牧令书辑要》系根据徐栋的《牧令书》二十三卷改编而成。

5　张廷骧辑《入幕须知》，陈生玺辑《政书集成》第 10 辑，中州古籍出版社 1996 年版，第 851—1182 页。

的一个重大战略选择问题。是先改造农村、发展农村，使之成为中国尽快走上现代工商文明轨道的一个动力厂，还是先发展城市，或者两者并举，或是遗忘了农村而追求发展城市？这是一个重大的社会发展战略思考与实施问题，不仅需要有相应的各种专业技术人才、各种战略性管理人才和足够的资金储备，更需要有系统性创新的制度保证和稳定的社会发展环境奠基。近代中国具备这些条件吗？南京国民政府县政治理具备这些条件吗？南京国民政府县政是如何实施管理的？对这些问题，南京国民政府县政的实践历史已经做出了回答。南京国民政府时期，由于社会转型范围和程度进一步递进，县级政权一方面继承了中国传统县政的某些特点，另一方面又增加了与传统完全不同的具有现代化因素的新内容和新特点，中国的县政处于设县以来两千年未遇的巨变之中。它能否完成使命，不仅取决于它自身，更取决于与它相关的多种因素。对于如何实施和建设县政，如何研究改革县政并使之能完成中国社会改造的目标，早在国民政府时期，不仅从事政治者亲身为之，学者亦在思考与此相关的问题。

县政问题在 20 世纪 30 年代就受到了学者的重视，如陈冰伯的《今日之县政》[1] 一书，分 10 章重点讨论了县政所遭遇的各种问题。该书第一章"总论"阐述研究县政的动因、以往县政概况等；第二章"濒于破产的农村"，探讨县政所遇到的这一最大难题；第三章"方兴未艾的保卫团"，探讨统治秩序所遭遇的问题；第四章"训政时期的县自治"，对近代以来县自治这个"新事物"的具体效果做出分析；第五章"县组织之制度问题"，对县政中存在的"分工不能合作"等问题进行具体分析；第六章"行政督察专员的剖解"，对以督察与管理县政为职责的专员制度的实施状况和存在问题进行了探讨；第七章"兼理司法的表现"，揭示了县域司法治理中贪污现象的存在、承审员待遇低

1　陈冰伯：《今日之县政》，同文图书印刷公司 1933 年版。

微、法治不彰等问题；第八章"亟待整理之县财政"，揭示了县地方财政存在的"普遍的枯窘"、地方款项"漫无稽考"、"理财人员之弊端"、"黑幕重重之田赋"、"私人侵占的公款公产"诸严重问题；第九章"有关存亡之鸦片烟祸"，指出存在的"烟毒弥漫了各乡镇"、执行烟禁的"困难"、烟毒造成的各种损失以及烟禁不力等问题；结论部分对中国县政有痛切的指陈，认为"不负责"的风气、"贪污"的风气、"不守法纪"的风气是使中国整个民族堕落的重要原因。

程方的《中国县政概论》[1] 一书，共分 17 章综论县政问题及其对策。该书第一章"绪论"对县政问题的重要性及将要研究的问题进行了概括和说明；第二章对历史上周秦以降至民国以来的县制进行了"史的考察"；第三章对省县关系中存在的问题及改进的途径进行了分析和检视；第四章对县级组织的结构、革新及行政系统与地方自治关系等问题进行了概括、梳理和分析；第五章探讨了几种特殊状态的县政模式如中山模范县、县政建设实验区的设置（共设 20 个实验县）问题，并对五个实验县（江宁、兰溪、邹平、菏泽、定县）异同问题进行了梳理；第六章对县行政区域的整理和县等划分问题进行了探讨；第七章对吏治中县长及其佐治人员的选任、县政人员的训练与改造、县政人员的待遇与考绩问题进行梳理和探讨，并对吏治的基本要求等进行了分析和阐释；第八章讨论了县政治理中的行政效率、裁局改科、合署办公等问题；第九章对县地方财政运行中存在的财政困境、附加税的繁重问题进行了探讨，并对"黑暗圈"中的县财务行政等症结进行了梳理和揭示；第十章对县地方财政的改革问题进行了分析；第十一章和第十二章分别对县教育行政和乡村教育建设运动两个教育问题进行梳理和探讨；第十三章和第十四章分别对县警政和保甲两个涉及社会治安秩序的问题进行了探讨；第十五章和

第十六章分别对县域经济建设和社会建设两个建设问题进行了具体分析；第十七章论证了县政建设与地方自治的联系，该章是全书的结语部分，作者提出了"县政建设的最后目的，是要促进地方自治完成"的观点。[1] 作者在研究中把学术问题和现实问题及其对策结合起来，显示了作者致力于县政制度改革和完善的研究理路。

谢守恒的《县政建设》[2] 一书，完成于 1931 年，全书共分 18 章，是一部论述国民党训政条件下县政建设的著作，列举了国民党关于县政及其建设的一系列规定，涉及县政建设规划、县行政大纲、县政建设之经济基础、县政吏治、县政建设程序等问题，尤其对县政府与县党部的关系（此点为其他县政研究著作所忽略）有所涉及。该书依据的是国民党的官方系统资料，并在书后附有数省县行政制度的有关法规。

此外，金平欧的《县政革新论》（中国地方自治学会，1935）、孔充的《县政建设》（中华书局，1937）、陈柏心的《中国县制改造》（国民图书出版社，1942）等著作先后出版。另外，一些研究农村经济的著作和农村社会调查的成果也不断问世。这些资料在本书的写作中将被采用，为避免重复，恕不再一一列举。

上述成果，以"时人"的视角研究当时的县政建设、县政改革、县制改造等问题，无疑有独到的研究视角和认识感知，其价值十分珍贵。同时，正是由于上述成果是当时的人所进行的研究，因此而具有时人难以克服的局限性：一是难以认识其历史深层次和根本性问题；二是难以看到整体性问题；三是研究的时段主要在 20 世纪 30 年代，南京国民政府后半段的县政历史研究阙如。尽管如此，上述成果仍为我们进一步深入、系统、全面探讨南京国民政府县政问题，提供了富有价值的参考。

1　程方：《中国县政概论》，第 464 页。

2　谢守恒：《县政建设》，张研、孙燕京主编《民国史料丛刊》第 140 册，大象出版社 2009 年版。

当代中国对县政问题的重新研究是在改革开放之后，主要是政治学界的学者进行的，而其研究的对象主要是当代中国的县政，如强县扩权、省直管县等现实层面的问题。对近代历史层面的县政研究，是在制度通史研究的框架下进行的，如孔庆泰等专论国民党政府政治制度的著作从"通史"角度用三节篇幅研究了县制问题；[1] 魏光奇专论近代县制的著作分两章对南京国民政府时期的县制进行了探讨。[2]

关于南京国民政府县政问题的专题性研究，21 世纪以来才逐渐受到史学界研究者关注，如方新德的《国民政府时期浙江县政研究》一书从"县行政组织机构与人员""县长""县党团组织""民意机构与社会民众团体""县民政事务""县财政事务""县教育事务""县建设事务"等方面对南京国民政府时期浙江省的县政个案进行了比较系统的梳理和研究。值得注意的是，该书把县党团组织作为一章，纳入了县政研究的范围。[3] 张华军的博士论文《民国河南县政研究》，分别以"县政之制""县政之人""县政之事"为专章对包括南京国民政府在内的民国河南县政个案问题进行了梳理和探讨。[4] 李继业关于近代吴县县政个案研究的博士论文，从"制度演变""结构分析""财政收支""公共服务""社会控制"方面，对民国时期尤其是南京国民政府时期吴县县政个案进行了实证分析和理论探讨，尤其是在"结构分析"一章中，从政治学的视角分别从纵向、并立、交叉、横向四个角度对县与区乡镇关系、县政府与县党部关系、党政与公团法团关系、县政府与民意机关关系进行了梳理和理论分析。[5] 李伟中的《20 世纪 30 年代县政建设实验研究》[6]、白贵一的《20 世纪 30 年代

1　孔庆泰等：《国民党政府政治制度史》，安徽教育出版社 1998 年版。

2　魏光奇：《官治与自治——20 世纪上半期的中国县制》，商务印书馆 2004 年版。

3　方新德：《国民政府时期浙江县政研究》，浙江大学出版社 2012 年版。

4　张华军：《民国河南县政研究》，博士学位论文，南开大学，2009 年。

5　李继业：《传承与更新：1912—1937 年吴县县政研究》，博士学位论文，苏州大学，2013 年。

6　李伟中：《20 世纪 30 年代县政建设实验研究》，人民出版社 2009 年版。

南京国民政府县自治研究》[1]、王春英的《民国时期的县级行政权力与地方社会控制——以 1928—1949 年川康地区县政整改为例》[2] 和曾凡贞的博士论文《新桂系县政改革研究》[3] 则分别从县政建设实验、县地方自治、县行政权力与社会控制、县政改革的角度立论，进行了专题式的梳理和探讨。

　　而关于民国时期经济社会史和乡村问题的研究成果，从相关经济或社会的角度探讨了民国县政的相关方面，如夏明方的《民国时期自然灾害与乡村社会》[4]、刘五书的《二十世纪二三十年代中原农民负担研究》[5]、王先明的《变动时代的乡绅——乡绅与乡村社会结构变迁（1901—1945）》[6] 等，以及翻译的具有西方学术背景的相关著作，如杜赞奇的《文化、权力与国家——1900—1942 年的华北农村》[7]，黄宗智的《华北的小农经济与社会变迁》和《长江三角洲小农家庭与乡村发展》[8]，李怀印的《华北村治——晚清和民国时期的国家与乡村》[9]，等等。这些著作虽然探讨的主题不是县政甚至不仅仅限于南京国民政府时期（多涵盖民国或近代长时段的历史），但都涉及南京国民政府治下的乡村社会问题和经济问题，而这两个问题是研究南京国民政府县政所要探讨的重要内容，因而也是不可忽视的研究成果。

　　除了上述著作和博士学位论文，还有若干硕士学位论文和专题论文也对

1　白贵一：《20 世纪 30 年代南京国民政府县自治研究》，知识产权出版社 2009 年版。

2　王春英：《民国时期的县级行政权力与地方社会控制——以 1928—1949 年川康地区县政整改为例》，四川大学出版社 2012 年版。

3　曾凡贞：《新桂系县政改革研究》，博士学位论文，苏州大学，2011 年。

4　夏明方：《民国时期自然灾害与乡村社会》，中华书局 2000 年版。

5　刘五书：《二十世纪二三十年代中原农民负担研究》，中国财政经济出版社 2003 年版。

6　王先明：《变动时代的乡绅——乡绅与乡村社会结构变迁（1901—1945）》，人民出版社 2009 年版。

7　〔美〕杜赞奇：《文化、权力与国家——1900—1942 年的华北农村》，王福明译，江苏人民出版社 2008 年版。

8　〔美〕黄宗智：《华北的小农经济与社会变迁》，中华书局 1986 年版；《长江三角洲小农家庭与乡村发展》，中华书局，2000。

9　〔美〕李怀印：《华北村治——晚清和民国时期的国家与乡村》，岁有生、王士皓译，中华书局 2008 年版。

南京国民政府县政问题进行了专题探讨，硕士学位论文如张燕燕的《民国时期河南省县长群体研究（1927—1937 年）》[1]、夏娜的《南京国民政府前十年县政府组织结构及其效能的考察》[2]、何峰的《"赣政十年"期间（1932—1942）的江西县政》[3]，分别对南京国民政府时期的河南县长群体、河南县政府组织结构和江西县政三个问题进行了比较系统的梳理和探讨；专题研究论文如王先明、李伟中的《20 世纪 30 年代的县政建设运动与乡村社会变迁——以五个县政建设实验县为基本分析样本》[4]，白贵一的《论 20 世纪 30 年代南京国民政府县政改革》[5]，翁有为的《国民政府县政问题探析》[6]，分别对南京国民政府县政建设与乡村社会变迁、县政困境与县政改革、县政研究体系等问题进行了探讨。上述研究，对推进南京国民政府县政研究做出了积极探索，是值得肯定的。

　　整体看来，无论是南京国民政府时期的县政研究，还是改革开放以来尤其是 21 世纪以来的南京国民政府县政研究，均取得了一定的成果，尤其是在对全面抗战以前时段的研究和个案研究两个维度上取得了较为丰硕的成果，为进一步研究奠定了良好的基础。但是，就研究的系统性、整体性和问题意识来看，还有很大的提升空间。从时段上看，需要对国民党在大陆执政期间的县政状况进行系统研究，才能更全面、客观和真实地认识和还原南京国民政府县政历史的实际，才能更准确地理解和研究南京国民政府时期的历史；从整体性上看，以往的个案研究是必要的和有其特殊价值的，但是个案不等

1　张燕燕：《民国时期河南省县长群体研究（1927—1937 年）》，硕士学位论文，河南大学，2012 年。

2　夏娜：《南京国民政府前十年县政府组织结构及其效能的考察》，硕士学位论文，河南大学，2008 年。

3　何峰：《"赣政十年"期间（1932—1942）的江西县政》，硕士学位论文，南昌大学，2007 年。

4　王先明、李伟中：《20 世纪 30 年代的县政建设运动与乡村社会变迁——以五个县政建设实验县为基本分析样本》，《史学月刊》2003 年第 4 期，第 90—96 页。

5　白贵一：《论 20 世纪 30 年代南京国民政府县政改革》，《江苏大学学报》（社会科学版）2010 年第 6 期，第 38—42 页。

6　翁有为：《国民政府县政问题探析》，《史学月刊》2011 年第 1 期，第 91—95 页。

于整体，特殊性不等于一般性，要想透视南京国民政府的县政历史，必须在个案研究的基础上，吸收个案微观研究的优长，把微观研究与宏观研究相结合，进而超越个案研究的局限，从整体上对南京国民政府的县政做全面的研究。当然，这种整体研究也必然存在其自身的局限，但毕竟是对历史整体和全貌的研究，避免了只见树木不见森林、只强调特殊而忽略一般的弊端，是更接近历史全貌的研究。尤其是，以往对"县政"这类具有国家地方治理性质问题的研究，往往缺乏从南京国民政府县政治理体系、治理能力和治理效果视角和问题意识的系统性角度进行的研究，这是研究县政这类治理问题所必须注意解决的。显然，这一课题还有相当大的研究和创新空间，需要进一步做全面、系统的深入研究。

三　基本思路与主要内容

（一）基本思路

本书以县政治理体系、治理能力和治理效果为问题意识和研究视角，拟对南京国民政府县政做一整体性、系统性的研究。以往传统的对古代县政及近代县制的研究，主要关注的是县政府的制度演变问题，本书所做的南京国民政府县政研究则将县政府、县党部、县参议会之现代政权结构与社会阶层结构（公务员群体、地主、农民等）、社会背景网络（战乱、灾荒背景与知识舆论网络）联系起来进行研究，全面、深入发掘和探讨县政的权力结构形式、制度运作、社会管理与控制、县政公务员群体（尤其是县长群体）、相关利益群体（主要是地主和农民）、社会背景等历史之真实状况。通过对大量翔实史料的梳理、研究和分析，从大历史的视角把握中国古代历史上县政研究的规律，并和近代中国大变革的局势衬托对照，具体分析和总结南京国民政府县政发展演进的轨迹、特点、地位、得失、成败及经验教训，希冀能为新时代推进国家治理体系和治理能力的现代化提供有益的借鉴和启示。

（二）主要内容

本书的主要内容不是按历史演进的时间顺序来安排的，而是力图根据南京国民政府县政内容的内在逻辑、问题意识与历史真实三者的统一按专题来设计，因此是以研究问题的方式呈现的。

1. 从中国县政历史的稳定结构看南京国民政府县政历史的演变问题。一是中国有两千多年的县政制度及其治理传统，县政在中国传统行政治理中具有重要的基础性功能和作用，县政治理具有极为丰富的历史经历，对近代以来的县政治理在形式上和管理内容上无疑具有巨大而深刻的影响。二是在中国由传统到现代的政治制度结构转型过程中，中国的政制历经巨大乃至翻天覆地性质的变革，县政形态则呈现了"变与不变"两种面相：一方面，县政管理的层级、区域划分、管理的对象和县域经济状态与古代相比，具有很大的继承性和稳定性；另一方面，县政结构体系则增添了不少与以往传统不同的新形式和新内容，县政体系呈现了现代化的发展轨迹，从晚清至北洋政府时期、从北洋政府时期到南京国民政府时期，县政结构的体系与传统相比发生了巨大的变化。这是从"大历史"的角度对南京国民政府县政问题在历史纵深层面所做的研究。

2. 县政结构的形式与其制度设计问题。这个问题主要是县政府、县党部、县参议会及社会法团的权力结构问题。县政府是县级权力结构中的行政权力机关，它具有两个特征：一是在管理形式与管理内容上，与中国历史上的古代县衙门制度具有很大的相似性，尤其是具有历史的连续性和继承性；二是根据新的时代的发展和制度变革需要，它增添和创制了与以往传统县衙门完全不同的新形式和新内容，其运作与决策表现出比较明显的现代法制化倾向，其机构设置的科层化倾向也比较突出。县党部是在国家政治生活中处于执政地位的国民党在县级政权中设置的代表机关，是县级政权结构中与县政府相平行的党务机构，在中国的县政管理体系中是一种新设置的权力单位。从国民政府对县级权力结构的设计与设置看，县党部机构与县政府机构的管理基本上采取的是分治模式，县党部主要负责管理党务。但在国民党"党治"体制下，尽管县党部与县政府相比呈现弱势的形态，但仍表现出对县政府进行规治、监督的设计意图。党务部门与行政部门的关系从制度设计到实际运作状态如何，需要在实证的基础上对个案和一般状态进行梳理和归纳，得出实事求是的认知。作为议事、咨询和代议机构的县参议会，也是近代逐渐被引入中国政治体系中来的新政治单位。这一政治单位，虽然真正设立时间较晚且具有特定的战争时代的背景，但也是现代政治体系中的一部分。这一政治单位的设计与实际运作状态如何，也是关系到县政体系运作整体效果的重要环节。而县政结构中新兴的社会团体与这个权力结构的关系，对县政体系的运行状况也产生着影响。这是对南京国民政府县政制度体系横向结构层面的研究。

3. 县政权力体系对县域事务如何进行控制和治理的问题。县政制度设置的重点和目的就是实施有效的管理。这包括两个方面，一是管理的内容，即对县域事务进行全方位的管理，涉及县域内的政治（行政、治安、司法、警政）、经济（含经济、财政、建设）、教育和卫生（医疗卫生）等各个方面。在县政管理体制演进中，存在地方自治和包容保甲与自治的新县制（全面抗战开始后）两种主要管理模式，其立足点则是地方基层社会的治理问题。二是县域事务管理的实际效果如何，上述管理是否达到了预期的目的，是否符合县域社会发展的实际需要。这是我们考察和分析其县政治理利弊的重要依据。这是对南京国民政府县政权力体系如何动态运作、治理及其绩效问题层面的研究。

4. 县政公务员队伍尤其是县长群体的面貌和质量问题。人是历史活动的创造者，而这种"创造历史"的活动从根本上说是占绝大多数的人民创造的，但从历史运动的上层建筑看，则表现为掌握权力的特定人群在活动中发挥了

"关键性"的作用。在南京国民政府县政管控与治理过程中，县长群体就是这样具有特定角色与地位的群体。要研究南京国民政府县政，就要对县政公务历史活动中的公务员群体进行检视，要考察这一群体整体状况，包括其年龄状况、学历状况、籍贯来源、党派来源、社会关系、任职状况和思想状况等基本背景，考察县政群体是"什么样的人"，他们在县政公务活动中"做了什么事"。其中，最重要的无疑是县长群体，他们的整体状况，对县政的运作状态、公务水平和发展趋向有着直接和关键性的影响。县长以下的其他县、区、乡公务员群体的整体面貌和质量状况，也对县政的整体状况有相当程度的影响。这是县政管理中的人的问题。与人的问题直接关联，同样具有重要性的是县政制度设计与以县长为首的县政群体的合理与有效联结问题，即制度是否提供了县政公务员群体正面发挥其治理能力的空间，制度是否能使县政公务员群体在履行县政职能、实施县政目标、达到县政治理效果方面具有制度的力量、权威与保障，这是涉及人的能量与制度的空间、人的权力与制度的约束何为适当的重要问题。这是对南京国民政府县政制度的施政主体公务员群体及其施政行为所做的专题研究。

5. 县政其他相关利益群体问题。与县政直接相关的一大利益群体即是县域社会的地主、富户和乡绅，他们的生存状况、群体素质及态度与县政状态关系甚大；另一大利益群体自然是地主、富户、乡绅之外的绝大多数普通农民。农民无疑是县政管理的重心和难点。与县政问题密切相关的是农民的经济状况、教育状况、生活状况，尤其是基本生存状况。这是县政问题的核心与关键。县政能否解决农民普遍存在的经济和教育困境，对农民生活出路予以保障，对农民生存状况予以改善，是关系到其成败的根本和基础性问题，关系到仍以农业经济为支柱的国民政府的成败。这是对南京国民政府县政制度的施政对象，即以广大贫困农民为主体的士农工商群体的行为及其生存状况问题所做的专题研究。

6. 县政的知识舆论史背景与社会史背景问题。南京国民政府的县政实施与以往相比，具有许多新的元素，这种"新"在某种意义上来说带有探索与实验的特征。因此，舆论对县政得失利弊问题的不断探讨，尽管从性质上来说是改良性与技术性的，但无疑对县政的改进与改革具有积极的意义，是行政制度改革不可或缺的思想条件，体现了制度与思想舆论互动的历史价值。与知识舆论史背景不同，县政所遭遇的全局性、全国性、普遍性和持续性的战乱、灾荒及各类乡村危机这种社会史背景，是县政所无法回避的严峻挑战。尽管南京国民政府的县政也试图回应挑战，然而，由于国民政府县政制度的孱弱和国民政府置县政于国家治理的边缘化地位，县政对乡村危机实际上束手无策，效果实微。这是国民政府治理体系与治理能力的最大缺失和败笔。持续的乡村危机严重地恶化和伤害了农民的生产、生活和生存状况。这是从文化"知识史"和生活"社会史"专题对南京国民政府县政制度的知识文化空间和社会生活空间层面进行的研究。

7. 如何从整体上考察和认识南京国民政府县政问题。主要是分析县政治理的重要性、南京国民政府县政所遭遇的历史性难题、国民党统治失败与县政治理的关系诸问题。南京国民政府县政治理有何历史地位和价值，是必须进行探讨的；南京国民政府县政所遭遇的治理体系整体性松弛紊乱、治理能力低下等问题，是必须进行考析的；南京国民政府县政治理与国民党在大陆失去统治地位有何关系，是必须理清的。无疑，国民党统治最终遭到农民的普遍不满以至抛弃，国民党在大陆最终失去统治。国民党边缘化县政治理的结果，是遭到历史的无情惩罚。这是对南京国民政府县政属性、整体效能与成败问题的归纳、综合和深化研究。

第一章

中国县政缘起与演变

在中国悠久绵长的行政管理发展史中，时局更迭往往会导致诸多新政的创生与旧制的消坠或转型，而在风云变幻的地方行政管理制度创新与变革潮流之中，县政作为重要的行政区划和国家实施政治统治与社会治理的基本单元，自秦汉以降，一直在中国政治制度史上处于基础性的地位。其间，无论政治风云如何跌宕起伏、政权如何频繁更替、治国方略如何改弦更张，县政的重要性似乎都没有被任何朝代的统治者所忽略，它始终承担着赋税征收、社会管理、司法实践及道德宣化的重要职能，起到了稳定社会秩序及维护统治阶层利益的作用。县政因此被历代王朝所倚重，成为中国传统地方行政管理制度不可或缺的元素。然而，由于种种复杂原因，县政运作的实际效果往往很难达到预期目标，县政变革也因此成为中国传统政治领域的常态。本章主要从纵向的角度考察中国县政从古代到近代的演变轨迹与趋向。

第一节　春秋战国时期中国县政的酝酿与形成

历史法学派创始人萨维尼的"法律生成论"[1] 给我们带来的启发意义是，

---

[1] 〔德〕弗里德里希·卡尔·冯·萨维尼：《论立法与法学的当代使命》，许章润译，中国法制出版社2001年版，第7页。

如果缺少对前期相关传统的继承与发展，任何一种政治、法律制度的创设并带来预期效果都会困难重重。中国县政的发轫与变迁就经历了漫长的过程，可谓历史悠远。我们欲深入研究南京国民政府县政，有必要对中国早期县政的历史演进做一系统的透视与分析。

一 中国县政制度在春秋以前萌芽并于其后酝酿

中国县政制度萌发于夏商西周之际，在春秋时期进一步酝酿。

（一）县制在春秋之前的初萌

国家是在氏族社会母体里发育的，因而早期国家制度带有浓重的氏族特征。其中，分封制就是带有氏族母体印痕的重要制度体系，而县制则是标志着国家发展早期阶段摆脱氏族母体特征的重要转折性制度创新。这一问题尚未引起学界注意，而中国县政制度从萌发、酝酿到正式创设以至普遍推行正揭示了这一历史事实。

关于中国县制的萌芽，学界有人认定可追溯到上古时代。[1] 如毕沅在《山海经新校正》、顾炎武在《日知录》中均认为县制源于虞夏之时。此时，县仅为一个地域区划单位，与后世所言以"官僚制"为主体的"县制"有着明显的距离。

另一在学界有着较大影响力的观点认为，县制源于西周。[2] 西周天子统治的王畿以"郊"为界，分为"国"与"野"两部分。"国"指国都，系君主居住及中央所在地；"郊"为都城四周近地；至于"野"，则特指远离都城之地。为实施管理之职，西周政府在王城、四郊设置六乡，而在其他周边被称为"野"的地区设置六遂，史称"乡遂制度"。具体规定如下："五家为邻，

1　陈剑：《论县制起源的时间》，《古籍整理研究学刊》2009 年第 4 期，第 83 页。

2　赵翼、刘师培等学者持此说。参见陈剑《论县制起源的时间》，《古籍整理研究学刊》2009 年第 4 期，第 84 页。

五邻为里，四里为酂，五酂为鄙，五鄙为县，五县为遂，皆有地域，沟树之，使各掌其政、令、刑、禁，以岁时稽其人民，而授之田野，简其兵器，教之稼穑。"[1] 县之长官名为"县正"，另设"县师""县士"辅助之。"县正"职权在于"各掌其县之政令、征、比。以颁田里，以分职事。掌其治讼，趋其稼事，而赏罚之"。[2]

需要指明的是，尽管我们能够从当时文献中发现"县"之相关记载，但能否把此"县"与后世中央集权制下的县制等同，答案是不证自明的。但从文化角度而言，说春秋以前相关政制形式对后世县制产生了重要影响当是可信的。

（二）县制在春秋时期进一步酝酿

春秋以降，西周分封制得以承续，王室继续依靠分封诸侯来维系统治，而各诸侯又皆有自己的封邑，即世人所熟知的"分封采邑"制度。在推行此制过程中因管理之需，类似于传统"都鄙"之县管理模式继续被采用。但考虑到社会发展程度的束缚，类似于"都鄙"之县在当时社会治理中所发挥的作用是有限的。

至春秋中后期，伴随着生产力发展，诸侯间的相互兼并常有发生，许多被兼并地区如何治理遂成为考验相关诸侯国政治智慧的重大问题。为避免地方势力坐大，当时国君已经注意到加强自身权力的必要性，因此，对于战争中的新拓疆土，他们不再按照传统方式进行分封，而是采用郡与县的管理方式亲自掌控。

据史料记载，当时最为典型的做法是"灭国为县"，楚国可考之县有 17 个，而因"灭国设县"者多达 15 个。[3] 如《左传·庄公十八年》云："初，

1　徐正英、常佩雨译注《周礼》（上）"地官司徒第二"，中华书局 2014 年版，第 329 页。

2　徐正英、常佩雨译注《周礼》（上）"地官司徒第二"，第 338 页。

3　参见田昌五、臧知非《周秦社会结构研究》，西北大学出版社 1996 年版，第 217 页。

楚武王克权，使斗缗尹之。以叛，围而杀之。迁权于那处，使阎敖尹之。"[1]

从当时"灭国设县"的主旨来看，县的管理对象无疑为新拓疆土地区，把新拓疆土的民众按军政方式进行管理，抵抗外敌与加强扩张是其直接目的。

除了上述"灭国设县"外，当时县之产生还有割让置县、分田置县、聚乡置县等方式。尽管春秋时期各诸侯国设县的方式较多，但按照钱穆的观点，其设置的主要目的大致可以归纳为"外务兼并"与"内废公族"两种。[2]"外务兼并"所出现的县，是军事扩张的结果，楚国之县多由此产生。此类县多设在边境，其根本点在于把所占地区的人口按军政方式管理，加强国防的目的十分明显。而"内废公族"所出现的县，则是国家结构变动的产物，齐国之县多因之产生。此类县多以自然居邑为基础，无固定的规模。设置此类县的根本目的是削弱卿大夫的势力及治民的便利。

综观这一时期的县制发展，由于各国情况各异，当时县制难免带有繁杂特征，县的产生方式、设置初衷、地理位置与区域大小、长官选拔方式及称谓、管理方式等都不尽相同。

譬如，在县长官的称谓上，楚国县的长官称为县尹或县公，晋、齐等国县的长官称为县大夫或县守，秦国县的长官称为县令或县长，鲁、卫等国县的长官称为宰。

再如，在县的组织上，各国也不尽相同。在楚国，为了配合县之长官——县尹的管理工作，还设置了县令、州加公、州佐、里公、守、啬夫、郊尹、边邑长、执事人、厨尹、关吏之职等。[3]在晋国，县大夫下设县师和舆尉。"县师掌地域，辨其夫家人民"；舆尉"主发众使民"，主掌兵役与劳役。[4]在齐国，

1　陈戍国：《春秋左传校注》（上），岳麓书社 2006 年版，第 118 页。

2　钱穆：《国史大纲》，商务印书馆 1994 年版，第 82 页。

3　顾久幸：《楚制典章》，湖北教育出版社 2001 年版，第 64—65 页。

4　韩连琪：《春秋战国时代的官制及其演变》，《先秦两汉史论丛》，齐鲁书社 1986 年版，第 212 页。

形成了完整的县、乡、卒、邑地方行政编制，即"三十家为邑，邑有司；十邑为卒，卒有卒帅；十卒为乡，乡有乡帅；三乡为县，县有县帅"。[1]

尽管如此，我们还是能够从当时县制中隐约发现某些规律性的东西。诸如，县制是当时为摆脱分封制逐渐暴露的严重弊端和解决日益增多的社会矛盾而设，是为了巩固国防、加强诸侯国国力及提升诸侯权威而设，县的管理对象是新拓疆土或新设县制之乡邑的广大民众。至于管理方式，由于史料不详，大致不外乎强化军事防御、宣化教育、严控暴动、征收赋税以及维护社会治安等方面。

需要强调的是，由于深受当时分封制的影响，尽管县的设置已经普遍出现，但县的长官在春秋前期多由卿大夫及其子弟担任，当时县制依然具有明显的世袭与食邑特征。后期，随着县的数目增多以及集权倾向的凸显，为了管理的需要，部分诸侯国在县的长官人选上逐渐突破了身份限制，一些出身卑微而具有文化水平与管理才能的人逐渐脱颖而出。县的长官有的不再世袭，但这仅为当时社会的个案，并非常态。靠血缘关系维系的世代为官的传统被彻底打破或被维护中央集权的官僚制度所完全替代，还需要更长的发展过程。尽管如此，突破以亲缘关系为特征的分封制，取而代之的以才能为特征的县官新制创设，也具有重大的制度变革意义。

二　县政制度在战国时期基本形成

战国以后，随着大诸侯国间的兼并战争愈发激烈与生产力的快速发展，维系血缘宗法社会的根基遭到前所未有的损毁，旧的国家体系遭到毁灭性破坏。在此情况下，国野之界限逐渐消失，民众身份之别的政治系统被逐渐打破，人们的职业也呈现多元倾向。新的社会情势愈发清晰地映射出新兴官僚

---

[1]　（周）左丘明撰，（晋）杜预注，（唐）孔颖达疏《春秋左传正义》卷40《襄公三十年》，（清）阮元校刻《十三经注疏》，中华书局2009年版，第4369页。

制与世袭贵族制在实践中的优劣，在地方行政管理机构上，势必需要新的突破以应时需。因此，以管理才能为标志的县域"官僚制"得以形成。

面临"大臣太重，封君太众""上逼主，而下虐民"[1] 的社会问题，各诸侯国都进行了深刻反思。因此，作为强化中央集权或规避分封风险的有效制度，县已基本成为当时列国普遍设置的地域行政组织。秦孝公十二年（前350），任用商鞅实行变法，"集小（都）乡、邑聚为县，置令、丞，凡三十一县"，[2] 此时的县制已经初具中央集权官僚制的特色。

同时，为了适应社会现实需要，统治者又对郡与县的功能进行了区分，郡的军事功能日益突出，而县则转于民众治理，致使"县大郡小"的传统格局发生翻转，郡统县的政治格局开始形成。

为了配合君主集权的需要，国君势必在地方官吏的任用上有所改变，于是，限制地方官员世袭、举贤纳能确立官僚队伍以削弱世卿的权力成为常态，比较完整的官僚制度逐渐形成。该官僚制度采取"见功而与赏"与"因能而授官"[3] 的手段，以俸禄制取代世袭制，实行文武分途等制度。这种官僚制度变革必然对当时的县制产生深刻影响。

战国时期郡的权力逐渐增大，进而发展成为县之上的地方行政组织。因郡承担了所有的军事防务，县的管理职能则从军务中解脱出来，限定在社会治理方面，县之长官人选多为文官，其管理对象也限定在县内的民众。

现有史料表明，战国县之长官分别有属官令史（其职为助县令掌文书、调查案件、率卒提拿人犯等）、县丞（分管经济和司法，包括粮草的征收和亲自审问案件）、县尉（分管县内军务，有权征发一县役卒、监督役卒服役、督

---

1 《韩非子》校注组编写，周勋初修订《韩非子校注》（修订本）卷4《和氏第十三》，凤凰出版社2009年版，第100页。

2 （汉）司马迁撰《史记》卷68《商君列传第八》，中华书局1959年版，第2232页。

3 （战国）韩非著，徐翠兰等译注《韩非子》，山西古籍出版社2003年版，第183页。

送文书等）、县司马（主管一县马政）、县司空（主管本县内工程，但因工程多用刑徒，所以又分管刑徒）及少内（掌钱财）等。[1] 不难看出，社会治安、断案刑狱、赋税征收应为战国时期县的主要管理任务。尽管军务主要职责被郡所取代，但县依然承担部分兵役及军务。

与春秋时期相比，战国时期的县制出现以下诸多特点：第一，县不仅在距离国都偏远的边地设置，在离国都近的区域也普遍设置；第二，随着郡的面积日益增大，郡的地位越来越高，出现了郡下分设数县的情况；第三，县之官长世袭的程度越发降低，官僚制的体制运作体系初步形成；第四，县辖范围与人口多寡有了初步规范；第五，县制有了因地制宜的特点。由于领土扩大，民族构成复杂，在内地普遍设县的同时，又在少数民族聚居地区设立与县平级的道，行使地方政府管理之职。

另外，战国时期的县政管理水平有了较大程度的提高。

首先，县制行政体系逐步完善。县级官员群体，设有县令、县丞、县尉、县司马、县司空等职，各负其责。在县以下的广大区域，又建立乡、里等基层组织。设乡啬夫、乡佐、里典（里正、里魁）等基层官吏治理民众。[2]

其次，加强对行政官员的管控。国君直接任免县以上官吏，官吏则通过国君发给印玺的方式行使权力。官吏待遇采取实物俸禄制，初步形成了早期的文官体制。

再次，强化对官吏的考核与监察。为有效管控地方，战国时期创立逐层向上级汇报的考课制度，加之以前的"上计制"与"合券制度"，已经形成多元方式的国家考核地方管理的制度。为更有效地管辖地方官吏，还对下层官吏采取临时监察的方法，根据调查结果对相关官吏分别做出赏、罚，形成激

1　郑海麟、冼剑民：《中国历代官制概要》，湖南教育出版社 1990 年版，第 26—27 页。

2　田昌五、臧知非：《周秦社会结构研究》，第 230 页。

励和威慑机制。

鉴于战国时期特殊的时代背景，这一时期的县政还存有诸多亟须完善之处，主要表现在以下几方面。一是县政的分封印痕还很明显。譬如，国君把县仍作为赏赐臣子的工具、某些县大夫可以世袭等。二是县的区域规模与人口多寡悬殊现象非常普遍。三是县之长官称谓尚不统一。战国时，秦、赵等国县的长官称县令，晋国称大夫，卫国称宰，楚国称公，还有的诸侯国称县尹等。

即便如此，经历长期的酝酿与发展，中国县制至战国时期已经基本形成，其对当时社会管理的有效性愈发得到社会的认可。一旦有合适的机会，县制必将发挥重大的社会管理作用。

第二节　秦汉时期县政制度的确立与普遍实施

秦实现统一后，县政制度从国家层面得到正式确立，并普遍推行开来。汉代在继承秦县制的基础上，又有所因革与发展。

一　郡县制在秦代正式确立与推广

秦国乃源于戎狄之土的后起之国，受中原传统文化束缚较小，县制创设表现出异于中原诸国的特点。鉴于当时县政建立的直接目的在于规避分封制引发的政治风险，因此，秦之县政的开展也最为彻底，成为当时各诸侯国的楷模。

在诸侯争霸的春秋与战国时期，县政的实施不仅可以稳定地方社会管理，而且可以提升综合国力，这正是秦谋取霸业所需要的。因此，当时其国内关于县政设置的问题未见太大的争议。但秦之霸业已成之后，时局发生了前所未有的变化，秦之疆域不再局限于边陲之地。如何应对区域广袤、政治形态各异、风土人情繁杂、各地语言不通等前所未遇的新情况和新挑战，是摆在秦帝国政治集团面前至为关键的一个问题。正是在这种情况下，治国之策成为当时最为切要的现实问题。为适应"统一"的政治局面，调适各诸侯国的政治遗产，探寻具有普遍意义的策略以规范全国行为，似乎已在统治集团中达成共识。诸如"车同轨""书同文""统一货币、度量衡"等政策的出台都没有遭遇太大的阻力。但在是否推行郡县制这个事关中央与地方关系的关键问题上，政治集团内部产生了重大分歧，形成了以丞相王绾为首的分封派与以廷尉李斯为首的郡县派。

考虑到新建秦国辖域内部环境的复杂，人心不稳，国内反对力量的存在以及新破齐、燕、楚等国处偏远之地等因素，要想稳定政局，最佳途径莫过于继承西周时期派王公子嗣、功臣镇守的管理模式。因此，王绾奏曰，"诸侯初破，燕、齐、荆地远，不为置王，毋以填之。请立诸子，唯上幸许"，[1] 力倡行分封之实。与王绾相反，李斯认为，西周礼崩乐坏的根源正在于分封，他进一步指出："周文武所封子弟同姓甚众，然后属疏远，相攻击如仇雠，诸侯更相诛伐，周天子弗能禁止。今海内赖陛下神灵一统，皆为郡县，诸子功臣以公赋税重赏赐之，甚足易制。天下无异意，则安宁之术也。置诸侯不便。"始皇帝嬴政认为："天下共苦战斗不休，以有侯王。赖宗庙，天下初定，又复立国，是树兵也，而求其宁息，岂不难哉！廷尉议是。"[2] 于是，秦"不立尺土之封，分天下为郡县"。[3] 秦始皇"分天下以为三十六郡"，取消所有封邑，建立起严密完善的郡统县的行政区划体系，使普天之下之县真正成为以"官僚制"为基石的皇帝直属之地，县政得以在秦正式确立并在全境推行开来。

1　（汉）司马迁撰《史记》卷 6《秦始皇本纪第六》，第 238—239 页。

2　（汉）司马迁撰《史记》卷 6《秦始皇本纪第六》，第 239 页。

3　（东汉）班固撰《汉书》卷 28 上《地理志第八上》，中华书局 1962 年版，第 1542 页。

二 秦代关于县政的制度设计

为了更好地加强国家集权，充分发挥郡县制的管理职能，秦代统治阶层充分汲取了前期相关制度成果，对郡县制进行了精心设计，并以法律的形式颁行全国。

（一）管理层级

根据现代管理学理论，行政管理的层级越多，越利于中央政权的管控，而管理的层级越少，越利于地方社会治理。从行政管理和社会治理两方面求得平衡看，中国古代国家行政组织管理层级设定往往保持了一定的稳定性，并没有出现太大的变化。沿用战国旧制，秦代之地方行政管理体制继续实行严格的"郡""县"二级制。郡与内史为当时第一级管理层次，为中央的直属机构；在郡或内史之下又设县，为秦代的基层管理机构，即第二级的管理层次。这样，县级政权以下民众都被纳入了县的管辖之内。

秦代县的设置标准是根据人口与疆域的大小来确定的。为了对少数民族地区实行有效管辖，秦代特别把少数民族地区的县称为道，以示其特殊性。后来，随着疆域与管控人口的增多，秦仍未增加管理层级，而是采取增加郡、县数目的方法来适应新的形势需要。秦的郡数从原来的三十六郡增加到四十八郡或者更多。鉴于史料缺乏，终秦一代，县之数量无可考。

秦之县下有乡、亭等基层组织，为县的下属结构。秦代中央政府不对乡、亭等基层组织进行直接管辖，而是委托给县级行政管理组织。按照当时规定，县下乡的辖域大致有方圆十里，每乡又细分为十亭。

（二）官署设置

承袭六国旧制，秦把郡的行政长官称为"郡守"，此外还设监御史、郡尉之职。秦在都城附近不设郡守，而置内史一职，以重事权。除了治理京都地区，内史还得以参加朝廷的会议，身份与列卿同，地位大大高于郡守。基于此，秦代地方郡守政绩卓越者往往能够升迁为内史，以示提拔。此是县之直接上属。

秦之县官设置，同样基本沿袭秦国旧制。《汉书》中有如下记载："县令、长，皆秦官，掌治其县。万户以上为令，秩千石至六百石。减万户为长，秩五百石至三百石。皆有丞、尉，秩四百石至二百石，是为长吏。百石以下有斗食、佐史之秩，是为少吏。"[1] 根据所管辖户数的多少，县之长官享有不同的政治特权，享受的俸禄也有明显的差异。

县令、长之下，置丞一人、尉一人。县丞协助县令、长办事。县尉在县令、长领导之下，统率全县兵卒，缉捕盗贼，维持治安。县丞、县尉是县令、长的重要辅佐官，称为"长吏"。此外，县令、长还有其他一些职级更低的辅佐官，诸如主吏（又名功曹吏，协助县令、长选用少吏以及对少吏进行考核）、令史（掌管文书）、厩司御（主管车马）、仓吏（掌管粮仓）、狱掾（掌管监狱）等。不难看出，县之官署所涉县政事务已经包括民政、教化、治安等。县级管理组织为了更好地管理地方事务，在乡、亭等基层组织也设置了相关的官吏，这类官吏的任免权由县级管理组织直接负责。一般情况下，乡置三老（掌管教化之职）、有秩或啬夫（征收赋税、摊派徭役、协调纠纷、判断曲直）、游徼（维持地方治安、缉拿罪犯）等。亭设亭长一人，主要负责地方治安与缉拿罪犯，亭长下有卒二人，[2] 分别协助缉拿罪犯及看管居民庄寨。这样，在县域内形成了分工明确、层级负责、完整周密的治理体系。

（三）官吏的选拔方式、待遇及考核

秦之县级官员选拔制度，改原来的世袭制，县令、长由中央任命，丞、尉等属官也由中央任命。其他职级更低的官吏则由县令、长根据需要进行选拔。这样，完全脱离以亲缘为特征的分封制窠臼，而代之以才能和功用为标

---

1 （东汉）班固撰《汉书》卷 19《百官公卿表第七上》，第 742 页。
2 参见《汉书》卷 19《百官公卿表第七上》，第 742 页。

准的崭新官僚体制。这种人事制度改革，在世界范围内都具有重大突破意义，是国家治理体系从早期状态发展到成熟状态的重要标志，如果用马克斯·韦伯的相关理论进行分析，这是具有现代价值因素的制度变革。

秦代官员推行官僚制，以俸禄制取代原来的封邑制。从秦代的官吏等级来看，大致分为三层，秩俸在六百石以上者为高级官吏，县级官员中只有县令属于此列；百石到六百石秩俸的属于第二层级，为中级官吏，其中县长、县丞与县尉均属此列；秩俸百石以下者为下级官吏，又称少吏，诸如乡官、亭长均属此类。[1] 前两级官吏均由中央直接任免，只要不触犯国家法律或犯重大错误，一般具有终身为官的特权。下级官吏由地方官吏任免，不具有终身为官的特权，被贬谪与废黜的风险极大。

秦代继承了早期的官员考核制度，除继续执行"上计制度"外，还以派遣监御史的方式对地方官员进行考核与监控，把地方官员上报情况与监御史考核情况结合，对相关官员给予不同等级的评判，根据评判结果制定奖赏与惩罚的标准，并决定其升降。

秦代县政在全国的普遍推行，对中国地方行政管理模式创新产生了深远影响。从行政管理体制创新角度而言，秦代行郡县之制，是针对当时社会需要而进行的一种行政变革的新尝试，它是对西周以来宗法分封制的一种否定，代表了历史发展的前进方向；从国家集权角度而言，郡县制的推行规避了地方势力挑衅中央权威的风险，保障了皇权的独尊和大一统的集权统治；从社会管理层面考察，通过赋税和徭役的调控，中央切实掌控了维系帝国运行的命脉——财政等。

与此同时，我们还应进一步思考，郡县制在保障中央集权的同时，是否也因过度凸显集权而限制了地方政权管理才智的发挥？当面临重大危机时，

1　〔日〕池田雄一：《中国古代的聚落与地方行政》，郑威译，复旦大学出版社2017年版，第523页。

中枢有误则致地方顿失效能，秦朝短命是否与郡县制骤然推进而适用不当或时机不适有着某种内在牵连？这些值得我们警醒与反思。但从长远看，郡县制对国家治理与统一的重要作用是毋庸置疑的。

三　汉代县政的推行与曲折

秦代的短命使郡县制的社会效果无法得以充分体现，汉代自然成为秦代郡县制的试验场，因此，学界所盛传的"汉承秦制"当然适用于县制。如果仅从法制因革流变层面看，上述言论的正确性是无疑的，但从治国理念与政治思想层面着眼，反思秦政之弊与规避秦政风险却是汉代行政革新的主流。在这种思想指导下，秦代的县政流弊得以进一步批判与继承，"批判与继承"是汉代县政与秦代县政关系的正确表达。

基于此，西汉在县的设置上基本沿用秦代旧制。譬如，县的区域设置、县的行政长官名称、县的大小等级、县令长佐属官吏的设置、县下行政组织、县之官员选拔方式、考课以及监察方式等，都与秦代旧制有着密切的继承关系。但由于秦汉政权统治时间的不同，治国理念的差异以及汉代陟升陟降的政治局面，汉代县政必然带有新的时代特点，具体表现在以下几个方面。

（一）县级设县、道、侯国、邑——县的形式多元化

除了继续在少数民族集聚地或边远地区设置特殊的县——道，汉代另外设置了两种特殊的县——邑与侯国。这是与当时郡国并行的政治特点相适应的。汉代霸业初成，治国策略的抉择再次成为新兴政权的重大历史课题。经过汉帝国政要们的审慎反思及抉择，郡县与封建分封相结合的治理模式成为汉代初期治国理念的主流。[1] 至于分封制度何以再次兴起，学界将其归因于

1　西汉前期曾"郡国并行"，虽在汉初起到稳定局势作用，但也有地方政府威胁中央权威的巨大隐患，招致"七国之乱"。自景帝平定"七国之乱"至武帝颁行"推恩令""左官律"，王国虽存，但已名存实亡。至东汉末年，"郡国并行"彻底消除，郡县制得以完全恢复。

"革秦之弊必行封建的社会思潮"、"六国贵族复立社稷的努力"与"军事实力派裂土称王的刻意追求"三个方面。[1] 分封制为侯国与邑——这种特殊县的出现提供了政治基础。

随着西汉政府的封王治理举动，一些新的行政组织开始产生，如"列侯所食曰国"，最终致使王国与侯国勃兴。随着分封的大力推行，这种政治举动又为地方政权抗衡中央权威带来了隐患。为了消弭这种政治风险，汉中央政府不能不对王国与侯国的权力加以削弱与限制。首先，规定侯国的侯不得过问本国的政事，而是由中央直接派员——相进行管理。侯国的相为最高行政长官，因其为中央直接派遣，所以听命于中央，受郡太守管辖，相与侯之间没有臣属关系，当然侯也不能以臣属对待相。其次，中央可以免除侯的爵位或掌控侯的生杀大权。经过双重限制，侯国尽管是分封的产物，但与其他县已无大的区别。需要指出的是，在侯国内部，侯尽管不问政事，但仍享有一定政治特权，可向民众征收赋税，侯府内设有大批属官，听命于侯。侯国的相等同于县令长，下设同等于县的佐属官吏，协同相行使管理职权，侯国底层也同样设置乡、亭等基层组织。由此着眼，侯国与其他县名异而实同。

邑是另一种特殊的县。据《汉官旧仪》记载："内郡为县，三边为道，皇后、太子、公主所食为邑。"[2] 由此可见，邑在汉代也较为普遍。总体而言，根据性质不同，汉代的邑又大致可以分为两类。一为公主的封地。此类邑所见文献有"公主所食曰邑"、"皇女皆封县公主，仪服同列侯"，以及"皇女封公主者所生之子，袭母封为列侯，皆传国于后"。[3] 二为陵邑。特指专为祭祀和守卫陵园之用，而在皇帝或太后、太上皇陵墓周围所设之县。由于陵邑

1　孙家洲：《楚汉"复封建"述论》，《贵州社会科学》1990年第6期，第57—58页。

2　（东汉）卫宏撰《汉官旧仪》，见（清）孙星衍等辑《汉官六种》，中华书局1990年版，第50页。

3　（东汉）班固撰《汉书》卷19《百官公卿表上》，第742页；（南朝宋）范晔撰《后汉书》卷10下《皇后纪第十下》，中华书局1965年版，第457页。

所设之目的在于突出皇权，其政治特殊地位在职官设置与享有特权上也必然有所表现。譬如，不管陵邑所辖疆土大小，其长官皆称为令，[1] 这与汉代大县置令的习惯做法显然不同。另外，即便陵邑位于三辅之地，也不隶三辅，而属太常，借以突出皇家园林的崇高地位。

综观汉代县制的发展，县的数量与政局是否稳定或人口多寡有着密切的关系，其灵活变动的特色十分明显。据《汉书》卷 19《百官公卿表》记载："凡县、道、国、邑千五百八十七。"[2] 而光武中兴后，因战乱人口锐减，县级政府数量有所减少，明帝以后，县级政府数量逐渐有所增加。[3]

（二）县政设置理念更为合理

为了适应当时的政治局势，更好行使管理之责，汉代县政创设相较于前代有了多方面的创新。

首先，根据政务繁简划分县的等级。汉代除按统辖人口多寡与地域大小设定大县与小县外，又根据治理的难易程度，把县分为剧县、平县两种类型。剧县乃为政务繁重难治的县，地位重要；平县则是地位不那么重要的县，政务亦相应减少。剧县与平县的长官待遇不同，除了秩次有高下，其他方面剧县也比平县待遇要高。《后汉书·袁安传》中有"三府举安能理剧，拜楚郡太守"之说。[4] 这种管理创新，一定程度上关切了重要地区的政治利益，凸显了政府管理能力的提升。

其次，扩大郡县管理职责范围。相较于秦代县的管理职责，汉代的郡县机构更为庞大，管理范围也有所增加。与此同时，汉代郡县还派出了督邮部、廷掾部、亭部，这种地方政务机构的派出机构，除了在某种程度完成上级政

1　（东汉）班固撰《汉书》卷 3《高后纪第三》，第 99 页。

2　（东汉）班固撰《汉书》卷 19《百官公卿表第七上》，第 742—743 页。

3　苏俊良：《汉朝典章制度》，吉林文史出版社 2001 年版，第 79 页。

4　（南朝宋）范晔撰《后汉书》卷 45《袁安传》，第 1518 页。

府对县级官员的监督任务，更重要的是在于协助县府完成管理任务。至于汉代县的管理职能，其范围进一步扩大，以现在行政事务归类，大致可以分为八种："一、主管民政方面的：有户曹、田曹、时曹、水曹及无曹署主土木兴作之吏将作掾。二、主管财政方面的：有仓曹、金曹。三、主管交通方面的：有集曹、法曹及无曹署的邮书掾、道桥掾、厩啬夫等。四、主管军事方面的：有兵曹、尉曹及无曹署的库啬夫。五、主管司法方面的：有贼曹及狱司空、狱掾史等。六、主管社会治安、维持社会秩序的：有市掾、守津吏、传舍、候舍吏等。七、主管文教方面的：有校官、祭酒。八、主管少数民族事务的：有盟掾等。"[1] 上述资料表明，随着社会的发展，县政治理范围随之扩张且更加具体、切实和细化。

再次，对官员身份给予一定程度的限制，以此消弭政治风险。汉代郡县之主要官职均由国家委派产生，官例明文规定不得起用本地人，此举在于预防官吏裙带关系的出现、贪赃枉法及地方性官僚政治利益集团的形成等。至于县令长的佐属官吏及掾属，则规定从当地人士中辟用。就其政治设计而言，也在考虑具体管理制度操作过程中的现实性，因为县之官长必须借助地方势力才能更为有效地实现管理功能。两汉长治久安，号称盛世，与这类政治设计当不无关系。

最后，县的管理层级更为科学。汉代县以下组织与秦大致相同，分乡、亭、里、什、伍等。尽管乡、亭划分的标准依然按照所辖人口、地域多寡，但其职权和系统与秦代比已经发生了很大的变化。《汉书》有载："大率十里一亭，亭有长。十亭一乡，乡有三老、有秩、啬夫、游徼。三老掌教化。啬夫职听讼，收赋税。游徼徼循禁贼盗。县大率方百里，其民稠则减，稀

1　袁刚：《秦汉县政府机构设置与行政职能》，《南都学坛》（哲学社会科学版）2000 年第 2 期，第 1—2 页。

则旷，乡、亭亦如之，皆秦制也。"[1] 其中，"有秩"并非常制，而要根据乡之人口、地域及管辖事务多寡而定。三老、啬夫与游徼则为定制。"有秩"由郡加委，"啬夫"则由县加委，"有秩"地位自然高于"啬夫"。亭有亭长，以禁盗贼。大亭另设亭侯等职。里设里魁，掌理百家事务，旨在扶善除恶。

（三）县的官吏选拔与管控更加严密

按照儒家政治治理"贵在得人"的理论，县制的实施效果必须要有一批合格的官员才能得以保障。汉代中央政府认识到了官员的重要性，对官吏的选拔与管控进行了诸多有益尝试。然而，由于历史局限性，汉政府还没能寻找出一种稳定的官员铨选制度，正如瞿蜕园所说，"在两汉时代，还不曾订出详密的铨选制度，官吏之任用没有一定程序"[2]，但他们为此所做出的诸多努力，当有诸多值得称道之处。

除遵照传统察举方式，通过考核孝廉、茂才、贤良方正与文学（通常指经学）、明经、明法、尤异、治剧、兵法、阴阳灾异及其他临时规定的特殊科目，以从功臣与文吏阶层中选拔县官外，当时皇帝还往往采取直接从社会名人中选拔人才的"征召制"、高级官吏自己挑选人才为僚属的"辟除制"，以补县级长官之缺。尽管当时还有靠恩荫取得官位的"任子制"与用钱和谷米买官的"纳资制"，但这两种方式并不是汉代选官方式的主流。

至于侯相之职，中央任命的方式也很多：一由侯相之属吏升迁；二由县令升任；三由其他官吏改派；四由县长超迁；等等。这种由低级官吏升迁为更高级官吏或要职的做法，势必有利于激发县令长及属吏的积极性。其实，在汉代，县令之升迁途径也很多元，大致有四：一为迁守相、都尉；二为迁

1　（东汉）班固撰《汉书》卷19《百官公卿表第七上》，第742页。
2　瞿蜕园：《历代官制概述》，（清）黄本骥：《历代职官表》，中华书局1965年版，第5页。

司隶、刺史；三为迁尚书、中郎将；四为迁谏议大夫；等等。由此可知，彼时县级官吏升迁机会和空间还颇为可观。

为了保障郡县官吏遵纪守法，汉代政府还对他们进行了严格监管，具体做法如下。

首先，对官员进行严格考核。郡、国考课属县，是同中央考课郡、国一脉相承的，郡、国上报中央的计簿，以属县上报的计簿为据。中央考课郡、国是在岁尽年初，郡、国考课属县则在这以前。"汉时，八月案比，而造籍书"，[1] 也就是说，属县八月开始检查治状，编造计簿，于秋冬遣吏上计于所属郡国。《后汉书·百官志》"县、邑、道、侯国"条，本注曰："秋冬集课，上计于所属郡国。"[2] 刘昭注引胡广曰："秋冬岁尽，各计县户口垦田，钱谷入出，盗贼多少，上其集簿。"[3] 史料表明，考课后分列等级，宣明优劣，作为决定升迁黜罚的依据记录在册。总之，包括县令长下属在内，汉代各级官吏及下属，均依其职事成效由长官加以考核，评定优劣，作为升迁举荐依据，并渐成定制。

其次，以"行县"方式对县令长进行监督。在汉代，县令长的监督管辖权归属于郡的最高行政长官郡太守。郡太守通过"行县"亲自行使监督权。据《后汉书·百官志》记载："凡郡国皆掌治民，进贤劝功，决讼检奸。常以春行所主县，劝民农桑，振救乏绝。秋冬遣无害吏案讯诸囚，平其罪法，论课殿最。"[4] 郡太守"行县"在每年春季举行，目的相当广泛，诸如"劝务农桑"，传布教令，选拔人才，平反冤狱，都在其范围内。但是，郡太守"行县"的根本目的是考察和整顿吏治，兼考课和监察的双重功能。郡太守由于

1　（东汉）郑玄注，（唐）贾公彦疏《周礼注疏》，上海古籍出版社 2010 年版，第 385 页。

2　（南朝宋）范晔撰《后汉书》志第二十八《百官五》，第 3622—3623 页。

3　（南朝宋）范晔撰《后汉书》志第二十八《百官五》，第 3623 页。

4　（南朝宋）范晔撰《后汉书》志第二十八《百官五》，第 3621 页。

集一地区各种大权于一身，一旦发现违法官吏后，可以马上处理。如宣帝时尹翁归为东海太守，"明察郡中吏民贤不肖及奸邪"者，每当"课吏大会及出行县"，常常加以逮捕。[1]

再次，派出监察机构，常年行使监督职能。郡太守每年定期向各属县派遣郡督邮，以数县为一个督邮部；各县令长也派自己的廷掾巡回督察下属各乡，以数乡为一个廷掾部；乡下再有县派出机构曰亭，以若干里为一个亭部，逐渐在全国范围内形成一个较为严密的监督官吏体系。应该说，这个监督体系是汉代治理体系的重要环节，是具有重要历史意义的制度创新。

加强县域吏治，依法严格惩治官吏贪腐行为，是汉代县官管理的重要举措。汉代特别重视严惩贪污盗窃行为的立法。如汉文帝时期，定律曰："吏坐受赇枉法，守县官财物而即盗之，已论命复有笞罪者，皆弃市。"[2] 现实生活中，官吏因贪腐而受严厉处罚者大有人在。如《后汉书·儒林传》记载："是时邵陵令任嘉在职贪秽，因迁武威太守，后有司奏嘉臧罪千万，征考廷尉，其所牵染将相大臣百有余人。"[3]

从社会管理效果考察，汉代县制不仅有利于汉代社会基层社会治理，维护汉廷中央集权，还能有效协调不同地区经济、政治及军事发展平衡，更能对少数民族及边疆地区实行有效管理，对汉朝的强大起到了重要保障作用。当然，由于汉廷仅对县的长官直接进行选拔、考核与废黜，极易产生掾属对县官的绝对忠诚及为县官所完全控制的局面，会给政局安定带来一定的潜在威胁。这是我们评价这一时期县政必须正视的问题。

秦代开创的郡县之制，开启了中国古代地方行政管理政府的创新模式。然而，由于历史局限，加之秦之短命，县政没能在秦代达到预期效果。汉朝

1　（东汉）班固撰《汉书》卷 76《赵尹韩张两王传》，第 3207—3208 页。

2　（东汉）班固撰《汉书》卷 23《刑法志第三》，第 1099 页。

3　（南朝宋）范晔撰《后汉书》卷 79 上《儒林列传第六十九上》，第 2564 页。

的建立及国力渐趋强大，为县政实施提供了平台。历经汉代的继承与发展，中国传统县政基本定型，对中国后来县政发展产生了重要影响。然而，县政实施的效果需要稳定的政局、统一而强大的政权组织、清明的社会风尚以及法制环境的良善等因素为支撑。而上述外在因素的具备，在中国古代社会是一件可遇不可求的事情，换言之，县政的形式尽管在中国传统社会长期存在，但真正能够达成良好效果的时期并不多见。县政的复杂与曲折应该成为传统社会的重要特征。

第三节 魏晋南北朝与隋唐时期的县政变革

由魏晋南北朝至隋唐，中国的政治时局再次经历陡降陡升的变化，先是呈现较长时期的混乱，而后经隋代的短期统一后，随之建立起一个强大的盛世王朝唐朝。与政治时局相维系，这一时期的地方行政制度也呈现复杂多变的特点。这一时期州、郡制度呈现明显的军事化状态，县政的变化则相对稳定，县政在中国传统社会基层治理中的重要性得以充分体现。在这一动荡的社会时期，正是县政对自给自足的经济形态具有的巨大调整功能，使社会生产、抗洪赈灾、基层社会治理等得以正常开展，进而促进社会的发展。

单就县政本身的发展而言，这一时期还呈现了随时局变化的鲜明特征。三国时期，由于军事割据，社会动荡，各割据政权所辖区域变化不定，根本无暇顾及县政治理的完善。及司马氏篡魏，西晋一统，县政赖以存在的中央集权形成，汉末县制得到继承与发展。然而随着西晋王朝短期内的灭亡，南北分裂，县制各自在南、北区域走向不同的道路。在南朝，出于正统观念、经济现实需要以及南迁北方大族利益需要，侨州郡县大行其道。而侨州郡县与当地州郡县并行，势必引发地方辖属系统的调整，对县制发展产生重大影响。在北朝，北周多用周礼旧制，县制与南方表现出明显不同。

一　魏晋南北朝县政的动荡

魏晋南北朝是中国政治动荡的时期，战乱频仍与四分五裂的政局既给制度创新提供了可能，也为原本存在的常态制度发挥实际效能带来了潜在困难。其间，即便有短期统一，由于维系社会稳定与恢复发展生产为当时首要任务，因袭旧制往往是最为简便可行的方法。为了应付变化多端的政局，一些特殊的地方行政管理制度也应运而生。譬如，军民分制的"双轨制"、"侨置"、"虚设"以及门阀氏族政治等。鉴于统一政局存在时间较短，即便出现一些有雄才大略的帝王，疲于应付的战乱亦使他们无暇顾及县制的革新，因此，以往学界认为这一时期的县政建设并无大的建树，新的制度创新直到隋唐时期才得以出现。其实，如果我们能够排除偏见，用实事求是的态度考察这一时期的县政变革，依然能够发现其中存有诸多可取之处。概其要，有如下方面。

（一）从制度上削弱地方势力

鉴于前朝分封流弊，削弱地方势力势必成为新制革新的着力点。然而，地方势力的过度削弱又会直接影响地方行政能力的发挥，同样不利于统治阶级的自身利益。为了达到既能有效履行地方管理职能，又不会引发地方势力大增进而威胁中央权威，北魏政权采取了州设三刺史、县设三守令的办法，通过增加长官人数、明确各长官的具体司职范围的方式，来达成权力制衡的目的。在三位县守令中，一为鲜卑贵族，一为拓跋宗室，一为汉人。前两人均代表中央政权之意旨，汉人一般为富有行政管理经验者。这种县官设置方式既有利于中央政府监管地方，又保障了地方管理事务的达成，同时还预防了地方官吏的专断与势力增加。这种以拓跋贵族为中心的不同民族的联合统治模式，是北魏时期县政的特色。这种官位设置，也突出表现了当时民族歧视的政治特征。

由于长期战乱，县下的乡里制度逐渐被"宗主督护制"取代。对国家治理而言，这种新制存在更大的政治风险，因为豪强地主可以借助国家给予的权力进行疯狂掠夺，使自己的势力急剧增大。同时，他们也利用职务之便隐瞒土地及人口数量，逃避国家赋税与劳役之责，给国家财政造成巨大损失。针对这一弊端，北魏时期，经过群臣广泛议论，掌握实权的冯太后决定："立三长，则课有常准，赋有恒分，苟荫之户可出，侥幸之人可止，何为而不可？"[1] "三长制"就此开始在北魏推行。所谓三长制，即"五家立一邻长，五邻立一里长，五里立一党长，长取乡人强谨者。邻长复一夫，里长二，党长三"。[2] 这种制度的实行，有利于中央加强对基层的控制，并在一定程度上抑制豪强地主势力的扩张。

（二）激发县官潜能，提升管理水平

把具有县级管理经历作为担任高官与要员的重要参考条件。晋制"不经宰县，不得入为台郎。魏肃宗时，吏部郎中辛雄上疏，以为郡县选举，缧来共轻，宜改其弊。分郡县为三等，三载黜陟，有称职者方补京官。如不历守令，不得为内职，则人思自勉"。[3] 毫无疑问，晋至北魏时代这种重视基层行政经历的举措，必然大大促进包括县官在内的基层官吏精心于政务。从国家治理层面看，一些政要高官多由具有丰富基层经验者充任，也有利于达成"事通政举，少所窒障"的局面。与此同时，这种选官制度在一定程度上也杜绝了一些无实际能力却奸猾善于溜须逢迎者混进官员队伍，进而保证了官员阶层的相应素质与治理水平。

---

1 （北齐）魏收撰《魏书》卷 53《李冲传》，中华书局 1974 年版，第 1180 页。

2 （北齐）魏收撰《魏书》卷 110《食货志》，第 2855 页。

3 （唐）杜佑《通典》卷 33《州郡下》，中华书局 2016 年版，第 912 页。

"唯才是举"成为选拔官吏的重要标准。为鼓励县长任职官，促进其治县理县，制定灵活的县官升迁制度。北魏曾下诏："县令能静一县劫盗者，兼治二县，即食其禄；能静二县者，兼治三县，三年迁为郡守。二千石能静二郡，上至三郡，亦如之，三年迁为刺史。"[1] 这明确表明，县令只要有足够才能，且能安心于本职工作，并能够做出相应成绩，即可按照一定规程升迁。这对培养风清气正、公开清明的政治风气，有着积极的引导作用。

为使县官的仕途畅通，明确县官的任期。关于县官的任期，此前并无记载，后魏时期律令规定"县令六年为满，满后六年乃叙"[2]，任职期间考核成绩优异者，可以因之升迁。这种政策有利于促使县令在任内安心管理事务，提升政绩，以图仕途进展。

（三）县之官职设置的规范化

统一县官称呼。自县制发轫起，县官称呼从不统一，往往大县称之为令，小县称之为长，这似乎已成惯例。令与长的差别不仅体现在称呼上，其俸禄与未来的仕途前景也有很大的差别。北齐、北周之际，县之长官不论等级都称为县令。这有利于县官的管理，也有利于其积极性的发挥。

明确县之官吏的不同职责。如《晋书·职官志》载："郡国户不满五千者，置职吏五十人，散吏十三人；五千户以上，则职吏六十三人，散吏二十一人；万户以上，职吏六十九人，散吏三十九人。""郡国及县，农月皆随所领户多少为差，散吏为劝农。"[3] 由此可见，晋代在郡县等基层行政单位设置许多散吏，专门用于"劝农"。此外，北齐县制中还专门设有管理商务的官职——市长[4]。考虑到中国传统社会重农轻商的文化认知，北齐能够专设此类

1　（北齐）魏收撰《魏书》卷7上《高祖孝文帝》，第138页。

2　（唐）杜佑《通典》卷14《选举二·历代制中》，第342页。

3　（唐）房玄龄等撰《晋书》卷24《职官志》，中华书局1974年版，第746页。

4　廖从云：《中国历代县制考》，中华书局1969年版，第40页。

官职，足以说明当时政府已经认识到了商业在社会发展进程中的重要作用，并对商业发展给予了一定程度的重视。鉴于史料的缺乏，县级官吏分工情况缺少详细的记载，但由上述两例可以证明，这一时期的县级官吏设置分工是十分明确的。

重视县下基层行政组织建设。为更好发挥县级行政组织的官吏职能，县级以下行政组织设置也是当时县制变革的重要组成部分。《晋书》载："县五百以上皆置乡，三千以上置二乡，五千以上置三乡，万以上置四乡，乡置啬夫一人。乡户不满千以下，置治书史一人；千以上置史、佐各一人，正一人；五千五百以上，置史一人，佐二人。县率百户置里吏一人，其土广人稀，听随宜置里吏，限不得减五十户。户千以上，置校官掾一人。县皆置方略吏四人。"[1] 这种根据县域人口的疏密程度，设数量不同的乡建制单位和配置数量及职别不同的基层管理吏员的制度安排，是相当灵活与务实的，适应了不同地区不同情况的管理需要。

（四）因地制宜创设特殊的县制形式

魏晋南北朝时期，社会不断发生巨大变动，原有常规县制模式无法满足形势需求，因而根据时势变化和特殊情况需要，因地制宜地设置了一些特殊的县制形式。

第一，侨县的设置。

西晋时期，永嘉之乱致使大量北方难民南奔，纷纷迁往江淮以南地区，形成中国历史上第一次由北向南的移民潮。这次移民潮呈现"宗族部曲集体迁徙"、人口多、持续时间长及牵涉范围广等特点。为了应对这种人口动荡与迁移，招抚与安顿流民，东晋政府在长江流域设置了许多新的侨居之地，并按照当时行政管理制度，设置新的州、郡、县三级行政区划，并保留原迁地

---

[1] （唐）房玄龄等撰《晋书》卷 24《职官志》，第 746—747 页。

的政区命名及籍贯。为了区别新旧行政区，后来在侨郡州县前面加"南"，以示有别。尽管当时侨县设置非常之多，但从行政管理角度考察，这种异地设置的县并不是真正的行政区划，大部分没有"实土"，既无一定的幅员，又无明确的边界，层级也不完善，它是寄托在南方固有的行政区划中的另一套行政管理体系，而且仅仅是同一本贯的侨迁移民的集合体。

第二，遥领与虚封的县。

三国两晋南北朝时期，战乱频仍，各分据势力均假托正统之名，希望成就霸业。但由于四分五裂的客观现实，任何一个政权势力都无力在短期内实现国家统一。在这种情况下，为了凸显自己的正统性或提升士气，各政权势力都把对方实际控制的地区纳入自己的行政管理范围之内，并按照本领地的习惯做法，分别制定一套行政组织系统与官员设置等，这种做法被称为"遥领"。此外，随着战乱的加深，战乱区人口大量外逃，战区的行政管理组织名存实亡，几乎成为一个摆设。随着这种现象的增多，各分立政权也逐渐习惯给功臣一些有名无实的郡县封地，以拉拢人心。这种现象被称为"虚封"。"遥领者，不入版图之地，而别于国内他处设刺史、郡守以辖之也。虚封者，则仅有封爵而无实土之谓也。"[1] 这种制度是分裂时期的特殊产物。无论遥领还是虚封的县，其实都不具备行使管理职能的条件，也不可能给当时的行政管理带来实质的现实意义。但从当时的政治宣教层面及行政管理角度来看，这种做法还是有一定的积极意义。

第三，左县的设置。

这一时期延续了对少数民族施行羁縻政策的传统，在少数民族集聚地区设置大量"左郡"与"左县"，因当时少数民族被习称"蛮民""蛮左"，故名，这一称呼含有明显的歧视少数民族的倾向。南朝宋、齐设置的左县较多。

---

[1]　顾颉刚、史念海：《中国疆域沿革史》，商务印书馆 1999 年版，第 100 页。

南朝宋时的左县有晋熙郡太湖左县，江州南新蔡郡阳唐左县，郢州西阳郡蕲水、东安、建宁、希水、阳城诸左县等；南朝齐有豫州南汝阴郡南陈左县，晋熙郡太湖左县，南豫州庐江郡吕亭左县，江州南新蔡郡阳唐左县，郢州西阳郡义安、希水、东安、蕲水诸左县等。[1] 左县设置在保持各族的文化习俗的同时，还委派少数民族首领充任左县县令。同时，还通过对其首领封王封侯的方式实行羁縻统治。这种左县制度，继承了以往对少数民族"因俗而治"的传统，也为唐代羁縻州县制度奠定了基础。

由于三国两晋南北朝时期战乱频仍，社会动荡不安，中央集权的孱弱以及政权更迭急促等原因，县政创设中虽出现一些积极努力，但效果不佳。因局势动荡，地方各自为政，州、郡、县数量均大增，有些建制近于虚设，机构多、官多的乱象就难以避免。统一稳定的政局、强有力的政权中心力量才是县政治理效果得以正常化体现的前提保障。

二　隋朝的县政创新

隋朝建立不久，便于公元 589 年灭掉了南方的陈王朝，彻底结束了长达三百年的战乱与分裂局面，统一的多民族国家又重新建立。隋初，在行政管理制度上继续沿用南北朝以来的州、郡、县三级制和中央派遣地方官与地方长吏自辟僚属相结合的制度。地方机构庞大，加之州郡体制混乱，"或地无百里，数县并置，或户不满千，二郡分领"，以致出现"民少官多，十羊九牧"的局面。[2]

为了整治这种乱局，隋文帝杨坚采取了一系列巩固中央集权制的措施，如奖励良吏，严惩贪官，调整和加强从中央到地方的各级统治机构，以及检

1　（南朝梁）萧子显撰《南齐书》卷 14《州郡上》、卷 15《州郡下》，中华书局 1974 年版，第 250—277页；（南朝梁）沈约撰《宋书》卷 36《州郡二》、卷 37《州郡三》，中华书局 1974 年版，第 1076—1128 页。

2　（唐）魏徵等撰《隋书》卷 45《杨尚希传》，中华书局 1973 年版，第 1253 页。

查户口，最终形成"户口益多，府库盈溢"的强大中央集权的国家政权。

文帝的改革方案吸收了前朝的经验与教训，尤其是综合前朝政治制度成果而予以创新，做出了突出贡献。陈寅恪认为："凡江左承袭汉、魏、西晋之礼乐政刑典章文物，自东晋至南齐其间所发展变迁，而为北魏孝文帝及其子孙摹仿采用，传至北齐成一大结集者是也。其在旧史往往以'汉魏'制度目之，实则其流变所及，不止限于汉魏，而东晋南朝前半期俱包括在内。旧史又或以'山东'目之者，则以山东之地指北齐言，凡北齐承袭元魏所采用东晋南朝前半期之文物制度皆属于此范围也。又西晋永嘉之乱，中原魏晋以降之文化转移保存于凉州一隅，至北魏取凉州，而河西文化遂输入于魏，其后北魏孝文、宣武两代所制定之典章制度遂深受其影响，故此（北）魏、（北）齐之源其中亦有河西之一支派。"[1] 由此可见，隋朝政治创制吸收历代政治遗产的特征很是明显。

隋代关于县之改革，主要做了如下几个方面的努力，并取得一定的成效。

（一）恢复郡县二级管理体制，削减地方政府数量

隋文帝在开皇三年（583）根据"存要去闲，并小为大"的原则，下令废除郡的建制，以州统县，形成了州县二级地方行政体制。同时又整顿州县，改九级为四级，合并一些州县。《隋书·地理志》云，"开皇三年，遂罢诸郡"。炀帝大业三年（607）又改州为郡，仍为二级，唐沿之。隋炀帝虽曾改州为郡，改刺史为太守，以郡统县，这只是名称变化而已，其实地方二级行政制度并未有变。炀帝还大力并减郡县，全国有190郡，1255县。[2] 这种合并州县，减少地方行政机关层级与削减地方行政官吏的人数和职权的做法，毫无疑问既有利于地方行政管理，也有利于中央集权，进而达到社会稳定的效果。

1　陈寅恪：《隋唐制度渊源略论稿·叙论》，生活·读书·新知三联书店1954年版，第1—2页。

2　（唐）魏徵等撰《隋书》卷29《地理志上》，第808页。

（二）削弱官吏实权

为了限制地方势力，隋朝规定本地人不能担任本郡县官吏，郡县官吏只能从外地人中选拔。另外，强化地方管理的任免权、考核与规范任期及选拔方式等，是隋朝强化中央对地方官吏管控的又一方法。如当时法规规定，九品以上地方官，一律由吏部任免，并由吏部每年考核一次。为了防止本地豪强把持权柄，隋文帝废除了地方官荐举本地人担任佐官的旧制，制定刺史、县令以下的地方官，三年一换，不得延任，且须回避本郡的新规。[1] 为了提升选拔官吏的质量，正式确立了科举取士制度。科举的初试设在县，由知县亲自主持，县衙具体承办，初试成绩优异者方能取得府试资格。

（三）强化对县级官吏的管控

为了凸显中央权威，隋代县制改革中也呈现了强化中央管控县级官吏的倾向。隋代创设"朝集"制，要求郡县等地方官吏每年向中央报告政绩，以便中央对他们进行考核与评价，进而达到监察、管控与获得选拔官吏的主要依据的目的。这是汉代"上计制"的集成与发展。正如史料所载，隋文帝开皇三年规定："别置品官，皆吏部除授，每岁考殿最。刺史、县令，三年一迁，佐官四年一迁。"[2] 此外，隋政府还通过限制地方官吏权力的方式来强化集权。如收回地方官对死罪的处决权，隋文帝开皇十二年（592），"诏诸州死罪不得便决，悉移大理案覆，事尽然后上省奏裁"。[3] 至此，地方政府再无权判处死罪，死罪改由大理寺、刑部等专职部门负责。这种专职部门负责司法的做法，大大减轻了县级等地方官员的职责，从法制文明进程而言，专职人员的参与能更大限度地确保司法公正，在一定层面有助于法律文明的进展。

1　张晋藩：《中华法制文明的演进》，中国政法大学出版社 1999 年版，第 245 页。

2　（唐）魏徵等撰《隋书》卷 28《百官志下》，第 792 页。

3　（唐）魏徵等撰《隋书》卷 25《刑法志》，第 714 页。

（四）对县之组织重新分工

隋代每县各置行政官长——县令一人，县令之下置县丞一人，以佐助县令。县令、县丞之下再置主簿一人，为一县属吏之首，将北魏时开始设置的一县三令制改回常态。主簿之下，又分置户曹和法曹两个部门，办理所在郡县由六司所分管的事务。此外，一些特殊的县，譬如大兴、长安、河南、洛阳四县，因地理位置重要，还另设功曹，主管选署功劳。后隋炀帝又改功曹为书佐。[1]

纵观隋代县政发展，可谓创获颇多，为唐代县政的进一步发展奠定了基础。有学者如是评价隋代制度改革的成绩："隋两代君主对职官制度进行的一系列改革，不仅涉及面宽、规模宏大，而且成效显著，对后世唐制产生了巨大影响；对维护国家统一，消除分裂因素，强化中央权力，提高行政效率，都起了积极的作用。在整个中国古代政治制度发展史上，隋制占有极其重要的地位。"[2] 即便如此，隋朝仅存三十八年，隋政短命的客观现实必使其县制改革的成果与功效大打折扣。

三　唐代县政的进一步发展

唐因袭隋之旧制，并加以规范、完善与体系化，把中国传统县政推向成熟阶段。唐朝的地方行政管理体制早期主要为州、县两级制。后期随着道的地位上升，进而转化成为道、州、县三级制。无论是两级还是三级行政管理，县始终为唐代最基层官府机构。

李唐开国之初，就开始了县域政权建置。唐高祖李渊于公元618年"罢

1　白钢主编，俞鹿年著《中国政治制度通史》第5卷"隋唐五代"，人民出版社1996年版，第249—250页。

2　袁刚：《隋朝政府体制的改革和机构编制的调整》，转引自王浦劬、江荣海主编《政治与行政管理论丛》第1辑，天津人民出版社1999年版，第312页。

郡，置州，以太守为刺史"。[1] 为了配合撤郡建州，唐代地方县域区划调整也就此启动。经由公元 628 年唐统一全国至唐太宗贞观十三年（639）间的县域调整，唐王朝撤郡建州以及地方县域区划设置工作初步完成。贞观以后，新县时有增设，到唐玄宗开元时期达到顶峰。据不完全统计，唐代共有 1500 余县。[2]

为了适应当时社会经济发展的需要，唐代县的职掌范围更为广泛。据《旧唐书》卷 44《职官志三》记载，唐代县令"皆掌导扬风化，抚字黎氓，敦四人之业，崇五土之利，养鳏寡，恤孤穷。审察冤屈，躬亲狱讼，务知百姓之疾苦"。[3] 此外，《新唐书》卷 55《百官志下》以及《唐六典》卷 30《三府督护州县官吏》等均有相关记载。从上述资料可以看出，唐代县级政府的管辖职责多集中在文教宣化（教化民众、学校管理、荐举人才）、经济管理（征收赋税、劝课农桑、均田收授、编订户籍等，唐后期增加管理盐铁事务）、抚养百姓（自然灾害后的安抚、战乱兵灾后的安抚以及代表朝廷慰问当地贤达及退休官员等）、维护治安（缉捕盗贼、打击豪强、管理权贵）以及公共事务管理（兴修水利工程、治理水灾、管理漕运、管理粮仓、道路城墙及当地寺庙道观的维修）等方面。

由于唐代县的管理职能主要限定在农业发展上，我们可以从唐代农业发展大致考察唐代县制的运作效果。"安史之乱"前，中央对地方拥有绝对领导权，国家政策能够得到充分实施，农业得到快速发展，生产力水平提高，基层社会出现经济富足、重视农业生产设施建设、民众安居乐业的局面，县制管理所产生的效果明显。"安史之乱"后，中央集权渐趋松弛，农业政策僵

---

1 （宋）司马光：《资治通鉴》卷 185，中华书局 1956 年版，第 5791 页。

2 唐代的县的数目说法不一：太宗贞观十三年有 1551 县，玄宗开元二十八年（740）有 1573 县。由此可见，唐代的县的数量还是保持相对稳定。

3 （后晋）刘昫等撰《旧唐书》卷 44《职官志三》，中华书局 1975 年版，第 1921 页。

化，推行不力，农业生产乏力，政府过度征收赋税，民众怨声载道，王朝衰势尽显，县制的实施效果大不如前。尽管唐代命运兴衰的根本原因并不能全归到县制问题，但县政治理是其中因素之一。

从县政发展史着眼，与隋朝相比，唐代县政创新虽并不多，但从社会实施效果及对后世的影响而言，要比隋代明显和广远得多。其县政的发展主要有如下几端。

（一）分等治县

中国正统法制思想至唐趋于成熟。受此影响，这一时期包括县政在内的唐代行政管理制度的主要特征是分等而治。

根据县所处地理位置的重要程度，唐代的县分为 7—8 个不同的等级。[1]《册府元龟》卷 701 载："唐制有赤县、畿县、望县、紧县、上县、中县、中下县、下县之差。赤令，其品正五，畿令，其品正六，上县令，其品从六，望、紧同之，中县令，其品正七，下县令，其品从七。其后又有次赤、次畿之名。"[2] 此外，根据所辖人口的多寡，唐代县又可分为上、中、中下、下几个等级："六千户以上为上县，二千户已上为中县，一千户已上为中下县，不满一千户皆为下县。"[3] 无论县之等级如何，县之长官均称为县令。县下设有里、乡等组织。里正、乡长为里、乡组织的负责人，负责里、乡的管理事务，包括调处民事案件和轻微的刑事案件。

1　唐代县的分等，几种资料说法不一。"《通典·职官典》说唐代的县分为赤、畿、望、紧、上、中、下七等。《唐会要》说唐代的县分为赤、畿、望、紧、上、中、中下七等，没有下等；《通典·选举典》说唐代的县分为赤、畿、望、紧、上、中、中下、下八等。从《新唐书·地理志》在各县之下所注等级来看，唐代县的等级分为赤、次赤、畿、次畿、望、紧、上、中、中下、下十等。唐代县的分等，其所以有几种不同的说法，可能是由于唐朝关于县的分等制度有所变动，以致说法纷繁。"参见程幸超《中国地方行政制度史》，四川人民出版社 1992 年版，第 127 页。

2　（宋）王钦若等编纂，周勋初等校订《册府元龟》卷 701《令长部·总序》，凤凰出版社 2006 年版，第 8095 页。

3　（后晋）刘昫等撰《旧唐书》卷 43《职官志二》，第 1825 页。

县等的高低，不仅关系到县政官员品阶的高低及俸禄厚薄，更重要的是关系到县署官吏的员额配置，决定着县衙机构的规模大小。其情况为：县令以下，京县（即赤县）设县丞2人，主簿2人，县尉6人，其他录事、各类县佐、典狱、门事等县吏各数人至十余人不等；畿县及上县，县令以下置县丞1人，主簿1人，县尉2人，其余录事、吏佐、衙役各有差；望、紧县因"并为上县"，其编制规模约与上县等同。其余中县至下县，官员和吏员人数分别递减。[1]

（二）因俗而治与羁縻州县的出现

随着国家实力增强，唐代出现诸番及蛮夷内服现象。尤其是唐太宗平定突厥以后，这种现象更为多见。为了实行有效管辖，唐政府也按内地管理模式对其设置州、县二级政府予以治理，史称"羁縻州县"。羁縻州县的长官分别为刺史与县令，均采用世袭制，羁縻州县的行政管理也遵循当地的民族风俗。鉴于唐代所控疆域广大，边疆地区各民族情况又极为复杂，所以唐代羁縻州县情况也应千差万别，加之史料缺乏，具体情况不详。但从羁縻本意来讲，"羁"是指用军事、政治手段进行控制，"縻"是以经济、物质给以抚慰。这种制度设计的精要之处在于，既保有少数民族的行政组织及民族风俗，又能保障酋长、首领的既有统治地位，同时又增强了中央对少数民族地区的管控。正如《旧唐书》所言，羁縻州县的本质在于"实不贪其土地，利其人马也"。[2] 这种因俗而治的治国理念，为多民族国家治理积累了丰富的政治智慧。

（三）规范对县级官员的选拔与管控

唐代统治者十分重视县级职官的管理。其一，规范县官的选拔方式。唐前期，县官选拔形式比较繁杂，尚未统一，大致有荐举、科举考试、门荫、

1　黄修明：《论唐代县制》，《淮北煤炭师范学院学报》1999年第1期，第15页。

2　（后晋）刘昫等撰《旧唐书》卷194上《突厥上》，第5164页。

调任、流外入流、京官贬任及应征入伍等方式。唐后期，科举制为县官选拔提供了重要的人才来源和用人渠道。其选任首先要取得任职资格，最后由吏部铨选。其二，限定县官任职年限、年龄及其他资格。《册府元龟》记载："代宗宝应二年七月，制刺史、县令，自今以后改转，刺史三年为限，县令四年为限。"[1] 其三，县官的考绩与惩戒。唐代统一官员考核制度，考核标准有"四善"与"二十七最"两个方面。所谓"善"，指官员的道德水平高低；所谓"最"，指官员的才干与能力高下。根据考绩结果的不同，把被考核官员分为九个等次，分别给以加禄、进阶的奖励与夺禄、降级的惩罚。其四，突出县官的权力与义务。唐代法律规定在地方行政管理体系中，县官享有特权。各类专门县政事务，事无巨细，都得向县令汇报。据唐玄宗时期《县令诫》，县令必须亲自过问本县辖区各项事务，做到"无大无小，必躬必亲"。唐穆宗时期，朝廷重申县令在本县辖区内的绝对权威："今一邑之长，古一国之君也。刑罚纲纪，约略受制于朝廷。大抵休戚予夺之间，盖一专于令长矣。"[2] 既然给予县官一定的权力，法律也对县官的责任给予规定。为此，唐代还特别制定了县官的连坐法律，如"宜令在京五品以上清官，及诸州刺史，及四府上佐，各举县令一人……所举人得官以来，一任之中，能有善政，及不称所举，其举主应须褒贬"[3]。这套县官选拔与任用制度较前代更加完备和成熟，尤其是唐代后期的科举制为县官选拔提供了重要的人才来源和用人渠道，为后世历代所继承，对国家和社会治理产生了长远影响。自唐起，体现中国古代县政治理宝贵经验结晶的文献典籍便日渐丰富起来。

1　（宋）王钦若等编纂，周勋初等校订《册府元龟》卷630《铨选部·条制第二》，第7281页。

2　周绍良主编《全唐文新编》第3部第3册卷649"授齐煦等县令制"，吉林文史出版社2000年版，第7331页。

3　周绍良主编《全唐文新编》第1部第1册卷34"令内外臣僚各举县令敕"，第416页。

总之，唐代上述创制不仅很好地继承了中国早期县政的精髓，而且形成自身之特点，中国县政获得巨大发展。但唐末世衰政弛的社会现实，良制渐窳，动荡与混乱的时局大大影响了县政的实际运作，其效果不佳也在情理之中。

第四节　宋元明清县政的调整与改革

自唐以降直至清末，尽管县政在地方行政管理中扮演着重要的角色，但因中国王朝政治落入积重难返的窘境，随着中央集权的加强，中央对地方政府的干预日益加强，貌似统治力稳固的帝制王朝其实暗流涌动，对地方政府权力的收紧致使基层地方政府管理效率低下，地方官吏正常生存空间的萎缩及政治利益的减少必然促发基层社会贪污现象盛行，官商勾结、投机钻营等弊政遂不断滋生。这种社会现象在县制层面表现得非常明显。当然，在不同的历史时期，各王朝也根据当时社会情势做出了调适与变革，但由于种种原因，依然很难改变行至晚清之际中国王朝政治社会日暮西山的历史宿命，县政建设也必然步入一条步履维艰的落寞之路。

一　宋代县政的稳定发展与集权倾向

在唐代县政的基础上，宋代县政稳定发展；唐末藩镇割据及五代十国地方势力大增致使中央权威下降、国力衰微与社会混乱的历史教训，以及各地拥兵自重将侯大量存在的社会现实，促使宋初帝王越发认识到削弱地方政权实力的紧迫性与重要性。强化中央权力也因此成为宋代政治的最大特色。宋代的县政建设也与这个政治特征相关联。

宋初，地方政府仅有州、县两级，疆域仅占北方部分土地，县级建制638个。随着统治势力南扩与所辖疆域扩大，县的数目逐渐增加，至完全统一局面形成之时，北宋县数已增至 1234 个。南宋时，由于政权偏安南方，县之数目又大幅减少，仅存 700 余个。[1] 尽管县域范围有起有落，但县政制度整体上在稳定发展。

北宋建隆四年（963），对县级地方政府等级设置的旧制做了调整，规定"以四千户以上为望，三千户以上为紧，二千户以上为上，千户以上为中，不满千户为中下"，[2] 又把五百户以下的县定为下。至此，宋代的县等十分复杂，共分为八个等级，即：赤、畿、望、紧、上、中、中下、下。宋代县的官长称谓，普通县的长官为"令"，重要的大县则由朝廷任命京官担任县的长官，称为"知县事"，简称"知县"，地位高于普通县令。[3] 县下又设镇与寨。"镇"一般设在经济发达地区，其长官最初称为镇将，后改为监镇；"寨"一般"置于险扼控御去处"，[4] 临近少数民族地区也设寨，主要职能是防御少数民族的反叛和进攻，其长官为"知寨"。

关于宋代的县官职掌，《宋史》有载："掌总治民政、劝课农桑、平决狱讼。有德泽禁令，则宣布于治境。凡户口、赋役、钱谷、振济、给纳之事皆掌之，以时造户版及催理二税。有水旱则有灾伤之诉，以分数蠲免；民以水旱流亡，则抚存安集之，无使失业。有孝悌行义闻于乡闾者，具事实上于州，激劝以励风俗。若京、朝、幕官则为知县事，有戍兵则兼兵马都监或监押。"[5] 由此可见，宋代县官的职责十分广泛，大致可归纳为实户口、征赋税、均平差役、兴修水利、劝课农桑、兼领兵政、维持治安、教化乡民、兴办学校、抗洪救灾、赈济灾民、平决狱讼等。

宋代县政在北宋前期、中期对稳定社会管理起到了积极的作用，但至北

1　程幸超：《中国地方行政制度史》，第 166 页。

2　（元）脱脱等撰《宋史》卷 158《选举志四》，中华书局 1977 年版，第 3695—3696 页。

3　白钢主编，朱瑞熙著《中国政治制度通史》第 6 卷"宋代"，第 286 页。

4　（元）脱脱等撰《宋史》卷 158《选举志四》，第 3979 页。

5　（元）脱脱等撰《宋史》卷 167《职官志七》，第 3977 页。

宋末年，由于土地兼并严重、县级财税征敛日益繁重，以及官员任用乡贯回避制、狱政之繁累、政策法令频繁变化与官员的不作为等原因，出现了"官弱吏强"的局面，县政管理难有作为。

宋代对县级政府的治理也是随着形势而改变的。宋初，各项行政管理基本上可谓"犹循旧制"，无论在县级政府层级、县级官署设置、职责与权限方面，还是在官吏选拔与考课等方面，都无太大创新。而随着加强中央集权治国方略的推进，制衡原则在官僚体制中尤其是地方官僚体制中得到充分运用，宋代县政也因此出现如下特色。

（一）知县制度与文官制度的创新

五代之际，节度使把持军政财政，致使县官的行政权、司法权旁落。为防此弊，宋初决定采取"县尉取代镇将"与"知县制度常规化"等手段，达到中央重新控制地方的目的。

宋代开国不久，即在每县置县尉一名，俸禄与主簿同，与县令一起取代原来由镇将所管辖的"盗贼、斗讼"之事，地方治安权重回县官之手。

与此同时，宋代根据县的重要和一般不同，还制定了知县、县令分别任用的县官制度。宋代知县制度后又有所更改，逐渐把县官履历作为升迁京官的必备条件。与之同时，县令或知县也逐渐把县之行政、治安及司法权集于一身，形成县之长官总摄一县总务的格局。这种制度创新，既利于政权初建时地方权柄的顺利过渡，又在某种程度上提高了县官群体的权威，同时激发了县官群体的积极性。

宋太祖乾德元年（963）开始，推行以文臣知州事制度，不但府州县官如此，连原来的节度使以及分驻地方军队的将校也多换文人充当，彻底改变了五代武夫犯上作乱的局面，使地方权力逐渐掌握在文臣手中。在州县官的任用上，实行避亲避籍制度，规定地方州县官员不得由当地人担任，而由中央委派的文职京官出任。宋代还不拘一格录用人才，彻底消除了汉唐贵族官僚以血缘关系而保有的世袭政治特权，使得门阀世族政治再也不可能产生与发展。严格和比较成熟的科举选官制度，具有相对的客观性与可操作性，基本上保障了文官选择的公平与公正。因此，宋代县政制度在唐代基础上有了稳定的新进展，担任国家公职不再以出身门第为选择的标准，从制度上彻底否定了贵族的世袭做官特权，阻断了门阀重新产生的可能，对中国明清县制产生深远影响。

（二）强化中央对县官的管控

为加强对地方官吏的管理与控制，宋代采取把地方官员的选任权收归中央的办法，这是宋代行政制度的一大特色。其具体措施如《宋史》中所说："收乡长、镇将之权悉归于县，收县之权归于州，州之权归于监司，监司之权归于朝廷。"[1] 此种权力逐层上收制度的目的，在于削弱地方势力，强化中央权威。从效果上看，此举最终达成了"朝廷以一纸下郡县，如身使臂，如臂使指，无有留难，而天下之势一矣"[2] 的初衷，但地方各级行政机构的独立处置权力与应付紧急事变的能力大大削弱，也是不争的事实。

为避免重蹈晚唐藩镇割据对抗中央的覆辙，上述文官制度也是中央控制地方权力的重要手段。

同时，在县官的任期上也进行明确限制，规定三年一任，也可随时调换，使地方官不得久于其任，培植私人势力，与中央抗衡。

为有效掌控地方官吏，宋代还强化了对地方官吏的考勤管理，并且制度化。宋太祖曾警告州县官员要严格遵守法纪，他对州县官员所提"切勿于黄绸被里放衙"[3] 的诫语，尤被后世所熟知。如若不是外出公干、丁忧、患病等特殊情况，官员务必严格履行到本官厅按时签到、签押、鸣晚鼓等流程。

1　（元）脱脱等撰《宋史》卷337《范镇传》，第10796页。

2　（明）陈邦瞻撰《宋史纪事本末》卷2《收兵权》，中华书局1955年版，第8页。

3　（明）蒋一葵撰《尧山堂外纪》卷47《卢多逊丁谓善媚人主以希进》，明刻本。

（三）强令县官躬亲狱讼

为了更好管控地方治安，宋代还设立了以巡检司为主、县尉司为辅的两套具有警察职能的机构。巡检司与县尉司的职能主要在于调解诉讼、追捕盗贼、维护社会治安等，其实，二者并无严格意义上的审判权。为了应对地方司法实务的需要，宋代所进行的政治体制和司法制度改革的一项重要内容就是规定地方长官要亲自审判民、刑案件，以杜绝胥吏徇情枉法的弊端。仁宗乾兴元年（1022）十一月诏令："纠察在京刑狱并诸路转运使副、提点刑狱及州县长吏，凡勘断公事，并须躬亲阅实，无令枉滥淹延。"[1] 天圣二年（1024）又进一步用立法的形式规定了县令亲自审理婚田词讼的责任，一改往昔差公办理司法案件的传统。为使这种立法规定切实有效，徽宗宣和二年（1120）又制定了针对违抗此令的县令的惩治条规，如规定"州县官不亲听囚而使吏鞫讯者，徒二年"。[2] 与此同时，宋代也严格规定了县官办理案件的期限，以免无故推延。如词讼在州县积压半年以上而没能结案者，应允许监司受理。如朱熹在潭州任上曾为减少积案及严格规范诉讼程序，发布《约束榜》，规定自截止日开始，盗贼案件一审期限为一个月，诸如"斗殴折伤连保辜通"的一审期限为五十日，就连一审期限最长的婚田之类也不能超过两个月。[3] 这种州县令长躬亲狱讼的制度，是对中国秦汉以来县官兼理司法做法的进一步制度化、规范化与明细化，是中国县政制度的新发展，对后世影响极大，为明清所继承。

（四）精简机构，加强行政效能

为了避免五代县政人员繁杂与办事效率低下的弊端，宋代采取县级政府

1　（南宋）李焘撰《续资治通鉴长编》，中华书局 1985 年版，第 2303 页。

2　（元）马端临撰《文献通考》卷 167《刑考六》，中华书局 1986 年版，第 1453 页。

3　中国社会科学院历史研究所、宋辽金元史研究室点校《名公书判清明集》，中华书局 1987 年版，第 640 页。

佐官从简的方法，废除县丞、簿、尉设置常例，根据县之大小，酌情而定。按照规定，宋代小县县丞以主簿兼任，甚至有的县采用县令兼任主簿的方法。此举无疑加强了县官的权力，减少了县级官员中的相互掣肘，有利于县级政权运行效率的提升。

为了应对因县级机构精简而引发的管理任务日益繁重的现实困境，宋代在县级政府中大量使用吏人，"法外置吏"成为宋代县制的一大特色。随着"法外置吏"的推行，中国古代推行的乡里制度大受影响。自此，乡里制度普遍采取职役制，具有长久历史的乡官制就此废止。"法外置吏"一方面大大降低了政府管理成本，提高了基层社会管理效率；另一方面，亦不可避免地使县域治理过分依赖吏人并形成吏员舞弊和吏强官弱的弊政。

综上所述，宋代县政制度在唐代基础上有所创新与调整，制度因革均由时势所推动，如宋代县官亲历司法为入宋后社会矛盾进一步加剧、统治者为维护社会稳定而采取的重要制度应对；尤其是以科举选拔县官群体，为宋代的县域治理和社会发展提供了稳定的高素质的管理人力保障，对于维护宋代社会发展与经济文化繁荣发挥了重要的作用。当然，宋代过分集权的制度在县政制度上亦有反映，在某种程度上不能不削弱县政的效能。但整体看来，宋代的县政制度在中国县政历史发展中，仍具有重要的地位。

二　元代的县政治理与非制度化倾向

元作为一个少数民族政权，鉴于自身文化与经济现状的限制，在地方管理上往往具有取法以往汉王朝的特点。同时，由于其本民族的政治文化惯性，元代的地方行政管理又表现出与唐宋有异的特点。总体而言，元代县之等级、县之组织及官署设置、县之行政系统等均保有一定的继承性，但同时也显露出混杂性与非制度化倾向。

元朝县置达鲁花赤及县尹，下设县丞、主簿、县尉。县分区设巡检司，县下为里制与社制，社为自治组织。县官成为布达与推行朝廷政令及向中央政府禀告民户百姓苦乐情状的中介。

（一）民族歧视特征明显

元代尽管大量吸收了中原政治文明的内容，但为了突出蒙古人的政治特权，消弭汉人对蒙古政权的抵抗，自行省以下政府系统中皆设"达鲁花赤"（蒙古语，即镇守者之意。意指地方、军队和官衙的最大监治长官）一职，从制度上区别蒙汉民族的社会地位。

忽必烈建立元朝伊始，即在"路州县各立长官曰达鲁花赤，掌印信，以总一府一县之治"。[1] 至元二年（1265），元廷下令："以蒙古人充各路达鲁花赤，汉人充总管，回回人充同知，永为定制。"[2] 蒙古人、汉人及回回人的政治地位分野在法律上得以认定。此前，中统三年（1262），益都行省、江淮大都督李璮叛乱，引发了忽必烈对汉人的猜忌与防范，加速禁止汉人担任"达鲁花赤"政策的出台。中统五年（1264），乃"罢诸路女直、契丹、汉人为达鲁花赤者，回回、畏兀、乃蛮、唐兀人仍旧"。[3] 汉及其他民族担任达鲁花赤的权利被完全剥夺。至成宗大德八年（1304）规定诸王、驸马所分都邑的达鲁花赤只由蒙古人来担任。

考虑到当时的特殊社会背景，这种在官职设置中凸显蒙古族特殊地位的做法，显然有助于蒙古统治者更为有效地控制被征服区域的地方官府，进而维护中央集权，对元代政府而言，其积极意义毋庸置疑。然而从国家治理层面来看，民族歧视的加重不仅激化了汉蒙民众的矛盾，更不利于少数民族政权的稳定与发展。

1　（明）叶子奇撰《草木子》卷 3 下《杂制篇》，中华书局 1959 年版，第 64 页。

2　（明）宋濂等撰《元史》卷 6《世祖三》，中华书局 1976 年版，第 106 页。

3　（明）宋濂等撰《元史》卷 6《世祖三》，第 118 页。

（二）县政设置混乱与非制度化倾向

较之前代，元代疆域辽阔，民族众多，"土宇旷远，诸民相杂，俗既不同"。[1]为维护庞大帝国的统治，在承继宋金之制的基础上，元代又杂糅蒙古草原旧制推陈出新。元代地方政府机构的设置呈现层级较多、隶属较乱的特点。

元代之行政系统最为复杂，除省外，有路县、府县、州县二级，还有路府县、路州县三级，甚至有路、府、州、县四级制。此外，还有一些地方根本不采取县制，而是直接采用蒙古原制进行管理，如岭北、征东及甘肃三省当时就没有设县。另外，即便在一些设县的地区，由于分封现象的普及，县的设置在某种程度上也仅为形式而已。譬如，蒙古贵族在漠北享有的受封的牧地，以及在中原地区的封户、采邑与汤沐邑等，保持了早期的分封特征，而不受当时县之管辖。元代县级以下行政设置也较为混乱，既有村社制，也有分封的采邑，同时还有乡里制等。

元代地方政府层级杂乱无章，统属关系混乱，制度弱化，在一定层面反映出蒙古贵族在治国策略上继承传统与汲取中原先进文化创见时，所呈现出的"因事制宜"的特性。这种杂乱的行政设置，容易造成政出多门的混乱，必然在具体管理操作层面带来极大困难，不利于其统治，因此多被后人讥为"最无制度"。[2]

（三）县级政府责权严重失衡

与行省权重不同的是，元代路府州县却带有明显的权轻责重的特色。元代县级政府的责任可谓繁重，广涉劝课农桑、兴修水利、扶贫赈灾、征集赋役、兼理司法、缉贼捕盗、兴学教化、维护社会治安等。繁重的日常行政工作本已使县级政府疲于应付，而来自高层的繁密行政监管、严苛考

1　淮建利、陈朝云点校《许衡集》卷7《时务五事》，中州古籍出版社2009年版，第181页。

2　孟森：《明清史讲义》上册，中华书局1981年版，第29页。

核以及严厉的惩罚无疑又增加了他们的额外负担。更为严重的是，中央政府一再剥夺地方县级政府的权力，致使诸多县政在运作过程中掣肘颇多，步履沉重。

元代县级政府这种责权严重失衡的现象遭到时人的诟病。由时贤吴莱的评价可窥当时县级政府的责权失衡之貌："今之世，每以三岁为守令满秩，曾未足以一新郡县之耳目而已去。又况用人不得专辟，临事不得专议，钱粮悉拘于官而不得专用，军卒弗出于民而不得与闻。盖古之治郡者，自辟令丞"。而"今自一命而上，皆出于吏部，遇一事，公堂完署，甲是乙否。吏或因以为奸，勾稽文墨，补苴罅漏，涂擦岁月，填塞辞款，而益不能以尽民之情状"。观"唐世之赋，上供送使留州，自有定额。兵则郡有都试，而惟守之所调遣"。而"今则官以钱粮为重，不容赢余，常俸至不能自给，故多赃吏；兵则自近戍远，既为客军，尺籍伍符，各有统帅，但知坐食郡县之租税，然已不复系守令事矣。夫辟官、莅政、理财、治军，郡县之四权也，而今皆不得以专之，是故上下之体统虽若相维而令不一，法令虽若可守而议不一。为守令者既不得其职，将欲议其法外之意，必且玩常习故，辟嫌碍例，而皆不足以有为。又况三时耕稼，一时讲武，不复古法之便易，而兵农益分。遇岁一俭，郡县之租税悉不及额……是以言莅事而事权不在于郡县，言兴利而利权不在于郡县，言治兵而兵权不在于郡县，尚何以复论其富国裕民之道哉"。[1]不难看出，国家对县级政府权力的削弱致使县级政权管理的弊端丛生，县的社会管理功能大大降低，不仅打消了县级官员工作的主动性与积极性，也极易诱发官场相互推诿、扯皮的现象。

元代县政流弊不少，主要原因在于元代政权存在时间较短，长期处于军事征战状态，尚未有充分时机进行治理积累、总结与完善，在社会经济、文

---

[1] （清）顾炎武著，黄汝成集释，栾保群、吕宗力校点《日知录集释上》卷9《守令》，第542—543页。

化发展相对滞后的情况下，存在上述问题是不可避免的。同时也要看到，元统治者能够积极吸纳相对先进的汉王朝传统政治文明，并根据实际情况，进行整合与吸收，力图以此来改变行政管理粗疏之弊，这种开拓与改革精神应值得赞赏与肯定。也必须客观看到，元代县政治理不善，失去县政治理之基，应是其统治难以长久的重要因素。

三　明代县政的重新调整与新发展

纵观中国历代王朝变迁，明代君主权力绝对强化的政治体制颇具特色，其地方制度设计也必然围绕皇权高度集中这一核心。为此，通过大肆分封创建宗藩制度，并附之特务机构，继续压缩地方权限。当然，鉴于元代地方政府因设置混乱而治理效果不良的历史教训，明政府做出了修补之策，呈现出"尤多特色而为前代所无"[1] 的时代特点，对后代县政发展产生了深远影响。

（一）重视州县基层政府的建制

朱元璋出身平民，亲历元末县制弊端之害，更深谙基层政权腐败对政权稳定的影响，因此在登基之初，就征召全国地方府、州、县官齐聚南京，进行慰勉，其重视地方行政由此可见一斑。不久，又"征召天下贤才"充任州县之长官。洪武二年（1369）朱元璋谓："朕昔在民间时，见州县官吏多不恤民，往往贪财好色，饮酒废事，凡民疾苦，视之漠然，心实怒之。故今严法禁，但遇官吏贪污蠹害吾民者，罪之不恕。"[2] 又说："郡县之治，自守令始，朕向在民间，尝见县官由儒者，多迂而废事；由吏者，多奸而弄法……遂致君德不宣，政事日坏；加以凶荒，弱者不能聊生，强者去而为盗，此守令不

1　廖从云：《中国历代县制考》，第 101 页。
2　（明）余继登撰《典故纪闻》，中华书局 1981 年版，第 29 页。

得其人故也。"[1] 在朱元璋看来，这种地方政府的腐朽乱象，恰恰是导致中央"君德不宣，政事日坏"危机出现的关键因素。为加强中央集权，朱元璋格外重视对地方政府的调整与革新，尤其对县制进行了一系列大刀阔斧的改革。具体措施如下。

其一，为了加强对各级政府的管理和逐级监督，制定了专门性的地方官吏管理规范。洪武十七年（1384）颁布了《府州县条例》八事[2]，要求州县之宣扬风化，抚字其民，均赋役，恤穷困，审冤抑，禁盗贼，命里长告诫其里人，敦行孝悌，尽力南亩，勿作非为，以罹刑罚，行乡饮酒礼，使知尊卑贵贱之体，岁终察其所行善恶而旌别。如果县官失职，将会受到惩罚。

其二，为了使县官到任后能迅速掌握辖区内情况，提高行政效率，制定了县官《到任须知》31 条。[3] 具体内容包括祀神、养济院、狱囚、制书榜文、吏典、印信衙门、仓库、会计粮储、各色课征、金银物、窑冶、盐场、书生、孝子节妇、官户、儒士、词讼、弓兵等。其内容之详尽、规定之亲民入微，堪称历朝典范。这为官吏履行职责与日后考课提供了参照。

其三，严格官员考核制度。洪武元年（1368），朱元璋颁布《大明令》，制定了严格的地方官员考核制度。其中要求各府州县官员三年任满，带着三年任职期间的政绩文册赴京接受考核。洪武十六年（1383），又颁布官员"考满"制度，即设定官员任职期限，待其任满，从德、勤、能、绩四个方面进行等级评定，作为该官员升降与奖惩的依据。建文年间，又对"考满"法进行了多层面修订，简化了手续，修订了考核程序，以降低考核的成本。

1　（明）余继登撰《典故纪闻》，第 72—73 页。

2　（清）张廷玉等撰《明史》卷 75《职官志四》，中华书局 1974 年版，第 1851 页。

3　（明）申时行等：《明会典》卷 9，中华书局 1989 年版，第 53—55 页。

（二）边疆民族地区的"举国一体，因族而治"

元代地方管理混乱的历史教训以及多民族国家统一的社会现实，迫使明代政府必须在基层社会治理方面进行创新。为了强化中央集权，针对少数民族"因俗而治"的历史经验，明政府决定在少数民族治理问题上采取一种"举国一体，因族而治"的治理方案。所谓"举国一体"，即指在中央、府、县建立僧、道录司等专门管理机构。另外，在少数民族聚居地采用"军政合一的卫所制与首领封王制"，[1] 并设立土府、土州、土县、土司等，长官由该少数民族头人担任。土官职位采取世袭制，但土官的袭替要经由吏部审核、登记，"袭替必奉朝命，虽在万里外，皆赴阙受职"。[2] 明代利用遥控的方式，紧紧控制地方政府官吏的任免权。

针对各少数民族风俗不同与历史文化传统迥异的现实特点，明政府又采取"因族而治"的灵活措施，根据不同民族区别对待。如对蒙古地区进行管理，推行军政合一的都司卫所管辖制度和首领封王制；根据藏区藏传佛教盛行的社会特点，在西藏地区设置卫所和土司机构，推行政教合一的管理制度；在西南与两广地区继续推行土司制度；在东北地区对女真诸族实行军政合一的都司、卫所制度等。

明代在边疆民族地区推行的这些县政新政策，对于维护国家统一产生了深远影响。

（三）把粮赋视为县政的核心工作

农业文明形态下的传统中国，县作为基层的地方行政管理机构，其职责核心究竟是什么？这是一个非常重要的问题，因为这不仅关系到社会生产力发展，更与县制社会效能的发挥密切相关。明代统治者逐渐认识到，粮赋问题应是中国基层社会的核心问题，并针对粮赋问题进行了县制改革。

1　唐进、郑川水主编《中国国家机构史》，辽宁人民出版社1993年版，第373页。

2　（清）张廷玉等撰《明史》卷310《土司传》，第7982页。

第一，以粮赋收纳多寡划分县等的标准。

为了强化中央集权，优化地方社会治理，明代继续采取分等治县的做法。在县的等级上，尽管与前代区别不大，分为上、中、下三等，但在划分县之等级参考标准上有了明显的差异。明代以前，往往习惯以户口多寡或所辖疆域的大小作为划分标准，而明代则以纳粮多寡为区分标准。"粮十万石以下为上县，知县从六品；六万石以下为中县，知县正七品；三万石以下为下县，知县从七品。已，并为正七品"。[1]

不仅如此，明代还将粮赋征收状况作为对各级地方政府进行划分的标准。譬如，府以田粮十五万石以上，州以七万石以上，县以三万石以上。[2] 根据等级的差异，在治理决策上有所差别。如在县级官员的任用上，繁县多用进士出身，而简县则多用举人、监生出身。

第二，把征收粮赋视为县级官员的重要职责。

晚明江盈科《雪涛阁集》对明代底层社会百态有着详尽描述，其中"催科"部分更对民众赋租之重给予深刻揭示与鞭挞。"为令之难，难于催科。……国家之需赋也，如枵腹待食；穷民之输将也，如挖脑出髓。为有司者，前迫于督促，后慑于黜罚，心计曰：'与其得罪于能陟我、能黜我之君王，不如忍怨于无若我何之百姓。'是故号令不完，追呼继之矣；追呼不完，棰楚继之矣；棰楚不完，而图圄、而桎梏。民于是有称贷耳；称贷不得，有卖新丝、粜新谷耳。丝尽（谷）竭，有鬻产耳；又其甚，有鬻妻、鬻子女耳。如是而后，赋可完；赋完，而民之死者十七八矣！呜呼，竭泽而渔，明年无鱼，可不痛哉？或有尤之者，则应曰：'吾但使国家无逋赋，吾职尽矣。不能复念尔民也。'余求其比拟，类驼医然。"[3] 尽管此例不免有绝对之嫌，不过也

1　（清）张廷玉等撰《明史》卷 75《职官志四》，第 1851 页。

2　（清）张廷玉等撰《明史》卷 71《选举三》，第 1722 页。

3　《雪涛阁集》卷 14《催科》，（明）黄仁生辑校《江盈科集》（一），岳麓书社 2008 年版，第 468 页。

反映了"催征"之于地方行政的重要性。明代国家与民众之间的关系由田赋维系，县级政府为中央与民众关系的纽带，而征收田赋自然成为当时县级管理的重要职责。

粮赋在县级行政管理中的凸显，在一定程度上有利于促进农业生产力和中国农业社会的发展，但消极作用异常明显，一旦全国各县官吏无不"日夜从事，唯急催科"[1]，那么"催比钱粮，血流盈阶"[2] 的人间惨剧就不可避免，王朝统治也势必走上穷途末路。

（四）严密防范县级官吏权力过大

明代为防止地方官吏权力过大，在县级官吏设置及管理层面可谓煞费苦心。首先，减少县衙官员人数与限制县级政府决策权。一县之大，规定至多四人。[3] 其次，执行隔省任职的回避制度与转迁不常制度。再次，由新科进士或举人直接任职知县。最后，广泛推行"离散"政策。按照规定，下级政府官员的往来只能通过文书方式进行，鼓励下属官员举报上司的罪过等。

毫无疑问，上数举措的确有利于增强中央政府管控县级政府的能力，但也势必造成胥吏泛滥越权、胥吏同流合污等不良现象，因此备受同代名流所诟病。明末朱国祯说："各县户房窟穴不可问，或增派，或侵匿，或挪移，国课民膏，暗损靡有纪极。甚者把持官长，代送苞苴，吏不过拱手听其指挥，饮余滴即万幸顿首。满其出门，而此辈积数十年，互相首尾，互相授受，根株牵连，吏礼兵三部尤甚。"[4] 中国早期启蒙思想家顾炎武在《郡县论》中更

1　（明）陈子龙：《明经世文编》卷197《潘简肃公集一（潘潢）》，中华书局1962年版，第2036页。

2　刘文瑞：《中国古代政治制度：地方体制与官僚制度》（修订本）下册，中国书籍出版社2018年版，第138页。

3　（清）张廷玉等撰《明史》卷75《职官四》，第1850页。

4　（明）朱国祯：《涌幢小品》卷11《禁吏员入试》，尹德新主编《历代教育笔记资料》第3册"明代部分"，中国劳动出版社1992年版，第354页。

真切地将胥吏持县政视为明季县政不佳的根本症结所在。

　　总的看来，明代县制变革的确不乏新意，并使明代社会经济较前代有显著的发展。但由于明代中央集权的日益僵化，加之明后期朝政腐败，县级政权的社会功能发挥掣肘颇多，县政治理效果也随之发生逆向转变。在强大的农民起义和东北疆内满族崛起的压力下，明代县政走向了末路。

四　清代县政"承明之制"的变革与清末县政转轨

　　从中国县政发展史上看，中国历代社会州县政府建制、地位、组成、职权等，都一脉相承，有着清晰继承旧制的特色。但由于治国策略及具体时局的差异，县政在不同王朝也呈现不同的时代特征。即便在同一王朝内，在县政的某一层面也会呈现前后相异的特征。这一历史规律在清代也不例外。

（一）清前期县政制度的发展及其流弊

　　历史发展至清代，虽到封建社会末期，但县政治理并非如人们想象的那样僵化与不堪，在清中期仍有演进与发展。当然，也有其不可避免的流弊。

　　第一，在"承明之制"基础上的变革与发展。

　　清代基本沿袭明代省、府（州、厅）、县三级制。与县平级的行政单位还有散州、散厅，分设知州、同知（或通判）。县政制度基本上也是"承明之制"，在此基础上对县的机构又有所革新，分设八个科房，其中六房与中央六部对应。作为基层行政管理单位，州县在清代地方社会管理中依然发挥着重要作用。县设知县，掌一县之政务，管理地方诸事，辅设县丞、主簿、典史、巡检等杂佐协助知县。此外还有幕友、书吏、衙役及长随等县官私人班底。县级政务多与民事有关，乾隆时名臣陈宏谋概括是时"地方必要之事"有三十项之多，如田赋、地丁、粮米、田功、粮价、垦殖、物产、仓储、社谷、生计、钱法、杂税、食盐、街市、桥路、河海、城垣、官署、防兵、坛庙、文风、民俗、乡约、氏族、命盗、词讼、军流、匪类、邪教等等。[1] 上述内容或多或少都与民事有着某种联系。尽管清代县政事务更加细化与繁多，但清代县官建制却比历代要简，主要以县官和其所聘用的幕僚师爷班底和八房设置为治理主体，是一种"小政府"治理模式。县官以通过科举走上仕途的官僚队伍为主体，保障了县官群体的文治素质和对国家治理的尽职。这种"小政府"和高素质的县政治理结构，很大限度上节约了治理成本。县官要完成治理任务，还必须让县域内的士绅参与到治理体系中来，形成了颇有特色的县域治理状态。这种治理虽不无弊端，但在常态社会是有效的，维护了清前中期的社会稳定与发展。

第二，至清代，随着帝制模式的衰微，县政制度顽疾尽显。

一是督抚干涉县官任用。在继承明制的基础上，清代本已形成相对稳定的县官任职制度。一般而言，县官任用由吏部、督抚共同代替皇帝负责。为了规避吏部与督抚在州县官任用问题上的夺权风险，清代对吏部与督抚之间的权力分配给予了明确限定。大致而言，题缺、调缺、留缺等相关事宜由督抚负责，选缺事宜属吏部分管。表面看来，督抚的权力很大，但清代前期还是对其进行了种种限制，吏部与督抚间的任用权达成了某种平衡。咸同以后，督抚的滥权打破了这种平衡，"县官委署与补用漫无章程"，"滥开捐例、滥行保举"，"导致候补人员壅塞"，吏治腐败，县官任职制度因此"陷于极度混乱"。[2]

二是县级类型复杂。清代在地理位置较为重要之地设置特别机构，采取降州为县的做法，虽存州之名，实与县同。而州官的品秩却高于一般知县，为正六品。据统计，仅光绪年间，就设置州 145 个。[3] 此外，自康熙朝起，还

1　陈宏谋：《咨询民情土俗论》，贺长龄等：《清经世文编》卷 2《吏治六·大吏》，中华书局 1992 年版，第 75 页。

2　魏光奇：《晚清州县官任职制度的紊乱——透视中国传统政治的深层矛盾》，《河北学刊》2008 年第 2 期，第 78、79 页。

3　王成、谢新清：《中国地方政府发展史》，第 238 页。

在边远或一些特殊的地区设厅，等同于县级。厅原本不是一级行政机构，而只是知府佐贰官"同知"与"通判"的办事处所，后因朝廷派同知、通判到地方行使专管权的情况增多，才变为一级行政单位。同知与通判原来也仅掌事权而无治权。尽管厅的地位相当于县，但同知品秩为正五品，通判品秩为正六品。光绪年间全国总共设厅78个。清代的厅、州又有"散设"与"直隶"之分。所谓散厅州，系指辖于府的厅州；直隶厅州是指直接隶属于省的厅州。二者由于隶属单位职级不同，所享有的政治权力也有很大差别。光绪年间全国设直隶厅34个、直隶州72个。[1] 从一般意义上来讲，清代州县的设置，均在汉人居住地区，如果再考虑当时满族地区的八旗制度、西南地区的土司制度等特殊制度，基层社会治理的模式根据各自实际和需要则各有不同。

三是"正印官独任制"及州县陋规问题。为契合中央集权的治国策略，清代继续分化与削弱地方权势。表现在县制上，"正印官独任制"最具代表性。县编制内官员为数甚少，有的还不常设，而且县之"正印官"与其他同样由国家任命的县佐杂和学官等由于往往缺乏信任，难以形成有效的统领，县官的工作开展主要依靠幕友、家丁、胥吏、差役等非官方人员。正如有学者所言："宋、元以来县行政被割裂的倾向，在清代被发展到极致。一方面，佐贰、学官等国家正式官员不被纳入州县主干行政系统；另一方面，国家官员也失去了对于吏胥的直接统率。"[2] 这种貌似中央集权得以加强的做法，其实适得其反，因为缩减州县国家委派官员比例的做法，不仅不利于集权，反而导致公权力的丧失与分散；不仅致使出现"县行政衙门握有全县无上之权威，其全权则操于县令一人之手"[3] 之局面，更使得州县陋规普遍发生，而州县陋规的长期存在，引发官场无法遏制的普遍性腐败，实则不利于国家治理

1　王成、谢新清：《中国地方政府发展史》，第213页。

2　魏光奇：《官治与自治——20世纪上半期的中国县制》，第23页。

3　《馆陶县志·政治史》，转引自许康《管理、创新与商战》，甘肃文化出版社2004年版，第66页。

与对基层社会的管控。宋代以降县制运作社会效果不良与饱受诟病多由轻忽县政吏治问题而引起。

四是胥吏干政泛滥成灾。县级管理层面公权力私人化的外在表现形式，即为杂佐与州县长官私人班底的壮大。这种由私人裙带关系组建而成的地方县政管理体系，尽管也不乏积极意义，譬如，县级长官可以摆脱上级的制约而挑选有用之才等，但在帝制社会末期，贪污腐败盛行，更多州县官还是将此作为营私舞弊的主要媒介，他们经常任用亲信办理各项重要公务。大量非公职人员充斥县级官员行列，他们既不享有国家认可的职位、福利，又不受国家制度的有效监督，司法腐败、贪污、受贿、勒索现象势必常态化，给当时下层民众生活带来巨大灾难，也给国家治理带来极大消极影响。

在此情况下，随着近世国家局势的根本性变化，原有县政治理已不适应时代需要，中国县政遂发生对传统模式的改造与变革。

（二）晚清西力东侵、社会骤变倒逼县政进行根本性改革

近代以降，西力东侵打乱了中国县政发展的原有轨迹，在民族危机及国家财政危机中，社会经济日益衰败，人民生活日益贫困，民变与农民起义随之增多，以致发生了席卷全国的太平天国之变，严重打击了清廷统治，给县政治理带来诸多难题。随着西学东渐，西方政治文明中以市民参与为核心的自治思潮对中国传统以长老管控为特征的自治思潮产生了较大影响，传统的县政治理中因循守旧、管理混乱、贪赃枉法、司法腐朽等弊端暴露，原有模式已无法维持，这种状态倒逼县政制度发生根本性变革。

第一，县级地方行政体制的巨大变革。为避免州县因受多方管辖而产生的施政主动性缺失及胥吏干政而弊案多发的风险，加之深受西方地方管理文明的启发，简化管理层级、规范县级行政组织及职权等革新的呼声渐高。针对上述改革诉求，光绪三十三年五月二十七日（1907 年 7 月 7 日），总核官制大臣载泽等曾拟定《各省官制通则》34 条。从中国县政发展史看，此次改革具有重要意义。《各省官制通则》规定，县的直接上级机关为府或直隶州。延续几千年之久的州县官由中央直接任命的制度至此中断，这是中国县级行政官员任命制度的重要变更，从此，县官的任命权主要被省级掌控。《各省官制通则》还规定，裁撤佐贰与设立佐治各官。这种改革使原来佐贰与县"正印官"游离的弊病得到根治。《各省官制通则》还规范了佐治各官的任用程序与职能范围，并把政治素养与专业知识视为佐治各官任用的主要条件，教育、实业被纳入县级职能的范畴。[1]

第二，开启"中国县自治组织规定之始"。[2] 20 世纪初，伴随内忧外患政治危机的加深，清朝包括县级管理在内的地方行政制度遭受广泛质疑，与此同时，在西方"主权在民"思想的广布与法治国家地方自治制度的影响下，我国的自治思潮也渐趋高涨。1903 年《游学译编》第 5 期刊文，认定地方自治"于救亡之事，至为切要"。[3] 在这种自治思潮的熏陶下，中国近代地方自治的大幕也徐徐拉开。

这一时期县制中的自治特色较为明显。为使"圣清国祚，垂于无穷"，1905 年载泽上奏："今州县辖境，大逾千里，小亦数百里，以异省之人，任牧民之职，庶务丛集，更调频仍，欲臻上理，戛乎其难……宜取各国地方自治制度，择其尤便者，酌定专书，著为令典，克日颁发，各省督抚，分别照行，限期蒇事"。[4] 此论一出，江苏学政唐景崇便表示应和与赞同。光绪三十四年十二月二十七日（1909 年 1 月 18 日），清政府颁布了宪政编查馆订立的《城镇乡地方自治章程》及《城镇乡地方自治选举章程》，共计 9 章 112 条，此为

1　钱端升等：《民国政制史》下册，上海人民出版社 2008 年版，第 513—514 页。

2　钱端升等：《民国政制史》下册，第 514 页。

3　《列强在支那之铁路政策》，《游学译编》1903 年第 5 期。张枬、王忍之编《辛亥革命前十年间时论选集》第 1 卷上册，生活·读书·新知三联书店 1960 年版，第 380 页。

4　载泽等：《出使各国大臣奏请宣布立宪折》，中国史学会主编《中国近代史资料丛刊·辛亥革命》第 4 册，上海人民出版社 1957 年版，第 25—26 页。

"中国县自治组织规定之始"。与此同时，上述法规也规定，凡府厅州县官府所在地为城，其余地方又分为镇、乡两个层次，人口满 5 万者为镇，5 万以下者为乡。[1] 此举开近代中国镇乡基层政权建制之先河，乡镇从此作为一级正式的政权组织。同年，《法院编制法》颁布，规定在各州县设立独立的初级审判厅，开启了县级司法独立的新阶段。

宣统元年十二月二十七日（1910 年 2 月 7 日），清政府又颁布了《京师地方自治章程》《府厅州县地方自治章程》及相应选举章程，县自治制度进一步完善。

在清末县自治推行过程中，地方士绅话语权得到前所未有的提升，地方社会精英逐渐进入县级行政管理层，致使基层社会权力主体发生了结构性变化。这种制度改变，对县政效果产生了很大影响。一方面，民众的政治参与机制创建，激发了民众的政治热情，助推县政近代化的转型；另一方面，使国家行政控制力量在基层社会逐步减弱，士绅力量崛起，突破县政治理藩篱，地方士绅成为越来越激进的社会变革力量。加之筹办新政和地方自治的费用负担最后落在基层广大民众身上，广大民众本是近代以来各种负担的主要承受者，此时已经财尽，不堪重负，纷纷揭竿而起，绅士阶层转变为领导力量，从抢米风潮到抗粮抗税再到保路运动，形成普遍的反抗形势，更由武昌起义之导火线，引发各省独立。在此局势下，貌似强大的清末统治竟迅速瓦解。清廷本为自救而急速开展的地方自治运动，反成为自掘坟墓的加速器。

无疑，清末县政系列改革是中国传统县制近代化的开端。受西学东渐的深刻影响，西方政治文明的某些元素无疑对中国传统县政建设产生了巨大冲击，诸如县级佐治各官的职业化、县自治等均带有明显的现代行政管理色彩。但是，在西方列强逼压下，在太平天国运动打击下，在孙中山领导的革命派起义压力下，清廷已经失去了掌控中国航向的魄力、能力与意志，当辛亥革

1　《城镇乡地方自治章程》，《北洋法政学报》第 91 期，1909 年 2 月，第 1 页。

命爆发，南北省份纷纷响应后，清廷与两千年的帝制一并退出了历史舞台。与中国帝制同时确立的县政，由于其独特而普遍性的制度价值，却无法随之废止，而是随新立的民国转入了新的发展轨道。

第五节　北洋政府时期的县政变革

中华民国建立伊始，三权分立政治模式初成，"民主"与"共和"的观念渐入人心，清末县政变革中的民主元素理应得到进一步彰显，然而遗憾的是，南京临时政府存续时间太短，加之新生政权百废待兴，县政建设着力不多。另外，各省分立，中央号令不行，致使当时县政出现新旧混杂乱象。北洋政府时期，袁世凯着力推行威权政治，中央管控地方的能力有所提升，县政改革的力度有所加强。袁死后军阀割据时代开启，时局动荡，县政制度再次面临重重困难。尽管如此，官治和自治两种基本模式相互排斥又互相结合依然是北洋政府县政运作的主轴。

一　袁世凯政府时代的县政变革

袁世凯政府时代，县政在民国新制的框架内有所变革，但县地方自治因袁世凯治理理念与局势变幻，而发生了波折。

（一）袁世凯政府时代县政的官治努力

民国改元后，各地县级行政机关较为混乱，官名也不一致，县之组织机构颇不一律，因袭清末旧制者有之，召集本城士绅和商学界代表改组成立新县公署者有之，在原有旧制的基础上进行大力改造者有之。如鄂军政府规定，地方分为府县，府唯设于首都，其余一律称县，府县设知事及书记、科长、科员、工师、工手、掾史等职，分总务、内务、税务、警务诸科。总之，这一时期中央对地方管控能力下降，地方县政处于比较混乱的状态。

袁世凯窃取政权后，对上述地方行政管理混乱的局面进行了治理，加强了中央对地方的管控。围绕县制，颁布了一系列法律法规。

1912 年 11 月 26 日令各省都督及民政长暂行统一官吏名称，凡各县、府直隶厅、州之有直辖地者，其长官一律称为"知事"。同时又以总统令的形式要求各省，"将所属各县及凡府直隶厅、州之有直辖地者，所有长官官名，一律先行改为知事。一应管辖区域暨办事权限，悉依现制办理"。[1] 次年 1 月 8 日，《划一现行各县地方行政官厅组织令》颁布，规定包括直辖区域的府和直隶厅、直隶州以及各散州、厅在内的县级长官称为"知事"，县级行政区划名称统一称为"县"；"各县知事，依现行法规之例，各办理其行政事务及该省行政长官委任之事务。但各县地方彼此关系事件，应互为法律上之协助"；制定县知事公署的内部组织结构。各县知事公署设有两种科长和科员"佐治员"，另"酌设技士，办理技术事务"；各县知事公署分科办理行政事务，各科人员编制，"每科科员二人至四人，技士至多不得过三人"；"各县地方之未设有审判厅者，除依现行法规办理外，得酌设帮审员一人至三人，管狱员一人"。[2] 期冀通过此举来统一县级地方组织，规范县政制度。此令的颁布，标志着省、道、县三级地方制度的建立，开启了中国地方治理现代化的新阶段。

此后不久，袁世凯又于 1913 年 3 月 25 日颁布《各县知事公署暂行办事章程》，共 6 条，明确了县知事公署组织设定、职能、工作内容及程序等。尽管从设计理念、组织结构等方面都没能脱离晚清旧制，但在制度设计上还是较为彻底地废除了任用幕友家丁、胥吏等办理县政的传统，中国的县署组织发展向现代化迈进了一步。

1　《通令各省统一地方官名并电呈官署设置》〔中华民国元年（1912 年）十一月二十六日〕，骆宝善、刘路生主编《袁世凯全集》第 21 卷，河南大学出版社 2013 年版，第 123 页。

2　《临时大总统公布划一现行各县地方行政官厅令》（1913 年 1 月 8 日），中国第二历史档案馆编《中华民国史档案资料汇编》第 3 辑"政治"（1），江苏古籍出版社 1991 年版，第 119—121 页。

1914 年 5 月 23 日，袁世凯以命令制定《县官制》，规定县设知事为县的行政长官，隶属道尹，负责县内行政事务管理。知事依其职权或特别委任就县内的行政事务发布县令，可调用驻扎本县的警备队等。县官制对于县之组织并无具体之规定，只列举县知事之职权及其对上对下之关系等具体内容。

为了强化控制县级政权，袁世凯政府还从县知事人员任用问题上着手，推行中国近代史上著名的"县知事试验"活动。辛亥革命后，文官制度运作中断，选拔县官方式繁多，致使县知事群体混乱不堪。政、学两界对此多有批判。为了严格县官资格，1912 年 11 月袁世凯通令各省在选拔县官时严格遵照"政治经验"与"政治学识"两大原则。[1] 然而，"政治经验"与"政治学识"的高低如何界定，具有明显的主观性，操作性显然不强。1913 年 12 月 2 日，政府又颁布《知事任用暂行条例》及《知事试验暂行条例》，正式在全国范围内实施统一的县知事任用和考验制度。1914 年 2 月 16 日，北洋政府举行首届县知事试验，运用考试的选拔方式，分别对参考者的法律、国际条约、地方行政以及风土民情知识进行考察。从县政法制史来看，这次县知事试验尝试具有现代文官考试的痕迹，具有明显的社会进步性。为了配合县知事试验，袁世凯政府还加强了对县知事群体的考核、奖惩等管理力度，使县知事群体执政能力大大提升。然而，由于顾及军阀及官僚势力，此次县知事试验依然保留了保荐免试制度，为军阀势力在县知事选拔中任用私人提供了便利，使这一制度的实施效果大打折扣。

（二）县自治的废止与反复

袁世凯上台伊始，地位尚不稳固，同时由于社会上民主共和观念增强，袁为招揽民心，延续清末势头，推动县自治和省自治，一时颇为活跃，县议会和省议会纷纷成立。但随着袁世凯权力的加强和局势的变化，他对地方自

1　魏光奇：《官治与自治——20 世纪上半期的中国县制》，第 304 页。

治转变了态度。

1914 年 3 月 2 日，袁世凯下令停办各级自治。各地县自治机关随之被解散，相关组织遂被废止。1914 年 5 月，《县官制》颁布，规定县知事为一县行政长官，隶属道尹，依法管理县内行政事务，以彻底官治取代自治。后于同年 8 月颁布《县佐官制》，中央控制县级机构的能力进一步加强。

面对民众强烈要求政府颁行县自治方案的呼声，1914 年 12 月 30 日，袁世凯重新施行《地方自治试行条例》，以区制取代市乡制。规定一县之自治区域可设 4 区至 6 区，两县以上合并之县可增至 8 区，自治区域在不违背本条例及其他法令的前提下可自定自治规约。自治区设区董 1 人或 3 人，设自治员 6—10 人，由县知事遴选委任，每届任期两年。自治会议有权议决本区有关慈善、教育、交通、农商等事项，依法监督官署委托办理事项，制定自治规约，负责自治费用的筹集、结算等事宜。[1] 1915 年 4 月 14 日，公布了《地方自治试行条例施行规则》，规定地方自治条例之施行分为三期进行，分别为自治事宜之调查、自治事宜之整理及提倡、自治事宜之实行。[2] 后因袁氏帝制运动失败，此条例亦未推行。

二 各系军阀主政时代的县政变革

袁世凯恢复帝制尝试彻底失败后，民国政府陷入群龙无首的乱局，除了力量较大的直、皖、奉三大军阀派系，还有阎锡山、唐继尧、陆荣廷等大小军阀势力的存在。刚刚经历短期统一的中国，遽入风雨飘摇的军阀纷争时代。这一时期的县政制度同样面临动荡时局的巨大挑战。

（一）皖段控制下黎元洪任内的县政立法

袁世凯死后，黎元洪担任总统，但政局实际由皖系段祺瑞控制。为了消

1　参见印铸官书科编写《法令缉览》第六类"地方制度"，1916 年 12 月，第 111—119 页。

2　《地方自治试行条例施行规则　第一章：总纲》，天津《大公报》1915 年 4 月 18 日，第 5 版。

解军阀势力，多有政界人士倡导继续推行地方自治。此论也引起政府及各界的关切与回应。1917 年初，议员蒋曾燠、吕复等提请了《县自治制案》《县自治制选举章程案》《市乡自治制案》《市乡自治制选举章程案》《县自治及市乡自治施行细则案》《恢复地方自治机关案》《县自治暂行法案附县议会议员选举法案》等提案，主张恢复民初的地方自治制度。参议院与众议院尽管对上述议案给予重视与关注，但因政府反对，以另定自治章程为名，彻底否定了上述议案。为安抚民心，随后，大总统黎元洪令内务部"迅将地方自治制度及举行自治一切事宜研求至当，分别厘订，务以适合国情民意为根本之建设"。[1] 自治制度编查委员会也因之成立，并配置了相应职员，制定了会则，一些法学名家也被邀请参与起草地方自治等法规。地方自治活动似得以顺利开展，但终因政治现实及政府方面的推脱，县自治没有取得实质性的成果，没有逃脱无果而终的结局。

（二）徐世昌任内《县自治法》及相关法律

随着联省自治活动的开展，北洋政府面临前所未有的压力。皖系控制的安福国会选举出的大总统徐世昌，于 1919 年 9 月 7 日公布了《县自治法》。该法规由总则、县议会、县参事会、财政、监督及附则各部分组成，共 6 章 19 条，规定了县的自治性质与地位、职责、机构、职官设置与议员选举以及办事程序等内容；[2] 最为关键的是，从法律的层面规定了县级政府设置县议会与县参事会。为了规范《县自治法》之施行，1921 年 6 月 18 日公布了《县自治法施行细则》及《县议会议员选举规则》等法规，原《地方自治制度试行条例及试行规则》同时废止。与此相关，同年 7 月 3 日，颁布了诸如《市自治制》及《乡自治制》等法规。尽管其间相关县制、法令频出，但并未取得实际效果，

1　《征求地方自治意见电》，长沙《大公报》1917 年 3 月 4 日，欧阳哲生等编《范源廉集》，湖南教育出版社 2010 年版，第 340 页。

2　《县自治法》，《东方杂志》第 16 卷第 10 期，1919 年 10 月，第 212—217 页。

正如钱端升先生所言，相关法制繁多，"然实际施行者尚未之闻"。[1]

（三）直系曹锟任内《中华民国宪法》对县政的规定

直皖战后，直系控制北京政权。1923 年 10 月 10 日，曹锟政府公布《中华民国宪法》，在其第十二章"地方制度"部分对县自治组织略有规定。按照规定，地方政府为省、县两级制，实行省、县自治。县设县议会，享有立法权的同时，还负责掌管县内自治事项；县的长官为县长，由县民直接选举产生，依县参事会之辅助来执行县自治行政，仅限于司法独立、下级自治完成以后适用；县有奉行国家法令及省法令之义务等。同样，此法依然没有得以实施。

1924 年 10 月 19 日，《恢复县议会办法》颁布。北京政变后，由于曹锟于当年 11 月 3 日宣布退职，此办法也未得到真正推行。

由于当时京兆等地的特殊性，北洋政府也根据具体情况采取了特殊的县官制度。早在 1915 年，京兆尹沈金鉴呈请京兆各县官制，以资治理，总统准其试办。薛笃弼担任京兆尹以后，对京兆所辖各县官制进行大范围调查，尽管各县具体情况有所差别，但发现存在的一个共同弊端是："署中房书、衙役等项，大半沿袭未改；至于一切陋规恶习，既未尽除，掾属人员又乏专门学识，以故地方行政迄无起色。"[2] 为了整顿地方行政，京兆尹薛笃弼参酌以往县制，体察各省县制运作情况，于 1925 年 2 月 28 日向内务总长呈请《改订京兆各县行政公署组织章程》，共 11 条。该章程将京兆所属各县行政公署加以改组。除最高行政长官县知事外，下设民政、财政、总务三科。在二等县，县知事可以酌情把上述三科合并为两科。各科设科长一人、科员若干，县知事从具有专门学识者中遴选与委任，对科内事务进行管理。县公署还可酌用

1　钱端升等：《民国政制史》下册，第 517 页。

2　《京兆尹薛笃弼呈内务总长呈送改订京兆各县行政公署组织章程缮折祈鉴文（附折）》，《政府公报》第 3231 期，1925 年 3 月 30 日，第 9 页。

雇员以司缮写文件。[1] 由于其后政局发生变化，此法案也没得到真正实施。

综观北洋政府时期的县政，尽管存有地方自治的考虑，但无论从顶层设计上，还是在具体运作上，根本无人从民生层面着眼，名目繁多的政策、法规设计尽管在某种程度上保障了民众的少许权益，但从本质上看，并没有改变传统社会官方凭此盘剥底层民众以获私利的县政本质。此外，由于军阀势力割据与混乱，推行地方制度缺乏稳定的政局环境保障，北洋军阀轮流坐庄的现实更使这一时期县政运作困难重重。单从这一时期的县自治来看，朝令夕改，政令难产，及法令流于形式，表明在国家政权稳定性尚难以有保障的时期，县政层面收效甚微也在意料之中。

第六节　南京国民政府时期的县政变革

南京国民政府时期，政局并不平靖，外有日本帝国主义大肆侵略、世界经济大萧条影响，体制内部又纷争时起，加之自然灾害频发，以及南京国民党政权"清共"、反共所导致的中国共产党在广大农村的革命对抗，南京国民政府的县政治理面临诸多的压力与挑战。为确保财政收入与有效控制基层社会，这一时期的县政治理主要表现在推广县政建设与县政实验运动，建立农村社会的保甲制网络，推行行政督察专员制度以及新县制，等等。按照县政发展轨迹考察，此时县政继续沿着官治与自治并行的轨道进行。

一　县政府机构设置的变化

南京国民政府成立后，在北洋政权县政府机构设置的基础上，根据新的

1　《京兆尹薛笃弼呈内务总长呈送改订京兆各县行政公署组织章程缮折祈鉴文（附折）》，《政府公报》第3231期，1925年3月30日，第9—10页。

形势和治理要求，进行了新的调整与变革。

（一）县长制度的逐步确立

1927 年 6 月 9 日，国民政府按照国民党中执会第 100 次会议决议，通令各县一律改为县长制，纠正刚刚施行的县政府"委员制"。1928 年，国民政府颁布《县组织法》，对县政府组织形式及相关制度给予详细规定，县以"所辖区域大小、事务繁简及财赋多寡"为据，统一划分为三等。根据县之等级来决定其内部组织结构与管理职权；取消混乱的地方行政设置，厘定县，调整治所，规范县制。废除北洋军阀时期沿用的"县知事公署"，改名为"县政府"，县长为最高行政长官。

每县设县长 1 人，县府机构根据等级差别有所不同，一等县设 4 科，二等县设 3 科，三等县设 2 科；各科置科长 1 人，由县长呈请省民政厅委任，科员若干，由县长委任，员额由省民政厅规定。县还设公安（后改为警察局）、财政、建设、教育四局，必要时增卫生局、土地局，各局设局长 1 人，各科、局统率于县政府，受县长的指挥监督。[1]

全面抗战爆发后，随着形势的改变，国民党政府施行新县制。1939 年 9 月，根据《县各级组织纲要》，县设县政府，置县长 1 人，在省政府指挥与监督下执行中央及省指示与办理全县自治事项；县各级机构相应扩大，职权有所提升。规定县政府设民政、财政、教育、建设、军事、地政、社会各科，置秘书、指导员、督学、警佐、科员、技士、技佐、事务员、巡官等正式行政人员，并建立同级民意机关，使之更加符合自治要求。[2]

（二）县长的任命、选拔及资格、回避、职责

为了有效管控地方社会，南京国民政府试图加强对县级政府长官任命权

1　《县组织法》（1928 年 9 月 15 日），徐秀丽编《中国近代乡村自治法规选编》，中华书局 2004 年版，第83—85 页。

2　《县各级组织纲要》（1939 年 9 月 19 日），刘振东主编，焦如桥编辑《县政资料汇编》下册，中央政治学校研究部，1939，第 598—599 页。

的控制。1928 年《县组织法》明确规定，县长由省政府直接任命。1929 年重订《县组织法》，对县长任命程序进行规范，规定县长的任命首先由各省民政厅长推荐合格人员 2—3 名上报省政府，由省政府任用。[1] 1933 年，凡未经国民政府明令正式任命者，无论省政府给以任何承诺，都不视为正式县长，仅为代理县长。[2] 县长任命权从程序上看再次被中央收回。

南京国民政府对县长的选拔，大致有考试与推荐两个途径。关于考试选拔县官，1928 年《县长考试暂行条例》规定，由各省单独举行。其后，随着考试院的成立，《县长考试暂行条例》废止。后来国民政府又制定了新的考试制度。至于推荐选拔县长，由于情况复杂，并未见统一的法规条例。

县长的任用有其具体的资格要求。1932 年《县长任用法》颁布之前，国家并未对县长的资格有过严格的界定，鉴于 1932 年颁布的《县长任用法》对县长人选条件要求较高，地方省份要求变更的呼声渐高，内政部经历了几次修改，对县长人选条件逐渐放宽，某些省份根据自身特点制定了县长任用限制暂行办法。大体而言，全面抗战前，县长任用资格有以下几项：通过县长考试或高等文官考试；国内外大学或专科毕业且有一定资历；曾任委任职以上且有一定资历；对国家有劳绩等。全面抗战爆发后，为了适应形势的需要，县长任用资格又有了新的调整，富有军事学识及县政经验成为县长任用的重要条件。而在实际任用中，是否按照规定要求执行则是另外一个问题。

县长任用采回避制与任期限定制。1933 年《剿匪区内县长任用限制暂行办法》规定，"县长应回避本籍之县及与本籍毗连之县"。[3] 1933 年 6 月公布的《修正县长任用法》对代理、试署与实授三种不同类型的县长的任期做出

1　《县组织法》（1929 年 6 月 5 日），徐秀丽编《中国近代乡村自治法规选编》，第 91 页。

2　《县长任用法》（1933 年 6 月 2 日），中国第二历史档案馆编《国民党政府政治制度档案史料选编》下册，安徽教育出版社 1994 年版，第 21 页。

3　《豫鄂皖三省剿匪总司令部公布〈剿匪区内县长任用限制暂行办法〉》（1933 年 1 月 6 日），中国第二历史档案馆编《国民党政府政治制度档案史料选编》上册，安徽教育出版社 1994 年版，第 447 页。

了明确规定。[1]

县长职权在实践中逐步扩大。原来县长职权较小，后为提高县政效率，县长职权逐步扩大。南京国民政府时期县长的职责非常庞杂，主要包括民政、财政、建设等方面。此外，还要求县长在教育、卫生、司法等方面齐头并进，不可偏废。据不完全统计，有的县长职责多达 30 余种。随着抗战之需及抗战胜利后的国共内战需要，县长的职责也慢慢向军事、财政方面倾斜。

二 创新地方管理："分区设署""裁局设科"制度的实施

南京国民政府初期曾推行区公所制度，以有效推行自治。根据《县组织法》和《区自治施行法》，区为自治单位，置区公所，设区长 1 人，由区民选任，管理区自治事务。但在实际运作过程中，反对意见颇多，要求将自治区改为行政区的呼声颇高，致使区自治政策因之改变。1932 年 12 月，蒋介石的《重新制定县区镇自治法规区或镇以下实行保甲制度案》提出，根据规定，"区公所暂定为县政府之佐治机关"，[2] 标志"分区设署"制度呼之欲出。1934 年 12 月，《剿匪省份各县分区设署办法大纲》颁布，"分区设署"正式成型。[3] 国民政府行政院分别于 1935 年 1 月、1937 年 6 月公布《县政府分区设署暂行通则》与《各县分区设署暂行规程》，"分区设署"在全国推行。区划的标准主要是依据土地的天然形势、行政管理的便利、户口与人数、乡镇数量、工商业、交通、治安、公有财产、建设与居民等情况，一般情况下，每县设 3—6 区；在每区或数区设置区署；区署设区长 1 人，所有区中保卫、安宁、编查户口、训练民众、指导合作、推行教育、清丈土地、实施工赈及

---

1 《法规：修正县长任用法（二十二年六月三日公布）》，《国民政府公报（南京 1927）》第 1148 期，1933 年 6 月，第 4—5 页。

2 胡次威：《民国县制史》，大东书局 1948 年版，第 102 页。

3 《剿匪省份各县分区设署办法大纲》，《军政旬刊》第 43—44 期，1934 年 12 月，第 26—34 页。

一切农村水利建设工作，及区内卫生、公安、交通、经济、财务之一切县政，凡与管、教、养、卫有关者，统由区长秉承县长指示办理。[1] 后来，随着全面抗战爆发等时局改变，"分区设署"有了新的调整。譬如区划标准遵循以 15 乡镇至 30 乡镇为原则，区署职责也有了突出军事与经济的特色，区参议会与区建设委员会也随之成立，等等。[2] "分区设署"制度的实施，使国民政府对基层社会的行政控制进一步强化。然而，蒋介石在推行"分区设署"制度的同时，南京国民政府立法院却通过《县自治法》，正式从法律上将县及县以下各级组织确定为地方自治性质，并取消区级自治单位，将县以下的自治单位简化为乡（镇）、闾、邻三级。[3]

与此同时，南京国民政府也对"局科并存"管理模式进行了改革。鉴于"局科并存"产生机构臃肿、行政效率低下、财政负担增多等诸多弊端，南京国民政府于 1933 年 1 月决定实施"裁局改科"计划，并于次年 12 月在河南、安徽、湖北、江西与福建五省试点颁行《剿匪省份各县分区设署办法大纲》。至 1936 年 6 月《县政府裁局改科暂行章程》颁行，全国范围内"裁局改科"大幕由此拉开。"裁局改科"遵循充实组织、权责集中、建教合一、警卫联系与税收统征的原则，对县政府文书发行、裁局归科、科室兼并、经费统筹、撤销下级公安机关等相关问题均进行了详尽设定与规范。"裁局改科"既应提高行政效率、提高县长地位等需要，亦有财政压力之动因。

三 县自治的推行与基层社会控制的强化

县自治是清末以来的一项要政、新政，孙中山亦大力倡导，以孙中山事业继承者自居的南京国民政府必然要推行这项新制。但形势在变，人事更在

1　《各县分区设置暂行规程》，《法令周刊》第 362 期，1937 年 6 月，第 8 页。

2　《县政府分区设署规程》，《行政院公报》第 3 卷第 10—11 期，1940 年 6 月，第 9 页。

3　《县自治法全文》，《浙江省地方自治专修学校校刊》第 20 期，1934 年 12 月，第 51 页。

变，南京国民政府所推行的县地方自治，与孙中山所倡导的地方自治，已有很大不同，实际上异化为维护其统治、加强社会控制的官治工具。

（一）县自治的推行

南京国民政府一再鼓吹承继孙中山"三民主义"之衣钵，而按照孙中山的建国方案构想，县自治当为至为关键的一环。如说："综上四者，实行民治必由之道，而其实行之次第，则莫先于分县自治。盖无分县自治，则人民无所凭借，所谓全民政治，必无由实现。无全民政治，则虽有五权分立、国民大会，亦终未由举主权在民之实也。以是之故，吾夙定革命方略，以为建设之事，当始于一县。县与县联，以成一国。如此，则建设之基础，在于人民，非官僚所得而窃，非军阀所得而夺。"[1] 基于此，南京国民政府也一直对外宣称推行地方自治。

南京国民政府自1928年12月颁布《限期实行乡村自治案》后，又出台了《乡镇自治施行法》《乡镇间邻选举暂行条例》《乡镇坊自治职员选举及罢免法》以及《县组织法》等一系列较为系统的县乡自治法规。上述法规规范了自治机关（乡镇民大会为立法机关、乡镇公所为执行机关、乡镇监察委员会为监察机关、乡镇公所调解委员会为调解机关）和自治职员的资格、产生办法、罢免程序、公给、任期等具体内容。南京国民政府在大力宣称县自治的同时，在其最重要的县政法案——《县组织法》中，明确指出县级政府应在中央及省级政府的严格监督下进行运作，自治是其名，官治是其实。

随着中共革命事业的发展、全面抗战爆发等复杂形势的变化，南京国民政府自治法案也随之调整。尤其是国民政府行政院于1939年公布《县各级组织纲要》（通称"新县制"）后，南京国民政府时期的县自治与官治相结合，自治融入官治中。南京国民政府不愿切实推行自治法规，以至于变相地消解

1　《中华民国建设之基础》，陈旭麓、郝盛潮主编《孙中山集外集》，上海人民出版社1990年版，第35—36页。

自治，除了前面所说军事形势变化造成的压力因素，更重要的在于国民党本质上已蜕变为一个特殊利益集团，其统治与治理宗旨是为其特殊利益集团服务的，这是与地方自治的价值相冲突的。同时，县自治模式由于是援引自西方的治理模式，这种制度从清末到民初的实验均未曾获得满意之效果，在实施此类自治法规时，当然也会引起后继者的疑虑而加以抵制，这无疑是县自治无法推行的一个原因。

（二）地方保甲制度的推行

为加强对社会的控制，国民政府在基层社会实施了带有传统乡村治理色彩的保甲制度。1928 年 10 月，国民党中央把保甲运动列为全国性七项运动之一。次年 9 月，蒋介石电告全国，要求在 3 个月至多半年的时间内实施保甲制度。[1] 与此相关，内政部立即颁布系列法规，助推保甲制度的实施。为"围剿"鄂豫皖革命根据地，1932 年 8 月，国民政府又设立了"鄂豫皖三省剿匪总司令部"，并在辖区推行保甲制度。保甲制度遂成为一种普遍的基层政治制度和社会组织。后来，随着抗战全面爆发及新县制的实施，保甲制度尽管也有所变化，但国民政府通过保甲制度以严控民众的宗旨并没有改变。

随着保甲制度的推行，当时县的组织建设、职能及工作重心也发生了改变。譬如，各县特设武装民团，更名保安队，把"清剿"中共力量（在一定时期和一定区域内）与地方治安作为工作的重心。保甲组织执行"管、教、养、卫"等职，尽管具有清查户口与登记人口的必要性，但其规定"邻右连坐"的做法还是真切反映了强烈控制基层社会的初衷，尤其"剿共"职能的凸显，更加表明国民政府推行"民主"是名，行使"专制"为实。

综观南京国民政府时期的县制变革，既有对传统行政管理职能的继承，也有应对客观现实需要的自我创新。譬如，县政制度的官治与自治一体化，

1　《蒋致各省府主席电：限期办理保甲清查户口》，《申报》1929 年 9 月 15 日，第 8 版。

统一了县乡行政，统一了县政财务等，一定层面上反映了国民政府在制度体系上谋求适应时代发展及关切民主诉求的事实。与此同时，我们也不难发现，南京国民政府时期的县政在"官治"与"自治"之间的挣扎、保甲制度的推行等都反映了南京国民政府以民主为名而行专权之实的症结。此外，国民政府政治、经济、军事、文化的现实状况与其面对的各种危机，也在一定程度上限制了县政的实施效果。由此可见，包括县政在内的基层社会管理是一个复杂的系统性工程，如若只注重法律创建，而忽略社会环境、政治环境、法律文化环境等系统性的健康发展，单一的制度建设必然掣肘重重，难以取得预期效果。

本章小结

自秦代正式开启郡县制起，县政就成为中国地方行政管理体系的重要组成部分，尽管其中的设定理念、运作方式以及收到的社会效果不尽相同，但县政在中国基层社会治理中的重要性没有改变，县政成败直接关系到每一朝代国运的兴衰。近代以来，尤其是晚清至民国期间，随着西力东侵及中国社会的急剧转型，县政出现了许多新的变化，然从社会效果来看，县政的新变化并没能带来预期效果。县政何以能够如此深刻地影响中国社会，中国县政的发展究竟给我们带来怎样的经验与教训，中国未来的县政建设应从中汲取怎样的营养等，都是值得我们深思的问题。

第一，中国的县政制度与国家基础性区域管理需要问题。由于中国国家的早期形成是以黄河中下游流域大平原为中心逐步展开的，地域广大，历经夏商周三代的开疆扩土，国家面积愈加广袤，春秋战国时期，在原有的以宗亲为主体的分封制管理机制外，各诸侯国君逐渐设置了由君主直接管辖的县政管理机构。这种管理机制较之分封制，避免了政权分散、国君权力被世袭封臣严重制约的状况，使得国君权力更加集中和有效，国家力量也就更加强大。这种体制，对于幅员广阔的国家的治理来说，是更为有效和必要的。因此，到秦统一中国时，县政体制成为管理全国的基础性区域行政管理制度。自秦设立统一的县政制度以至近代，县制一直是中国最基本的基础性区域管理制度。中国之所以长期以县为最基本的普遍设置的基础性管理单元，一方面是中国广土众民的状况，需要一种较多层级的行政管理机制，才能较好地实现国家管理的功能，在这种多层管理中，最基础性的管理机构必须是稳定与管理幅度适宜的，这就为县政制度单元的形成提供了客观要求；另一方面，中国的历史发展是连续的、绵延的，尽管县政制度在每一个朝代都会有所因革，但在秦以后的两千多年里长期被继承下来，应得益于一体相承的中华政治文化环境；同时，就县的设置来说，相当多的县及县内的集镇，有其特色各异的历史文化、名人胜景、风土人情和相当稳定与独立的地方品格，县级单位是政权体系中相对自成体系的实体，集镇、乡村单位都容纳在县级单位里。县的这一特色，有利于国家力量的凝聚和稳定。县之上，无论是秦代的郡，还是汉代的州、郡，或是唐代的道、州，乃至宋的路、府、州，以及元明清的省、府、道、州等，其上无论是设一级，还是设两级，或是设三级，都是一层一层对县进行管理的，县以上的任何一级，都可以减少或增加，但县这一级是基本稳定的，甚至连其辖区基本上都是稳定的。很多县都有其悠久的历史和比较固定的辖区。

县政制度的这种特点，使得县成为国家最为有效而节省管理成本的基础性管理单元。学界近年来聚讼未决的"皇权是否下县"问题，如果结合县政在历代均为国家治理的基础性区域管理单元这一史实看，事实和道理就都比较清楚了。所谓"皇权"，按现代一般意义解释，就是以皇帝制度为核心的关于国家治理的权力和意志，换言之，就是国家权力和国家意志。从这个角度理解，皇权有两种：一种是狭义的皇权，即有形的国家权力机关的存在，这可从事实上看；另一种是通过治国方略所形成的国家思想和意志，这是从道理上看。

首先，从县下的治理权力机构和基层首领的事实看，自秦开始，正是通过县政官僚制度而非以往世袭制度，朝廷才得以畅通地向社会和广大民众贯彻皇权。秦汉时期的县下乡里网络及其官员是属于国家在册的正式官员，北魏的"三长制"直接得自皇权批允，唐代的乡里之官则得国家正式任命，可以说都是皇权在乡里权力的直接事实存在，不宜说不下县；宋至明清的乡里保甲的职役化网络虽非国家正式在编，为国家职役化的间接权力形式，却与国家政权有了更进一步的契合，皇权集中较中古之前有了进一步的加强。有学者根据清史资料研究指出，清代在县下设有编制的权力机关，"国家权力在乡村的政权建设始于清初，尤其是雍正中期以后"，[1] 从权力形式上看，皇权下县仍是存在的。当然，无论从秦汉至隋唐，还是从两宋至明清，各历史时段的"皇权下县"问题主要表现为政简讼轻的"小政府"模式，在正常的历史情况下，除了这种政治权力网络，还有地方乡绅耆老、宗法家族及宗教团体等民间权势的参与和配合，有其乡村社会"自在"活动空间。需要留意的是，一方面不能因为宋以下古代社会基层维持在"小政府"的规模上，就忽视了他们的存在；另一方面，将中国古代民间团体及其各类活动，在性质上强去比附以法律和契约为依据的西方地方治理模式进而否定皇权下县这个事实，这些认识都失之偏颇，不够客观。

其次，从一般广义的"皇权"角度理解，从道理上看，如清人所说"州县理，则天下无不理"，[2] 皇权不下县，天下如何治、如何理？从这个角度理解皇权下县问题，当是更无疑义的。

因此，从整体上看，在古代中国，并不存在皇权不下县的问题。当然，限于种种主客观原因，皇权一般情况下（王朝末期除外）在基层有意无意地维持在有效治理的一定限度内，客观上维持了中国农业社会长期有序稳定的发展。县仍是当代中国最基本的地方行政单位。

1　胡恒：《皇权不下县？——清代县辖政区与基层社会治理》，北京师范大学出版社 2015 年版，第 323 页。

2　丁日昌辑《牧令书辑要》，陈生玺辑《政书集成》第 9 辑，第 15 页。

第二，关于县政治理中官民利益的平衡问题。传统县政强调对君主、对上司的政治责任。县政代表皇权对乡村社会进行统治与管理，汲取社会的财源以维持国家机器的运转，其服务于皇权的特征十分明显。晚清以降，北洋政府以及南京国民政府虽然一再强调县政的"自治"倾向，但从本质而言，这并非统治阶层还权于民的表现，而是统治阶层面临新形势的无奈选择，一旦来自民众的压力有所减轻，县政的"官治"本质及专门服务统治阶层利益的本相便暴露无遗。

过于强调县政服务统治阶层的主旨，必然缺少对下层民众利益的必要考虑，势必限制县政社会管理功能的发挥。宋代以下的县政制度，集权倾向日益明显，地方政府政风之败坏也日益加重，传统社会治理模式逐步陷入困顿之途。这是县政顶层设计中官民利益失衡的严重教训。县政一旦陷入"重国家"而"轻社会"的怪圈，中央政府必然视治安、征税、刑名等为主要职责，而兴修水利、劝课农桑等社会管理职责则被忽视；"政简讼轻"一旦成为地方政府的片面追求，其促进社会生产力发展功能的弱化也在情理之中。过度强调统治上层利益，还会导致处于下层的县级政府财权的缺失，而县级财政不足往往会强化县级权力的寻租行为，进而引发县级官僚群体的贪腐。这里面隐含着以天下为公还是为私的权利纠结与较量。

在传统向现代转型的初始阶段，如晚清乃至民国时期，县政顶层设计中尽管出现了现代性的"自治"倾向，民众的利益似乎得到了一定的照顾，但由于历史发展的巨大惯性，以及现代经济和政治力量均比较弱小，县域民众的利益并不能真正得到保障。

有学者认为，"一切县政之组织与建设，如不合于利民之目的，皆不能认为有真正之价值"。[1] 其实，古代县政虽是为皇权服务的，但皇权的合法性也

1　萧公权：《论县政建设》，谢泳编《独立评论文选》，福建教育出版社 2012 年版，第 461 页。

是建立在"有道"之上的，而其中的"道"就是"明德亲民"理论，就是仁政理论。这些理论，对于统治者不能没有约束。就是说，官民利益的平衡问题始终是一个重要的问题。而由传统向近代转型后，更是逐步确立民权、民治的理论，县政的制度设计与实践，能否"合于利民之目的"，对县政更是一个严峻的考验。

第三，县政管理模式与经济发展状况以及生产力发展状态的适应问题。自秦汉至清末，中国的县行政管理机构简单，管理人员较少，可谓"小政府"的管理。在县级，县令或知县就是"小政府"的简称，而中央有意识地把地方管理的大权集中到县级长官一人之手。但面临县域内繁杂的管理任务，县级长官不得不采取避重就轻的办法来应对，对于中央政府没有特别要求非得亲自管理的事务，他们往往委托地方其他力量进行间接管理。因此，直接管理与间接管理相结合是这一时期县政管理模式的最大特征。

中国古代社会县政管理的"小政府"模式何以能够长期存在，这是一个值得深思的问题。总的说来，这与中国古代社会的现实密切相关。传统中国属于农耕文明，农业是国家经济支柱，加上中国古代生产力水平不高，经济总量不大，税收管理任务并不算太重（王朝末期贪腐蔓延或战事消耗会导致赋税短期内猛增，好在这多属非常时期），而税额太重受生产力水平所限也不可能收取，必然遭到农民的普遍反抗，因而也使政简官精的"小政府"管理模式成为可能。此外，传统县政是加强中央集权的重要举措，国家对县级政府采取"小政府"管理模式就有避免地方势力过大的意图在内。因此，经常采取其他举措来确保"小政府"管理模式的稳定。如汉代的"编户齐民"政策，就在客观上帮助县级"小政府"实现了"征收赋税"与"征兵"的主要社会功能。宋代土地兼并加剧，县政"小政府"的管理任务加重，农民与地主矛盾增加，中央开始对县政问题愈发重视，"法外置吏"就是确保"小政府"能够履行社会管理职责的重要措施之一。晚清以降，尤其是民国时期，由于受西方行政管理思想的影响以及中国社会新旧转型，县政管理中的"小政府"形式有所改变，到南京国民政府时期乃至新设立了县议会、县党部以及其他社会法团，共同与县政府分担公共治理与协调的部分职责，长期在中国传统社会延续的县政"小政府"管理模式逐渐转型。

虽然晚清至民国时期县政"小政府"的管理模式被打破，然而诸多新的举措并没有取得明显的社会效果。换言之，被部分学者推崇的西方相关管理理念、制度并没有在近代中国产生明显效果。究其原因，中国基层社会的经济基础未能转型是一个因素。当时中国社会性质尽管发生了改变，但在广大基层社会，生产力低下，经济总量偏小，农耕文明方式并没有发生根本性改变。与经济基础相应的，是政治文化也没有发生质的变化。近代的经济和政治文化处于缓慢的变动状态。因此，管理规模较大的县政结构，处于与经济和文化不协调的状态，甚至超越了经济发展的承受限度。

无论是古代还是近代，整体而言，中国的县域范围内主要是农耕区域。在中国古代农耕社会，农业是国家的经济命脉，而作为基层社会治理的重要单元——县政，主要担负劝课农桑、征收赋税、社会治安以及道德宣化等重要职能。而从县政的根本职能看，强化对地方乡绅的治理，提升农民的经济、教育、生活及基本生存状况应该是县政管理的核心内容。因此，历代县政如能较好地解决兴学教化、听讼断狱、劝课农桑以及征收赋税问题，就可以为国家的稳定和进一步发展打下坚实的基础。反之，农村经济及农民生存状况恶化，必然加速县政的衰败，进而引起国家的动荡与衰落。进入近代，县域范围仍然是农耕模式这一状况没有改变，而农业是投入多、见效慢的生产领域，在县域资金、技术和人才不足的情况下，农业这一领域仍保持着相沿几千年的小农生产模式，现代化农工结合、农工商结合的模式影响微乎其微。因此，县政的任务如何与生产力状况和经济模式相适应，是一个重大的管理模式选择问题。而这一时期兴起的县自治模式、国家财政与县财政的征收与管理模式、县政结构的管理模式等，都具有近代社会转型的"新"特点，但这些管理模式与县域社会的现实发生了严重的脱节，县政的效果不佳也就在情理之中。这是值得深思的。

第四，县政管理中的分等治理问题。历代中国幅员广阔，经济、文化、地理乃至语言风俗差异很大。在此情况下，如何用一种县制管理复杂各异的县情，是一个重大的管理难题。为解决这个难题，历代采用了县分等治理的方式，可谓一种既有原则性又有灵活性的治理模式。由于采用了这种管理模式，虽然朝代更迭与政权辖区多变，但中国县的数量却大致保持稳定，让人无法不与延续两千多年的县政分等治理制度联系起来。

中国县政的分等而治源自秦朝。当时，按人口多寡分县为大、小两个等级；汉承秦制，除按照人口多寡划分县之等级外，又依据管理任务的繁易分为剧、平二等；魏晋南北朝时继续沿用分等而治的办法，北齐把县设为九等；隋朝除了考虑人口、管理任务等因素外，又把县的地理位置因素考虑进去，废除县制九等制，改为三等县制；唐代多承隋制，其县域的划分更加繁杂细密，达到了十个等级；宋代把县分为赤、畿、望、紧、上、中、中下、下八个等级；元朝明确把县分为上、中、下三个等级；明代在县的等级划定上有了新的突破，明洪武十四年（1381），按照各州县负担的赋税数量，又把县分为繁、简二等；清代县政继续延续分等治理的传统，按照县的所处位置、管辖面积大小、治理难易程度以及风土人情等标准，把县分为冲、繁、疲、难四等。

民初，中央政府颁布《划一现行各县地方行政官厅组织令》后，对县级体制才做了相应的改组和统一。县仍分一、二、三等。从1927年起，南京国民政府又以区域大小、财赋多少、事务繁简为标准，将全国的县分为三等。1939年后，新县制要求根据土地、面积、人口、经济、文化、交通、地理位置等因素由各省将县划分为三至六等。

综观中国传统县政的分等而治，它是与国家广阔的疆域面积、复杂的地理环境、人口分布以及经济发展水平不均等密切相关的，为了对不同地区实施有针对性的管理，分等治理就具有了必要性、可行性和合理性。县治分等，一方面将经济状况和人口情况作为征收赋税和征集兵额的标准，另一方面将地理状况、内地边塞及民族民情风俗作为军事行动、国防御外、治乱平叛和怀柔边民的重要依据，同时也是量才而分别任用官吏的重要依据。这种分等，在当时生产力发展缓慢的历史条件下，适应了各地不同情况，收到了较好的治理效果，但在经济快速发展的现代社会，这种固化的分等治理模式，显然不合时宜。

第五，县政的治理效果问题。从中国历史发展的长河中看，国家对地方的控制呈越来越严密、越来越集中的趋向。就管理的层级而言，秦代的郡县制是地方二级管理制，汉代的州郡县和唐代的道州县是地方虚三级管理制（隋代曾经有短暂的州县二级制改革），宋代的路府州县是地方虚三至四级管理制，元代的省路府州县则是地方虚三、虚四、虚五级并存的管理制，明清两代则是省道府（州）县地方虚四级管理制。除了秦和隋，县级上面通常有两级到四级的管理体制，县级上面的级数越多，对县的监督和管理层越多，越体现了国家权力的集中和对县级控制的进一步加强。地方管理加上虚级，如果说三级管理是一种中间状态的话，那么，宋代以后就是地方四级管理和五级管理的模式了。譬如，宋朝做出弱化地方政权、加强对地方政权的监督等重大举措，从国家治理状况而言，宋代的国家集权目的似已达到，但宋代国家的实际控制力减弱以及国力乃至国运的逐步衰落却是不争的事实。所以出现这种情况，原因当然是多方面的，其中，在朝廷和几级地方政府控制之下，县政治理的空间越来越小，只能起到国家看守和吸取民间财富的工具作用，社会活力日渐枯竭，县政日渐衰竭，国力亦外强中干。及至晚清遭遇西方坚船利炮的进攻，遂无法收拾。事实上，在传统中国，国家的生产力和经济力是在县域孕育和成长的，真所谓县治则国安，而在传统治理模式下，县域社会仅能维持简单的小农生产，历代朝廷也仅满足于此，因此，县政发展只能在农业文明模式的基础上缓慢运行，难以在政治和文化上有新的突破。而近代以来，西方工商业经济模式及与之适应的政治制度被逐渐引入中国，在原有的经济模式没有根本改变的情况下，一方面引入西方的上层建筑——政治体系框架，另一方面在实际上仍采取中国传统的治理理念，遂造成了上层建筑与经济基础、政治制度与治理思想的双重紊乱，在县亦然。无论是北洋政府时期，还是南京国民政府时期，一方面为加强中央集权，加强对国家基层县政的控制，另一方面又强欲实施引自西方的县地方自治，两个方面用力相反，互相消耗，愈治愈乱。

第六，县政制度变革、县官群体素质与县政治理关系问题。中国县政的出现，是突破原有分封制血亲局限和束缚而进行的以能力和忠于职守为标准的选人用人机制，是一种新型的行政官僚制度建制。[1] 这一制度创新，是对国家治理制度发展的历史性突破。县政制度确立后，从秦到两汉，不断改革，县官选任有明确而客观的标准，县官群体整体素质较高，管理能力较强，国家对之约束较严，是秦汉国家统一和社会强盛的基础性精英资源。而到魏晋南北朝时期，各对立势力互相争权夺利，选任制度紊乱，门阀胜于能力与品行，贤能者遭受排挤，县官群体整体素质必然下降，国家处于长时间混乱与分裂状态。这表明，县政制度变革如何与县官群体状况、国家兴衰有密切关联。而可证者，到隋唐之际，以亲缘为特征的门阀势力不断受到严重打击，科举考试制度的创设与实施为县官群体补充了充足而有才干的管理人才，县政制度回归正轨并有新的发展，县政治理日臻开新乃为盛唐局面的形成中最不可缺之因素。至宋明两代，虽然国力不如汉唐之盛，但在汉唐县政基础上

---

[1]　后来，随着形势的发展将这一制度推行到除了皇权体系以外的整个国家用人制度中，这是一个历史性的进步，而这个进步是从县政制度的成功实施开始的。

仍有新的变革，县官群体以科举仕途为主体，治理勤谨而不失大体，故仍能维持较长时期的社会稳定、商品经济繁荣及文化兴盛之格局。除元代存在时间较短无暇致力县政制度改革外，清代在明代基础上也有自己的发展，尽管历代县政积弊至此尽显，但以科举仕途为主体的县官群体大体仍能遵守定制并尽职尽责，维护了清前期社会经济的发展。只是到了晚清以降，县官群体由于来源多样，整体素质下降，吏治日趋不堪。当然，严格视之，中国古代县官群体问题亦复不少，决不能不负责任地加以美化，但实事求是地整体看来，中国古代县官群体及其治理，绝对不是负资产，而是在中国历史发展长河和古代灿烂文明形成过程中具有正资产性质的制度文化。其制度化地选贤任能，任期稳定有规，施政责任明确，上下严于监督与考核，是其鲜明特色。

然而，民国成立后的北洋政府尤其是南京国民政府治下的县政，却在新的民国招牌下失却此等县官选任精神，任用私人成为风气，县官任期常常"三日京兆"频繁更换，以致县政治理无法正常运转，县政运行陷于"无政府"状态。此种状况竟不如我们一直批评的"封建社会"之县官治事，岂不令人深思？这种北洋政府和南京国民政府的县政状态也在昭示，这种统治不能再维持下去了，必须有一种更加公正、制度化和为人民大众办事的新县政模式出现，这就是中共领导的人民当家做主人的纪律严密公正的人民民主县政。本书之所以专设一章探讨中国县政从古至南京国民政府时期的演进历程，是因为通过历史长时段发掘与对比，更能透视与认识南京国民政府县政演进的客观状况、历史坐标及其是与非。

从根本上讲，县政绝非单一的县域之政，而是国家行政管理的重要一环，关系到国家整体的政治、经济、文化等重要领域，貌似单一的县政问题，其实与整个国家的政治环境密切相关，尤其与国家政权的性质、经济发展水平、县级官员的治理水平、民众的自身素养等密切相关。那么，寻求救治县政问题的法律制度当然也不能局限于县政自身领域，而应放眼于整体政治环境，系统考虑相互关系，方能取得成效。

几千年的历史表明，县政是中国传统政治、经济及社会现实的衍生物，作为中国政治智慧的产物，它在推动中国政治文明演进、生产力发展及进步方面做出了突出贡献。由于复杂的原因，近代以来，在县政设定及运作过程中，一方面有采择外来的制度框架，另一方面在实际运作中又带有深深的传统印痕。南京国民政府时期，社会形势发生了前所未有的变化，在社会新旧转换、强敌侵凌、政治激荡、民生维艰的危难与转折关头，县政如何应对古今中外的冲撞，完成县域社会的治理任务，成为无法回避的历史性考验与挑战。

第二章
南京国民政府县政结构形式、制度安排及其运作

　　县是国家组织的基本单元。县政是国家政治的组成部分，是国家政治在基层社会的直接体现与实现。县政是政权层级中基层政权的行使形式，是对社会和民众行使国家权力和实现政治目的的直接组织者和具体执行者。县政直接反映国家政治及国家政治的实现。作为基层政权，县政与民众距离更近，其组织、制度、人员与民众生活密切相连，直接产生社会效果，影响民众。时人认为："管理一县人民之事务，而谋一县人民福利之实际的设施为县政；为达此目的，而规定应设置之机关，应有之人事、组织及办事之定程与夫应具备之规模与体式者为县制。"[1] 县政制度是国家根据社会机能和治理需要设立的、在县域内推行国家意志的地方政权机构，是政治的表征和政治目标的实现工具。

　　政府组织是国家政治的推行工具。组织结构合理、层级统属分明、政纲切合社会实际需要、职位权责分明是实现政治目的的基本要素。在由传统王朝国家向现代民族国家的转型中，南京国民政府欲通过建立现代县政结构、规范的县政运行机制、发挥政治作用的政党和维护自身利益的社会团体及有序政治参与，实现政权依法行政和现代社会治理，将传统的人治改造为法治，将传统的个人经验功能改造为组织结构功能。1928 年 9 月国民政府公布《县

---

　　[1]　沈遵晦：《对新县制实施之管见》，《地方自治（半月刊）》第 1 卷第 24 期，1941 年 9 月，第 16 页。

组织法》，开始了近代以来现代地方政制结构建构和运行机制规程建设的又一时期。但因历史的、现实的和党政体制诸方面的原因，南京国民政府的县政府权力结构、职能、权限和组织自建立起一直处于不断调整、调适、改造乃至矛盾之中。

第一节　南京国民政府的县政府机构与运作机制

近代中国受欧风美雨影响，社会的政治、经济、文化结构发生了变化，教育、卫生、治安、建设等社会公共事务增加，政治改革和政制建构次第发生。近代中国政治改革、政制建构、行政以民权、分权、法制、规范为圭臬。自晚清新政开始，中国传统县政机构和官制经历了从形式到内容的变革，到南京国民政府时期，实现了从传统县衙门制度到现代县政府制度的转换。

一　南京国民政府的县政组织设计与调整

县政是国家政治在地方的实现。近代县政的重要性经过近代宪政建设理论的宣传和立宪实践为政学各界所认可。近代县自治与国家民权政治关系理论，如时人所指出的，"政治诚然是很重要，中央的政治虽能影响全国，但对人民的生活直接影响似乎很少。县政则不然，县政的优劣，影响于一县人民的生活很大。我认为中国的基本政治，是地方政治。没有好的县政，产生不出好的省政，没有好的省政，亦产生不出好的中央政治"。[1] 从理论上看，执政的国民党对于县政总的要求是按照孙中山的理想进行政治、经济、社会、心理建设，把其建设为自治的基础。而在实践上，县政的历史则要复杂得多。

政府是国家政治的执行工具。近代行政体制的特点是机构科层化和运作

---

[1]　《平民教育促进会工作演进的几个阶段》（1935 年 10 月），宋恩荣主编《晏阳初全集》第 1 卷，湖南教育出版社 1989 年版，第 391—392 页。

法制化、规范化和程序化。从历史渊源看，南京国民政府在政府组织机构方面为晚清新政和北洋政府县政结构之遗绪。1901 年清政府开始推行的"新政"中，就包括改革传统县政，建立现代县政制度。其中州县行政方面涉及裁汰胥吏与差役、明定公费陋规、改革对州县官的考核与任用诸内容。1907 年，清政府颁布的《省制官制通则》中，提出各级行政官员分科治事，幕僚与书吏为国家正式行政人员，在州县设立警务长、视学员、劝业员、典狱员、主计员等佐治官员。北洋政府时期，县官制、组织走向统一，行政趋向规范化。1913 年，北京政府颁布《划一现行各县地方行政官厅组织令》，规定县行政长官统称"知事"，县知事为单纯国家行政人员，不再兼任地方自治行政首领，依法办理行政事务及该省行政长官委托事务。县知事公署内分设各科办理相关行政事务，依据本县事务繁简设 2—4 科，设专职司法人员，推行行政与司法分离。北京政府还颁布《各县知事公署暂行办事章程》，具体规定县行政范围和内容。1914 年 5 月，北京政府颁布《县官制》，将县政从名称、组织结构到行政范围、行政规程基本确立下来。但由于政局动荡及历史惰性，改革胥吏、分科治事多未能实施。

　　政府机构是政府的组成部分和存在形式，是县政的推行工具。南京国民政府时期的县政府继承了晚清和北洋政府以来关于县政府机构改革和建设的方向，在名称、办事规程、权限职责范围方面向规范化、程序化、制度化、专业化方向发展和完善。南京国民政府的县政组织包括县政府直属机构和下级行政机关，其县政府首脑改为县长，废除县知事。关于县政府直属机构，1928 年 5 月 8 日公布的《战地各县县政府组织暂行条例》规定，在战地政务委员会指挥下，各县县政府设县长 1 人，分 3 科治事。[1] 1928 年 9 月 15 日又公布了《县组织法》，规定一等县设 4 科，二等县设 3 科，三等县设 2 科。县

1　《中华民国国民政府批（第三六〇号）：战地政务委员会：呈送〈战地各县县政府组织暂行条例〉请备案由》，《国民政府公报》第 56 期，1928 年 5 月 8 日，第 6 页。

政府下级机关沿袭北洋政府以来公安、财务、建设、教育四局机构设置。按照社会分工和专业化要求，规定了不同机构的职权范围和具体职责。公安局，掌理警卫、消防、防疫、卫生、森林保护等事项；财务局，掌理征税、募债、管理公产及其他地方财政事项；建设局，掌理土地、森林、水利、道路、桥梁、工程及其他公共事业之事项；教育局，掌理学校、图书馆、博物馆及其他文化事业之事项。《县组织法》对县政机构采取弹性规定，认为一县之内，若有必要时，经呈请省政府批准，可增设卫生局、土地局，以分别办理卫生、土地事项。各局设局长 1 人，由省政府主管各厅考选委任之。公安局于各区设立分局，设分局长 1 人，由民政厅考选委任之。[1] 或许是考虑到县政府设置 2 科到 4 科与同时设置的 4 局职能有可能重叠，1929 年 6 月与 1930 年 7 月两次分别修改公布的《县组织法》，一方面均规定县政府根据工作繁简设 1 科至 2 科，减少科的数量，意当在尽力消除县政府机构职能重叠的现象；另一方面，则规定县长任期 3 年，成绩优良者得连任，意当在保障县长的地位和提高县长的威望。[2] 但整体上看，没有根本突破 1928 年《县组织法》设置的框架，反而因科设置较少，县长的权力行使受到制约。

南京国民政府县政府组织机构因行政主体不明而调整。历史上，中国的县官在国家官僚体系中层级最低，职位卑微，但在一县之内，又是权威最高，权力最大，集一县之行政、司法、社会事务管理权限于一身。就是在改革过渡时期，清末的知县和北洋政府时期的县知事，一县之内，县官也是职权统一，位高权重。以北洋政府时期县知事权限规定为例，第一，县置知事隶属道尹，为一县行政长官，依法律命令执行县内行政事务；第二，知事就县内行政事务依其职权或特别之委任得发布县令；第三，知事于所辖警狱及佐助

1　《县组织法》（1928 年 9 月 15 日），徐秀丽编《中国近代乡村自治法规选编》，第 83—85 页。

2　《县组织法》（1929 年 6 月 5 日）、《县组织法》（1930 年 7 月 7 日），徐秀丽编《中国近代乡村自治法规选编》，第 91、132 页。

各员吏之处分认为违背法令妨害公益或逾越权限时得停止或撤销之；第四，知事遇特别重要事件于详道尹外得径详巡按使；第五，知事于驻扎本县之警备队得调用之；第六，知事于非常事变之际需用兵力或为防卫起见需用兵备时，得详由巡按使或道尹请驻扎邻近之陆军或军舰长官派兵处理，但因特别情形不及详请时得径向各该军队军舰长官请求之；第七，知事得自委掾属，其职掌员额详由道尹转详巡按使核定分别叙等注册并咨陈内务部。[1]

南京国民政府的县政府机构建构之始就遇到行政主体不明、意志不统一、县长行政命令及监督难以发挥作用、行政乏力等问题。内政部公布的《县政府办事通则》明确规定："县长秉承省政府及民政厅之监督指挥，并其他主管各上级机关之命令综理县政"，"县政府各科科长及各局局长秉承县长处理本科及本局事务。科员秉承县长、科长分办本科事务"，"事务员、书记秉承县长及主管科长或科员分办事务"。[2]县政府终因组织简陋、下属组织势同割裂而难以发挥整体效能。

一是县政府直属组织空疏、简陋，作用有限。国民党政府组织机构特征是中央、省政府组织庞大，机构叠床架屋，经费充足，国民政府中央部会及省各厅局十之八九的筹划事项，均由县政府执行。上面无论多少事务，最后均责诸县长一人负责实行。而辅助县长者，仅为二三科长及秘书等三四人。县政府的局长名义上受县长指挥监督，但实际上已经成尾大不掉之势。纵观当时的行政组织，中央机关组织庞大，省级机关厅、处林立，办公文者多，办事者少，自县而下，至于乡镇，万事丛集，百废待举，然限于人力，且缺乏材料，往往一事无成。县政府自身组织空疏，其直属各科除秘书外，其他

1　《大总统令：兹制定省官制道官制县官制公布之此令》，《政府公报》第 29 卷第 735 期，1914 年 5 月 23 日，第 346—347 页。

2　《县政府办事通则》（1928 年 10 月 27 日），孙燕京、张研主编《民国史料丛刊续编》第 92 册，大象出版社 2012 年版，第 109 页。

行政辅助人员特别是专业技术人员有限甚至阙如，难以发挥政治影响力、行政协调力和自身技术能力。

二是县长对下级行政机关指挥、督责、协调、组织力不易发挥。主要原因是公安、财政、教育、建设四局名义为县政府下级机构，但自晚清新政以来，这四局属于与县政府平行的自治组织，有自己的事权范围和职责，不完全由政府督办。随着时间的推移和中央政府对地方政府的失控，四局逐渐脱离政府管辖，成为人、财、物相对独立的自治领域。南京国民政府成立以后，这一局势没有根本改变。现实原因是各局局长名义上由县长就考试合格人员中推荐，呈请省政府任命，实则由省民政厅提名经省政府委员会任命。因此，县长与各局之间没有形成直接紧密的指挥和隶属关系，各局所掌握的行政事务难以纳入统一的县政。时人认为："县府与各局科均各截然形成两级……省之厅处亦认县之局科为其直属机关，而彼此直接行文，流弊所及，遂使省府与县府，不克层层节制，顿失以身使臂、以臂使指之效。所谓……各县长综理县政之规定，乃徒托空言。系统不明，层级凌乱，何以率属以责效？"[1] "果各局局长的任免监督之权，能操之于县长，政策和施政方针的决定，出之于县长，则行政责任，仍系于县长一身，何致于发生重复矛盾割裂分歧的现象。"[2]

鉴于县长的行政主体地位不明和行政不统一，为集中权力和统一行政，提高县长的行政职责和发挥县长的作用，1932年12月第二次内政会议通过的"县政改革案"及"地方自治改革案"均规定要扩大县长职权，充实县政府直属机关并调整其所管具体事务。具体表现为以下几点。第一，县政府以一律设科为原则，"科或局须合并于县政府内办公（即县政府合署办公）"。1934

---

1 《福建省政府施政报告：省政府筹备合署办公》，《福建省政府公报》第409期，1934年7月23日，第27页。

2 陈柏心：《中国县制改造》，国民图书出版社1942年版，第81页。

年 12 月，国民政府军事委员会委员长南昌行营公布《剿匪省份各县政府裁局改科办法大纲》，通令鄂、豫、皖、赣、闽等省份于该大纲公布后 3 个月内一律裁局改科。[1] 1937 年 6 月，行政院公布《县政府裁局改科暂行规程》，将此推行全国。"县政府所属公安、财政、教育、建设各局，现经设置者应实行裁撤，将其职掌分别归并于县政府现设之各科，或另设科办理。但在人口众多事务繁剧之县分，有设局之必要时，得由省政府决议设置之。"[2] 经过改革后的县政府组织多少不一，"各省县政府组织的繁简不一，大抵为四科或五科，但最少者如青海省，一、二等县设第一、二两科及教育科，三等县仅设总务及教育二科。县政府佐治人员……最少仅为九人至十人，最多者亦不超过四十人……平均仅在二十人左右……待遇又极低薄，往往不足以维持最低限度的生活"。[3]

第二，充实县政府直属组织。在当时看来，技术在现代行政中具有重要作用和影响力，技术人员缺乏是县政府政治影响力弱和行政无力的原因之一。因此，在第二次内政会议上，蒋介石建议县政府增加技师等专业佐治人员。根据蒋介石的建议，国民政府决定，县政府可依事实之需要，呈准省政府增设技术人员及各种专门委员会。在这一提议下，有条件的县增加直属科室的技师等专业人员，有些县建立起以县长为主任的财务委员会、教育委员会等。这样，以县长为中心的行政主体逐渐得以凸显，职能得以发挥，行政得以初步统一。全面抗战开始后，县政府直属科室得以进一步充实。1939 年国民政府通过的《县各级组织纲要》规定："县政府设民政、财政、教育、建设、军事、地政、社会各科。设置之多寡，及其职掌分配，由各省政府依县之等次

1　程方：《中国县政概论》，第 50—51、52 页。

2　《行政院令（第十一号）：公布县政府裁局改科暂行规程由》，《行政院公报》第 2 卷第 24 期，1937 年 6 月 3 日，第 442 页。

3　陈柏心：《中国县制改造》，第 92 页。

及实际需要拟订，报内政部备案。""县政府置秘书、科长、指导员（督学）、警佐、科员、技士、技佐、事务员、巡官，其名额、官等、俸级及编制，由省政府依县之等次及实际需要拟定，报内政部核定之。"[1]

全面抗战开始后，一些应抗战需要的组织出现，县政府组织机构迅速膨胀。这些新机构有些是中央政府在县设立的直属机构，有些则是隶属县政府的社会机构。中央每在省设立一机关，相应地在县都有与之对应之机关，因具体落实者是县政府。以四川省为例，中央驻县政府以及在县设置的机构中，仅指挥县政府粮管的就有下列机关或人员：全国粮食管理局、四川省粮管局、四川省购运处、全国军粮总局、卫戍总司令部、宪兵机关、各专员区粮食督察长、驻各县粮食督察员等，再加上省政府和专员公署，"一共 10 个单位。这 10 个单位的长官，同时在承转或制发单行办法与命令"。而在这许多单位之中，冲突最厉害的即全国粮食管理局与省粮管局，它们之间存留了许多不连贯的命令。其次为省政府与全国粮管局。如各乡镇要遍设粮食干事，省政府根本不赞同，即使能够化除成见，各级官员散在成渝各地，相距千百里，也难以整齐一致。此外，又有许多的视察员、督导员、总视察，甚而至于委员、局长，经常不断到各县指挥督导和训示，各人只顾站在各人的立场，县长无所适从，以至于一事无成。[2]

抗战胜利后，县政府的组织仍实行 1939 年《县各级组织纲要》规定的框架，只是根据国民政府改组后的现实需要，以及随着财政危机的加剧，在县一级强调推行"四权之行使"后，实际更重视的是力求合理、简化，尤其是"简化"。故要求县设民政、财政、建设、警保等科，秘书、会计两室及教育局（科）；社会、地政得视地方财力、业务繁简设科局，或归并于有关之科局办理；警察得设局或所。此处对新县制有所调整，主要是力求简化。

1　《县各级组织纲要》（1939 年 9 月 26 日），徐秀丽编《中国近代乡村自治法规选编》，第 216 页。

2　可参见袁觐贤《如何加强县长职权》，《地方自治（半月刊）》第 1 卷第 22 期，1941 年 6 月，第 1 页。

二　县长任用与职权

在时人看来，县诚为万事之胚胎，国家一切事务最终丛集于县，并责诸县长一人。国民党的理想是县长由县民大会选举，经报上级机关给予委任状，县长候选人应经中央考试或铨定合格。在县长未民选以前，其任用以县长任用法之规定为据。1929 年后的《县组织法》明确规定以 3 年为一任期，成绩优良者得连任；设秘书 1 人，由县长呈请民政厅委任。县长之任用程序，1928 年 9 月 15 日国民政府公布之《县组织法》第 11 条规定"县政府设县长一人，由省政府任用之"；[1] 1929 年和 1930 年两次修改公布的《县组织法》，则更明确规定省民政厅提出合格人选 2—3 人，经省政府议决任用之。实际上对县长任用具有决定作用的除了省政府主席外，就是民政厅厅长，甚至在某种程度上，民政厅厅长更为关键。1934 年 9 月 1 日，内政部公布《补充县长任用资格标准实施办法》后，各省之"县长检定委员会"逐次建立，县长之任用程序分检定、训练、试署、实授几个阶段。[2] 全面抗战开始后，国民党新县制规定战区以具有军事知识和军事经验者任县长。总体来看，考试县长、登记法定合格县长、检定法定合格县长选用制度在实践中难以贯彻落实，实际上县长多取自夤缘奔竞、私人举荐。不具备法定资格、达不到县长职位要求者，以及滥竽充数者实在不少。

县长的职权是综理一县之政并监督所属机关与职员。具体来说，一是执行南京国民政府中央制定的政令。根据组织法规定，县长受省政府指导，指挥督责所属机构，执行省和中央政令，在地方推行国家行政事务。二是指导、组织、监督县政。1929 年国民党三大决定实施《县组织法》，开始训政，进行

1　《县组织法》（1928 年 9 月 15 日），徐秀丽编《中国近代乡村自治法规选编》，第 84 页。

2　《行政院令：公布补充县长任用资格标准实施办法由》，《国民政府公报》第 1529 期，1934 年 9 月 1 日，第 10—11 页。

县自治建设，县长组织、监督地方自治事项，同时还要举办晚清以来持续的各项社会事业，如建设、教育、习俗改良、合作等。三是在司法没有独立的县域，县长兼理司法，拥有司法权。四是在一定的县域范围内的立法权，在不抵触中央及省之法令范围内，县长发布县令。五是遇有非常事变，县长得呈请省政府，调用临近军队，并得径向各该军队长官调用之。从国民党对县长和县政府职权的规定看，在一县之内，县长拥有广泛的权力，具体包括行政权、司法权、立法权和监督权等。

　　行政权包括事权、任命权、监督权和一定的立法权。事权包括一县内的公安、财政、建设、教育等事项，县以下各级团体之监督，本县县政的筹办等均在县长综理之范围。任命权包括对县政府之秘书与科长、县政府所属各局局长有提名呈请省民政厅委任之权。监督权包括对所属机关及职员的监督之权，比如随时抽查、定期巡视各区、乡镇办事实况（一般每半年出巡一次），以定奖惩。县长拥有司法权。南京国民政府成立后，在依法成立司法机构的县外，县长兼理司法检察（受高等法院或其分院首席检察官之监督）与司法行政事务（受高等法院院长之监督）。在国民政府和省法令许可范围内，县长有权制定县单行规则，发布县令。

　　县长行使职权的主要机制是县政会议和县行政会议，以及党政谈话会。根据规定，县长为县政会议主席、县参议员选举委员会委员长、县内各种委员会之当然委员或主席、省在县设立之各机关兼任长官。县长在参议会的职权为：（1）县长对县政会议有提交议案之权；（2）县长对县参议会有提交议案并获提前审议之权——提交预算案时须事先经县政会议审议；（3）遇县参议会对于县长提交案不提前审议，县长于县参议会闭会后有呈请上级机关核准办理之权，如果县长于县参议会闭会一周内提交议案，则不在此列；（4）县参议会开会时，县长有到会列席报告或说明之权；（5）县长认为县参议会之决议案不当时，有详具理由送交复议之权，若县参议会2/3以上参议员仍执前议而县长仍认为其不当，县长有呈请上级机关核定之权；（6）县长有聘任专家为县参议员之权；（7）县参议员选举时，县长有充任县参议员选举委员会委员长之权，在县参议会正副议长未产生之前，县长有召集县参议会之权。

由于制度的规定与政治实际运作存在一定的差距，同时权力的行使又存在非制度的空间，因此，实际情况要复杂得多。

三　县政运行机制

程序化、规范化和法制化是现代县政的主要标志和重要内涵。传统中国基层社会结构简单，公共事务有限，历史成规是行政的法规和依据。一县之中政治方面的政令、赋役、诉讼，社会方面的教化、风俗、养老、祀神等主要取决于传统县政习惯经验和县令的主体自觉。近代以来，社会经济结构变化，社会分工和社会事务更加复杂，社会建设和社会管理因之增加。为实现由私人、人治到组织和法治的转换，为了实现近代以来追求的民主政治和规范政府行政，实现行政法制化，南京国民政府在建构县政结构的同时，制定并颁布了政府行为规则和程序。程序化、规范化和法制化的县政主要体现在县政运行机制方面，具体包括县政会议、县行政会议、党政谈话会等。

中国传统县政主要以县官一人为中心，一县之税收、诉讼、教育概由县令（知县、知事）负责运行和维持。南京国民政府试图变个人负责为集体领导，变传统的个人政治为集体、规范、社会参与性政治。为实现此目的和规范县政运行，1928 年 10 月 1 日，南京国民政府内政部公布《县政府会议规程》，规定县政府会议主旨、参加成员、职责等相关事项。县政府会议主旨是"促进县属政务"。县政府会议参加成员包括县长、各科科长、各局局长、各区区长、地方团体首领或公正士绅（经县长聘约者）、省民政厅厅长所派之员。会议由县长任主席，副主席由与会成员票选决定。会议职责是审议讨论县政问题，包括县长交议者，以及会议提议者、团体之建议经会员 3 人联署介绍者。有 1/2 会员与会始能开会；审议问题如出现意见双方人数均等时，由主席采择办理。会议费用由县长造具预算呈民政厅核准在地方税下作正开支。"县政府以县长、秘书、科长、各局局长组成县政会议，负责审议县预决算、县公债、县公产处置、县公共副业之经营管理各事项及县长提交审议之其他事项。"[1] 这一制度在新县制中再次得到重申和规定。"县政府设县政会议，每两星期开会一次"，议决事项是"1. 提出于县参议会之案件。2. 其他有关县政之重大事项"。[2] 县政会议规则由内政部定之。

　　1928 年秋，国民政府宣布开始进入"训政时期"。为推进训政及省县政务，"刷新"地方行政，"集思广益"，国民政府特颁布《各省民政厅、县政府行政会议规程》，训令各省、县召集行政会议。内政部公布的《县政府行政会议规程》规定，县行政会议"每年举行二次"，实行议案制。其议案分为三类，分别由县长提出、出席会员提出，或是由地方各团体（须会员 3 人以上联署）提出；议决事项，由县长"采择办理"，并于会后汇集成册，"呈报民政厅备案"。[3] 县行政会议不具决策功能，其议决案也没有法律效力，主要为采择民意。1939 年新县制《县各级组织纲要》颁布，县政府重大问题，必须经过县行政会议通过。"县行政会议，在县参议会未成立前，仍得举行。""在县参议会未成立时，县预算及决算应先经县行政会议审定，再由县长呈送省政府核准。"[4]

　　南京国民政府是一个以党建国、以党领国、以党治国的"党治"政府。其党国体制主要体现为"以党治政"原则，"训政时期"主要体现在中央层

1　孔庆泰等：《国民党政府政治制度史》，第 429 页。

2　《县各级组织纲要》（1939 年 9 月 26 日），徐秀丽编《中国近代乡村自治法规选编》，第 216 页。

3　《法规：县政府行政会议规程》，《内政公报》第 1 卷第 7 期，1928 年 11 月，第 3—4 页。

4　《县各级组织纲要》（1939 年 9 月 26 日），徐秀丽编《中国近代乡村自治法规选编》，第 216—218 页。

级，地方层级则实行党政平行分治制衡体制。在这种体制下，地方县党部与县政府是平行的、互不隶属的分治单位。为协调双方关系，共同推进地方自治和县政，国民党规定县党部、县政府得开谈话会，以交换意见，团结精神，共谋一县党治之进展。县党政谈话会出席人员"以县党部执监委员、县政府县长及各局局长为限"，每两周召开一次，"由县党部、县政府轮流召集"，"每次谈话结果，应分别执行，但于必要时得呈请上级机关核夺"。[1] 鉴于党部和政府关系不睦，协调不畅，1935 年，国民党规定县党部书记长任地方自治指导员，以后又兼任县民政科科长，主管民众组织和训练事务。全面抗战时期，在民选的县参议会成立之前，县党部书记长参加县政会议，党政一体化的同时，纳党于政。

科层化和专业化是社会分工的必然要求和结果。专门委员会议主要为应对县域范围内的专门问题和突发事项而召集，一般采取"委员会"制，由县长、县政府秘书、县各科科长、县各局局长、县党部主任委员（书记长）、警察队队长、有关各区区长、有关社会团体以及一些地方士绅参加。

从县政运行框架上看，主要是通过会议制度和委员会体制进行。

四 县政运行概况

自晚清以来，中国社会结构、经济结构和经济关系、社会事务日益复杂多样化，国家力图加强对社会的掌控，作为国家基层政权管理的县政日益繁杂多变。仅以县长职责而论，若从南京国民政府颁布的各类法律、法规、章程、规程、条例对县长职责的规定看，县长职责可谓繁多。有学者统计，县长职责计有民政 31 项、财政 28 项、建设 48 项、教育 17 项、卫生 27 项、司

---

1 《江苏省各县党政谈话会办法》（1929 年 10 月 16 日），《江苏省政府公报》第 265 期，1929 年 10 月，第 1 页。

法 21 项，总计 172 项。[1] 县政之繁由此可见一斑。此外，中国地广人众，族群众多，各地政治、经济、文化、社会等方面的发展状况和社会主要问题亦不相同，差异较大，甚至有霄壤之别。国民党统治中国期间，政治纷争不断，战争不断，县政也因之变动。国民党的县政，大体可以分为全面抗战前的县政和全面抗战后新县制的县政。根据近代以来政治公开和集议的发展趋势，南京国民政府县政实施了会议运作的模式。

（一）省或专区统一召集举行的县政会议

为贯彻国民政府对县政要求，亦为弥补训政之不足，河北省召集县长及所属各机关长，并邀请行政专家，于 1934 年举行第一次行政会议，以讨论一县应兴应革之事项，旨在"明了各县实在状况，重新制定方案"。河北省行政会议内容广泛，县政内容涉及民政、财政、教育、建设、实业诸方面，每一方面又涉及体制、主体、方式等问题，从内容看可以说是洋洋大观，包罗万象；从治理主体看涉及官治与绅治。如安新县县长提出《关于刷新县政之根本原则案》，顺义县县长提出《政令过繁有碍行政进行之敏速案》，武清县县长提出《县政府兼理司法办法案》，还有人提出整顿小学教育案、路政案、电政案、财政案等等。这些提案涉及内容广泛。如仅财政案就涉及田赋征收、组织凿井合作社、美棉推广、棉花运销合作社、筹设农产副业传习所、普及农村合作社、复兴救济农村诸项内容。[2] 几乎每项提案都涉及县政原则、组织、实施等诸多内容。

河南省县政的推行，亦得益于省行政会议确立的行政政策和决议的主要行政事项。1932 年 7 月，河南省民政厅召开河南省第一届行政会议。河南省自第一次行政会议后，时隔两载，地方情形已有不同，遂于 1934 年"五月间

1　章开沅、马敏、朱英主编《中国近代史上的官绅商学》，湖北人民出版社 2000 年版，第 179、203 页。
2　《河北省行政会议》，天津《大公报》1934 年 10 月 24—31 日连载。

经民政厅依法照内政部颁发各省民政厅行政会议规程，参酌本省地方情形，制定章则，呈准省政府及内政部，自六月十日起，至七月十日止，分三期召开第二届行政会议，俾收集思广益之效。第一期于六月十二日召集，参加县份为郑县等三十七县，第二期于六月二十二日召集，参加县份为密县等三十七县，第三期于七月二日召集，参加县份为新郑等三十七县。每次会期均为三日，对县政应兴应革各事，讨论极详。总计先后收到提案四百五十八件，共分四组审查，提出会议议决者三百二十六案"，[1] 内容涉及保甲、卫生、救济、仓储、土地、民政等事项。

（二）行政督察专员组织的各县行政会议

各地县政的有效推进与行政督察专员制有直接关系。国民政府感觉省县两级制的指挥、组织、协调、监督有所不便，亦感于县政府自身对于县政推行的无力，遂结合在江西"围剿"工农红军时地方政府组织协调不善的教训，于1932年制定了《行政督察专员暂行条例》。《行政督察专员暂行条例》中关于督察专员的职权，规定行政督察专员有权召集各县长举行行政会议。许多县政就是在督察专员组织的行政会议中决议和实施的。江苏省政府裁撤党政委员会分会后，实行行政督察专员制。其职权有五，其中第五项是"为推行政治，得召集辖区各县县长举行行政会议"。[2] 浙江省政府亦实施行政督察专员制，制定了具体贯彻执行《行政督察专员暂行条例》中关于督察专员具体职权的四条规定，其中包括"每四个月召集区内县长举行行政会议，于必要时，得召集临时会议，该项会议议决案，应呈请省政府核定"。[3]

行政督察专员组织召集的行政会议和县政会议相对来说更经常化、制度化一些。1937年2月22—23日，浙江第二区召开所属10县行政会议，各县县

1　河南省政府秘书处公报室编印《五年来河南政治总报告》，1935年，第35页。

2　钱端升等：《民国政制史》下册，第145页。

3　钱端升等：《民国政制史》下册，第146页。

长及耆绅参加，在第二日举行全体大会，"首讨论民政警保提案，对地方行政改革方案，省、区、县各级组织与权限划分之意见……财政类提案如减轻契税，使人民易于投纳、借杜匿漏而清地籍……关于浙西各县赋重，各县俟清丈完竣，改征新粮时，核减科则及附税；县金库代行省金库职权，以便省款收支，县金库所存县税，尽数提存指定银行活期生息等。土地类提案如各县应以土地整理后之收益，设立土地银行；土地整理完竣之区域，应依法实行地价税，以裕政府收入，而轻人民负担等。分别修正通过，或予保留。全体会议至下午零时五十分始讨论完竣，旋即闭幕"。[1]

专署举行的各县县长行政会议，很多议题是县政内容。1938 年 6 月至 9月，甘肃临洮第一区行政督察专员公署在省城召集所属 6 县县长行政会议。会议决议 6 项中心要政：一是整理保甲；二是训练知识分子；三是建设电话通讯网；四是完成县与县间公路网；五是肃清股匪；六是监督农贷增加生产。[2] 这些任务在行政督察专员监督指导下由各县开始实施。再以会议事项内容看，临洮第一区 6 县县长行政会议，决议 6 项中心要政之一是肃清匪患。近代中国政治失序，全国各地匪患严重。甘肃靖远县与其周边海原县、会宁县、皋兰县、景泰县交界之处匪患猖獗，抢劫商旅，滥杀百姓，严重威胁民众生产和生活，成为当地社会一大祸患。从靖远县一位县长给省政府的报告中可以看出县与县之间协调合作的重要性和作用。"该县至皋兰之兰宁大道，在该县境内之棺材涝、六角险、九埫十八险等处，零匪猖獗，人数约三十余，枪二十余支，随时密布匪探在各山头要口，省城亦即坐探，专劫往来行旅。本月内曾发生枪案三起，杀害旅客，劫财物数千元，现在行旅裹足，视为畏途，请

1　《浙二区行政会议，昨日下午闭幕，各种议案上午讨论完毕》，上海《大公报》1937 年 2 月 24 日，第10 版。

2　《靖远县实施六县县长行政会议六项要政》（1938 年 6 月—9 月），白银市档案局（馆）编《民国时期靖远县情录》第 2 集，白银兴瑞票证印刷有限公司 2003 年印行，第 4 页。

派队游击等。"根据靖远县政府的请求，省政府除训令驻军司令长官派队驻扎该地一带游击，还令皋兰县县长派队协同，联防搜剿。[1] 显然安定社会秩序绝非一县能实现。会议做出的诸县联合清剿正是由情势所决定的。

1946 年冬，河南第一区行政督察专员公署召开年度行政会议，该会专署提交议案 32 件，各县及其他单位共提议案 126 件，临时动议 1 案，共计 159 案，经审查合并为 119 案，除保留 13 案外，其余均通过。议案主要内容为：（1）加强乡镇保甲机构；（2）定期实行乡镇长民选；（3）建立乡镇示范；（4）彻底肃清烟毒；（5）整理村容；（6）决定省立第二医院及省立郑州中学建筑费；（7）建议裁并县级重叠机构，裁员简政；（8）严禁冒名顶替，革除兵役积弊；（9）办理冬季救济；（10）解决客庄户差徭纠纷办法；（11）整修河流渠道，普遍掘井，以兴水利防灾害；（12）整修道路，以利交通；（13）广造树木果林，加强合作组织，以增加生产，活跃农村经济；（14）严禁非法摊派，以减轻民负；（15）加强整顿自卫队地方武装，维持地方治安及社会统治。会议强调，第一，要加强地方自卫，以保障地方安宁；第二，要完成地方自治，以为实施"宪政"奠定基础；第三，整饬吏治，以健全行政机构；第四，树立正气，以培养建国道德；第五，注重生产建设，以裕民生。[2] 这次行政会议，是在抗战胜利后对该行政督察区施政重心的系统总结和规划，也是对县政工作实施的推动。

（三）县政府组织召开的县政会议

县政会议是县政府主导定期召开的议定具体日常工作事项的会议。在 1928 年颁布的《县组织法》和 1929 年、1930 年两次修改公布的《县组织法》

1　《皋兰县政府配合靖远县政府剿匪》（1938 年 7 月 19 日），白银市档案局（馆）编《民国时期靖远县情录》第 2 集，第 195—196 页。

2　河南第一行政督察区：《五年来工作纪要》（1947 年），开封市档案馆藏，档案号：旧 4-2-38，第 138—140 页。

中，规定参加会议的人员与议定事项的内容，基本相同，如 1928 年颁布的《县组织法》规定的县政会议由县长、各科科长、各局局长组成，由县长为主席，审议县预算决算、县公债、县公产、县公共事业之经营及县长提交审议之事项。1929 年修正的《县组织法》只是增加了县秘书参加县政会议的规定，提高了秘书在县政府中的地位，是有利于提高县长权威的制度设计。1930 年的修正案关于县政会议的规定与 1929 年的规定相同。以上 3 次公布的《县组织法》虽然规定了参加会议的人员和审议的事项，但均没有规定县政会议召开的具体时间和频次，这不能不对县政会议制度的实施造成时间安排难以制度化的影响。1939 年的《县各级组织纲要》规定："县政府设县政会议，每两星期开会一次。"这就把县政会议的时间制度化地确定下来，是县政会议制度的完善。而且，在县政会议审议事项的内容上，也与前三次《县组织法》的规定不同，除了规定"提出于县参议会之案件（县议会未成立时，仍由县政会议审定）"，还包括了"其他有关县政之重大事项"。此一规定，虽似笼统，但较之原《县组织法》规定县政会议审议事项内容要宽泛得多，应该更为准确。[1] 原《县组织法》规定的县政会议审议的内容，如县预算决算、县公债、县公产、县公共事业之经营及县长提交审议之事项，可谓基本上以经济类事项为主体，而县政会议显然不应限定在审议经济问题的范围内，而是应审议一县内重大事项。因此，1939 年《县各级组织纲要》的规定更全面准确。

根据组织县政会议的规定，县政府的工作主要是通过县政会议进行的。例如，河北清苑县政府 1929 年 3 月 8 日举行第七次县政会议，其主要之决议案如下。（1）关于天足会女检查员事。近因经费支绌，刻下所需巨款，实无法筹措。故经众决定，实行裁员。其原有之女检查员为 12 人，今后即减为 4 人，分担四乡检查事宜。该四人系由建设、教育、财务三局局长各推荐一人，

---

1 《县各级组织纲要》（1939 年 9 月 19 日），广东省档案馆编《民国时期广东省政府档案史料选编》（11），广东省档案馆 1989 年印行，第 425—426 页。

县政府自聘一人，以节经费，而免中辍。（2）关于村制编制事。由三局局长各推四人为编制专员，及详加讨论划分村界之办法，一俟筹备就绪，旬日内即开始进行工作。（3）关于修补县志事，复加再度之讨论。按前次例会本商决，由教育局阎局长负责编制条例及预算书等，现因省府方面催令甚紧，当即决定遵令积极进行。据闻阎氏预计，若设编辑员 5 人，助理若干人，及调查员六七人，书记三四人，定期为 6 个月，则须用款 3000 余元（其他各种设备及杂费亦均在内）。（4）教育局遵照北平大学院之通令，提议组织教育款产保管委员会。该会委员共 11 人，其中县立各校代表 4 人，教育局 2 人，教育促进会 1 人，县指委会、县政府及建设、财务两局各 1 人，负保管教育款产之责，以期全县教育经费独立，而利学务。当经众商决，认为事有必要，遂行通过。[1] 此次县政会议是系列会议之一，但会议所议决事项亦确为"事有必要"事项。1928 年国民政府颁布的《县组织法》规定，县政会议主要讨论县预算决算、县公债、县公产处分、县公共事业之经营管理以及县长临时交议事项。[2]

有的地方，县政会议往往成为扩大召开的县务会议。河北遵化县县长王冕琳到任后，1929 年 3 月 14 日召开县政会议，参加者为全县保董及各区巡官，议决事项主要有以下几项。（1）成立改编区村委员会。由各区派人负责，组织附设于董事会内。一切公文等项，由县政府直接往还，并雇役下乡传递，不致辗转延误。（2）改编地方保卫团。将火会及联庄会等名义根本取消，限期造报枪册、烙盖火印、发给护照，并指示其责任范围，以免非刑滥罚之弊。（3）凡烟赌各犯，责成各保董及巡官举发，或拿获送县依法惩办，不许私擅处置，杜绝贪赃枉法之积习。（4）关于防范盗贼。有特别方法者，准其备具意见书，以资采纳，而期完密。（5）官产留置。民众多属观望，决议一面由

1　《清苑县第七次县政会议》，天津《大公报》1929 年 3 月 12 日，第 8 版。

2　《特载：国府令发县组织法》，《江苏省政府公报》第 53 期，1928 年 10 月 1 日，第 6 页。

县政府恺切晓谕，一面由各保董及巡官切实宣传，务使田主佃户了解确定产权之利益。（6）城乡各级小学校均须附设平民夜学。通令各校董及教员积极筹备并定期举行农民识字运动，实行普及教育。其他如筹措教育经费等重要事项，均经决议进行。现党政方面，实行合作，"惟驻境军队，间尝干政，大有喧宾夺主之势，诸事颇感掣肘"。[1] 县政会议参加者为全县保董和巡官，会议参加者范围较大，议事事项亦为县务重要事项。

靖远县 1934 年 4 月 7 日召开县务会议，参加者有县政府各部门工作人员及各乡镇长，计 25 人，包括记录员 1 人，会议议题是县常备大队成立后各区民团解散以减轻人民负担、县常备大队各分队驻扎分区及保卫团编遣事宜。而对于 1939 年纲要中每两星期开会一次的规定，在具体实施中，也有所变更。如靖远县 1941 年 1 月 16 日召开该年度第一次县政会议，第二次县政会议则在 2 月 11 日召开，时间相隔了 26 天，不是隔两个星期，而是三个多星期。第三次县政会议，是扩大的县政务联席会议，时间是该年 4 月 5 日，与上次会议相距时间更长。第四次县政会议是在 4 月 19 日，与上次会议相距两个星期。第五次县政联席会议的时间是 5 月 22 日，与上次会议的时间相距一个多月。[2]

县政会议的召开，看来并非严格按照《县组织法》和《县各级组织纲要》规定的时间、事项和人员进行，而是有所变通，采取了相对灵活的策略。之所以没有严格按照法规规定的时间召开，也应与该县政府所面临的事务的急缓情况有关。请看靖远县 1941 年四次县政会议及扩大县务会议讨论的问题。第一次县政会议的内容为：财政税收问题；靖远、会宁插花飞地处置问题；

1　《遵化县政会议决议六要案》，天津《大公报》1929 年 3 月 19 日，第 8 版。根据该会议报道中有"日昨……召集"句，其写作时间记为"十五日"，故可知其会议时间为该月 14 日。

2　《靖远县本年度县务会议主要议题》（1941 年 1 月—5 月），白银市档案局（馆）编《民国时期靖远县情录》第 4 集，白银兴瑞票证印刷有限公司 2005 年印行，第 77—79 页。

简易师范增招学生一个班经费问题；友联企业公司王董事拟组新公司租用合同营业计划等问题；军队过境费用平摊办法问题；春节劝储问题。显然这些问题都是重要问题，而且如军队过境平摊费用也是比较紧急的问题，所以召开县政会议予以审议决定是不难理解的。第二次县政会议讨论的问题为受训乡镇长人选及决定代理人问题、组织支应差车费问题、配征 1941 年度各乡镇兵额数目及抽签办法问题、奉令移运军粮问题。这些问题也是重要而急迫的问题，必须经县政会议审议，由此第一次会议 26 天后召开此次会议。第三次县政务联席会议审议的事项包括押运军粮未送省之两乡亟须星夜送省完成任务与手续问题、本县奉令选送宪兵 60 名于 3 月 10 日前集中于县城听候考试问题等，这些也是急迫而重要的问题。第四次县政会议审议了县财政收支问题、预算问题、小学教师工资问题、分配公债券问题、第八战区工程处派员到靖远筹办工程问题、保护北区森林问题等，这些问题也是需要尽快解决的重要问题。第五次县务联席会议，审议的是征雇民工构筑国防工事问题、组织人民抗敌自卫队问题、总复查户口问题。而根据会议的内容，会议的参加者除了县长外，既有县政府的科局长和秘书，又有乡镇长。[1]

河南尉氏县 1946 年 4 月 15 日召开第七次县政会议，是在县参议会已经召开的情况下进行的。与前面的情况有所不同，出席会议的人员除县长外，还有秘书和各科局长、各股室会主任、党部书记长、参议会议长、团副团长、卫生院院长、县训所教育长等，讨论的事项为民政 2 案、财政 12 案、建设 3 案、教育 8 案、粮政 5 案、保安 1 案，涉及县内辖村在沦陷时被划入通许县现应划归本县呈请省政府核办问题、本县团警公役夏季服装费由各乡镇筹措问题、看守所房屋修理费如何筹措问题、县政府员役出境旅费超出预算由各乡镇筹措问题、本年度自治预算收支不敷数按月向各乡镇筹措问题、拟在黄河

1　《靖远县本年度县务会议主要议题》（1941 年 1 月—5 月），白银市档案局（馆）编《民国时期靖远县情录》第 4 集，第 77—79 页。

各渡口派设征收处征收水脚费为地方自治预算正式收入问题、县政府购买石灰需费款 146993 元不敷处由各乡镇筹措问题、连接鄢陵尉氏中牟及城内各机关电话线所需十四号电线 500 斤费用由各乡镇筹措问题、县立师范学生课本费 150 万元拟由全县统筹问题、筹措国民体育场费用追认问题、修理简易师范等教所派工人到工迟早不一应补征伙食麦 9450 斤追记问题、在预算未核定前公粮维持暂由各乡镇筹措提请县参议会讨论问题、县训所整修门窗桌凳计麦 2500 斤请县参议会追认问题、县训所第二期学员伙食由乡镇筹措提请县参议会讨论问题等。[1] 这些问题也很急迫，事关经费筹措的落实问题。对这些问题，有些县政会议可以定议，有些则需要提交县参议会追认或讨论。可见，这时参议会对县政有一定制约。

　　1947 年 3 月 28 日下午 3 时，河南杞县县政第 6 次会议在县政府会议室召开，出席人员除会议主席县长外，有各科长局长、室主任、秘书、自卫总队长副总队长、党部书记长、卫生院院长、军法承审员、统计员等，列席人员有参议会副议长、青年团主任、补给会主任、县训所教育长等。参加者限于县直属党政机构负责人。讨论事项为军粮问题、警察待遇提高问题、团警夏季单服装费用来源及服装承办问题、守护城防战斗伤亡士兵及家属抚恤金发放及伤者医疗费支出问题、专区公立医院本县应摊解费问题、公教人员因经费数月未发向民间暂借维持公教人员生活问题。这次会议讨论的也是重要而急迫的问题。[2] 而杞县这时就其背景看亦应成立了县参议会，但此次县政会议审议的所有事项并未有提交县参议会讨论或追认的现象，颇令人费解，有可能是在特定军事形势下，参议会已处于停止运作状态。

1　《河南尉氏县第十次县政会议记录》（1946 年 4 月 15 日），开封市档案馆藏，档案号：旧尉氏县 0036-003。

2　《杞县县政府第六次县政会议记录》（1947 年 3 月 28 日），开封市档案馆藏，档案号：旧政权杞县 0012-007。

通过以上史实观察，应该说县政会议是县政府运作中重要的日常性工作会议，是县政府各项工作推进的基本运作模式，其重要事项是经县政会议集体审议讨论通过和议定的。从形式上看，具有制度化、程序化和集体决策的特点，与中国传统的县衙门一人决策是不同的，体现了中国行政制度现代化转型的趋势。

（四）县政府组织召开的县行政会议

除了县政会议这种日常性的工作会议，县政府还举行县行政会议。县行政会议主要有两种形式，一种是与县政会议性质相近的日常行政性会议，另一种是比较重要的非日常工作会议，而为季度性或者年度性的行政会议。后面这种行政会议，主要是对县的重大问题进行规划的行政性会议，与县政会议一般限定在半天时间不同，往往要持续数天，会议采取提案逐类审议方式举行。

关于日常性的县行政会议，如1929年1月29日，河北清苑县政府举行"首次行政会议"，到会者为县长、各科科长、各局局长，县长为会议主席。"其议决案，兹择要录下：（一）每星期二、五两日，开县行政会议，决议通过。（二）刻下旧历年关临迩，党政军各机关，均需款孔殷，如剿匪司令部，命筹九千元，市县党指委会三千余元，及其他行政费等，合共两万余元。值兹财政万分艰窘之现状下，实无法筹划。故经长时间之讨论，始决定以一分利，请商会借垫，务于最短期间备齐，以便分配。嗣于再由税捐项内设法归还。（三）县立十七处高级小学，积欠已有六个月之多，綦应从速补发。决议补发三个月。（四）教育局局长阎振熙提议，四乡各村庄之牙行契纸费，向归属各该村为教育款。而契纸戳记则系县政府司掌之，每易县长，必换戳记，各村且须缴费洋一元，实增多民众负担，抑亦减少学款。故请将戳记改归该局司理，免去额外费用，并充实教育经费，当即经众通过照办。（五）又阎局长提议，有本县人王瑞基，留学于日本东京国立高等工业学校，曾两度上呈教局，转呈县政府，请求补助津贴，应如何办理案，嗣经众讨论，咸以本县教育经费，尚且不支，实不克予以巨额补助。故决议呈请省政府，设法予以相当补助。（六）县属各种罚税之包税期，始起与终结，至不一律。故决议于阴历年前，暂告一段落结束；嗣后均以十八年一月一日为开始期，以便整齐划一云。"[1] 这种每周开两次的会议，显然是县政府的日常行政工作会议。

县行政会议更主要的是季节性或年度性会议。1929 年 12 月 18 日下午，河北肃宁县政府第 40 次县政会议，决定召开"本县第一次县行政会议应如何进行请公决案，决议先由县政府通令各区开会，各推荐士绅五人至七人，并由各局会推荐若干人"。[2] 河北安平县政府于 1930 年 1 月 8 日开始举行县行政会议，参加会议者有各局局长及各村村长、村副，计到会者 100 余人，会议 3 日，"提案十三，决议者十"。其重要决议案有如下一些。（1）进行村政以树自治基础案。决议：各村村公所、息讼会、监察委员会等由县政府通令各村，限期成立。（2）增添团丁枪械以防匪患案。决议：各村添购枪支标准，每 10 顷地购买大枪 1 支，15 顷地购买大枪 1 支、火枪 1 支，15 顷地以上购买大枪 2 支，余类推。至于团丁，由各村酌量增添。（3）筹备河防以免水患案。决议：在沿河两岸提倡栽柳。（4）设法禁烟以清毒孽案。决议：暂且保留。（5）设法提倡验契，以裕税政而保产权案。决议：一方由县政府督催，一方由村长副劝导。（6）散放赈款以救灾黎案。决议：通过，其办法另定之。（7）设法催征以完积欠案。决议：由县政府严令催缴。（8）田房中佣，可否化私归公案。决议：由买主例纳中佣中抽出六厘，作为地方款。（9）柴菜捐宜加以整顿，以免民众多受骚扰案。决议：仍由教育局按照原定额数，自行经收云。[3] 在此 3 天会议中，上述议案涉及乡村自治、基层治安、乡村水利、禁烟、赈

1　《清苑县政府第一次会议》，天津《大公报》1929 年 2 月 2 日，第 8 版。

2　《肃宁县政会议·决开全县行政会议》，天津《大公报》1929 年 12 月 26 日，第 8 版。

3　《安平县政会议·保留禁烟案》，天津《大公报》1930 年 1 月 16 日，第 8 版。

灾、税契催征佣捐等社会治理的诸方面，可谓十分切要全面。

根据《吴县县政府行政会议规则》，该县行政会议每年 3 月、9 月各召开一次，会期 4 天，经费"由民政厅核准在地方税项下作正开支"。[1] 会议采取分组提案（该县第一次行政会议共分民政、公安、财政、教育、建设、农林工商和其他等 7 个提案组，外加会议临时动议案），大会采取讨论形式，议案不涉及"范围以外之事"，每次发言不超过 5 分钟；同一议案，每人发言不得超过 2 次，但质疑答辩或唤起注意时例外；重大问题可临时动议，但须有出席会员 5 人以上之附议；大会不能即时解决的议案，由审查委员会审查；审查委员会则由主席在会员中指定，设主任委员一人，由主席在该会委员中指定；审查委员会由主任委员召集，并将所审查各案审查结果拟具意见书报告大会，由主任委员或委员说明；表决议案"取决于出席会员之多数可否，同数时取决于主席"，议决事项"由县长采择办理"。[2] 江苏吴县还先后召集过"造林运动委员会会议""筹赈会会议""吴县县政府筹商应付军用款款项会议"等，分别专项讨论决定全县植树造林事项、本县及全省全国范围内出现重大自然灾害时赈灾救济事项及协商解决军用款项问题等。

1937 年 8 月 26—28 日，甘肃靖远县政府奉省政府《甘肃省县行政会议规程》，召开了靖远县行政会议。参加会议人员为《规程》中规定人员，即各区区长，县政府各科科长，县商会主席，乡村师范学校校长，女子小学校长，乌兰、敷文、西关等小学校长；县中知名公正士绅 7 人被邀出席会议。提案主要内容有 5 条：（1）教育，建议创办敷文中学；（2）交通，责成各保甲长修筑道路便利行旅；（3）社会，严禁小贩霸持粮市垄断渔利，以免剥削贫民；

---

1 《规程：吴县县政府行政会议规则》（1929 年 7 月 21 日），《吴县县政公报》第 12 期，1929 年 7 月，第 2—3 页。

2 《规程：吴县县政府行政会议议事细则》（1929 年 7 月 21 日），《吴县县政公报》第 12 期，1929 年 7 月，第 3—4 页。

（4）文献，聘请陈子身先生主裁纂修靖远县志；（5）公益，请各界维护丰黎义仓。会议还制定了《甘肃省靖远县行政会议议事细则》，规定会议每年春、秋季各举行一次。[1] 1940年4月5日，靖远县又举办了该年度第一次县行政会议，参加会议的有县政府各科科长、县党部人员、各机关团体负责人、各区区长、联保主任、部分保长、沿河各保水利人员及驻军营长等共59人。会议至6日仍在举行，显然会期不止1日。会议讨论了民政、财政、教育、建设、兵役等5个方面的问题，共提案25件。[2] 靖远县关于县行政会议举行时间与频次的规定，与吴县大致是一致的。

四川合川县1935年9月16日举行秋季行政会议，会期2天，参加者为县"各机关法团、各区镇乡长及地方绅耆等"，另有第三区区署参议等参加，会议审议事项包括民政、财政、教育、保安、建设等事项。会议"各种提案均先由临时审查会审核后，逐案交付大会，根据事实逐一议决"。在会议举行后，该县县长陈去惑在给第三区行政督察专员沈鹏的呈报中称，举办行政会议"公开讨论，期收集思广益之效"。[3] 1939年9月20日，合川县又召开了秋季行政会议，参加会议的有县各机关负责人、各中小学校校长、各区区长、联保主任共130多人，提交会议审议的提案涉及民政、财政、教育、治安、建设、兵役、禁烟等各个方面。以教育类议案为例，有保甲应协助学校推进普及教育以收政教合一效果案、恢复文武庙春秋祀典以示尊崇案、查报私塾案、限年筹建初小校舍案、健全乡镇机构促进乡村教育事业发展案、请添设沙鱼镇短期学校案、遵照民众义务教育案、提高小学教师待遇以增进教育效率案

1　《靖远县政府召开行政会议》（1937年8月），白银市档案局（馆）编《民国时期靖远县情录》第1集，白银日报社印刷厂2002年印行，第10页。

2　《靖远县政府召开本年度第一次县行政会议》（1940年4月5日），白银市档案局（馆）编《民国时期靖远县情录》第1集，第13页。

3　《合川县政府二十四年度九月十六日秋季行政会议议决案》（1935年9月16日），《合川县府行政会议议决案、会议记录》，重庆市档案馆藏，档案号：0055-1-58。

等。提案有的通过，有的被否决，如关于提高小学教师待遇案中提出对小学生收取学费以津贴教师，会议认为该案与小学不收取学费规定不符，故而否决。[1] 应该说，会议讨论与审议是认真的。1940 年 3 月 15 日合川县又召开了春季行政会议，会议规模与审议内容与以往基本相同。

与县行政会议性质相近的，还有县行政会议扩大会议，如合川县 1936 年 3 月 27—29 日举行春季扩大行政会议，大会"讨论行政上一切困难事项"。会议除了"参加人员"100 余人，还有"列席人员"24 人和"欢迎参加人员"6 人。"参加人员"主要是县政府各机关、中小学校、社会团体负责人，各区区长和联保主任；"列席人员"则包括县党部委员、县报社人员、县政府督学、县政府技士及该县士绅；"欢迎参加人员"包括县党务专员、省政府视察员、县征收局局长、驻合川县督署手枪大队队长、合川县禁烟事务所所长，此类人大概为上级机关派驻的性质，所以作为欢迎嘉宾参加会议。[2] 县长王锡圭在大会致辞中称县扩大行政会议"向例每年在春秋两季各举行一次"，可见县扩大行政会议即县行政会议，而就此处所称向例每年召开可见，县行政会议的举行是按制度规定进行的。在县长的开幕词中，同样表示了县行政会议"贵集思广益以补个人之不足"的问题，提出通过大会"交换大家的意见，报告各自以往工作的成绩，讨论未来的施政方针"。[3]

如果说县政会议是讨论、审议和议决具体日常工作的运作模式，那么县行政会议则是讨论、审议、规划和议决较长时期县政发展及其方针的运作模式。这两种会议模式是互补的，共同构成了县政运作的基本架构。这种架构

1　《合川县二十八年度秋季行政会议记录》（1939 年 9 月 20 日），《合川县府行政会议议决案、会议记录》，重庆市档案馆藏，档案号：0055-1-58。

2　《合川县春季扩大行政会议记录》（1936 年 5 月 2 日），《合川县府行政会议议决案、会议记录》，重庆市档案馆藏，档案号：0055-1-58。

3　《合川县春季扩大行政会议记录》（1936 年 5 月 2 日），《合川县府行政会议议决案、会议记录》，重庆市档案馆藏，档案号：0055-1-58。

与省举行的以县长为主体的行政会议和专署举行的以县政为中心的行政会议是上下互联的行政运行网络，共同勾画了县政运行的概貌。

（五）县政会议和县行政会议的功效

综观南京国民政府的县政运行，从形式上看，是按照现代组织政治、民主政治、法制政治运作的。通过县政会议、县行政会议、县党政联席会议运行机制，实现了县政的公开化、程序化和规范化，体现了县政会议的功能和行政效果。

第一，县政会议与行政会议制度发挥了组织协调功能。从县的上属专员区的范围内看，因为一县之财力、人力有限，对于一些较大的事项无力单独举办；另外，有些事务本身直接牵涉区域内各县，如水利工程、行政区域整理、清缴匪患等，靠一县是无力和无法单独进行的。《行政督察专员暂行条例》规定：专员有权督促和指导区内各县市政府的地方行政权。陈果夫在谈及专员制度与县政推进关系时，回顾了行政督察专员对县政推行的价值和具体作用："行政督察专员之设，原在整饬吏治，绥靖地方，及增进行政效率。本省江北各县，素苦匪患，自行政督察专员设立后，指挥统一，几经督率剿办，匪患因以肃清，绥靖方面，似已有显著之成效。又本地方县政，或遇紧急事态，例须请示办理，而又有迫于时限者，得专员就近指示，因之因应咸宜，为例亦多。次则关于本省重要政令之推进，如保甲、禁烟、浚河、筑路诸端，各县多能切实奉行，如限完成，大率亦得力于专员之督促指导，尤以去年黄水为灾，苏北各县，幸免陆沉，铜山、东海、淮阴各专员之督饬防堵，厥功尤伟。其他一般县政之推进，亦多因有专员督导，效能增加。"[1] 陈果夫虽从省角度看专员治理县政之功，实际透露了县政的治理与新成立的专员督察的关系。

1　陈果夫主编《江苏省政述要》"民政篇"，沈云龙主编《近代中国史料丛刊续编》第 97 辑，台北，文海出版社 1983 年版，第 1 页。

再如河南省立第二医院的建立，也是通过行政督察专员召集的县政会议得以运作的。抗战结束后，河南省政府以"郑州为本省交通中心，商贾辐辏，人烟稠密，际此抗战结束，地方复员之始，实有在郑建一规模宏大、设备完善医院之必要"，省政府委员会第 1248 次会议决定，在郑州建立省立第二医院，改称为省立郑州医院，由第一行政督察专员区选址建设。专署"奉电后，即召集郑县县政府、党团、参议会及地方有关机关，开会商讨"。[1] 院址选定后，组织建筑委员会。"委员定为十七人至十九人，主任委员由专员兼任，该院院长兼任副主任委员，委员以每县一人为原则，由各县选择公正士绅素具热心公益者，呈报本署，以会中名义聘任之，另由本署就驻郑有关机关中，加聘委员数人，参加工作。"委员中来自机关的有郑县县长、郑县县党部书记长、青年团干事、参议会议长、河南救济分署驻郑办事处主任、第一区专员公署第一科长，还有来自第一专员区公署所辖广武、密县、开封、郑县、长葛、新郑、洧川、中牟、荥阳、汜水、尉氏各县的人选。计有来自政府、党部、民意机关及各县士绅共 18 人组成建筑委员会。该委员会于 1946 年 7 月 14 日在第一行政督察专员公署会议室召开会议，议决医院房屋建筑、建筑费及筹募事宜。省立第二医院建筑费"约需六亿四千七百零六万四千元，除工价约占百分之卅，电请救济分署拨发面粉以工代赈外，所余之款，拟请由救济分署担任三分之一，下余三分之二，由郑县担任四分之一五，各县担任四分之二五，禹县以独筹本区区立医院建筑费，即不再负担此款"。经呈报省政府备案后，"按照本署过去配赋款物比例，配由各县以劝募方式，分别筹募"。决定一出，"各县政府及县参议会，咸以战灾劫余，地方疲敝不堪，亟待与民休息，对于省院建筑费数目庞大，无力担负，并各陈述省立第二医院所需建筑费用，应由全省平均担负，今令本区各县筹募，理有未当，函电纷飞，请

1　河南省第一专署：《五年来工作纪要》，开封市档案馆藏，档案号：旧 4-2-38，第 49 页。

予改筹办法，以纾民困"。专署以各县所陈不无道理，"当即召集郑县地方官绅会议讨论，并经三十五年十月十五日本区行政会议决定，先建病房，所有建筑病房费，共需一亿八千四百二十万元，其分筹办法，郑州担任五千万元，各县担任三千二百二十万元，卫生处担任三千三百三十万元。其余由豫救济分署协济工振面粉，除电请救济分署及省卫生处迅予拨发外，各县应担之款"，即由专署"配由各县筹募，分期缴纳"。[1]

《行政督察专员暂行条例》规定，行政督察专员有权对辖区所属县长及行政人员进行考核。萧文哲评述说，专员制"实行以来，颇著成效……县市行政人员，以有专员就近指导，秉承便利，对于事务的轻重缓急，可以就近商决办理，非但不致搁误事件，亦可以节省行文与晋省请示之劳费。又他们以有专员就近监督，咸具戒心，贪污者不敢任意贪污，因循者不敢再事因循"。[2]可见县政的推行有赖于必要的制度监督与督导。

而就县内范围看，县政会议是协调县内各乡镇建设事业的重要体制。从以上县政府召开的县政会议和县行政会议议决事项诸多史实看，两种会议具有协调域内各区乡和村镇在治安、水利、赈灾、教育等具有公共事业性质方面的社会治理的功能与价值。这是县政会议与县行政会议的重要协调功效。凡县内重要建设事项、保安事项、教育事项和税费摊派事项，均由县政府协调权衡各区、各乡镇利弊得失，做出相应的安排。而县行政会议，其成员由各区区长、各乡镇长、各联保主任组成，更是协调县内各区乡利益的重要平台。此方面的事例举不胜举，不再赘叙。

第二，县政会议或行政会议发挥了组织结构功能。近代以来，现代政治走向组织政治，现代行政趋向民主行政。这种趋势在南京国民政府县政会议中有明显体现。县政会议对改变中国传统人治、变一人政治为集体政治、变

1　河南省第一专署：《五年来工作纪要》，开封市档案馆藏，档案号：旧4-2-38，第50页。

2　萧文哲：《行政督察专员制度改革问题》，《东方杂志》第37卷第16号，1940年8月，第25—26页。

个人政治为组织政治、变幕僚政治为公开政治，具有一定意义。1930 年 1 月 4
日，河北新城县县政府为赈灾，专门召开第 40 次县政会议，布置赈灾事宜。
会议主要内容为县政府关于赈务提议各灾区应造极贫清册，行将造齐，应派
员复查请公决。决议：派员催各区造齐清册，一面复查，俟查毕定期放赈。
至调查员归并八路，除泗庄灾区归并中区、板家窝区灾区归并咎岗区代查外，
其余八区，每区派调查员二人，实行复查，定于 6 日下午两点召集开会，8 日
出发。其任务除催各区调查应行领赈户口并实行复查散发赈票外，应与各区
规定适宜地点，及筹备铜元，"定期放赈"。1 月 6 日 "下午两点复行开会，讨
论放赈办法"，结果大致如下。（1）各调查员于 8 日携带赈票出发。至各灾区
协同巡官区长按册抽查，确实填发赈票，如有未造齐之村庄，督促火速造交。
（2）至区时酌量应需铜元若干。必须筹备铜元，以免临时措手，遭商人之居
奇，灾民受无形之损失。（3）先拟复查填发赈票。报告后再行定期放赈，此
种办法，实难免延迟时日。议改为由调查员兼代放赈事宜，携带赈款，查竣
发票后，即同巡官区长规定适宜地点，定期开放以求迅速，而节糜费。
（4）所定小口五角，如有一家两小口者，可给以现洋，不得放给铜元。
（5）放赈毕，务令村长等出具甘结，以昭慎重。（6）每雇车一辆一天发价 2
元，由委员自行觅雇，每路派保卫团丁 2 名，以资保护免生意外，每名每日缴
饭费洋 1 元，统由各委员经手发价，开销呈报。（7）每人酌带旅费若干，事
毕据实呈报，再行核算。讨论至此，即行散会。（8）7 日下午 2 点，各委员齐
集县政府领取赈票、赈款、村长甘结等件，并旅费检查清楚后，各委员于 8 日
早 6 点分路出发，"赴灾区复查散票放赈云"。[1] 在这里，可以看到，新城县政
府通过县政会议这个组织对赈灾进行了专项布置。

　　1934 年 3 月 14 日，河北通县召开县行政会议，报告开会宗旨及以往施政

---

[1] 《新城开赈务会议讨论放赈办法》，天津《大公报》1930 年 1 月 14 日，第 8 版。

之经过，俟即开始讨论议案，下午6时闭会。议决案摘要如下："一、每村须植树二百株以符功令；二、责成各乡长每乡成立剪发放足委员会一处，以便督促进行；三、省立通县女师通县籍学生吴淑清等十人为毕业在即，请发参观旅费四十元，因教款支绌，碍难照准；四、呈请军分会制止军人强买柴草，擅捕乡长、副；五、成立农村复兴委员会筹备会，由县府第一科长、县属四局局长、八区区长、商会主席及士绅等任筹委。"[1] 这次会议，也是县政府通过行政会议针对诸如植树、成立妇女放足机构、成立农村复兴委员会机构及遏制军人在县不法行为等问题进行重要部署和组织的渠道。

1937年6月28日，山东沂水县政府召开县政会议，就面临的工作事项进行议决："（一）翻印山东新运会禁止缠足标语一千二百份，分发乡校，普遍宣传；（二）派员勘丈法云寺学田纠纷；（三）呈报购买沙药水救济暑灾；（四）呈报准备防空演习临时费及开办经常等费；（五）卫生运动花费暂由地方预备费项下借支。"[2] 这表明县政会议是县政事务实施与推行的组织上的重要出口。

全面抗战时期甘肃省靖远县政府1941年7月15日上午8时至16日下午3时召开的第一次行政会议留下了完整的史料。这次会议出席的人员有县长、新任全体正副乡镇长、政府职员等共57人。会议议程为：（1）报告开会意义；（2）县长宣誓，乡镇长宣誓；（3）县党部书记长监誓并训话；（4）乡镇长代表答词；（5）县政府民政、财政、教育、军事四科作施政报告；（6）讨论议案；（7）县党部书记长致闭幕词。会议决议议案共7大类35件。这7大类是：（1）实行新县制后乡镇公所设备务期划一案；（2）关于普及人民政治常识案；（3）关于北湾、平堡两乡划为一乡案；（4）北湾、平堡因地理及历史经济上之关系不宜成立两乡案；（5）成立短期救护人员训练班案；（6）指

1　《通县行政会议到代表百余人》，天津《大公报》1934年3月18日，第9版。

2　《沂水县政会议》，天津《大公报》1937年7月4日，第10版。

派乡镇长兼任房地产交易监证人并厉行过户案；（7）关于乡镇公所设备务期划一案。最后一案中，对办公设备及工作内容做了详细规定：乡镇公所除了设挂总理、主席像，党旗国旗，乡镇全图外，还应备齐收发文簿、户口统计表、保甲长名册（内容为姓名、履历、办公地点）、会议记录簿、合作社调查表、水利调查表（标明水洞水渠所在地及灌溉亩数与负责人）、大车及牲畜调查表、学校调查表，并呈送县府一份。[1] 由县政会议集体讨论决定县域内涉及政治、经济、社会、行政区划的重大事项。从目前掌握的县政资料看，县政整理、临时重大政治决定等也都是通过县政会议这种机制进行的。

南京国民政府的县政会议、县行政会议、县党政联席会议以及专门委员会会议等各种会议及委员会制度的建立，使传统县政向现代县政迈进。从形式上看，县政从传统县令、知县一人政治变为县长负责下的集体政治，变人治为法治，变随意性政治为规程政治。但因历史的和现实的原因，同时由于县政府机构空疏与简略，县政内容漫无限制，加之县政政制结构不能形成合力，行政不统一，总体上看，南京国民政府时期的县政效率低下，应付社会危机能力不足，各项建设并不理想，甚至名实不副。

第二节　县党部制度及其运作

县党部制度是孙中山晚年以党治国理念在县域政治、经济、文化和社会建设中的体现和实现力量之一。纵观国民党县党部的历史，在其党治宗旨下，其组织结构、权限范围、具体职责及运作机制随国内情势变化而递嬗。从政制结构看，县党部是国民党县政权力结构组成部分之一，是地方政制的构成部分；从组织形式看，国民党基层党部制度肇端于民国初年同

1　《郝遇林县长召集靖远县政府三十年度第一次行政会议》（1941 年 7 月 15 日—16 日），白银市档案局（馆）编《民国时期靖远县情录》第 3 集，白银兴瑞票证印刷有限公司 2004 年印行，第 19—20 页。

盟会与其他党派合组国民党，全面内战爆发后又与三民主义青年团合并；从运行机制看，县党部经历了全面抗战爆发前党政平行模式，到全面抗战时期纳党于政模式，再到之后党政军合一模式的历史演进；从职权看，县党部经历了与县政府职权分离，再到参加县行政会议并履行县参议会职权这样政治与行政融合的演变。

一　国民党党部制的价值理念

党部制度是孙中山的政治遗产。中国民主革命斗争的一再挫折和失败，促使孙中山革命思想、革命策略、建国方针发生深刻变化。俄国十月革命后孙中山受其启示，尤其后来得到共产国际帮助，亦采纳俄国革命经验，以俄为师，以党治国，组建具有群众基础的、统一的政党，使武力与民众相结合，使民主革命成为真正的国民革命。在此价值理念指导下，自中央至基层政权，建立一套党国体制，将党治推行全国。其党国体制特征有三。

第一，在政党政治方面，在中国只能由代表国家政治、经济、文化和社会发展方向的，具有长期奋斗历史的国民党，来建设和管理国家，不许有其他"捣乱"或与三民主义理念、政策不符的政党染指国家政权。正如曾任国民党中央组织部部长的张厉生所言："须知中华民国，乃总理所缔造，无论在任何时期内，不容他党之并存，更不容他党之执政。"[1] 同时，以其三民主义意识形态、党义为救中国之"不二"主义和方向，严厉排斥其他政治思想言论。正如国民党三大提案审查报告中所言："中国国民党根据以党治国之原则，不许其他政党在中国境内有所活动。如发现有此种组织及反动言论与行

1　王奇生：《党员、党权与党争：1924—1949 年中国国民党的组织形态》，上海书店出版社 2003 年版，第153 页。

为，应以政治的力量立予制裁消灭之。"[1] 这显然是一党治国意识形态的集中体现。

第二，在党和政府关系方面，一是在党政体制方面，自中央至省、县、区，建立与中央、省、县、区各级政府相对应的各级党部，即中央党部、省党部、县党部、区党部和区分部。二是党和政府职能关系方面，规定"党在国上"，即由国民党代表人民掌握国家"政权"，形成政治权力核心。国民党全国代表大会，代表国民大会，领导国民，确立国体、政体、内政、外交等一切建国的政治、经济、文化和社会大政方针。国民党垄断政治输入功能，将其制定的有关国家发展的方针和法律、政策、施政措施，交由政府执行；国民政府享有"治权"，负责执行国民党具体政治纲领和政策，发挥政治执行功能。在实施训政计划与方案上，政府对中国国民党中央执行委员会负责。在现实中，随着形势变化，党政关系在地方层面于不同时期是根据实际需要做出相应调整的，党政关系在党治的框架内是动态地发展着的。

第三，在党和社会关系方面，党发挥政治示范和社会表率作用，动员民众、组织并扶助社会团体发展，并对其实行政治监督。总的要求是通过政治动员和政治引导，以求得民众对国民党事业的同情、理解、支持和参与，从组织外围将社会民众团体的思想和行为纳入三民主义意识形态所要求的范围，并参与其国家政治、经济、文化和社会建设事业，推动其三民主义实现。为维护其国家利益，于必要时，得就于人民之集会、结社、言论、出版等自由权，在法律范围内加以限制。

在党、政府和民众关系方面，国民党确立了明确的党政关系和党群关系，

1　《提案审查会审查报告》，《中央日报》1929 年 3 月 28 日。转引自王奇生《党员、党权与党争：1924—1949 年中国国民党的组织形态》，第 152 页。

各有其政治权限职责和权限边界。早在广东时期，国民政府就党治下的党政关系发布政令称："国民政府基于以党治国之精神而成立，凡政府所举措，皆本于党之主张。最高党部代表本党对于政府施行指导、监督，其余各属党部及各种人民团体对于政治问题，固有自由讨论及建议之权，而对于财政收入及一切行政事项，不容直接干涉；否则破坏行政统一，纪纲不存，国无以立。为此通令各属党部及各种士、农、工、商团体，概不得擅自干涉财政收入及一切行政事项；如认为必要，应建议于财政当局或省政府，如有违抗，以破坏统一论罪。"[1]　其基本精神为，最高党部对国民政府有施行指导与监督之权，但地方党部不容直接干涉行政，在地方党政是分离的。南京国民政府成立后，虽然表现形态在各个时期有所不同，但基本坚持了这一观念。

二　国民党县党部制度安排

在近代民族国家政治体系下，政党是不同利益阶层的政治集合和组织形式，是政治斗争和取得国家政权的工具。考察国民党历史可以发现，中国国民党党部制度渊源于民国初年政党勃兴之际。民初，同盟会为取得议会中多数席位，改组为国民党，并在各地建立分部。"本党设本部于国都"，"交通部设于省会之外各商埠"，"支部应设于各省会"，"分部设于各府、厅、州、县"，[2]　是为国民党在基层政府建立党组织之肇端。1924 年，孙中山改组国民党，党的组织系统继承了民国初年系统，比之更加基层化。全党自下而上，分为五级，即区分部、区党部、县党部、省党部、最高党部。从形式看，国民党组织达到社会基层。

县党部制度是国民党县政结构和县政体系的组成部分。孙中山所追求的

1　《国民政府通告各属党部及各团体不得干涉财政及一切行政令》（1926 年 1 月 14 日），中国第二历史档案馆编《国民党政府政治制度档案史料选编》下册，安徽教育出版社 1994 年版，第 260—261 页。

2　《规则：国民党规约》，《国民》第 1 卷第 1 期，1913 年，第 2 页。

民治政治的实质是民权政治，民权政治的基础是社会自治。在国民党政治体系中，基层党部是基层政治的核心，是国家政治的基础和推动力量，是联系、指导、动员、示范民众的重要组织，是政治建设和国家建设的基础和动力。县党部设立之初，即规定"县及县以下各级党部之工作，应以集中工作于县自治为原则"，进行"党义之宣传""社会之调查""地方自治之督促"等事项，"县政府实施地方自治及建设工作时，县党部处于指导督促地位，应予以宣传推行之助力"。[1] 在国民党政党政治体系中，县党部上承省党部，下连接区党部和区分部，是国民党党部体系和链条中的一个重要组成部分。国民党基层党部包括区党部和县党部。

从设计上看，国民党是重视县党部的组织建设的，国民党中央执行委员会对基层党部组织、职权、运行机制做出过具体规定。以1929年国民党第三次代表大会通过的总章为例，县党部职权和运行机制大致为，全县代表大会每6个月举行一次。其职权有三：（1）接纳及采行县执行委员会及县机关各部之报告；（2）决定本县党务进行之方策；（3）选举县执行委员、候补执行委员及监察委员、候补监察委员，以组织县执行委员会及监察委员会。县执行委员会每星期至少开会一次，并选举常务委员1人，执行日常党务。执行委员会之职权有四：（1）执行代表大会之决议；（2）组织各地方党部，并指挥其活动；（3）组织县党务机关；（4）支配党费及财政。监察委员会之职权亦有四：（1）依据本党纪律，决定所属党部或党员违背纪律之处分；（2）稽核县执行委员会财政之收支；（3）审查全县党务之进行情形；（4）稽核县政府之施政方针及政绩，是否根据本党政纲及政策。总章还对县党部下的区党部和区分部党员大会、全区党员大会的职权，区执行委员会和区分部执行委员

1　《训政时期党务进行计划案》（1929年6月15日），荣孟源主编《中国国民党历次代表大会及中央全会资料》上册，第757页。

会的职权，区党部和区分部的会议制度，区监察委员职权等做了具体的规定。[1]

国民党以党治国的政治宗旨在基层社会能否实现，取决于多种因素。从县党部到区党部以至区分部，从上到下，在县级体系形成了三级党务网络系统。但作为执政党的组织机构，其权限职责、运作机制完善与否，实为主要要素之一。1930 年国民党第三届中央执行委员会第四次全体会议通过的《关于党部组织案》，确立了县党部制度及其权限，党部组织机构走向统一。县党部设"常务委员一人，执行决议案，主持日常会务，指导各项工作，并兼任设计，依照地方实际情形，作成有系统的方案，不得兼任任何职务，常务委员会下设组织、宣传、训练干事各一人"。[2] 1938 年，国民党通过《修正县执行委员会组织条例》，制定的关于县市组织的法规就有县代表大会选举法大纲、县代表大会组织法大纲、县执行委员会组织条例、县（市）党务计划委员会组织规程等二十余种。

1938 年国民党临时全国代表大会上规定的县党政关系采取"党政融化"[3]模式，较之以往的党政分立有所变化。在具体制度安排上则规定，县政府设地方自治指导员 1 人，由县党部书记长兼任，协助县长指导地方自治之筹备事宜；并增设社会科，受指导员之命，专司民众之组织与训练及筹备地方自治事宜，必要时得兼办兵役事宜；各县设地方自治筹备委员会，由县党部及地方民众团体共同选举若干人组织之；各县地方自治筹备委员会

1 《中国国民党总章》（1924 年 1 月 28 日第一次全国代表大会通过，1926 年 1 月 16 日第二次全国代表大会修正，1929 年 3 月 27 日第三次全国代表大会修正），荣孟源主编《中国国民党历次代表大会及中央全会资料》上册，第 670—674 页。

2 浙江省中共党史学会编《中国国民党历次会议宣言决议案汇编》第 1 分册，浙江省中共党史学会 1985 年印行，第 366 页。

3 《对于党务报告之决议案》（1938 年 3 月 31 日），荣孟源主编《中国国民党历次代表大会及中央全会资料》下册，第 501 页。

成立后，应筹设县参议会，为设立地方民意机关之准备。同时，县党部对外秘密；县政府之预算、决算及其施政方针，须经县参议会通过，在县参议会未成立之前，即由地方自治筹备委员会代行使职权。[1] 从此设计看，一方面，南京国民政府的决策者冀图把县党部纳入县政府的体系中，在县政府内负责事宜看似不重要，实际上寄寓着国民党在政治上的最大理想成果，即完成地方自治的筹备进而进入县议会成立阶段。县议会的成立是县政框架内的重要设计，把党部专司的地方自治工作与具有县民意机构乃至权力机构的县参议会的成立联系在一起，赋予县党部充当地方自治完成达于宪政实施的桥梁作用。另一方面，实际上，这种地方自治尽管从理论上说是极其重要和必要的最大政治活动，但在当时的条件下和县政府的治理体系中，地方自治又远不是急迫和最重要的事务；以与县长相匹配的县党部书记长兼任县政府的地方自治指导员，虽有指挥社会科之权，但社会科并非县政府的重要科室，则无形中不免降低了县党部书记长的地位。这种设计，显然是南京国民政府既要进行党政合力与融合，又不给党部较高地位甚至压低党部书记长地位，避免党部干预县政，以达党政融合的制度安排。这样的党治，在县这一层级，实际上徒托空言，党部的行为成为一种可有可无的活动。

南京政府决策层之所以不愿意党管政，原因固然是多方面的，就国民党自身看，国民党不被其领袖蒋介石看重也是一个原因。在蒋介石看来，国民党是一个官僚集团，腐败无能，无力承担改造。如他批评说："大家因循苟且敷衍塞责，只要应付过去，欺骗得了就算事！一切的工作，几乎都是虚伪，都是在那边骗人！……极其所至，非到亡国不止！……现在从中央到各省各县各乡，都是有权利则大家争夺，有义务则互相推诿；最大多数的人，都是

1　《改进党务并调整党政关系案》（1938 年 3 月 31 日），荣孟源主编《中国国民党历次代表大会及中央全会资料》下册，第 482 页。

只知道个人的权利，再不曾顾到民生国计！"[1] 又如，有一次他检讨国民党的整体状况，很悲观、很有情绪地批评说："现在本党差不多是奄奄一息，沉寂无声，一般民众不仅对党无信仰，而且表示蔑视，这就是由于党员不负责任，不知耻辱，因此党的基础就败坏了！"[2] 他不是一时兴起，而是确认国民党难以担负重任。全面抗战初期，蒋介石曾经想通过与中国共产党合作，再组织一个新党，由他来做新的合作党的领袖。他之所以有这个想法，同样是感到国民党软弱无能、保守腐败，无力领导国家，而异想天开地想与中共另组新党。当然蒋的这一想法不可能实现。在这种情况下，蒋介石只好在国民党框架内想办法解决。这就是三民主义青年团（简称三青团）的产生。

1938 年的国民党临时全国代表大会决定组建三青团。蒋介石任团长。三青团最初是以国民党的助手的名义设置的，是"党内组训青年的机构"，"就组织的意义说，成年的国民入党，青年的国民入团"，团"成为党的生力军，以增加党的新力量"。三青团的成员要求年满 16 岁，16 岁至 30 岁（后定为 25 岁）不分性别志愿入团者得征求为团员。就党团关系来说，"团必须要服从党的领导，党必须要扶植团的发展"。[3] 并规定，党的活动范围是社会、是民众，团的活动范围是青年、是学校。对于同一地区的党团关系还要求应该经常举行"工作会报"，以加强联系。[4] 在关于三青团的工作任务中，有这样的规定："官僚恶习是政治腐化无能的最大原因，凡是不负责任，因循敷衍，欺骗虚伪及其生活腐败者，皆为官僚恶习，本团团员应以身作则，树立一种革命新风

1　蒋介石：《今后改进政治之途径》（1936 年 3 月 8 日），秦孝仪主编《总统蒋公思想言论总集》卷 14 "演讲"，台北，中国国民党中央委员会党史委员会 1984 年版，第 127—128 页。

2　蒋介石：《唤醒党魂发扬党德与巩固党基》（1939 年 1 月 23 日），秦孝仪主编《总统蒋公思想言论总集》卷 16 "演讲"，第 27 页。

3　《中央团部关于三青团历史概况的报告》（1945 年），中国第二历史档案馆编《中华民国史档案资料汇编》第 5 辑第 2 编 "政治"（3），凤凰出版社 1998 年版，第 709 页。

4　《国民党第五届中常会通过确定党与团关系办法》（1940 年 11 月 15 日），中国第二历史档案馆编《中华民国史档案资料汇编》第 5 辑第 2 编 "政治"（3），第 787 页。

气，痛切矫正之。""贪官污吏，土豪劣绅，以及流痞奸商，为政治建设与经济建设的最大障碍，本团团员应本不畏强御的精神，以公民资格向合法机关检举惩治之。"[1] 1943 年 4 月召开三青团第一次全国代表大会。三青团强调对团员进行政治训练、军事训练、体格训练、生活训练和技术训练。三青团在中央设中央团部，下依次为支团部、区团部、分团部、区队、分队各级。在县，根据情况，有的设分团部，在不够设分团部的情况下设区队。

三青团的设立本是国民党力图改造政治的一种举措。然而，由于国民党派系政治的发酵，三青团不可能置身事外，这样，党团矛盾，无论中央还是地方，都不可避免地普遍存在。因此，抗战胜利后，国民党为加强其内部团结，于 1947 年 6 月不得不进行党团合并，随后三青团合并到国民党内。由于党团矛盾，这一合并工作迟迟不能完成，有些县到 1948 年夏才完成合并。虽然党团进行合并，但由于原有的矛盾和其各自具有自己的体系和后援，并不能真正合并在一起。[2]

三　国民党县党部的建立与运作

国民党县党部的建立经历了一个历史的演变，国民党各县党部的建立时间不一，组织机构名称不同，运作机制不同。

在大革命时期，农民运动发展较快的广东、湖南、湖北、江西、福建等省和河南省的一些县，党部设置较早。这些县的县党部随着北伐战争的展开而先后建立，基本是国民党左派和参加国民党的中共党员建立的。1927 年 2 月，福建省党部派人赴南平县成立县党部筹备处，设秘书处和宣传、青年、

1　《中央团部关于三青团历史概况的报告》（1945 年），中国第二历史档案馆编《中华民国史档案资料汇编》第 5 辑第 2 编 "政治"（3），第 717—718 页。

2　谢载青：《海宁县国民党与三青团的勾心斗角》，《海宁文史资料》（浙江）第 3 辑，1983 年，第 1—7 页。

妇女、农工商等部，发展预备党员。江苏省党部派员赴吴县成立县党部筹备处，设秘书处和宣传、青年、妇女、农工商等部，发展预备党员。在北伐战争经过的地方，这类党部居多数。有些县党部由军事组织指定人员建立。福建永泰县党部是由北伐经过的军队指定当地人士建立。有些县党部是受孙中山在世时指示和南京国民政府指示建立的。西康屯垦使刘成勋就是这样建立党部的。"民国十五年刘禹九（刘成勋——引者注）为西康屯垦使，兼管民政事宜，彼即以改善边政、解除人民痛苦为己任，开始宣传本党主义，改树党国旗。民国十六年通令西康各县长倡办县区党部，于是西康文化较优之巴安县由县长雷振华招集僧俗商学各界……成立中国国民党西康巴安县党部。"[1]县党部组织机构、称谓不同，如福建永泰县党部机构有文化委员会、妇女委员会、粮食委员会、青年委员会等，安徽泾县党部机构有青年部、工农部、妇女部、宣传部、组织部。这些机构和名称体现了地方政治、经济、文化和社会事业发展水平的差异。

南京国民政府建立后，县党部制度逐步走向统一。由于"清共"和排斥左翼，国民党的一些县党部被整顿和停办，后其组织虽然逐渐重新设置，但精神实质则与以前完全不同。其组织建立，大致分为两种，一种是在通改原由国民党左派控制的党部基础上经鉴别、改造而逐步建立，这主要是在南方省份，但重新筹建过程先后不一；另一种是在原没有国民党势力的地方，逐步新建县党部系统，时间也先后不一。

在西北甘肃靖远县，1927 年，开始是由地方知名人士组织成立国民党靖远县党部，由于内部争权夺利，被省党部解散。1929 年 1 月 21 日，靖远县奉省党部训令，由地方知名士绅组织成立县党部，即日召开第一次执行委员会和监察委员会联席会议。会议任命执委会常务委员、组织部长、宣传部长、

民众训练委员会常委和监察委员会常委。

县党部的事务运作，全面抗战以前具体表现在与民众团体、县政府及社会关系方面。

第一，对民众的政治示范、政治推动、扶助和监督。

国民党对县域民众团体的政策在县党部方面，表现为对县域民众团体的组织、协调、指导、监督。（1）凡县域民众团体之组织与活动，应按其性质与范围，受县党部之监督与指导；（2）各民众团体之活动，当县党部认为不适当时，得由执行委员会议决，加以警告或纠正之；（3）各级党部对于民众团体不服警告或纠正时，得呈请上级党部核办；（4）各民众团体发生重大事故，当地县党部认为应紧急处置时，得由党部知会当地军警制止，同时呈报上级党部核办；（5）各民众团体对于党部之警告或纠正，认为不适当时，亦得提出意见于上级同性质之民众团体，转请上级党部核办。根据规定，县域人民团体由县党部指导，县政府不得干涉，但县政府可以监督；如民众团体之间发生纠纷，县党部和县政府均有调解之责。政府若要解散人民团体，须知照当地党部后执行。党部若要解散人民团体，必须转请当地政府依法执行。[1]

扶助农工本是国民党所提出和标榜的基本理论和基本政策。南京国民政府成立后不能无视这一规定和要求，其县党部也不能完全回避民众这方面的诉求。扶助民众，通过法律渠道维护农工正当利益，自然也成为国民党县党部工作内容之一。1930 年在甘肃靖远县党部，有常委帮乡民打官司。靖远一寇姓绅民"以放高利贷为业，贫民借粮 2 斗，时隔十个月就收去谷 9 斗 3 升，麻子 1 升，生猪肉 40 余斤；借大洋 5 元，三个月期限便需归还 10 元；有人借烟土 20 两，此后被逼倾家变产。本族一贫民因故被转帐欠洋 13 元，彼此言明

---

[1]　《训政时期民众训练方案案》（1930 年 3 月 5 日），荣孟源主编《中国国民党历次全国代表大会及中央全会资料》上册，第 795—797 页。

不准逼迫，后该贫民有病卧床，10 个月后帐洋已成 45.7 元，除两次偿还 18 元外，下欠 27.71 元"。旧历年腊月二十九日，寇氏大儿子跳崖而亡，有证人证明寇氏跳崖与该绅士有直接关系，受害人家属的诉讼，受到寇氏家族及其他人的百般刁难。针对此事，1930 年 2 月，"国民党靖远县党部常务委员徐振麟致公函给县政府，陈述寇王氏冤情，指出'本党规定放帐营业利率不得超过百分之二十五，寇氏富豪的行为与革命政策相差甚远，按之民生主义、节制资本之办法大相径庭，已属罪大恶极'"。在常务委员徐振麟敦促下，经多方调解说合，该乡绅向本族受害人赔洋 200 元（实收 100 元）。[1]

第二，县党部与政府关系呈现既合作又制衡的状态。

县党部与县政府体系不同，职责不同，权限有别。从设计上看，国民党县党部除通过县政会议参与县域政治讨论决策外，不参与政府的具体行政事务，主要是在县政府体制外运作，相互监督，以求县政府行政和司法符合其党义和法律规范，使政府行政和司法合法、合理，共同推进三民主义范畴的政治制度和三民主义意识形态在政治、经济、文化和社会领域的实现。在对政府监督方面，早在 1927 年 7 月，国民党中央政治会议就通过了由陈立夫提议的《县党部与县政府之关系》，确立了双方关系及矛盾处理方式和途径，其中肯定了县党部对于县政府的监督之权和建议之责。"如县党部不满意于县政府之措施，应提出意见于省党部，由省党部转省政府处理。如县政府对于县党部之措施有不满意时，亦应提交省政府转咨省党部处理，各不得直接行动。"[2] 1928 年 8 月，国民党二届五中全会通过的《各级党部与同级政府关系临时办法案》肯定了这一原则。该办法案规定，各级党部对于同级政府之举

1　《县党部常委替民打官司，巨富绅被判赔洋 200 元》（1930 年 2 月），白银市档案局（馆）编《民国时期靖远县情录》第 3 集，第 2—3 页。

2　《党务：县党部与县政府之关系》（1927 年 7 月 22 日），《江苏省政府公报》第 2 期，1927 年 9 月，第 67—68 页。

措有认为不合时，得报告上级党部，由上级党部请政府依法查办；各级政府对于同级党部之举措有认为不满意时，亦得报告上级政府，转咨其上级党部处理。[1] 县党部与县政府的关系是既相互促进、相互协助，又相互监督。县党部通过一定的法定渠道参与县政，帮助政府指导县域民众团体，协助县政府推行一切县政；同时又从政治和法律方面监督县政府，促使县政府按照国民党政治原则、方针政策行使行政权。

在政治协助方面，县党部与县政府相配合。如甘肃靖远县，"在一个相当长的时期内，党部书记长和部分职员由省上派任，间或在各县之间交流对调。党部的机构和职责也一直被界定在一定范围，在与县政府的关系上成为配合关系。县政府和县党部各自独立行使自己的职权，履行自己的职责，县党部不再过问县政府政务工作"。[2] 又如，安徽泾县党部自1931年开始，举办乡、镇、保清乡分队干部集中训练、保甲编组训练。安徽怀宁县党部组织民众修碉堡，办理保甲。安徽泾县党部还直接逮捕共产党员和革命群众，设立"感化院"，办理共产党人"自首"登记。江苏丹徒县党部演出戏剧《赤祸末路》，配合国民党政治宣传和军事"围剿"。国民党陕西长安县党部不仅从事反共宣传，还直接组织反动武装，逮捕杀害共产党人，迫害进步人士。这种情形在全国其他县也多有发生。

政治监督方面，在一些地方，县党部发挥了行政监督作用。如1930年甘肃靖远县党部就履行了对县政府的行政监督职能。"民国十九年十一月十七日，省政府批转靖远县党部执行委员会常务委员冯占骙呈控靖远兵站主任张人权与会计李宗儒挪用公款事，令靖远县政府依法惩处。""兵站之公款为县上

1　《各级党部与同级政府关系临时办法案》（1928年8月11日），荣孟源主编《中国国民党历次代表大会及中央全会资料》上册，第543页。

2　《（一）县党部成立之初——县党部指导县政府工作》（无具体时间），白银市档案局（馆）编《民国时期靖远县情录》第4集，第41—42页。

筹备上缴的军费，主任张人权同会计李宗儒挪用一千多元借给商号，经县政府核查，商号作证属实。张人权与李宗儒在看守所被拘留四个多月后，由县政府作了每人处罚洋各100元的处理，决定将罚款用来修理北城门楼。""二十年八月五日，县党部常委陈颍川、李濡打收条'今收到县政府转拨张人权等二人罚款洋200元，拨作防疫会之用'。"[1] 但以罚款代替处罚，这类监督实难以收到真效。

第三，在县党部和社会关系方面，参与、协助、支持县自治。

国民党《县组织法》规定，自1929年底至1935年底，按照自治事业列举的六项内容（即清查户口、测量土地、妥办警卫、修筑道路、设立学校、建立自治组织），完成县自治，实施宪政，还权于民。县党部、区分部的职责是宣传、开化、指导民众及民众团体；教育并引导民众进行"选举、创制、复决、罢免"训练，从事地方自治工作，投身自治事业；协助政府推进县自治；监督政府行政。这一时期，县党部的核心使命是协助推进县自治。在国民党省党部指导、领导与监督下，县党部利用各种途径、场所和方式方法，从事党义及《建国方略》《建国大纲》《地方自治施行法》的宣传、普及和教育工作。具体表现为利用标语、小册子、报刊等载体，以及庙宇、集市、图书馆、学校、总理纪念周、群众集会等公共场合和活动进行宣传。从一些地方党部运作活动看，国民党党部的主要活动围绕这一主题展开。

其一，创办刊物、印发各类传单和小册子进行政治宣传。在全国有国民党县党部的地方，多数县党部创办刊物，进行政治宣传和三民主义传播。例如，河南开封县党部建立之初就创办了《每周通讯》和《河南青年》，通过前者对党员和区党部、区分部进行工作指导，传播消息；通过后者对时事和重大问题进行评议。山东历城县党部创办《历下新闻社》和《国民日报》，从事

1　《靖远县党部监督兵站主任退赔挪用公款》（1930年9月—1931年8月），白银市档案局（馆）编《民国时期靖远县情录》第3集，第3页。

政治宣传和政治传播。有些省还要求有条件的县党部，利用各类艺术［如图画、画报、歌曲、戏剧（内容是革命的、国耻的或科技的）、电影（内容为革命的或科技的）］宣传、开化、引导民众，接受其党义。

其二，利用国民党纪念日及其他重要时间节点，依据其中央颁发的宣传大纲及宣传要点，印发宣传单，张贴标语，派发各种小册子。一些县党部印刷反映国民党历史、三民主义、总理遗嘱的小册子。福建永泰县在人口集中的地方办墙报，进行政治宣传。河南镇平等县党部张贴标语。有些县党部在中学开展"以党治国之意义"知识竞赛等。有些县党部利用群众集会，开展"九一八事变国耻"纪念宣传。对民众监督是党部职责之一。在对民众监督方面，四川省在《中国国民党四川省各县市区分部工作须知》中具体规定了县市区党部的权限职责和政治使命，其中有关监督民众的内容，即指导、调查民众及其团体，[1] 使他们的思想行为不得超越党义和法律规范。

到全面抗战以前，国民党县党部所主要承担的地方自治收效甚微。1935年11月国民党五大就认识到县党部与地方政府不能很好配合，地方党权有限，党部不能监督政府，双方存在冲突、矛盾的问题，继而反思地方党政关系的模式。

全面抗战开始后，为适应抗战需要，国民党于1938年在武昌召开了临时全国代表大会，制定了相关政策，国民党的党国体制在中央和地方层面均发生重大变化。为加强基层党部在地方政府中的地位和作用，国民党第五届中央执行委员会通过了《关于改进党务并调整党政关系案》，一是加强了省党部对县党部的指导和监督，规定省党部主任委员留在省城，其他省党部委员须分区指导督察市区、县党部。二是县党部制度、运行机制以及权限发生变化，规定如下。（1）县党部设委员若干人，由全县代表大会选举之，即由省党部呈请中央指定其中一人为书记长。在整理期间，可只暂设书记长，由中央分

1　《中国国民党四川省各县市区分部工作须知》，著者及出版时间不详，第15—17页。

配曾经直接受训各同志，交由省党部派充之。（2）县党部委员会议，以书记长为主席，对会议之决议有最后决定权。（3）县党部之工作，须绝对受省党部委员常驻该区者之指导与督察。（4）县政府设地方自治指导员一人，由县党部书记长兼任之，协助县长指导地方自治之推进事宜；并增设社会科，受指导员之指导，专司民众组织与训练及推进地方自治事宜。其人选必须依照《建国大纲》遴选曾经训练考试合格之同志充任之。（5）各县须设地方自治推进委员会，由县党部及地方民众团体共同选举若干人组织之。[1]

由此，国民党县党部体制、运行机制和权限，由全面抗战前在县政府体制外通过政治协助和政治监督，到参与县政府政治和行政事务，党部和政府由平行向合作融合方向发展。这主要体现在县政制结构、县政运行机制、新的社会组织等方面。县党部的政治权责由政治倡导、政治指导、政治协助、政治监督发展到参与县域政治和县行政之中，县党部权责得以具体化。一是通过参加县政会议，参与县政决策与运行。二是党部书记长兼任自治指导员，协助县长指导和训练民众，领导和管理民众团体。三是成立社会服务处，直接指导社会事业，分享县政府部分行政权。从社会服务处的工作项目中可以看出，工作依然是县自治建设中的内容，即识字、农民子弟入学、社会训练、纺织，亦即教育、训练、宣传、实业。四是负责县政府社会科。

随着全面抗战局面的形成和国内形势的变化，这一时期县党部的主要工作体现在政治动员和政治宣传方面，内容为创办各类刊物，宣传抗战，协助抗战。以安徽泾县为例，县党部在全面抗战开始后，创办了《泾县新生》《国事快报》《快报》，宣传抗日和国家重大政治政策。在协助政府方面，负有组织训练民众及民众团体职责的县党部，致力于建立服务于抗战的各类民众组织。安徽泾县党部组建救亡委员会泾县分会，还建立起工人抗敌协会、农民抗敌协会、妇女

1　《关于改进党务并调整党政关系案》（1938 年 4 月 8 日），荣孟源主编《中国国民党历次代表大会及中央全会资料》下册，第 523 页。

抗敌协会、文化抗敌协会。河南开封县党部组建了抗敌后援会，加强农工团体组织，从事抗日战争的辅助事业。指导、扶植、监督社会团体是党部职责之一。

在甘肃靖远县，"抗战吃紧阶段，靖远县政府、县党部奉上级指令精神，充分利用和组织不同性质的民间团体组织，团结民众，教育民众，促进抗战工作。对早已成立的民间团体按照其章程进一步完善，没有成立协会的行业即时成立，颁发其印章、执照，进行注册登记等一系列管理工作。在一个阶段，各种协会多达十几个，县政府单位年报中有的协会赫然与各科室并列，发行正式红头文件"。仅1939年度登记的协会就有以下这些。（1）靖远县农会，会员300人，职责是辅导农民种植，宣传农业生产方法，帮助政府完成禁政、役政、水利、建设等要政。（2）靖远县商会，有国药、百货、粮食、绸布、山货、店行、油盐、南北货等同业公会会员56人。（3）靖远县教育会，会员86人，职责是研究教育问题，随时宣传有关"抗战建国"各要政、各种集会，以唤醒民众。（4）靖远县妇女会，会员45人，职责是利用各种庙会由会员讲演劝解未放足妇女放足，并宣传动员妇女同胞参加"抗战建国"工作。（5）中华理教会靖远县分会，会员120人，职责是商讨办理拒毒，提倡公益。（6）靖远县各业工人联合会，党部、政府分别备案，会员110人，分会有木作业分会、铜作业分会、成衣业分会、机器业分会、澡塘业分会、毛作业分会、熟铁业分会。职责是改良土货，提倡生产，推行劳动福利事业，提倡手工业以普遍生产，养成生活纪律化、行动团体之精神。此外还有靖远县城关镇西街女校学生自治会、直鲁豫旅靖同乡会。[1]

1939年6月15日，靖远县成立县党部社会服务处，业务范围包括文化事业、经济事业、慈善事业、生活指导、人事咨询。由于这些事务包含在县政府教育科、财政科中，自然出现管理权限问题。所以"靖远县党部书记长刘

---

[1] 《靖远县政府充分利用人民团体开展抗战工作》（1942年8月），白银市档案局（馆）编《民国时期靖远县情录》第2集，第10—11页。

文杰致函县政府并附党部工作机构'社会服务处'每月工作报告表，让县长审阅签注考（评）语"。[1] 一方面说明县党部权责加大，另一方面说明县政府与县党部之间存在权限不清和交叉重复之处。

全面抗战后期和内战前期，国民党县党部组织建设得到加强，运行机制渐趋规范。为集中地方政治力量，发挥县党部的政治作用，使党和政府密切合作，具体落实《关于改进党务并调整党政关系案》，国民党通过了《修正县执行委员会组织条例》，规定了县执行委员会选举办法、组织构成、职责权限等。[2] 1946 年 4 月 27 日，靖远县在县党部礼堂召开了中国国民党靖远县第一届代表大会。省党部监选员、各界来宾及大会代表 45 人出席会议。会议选举出执行委员 5 人、候补执行委员 3 人、监察委员 3 人、候补监察委员 1 人。甘肃省党部批准了这次会议的筹备和会议事项，并下发了当选执行委员、候补执行委员、监察委员和候补监察委员证明书及"中国国民党甘肃省靖远县执行委员会印""中国国民党甘肃省靖远县监察委员会印"两枚印信。大会还通过党务组提案 22 个、政治组提案 2 个、经济组提案 1 个。[3] 由此观之，县党部工作从形式上看进一步制度化。

到了内战中后期，县党部机构又发生重大变化。一是各地县党部与三青团合并。1947 年 9 月，国民党六届四中全会决定将"三青团"并入国民党，实行党团合并。二是党部机构发生重大变化。除党部秘书外，一般内设组织、宣传、总务等股及青年运动委员会、农工运动委员会等职能委员会〔按：秘

1　《靖远县党部社会服务处成立》（1939 年 6 月 15 日）、《县党部社会服务处成为受县政府监管部门》（1944 年 1 月 20 日），白银市档案局（馆）编《民国时期靖远县情录》第 4 集，第 42、43 页。

2　《修正省县执行委员会组织条例及县书记长任用暂行办法释要》（1938 年 5 月 26 日），《组织与训练》第 1 卷第 1 期，1939 年 2 月，第 39—40 页。

3　《国民党靖远县召开第一届党员代表大会》（1946 年 4 月 27 日）、《省执委会批准靖远县执行委员会、监察委员会同时成立》（1946 年 5 月 29 日），白银市档案局（馆）编《民国时期靖远县情录》第 4 集，第 49—50、52 页。

书一般是秘书干事 1 人，组织（组训）、总务、宣传为股，视察为 1 人或数人，财务为 1 人，青年运动委员会、农工运动委员会二机构常设，有的设妇女运动委员会，还有的设文化运动委员会和政治运动委员会，比较复杂]。另设监察委员会，下有稽查、审查二科和专职秘书。还有县党部设计委员会、训练委员会和特种委员会。但这只是国民党在失败前的一种挣扎、自救，并未能产生实际效果，旋即国民党军事失败，这一努力及其作用，不仅区域范围有限，实际政治功能作用发挥更是有限，政治影响短暂。

县党部是国民党党部制度的一个重要组成部分，是国民党在地方的一级组织和一支重要政治力量。要对其全部职责、作用、功能发挥做出大致符合实际的判断，是十分困难的。但从当时各地对其作用的描述和国民党中央执行委员会对县、区党部的评价看，其权责和职能发挥有限，政治作用发挥并不理想，没有达到国民党所预期的政治目的。出现这种结果，从根本上说是由国民党的党性和整体状况所决定的；从县党部的角度看，具体原因是多方面的。

第一，县、区党部组织不健全。

江苏、浙江是国民党兴起和发展过程中的重要基地，是南京政府的核心区域，党部制度一向发达于他省。但以浙江为例，南京国民政府建立后，党部组织和党员发展缓慢。据统计，截至 1929 年，浙江全省仅有 46 个县建立县党部，13 个县成立独立区党部，12 个县尚称临时登记处。[1] 由于"清党"造成的混乱及其他原因，1927 年 11 月至 1930 年，国民党地方党组织中党员发展基本处于停滞，甚至出现减少的情况。1927—1930 年这 4 年，绍兴区县党部党员数量分别为 246 人、246 人、163 人和 153 人；新登县的区党部党员数量分别为 123 人、123 人、78 人和 80 人。[2] 到了 1933 年，此时已是南京国民党政权建立的第 6 个年头，而全国建省党部的省份不到 40%，建立县党部的不

1　《浙江各县党务现状》，《中央日报》1929 年 4 月 18 日，第 5 版。
2　《本省各县党务沿革一览》，《浙江党务》第 117、123—124 期（合辑），1931 年 2、4 月，第 5—6、6—7 页。

到全国县总数的 17%。江苏、浙江、湖南及湖北四省建立正式县党部的县，分别占县数量的 73%、68%、54% 和 42%。

第二，经费、人才短缺。

据浙江省各县市党务指导委员会及特设登记处的统计，1928 年 9 月各县市党务经费均在千元以内，其中 800 元以上 3 个单位，600 元以上 3 个单位，500 元 30 个单位，200 元以上 40 个单位。其中有 38 个县的经费入不敷出。至于区分部、区党部经费，素不被人注意。与民众直接接近和直接联系的机关，经费无着落，工作停滞，组织陷于瓦解。同时，"清党"以后，"各级党部人才之缺乏，于至今日，可谓拂底。无论组织方面、宣传方面、党员训练方面、民众训练方面，俱不免有党内无人之叹。皮相耳食者虽繁，而忠贞耐苦对党有相当认识与相当能力者实不多见。全省至少有三分一之县分，欲罗致一二比较健全之党务工作人员，就地延揽，既无相当人才，求之它邑，则又困于党费。以致各项工作，俱乏特殊成绩之表现"。[1] 鉴于经费、人才缺乏问题，地处西南的时人建议"本省本部县党部之成立，专负党务工作人员，不宜过多（至多指派书记长指委各一人，雇员一人，即已足矣），而以县政府人员兼充为原则。因康省党政，有不可分离之性，必须县党部与县政府，如水乳之融和，乃能事半功倍，且可省节党费，不致虚耗公帑，而工作之推行，又能互相匡翼，互相连系，以铲除党政机关截然划分之弊"。[2]

第三，县、区党部虚多实少。

国民党实行"清党"后，建立起的县党部虚多实少，党员多为"乌合之众"，组织活动无力。在以党治国的名义下，国民党表面上代表国民行使国家政治权力，但在官俸制度方面，却形成党政两个不同的体系。党员被认为是

1　《特载：浙江党务总报告（续）》（1929 年 3 月），《浙江党务》第 59 期，1929 年 10 月，第 2、10—11 页。

2　张雨湘：《改良西康省原辖十九县县以下党政机构之我见》，《康导月刊》第 1 卷第 8 期，1939 年 4 月，第 31 页。

"社会的先锋"。如此安排设计的初衷之一，是为淡化党员官僚色彩。但由于党务人员远较政府官员的薪俸为低，因此，党部职员尤其是下面的县、区党部职员，更是自惭形秽。以省来看，全面抗战前一个省政府委员的月薪为500元，外加办公补贴，合计多达一两千元；而一个省党部委员的月薪仅150元，尚不及省政府科员的月薪（180元）。而在县一级，党与政更是轻重不同，一个县党部每月全部经费还不及县长一人的月薪。同样为国家的公务员，待遇却如此悬殊，难怪党部系统职员愿意进入政府而不愿留在党部。

北伐前后，蒋介石以军权挟持党权政权，国民党的政治地位和社会影响力逐渐下跌，尤其"清党"后，党员政治地位一落千丈，加之薪俸低下，无权、无势、无钱的党员不愿到基层社会做民众的先锋和表率，地方党部负责人和党员对于自己应担负的政治责任和社会责任默然、冷淡甚至弃之不问，是常见的情形。党员地位的低落，使在县工作的党员随意离职，不守纪律，放弃责任。胡汉民对此现象曾批评说："许多党部都不知向下层去做工作，却只会向上面拱，只对上级党部上条陈、下批评，说你们应该怎样怎样，而对于自己应该向人民方面做工作，却不知考究，不知注重。""所谓'到民间去'，在党员已成了一句空话。"[1] 政治上背离孙中山三民主义和"清党"的后果是，"目前我们党的生气，似乎一天一天在那里消沉了"。"很多人说国民党从前固凶，现在更凶了。何以呢？因为从前国民党包办一切，不许人家来染指，现在则包而不办，形成一个特殊的阶级。这几句话，很显出了国民党员不能深入民众，并已经丧失了革命精神的意义。"[2] "包而不办"就不免形同虚设了。

第四，背弃大革命时期的革命精神，形成特权势力。

就整体上看，南京国民政府建立后，国民党迅速官僚化，形成一个脱离民众的特殊阶层。国民党的文件和要人讲话就常常表示国民党各级党部与各

1　胡汉民：《训政时期党部的责任如何？》《中央党务月刊》第19期，1930年2月，第203页。

2　胡汉民：《党的训练问题》，《中央党务月刊》第31期，1931年2月，第450—451页。

地方党员过去的工作，与国民党担负的"革命使命"及历来一贯精神大相刺谬。事实上，从1927年"清党"起，国民党就已经在政治上失去了对中国人民尤其是中国青年的政治领导地位和作用，国民党从中央到基层也失去了对社会的引导力。身为国民党中央党务工作人员的王子壮忧心忡忡道："今日之党务，已趋末路，无计划，无作法，入党者以此为干禄之捷径，负责者已无当年革命之勇气，敷衍塞责者虚应故事，益党内派别林立……勾心斗角，更有何力量以对外作民众工作，于是一般人对党无味矣。"[1] 所以如此，时人认为，国民党的"训政体制"事实上成为"封锁仕路、独占政权的一个方略"。[2] 这是国民党县党部政治无力、无效乃至无为的根本原因。

由于"清党"，进步青年党员受到诬陷、控告乃至杀害，而一批没有政治理想、政治操守和道德情操的地方土豪劣绅、地痞流氓乘机混入，依党做护身符，借党争夺权力，靠党讨生活，形成一个被人们称为"党痞"、"党棍"和"党混子"的寄生群体。这样的党部自然失去民众信任，也失去其领导资格，更没有社会领导能力。"各地党部不特不能立于民众团体之前，反而立于民众之后，受民众之拖曳，尚不敢前进，此已失其领导地位，以致情感不调，弊病丛生，民众苦于意识之不得申展，对党部遂由厌恶而仇视，如各地党员党部时受民众之包围打毁。"[3] 这样的党员和由其组成的县党部、区党部怎能发挥其有效的政治作用和组织功能呢？

第三节 县参议会制度安排及其运作

议会代表制是民主政治的集中体现和民权政治的实现途径。南京国民政

1　王子壮：《王子壮日记》第2册，1935年5月2日，台北，"中央研究院"近代史研究所2001年版，第310页。

2　王亚南：《中国官僚政治研究》，中国社会科学出版社2005年版，第160页。

3　佚名：《覃振谈整理党务实施办法》，《中央日报》1932年1月4日，第3版。

府建立后，国民党虽然并不情愿，但在人民要求和时势压力之下，逐渐同意设置参议会机构。故在其县政结构和权力关系中，县参议会逐渐成为政权结构中的一个合法组成部分。在国民党县域政制建构和权力运行实践中，与县政府、县党部、县域民众团体等政治体系建设比较，县参议会建设过程曲折，进展缓慢，时断时续，存在时间较短，发挥作用有限。南京国民政府县参议会的建立和实践经验教训值得检讨和总结。

一　县参议会制度设计

县议会是近代中国政治变革的产物，更是孙中山所设计"民权主义"规划中的应有之义。在孙中山的政制追求中，县议会是县权力的渊源和中心，县成立县议会，县议会选举县长，并选举省国民代表大会代表，由省代表组成国民代表大会，最终完成宪政。根据孙中山的建国方略，南京国民政府在县制结构和权力关系中，逐步把县议会作为政治权力的组成之一。国民党在大陆时期的县参议会建设，以 1939 年国民政府公布《县各级组织纲要》为标志，经历了《县组织法》和《县各级组织纲要》两个阶段。

以孙中山政治遗产继承者自居的国民党不能回避县参议会建设问题，但又担心议会的建立会使国民党失去对社会整合的控制。与其他权力机构相比，南京国民政府对县参议会的设置问题小心谨慎，可谓如履薄冰，如临深渊。这种心态不仅表现为南京国民政府关于县参议会的立法政策变化频仍，亦表现在规定议员资格、选定议员等措施方面。

就其政策变化来看，抗战前公布的《县组织法》规定，在县政制结构中，县参议会为"民意机构"，为实施"宪政"做准备，一方面作为县政参与机关，另一方面又把县参议会作为县自治终极目标进行阶段性建设。1929 年，国民党三大决定实施《县组织法》，开始推进县"自治"建设。1932 年，南京国民政府公布《县参议会组织法》和《县参议员选举法》作为实施细则。

但国民党对此事项并非积极推进，而是敷衍拖延。1932 年在第二次内政会议上，国民党对自治政策做出调整。其表现之一是在实践中停止自治，在江苏、浙江、云南、河南等 6 省划出实验县，开始从自治组织到内容进行县政实验。表现之二是在法规方面，1934 年行政院公布《扶植自治时期县市参议会暂行组织办法》和《县市参议员违法失职暂行处置办法》，以取代原来法规。政策最大变化是将地方自治分为扶植自治、自治开始、自治完成三个时期。在自治完成时期之前，参议会还不是独立权力机关，其组织权限和组织功能仅限于听取和审议政府工作报告，并就政府工作报告及相关问题进行咨询、质疑等政治监督诸方面工作。在《县组织法》及相关法规中，参议会只是"民意机构"而非权力渊源和权力中心，有其特定的职权范围和功能。

根据孙中山革命民权主张，南京国民政府规定，公民只有宣誓誓行三民主义，才能取得公民权并可以行使政治权利。相关法规规定，民众只有先经过宣誓登记，誓行三民主义，才能行使选举权。国民政府公布的《乡镇公民宣誓登记规则》及《国民大会代表选举法》都有"誓行革命主义"的规定。《乡镇自治施行法》规定，凡具有《乡镇自治施行法》第七条资格，经宣誓登记后即为乡镇公民。即中华民国人民无论男女，在本乡镇居住 1 年或有住所达 2 年以上，年满 20 岁经宣誓登记后为乡镇公民，有出席乡镇民大会及行使选举、罢免、创制、复决之权。具体步骤和要求是，由乡公所或镇公所在每年开乡民大会或镇民大会两个月前，先调查居民资格，然后在乡公所或镇公所，由乡长或镇长召集举行，并由其任主席。宣誓时由区公所派员监督。宣誓前，居民先赴乡、镇公所领取誓词。誓词两联，均须签名。乡、镇公所发给誓词一联，以凭宣誓。

宣誓后，乡、镇公所按姓名、性别、年龄、住址、居住几年以上、有住所几年以上、职业、宣誓日期，制订成公民册，登记为乡、镇公民。公民册一式两份，其中一份连同誓词，汇总后请区公所转县政府备案。公民登记后，发觉其有《乡镇自治施行法》第七条五款情事之一者，得依法呈请区公所，转请县政府，取消其公民资格，即将其登记除名，并公布之。[1] 其公民选举权的获得有一套烦琐的形式主义程序，但是选民的质量却并不是关注的重点。

为了使县参议会符合南京国民政府的要求，防止不符合其要求的人入选，特规定了县参议员选举的资格，即关于学历、资历、社会活动和社会声望方面的规定。[2] 1941年国民政府颁布的《县参议员选举条例》规定，凡年满25岁的公民，经县参议员候选人试验或检考及格者，可以当选为县参议员（现任本县区域内公务员、现役军人、警察和现在校肄业生除外）。[3] 1943年，国民政府通过的《省县公职候选人考试法》第三条、第四条和第七条确定了甲种县参议员候选人和乙类乡镇及区代表候选人的试验与检核办法，其中规定，甲种公职候选人为必须符合下列资格之一者：（1）曾任县参议员者；（2）曾任乡镇民代表或乡镇长两年以上者；（3）有委任职之国家公务员任用资格者；（4）有普通考试应考资格（中学以上学校毕业或具有同等学力经检定考试及格），并有社会服务经历三年以上者；（5）经自治训练及格，并有社会服务经历三年以上者；（6）曾办理地方公益事务三年以上者；（7）曾任职业团体或其他人民团体主要职务三年以上者；（8）曾从事自由职业三年以上者。乙种公职候选人经过检核合格才能成为乡镇或区代表候选人。[4]

根据南京国民政府的设计，在训政时期，应先积极设置民意机关，以培养民治基础。自国民党三大出台《县组织法》，决定开始实施县自治，此后的四大、五大及各届中央全会宣言，无不一而再再而三地向国民郑重宣告将如

1　《乡镇自治施行法》（1929年9月18日），徐秀丽编《中国近代乡村自治法规选编》，第98页。

2　《县参议员选举法》（1932年8月10日公布），徐秀丽编《中国近代乡村自治法规选编》，第174—175页。

3　《县参议员选举条例》（1941年8月9日公布），徐秀丽编《中国近代乡村自治法规选编》，第226页。

4　《省县公职候选人考试法》（1943年5月17日公布），考试院考选委员会编《考试法规汇编》第1辑第2编，正中书局1943年版，第1—3页。

期完成县自治。但因主客观多种原因,县参议会的法规在全国范围内大多体现在字面。1939 年,国民政府总结《县组织法》规定的政制结构及运行问题,以及自治遇到的法规、程序、形式等问题,特别是自治建设中普遍存在直接民权的难行以及自治建设内容超越现实等难题,决定改革自治的形式、程序及法规繁密等问题,以改进的《县各级组织纲要》取代《县组织法》,同时颁行《县各级组织纲要实施办法原则》,此即"新县制"。为贯彻执行《县各级组织纲要》,1941 年,国民政府颁布《县参议会组织暂行条例》、《县参议员选举条例》和《乡镇民代表选举条例》,1943 年 6 月公布《县参议会议事规则》。这些纲要、条例、规则对参议会的性质、组建程序、组织人员、职能做出具体规定,并限定完成时间。至此,伴随"新县制"的实施,亦为动员民众投身抗战,在国民参政会督促下,在千呼万唤声中,临时参议会和参议会开始陆续建立。

二 县参议会建设

1929 年 3 月国民党三大决定实施《县组织法》,并开始县自治,决定1929—1935 年为"训政时期",完成县自治,实现孙中山"政治遗愿"。这一时期,《县参议会组织法》虽没有得到普遍实施,但在一些地方还是建立起县参议会。例如,在甘肃、贵州、察哈尔、云南、广东等省先后设置了县议会,其中,云南和广东设置的县议会相对较多。[1] 1937 年全面抗战爆发,因经费紧缩宣告暂行结束。贵州省贵阳县成立参议会,后因举办保甲,宣告暂行解散。浙江省各县参议员曾全部选出,也因旋即举办保甲,未能正式成立。[2]

全面抗战时期,县政权力体系中最为薄弱的县参议会制度建设,成为各

---

1 钱端升等:《民国政制史》下册,第 595—607 页。
2 张觉人:《国府成立以来的地方自治沿革》,《地方自治(半月刊)》第 1 卷第 23 期,1941 年 7 月,第8 页。

界关注的重点和实施县政纲要的突破口。主持过浙江兰溪县政实验的胡次威，出任四川省民政厅长，为四川县参议会制度实施的恰当人选。1941 年 4 月，四川省制定《各县临时参议会组织规程》和《四川省各县临时参议会议事规则》，推动参议会建设。省政府奉令后制定有关法令，主要有呈报候选人详细履历表和清册。其手续包括："（1）声明检核履历书三份；（2）保证书；（3）公民证及各种资格证明文件；（4）最近二寸正面脱帽半身相片四张；（5）呈缴证书费一元、印花税费二元。"[1] 省政府特别成立一个小组委员会，委派参议会秘书，邀请省党部书记长等参加，对临时参议会候选人名单详细调查审核。

临时参议会由职业代表和地域代表组成。议员资格为：中华民国公民，年满 25 岁，具有各该县籍贯，曾受中等教育或同等教育者。住民代表须在本省所属公私机关或团体服务 2 年以上，著有威信。职业代表须在依法成立的职业团体服务 2 年以上，著有威信。程序是先由保民大会选举乡镇民代表，由乡镇民代表选举县参议员代表。县民众团体选举自己的代表。临时参议会议员选举进展顺利，参议会开始运作，发挥了政治参与功能，包括听取县政府施政报告，对县政府施政人员的某些行政进行咨询，讨论并议决一县应兴应革之事。综合当时各县议会议决案，大致类别为：教育、建设、民政、财政、地政、粮政、社会、役政、保安、卫生、田赋、会计、禁政。

四川省县临时参议会的建立与运行，打消了国民党中央的顾虑。为统一指导和规范县参议会建设和运行，国民政府下令各省仿川省办法，成立县临时参议会。新县制实施后，相继制定了关于县参议会与县参议员的组织、选举和议事的法规，这些法规对选举监督、选举细则、选举程序、开验票等涉

1　王守义：《民国后期的选举制度及其流弊》，《剑阁文史资料选辑》（四川）第 8 辑，1986 年，第 8 页。

及选举的事项，从法规上做出详细规定。1943 年 5 月 8 日，南京国民政府行政院颁布《成立县各级民意机关步骤》，要求依据有关法规，成立县各级民意机关。具体步骤为："一、保民大会开会亦须二次以上经政府考核无异者，得成立乡镇民代表会；二、乡镇民代表会开会四次以上经政府考核无异者，得成立县参议会；三、凡县参议会正式成立之县份，临时参议会应即取消。"[1]要求限于 1944 年内一律成立县参议会，其不能依法成立之县，得先成立临时参议会，但仍应督饬各县依前述步骤举行保民大会及乡镇民大会，务期正式民意机关得于一定时期内一律依法成立。这样，继 1928 年《县组织法》开启不久便中断的县自治建设，又一次开启，原来全国各地寥若晨星的县、市区议会选举在国统区几成燎原之势。就是在敌占区，各省政府也忙于制定实施程序，亟亟于成立县参议会。至 1944 年 4 月，全国"先行成立临时参议会业经拟订组织规程呈奉核定者计有四川、江西、贵州、湖南、安徽、西康、福建、广东、广西、陕西、甘肃、浙江、云南、湖北、河南等十五省，统计后方十七省实施新县制者一千一百零三县，已成立县临时参议会者五百三十县，占总数百分之四八·〇五"。[2] 而到 1947 年，全国多数省的大多数县都成立了县参议会。

各县参议员的选举，以省民政厅长为选举监督；县参议员选举事务，由县政府办理；选举应于星期日或假日同时举行，举行日期由县政府决定，应于 15 日前公布；选举票数相同时，以抽签方式确定参议员当选，候补当选人以得票次多数者定之；当选人及候补当选人姓名，应由县政府分别揭示于各乡镇公所及各团体事务所，并通知各该候补当选人；当选人愿否应选，应于接到县政府通知后 7 日内答复，逾期不答复者，视为愿应选；当选人愿应选

1　陈之迈：《中国政府》第 3 册，商务印书馆 1947 年版，第 103 页。

2　《行政院关于成立县各级民意机关之工作报告》（节录），秦孝仪主编《中华民国重要史料初编——对日抗战时期》第 4 编"战时建设"(2)，台北，中国国民党中央委员会党史委员会 1988 年版，第 2190 页。

者，由选举监督发给当选证书。

县参议会选举根据区域和职业两种方式进行，而代表以区域选举为主。在区域选举时每一乡镇民代表会选出县参议员1名；但乡镇数超过100个之县，得由数乡镇合选参议员1人；未满7个乡镇之县，仍应选出县参议员7人。其名额分配办法，由省政府斟酌当地人口、交通等情形定之，并报内政部备案。当选人应以本乡镇内之公民为限，由数乡镇合选参议员1人时，以参加选举各乡镇内之公民为限。乡镇民代表会选举时，以乡镇公所为投票所，用集会方式执行，以出席代表总额过半数之投票者当选，选举结果无人当选时，应举行再选，以得票多者为当选。选举投票、开票事务，由乡镇公所负责，并由出席之代表互推3—5人为监察员，在场监视。

职业代表选举则自行举行。其名额不得超过县参议员总额的30%，以职业团体为单位，各自由职业团体合为一单位，按会员多少比照分配其应出之名额，但至少每一单位应分配1名。职业选举以选举前依法成立之职业团体之会员而实际从事该项职业3年以上者为限。选举时应由县政府就各该团体会所设投票所，并于各该团体代表中指定一人为投票所事务主任，其他职员为事务员，负责关于投票开票之事务。每一投票所，设监察员3—5人，在场监视，由初选人推选。直接选举者，由县政府就该团体选举人中指派之。农会、工会、自由职业团体采取复选制，对于有关选票无效、选举无效、当选无效及相关诉讼的问题，规定选举票出现下列情况之一者，则为选票无效：写不依式者、夹写他事者、字迹模糊不能认识者、不用制发之选举票纸书写者。出现下列情况之一时，应视为选举无效：选举舞弊涉及选举人名薄之人数达1/3以上，经法院判决确定者；办理选举违法，经法院判决确定者。出现下列情况之一时，应视为当选无效：死亡；被选举人资格不符，经法院判决确定者；当选票数不实，经法院判决确定者。若选举人确认为选举舞弊或当选资格不符，或落选人认为应当选者，应于选举结果揭示后7日内提起诉讼。选举无效一经法院判决后，应于 10 日内重新选举。[1]

关于以上选举的规定十分具体详细，但实际上候选人和当选者多为县政府指定。议员的产生实际是由县政府征询县党部和地方团体意见后提出加倍人数，由省政府决定。"省县市临时参议会的参议员系由县市政府于征询各县市党部及地方团体意见后提出加倍人数，呈送行政院或省政府核定。严格的说，临参会议员的选举，不是民选，而是官选。他们是由于党部及团体提名政府圈选，而不是由于人民的自由直接选举。"[2] 这在当时是一种普遍现象。也有的是县政府、县党部、县社团互相商量内部定的。例如，甘肃武都县政府奉甘肃省政府命令成立县临时参议会，县参议员由县政府、县党部及三青团分团部，三方面负责开会协商，在全县各人民团体、各乡镇中联合提名产生，报省政府核批。经协商决定：农会产生 4 名，工会、商会、教育会各 1 名，妇女会无名额；21 个乡镇各产生 1 名，全县共计参议员 28 名。[3] 江西贵溪县第一届参议会选举 1945 年开始，"11 月起，由县政府主持，召开了四次筹备会议，商议正式成立贵溪县参议会和召开贵溪县第一届参议会等事宜"。到该年 12 月，该县第一届参议会正式成立。选举参议员共 31 名，分布情况为党务界 4 名、公务界 6 名、学界 6 名、商界 2 名、工界 2 名、自由职业 3 名、其他人士 7 名。[4] 贵溪县议员的选举，也是经过"商议"的。议员选举也经过"协商"这一方式。四川长寿县最初的议员选举，"经党政协商决定，乡镇区域的名额为三十四名，人民团体的名额为十四名，共四十八名组成参议会"。[5]

1　《县参议员选举条例》(1941 年 8 月 9 日公布，1944 年 10 月 4 日修正公布)，徐秀丽编《中国近代乡村自治法规选编》，第 226—231、261—266 页。

2　《地方民意机构的初步检讨》，萧公权：《宪政与民主》，中国文化服务社 1948 年版，第 113 页。

3　刘肇华：《武都县参议会的概况》，《武都文史资料选辑》(甘肃) 第 3 辑，1990 年，第 186 页。

4　黄永祥：《贵溪县参议会始末》，《贵溪文史资料选辑》(江西) 第 1 辑，时间不详，第 28—29 页。按，数字原文如此。疑某处缺记 1 人。

5　向柏森、余书瑞：《长寿县参议会轶闻》，《长寿县文史资料选辑》(四川) 第 7 辑，1992 年，第 53 页。

浙江海宁县的参议员，"完全是用暗里指定、明里当选的办法'选举'产生的"。[1]

乡镇代表的选举也很少按规定程序依次逐级进行。四川省规定完成民意机构的程序，"首为公民宣誓，次为户长会议，次为保民大会选举保长、副保长及乡镇民代表会代表，次为组织乡镇民代表会选举主席、正副乡长及县参议员……各县实施以来，则少有能切实遵行者。如公民宣誓，户长会议在此六县中即无一县办理者。大体言之，均由保民大会开始，其真能召集全保民众举行集会式样者，仅广汉一县耳。然亦仅见于此次选举保长及乡民代表时，由县府派员切实督导所致，前此亦未举行。他如彭县之乡民代表选举，即多由保长召集甲长决定人选后，代各甲民众填写选票者，其在平时更无召集大会讨论地方自治事务之举矣。各乡镇民代表会在形式上，各县大都略具规模，人选亦较为充实，对地方自治工作，且多能协助推行"。[2] 考之广汉、彭县情形，一方面表明此种选举仅徒具形式，另一面又言"人选较为充实"，对"地方自治""多能协助推行"，不免有些前后矛盾。但无论如何，乡镇代表的选举，从形式看也在推进着。

政府相关法规虽有选举资格规定和政府检核规定，但依然存在诸多未按规定的现象。按照法律规定，"一切省县公职候选人除具备法定其他各项资格外，必须经过考试或检核及格才能候选"。而"检核的结果（现在尚未实行考试）使选举权和被选举权都不能够完全自由的行使"。[3] 对参选人资格规定过于空泛，如所谓资格"同等学历""热心公益事务""素符声望"等标准空乏，难以凭证。加之检核手续宽大简单，可以"补行检核""代请检核"，结果是有

1　谢载青：《国民党统治时期的海宁县参议会》，《海宁文史资料》（浙江）第5辑，1983年，第2页。

2　《宪政实施协进会考察四川省华阳等六县民意机构设置及其弊端等报告》（1945年10月31日），中国第二历史档案馆编《中华民国史档案资料汇编》第5辑第3编"政治"（2），第815页。

3　萧公权：《地方民意机构的初步检讨》，《东方杂志》第42卷第18号，1946年9月，第3页。

不少怀抱"出身机会""扩张势力""增加体面""保护身家""保持党的地位"
动机的分子热衷于各级代表选举，投机钻营，金钱选举、恫吓选举等不一而足。
故时论认为，"今日之检复办法，其得失在事实上系于地方政府之如何运用，考
其结果似未达预期之理想，检复之资格既宽，土劣地痞之流，仍得检复之资格，
以参加地方公职，遂致贤者裹足。检复之手续既操于政府，则偶值运用错误之
时，易使公正人士被排挤而落选，欲求今后地方公职人员之素质提高与减少地
方人士派系之摩擦，似应提请政府对于现行之检复办法加以周详之检讨"。[1]

　　在选举中，即使对甲乙公职人员资格进行检核，但由于多数人放弃选举，
选举舞弊势所难免。议会建设的前后两个阶段，民众对选举没有兴趣，是一
种普遍存在的现象。乡、镇民大会不能达到半数以上参加，是一种普遍的状
况。对于当时的集会、宣誓、选举，民众甚至认为是民国的怪事。选举时，
不规定人数则弊窦百出，选举极易落入少数别有用心人之手，规定人数则难
以达到法定人数，选举集会无法达到半数以上。各省市先后请求解释出席乡
镇民大会法定人数。在地方自治选举之初期阶段，内政部就杭州市为办理各
坊长改选出席人数请查核见复等由说："至于杭州市上年办理选举坊民大会，
多不足法定人数，自系试行自治之初，人民未能了解行使政权必经过程，应
有主管机关，督促各级办理自治人员，平时注意指导训练，期以多数民众能
运用民权，以符训政之旨。"抗战后期，民意代表选举依然如故。据成都市政
府统计，全市登记参加选举者只占有选举资格人数的 40%强；就是参加登记
选举，而实际参加投票的也只占登记人数的 25%强，75%的公民放弃了应有的
选举权。职业团体选举亦同样。"五个职业团体（自由职业各工会合为一单
位）共登记了选民一七三三三人。届期投票者只有八七二人，仅占选民数百
分之五强。换言之，职业团体的选民百分之九十五放弃了选举权。""成都市

　　1　《宪政实施协进会考察四川省华阳等六县民意机构设置及其弊端等报告》（1945 年 10 月 31 日），中国
第二历史档案馆编《中华民国史档案资料汇编》第 5 辑第 3 编"政治"(2)，第 815 页。

是四川省的文化中心，其选举情形尚且如此，边远的外县想必还有不及成都的。"[1] 由于多数人放弃责任，加之政府控制不力，在一些地方，参议员选举为恶势力所控制。"广汉以县长控制无方，致哥老形成一极大的恶势力，凡乡镇民代表之产生，以至正副乡镇长、县参议员之人选，几皆为哥老人士所垄断，而政府莫如之何，于是集乡镇民代表会主席、正副乡镇长及县参议员三项选举于一日，而致参议员有目不识丁，或地痞无赖之流当选及农会当选人，非农会之员等怪现象，皆由事前控制不力，与临时措施之不当，有以致之也。"[2]

在贵州，乡镇长参选参议员问题引起纠纷。开始，"'乡镇长当选县参议员后并不妨害原有乡镇职权之行使，一律准予兼任'，自本省政府遵照前项解释实施以来，各县乡镇长，多凭借势力参加竞选"，而后竟"致八十县市几无一不起纠纷，甚至有互殴相杀情事。所谓民治之义尽失。此种现象之发生，一方面固由于竞选者之幼稚，一方面亦不能不归咎于法令之未妥善，盖乡镇长之职责在行使'治权'，县参议会之职责仍行使'政权'，此不容丝毫相混者也。若乡镇长可兼充人民代表，实大有悖于民主政治之推行"。[3] 在贵州省贵筑县，"由县政府委派之现任乡镇长，经甲种公职候选人检复合格者，得参加参议员竞选。又依照三十一年三月二十五日内政部渝民字第一五六八号代电解释，凡不受被选举限制之乡镇长及乡镇以下之其他工作人员当选为县参议员或乡镇民代表时，仍可兼任原职……凡县府委派之现任乡镇长，绝非代表民意之地方贤达"。[4] 更有政府、党部人员操纵选举，"乃本部迭据呈

1 萧公权：《地方民意机构的初步检讨》，《东方杂志》第 42 卷第 18 号，1946 年 9 月，第 3 页。

2 《宪政实施协进会考察四川省华阳等六县民意机构设置及其弊端等报告》（1945 年 10 月 31 日），中国第二历史档案馆编《中华民国史档案资料汇编》第 5 辑第 3 编"政治"（2），第 818 页。

3 《贵州省参议会请通令委派现任之乡镇长不得当选参议员以免竞选纠纷代电》（1945 年 11 月—1946 年 1 月），中国第二历史档案馆《中华民国史档案资料汇编》第 5 辑第 3 编"政治"（2），第 820 页。

4 《贵州省参议会请通令委派现任之乡镇长不得当选参议员以免竞选纠纷代电》（1945 年 11 月—1946 年 1 月），中国第二历史档案馆《中华民国史档案资料汇编》第 5 辑第 3 编"政治"（2），第 819 页。

控各县县长竟有擅行宣布选举无效，或当选无效，令饬重选者，匪特逾越法律赋予之权限，使选举纠纷不能依法解决，且足以妨碍国民选举权之合法行使，亟应严予纠正"。[1] "各地县参议会选举正副议长时，常有在选票上编列号码者，匪特有失无记式精神，使选举人不能发挥自由意志，且亦足滋纷扰，亟应予以纠正。"[2] 当然，这些问题不仅是选举资格规定的问题，更是选举舞弊、操纵选举、派系内斗的问题，既体现了选举制度的幼稚与弊端，也体现了当权者的任性与私心膨胀破坏制度的面相。

三　县参议会的运作

根据规定，县参议会设置议长、副议长各 1 人，由县参议员以无记名投票互选产生；县参议会开会时，议长为主席，议长有事时，副议长为主席，议长、副议长均有事时，由参议员互推 1 人为临时主席。县参议会由省政府遴委秘书 1 人，由议长派充事务员和书记各 3—5 人。县参议会每三个月开会一次，每次 3—7 日，必要时得延长；开会由议长召集，第一次开会由县长召集。经县长或县参议员 1/5 人数请求，可以召集临时会。县参议员如果在一个会议期内均未出席，且无正当理由，可视作辞职，由该乡镇或该职业团体候补当选人递补；县参议会非有过半数参议员出席，不得开议；议案非有出席参议员过半数同意，不得表决，如果正好半数，则取决于主席。开会时，得请县长、县政府秘书长或其他负责职员列席报告或说明。县参议会会议公开举行，但主席或参议员 3 人以上提议，且经会议通过时，得禁止旁听。县参议会开会期间如有必要，得向县政府调用人员。县参议员在会议期间所发表的言论和表

1　《内政部规定各县县长不得擅自宣布县参议员选举无效等情呈》（1946 年 11 月 27 日），中国第二历史档案馆编《中华民国史档案资料汇编》第 5 辑第 3 编 "政治"（2），第 840 页。

2　《内政部规定参议会正副议长选举在选票上编列号码者视为无效呈》（1946 年 12 月 7 日），中国第二历史档案馆编《中华民国史档案资料汇编》第 5 辑第 3 编 "政治"（2），第 841 页。

决，对外不负责任。县参议员除现行罪犯外，在会期内，没有县议会的许可，不得逮捕或拘禁[1]。

县参议会还有更为具体的议事细则，这些细则除与以上各项有重复之处外，还包括会议前的准备、会议的议事程序、会议提案、会议发言、会议表决、县政府报告与询问、会议文件的编制与上报及保存、会场秩序等重要内容。关于会前的准备，规定参会议员的席次由抽签定之，列席人员的席次由主席定之；出席、列席人员均应签名于签到簿，以便开会时主席报告出席、列席人数；会议以公开形式召开，但必要时主席得宣告改为秘密会议；到会议开会时间仍达不到法定人数时，主席得报告延会或改为谈话会；开会前须将会议日程表编定，并于会前3日分发出席人员。关于会议的议事日程，规定顺序依次为：（甲）报告事项、（乙）讨论事项、（丙）临时动议事项。其中讨论事项包括奉行中央法令及省法令须经会议事项、县长交议事项、县参议员提议事项、县公民建议或请愿事项；开会应按议事日程进行，但必要时得以主席之决定或出席人员1人提议、4人附议经大会表决通过后变更之。关于会议提案，规定提案提出须以书面行之，并须有出席人2人以上之联署；出席人得为口头临时提议，但须有出席人员4人之附议始能成立；议案须经审查，由大会组成之审查委员会审查之；议案未付讨论前，原提案人如提出撤销或修改，得撤销或修改之。关于会议发言，规定出席人员发言前须先报明席次号数，若同时有2人以上之发言表示时，由主席定其先后；对每一议案之发言，1人不得超过2次，每次不得超过10分钟，但经主席特别许可者不在此限。关于议案表决，规定议案表决方式采无记名投票，但亦得采取举手或起立之方式，表决情况即时详记并由主席当场宣布；议案被否决后，在同一场内不得第二次提出；议案表决时与主席有关者主席应即回避。关于县政府报

1　参见《县参议会组织法》（1932年8月10日）、《县参议会组织暂行条例》（1941年8月9日），徐秀丽编《中国近代乡村自治法规选编》，第172—173、224—225页。

告与询问，规定县政府之施政报告，得提出书面或口头为之，县参议员如认为有疑问时，经主席许可，可进行简要之发问；县参议员对县政府有所询问时，应以书面详叙事由，向主席提出，由主席报请县政府答复，该询问除因公众利益应守秘密外，县政府应为书面口头之答复。关于会议文件的编制、上报与保存，规定每次会议结束后，须编制会议议事录，于下次会议前分致出席列席人员；闭会后须函由县长将各种决议案报省政府备查；每一会议决议案须制成报告书并保持之。会议之议案、询问案及其他文件，非经主席核准不得发表。关于会场秩序，规定出席列席人员有共同维护会场秩序之责任；出席列席人员如有违反本规则或其他妨害秩序情事，主席得予警告或制止之，其情节重大者得令其退席。[1] 这一细则对参议会的议事程序规定得非常具体详备。

县参议会主要职权包括代表提案、对政府行政事项讨论、临时动议、质疑等。一是听取讨论政府工作报告。会议议程通常是先由政府做工作报告，然后由参议员针对政府各部门报告提出质询，由报告人就质询进行答复。二是讨论来自政府和民意代表的提案。三是讨论临时动议事项。不论是哪一项，最后都要表决。值得提出的是，县参议会议决事项，与国家法令抵触者无效；县参议员对于与本身有利害关系之议案，不得参与表决。县参议会决议案送交县长分别执行，如果县长延不执行或执行不当时，必须说明其理由；如果县参议员仍不满意，得报请省政府核办；如果县长认为决议案不当时，应详细附具理由，送请复议；如果对于复议结果仍认为不当时，可请省政府核办；省政府对于县参议会的决议案，如果认为其违反三民主义原则或国策情事，必须开明事实，报请内政部转行政院核准后，解散重选县议会。[2]

1　《县参议会议事规则》（1943 年 6 月 24 日），徐秀丽编《中国近代乡村自治法规选编》，第 255—257 页。
2　《县参议会组织暂行条例》（1941 年 8 月 9 日），秦孝仪主编《中华民国重要史料初编——对日抗战时期》第 4 编 "战时建设"（2），第 2163—2165 页。

　　关于参议会的开会运作情况，以浙江海宁县为例，大会的主要议程，分为提出质询和讨论提案两个方面。关于提出质询，"例如听取县长及各有关单位的工作报告。参议员如认为报告中某一情节上有疑问时，便可当场提出质询，听取有关人员的答复。此外，也可在大会上揭发贪污受贿等违法事件。谢载青曾揭发过县社会科科员朱志铭、长安派出所长马驹、县警察局长及县立中学校长陈其庆等人的违法案情"。[1] 而"整体来看，参议会上是各拉势力、打击异己的场所"。[2] 不过，就揭发贪污腐败案来说，县参议会也发挥了一定的监督作用。关于讨论提案方面，海宁县第一次参议会，共收到提案七八十件。这些提案先交小组分头审查，"然后逐条讨论，再由秘书贾丽德在记录本上写'决议，通过'。会后经铅印装订成册"。有些提案，还由常务委员会备文，送交各有关单位，得到答复后，在第二次大会上由秘书当众宣读，"但都是千篇一律的空话，不了了之"。[3] 尽管如此，就海宁的情况来看，县参议会就提案的审查与讨论，与规定的大致一致。

　　从参议会的历史发展来看，它无疑是在中国传统两千余年的官僚政治体系中出现的一个新的权力主体。县参议会尽管并不是一个完全的权力机构，对县政府的工作和财政预决算有审议权而没有绝对的否决权，对县政务也只能建议而不能立法，而且一些讨论也往往走过场，但县参议会毕竟是一个"民意机构""人民代表机关"，是代表地方民众对县政公开合法发表意见的场所，是一个听取政府报告和对县政进行质询的场所。就此而言，它的一些职能是应该予以重视的。

　　从参议会的实施与实践来看，各地县参议会的设置和运作，产生了一定的政治功能，尤其在社会教育、救济、生产、社会改良方面，体现了县参议

1　谢载青：《国民党统治时期的海宁县参议会》，《海宁文史资料》（浙江）第5辑，1983年，第3页。
2　谢载青：《国民党统治时期的海宁县参议会》，《海宁文史资料》（浙江）第5辑，1983年，第3页。
3　谢载青：《国民党统治时期的海宁县参议会》，《海宁文史资料》（浙江）第5辑，1983年，第3页。

会的议政作用。例如，四川省新繁县临时参议会"在六次大会中，议员提二十四案，县府交议百十四案，均全数通过。县府径予执行了一三七案。政府提案数几乎超出议员提案的五倍。北川区临参会四次大会中议员提二十五案（通过二十二案），县府交议七十七案（通过六十八件），执行了七十九件"。[1]

从县参议会所应具有的民主元素看，一些县参议会在一定程度上宣扬了民意，反映了民众对政府的诉求和自身愿望。以贵州省县参议会为例，"查省县参议会依据法令，有听取省县政府施政报告及向省县政府提出询问之权。原以省县参议会介于政府与民众之间，既须宣扬民隐，指陈得失，建议兴革，复须以政府施政情形传达民众，使民众了解政府政策，俾群策群力，共济时艰。立意至善，故自各级民意机关成立以来，虽面临抗战及复员最艰苦阶段，然上情得以下达，下情亦不壅于上闻，对于国家地方及抗战复员均有莫大贡献"。[2] 不仅制度设计是这样，而证之史实，县参议会的民意机关性质也是比较明显的。

从县参议会设置的主要目标看，政治监督是其必须具有的功能。县参议会的价值不仅在于民主元素，更在于政治监督作用。浙江省《慈溪县政府三十六年度工作报告》中，有三处提到县参议会：房警捐额由参议员决议增加两倍，县政府照案执行；县政府制定特别税（柏木香粉及竹木柴炭特捐）征收办法，提经县参议会讨论；1946 年国民教育经费的筹集，由参议会议决筹措办法。[3] 可见县参议会听取和审议县政府行政工作报告，发挥了政治监督功能。县参议会是民意机构，应该具有听证、质询之权，主要是为了检讨过去，

1　萧公权：《地方民意机构的初步检讨》，《东方杂志》第 42 卷第 18 号，1946 年 9 月，第 9 页；萧公权：《宪政与民主》，第 129 页。

2　《贵州省参议会电》（1947 年 8 月 16 日），中国第二历史档案馆《中华民国史档案资料汇编》第 5 辑第 3 编"政治"（2），第 832—833 页。

3　见《慈溪县政府三十六年度工作报告》，浙江省档案馆藏，档案号：LO31-00-750。转自方新德《国民政府时期浙江县政研究》，第 156 页。

对未来进行规划。在一些县，县临时参议会也能够发挥政治监督作用，主要表现为对政府的施政报告进行审议、质询，对政府行政人员贪污嫌疑之事能够公开质询、揭露，乃至诉诸法律。福建南安县临时参议会就政府报告提出质询，议员就兵役、田赋、贪腐等向政府提出质询。"每场会议，气氛紧张，议员提问，措词激烈，致有受攻之主管，避之不得"，由于质询所用材料"内容真实，得其要害，致受攻者瞠目结舌，无法置辩"。[1] 在江苏溧水县县参议会听取县政府工作报告的过程中，田粮科与税捐处的报告就遇到了一位曾任过省、县会计科长的王姓参议员的详细质询。由于王姓参议员是内行，质询详细，不留余地，使"两位处长很是难堪。社会科因农贷分配问题，引起参议员的严厉质询"。[2] 这种质询既表达了民意，更是一种监督。

还有一些地方，县参议会成为政治哭诉和政治评判的阵地，成为控告和审判地。河南省开封县参议会即是如此，议员对县长揭露和攻击，其质询成为控告和审判。在河南省开封县参议会第六次会议上，一开始参议员就与政府针锋相对，火药味十足，成为政治控诉会和对县长的控告会。县长陈沂在参议会开幕式讲完话后，县参议员、农会干事长率先向县长发难，指责县政府将仅为办理自治的乡镇保利用为聚敛机关，并据开封县新华乡两保应派自治捐与实派款之比推算和参议会审核，认为县政府向全县滥派农民血汗钱一千亿元（法币——笔者注）。县长回答质询时对农会干事长的指控断然否认，声称政府所有摊派均有命令，并以人格担保，若有非法事迹可以随时检举。

国民党中训团通讯组代表在开幕式的发言，陈述"抗战建国"的政治意义，陈述铲除贪官污吏与民族独立的价值和意义，使参议会成为政治宣传阵地。该代表指斥县长陈沂"违法多端，贪污种种"。第一，陈沂挪用构筑开封城防工事款8亿元，经豫鲁监察使署查明有案；第二，贪污过程是陈沂勾连自

1　陈四轩：《南安县临时参议会概况》，《南安文史资料》（福建）第9辑，1988年，第25页。
2　崔宁生：《抗战后的"溧水县第一届参议会"》，《溧水古今》（江苏）第8辑，1990年，第198页。

卫副总队长吞蚀团队空饷 200 余万元，另有提差吃空 30 余名之多，经地方检举，副队长被扣有案；第三，陈沂领取上次城防款 790 余万元，私自挪用数月之久，并勒令木业公会续出领据，有活口可证；第四，陈沂处理烟毒犯一案，内有黄金一锭，烟毒犯被释放后，该金锭已经数月未发还。此四项指控均已被豫鲁监察使署和河南省政府检举。该代表还陈述，已将陈沂贪污事实签名盖章分函开封各报馆，希望借助舆论制裁以警贪风，但此消息各报馆均未披露。对此，陈沂逐一答辩。关于吞蚀城防款，业经监察使署查考，有县银行账簿可考。对于提差吃空，自卫副总队长吴众和仍在省保安部扣押，结果是否确实待案终了便知分晓。关于勒令木业公会续出领据，木业公会领据尚存县府，亦非空论。关于黄金一锭，屡经招领，多因手续不合，仍存县府。[1] 县参议会成为激烈辩论的场所，其结果也未可知。这种现象虽颇为罕见，但也确有控诉和激辩的意义和价值。

在一些地方，县政府与县参议会关系处于非制度及非理性状态，监督难以落实。县参议会的性质和定位不明确，政治监督的边界和程度难以确定。县政府与县参议会职责不同，有时难以协调。主要原因有：一方面是有些参议员对于有关的法令和事实不甚明了，所提出和通过的议案有的难免脱离实际，本身难以执行；另一方面县政府官僚化积重难返，已习惯于敷衍塞责，对县参议会提出的各项建议，也很少采纳和实施。这种情况普遍存在。县参议会有听取县政府的施政报告及质询权，但参议会本身无权，即使质询或抨击，下一步如何处理，权力还是在县政府。在参议会会议期间，即使有些参议员有些建议，揭露了官吏贪污等一些腐败现象，但在参议会内并没有具体的权力审核和检举。江西省吉安县参议会就表现出两方面的问题："（一）各参议员首感困难者，认为县临参会职权太小，不能发生作用。纵有建议，难

1　《开封县参议会第一届第六次大会听取报告记录》（1947 年 8 月 11 日），开封市档案馆藏，档案号：1-35-33，第 25—31 页。

获政府采纳，即发现官吏贪污或渎职情事，亦无权审核及检举，咸认临参会之组织等于虚设，故对于工作表现不甚积极，效力无形减低，而民间隐痛亦无由申达。（二）各参议员以县参会向政府所提各项建议，未获当地政府之采纳及实施，而政府施政情形亦少向该会提出报告，其对临参会之态度多系敷衍性质，殊失中央设立民意机构之本旨。"[1] 这种现象当然不是个案，而是一种各县参议会存在的通病。

南京国民政府县参议会建设的矛盾心态和浓厚的官治色彩，使县参议会表面上有关法规繁杂严密，看似颇受重视，但实际上推进迟疑，建设缓慢曲折，表现了表面重视实则排斥的心态。在全面抗战的压力下虽勉强成立了部分县参议会，但也不会真的被国民政府所重视，其作用有限。这固然与长期官僚政治文化传统有关，但也与国民政府的管制有关。纵观国民政府县参议会建设的过程，一切关于县参议会的登记、宣誓、选举、组织、甲乙公职候选人检核等法律法规，在现实中不过是徒具形式而已，实际上不过是掩人耳目、民主的装潢，真正的自由选举从没有实现过。

国民政府对民众不信任而愈发强制管制，受到舆论的批评。时人指出："不但是在县与市人民不能行使四权，实行自治，就是在县以下的乡（镇）保，与市以下的区保，人民也没有行使这四权，实行自治。他们完全受治于政府所委派的区乡（镇）保长之下。不要说他们没有制订法律、修改法律之权，就是对于他们所认为对与不对的区乡（镇）保长等，也完全没有自由选择与去取之权。所以，过去的区乡（镇）保长，简直是一位官僚，过去的区乡（镇）保政治，简直是官僚化，是官治而不是自治……何况政府大多不是诚心为公，而是私心自利，或者兼职自任。因此，他们所委派出来的人，就

1　《宪政实施协进会关于江西吉安县临参会职权太小等于虚设及特殊势力摧残民权等情考察报告函》（1945年12月29日），中国第二历史档案馆编《中华民国史档案资料汇编》第5辑第3编"政治"（2），第821—822页。

往往很难得人民的信仰，合于人民的心愿。有时，不但是不为人民所信仰，不为人民所公愿，而且是人民所深恶鄙恨的。"[1] 所谓"选举、罢免、创制、复决"的"四权"，是口惠而实不至的空头许诺，一样都没有真正实行，口头上许诺四项民权，实际上是人民"所深恶鄙恨"的官僚化统治。在这样的基础上，县参议会的实行缺乏民众的坚强支撑，其作用有限是必然的。时人从训政与自治的矛盾关系说："我们只希望在一个好的自治制度之下，使人民有自动参政之机会，天天从实际自治的事业中，养成其能力，扩充其知识，从没有听见先要人民去强迫训练以后，再去办自治的。这种揠苗助长的想法，纵令训练好了，也是被治的人民，决非自治的人民。我可以说一句结论，以自治制度求自治，才是真自治，以官治制度求自治，结果还是官治，那里会有自治实现呢？"[2] 因为南京国民政府的决策者不相信人民有自治能力，而采取了通过训练而使人民达到自治的方式。但人民没有参政的机会，又如何训练呢？如时人所说的，结果还是"官治"。在这种官治下，县参议会如何能运行得正常呢？

县参议会的立法表面上颇繁多，但存在重要缺陷。法律不善也是县参议会建设顿挫的重要原因之一。时论指出："县自治之根本法，与宪法之为国家根本大法者，正复相同。以此，就立法技术言之，只宜规定其大者远者，而于其小者近者，自应让诸各种单行法令之规定。但何种事项，应定为单行法令，如无一定之标准及根据，则其结果如何？要亦难言。……但吾人前已言之，现行各种有关自治法规，已达五六十种之多。"[3] 但这些地方自治法规繁杂、有歧义、多变、矛盾，尤其缺乏对不执行自治法和县参议会法者所必要

1　秦百川：《论区乡（镇）保长选举与选举的区乡（镇）保长》，《东方杂志》第41卷第4号，1945年2月，第17页。

2　汪馥炎：《中国地方行政制度》，《独立评论》第217号，1936年9月，第8—9页。

3　胡次威：《县自治法论》，正中书局1947年版，第67页。

惩处的规定，而使其公布自公布，不实行自不实行，长期以来形同废纸，不仅使自治和县参议会徒托空言，也使国民政府的威信徒托空言。地方自治和县参议会的长期进展不善，不仅是地方自治和县参议会制度的损失，也是南京国民政府执政合法性权威和信任的严重损失。

第四节　国民党县域团体制度与运作

从近代世界历史发展的一般规律看，任何掌握国家政权的执政党派，均会致力于宣传、组织与训练民众，争取民众组织和社团对政党政纲以及政治、经济、文化和社会政策的赞同、拥护与支持。这是政府的一个重要使命和无法回避的现实问题，也是政治合法化的主要途径和形态，是建立现代国家的主要力量之一。南京国民政府执政者亦不脱此窠臼。在不同历史时期，国民党的民众团体政策内容、工作形式、运作机制和具体目标导向则有所变化。南京国民政府建立后，在"扶助、支持"民众团体政策基础上，将监督、控制民众团体的政策，纳入其国家体系，并上升为国家法律意志和国家政治行动，服从和服务于其全面执政的需要。在此背景和语境下，县域社团也在政治基本框架和法律规范范围内，有限参与县政并反映自己的诉求。

一　国民党社团政策及其演变

所谓社会团体，是有一定数量的自然人或团体、法人，为了共同的目的和利益，依法自愿成立，并按一定原则和方式组织活动的相对稳定的群众团体，一般包括职业团体和科技文化团体等。国民党三届二中全会称各类社团为"人民团体"，分为职业团体和社会团体两类。

中国社团出现于晚清"新政"时期。社团的出现是近代中国政治、经济、文化和社会结构变化的结果。结党营私并不是中国传统价值理念，君子群而不党，传统中国政治一向反对结党，在社会方面也反对结社。在这种政治价值理念下，可以说传统中国只有家族组织而没有社会组织，是一个原子式的社会。鸦片战争以后，西方军事入侵、商品输入、文化引进和传播，将中国强行拖入世界资本主义体系，中国政治统治、经济结构、社会结构和文化发生变化。传统政治和思想观念受到冲击，自然经济结构发生变迁，新兴阶级和阶层相继涌现。国家控制力量的弱化乃至阙如、自发救亡图存的兴起、新兴势力对自身利益的保护和追求、社会改良事业的需要，这一切使以自救、自保、自存、自强等为目标的各种社会组织次第兴起。

晚清的"新政"和"预备立宪"赋予了社团法律地位，在客观上促使社团进一步发展。上海、苏州等地商人组织，各种农业改良组织及形形色色社会组织及其功能的发挥和利益追求，事实上成为任何统治当局和政治改革力量不能回避的社会现实。1908 年清政府颁布的《钦定宪法大纲》规定："臣民于法律范围以内，所有言论、著作、出版及集会、结社等事，均准其自由。"[1] 1909 年，清政府颁布《结社集会律》，规定"凡秘密结社一律禁止"（第二十一条），客观上则保障了其他各种合法社团的存在。南京临时政府成立伊始就赋予结社以法律地位。1912 年 3 月，南京临时政府颁布《中华民国临时约法》，言论、出版、集会、结社自由等载入其中，赋予民众结社自由以法律地位。由此观之，集会结社是近代中国政治、经济、社会变化的必然趋势和结果。如何将社会组织纳入国家政治体系，规定其特定权限范围，赋予其特定政治地位和职权，使其成为有组织的政治力量，成为近代国家建设的重要内容和任务。

中国社团最初是以商会的形式出现的，随之同业公会等社团相继出现，并随国家政治、经济、文化和社会结构的变化而发展壮大。社团一出现便展

1　故宫博物院明清档案部编《清末筹备立宪档案史料》上册，中华书局 1979 年版，第 59 页。

现出组织力并发挥社会作用。在政府力量阙如的地方，有些社团甚至一度填补政府管理上的真空，在治安、经济和社会管理方面发挥了政府的功能。比如，在上海、苏州等地，具有自治能力的商会一度代替政府，发挥了政府不能发挥的政治、经济和社会管理职能。由此观之，无论是追求政治目的的革命政党还是掌握国家权力的执政党，都要面对客观存在的社团，都要面对如何发挥社团功能的现实问题。国民政府的社团政策经历了由革命政党时期的社团政策，到执政党时期社团政策的历史演进。这一嬗递表现为国民党民众团体政策内容、工作形式、运作机制和具体目标导向的变化。

国民党社团政策开始于国民党一大。中国国民党一大宣言及大会组织的建立，确认了国民党的民众政策。近代中国社会结构的变化和各种政治势力的兴起及功能表现，使国民党认识到组织的必要。为改变以前单纯依靠军阀又被军阀出卖的结局，为达到武力与民众结合，必须造就一个具有群众基础的政党，使三民主义为广大民众所接受，并以此动员他们推翻列强的压迫，打倒北洋军阀的统治，赞同和支持国民革命。国民党"以求中国民族之解放，其所恃为后盾者，实为多数之民众，若知识阶级、若农夫、若工人、若商人是已"；国民党应用各种适当方法对党员"施以教育及训练，使成为能宣传主义、运动群众、组织政治之革命的人才"。[1] 国民党第一次全国代表大会后，孙中山指定廖仲恺、戴季陶、谭平山为中央执行委员，处理日常事务，并设立秘书处和组织、宣传、青年、工人、农民、妇女、调查、军事等 8 个部，分别负责指导本团体的群众工作。这一政策在北伐战争中发挥了政治、军事功能。

从理论和实践看，深受西方政治影响、本以西方宪政为价值理念的国民党并没有完全将社团作为政治斗争的工具。国民党认识并承认社会组织之必要，非但为政治服务，同时也是争取自身权利、健全自身生活之必需。北伐

---

1 《第一次全国代表大会宣言》（1924 年 1 月 23 日），荣孟源主编《中国国民党历次代表大会及中央全会资料》上册，第 16、19 页。

战争时期，国民革命军总司令蒋介石就指出，"现在的时代，是二十世纪的时代，也就是团体生活的时代"，中国人的封建制度和宗法制度将国人葬入十八层地狱。"虽有四万万人口，实在可以算做一个真正国民的人，还是不多，大多数是半死半活的'半死人'。我们中国的衰弱，就是为了这个原因。现在我们要完全的人，就是要救起这般半死半活的人。但是我们要救起人家，首先要改造自己，要使自己变为一个适合团体生活的完全人，才能救起别人，才能革命。"[1] 他还认为，中国民众应经过集会和组织训练，接受三民主义，改变旧思想行为和习惯，做有精神、有纪律、有主义的人。工会、商会、农会、学生会应有纪律地组织起来，才有力量去打倒一切反动派，从而解放四万万同胞，使中国得到独立、自由、平等。

在动员、组织、训练民众，建立民众团体，支持国民革命的同时，受苏俄的启示，国民党"扶助"民众组织。第一次国共合作的建立和国民党中央及省党部组织的建立，有力地推进了民众组织的建立。在共产党和左派国民党人的积极努力下，工人、农民、青年学生、妇女、商人等被动员和组织起来，建立起各职业团体组织。大革命时期，由于共产党人雷厉风行的工作作风和脚踏实地的组织工作，全国性的工人运动、地方性的农民运动、青年学生运动、商人运动迅速兴起，扩大了国民革命的影响，赋予国民革命以深厚的社会基础，有力地支持了两广统一和北伐战争。广州国民政府的军事北伐得到工人、农民、青年学生的广泛响应和支持。这不仅赋予革命以深厚广泛的群众基础和正当性，而且有力地推动和配合了北伐战争的胜利进军。国民党的社团政策在国民革命时期充分发挥了重要作用，初步实现了孙中山晚年使武力与民众结合的理想。

南京国民政府建立后，为使自己由一个革命政党转变为执掌国家政治权

1　《校长在本校特别党部第三届执行委员选举大会演说词》（1925 年 9 月 13 日），秦瘦鸥编《蒋介石先生演讲集》，三民公司 1926 年版，第 152—153 页。

力的政党，国民党认识到"过去工作，在于革命之破坏，今后工作，则在革命之建设也"。[1] 其政治使命也转向现有政制建构和经济、文化、社会建设。但南京国民政府建立前后，由于实行反共"清党"，大革命时期中国共产党和国民党左派所领导、组织的工人组织、农民组织、青年组织和妇女组织等在支持北伐战争和建立各地政权方面所发挥的巨大威力和作用受到严重破坏，国民党对民众团体充满矛盾心理，既表示坚持孙中山"扶助"农工政策，又害怕工人农民运动对其统治造成威胁，要对其进行控制、领导和规范，将其思想行为纳入南京政府认可的范围和轨道，借此控制社会团体，使其不成为异己势力和反对力量。

随着国民党政治身份的转变，其社团政策亦随之发生变化，工作重点也有了变化。在价值理念方面，在承认民众组织起来必要性的基础上，在具体实际运作方面，通过政制建构、政治纲领和民众团体法以及党团政策，将民众团体纳入国家政治制度和法律规范之中，以实现对社团的引领、管理、规范和控制，重点是对社团的整顿和控制。

控制社团，将民众的思想、行为纳入其三民主义意识形态要求的范围和轨道，是国民党民众政策的根本目的和基本要求。这一思想无论是在夺取政权的革命时期还是在执掌政权的时期都是一贯的。在国民革命时期，蒋介石公开声称"以后各社会、各团体，一定要养成党化、军队化，党的纪律是最严的，大家都要服从三民主义和党的一切章程"，"须知这是真正救国的方法"，"所以社会团体的军队化，全国民众有组织，有训练，实在是今后救国、建国的不二方法"。[2] 在取得国家政权后，国民党同样强调政治统一的重要性。

1　《对于第二届中央执行委员会党务报告决议案》（1929 年 3 月 27 日），荣孟源主编《中国国民党历次代表大会及中央全会资料》上册，第 635 页。

2　《中国建设之途径》，张其昀主编《先总统蒋公全集》第 1 册，台北，中国文化大学出版部 1984 年版，第 559 页。

这种统一就是服从、服务于建设三民主义国家，一切思想和行为都要符合三民主义意识形态。按照胡汉民的话说就是将三民主义注入每个国民的心中，使每一个国民的行动都符合三民主义意识形态。根据孙中山革命民权的主张，国民党一向坚持公民只有经过宣誓，才能取得公民权，才能行使政治权利。国民政府公布的《乡镇公民宣誓登记规则》《国民大会代表选举法》都有"誓行革命主义的规定"。社团思想行为亦不例外，也只有符合三民主义意识形态，履行"革命义务"始能享有政治权利。国民党民众团体政策变化表现有三。

一是协助组织建立社团，"扶助"社团。孙中山的三民主义和国民党一大政治纲领代表了一般国民利益，协助组织建立社团是国民党确定的思想和原则。这一思想和原则，标榜孙中山革命合法继承者的南京国民政府，自然亦不能放弃。组织、协助、扶持、改进和规范社团的思想，在国民党三届二次中央全会通过的《人民团体组织方案》及第三次全会通过的《训政时期民众训练方案案》中得到体现。"一、民众运动必须以人民在社会生存上之需要为出发点，而造成其为有组织之人民。二、全国农工已得有相当之组织者，今后必须由本党协助之，使增进知识与技能，提高其社会道德之标准，促进其生产力与生产额，而达到改善人民生计之目的。三、农业经济占中国国民经济之主要部分，今后之民众运动，必须以扶植农村教育、农村组织、合作运动及灌输农业新生产方法为主要之任务。四、实行男女普遍的体育训练，提倡科学与文艺之集会、结社与出版，奖励实用科学的研究与发明。"[1]

二是整顿、改进现有社团。经过国共合作的大革命，相当一部分社团如工会、农会、青年学生会、妇女会等都在共产党的组织领导和掌握之下。南京国民政府建立后立即整顿、整理、改进、规范现有社团，借以去除共产党

---

[1]　《人民团体组织方案》（1929年6月17日），荣孟源主编《中国国民党历次代表大会及中央全会资料》上册，第762—763页。

的影响，组建符合国民党要求的社团，就成为掌握政权后国民党社团政策的重要内容。"指导并协助民众组织各种社会团体（特别注意人民固有之组织，其不善者应改进之，利用人民固有团体之组织与经费，发展地方事业，并借此养成人民互助合作之习惯，训练四权之行使）。"[1] 在国民党省党部指导和派员工作下，大革命时期的现存社团均被重新"整顿、整理"，不论是共产党发起和掌握的还是左派国民党人建立的，原来的领导人均被清除。

三是指导、监督和规范社团。国民党二届五中全会通过的《民众运动案》规定："人民在法律范围内，有组织团体之自由，但必须受党部之指导与政府之监督；政府应从速制定各种法律，以便实行。"[2] 为此，南京国民政府要求社团接受法律的规范和国民党的指导，在其法律范围内活动，不能做与三民主义意识形态和法律相违背的事。

南京国民政府建立后即加强了对社团的监督和控制。1927年7月，国民党中央常务委员会第105次会议通过了中央组织部拟定的《各级党部与民众团体之关系条例》，划分了党部权限与民众团体之关系：（1）凡民众团体之组织与活动，应按其性质与范围，受各级党部之监督与指导；（2）各民众团体之活动，当地党部认为不适当时，得由执行委员会议决，加以警告或纠正之；（3）各级党部对于民众团体不服警告或纠正时，得呈请上级党部核办；（4）各民众团体发生重大事故，当地党部认为应紧急处置时，得由党部知会当地军警制止，同时呈报上级党部核办；（5）各民众团体对于党部之警告或纠正，认为不适当时，亦得提出意见于上级同性质之民众团体，转请上级党部核办。为改进和规范社团，使社团思想和行为符合三民主义和其政府法律，规定严格审查社会组织的建立，使其接受国民党的领导，实际表现为对社团的管控。

1　《各省县市地方自治改进办法大纲》，《中央周报》第312期，1934年5月，第2页。

2　《民众运动案》（1928年8月11日），荣孟源主编《中国国民党历次代表大会及中央全会资料》上册，第534页。

即民众须以团体为中心，团体须遵守现行规则，团体成员须遵守团体纪律、规则、习惯和现行法律。根据设计，国民党在社团法的基础上，发挥党团的政治指导作用，以实现对社团的政治领导。国民党二届四中全会后，民运政策由发动与放任转为进行管理，国民党进一步规范了社团政策。1930 年 3 月 5 日，国民党第三届中央执行委员会第三次全体会议通过的《训政时期民众训练方案案》规定：人民团体受党部之指导、政府之监督；党部对于人民团体不受指导而予以处分时，须呈准上级党部，以命令行之，但对于人民团体之解散，并须转请当地政府依法执行之；政府对于人民团体认为须解散时，须依法办理，但须知照当地党部后执行之。[1] 这里虽然强调了程序和依法，但重点是加强国民党对民众社会团体的控制。

全面抗战时期，国民政府加强了对民众的组织、训练、运用和控制。为加强对民众的组织与训练，同时加强对民众团体的控制和运用，南京国民政府决定执行改进后的县组织法——《县各级组织纲要》，在县政府原来的组织机构上增设"社会科"，县党部书记长兼任社会科科长，主管社会行政、民众团体事宜。1940 年 8 月，国民党五届中央常委会通过《非常时期党政机关督导人民团体办法》，规定此后县党部应将主管人民团体许可组织事宜移送同级政府接管。即民众团体的成立申请由政府负责审查，是否许可由党政联席会议决定；若党部和政府发生争议，则须上报党政联席会议甚至中央党部决定。[2] 县域民众团体的建立和工作有了双重指导和监督机制，是南京国民政府加强社团管控政策的体现。如甘肃省靖远县成立的社会服务处就是这种双重指导和监督机制。"民国二十八年六月，抗战吃紧阶段，为了发挥县党部的宣

<hr>

1　《训政时期民众训练方案案》（1930 年 3 月 5 日），荣孟源主编《中国国民党历次代表大会及中央全会资料》上册，第 797 页。

2　《非常时期党政机关督导人民团体办法》（1940 年 8 月 22 日），《中央党务公报》第 2 卷第 35 期，1940 年 9 月，第 21—22 页。

传鼓动功能，为了组织社会力量投入抗战，也为了便于同社会各阶层各界人士联络，奉上级指令，成立了一个工作实体性机构——靖远县党部社会服务处，由当地知名绅士和党部职员组成，实行县党部书记长和县长双重领导下的董事制。组织人民团体进行军事训练和抗战宣传。"服务处的工作考核和检讨（检查、检验上一阶段工作，讨论部署下一阶段工作）会议、阶段和月份工作考核会议，均有县长参加，呈报上级党部的月报表，必有党部书记长和县长签名，然后由县政府呈文报送省政府，再由省政府转送省党部。"以后更演变到"每月由县党部书记长签呈社会服务处工作月报表，送县政府，经县长加注考（评）语后呈文报省政府"。[1] 民众社团由县党部和县长联合监管，是国民党加强对社团控制的重要措施。

四是制定社团法，将社团行为纳入国家法律范围内。南京国民政府建立后，立法院先后制定出了一大批行政法规，其中关于社会团体的法规有《商会法》《商店法》《渔业法》《渔会法》《农会法》《教育会法》等。这一方面为社团的建立和行为规范提供了依据，明确了各种社团的权利和义务；另一方面，也使政府对社团的监督管理有了依据。这是南京国民政府进行政治整合和社会整合的一种重要方式和内容。将对不同政治体系的政治定位、法律约束、行为规范纳入国家政治体系，冀其能够合法、规范、有序地参与到政治社会化进程中，以获得政府认同的政治价值观、经济文化、社会目标以及意识形态，这既是国民党执政的重要政治使命，也是其政治功能之一。

1930 年，南京国民政府颁布了《农会法》。该法规定，农会为法人，农会宗旨是发展农民经济、增进农民知识、改善农民生活、发展与改良农业。规定加入农会会员资格，凡居住该乡内在 20 岁以上，具有下列资格之一者，得

1　《（二）县党部社会服务处成立——县党部配合县政府工作》（无具体时间）、《县党部社会服务处成为受县政府监管部门》（1944 年 1 月 20 日），白银市档案局（馆）编《民国时期靖远县情录》第 4 集，第 42、44 页。

为该乡农会会员：（1）有农地者；（2）耕作农业地面积在 20 亩，或耕作园地面积在 5 亩以上之佃农；（3）中等以上学校毕业习农业者；（4）经营与农业有关系之事业者。乡农会之组织，由该乡内具有会员资格者 50 人以上之发起，该乡内有会员资格者 1/3 以上之同意组织之。省农会、县市农会、区农会，各由其下级农会过半数之同意组织之。农会设立，应拟定章程，呈请主管机关备案。省农会之监督机关，为其所在地之省政府；县市农会、区农会、乡农会之监督机关，为其所在地之县市政府。[1] 由此例可见，社团法对会员资格的规定甚为苛刻，亦可从中窥见其对社会团体的成立控制甚为严格。而其对农会会员入会资格的规定，则将无地乃至耕地较少的农民排斥在外。所谓农会，是排拒下层农民在内的农会，成立这样的农会，是不全面的农会，实则并不利于对农村社会的管治。

1931 年，南京国民政府颁布了《教育会法》。该法规定，教育会为法人，分为区教育会、县市教育会、省教育会或行政院直隶市教育会，分别由教育厅、教育局、县市政府监督之。区教育会之设立，应由具有会员资格者 20 人以上联名发起，召集成立大会，订立章程，呈请该管监督机关核准，并转呈备案。县教育会之设立，应由所属教育会过半数之同意，订立章程，呈请该管监督机关核准，并转呈备案。规定教育会会员须有五种资格之一：（1）现任学校或社会教育机关职员；（2）现任教育行政人员；（3）曾在高中以上学校毕业者；（4）旧制中学毕业，曾服务教育界 1 年以上者；（5）对于教育确有研究并有著作者。在当时的农村，教育资源稀缺，在县域内能加入区教育会者亦为数寥寥。

以上法规对资格进行限制，使社团成员具有法规所要求的经济标准和文化水准。对于被开除国民党党籍者，规定不得被选为各人民团体之会员。其

1　《农会法（附施行法）》（无具体时间），谢振民编著《中华民国立法史》上册，中国政法大学出版社 2000 年版，第 612—614 页。

中国民党通过的《文化团体组织原则》和《文化团体组织大纲》就有这样的规定，"文化团体不得于三民主义及法律规定之范围以外为政治运动"，"违背三民主义之言论或行动"和"褫夺公权"者，"不得为文化团体之会员"。[1]

国民党一方面公开宣称，它与民众团体不是领导与被领导的关系，不是命令与被命令的关系，以党治国，是以党通过政府而实施政策，并不是党直接去命令民众或统治民众。所以，党与民众团体，不是上下级关系，乃核心骨干关系。表明国民党与社团的关系并不是利用党权直接施压而达到的一种上下"异体"服从关系，而是一种制度安排产生的正式的"骨干"（团体）与"核心"（党）相联结的"同体"性紧密关系。但这种表述也存在问题，党非靠自身而靠政府建立的与团体的关系，怎么反而比自身建立的关系更紧密联结核心与骨干于一体呢？而在事实上，对社会团体的"领导"，还是主要依靠党的组织系统。为使党能在制度上领导社会团体，国民党中央要人朱家骅认为："各种人民团体，一律由所在地党部指导其中党员组织党团……以建立本党的领导权。党团负责人，应督同所属党员经常提扶拔助（原文如此——引者注）非党员之优秀分子，并吸收其入党，以坚固本党的领导权……党团负责人应指导所属党员对于团体公益事项，努力负责……策动所属党员，指挥人民团体之各种对外活动……督导所属党员，运用团体力量，纠正及管制不利于国家民族之言行；并协助政府，施行关于各该社团之法令。"[2] 可见党团是国民党所设计的用来"吸引"与"引导"广大民众的媒介。南京国民政府的党团制度，在其建政之初出于对大革命时期的党团被中共和国民党左派所掌控的恐惧和教训，有短暂停顿，其后又大致恢复与建立，直到国民党退出大陆前，其党团活动是其政治架构的重要内容，尤其是社团

1　《文化团体组织大纲》（1930年1月23日），中国第二历史档案馆编《国民党政府政治制度档案史料选编》上册，第649—650页。

2　朱家骅：《党的组织与领导》，《中央训练团党政训练班讲演录》，中央训练团1944年2月印发，第67页。

中的活动，更是国民党党团活动的重点。但是一方面，国民党的党团体制是秘密的；另一方面，党团并没有完善的体制和系统，其党团的设置往往是孤立的、分散的，加之国民党组织整体的软弱与涣散，因此，党团虽然被设计为国民党领导社团的重要举措，实际上所能发挥的作用与设置的目标差距极大。而就社团组织的干事会等，确有党团的寓意，但就其所发挥的作用亦多是具体事务性的事宜，能不能达到制度设计者的"核心"作用，是大有疑问的。就国民党对社团的政策来看，一方面表现为尽力控制，另一方面却又异常散漫，表面是国民党控制的加强，实则往往是一盘散沙，制度的设计与实际差距甚大。

二　民众团体的成立与运作

国民革命时期，国民党党部处于引导、指导、领导民众团体的地位。国民党第一次全国代表大会通过的国民党总章第七十七条规定：在秘密、公开或半公开之非党团体，如工会、俱乐部、会社、商会、学校、市议会、县议会、省议会、国议会之内，本党党员须组织成国民党党团，在非党中扩大本党势力，并指挥其活动。除政治领导和直接组织社会团体外，对国民党非直接组织和领导的社团，其工作方式是，党员"在秘密、公开或半公开之非党团体如工会、俱乐部、会社、商会、学校、市议会、县议会、省议会、国议会之内，本党党员须组成国民党党团，在非党团体中扩大本党势力，并指挥其活动"。[1] 南京国民政府建立后，1928 年国民党中央训练部还特地制定了《中国国民党党团党员训练实施纲领》，对党团活动方式做了具体规定。这些规定非常烦琐，连党团党员在非党团体会场中的位置、发言人顺序、会场情绪、口号、遇到临时问题处置方法等，都做了具体规定。此外，国民党中央

1　《中国国民党总章》（1924 年 1 月 28 日通过，1926 年 1 月 16 日修正），荣孟源主编《中国国民党历次代表大会及中央全会资料》上册，第 166 页。

执行委员会还制定了更为烦琐详细的《党团须知》，对于如何保密、如何指导会场、如何指导选举、如何破坏"反动势力"、如何设立机关和团体、如何吸收新党员，都规定得非常详细具体。

在县域政治社会实践中，国民党通过县党部实现对民众团体的领导、掌控，在有些地方则是通过民众团体的党团而实现的。例如，1931 年 9 月，南昌"陆海空军总司令行营"党政委员会呈报中央执行委员会的《中国国民党剿匪区域党团组织方案》就体现了这样的情况。该方案要求在非党团体内有党员 5 人以上者，须组织党团，不及 5 人而确有必要组织时得有"相当资格党员"加入以便指挥其活动，党团领导下的民众，要协助党政军的"剿赤"工作，具体是：（1）组织输送队，担任军队输送等工作；（2）组织向导队，担任引导路线及传递消息等工作；（3）组织慰劳队，慰劳受伤官兵，激发士气；（4）组织宣传队，扩大"反赤"宣传；（5）组织侦探队，侦探"匪"情；（6）其他"剿赤"清乡善后等工作。[1] 国民党在学生、妇女、工人、商人、农民等团体中都是按党团要求进行工作的。甚至连在国民参政会，省、县（市）参议会等正规政治组织中，也是按照国民党总章所要求，组织党团组织，从政治方面指挥社团。

根据南京国民政府的社团政策及相关法律规定，县域内的社团以各行业、职业性质陆续成立，据记载种类繁多，似反映了社团的"兴旺"。如湖南省江华县，农类行业就有江华县农会（14 人）、江华县保安镇乡农会（192 人）、阳华乡农会（60 人）、风云乡农会（53 人）、鹿洞乡农会（80 人）、沱西乡农会（50 人）等 14 个农会组织，其中，县级农会 1 个、乡级 13 个。从组织体系上看，乡农会是县农会的分会。这种农会，很大可能是根据政府的命令组建的。工类行业的职业工会，有江华县理发业职业工会（30 人）、江华县缝纫

---

[1] 《中国国民党剿匪区域党团组织方案》（1931 年 9 月 3 日），台北中国国民党党史馆藏，会议记录 3.3/183.7。转引自徐秀丽《中国国民党党团述论（1924—1949）》，《历史研究》2012 年第 1 期，第 91 页。

业职业工会（43 人）、江华县木器业职业工会（68 人）、江华县铜铁锡业职业工会（34 人）、江华县民船船员工会（58 人）。这些工会的行业，基本上还是传统的行业，工会规模也不大，应该涵盖了该县工类行业的主要职业。商类行业的工会有江华县商会（126 人）、江华县南货商业同业工会、江华县屠宰商业同业工会、江华县盐商业同业工会、江华县布商业同业工会、江华县百货业同业工会、江华县酒商业同业工会、江华县图书教育用品纸商业同业工会、江华县烟商业同业工会、江华县国药商业同业工会、江华县旅馆商业同业工会、江华县面粉商业同业工会、江华县油商业同业工会、江华县染坊工业同业工会、江华县木商业同业工会，及该县码市镇商会和所属木商、布商、南货、旅店、屠宰、国药 7 个该镇同业工会。这些同业工会也反映了该县的商业基本上还是以传统商业为主的状况。该县还有县总工会、县教育会及各乡镇教育会、县中医师公会、妇女会等社会团体。[1] 甘肃靖远县 1946 年有县商会（201 人）、县工会（160 人）、县农会（5760 人）、县教育会（97 人）、县妇女会（57 人）、直鲁豫同乡会（170 人）、山陕同乡会（445 人）等。[2] 这些团体的成立，要经过县党部或抗战时期成立的社会科的批准和备案，方为合法。

中国社会经济结构、阶级结构和文化结构的演变使各类社团相继兴起，而这些社团的地位和作用不能不引起执政者的注意。正是鉴于此，南京国民政府《县组织法》肯定了县域民众团体的法律地位，规定民众团体参与县域政治和其他事务必须通过法定渠道，这就达到了执政者通过法律规范社团参与县域事务的基本要求；同时，也为社团参与县域事务提供了其法定渠

1　《湖南省江华县人民团体组织情况调查表》（1946 年），湖南省社会处：《各县人民团体组织情况调查表》，湖南省档案馆藏，档案号：35-1-68。

2　《靖远县职业团体统计》（1946 年 5 月），白银市档案局（馆）编《民国时期靖远县情录》第 4 集，第 93—94 页。

道。《县组织法》规定，县参议会须有团体代表，县域社会团体得参加县政会议。这就从法理上肯定了民众团体在县域政治中的政治地位和社会价值。县参议员分为两种：一是来自各乡镇的"区域代表"，占 2/3；二是来自工会、商会、教育会、农会、渔会和律师公会等团体的"团体代表"，占 1/3。参议员由"遴选"产生，即由县政府加倍提出候选人名单，呈请省政府圈定其半。具体的做法则是由县政府与国民党县党部、省政府与国民党省党部分别召开党政联席会议共同提名和圈定。省政府也可以指定名单之外的人为参议员。

从各职业团体选出县参议会的代表看，县教育会较有成绩。教育会选出的代表，多为教育界的优秀人士。"彭县新都医师公会均未产生代表（律师新闻记者公会各县均未组织），绵阳教育会选出女代表一人，为六县参议员中唯一之女性，唯教育会所采之直接选举办法……新都则有派代表参加选举者，绵阳利用选举期间拨发教师食米代金，始集中选举人于县城，虽种种现象难满人意，然教育界会所选出之代表究与其他团体不同，均为教育界声望素著之士。"[1] 相比较而言，县教育会参与政治事务较热心与认真。

江浙地区可谓南京国民政府的京畿之地，亦为社团活跃区域，故该地区社团为追求和捍卫自身正当利益，在法理范围内的政治抗争和利益诉求相当普遍。在浙江，1934 年 3 月崇德县农会会员大会召开，抗议政府滥征苛捐杂税，要求减轻农民负担。1946 年 3 月 25 日桐乡县教育联合会因政府欠薪，派代表向县政府索取。1947 年 1 月 30 日崇德医业界组织召开第三次理监事联合会议，对省卫生处在全县申请开业的 100 余人中只核准 40 人表示不满，并向县政府请愿，提出如当局再不予核准，全体医师要总罢工，以示抗议。[2] 这些

1　《宪政实施协进会考察四川省华阳等六县民意机构设置及其弊端等报告》（1945 年 10 月 31 日），中国第二历史档案馆编《中华民国史档案资料汇编》第 5 辑第 3 编 "政治"（2），第 817 页。

2　方新德：《国民政府时期浙江县政研究》，第 174 页。

都是利用社团合法组织，为自身利益诉求进行抗争的具体案例。江苏省商民协会的利益诉求就是典型案例。1929年7月5日，江苏省商民协会整理委员会召开第五次委员会，决议内容如下：南通县"商整会"呈为丝捐病民据情转呈仰祈鉴核转咨省政府财政厅迅予取消案，决议呈请省党部转咨省政府，饬财厅迅予取消"丝捐"；铜山县"商整会"委员徐西明等呈为该县县长蒙匿国民政府，剥削商民、袒护奸商、助长反动，恳请转咨省政府迅予撤职严惩案，决议呈请省党部，转咨省政府饬民厅迅予撤职严惩该县县长。[1] 可见商会政治之活跃与民气之大。江苏省各县商会第三次联会针对江苏省将要开征营业税展开讨论，涉及问题包括"营业税认办问题应请讨论案，议决在省府已决议开征日期之后，认办问题已不能成立，无须讨论，应由主席答复省府；苏省征收条例尚未经过中政会及立法院之最后审核，苏省府已订期四月一日开征，应如何表示案"，决定就此电请中政会，由中政会"饬令制止"，并电请苏省府"暂缓征收"，并请求立法院采纳。[2] 这一方面显示了政府与社团的矛盾及政府处置的失当，另一方面也表现了社团自身的抗争力量，政府对社团进行控制，但社团仍有抗争空间。

在近代社会转型期的背景下，社团利用法理进行政治抗争和直接表达利益，这是社团发展和社团功能发挥作用的重要体现，也是国家和社会、政府与民众团体在法理范围内合法、合理博弈，寻求法理解决不同利益主体争端的典型案例。这种法理范围内的政治博弈在无锡乾生丝厂女工罢工事件处理中也得到体现。1932年无锡乾生丝厂女工以恢复协约工资问题罢工，"旋即波及乾泰、厚生、大成、三泰等十厂，亦于傍晚相继罢工。县长得悉后，随即分饬公安局队妥慎防范，维护秩序，一面会商县党部，分向劳资双方积极调解，冀速解决，借免蔓延，谨先电陈鉴考等情。……该县县党部、县政府迭

1　《镇江商整会议决要案》，《申报》1929年7月6日，第12版。

2　《苏各县商会第三次联会电中央请暂缓征营业税》，《申报》1931年4月17日，第8版。

加劝导，并会衔布告，饬于十二日复工……复经县党部、县政府召集工整会、同业公会代表先后训话，十三日仍未一律复工"。[1] 其中，县党部、县政府、同业公会三方中，同业公会是不可缺少的一环，且同业公会关于改善工人工作条件和待遇的具体诉求，是江苏实业厅长在处理此次工潮时订定暂行办法的重要依据，反映了国民党县政制结构功能分工和合作，反映了政府行政权、县党部指导和监督权与民众团体自身法律和法理范围的公民权之间的互动和政治博弈。这种法理范围内的博弈反映了三方互动关系。

三　社团的功能及困境

国民党社会团体政策是南京国民政府进行国家政治整合的重要内容之一。从根本上来说，任何形态的国家，基础都是社会。因此，社会的不同行业组织、职业团体是国家的组成部分。从社会组织目的和现代国家的建立看，社会团体既是自身利益的追求者、保护者，也是现代国家建立的推动力量和支持者。执掌南京国民政府统治权的国民党欲通过整顿现有社团、规范组建新社团和"模范"社团、利用"党团"控制领导社团等途径和方式方法，使社会团体的行为符合其三民主义要求，将各种社团纳入国家政治体系和国家认可的法律范围内活动，不仅为自身政治寻求合法性，也可增进国民政府的政治力量和团体力量；既为国家政治、经济、文化和社会建设服务，亦建构现代国家政治体系和现代社会。如时人所论："抗战建国的目的，当然不外是实现三民主义的新社会，而社会建设则是建立三民主义新社会的重要工作，人民团体的组训更是社会建设的基石……其直接目的在使一般国民能够熟谙这些法规，以练习民权初步的运用，其间接目的则在借此养成一般国民重秩序、守纪律、有组织的习性，从而团结人心，增强民力，造成有组织的现代

1　《江苏省实业厅长何玉书报告无锡丝厂工人要求改善待遇开展罢工斗争经过情形呈》（1932 年 10 月 22 日），中国第二历史档案馆编《中华民国史档案资料汇编》第 5 辑第 1 编 "政治"（3），第 286—287 页。

社会。"[1]作者这里虽然说的是全面抗战时期的社团，其实常态下社团的功能亦是如此。

国民党用各种法律、法规建构了社团的法定政治地位及活动空间。国民党在对社团设立界限的同时，也在客观上为社团的建立提供和建构了一定的空间，这是国民党为整合社会力量、增强其统治合法性的必要之举，客观上也为社团发展提供了条件。

近代以来，虽然中国自然经济逐步解体，社会结构缓慢分化，不同利益群体出现，但毕竟社会分化有限，无论是区域的广度还是行业领域的深度都是如此。加之政治和社会的不稳定，民众文化水平不高，社团的组织范围与组织规模都比较有限，组织能力和政治影响力也比较弱，自身利益保护不足。因此，对于社团的建立，农民缺乏普遍动力和诉求。但是，南京国民政府在中共农村武装革命的压力下，不得不在县域内建立县、区和乡镇各级农会组织，以实现对乡村的控制力和社会动员能力。但由于中国农民组织意识淡薄，组织能力不足，也由于国民党人才多不愿到基层社会示范、引导、领导农民，切实解决基层社会存在的问题，国民党在县域范围内，无论是经过整顿还是新建立的各类民众团体，如工会、商会、渔会、农会、教育会等职业团体和民众团体，既无规模，亦无实际功能发挥。1944 年，社会部农民科职员汪磊对战时农会组织状况做的检讨，集中反映了当时民众团体的普遍状况："各地的农会，确实多未替农民认真做事，确实多未领导农民出钱出力以贡献国家，否则农民对抗建的助力决不止此……最主要的原因，是指导人员缺乏认识，未尽到应尽的责任，误解了强制入会的本旨，忽略了政府辅导农民自动组织的原则……在组织之先，大家不知道去细心体认农民的痛苦内容，切实考察

1　陆京士：《战时人民团体组训之理论与实际》，《中央周刊》第 4 卷第 47 期，1942 年 7 月，第 45—51 页。

农民的需要所在，以为未来工作的准备……在组织之后，大家不知道指导农会针对农民的痛苦与需要，去有计划地举办各种事业。"[1] 非但农会如此，其他职业团体和民众团体也多如此。

总的来看，县域民众团体的组织程度和对县政的参与程度与以前相比有所提高，但与国民党所标榜的使县域民众团体成为自立、自强、组织化的要求距离甚远。在南京国民政府县政制度格局下，国家与社会、政府与民众之现实关系依然是对抗性的、不平等的关系。国家日益深入社会并力图控制社会，政府力图控制民众，而社会对国家的影响有限，特别是有组织的社会团体与国家和政府的良性互动关系没有建立起来，国民党整合国家和社会的效果极其有限，可以说是失败的。在对社会组织利用和对社会控制两难抉择中，如何将有组织的社会力量纳入国家权力组织和权力体系中，为政治权力寻求政治合法性和实现国家对社会治理的有效性，发挥政府和民众团体两方面的积极性，这是前现代国家向现代国家转变过程中具有普遍性的一大政治难题。

第五节　县政结构及其权力运行

近代中国处于由传统向现代的过渡时期。过渡性体现在政治价值理念、政制结构、权力运行方式、社会组织等方面。现代政治价值理念是现代国家的内在精神和公民政治认同的精神纽带；现代政治权力结构是现代国家的政制形式和政治实现工具；现代社会团体是现代国家的社会形态、社会组织形式。"牢固建立一个安定的中央政府只能是朝向国家真正统一的第一步"，"中国的重新统一所需要的不过是可以适应现代民族国家要求的新政体"，"用以解决政治录用和处理直至乡村的各级政府扩大了的活动范围"。而"就意识形

1　汪磊：《抗战以来农会组织的检讨》，《社会工作通讯月刊》第 1 卷第 2 期，1944 年 2 月，第 25—26 页。

态而言，它需要一个新的学说，该学说不仅可论证政治权威的行使，而且还寻求普通公民的效忠，并将他们整合在一个政治体制之下"。[1] 确立民主法治的现代政治价值理念，建构现代政治制度，建立规范的权力运行机制，使各种政治力量在分工和相对独立基础上，在国家法治轨道内运作以实现国家政治目的，这是建立现代国家的基本途径、基本形式和基本内容。

县是基层行政单元，县政是国家政治的基本组成部分，亦是国家政治的重要实现工具和政治状态。南京国民政府的地方政制是在西方政治价值理念、制度结构和权力运作机制理念与苏联政治架构相混合的情况下，人为建构的现代政治制度、政治体系和政治运作机制。国民党大会宣言曾指出："须知一切政治的主张若不成为具体的法律，政治之组织若不造成宏远精密之制度，不特一切理论尽属空文，而社会之秩序、人民生命财产及一切生活关系，均无保障。"其中，"政权与治权之分别，而最要之目的在于建设有能力之政府。盖无论何种良好之主义与政策，若不得良好之政府以施行之，皆空言而已矣。吾党今日唯一责任在为中国国民造成良善之政治，以实际的解除人民之痛苦。此良善之政治，即以良好之行政组织与其运用为基础。曩昔吾党曾以建设廉洁政府为行政之方针，今后之目标不特在此消极的努力而已也，尤须积极的建设良好之行政制度而使之推行尽利"。[2]

应该说，国民政府建立后，从理论上看，所悬的行政组织目标是颇高的。完备的法律、有能力的政府、良好的行政制度无疑是其设计的治理目标，问题是如何实施，尤其是效果如何。南京国民政府建立后，通过建构县政府（掌握治权）、县党部（在训政时期掌握政权）、县议会（在未来时期掌握政

---

1 〔美〕詹姆斯·R. 汤森、〔美〕布兰特利·沃马克：《中国政治》，顾速、董方译，江苏人民出版社2003年版，第38页。

2 《第二届中央执行委员会第四次全体会议宣言》（1928年2月7日），荣孟源主编《中国国民党历次代表大会及中央全会资料》上册，第511页。

权，现时为民意机构）的政治体制，并整顿和规定各类社会团体，使其参与县域内政治框架的活动，形成一个从权力体系、组织结构到运作机制完整、规范的地方政治体系和运作机制。其特点一是表现为多元权力的分工要求和发展趋势；二是表现出权力运行与权限范围的法制化；三是表现出权力分工合作与相互监督制约。但在实际运作中，这种多元的结构体系能否发挥相互协调的作用，既与传统的政治文化理念相关，也与当时的国家整体治理情势相关，又与具体的县域环境及当事者的状况相关。

一　南京国民政府的县政权力关系理念

从理论上讲，国民党的县组织结构和权力关系及运作体系有分权制衡和结构功能主义痕迹。近现代民主政治的基本理念之一，是"分权制衡"理论。国民党的创始人孙中山是近代中国资产阶级民主革命的旗帜，从根本上说，他是信奉分权制衡理论的，尽管他晚年出于严峻现实的需要，对这一理论做了很大的修正，增加了集权的内容，但根本方面仍保留了分权的重要分量。因此，以孙中山继承者自居的南京国民政府建立后，尽管更倾向于集权的路向，但不可能摆脱分权制衡思想的影响，因而具有将二者加以调和的特点，但这种调和很不成功。就南京国民政府的县政结构来看，则欲通过建立现代的和规范的县政结构，使县政府发挥权力集中和整合作用；通过县党部系统，对县行政发挥协调、监督与合作作用；通过县议会政治框架，起到民意监督及走向地方自治与民权实施的道路；通过法理上承认维护自身利益并参与地方政治的社会团体，实现规范的行政和民权政治，将县政的权力运行和社会组织行为纳入其三民主义意识形态理论和实践要求之中，建立起符合三民主义意识形态的政制结构、权力运行机制和社会组织。即通过县政府执行国家行政，县议会立法和监督县政，县党部发挥政治宣传、引导和示范作用，县社会团体自我约束、自我发展并参与县域政治，将县域政治、行政、社会纳入三民主义意识形态国家体系内，建立起现代县域政治。这是南京国民政府县政权力关系的基本思路。

职能分工与结构功能是晚清以来中国政治改革的重要内容之一。政府结构是政府内纵向各层级、横向各部门的组合方式。权力结构和社会组织是政府根据社会需要及其所产生的社会政治功能设置机构、确定机构之间的组合方式。南京国民政府的县权力关系体现了近代以来政治改革发展的阶段性轨迹。国民党欲通过职能分工，确定权力界限，政治组织的相互协调、合作、监督和制约，实现和发挥各自的政治权能，在建立起现代县域政治体系的基础上，实现县域地方政治的推进与发展。

制度现代化理论认为，现代社会行政管理领域和范围不断扩大，行政也越来越复杂化，要求分工和专门化。这就要求在总体规划下，政府各机关既相互独立又相互依赖，既分工又合作，发挥整体结构的功能，增强政府结构各部分间的相互依赖性，强化各组成部分间的协调和控制，即结构整合。但是，任何一项制度的效率都不能独立于其他制度之外，而是制度结构整合的结果。每项制度都连接着其他制度安排，共同融合在制度结构之中，其效率不仅取决于自身，还取决于其他制度的完善程度。南京国民政府的现代县政既是建构和实践的过程，也是县权力关系整合的过程。权力部门之间以及权力内部之间的整合伴随国民党在大陆统治的整个过程。南京国民政府县政权力关系不断进行纵向、横向权限整合和权力集中，并不断调整与政府权力机构之外横向党政的关系和社会团体的关系，如县政府内的裁局改科、县政府与县党部间的党政平行到党政融合、县民意与立法机关的逐渐创设、民间社团参与政治框架的创设等，这些方面在不断地调整着。从设计上看，表面上是西方理念与苏联模式的混合，但整体上，分权制衡的痕迹是明显的。

有学者对此曾评价说："自国府奠都南京以后所拟订的一套地方自治制度，不仅是模仿西洋制度，而且是模仿了西洋最彻底最理想的制度。如区、乡、镇、闾、邻各级组织都采直接民主制，举行公民大会，这是在任何国家都没有做到的。又如公民权包括选举、罢免、创制、复决几种，而且毫无教育、财产、性别等等限制，这也是世界上最进步的制度了。关于这些规定，都是极合乎理想的，只可惜和中国现实情形相差太远。"[1] 这套地方自治的设计，只是停留在纸面上的东西，政制的设计与实际严重脱离。那么南京国民政府的县政，是建立在什么基础上呢？难道是建立在纸面的基础上吗？因此，从治理理念上看，南京国民政府看似合理的县政治理理念及其权力结构，实际上缺乏深厚的社会土壤与扎实的基础。

二　县权力机构之间的实际权力关系

中国传统国家结构是典型的单一集权制。国民党的政体机制是党国体制，貌似党是核心，实际上是党、政两重体制和双重中心。在这种体制下，在县域范围内，县政府、县议会、县党部呈现多头体制和多元中心，县政权力结构呈现复杂多元性。国民党政治体制不仅是双轨制，而且是多重体制和多种权力关系。就组织系统而言，县政府、县党部、县参议会并立，共生互存，加之抗战时期的"三青团"和中央驻县机关，在一县之内存在多种政治权力体系和权力组织；与此同时，在"训政"体制下，自上而下的行政体系与自下而上的自治体系共生，既有来自以县长为首的县政府对自治事业的监督，又有来自县党部对自治事业的指导、协助、推动，官治、党治、自治。在县政制结构中，形成政府、党部、参议会三大组织系统，实际上是三轨制或多轨制，开启了中国有史以来县政由传统单一制向双轨制和多轨制的重大转变。

县政虽然按分权、分工、制衡、法治等价值理念建构和运作，但在社会

1　陈柏心：《中国县制改造》，第281页。

分工只是有了萌芽还未成熟的时期，在文化教育还不发达、一般人还缺乏政治常识的时期，在权力边界还不十分清晰的时期，各个权力组织之间权力冲突和治理内容的交叉重复引发各种问题就在所难免了。由于历史惯性和现实利益等多方面原因，实际上县政结构功能弱化，并不能在分工基础上各司其职，形成政治合力，共同推进政治、经济、文化和社会建设，而是出现相反的结果。其主要表现为，县行政不统一，党政关系颠颃，县域民众团体被动且自治能力和政治参与能力不足，县参议会成立时间短暂，功能有限，整体政制结构之间不能形成合力，难以有效按照设定的制度实施和运作，多数地方甚至不如传统县政有效、有序和安定。

国民党之党政关系矛盾、龃龉、冲突由来已久，根深蒂固。以县政府和县党部关系而论，国民党党政关系虽然权限范围明确，权能有别，但在实践中党政不能在分工基础上形成政治合力，难免在事实上形成两个中心、两种政治势力和两个政治体系。早在南京国民政府于 1928 年召开的国民党第一次全国民政会议上，国民党理论家胡汉民在《怎样做到以党治国？何以要完成地方自治？》的演讲中就表达了这种忧虑和担心。胡汉民就当时已经存在的党权、军权、政权之间的意见不合、矛盾、龃龉、冲突，重点指出了党部机关与政府之间的矛盾。党部的人以为政治机关的人大多是腐化分子，政治机关的人以为党部已腐化，党以政为腐，政以党为恶，水火不容为训政极大危险。国民党党政矛盾一直持续到其败退大陆也未能解决。国民党党政关系矛盾是多方面的。概而言之，既有"建国方略"方面的，也有理论方面的，更有具体行政体系和具体政策方面的。"建国方略"方面，有以蒋介石为首的"宪法之治"与胡汉民方面的"约法之治"之争；行政制度方面，国民党内有以蒋介石为首的主张并推行省、行政督察专员区、县三级行政体制和主张坚持孙中山省、县二级制的分歧；在理论方面，国民党内存在坚持内政民治和改行官治的分歧，表现为政策方面的歧见就是在乡村社会是采行保甲制还是实行自治。国民党第五次全国代表大会上坚持保甲为自治组织，反对将其视为和按照行政机构来对待，反对将保甲长视为供官吏驱使的下级胥吏，应以民众领袖视之和对待。国民党上层之间各种矛盾冲突，不能不在县域政制结构之间反映出来。同时县域各种势力之间，由于地缘、血缘、业缘和派系私利的分歧，各种矛盾也暴露出来。

就县域实际党政关系而言，国民党虽然制定并公布了《县党部与县政府之关系条例》，但从各地实际情况看，县政府和县党部关系从双方对政策不同认知，到双方意见不合，再到各自为政，其间矛盾冲突一直存在，非常尖锐，甚至以武力相向。从县长扣押县党部书记长到县党部书记长驱逐县长，乃至相互暗杀，这类情况在全国各县比比皆是，相当普遍。县党部和县政府之间矛盾、冲突原因是多方面的，其主要原因既有政治认知的不同，也有派系的不同，更有利益的不同。县党部与县政府之间矛盾、摩擦、冲突，难以形成政治合力。

县党部和县政府之间不同时期的龃龉、矛盾、冲突有不同的表现形式。县党权和县政权因中央层面的党权、行政权和军权的崛起而崛起、沉浮而沉浮。

县党部和县政府的双重衙门体制，导致了机构臃肿、权责不明、行政效率低下和互相争权夺利等弊端。最突出的表现就是，两者权限边界存在模糊之处，龃龉时有发生，这直接造成了党政部门办事效率低下。地方党政部门很少能够精诚合作，根本谈不上用党的力量去推动政治。尤其是人事方面，党部工作人员往往批评政府官吏腐化不革命，政府官吏也往往瞧不起党部人员，批评他们太空洞。河南省执委会第 25 次常会于 1928 年 9 月 1 日提出办法三项，令各县市执委会遵照："一、各县市党部，对于各县市行政事宜，应遵照中央所规定县党部与县政府关系之条例办理，不得直接干涉，如各县政府有溺职违法情事，各县市党部尽可检举证据呈请本会，转咨核办，但不得砌词捏造，妄事生端。二、各县市党部应与各县市政府切实合作，不得歧视。须知彼此地位虽殊，宗旨则一，权限虽异，精神则同，应本相亲相爱之诚，以收互助之效，勿存尔猜我忌之念，以免自残之风。庶几感情融洽，相得益彰，党国前途，实利赖之。三、凡本党党员不得借党营私。本党是为革命的党，是为民众谋利益的党，本党员应如何洁白乃躬，为民表率。且各级党部居于指导地位，其党部一切职员，尤宜砥砺廉隅，行为审慎，万勿假公济私，自堕威信，必如是方足以得取民众之同情，而收指导政府之效果。"[1] 省党部所以如此指示县党部注意处理与县政府的关系问题，显然是县党部与县政府的矛盾在各县太普遍了，不得不由省党部执行委员会发指示来统一调解。但实际上，这种指示并不能真正解决县党政之间的矛盾问题。

全面抗战时期，为解决党政矛盾，协调党政关系，蒋介石在1938年国民党第五届中央执行委员会第四次全体会议上提出《调整党务与调整党政关系》，决定纳党于政，将党的力量"溶化"于地方上各种固有的政治与社会机构之中，对政府与民众团体，不再直接发生指导与监督的关系。党的作用在于用党团的力量，靠苦干、实干、先驱与民众自治、自卫、公共福利事业"打成一片"，党融合于政。党部不直接干政，以此解决党部与政府对立、政府与民众脱节、党部与民众脱节的问题，实现党部和政府配合，共同推进县政建设。但是，这样的结果，必然使本来工作空虚、权力弱化的党部更加空虚和弱化。自从决定纳党于政、党政结合，后来更提出党政合一，以便把党政双轨制变为单轨制，但终因利益作祟，国民党在大陆统治时期，政府与党部之间一直不能形成内在有机体，难以形成政治合力。就全国而言，事实证明，省县党部和同级政府之间的纷争是一个普遍现象，只是数量多寡不同罢了。在党政关系中，党权本即弱势，而被批评者，则往往是党部而非政府，

1　《豫指委会规定县市党部与政府的关系——发出紧要通令规定办法三项》，《中央日报》1928年9月6日，第2张第3版。

更显示了党权弱势的加剧。

在国民革命时期，党部威信较高，但国民党"清党"后，党部失却原有精神，成为权力利益集团，威信与权力均大降。南京国民政府建立后，县党部成了县政府的附属机构。在县党部发达的广东，县党部坦言："本党差不多变成了政府和军队的尾巴。因为不能监督政府，推动军队，只有依照政府和军队的需要去宣传。政府和军队做了坏事，也只能替他们向民众辩护，甚至民众受了政府、军队和其他恶势力的压迫，向党部申诉，党部也只能说，这是属于行政的事件，那是属于司法的事件，我们不管；或者说，那是属于军事范围的事件，我们没有法子管。"[1] 有的县党部由于自身分裂和无力，失去对行政的监督作用。以党务发达的江苏为例，1946 年刘道平任江苏海门县县长时，海门国民党县党部分东西两派，争权夺利，互不相让。刘暗中勾结西派，企图独揽党、政、军大权，甚至把三青团、妇女会、青工会、县立中学等各单位的领导权集于一身。以县党部书记长姚江为首的东派不甘示弱，与刘明争暗斗，遭到刘的严重打击。姚的心腹黄某某被刘以"煽动工潮"罪名杀死后，刘还扬言要暗杀姚。姚"见事不妙，避居江南"。[2] 这是党权之弱势的一个比较极端的案例，但也绝非个案，而是具有一定的代表性。

县参议会与县政府之间的冲突也多于合作。有些县参议会因对政府建议和督促过多而被解散。例如，甘肃省靖远县临时参议会是受省党部指令建立的。1943 年 12 月 31 日，省党部颁发《各县市参议员、议长及任用参议会秘书办法》。根据这一指令，靖远县于 1944 年 3 月 10 日开始筹备参议会，并经省政府确定委任参议会议长。同年 5 月 1 日正式成立并召开第一届第一次大

　　1　林乾祐：《今后党务工作方针》，《广东党务旬刊》第 1 期，1937 年 7 月。转引自王奇生《党员、党权与党争：1924—1949 年中国国民党的组织形态》，第 194 页。

　　2　张乃兵、季耀祥整理《抗日战争胜利后海门县历任国民党县长》，《海门文史资料》（浙江）第 7 辑，1988 年，第 105 页；魏光奇《官治与自治——20 世纪上半期的中国县制》，第 388 页。

会。会议主要内容为听取政府施政报告，即县政府民政、财政、教育、建设、社会、军事等科，卫生院、会计室、合作室、指导室、军运代办处、救济院等部门的施政报告，然后由参议员询问提出议案 41 件，决议者 39 件。大会宣言阐明县参议会同人及全体民众应努力之三点：一是提高政治兴趣，克尽公民责任；二是从事民权训练，完成训政工作；三是养成守法习惯，发扬公众舆论。同年 11 月召开第二届大会，听取政府各部门施政报告。1945 年 6 月，甘肃省政府第 4148 号代电通知各县政府："县市临时参议会驻会委员会除听取县市政府施政报告及决议案实施过程外，无决议及建议权，兹查各县呈转临参会会议记录仍有决议案记录，殊与规定不合。"就靖远县参议会而言，"从移交文卷目录看，一年多间参议会的工作涉及政府工作各个层面的内容，建议和督促的力度似乎大了些，因而被迫'结束'"。[1] 所谓被迫结束，即是因对县政府监督过多，县政府不满的结果。当然，临时参议会结束后，又设置了正式的县参议会。

国民党本身是多种力量和多种势力组成的一个"大杂烩"。国民党的政治运行场域实际上是党、政、军之间，各种政治势力和不同政治派系之间的角斗场，政治结构功能因此而虚化、弱化，甚至失去应有的组织结构功能。正如时论所批评的那样，仅以行政中的用人而言，国民党各种权力机关普遍存在"非亲不用，非私不荐，门户之见既深，关系之深浅尤严"之现象，而"其幸而见用者，又往往不问其学之所长、才之所适，给以若干薪俸敷衍而安置之，初不期其有成绩也。用得其当矣，又往往不能适合环境，牵制龃龉，无以收通力合作之效。此在中央机关已属屡见不鲜，至于地方机关，更为通例而惯见。夫中国人才本有不足之患，而才不见用，用非所长，与配合不当

---

1 《靖远县参议会奉令结束办公》（1945 年 10 月），白银市档案局（馆）编《民国时期靖远县情录》第 2 集，第 20 页。

三者，又于无形中有人才之浪费然，宜乎一事之莫举也"。[1] 这样怎能形成政治合力，怎能发挥组织功能？

县政间权力关系不仅表现在县政府、县党部与县参议会之间，还表现在县政府内部机构、县政府与省和中央机关驻县机构等方面的权力关系与支配和被支配关系上。这些关系制约和影响着县政权力的运行。

南京国民政府时期，县政权力运行困难的表现之一是县政府受到其他机构的限制和牵制过多。这种牵制一是县政府自身机构的扩张，一是来自中央部委之驻县机关。因抗战需要，县政府也在增设新机构。1938 年，县政府民政科下设兵役室，不久改为兵役科。1939 年，县政府下设禁烟室，不久改为禁烟科。1940 年，因新县制推行需要，县政府下增设军事科、社会科和地政科。除此之外，还有警佐室、合作指导室、户籍室、统计室。县机构扩增了，但经费更加困窘了。以省而论尚是如此，如全面抗战时期吴鼎昌任贵州省政府主席，他在《花溪闲笔》中记载："仅财政部一部即在贵州设有十六个直辖机关，合以其他中央设立直辖机关共约百余单位；'甚至省政府有不能列举其机关名称，得知其条数规章者'。"[2] 这种状况在县也是如此。1941 年，行政院制定《调整县地方行政机关及县长兼职一览表》，决定裁并机构，缩减兼职，由职员代劳。四川省县"地方行政机关应该保留的，是十三个；应该暂时保留的，是九个；应该裁撤的，是二十一个。关于县长兼职应该保留的，是十二个；应该改由科长担任的，是三个。但是不到四年，县级的骈枝机关和县长的兼职又愈积愈多，因此在三十四年七月又拟定《调整县长兼职办法》，提经省政府委员会通过，通令施行。就中仍由县长兼任的，是十二个；名义上由县长兼任，实际上可以委人代理的，是三个；改由县政府有关科长

1　陈柏心：《中国县制改造》，第 472—473 页。
2　萨师炯：《省制问题之再检讨》，《东方杂志》第 40 卷第 19 号，1944 年 10 月，第 7 页。

兼任的，是八个；改由地方人士担任的，是一个。可是就此算来，与县政府平行和似平行而非平行的机关，到了裁无可裁的地步，还有二十四个之多"。[1]县机构过多，县长兼职过多，反而使县政与县长受牵连和牵制多，所遇到的问题和矛盾多，无法集中精力搞好县政事务。

县政建设受省政府机关的多方管控，也是消解县政权力运作效力的重要原因。省政府对县政府有直接指挥之权，省各厅对县均有行令权，而各厅令之间往往既相互关联又有矛盾冲突，以至于县长执行时无所适从。而且省各机关各有规定，县长办事，在省的甲机关认为有过应予惩戒，而在乙机关反认为有功应行奖励的事情，也不少见。县长深感为难，只好将各方面都敷衍塞责完事。结果是各种政务、公务多半出在繁多表格的"旅行"上，即由主管厅处与科股，和科员、办事员的"横向"方面大兜圈子，在省—县—区之间"纵向"方面往返周转。交下的公文往往失去时效，转上去的又不能及时到达，即使到达又反馈不回来，上下隔离，层层互骗。这种公文"旅行"被舆论界批评为"公文政治"。

在全国第二次内政会议上，内政部就提出划分省县权限，提高行政效率。问题在于国家行政权与地方自治权未有确切之规定，而省与县行政权亦无明白划分，到了县这一级，责任难明，县长却成为有责无权之人。到全面抗战时期，这一问题更加严重。本来县政府对于一个省政府的命令就已感到无力实施，而县政府的上级机关又不只省政府。县政府往往有十几个上级机关同时向它发布命令，在这种情况下，不要说无暇去办事、办成事，就连应付命令也来不及。上面机关之多，仅属行政管理方面的就有省政府及其所属各厅处、专员公署。而相关省区军事、党团等方面的则更多，如绥靖公署、防空司令部、军管区、师管区、团管区、航空委员会等军事类机构，以及省党部、

1　胡次威：《怎样实施新县制》，大东书局 1947 年印行，第 50 页。

青年团、动委会等党团机关，无不有直接、间接指挥县政府的权限。以至于在全国第三次内政会议上有人表示，"自抗战已还，与省府平行之新设机关，日益加多，各县行政单位，亦随之增加"。在有的内政会议提案中，也指出了"各省县行政骈枝机关及县长兼职，现在仍甚重复繁多"的弊政。[1] 其实，不仅是全面抗战时期如此，国共内战时期也是如此。县长是县政的中心和重心，但以县长为中心的县政权力受到各方面的牵制与限制，县政权力关系整体上处于困窘、紊乱和空虚的状态。

三　县权力关系整合

南京国民政府建立后，在国内外形势压力之下，既要对传统制度进行必要的改革，又要进行新的政制建构。在此背景下，南京国民政府的县政制结构在建构之始，也不得不对其组织权力范围及运作机制进行调适、整合，以适应当时的政治环境。其县权力关系的整合分两个阶段，即新县制实施之前，国民党权力机构的整合，主要解决县政权力集中统一问题，即确立县长的权力中心地位，形成以县长为中心的行政统一和责任中心；新县制实施之后，主要解决县与中央政府之间权限关系，这期间也包括县政府权力机构之外与之平行的党部间的权限关系和运作机制。

从南京国民政府建立到新县制实施，县政府系统内权力关系整合是一个重要问题。南京国民政府颇为重视处于一县政治、经济、文化和社会中心地位的县长及其作用。县政府系统内横向之间的权力关系整合，主要表现为各部门对政府整体的拥戴和政府首长对政府部门的协调控制，即县政权力必须集中。蒋介石在国民党第二次内政会议上指出："大凡政治组织，贵于：第一，能适合经济原则；第二，须指挥统一，职权集中；第三，须办事敏捷而

不濡滞。"[1] 在县政府实行裁局改科之前，中央各部会、省各厅处不经过县长直接对县对口局长下达指令。各局局长只对其上司负责，行文报告绕过县政府，直接对其上级呈报，没有建立起真正以县长为首的县级行政体制。财政、教育、公安、建设各局人、财、物独立，各自有其独立的权力范围。时论指出："现时各县政府高悬在上，各局分立，俨同割据，甚至事业进行，省府各厅，直令各局，各局亦直呈各厅，均不经过县长，各厅为进行便利起见，率性直接委派各局长乃至各科长。"[2] 除此之外，与县政府平行的机构也是叠床架屋，一县之内有时设置多达二十多个委员会。近代以来社会处于动荡之中，南京国民政府时期这一情况仍然严重，政治失序，地方财政极为混乱，各单位各自为政，在县域内任意抽收税捐，甚而学校团体亦各自征税，悉索弊赋，民不堪命。加之国家行政与地方行政没有划分，省与县之间权限也未能划分，中央各部、会，省政府各厅、处从自身立场出发，都直接向县政府各局下达建设任务，各种使命一起袭向县长。综理一县政务的县长既没有人事任免权，也没有经济处置权和开展社会事业的财权，县长的职责无由正常发挥。

第二次全国内政会议提出裁局改科，充实县政府组织。一是提高县长职权。为改变权责不专、行政分散局面，赋予县长统一事权，建立由县长负责的统一集中的行政机制。对上级关系方面，"县政府上行下行文书，概以县长名义行之"。[3] 二是赋予县长人事荐任权。"果各局局长的任免监督之权，能操之于县长，政策和施政方针的决定，出之于县长，则行政责任，仍系于县长一身，何致于发生重复矛盾割裂分歧的现象。"[4] 《剿匪省份各县政府裁局设科办法大

1　程方：《中国县政概论》，第30页。
2　许崇灏：《中国政制概要》，商务印书馆1943年版，第200页。
3　陈柏心：《中国县制改造》，第75页。
4　陈柏心：《中国县制改造》，第81页。

纲》规定：秘书、科长等县佐治人员，概由县长遴荐，呈经省政府核委。[1] 三是建立以县长为主任的县财务委员会。由该委员会整理教育、公安，建设收支，建立县金库，统一县财政收支，处置县公产，监督金库保管和支出运行，建立统一的财政收支体系，保证县长的财权。四是由县长任经征委员会主任，对现行的田赋征收制度进行改革。这些县政府内权力关系的改革与整合，有利于树立以县长和县政府为中心的县政权威。但这些问题并不易真正解决。

与中央部委间的权力整合也是县权力整合的一个重要内容。全面抗战初期和新县制实施中后期，县权力关系整合主要是中央驻县政府机关与县政府及县议会机构之间关系问题。南京国民政府的县政府与省、中央部委之间权限不分，早已存在；全面抗战时期，这一状况更加严重，中央各部委驻县内机构增多，造成机构重叠、政出多门、权限交叉、相互牵制的现象，县长无权应付机宜。县长的政治中心和行政主体地位一直得不到确立，尤其是人事任免方面，不少秘书是由上级长官指定介绍，令其保荐的。科长仍由各厅直接委派或由县长指定请委。社会科科长由县党部经由省党部介绍，省府委任，截然与县长无涉。军事科长及国民兵团副团长，由军管区司令部直接委任，与县长无涉。合作指导员、农业推广所主任等，由上级机关直接委任，与县长无涉。禁烟室主任、禁烟科科长，及教育视导室主任，由省方直接委任，与县长无涉。甚至民众教育馆馆长，也由教育厅委任，各有系统，各有背景，县长断难执法相绳。可见，裁局改科后，科长级的人事任命权并不全在县长之手，县长的权力仍然有限。就上级机关对县的指示或命令看，不合县情的往往不少，县长既要完成任务，在实际上又无法完成，结果"一事无成"，这也是可以预料的。

在各种权力关系的牵制下，身负一县政治、经济、文化和社会事务责任

---

[1] 《通令各省府为令发剿匪省份各县政府裁局设科办法大纲仰办理具报（治字第一二二三二号）》，《军政旬刊》第43—44期（合刊），1934年12月，第11页。

的县长却好像是被套上了枷锁之人，虽集各项政务于一身，却成为无事可办、无事能办的人。一位当过县长之人深刻而形象地描绘了处于各种关系下的县长和县政府的苦楚和无奈："现在县政府好比是辆破旧陈腐、机件不全，而又缺乏汽油的汽车，县长好像是司机。车子的股东很多，甲要开到东，乙要开到西，丙丁又要开往南和北，大家都说要赶快开，既不管车子的好坏，又不顾有没有汽油，司机为着职责所在，只好服从命令，勉力开驶。倘使司机请求拿钱修理，或是添买汽油，又不易遇到明理的股东，不是说自行设法筹措，就是说所请应毋庸议。从另一方面看，县政府又好像是个披着枷锁带着镣铐的东西，行动很受拘束，假使不在枷锁圈套内活动，所办的事件，报到上级机关，不是说于法不合，就是说于法无据，未便照准。"[1] 这话由于是出自曾任县长的人之口，未免有替县长未能尽职开脱之嫌，但也确实反映了县长在各种牵制中难以根据自己判断而处理县务的困境，县长困于各项权力关系中难以自拔是确有苦衷。因此，一县之中，必须确立县长的政治中心地位和行政主体地位，"事权必须集中，俾得尽量展布，以专责成。系统必须分明，俾办事有准则，考验有程序，而后责任分明，无可诿卸。任官必须久任，俾能发挥长处，奋勉图功，而不致因更调之频繁，累及政务之延宕"。[2] 综观南京国民政府时期的县长，尽管《县组织法》规定县长"综理县政，监督所属机关及职员"，应该在县政中居主导地位，尽管各方也一再呼吁提高县长职权，终因体制、环境和时代等因素的影响，以县长为中心的县政权力关系始终未能得以理顺。

本章小结

从南京国民政府县政结构形式、制度安排和实际运作看，主要讨论的内

1　陈柏心：《中国县制改造》，第 131—132 页。

2　《程天放先生序》，程方：《中国县政概论》，第 2 页。

容与问题大致可归纳为如下几个方面。

第一，县政府、县党部、县参议会以及县社团是县政框架，是一个现代政制形式的复合式权力制衡与合作结构，但在运行中难以达到设计之效果。其中县政府是县政的权力中心和主体，县党部在县政结构的设计中具有引导者、维护者、监督者、合作者和辅助者的多重角色，县参议会在县政结构中则具有权力机关、民意机构和监督机构的角色，只是县参议会的权力机构具有对现实程序带来不确定性因素的可能，因而，其权力角色被有意地大大降低了。以上三者共同构成了县政社会的政治权力系统网络。而县域社团则是县域权力系统网络与县域社会各个阶层联系和进行社会治理的重要渠道与工具。就这样一种权力框架看，从设计上说既是分工性的，又是具有分立性的，因而具有分立制衡的特色。但是，这样一种设计，能否顺利实施，还是需要经过实践考验的。

当时不少学者对此就表示了担忧和质疑，明确指出："权力分立的政府论，完全是一种妄想。……我们几乎可以说，几权分立的理论，完全成了一种骂人的话语，只有打算戏谑某国，才说这国的政府是几权分立。"因而提出："我们要承认，既要政府，就要政治力量；既要政治力量，就要有'专'的力量。因为我相信，有权必'专'，'专'始有权；'专'与'权'是不可分离的名词。"[1] 这话说得虽有替国民党辩护之嫌，对分立制衡设计的批评显然过于激烈，但也不无对这种设计存在过于理想化局限的反思意味。在作者看来，权力分立的制度，超越现实政治、经济、文化水平，不合乎实际的需要。以县政府和县党部关系言，制度的设计是要求两者"和衷共济"，[2] 但事

1　张佛泉：《民元以来我国在政制上的传统错误》，《国闻周报》第 10 卷第 44 期，1933 年 11 月，第2—3 页。

2　《县政府与县党部须和衷共济（江苏省政府民政厅令）》，《县政汇编》第 1 编"县治"，国家图书馆编《民国时期县政史料汇编》第 1 册，国家图书馆出版社 2018 年版，第 554 页。

实上恰恰做不到"和衷共济",以至于江苏省民政厅竟用"厅令"做出这样的强制性要求。有时论则认为:"中国地方制度虽有几千年的历史,其基础究嫌薄弱,不足以担当现代政治的任务。政府当局求治心切,社会舆论指摘频繁,咸将改革的重心置在制度上面,故造成多次的修改。其实地方行政之未尽如人意,究竟制度之不良负多少成分的责任,人谋之不臧负多少成分的责任,基本条件太差不足以因应新时代的要求又负多少成分的责任,均是有考量余地的问题。不察者斤斤于制度的改革,固亦为切中时弊的论点,究难认为是抓住了整个问题的核心。"[1] 在第二次内政会议上,绥远省民政厅长袁庆曾的提案集中反映了当时县政概况。自治行政计划不能实现,"演成计划自计划,事实自事实之陋习,原因在于未能顾及环境之需要,率尔以毫无依据与盲无方向之态度构成。甚至本无主张,撷拾别人方面已往之事实,强作己身措施之材料。及其推行,乃不无扞格"。[2] 就是说,制度的设计固然是一个问题,现实的政治文化状况与移植的西方和苏联的这套制度多不相吻合,也是一个方面。

第二,除所设计的制度过于理想和欧美加苏联式的混合制度设计与中国文化土壤多有不合外,县政制度本身确也存在其他设计不合理的问题。如早期县政府科局并设,而县长对局长没有人事任免权,导致县长权力失坠,难以确立中心地位。后来裁局设科,县长对科长任命的权重增加,县长的中心地位逐步确立,但仍存在省厅及中央部门驻县机构对县长权力的牵制问题。而就县政府与县党部的关系看,两者关系一直未能理顺。南京国民政府建立初期,县政府与县党部关系处于平行状态,县党部对县政府处于合作与监督状态。但县党部如何与县政府合作并监督,规定过于笼统,缺乏具体明确的

---

1 陈之迈:《中国政府》第 3 册,第 89 页。
2 袁庆曾:《民政方针应以视社会病态为转移案》,《内政公报·民政》第 6 卷第 2 期。转引自白贵一《20 世纪 30 年代南京国民政府县自治研究》,第 174 页。

制度安排，这样，就使县党部对县政府的合作与监督无法具体落实。全面抗战时期，实行的党政融合模式，似乎要将党政力量整合在一起构成更大的合力，而由于将县党部的职能进一步主要固化在县政府社会科这一机构的角色上，实际上将县党部的地位进一步降低了，县党政结构中的党权更加弱势，党几乎不能成为党，只是县政府管理中某一并不重要领域的帮闲而已。

之所以如此，从制度上看，就是二者的角色缺乏合理的定位。在县政结构中，即使处于县政府主导的框架下，如何使党、政关系处于一种动态平衡，也应是党政结构设计的一个重要标准。但其制度设计却有意无意地忽略了两者的平衡问题，而在制度上又要求合作与制约的目标，这当然是难以实现的，以至于在实践中，由于派系问题、利益问题，党部与县政府长期处于互相冲突、内斗和纠纷状态，县党政关系处于既难以合作、制衡，也难以融合、整合的困境。县参议会的设计也基本上是有名无实，虽然早早就规定了设立县参议会制度，却迟迟得不到落实，在全面抗战压力下虽然不得不先后实施，抗战胜利后并普遍设置，但设计后的县参议会多缺乏应有的政治功能，只能成为新的名利场。因此，在县政结构中，县政府、县党部、县参议会为三部主要机器，县政府与县党部关系没能理顺，县参议会制度长期未能实施。这样的县政结构，其政治功能与运作，存在着巨大乃至致命的缺陷，是在预料之中的。

第三，县政制度运作不实，往往流于形式。时人指出："近年以来，各级机关纷以编造计划宣传政绩为能事，但一切计划，大抵仅为粉饰门面，不切事实，计划自计划，行政自行政，二者不相衔接，因之所谓计划，成为官场照例的酬应文章，完全失去其原来的作用。"[1] 在县政实际运作中，县政府制定的县政实践，竟然以编造计划宣传政绩为能事，县政计划不是为了去实行

---

[1]　陈柏心：《地方自治与新县制》，第82页。

的，而是"官场照例的酬应文章"。例如关于县的"查政府颁布之自治法及其附属条规，计达四十余种，条文都九百五十七条，其他法规与此互相引证而有间接关系者，尚不在内，各省根据此项法令而颁行之施行细则，或单行章程，更难缕指以数；此外附属之图表格式，尤属浩然大观。似此繁密复杂，不但行使主权之民众无法明了，即承办自治之人员，恐亦对之茫然。故施行以来，毫无成效"，因此"各省各县非视为具文，置之不理，即虚伪呈报，以肆欺蒙"。[1] 因法律的规定流于形式，无法在实际中运行，只能造成"虚伪呈报，以肆欺蒙"的结果。

第四，整体看来，南京国民政府县政结构及其运作空乏无力。县政府、县党部、县参议会组织功能虽各有分工，组织体系与社团组织虽有分化，但一方面由于制度体系设计与实际县情不符，另一方面也由于制度设计本身缺乏重心与协调机制，还由于派系利益问题，名为县政体系的各项制度、各种组织，不能形成合力，而是各自为政，相互冲突与纷争。在国民政府高官杨永泰看来，国民党的政治"简直可以拿空疏、疲玩、糊涂、黑暗几个字说明一切。此即由于行政机构之失调，行政方针之失策与行政人员之失效。因此不仅不能发生好的结果，反而病态严重，形成无恶不备的政治"。[2] 杨永泰这里所谈的"机构之失调"，方针与人员之失策、失效，实际就涉及制度设计与运作的空虚问题，也可以借此概括南京国民政府县政体制及其运行的主要面相。

1　朱子爽编《新县制述要》，中国文化服务社 1940 年版，第 57 页。
2　杨瓃熙编《杨永泰先生言论集》，沈云龙主编《近代中国史料丛刊》第 98 辑，台北，文海出版社 1978年版，第 61 页。

第三章

南京国民政府县政体系对县域的社会管理和控制

县是地方自治的基层单位，中央政令能否实行，就要看县域政府的社会管理和控制如何。因此，县域社会管理和控制在整个国家治理体系中占了重要的位置。要想建设良好而有效率的中央政府，就必须打造良好而有效率的县域社会管理机制。

孙中山曾将县域管理归纳为六个方面，即清户口、立机关、定地价、修道路、垦荒地、设学校。[1] 这成为国民政府县域社会管理的法理基础。1929 年 6 月 10 日，国民党中央执行委员会第二次全体会议议决，从 1930 年开始组织实施县政管理，同时训练行政管理人员。之后陆续调查户口、清丈土地，筹备自治机关，最终 1934 年底之前完成县自治。[2] 该议决案为规范县域社会管理奠定了制度基础。

1934 年 10 月立法院通过的《中华民国宪法草案》中规定县域社会管理的事项有县财政、县公营及合作、县警卫治安、县卫生等 12 项。[3] 《中华民国宪法草案》规范了县域社会管理和控制的内容。

1937 年，在推行县政过程中，蒋介石又用管、教、养、卫概括县域管理

1　孙中山：《地方自治开始实行法》，行政院县政计划委员会主编《总理地方自治遗教》，正中书局 1940 年版，第 1—6 页。

2　《完成县自治案》，立法院编译处编《中华民国法规汇编》第 1 编，中华书局 1934 年版，第 63 页。

3　《中华民国宪法草案》，徐百齐编《中华民国法规大全》第 1 册，商务印书馆 1936 年版，第 4 页。

的实施要点：管，即管理，包括对人、物、地、事等各方面的管理；教，即教育；养，即发展经济、充裕民生；卫，即国防的训练，要求人民必须具备自卫的能力。蒋强调，通过以上四个方面达到"人尽其力、地尽其利、物尽其用、事尽其功"的目的。[1]

综上所述，县域社会管理和控制主要包括行政管理、财政管理、经济管理、教育文化管理、卫生医疗管理、社会治安管理和司法警政管理等七方面，本章将对此做一梳理。

第一节 县域行政管理

中国的县级行政管理体制起源于奴隶社会向封建社会转型的春秋战国时代，确立于秦王朝。自秦以降，县始终是最基本的地方行政单位，县级行政机关是县域行政管理的具体执行者。县域行政管理的内容从广义上说，包括县政府对本县政治事务、经济事务、社会公共事务、文化事务的管理，以及县政府机关的内部事务的管理等。本节所论县域行政管理，是从狭义上说的，主要指对县域政府机关内部事务管理，包括县域行政体制的建立与县行政人员的训练与任免等。

一 县域行政体制的建立

县域行政体制即县域行政管理体制，包括县域行政层级的划分、县域政府机构的设置以及运行等各种关系和制度。县域行政体制是实施县域社会管理和控制的制度基础和组织基础。

---

1 蒋介石：《廿六年七月十八日对庐山暑期训练团第一期毕业学员讲话》，《总裁关于县政建设之训示》，民团周刊社 1940 年版，第 5 页。

（一）县域行政区划

行政区划是各层级政权为便于行政管理而进行的一个必要的权力层级和管理区域划分的程序，即将所辖区域划分为若干级别层次、大小范围不同的区域，并在各个区域里分别设置相应的行政管理机关。北京政府时期，最初实行的是省、县二级制，后增设道，遂为省、道、县三级政区制度。1928 年，南京国民政府取消道，恢复省县二级制。[1] 根据 1947 年的建置，全国共有 35 个省，辖 2016 个县。[2]

1929 年，南京国民政府修正公布《县组织法》，对于县域行政区划和行政机关统一做了规定。首先，规定各县县政府按区域大小、事务繁简、户口及财赋多寡分为三等。[3] 其次，每县再依照面积、地形、户口、交通、经济状况、民俗习惯划区，区数"至少以四区为限，至多以十区为限"。[4] 不过在具体操作过程中，因各地情形不同，各省多根据自身情况酌情厘定设区的标准。如 1929 年，江苏省制定《各县自治区域划分办法》，规定了该省行政区划的一般标准："（一）面积。纵横十里至三十里为一区。其因县之面积过大，或过小，而不能与区数标准相合者，得酌量增减之。（二）地形。在平原区，交通便利者，划区可大。在山岳区，应依地形之便利划分。其沿海岛屿不便者，得特殊划设。（三）户口。户口稀少者，划区可大。户口繁密者，人事亦繁，划区宜适当。（四）经济力。土地硗瘠，或人口稀少者，划区不宜过小，以期顾全负担自治经费之能力。（五）民性。民性相差过巨者，得自为一区，使得

1　1932 年，国民政府设置行政督察专员制度，先在江西推行，后推行至全国。该制度在省和县之间设若干专区，由行政督察专员管理，国民政府的行政区划又成为省、专区、县三级制。见翁有为《行政督察专员区公署制研究》，社会科学文献出版社 2012 年版。

2　孟昭华等编著《中国历代国家机构和行政区划》，中国社会出版社 2003 年版，第 568 页。

3　《县组织法》（1929 年 10 月 10 日实施），立法院编译处编《中华民国法规汇编》第 2 编，中华书局 1934 年版，第 1032 页。

4　《各县划区办法》，立法院编译处编《中华民国法规汇编》第 4 编，中华书局 1934 年版，第 64 页。

顺遂其特性而谋发达，以免抵牾不协调之弊。"[1]

各县在设置县区划的数量上，既基于历史的传统，又根据特定的人口、经济、区域等情况。在江苏省，由于"人口稠密，商业繁盛，经济力亦较他省充裕"，[2] 故各县设区的数目在 5—15 区之间，超过《县组织法》规定的 4—10 区的限制。除江苏外，亦有其他省份根据自身特殊情况划分县治行政区划，如湖南省县治区划在实施过程中也没有完全依照《县组织法》的规定。[3]

1939 年以前，南京国民政府在县下设区，区下再设乡（镇）、里、邻。根据《县地方自治条例》，各县以 5 户为邻，5 邻或 25 户为里，4—10 里为乡或镇，20—50 个乡或镇为区。[4] 南京国民政府前期，区处于重要的位置，"区在治权上，是行政、立法、监察三权鼎立的实体组织"，[5] 是县自治的重要层面。

1939 年南京国民政府推行的新县制，对县的区划和组织又有了新的原则调整。新县制在县行政区划方面的主要内容有：一是按面积、人口、经济、文化、交通等状况，分县为三等至六等，由各省政府划分并报内政部核定。此项较之于前面《县组织法》将县划分为三等的规定在可操作性方面更有弹性。二是县以下设乡（镇），乡（镇）内编制保甲。每乡（镇）以十保为原则，介于六保与十五保之间。保甲的编制，由县政府根据各县具体情况拟定，呈请省政府核准施行。至此，保甲制度由原来偏重于自卫功能的权宜之策，正式成为带有自治色彩的乡村基层组织制度。三是在面积较大或有特殊情形的县还"分区设署"，但此时的区署已不再是一级政权的载体，且不再是普遍

1　《江苏省各县自治区域划分办法》，《江苏省政府公报》第 111 期，1929 年 4 月，第 6 页。

2　《民厅呈报苏省划分自治区域情形》，《江苏省政府公报》第 111 期，1929 年 4 月，第 6 页。

3　《湖南省政府政治报告书》，湖南省政府秘书处 1931 年印行，第 9 页。

4　《县地方自治条例》，徐百齐编《中华民国法规大全》第 1 册，第 618 页。

5　孔充：《县政建设》，中华书局 1937 年版，第 42 页。

设置，性质亦只是县政府的辅助机关，仅代表县政府监督指导各乡（镇），办理各项行政事务而已。[1] 国民政府新县制的推行，使县级政权的地位得以强化，县政府对地方基层的管理和控制更为直接。

（二）县域行政机构设置及人员编制

县域行政机构的设置、职能确定及人员编制是县域行政体制的重要内容。县域行政机构主要包括县政府[2]、县参议会、区公所、区民代表大会、区署、乡（镇）民大会和乡（镇）公所等机构。

1. 县政府的设置及演变

县级的行政机关，清朝称为县衙门，北京政府时期为县知事公署，南京国民政府成立后称为县政府。1929年国民政府修正公布的《县组织法》规定各县设县政府，处理全县行政及自治事务。县政府设县长[3]1人，综理县政，监督所属机关及职员。为辅助县长处理政务，县政府设秘书1人，所掌事务有机要事项、总核文件事项、承办职员进退事项、典守印信事项、县政会议事项等。[4] 有时会计、庶务及统计事项，也由秘书管理。在裁局改科后，秘书还兼理县政府总务科的职务。县长因公外出时，秘书可代行其职责。由于秘书是一个关键的位置，新县长赴任，往往会任用自己的心腹为秘书。

南京国民政府初期，县政府的下属机构是科、局分设。在县政府内部，根据事务繁简设置科，各科设科长1人，科员若干。具体设科的数量及科员的

1　《县各级组织纲要》（1939年9月19日国民政府公布），广东省档案馆编《民国时期广东省政府档案史料选编》（11），第427页。

2　县政府有两种含义，一是仅指县政府内部之组织，即县长、秘书及各科；二是包括县政府及其附属机关。此处指后者。

3　军阀混战时期，各省多自定县行政组织，有采用县长制的，有采用委员会制的。1927年6月9日，南京国民政府根据国民党中央执行委员会第100次会议的决议，令各县一律用县长制，以后一直沿袭下来。

4　《县政府办事通则》（1929年9月2日内政部公布），徐百齐编《中华民国法规大全》第1册，第549页。

多寡由省政府确定，秘书、科长由民政厅委任，科员由县长委任。

县政府一般根据需要设公安局、财政局、建设局、教育局等。此外，县政府在必要时还可设卫生局、土地局、社会局、粮食管理局等机构。局是县政府之外的组织。

南京国民政府初期，县政府及其下属机关人员编制较少。如江苏昆山县县政府下设四科，科是县政府内的组织。第一科管民政，第二科管财政，第三科管建设，第四科管禁烟。县长兼理司法，设承审员。人员编制为县长 1 人，秘书 1 人，科长 4 人，科员 11 人（第一科 4 人，第二科 4 人，第三科 1 人，第四科 2 人），技术员 2 人，工务员 1 人，度量衡检定员 1 人，合作指导员 1 人。县政府下属还有公安、教育两局，每局各设局长 1 人（局由省民政厅直辖）。另有农业推广所，设管理员 1 人。以上人员共计 25 人。[1] 其他地区的县政府及其下属机关人员编制与此类似。

县政府的 20 余人，既要处理来自省方的政令和训示，又要处理区、乡（镇）的事务，还需做调查、填表册，不免让办事人员有应接不暇之感。如要将事情做好，即便每天工作很长时间，办事人员亦会疲于奔命。县政府及其下属机关不仅工作人员少，薪酬也较低。以较为富裕的浙江省一等县为例，县长俸额 240 元，实际支薪每月 216 元；秘书俸额 128 元，实际支薪每月 115.2 元；科长俸额 80 元，实际支薪每月 72 元；科员平均每月实际支薪 30 元，事务员每月仅能实支十数元。[2] 县长薪资不能说少，但应酬多，花费也多；而其他人员，与省机关同级别的工作人员相比，工作重，薪酬却低。这难免影响县域公务员的做事热情，致使其对工作往往敷衍了事。

1　昆山县政府编辑《昆山县县政报告》，张研、孙燕京主编《民国史料丛刊》第 148 册，大象出版社 2009 年版，第 7 页。

2　孙石生：《浙江县治制度组织之不良与推行新政困难之症结及其改进之我见》，《新县政研究》，汗血书店 1936 年版，第 246 页。

　　为改变上述状况，提高县政府办公效率，加强县政府的权力，1934 年 12 月，《剿匪省份各县政府裁局设科办法大纲》颁布。该大纲令湖北、河南、安徽、江西、福建 5 省"裁局设科"，并适当增加经费。其他省份如认为有必要参照实行的，可呈请行政院核准执行。此后，裁局改科在大多数省份得以推行，"有全国一致之趋势"。[1]

　　到了 20 世纪 40 年代，随着各地行政机构的充实和完善，办事人员的编制也在增加。如 1943 年初靖远县政府县长以下设民政、财政、建设、教育、军事、社会 6 科，各设科长 1 人，科员 2 人，事务员 1 人，雇员 10 人。此外还有会计室，设会计主任 1 人，会计助理员、统计员各 1 人，承审员 1 人，技术指导员 3 人。警佐室设警佐 1 人，巡官 2 人，警察 79 人。另设督学 3 人，合作指导员 1 人，纺织指导员 3 人，检定员 1 人，督练员 2 人。全县军运代办所由县长兼所长，并设副所长 1 人，科员 1 人，专办驻军及过路军队粮草运输、征购、采买各事宜。[2] 1946 年 3 月，东明县政府下设民政科、财政科、教育科、建设科、合作指导室、会计室，机构较简单。除县长外，县长办公还设秘书 1 人，助理秘书 1 人，科员 1 人，事务员 1 人，指导员 2 人。民政科设科长 1 人，民政科员 3 人，另设户政科员 1 人，事务员 1 人；财政科设科长 1 人，科员 2 人，事务员 2 人；教育科设科长 1 人，督学 2 人，科员 3 人，事务员 2 人；建设科设科长 1 人，技士 1 人，技佐 1 人，事务员 1 人，度量衡检定员 1 人；合作指导室设主任 1 人，指导员 1 人，事务员 2 人；会计室设主任 1 人，科员 2 人，事务员 2 人；另设书记 10 人，传达 1 人，公役 12 人，警政班 15 人。共 78 人。[3] 除了公役 12 人，东明县政府也只有 66 人。这一时期县政

　　1　《办理裁局改科事件之经过》，甘肃省政府秘书处编印《甘肃省政府工作报告》（中华民国二十五年七月份），1936 年，第 15 页。

　　2　《靖远县政府组织机构及人员情况》（1943 年 1 月 5 日），白银市档案局（馆）编《民国时期靖远县情录》第 1 集，第 32 页。

　　3　《河北省东明县政府员役衔名俸薪清册》（1946 年 3 月），开封市档案馆藏，档案号：旧 3-152-003。

府机构简单、编制人员较少，可能与南京国民政府财政空前紧张有直接关系。不过，长垣县县政府经征处（经征委员会）（34 人）、农林场（4 人）两单位的人数未计算在内。[1] 可见，南京国民政府各个时期甚至各个地区县政府的人员编制是不同的，其中既有县等的差别，也有各省情况的不同，更有各个时期的变化。

县政府设有县政会议，一方面，县政会议是属于县政府内部的一种组织；[2] 另一方面，县政会议也是县政府运作的一种程序。县政会议人员由县长、秘书及科长、各局局长组成，以县长为主席。县政会议主要审议县预算决算、县公债、县公产处分、县公共事业等经营管理事项。实际上，县政会议的参会人员和审议事项往往超出上述规定。特别是"裁局设科"后，此种扩大趋势更为明显。1934 年，有红军被"围剿"的省份各县的县政会议，除县长、秘书、科长外，还有财务委员会委员长、督学、技士、警佐、各区区长及其他由县长指定之人组成。[3] 再如，1940 年 4 月 5 日，靖远县政府召开该年度第一次县行政会议，参加会议的有县政府各科科长、县党部人员、各机关团体负责人、各区区长、联保主任、部分保长、沿河各保水利人员及驻军营长等共 59 人。县长邹介民在 4 月 6 日报告中提及的事项，共有保甲、兵役、禁烟、植树造林、战时民众教育、县财政预算、水利、保甲经费等 8 项。会议讨论公决民政、财政、教育、兵役、建设等五方面提案 25 件。[4] 1946 年 4 月 15 日，尉氏县第 7 次县政会议参加人员有县政府的县长、秘书、民政科科长、财政科科长、建设科科长、教育科科长（由他人代）、社会股主任、田粮科科长、合作主任、会计主任、指导员（2 人）、助理秘书、县党部书记长、团副

1　此长垣县档案归在东明县卷内。

2　钱端升等：《民国政制史》下册，第 562 页。

3　钱端升等：《民国政制史》下册，第 563 页。

4　《靖远县政府召开本年度第一次县行政会议》（1940 年 4 月 5 日），白银市档案局（馆）编《民国时期靖远县情录》第 1 集，第 13 页。

团长、县参议会议长、税捐处主任（由他人代）、卫生院院长（由他人代）、财委会主任、警察局局长（由他人代）、县训所教育长（由他人代）21 人参加；另应参加的缺席人员有技士某 1 人、承审员某 1 人、县银行经理某 1 人、救济院院长某 1 人，计 4 人；并有请假者承审员某 1 人，督学某 1 人，计 2 人，会议应参加者为县各方面的负责者 27 人，实到 21 人。[1] 可见，县政会议有的是县政府的科长级的人员参加，有的则扩大到区乡长乃至部分保长，显然是根据县政会议讨论的内容而定参加人员。

2. 县参议会

与县行政紧密相关的是县参议会。从一般的理论上而言，县参议会"乃一县之议决机关也"，[2] 但实际上县参议会并不具有这样的权力。根据规定，县参议会有议决筹备区长民选及完成县自治、制定县单行规则、审查县预算决算、整理县财政收入、募集县公债、县民生计及救济、促进县教育等事项的权力。[3] 县参议员由县公民直接选举产生，任期二年，可连选连任。[4] 关于名额，在人口未满 15 万的县为 15 名，超过 15 万者每 3 万人口增加参议员 1 名。县参议员不得兼任本县县政府及其所属机关公务员。但这些规定，国民政府迟迟没有兑现。

县参议会根据规定，每三个月开常会一次，但如果县长或县参议员的 1/5 提出请求，则应即召集临时会。常会、临时会的会期均不能超过 1 个月。县参议会必须过半数参议员出席才有效，议案表决以出席参议员过半数同意方能通过执行。县长认为县参议会的决议不当时，应说明理由送回复议。如县参议员的

1　《河南省尉氏县第七次县政会议记录》（1946 年 4 月 15 日），开封市档案馆藏，档案号：旧 3-0036-003。

2　王均安：《现行地方自治法规释义》，世界书局 1935 年版，第 30 页。

3　《县参议会组织法》（1932 年 8 月 10 日国民政府公布），徐百齐编《中华民国法规大全》第 1 册，第 624 页。

4　《县参议会组织法》（1932 年 8 月 10 日国民政府公布），徐百齐编《中华民国法规大全》第 1 册，第 624 页。《县组织法》（1929 年 10 月 10 日实施）规定县参议员任期三年，每年改选 1/3。1932 年公布的《县参议会组织法》修订县参议员任期为二年，可连选连任。

2/3 以上仍坚持前议，而县长仍认为不当时，则由全县公民依法表决。[1]

县参议会的程序大致为：政府机构报告工作，然后由议员质询，再最终讨论决议报告事项。如 1948 年 3 月 22 日至 26 日靖远县召开县参议会二届二次大会，县长康天衢首先向大会做施政报告，随后在各次大会上，县政府五个科、常备自卫队两个中队长、会计室、合作室、补给站、警察队警佐、卫生院院长、税捐稽征处处长分别依次向大会报告工作。由于当年灾情严重，县政府提交议定的事项中不利于人民生活生产、增加人民负担的部分，在这次参议会上未予通过，有关增加经费的事项被否决。会议结束时，全体参议员提议：以大会名义电请省政府，迅予设立兰宁公路靖远支线车站以利交通；撤销税捐稽征处以节糜费；电请省政府水利局拨款补修靖丰渠新旧隔堤及顺水堤，以巩固河防。[2]

南京国民政府虽然颁布《县组织法》和《县参议会组织法》，但出于诸多原因，许多地方并未成立县参议会。为进一步"贯彻民权主义精神，完成宪政基层建设，推行新县制，促进地方自治，充实建国力量"，[3] 行政院于 1943 年拟定《限期成立各省县参议会实施纲要》，限各省在 1944 年内成立县参议会或临时县参议会。到 1945 年 5 月，后实施新县制的 1103 个县中成立临时县参议会的有784 个，成立县参议会的有 17 个。[4] 参议会到抗战结束后才在各县普遍建立。

南京国民政府时期，县参议会在县域社会管理、控制乃至民意方面起到了一定的作用，发挥了地方自治的某些效能。但由于诸多因素的影响，如国民党党权和政府的掣肘与制约、参议员之间的派系倾轧，使各县参议会的实

1　《县参议会组织法》(1932 年 8 月 10 日国民政府公布)，徐百齐编《中华民国法规大全》第 1 册，第 624 页。

2　《靖远县参议会二届二次大会情况》(1948 年 3 月 22—26 日)，白银市档案局(馆)编《民国时期靖远县情录》第 1 集，第 18—19 页。

3　《行政院拟订的限期成立各省县参议会实施纲要及蒋介石电令》(1943 年)，中国第二历史档案馆编《中华民国史档案资料汇编》第 5 辑第 2 编"政治"(1)，凤凰出版社 1998 年版，第 971 页。

4　《吴鼎昌在中国国民党第六次全国代表大会上做政治总报告》(1945 年 5 月 7 日)，中国第二历史档案馆编《中华民国史档案资料汇编》第 5 辑第 2 编"政治"(1)，第 763 页。

际作用非常有限。

3. 区公所、区民代表大会和区署

在县的下一级，南京国民政府设计了区作为一级行政区，到抗战期间新县制实施后区的地位改变，区制实行了较短时间。在区作为县下面的一级行政区划的时候，区公所是全区的最高行政机构，也是该区的自治机构。根据有关规定，区公所设区长1人。区公所于现行法令及自治公约或区民代表大会决议交办之范围内有办理户口调查及人事登记、土地测量、公共土木工程的建筑修理、教育、卫生、保卫、水利、合作社组织、风俗改良等事项的职权。[1] 区管理的事项是非常广泛的。但历来对区的规定不一，区长的任职时间、副区长设置的人数多有不同，各省制定的具体规则更是各种各样。

区公所于前列事项中比较重大者应随时召集区务会议决议办理。区务会议人员由区长、副区长及所属之乡长、副乡长、镇长、副镇长组成。

根据规定，区民对于区公约的制定、修改及其他自治事项，往往通过代表大会的形式来实现。区民代表大会由区公所召集，每年开会一次，日期由区长拟呈县政府核定。如有重要事件发生或区公民的1/2以上、乡镇公民的1/3以上请求召开时，则应开具理由呈请县政府核准，召集临时会议。区民代表大会在不抵触中央及省县法令范围内有下列职权：（1）选举县参议员、区长、副区长；（2）提出县参议员、区长、副区长罢免案；（3）制定或修正自治公约；（4）议决区之预算决算；（5）议决区有财产之经营处分；（6）议订区单行规程；（7）审议区公所交议事项；（8）议决所属各乡镇或公民提议事项。[2] 但这些规定往往流于形式，所谓区长民选，并未真正实行；所谓自治，

1　《区自治施行法》（1929年10月2日国民政府公布），徐秀丽编《中国近代乡村自治法规选编》，第113—114页。

2　《区自治施行法》（1929年10月2日国民政府公布），徐秀丽编《中国近代乡村自治法规选编》，第112—113页。

也只是一种摆设。

区公所本来是作为推行地方自治的"自治团体"而存在，但区公所成立后，常同其他机构产生冲突，造成行政效率低下，国民政府后来决定取消区公所，代之以区署，作为县政府派出的行政机关，"绝非向日之自治组织"。为"协助县长，增进县政效率"，1935 年 1 月，《剿匪省份各县分区设署办法大纲》颁发，其要点为：各县分区，区数在 3—6 个，各区以数字定名；区设区署，区署设区长 1 人，办理保甲壮丁队、保安、合作、教育、农村、水利、户口、清丈、卫生、公安、交通等事项；区长成绩优异者可升任县长。[1] 该大纲的施行意味着区的自治地位不再凸显，行政职能加强。该大纲开始施行于湖北、河南、安徽、江西、福建等省，后在其他各省逐渐推行开来。新县制施行后，区成为一种特殊情形下非普遍设置的机构，而且亦非一级行政机构。在许多地方，区逐渐被裁撤，特殊存在的也只是作为县政府的派出机关。

4. 乡（镇）民大会和乡（镇）公所

在新县制之前，乡镇是区下面的一级行政组织；之后，由于区的一级自治地位撤销，乡（镇）成为县下面的一级行政组织及自治组织。

早在 1929 年 6 月国民政府修改 1928 年《县组织法》时，就增加了设置乡镇公所组织的规定。到 1929 年 9 月 18 日，国民政府公布了《乡镇自治施行法》，制定了具体详备的乡镇法规，对乡（镇）的乡（镇）民大会选举、乡（镇）公所的管理事务范围、乡（镇）务会议的程序、乡（镇）监察委员会、乡（镇）财政等问题进行明确详细的规定。乡（镇）民组织乡（镇）民大会，由该乡（镇）长召集。乡（镇）民大会在不抵触中央、省、县及上级自治机关颁布的法令、规程范围内有选举及罢免乡长、副乡长、镇长、副镇长等职权，还可制定或修正乡镇自治公约、审核预算决算等。乡（镇）民大会

1　《剿匪省份各县分区设署办法大纲》（1935 年 1 月奉行政院训令抄发），徐百齐编《中华民国法规大全》第 1 册，第 538—541 页。

每年开会二次，由乡长、镇长召集，会期不得超过 6 天。[1]

该法还规定，乡（镇）设乡（镇）长、副乡（镇）长，任期一年。但实际上，任期规定多有变更。乡（镇）民对于乡镇自治公约有创制及复决权，对于乡长、副乡长、镇长、副镇长违法失职有罢免权。这种规定，同样只具有表面意义，没有真正落实。

乡镇公所办理事项同区公所相似，此处不再赘述。如遇重大事项，乡（镇）长应随时召集乡（镇）务会议议决办理。乡（镇）务会议人员一般由乡长、副乡长、镇长、副镇长及所属之里长组成。[2]

国民党为加强对县参议会及乡（镇）民代表会等民意机关的控制，特强调对于公职候选人，"其未入党者，必须设法介绍其入党"。对于已有国民党党籍的公职候选人则应特别联系，并指示其"如何指导人民运用选举"。[3] 愈到国民党统治后期，国民党加强控制基层的意图愈明显，对公职人员所谓"设法介绍其入党"，往往填表即入，甚至代人填表迫人加入，但基层并未真正得到巩固；而对于"指导人民运用选举"等，则变为选举时毫无顾忌拉选票的做法，说的与做的距离太远，只能招致其内部的纷争和民众的反感与抵制。

二　县域行政人员的训练与任免

县域行政人员的素质直接关系到社会管理的水平。县域行政管理需要什么样的人？如何对其进行训练？又按什么标准进行任免？这是下面要讨论的内容。

1　《乡镇自治施行法》（1929 年 9 月 18 日国民政府公布），徐秀丽编《中国近代乡村自治法规选编》，第 97—106 页。

2　《乡镇自治施行法》（1929 年 9 月 18 日国民政府公布），徐秀丽编《中国近代乡村自治法规选编》，第 102—104 页。

3　《行政院拟定的关于成立县以下民意机关办法与步骤》（1943 年），中国第二历史档案馆编《中华民国史档案资料汇编》第 5 辑第 2 编"政治"（1），第 974—975 页。

（一）县域行政人员的训练

县域管理需要什么样的人才？时人总结了县域行政管理人员应有的素质："1. 学识方面：（1）彻底了解中国国民党之主义与政策；（2）研究各种普通常识。2. 体格方面：（1）练习体操、国术及军事技术；（2）讲求卫生，节制饮食，戒除烟、酒、嫖、赌等不良嗜好。3. 人格方面：（1）不腐化；（2）不骄惰；（3）不虚伪；（4）不畏难；（5）不徇私；（6）不爱钱。4. 工作方面：（1）遵行政府法令；（2）革除官僚习气；（3）兴趣要艺术化，工作要劳动化。5. 精神方面：（1）要有牺牲与奋斗的精神；（2）要有改革与建设的精神；（3）要有坚苦耐劳的精神；（4）要有大公无私的精神；（5）要有博爱互助的精神。6. 思想方面：（1）打破阶级思想、封建思想；（2）打破升官发财思想；（3）打破个人主义及养尊处优的观念；（4）打破唯我独尊、自以为是的观念。7. 行动方面：（1）戒除违反规律的浪漫行动；（2）操持爱护身心的谨严工夫。8. 态度方面：（1）养成谦恭和爱的态度；（2）养成镇静涵容的态度；（3）养成光明磊落的态度。"[1] 但现实中，各县行政人员多有"资格不符，学识浅陋，不谙政治，敷衍塞责者"。[2] 政在人为，虽然各地行政机关逐渐健全，但行政效率、办事效果不尽如人意，就必须对县各级行政人员加以训练。

1931 年 4 月，内政部公布《自治训练所章程》，要求各省设自治训练所训练自治人才。训练所隶属民政厅，所长由民政厅厅长兼任。学员由各县政府保送，但须经考试合格后才能入学。被保送人员必须年满 25 岁并且具备以下条件之一：（1）中国国民党党员；（2）初级中学毕业或与初级中学相当学校毕业者；（3）曾在国民政府统属机关办理行政事务一年以上者；（4）曾办地方公益事务具有经验者。入学测试科目包括笔试（国文、常识）和口试（心

1　孔充：《县政建设》，第 239—240 页。

2　《训练县行政人员事件之经过》，甘肃省政府秘书处编《甘肃省政府工作报告（中华民国二十五年七月份）》，第 29 页。

理测验、智力测验），应试者还须接受体格检查。自治训练所开设三民主义、建国方略、建国大纲、国民政府组织法五要点、民法、户籍法、团体法、地方自治六要点、经济财政概论、合作社论、事业管理法、统计学、簿记学、地理学、测量学大要、军事训练等近二十门课程。[1]

1934 年 8 月 4 日行政院公布《县行政人员训练办法大纲》，规定县长、县佐治人员、协助筹备自治人员在任用之前应进行相当训练，训练目的是"就已具有法定任用资格人员增进其行政效能"，而不是通过训练以"造成某种之资格"。训练的重点在于明了国家及本省政纲政策、注重实际建设工作、注重某县某区之精密研究、注重纪律及操行之训练。训练形式灵活多样，不拘泥于课本和教室，比如可采用撰写论文、辩论、聘请专家演讲、高级长官训话、形成调查报告、实习等形式，如有特殊情况还会对受训的县行政人员进行军事训练。[2]

根据内政部和行政院的法规条例，各省也制定符合本省需要的县行政人员训练办法，如甘肃省规定受训人员为：现任各县县政府秘书、科长及区长；曾任县政府秘书、科长或局长一年以上著有成绩者；曾受普通行政人员考试及格者；本省历届行政人员训练班及区长训练班毕业者；中等以上学校毕业曾在行政机关服务一年以上者。入学测试先后经过体能测试、学科测试、口试三关，任何一关通不过就终止入学资格。[3] 1932 年 1 月，江西省设立的县政研究会，培训县行政人员。县政研究会先后举办 6 期，每期 1—3 个月，共培训人员 345 人。1934 年，江西省停办该会，成立县政人员训练所，学员分为三班四队：县长班一队，40 人；县佐班一队，100 人；区长班二队，160 人。

1　《自治训练所章程》（内政部 1931 年 4 月 22 日公布，1931 年 9 月 5 日修正），立法院编译处编《中华民国法规汇编》第 4 编，第 471—473 页。

2　《县行政人员训练办法大纲》，徐百齐编《中华民国法规大全》第 1 册，第 577 页。

3　《训练县行政人员事件之经过》，甘肃省政府秘书处编《甘肃省政府工作报告（中华民国二十五年七月份）》，第 29 页。

县长班学员由省政府委员 2 人荐举，审查资格后，经民政厅厅长传见，主席口试录取。县佐班、区长班学员经资格审查、体格检验、笔试、口试录取。学员训练以两个月为一期，期满后，现任县政人员分别回原任，考选者听候任用。[1]

各省县政人员训练所（班）基本是以遵从国民党三民主义、养成新生活好习惯、增长学识和能力为宗旨。如云南省县行政人员训练所的宗旨即是"确定三民主义为学员之中心思想，陶冶服务县政之学识才能，养成负责任、守纪律、明礼仪、知廉耻、实行新生活之良好习惯"。[2]

县政人员训练所的组织结构以云南省县行政人员训练所为例，训练所设所长 1 人，副所长 1 人。由于所长和副所长分别由省政府主席和民政厅厅长兼任，不可能经常处理所内日常事务，故在所长、副所长之下设主任，总揽全所事务。所内设教务股、事务股、训育股，各设股长 1 人，教务员、事务员、训育员若干。教务股掌管训练所的课程编排、考试安排、学籍等事务；事务股掌管训练所的庶务、会计、文印等事务；训育股掌管学员的训育事务。另外，所内还有军事大队，负责学员的军事训练。[3]

对县政人员的训练方法大致有四个方面。第一，贯彻其"以党治国"的精神，特别注重对三民主义意识形态的研习和训练，以强化学员的"革命人生观"。第二，为改正过去县政人员"作官发财""自私自利"的思想及因循、怯懦、堕落的习惯，注重礼义廉耻的修养训练，强调以"公勇"为训和"以汗谋生存，以血卫国家，以铁作纪律"的信条。第三，采取讲授与问题讨论的办法为县政人员补充必需的知识与技能。县政讲授分民政、财政、教育、建设、保安、警察、地政、公路、司法、合作、金融、救济等内容。至于讨

1　《江西县政人员训练概况》，《新县政研究》，第 325—329 页。
2　云南省县行政人员训练所编《云南省县行政人员训练所概况》，1941 年印行，第 1 页。
3　云南省县行政人员训练所编《云南省县行政人员训练所概况》，第 18 页后表。

论的问题，则凡有关县政的一切理论、政令和实际问题，均可提出研讨，并请专家指导。第四，为纠正过去县政人员自由散漫的习惯，训练所还注重培养学员的服从性，即绝对服从一切政令。除此之外，训练所还在课余时间组织小组讨论和劳动服务等训练。[1] 问题是这种看起来很有效的学习培训能发挥多大作用。因为"革命人生观"并不是关在教室里就能训练出来的，社会上政治腐败，关在教室里如何能从理论上训练出真正的"革命人生观"来。同样，"升官发财""自私自利"的思想也不是坐在教室里训练就能消除的，虽然经过训练，学员学到了一些县政方面的知识和理论，但本质上不可能有大的变化和改进。不过，在具体知识方面，应会有所收获。

根据曾经接受过训练的人员的回忆，当时对行政人员的训练还是非常严格的。训练所多采取军事化管理，进行高压训练，有道理固然要服从，没有道理也得无条件服从。四川省酉阳县保长冉某在参加保甲长训练时，因早餐违纪被值日教官发现，被叫站起来，立正，教官还"硬将皮蛋连灰带壳，向冉口中猛塞。冉身子稍偏，于是'啪啪'两个反手耳光，打得冉鼻血眼泪交流，而冉既不敢动，又不敢哭，只有听其无端指责埋头忍受。上课堂的号音吹响，鞠了一躬，才听课去了"。[2] 其他如单独训话、带病出操、关禁闭等手段也是训练中常用的高压手段。这种方式，可能会产生一些刺激，但又过于简单粗暴，能发挥多大作用和什么样的作用，实在是不好判断的。这大概是当时颇为流行的"力行"的一种特殊的体现。

县行政人员通过训练，确实能使体魄得以锻炼，知识也得以丰富。[3] 训练

1　《四川省政府县政人员训练所概况》，《四川县训》第 2 卷第 1 号，1935 年 10 月，第 9 页。

2　罗子南：《民国时期酉阳下级行政人员训练班纪实》，《酉阳文史资料》（四川）第 22 辑，2000 年，第 80 页。

3　当时，训练前的基层行政人员的知识水平低到不可思议的地步，如酉阳县某保长在入训前竟然认为"中华民国主席是孔夫子"。参见罗子南《民国时期酉阳下级行政人员训练班纪实》，《酉阳文史资料》（四川）第 22 辑，2000 年，第 78 页。

可能在一定程度上减弱了他们"靠天吃饭"和"无为而治"的想法，强化了纪律意识，提升了行政人员的素质。以云南省为例，自 1942 年至 1944 年底，全省 92 个县训练所完成训练各类人员的任务，其中训练保长 10569 人，保干事 2521 人；训练乡镇长 211 人，乡镇公所干事 1329 人；训练国民学校校长 1050 人，教员 970 人；训练中心学校校长、教职员 288 人；训练甲长 1638 人。三年间，云南省县政人员训练所、省训团、区训班、县训所共训练行政工作人员 35994 人，其中省训练所毕业 157 人，省训练团毕业 187 人，县训练所训练乡长、保长、甲长干部 35650 人。[1]

　　然而，严苛的训练并未带来人尽其才的效果。受训人员训练完以后，训练所将学员名册，连同考试成绩、操行评语，分别送到各主管部门。主管部门安排有现职的回原任，未有现职的考选学员分期分批见习，见习完后听候通知委用。虽然国民政府当局强调"行新政，用新人，干部决定一切"，可是由于地方上任人唯亲现象十分普遍，实权主要被地方豪绅势力把持，受训人员什么时候被委用就很难说了，有的等上 1—2 年还委派不出去，甚至失业。[2] 即使是原来有任职的受训人员，虽然经过严格的训练，一旦回到原有的环境当中，仍有不少人沦为"野鸡"式干部。[3] 这样来看，行政人员的训练效果在实践中又打了折扣，也反映出县政人员训练有流于形式主义和表面化的一面。

（二）县域行政人员的任免

　　南京国民政府时期，公务员的任用分简任职、荐任职和委任职三级。县

1　云南省人事厅编撰《云南省志》卷 51 "人事志"，云南人民出版社 1997 年版，第 86—87 页。

2　廖本信：《解放前罗甸县地方行政人员训练所的一些情况》，《罗甸文史资料》（贵州）第 1 辑，1986 年，第 70 页；赵祺汉：《育才馆与地方行政人员训练所的回忆》，《太原文史资料》（山西）第 2 辑，1984 年，第 146 页。

3　"野鸡"的说法源于 1931 年河南省地方行政人员训练所副所长、民政厅厅长张钫的一次关于"野鸡县长"的训话。他借用"野鸡"讽刺某些县长"光叼（呀）食，就是不下蛋，乱飞乱叼"。见刘式武《"野鸡县长"》，《浚县文史资料》（河南）第 2 辑，1988 年，第 75 页。

域范围内的公务员属荐任职和委任职两级。县长属荐任职公务员，其任职条件有详细具体的规定，涉及是否参加高等考试与特种考试和是否及格，曾任职或现任职级别和年限，曾致力国民革命七年以上而有成绩经证明属实等等。[1] 下面以县长为例，来了解行政人员的任免情况。

南京国民政府的县长任用，主要是通过考试和保荐两种途径。

1928 年，南京国民政府内政部拟定《县长考试暂行条例》。该条例规定，各省要组织县长考试的典试委员会，委员会由典试委员长 1 人、中央简派典试委员 2 人、本省省政府遴请简派典试委员 2—6 人组成，典试委员长由省政府主席兼任。考试有四试，前三试为笔试，第四试为口试。凡第一试未及格者不得应第二试及第三试，第二、第三试未及格者不得应第四试。[2] 1928—1929 年，江苏、安徽、江西、浙江、福建等省举行县长考试，将考试通过者分别留省任用。1930 年 1 月，内政部不再负责县长考试事务，《县长考试暂行条例》亦被废止，不再执行。[3]

考试之外，保荐是任用县长的另一重要途径，这是省民政厅厅长所掌握的选任大权。按照《县组织法》，各省任用县长"由民政厅提出合格人员二人至三人，经省政府议决任用之"。[4] 省政府的决议是程序，只是形式，实际发挥作用的是民政厅厅长对县长的选任权。这样难免会出现滥用职权、乘机敛财的现象。如 1929 年江苏省民政厅厅长公然将不同地方的县长职位明码标价，从 4000 元至 6000 元不等。[5] 而每一次民政厅厅长的更换，在其案头必然"荐

1　《公务员任用法》（1935 年 11 月 13 日国民政府修正公布），徐百齐编《中华民国法规大全》第 5 册，商务印书馆 1937 年版，第 69 页。

2　《县长考试暂行条例》（1928 年 10 月内政部公布），孙燕京、张研主编《民国史料丛刊续编》第 90 册，大象出版社 2012 年版，第 227—229 页。

3　蔡培：《内政部对于慎选县长之过去及其将来》，《新县政研究》，第 314 页。

4　《县组织法》（1928 年 9 月 15 日国民政府公布，1929 年 6 月 5 日重订），立法院编译处编《中华民国法规汇编》第 2 编，第 1033 页。

5　杨谷：《1929 年江苏省国民党内部的一场派系斗争》，《江苏文史资料选辑》第 9 辑，1982 年，第 75 页。

信三尺"，[1] 然后出现一次县长大换班，这成为当时公权私用的真实写照。此种情况使内政部不得不咨照各省并转饬民政厅"实行县长久任并严禁滥荐"，对经审查合格正式任命的县长"不应无故撤换"。[2]

县长的卸任，除任期终了，正常交接之外，还有以下几种原因。

一是因故辞职。有因患病不能正常履职而辞职的。如 1944 年 5 月 2 日，甘肃省政府训令秘人铨辰字第 1772 号令称，省府第 1138 次委员会议决定："新派代理靖远县县长张爱松因病辞职不到差，应予照准，遗缺改派钟遇航代理。"[3] 1948 年 3 月 24 日，靖远县政府秘人〈37〉寅字第 310 号令称：本府民运指导员吕北元久病不愈，请求辞职，已照准，遗缺派前社会科员宋立中接充。[4]

二是因办事不力被免职。如 1934 年 8 月 7 日，靖远县碾子湾乡遭受特大暴雨山洪灾害，按照当时省政府勘报灾情条例规定，县政府除了按时上报灾情，同时还须函请邻县县长会勘，逾期不报会受到处分。8 月 21 日，县长邢邦彦将灾情呈报省政府，但没有会勘，遭到省民政、财政两厅指斥"实属不成事体"。8 月 30 日，省政府署名发文免去邢邦彦县长职务。[5]

三是因失职等情调离。1937 年 3 月 4 日，靖远监狱在押的 8 名犯人越狱逃跑，2 名看守人员畏罪潜逃。3 月 15 日，省高等法院第 1074 号训令宣布看守所所长曹炳恩应予撤职，听候查办。6 月 14 日，省政府秘诉巳字第

1　湖南安乡县政府编《安乡示范县政纪实》，长沙新中国书店 1948 年版，第 200 页，转引自王奇生《党员、党权与党争：1924—1949 年中国国民党的组织形态》，第 209 页。

2　《实行县长久任并严禁滥荐县长令》，立法院编译处编《中华民国法规汇编》第 3 编，第 10 页。

3　《原派靖远县县长张爱松因病未到差照准辞职》（1944 年 5 月 2 日），白银市档案局（馆）编《民国时期靖远县情录》第 2 集，第 100 页。

4　《宋立中任靖远县民运指导员》（1948 年 3 月 24 日），白银市档案局（馆）编《民国时期靖远县情录》第 2 集，第 119 页。

5　《靖远县长邢邦彦迟报灾情受指斥被免职》（1934 年 8 月 30 日），白银市档案局（馆）编《民国时期靖远县情录》第 1 集，第 6—7 页。

529 号训令，给予靖远县县长陈泽世申诫（警告）处分。9 月，陈县长调离靖远县。[1]

四是因贪污被惩处而离职的。经控，靖远县县长吴允中遇派款任务时，任意浮派（增加）15000 元，还鲸吞赈灾款 1500 元，加上其他经济上的贪污行为，引起当地百姓不满，该县党部议决请省政府将该县长依法惩办。[2] 当时，县长因贪腐被控而证实有罪被惩处者颇不乏人。

在工作中失误或对属下失察而造成较为严重后果的县长，虽不致去职，但也会受到一定的行政处分。如 1931 年 3 月 23 日，甘肃省政府秘字第 481 号指令称：靖远县原任县长周顺吉向各区预借契税 5264.86 元，除了付还部分，尚欠 3200 余元。经现任县长查明，确系因公，准如数抵还。但周姓县长事前未经呈报，擅向民间私自借款，不合法令，因此被记大过一次。[3]

由于在县政体系当中，县长实居重要地位，故南京国民政府曾接连颁布法规规范对县长的任免和考核，如《县长须知》（1928 年内政部颁布）、《县长任用法》（国民政府 1932 年颁布，1933 年修正）、《在修正县长任用法公布施行前所用县长清理办法》（1933 年内政部颁布）、《内政部登记法定合格县长办法》（1934 年内政部颁布）、《补充县长任用资格标准实施办法》（1934 年行政院颁布）、《县长考试条例》（1935 年国民政府公布）等等，另外还有种种关于县长的考核奖惩规定。但为何种种法规无法阻止县长的渎职、贪污等行为？根本一点，是县长的产生均为上级的个人任命，多是因私用人，县长多在任职前以人情或重金关系而得官，做官后亦为私情与金钱办事，因之

1　《靖远监狱八名犯人二名看守逃跑县长受省政府申诫（警告）处分》（1937 年），白银市档案局（馆）编《民国时期靖远县情录》第 1 集，第 10 页。

2　《靖远县党部请省党部依法惩办县长吴允中鲸吞巨额赈款之事》（1929 年 1 月至 8 月），白银市档案局（馆）编《民国时期靖远县情录》第 1 集，第 2—3 页。

3　《周顺吉县长公借民款受到记大过处分》（1931 年 3 月），白银市档案局（馆）编《民国时期靖远县情录》第 2 集，第 89 页。

贪污之风不绝。即使实施新县制后各县建立了参议会，但按《县各级组织纲要》第 16 条规定，"县参议会暂不选举县长"。[1] 县长不是经过选举产生的，因此县长只对上级负责，不用对县民负责，加之缺少必要的制度监督和约束，县长群体里面贪污腐败的事件自然就会层出不穷了。在此风气之下，县政府的科局长及区乡保长，也互相攀结成为一个利益群体，上行下效，县政贪污之风愈演愈烈。

第二节　县域财政管理

民国建立后，县域财政的演进可分为三个阶段。1912 年至 1934 年为第一阶段。其间县财政为省级财政所统制，属省级财政的附庸，是县域财政的萌芽时期。1934 年至 1941 年为第二阶段。其间两次全国财政会议召开，并制定颁布《省县收支标准》《财政收支系统法》《县各级组织纲要》等法规，是县域财政的初建时期。1941 年至 1949 年为第三阶段。第三次全国财政会议以后，县财政归于地方财政系统，与国家财政系统区分开，形成相对独立的体系，是县域财政的独立时期。

一　县域财政体制的建立

县政各项建设，离不开财政的支持。南京国民政府建立之后，地方财力有限，如果不整顿财政，因各项事务均缺少经费，好比巧妇难为无米之炊，断难从事建设事业。财政整理的办法，一是设置财政机关，如设财政局或财政管理委员会，专门负责财政事务；二是编制预算决算，统收统支，使县域各方的分配相对均衡。事实上，县财政的整理，也只是为各项行政开支而整

1　《县各级组织纲要》（1939 年 9 月 19 日国民政府公布），广东省档案馆编《民国时期广东省政府档案史料选编》（11），第 426 页。

理，且因行政开支浩大，真正用于建设尤其农业建设之财政开支则极少。

（一）县域财政机关的设置

1928 年以前，县财政体制非常混乱，基本谈不上财务行政，一切收支"皆由县政府经管，各项捐税多由地方有力者包办，省田赋之征收亦一凭粮房胥吏"。[1]

1928 年，国民政府公布《县组织法》，规定县政府之下设财务局（后改称财政局，职权未变），掌征税、募债、管理公产及其他地方财政事项。由于《县组织法》对县财政局制度规定粗略，各省在具体设置上比较混乱，大多以其财政事务的多少确定其组织机构，如江苏、浙江、四川的县财政局规模就较为庞大，福建、湖南、陕西、贵州、察哈尔、绥远等省的县财政局规模就比较小。即便是一省之内，各县的情况也多有差别。[2]

1932 年冬，《剿匪区内整理县地方财政章程》颁布，规定"剿匪"区各县成立县财务委员会办理财政事务。委员会由 7—11 人组成，财政科科长或财政局局长为当然委员，其余人选由县长决定，财委会设审核、出纳两组。职权为出纳、审核、管理公产，对县政府编制预算及其他财务行政进行建议等。[3]

1935 年，军事委员会委员长行营颁布《剿匪省份各县政府裁局改科办法大纲》，并制定《剿匪省份各县政府经征处暂行章程》《剿匪省份各县县金库暂行章程》。其后"剿匪"各省先后裁局改科，将财政局改为第二科后，另设县经征处为征收机关，设县金库为出纳机关。

经征处设主任一人，征收员若干人，受县长及主管科长的监督指挥办理各种征收赋税的事项，凡全县应征收的省县正附赋税如田赋、租课、契税、营业税、烟酒牌照税及其他法定捐税等，均由县经征处统一征收。某项税额

1　广东省政府秘书处编译室编《广东财政》，1943 年 10 月印行，第 191 页。

2　彭雨新：《县地方财政》，商务印书馆 1948 年版，第 143 页。

3　《剿匪区内整理县地方财政章程》（1932 年 12 月 22 日豫鄂皖"剿匪"总司令部公布），徐百齐编《中华民国法规大全》第 1 册，第 581 页。

特大者，全年收入在 3 万元以上，而开支经费之最高额未超过收入数 15% 者，由省政府设立专局征收；全年省县正附赋税合计不满 1 万元的县，可呈请省政府核准，由主管科增设征收员及雇员，直接承办，不另设处。经征处除受县长及主管科长监督指挥外，同时受财务委员的查核。[1]

经征处的设置在一定程度上改变了县财政体系中混乱的征收制度。过去一县之内，田赋、营业税、牙税、当税、屠税、杂税等，由县政府、财政局、田赋征收处、营业税局所、财务委员会、杂税征收处等机关征收。加上专款制度的存在，公款公产委员会、教育基金委员会、公安局、团务局等均可自行征收税款。在此叠床架屋组织之下，包税制还掺杂其间，多收少报，流弊百出。根据《剿匪省份各县政府经征处暂行章程》规定，经征处受县长及主管科长的监督指挥，办理一切征收县赋税事宜。除某项税额特大，均不得另设经征机关及派遣经征人员。[2] 经征处的设置，保证了县级财政收入，为建立有序的财政管理创造了有利条件，但也加强了县财政系统集中汲取以致过度榨取民间财力的统治能力。

1942 年，财政部依据国民党五届八中全会改进财政系统案内"中央管理全国各项租税，应先于税收所在地方设置统一经征机关"的规定及第三次全国财政会议"统一征收机关改进税务行政"案，拟定《省税务管理局组织暂行条例》及《县市税务征收局组织暂行条例》，于 1942 年 7 月公布施行。县税务征收局受本省税务管理局的指挥监督，办理该县各税种的征收事宜。县税务征收局设局长 1 人，副局长 2 人，会计员 1 人及课长税务员等，分六课办事，但在税务较简的县，则酌情缩减。[3]

1　钱端升等：《民国政制史》下册，第 567 页。

2　《剿匪省份各县政府经征处暂行章程》（行营训令遵照经本府于 1 月 22 日训令所属遵办），《湖北省政府公报》第 170 期，1936 年 1 月，第 17—18 页。

3　《县市税务征收局组织暂行条例》（1942 年 7 月 30 日公布），《河南省政府公报》第 2423 期，1942 年 10 月，第 15—18 页。

县金库设在县政府所在地，设主任一人及事务员若干，以掌理全县地方款项的出纳保管事务，直接受省政府的指挥监督。不过，当地县政府及县财务委员会，也可派员会同检查账目，只是以每月一次为限。

金库制度形成之前，现金处理是县域财政中的一大难题，涉及多方面问题：一是现金保管，一般多存置在当地较有实力的商店，或由现金保管员负责看管，但经手人携款潜逃的事情时有发生；二是税款征收，多为税捐征收机关人员一面计算税额，一面收纳现金，体制的混乱为职务舞弊提供了便利条件；三是现金解送，须派押送军警越境护送，不仅时间周期长，还易发生意外。

县金库建立后，具有现金保管、代税款征收、现金缴解及划拨等功能，解决了上述难题。依照《公库法》规定，国库由中央银行代理，其他各级公库由上级政府主管机关（即财政厅）核准，指定银行代理，未设银行地方则指定邮政机关代理。[1] 但在现实中，《公库法》在很多地方未见执行，成为一纸具文。

会计室制度的建立，也是县财政管理的一项重要进展。以往县地方办理会计由在县政府内所设的会计员负责。其为县政府内的科员或办事员，办理县政府的会计事务，并非独立机关。且这些会计员多系县长亲信，极易串通作弊。一旦新旧交班，无法清算，就会产生很多问题。1936 年 7 月 1 日，《会计法》开始施行，县会计主任成为一独立机关，由省政府主计机关委派，其职务是对省款及县地方款进行会计稽核。[2] 1938 年 4 月颁布的《各县市政府会计室组织及办事通则》规定，县政府设会计室，置会计员一人，主持会计室事务，由国民政府主计处委任，直接对国民政府主计处负责，但受省政府会

1　《公库法》（1938 年 6 月 9 日公布），《中央银行月报》第 7 卷第 6 号，1938 年 7 月，第 820—824 页。

2　《会计法》（1936 年 7 月 1 日起施行），《会计学报》第 1 卷第 1 期，1936 年 8 月，第 127—148 页。

计处会计长的监督指挥并仍依法受县政府长官的指挥，主办岁计会计事务。[1]
1942 年 3 月，国民政府颁布《县（市）政府会计室组织规程》，将上述之组织及办事通则废止，会计室设会计主任一人，由省政府会计长或会计主任遴请国民政府主计长委任。会计室承国民政府主计长之命，受国民政府主计处主管局局长及省政府会计长或会计主任的指挥监督，并依法受县政府长官的指挥，主办县政府及所属各机关岁计会计事务，并设科员、书记等人员。[2] 此会计制度推行后，会计人员不再是县长私交，平时不易共同作弊，长期下来，可建立较为清明的财政基础。但实际上，由于会计室受县政府指挥，且县政府员役任用主要受县长控制，会计人员不可能不受县长的左右。

县经征处、金库、会计室的建立，弱化了财务委员会的许多职能，使其作用日渐式微。主要表现在：第一，1935 年，南昌行营颁布《修正剿匪区内整理县地方财政章程》，确定财务委员会为审核机关，其原有的出纳、保管及征税事项由县金库及经征处分别掌管；第二，财务委员会在修正章程中也失去了独立于县政府之外的地位（该章程第二章规定财委会对省政府表达意见时，均须经由县政府"递呈"）；第三，修正后的章程对审核收支发现舞弊应如何处置亦未加规定，故财委会即使发现舞弊事件，亦无法处理；[3] 第四，审计工作偏于财政技术，必须对各种会计法令及新式簿记方法确切明了，始能胜任，而财委会委员多为地方士绅，多不具备财政技术常识，即使肯负责审核，也是心有余而力不足，不得不借助于会计室的帮助。因此，随着经征处、金库、会计室等制度的建立，财务委员会已是徒具形式、名存实亡了，有的

1　《各县市政府会计室组织及办事通则》（1938 年 4 月国民政府主计处颁布），《浙江省政府公报》第 3168 期，1939 年 8 月，第 4—5 页。

2　《县（市）政府会计室组织规程》，《行政院公报》渝字第 5 卷第 3 号，1942 年 3 月，第 19—20 页。

3　《修正剿匪区内整理县地方财政章程》（1935 年 12 月 31 日公布），《湖北省政府公报》第 166 期，1936 年 1 月，第 11—14 页。

省份后来干脆废止财委会制度。[1]

（二）县域预算制度的建立

清末民初已有国家和省级预算编制，而县地方预算制度的推行要晚很多。南京国民政府成立初期，县"预算决算皆无编制，会计制度又未成立，账册无凭"。[2]

1932 年 12 月，《剿匪区内整理县地方财政章程》颁布，其中对预决算编制的规定有：预算、决算应于每个会计年度[3]的指定时间内编制完成，并呈送财政厅核定。

据上述规定，每一会计年度中，须编造预决算书各两次。关于预备费额编列标准并未规定，预备费的动支，则不问款额多少，一律须呈请财政厅核准。这些规定在实施时不免困难。1935 年南昌行营颁布《修正剿匪区内整理县地方财政章程》，对原规定有所改进。（1）预决算书每会计年度各编造一次。（2）预备费额以比照岁出总额 3% 为原则，最多不得超过 15%。预算外支出如系紧急支出者，其金额不满 50 元时由财务委员会议决后先行动支；在 50元以上不满 300 元时，须在决议后由县政府转报行政督察专员公署核准，事后补报省政府备案。[4]

关于县预算编审的原则，1934 年 5 月第二次全国财政会议拟定了《办理县市地方预算规章要点》六项：（1）编审预算务使法团及公民有表达意见的机会，以示公开，须在行政机关以外另设机关进行预算监督；（2）一切地方收支均须编入预算；（3）预算科目务求显要统一；（4）预算编审程序务求简

1　1940 年，福建省在各县设立县会计室，撤销了财务委员会，审核职权移归会计室。

2　广东省政府秘书处编译室编《广东财政》，第 191 页。

3　自 7 月 1 日至次年 6 月 30 日为一个会计年度，每年度分两期。

4　《修正剿匪区内整理县地方财政章程》（1935 年 12 月 31 日公布），《湖北省政府公报》第 166 期，1936 年 1 月，第 13 页。

便，减少文书承转以节省时间；（5）预算公布日期，至迟须在年度开始一个月以前；（6）预算的执行及追加须有严格规定。[1] 财政部根据上述决议，要求各省制定规章作为办理县地方预算的依据，并呈请国民政府颁布严格执行县预算的明令，以期建立规范的预算制度。据统计，1935 年地方预算经财政部核定成立的共有 1316 个县，1936 年共 1508 个县，1937 年因抗日战争全面爆发，降到 1149 个县。[2]

在做县预算编制的时候，各省根据预算法和地方实情，制定单行办法，作为各县编造预算的根据。各县预算编造一般分为统收统支、预算编审、预算执行三部分。

统收统支是预算制度的第一个重要环节。20 世纪 30 年代中期以前，各县地方财政多采用专款专用制度。如浙江省各县有自治、教育、建设、公益、保卫、警察、卫生、征费等八种，各专款都有其指定的收支领域，如田赋的四成用于教育，田赋的二成用于公益，田赋的三成用于警察，自治户捐专门用于自治，保卫户捐专门用于保卫。专款专用的好处是收入稳定，能保证各县主要地方工作的开展。但是该制度也有其不足：第一，各县收入分为各种专款，彼此之间各为阵地，彼款有余，不能补此款不足，制约了某些工作的开展；第二，各项专款相对固定，但若有新兴事业的开展，不免又要另开财源，使人民负担不断增加，各种苛捐杂税乘势而起；第三，给财务工作，特别是预算编制带来极大麻烦和困难。故废除专款、统收统支，为建立预算制度的第一步。各省在颁行县预算编制单行法规中，多有统收统支的规定，体现了财政预算发展的趋势。如四川省 1935 年《县预算编制标准》规定：司法、教育、建设等专款之盈余，应转为公安、财委会、联保办公处、保甲等

1　彭雨新：《县地方财政》，第 161 页。

2　彭雨新：《县地方财政》，第 161 页。

四项经费。[1]

预算编审是第二个环节。预算编审首先要概算分级。1930 年 11 月国民政府公布的《预算章程》规定："各机关所编本机关（包括附属机关）岁入岁出为第一级概算……各该省市总概算均为第二级概算。"根据该章程，1933年，浙江省政府会议议决的《浙江省各县编制地方预算暂行办法》规定："县属各机关所编本机关岁入岁出概算为县地方第一级概算，县政府或财政局汇合第一级概算编成之各分类概算为县地方第二级概算。"[2] 1937 年以后，各省的县预算编制法规，多接近于浙江省的分级标准。其次是拟编概算。各县拟编概算收支数额，多以上一年度核定预算及前年度实收支为准，新增收支应先呈奉省政府核准，才能编列。县属机关编造该级概算应于限期内送交县政府，未编者由编制县总概算机关代编。县政府收到下级概算后，应集会公开审议。经审议后，由主办县岁计机关汇编县总概算，呈送上级核定。再次是预算成立。县总概算拟编后送省政府审定，省政府交主管机关签注意见，由省政府会议审定其计划及概数，于 9 月 1 日前发还。[3] 至此，法定手续完成，预算成立。随着各县参议会的先后成立，依照《预算法》规定，县参议会逐渐代替省政府会议对县概算做最后的审定。

预算执行是预算制度的实施阶段。预算执行时，时常会发生经费有余或不足的情况。在经费有余时，有的省份规定本年度内不得动用，移作下一年度收入；有的省份规定归入总预备费内；有的省份规定于年度终了时，依剩余金处置办法转入下一年度。经费不足时，或者动用预备费，或者减少某部

1　四川省训练团编《县地方财政》，1940 年印行，第 70 页。

2　《浙江省各县编制地方预算暂行办法》，转引自《浙江通志》编纂委员会编《浙江通志》第 31 卷"财政志"，浙江人民出版社 2018 年版，第 249 页。

3　《预算法》（1937 年 4 月 20 日修正公布，1938 年 1 月 1 日施行），国民政府主计处编《主计法令汇编》，1939 年印行，"岁计法令"部分第 15 页。

或全部经费。如四川省 1937 年以后规定经费折支办法，或以八折开支，或以七五折、五折开支。福建省 1937 年党务、行政、司法等费，按实支数八折编列，财务、教育、建设等费按照实支数缩减 1/3 编列。其他省份如广西、江西、浙江等省，在经费不足时，也是普遍采用县经费折支办法。[1]

决算编报是与预算相衔接的制度安排。民国建立后，北京政府制定了财政决算办法，要求各省每年编制《财政收支实况报告》，详细编列各项税捐实收数及各种经费的实支数。但由于长期的军阀割据，各省财政陷入混乱，财政收支数字不完整，无法制作决算编报。南京国民政府于 1932 年颁布《暂行决算章程》，规定了财政决算编制办法及程序。规定年度决算分国家、地方两部分，每部分又分普通会计、营业会计两种，再分经常、临时两门；各机关于 10 月 31 日前编具第一级决算送财政厅，财政厅汇编总决算后连同第一级决算送省政府转呈国民政府主计处。[2] 1938 年 8 月国民政府颁布《决算法》，1941 年 1 月又颁布《决算法施行细则》。《决算法》共 4 章 32 条，对决算程序做了较为周详的规定。[3]

南京国民政府时期，中国民族资本的发展，使县级政府的财政收入增加，与此同时，财政支出也有所增加。县域财政收支情况的变化要求县政府更加合理地安排资金收支，预算制度的产生适应了县域经济社会发展的需求。另外，县政府预决算的编制、讨论、公布和执行，在县参议会成立后需经参议会通过，是一个较为透明和具有民主色彩的过程，这对于调整社会内部各利益阶层的关系也起到了一定的作用。从制度建设层面看，这是中国县域财政管理走向现代化的重要一步。但实际上，县参议会迟迟未能成立，抗战期间陆续成立后，功能有限，虽然发挥了一定作用，但与制度规定差距

1　彭雨新：《县地方财政》，第 168—170 页。

2　国民政府主计处岁计局编《岁计法令汇编》，1935 年印行，第 346—350 页。

3　项怀诚主编《中国财政通史·中华民国卷》，中国财政经济出版社 2006 年版，第 26 页。

甚大。

抗日战争期间，由于交通阻隔，办理手续迟缓，各省县库收支不能如期结算，无法形成县级决算编报，自然也使县财政、省财政的预决算无法准确编制。抗战胜利后，国民党统治区很快又面临经济崩溃、物价飞涨、货币贬值、财政混乱的困境，许多省份如山东、湖北等县级、省级预算决算无法编制，即便编制出来，纸面数据也与实际数据有较大差距，使县财政预算徒有形式。[1]　因此，从实践层面看，南京国民政府时期县域财政预决算制度得不到完全执行，其效果难以真正体现出来。

二　县域财政的收支管理

县域财政的收入项和支出项各有哪些？制度建设如何？县域财政收支能否平衡，能否为县政建设提供经费保障？我们对此做一简要分析。

（一）县域财政收入

1934 年以前，相对中央而言，省县皆属地方。省县收支未被划分开，县收支依附于省，没有独立的财政地位。1934 年，第二次全国财政会议集中于整理地方财政的讨论，关于县收支内容的决议，通过《省县收支划分标准原则》，规定：（1）县市与区乡镇财政合为一体，不再划分；（2）省县税收划分，依税捐种类分别归属，不以正附税为区分，其大宗捐税不能完全归省或县市者，按成数配；（3）关于支出的划分以其机关及事业设施目的之所属为依归；（4）省与县市税收划分以后，彼此不得附加；（5）省与县市支出划分以后，遇有必要，仍须互相协助。经财政部呈请行政院通饬各省照此原则并

1　见山东省地方史志编纂委员会编《山东省志·财政志》，山东人民出版社 1993 年版，第 529 页；武汉地方志编纂委员会编《武汉市志·财政志》，武汉大学出版社 1992 年版，第 69 页；项怀诚主编《中国财政通史·中华民国卷》，第 26 页；湖北省房县志编纂委员会编《房县志》，中国文史出版社 1991 年版，第 450 页。

根据地方实情，尽快拟定划分省县市收支标准。[1]

1935 年 7 月 24 日，国民政府财政会议公布修正《财政收支系统法》，其中关于县财政的收入有税课收入、特赋收入、惩罚及赔偿收入、规费收入、代管事项收入、代办事项收入、物品售价收入、租金使用费及特许费收入、利息及利润收入、公有营业及事业收入等 17 项收入。[2]

1939 年 9 月，国民政府推行新县制，颁布《县各级组织纲要》，其中与县相关的收入有部分土地税、部分中央划拨补助县地方的印花税、部分营业税、县公产收入、县公营业收入等。[3] 该纲要较之于《财政收支系统法》，对县收入的增加是有益的。房捐在过去多由县征收，数额并不大，如果按照《财政收支系统法》规定，则 15%—45% 归省，非常麻烦，对省收入亦无太大影响，此处定为县收入更符合实际。屠宰税全额及其他营业税的 20% 以上归县，无疑增加了各县的财政力量，也为新县制的推行提供了有利条件。

综上而言，县地方收入项目大致分为地方财产、税课、补助费及其他收入。其中，税课收入在县总收入中最为重要，抗战前山东各县税课收入占 90% 以上，江苏、江西、甘肃、贵州等省占 80% 左右，其余多在 60%—70%。1935 年度至 1942 年度，湖南、湖北、江西、河南、陕西、甘肃、福建、广东、广西、贵州等省各县，税课收入在县总收入中的比重仍达 60%—70%，浙江、安徽、四川、云南、宁夏等省达 50%—60%。[4] 而在各县税课收入中，田赋和屠宰税又为最重要部分，现对其做一简单介绍。

1　陈昭桐编《中国财政历史资料选编》第 12 辑上"地方财政"，中国财政经济出版社 1990 年版，第 312—313 页。

2　《财政收支系统法》（1935 年 7 月 24 日公布），中国第二历史档案馆编《中华民国史档案资料汇编》第 5 辑第 1 编"财政经济"（1），第 156—158 页。

3　《县各级组织纲要》（1939 年 9 月 19 日国民政府公布），广东省档案馆编《民国时期广东省政府档案史料选编》（11），第 426 页。

4　彭雨新：《县地方财政》，第 70 页。

　　田赋向为省、县共有，田赋全额分正税和附加，一般田赋正税归省收入，田赋附加则归县收入。20 世纪 30 年代，田赋附加在田赋全额中占有非常高的比例，广西、甘肃、湖北、江苏均在 60% 以上，广东、湖南、安徽在 50% 以上，河南、陕西在 40% 以上，江西、四川、浙江、福建在 30% 左右，最高的为 1937 年度的广西，比例高达 76%。1940 年起各省推行新县制，各项事务的扩充，使县财源有进一步增加的必要。广西在 1941 年 3 月由省政府委员会议决《广西县（市）与乡（镇）财政划分方案》，规定土地税的全部（包括田赋和房捐）一律拨作县收入（其中提 15% 解省）。江西省省务会议于 1940 年 6 月通过《江西省省县地方财政划分办法》，将省、县田赋分配调整为各占一半。贵州过去田赋纯为省收入，1941 年，该省政府订定《贵州省省县财政划分办法》，规定土地陈报后田赋总额 60% 归县，40% 归省。[1] 随着更多的田赋被划归为县收入，田赋在县收入中的比例也日渐突出。以 1935 年至 1941 年平均计算，江苏、甘肃两省占 60% 以上，江西、河南、湖北、陕西、安徽占 50% 左右，湖南、广西、广东占 35% 左右，四川占 30%。[2] 1941 年 6 月，第三次全国财政会议决定田赋收归中央。1942 年，中央按照各省县地方 1941 年度田赋预算数划拨归县，但地方预算因物价飞涨而支出增加，造成田赋收入在县总收入中的重要性有所降低。

　　屠宰税过去在县收入中一直不被重视。但在 20 世纪 30 年代各省有将屠宰税全部划作县税的趋势，其税率也在逐步提高，于是，屠宰税逐渐在县岁入中占据重要地位。1933 年 6 月，广西省政府通令各县将原来解省的屠宰税一律归县，各县税率也日渐提高，使原来全省不到 200 万元的屠宰税，1936—1937 年突增至 300 万元以上，1939 年、1940 年增至 400 万元、500 万元以上，1941 年更是达到 940 万元，超过田赋全额。该年度，全省

1　彭雨新：《县地方财政》，第 65—66 页。

2　彭雨新：《县地方财政》，第 64—67 页。

99 个县中，屠宰税收入超过田赋、契税总额者共 46 个县。其他省份，如湖南、江西与之类似。1942 年度各省县预算中屠宰税所占全部县税及中央划拨各税款总额之比例：江西为 58%，福建为 55%，广西、安徽、西康三省为 54%，四川 48%，湖南 47%，湖北 43%，贵州 38%，河南 35%，广东 32%，其中，江西、福建、广西、安徽、西康五省，屠宰税超过其他一切县税及中央划拨各税总和。[1]

根据 1933 年河南省各县地方款收支统计，该年度全省各县共收田赋附加 10513992.61 元，各项捐税 1475696.00 元，教育课租 668181.16 元，总计收入 12657869.77 元；该年度全省各县共支出 14155582.72 元，不敷 1497712.95 元，全省仅有 24 个县财政收入有剩余，85 个县入不敷出。[2] 在抗日战争期间及抗战胜利之后，军费开支的急剧增加，更是加重了各县的财政负担。为了弥补财政收入的不足，各县不得不在正税之外，再向商户、保里等征收各种苛捐杂税，商、民的负担越来越重。[3] 苛捐杂税的增多，阻碍了社会生产力的发展，加剧了百姓生活的贫困，导致社会矛盾进一步激化。

（二）县域财政支出

1935 年 7 月 24 日，国民政府财政会议公布修正《财政收支系统法》，其中关于县财政的支出主要有行政支出、立法支出、教育文化支出、经济及建

1　彭雨新：《县地方财政》，第 68 页。

2　河南省政府秘书处编《河南统计月报》第 1 卷第 1 期，1935 年 1 月，第 46—50 页。

3　在某些地方，苛捐杂税达到令人咋舌的地步。如浙江省永康县在民国时期有据可查的各种杂捐杂税就有：建设附捐、田赋附捐、田赋特捐、教育附捐、治虫费、自治附捐、保卫户捐、壮训户捐、乡镇自治经费、教育经费、亩捐、绥靖经费、手车捐、抗敌自卫团经费、置产捐、屠宰附捐、店住屋捐、房捐、城区店屋附捐、城区店住屋消防附捐、孵坊捐、人力车捐、自由车捐、警捐、延席捐、警宿捐、旅店执照捐、轿行执照捐、自治户捐、商店捐、戡建乐捐、钱业捐、当捐、架木捐、牙税、帖捐、当帖捐、糖捐、警队冬季服装费、团队服装户捐、所得捐、广告捐、茶捐、监所修理费、驻军副食代金、省保安大队经费、兵警副食代金、劳役捐、户捐、牛捐、小猪捐、戏捐、方岩签诗捐、旅客难民捐、山地收益捐、佃户学谷捐、串票捐、征属优待金、改善士兵待遇献金等近 60 种。《永康县志》，浙江人民出版社 1991 年版，第 314 页。

设支出、卫生及治疗支出等16项。[1]　参照财政部分类统计方法，县财政支出可分为行政费、保安公安费、教育文化费、建设费等项。建设费、教育文化费会在第三章第三节、第四节论及，以下对行政费和保安公安费的开支做一简要叙述。

行政费支出。根据财政部地方捐税委员会编印的《二十五年度各省市县预算分类统计》，县行政费内容又可分以下各项：（1）区乡镇保甲经费；（2）县政府经费；（3）县行政会议费；（4）政务警察费；（5）训练费；（6）户籍费；（7）各局会等经费；（8）其他属于行政费性质者，如差旅费、递解费等。行政费每年并不相同，高低不定。以1936年度数据计算，江西平均每人摊派0.61元，广西0.93元，四川0.48元，浙江0.77元，江苏0.94元，安徽0.39元。[2]

保安公安费支出。（1）保安费支出。南京国民政府成立初期，军事粗定，大多数省份有县区团队，名称各异，编制混乱。1929年，国民政府颁布《县保卫团法》，用以整饬自卫力量。1931年后，各省建立保安团队，设立省保安处以集中训练，统一指挥，保安团队遂成为省直接指挥的武装力量，各县地方治安变得空虚。在此背景下，新兴自卫组织纷纷产生。此类县地方自卫组织的保安费均须由县自筹开支，其费用多寡，视其组织大小、多少而定。如湖北省1933年间，各县保安队多者有15个中队，少者2个中队。[3]　保安费筹集方式有两种：一是采用统筹方式，由县政府在田赋上加征附加税；二是采

1　《财政收支系统法》（1935年7月24日公布），中国第二历史档案馆编《中华民国史档案资料汇编》第5辑第1编"财政经济"（1），第163—165页。

2　《江西等六省二十三年度至二十六年度县预算岁出总额平均分配表》，彭雨新：《县地方财政》，第26页。

3　麻城县保安队原有25个中队，后缩编为15个中队；来凤县保安队原仅有1个中队，后又增至2个，一般县有3—5个中队。麻城情况见湖北省政府民政厅编《湖北县政概况》（2），1934年7月印行，第496页；来凤县情况见《湖北县政概况》（5），第1614页。

用摊派方式，或者由县抽收亩捐或户捐，或者由乡镇保甲在其单位区域抽收捐款，或者直接由保安团队向居民派缴。在此筹集方式下，苛捐杂税蜂拥而起，勒索无度、鱼肉乡民现象因而屡见不鲜。有时筹集的款项不一定直接发给团丁，经费欠发达数月甚至经年不发给团丁的也有，进一步造成团丁向居民骚扰需索，保安团队反而成为扰民队。湖北省1933年保安费1万至5万元的有16个县，5万至10万元的有31个县，10万至15万元的有12个县，15万至20万元的有10个县，最多者是麻城，达27.9万余元。[1] 保安费在县支出中占重要地位，其所占县支出比例高的达50%以上，如湖北各县1933年统计，保安费占全部县支出的61%，其中麻城甚至达到82%，可见保安费已成为县域百姓的沉重负担。（2）公安费支出。县警款开支，最初属专款，后来列入县预算，与保安费统称为"保安公安支出"。与前面保安费相比，公安费用要低得多。以1934年内政部的统计，公安费省份最高者为江苏省，平均每县30939元，其中最高者吴县291102元，最低者青浦3422元；接着为浙江、河北、察哈尔、山东、山西等省，县均超万元；最低的是四川，平均每县公安费1860元，最高的县隆昌4100元，最低的县高县342元。就全国而言，该年度公安费最低的县是云南兰坪，仅150元。[2]

对县域财政的梳理，表明县域财政经历了一个从依附于省财政到独立的过程。1934年颁布的《省县收支划分标准原则》及1935年颁布的《财政收支系统法》，使县域财政的独立地位得以初建。1939年推行的新县制，则将全国财政划分为国家财政与地方自治财政两大系统，县财政彻底取得了独立地位。[3] 县域财政体系的建立和管理的规范，使县级财政收入有了保障，有利于地方经济建设的开展。同时也表明，南京国民政府的财政体系

1　《湖北各县经费支配图表》，湖北省政府民政厅编《湖北县政概况》（1），统计图表九。
2　内政部年鉴纂编委员会编《内政年鉴》（二），商务印书馆1936年版，"警政篇"第103—216页。
3　行政院编纂《国民政府年鉴（1943—1946）》第1册，国家图书馆出版社2011年版，第76页。

"已具备了现代国家财政的形式"。[1] 这是从县财政制度而言。但同时，由于县域社会财力有限，国家对县域经济扶植、开发不力，实际上财源极其有限，虽然号称有县、乡财政，事实上都是以乡民为鱼肉。这种不开源的财政，即使分配制度再重新划分，也不可能增加国家财力的总量，而在总量有限的情况下，再分配后的县财政和乡财政，仍然难以摆脱财政的困境之局。

第三节　县域经济与社会救济事业管理

县域社会管理包含管、教、养、卫等职能。其中，养指的是发展经济、充裕民生，而发展经济主要体现在建设事务的开展上。此外，国民政府为强化基层经济统治的基础，还倡导合作事业的开展，成为该时期值得关注的一个现象。

一　县域建设事务的开展

孙中山曾说："对于全国人民之食衣住行四大需要，政府当与人民协力，共谋农业之发展，以足民食；共谋织造之发展，以裕民衣；建筑大计划之各式屋舍，以乐民居；修治道路、运河，以利民行。"[2] 一方面，南京国民政府标榜遵照孙中山遗教；另一方面，作为其行使经济管理的责任，也必然倡导民生和经济建设，并开展建设事务。县域的建设事务，也在这一背景下展开。

（一）县域建设机关的设立

国民政府公布的《县组织法》规定县政府下设建设局，"掌土地、农矿、

1　张宪文等：《中华民国史》第 2 卷，南京大学出版社 2006 年版，第 168 页。
2　《国民政府建国大纲》（1924 年 1 月 23 日），《孙中山全集》第 9 卷，第 126—127 页。

森林、水利、道路、桥梁、工程、劳工、公营业等事项及其他公共事业"。[1]
各省根据《县组织法》规定，分别制定了更详细的规程。兹以浙江省为例对
县域建设机关的情况做一介绍。

1932 年 10 月 14 日，浙江省公布《浙江省县建设局规程》19 条，强调县
建设局设于县政府所在地，受县政府之监督指挥，掌理全县建设事宜。《规
程》规定：县建设局设局长 1 人，承县长之命，依照法令综理全局事务。其
任命有两种情况。一是由县长在考试或训练合格人员内遴选，然后呈请建设
厅转呈省政府委任。二是在考试或训练中尚无合格人员的时候，由省建设厅
在具有下列资格之一的人员中遴选，并请省政府委任：（1）大学或专门学校
之工科、农科、商科毕业者；（2）高级中学或旧制甲种实业学校之工科、农
科、商科毕业，并曾任建设职务三年以上者。

县建设局一般设四课，如果事务较简，可酌情合并为三课或二课。各课
设课长 1 人，课员 1—3 人，由局长遴选报县政府核验委任。县建设局因办理
缮写或其他事务，还可酌情设事务员及书记。第一课掌理的事项有：（1）文
书收发缮校及印信、卷宗、图书的保管；（2）职员的任免、考核、奖惩等；
（3）建设经费的支配、领发、审核，及其预算、决算的编制；（4）统计表册
及月报的编造；（5）本局会计、庶务事项；（6）其他不属于各课事项。第二
课掌理的事项有：（1）道路、桥梁的修筑及管理；（2）航业的管理及取缔；
（3）电业的保护及管理；（4）水利工程的测勘、规划及设施管理；（5）建筑
及不属于土地行政的测丈事项；（6）新市新村的建筑及其他土木工程；（7）运
输事业团体的管理。第三课掌理的事项有：（1）农林、蚕桑、畜牧、渔业、
矿冶业的规划、奖励、保护、管理等；（2）益虫、益鸟的保护及害虫的防治；
（3）植物病害的防治；（4）农村改良事项；（5）农民银行及合作社的管理事

1　立法院编译处编《中华民国法规汇编》第 2 编，第 1033 页。

项；（6）地质及土壤的调查。第四课掌理的事项有：（1）工商业的提倡、奖励、保护、管理等；（2）商品的检查、征集等；（3）权度的检验；（4）工商业的注册登记；（5）工商团体的立案及监督；（6）劳工行政事项等。[1]

县建设局受县政府的管理和控制体现在以下几个方面。第一，县建设局推行下列事务时，不能擅自行事，必须以县政府名义由局长副署行之：（1）交通业、农工商业之管理与取缔；（2）附属机关的设置或变更；（3）建设经费的筹集及整理；（4）预决算的编制；（5）附属机关主任人员的任免；（6）局职员及附属机关主任人员的奖惩；（7）单行规则的颁布；（8）县政会议议决案的颁行；等等。第二，县建设局制定的行政计划或其他兴革事项的筹拟，均应呈送县长核交县政府、县政会议审议后，呈请建设厅核定，转报省政府备案。第三，县建设局对上行文，除法令别有规定外，应均呈由县政府核转。第四，县建设局有违法或不当之命令或处分时，得由县政府依法变更或撤销之，并呈报省政府及建设厅查验。[2]

在《浙江省县建设局规程》公布后，各县根据自身实际组织办事机关，制定办事细则。海宁县建设局将《规程》中的第三课、第四课合并，局下共设三课。海宁县建设局设局长1人，课长3人（第一课课长由局长兼任），课员5人（其中一人兼无线电话收音员，一人兼合作事业促进员），事务员1人，书记1人。其他各省县建设行政机关与海宁县职能类似，不过在设课（科）的数目和名称上有差别，如江苏省该时期各县建设局设技术课和事务课。[3]

由于建设事务涉及面广，"为筹议全县建设事宜"，海宁县还设立建设委员会，委员由固定委员和聘任委员组成。固定委员3名，分别是县党部代表1人，县长、建设局局长各1人；聘任委员一般是5名，是以县政府名义聘请的

1　《浙江省县建设局规程》，浙江省建设厅编《浙江省现行建设法规》，1933年印行，原书无页码。

2　《浙江省县建设局规程》，浙江省建设厅编《浙江省现行建设法规》，原书无页码。

3　凌志斌编《江苏省各县建设人员录》，祥丰印刷所1934年印行，第1页。

"热心提倡本县建设事业著有成效者"和"富有建设事业之学识或经验者"。建设委员会主席是县长，建设局局长为常务委员。建设委员会的职权是：（1）建议县建设事业之方针及计划；（2）审议县政府交议及地方公私团体或个人请议的与建设有关的事项；（3）筹划县建设经费；（4）审查县建设经费预算及决算。[1]

海宁县还由县政府出面组织若干与建设有关的委员会、团体或机构，计有水利委员会、治虫委员会、合作事业讲演会、丝茧救济委员会、养蚕合作指导委员会、农民银行监理委员会、农业改良场、国货提倡委员会、度量衡划一促进委员会、修筑斜碶塘路委员会等10余个。这些组织主要是协助县政府和建设局工作，它们大多依附在建设局名下，人员3人至20余人不等，均无专门财政编制，但出差或开会都有一定的补助。[2]

1934年以后，裁局改科逐渐成为趋势。不过国民政府并没有"一刀切"，各县可根据自身建设事务繁简的不同，设局或课（科），江苏省甚至是局、科、股同时存在。该省60个县中，建设事务繁多的6个县设建设局，人员编制也较庞大，例如吴县建设局设局长1人，课长2人，技术员5人，课员2人，市政工程处事务员1人，工务员2人，仪器管理员1人，养路工程队管理员1人，会计员1人，庶务员1人，管卷员1人，度量衡检定员1人，合作指导员1人，共计20人；其他5个县建设局的职员编制在15人至18人之间。建设事务稍少的县设建设科，计有26个县，各县建设科人员编制多在10人上下，如丹阳县建设科有科长1人，技术员2人，科员1人，办事员1人，合作主任指导员1人，合作指导员1人，度量衡二等检定员1人，共计8人。江苏省还有28个县设建设股，人员编制在5人上下，如句容县建设股

1　《修正海宁县政府建设委员会简章》，海宁县政府编《海宁县建设行政一览》，1932年印行，"法规"第5—6页。

2　海宁县政府编《海宁县建设行政一览》，"附录"第1—14页。

设主任 1 人，技术员 1 人，事务员 1 人，度量衡检定员 1 人，共计 4 人。[1] 1946 年 3 月，河北东明县建设科有科长 1 人，技士 1 人，技佐 1 人，事务员 1 人，度量衡检定员 1 人，计 5 人；另有合作指导室主任 1 人，指导员 1 人，事务员 2 人，计 4 人；两者合计 9 人。[2] 与丹阳情况相近。就整体情况看，县设建设科的较为普遍，人少事简，难以开展有规模的建设事业。

（二）县域建设事务的开展

县域建设以农业为主，大致有以下几个方面。

1. 农林业建设

农业是经济的基础，内地各县对农业建设非常重视。江西省铅山县的自然条件有利于农业经营，但"人民习于萎惰"，农业发展"缺点颇多"。该县政府采取若干措施督促以振兴农业。（1）创办示范农场。该县在县城东外苗圃前，创设示范农场，以资观摩，树立榜样，以达到改良农业的目的。（2）督促垦荒造林。该县将垦荒造林视为建设中心工作，除积极经营县区苗圃，扩充各保联苗圃，广为育苗以供造林外，还于每年春季，由县督促各区保甲民众暨各机关团体的学生和公务人员，利用荒地，实行大规模植树造林。（3）振兴特产经营。该县桐木关附近一带出产之茶，销行沪汉，历年产销约计 400 万元。但是由于战争影响，茶叶生产衰落不堪。为此，该县制定计划保护、奖励、指导制茶业，以促其早日复兴。[3] 其他各县普遍如铅山县那样推行示范农场、垦荒造林、扩充苗圃等措施。有些县也根据自身情况发展特色农业，如浙江省海宁县桑蚕业比较突出，但传统只将桑叶供养春夏蚕，秋季桑叶完全废弃，比较可惜。1930 年，海宁县政府从建设经费中拨出 500 元，购买秋蚕种 500 张，半价分送给农民试养，并请省立蚕丝

1　凌志斌编《江苏省各县建设人员录》，第 1—60 页。

2　《河北省东明县政府员役衔名俸薪清册》（1946 年 3 月），开封市档案馆藏，档案号：旧 3-152-003。

3　韩志强：《铅山县建设概述》，《县训》第 6 卷第 3 期，1936 年 12 月，第 22—23 页。

业改良场派员赴乡巡回指导，效果良好，农民收入也有所增加。[1] 发展农林业，不可避免会有病虫害，海宁县专门组织治虫委员会，制定《治虫实施纲要》及补充办法。治虫委员会还在各区组织治虫事务所，分掌治虫之事。为根除害虫，1929 年，各区治虫事务所收买卵块、枯茎，全县共收卵块 4452844 个，枯茎 2658790 根，收买费用达 7149.33 元。[2] 这些建设，当然有些具体的成果，但更多的是象征性的，而且经费短缺，每兴一事，无论种树，还是造圃，多要乡民摊派款项乃至人力，乡民未得其利，先受其病，往往并不能真正惠民。

2. 水利建设

发展农业离不开水利，特别是靠天吃饭的传统农业，水利建设的状况直接关系到一个地区的丰歉和稳定与否。1937 年 10 月，刚赴任四川省三台县任县长的郑献徵了解到该县 200 余年来一直苦于水利不畅，决定带领百姓开修渠堰。在任县长的两年半时间内，郑献徵带领民工用 14 个月修起 46.5 公里的渠系，解决了三台县农业的灌溉问题，使之从灾荒之地变成抗战粮仓。在修渠后期，经费不足，郑献徵变卖家产捐资 4 万银圆，终将渠堰修成。百姓感其恩德，以"郑泽堰"命名新修成的水利工程。[3] 铅山县 1935 年利用冬季农隙，遵照国民劳动服役办法，兴修各项水利工程，收效颇为显著，共计完成各项重要水利工程 20 余处，据第六区水利工程督办处查核报告，成绩列江西省第六行政区内之第一位。[4] 这类水利建设工程的个案还有不少。但以中国之大，整体看来，南京国民政府对水利事业关注不够，这是农业连年受灾的一个重要原因；后来有所重视，但仍是局部的、零星的，缺乏系统的规划和连

1　《海宁县已往之建设》，海宁县政府编《海宁县建设行政一览》，第 5 页。

2　《海宁县已往之建设》，海宁县政府编《海宁县建设行政一览》，第 5 页。

3　〔法〕郑碧贤：《郑泽堰——民国县长郑献徵传奇》，生活·读书·新知三联书店 2012 年版，第 17—20 页。

4　韩志强：《铅山县建设概述》，《县训》第 6 卷第 3 期，1936 年 12 月，第 22—23 页。

续的治理。

3. 修建市政工程

市政工程与市民的生活便利和舒适密切相关，在经济条件较好的县域，市政工程建设经常开展。以广东南海县为例，其下有佛山、九江、官山三区。在 1929 年，该县计划在佛山开展的市政工程建设如下。（1）分期开辟市街马路。（2）筹筑汾河两岸长堤及公众码头。（3）筹建新涌口文昌沙桥梁。（4）测量全市各街道。（5）筹建市北公园。佛山市民，据统计不下 15 万，无公共游玩休息场所，为改善市民生活，择地辟筑市北公园一所，让市民有正当娱乐的去处。（6）建筑消防瞭望台，并在台上设报时响号，以期全市时刻划一。（7）筹建南海县合署，并附建新式监狱，以利施政。（8）制定专章取缔游宴场所及公共建筑物，以防失火危险。（9）购置浚河机，清挖河道积淤。挖起的泥土，用以填筑马路堤岸，一举两得。九江区的市政工程如下。（1）清理沟渠，填筑街道、桥梁、码头。由市局雇工或拨人犯赶紧修理。（2）测量街道，划定马路线。（3）建菜市三所，既是维持清洁卫生，又是便利交通的需要。（4）疏挖河涌，将所取之泥，为填筑江佛公路之用。（5）筑设公共医院。九江居民一有疾病，苦无正式医院诊治。死于庸医之手者，不可数计。现设立医院，从事施治，以资救济。官山区的市政工程如下。（1）建新式公共码头。官山有数十乡水陆要道，渡船络绎不绝。但向无公共碇泊码头，诸形窒碍。现建一公共新式码头，以利交通。（2）开辟高街马路。查官山商业繁盛，人民满望开辟马路。拟由油炸涌口直上，折入高街，至商会门前止，长约 2700 尺，先行兴筑。[1] 这类工程，也是在经济条件好的地方得以兴建。当然，有特殊背景的地方，如蒋经国在江西第四区任专员兼县长时，对其兼任县长的赣南县的公共市政，也是积极建设的，而一般的县，限于财力，多

---

[1] 余心一：《南海县县政计划大纲》（1929 年 8 月制定），《南海县政季报》第 1 期，1929 年 12 月，第 23—27 页。

只能修修补补，或者做点"面子工程"之类的建设。如四川合川县1940年春季行政会议的"建设类"提案中，就有《彻底整理乡村电话，以增行政效率案》，[1] 而实际上，对当时的合川县农村，"彻底整理"电话远不是必要和重要的，更重要的应该是农业生产技术的改进和农民生活状况的改善，而这些问题却是他们讨论的盲区。

4. 商业和服务业建设

尽管在传统意识中，商人的地位不高，但民国时期，各县也都认识到"无商不活"。铅山县河口镇为赣东商业中心，昔年商业非常繁盛。但受种种因素的影响，20世纪二三十年代其金融、商业陷于萧条，其他如县城、湖坊、陈坊各处，亦衰败不堪。县政府为振兴商业，指导各业组织同业公会，以保障商家利权，研究商情。另外，政府还在金融方面为商户提供服务，商请江西裕民银行河口分行，对该县尽量给予低利信用借贷，以资市场金融周转便利。[2] 在水陆交通、邮政通信等方面，各县也尽己所能地发展，以为政治、经济服务。南海县在1929年推出下列措施。（1）调查全县路航邮电等事业。该县在此前对水陆交通、邮政电报、官商电话均无统计。现通过调查，制定统计图表，以利施政。（2）筹设全县长途电话。拟以佛山为中心点，设一总站，各区乡均架设分线，直达佛山，以期联系便捷。（3）设置车站。江佛、禅炭两公路即将完成通车。该县拟于1929年在江、佛、禅、炭四处，各建汽车总站，沿途设分站。为减轻政府负担，车站应备车辆及养路经费，概布告招商办理。[3] 铅山县1936年计划建设全县电话网，添设各保联间电话，由各区统筹办理。[4] 对于上述商业贷款一类利商之举，县政当局确有扶植之必要，但这

1　《合川县二十九年春季行政会议记录》（1940年3月15日），重庆市档案馆藏，档案号：0055-1-58。

2　韩志强：《铅山县建设概述》，《县训》第6卷第3期，1936年12月，第23页。

3　余心一：《南海县县政计划大纲》（1929年8月制定），《南海县政季报》第1期，1929年12月，第27—28页。

4　韩志强：《铅山县建设概述》，《县训》第6卷第3期，1936年12月，第23页。

种情况其普遍状态如何，则大成疑问。而架电线、修公路虽为现代社会建设
的重要内容，但其经费及工役多向乡民派任，且亦非乡民所欲建设的急务，
故虽有意义，难免折扣。

关于建设经费的问题。在南京国民政府成立初期，由于预算制度尚未推
行，各县建设如有用款，先提出大致数目，经省政府会议议决后，所需经费
或由地方经费划拨，或由省款补助。1929 年，预算制度逐步推行，县建设经
费的收入来源、支出去向等项目逐渐规范起来。以江苏省为例，该省各县的
建设经费以筑路亩捐、建设特捐（包括牙税、契税、屠宰税）、水利经费（有
漕留县建设费、保圩亩捐、河堤经费、塘工水费等）、实业经费等为大宗，其
他诸如各种车捐、建筑执照费、船捐、轿捐、肉捐、花布捐等杂项经费，虽
名目繁多，但数量较微。[1] 由于各县收支不同、建设计划不同，很难有一个统
一的年度建设经费标准，不过我们通过江苏省南汇县的建设经费收支，也能
大略窥其一般（见表 3-1）。

表 3-1 南汇县建设经费收支报告（ 1933 年 4 月—1935 年 6 月 ）

收入项目	数额（元）	支出项目	数额（元）
前任移交	11664.34	技术室经常费	3315
财政局移交	4424.14	建设科经常费	6300
留县筑路亩捐	34255.066	测候设载费	80
契税特捐	7852.251	指导工程师薪旅	2446.29
牙税特捐	1100	1934 年抢修海塘	966.976
漕留县建设费	131.82	1934 年塘工赈拨款	20000
交通银行存款利息	80.53	整理浦滨段路面	3611.32
省还沪杭公路借款	22085	建筑横泾桥	1220.82
		1933 年度添购电话材料	519.4
		1934 年度添购电话材料	117.5
		整理城乡电话工料	736

---

1 《江苏省建设经费收支概况》，《江苏建设季刊》第 1 卷第 1 期，1934 年 3 月，"杂俎"第 18 页。

续表

收入项目	数额(元)	支出项目	数额(元)
		修理雷击电杆工料	88.76
		推广船闸段电话补助	500
		解省筑路亩捐汇费	25.71
		建设科长出席省厅建设人员谈话会川旅费	17.87
		推广浦张、城六两段电话补助	1500
		浦城浦张段电话添设交叉线工资	10.5
		新周段桥涵填土	951.66
		添设公安分驻所防务电话	566.12
		抽水救旱费	1441.311
		王公塘港测量费	285.2
		测量城厢街道费	301.4
		改进测候费	38.44
		提拨王公塘港留县一成水利费	7500
		提拨王公塘港工赈费	12534.89
		借拨王公塘港不敷经费	12252.27
		建筑中山堂补助	1000
合计	81593.147	合计	78327.437
		结存	3265.71

资料来源：江苏南汇县政府建设科编《二年来之南汇建设》，1935 年印行，第 174—175 页。

表 3-1 是南汇县两年的建设经费收支报告表，收入来源主要为筑路亩捐、牙税、契税、漕留县建设费及借款等项目，开支项目主要有农田水利建设、公路建设、通信建设、治安经费、工赈修塘、劳务补助等。

从表 3-1 来看，似乎收支是平衡的，但实际上，建设经费的收入远远满足不了该县的建设需要。因为南汇县 1933—1935 年两年的建设工程实际费用为 20 万元左右，而县建设经费固定收入约 8 万元，其他全系由地方筹集，或由省厅拨助，据查共有 8 项共 117446.446 元，而这些经费在这一报告表中并没有显示。[1] 南汇县毗邻上海，属经济发达区域，因此能筹集到如此多的款项满足县域建设的需要。而相对贫穷的县由于经济较差，建设经费有时会被挪作他用，造成建设经费的短缺，影响地方经济的发展。如 1935 年，河南省尉氏县用于发展工业的建设经费被挪用，影响了该县工业发展，此事被反映到省建设厅后，转由省政府"饬所属各县政府，不得任意增减经费，以维原有事业"。[2] 因此，简单地说，经费的多寡决定了县域建设的规模、水平和发展速度。

二 县域合作事业的开展

合作运动在中国出现，有一定的社会历史条件。一是近代中国生产力落后，物质资料短缺，建立合作社有利于发挥生产力效力和资源共享。二是在近代中国社会向现代转型的背景下，西方的合作思想理论被引入中国，五四时期是合作思想传播的重要时期，一些合作性和改良性的经济和社会组织开始出现；南京国民政府建立后，基于孙中山民生思想的影响，面对中国农民的经济落后状态和中共的农村革命，积极提倡农民合作事业的开展，并在各县陆续设置合作指导室，作为县政府的下设机构，也足见其对此事务的重视。同时，由于土豪劣绅的强取豪夺造成底层群众民不聊生、工商业凋敝，部分社会学家、经济学家和政治家希望通过合作运动改变这种状况，因此合

---

1 该县建设经费以外筹集的款项有以下 8 种：（1）1934 年修筑塘，由江苏省赈务会拨助 6000 元，江苏川南崇实启水灾救济会拨助 19500 元，以工赈亩捐向浦东银行抵借 20000 元，又征工赈亩捐拨充修筑水洞 4306.18 元，以上共 49806.18 元；（2）推广航闸段电话，地方补助 1150.45 元，又筹借 580 元，共 1730.45 元；（3）推广浦张段电话，在地方费内补助 2249.128 元；（4）推广城六段电话，地方补助 554.212 元；（5）开浚王公塘港，奉发拨解省一成水利费 7500 元，省拨旱灾工赈费 4997.5 元，借筑路亩捐 17652 元，以上共 30149.5 元；（6）建筑中山堂由士绅捐 1000 元，教育费拨助 1500 元，县党部救国基金拨助 1000 元，县长捐款 1000 元，募捐 1000 元，砖瓦厂赠全部砖瓦值 2500 元以上，以上共 8000 元；（7）修建浦东第一桥，旅沪绅商捐款约 9000 元；（8）修筑南川县道，由交通公司拨垫测量费 563.8 元，垫筑土基费 14393.176 元，垫付青苗损失费 1000 元以上，共 15956.976 元。以上 8 项共 117446.446 元，均为县建设费以外的收入款项。江苏南汇县政府建设科编《三年来之南汇建设》，第 173—174 页。

2 《令饬各县不得任意增减建设经费》，《河南省政府公报》第 1321 期，1935 年 5 月 6 日，第 5 页。

作运动从理论到实践，从个人倡导到政府引领，在中国社会基层逐渐发展起来。

（一）县域合作组织的设立

南京国民政府将合作社定义为"依平等原则在互助组织之基础上以共同经营方法谋社员经济之利益与生活之改善，而其社员人数及资本额均可变动之团体"。[1] 1934 年公布的《合作社法》及 1935 年公布的《合作社法施行细则》将合作社的责任分有限责任、保证责任、无限责任三种，种类分生产、消费、信用、利用、运销、保险等 6 类。还从设立、社员社股及盈余、理事监事及事务员、会议、解散及清算、合作社联合社、罚则等方面对合作社做出规定。根据上述法规，各省、县纷纷组织合作促进会，开展合作事务。[2]

以南昌县为例，我们考察一下合作社在县域如何组织。

南昌县一直没有典当铺，农民从事经济活动时，如急需用钱，往往借贷无门。南昌县依据国家办理合作互助的要求，强制每个村落的居民分别结成各个"配给交换自营的团体"，就是给予农民以"典质权和抵押权的机会"，以达到使农民"具有自动生产的机能"的目的。合作本应是自愿的，但政府却要强制才能开展，也是一种悖论。南昌县在省农村合作委员会指导下，组织"信用、利用、供给、运销"等四种合作社，以适应地方经济建设的需要。南昌县合作社的特点有：（1）统一全县合作社的名称，叫作农村合作社；（2）实现"无村不社""无农不入"的合作；（3）举办动产抵押及不动产抵押，以供给社员之耕种资本而提高其生产效率；（4）为业主、佃农举办征租、征税，从"租不扰田，税不扰民"达到"人尽其力，地尽其利"的"村田社

1　《合作社法》（国民政府 1934 年 3 月 1 日公布，1935 年 9 月 1 日施行），徐百齐编《中华民国法规大全》第 3 册，第 3241 页。

2　《合作社法施行细则》（实业部 1935 年 8 月 9 日公布），徐百齐编《中华民国法规大全》第 3 册，第 3245—3247 页。

营"，以扩大生产；（5）合作社员每年出股资一元，赤贫之户主暂行缓交，股本在日后经营中分期扣还，以达人民均享合作的权利。[1] 南昌县合作社在组织方面，把合作社、保甲联系起来，家家都做社员，处处都有合作社，按家庭加入为社员，再由各保联合，成立合作社，再依次成立区联合会和县联合会。在县联合会之下的合作金库，是全县合作社的金融枢纽。合作社的行政管理，是由县政府的第三科和合作技士，以及各区的建教区员负责，另外特请农村合作委员会派合作指导专员为指导员，又于1935年特地考选合作书记，每社分派一人，一面负填表记账查货之责，一面促进各社的社务、业务；由地方举出有资望之士绅组织理事会，内推一人为理事长，直接监督社务之推进，又举司库一人负保管金融之责，每分社设教育委员一人，理事一人，监事一人，以图"管、教、养"打成一片，为合作行政。[2] 上述规划不无合理之处。而关键是这种"强制性"的人人参加的合作社，民众是否得实惠，是否为民所急需。就合作社组织来说，其管理人员是否为民办事、是否奉公也很重要。

因为合作社是新生事物，农民对此多不熟悉，再则也缺乏专业人才，需要政府加以引导和培育。因此，各县在办理合作事业时，要注意发动和培训，否则，就会让人不知如何下手。而舆论工作和培训工作也随着合作事业的启动而开展起来。浙江省海宁县"为促进合作事业之发展特组织合作事业讲演会"，其人员由县区党部、县建设局、县农民银行、县立民众教育馆、各区区公所派人组成。讲演会按照地方需要赴村里轮流讲演，以普及合作知识。[3] 海宁县还以建设局为主组织合作社办事人员训练班，对学员进行为期三周的党义、合作大意、合作簿记、信用合作社经营论、合作法暨农民银行章则释义

---

[1] 李崇钧等：《南昌县推行合作事业概述》，《县训》第6卷第4期，1936年12月，第21—23页。

[2] 李崇钧等：《南昌县推行合作事业概述》，《县训》第6卷第4期，1936年12月，第23页。

[3] 《修正海宁县政府合作事业讲演会章程》，海宁县政府编《海宁县建设行政一览》，"法规"第22页。

等内容的培训。[1] 四川合川县在 1940 年春季行政会议的提案中，也有两个合作社的提案，既是宣传发动，也是贯彻实行。这两个提案分别是《遵照新制，完成本年全县各保信用合作社组织案》和《拟普遍设立消费合作社，借以平抑物价，利济民生案》，[2] 它们在季度性的县行政会议上的讨论与决议，是以县政府的力量对合作事业的推动。江西南昌县在开始合作事业时，由县政府会同合作指导专员，拟定各种办法，并请省农合委员会派了 7 位富有经验的指导员莅县指导工作。同时由县政府召集了一个讲习会，到会者除县政府全部人员外，还有各区区员、保联主任、中心学校校长等百余人。随后又在各区区署、各保联办公处，分别召集保甲长、保学校长及地方士绅等，举办会议，宣示各种章程和办法，以及办合作社之益处，使各方面都能明了合作社设立的意义。由于准备充分，宣传到位，到 1936 年，南昌县已先后成立 697 个合作分社、49 个合作社，从 36825 个社员里边收到股金 37886 元、保证金 2214000 元。[3] 合作事业在县政府主导下，取得了一定发展，对于农村建设事业，亦当有所帮助。

（二）县域合作事业的开展

民国成立后特别是五四运动以后，中国的合作运动进入初步发展期。该时期主要是个人或社会团体的推动，代表人物是薛仙舟，他因提出较为系统的《全国合作化方案》而被视为中国合作运动的开创者。在县域合作方面比较出色的是河北省，1923 年至 1926 年，河北省有合作社的县从 8 个发展到 43 个，合作社的数量从 8 个发展到 317 个，社员从 256 人发展到 8032 人。[4] 这一时期，合作思想得到传播，合作运动得到实验。南京国民政府建立后，合作

1　《海宁县合作社办事人员训练班简章》，海宁县政府编《海宁县建设行政一览》，"法规"第 23 页。

2　《合川县二十九年春季行政会议记录》（1940 年 3 月 15 日），重庆市档案馆藏，档案号：0055-1-58。

3　李崇钧等：《南昌县推行合作事业概述》，《县训》第 6 卷第 4 期，1936 年 12 月，第 23 页。

4　朱斯煌编《民国经济史》，银行周报社 1948 年印行，第 347 页。

事业进入政府主导阶段。

第一个阶段是 1928 年至 1936 年，这是南京国民政府合作运动发动和较快发展的时期。南京国民政府认为孙中山的民生主义的实现途径是办理合作社，因此该时期政府在推动合作运动中作用最为突出。在政府主导下，各省县市纷纷颁行规程条例，组织各类合作社，发行合作刊物，学理研究越发深入。到 1936 年，合作组织遍及全国 28 个省市，社数从 1931 年的 2796 个发展到 37318 个，社员数从 1931 年的 56433 人发展到 1643670 人。[1]

第二个阶段从 1937 年至 1945 年，受战争影响，合作运动进入迟滞与艰难发展时期。合作社数从 1937 年的 46983 个发展到 1945 年的 172053 个，社员数从 1937 年的 2139634 人发展到 1945 年的 17231640 人。[2] 该阶段合作社的发展有新的特点，即前几年发展较快，后来随着战争区域的扩大，1940 年以后其数量增长较小。如广西省从 1938 年到 1941 年，各县合作社数从 503 个增长到 10251 个，后者约为前者的 20 倍；社员数从 19901 人增长到 476386 人，后者约是前者的 24 倍。而从 1942 年到 1945 年，广西各县合作社数从 11908 个增长到 13664 个，后者与前者差别不大；社员数从 699711 人增长到 1183406 人，后者也仅为前者的 1.69 倍而已。[3]

第三个阶段是 1946 年至 1949 年，该时期合作社的发展呈现出与前期不同的特点。如广西省 1946 年各县合作社数为 10168 个，比 1945 年的 13664 个少 3496 个，社员数为 1120482 人，较上一年减少 62924 人。但合作社股数从 7478675 增加到 10530769，后者是前者的 1.4 倍；股金从 83235378 元增加到

1　朱斯煌编《民国经济史》，第 350 页。

2　朱斯煌编《民国经济史》，第 351—352 页。

3　《广西省合作社历年统计》，广西省政府建设厅合作事业管理处编《广西省合作事业统计》（1946 年度），印行年份不详，第 2 页。

259871706 元，后者是前者的 3.1 倍。[1] 社数和社员数减少，但股数和股金增加，说明在合作社中有人能以较多资金参股，合作社被部分人操纵，成为获利工具，这也意味着该阶段合作社逐渐向盈利模式转换，其经济救济功能已被削弱。

县域合作事业从内容来说，主要有以下几方面。

首先是农村合作，这是合作社办理的初衷。南京国民政府时期，农村多为佃农及半自耕农，农民多属贫苦的被剥削阶级，加之长期战争，"农村经济，益形崩溃，农民困苦，尤觉严重"，欲谋农村经济振兴，须从"合作事业着手"。江西省铅山县政府为此积极晓谕指导农民，视各地情形，组织生产、运销、利用、消费等合作社，以达到"农村组织现代化、合理化之目的"。[2] 南昌县在办农业合作社时推出"农仓业务"，即农民可将暂时剩余粮食存储到合作社农仓。全县设立农仓 26 处 174 座，储押量在 20000 石左右。这些粮食在往年无农仓业务时，农民都是要贱价售卖给粮商，有了农仓后就可以保存到青黄不接的时候，并且避免了被粮商盘剥，"帮助农民的利益实在可观"。[3]

其次是贸易业务。盐油柴米都是农民日常生活所不可缺少的东西，在有合作社之前，这些日常用品经过商人贩卖，不是被抬高价格，便是被掺入假货或劣货。有了合作社来经营贸易，农民就可拿一分钱买一分货，不再受商人的欺骗和剥削。不过，随着合作社的开办，合作社垄断价格，合作社成为组织者牟利、盘剥乡民的工具等现象也出现了。

最后是金融业务。金融业务的作用在于融通农民社员的资金，使急需用

1　《广西省合作社历年统计》，广西省政府建设厅合作事业管理处编《广西省合作事业统计》（1946 年度），第 2 页。

2　韩志强：《铅山县建设概述》，《县训》第 6 卷第 3 期，1936 年 12 月，第 23 页。

3　李崇钧等：《南昌县推行合作事业概述》，《县训》第 6 卷第 4 期，1936 年 12 月，第 24 页。

钱的农民免受高利贷的剥削。据 1933 年安徽统计，合作社对农民的贷款用作买牲口、农具、种子和肥料 4 项计占贷款的 85.07%；江西当年统计买牲口、农具、种子和肥料 4 项占贷款的 67.54%。贷款利息年息为 1 分 2 厘左右，低于社会上普遍的年息 10 分的利息。[1] 可见其贷款主要是用于农业生产。1943 年，靖远县共有合作社 97 所，已贷款 1058535 元，其土地信用社拟继续组织 20 所，以足贷款 3000000 元。[2] 可见信用合作事业在县域经济发展中还是有其作用的。

1940 年 8 月，《县各级合作社组织大纲》公布。《大纲》规定在县合作社联合社、乡（镇）合作社、保合作社之外，还可兼设专营合作社或联合社。[3] 专营合作社根据营业内容进行划分，如广西各县有信用社、农业生产社、工业生产社、运销社、消费社、供给社、公用社、利用社、劳动社、农业生产合作社联合社、工业生产合作社联合社等专营合作社。[4] 甘肃靖远县则成立土地信用合作社、水利合作社、纺织合作社、县联合作社等专营合作社。[5]

总的说来，南京国民政府在县政建设中大力提倡并实施合作事业，对恢复农村经济、推进农村建设起到了一定的积极作用。如信用合作社为有需求的农民提供小额信贷资金，有利于缓解农民的资金压力，有利于农业生产，也有利于商品流通和农村市场培育。其他性质的合作社，也发挥了一定的作

1　佚名：《乡村建设实践》第 3 集，中华书局 1935 年版，第 216 页，转引自刘椿《抗战前国民政府的农村信用合作社运动》，《南京社会科学》2005 年第 6 期，第 51 页。

2　《靖远县合作室工作情况》（1943 年 10 月），白银市档案局（馆）编《民国时期靖远县情录》第 2 集，第 33—34 页。

3　《县各级合作社组织大纲》（1940 年 8 月 9 日行政院公布），秦孝仪主编《革命文献》第 97 辑"抗战建国史料——社会建设（二）"，台北，中央文物供应社 1983 年版，第 271—272 页。

4　《广西省合作社历年统计》，广西省政府建设厅合作事业管理处编《广西省合作事业统计》（1946 年度），第 5 页。

5　《靖远县农村合作室工作报告》（1946 年 11 月 26 日），白银市档案局（馆）编《民国时期靖远县情录》第 2 集，第 44 页。

用。不过，南京国民政府时期的合作运动，也存在着很多弊端，特别是在实践中存在的问题很多。首先，合作社普及度低，大多数农民不能真正从合作运动中受益。据统计，1933 年，全国 1939 个县中只有 277 个县有合作社，占总县数的 14%，合作社共有 6895 个，平均每县仅有 3.6 个，远远不敷所用。[1]到 1936 年全国注册的合作社有 37318 个，社员 164 万余人，但也仅为全国总人数的 0.37% 左右。[2] 合作运动的普及程度还很低。其次，合作社有时会成为富农和豪绅获利的工具，而农民反受其害。有的乡村豪强利用关系从信用合作社或农民银行获得低息借款，转手又以高利贷的形式转借给农民，结果本应造福于乡民的合作社不仅对农民无益，反而成为"剥削农民之新式工具"。[3]如河南尉氏县 1946 年 5 月在第九次县政会议讨论合作农场问题时，议定经费"暂筹 50 万元，由各乡镇筹摊"，[4] 其经费自然由农民来负担，而至于合作农场之利益，则不知由谁所得了。尽管南京国民政府时期的合作社有各种不足，但从整个社会发展进程来看，合作社经济对农村中个体小农经济向商品经济的转化起到了积极作用，也为当前农村建设提供了重要的参考和借鉴。

三　社会救济事业管理

做好社会救济工作，减少灾民、流民产生，有利于社会稳定和经济发展。在民国之前，中国虽不乏赈灾、救济的事例，但就社会救济制度而言，则是从民国成立之后才逐渐建立发展的。1912 年，内务部的职掌事务有赈恤、救济、慈善、感化、卫生等 5 项。1915 年 12 月，还颁布《游民习艺所》等章程。南京国民政府成立后，关于赈灾、济贫及慈善事业，在《内政部组织法》中都有明

1　王文钧：《中国农村金融之现状》，天津《大公报》1934 年 6 月 13 日，第 3 张第 11 版。

2　石柏林：《凄风苦雨中的民国经济》，河南人民出版社 1993 年版，第 178、187 页。

3　杜岩双：《浙江之农村金融》，《申报月刊》第 3 卷第 9 号，1934 年 9 月，第 53 页。

4　《尉氏县第九次县政会议记录》（1946 年 5 月 20 日），开封市档案馆藏，档案号：旧 3-0036-001。

确规定。1928 年之后，国民政府先后公布《地方救济院规则》和《管理各地方私
立慈善机关规则》（1928 年）、《监督慈善团体法》（1929 年）、《监督慈善团体法施
行规则》（1930 年）、《各地方慈善团体立案办法》（1932 年）。为规范管理社会救
济准备金，国民政府还先后公布《救灾准备金法》（1930 年）、《实施救灾准备金
暂行办法》及《救灾准备金保管委员会组织章程》（1935 年）、《各省市县地方救
济事业协会组织规则》（1941 年）、《社会救济法》（1943 年）及《社会救济法施行
细则》（1944 年）等。1937 年，设赈济委员会，1940 年又明令社会部隶属行政院。

《社会救济法》及《社会救济法施行细则》要求县政府在县救济事业协会
配合下，对残老孤幼和灾民、贫民，分别施行贫穷救济、感化救济、职业救济
和临时救济等。[1] 在此过程中，社会救济制度和机构日趋完善，奠定了中国现代
社会救济的基础。与县域社会救济相关的事务，主要体现在以下几个方面。

1. 赈灾救助

在遇到水、旱、雹等灾害天气给百姓生产生活带来重大影响时，各省、
市、县会启动赈灾机制，募集钱粮，向各县灾民提供救助。1928 年，绥远四
县受灾，人数多达数百万人。绥远省赈务会请省政府向受灾各县紧急赈银 30
万元，并准备向全国大募捐。[2] 1929 年，甘肃全省普遍受灾。省政府将靖远县
列为重灾区，分配赈灾款 1000 元。靖远县政府于 5 月 21 日将 1000 元赈灾款
分配至 5 个区。[3] 1946 年靖远县又遇天灾：一是夏秋两季黄河暴涨，洪水泛
滥，该县沿河各乡镇均受空前奇灾；二是雹灾、风灾造成严重损失。[4] 是年 9

1　《社会救济法》（1943 年 9 月 29 日国民政府公布）、《社会救济法施行细则》（1944 年行政院照准），彭秀良、郝文忠主编《民国时期社会法规汇编》，河北教育出版社 2014 年版，第 3—12 页。

2　《省府致赈务会代电》，《绥远省政府公报》1929 年第 1 期，1929 年 1 月，第 14 页。

3　《省政府分配赈灾款给靖远县、红水县》（1929 年），白银市档案局（馆）编《民国时期靖远县情录》第 1 集，第 141 页。

4　《靖远县社会科民政工作报告》（1946 年 11 月 25 日），白银市档案局（馆）编《民国时期靖远县情录》第 2 集，第 43 页。

月，靖远县奉发旱灾赈款 677 万元，赈粮 1586 石 3 斗 48 合，贷借春耕籽种 2463 石。11 月，靖远县党部电呈省政府，省政府据此拨发急赈款 150 万元，并派人前往复勘。[1] 有时地方国库空虚，钱粮无法满足赈灾需要，则会发行赈灾债券。1928 年至 1929 年山西遭遇旱灾时，山西省政府发行赈灾无记名式短期公债国币 300 万元，用于受灾各县的赈济。该公债为期 6 年 4 个月，年息 7 厘，由山西省银行经理。[2] 浙江省在 1930 年水灾时，发行无记名九年期公债 100 万元以行赈济，该公债年息 8 厘，以浙江地方银行及各市县政府为经理还本付息机构。[3] 发行公债作为一种投资手段，能让有钱人出钱，对县市灾区较快解困起到了一定作用。

2. 办教养院收容、教化流民乞丐

民国时期，因天灾人祸，乞丐为数不少，若任其自然，于社会治安和经济发展有诸多妨碍。各地通过各种途径将之收容、教养，并根据个人条件将其中部分人员培养成社会有用人才。广东省南海县于 1928 年设法筹集经费，创设贫民教养院一所，收容乞丐，使衰老残疾者，不致踯躅街头，而年力尚壮、游手好闲者，由院授以手艺，使之出院后，能自行谋生，免贻社会之累。[4] 四川永川县在民众教育馆内设教养园亦属此类。该园招收流浪儿童 50 名，用 4 个月对他们进行识字、生计训练，能自立者 43 名。[5] 甘肃省靖远县县长郝遇林，驻军新七师师长白海风，社会名士范振绪、苏振甲及商界名流、各乡镇长等 57 人于 1943 年 7 月联名发起创立靖远县救济院，旨在使因战争而

1　《靖远县遭受黄河水灾省政府拨赈款一百五十万元》（1946 年 11 月 5 日），白银市档案局（馆）编《民国时期靖远县情录》第 2 集，第 49 页。

2　《山西省赈灾短期公债条例》，《工商半月刊》第 1 卷第 21 期，1929 年 11 月，"法令与规章"第 7 页。

3　《转发民国十九年浙省赈灾公债条例令》，《广东民政公报》第 68 期，1930 年 8 月，"公牍"第 96—97 页；《民国十九年浙江省赈灾公债条例》，《广东民政公报》第 68 期，1930 年 8 月，"法规"第 20—24 页。

4　余心一：《南海县县政计划大纲》（1929 年 8 月制定），《南海县政季报》第 1 期，1929 年 12 月，第 16 页。

5　沈鹏编《永川县教育概况》，永川县政府 1938 年印行，第 17 页。

日益增多的老弱残疾孤寡者老有所养，少有所长。地方人士范志捐水田 26 亩租息作为教养院基础经费。8 月，驻军陆军新编骑兵第七师司令部全体官兵捐赠麦粉 2000 斤。截至当年 11 月 16 日，共收捐款 4 万余元。[1] 院内所设机构有：安老所、贫寒子弟学校、习艺所、育童所、残废所、施医所、妇女教养所、助产所等。到 1944 年 3 月，该院共有职员 17 人，收容常住 8 人，大多为 50 岁以上的老年人。[2] 在广东省，全面抗战时期有 5000 余名战区难童和烈士遗孤，年龄小的被送往形势较为稳定的县份，由儿童教养院收容；年龄超过 16 岁的则送往少年教养队，施以教养，并随时介绍往工厂为学徒。[3]

3. 成立救济院等各类慈善机构救助贫民灾民

广东省南海县佛山善堂原本数量较多，但因经费不敷，或因办理未善，市民总不满意。1928 年，佛山慈善总会因此成立，由县依照内政部《地方政府监督慈善团体条例》，饬由慈善总会将各善堂资产经费、举办者姓名及办理情况如何，切实拟具整理办法，务使贫民得到实惠。[4] 抗战时期，由于时局动荡，中国产生大量难民，救济灾民成为慈善事业的重点。据江西省南康县 1943 年统计，全县通过保育所、养老院、残废院、赈济会等慈善机构，救济人数达到 881 人，其中保育所救济 30 人、养老院救济 50 人、残废院救济 50 人、赈济会招待过境灾民 751 人。[5] 抗战结束后，各县救济院逐步恢复重建。江苏省截止到 1946 年，共计恢复县立救济院 26 所，达到战前救济院数量的一

1　《靖远县党政军要人社会名流发起创立教养院》（1943 年 7 月 30 日），白银市档案局（馆）编《民国时期靖远县情录》第 2 集，第 13—14 页。

2　《靖远县救济院民国三十三年度收容状况》（1944 年）、《靖远县救济院职员情况》（1944 年 3 月），白银市档案局（馆）编《民国时期靖远县情录》第 1 集，第 151—152 页。

3　《失业救济：粤省振济事业近况》，《国际劳工通讯》第 7 卷第 11 期，1940 年 11 月，第 33 页。

4　余心一：《南海县县政计划大纲》（1929 年 8 月制定），《南海县政季报》第 1 期，1929 年 12 月，第 15—16 页。

5　《南康县社会救济概况》，《新南康统计提要》第 1 期，1944 年，第 11 页。

半，共收容 3304 人。[1] 救济院往往通过施医、施粥、施粮、施衣物，使部分灾民得到一定程度的救济。[2]

4. 冬令救济

进入冬季之后，由于天气原因，就业机会减少，加之社会动荡，贫民、灾民数量较平时上升。饥寒交迫使很多贫民、灾民难以顺利过冬。南京国民政府从 1942 年开始推行冬令救济制度，抗战结束后各省对该制度推进较快。到 1946 年，冬令救济制度覆盖的区域达 6 市 27 省，1024 个县市局，受救济者达 7948072 人，救济款物的总值达 52775290761 元。[3] 1946 年，国民政府社会部公布《冬令救济实施要点及扩大宣传办法》，通令各省组织冬令委员会，发动社会力量，开展劝募活动。这一年，据陕西省 45 个县统计，发放现金及实物折价共 5082 万元，受救济的有 14.6 万人，每县平均受救济 3244 人，每人平均 348 元。第二年，据该省 56 个县统计，共为 8.7 万人发放款、物总值 56.5 亿元。[4] 江苏省办理冬令救济事业从 1945 年起步，先在常熟等 32 个县市设冬令救济委员会，这一年发放救济款 60598773 元，衣服 7564 件，食粮 114 担，面粉 54 包，被救济人数共达 20 万人。1946 年，成立冬令救济委员会的有 44 个县市，计发款、物总值 564118 万元，被救济人数有 84 万人。到 1947 年，有 56 个县市设立冬令救济委员会，指导各县设置施粥厂庇寒所，并将救济粮 1060 吨分区拨给各县市。[5] 冬令救济制度的推行，在一定程度上对帮助贫民、灾民过冬起到了雪中送炭的作用。但到 1948 年之后，随着经济秩序的恶化和通货

1　唐允舜：《一年来之社会救济》，《江苏社会月刊》第 2 卷第 1 期，1947 年 1 月，第 13 页。

2　《靖远县社会救济情况》（1948 年 12 月 31 日），白银市档案局（馆）编《民国时期靖远县情录》第 1 集，第 154 页。

3　张鸿钧：《冬令救济制度之建立》，《红十字月刊》第 25 期，1948 年 1 月，第 2 页。

4　陕西省地方志编纂委员会编《陕西省志》第 53 卷"民政志"，陕西人民出版社 2003 年版，第 381 页。

5　钮长耀：《冬令救济在江苏》，《红十字月刊》第 25 期，1948 年 1 月，第 7 页。

膨胀的加剧，每年的拨款也渐成"杯水车薪"，[1] 起不到实质性的作用了。

此外，有的县将失业救济和经济建设联系起来，通过发展县域建设事业、提倡职业介绍、开设难民工厂、移民垦殖等措施，增加难民就业机会，既能消除社会的隐忧，又能助力县域经济发展。[2]

南京国民政府社会救济制度在实施过程中，也存在许多问题和弊端，较为突出的有两个方面。一是经费短缺问题。如各县救济院因为经费有限，又要应付上级检查，所以很多地方的救济只是"面子工程"而已。加上救济院的设施不完备，管理不善，有些乞丐宁可流浪乞讨，也不愿进救济院。能切实做出成绩的救济院，"实在凤毛麟角"。[3] 二是社会救济管理人员失职腐败问题。发生在县长、保长或者区公所负责人等身上的如吞款贪污、救灾不力、贻误赈济事务的例子甚多。如隆昌县救济院正、副院长只拿钱不做事，职员好多也是如此。如果收容人员找他们办事，这些职员仅仅应付一下而已。副院长兼习艺所所长谢国炎，两年多只来院里开过一次会。他的亲信谢述衡为习艺所管理员，成天打牌喝酒。施医所所长宋明轩长期不做事，两年多来院看过两次病，平时收容人员去他家看病也不过应付而已。[4] 这也反映出南京国民政府社会救济制度在底层实行的状态。

第四节　县域教育文化管理

县域社会管理有一个重要职能是教化民众。南京国民政府在县域教育行

1　陈定闳：《冬令救济的几个实际问题》，《红十字月刊》第 25 期，1948 年 1 月，第 5 页。

2　余心一：《南海县县政计划大纲》（1929 年 8 月制定），《南海县政季报》第 1 期，1929 年 12 月，第 15—16 页；《失业救济：粤省振济事业近况》，《国际劳工通讯》第 7 卷第 11 期，1940 年 11 月，第 32—33 页。

3　柯象峰：《社会救济》，正中书局 1944 年版，第 108 页。

4　程尊才：《解放前的隆昌救济院》，《隆昌文史资料选辑》（四川）第 3 辑，1982 年，第 81 页。

政管理、学校管理、社会教育管理及文化管理等方面进行了探索，并取得了一定的成绩。但是，经费短缺、人才不足、社会动荡等因素还是制约了县域教育文化管理的进一步发展。

一　县域教育行政管理

县域教育行政管理主要包括县域教育行政管理机构的设置、教育经费管理及编制教育统计表册等事务。

（一）县域教育行政管理机构的设置

清末民初，各县教育行政机关为劝学所。1923 年，北京政府教育部下令将劝学所改为教育局，县教育局由局长 1 人、视学及事务员若干人组成。全县教育事务，除有少数事务员办理文牍、庶务之外，几乎全集中于教育局局长一身。[1]

南京国民政府成立后，教育局的组织日渐完善。《县组织法》规定各县的教育行政机关是教育局，管理全县学校、图书馆、博物馆、公共体育场、公园等相关事项及其他文化社会事业。局长之下设总务、学校教育、社会教育三课，分管各项教育行政事务。教育局须设督学一人到数人不等，负责各区教育视察及指导事宜，如番禺县教育局根据需要设督学 4 人，每月 1 日开督学会议，汇报和研讨本县教育。[2] 江西、山东、浙江、江苏等省各县还设有教育行政委员会。县教育行政委员会的职责有：（1）审议教育方针及计划；（2）筹划教育经费；（3）审议教育经费之预算，及经县教育经费稽核委员会审议后之结算；（4）审议决议县教育局交议事件；（5）提议关于县教育事项。[3]

1　《县教育局规程》，《教育公报》第 10 卷第 3 期，1923 年 3 月，"法规"第 1—3 页。

2　番禺县政府总务科编辑处编《番禺县政纪要》（1935 年 9 月），印行时间不详，第 79 页。

3　《浙江省县教育局教育委员会暂行规程》（浙江省政府 1931 年 12 月 27 日公布），常导之编《增订教育行政大纲》（第 6 版），中华书局 1935 年版，第 29 页。

1934 年后，各县纷纷裁局改科，县教育局被裁撤，由政府的某科负责教育事务。如修水县就由县政府第二科，掌管教育建设，下设督学 2 人，负责对县内各学校视察督导。[1] 1946 年河北东明县政府设教育科，科长 1 人，督学 2 人，科员 3 人，事务员 2 人，共 8 人。[2] 以 8 人之力管理全县教育事宜，机构较为精简。但由县政府设科管理教育的这种体制，对教育行政实施、经费开支也带来诸多管理上的不便。因教育所涉及事务重要而且繁杂，国民政府行政院、教育部于 1947 年先后训令各省恢复设置县、市教育局编制。县教育局的组织与编制参照各县人口、教育经费及学校的多寡，分为甲、乙两级。甲级教育局设局长 1 人，督学 4 人，科长 2 人，科员 3—5 人，雇员 2 人；乙级设县督学 3 人，科员 2—4 人，其他同甲级。当年就有江苏、安徽、江西、四川、陕西、西康 6 省的 58 个县经行政院核准恢复教育局组织和编制。[3]

区教育委员的设置。各县在不同学区各设置教育委员（有的省份称区教育员）1 人，受局长指挥监督、办理全区教育事务：（1）规定应设小学校、民众学校、社会教育机关之数量及地点；（2）筹划分年推广初等教育及社会教育办法；（3）调查学龄儿童数及成年识字与不识字人数；（4）督促学龄儿童或年长失学者入学，并许可其免学或缓学；（5）考核小学校、民众学校之学级组织、课程编制及教员资格；（6）视察并指导各学校教育训管方法，社教机关各种设施及私塾改进事项；（7）每年度调制本学区教育费预算、决算

1　万程鹏：《修水县教育概述》，《县训》第 6 卷第 6 期，1937 年 1 月，第 45—46 页。更多资料显示，如果是一些大县，教育事务繁多，该县仍可设教育局，不必裁局改科。如福建省思明、闽侯、莆田、龙溪、晋江、建瓯等 6 县设教育局，其他各县设科，并将教育科列归县政府组织之内，迁入县政府合署办公。见福建省政府秘书处编《福建省五年来教育行政》，1939 年印行，第 44 页。

2　《河北省东明县政府员役衔名俸薪清册》（1946 年 3 月），开封市档案馆藏，档案号：旧 3-152-003。

3　《县市教育局编制及局长选用标准》（行政院 1947 年 10 月 28 日），教育部教育年鉴编纂委员会编《第二次中国教育年鉴》，商务印书馆 1948 年版，第 49 页。

暨审核各学校各社教机关经费用途，并督令公布；（8）稽核各学校校长、教员及社教机关职员请假事宜；（9）主持本区教育人员进修事项及各种教育集会；（10）办理其他法令规定及县教育局局长委任事项。[1] 而废区改乡后，到乡一级，根据长垣县三春集乡系统一览表[2]可知，"教育"是与财政、民政、军事其他三个系统并列的一个系统；而在该乡公所职员简历一览表[3]中，相应的有经济股干事、文化股干事、民政股干事和警卫股干事，显然，乡公所的"文化股干事"对应管理的是乡的教育系统。由此可见乡一级教育系统的设置情况。

基层教育管理通过中心学校实行层级指导。1935年，江西省新建县依原有自治区域，首先划分全县为5个学区，每区设立中心小学1所，校长除担任学校行政外，还指导各保联中心小学及保学。其次，在5个学区内，根据区域大小，分为若干保联。在每个保联中，设保联中心小学1所，计全县共有保联中心小学33所，校长于处理校务外，还负责指导全县455个保立小学的教学。[4] 广西在全面抗战前把初等教育称为"国民基础教育"，全省分为8个普及国民基础教育指导区，在各县重要区域设立一所国民基础学校，一般以每一乡镇设置一所中心国民基础学校为原则。[5]

（二）县域教育经费管理

全县教育经费来源及开支，均须编制教育经费预算。1928年以前，各县教育由于没有制定预算，遇到花钱事务时，无从分辨缓急轻重，办事比较盲

1　《江苏各县教育局教育委员暂行规程》（1932年7月教育厅修正公布），常导之编《增订教育行政大纲》（第6版），第26—27页。

2　《三春集乡系统一览表》（1947年5月），开封市档案馆藏，档案号：旧3-152-010。

3　《长垣县三春集乡公所职员简历一览表》（1947年5月），开封市档案馆藏，档案号：旧3-152-009。

4　谢植梅：《新建县教育概况》，《县训》第6卷第5期，1937年1月，第33页。

5　《广西省初等教育概况》（1933年—1937年），中国第二历史档案馆编《中华民国史档案资料汇编》第5辑第1编"教育"（1），第590—592页。

目。自 1929 年秋季起，教育局须编定预算呈报县政府，作为县域教育经费开支的依据。

　　县教育经费主要来源于教育附税和房产租金。如 1937 年度修水县教育附税 3100 余元，废清书院租产 2800 余元，区有经费，由神租会产（款）及公产（款）提充，计 69234 元，共有经费 75100 余元。[1] 但总体来看，各县经费多不够用，不得不开源节流。南海县 1928 年度教育经费收入 71000 余元，而支出为 77000 余元，入不敷出，不得不向县政府提出申请，将契税附加改 5 毫为 1 元，年中就可增加 6000 元；并请将麻雀捐由县开办，每年可增加 12000 余元。另外，等到地方治安巩固，再将公安费项酌量减省，以补教育经费之不足。[2] 虔南县 1936 年度教育经费预算数为 2436 元，实际收入仅 1300 余元，严重阻碍了该县教育的发展。后县政府将地方驻军补助县行政经费钨矿附加每月 400 元，呈请该军军部暨省政府拨充教育经费，这样教育经费就由 1300 余元增至 6100 余元，可满足该县教育发展的需要。[3]

　　对于县教育经费的管理，设有专门保管和稽核机构。在县教育经费的保管方面，河北省各县设置有教育款产经理委员会，委员 7—9 人。该委员会职权为：（1）审核全县教育经费的预算与决算；（2）讨论全县教育经费的增筹方法；（3）主管全县教育经费的出纳事宜；（4）保管全县教育款产；（5）建议关于教育经费事项。[4] 其他省份也有类似的县教育经费保管机构，如福建省的是县教育经费管理处，职能与河北省的县教育款产经理委员会相同。在县

　　1　万程鹏：《修水县教育概述》，《县训》第 6 卷第 6 期，1937 年 1 月，第 47 页。

　　2　余心一：《南海县县政计划大纲》（1929 年 8 月制定），《南海县政季报》第 1 期，1929 年 12 月，第 32 页。

　　3　刘扫棘：《虔南县政概述》，《县训》第 4 卷第 7—8 期合刊，1936 年 5 月，第 31 页。

　　4　《河北省各县教育款产经理委员会规程》（1929 年 12 月河北省教育厅修正公布），常导之编《增订教育行政大纲》（第 6 版），第 354 页。

教育经费的稽核方面，河北省各县设置有教育经费稽核委员会，职权是稽核全县的教育经费预算、审核教育机关经费收支等事项。[1] 其他省份如浙江省也有同样机构存在，以稽核县教育经费的使用情况。

（三）进行教育统计调查和教育教学交流的管理

南京国民政府时期，人们已经意识到教育发展需要"精确的教育统计资料"，[2] 政府的教育统计调查成为一项重要的管理工作内容。教育统计，既是对过去教育发展概况的总结，又是将来订定政策和计划的根据。各县每年都会将全县学务情形，切实调查，以备义务教育之实施。调查结果按项汇编，绘具图表，以供教育界和社会参考。常规的教育统计主要包括以下内容：（1）县教育经费预决算数目；（2）县内中小学招生统计；（3）县内中小学在校生状况统计；（4）社会教育统计；（5）县内学龄儿童及应设学校校数核算；（6）关于县内各学校教职员的调查数据；（7）关于各县教育工作人员的调查数据；（8）县内学校教育效率的测量及评价；（9）县内中小学教育概况的调查等。[3]

教育统计调查的各类表格或调查要求通常是教育部、教育厅下发，由市、县具体落实。由于教育统计调查多是例行公事，县域教育行政机构往往将教育统计列在年度教育行政实施规划之中。[4] 除常规调查之外，有时省教育主管部门会临时安排一些调查事项。如1929年，安徽省教育厅拟编印安徽各县地方教育一览，乃给全省60个县教育局局长下文，令其七日内补送各县教育沿

1　《河北省各县教育经费稽核委员会规程》（1932年4月财政、教育两厅会令转布），常导之编《增订教育行政大纲》（第6版），第380页。

2　孟洛：《精确的教育统计资料之需要》，《京师教育月刊》第1卷第2期，1928年，第8页。

3　薛鸿志：《继往开来之教育统计工作提要》，《新教育旬刊》第1卷第5—6期，1939年，第46页。

4　《平阳县教育行政实施表》《浦江县教育行政实施表》，《浙江民政月刊》第16期，1929年，第16、23页；《余姚县教育行政实施表》，《浙江民政月刊》第30期，1930年，第193页。

革、教育局现任职员履历及本年度教育经费预算等统计调查事项。[1] 一般来讲，各县教育工作人员都是尽量按时完成各项统计。但教育行政人员毕竟人手有限，对每年派下来的种类繁多的调查统计应对不暇，难免会有延宕现象，甚至有"时隔半年，尚未见将该项表格填报"的情况，上级主管部门有时也不得不下令各县催报相关表格。[2]

为改进教育，还要加强教育的交流和研讨管理。各县为求本县教育实施的进展，还会召开一系列会议，如全县校长会议、教育局局务会议等，各就事项性质，讨论交流，以期集思广益，完善教育管理机制。校长会议是县内较高规格的教育会议，目的是加强县内各校间的信息交流，解决在办学中遇到的各种问题，并制定统一的政策。1931 年 8 月 10 日至 12 日，安溪县举行校长会议，出席人员有县长、党部执委、教育局局长、校长及教师代表等 55 人。会议审议并通过关于教育经费问题、征收学费问题、国语教育问题、学校管理问题、校舍建筑问题、规定教职员资格问题、女子教育问题、学科设置问题、举办演说竞赛、编辑出版刊物等共计 22 项议案，内容涉及与教育有关的方方面面。[3] 尽管全县校长会议很重要，但囿于时间、经济、交通、能力等因素，及时并高效率召开全县校长会议的地方也不多，特别在全面抗战时期，可以说是"寥若晨星"。[4] 相对而言，参会人员涉及面较少的县教育局局务会议更为常见。局务会议通常由县教育局局长、县督学、教育委员、各科主任及事务员参加。此类会议有定期会和临时会两类，均由局长召集。会议主要内容为解决该县教育改进计划实施中遇到的各种问题、该局行政上的各类事

1　《令饬呈报县教育之沿革等项》，《安徽教育行政周刊》第 2 卷第 38 期，1929 年 10 月，第 4 页。

2　《令催各县填报初等教育概况调查表暨义务教育统计调查表》，《安徽教育行政周刊》第 3 卷第 21 期，1930 年 6 月，第 3 页。

3　《安溪县举行校长会议》，《教育周刊》第 84 期，1931 年 8 月，第 34—35 页。

4　姚梅生：《如何开校长会议》，《教育视导通讯》第 31—32 期，1943 年 2 月，第 6 页。

项、审核该县各类教育规程、审核全县教育经费的预决算、商定该县教育经费的征筹及其他各种教育事项等。[1]

教育统计的进行和教育会议的举办，对于加强教育工作的统筹和管理是必要的。教育统计也是教育公开的举措，是现代行政管理的一个重要体现。系统的教育会议的举行，对于拓展转型期的新式教育，及时解决教育管理中的问题，也具有推动意义。

二　县域学校教育管理

近代以降，中国新式教育的推行取得了一定的成绩。县域教育主要由初等教育和中等教育组成。根据现有资料统计，县域初等、中等学校的数量和在校学生的数目在此时期有不小的增长，学校教育管理水平亦有相应提高。

（一）县域教育发展概况

1. 初等教育

初等教育包括幼稚园教育和小学教育，小学又分为初级小学和高级小学。据统计，1930 年，全国共有县立初等学校 65769 所，其中初级小学 55614 所，高级小学 8774 所；区立初等学校共有 120553 所，其中初级小学 114411 所，高级小学 4236 所。[2] 另据统计，1929 年初等学校共计有 212385 所，到 1936 年发展到 320080 所，[3] 7 年间增加了 107695 所，平均每年增加 15385 所。初

1　《南通县教育局局务会议规程》，《河南教育》第 1 卷第 22 期，1929 年，第 92—93 页；《建水县教育局局务会议规则》，《云南教育周刊》第 1 卷第 16 期，1931 年，第 16 页；《镇雄县教育局局务规则》，《云南教育周刊》第 1 卷第 25 期，1931 年，第 14 页；《江西省各县教育局局务会议规程》，《教育旬刊》第 7 卷第 3 期，1933 年，第 27 页。

2　教育部中国教育年鉴编审委员会编《第一次中国教育年鉴》，开明书店 1934 年版，"教育统计"第 161 页。

3　《民国十八年度至二十六年度全国初等教育概况比较表》（1937 年），中国第二历史档案馆编《中华民国史档案资料汇编》第 5 辑第 1 编"教育"（1），第 588 页。

级学校数量的增长主要在农村地区，由此可见农村基层教育的进展状况。初级教育是各级教育的基础，也是各县重点办学之所在。如番禺县 1936 年县初级教育经费共有 571870 元，占县教育经费总量的 71%。[1] 番禺县在 1933 年以前，有县立小学 5 所，逐渐不敷使用。该县除督促各区乡镇增设小学外，还积极筹划成立更多的县立小学，仅 1934 年、1935 年两年，就增设县立小学 4 所。并且计划 1936 年达到每区有县立小学 2 所的标准（该县共有 8 区，即设 16 所县立小学）。截止到 1935 年，番禺县计有县立小学 9 所，区立小学 1 所，镇立小学 1 所，乡立小学 295 所，联立小学 9 所，私立小学 90 所，共 405 所。[2] 值得一提的是，番禺县境内有些贫瘠乡村，教育非常落后，出现较多的失学儿童。为扶持这些地方的教育事业，该县从县情出发，开办单级小学和短期小学，认为"现阶段之中国社会，此种学校，特见重要"。计划在全县 8 个区共开设单级小学 42 所，短期小学 8 所，经费由县库拨出，教师由县政府遴选适当人员充任。[3] 在浙西龙泉县，1932 年在八都、小梅、安仁、道太等四区创办了区立初级小学，1934 年后尤其全面抗战开始后，各乡镇都设立了乡镇国民学校（完全小学），各保办起了保国民学校（初级小学）。[4] 但日本侵华时期由于一些地方的沦陷和战争的破坏，初等教育必然受到损失，如前所述，1936 年初等学校数量就达到 320080 所，而至 1944 年减少为 254377 所，减少了 65703 所，20.52%。[5] 初等教育在抗战时期所受损失是巨大的。抗战胜利后，随着国共内战的爆发，一是国民党关注的重心在军事，二是国民党在农村的统治日益缩减，其对县域初等教育的关注也随之减弱。

1　番禺县政府总务科编辑处编印《番禺县政纪要》，1935 年，"行政报告"第 90 页。

2　番禺县政府总务科编辑处编印《番禺县政纪要》，"行政报告"第 87—88 页。

3　番禺县政府总务科编辑处编印《番禺县政纪要》，"行政报告"第 86—90 页。

4　徐矫臣：《民国时期的龙泉小学教育》，《龙泉文史资料》（浙江）第 2 辑，1985 年，第 44—45 页。

5　《抗战前后国民教育比较表》（1936—1944），中国第二历史档案馆编《中华民国史档案资料汇编》第 5 辑第 2 编"教育"（1），第 558 页。

2. 中等教育

中等教育包括普通中学、师范学校、职业学校。1930 年，全国县市立中学共有 1495 所，占全部中等教育的 49.97%。其中完全中学 71 所，初级中学 652 所，师范学校 676 所，职业学校 96 所。[1] 1931 年至 1945 年，全国县立中等教育发展概况见表 3-2。

表 3-2　全国县立中等学校数（1931—1945）

单位：所

年份	全国中等学校总计	县立中等学校总计	县立中学				县立师范学校			县立职业学校			
			小计	完全中学	高级中学	初级中学	小计	师范及乡师	简师及简乡师	小计	高初合设	高级职业	初级职业
1931	3026	1528	744	39	2	703	687	429	258	97	—	—	—
1932	3043	1506	738	44	2	692	681	360	321	87	—	7	80
1933	3125	1515	720	41	2	677	695	100	595	100	6	7	87
1934	3140	1472	685	36	2	647	674	36	638	113	5	8	100
1935	3164	—	—	—	—	—	—	—	—	—	—	—	—
1936	3264	1371	668	41	4	623	569	33	536	134	2	21	111
1937	1896	—	—	—	—	—	—	—	—	—	—	—	—
1938	1814	742	510	41	3	466	156	8	148	76	5	5	66
1939	2278	795	565	40	—	525	159	4	155	71	5	7	59
1940	2606	968	712	51	—	661	178	4	174	78	5	7	66
1941	2812	1091	812	63	—	749	208	5	203	71	6	7	58
1942	3187	1206	914	92	—	822	227	12	215	65	7	2	56
1943	3455	1345	1009	119	—	890	262	16	246	74	7	4	63
1944	3745	1460	1080	170	1	909	303	16	287	77	10	7	60
1945	5073	1914	1339	251	—	1088	458	40	418	117	11	10	96

资料来源：教育部教育年鉴编纂委员会编《第二次中国教育年鉴》，第 1429—1430 页。

从表 3-2 可知，（1）从总数看，受日本全面侵华的影响，1937 年全国中学数量呈断崖式下降，从上一年的 3264 所急剧降到 1896 所，1938 年进而跌

1　教育部中国教育年鉴编审委员会编《第一次中国教育年鉴》，"教育统计"第 94 页。

到 1814 所，较之于 1936 年减少了 44.4%。此后在抗战相持阶段，学校数量有一个缓慢回升的过程，1942 年回复到与战前持平的状态；1945 年，随着战争的结束，国家建设对人才需求的增加使中学数量有一个迅速的拉升，从 3745 所上升到 5073 所，增加了 35%。（2）从结构上看，1937 年前，初级中学和师范学校数目接近；1937 年后，师范学校数量大幅下降，直至 1945 年其总数才勉强恢复到全面抗战前水平，并且其中也是以简易师范为主。民国时期，师范教育全部属于公立范畴，有上述变化，应该是囿于经费。（3）国民政府虽然一直提倡发展职业教育，但从统计数字看，职业教育发展一直比较缓慢。1936 年，职业学校数量达到最高，得益于 20 世纪 30 年代前期社会经济发展对职业教育需求增加，加之政府在职业教育方面有较大的政策倾斜和经费投入，故有此较好的成绩。就县域内的中学教育而言，与初等教育的大众化不同，中等教育属于乡村精英式的教育或向社会精英迈进的一种教育，资源相对稀缺，经济文化发达的县份，中等教育情况相对要好，如浙江东阳县在南京国民政府时期就有东阳中学和私立北麓初级中学、私立南强中学、私立青光中学，此外还有东阳县立师范讲习所、东阳师范（由简师后变为普师）。[1]而较为落后和贫瘠的县份，其中等学校就更为稀少。如河南经济条件比较落后，在一些县能设立初级中学已属不易，如偃师县 1931 年将 1928 年设立的县初级师范学校改为县立中学，汲县于 1930 年设立豫北初级中学，偃师县 1931年设立首阳初级中学校，汲县还于 1932 年成立了省立汲县女子中学。[2] 甘肃靖远县 1942 年在颇有威望的苏振甲的多方努力下，靖远中学方得以成立，该

1　张荣铭：《旧时县立东阳中学和各私立中学》，《东阳文史资料选辑》（浙江）第 3 辑，1986 年，第54—57 页；杨逸天：《中国中学和陈季豪》，《东阳文史资料选辑》（浙江）第 3 辑，1986 年，第 58—59 页；何士豪：《东阳县立师范讲习所》，《东阳文史资料选辑》（浙江）第 3 辑，1986 年，第 98—99 页；程肇宣：《东阳简师、普师》，《东阳文史资料选辑》（浙江）第 3 辑，1986 年，第 100—102 页。

2　《视察河南省教育报告》，教育部编《民国二十二年十月教育部视察员视察各省市教育报告汇编》上册，1933 年印行，第 48—52 页。

年 8 月招考新生 110 多人（内有女生 3 人），[1] 颇为不易。1945 年，抗战胜利，百废待兴，职业教育迎来了发展良机。但是，随着国共内战的展开，中等教育又经受了严峻的考验。

总的来看，县域教育发展和社会发展存在较为明显的联动关系，经济社会的革新与变迁会直接影响中等教育，而战争和政局的变动对学校教育的影响更是巨大。

（二）学校教育管理

学校教育管理包含着丰富的内容。在南京国民政府时期，学制变革、建立训育体系、私塾改造是其中较为突出的部分。

1. 学制变革

南京国民政府建立后，对初等和中等教育制度的改革颇为重视，制定规范性的教育法规条例，加强学校教育事业的管理，特别是对学校系统（即学制）做了重新规定。1928 年 5 月 15 日，大学院在南京召集第一次全国教育会议，对 1922 年规定的学校系统进行了修改，其中对初等教育和中等教育规定如下：（1）小学校分初、高两级，初级 4 年，高级 2 年，初级可单独设置。（2）中学校修业年限 6 年，分为初、高两级，初级 3 年，高级 3 年。但依设科性质，也可分为初级 4 年，高级 2 年。（3）初级中学可单独设置，高级中学应与初级中学并设，有特别情形时可单设。（4）为补充乡村小学教员之不足，可酌设乡村师范学校，修业年限 1 年以上。[2] 这次会议的上述规定，是对 1922 年新学制的确认。这种确认是把 1922 年规定中比较适合中国实际需要的学制在南京国民政府代替北洋政府的历史鼎革的背景下稳固下来，对于初等教育和中等教育的发展，具有重要意义。1932 年 2 月 24 日，国民政府公布《小学

1　张尚瀛：《苏振甲先生》，《靖远县文史资料选辑》（甘肃）第 3 辑，1989 年，第 21—23 页。

2　教育部教育年鉴编纂委员会编《第二次中国教育年鉴》，第 34 页。

法》，教育部于次年 3 月颁行《小学规程》，以法律的形式将上述内容确定下来。为推行义务教育，除上述小学外，各地还要设简易小学及短期小学，招收不能入学的学龄儿童和年长失学儿童。但从实际效果看，这些短期教育和简易教育在实施中是打了折扣的，"徒具与学校教育打成一片之虚名，实际上殊无若何效率之可言"。[1]

1940 年，为配合新县制的实施，初等教育有较大的变革：全国推行国民教育，小学改称"国民学校"和"中心国民学校"。1940 年 3 月 21 日，教育部公布《国民教育实施纲领》，规定国民教育的普及以 5 年为期，从 1940 年 8 月至 1945 年 7 月分三期进行。[2] 为规范国民学校办学，1944 年 4 月 15 日，国民政府公布《国民学校法》，次年 6 月 5 日，国民政府教育部公布《国民学校及中心国民学校规则》。国民教育推行之后，各地加快了初等教育的办学步伐，如峨眉县原有中心国民学校 11 所，计初级 36 个班，高级 18 个班，学生 2477 名；保国民学校 100 所，计 109 个班，学生 4800 名。到 1941 年后，中心国民学校增至 15 所，初级 49 个班，高级 34 个班，学生 3653 名；保国民学校增至 126 所，计 148 个班，学生 5950 名。[3] 在安徽省，为推行国民教育，在省教育厅第一科，分国民教育、师范教育及国教经费三股，设科长 1 人，主任科员 3 人，科员 9 人，办事员 1 人，另设国民教育视导员 16 人；在县，县政府设教育科，主管国民教育，设科长 1 人，并按县之等级，设督学 2—3 人，科员 1—2 人，事务员 1—2 人；在乡镇，乡镇公所设文化股主任 1 人，干事 2 人，推动乡镇教育事宜。[4] 安徽推行国民教育后，1942 年有中心国民学校

1　谢植梅：《新建县教育概况》，《县训》第 6 卷第 5 期，1937 年 1 月，第 33 页。

2　《国民教育实施纲领》（1940 年 3 月 21 日教育部公布），宋恩荣等编《中华民国教育法规选编》（修订本），江苏教育出版社 2005 年版，第 273 页。

3　峨眉县政府编《峨眉县政实录》，1942 年印行，第 11 页。

4　《安徽省国民教育实施概况》（1942—1944 年），中国第二历史档案馆编《中华民国史档案资料汇编》第 5 辑第 2 编 "教育"（1），第 529—530 页。

1510 所，国民学校 8789 所，私立小学 5 所；到 1944 年有中心国民学校 1553 所，国民学校 9176 所，私立小学 58 所。其中，中心国民学校增加了 43 所，[1] 国民学校增加了 387 所，私立小学增加了 53 所，后两者共增加学校 440 所。另据全国 19 个省市情况统计，1943 年中心国民学校和国民学校总数为 219857 所，而以 19 个省市之保数 301637 保计之，则平均 3 保设有 2 所学校以上（尚有其他小学 25165 所未计在内）；[2] 1944 年，中心国民学校和国民学校合计有 264290 所，[3] 比上一年增加了 44433 所。在国民教育体制下，在抗战的背景下，学校教育还是向前发展的。

国家层面的法律规程主要是从宏观层面对全国的学校系统进行划分，在具体如何办学方面，各县还需订定中小学校各种规程，如级务、校务如何管理，课程时间如何编配，期年考、毕业考如何办理等项。如果没有规范要求，则"学务进行，诸形滞碍"，因此有的县将"各项专章，分别订定施行，以期整齐划一，蔚为良规"。[4]

2. 师资选定

南京国民政府时期，教育有长足发展，但也带来师资不足的问题。如修水县 1937 年有学校 321 所，需要教师 700 余名，1936 年登记及格者仅 240 余名，大感师资缺乏之虞。[5] 师资不足，就会出现未经师范训练就充任老师的现象。江西新建县各级学校之校长、教员，大部分来源于该省法专和该县保学师资训练班，前者不明教育，后者训练期短，学识、经验均感缺乏，"以此等

1　《安徽省国民教育实施概况》（1942—1944 年），中国第二历史档案馆编《中华民国史档案资料汇编》第 5 辑第 2 编"教育"（1），第 530 页。

2　《教育部国民教育司司长顾树森关于三十二年实施国民教育工作总检讨呈稿》（1944 年 3 月 18 日），中国第二历史档案馆编《中华民国史档案资料汇编》第 5 辑第 2 编"教育"（1），第 546 页。

3　《教育部关于办理三十三年度国民教育概况的报告书》（1945 年 7 月 10 日），中国第二历史档案馆编《中华民国史档案资料汇编》第 5 辑第 2 编"教育"（1），第 554—555 页。

4　余心一：《南海县县政计划大纲》（1929 年 8 月制定），《南海县政季报》第 1 期，1929 年 12 月，第 31 页。

5　万程鹏：《修水县教育概述》，《县训》第 6 卷第 6 期，1937 年 1 月，第 47 页。

人选，而负基本教育之重责，殊觉收效不宏"。[1] 为了保证小学教师质量，国民政府在清末和北洋政府时期关于小学教师资格制度的基础上，1932 年 12 月颁布了《小学法》，明确提出小学教师之"检定、任用、保障各规程，由教育部定之"。1933 年教育部颁布了《小学规程》，1934 年 5 月，教育部公布了《小学教员检定暂行规程》，通过修改补充，1936 年 12 月正式公布了《小学教员检定规程》。这些法规对小学教师的任职资格条件，如是否毕业于师范学校和旧制中学、进修情况、任职年限等有具体详细的规定，对保证小学教员的质量具有推动作用。安徽等省根据这些规定，制定了本省的实施规则和细则，对教师的任用资格和质量进行改进。[2] 但由于民国时期人才短缺，按照《小学教员检定规程》，无法满足基层学校对合格师资的需求。因此，南京国民政府教育部在《小学教员检定规程》的基础上做了少许修改，于 1944 年 1 月 19 日公布为《小学教员检定办法》。与前者相比，后者一是检定的频率增加，如将试验（即现在的考试——笔者注）检定从原来的三年一次改为两年一次，这样有利于更多合格人员进入教师行列；二是扩大了选拔的范围，新的检定方法增加了"在国民教育师资短期训练班训练期满成绩合格，曾任国民学校代用教员五年并参加假期训练五次成绩合格者"，可不经试验而授予小学教员资格。[3] 如 1942 年至 1944 年，安徽"各县国民学校教师，昔年曾经注意培养，资历略较整齐"。据统计，安徽 1942 年度计有专科以上学校毕业者 47 人，师范毕业者 2363 人，简易师范毕业者 350 人，幼师毕业者 7 人，曾受师资训练者 1840 人，高中毕业者 162 人，初中毕业者 5027 人，检定合格者 2400 人，小学毕业者 1547 人，登记代用者 3203 人，其他资历者 1947 人，共为 18893

1　谢植梅：《新建县教育概况》，《县训》第 6 卷第 5 期，1937 年 1 月，第 33—34 页。

2　《安徽省国民教育实施概况》（1942—1944 年），中国第二历史档案馆编《中华民国史档案资料汇编》第 5 辑第 2 编"教育"（1），第 531 页。

3　阮华国编《教育法规》（第 2 版），大东书局 1946 年版，第 449—450 页。

人。1944 年度计有专科以上学校毕业者 31 人，师范毕业者 3790 人，简易师范毕业者 1697 人，幼师毕业者 5 人，曾受师资训练者 2887 人，高中程度毕业者 2340 人，初中程度毕业者 5815 人，检定合格者 3390 人，小学毕业者 1230 人，登记代用者 3203 人，其他资历者 3854 人，共为 28242 人。[1] 两者比较，1944 年教师有了较大增长，小学毕业者和登记代用者的占比在逐渐减少，表明教师的整体质量在逐渐改善之中。福建省 1940 年度至 1944 年度，全省小学教员从 16650 人递增到 21543 人。其中，1943 年度合格人数为 8805 人，占总数的 41%；1944 年度合格人数为 11459 人，占总数的 53%。[2] 整体师资素质在提高。不过，该省"两年来，服务情形，合格人员仍多浮动，所补充者，多为不合格人员"，以致出现"各县登记检定合格人员，不在学校工作，而在学校工作者，又多为未登记检定合格人员"的"反常现象"。合格教师流失的原因，主要在经济待遇问题，"按期发放薪津食米之县份，殊少发现，而教育经费积欠愈多者，异动剧烈，足见安定教师生活，实为当务之急"。[3]

抗战胜利后，南京国民政府在收复省份忙于国民教育的恢复和复员。收复区选用教师的工作是由各县所设国民学校教员等级甄审训练委员会负责，设委员 5—7 人，以教育局（科）长为主任委员，聘县督学及当地有关机关主管人员、教员界公正人士为委员，进行甄别审查，经甄审认可后发给登记证，分发国民学校任用。训练班则主要通过讲习班、讲习会等形式对小学教员和小学校长进行培训。甄审和训练加强了国民学校教育者的思想和业务素质。但由于不久国共内战爆发，国民政府的重心转为军事，在教育方面关注的也

---

1 《安徽省国民教育实施概况》（1942—1944 年），中国第二历史档案馆编《中华民国史档案资料汇编》第 5 辑第 2 编"教育"（1），第 531 页。

2 《福建省教育厅关于实施国民教育第二期工作概况的报告》（1943 年 1 月—1945 年 12 月），中国第二历史档案馆编《中华民国史档案资料汇编》第 5 辑第 2 编"教育"（1），第 540 页。

3 《福建省教育厅关于实施国民教育第二期工作概况的报告》（1943 年 1 月—1945 年 12 月），中国第二历史档案馆编《中华民国史档案资料汇编》第 5 辑第 2 编"教育"（1），第 542 页。

主要是高等教育和中等教育的迁移问题，对小学师资方面即使有心也无力顾及了。

整体而言，国民政府对小学教师的选任有比较具体严格的规定，这些规定对提高教师的业务素质是必要的，也发挥了一定的作用。但也要看到，由于中国需要受教育人口众多，所需师资也极其巨大，师资整体看来并不充足。尤其是合格的师资更是比较缺乏，加以小学教师待遇很低，教师流动性较大，师资流失严重，因此，乡村师资的缺乏始终是一个严重的问题。

3. 重视训育

训育制度从根本上说是南京国民政府对学生实施党化教育和思想训练的一个组成部分，从技术的角度看是一种行为品德的训练和管理教育的活动或体制。1929 年 7 月，国民政府教育部通令全国实行国民党中央执行委员会所制定的《中小学训育主任办法》，规定训育主任须由国民党党员担任。1931 年 6 月，《确定教育设施趋向案》要求各级学校"特别注重于刻苦勤劳习惯之养成与严格的规律性之培养"。[1] 1931 年 7 月 18 日教育部发布训令，要求学校将"忠孝仁爱，信义和平"八字一律用蓝底白字，制成牌匾悬挂。[2] 九一八事变之后，全国学潮有再起之势，为了缓和当时学生的不满情绪，更为了防止出现不测之状况，1932 年 6 月 22 日国民政府教育部颁发《今后中小学训育工作应特别注意之事项》，对学生训育提出各方面要求，其中提到训育的目标是养成勇敢奋斗之精神、自立负责之能力、审核周密之思考、刻苦勤朴之习惯、精诚团结之意志和爱国爱群之观念。[3] 抗战全面爆发后，南京国民政府为加强

1　《教育部公报》第 3 卷第 23 期，转引自孙培青《中国教育史》，华东师范大学出版社 2000 年版，第 428 页。

2　《教育部关于各级学校应将"忠孝仁爱信义和平"八字制匾悬挂的训令》（1931 年 7 月 18 日），中国第二历史档案馆编《中华民国史档案资料汇编》第 5 辑第 1 编"教育"（1），第 76 页。

3　《教育部颁发今后中小学训育工作应特别注意之事项》（1932 年 6 月 22 日），中国第二历史档案馆编《中华民国史档案资料汇编》第 5 辑第 1 编"教育"（2），第 1063 页。

对在校学生的训导，制定了一系列的规则。1939 年 9 月 25 日教育部颁发的
《训育纲要》，要求对小学、中学、专科以上学校、社会教育机关、边疆学校
及华侨学校进行系统和全面的训育。此后教育部又公布了《小学训育标准令》
（1941 年 10 月 8 日）、《中等学校训育标准》（1944 年 9 月 9 日）和《中等学
校导师制纲要》（1943 年 2 月）。根据这些规定，各省在中小学校普遍推行了
训育制度。

　　训育的内容包括身体的训育、道德的训育、经济的训育和政治的训育。
训练的项目有忠勇、孝顺、仁爱、信义、和平、礼节、服从、勤俭、整洁、
助人、学问、有恒，共 12 大类，小学和中学各类的细目、要例则根据年龄学
识乃至小学阶段的年级差别而有所不同，可谓用心良苦。在云南省，教育厅
1943 年的报告书称，"过去实况"是"本省各中学高中一年级新生入校之最
初两周，为新生入学训练周"。新生在入学前"由各校排定训练日程。举行入
队仪式，开始其政治训练，修学指导，道德修养，小组讨论、校史章则讲解，
军训、体育、音乐等各科训练"。[1] 为实施训育，大多省份将童子军训练纳入
中小学课程。四川省永川县从 1936 年起，在中小学普及童子军训练。为照顾
家境贫寒者，对于服装、设备不做硬性要求，不拘泥于外表形式，多注重内
在精神训练。抗战全面爆发后，该县童子军按照《中国童子军战时服务大纲
四川省实施办法》的规定，组织战时服务团，编成救护、消防、工程、宣传、
募集、侦察六种队，从 1937 年 12 月开始，施以一个月专门训练，以备战时需
要。[2] 在云南，在初中也编组了"童军团"，"纯全以学生实际生活为对象"，
但"童子军教练员则缺乏尤甚"。[3]

1　《云南省教育厅关于推行训导工作状况的报告书》（1943 年 4 月），中国第二历史档案馆编《中华民国
史档案资料汇编》第 5 辑第 2 编 "教育"（1），第 232 页。

2　沈鹏《永川县教育概况》，第 15 页。

3　《云南省教育厅关于推行训导工作状况的报告书》（1943 年 4 月），中国第二历史档案馆编《中华民国
史档案资料汇编》第 5 辑第 2 编 "教育"（1），第 233 页。

训育教育在不同时期有不同的展现，在抗战的背景下，更多地强调了民族意识；在反共和内战的背景下，则突出了国民党的正统意识。国民政府对中小学生的训育教育，试图把德行教育、素质教育与政治意识教育结合在一起，但如何使受教育者内化于心、外化于行，实在是一个大问题。加之，国民党教条式的党化训育能发挥多大的实际作用，则实在是不可高估的。

4. 整顿私学

经费不足制约了公立学校的发展，却给私立学校带来了机会。各县私立学校在 20 世纪 30 年代发展迅速，成为国家教育的重要组成部分。但私立学校良莠不齐，其办学不良者足以贻误学生，"各私立中学或设备欠充实，或教训少研究，或宗教气味过浓，或教员资格不符"。[1] 各县为规范办学，饬令各私立中小学应遵照《私立学校规程》到教育行政机关立案和备案。在此过程中，各县督学前往视察指导，对不遵章办理者则予以取缔。

在县域整顿私学中，对私塾的改良显得尤为突出。

自先秦孔子开坛授课以降，私塾起到了重要的传承文化的作用。然而，到了清末民国时期，随着新学制在中国的出现和推广，私塾因其设备简陋、教材陈腐、教法不良、训导无方等弊端，难以跟上时代的潮流。清末，朝野开明之士要求对私塾进行改良的呼声日渐增高。1910 年，清政府颁发《私塾改良章程》，要求各地在调查私塾地址、塾师姓名、学生人数、教材教法、环境卫生等情况的基础上，劝导各私塾"照章改良"。[2] 民国成立后，1914 年北京政府颁布《整理教育方案草案》，对私塾的教学内容进行改造。[3]

南京国民政府初期，湖北、江苏等省先后颁布《改良私塾办法》《江苏省

1　鄞县县教育局编《鄞县教育事业五年计划》，1932 年印行，第 6 页。

2　《私塾改良章程》，陈学恂主编《中国近代教育史教学参考资料》（上），人民教育出版社 1986 年版，第 756—759 页。

3　《教育部整理教育方案草案》，璩鑫圭等编《中国近代教育史资料汇编·学制演变》，上海教育出版社 2007 年版，第 751 页。

管理私塾实施办法》等规章，以促进县域私塾的改良。[1] 这些规章对私塾的教材、课程、教学方法、教学效果、师资标准等一一做了规定，督促私塾向合格的现代初等小学转换，如不合规定，则严加取缔。

随着省级教育主管机关对私塾改良工作的推进，县级教育部门纷纷采取相应措施，制定相关规则和办法，以加快对县内私塾的改造。如江苏省太仓县根据《江苏省管理私塾暂行规程》、《塾师登记及检定暂行办法》及《江苏省各县私塾改进及取缔简则》等规章，在1932年拟定《太仓县私塾改进及取缔办法》，规定私塾及塾师须在指定时间和地点向教育局登记，并强调私塾须设立在学校二里以外，塾舍须空气流通、光线充足；该办法还对私塾的课程、课本、教学方法、教学效果等一一做了要求；不同资格的塾师还须定期接受鉴定。[2] 其他如安徽省太平县也制定了类似的私塾改进方案，[3] 广东南海县甚至对本县私塾的注册领证、塾师资格、门匾悬挂、开设规模、学费收取、课程教授、授课时数、授课内容、学级编制、成绩记录、纪律管理、设备购置、卫生清洁等事项都有详细的规定。[4]

然而，尽管各地大力改造私塾，但是到1935年度，全国仍有私塾110144所，塾师110933人，学生1878351名，约为小学教育的6.76%。其中已改良的私塾仅为34.98%，未改良的多达65.02%，[5] 这种情况显然不利于新教育的推广。为加快对私塾的改良，为推行义务教育创造条件，南京国民政府教育部于1937年6月1日颁布的《改良私塾办法》规定，私塾基本课程为国语、

1　吴寄萍：《改良私塾》，中华书局1939年版，附录部分。

2　《太仓县私塾改进及取缔办法》，《江苏教育》第1卷第7、8期合刊，1932年9月，"地教通讯"第12—13页。

3　《太平县改进私塾方案》，《安徽教育行政周刊》第5卷第36期，1932年9月，第27—28页。

4　《南海县私塾注册领证规程》《南海县私塾遵守规程》，《南海县政季报》第3期，1930年6月，第97—101页。

5　《各省市私塾概况表》（二十四学年度），中国第二历史档案馆编《中华民国史档案资料汇编》第5辑第1编"教育"（1），第682—685页。

常识、算术、体育。办学优良的私塾，可改为短期小学、简易小学或代用小学，并给予一定补助。但如有违反规定且"屡戒不悛者，则取缔其办学资格"。[1]《改良私塾办法》施行之后，加快了县域内私塾的分化：优良者升格为国民学校，不合格者被取缔，私塾数量大大减少。即使在农村或偏远地区仍有私塾存在，但其规模和影响与30年代中期以前相比，已不可同日而语。[2]

自清末到民国，历届政府之所以对私塾以改良为主、取缔为辅，是有其原因的：首先，私塾遍及城乡，数量极大。如果简单取缔，则会使上百万学生无学可上，大量塾师无事可做，可能会带来更严重的社会问题。其次，公立教育办学经费短缺，若要推行义务教育，势必要借助民间资本和师资。因此，改良私塾，使其达到初等小学标准，既节省了国家的教育经费，又能收普及义务教育之效果。

总的来说，国民政府县域学校教育在制度建设上更加规范，学校数量、在校学生人数较之于以前均有较大幅度的增加。但毕竟国民政府成立之时日尚短，社会常处动荡之中，且受制于经费、人员、管理水平等因素，县域教育还是存在诸多的不足。

首先，合格师资匮乏，表现为校长办学成绩优良者，"殊不多见"，以及教员聘用方面"滥竽充数"现象较多，仅在河南省尉氏县的一次教育视察中，视察员就提出开除8名不能胜任教职的教员。[3] 但由于缺乏合格的人选，视察员不得不发出"撤不胜其撤"的感慨。[4] 此类合格师资缺乏、教员滥竽充数等

1　《改良私塾办法》，中国第二历史档案馆编《中华民国史档案资料汇编》第5辑第1编"教育"（1），第678—681页。

2　资料显示，20世纪40年代的教育统计中已没有私塾和塾师的统计数据。这意味着私塾的数量和规模已减少和缩小，在小学教育中的占比大大降低。在民间社会，肯定还有私塾存在，但已不属国民教育序列，大致相当于初级的文化学习班性质的机构了。

3　祁晋卿：《尉氏县教育视察报告》，《河南教育》第2卷第7期，1929年11月，"报告"第9页。

4　王绍宣：《河阴县教育视察报告》，《河南教育》第2卷第7期，1929年11月，"报告"第11页。

问题不是个别现象，江苏、安徽等省的县域教育视察均有类似情况。[1]

其次，县域学校办学层次低，基本为小学教育。民国时期，全国的县立中等学校总数为 740—2000 所（含中学、师范、职业学校），平均每县 0.4 所至 1 所。其中，县立初级中学也长期在 1000 所以下，平均每县不到 1 所，全国的县立高级中学总数甚少。在小学教育中，各县初级小学又占了较大比例。1930 年，全国共有县立初等学校 65769 所，其中初级小学 55614 所，占 84.6%，高级小学 8774 所，占 13.3%，其余为完全小学，占 2.1%；区立初等学校共有 120553 所，其中初级小学 114411 所，占 94.9%，高级小学 4236 所，占 3.5%，其余为完全小学，仅占 1.6%。[2] 由此可见，民国时期的县域教育以办学层次较低的初等教育为主，这也反映出当时教育水平总体偏低的状况。

再次，县域学校办学规模小，适龄者入学率低。根据安徽省当涂县 1930 年的教育视察，该县共有公私立学校 54 所，其中初级中学只有 1 所，在校生共 127 人；全县小学中，在校生超过 100 人的有 2 所，其余各校在校生均在百人以下，最少的一所学校只有 25 人。[3] 在山东曹县，1931 年失学儿童占学龄儿童 90% 强。[4] 类似情况在其他省份也普遍存在。究其根源，还是国家贫穷，特别是农村地区，贫穷是农民接受教育的最大障碍。贫农家庭所受到的最好

1　江苏省教育视察员在对淮阴、金山、崇明、江浦、青浦、泰兴等县的教育视察中，发现教师在教法、教态、管理等方面不同程度存在不尽如人意的地方。这些教师有的被"申斥"，有的被要求"撤换"。参见《江苏省政府公报》1930 年第 510、554、576 期"教育"类内容。安徽省潜山、含山、英山、休宁、舒城、当涂等县亦如此。参见《安徽教育行政周刊》第 3 卷第 50 期（1930 年），第 4 卷第 1、3、5 期（1931 年）等"视察报告"的内容。

2　根据《第一次中国教育年鉴》中"教育统计"第 161 页的数据计算得出。教育部中国教育年鉴编审委员会编《第一次中国教育年鉴》，"教育统计"第 161 页。

3　叶明辉：《视察当涂县地方教育概况报告》（1930 年 12 月 24 日—26 日），《安徽教育行政周刊》第 4 卷第 11 期，1931 年 3 月，第 27—31 页。

4　周炎光、王保合：《视察曹县教育报告》（三）（1931 年 6 月），《曹县文史资料》（山东）第 4 辑，1991 年，第 103 页。

的教育一般达到高小水平，"只有极个别人（约0.1%）读到初中"。[1]

此外，由于教育经费不敷使用，县域学校校舍狭小、瓦败垣颓、"质量两方，俱形简陋"等视察评价比比皆是。[2] 此不赘述。

总之，南京国民政府时期县域教育，在政府的倡导下，进行了一些探索和努力，初等教育有所普及，但整体看来仍比较薄弱，而中等教育资源则十分稀缺。由于种种条件的制约，县域教育整体还处于小规模、低水平的发展阶段。

三 县域社会教育及文化管理

南京国民政府时期，各县除兴办学校教育外，还开展各类社会教育和文化事业，对提高民众整体文化素质起到了一定积极作用。

（一）县域社会教育管理

社会教育一般是指除学校和家庭以外，由社会文化机构或社会团体对社会民众所进行的各类教育。社会教育对于提升国民素质有重要的作用。早在民初蔡元培任教育总长时，教育部下即设有社会教育司。1927年南京国民政府成立后，大学院成为全国教育行政最高机构。社会教育事务由大学院中的社会教育处和图书馆管理，后又改属于社会教育处和文化事业处管理。1928年底，大学院变更为教育部，社会教育事务由社会教育司主管，与之相对应，各省教育厅设社会教育科，各县教育局设社会教育课，形成较为清晰的社会教育行政分级系统。裁局改科推行之后，社会教育事务由教育科及各乡镇相关人员办理，不再另设专职人员管理。

1　侯建新：《农民、市场与社会变迁：冀中11村透视并与英国乡村比较》，社会科学文献出版社2002年版，第39页。

2　叶明辉：《当涂县教育视察报告书》（1930年6月10日—13日），《安徽教育行政周刊》第3卷第50期，1930年12月，第21—28页。

至 1935 年，关于社会教育的法令，由教育部或行政院正式公布并实施的就有 40 余种，[1] 足见南京国民政府对社会教育之重视。县域社会教育的开展主要在以下两个方面。

一是宣传识字运动与举办民众教育学校。1929 年 2 月，教育部公布了《识字运动宣传计划大纲》，推进识字运动。在县（市）设立识字运动宣传委员会，以县（市）长为主席，利用举办宣传周、宣传日、各种会议等时机以讲演、标语、书报、旗帜、幻灯及电影、留声机等方式在城市和乡村的街口巷口等公共场所进行宣传、教育和动员。[2] 同年，教育部还公布《民众学校办法大纲》，该大纲要求各县根据地方需要设立民众学校，教给年龄较大的失学者简易的知识技能，使其能适应社会生活。民众学校不收取任何费用，书籍文具也均由学校供给。[3] 随后不久，国民党中央又制定了《各级党部办理社会教育计划大纲》《三民主义民众教育具备的目标》《县市党部设立民众学校章则》等。根据上述大纲和规则的要求，南京国民政府在各省各县市推进民众学校的开设和识字运动的开展。根据 1931 年 3 月教育部的报告，自"十八年二月十三日公布识字运动宣传计划大纲以来，各省市多已遵照举行，如江西、热河、湖南、浙江、福建、河北、南京、汉口等处"，"并且举办之后即增设民众学校，以促民众入校读书"。民众学校开办数量最多的是河北省，共有民众学校 4042 所，学生 13 万人；安徽省开办有 234 所民众学校；云南、新疆先在省城开办，后逐渐推行各地。[4] 根据教育部 1932 年 9 月的报

1　教育部参事处编《教育法令汇编》第 1 辑，商务印书馆 1936 年版，第 387—429 页。

2　《教育部公布识字运动宣传计划大纲》（1929 年 2 月 13 日），中国第二历史档案馆编《中华民国史档案资料汇编》第 5 辑第 1 编"教育"（2），第 694—698 页。

3　《教育部公布民众学校办法大纲》（1929 年 1 月 22 日），中国第二历史档案馆编《中华民国史档案资料汇编》第 5 辑第 1 编"教育"（2），第 693—694 页。

4　《教育部关于全国社会教育实施概况报告》（1931 年 3 月 3 日），中国第二历史档案馆编《中华民国史档案资料汇编》第 5 辑第 1 编"教育"（2），第 718 页。

告，识字运动宣传情况，各省以浙江和江苏两省成绩最佳，大规模的识字运动宣传，浙江省举办过 2 次，江苏 1 次。全国民众学校发展也较快，1928 年有 6708 所，1929 年增加到 20089 所，1 年即增加了 2 倍。其他省份民众学校的情况：1929 年"山西省，共有五千七百三十四校"；"山东省，共有两千三百三十七校；其余如河南、江苏、浙江、辽宁等省，亦各有一千余校"。[1]

抗战期间，为凝聚民族力量，需要加强社会教育。1939 年 5 月，教育部公布了修正的《民众学校规程》，规定民众学校既可以单独办理，亦可附设于小学之内合并办班。1939 年 11 月，洪兰友等人在国民党五届六次全会上，提出限期扫除文盲，完成民众识字教育案，该案除个别字句和推行时限有修订外，被会议决议通过。该案主要内容为：（1）各省市应根据经济文化情形，分别以 2—4 年为度，限期"肃清文盲"；（2）年龄在 16 岁以上 35 岁以下之失学成人，均应强迫入选，违者处罚；（3）知识分子须担任民众学校教师若干时间，或个别教授民众识字若干人，即服"教育役"，违者处罚；（4）各县市、乡镇均应设立民众识字教育委员会；（5）各级党部以举办民众学校为中心工作，并应确立每一区分部应至少办一民众学校。[2] 由洪的提案及获得通过的情况看，当时无论政界还是学界都对民众识字教育高度重视并寄予热望。以当时的处境和实际情况看，在该案所设计的四五年内完成扫盲任务，是颇不切合实际的。但这种热望，对推动民众识字和开办民众学校，也具有积极的意义。根据 1943 年西康省社会教育实施概况的报告，西康省各级学校均附设民众学校，"包括成人班及妇女班，均收失学民众，以扫除文盲，中心学校

1　《教育部关于全国社会教育实施概况报告》（1932 年 9 月 29 日），中国第二历史档案馆编《中华民国史档案资料汇编》第 5 辑第 1 编"教育"（2），第 723 页。需要说明的是，在其报告中的数字，有前后矛盾之处，如关于河北省和浙江省民众学校数量，在不同地说法颇不一致，有较大出入。

2　《洪兰友等人在国民党五届六次全会上提出限期扫除文盲完成民众识字教育案》（1939 年 11 月 17 日），中国第二历史档案馆编《中华民国史档案资料汇编》第 5 辑第 2 编"教育"（2），第 63—65 页。

更设家庭妇女班及儿童随习班等。至民间问事及代笔等项，各级学校，均逐日派人负责办理，此项工作颇见成效。乡镇保国民学校，除遵照部颁法令办理外，并得随时组设巡回施教队，下乡作识字运动工作"。[1]　就全国扫除文盲一项看，1938 年度为 2815608 人，1939 年度为 5399235 人，1940 年度为 540□387 人，1941 年度为 6506891 人，1942 年度为 8224102 人，1943 年度为 8468662 人，1944 年度为 8672115 人。[2]　全面抗战期间，扫除文盲的工作仍在持续进行之中，但社会教育处在艰难环境之中，不可避免地受到影响，如福建省开办的民众学校数量急剧下降。[3]

抗战胜利后，民众学校一类的教育在恢复之中，如陕西省 1946 年实施"失学民众识字教育"，长安等 49 个县开办了成人班；[4]　上海市立民众教育实验区设立的民众学校晚间授课，学生出席"百分比常在八十以上，足见乡间民众上课时间以晚上为宜"。[5]　虽然民众教育还在维持，但在国共内战的严峻背景下，这一工作也只能是形式上的了。

就国民政府时期的整个民众教育而言，也是雷声大、雨点少，宣传多、实施少，形式多、实质少，加以环境的影响，其间虽有若干成效，但远远不能满足社会的需要，也与国民政府自身所设定的教育目标相距甚远。

二是开办民众教育馆。为实施社会教育，国民政府教育部于 1932 年 2

1　《程其保报告西康省社会教育实施概况》（1943 年），中国第二历史档案馆编《中华民国史档案资料汇编》第 5 辑第 2 编"教育"（2），第 73 页。

2　《历年扫除文盲数一览表》（1928 年—1945 年），中国第二历史档案馆编《中华民国史档案资料汇编》第 5 辑第 2 编"教育"（2），第 84 页。

3　《抗战期间的福建省民众教育概况》（1937—1945 年），中国第二历史档案馆编《中华民国史档案资料汇编》第 5 辑第 2 编"教育"（2），第 79—83 页。

4　《陕西省教育厅关于三十五年度西安市及四十九县实施失学民众识字教育情况呈》（1947 年 7 月 5 日），中国第二历史档案馆编《中华民国史档案资料汇编》第 5 辑第 3 编"教育"（1），江苏古籍出版社 2000 年版，第 462—465 页。

5　《上海市立乡村民众教育实验区情况报告》（1946 年），中国第二历史档案馆编《中华民国史档案资料汇编》第 5 辑第 3 编"教育"（1），第 457 页。

月公布了《民众教育馆暂行规程》。该规程规定，县立民众教育馆先在县城或在县属繁盛市镇设立，逐渐推至乡村。各县得在本县原有自治区或学区分设民众教育馆，馆内设阅览、讲演、健康、生计、游艺等各部，负责相关民众教育事宜。[1] 1939 年 4 月教育部又公布了《民众教育馆规程》，规定县立民众教育馆由总务组、教导组、生计组、艺术组构成，分别负责不同的民众教育事务。[2] 各县根据实际情况，馆内设置可做必要调整。在山东曹县，1931 年将原设的通俗讲演所、民众阅报处、体育场等合并成立县民众教育馆，具有社会演讲、识字教育、体育教育和戏剧改良等方面的功能。[3] 四川永川县 1936 年成立县民众教育馆，内分阅览、生计、游艺三部，后改为阅览、生计、教导、健康四组。[4] 福建省 1934 年设县立民众教全省育馆 25 所，但不久因经费困难先后停办，业务由中心学校兼办。1942 年，在晋江、莆田、南安、福安、达瓯、龙溪等地恢复设立民众教育馆 6 所；1943 年增设县市民众教育馆，计达 64 所。[5] 西康省 1942 年设有县立和局立民众教育馆 27 所。[6] 据统计，全国 1928 年有民众教育馆 185 所，1929 年增加到 310 所，江苏省为最多，共有 135 所，"几占计国之半数"。[7] 到 1945 年，全国共有民众教育馆 1391 所，其中县立 1240 所，占全国总数的 89.1%。

1　《教育部公布民众教育馆暂行规程》（1932 年 2 月 2 日），中国第二历史档案馆编《中华民国史档案资料汇编》第 5 辑第 1 编"教育"（2），第 785—787 页。

2　《民众教育馆规程》（教育部第 8502 号部令，1939 年 4 月 17 日），阮华国编《教育法规》（第 2 版），第 476—477 页。

3　王圻：《视察曹县教育报告（四）》（1931 年 10 月），《曹县文史资料》（山东）第 4 辑，1991 年，第 117 页。

4　沈鹏编《永川县教育概况》，第 16—17 页。

5　《抗战期间的福建省民众教育概况》（1937—1945 年），中国第二历史档案馆编《中华民国史档案资料汇编》第 5 辑第 2 编"教育"（2），第 73 页。

6　《程其保报告西康省社会教育实施概况》（1943 年），中国第二历史档案馆编《中华民国史档案资料汇编》第 5 辑第 2 编"教育"（2），第 72 页。

7　《教育部关于全国社会教育实施概况报告》（1932 年 9 月 29 日），中国第二历史档案馆编《中华民国史档案资料汇编》第 5 辑第 1 编"教育"（1），第 725 页。

在县立民众教育馆中，较多的省份如四川省有 154 所，河南省 95 所，云南省 94 所。[1]

民众教育馆为实施社会教育之中心机关，"集中各种教育设施，运用各种教育方法，使一般人民逐渐养成为现代所需之国民，实为社会式民众教育机关最重要之一种"。如永川县民众教育馆附设的民众学校，先后毕业 5 班，共毕业妇女 251 人；招收流浪儿童 50 名，成立教养园，用 4 个月对他们进行识字、生计训练，能自立者 43 名。健康组在馆内外共施种牛痘 6500 人。还举行球类比赛、组织国术团，以提倡业余运动，发扬尚武精神。该馆在抗战时期，还准备携带图书、照片、药品，赴各乡镇会同当地保甲人员、学校教职员、学生，做有效宣传及抗战精神之灌输，变静态等候式的机关教育为动态的深入民间的教育。[2]

（二）县域文化建设管理

在县域文化建设方面，办报结社是常见的一种方式。通常来看，国民党党部一般办有该地的一份报纸，但往往时断时续。以甘肃省靖远县为例，1945 年 3 月 16 日，甘肃新闻检查处甘检第 221 号训令核准"新靖远简报社"登记注册。《新靖远报》由该县党部创办，报社社长由县党部书记长兼任，总编辑由县党部秘书担任。[3] 靖远民报社于 1947 年 7 月创立，《靖远民报》的宗旨为提倡本县文化，报道消息。该报全为赠阅性质，分发范围为县政府各科室及所属各乡镇公所与各中心学校。[4] 1949 年 5 月，为提倡青年研究文艺，练习写作，加强社会教育起见，"文文"文艺社靖远分

1　教育部教育年鉴编纂委员会编《第二次中国教育年鉴》，第 1103 页。

2　沈鹏编《永川县教育概况》，第 16—18 页。

3　《新靖远简报社被核准登记》（1945 年 3 月 16 日），白银市档案局（馆）编《民国时期靖远县情录》第 2 集，第 18 页。

4　《靖远民报创刊》（1948 年 10 月），白银市档案局（馆）编《民国时期靖远县情录》第 2 集，第 26 页。

社召开成立大会。该社一切社务规章皆依兰州市"文文"文艺社规定实施。[1] 山东曹县先后办有《新曹县报》和《曹县党声》等报，以刊登曹县社会、政治和文化方面的内容。[2]

　　修地方志和探寻本县古迹是县域文化建设常见的形式。传统地方志多由个人修。民国时期，地方志的编修得到各级政府的支持，有的县成立修志委员会，组织多人共同完成。如靖远县文献委员会修志委员会就是该县在 1945 年成立的一个文化机关，委员长由县长兼任，著名文人范禹勤（振绪）为总编纂。[3] 探寻本地古迹是中国文人乐于参与的另一种文化活动，乐亭人任甫亭"搜罗掌故，询诸耆绅"，写出《昌平县明十三陵暨汤山温泉名胜古迹考》，即是一例。[4]

　　县域文化建设的一个重要内容是开办图书馆。图书馆储藏各类图书文献，供民众阅览，是社会教育的重要部门。1930 年 5 月教育部颁布了《图书馆规程》，规定县市立图书馆设置时，应由县市教育行政机关呈省教育厅备案。而教育部 1932 年 2 月公布的《民众教育馆暂行规程》规定民众教育馆内可设置阅览部，[5] 与图书馆具有基本相同的性质。如山东曹县，1930 年 6 月时，设有中山图书馆，地址在县政府前，房舍宽大，有万有文库 1 套，残缺旧书 230 余种，日报杂志 18 种，各种挂图 50 余幅。因藏书较少，经费不足，随后合并到

　　1　《"文文"文艺社靖远分社成立》（1949 年 5 月 28 日），白银市档案局（馆）编《民国时期靖远县情录》第 2 集，第 26—27 页。

　　2　王楚才、阎文景：《国民党曹县历届组织及其部分活动》，《曹县文史资料》（山东）第 3 辑，1987 年，第 14、18 页。

　　3　《靖远县文化事业状况》（1945 年），白银市档案局（馆）编《民国时期靖远县情录》第 2 集，第 41 页。

　　4　昌平县政府编《昌平县政况古迹概略》，1937 年印行，第 58 页。

　　5　《教育部公布民众教育馆暂行规程》（1932 年 2 月 2 日），中国第二历史档案馆编《中华民国史档案资料汇编》第 5 辑第 1 编"教育"（2），第 786 页。

民众教育馆内。[1] 因此，一般的做法是在县民众教育馆内附设图书馆。但在人口众多、经济充裕、地域辽阔的县份，可单独设立县立图书馆。[2] 在实际推行中，经济条件好的省，县立图书馆设置较多。如福建，1933 年各县市设立 50 所，后改为乡镇民众书报处。1938 年后根据有关政策要求，重新设置图书馆，1940 年筹设者 43 个县，1941 年各县图书馆增加到 61 所，1942 年全省达到 63 所，另有 3 所私立图书馆。1943 年奉令普设民众教育馆，遂将原图书馆改为民众教育馆，但全省仍有 9 个县单独设置。1944 年，单独设置图书馆的则仅有永春、龙溪、建瓯，其余均改为民教馆办理。[3] 显然，图书馆在县域能否单独设立，既有经济原因，又受政策影响。在民教馆普遍设立的情况下，因民教馆内设有阅览部，在相当程度上代替了图书馆的职能，因此，两者合并是一种较为普遍的选择。在此情况下，加之受限于经费，单独设置县立图书馆的县很少，贫困的边远地区更是如此。如西康省 1943 年县立图书馆只有 3 所。[4] 1943 年，贵州全省总共才有 1 个省立图书馆和 2 个私人图书馆，没有县立图书馆。[5] 四川永川县本有一个县立图书馆，但因地处偏僻，阅览者寥寥，"使用价值，殊不经济"，加之经费紧张，也准备将之合并于民众教育馆。[6] 在民众教育馆附设的图书馆 1936 年为 990 所，1947

1　周炎光、王保合：《视察曹县教育报告》（三）（1930 年 6 月），《曹县文史资料》（山东）第 4 辑，1991 年，第 110 页。

2　《图书馆规程》（1930 年 5 月教育部公布，1946 年 10 月 26 日修正）。1930 年版载孙燕京、张研主编《民国史料丛刊续编》第 113 册，大象出版社 2012 年版，第 302 页；1946 年修订版载《广东教育》第 2 卷第 4 期，1947 年 8 月，第 55 页。

3　《抗战期间的福建省民众教育概况》（1937—1945 年），中国第二历史档案馆编《中华民国史档案资料汇编》第 5 辑第 2 编"教育"（2），第 74—75 页。

4　《程其保报告西康省社会教育实施概况》（1943 年），中国第二历史档案馆编《中华民国史档案资料汇编》第 5 辑第 2 编"教育"（2），第 72 页。

5　贵州省政府教育厅编《贵州教育》，1943 年印行，第 131 页。

6　沈鹏编《永川县教育概况》，第 18—19 页。

年为716所。[1] 其他开办博物馆、科学馆、体育场等社会教育的措施，多因经费问题，要么无法建设，要么因陋就简，使得县域文化事业的发展大打折扣。

第五节　县域卫生医疗管理

近代以降，执政者逐渐意识到国家有保障国民健康的义务，因为国民的健康与否，直接关系到国运的盛衰存亡。再者，随着医疗科学技术的发达，人们也发现疾病可治可防，可通过医疗卫生条件的改善，以达增强国民体质之目的。于是，保障国民身心健康的卫生医疗体系逐步在南京国民政府时期建立起来，县域卫生医疗行政管理及卫生事务管理也逐渐被提到日程上来。

一　县域卫生医疗行政管理

"卫生行政者，以保障及增进全体国民之公共健康为目的之行政也。"[2] 中国传统医疗技术可谓源远流长，历朝历代均有医学名家出现，然而，医疗卫生的行政管理制度始终没有形成体系。直至近代，卫生行政管理制度才逐渐建立并完善起来，而县域卫生医疗行政管理制度的建立则是在南京国民政府时期。

（一）县域卫生行政组织

北京政府时期，内务部设卫生司，是最高卫生行政机关。在省则是在警务处设卫生科，在县则是由警察局办理辖区的卫生事务。此外，外交部设有东三省防疫总处，教育部则管理卫生教育和学校卫生等事务，农工部管理劳工卫生。陆军部设军医司管理陆军部队的卫生事务，海军部军务司设医务科管理海军的卫生事务。结果，卫生医疗机关分立，事权散漫，在卫生行政管理方面处于较为混乱的

1　此处民众教育馆包括省立、市立、县立，因此该数据并不能准确反映县立民众教育馆附设图书馆的状况，仅做参考。教育部教育年鉴编纂委员会编《第二次中国教育年鉴》，第1123页。

2　马允清：《中国卫生制度变迁史》，天津益世报馆1934年版，第11页。

状态。南京国民政府更加重视公共卫生，于 1929 年设立卫生部，附属机关有中央卫生委员会、中央卫生试验所、卫生行政人员训练所、中央防疫处、中央医院、海港检疫所等，并以总务、医政、保健、防疫、统计五司，分掌各项卫生事宜。[1]

　　1929 年国民政府修正公布的《县组织法》规定县域卫生、防疫事务由公安局掌理，于必要时，可呈请省政府设置卫生局专理。但 1931 年以前，全国设有县卫生局者仅有两县，且组织结构简单，经费极少，工作基本无法开展，徒具虚名而已。其他各县的卫生事务，均由县公安局兼理。1932 年 12 月，第二次全国内政会议通过"依照地方经济情形设立卫生机关以为办理医药救济及县卫生事业之中心"的提案，并经内政部令各省民政厅分令各县遵照筹办，各县由此陆续设立县立医院。1934 年 4 月，第一次全国卫生行政技术会议通过各级卫生行政计划大纲，决定在县一级设卫生院为县卫生机关，其主要负责全县的医疗防疫等事务，还有推进县卫生行政之责，是技术与行政的混合组织。截至 1938 年，各省能设置县立医院或卫生院且组织、设备均较完备的统计数据为：江苏省 35 个县，浙江省 14 个县，江西省 83 个县，山东省 2 个县，广西省 4 个县，云南省 18 个县，陕西省 9 个县，湖南省 14 个县，福建省 62 个县。其他省份如河南省各县虽多设有县立医院，但组织、设备与国家所定标准相去尚远。[2]

　　1939 年，新县制开始推行。为进一步完善和规范县级卫生行政管理，1940 年，行政院公布《县各级卫生组织大纲》，规定县立卫生院或医院隶属县政府，县立卫生院既要承办全县卫生行政事务，又要具体负责全县的卫生事业。县立卫生院院长由县长与省卫生处协商，遴选国内外合格医学人才担任。卫生院置医师、公共卫生护士、护士、助产士、药剂员、检验员、卫生稽查、

1　马允清：《中国卫生制度变迁史》，天津益世报馆 1934 年版，第 143—144 页。

2　内政部编《卫生统计》，1938 年印，第 18—20 页。

事务员、卫生员若干人，均由领有合格证照或受过专门训练者充任。[1]

各县在每区可设置卫生分院，办理本区相关卫生医疗事项，隶属卫生院。卫生分院主任由县卫生院院长遴选合格人员并呈请县政府委派。分院设公共卫生护士、护士、助产士、卫生稽查及卫生员，均由卫生院院长委用。[2]

各乡（镇）公所所在地还需设置卫生所，办理该乡（镇）的卫生医疗事项，卫生所隶属县卫生院。卫生所主任由县卫生院院长遴选合格人员并呈请县政府委派。卫生所主要是宣传卫生知识、改良公共卫生、处理轻微疾病及急救，如果遇到较危重病人，须转诊至附近更高水平的卫生医疗机构治疗。[3]

各保要设卫生员，卫生员由卫生院院长委派受过卫生训练的保民担任，主要是办理本保初级的卫生事务。[4]

国民政府县域卫生事业原本刚刚起步，在新县制推行以前，现代化的医院诊所多集中在大城市，县及县以下区域卫生医疗条件很差。1939 年，中国推进新县制改革，之前颁布的《县组织法》和之后颁布的《县各级卫生组织大纲》带有行政强制性，因此，县卫生机构的数量出现了大幅增加。据卫生署 1943 年的数据，后方各省除绥远、青海尚未完成县卫生机构的设置外，在所统计的 15 个省的 1297 个县中，设立县卫生院的有 798 个县，名称尚未改变仍为县立医院或县立医务所的有 157 个县。其余 357 个县，或因人力、财力的限制，或因沦为战区而没设置县卫生机构。至于县以下卫生机构，则有 250 个县设区卫生分院 140 所，乡（镇）卫生所 1357 所，各保卫生员 1530 人。[5] 尽

1　《县各级卫生组织大纲》（1940 年 5 月 10 日行政院公布同日施行），曾宪章编《卫生法规》，大东书局 1947 年版，第 157—158 页。

2　《县各级卫生组织大纲》（1940 年 5 月 10 日行政院公布同日施行），曾宪章编《卫生法规》，第 159—160 页。

3　《县各级卫生组织大纲》（1940 年 5 月 10 日行政院公布同日施行），曾宪章编《卫生法规》，第 160—161 页。

4　《县各级卫生组织大纲》（1940 年 5 月 10 日行政院公布同日施行），曾宪章编《卫生法规》，第 162 页。

5　俞松筠：《卫生行政概要》，正中书局 1947 年版，第 109 页。

管县域卫生机构的设置还存在数量少、分布不均衡的不足，但在全面抗战时期，县域卫生医疗事业取得如此成绩，是应该肯定的。当然，在中国面积之大、人口之多的现实情况下，县域经济困窘，农民在多大程度上能享受到现代医疗之惠，还是颇为存疑的。而且，由于中国地区发展的不平衡性，在经济比较落后的地区，设定中的区卫生分院，也只能是纸面的规划设计而已，广大农民所能依赖的，往往还是他们所熟悉的中医治疗模式。

（二）县域卫生行政管理存在的问题

1939 年新县制推行后，《县各级卫生组织大纲》随之颁布，对于县卫生行政机关的各级组织职责均有明确规定。后又有《县卫生工作实施纲领》于 1940 年底颁布，详细列举县各级卫生机构应办事项，其中与县卫生院有关的大条目计有 40 余条。但由于基层卫生事业的基础过于薄弱，要达到所要求的理想程度不可能一蹴而就。这些条款落实不到位，除了因时间短促以外，还与当时的专业人员不足、经费筹措困难和制度上的一些问题有关。

首先，在推行县域卫生医疗事务过程中，人才短缺是普遍现象。如福建省福清县县立医疗机构内，竟"一无正式出身医师应诊，无护士"。[1] 福清县属富庶之地，尚且如此，其他落后偏僻之地，卫生人才更是难得。1938 年全国共建置 1949 个县，假定每县平均划分 3 区，50 个乡（镇），500 个保。如果按照《县各级卫生组织大纲》所列编制计算，则全国所需县域卫生专业人员为医师 12000 人、公共卫生护士 8000 人、护士 68000 人、助产士 62000 人、药剂员 2000 人、检验员 2000 人、卫生稽查 12000 人、卫生员 1120000 人。但根据 1945 年的统计数据，全国登记的医师共有 12965 人、护士 6008 人、助产士 5153 人、药剂师 4290 人、牙医师 352 人。[2] 而其中在国民政府中央、省市及军队等卫生机构服务的为数甚多，在私立医院药房工作及自行行医的又占去一

1　陆涤寰：《福莆惠仙四县卫生状况视查记》，《建民周刊》第 1 卷第 7 期，1936 年 8 月，第 21 页。

2　俞松筠：《卫生行政概要》，第 111—112 页。

部分。所以，估计在县及县以下卫生医疗机构工作的恐怕不到登记注册的 1/3。

为弥补专业人才之不足，各县的做法大致是：（1）加紧训练培养公共卫生护士、助产士、卫生稽查等人才；（2）对地方无证书、执照的从医人员勤加督导，以补人才之不足。[1] 如 1944 年 5 月，靖远县女子学校校长、参议员苟美英向县政府提出议案："训练全县接生婆，重视人命以增加人口。"靖远县政府发行旧式接生婆登记表，令各乡镇公所限 10 日内将乡镇旧式接生婆填表登记，县卫生院根据登记信息统筹组织训练。[2]

其次，县域卫生经费的不足也是制约县卫生事业发展的瓶颈。各县卫生经费在 1936 年被编入县地方岁入岁出预算概算者，有 16 个省，共计 1098 个县，其支出中将卫生经费单列者，共有 473 个县。1936 年度各省县卫生经费统计如表 3-3 所示。

表 3-3 显示各省每县卫生经费数目平均为 2982 元，江苏省平均每县 9055 元，为全国最高；湖北省平均每县 172 元，为全国最低。具体到各县，浙江省鄞县 1936 年度卫生经费达 40246 元，为全国最高，而同省的宁海县年卫生经费 10 元，为全国最低。

县卫生系统正常运行需要多少经费呢？南京国民政府曾在 1940 年颁布的《县卫生工作实施纲领》中对县各级卫生机构的经费分配做了具体规定（参见表 3-4）。

根据表 3-4 的最低标准计算，县、区、乡（镇）、保各级卫生经费一年运行的经常费合计为 16224 元，如果再加上其他临时费、特别事业费等等，应该在 20000 元左右，这是除当时极个别县（如江苏吴县、浙江鄞县）外，大多数县都无法达到的。

1　《本处苏科长视导兴宁等九县卫生行政总报告》，《广东卫生》第 32—33 期，1942 年 10 月，第 15 页。

2　《靖远县苟美英提议训练全县接生婆新法接生》（1944 年 5 月），白银市档案局（馆）编《民国时期靖远县情录》第 2 集，第 53 页。

表 3-3　1936 年度各省县卫生经费统计

省别	全省各县岁出总数（元）	全省各县卫生费		有卫生费之县数	平均每县卫生费（元）	卫生费最多之县		卫生费最少之县	
		数目（元）	占总支出百分比（%）			县名	数目	县名	数目
江苏省	32201606	543296	1.81	60	9055	吴县	30696	江浦	5000
浙江省	16555523	181362	1.09	74	2451	鄞县	40246	宁海	10
安徽省	8707351	—	—	—	—	—	—	—	—
江西省	8307582	272883	3.29	83	3288	大庾	15600	定南	42
湖北省	8785980	8104	0.09	47	172	江陵	1400	通山	30
河南省	8020608	—	—	—	—	—	—	—	—
山东省	13116615	—	—	—	—	—	—	—	—
山西省	4237184	1382	0.03	2	691	平陆	960	兴县	422
陕西省	5273005	59866	1.14	47	1274	南郑	7560	岚皋	120
甘肃省	2330610	—	—	—	—	—	—	—	—
福建省	7377872	106130	1.44	62	1712	龙溪	22972	宁洋	96
广东省	14969868	—	—	—	—	—	—	—	—
广西省	13211457	237613	1.8	98	2425	贵县	17250	天保	50
察哈尔	727528	—	—	—	—	—	—	—	—
宁夏省	358729	—	—	—	—	—	—	—	—
青海省	111894	—	—	—	—	—	—	—	—
合计	144293412	1410686	0.99	473	2982	鄞县	40246	宁海	10

注：表中个别数据疑有误，此处随原表照录。

资料来源：内政部编《卫生统计》，1938 年 9 月印，第 26 页。

表 3-4　县各级卫生机构经费分配表

	开办费		经常费（月计）	临时费	特别事业费	备注
	建筑费	设备费				
县卫生院	10000—20000 元	3000—5000 元	1000—2000 元	临时规定在县预备费项下拨给	其数额视需要另筹之	原建筑费未能筹足以前，可以利用旧有房屋，加修缮费2000—3000 元
区卫生分院		400—800 元	300—500 元	同上	同上	房屋以利用公产为原则
乡（镇）卫生所		300—400 元	50—100 元	同上	同上	同上
保卫生所		50 元	2—5 元	同上	同上	设置药箱一只

资料来源：《县卫生工作实施纲领》（1940 年 12 月 9 日卫生署公布），《广西省政府公报》第 972 期，1941 年 1 月，第 6 页。

　　县域卫生经费应在县预算中占多大比例？1937 年 3 月，卫生署在所订《县各级卫生行政实施办法纲要》中规定县卫生经费在地方预算中所占比例应以 5% 为标准。当时有人认为这个比例太低，但事实上大多数省县连此标准都达不到。1938 年的统计中，各县卫生经费占年度总支出的比例最高的是陕西省凤翔县，为 6.68%，[1] 大多数在 4% 以下，湖北省各县平均仅为 0.09%，山西省甚至低到 0.03%，[2] 足见大多数县域对卫生事业往往不重视。

　　经费不足使县卫生医疗机构设施简陋，运行维艰，难以选聘到优秀的医学人才，是制约县域卫生医疗事业发展的重要因素。为保障县卫生院的正常运转，有时政府就让药商负担一部分医院经费。如 1940 年 1 月，靖远县政府召集城关中医士及中药商，商议中医诊疗所医士每月工资 45 元中应由该县药商担负 22.5 元。但县商会主席代表药商呈请县长，不愿担负中医诊疗所医士每月 22.5 元的工资，靖远县县长令批示，"碍难准行"。[3]

　　另外，县域卫生事业的发展除受制于人才、经费等问题外，自身制度的制定方面也有不尽合理之处。比如，根据法规规定，县卫生院既是卫生医疗业务的执行机构，又是卫生行政管理机构，这就是所谓的"行政与技术混合之组织"。[4] 这种制度的好处是：（1）以技术人员办理行政，凡有规划均能切中肯綮，避免了闭门造车、隔靴搔痒等外行领导内行的弊端；（2）以行政权力和卫生业务相连贯，在执行上可避免拖泥带水的现象，行动更有效率。但此种"混合"也有明显的弊端：（1）欲求技术业务精良同时又富于行政经验的人，往往非常难得；以无行政经验者主持行政，结果常常难免把事情办糟；（2）一般业务人员往往在技术上用心，即使担任行政职务，也会因人事、经

1　内政部编《卫生统计》，第 31 页。

2　内政部编《卫生统计》，第 26 页。

3　《靖远县中医诊所成立》（1940 年 1 月 26 日），白银市档案局（馆）编《民国时期靖远县情录》第 2 集，第 51—52 页。

4　内政部编《卫生统计》，第 18 页。

费种种问题层出不穷而勉为其难，不能安于行政职责；（3）县政府民政科还保留有一部分卫生行政的职权，卫生院在行政上常受掣肘。类似这种不合理的制度安排，往往也是县域卫生事业发展的不利条件。

二　县域卫生医疗事务管理

县域卫生事务包括以县各级卫生院（所、员）为主的卫生医疗事务、公共卫生事务及面向学校、社会的卫生知识的教育等内容。尽管受经费和人员等因素的限制，县域各层面的卫生事务还是逐步开展起来了，人们的卫生习惯和卫生意识也更为稳固。

（一）县域疾病医疗事业的开展

若按照《县各级卫生组织大纲》的规定，应每县设一卫生院，每区或数区设一卫生分院，每乡镇设一卫生所，每保设一卫生员，但实际很少有县能达到如此之标准。如1942年，四川省共有县市卫生院81个，区卫生分院12个，乡镇卫生所16所，保卫生员30人。[1] 从数字看，四川省医疗机构的设置数目与《县各级卫生组织大纲》规定标准相去甚远。当时四川省省长由蒋介石兼任，该省情况尚且如此，其他内地省份囿于资金、人才、时局等因素，应比四川好不到哪去。并且从医疗机构的统计数据看，正规医疗点的分布严重不均，较为专业的、规模较大的卫生院主要在县市一级，而农村中区、乡（镇）、保正规医疗机构的卫生所及卫生员的数量则是少得可怜。尽管如此，依靠这些为数不多的医疗机构和卫生员，四川省县域医疗卫生事业还是有了相当发展：1940年至1942年，四川省各县卫生院所治疗的病人有487227人，各边区医疗队治疗病人89332人；学校卫生机构治疗419649人，健康检查157451人，矫治214577人；孕妇产前检查14400次，接生6448人，婴儿检查

1　胡次威：《四川省实施新县制成绩总检讨》，《县政》第2卷第1期，1943年2月，第24页。

10091 人，育婴指导 15633 人次。[1]

与内地相比，沿海发达省份卫生医疗的条件更发达一些。如早在 1935 年 4 月，昆山县就成立了县立医院，该县医院组织结构如图 3-1 所示：

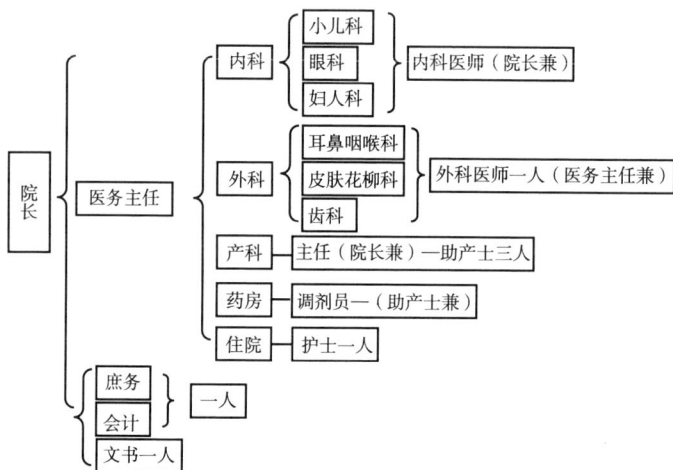

图 3-1　昆山县县立医院组织结构（1935 年）

资料来源：昆山县政府编《昆山县县政报告》，1936 年印行，第 49 页。

在昆山县医院，分内科、外科和产科。内科包含眼科、小儿科和妇人科；外科包含耳鼻咽喉科、皮肤花柳科和齿科。医院内科有诊察室 1 间，外科诊察室 1 间，手术室 1 间，值班室 1 间，护士室 1 间，办公室 2 间，助产士室 1 间，职员宿舍 2 间。医院还有住院头等病室 4 间 4 床，二等病室 4 间 8 床，三等病室 3 间 18 床，待产室 1 间 1 床，产科病室 1 间 5 床，婴儿室 1 间 5 床。[2]

该医院经费由县地方财政款项下拨充，经常费每月 500 元，每年 6000 元。每月薪金开支 180 元，医务开支 170 元，事务开支 40 元，平民医院开支 100 元（其中 65 元用于薪金，35 元用于购置器物）。该医院在医疗器械方面，内

1　胡灰威：《四川省实施新县制成绩总检讨》，《县政》第 2 卷第 1 期，1943 年 2 月，第 24 页。
2　昆山县政府编《昆山县县政报告》，第 50—51 页。

科、外科、产科、化验室、药房等基本器械较为完备，药品和卫生材料也基本够用。[1] 昆山县县立医院开办一年左右的时间内，门诊接诊总数为5751人，住院为196人，出诊为106人，接产51人，难产6人，产后产前检查60人。该院初诊费为铜元10枚，复诊收铜元6枚，军警及机关人员免收，贫苦者免收。在药费方面，一般人按药品价值收费，军警及机关人员半价，贫苦者免收。在住院费用方面，头等病室每天每人1元2角，二等每天每人6角，三等每天每人3角，包括药膳费在内。军警及机关人员半价，贫苦者免收，但限住三等病室。该院接产费用大概为2元，化验费用从5角至2元不等，手术费用从5角至20元不等。[2]

　　丰县县立医院成立于1935年秋，1946年时医务人员有12人，仅有内外两科之分，产科仅有1名助产士。[3] 1932年河南汜水县医院成立，到30年代中期设"医员兼院长一人，助手兼药剂师一人，看护一人，勤务一人，经费规定每月八十元，医药费系临时费，每月实报实销"。[4] 上杭县县立卫生院于1938年由原戒烟所改建，设医政组、保健组、总务组，临床科室分内科、外科、妇科，有病床40张，职工20人。医疗人员于1945年最多，有25人；1946年省政府训令裁编到20人，实际只留14人（卫生技术人员9人，工勤人员5人）；而到1949年5月，又减少到12人（卫生技术人员8人，工勤人员4人）。[5] 但有的县医院建立后却难以发展，如万县医院，"是川东唯一的省立医院，成立已经三年，设备还很简陋，病床数目不多，空着的却很不少"。[6]

1　昆山县政府编《昆山县县政报告》，第49—51页。

2　昆山县政府编《昆山县县政报告》，第51—52页。

3　渠敬文整理《解放前，丰县卫生设施及医药、医师概况》，《丰县文史资料》（江苏）第4辑，1986年，第137—138页。

4　《荥阳县卫生志》编辑组编《荥阳县卫生志》，1986年印，第123—124页。

5　上杭县地方志编纂委员会编《上杭县志》，福建人民出版社1993年版，第766—767、770页。

6　《省立医院设备简陋》，香港《大公报》1949年1月7日，第7版。

由于较高的专业人员的准入标准，各县公立卫生医疗机构的数目是比较少的。相比而言，各县私立医疗机构比较发达，甚至在经济条件较发达的地方，私立医院建设条件也优于公立医院，县公立卫生院有时还要求助于私立医院。如昆山县这样沿海较为发达的地区，也因为公立卫生经费的缺乏，该县县立医院的医疗器械及病室、诊察室等处的器械80%是从私立昆山医院借用。在丰县，"私人开业行医者甚多，分布于我县城乡各处。据1950年统计，从业人员有350人左右"。但整体情况看，私立医疗"皆规模小，人员少，设备简陋，条件较差"。[1] 在上杭县，除县立医院外，还有其他私立医疗机构，根据1949年5月的统计，有中西医药店、诊所198家（中医156家，西医42家），从业人员373人。[2]

（二）整顿县域公共卫生

对公共卫生的管理，各县基本集中在以下几方面。

第一，改良屠宰场和菜市场。南海县官山、九江两地，经济繁庶，但街巷多狭窄，菜贩屠户，杂处闹市，带来公共卫生管理方面的诸多麻烦。南海县计划在合适地点，筹建新式屠宰场及菜市场若干，改善两种市场的卫生环境。[3] 街市和临河沿岸为行旅往来之地，均宜清洁，但宣平县屠户宰杀猪羊多在市中心或临街沿河处，已成习惯，恬不为怪。该县布告禁止，违者罚办。该县计划另设一宽敞之地做屠宰场，平衡市区卫生和市民生活的矛盾。[4]

第二，改良公厕卫生。广东省乐会县的乡村、市区，没有公共厕所。很多地方粪尿满地，臭气扑鼻，畜类随处大便，非常不卫生。该县除已责令市

1　渠敬文整理《解放前，丰县卫生设施及医药、医师概况》，《丰县文史资料》（江苏）第4辑，1986年，第138页。

2　上杭县地方志编纂委员会编《上杭县志》，第769页。

3　余心一：《南海县县政计划大纲》（1929年8月制定），《南海县政季报》第1期，1929年12月，第15页。

4　张高：《宣平县政府十七年二月份政治工作报告》，《浙江民政月刊》第7期，1928年6月，"县政报告"，第8页。

区设置适当公共厕所外，还严令各乡村均应设公厕若干处，以维护公众卫生。凡猪牛栏及储积粪溺所均应设置于偏僻地，不得任意设于附近巷路，以免臭气迫人，有碍卫生。[1] 南海县则拟统一制定简明图式，勒限各厕所业主重新改建，违者充公。凡邻近水井的地方，均不准设厕，以保水源卫生。[2] 江西省临川试办县政实验区，推行农村厕所改良，规定厕所每日必须清扫，茅厕池用开水或石灰水进行清理，各乡镇厕所必须盖房舍并用盖板盖上茅厕坑。[3] 为执行新规，于 1934 年 6 月 7 日至 30 日，不到 1 个月内，填掉了近 6000 个粪坑，改良旧式厕所 400 个，但所遇阻力也非常之大。[4]

第三，清洁道路。乐会县老百姓对于道路卫生，多不讲究，"垃圾随处堆积，粪溺当路储藏，腐朽之物触目皆是，卒致臭味扑鼻，到处皆然"。其他如街道之不扫除，沟渠之不排泄，禽兽死骸随便抛弃，污秽水土任意倒倾，均大有碍于卫生。该县责令所在住户将垃圾迅速清除，并拟召集各界举行清洁大运动，以使人心觉悟。[5] 宣平县城内街道本就促狭，而猪粪尿溲又常常堆积，秽不可闻。该县令公安局严加取缔，如牛畜遗粪在道，责令即时洒扫，否则照法惩办，并添设清道夫一名，每日清扫两次。[6]

第四，加强卫生行政。广东蕉岭县在加强城市公共卫生和推进乡村公共卫生过程中，对于洁净及防疫等事，令公安卫生局各警区切实办理。[7] 阳江县

1　《乐会县县政计划书》，《广东民政公报》第 49 期，1929 年 11 月，第 88 页。

2　余心一：《南海县县政计划大纲》（1929 年 8 月制定），《南海县政季报》第 1 期，1929 年 12 月，第 14—15 页。

3　《江西临川试办县政实验区改良厕所办法》，《浙江省民众教育辅导》（半月刊）第 2 卷第 18 期，1936 年 7 月，第 32 页。

4　吴郁琴：《现代化进程中的民国江西农村卫生事业（1928—1941）》，硕士学位论文，江西师范大学，2006 年，第 55 页。

5　《乐会县县政计划书》，《广东民政公报》第 49 期，1929 年 11 月，第 87 页。

6　张高：《宣平县政府十七年二月份政治工作报告》，《浙江民政月刊》第 7 期，1928 年 6 月，"县政报告"第 8 页。

7　《蕉岭县县政计划书》，《广东民政公报》第 49 期，1929 年 11 月，第 117 页。

县城卫生，原由联合卫生运动委员会主管，结果他们对老百姓苛捐勒罚，人民不堪其扰，而街道之污秽，沟渠之壅潴如故。该县特布告取消一切检查费、清洁费，督饬警察切实办理。[1] 佛山洁净局，设立于1919年，初由绅商承办，每多亏损。1921年9月始由警察收回。1929年，为加强卫生监督，该所改归卫生课直辖指挥，并增加稽查四名。该所详细制定清洁夫服务规则，作为赏罚考成的依据。[2]

第五，加强食品卫生检查。食品卫生和老百姓生活息息相关，尤其是日常食物最为重要。而奸商小贩唯利是图，一旦有利可谋，往往将正常食品和劣质食品蒙混售卖，病死猪牛羊鸡鸭等制成食物危害民众生命。为杜绝此类现象，乐会县责令当地团局认真检查、严加取缔、禁止贩卖劣质食品，如有违者，科以严罚。[3]

第六，添设医院，改善医疗条件。南海县佛山市立医院创立虽已三年，但房舍过旧，一切医务应用器械极为缺乏，市民并不怎么认同该医院。后拟改为县立医院，并令佛山慈善组织拨助款项，将医院重新修葺，购置显微镜、消毒器等医院必需器械。同时改聘医师，增设全科女医师，发展医务。该院还增加住院名额，延长诊医时间，以惠人民。南海县还实行防疫种痘、医师登记及卫生检验制度，以改善该县民众的卫生医疗条件。[4] 1940年，甘肃省靖远县政府根据省政府训令及《非常时期县市中医诊疗组织通则》，决定即刻组织成立县中医诊疗所。1月26日，县中医诊疗所正式成立。同年8月20日，甘肃省卫生处奉省政府核准在靖远县筹设卫生院，"所有开办经费概由本处筹

1　《阳江县县政计划书》，《广东民政公报》第49期，1929年11月，第119页。

2　余心一：《南海县县政计划大纲》（1929年8月制定），《南海县政季报》第1期，1929年12月，第14—15页。

3　《乐会县县政计划书》，《广东民政公报》第49期，1929年11月，第87—88页。

4　余心一：《南海县县政计划大纲》（1929年8月制定），《南海县政季报》第1期，1929年12月，第14—15页。

发"。9月，卫生院筹备就绪，正式办公。[1]

以上是公共卫生管理方面各县普遍推行的措施，不过要想从根本上改变县域卫生，还需让民众认识到卫生的重要性，因此，卫生教育也就必不可少。

（三）县域卫生教育

卫生教育，指的是改善有关个人及社会的卫生习惯、态度及知识的教育实践活动。南京国民政府时期，卫生教育事业得到一定发展，各省大多成立了卫生教育委员会。其中，"江苏、福建、广西、安徽、浙江等省还成立了县（市）级卫生教育或健康教育委员会"。[2]

卫生教育开展的初期，重点在儿童的卫生教育上。1929年，卫生部公布《卫生教育实施方案》，强调卫生教育的主要目的有三点：一是保持、增进儿童心身之健康；二是以儿童卫生教育为中心，改进家庭及社会之健康；三是以儿童卫生教育为中心，改进种族健康。[3] 可见此时的卫生教育主要就是指儿童的卫生教育。但很显然，卫生部公布的实施方案与我国的国情严重脱节。我国以农立国，农民占全国人口的85%以上。他们大多卫生知识欠缺，墨守成规，平时不讲究卫生，病则求神问卜，以致体质多数孱弱，患病死亡者众多。因此，县卫生工作的对象应该是以农民为主的社会民众。县级卫生工作，不仅要重视医疗设备及技术，还应在卫生教育方面做好工作，加强宣传和教育，以维护与增进群众的健康。1935年，江苏省吴江县在制定卫生教育服务细则时，就贴合了县域卫生的实情。吴江县在教育局设卫生教育指导员，以"增进民众与学校儿童健康及灌输卫

1　《靖远县中医诊所成立》（1940年1月26日）、《省卫生处核准成立靖远县卫生院》（1940年8月20日），白银市档案局（馆）编《民国时期靖远县情录》第2集，第51、52页。

2　《中国近代健康教育概述》，王东胜、黄明豪主编《民国时期健康教育文集》，江苏人民出版社2008年版，第4页。

3　《卫生教育实施方案》（1929年10月24日卫生部公布），《教育部公报》第1卷第11期，1929年11月，第103—104页。

生知识、医药常识"。其卫生教育和指导主要在两方面：一是指导学校卫生，如讲解学童卫生知识、指导学童培养卫生习惯和指导家长改善儿童体格状况；二是指导民众卫生，如向民众讲解卫生知识和卫生常识、教导民众合于卫生生活、教导民众破除迷信思想及举动、协助民众增加防疫的知识。[1] 随着经济社会的发展，南京国民政府时期的卫生教育理念逐渐丰富完善，卫生教育的重点对象也从学生转移到社会层面。1940 年 12 月 9 日卫生署公布《县卫生工作实施纲领》，对县级卫生教育有以下几项规定：（1）县卫生院、分院及卫生所应利用乡镇民众集会日期举办卫生展览及各种卫生运动；（2）县各级卫生组织应随时举行卫生化装表演、卫生讲演并张贴卫生标语及发送传单、小册；（3）县卫生院应与县教育主管部门会同举办全县各级学校卫生；（4）县卫生院应举办卫生员训练班，授以工作必需之技术及常识；（5）县卫生院、分院及卫生所应进行壮丁及民众之急救救护训练；（6）县卫生院应设置常备之医学卫生图书巡回阅览；（7）县卫生院及分院应利用病人候诊时间宣传卫生常识。[2] 显然，此时卫生教育的重点对象已不再是学生而是社会大众了。

南京国民政府时期卫生教育由各地教育机关及卫生机关合作施行。如果卫生行政机关尚未成立，则教育行政机关应单独负责执行。[3] 县域卫生教育实施的组织系统如图 3-2 所示。

江苏省无锡县为"推行卫生教育，增进成人及儿童身心健康，养成卫生习惯"，成立卫生教育委员会。该委员会委员由县政府代表 1 人、教育局局

1　《吴江县教育局卫生教育指导员服务细则》（1935 年 9 月 30 日第六次局务会议通过），《吴江教育月刊》第 4—5 期，1935 年 12 月，第 31—32 页。

2　《县卫生工作实施纲领》（1940 年 12 月 9 日卫生署公布），王东胜、黄明豪主编《民国时期健康教育文集》，第 44—45 页。

3　《卫生教育实施方案》（1929 年 10 月 24 日卫生部公布），《教育部公报》第 1 卷第 11 期，1929 年 11 月，第 108 页。

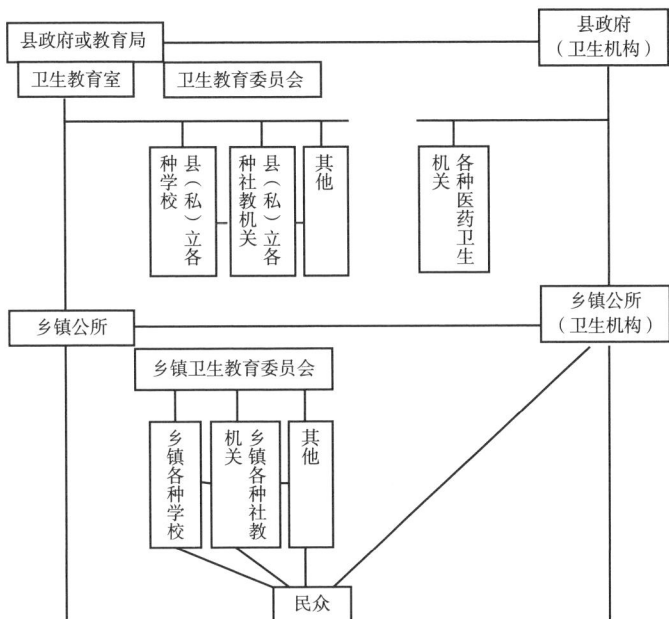

图 3-2　县域卫生教育实施示意

资料来源：《卫生教育实施方案草案》，王东胜、黄明豪主编《民国时期健康教育文集》，第70页。

长、县督学、卫生教育指导员、公安局卫生技术员、平民产院院长、县立中学代表1人、小学代表1人，社教机关代表1人、区公所代表1人、专家4—6人组成。该委员会的职责为：（1）承省教育厅命令，促进城市及乡村各学校卫生事宜；（2）拟具全县学校卫生实施计划；（3）督察各校卫生实施；（4）筹办一系列卫生教育活动，如卫生表演、健康比赛、卫生展览会、卫生文艺比赛会、放映卫生教育电影等。[1]

有的县在学校卫生教育实施方面，做得还是不错的。如贵州某县学生在每学期开始时，都集中到县医院检查体格，院方把各人的健康状态详细记录在表格上，当时学生群体中沙眼、头虱、疥疮、扁桃体炎最多。医院每星期

---

[1]　《无锡县卫生教育委员会组织简章》，《无锡教育月刊》第2卷第8期，1937年7月，第49—50页。

有两个下午，派护士 1 人到学校有针对性地向学生讲解卫生常识，并做简易治疗，效果很好。[1] 利用各县卫生运动大会做宣传，是实施卫生教育的一种方式。南海县 1929 年在佛山举行卫生运动大会，县局职员及民众团体，一律参加。在运动大会上，卫生课分发卫生浅说传单、标语、图表，举办卫生展览会，露天演讲，向参会的群众宣传卫生常识，以期达到教育民众的目的。[2]

县域卫生教育的开展，对于推动人们关注卫生、关注健康、关注生活环境，改变传统的忽视卫生的陋习，无疑具有积极的意义。但由于制定者不了解国情，很多规定或建议只能是不切实际的空谈。[3] 并且卫生教育由于时断时续、时兴时废，并不能持之以恒，故往往流于形式。后来卫生运动与国民党官方所提出的新生活运动联系在一起，成为与政治联系在一起的一项工作，更多强调的是政治意义，反而降低了其本身所具有的特定内容和意义。尤其是在当时广大乡村中农民的生存问题都未能很好解决的情况下，卫生问题往往为社会所忽视也就在情理之中了。

第六节　县域社会治安管理与控制

县域社会管理千头万绪，但无论何种建设，都少不了一个必要前提——

1　季鸿：《小城半年——县卫生院工作的回忆与感想》，《社会卫生》第 2 卷第 8 期，1947 年 3 月，第 19 页。

2　余心一：《南海县县政计划大纲》（1929 年 8 月制定），《南海县政季报》第 1 期，1929 年 12 月，第 14—15 页。

3　如为培养学生良好的卫生习惯，《卫生教育实施方案》拟定的学生卫生训练有："1. 每天吃青菜、豆腐类，最好加上鸡蛋、水果和牛奶。2. 每天至少喝四大杯开水。3. 每天在一定时间大便一次。4. 每天早晚刷牙。5. 每星期至少洗澡一次。6. 吃饭以前，大小便以后，一定要洗手。7. 个人用自己的茶杯、餐具和手巾。8. 天天带一块干净的手帕。9. 坐立行身体要正直。10. 每天开窗睡十小时。"《卫生教育实施方案》（1929 年 10 月 24 日卫生部公布），《教育部公报》第 1 卷第 11 期，1929 年 11 月，第 106—107 页。以上指导建议对当年绝大多数中国人来说，基本就是无法实现的空谈。

稳定的社会秩序。"吾人深信无论何种设施，必自安定社会秩序始。"[1] 南京国民政府为加强县域地方管理，构建了由保甲、驻军、地方保安团、警察组成的"四位一体"的县域治安管理体系。

一　县域社会治安管理体系的构建

县域社会治安管理体系包括两个层面：一是基层民众自保层面，核心是保甲制度；一是军事力量的维护层面。前者是基础，后者是强化，两者相辅相成，在南京国民政府时期构建起一个较为系统的县域治安管理体系。

（一）维持治安的县域武装力量

在地方维持治安的武装力量有两类，一类是正规军，即国民革命军。如1929 年，甘肃省全省范围内大旱，靖远县被省政府列为重灾县。当年 4 月份起，社会治安秩序混乱，不时有大股土匪趁火打劫，多次烧杀掠抢。5 月份，国民革命军第二集团军骑兵第八旅第三团驻扎靖远县城，加强防务。8 月至 11 月，第一团留守处驻扎县城关帝庙，共有官兵 200 余名。11 月 9 日早，匪首王得福率千余名土匪持枪四五百支，围攻县城。驻军击毙土匪百余人，众匪延至下午始行退却。1929 年 12 月至次年 3 月 18 日，第十三军二团四连驻扎县城武庙。[2] 1931 年 8 月，时年驻靖远县的国民党武装有陆军第八师游击队第六分队，约 120 人，共有 6 个分队，枪支 153 支、子弹 3516 粒，队长王尊美。[3] 正规军的优势是武器装备好，战斗力强，但不能常驻，需不断换防。因此地方治安更为依赖第二类武装力量，即地方民团。

1　胡次威：《兰溪实验县工作报告》，章元善等编《乡村建设实验》第 2 集，中华书局 1935 年版，第308 页。

2　《国军驻靖远军事力量》（1929 年 5 月至 12 月）、《土匪攻围靖远县城》（1929 年 11 月）、《国军驻靖远军事力量》（1930 年 1 月至 3 月），白银市档案局（馆）编《民国时期靖远县情录》第 1 集，第 91—93 页。

3　《民国二十年靖远县军事力量》（1931 年 8 月 4 日），白银市档案局（馆）编《民国时期靖远县情录》第 1 集，第 94 页。

1933 年 1 月，豫、鄂、皖三省"剿匪"总司令部颁发《剿匪区内各省民团整理条例》，要点是：（1）武装民团改编为县保安队。（2）武装不健全的民团及无武装的壮丁，在没有共产党活动的各县，改编为壮丁队；在有共产党活动的各县，改编为"铲共义勇队"，"铲共义勇队"的编制及任务，与壮丁队相同。待共产党势力被消灭后，仍改称壮丁队。（3）各县保安队分为保安总队或保安大队，总队长或大队长由县长兼任。（4）各县保安队原有的外籍士兵，要尽快淘汰，其缺额由本籍壮丁补充。（5）经费由县财务委员会统收统支。（6）保安队负责本县"清剿""匪共"，维持治安的任务，如果遇到邻县联防"会剿"，应受区保安司令的统一指挥。（7）"铲共义勇队"或壮丁队以保为单位，一保不论人数多寡，都编为一小队，一乡或一镇有二保以上者，应合各保小队，编成一联队，全区各联队应合编成一区队，全县各区队应合编成一总队，各队冠以某县、某区、某保之名称。（8）"铲共义勇队"或壮丁队，可根据需要编成巡察队、通讯队、守护队、运输队、工程队、消防队。[1] 这种在特定地区为配合其正规武装与中共武装作战的地方武装制度，也逐渐推行到以上三省之外的其他省区。

根据上级要求，1934 年 1 月 31 日，靖远县保卫团常备大队部成立，队长由县长邢邦彦兼任。常备大队下属第一、二、三、四、五共 5 个分队，各分队有 3—5 个班不等，每班有 7—10 人，共有 144 人，马 9 匹。经费方面，大队部每月 115 元，全年 1380 元；各分队分别为每月 198 元，全年 2376 元。[2] 同时期，在共产党活动较为频繁的地区，地方民团的势力要强大得多。如江西省修水县共有"铲共义勇队"队丁 33194 名，计编 5 个区队，36 个联队，403

1　《剿匪区内各省民团整理条例》（豫鄂皖三省"剿匪"总司令部 1933 年 1 月公布，同年 4 月修正），中国第二历史档案馆编《国民党政府政治制度档案史料选编》上册，第 450—457 页。

2　《靖远县保卫团常备大队部成立》（1934 年 1 月 31 日）、《靖远县保卫团常备大队概况》（1934 年 5 月）、《靖远县保卫团调查表》（1934 年 7 月），白银市档案馆编《民国时期靖远县情录》第 1 集，第 95—96 页。

个小队，会同省训练员分区分期训练。该县一、三、五等区边境还组有守护队 20 个队，队丁 968 名，担任守碉防"剿"之责。[1]

由于地方民团的名称、编制太乱，指挥不便，1934 年 7 月 22 日，南昌行营颁发《各省保安制度改进大纲》，其要点有：（1）改善各省保安制度，使之能执行宪兵警察职务，以维持地方统治秩序、普及国民军事教育、确立征兵制度的基础；（2）省设全省保安司令（省主席兼任），下设保安处；（3）省下分区，设区保安司令，设行政督察专员省份，以专员所辖区域为保安区域；（4）原隶属保安处的各地方保安团队，现直属于省，定名为省保安团；（5）原隶属区保安司令部的直属部队，现定名为区保安团或保安队，保安司令专设或由行政督察专员兼任；（6）县辖部队定名为县保安队，队长由县长或区副司令兼任；（7）区保安团及省保安团均由 3 个大队编成，每个大队辖 4 个中队；（8）各县保安团队经费，由县统收统支。[2] 各省甚至各县地方武装虽多有差异，但大致又是相同的。

福建上杭县 1936 年在县政府第四科下设兵役股，专门负责兵役事宜，设股主任 1 人。1938 年成立县义勇壮丁常备队。同年秋，成立国民抗敌自卫团司令部，县长兼任司令。1940 年，国民抗敌自卫团司令部改为国民兵团，由县长兼任团长。同年，建立 4 个后备中队。1947 年自卫队改编为保安警察队，负责县境治安事宜。[3] 南京国民政府时期，根据《登封县志》的记载，该县的地方武装，为其保安队，辖两个分队，约 200 人。[4] 福建泰宁县 1931 年将 5 个保卫团整编为 2 个常备中队，1934 年改编为县保安队。1940 年 1 月该县地方武装改编为国民兵团。抗战胜利后国共内战期间，改称为自卫总团，团长由

1　王震：《修水县政府行政概述》，《县训》第 4 卷第 2—3 期，1936 年 4 月，第 31 页。

2　《各省保安制度改进大纲》（国民政府军事委员会委员长南昌行营 1934 年 7 月公布），中国第二历史档案馆编《国民党政府政治制度档案史料选编》下册，第 349—355 页。

3　上杭县地方志编纂委员会编《上杭县志》，第 675 页。

4　登封县地方志编纂委员会编《登封县志》，河南人民出版社 1990 年版，第 175—176 页。

县长兼任，副团长由县政府军事科长兼任，下设乡镇公所警备班，并管辖县保安队。乡镇公所警备班下设保安队。警备班有 10—16 人。保安队队员由 18—45 岁的公民组成，有 362 支枪。1949 年 4 月，自卫总团将全县常备队改编为 2 个大队，每个大队下辖 3 个中队。[1]

1947 年 5 月，长垣县三春集乡公所就有一个常备中队和一个后备大队的力量。[2] 而东明县子端乡公所内设警政干事 1 人，此外，有催征班 1 个班，其中含下士班长 1 人、上等兵 1 人、一等兵 4 人、二等兵 4 人，共 10 人；乡自卫中队 1 队，有中尉中队附 1 人，少尉分队长 1 人，准尉特务长 1 人，下辖 3 个班，每班各设班长 1 人及士兵各 10 人，共 33 人；另，各保有保丁 2 人，该乡共 6 保，有保丁 12 人。[3] 这里的催征班和乡自卫队，完全按照正规军队编制组成，这种情况显然与当时国共内战的环境有很大关系。这种力量超出了正常的治安范围，但整体看来，由于南京国民政府长期处于军事环境下，这又是常见现象。

此外，正规部队驻守地方时，也是当地维持治安和进行社会控制的力量。如 1940 年 9 月，抗日战争吃紧，各县奉令相继成立了阵容庞大的以防日机轰炸为主要任务的防护团。靖远县防护团团长由县长马继周兼任，副团长由时任一九一师五七一团三营营长张道先专任。团部下设总务股、工务股、救护股、河防股、警报股、管制股。团部由正副团长、股长、总干事、副总干事、干事、书记、司书等 17 人组成。团部下属相应的 9 个工作队，各配有人员 10 人至 30 人不等。[4]

除了上述的驻军和地方保安团之外，警察也是维护治安的重要力量。但

1　泰宁县地方志编纂委员会编《泰宁县志》，群众出版社 1993 年版，第 511—512 页。

2　《三春集乡系统一览表》（1947 年 5 月），开封市档案馆藏，档案号：旧 3-152-010。

3　《东明县子端乡公所自卫队保公所官兵员役三字花明清册》，开封市档案馆藏，档案号：旧 3-152-017。

4　《靖远县防护团》（1940 年 9 月），白银市档案局（馆）编《民国时期靖远县情录》第 1 集，第 105 页。

是，南京国民政府时期的警察不仅维持社会秩序，还承担正俗、交通、卫生防护及农林渔猎的管理、名胜古迹的维护等诸多事项，本书将在下一节集中论述县域警政管理。

（二）保甲制度

保甲制度在中国由来已久，先秦时期形成雏形，王安石变法中"户籍保甲法"的推行标志着保甲制度的正式确立。由于在收取赋税、管理教化民众、维持基层社会治安，特别是在户籍管理和控制方面发挥了重要作用，直到明清时期，保甲制度仍是国家控制基层社会的重要手段。随着清末新政的开展，保甲制度成为改革的对象，"宣统年间，新式警察制度兴，各省保甲局渐次裁撤，保甲之主管机关既废，保甲之制遂不见著于政令"。[1] 20 世纪 30 年代初，南京国民政府为维护统治，加强对基层民众的控制，决定重新实施曾被废除多年的保甲制度，直到国民党政权在大陆统治的结束。

在保甲制度正式推行前，有些地方如嘉兴县为防备匪患，已开始推行类似于保甲法的连环自卫法。连环自卫法依村里制以 10 家为邻，每夜由 10 家中轮派巡查，二人做通宵之游巡保卫。如遇盗匪时，鸣锣为号，10 家闻警，立即合力抵御，一面派专人驰报保卫团及警察派队兜捕，一面唤呼近邻并起救助。同时锣鸣使其他人响应共截盗匪的去路，盗匪无路可逃而被擒。连环自卫法"邻邻相因，由闾而村，上下相维，而邑之自卫自无不周密"。[2]

南京国民政府宣布进入训政时期后，地方自治被看作训政的基础，而治安户籍诸端则是地方自治的先决条件。南京国民政府逐渐把地方自治设计中的清查户口发展到编练保甲，逐渐实施保甲制度。其推行保甲制度的目的有

1　闻钧天：《中国保甲制度》，商务印书馆 1935 年版，第 224 页。

2　阎幼甫：《嘉兴县十八年一月份政治工作报告》，《浙江民政月刊》第 1 卷第 18 期，1929 年 4 月，"县政报告摘录"，第 2—3 页。

二，即有资料所说的"土匪'共逆'，与其他一切恶劣份子，无立足之余隙。而自治建设诸端，得以推行无阻"。[1] 看起来是两个方面，其实，其中保甲制度的"铲共剿匪"被国民党视为"最要急务"。[2] 当然，这已超出了一般意义上的治安和社会控制范围。

1930 年 11 月，国民党三届四中全会通过《刷新中央政治　改善制度　整饬纲纪　确立最短期内施政中心　以提高行政效率案》，其中地方施政纲要集中于"肃清土匪""清查户口""兴办保甲""奖励农产""普及教育整顿学风"诸项，而归结于地方自治之推进与自治组织之完成。[3] 在此案中，"清查户口"和"兴办保甲"无疑是地方施政的核心，其他几项都是在此基础上开展的。

保甲制度推行的前提是清查户口。以广东省南海县为例，1929 年全县统一制定详细规则及表式，派出助理员协助各警区，限两个月将全市户口重新查编，将旧门牌一律摘除，换上新门牌，同时清查全县户口，造册具缴。将来发给治安人员手持簿，以便查察。各区户籍清查后，所有出生、死亡、婚姻、继承、分居、迁移、失踪等事，按照内政部 1928 年颁布的《人事登记暂行条例》，由各区正分署实行登记，全县户籍随时有精确的统计。为培养地方自治人才以保证保甲制度的推行，南海县于 1929 年设立地方自治人员训练所，招考有相当学识而热心地方自治的人员，授以办理地方自治必需之学术与法规，养成其勤朴耐劳之习惯，以备办理保甲及自治之选。[4]

1　余心一：《南海县县政计划大纲》（1929 年 8 月制定），《南海县政季报》第 1 期，1929 年 12 月，第 12 页。

2　《刷新中央政治改善制度整饬纲纪确立最短期内施政中心以提高行政效率案》（1930 年 11 月 17 日），中国第二历史档案馆编《中华民国史档案资料汇编》第 5 辑第 1 编 "政治"（2），第 185 页。

3　《刷新中央政治改善制度整饬纲纪确立最短期内施政中心以提高行政效率案》（1930 年 11 月 17 日），中国第二历史档案馆编《中华民国史档案资料汇编》第 5 辑第 1 编 "政治"（2），第 184 页。

4　余心一：《南海县县政计划大纲》（1929 年 8 月制定），《南海县政季报》第 1 期，1929 年 12 月，第 12 页。

1932 年 8 月，豫、鄂、皖三省"剿匪"总司令部制定《剿匪区内各县编查保甲户口条例》，在"剿匪区"强制推行保甲制度。1935 年 7 月，国民政府军事委员会委员长行营颁发《修正剿匪区内各县编查保甲户口条例》，令豫、鄂、皖、赣、闽、陕、甘、湘、黔、川各省执行。其要点是：（1）编查保甲户口，严密民众组织，增进自卫能力，以完成"剿匪""清乡"工作；（2）以户为单位，10 户为甲，10 甲为保，各设户长、甲长、保长；（3）保长应召集甲长开保甲会议、协定保甲规约；（4）户长应联合甲内其他户长至少 5 人，共具联保连坐切结；（5）壮丁编成壮丁队，由保长、甲长督率训练，壮丁队在"剿匪"时，受军警指挥；（6）凡大乡镇，编成五保以上者，应设保长联合办公处，推一人为主任；（7）保甲经费，以地方原有公款及财源拨充，在无公款或财源不足的地方，可向保甲内住民征集。[1]

1935 年以后，保甲制度在全国普及开来，成为各县反共和社会治安的制度基础。1939 年，南京国民政府颁布《县各级组织纲要》，推行新县制，其中将保甲专列，使保甲制度最终在国家层面成为法定的县政基层管理制度。保甲是《县各级组织纲要》贯彻实施的核心内容，"管、教、养、卫"任务具体就是由保、甲执行，其中"管"是"根本精神所在"。[2] 保甲制度使南京国民政府对农村的统治得以强化，这在某些特殊环境下（如战争时期），对于地方开展税收、征兵及维护治安等工作来说，有其积极的一面，但该制度也成为国民党在农村地区实行专制统治的重要工具。

为落实保甲制度，各省县纷纷清查户口，编制保甲。如江西省修水县对全县户口进行清查，据 1936 年统计，全县共有 58728 户 376659 口，其中，男

1　《军委会委员长颁发"修正剿匪区内各县编查保甲户口条例"训令》，中国第二历史档案馆编《中华民国史档案资料汇编》第 5 辑第 1 编"政治"（1），第 117—125 页。

2　孙彩霞等编《中国近代史资料丛刊之十三·抗日战争》第 3 卷"政治"上，四川大学出版社 1997 年版，第 420 页。

209137 口，女 167522 口，原编为 69 保联、572 保、5618 甲，为节省经费，减轻百姓负担，改编为 36 保联、403 保，各户门牌均经换发，实行连坐切结，并督饬保甲长将联结意文及所负之责任逐户详为解说，又针对本县情况拟定保甲规约式样，经核准后发各区保使用。[1] 甘肃靖远县 1935 年根据保甲条例编组保甲，全县划为 5 区，第一区编组 50 保，第二区编组 7 保，第三区编组 20 保，第四区编组 20 保，第五区编组 27 保，共计 124 保。[2] 湖南省从 1935 年 1 月开始全面编练保甲，到 1936 年全部完成编练，全省共计有 76 个县、449 个区、19 个直属乡、24 个直属镇、3012 个乡镇、38750 保、424515 甲。[3]

新县制将保甲纳入地方自治体系内，使得保甲制度在国民政府体制内落地生根。到 1943 年 9 月，已有 21 个省实行、建立和调整了县、区、乡镇、保、甲各级地方基层组织。"据川、康、滇、黔、桂、闽、浙、皖、赣、湘、鄂、陕、豫、甘、宁、青 16 省 1942 年底的统计，共调整县政府 1119 个，区署 1853 个；建立乡（镇）公所 30470 个，保办公处 379681 个，甲 4118413 个。"[4]

清查户口本来是南京国民政府推行地方自治的一个环节，而由清查户口发展到编练保甲，则演变为国民党控制其辖下民众的一种手段，成为其维持县域内社会治安的基本措施。但是，编练保甲毕竟只是一种形式，这种形式究竟在多大程度上能把民众控制住，还是很大的疑问。实际上，编练保甲看起来虽然重要，但其编练同样存在走形式、走过场等常见弊端，尤其是民众是流动的、迁徙的，保甲无法把为了谋生而四处奔波的农民束缚在固定的保甲号码里。

<hr />

1　王震：《修水县政府行政概述》，《县训》第 4 卷第 2—3 期合刊，1936 年 4 月，第 30—34 页。

2　《靖远县政府民国二十四年政治成绩调查表》（1935 年），白银市档案局（馆）编《民国时期靖远县情录》第 3 集，第 185 页。

3　湖南省民政厅：《湖南省民国二十五年保甲概况》，湖南省档案馆藏，档案号：33—1—374。

4　孙彩霞等编《中国近代史资料丛刊之十三·抗日战争》第 3 卷"政治"上，第 421 页。

二　县域社会治安管理与社会控制

(一) 治匪与禁烟

近代中国各地长期经历战争，天灾人祸使土匪的数量激增。关于土匪的活动不绝于地方记载。如在靖远县，1930 年 1 月 3 日，有宁夏变兵 400 余人操河州口音，持枪 300 余支，初至打拉池抢劫后又扑向冯家园，民团与之交战数小时后，土匪向东逃窜。1930 年 3 月 16 日，宋家河畔遭遇土匪 200 余人，持枪数十支，南区保卫团总王瀚率团丁将之击溃，击毙土匪数名。[1] 1933 年 5 月 29 日，有大股土匪 1000 余人马驻扎在会宁县甘沟驿硝沟坪大窑庄一带，持钢枪在各处纵火掳掠财物，民众四散奔逃。这些匪徒驻一夜于 30 日开拔。[2]

由于匪徒多为当地人，熟悉地形，官军剿办时，此剿彼窜，很难根本肃清，以四川省为例，1935 年，四川省的部分剿匪情况见表 3-5。

表 3-5 说明，县保安队战斗力还是有限。由于县保安队的武器以土枪、火枪为主，甚至是大刀梭镖也派上用场，平时也没什么正规训练，基本属乌合之众，战斗力不行，故在战斗中以驱散匪徒为主，很少正面冲突。

表 3-5　四川省 1935 年度部分剿匪行动

匪首	匪别	发生时间	人数	枪支	窜扰情形	剿办部队	结果
赖合三	土匪	7 月 1 日	七八百人	七八百支	在金堂江漳平北县境内行劫	金堂江漳平北保安队	逃窜
袁助民	土匪	7 月 2 日	八九百人	四五百支	在广安、大竹交界之四方山一带盘踞	广竹等县保安队及驻军汪团	分散

1　《民国十九年靖远县警事情况》（1930 年 1—3 月），白银市档案局（馆）编《民国时期靖远县情录》第 1 集，第 93 页。

2　《会宁县甘沟驿硝沟坪大窑庄一带遭匪掳掠》（1933 年 5 月），白银市档案局（馆）编《民国时期靖远县情录》第 1 集，第 94 页。

续表

匪首	匪别	发生时间	人数	枪支	窜扰情形	剿办部队	结果
杨华鑫 杨晏北	土匪	7月2日	二百余人	一百余支	在天全县行劫	天全保安队	分窜
旷晴普	土匪	7月3日	十余人	十余支	在永川来苏镇龙凤场等处行劫	永川保安队及壮丁队	溃散
李二瞎子 蓝大爷 牛营长	土匪	7月3日	五六百人	三四百支	在安县、绵竹、金堂等县飘忽窜扰	安县、绵竹、金堂等县保安队	分窜
方麻子 刘汉章	土匪	7月6日	二千余人	五百支	在川陕交界处肆行劫掠	城口保安队	分窜
杨汉臣	土匪	7月6日	十余人	十余支	在邛、蒲两县时行劫掠	经邛、蒲两县保壮各队分别围剿	一部击溃，一部逃逸
牟池支	夷匪	7月15日	二百余人	—	在屏山蜜溪口一带行劫	经督署派穆部吴营进剿	击溃窜入大山
周东珍 王可廷 王老四	土匪	7月17日	三四百人	二三百支	在梁、大、绥、宜等县窜扰	绥、宜、开、梁、大等县保安队	分窜

资料来源：《四川省二十四年度剿匪一览表》，《四川保安季刊》第2期，1936年10月，"表册"第53页。

为加强对群众的监控，防止内外勾结，形成新的匪患，各县还推出一系列治安措施。如广东省南海县就制定以下防范措施：（1）办理枪照、清查自卫枪支。南海县政府令各警察正分署长限期将各乡自卫枪支种类、号码、用途及已否领有枪照，造册列报。自清查之后，如发现未报枪支，或号码不符，即以匪枪论罪，概予没收，从严罚办。（2）清查内匪、催缴匪红。令全县各乡绅乡耆，限期清查内匪，列册举报。游手好闲者，由房族出资派其出洋营生。不法者报由警察查办。其罪恶重大之著匪，由匪亲房族，具缴匪红，缴县购缉。倘有隐匿不报者，课以庇匪之罪。（3）划定各乡范围负责防缉。行旅往来各乡，应任保护之责。令各乡长查明本乡过往孔道，或险要地方，每日轮派后备队梭巡缉拿，倘奉行不力，以致发生拦抢，即由该乡交匪赔赃，以专责成而安行旅。（4）整理县兵，厉行缉捕。将原有县兵认真整理，特别注意侦缉围捕等训练。特别是县属水陆冲要之地，要与邻近各乡队及人民团体切实联络，装设军用电话，务使消息灵通。如有盗匪潜回，即就近会同缉拿。（5）订定各区乡联防章程。召集各乡耆老及治安负责人员，妥商各区乡联防章程，对于报警符号、救援责任及时期，详为规定，共同遵守，以免疏虞。（6）举办保甲以清匪源。以兵剿匪，实救急治标之图。正本清源，仍在举办保甲。随着南海县户口调查完毕，即组织保甲实施委员会，以立长治久安之基，并为实行新县制之准备。[1]

　　除了较大规模的土匪，还大量存在小规模的土匪和一些散匪，经常性扰乱社会治安，也是县域武装力量打击和治理的目标。如靖远县 1934 年 5 月 3 日，匪首赵占魁等 2 人各持一枪，渡河到河滩殴打村民，被常备四分队缴获枪 2 支，缴获子弹 24 颗。7 月 25 日，杨西番率 9 人持 5 支枪由何家川向鹿角岘西窜，被四分队击毙 2 人，缴枪 2 支。[2] 土匪虽未被彻底消灭，但他们受到一定损失，也打击了其嚣张气焰。靖远县 1938 年 8 月到 9 月间的一次对境内及邻县交界处匪患的攻剿行动，比较成功。为了该剿匪之役，县保安队和一分队从 5 月 1 日起即调集县城训练，经过充分准备，"8 月出发剿匪"，截至 9 月 9 日，战果颇大，一是"本县与景泰县邻境石门川股匪几全消灭"，匪首刘某、张某某"已被擒斩枭首示众，毙匪徒多名。清剿山股土匪曾请驻军新十旅李营长协助"；二是与皋兰县接境之匪"在本县境内已完全肃清"，匪首岳某某窜往兰州，匪徒樊某某、罗某某已擒拿解省，缴枪 1 支；三是"县内寿鹿山和石门川之匪业经击溃消灭"；四是会宁接境之宋家河畔土匪 10 余人，枪七

1　余心一：《南海县县政计划大纲》（1929 年 8 月制定），《南海县政季报》第 1 期，1929 年 12 月，第 6—8 页。

2　《民国二十三年靖远县警事概况》（1934 年 5 月 3 日），白银市档案局（馆）编《民国时期靖远县情录》第 1 集，第 94 页。

八支，经搜剿，现"化整为零"；五是"与海原接境之沙河沟之回匪十余名经会剿闻风溃散"；六是县内黄沙湾之匪首杨某某、石某某已有"严密捕拿计划"。该剿匪之役上报后，受到所属第一行政督察专员公署专员胡公冕的赞誉："该县土匪肃清，至堪欣慰！"[1] 1945 年日本投降后，因社会秩序一时未定，中牟县一带有股匪乘机抢劫。1946 年 1 月，中牟县县长受命率队剿办，先后击毙著匪肖丙文、宋老银、宋虎妮 3 人，击毙悍匪李景云。长葛县于 1946 年 8 月剿办股匪朱得志部，当场将朱击毙，并捕捉著匪王国珍。尉氏县于 1946 年 7 月到 10 月，开展肃清土匪行动，先后击毙勒索巨款之著匪张银河、抢劫旅商之著匪朱赖伟、抢劫财物之著匪金纪山 3 人，先后击毙抢劫之著匪曹永昆、李科、李牛 3 人，打家劫舍之著匪卢公鉴、黄少五、赵忠信、张良法 4 人，击毙结伙抢劫著匪郭文彩、李得林、司文俊 3 人。[2] 国民党对股匪、散匪的打击和剿灭，无疑维护了社会秩序，也符合县域民众安全的心理需求，具有积极的意义。但是，匪患问题是国民党统治时期的痼疾，被剿灭的土匪只是冰山一角，严重的土匪问题，是国民党统治时期一个挥之不去的魔影。

禁烟是南京国民政府时期的一项社会治安要政。这项工作尤其在产烟的边远地区，更是长期艰巨的任务。贵州剑河县民国初年即年产烟土 600 多万两，同时村镇开设烟馆，吸食者甚众。南京国民政府成立后，致力于禁烟。1935 年，县保安团派刘琦带兵到岑松、温泉一带铲除烟苗。1939 年成立戒烟所，登记烟民，限 3 个月戒绝。命令不准出售鸦片。1947 年 5 月 17 日，在纪念林则徐焚烟日，警察局将城区烟馆数目和馆主姓名列册具报省政府核办。[3]

1　《靖远县肃匪至堪受到上级肯定》（1938 年 9 月 9 日），白银市档案局（馆）编《民国时期靖远县情录》第 2 集，第 193 页。

2　河南第一区行政督察专员公署编《五年来工作纪要》（1947 年），开封市档案馆藏，档案号：旧 4-2-38，第 74 页。

3　贵州剑河县地方志编纂委员会编《剑河县志》，贵州人民出版社 1994 年版，第 428 页。

靖远县所设的禁烟机构有禁烟委员会和县戒烟所。县禁烟委员会设委员 3 人、调查员 1 人、书记 1 人，每月经费 60 元。县戒烟所设所长 1 人、医师 1 人、药剂员 1 人、护士 1 人、事务员 1 人、夫役 4 人，每月经费 261 元。1939 年登记烟民总数为 7311 人，各区烟民由各区区长、联保主任、保长送至县戒烟所，其疲顽者由县政府派警勒传。自 1939 年 11 月至 1940 年 4 月，共计入所施戒 712 人，在家自戒者由所医师巡回调验。[1] 1948 年 5 月，靖远县政府为表示禁烟的决心，于 5 月 31 日下午 3 时，召开了"六三"禁烟焚毁毒品、毒具的会议，布置了具体行动，6 月 3 日，举行了焚毁行动，共焚毁毒品棒子 335 个，焚毁毒具 15 件。[2] 上杭县 1935 年成立禁烟分会，把吸食鸦片者集中强行戒烟。1939 年，县政府拨出禁烟费 788 元，戒烟民膳费 267.8 元，据称因"大力戒烟，吸鸦片者逐渐减少"。[3] 在绵竹县，建立调验、施戒所，检查、帮助瘾民戒烟；组织烟苗查铲队，铲除烟苗以禁种；设检查哨，稽核贩运鸦片以禁运，并通过明察暗访，查缉私藏鸦片和偷运者。仅 1941 年就破获鸦片案 20 件，惩处人犯 30 余人。[4] 长安县则成立戒烟科，办起戒烟所，为烟民免费提供三种戒烟药丸，并同时严禁贩运、种植鸦片。1942—1947 年，全县共查办烟毒案 468 件，缉获烟犯 587 人。[5] 不过，由于鸦片的利益涉及群体很多，最终依然是流毒广播，禁而难止。实际上，这种禁烟也只是形式上的，禁者自禁，吸者自吸，屡禁不止，更有借禁烟敲诈勒索以图发财者，颇不乏例。

1　《靖远县禁烟工作概况》（1940 年），白银市档案局（馆）编《民国时期靖远县情录》第 3 集，第 185—186 页。

2　《靖远县政府焚烧毒品、毒具》（1948 年 5 月 31 日），白银市档案局（馆）编《民国时期靖远县情录》第 2 集，第 200 页。

3　上杭县地方志编纂委员会编《上杭县志》，第 584 页。

4　四川绵竹县志编纂委员会编《绵竹县志》，四川科学技术出版社 1992 年版，第 164 页。

5　长安县地方志编纂委员会编《长安县志》，陕西人民教育出版社 1999 年版，第 579—580 页。

总之，全国各县在保甲制度的基础上，既对外剿匪，又对内加强治安，使国民党控制区的治安状况在全面抗战前有一个相对稳定的时期。但事实上，土匪问题始终是危害国民党社会秩序的一个不可忽视的问题，而禁烟虽有局部的努力，但整体上看成效并不明显，因此所谓稳定时期也并不稳定。随着全面抗战的到来和之后的国共内战，其面临的问题更为严峻。

（二）反共限共

在"铲共"方面，对付共产党的武装力量最常用的是"围剿"，状如前文所谈"剿匪"。此外，对于潜在的地下的共产党，则多采用悬赏缉拿、加强监控等方式对付。

1. 各种形式的反共

南京国民政府通常将共产党人诬为"匪"，经常以"剿匪"之名对共产党人组织的武装力量进行武力"围剿"。福建省泰宁县 1931 年有 5 个保卫团规模。是时，中共领导的工农红军即将进军泰宁，该县保卫团整编为 2 个常备中队，每中队下设 3 个分队，约 250 人，有长短枪 200 余支。这支力量被改编为配合国民党正规部队"围剿"工农红军的地方武装力量。[1] 浙江省为消灭以仙居一带为活动中心的共产党武装力量，于 1933 年 6 月 5 日成立仙居、永嘉、永康、缙云、东阳、天台等六县"剿匪"指挥部，指挥部由省保卫处统一指挥，参加者为浙江省第一、五、六保安团和各县保安队。该行动从 6 月 6 日至 11 月 5 日，历时 5 个月，被诬为"匪首"的共产党人金永洪及其他革命武装力量或当场牺牲，或被生擒者共 310 余名（见表 3-6）。[2]

---

[1] 泰宁县地方志编纂委员会编《泰宁县志》，第 511 页。

[2] 《浙江省保安处仙永等六县剿匪总报告》，《浙江保卫月刊》第 3 期，1934 年 1 月，第 27—48 页。

表 3-6 仙居等六县"剿匪"行动中共武装力量损失数目

缉获机关	呈报月日	被俘数	死者数	备考
永嘉县	6 月 5 日至 10 月 30 日	13 名	12 名	
仙居县	6 月 17 日至 7 月 31 日	2 名	8 名	
永康县	6 月 16 日至 10 月 12 日	3 名	3 名	奉省政府核准执行枪决 2 名
天台县	6 月 12 日		1 名	
指挥部	7 月 14 日至 10 月 4 日	29 名	13 名	奉省政府核准执行枪决 3 名
第一团	6 月 19 日至 10 月 23 日	23 名	25 名	奉省政府核准执行枪决 1 名
第五团	6 月 14 日至 10 月 25 日	55 名	18 名	奉省政府核准执行枪决 1 名
第六团	6 月 16 日至 10 月 22 日	74 名	31 名	
合计		199 名	111 名	

　　除用公开武装力量，如地方保卫团、保安队反共外，国民党还利用秘密特务力量，暗中调查中共在地方的力量情况。如上杭县 1935 年 11 月，经过在外地训练回到上杭的国民党中统郭某被充任国民党党务指导员，郭某积极发展组织成员。1944 年国民党设监察网，各区部设监察员，在党部内设"行动小组"，1946 年改为"防谍肃奸情报组"，到 1949 年初参加中统组织的有 180 多人，外围组织有 296 人，"防谍肃奸情报组" 88 人，形成了信息控制网络，主要任务之一是针对中共力量。该县 1942 年成立了军统组织，设有通讯站，在机构、学校、区、乡设有直属通讯员，使一般军政人员和学校师生人人自危。全县有 200 多人参加军统组织，部分三青团团员被吸收为其外围组织成员。这些中统和军统人员，连同县警察与自卫队，形成较为严密的地方控制系统，在与共产党武装斗争的过程中，在红军主力转移后的南方三年游击战争时期，其地方武装对革命基点村进行"会剿"，中统和军统则配合"密报"。乡村实行"十家连坐""保甲连坐"法，以图扫清共产党所留游击力量。[1]

---

[1]　上杭县地方志编纂委员会编《上杭县志》，第 583—584 页。

　　大革命失败后，国民党控制区将消灭共产党力量看作重中之重的任务，尤其是曾经发生革命、共产党力量较强的县域。如广东省海丰县 1928 年出台《海丰县临时善后委员会悬红购缉共匪给赏条例》，悬赏缉拿共产党人，其具体规定为："（1）各该悬红购缉之匪，本乡如能自拿者，由本会赏给花红银十分之五。（2）本乡出匪不自拿送，由他乡民团及军警等拿获者，其花红银由出匪之乡负担。（3）藏匿他乡之匪不自捆送，被人拿获者，该花红银由藏匿之乡负担，并严治该窝家之罪。（4）知匪所在密报引拿者，照所定花红银提出十分之三赏给线人。（5）擒获著匪，无论生功死功，报由本会验明正身后，其花红银仍照全数给领。（6）所悬各匪花红，除政府及各机关乡另有悬赏不计外，本会仍照所定数目给赏。（7）拿获经悬各匪，无论款由何乡负担支给，概由本会负责照数给赏。（8）各匪花红银，本会经储款以待，匪如送到，即于给赏，决不食言。"[1] 国民政府还将海丰县悬赏的中共党员名单和悬赏额度公示在《广东省政府周报》上：彭湃，悬赏花红银 5000 元。陈魁亚、杨望、刘琴西等 3 人，悬赏花红银各 1000 元。陈子岐、林道文、郑志云等 3 人，悬赏花红银各 800 元。陈飞、林苏等 7 人（此处未将名单全部列出，下同），均系 600 元。林俊、梁秉刚、叶子新等 5 人，均系 500 元。陈允厘、杨小岳、陈醒光等 7 人，均系 300 元。卓鲁香、陈振雄、林芳史等 23 人，均系 200 元。谢伯康、陈鼎铭、陈仲伦等 74 人，均系 100 元。蓝训材、吕江、吕竞台等 65 人，均系 50 元。郑汝胜、陈汉英、陈谟等 50 人，均系 30 元。林克志、沈茂昭、刘灶等 36 人，均系 20 元。[2]

　　1　《海丰县临时善后委员会悬红购缉共匪给赏条例》（1928 年 8 月 13 日批准），《广东省政府年刊》（1928 年份上册），1929 年，第 165 页。

　　2　《东区呈据续报海丰县临时善后委员会悬红购缉共匪名册案》，《广东省政府周报》第 48—49 期合刊，1928 年，第 68—76 页。

国民政府还利用叛徒、眼线获取共产党活动的线索，对共产党员进行缉捕。如 1942 年 7 月 22 日，甘肃省政府快电 136 号称：在押的李某供称魏锡川为该地区共产党员首要人物，令靖远县政府密捕。根据指令，8 月 8 日，靖远县政府警佐室逮捕魏锡川，后将其押解到省保安司令部"法办"。[1]

2. 严防共产党活动，隔离群众与共产党的联系

第一，南京国民政府颁布各类防共限共法令，压缩共产党活动空间。广州起义后，国民政府认为附和共产党者"概属工农"，如果不"事先预防，防其微渐"，地方治安将会有隐忧，"倘有借端出而煽动，或经奉令解散各工农团体暗中自行恢复等情，务即严行拿办"。[2] 1931 年 2 月，南京国民政府司法院公布《危害民国紧急治罪法》，其中规定"以危害民国为目的而组织团体或集会，或宣传与三民主义不兼容之主义者"，在"剿匪区"内，由县长及司法官二人组织临时法庭进行审判，"临时法庭设于县政府，以县长为庭长"。[3] 第二，国民党利用掌管的舆论工具，先后发布《为剿除共匪告士兵书》《为剿除匪共告农人书》《为剿除匪共告青年书》《为剿除共匪告工人书》，将共产党描绘成"杀人放火，捣乱暴动"、打家劫舍的"暴徒"，和军阀、帝国主义一道成为中国工农"痛苦的来源"，[4] 以此使不明真相的工农民众远离共产党。第三，强化保甲连坐制度。20 世纪 30 年代初，南京国民政府开始推行保甲制度。1935 年之后，清查户口、施行保甲制度成为国民政府控制社会基层的重

1　《魏锡川被怀疑共产党员被捕》（1942 年 7—9 月），白银市档案局（馆）编《民国时期靖远县情录》第 2 集，第 12 页。

2　《饬属严防共匪匿迹煽动各农工团体之通令》，《农工旬刊》第 5 期，1928 年 3 月，第 28—29 页。

3　《司法院奉发"危害民国紧急治罪法"的训令》，中国第二历史档案馆编《中华民国史档案资料汇编》第 5 辑第 1 编"政治"（1），第 290—292 页。

4　《为剿除共匪告士兵书》《为剿除匪共告农人书》，《中央周报》第 120 期，1930 年 9 月，第 15—18 页；《为剿除匪共告青年书》《为剿除共匪告工人书》，《中央周报》第 121 期，1930 年 9 月，第 20—23 页。

要手段。随着国共两党斗争的日渐激烈，防共、限共成为保甲制度的核心。1946 年，徐州绥靖公署为强化各县（市）保甲组织，以防"匪患"，拟定并在苏、鲁、皖三省推行"绥靖区乡镇保甲纵横连坐办法"。"五户连保，出具切结"是为横，"一甲一保一乡一镇"是为纵，纵横上下互为监督，互为保障，以防止共产党的活动。[1] 第四，收揽人心，争取民众。如 1929 年，广东省南海县对民众团体随时密查，设法减少工人与工人间之纠纷；对于全县各地商会，予以指导及扶助，以增加其对政府的信任感。南海县还指导工农开办生产消费等合作事业，以改善农民工人之经济生活。该县还提倡工商互助，消除劳资纠纷及生产减退之危险等。[2] 1946 年 11 月，南京国民政府还拟在共产党根据地周边推行系列政策以收揽民心，如减赋减租、开垦荒地、增加就业、尊重民众自由、贷款资助生产、安置难民等。[3] 不可否认，上述措施在一定条件下能起到防范共产党活动的作用。但由于国民政府不能从根本上解决民生问题，底层民众生活日益困窘，最终在共产党的动员下成为推翻国民党统治的主力。

综上所述，南京国民政府构建了由保甲、驻军、地方保安团、警察组成的四位一体的县域治安体系。这种政府和民间合作运行的治安体系，在稳定社会秩序及维护社会治安等方面确实起到了一定的作用。而共产党力量在南京国民政府建立前期，在相当程度上被遏制，这也成为革命形势转入低潮的原因之一。

但是，由于这种治安体系存在如下缺陷，其维持地方治安的功能逐渐

1　《徐州绥靖公署呈送"绥靖区乡镇保甲纵横连坐办法"电》（1946 年 11 月 3 日），中国第二历史档案馆编《中华民国史档案资料汇编》第 5 辑第 3 编"政治"（2），第 939 页。

2　余心一：《南海县县政计划大纲》（1929 年 8 月制定），《南海县政季报》第 1 期，1929 年 12 月，第 13—14 页。

3　《加强中共"侵占区"周围各县行政实施办法》，中国第二历史档案馆编《中华民国史档案资料汇编》第 5 辑第 3 编"政治"（2），第 941 页。

衰落：

首先，不同部门职能重合较多，导致利益冲突和内讧现象。这种四位一体的治安体系在结构上难免叠床架屋，使一般民众对不同部门的职能很难清晰了解。由于治安职能重合较多，如果遇到有利可图的事情，警察、保安团与保甲之间争夺的情况便经常发生，而遇见难办又无利之事却又互相扯皮，不利于地方秩序的稳定，也使广大民众对警察、保安团与保甲等各部门产生不好的印象。

其次，在经济和服劳役方面加剧了民众的负担，民众日益对其反感。无论是军队、警察、保安团还是保甲，无不向县域管辖内民众摊派各种苛捐杂税，给民众带来沉重的经济负担。此外，按照规定，保甲内的成年男子还被编入壮丁队，负有守碉、放哨、输送、修路等任务，承受各种劳役之苦。保甲推行过程中沉重的赋税征收、繁重的劳工力役，逐渐使民众苦不堪言，也必然导致民众对南京国民政府四位一体的县域治安体系的反感，从而使国民政府的群众基础不断弱化。

最后，该治安体系日趋专制化。主要表现在两方面：一是县政府和县长控制地方基层的治安权责得到强化。政府下设警察局，县长主导本县警政。县长还是县保安团总团长，团内各职务均由兼任保安团的县长任免。保甲制度中，甲长、保长人选也是由县长委任。县长对基层的控制得到强化，集地方武装力量、警察、保甲最高指挥者于一身。二是社会控制更加严密，主要体现在保甲制度上。从各省保甲的推行上看，各县普遍利用保甲的户口登记和连坐制度，控制人口流动，使保甲内民众相互监视，处于人人自危的高压环境当中，几乎没有独立性和民主性，从而起到控制和约束民众行为的作用。当社会治安用高压手段来维持时，其实也意味着更大的反抗正在酝酿之中。

第七节　县域司法警政管理与控制

司法警政事务是县域管理的重要内容，古今中外皆然。南京国民政府时期，司法在近代化转型过程中，也带有转型期的特点。南京国民政府本计划广设县法院，专理司法，但由于司法条件的缺乏，有的县设有法院，但大多数县仍采用由司法处兼理法院的司法事务管理模式。这种管理模式由于其制度设置的缺陷，与独立的县法院制度还是存在距离的，难以实现司法事务管理的独立性。民国时期的警政集公安、消防、卫生、民政等多方面事务于一身，是国民政府实现地方基层社会控制的重要工具。

一　县域司法事务管理

1932 年以前，南京国民政府基本沿袭北京政府的司法体制。1927 年 8 月 16 日，南京国民政府下令改审判厅为法院，然而这仅为改名称而已，整个司法组织并没有变化。1928 年 5 月，《战地各县法院组织法》颁布，但也只是暂时设置，并未在全国推行。1932 年 10 月 28 日，国民政府立法院公布《法院组织法》，定于 1935 年 7 月 1 日施行。《法院组织法》确立了南京国民政府的司法体系和原则。

（一）县司法机关的设立

县司法机关可分为普通法院和兼理司法法院，后者在当时的中国占主流。

南京国民政府的最初打算是希望在全国范围内改良司法，广设普通法院。1932 年 10 月，《法院组织法》颁布，规定：法院分地方法院、高等法院、最高法院。县（市）设置的是地方法院。地方法院管辖事件为民事、刑事一审诉讼案件以及非讼事件。[1] 但由于中国地域广阔，各地发展不均衡，加上人才

---

[1]　《法院组织法》（1932 年 10 月 28 日公布），立法院秘书处编《立法院公报》第 44 期，1932 年 12 月，"法规"第 3—4 页。

和经费的短缺，各县普设地方法院的计划推进很慢。直到 1938 年，全国在县（市）设地方法院总数才达到 119 所，具体分布为：江苏 4 所，浙江 26 所，安徽 1 所，江西 5 所，湖北 8 所，湖南 9 所，四川 18 所，山西 1 所，河南 5 所，陕西 4 所，甘肃 13 所，青海 2 所，广西 15 所，云南未有县设置，贵州 4 所，宁夏 4 所。[1] 显然，数量如此少的县法院远远满足不了县域司法面临的各种问题。

1935 年全国司法会议上，诸多代表建议设立县司法处作为过渡，等到经济社会条件具备时，再转变为普通地方法院。1936 年 4 月 9 日，南京国民政府公布《县司法处组织暂行条例》，并定于该年 7 月 1 日施行。《县司法处组织暂行条例》规定：没有设立地方法院的各县司法事务，由县司法处处理；县司法处主要受理民事、刑事一审诉讼案件和非讼事件；县司法处置审判官，独立行使审判职务；县长兼理县司法处检察职务；审判官以荐任待遇，并有相关任职资格；县司法处置书记官、检验员、执达员、录事、庭丁、司法警察，受审判官及县长监督指挥；县长还兼理县司法处行政事务等。[2] 1936 年 6 月，考试院公布《县司法处审判官考试暂行条例》，对审判官的考试资格、考试科目和考试程序做了具体规定。[3]

1936 年 6 月，《县司法处办理诉讼补充条例》《县司法处刑事案件复判暂行条例》由国民政府颁布，司法行政部也陆续公布《修正司法官官俸发给细则》《县司法处书记官任用规则》[4] 等，县司法体系逐渐建立起来。

福建上杭县 1927 年成立县司法公署，实现审检合一，负责审民事、刑事

1　《各省法院组织》，《统计月报》第 40 期，1939 年 11、12 月合刊，第 8—9 页。

2　《县司法处组织暂行条例》（1936 年 3 月 27 日立法院通过，同年 4 月 9 日国民政府公布），《现代司法》第 1 卷第 8 期，1936 年 5 月，第 179—181 页。

3　《县司法处审判官考试暂行条例》（1936 年 6 月 9 日考试院公布），河南省政府秘书处公报室编《河南省政府公报》第 1665 期，1936 年 6 月，"法规"第 1—2 页。

4　此四条例、细则、规则，详见司法院秘书处《司法公报》第 123 号，1936 年 7 月，第 1—9 页。

案件。1936 年 7 月，司法公署改为司法处，设司法委员、主任审判官、审判官、主任书记官、检验员、通译、录事、执达员、监狱员、法警等。1935 年，该县县政府内设军法室，县长、保安团团长、警察局局长兼任审判官，与司法处有同等的审判权力。1948 年 1 月，司法处改称地方法院。审判人员除原有力量外，另增设人事管理员、会计、法警长、庭丁、雇员、公役等共 40 人。[1] 河南登封县 1929 年撤销了传统的七班十二房，建立了司法承审、政务警察队、录事、执达吏（传讯）、检验吏（验尸）、庭丁等；1940 年后又设立了军法承审，并设监狱看守所和待执所。[2] 1942 年，西北地区的靖远县也设立了县司法处，司法处设审判官 1 人，录事 4 人，书记官 1 人。[3] 在县的乡一级，长垣县三春乡则成立了 6 人的调解委员会，委员会设主任 1 人，副主任 1 人。[4] 基层的调解委员会是对司法体系的补充机制。

县司法处是地方司法体系的主要部门，承担着县域大部分法律事务。相比于北京政府时期的县知事兼理司法，国民政府的县司法处兼理法院的做法从制度上看还是有所进步的，如审判官独立行使审判职能增强、分权思想比较明显、审判官任用资格更加严格等。有评论说：兼理法院的县司法处虽然不是正式法院，不过其审判程序和日常事务，与法院没有根本区别，"可谓之小规模法院"。[5] 这种估计虽不免有些过于乐观，但也表明这种改进还是受到了时人的肯定。但是，这种司法处兼理法院制度让县域司法事务管理的独立性很难实现。首先，从组织上看，县司法处设于县政府之下，司法与行政界限不明，进行案件审理时，审判官容易受县长等地方行政长官的监督指挥，

1　上杭县地方志编纂委员会编《上杭县志》，第 583—585 页。

2　登封县地方志编纂委员会编《登封县志》，第 175 页。

3　《靖远县司法情况简介》（1942 年），白银市档案局（馆）编《民国时期靖远县情录》第 1 集，第 31 页。

4　《长垣县三春集调解委员简历一览表》（1947 年 5 月），开封市档案馆藏，档案号：旧 3-152-007。

5　王用宾：《两年来努力推进司法之概况》，《中央日报》1937 年 7 月 27 日，第 1 张第 4 版。

往往以县长的意志为标准。而县长又易受地方土豪劣绅或包揽讼词者蒙蔽诱惑，这些因素都影响着司法独立。其次，从事务关系上看，县长既负县司法处的检察之责，也兼理县司法处的行政事务，势必也会对审判官的独立判案产生影响。

（二）县域司法事务管理

县域司法事务主要体现在案件审理和监狱管理两大方面。

在案件审理方面，分为民事案件和刑事案件。以杭县地方法院在1939年1月份的统计，该月受理民事案件共64件（遗留案件25件，新收案件39件），办结35件，未结29件。其中涉及债务纠纷为最多，旧案、新案共有53件，约占所有民事案件的83%，其他案件涉及物权案件9件、亲属纠纷2件。该月杭县地方法院受理刑事案件共72件（遗留案件12件，新收案件60件），办结64件，未结8件。其中涉及渎职3件、妨害公务5件、藏匿人犯及毁灭证据1件、妨害婚姻及家庭2件、鸦片3件、伤害4件、窃盗24件、强盗及海盗5件、侵占3件、诈欺背信及重利1件、恐吓及掳人勒赎2件、赃物4件。[1]

国民政府时期，由于大部分地区采取的是县司法处兼理法院的制度，县司法处的审判官，通常只有一人，往往须兼办民事、刑事案件和民事执行等事项，其职务较一般法院的推事要繁重，但其经验、学识却不如一般法院的推事，往往称职的很少，导致县域司法在案件审理方面存在着结案率偏低的问题，案件积压未决现象较为普遍，"有押所一年以上，仅提审一次者，或已押数月而未经审问者"。[2] 广西省柳城等五县自1934年7月至1935年6月的结案情况见表3-7。

1　浙江高等法院编《浙江司法一年纪》，1939年2月印，第162—166页。

2　《宿迁刘县长呈报司法监狱工作》，《江苏省政府公报》第134期，1929年5月，第9—10页。

表 3-7　广西省五县司法机构第一审结案统计（1934 年 7 月—1935 年 6 月）

单位：件，%

县别	民事案件			刑事案件		
	受理数	结案数	占比	受理数	结案数	占比
来宾县	286	68	23.8	1032	112	10.9
柳城县	342	149	43.6	453	199	43.9
富川县	267	79	29.6	623	215	34.5
融　县	845	116	13.7	643	114	17.7
钟山县	1218	118	9.8	1410	199	14.1
小　计	2958	530	17.92	4161	839	20.16

资料来源：本表根据广西省政府统计局编印《统计月报》第 11、12 号合刊（1936 年 1 月）第 189—206 页内容整理而成。

　　表 3-7 显示广西五县的民事案件和刑事案件的结案率平均只有 19.04%，这也意味着大多数案件处于待审未决状态，亦即讼狱积压严重。如南海县 1929 年 7 月份，统计在押人犯 600 余名中，外地寄押的有 300 余名，本地未决的有 200 余名。本地积压未决的主要原因是证据不足，难于揣断。而寄押之犯，常常是原押机关已不存在，而犯人依然在押。南海县审之无权，释之不得，在押人犯相当可怜。[1]

　　为加快结案进度，有的县采取一些措施。江西省修水县令各区署成立区调解委员会，对案件先做调解，颇著成效；对于不能调解的民事、刑事案件，则督促司法人员，随到随讯，随讯随结，以免讼累。[2]靖远县司法处 1942 年办理民事案件有：人事案 24 件，结案 21 件；地土案 53 件，结案 38 件；粮食案 7 件，结案 6 件；建筑案 9 件，结案 8 件；金钞案全结。办理的刑事案件有：匪案 13 件，结案 3 件；烟案 30 件，结案 23 件；普通刑案 90 件，结案 50

1　余心一：《南海县县政计划大纲》（1929 年 8 月制定），《南海县政季报》第 1 期，1929 年 12 月，第 5—6 页。

2　王震：《修水县政府行政概述》，《县训》第 4 卷第 2、3 期合刊，1936 年 4 月，第 35 页。

件。监狱羁押匪犯 27 名、烟犯 13 名、贪污犯 3 名、司法犯 8 名。[1] 估算下来，靖远县该年民事案件共有 93 件，结案 73 件，结案率达 78.5%。刑事案件共有 133 件，结案 76 件，结案率为 57.1%。还有前文提到的杭县，1939 年 1 月民事案件结案率达到 54.7%，刑事案件结案率达到 88.9%，这与前面广西五县和南海县相比而言，结案率已算是非常高了。

在监狱管理方面，改善旧监狱、建设新监狱、改进监狱设施是县域司法管理的重要内容。民国时期，监狱设施存在诸多问题：（1）建筑破旧，犯人易越狱。很多监狱都是由旧仓库、城隍庙等废弃建筑改建而成，甚至有的还是草房建筑，空间狭小，建筑单薄，存在犯人越狱的风险。1935 年，江西省南康县就发生陈广佬等 29 名在押犯挖墙潜逃事件，[2] 结果管狱员被撤职，县长被给以申诫处分。[3]（2）卫生环境差。一些县监狱"房隘人多，簇聚拥挤，空气污浊，殊于卫生有碍"。[4] 浙江嘉善监狱就曾发生疫症，十数犯人被感染，"疫势甚剧"，相继有 3 名犯人毙命。浙江省民政厅要求该县县长迅速设法救治病犯，并通令兼理司法各县切实防止疫情传播。[5] 当时的监狱由于"房屋之简陋，地位之拥挤；饮食之恶劣，床铺之污秽；蚊虫虱蚤之侵扰，医具药品之不齐"，再加上"狱卒枕头之压迫，主持长官之贪婪"等几为习见习闻之事，监狱被认为"人间地狱，即在斯也"。[6]

1　《靖远县司法情况简介》（1942 年），白银市档案局（馆）编《民国时期靖远县情录》第 1 集，第 31 页。

2　《据南康县司法处呈报监所脱逃人犯二十三名情形请通令严缉归案纠办等情令仰饬属协缉》，《江西省政府公报》第 650 期，1936 年 11 月，第 9 页。

3　《司法行政部指令》（指字第 468 号，1937 年 1 月 8 日），《司法公报》第 163 号，1937 年 1 月，第 32 页。

4　《宿迁刘县长呈报司法监狱工作》，《江苏省政府公报》第 134 期，1929 年 5 月，第 10 页。

5　《浙江省政府民政厅代电 837 号：令各县注意监狱卫生慎防时疫由》，《浙江民政月刊》第 22 期，1929 年 9 月，第 159 页。

6　警政组编《司法与监狱之改良及管理》，1937 年印，第 111 页。

在县政建设中，改进监狱设施成为各县的任务之一。南海县监狱分广州、佛山二处：广州监所，建筑陈旧不堪，采用杂居制，卫生管理较为落后；而佛山监所，原系义仓，建筑尤不适合。该县拟在佛山建筑新县署时，一并建筑能容 600 人之新式监狱一所。隔别分居，以防疏漏。监狱内设立习艺场、感化室、运动城等，实施囚犯之感化。[1]　修水县是将城隍庙稍加修葺改造成监狱的，四围墙垣不甚坚固，亦设法筹款修理。[2]

随着县域司法体系的建立，南京国民政府时期的县域司法事务管理较之以往，确实有了较大改善。但是，毕竟这种司法体系仅为初步建立，管理方面还存在较多漏洞，导致司法过程中产生较多积弊。以广东省新会县为例，省参议员赵汉俊调查新会县法院，发现在办案过程中司法积弊甚多，并且都是确凿有据的。主要有：（1）剥夺人民身体之自由。例如有的刑事被告人，达不到刑事诉讼法上应行羁押的条件，却被滥行羁押；有的羁押超过期限，却拖延不起诉；有的已经起诉，却拖延不判决。常有刑期仅为数月的案子，而羁押超过一二年的事情。有时虽有担保条例，却又不采用，给了法院及监狱吏警以勒索在押人员的机会。（2）滥索诉讼人的费用。以民事案而言，除交纳法定的诉讼费外，还有传票费、文书送达费、履勘费、执行费、执行办公费、鉴定标的物价格费、拍卖费、投拍不动产执照费等，并且除诉讼费外，其他费用没有征收标准，往往征收数量超过实际支付 10 倍之多。以刑事案而言，本不应征收当事人的费用，但实际上传票收费、文书送达收费、检验有费、夫马有费，已被视为理所当然。虽然诉讼人中很多是穷苦者，但"欲求减轻而不可得"。（3）违反法定程序舞弊以敛财。如民事案，应将原告的副状送达被告而不为送达，以索取抄录费；刑事案不必带缴副状，而勒令带缴，

1　余心一：《南海县县政计划大纲》（1929 年 8 月制定），《南海县政季报》第 1 期，1929 年 12 月，第 5—6 页。

2　王震：《修水县政府行政概述》，《县训》第 4 卷第 2、3 期合刊，1936 年 4 月，第 35 页。

以转送被告索费用。（4）玩忽职守，损害诉讼人利益。如审案不依传票上规定时间，或传票数次，却不开庭审理。又如案经确定，而拖延不执行，或执行不按必要程序，而令执行无效。有时检察官耽误案件，不为侦查，却伪称人证不齐，等等。司法积弊如此之多，"损害人民之权利，抑亦有失国家司法之尊严。自应严行整顿，以重法治"。[1]　其他县类似积弊也很常见，如修水县吏警由于"薪饷微薄，监督失严"，在下乡办案时，"每多任意需索"。[2]　司法积弊严重损害了社会发展的公平公正，日积月累，成为国民政府失去民心的一个重要原因。

另外，《法院组织法》规定"内乱罪""外患罪""妨害国家罪"以高等法院为第一审，最高法院为上诉审，县司法机构无权审理。这实际侵害了反对国民党势力的上诉权利，体现了此时法律归根到底是维护国民党一党专政的特征。

二　县域警政事务管理

警察在现代社会管理和控制中充当维护现行社会秩序的重要角色。南京国民政府时期，警察担负着保安、正俗、交通、卫生防护及农林渔猎的管理、名胜古迹的维护等诸多职责。警察制度成为保障法治、维持社会秩序的重要工具。

（一）县域警察机关的设立

按照清末政制设置，一县中的公安、消防、户籍、巡警、营缮及卫生等事项均由县内的警务长掌管。民国成立后，北京政府于1913年规定办有巡警之县应设警察事务所，即警察公所，由县知事监督指挥。第二年（1914年）改警察公所为警察所，内设所长1人，下有警佐1—3人。县警察所所长由县知事兼任，各省中部分县也有专任警察所长的。县警佐承所长之命，管理警

1　《通令调查司法积弊》，《广东省政府公报》第291期，1935年4月，第88—89页。

2　王震：《修水县政府行政概述》，《县训》第4卷第2、3期合刊，1936年4月，第35页。

察事务。此外，在县区域内经济发达、人口繁盛之地，设警察分所，分所所长由警佐充当。

1928年，南京国民政府内政部公布并施行的《各级公安局编制大纲》规定各县应设公安局并由县政府指挥。每区设公安分局1所，公安分局可根据需要在其管辖区内设警察分驻所。县政府所在地和工商业繁华的地方采用守望制和巡逻制，其他地方采用巡逻制。每1000—2000人的区域划成一个巡逻区，由一名警察专门负责巡逻，维护社会治安。[1] 表3-8为广东省广宁县1929年警队力量的分布概况。

表 3-8   1929 年广东省广宁县警队力量调查统计

队名	防区	驻扎地	人数		枪支（支）	子弹（发）	每月平均经费		
			职员数（人）	队警数（人）			收入	经常费（元）	特别费（元）
广宁县警察游击队	广宁县	县公署	6	90	90	2120	由收入田亩附加地方款项下拨支	1495	80
广宁县警察第一区署	附城及南街、东乡两市	县城东门外	3	23	12	260	由收入钱粮附加二成警捐及南街、东乡两市商店警捐拨支	327	20
广宁县警察第二区署	顾水墟	顾水墟	2	15	13	530	由顾水墟商店按生意大小捐款拨支	189	10
广宁县警察第三区署	石狗墟	石狗墟	3	10	9	340	由石狗墟商店按月捐交	193	10
广宁县警察第四区署	江谷墟	江谷墟	5	17	14	870	由江谷墟商店按生意大小捐助	284	10

1　《各级公安局编制大纲》（1928 年 10 月 3 日内政部公布同日施行），徐百齐编《中华民国法规大全》第 1 册，第 828 页。

续表

队名	防区	驻扎地	人数		枪支（支）	子弹（发）	每月平均经费		
			职员数（人）	队警数（人）			收入	支出	
								经常费（元）	特别费（元）
广宁县警察第五区署	春水墟	春水墟	3	8	9	200	由春水墟商店捐抽拨充	170	10
广东省地方警卫队广宁县常备队第一中队	第一区及第五区	第一区第一乡及第五区第十二乡	6	99	90	2581	由县事委员会收入地方自治等费拨给	1517.5	
广东省地方警卫队广宁县常备队第二中队	第二区及第三区	第二区第二十三乡及第三区之森膺二洞	7	99	101	2860	由县事委员会收入地方自治等费拨给	1517.5	30
广东省地方警卫队广宁县常备队独立小队	第一区及第九区沿河一带	第一区东乡市	2	33	33	1250	由县事委员会收入地方自治等费拨给	402	
广东省地方警卫队广宁县第三区常备队第一中队	第三区	第三区之森膺二洞	6	99	102	8200	由第三区事委员会将该区原有团费收入拨给	1517.5	
广东省地方警卫队广宁县第一区常备队第一小队	第一区	第一区关帝庙	6	44	45	2146	由第一区事委员会将该区原有团费收入拨给	593.5	
全县合计			49	537	518	21357		8206	170

　　资料来源：《广东省各县市地方警察队之调查》（二），《广东民政公报》第49期，1929年11月，第148—150页。

　　番禺县的情况与广宁县相似，如番禺县30年代初有7个公安分局，职员55人，长警（即警长和警士）388人，夫役91人，枪支466支，子弹20221发，每月经费9764元。番禺县还有地方常备队两个大队（下辖8个中队，24

个小队），共计 1028 人。两个大队的办公经费、训练费、剿匪费、服装费等在 1934 年度达到 34 万元。此外，该县还有警卫后备队，人数近万人，其经费也是一笔不小的开支。[1] 番禺县的规模与其他县相比，警政力量是比较大的。不过，在 20 世纪 30 年代初，整体上看，县警队人数也是较为庞大的。这样，要维持其运行，其经费来源就要靠收取地方商户捐助，如此很容易造成标准不一、肆意勒索的现象出现。另外，地方掌握如此强大的武装力量，对中央来讲也是一种潜在的威胁。因此，南京国民政府从 30 年代中期就开始对县域警察着手整顿。

1934 年 12 月，《剿匪省份各县政府裁局改科办法大纲》公布，其中对县警察机构的调整规定为：各县现有公安机关全部撤掉，改为在县政府中设警佐职务。各区署中设巡官、警长和警士，分别派驻重要乡镇，施行相关职责，并由区署及保甲人员协助办理。各县不得额外增设没有薪俸的政务警察，以防止敲诈勒索事件的发生，违者重惩。[2]

行政院根据裁局改科办法规定的原则，于 1936 年 7 月公布《各级警察机关编制纲要》，其中县域警察机关的设置为：各县可设县警察局，受县政府指挥监督，或在县政府内设警佐、警长、警士，处理全县警察事务。重要乡镇可设警察所，受县政府或县警察局直接指挥，处理该区域警察事务。在未设警察的乡村可以保甲代行警察职务。在治安区内不再采取守望制，主要采用巡逻制。县警察机关根据需要可下设消防队、侦缉队、水警队及保安警察队。[3]

《剿匪省份各县政府裁局改科办法大纲》《各级警察机关编制纲要》较之

1　番禺县政府总务科编《番禺县政纪要》，1935 年 10 月印，"统计部分"，页码未标。

2　《剿匪省份各县政府裁局改科办法大纲》（1934 年 12 月 31 日国民政府军事委员会委员长南昌行营颁发），徐百齐编《中华民国法规大全》第 1 册，第 541 页。

3　《各级警察机关编制纲要》（1936 年 7 月 25 日行政院公布），徐百齐编《中华民国法规大全》第 5 册，第 133 页。

于 1928 年的《各级公安局编制大纲》，主要改变在：（1）降低警察局的地位，甚至大多县取消警察局，改设警佐室；（2）勤务方面，原则上取消守望制，主要采用巡逻制，意味着驻地方警力的减少。这样既可减少经费支出，也可削弱地方武装；（3）各县不得额外增设无薪警察，即不让设"临时工"岗位，主要是防止增加百姓负担。

1941 年 3 月 21 日行政院公布《县警察组织大纲》，对县域内警察机构和力量做了更为规范的组织和职责划分。具体规定为：警察局局长或警佐由县政府遴选；县特务警察队、保安队改编为警察队，办理全县警察事宜，队长由警察局局长或警佐兼任。警察经费编入县预算，不得随意摊派。[1]　区署所在地，可设警察所，办理全区警察事务。警察所设所长、所员、警长和警士，并可根据需要设督察员和巡官。区警察所所长兼任区署军事指导员。[2]　乡镇公所的警卫股主任由训练合格的巡官或警察充任，保办公处的警卫干事由训练合格的警士资格者充任。[3]

《县警察组织大纲》的颁行，完善了原有的警政体系：（1）组织上，县区乡的各级警员都需"依法遴选"，即便是最基层的警察也要取得合格的训练资格，在人事方面的依法任用为警政建设奠定了基础。（2）指挥系统一元化。将原来的特务警察、政务警察、保安队统编为警察队，理顺了指挥关系，防止政出多门，并且县、区、乡（镇）的警务运行关系更为清晰，有利于办事效率的提高。（3）在经费管理上，警察经费编入县预算，不得就地摊派，对减少经济腐败、勒索百姓提供了经济制度方面的保障。总的来说，一方面，

1　《县警察组织大纲》（1941 年 3 月 21 日行政院公布），《浙江省政府公报》第 3297 期，1941 年 6 月，第 3 页。

2　《县警察组织大纲》（1941 年 3 月 21 日行政院公布），《浙江省政府公报》第 3297 期，1941 年 6 月，第 3—4 页。

3　《县警察组织大纲》（1941 年 3 月 21 日行政院公布），《浙江省政府公报》第 3297 期，1941 年 6 月，第 4 页。

随着《县警察组织大纲》的颁行，县域警政建设较此前规范化、制度化；另一方面，由于南京国民政府一直处于军事状态，局势多变，在实际执行中，上述规定往往因形势的变化而变化。

河南夏邑县，1927 年县设警察所，1934 年警察所有警佐 1 人，巡官 1 人，书记 1 人，长警 40 人，伙夫 2 人。勤务计分 4 班：东关 1 班为派出所，派长警 10 名，长期驻守；城内设岗 7 处，分甲、乙、丙 3 班，轮流应值。共有枪 62 支。后有所变化。抗战时夏邑县城沦陷。抗战胜利后，国民政府改警察所为警察局，下设秘书科、监督科，置警长、监察员、训练员、书记员各 1 人，科员 2 人。辖 1 个刑事队（1 个班）和警察班（3 个班），并在中和街、刘堤圈车站设派出所。至 1946 年底，全县有警官 7 人，警长 8 人，警士 88 人，普通行政人员 2 人，雇员 1 人；配备轻机枪 1 挺，步枪 58 支，手枪 3 支。[1]

福建泰宁县 1937 年以前设县警察队，1937 年改为城区警察所。1938 年，县政府第一科设警佐、巡官、警长 3 人，城区警察所设科员、办事员各 1 人，警士 20 人。另有义勇警察组织，全县有 3 个分队，其中，城区分队有 48 人，另朱口和戈口分队 30 人。同时，县政府设立军事科，科长由原警佐担任。1939 年 11 月城区警察所改为县警察所。1940 年 1 月，县警察所改称县警察局，内设总务、行政、司法等股及侦缉组、拘留所，配备局员、督察员、所长、侦缉组长、巡官、警长、侦察员、侦缉员、警士、办事员和公役等，派出机构有第一区警察所（后改为城警察所）、朱口警察分驻所和梅口分驻所。1947 年 9 月，县自卫队改编为保安警察队，隶属县警察局。[2] 河南登封县政务警察队规模 30 余人。[3] 河北东明县政府内 1946 年 3 月设警政班一个班，班长

1　夏邑县志编纂委员会编《夏邑县志》，河南人民出版社 1989 年版，第 381 页。

2　泰宁县地方志编纂委员会编《泰宁县志》，第 497 页。

3　登封县地方志编纂委员会编《登封县志》，第 175—176 页。

1 人，警士 14 人。[1] 在长垣县三春乡公所，其组织除设有民政股、经济股、文化股外，还设有一个警卫股，该股公职人员 1 人。[2] 可见，每个时期都有所变动，每个地方也不尽相同。不过，从县到乡的警政机制是一体的，而在保一级，有保丁人员，也具有一定的警政职能，警政的网络触角是延伸到社会底层的。

（二）县域警政事务管理

南京国民政府时期的警政涉及公安、消防、卫生、民政等多方面事务，这就要求警察首先要有较高的素质。但民国时期警察能达到标准的不多，这就需要对已有警察群体进行培训，广东、江苏、浙江、河南等省都开办有警察训练所。如广东省民政厅为造就全省各县警察人才及训练现任警官，经省政府批准举办该省警士教练所和现任警官训练班。该所（班）所学科目有党义、警察法规、搜捕及灾场演习、侦探学摘要、自治法摘要、村政摘要、户籍调查法等。学期 6 个月，毕业考试及格者发给及格凭证。警士教练所由所长呈请民政厅分发各县补充警察，总平均分在 90 分以上者，以警长存记录用；不及格者留所，再满一学期仍不及格者除名。[3] 在省会训练班培训的人数毕竟有限，有些县自己也办理警察训练班。如南海县也计划筹款开办警察教练所一所，分期训练学警若干名，分配到各区服务，以达全县均为曾经训练之警察。[4]

警政的目的从理论上在于"为课社会之安宁，增进人民之福利"。[5] 这在古今中外皆然。维护社会治安、保持社会安宁是县域警政的最重要职能，关

1　《河北省东明县政府员役衔名俸薪清册》（1946 年 3 月），开封市档案馆藏，档案号：旧 3-152-003。

2　《长垣县三春乡公所职员简历一览表》（1947 年 5 月），开封市档案馆藏，档案号：旧 3-152-009。此长垣县档案归在东明县卷内。

3　《粤省训练警察人材》，《内政消息》第 4 期，1934 年，"警政"第 8—9 页。

4　余心一：《南海县县政计划大纲》（1929 年 8 月制定），《南海县政季报》第 1 期，1929 年 12 月，第 10 页。

5　黄光斗：《十年来之江西省会警政》，《赣政十年》编辑委员会编《赣政十年》，1941 年印行，第 15 篇第 4 页。

键看其实际运作状况如何。与上节所述的"剿匪"不同，警政所整治的主要是小规模的县内个体违法活动。表3-9是1933年上半年安徽省各水陆公安局违警统计情况。

表3-9显示，县域警政以有限的警力，负责处理和整治县内的妨害安宁、秩序、公务、风俗、交通、卫生等事务，在保障县政建设的推进方面起着不可或缺的作用。

南京国民政府时期警政的另一重要作用在于服务民生，负责消防、卫生、禁烟等事项。在这方面，整体看来，其施政事项主要在几个方面。第一，整顿消防队。消防是实施县政的一个内容，但传统县层面对消防事业多不重视。如南海县佛山消防队，系于1922年开办，设队长1员，特务警长1员，警长1员，队兵30名。仅置有旧式手摇机1架，竹搭瞭望台1座。直到1929年，才另购新式轻便灭火机一架，并添置帆喉及各种救火器具等。为加强消防安全，该县拟增设司机一员，专管该灭火机，并筹款建筑新式瞭望台一座，以防火灾。[1] 湖南省攸县1937年由县警佐主导，筹募消防经费，购买消防器具，成立消防组织，将该县的消防事业开展起来，并得到省政府的首肯。[2] 第二，维护公共卫生。南京国民政府时期，公共卫生的维护一直属于警察的职责。如瑞金县居民清洁，由警佐督饬保甲长随时检查，凡公共场所，雇有清道夫扫除污秽；不合规定之厕所，或改良，或拆毁，办理完竣之后，"全城颇为清洁"。[3] 不过，有的县在公共卫生管理上也比较糟糕，甚至是面子工程。如湖北襄樊县中本来容易清洁的街道，因为警察的不尽心，搞得"到处皆是渣滓泥粪，四时皆有苍蝇之类点缀其间"；而某大官到襄樊时，街道却

---

[1] 余心一：《南海县县政计划大纲》（1929年8月制定），《南海县政季报》第1期，1929年12月，第9—10页。

[2] 《省府指令攸县县政府据呈拟具筹募消防器具经费办法由》，湖南省政府秘书处印行《湖南省政府公报》第685期，1937年4月，第3页。

[3] 谢寿如：《瑞金县政概述》，《县训》第4卷第7、8期合刊，1936年，第24—26页。

表3-9　1933年上半年安徽省各水陆公安局违警统计

局别	性别	妨害安宁	妨害秩序								妨害风俗			妨害卫生	妨害他人身体	妨害他人财产	总计
			违章营业	违抗命令	不顾公益	不报人事变动	妨害公务	诬告伪证	湮没证据	妨害交通	事涉淫乱	类似赌博	其他				
总计	男	27	51	69	182	33	12	9	6	93	81	309	162	150	134	37	1355
	女	4	5	8	37	8	4	1		4	65	25	7	10	16	7	201
省会公安局	男	9	42	11	321	28	5		3	18	47	169	80	46	44	12	546
	女	3	4	2	9	7	1			2	49	24	1	3	6	1	112
芜湖公安局	男	5		50	75	2		1		28	19	41	43	16	45	10	335
	女		1	4	12						4		2	1	4	3	30
蚌埠公安局	男			2	51	2		1	2	28	8	43	25	54	18	3	237
	女	1			6								2	1	1	2	23
大通公安局	男	1	3	3	6		2			8	10	30	6	9	12	3	84
	女			1	2	1						1	1		4		10
屯溪公安局	男	5	2	2	4		1			2			4	2		1	23
	女	1	1		3		3			1	1		1	3		1	15
正阳公安局	男	1			7		2			1	2		4	3	5	2	29
	女																
临淮公安局	男	2	1	1	4			6		4	1	19		20	2	3	56
	女				5			1			1						6
长淮水上公安局	男	2	2							2	4				8	3	28
	女					1		1							1		2
巢湖水上公安总队	男	2		1	3		2			2		7		2			17
	女									1							3

资料来源:《违警犯统计》,《安徽民政公报》第4卷第1期,1934年,"统计",第4—5页。

突然洁净，前后有天渊之别。[1]

县域警政服务的对象主要是一县之民众。警察与当地民众的关系如何，事关警政乃至县政的建设效果。对此，内政部曾做出过明文规定，并提出口号：

> 1. 地方有一家不能安居乐业，就是我们警察的大耻辱！
> 2. 地方有一处不能整齐洁净，就是我们警察的不尽职！[2]

规定里面还有警察是"人民公仆"劝谕。上述文字只能算是纸面上的要求，在实施中，警察与民众间的关系还要视具体情况而定。警民关系较好的如 30 年代的昆山县，当时主政江苏的陈果夫对于警政建设比较重视，将警察管理的区域称为"警勤区"，即"警察给百姓服勤"之意。其下属丁治磐要求警员做到以下几点：一是随身带记录簿，以对巡逻辖区做调查统计；二是携带十字囊，装有普通急救药品，可供附近居民做简单医疗；三是兼做小学教师；四是训练好、服装整齐，让警员有一种荣誉感，百姓也愿意和其接近。这样，警员和民众接触较多，又能为民众服务，警民关系就相当和谐，百姓还称警员为"先生"。[3] 但是，到南京国民政府后期，由于向民众的各种摊派日益增多，警察局（所）要派出警员会同各乡、保人员挨村逐户催缴粮款，并向县解送。遇有摊派民工修路、建筑防御工事等任务时，警察还要分段监工，有时民工稍有怠慢，还会被其"皮带抽打"。同时，违警处罚的名目日渐增多，任意解释，乡民稍有触犯，轻则罚工罚款，重则传讯拘押，取保候赎。至于参与"清乡、查户口、抢粮抓丁及配合特务机关秘密逮捕政治犯等，更

1　彭质均：《襄樊见闻》（上），《国风半月刊》第 2 卷第 10 期，1933 年 5 月，第 21 页。
2　国民政府内政部编《训政问答》，美利生印书馆 1928 年版，第 15 页。
3　刘凤翰等：《丁治磐先生口述历史》，九州出版社 2013 年版，第 122—123 页。

是其分内之事"。[1] 警政的服务功能一旦被削弱，仅剩下专政功能的时候，警民关系则会日益恶化，成为南京国民政府失去民心的重要因素。

本章小结

南京国民政府的县政管理是对整个县域事务的全面管理，涉及行政管理、经济与社会救济管理、教育管理、医疗卫生管理、社会治安管理和司法警政管理各个方面，是国家内政管理的一个缩影。就县域管理来说，南京国民政府在其统治的 20 多年里，从近代以来国家管理转型的角度看，其管理的经历是颇为重要的一环。从清代的传统管理体制到清末民初向现代管理的过渡，再到国民政府时期，开始了全面实施现代管理的新阶段。

具体到各县政管理的各个方面，一方面，从县政府的现代日常行政管理，到县下级行政权力在区乡的延伸，再到县域行政人员的培训，都突破了传统的行政管理模式；就财务管理、经济和社会管理来看，现代县域财政收支制度的逐步实施，县经济建设事业在逐步展开，也在次第进行；就县域教育文化和医疗卫生事业看，也在蹒跚而行；而县域的社会治安与司法警政管理，更是体现了外新内旧、新旧杂陈的状态。另一方面，实际内情则更为复杂。就行政管理而言，表面上均依法依规实施，实际上现代法治的精神并未真正确立，发挥作用的仍是原有的人治传统，因此，现代行政体制与其行政文化并不能产生有机良性作用，导致行政管理的种种弊端发生，造成行政管理官僚化、腐败化和应付敷衍的状态。就财政和经济管理而言，新的财政收支与财政预算制度有的虽然实行了，却沦为政府搜刮民财的一种新式手段，有的制度设计也只是纸上谈兵，并未能推行实施，即使实施也会变样走形，无法

---

[1]　丰南县志编纂委员会编《丰南县志》，新华出版社 1990 年版，第 465 页。

发挥现代财政限制滥用权力的制约作用。就经济建设而言，由于县政府财政困窘，以及施政的目标，县政建设虽然启动，但真正的经济建设无从谈起，所谓经济建设，多只是象征性的面子工程，与县域广大农民的生产和生活有重大关系的建设少之又少，故县域的经济管理也是形式上的。就教育文化和医疗卫生管理而言，由于经济的拮据，县域农村的现代教育文化资源仍相当稀缺；医疗卫生亦然，真正能享受现代教育和医疗之惠利的农民，还很少，鲜明地反映了农民在接受教育和医疗方面的严重不公平现象，突出了社会管理存在严重问题。就社会治安与司法警政管理而言，其则更表现了国民党国家机器在社会转型期内在维护统治阶层利益方面的倾向性、暴力性，以及政治上的排他性和施政的任意性。这种表面强大的国家机器，由于缺乏民众的真正支持，事实上又是很脆弱的一种体制，经不起社会风暴的考验。整体而言，南京国民政府的县政管理，从制度的角度看，在社会转型的过程中，有其历史的价值和意义，但在具体实施中，又是很不成功的，而有严重弊端的县域管理制度，可以说在一定程度上埋下了国民党失败的种子。

第四章

南京国民政府县长及其他县政公务员群体状况

程方在《中国县政概论》中指出："大凡调整政治或推进政治，不外采取两个方策：一是改善静的制度，一是增强动的效能。前者即所谓'治法'，后者即所谓'治人'。""治法"即谋求制度的改善，"治人"则多指吏治而言。[1]前几章已围绕南京国民政府的县制进行探讨，本章重点关注南京国民政府县域内的公务员群体状况。

第一节　中国古代县官群体的状况与近代县官群体的变化

县官是中国县政制度的产物。据史料记载，县作为由国君派人直接管辖的地域性组织，始于春秋中期的秦国。[2]此后，县作为中国基层政权的地位始终没有发生变化，县官作为"父母之官""亲民之官"，是国家治理结构中至关重要的一环，其素质对国家政权的治乱有重要的影响。要了解南京国民政府县官群体和其他县政公务员群体的状况，首先有必要对中国传统的县官群体加以简要回顾。

1　程方：《中国县政概论》，第 128 页。
2　田穗生、罗辉、曾伟：《中国行政区划概论》，北京大学出版社 2005 年版，第 24 页。

一 中国古代县官群体状况

（一）县官的名称与品级

县官在中国古代有三种含义：一是古时天子的别称，二是指朝廷或官府，三是指一县的长官或县的官吏。[1] 本处所讨论的县官，系指古代县级正印官而言，其他县级佐贰杂官不在范围内。

县官的称谓在不同时代有所变化。在县最初形成的春秋时期，县邑长官被称为宰、尹、公或大夫。到了秦汉时期，大县长官称县令，小县长官称县长。此后至隋唐五代，县官统称县令。两宋之际，改县令为知县。元代为了加强统治，在一县中设置两名行政长官：一是由蒙古人担任的达鲁花赤，为一县的掌印官，真正掌握实权；一是由汉人担任的知县、县尹，难以掌握实权。明清之际，县官仍称知县。中华民国成立后，北京政府下令将县级行政长官一律改称县知事，但南方一些省份也有称县长的。南京国民政府建立后，明令实行县长制，县级行政长官统称县长。

古代为了强化地方治理，将县划分为不同的等第，划分主要依据每县的户口、辖区、赋税、事务繁简、地理位置是否冲要等因素。秦汉时期，县的分等比较简单，主要依据户口多寡，万户以上为大县，万户以下则为小县。到了唐宋之际，县的分等越来越复杂，有京、畿、望、紧、上、中、中下、下八个等级。明代划分县等的主要依据是粮赋多少，把粮赋 6 万—10 万石的划为上县，3 万—6 万石的划为中县，3 万石以下的划为下县。清在明代的基础上将县等划分得更为具体和详细，划分标准有"冲、繁、疲、难"四个方面，"冲"指地方冲要，"繁"指辖区大且事务繁重，"疲"指民情疲顽，"难"指民风强悍难治，四者皆占为最要缺，占三要素者为要缺，占两要素者

---

[1] 《汉语大词典简编》编委会编《汉语大词典简编》（上），汉语大词典出版社 1998 年版，第 731 页。

为中缺，占一要素或丝毫未占者为简缺。[1]

与县的分等相对应，古代王朝亦将县官分为不同的品级，县的等第不同，县官的品级亦有差异。"品级"一词有两层含义，官"品"代表着官职的大小，而官"级"则代表着官员俸禄的多少。秦汉时期，官员秩禄数量单位用"石"来表示，万户以上的大县县令秩最高一千石，万户以下的小县县长秩最高五百石。曹魏政权创行九品中正制后，以"品"来区分官员等级，县官位列六品以下。到了北魏，官品又有正从之分，自正四品以下又分上、下阶，共计三十等。元朝建立后，全国县官多为从六品至从七品，仅宛平、大兴二县知县为正六品。明清时期，县官统一为正七品。[2]

（二）古代县官的职能

在传统王朝国家统治结构中，县官处于基层，负责辖区内所有事务，其职能主要涵盖以下方面。第一，经征赋税。此为维持封建王朝国家机器运转的根基，是县官的首要职责。第二，司法职责。在古代社会，州县衙门是国家的基层法庭，地方上的民事、刑事案件都由县官负全责。第三，绥靖地方，治安捕盗。第四，强化对百姓的教化，兴办地方教育和办理科举。第五，劝民农桑及办理灾荒赈济。

除以上诸项，县官的职能还有很多，地方上的户口编查、驿政、盐政、仓储、公共工程、公共福利、祭祀仪式等事亦归县官负责。

总而言之，古代县官属于管民之官，扮演着集一般行政官、法官、税官、治安官于一身的角色，在辖域内权力极大。因事务繁多，一般县官只能以很少精力去应对各项事务。

需特别指出的是，古代王朝在县官设置上多取"独任制"，中央设置县

1　刘鹏九：《中国古代县官制度初探》，《史学月刊》1992 年第 6 期，第 6 页。

2　参阅刘鹏九《中国古代县官制度初探》，《史学月刊》1992 年第 6 期，第 6 页；鹿谞慧：《中国县官制度沿革述略》，《文史哲》1991 年第 2 期，第 86—87 页。

丞、主簿、巡检、典史等佐贰杂职辅助县官处理地方事务，县官亦根据实际情况自辟幕友、长随、书吏、衙役等职。

（三）县官的选拔、任用及任期

古代县官的产生方式主要有荐举、九品中正制和科举等。

荐举制是中国古代一种重要的人才选拔制度，产生于春秋战国时期，打破了之前以血亲宗法制度为基础的世卿世禄制的官员录用准则，至两汉时期发展成各种科目的察举制和征辟制，逐渐成为当时官员录用的主要渠道。荐举又有举荐他人和自荐之分。九品中正制兴起后，察举制虽仍不时被采用，但逐渐走向没落。

九品中正制是魏晋南北朝时期的主要选官制度，前后沿用三百多年。它自中央至地方设置吏部尚书、司徒（中央）、大中正（州）、小中正（郡）等四层官员，以之为施政主体，并将人才分为上上、上中、上下、中上、中中、中下、下上、下中、下下九个等第，按品授官。[1]

隋朝建立后，鉴于九品中正制弊端日多，遂创设通过考试取士的科举制取而代之，此后不断完善，成为历代王朝选拔官吏的重要制度。明清时期，通过科举一途成为县官者占据较大比例。瞿同祖先生的研究发现：1745 年知县的出身中，进士占 44.6%，举人占 22.3%，两者共占 66.9%；1850 年知县的出身中，进士占 34.7%，举人占 26.2%，二者共占 60.9%。[2] 日本学者和田正广的研究也表明，明代正七品知县出身的全国平均值是进士占 26.0%，举人占 19.3%，贡生占 5.3%，监生占 9.8%，[3] 科举渠道总计占 60.4%。以上资料所得结论大体一致，表明了科举与县官来源的紧密关联。

1　参阅粟时勇、李忠昊主编《中国历代文官制度——文官之选任》，国家图书馆出版社 2014 年版，第 110—113 页。

2　瞿同祖：《清代地方政府》，范忠信、晏锋译，法律出版社 2003 年版，第 37 页。

3　和田正廣「明代の地方官ポストにおける身分制序列に関する一考察——県缺の清代との比較を通じて」『東洋史研究』44 卷 1 号、1985 年 6 月、第 99 頁。

此外，皇帝直接任命、考绩提升、荫袭保举、捐纳等方式也在县官选任中时有应用，但并不占据主流。

总体来看，自秦帝国建立以至清代，在中央集权的大一统王朝时期，县官的选任权一般都集中在中央。在清代官僚体制中，县官选拔大致可分为"正途"（常规途径）和"异途"（非常规途径）两类。"正途"包括"进士、举人、贡生、监生和经济特科"，"异途"包括"吏员、生员、捐纳、军功、修书议叙、孝廉方正及其他"。[1] 清咸丰朝之前，县官中"正途"出身者占据主流。咸同之后，清王朝面对内忧外患大开捐纳之门，通过捐纳途径为官者比例上升。

以上途径使有志于仕途者获得了任官的资格，但要真正入仕还有许多程序。清代沿袭明制，规定候选县官者先须通过吏部考核，考核合格后经过月选，按照在吏部的抽签结果赴任。

及至清末，中央权力式微，督抚掌握地方人事大权，在县官委任上拥有较大权力，这种情况一直延续到民国。

古代县官在任期上有具体限制。以清代为例，中央明定地方官任期为 3 年。就实际情况而言，清代地方官的任期状况如何呢？刘鹏九等人的研究表明，清代二百多年间，内乡县县官的平均任期为 2.5 年，与中央定制基本一致。[2]

（四）县官的考绩与奖惩

考绩，又有考课、考核、考校之称。为加强对官员的监督，中国古代王朝素来重视对官员的考绩。早在西周和春秋时期，针对官吏的考绩制度已粗具雏形，至战国和秦汉时期发展成比较成熟的"上计"制度。唐朝在前代的基础上将考绩制度加以健全，且体系化。宋代的考绩较前又有发展，其标准

1　其他是指孔子的后代任曲阜知县和清初对垦田百顷以上又通晓文艺者的奖励。周保明：《清代地方吏役制度研究》，上海书店出版社 2009 年版，第 79 页。

2　刘鹏九、王家恒、余诺奇：《清代县官制度述论》，《清史研究》1995 年第 3 期，第 39 页。

更为简明扼要，且加大了资格因素在考课中的比例。明代对官员的考绩有考满和考察两类：考满是对官员任满后的考核，以考核结果作为官员升迁罢黜的依据；考察则是"定期对所有官员同时进行考核的制度"，由吏部主持，考察针对的问题性标准有"贪、酷、浮躁、不及、老病、疲、不谨等"。[1] 清代借鉴明代的考绩制度，针对县官的考绩制度被称为"大计"，每三年进行一次，其具体做法是由县官的直接上司出注考语，逐级汇总至督抚，督抚依据事实加具考语，上交吏部。经过考评的县官大致可归为三类：第一类为政绩"卓异"者，获此荣耀者由督抚向吏部推荐，有资格谒见皇帝，通常也能被吏部加级；第二类是所有无能与腐败的官员，会受到相应的纠劾和惩处；除以上两类的其他县官为第三类，他们将"留任原职，并被督抚分别报告吏部"。[2]

（五）县官的待遇

古代县官的待遇主要以俸禄的形式体现，根据官员的等级发给不同的俸禄。大体而言，中国古代官员的俸禄经历了秩石制和品级制两大阶段：从战国至魏晋南北朝时期，官员俸禄采秩石制，前后推行约千年之久；自隋唐至明清，则基本上推行按官员品级发放俸禄的品级制。就俸禄支付形式而言，唐中期以前官吏俸禄的主要成分是实物，之后则以货币为主。[3] 到了清代，知县位列正七品，首县知县的年俸为 60 两，非首县知县的年俸为 45 两。[4] 雍正朝后，政府设养廉银以防官员贪墨，知县除年俸外，因地区差异每年有 400 两至 2259 两不等的养廉银。[5] 尽管如此，面对庞大的政务开支和个人应酬，清

1　常越男：《清代考课制度研究》，北京大学出版社 2010 年版，第 17—22 页。

2　清制针对第二类官员，分为八种情况："贪、酷、疲软无为、不谨、年老、有疾、浮躁及才力不及。"犯贪、酷两罪的官员，除"依《大清律》受刑罚外，还受革职并永不叙用的处分"；被评为"不谨、疲软无力"的官员，受革职处分；被评为"才力不及"者降二级，"浮躁者降三级调用，年老、有疾者劝退"。瞿同祖：《清代地方政府》，第 60—63 页。

3　黄惠贤、陈锋：《中国俸禄制度史》（修订版），武汉大学出版社 2012 年版，"前言"，第 3—6 页。

4　瞿同祖：《清代地方政府》，第 41 页。

5　黄惠贤、陈锋：《中国俸禄制度史》（修订版），第 529 页。

代知县仍入不敷出，转而以各种陋规来加以弥补。久而久之，各种陋规逐渐成为清王朝肌体上的慢性毒瘤，使国家机器渐趋衰败。

在俸禄之外，古代县官在居住、出行、丁忧、退休等方面也享受着较一般民众优厚的待遇。

自秦汉以降，中国历代王朝在地方管理尤其是县官管理上积累了丰富的智慧，在县官的铨选、考绩、待遇等方面逐渐摸索并创制出一套比较成熟的管理体系，而古代县官群体在维护国家机器正常运转方面也起到了一定的作用。通过本小节的考察，不难发现中国古代县政和县官群体有如下主要特点：单一领导、主官负责制及按缺分制选任官吏。诚然，这样的机制有助于选拔和吸纳一批优秀的人才充实到统治集团，且能在当时的交通条件和制度环境下强化对地方的治理。然而，传统的县政机制却有着致命缺陷，正如魏光奇先生归纳的那样，一是以私人势力履行公权，二是财政家产制。[1] 在这样的缺陷下，再优秀的县官都难以改变传统体制的宿命。

二 民国早期县官群体的变化

清末民初，西方资产阶级的共和、民主观念开始传入中国，对中国的思想界形成强烈的冲击，并引发了地方政治体制的巨大变革。步入民国，随着国家政体由帝制向近代民主政制转型，地方基层政制和县官群体也发生许多变化，具体而言表现在以下方面。

（一）称谓的变化

辛亥革命后，地方政坛混乱，关于县级行政长官的称呼也五花八门。有的地方沿用清代旧称，仍称知县；也有地方称民政长；湖北鄂军政府则首创"知事"之称，除都会所在地方行政长官称府知事外，其余各县皆称县知事。

---

1 魏光奇：《近代县制问题的历史思考》，《博览群书》2005 年第 10 期，第 16 页。

袁世凯掌权后，力图划一全国地方政制，并统一地方行政长官的称谓。自 1912 年 11 月至 1913 年，北京政府相继出台法令，除将原来类别繁多的地方建制（包括直辖地方的府、直隶厅、直隶州，及厅、州等）一律改为县外，各县的行政长官皆称县知事。之后，大多地方先后按此规定执行，但南方也有一些地方称县长。

（二）县官选任上的变化

北京政府时期，中央权弱，在地方官的选任上出现了如下变化。

第一，地方拥有人事大权，掌控着县官的实际任命。

作为原旧体制中的官僚，袁世凯敏锐地意识到失去县级地方官人事任免权对中央的危害，因此上台后不久，他就试图通过县知事试验，将县知事的管理权收归中央。1914 年 2 月至 1915 年 5 月，北京政府先后举办了四届县知事试验，希望通过文官考试对县知事候选人的资格加以限制，从而改变民初县级地方长官流品繁杂的状况，提高县知事群体的素质。就实际情况来看，袁世凯的努力虽在一定程度上遏制了各省滥用私人的现象，规范了县知事的管理，但收效不大，通过县知事试验者分发到省后被闲置的现象非常严重。如湖北省在 1915 年 10 月以前分发到省的县知事共有 73 人，被委署充任县知事者仅 7 人，所占比例不及 10%。[1]

袁世凯死后，皖系、直系、奉系相继控制北京政府，但中央权弱，很难对各省县知事的任命施加有力的影响。在某些省份，民政长官在县知事任用权方面尚能独立，如 1912—1927 年，贵州正安县共有 18 任县知事，全部为历任民政长官任命。[2] 更为常见的情况则是，军人干涉甚至操控县知事的任免，

---

[1] 《兼署湖北省长王占元呈大总统为分发任用县知事应办到省甄别及免甄别人员缮单祈鉴文》（1916 年 10 月 29 日），中国第二历史档案馆整理编辑《政府公报》（影印本）第 96 册，上海书店 1988 年版，第 125—128 页。

[2] 县政协文史办：《民国时期历任县长名录及其任内主要事迹（访稿）》，《正安文史资料》（贵州）第 1 辑，1985 年，第 65—66 页。

且这些县知事与所委派者共进退。如在广东揭阳，1918 年桂系派刘志陆部攻打潮汕皖系莫擎宇部，莫擎宇部败走，莫委任的县知事随即被桂系新委的陈翰飞接替。陈炯明部 1919 年 11 月驱逐走桂军，又委徐之棣接替陈翰飞任揭阳县知事。1920 年底，广东省省长洪兆麟命各县将知事改称县长。1925 年春，广东革命政府东征部队抵达揭阳，委任军官谭振声为揭阳县县长。5 月，向东征军投诚的原陈炯明部将领刘志陆任驻潮汕临时主任，旋将揭阳县县长一职卖给了陈树翰。9 月，刘志陆叛变，又委其亲信张胜之任揭阳县县长。数日后，陈炯明派其部下姜旅长镇守揭阳，姜又把县长一职以 3000 大洋出售给揭阳人林奇。[1]　在南方一些省份，有的县知事由地方（或是国民大会，或是县议会）选举后呈请省长任命。如在福建省上杭县，1912—1927 年县知事共 21 任，其中由省政府委派者 5 任，委派代理者 6 任，地方公推后由省政府加委者 1 任，民选者 1 任，由军队委派者 7 任，另有以军官兼任者 1 任。[2]

第二，籍贯回避制度被打破。

民国之初，地方政局动荡，一些在职县知事及分发候补县知事中出现了"请假回籍"和"弃职潜逃"的现象，于是当地省政长官"就地取材"，以本省人或本县人出任县知事。尽管中央政府再三申明任用县知事时要注意籍贯回避，但各省当局漠然置之。以当时的河南为例，辛亥革命后的一两年内，本省人在本省出任县知事的情况开始出现，但并不常见，及至 1920 年代后，此种趋势愈益明显。[3]　在福建省，1912—1927 年罗源县共有 18 任县知事，其中外省籍 7 任，本省籍 10 任，籍贯不详 1 任。[4]

1　孙淑彦：《揭阳历代县长考论》，揭阳市民俗博物馆 2005 年版，第 180—191 页。

2　马文烘：《1912—1949 年间上杭历任县长》，《上杭文史资料》（福建）第 5 期，1984 年，第 34—36 页。

3　河南省档案馆编印《民国时期河南省县长名录》，1991 年版，第 186—187 页。

4　陈承群：《民国时期罗源历任县长名录》，《罗源文史资料》（福建）第 3 辑，1989 年，第 59—60 页。

第三，县官出身混杂，任期不定，任事敷衍情况严重。

由于北京政府初期政局尚不稳定，中央虽曾试图收回县知事人事任用权，但各省各自为政，管理混乱，以致县知事群体出身混杂，主要包括如下来源。其一，旧官僚和有旧功名者。他们中有的人品性顽劣，上任后借各种机会下乡横行敲诈勒罚；[1] 有的在清末已因违法被撤职，却乘辛亥鼎革之际投机革命而再次上位，如浙江人史鉴清因清末任海澄县知县时暴虐无道，被当地人驱逐，民国后却被福建省省长汪声玲委充连江县知事。[2] 其二，新式知识分子。他们在清末民初时有留学国外或求学于国内新式学堂经历，虽有新学知识及眼光，但缺乏实际行政经验，其中有些人通过各种渠道于民初担任县知事职务，但社会舆论对其行政能力持有怀疑。其三，胥吏和"棍徒"。民国成立后时局不稳，地方秩序更加混乱，县政管理制度难以有序运行，县级政权甚至被一些过去的胥吏、恶棍及暴徒把持，卖官鬻缺时有发生，以致"市侩流氓忝膺民社，铜臭纨绔亦猎花封，流品日滥，甚于捐纳未停之时"。[3] 其四，"末弁、走卒、武夫"。民国之初，这些人凭借在辛亥革命中的"功绩"而被委任县知事。如湖北第八镇兵士金光灼，目不识丁，因起义有功而被委以荆门县知事；[4] 再如陈其美部下邓柏，回湖南后靠谭人凤推荐而委充郴县知事。[5] 这些人既无传统功名和官场资历，又无新学出身，其出任后也很难得到社会的认同。到了后来，县知事一职动辄被地方实权人物作为笼络和犒赏手下的礼物，其流品更滥、更杂。

因地方军政长官的意志决定了县知事的任免，加以政局不稳，县知事的地位很难得到保障，这从县知事的任期上可以得到鲜明的体现。从 1912 年至

1　《鄂省官事谈》，《申报》1913 年 5 月 14 日，第 6 版。

2　《连江知事刑讯之述闻》，天津《大公报》1914 年 6 月 11 日，第 9 版。

3　《江宁镇守使署书记官范澍宸上直隶民政长整顿吏治条陈》，天津《大公报》1914 年 5 月 16 日，第 9 版。

4　《荆门闭城拒知事》，《申报》1913 年 1 月 17 日，第 6 版。

5　《湘省知事违法之一斑》，《申报》1914 年 1 月 6 日，第 6 版。

1925 年 4 月，四川省蓬溪县共有 30 任县知事，平均每位任期 5 个多月，任期最长者刚过 1 年，最短者仅 1 天，任期在十几天以下的就有 6 任。[1]

由于任期短暂且地位无保障，县知事在施政时很难实心任事，心性贪劣者难免因图谋私利而损害地方利益。以 1912—1925 年的蓬溪县为例，30 任县知事中除去 6 任任职时间较短未便评论外，其余 24 任县知事中得舆论恶评者达 11 任之多，几乎占了一半。其劣迹体现在遇事畏葸、乖谬贪污、贪鄙绝伦、轻佻狂妄、昏聩无状、僚属贪残等。[2] 或许以上评论未必完全公允，但它在一定程度上反映了县知事群体的精神风貌。身处这样的生态环境，中国基层民众的生活状况可想而知。

（三）　县知事职能的变化

北京政府时期，县知事除了完成古代县官必须承担的税收、行政、治安、狱讼等职责，又增加了地方自治这项新的事务。

在清末新政的改革浪潮中，国家对县官的角色定位已开始改变，他们既须承担上级政府令办的"官治行政"事务，又须办理"地方自治"事项，身兼国家行政官吏和地方自治系统领袖的双重身份，县官的职能与地方自治产生了或多或少的联系。[3] 旋因辛亥革命的爆发，清末地方自治的进程被打断。

与清末中央对县官的定位不同，北京政府将县知事定位为国家行政官吏，不再兼任地方自治机关的首长。总的来看，北京政府对兴办地方自治事业并不热衷，但迫于民主政治的舆论压力和彰显政权合法性的需要，又不敢明目张胆地取消地方自治，因而在当时的县政设计中，作为国家行政在地方上代

1　《民元以来蓬溪县知事之贤劣一览》，《蜀评》第 7 期，1925 年 6 月，第 24—27 页。

2　《民元以来蓬溪县知事之贤劣一览》，《蜀评》第 7 期，1925 年 6 月，第 24—27 页。

3　清末县官的这种角色体现在清政府颁布的《府厅州县地方自治章程》中，见《福建教育官报》第 20 期，宣统庚戌年（1910）四月，附录。

表的县知事在地位上凌驾于地方自治机关，意在监督和控制地方自治。

民国建立后，中国在县官管理方面面临两大难题：第一，县官的人事管理转型问题。与近代政党政治相适应，如何确定县官的选任标准，以及县官的选任及管理权，在中央与地方间究竟该如何分配。第二，如何处理县官与宪政，即地方自治的关系。北京政府时代因军阀乱政，中央权弱，未能解决以上难题，对于代之而起的南京国民政府来说，这将是一个巨大的挑战。

第二节　南京国民政府时期县长群体状况

南京国民政府县长群体的整体状况，是影响南京国民政府县政治理优劣成败的关键因素。虽然这个群体不是孤立的，受制于南京国民政府县政制度乃至整个政治系统，但人是极具能动性的，特别是县政治理中具有关键作用的县长群体。因而对这一群体进行研究是十分必要的。

一　县长的选拔

南京国民政府时期，县长的选拔方式有考试、举荐、训练和举办县长甄审、检定等。

（一）县长考试

在孙中山先生的设计中，对于考试取材相当推崇，其五院制的政制蓝图中就有专门的考试院之设。南京国民政府成立后，秉承孙中山先生的遗志，在县长考试方面也颇下功夫，但实际效果与预期目标相去甚远。

抗战之前，国民政府的县长考试逐渐迈入正轨。1928 年，因急需县长人才，江苏、江西、浙江、湖南、河南、陕西、甘肃等省曾自拟县长考试办法进行选拔，但录取人数有限，从各省第一次县长考试录取结果看，江苏省录取 11 人，江西省录取 8 人，浙江省录取 32 人，湖南省录取 62 人（其中分发民政厅派任县长者 42 人），豫、陕、甘三省举行的县长考试共录取 49 人。[1]
1928 年 10 月，国民政府出台了《县长考试暂行条例》，随同颁行的还有《县
长考试及格人员学习规则》，此后即要求各省按照条例要求举办县长考试。依
此条例，"县长考试在中央考试院未依法行使考试权以前"，由国民政府委托
各省政府在当地举行县长考试。考试时各省应组织典试委员会具体负责，委
员会设典试委员长 1 人，由省政府主席兼任，典试委员由中央简派 2 人、本省
政府遴请简派 2—6 人组成。典试委员会还设襄校委员若干，"襄助典试委员
掌理阅卷及其他考试事务"。应试者须年满 25 岁以上且具备以下资格之一：
在国内外大学或专门学校修习法律、政治、经济、文哲、社会学科三年以上
毕业且得有证书者；在党务学校一年以上毕业得有证书者；在中学或与中学
同等程度学校毕业得有证书，并曾任行政职务满二年以上有证明文件者；曾
应各种文官、法官考试及格者。以下人员则禁止应试：被褫夺公权尚未复权
者；被国民党开除党籍或受停止党籍处分尚未恢复者；被法庭判决为贪官污
吏、土豪劣绅者；亏欠公款尚未清结者；有吸食毒品等不良嗜好者。考试共
分四步，前三试皆为笔试，第四试为口试。第一试考试内容以革命常识为主，
包括三民主义、《建国方略》、《建国大纲》和中国国民革命史；第二试内容以
通识为主，包括法学通论、经济学原理、政治学原理、中外近百年史及中国
人文地理；第三试内容以法令和地方省情为主，包括现行法令概要、国际条
约概要、本省财政、本省实业及教育、本省路政及水利；第四试口试的内容
则涵盖学科知识和经验两大方面。考试各科以平均满 60 分为合格，平均满 80
分以上者为甲等，70—79 分者为乙等，60—69 分者为丙等。"考试及格人员
由省政府依照县长考试及格人员学习规则分配学习"，"期满甄别及格后以县
长任用，但取列甲等者得由省政府核定免除学习"。[2]

1　内政部年鉴编纂委员会编《内政年鉴》（一），商务印书馆 1936 年版，第（B）303—306 页。

2　《县长考试暂行条例》（1928 年 10 月），《河北省政府公报》第 87 号，1928 年 10 月 26 日，第 14—18 页。

　　1929 年考试院成立，国民政府于 8 月 1 日公布《考试法》，从法律上将考试权赋予考试院，并决定于 1930 年 4 月 1 日起正式施行。因此法具体实施尚需时日，为避免冲突，国民政府将《县长考试暂行条例》于 1930 年 1 月修正后重行公布，并宣称有效期至同年 3 月底，后又暂定延长至同年底。[1]

　　按《考试法》的相关规定，考试有高等考试、普通考试和特种考试三类，县长考试属于特种考试类别。不过，在随后数年间考试院所主持的特种考试中并没有县长考试，[2] 这显然无法满足各地对县长人才的需求，因此国民政府又于 1935 年 9 月出台《县长考试条例》。与之前颁行的《县长考试暂行条例》相比，该条例在考试机关组织、应试者资格、考试办法等方面都有所变化。新条例规定，县长考试应分省举行，在特殊情况下可由两省联合举办。各省县长考试每三年一届，但考试院有权加以变更。各省组织县长考试的机关为典试委员会和试务处，典试委员会组织和之前略有不同，设典试委员长 1 人，由国民政府特派；设典试委员 5—11 人，由国民政府简派。整个典试委员会人事权操于中央，体现了国民政府为将县长人才选拔权收归中央所做的努力。试务处设处长 1 人，由该省政府主席担任，国民政府特派；如果是两省联合举办的县长考试，则由考试所在地省政府主席担任试务处处长。在应试者资格上，新条例将年龄要求从 25 岁以上增加到 30 岁以上，且须具备以下条件之一：高等考试行政人员考试及格者；曾参加各省荐任职考试及格并由考试院复核及格者；曾任县长一年以上，有证明文件者；有《考试法》第七条第一款或第二款资格，并曾任荐任职或与荐任职相当职务一年以上，或委任职二年以上，有证明文件者；曾任简任职，有证明文件者；曾任荐任职二年以上，有证明文件者；曾任最高级委

　　1　《延长县长考试暂行条例办法及修正县长奖惩条例案》，《江苏省政府公报》第 618 期，1930 年 12 月 13 日，第 14—15 页。

　　2　参阅《任命人员考试历年特种考试及格人数统计表》（1933 年至 1948 年 5 月），房列曙：《民国时期特种考试的运作及其特点》，《衡阳师范学院学报》2014 年第 4 期，第 110 页。

任职四年以上，有证明文件者。新条例将考试的步骤由原来的四试减少为三试，将原来的一、二试考试内容合并，后两试内容基本不变。[1]

县长考试分三试进行。前两试为笔试。第一试注重学理应用，考试科目包括党义（《建国方略》、《建国大纲》、三民主义及中国国民党第一次全国代表大会宣言），国文（论文及公牍），宪法、行政法规、民法及刑法，经济学及财政学。第二试注重本省实际问题及建设方案，考试科目包括地方自治及地方行政、地方财政、本省实业、本省教育。第三试注重应考人的经验及才识，以口试方式进行。对于前两试考试科目，考试院可根据地方情形予以变更或增减，但不得超过两个科目。最后成绩计算时，第一试平均分数占50%，第二试平均分数占30%，第三试平均分数占20%，合计满60分者视为及格。[2]

此后，各省县长考试时有举行，考试及格者数量如表4-1。

表4-1　1936—1948年县长考试及格人数统计

年份	1936	1937	1938	1939	1940	1941	1942	1943	1944	1945	1946	1947	1948
及格数	9	47			10	8	42	39	61		211	176	6

资料来源：根据《任命人员考试历年特种考试及格人数统计表》（1933年至1948年5月）中相关数据而制，见房列曙《民国时期特种考试的运作及其特点》，《衡阳师范学院学报》2014年第4期，第110页。

与古代科举制相比，国民政府时期的县长考试并非由国家统一举行，而是由中央派员赴各省分别举行，既体现出国民政府将考试权收归中央的努力，也反映了其在与地方博弈过程中的妥协和无力。国民政府在促进县长考试法制化和正规化方面的努力是值得肯定的，学者肖如平认为它"不仅扩大了政府选拔人才的视野，为政府选拔人才提供了一套比较科学、客观的评价机制，而且为学校毕业的青年士子提供了一个公平竞争，参与政府管理的机会"，有

1　参见《县长考试条例》（1935年9月7日），《立法院公报》第73期，1935年9月，"法规"第47—49页。
2　《县长考试条例》（1935年9月7日），江苏省档案馆藏，档案号：1001-乙-92。

助于"打破达官贵人垄断政府资源，促进社会资源的合理分配"，"杜绝官员选拔中任人唯亲、任人唯私的不良现象"。[1] 不过，也应当认识到国民政府在县长考试改革方面的局限性：一是通过县长考试被选拔录取者的数量十分有限，以致县长考试制度成为点缀，没有发挥制度应有的作用；二是考试院有职无权，县长考试与分发任用脱节严重，县长实际任用同参与考试与否关系不大，仍然是任人唯亲的政治生态。国民政府通过考试选拔县长的理想在实践中陷入尴尬的境地。

（二）举荐

与通过考试出任县长相比，国民政府时期有更多的县长源自举荐。一位曾在内政部供职的官员揭示了其中内幕："事实上，各省的县长合于法定资格按规定程序任命者，据内政、铨叙两部统计的资料，尚不及三分之一，绝大部分县长不具备法定资格，不符合任命程序，其来源多出于省主席、厅长之提名，名人权要的推荐介绍，个人之钻营奔走。"[2] 此话可谓直击县长任用问题的要害，十分准确。举荐具体又分私下保荐和公开举荐两种形式。

1. 私下保荐

由于清末科举制废除后选官失去制度通道，在民国成立后，官吏选拔中举荐尤其是通过私人私下保荐大行其道。其又可细分为两种。

一是通过买通人情而被私下保举。这里的人情涵盖了血缘、亲缘、学缘、业缘、地缘等诸多因素，系泛指。有了这层关系，具备县长资格者就可在当时的县长选拔中占尽先机。1928 年春，湖北乡绅朱峙三通过友人程汝怀的关系被推荐给时任湖北民政厅厅长的严重。9 月，朱峙三被委派代理蒲圻县县长。[3] 后

1　肖如平：《国民政府考试院研究》，社会科学文献出版社 2008 年版，第 290 页。

2　汪振国：《国民党统治时期的地方政府》，《文史资料存稿选编》第 12 辑"政党·政府"，中国文史出版社 2002 年版，第 540 页。

3　《朱峙三日记》第 6 册，国家图书馆出版社 2011 年版，第 330、379—381 页；《呈省政府呈报令委朱峙三代理蒲圻县长请备案由》（1928 年 9 月 13 日），《湖北民政月刊》第 3 期，1928 年 10 月，"公牍"第 5 页。

来曾任江西省第五区行政督察专员的酆景福，早期的发迹就因和 CC 系攀上了关系。有回忆录记载，酆景福家境贫困，毕业于南昌某旧制中学，最初靠攀附同乡关系在杭州浙江省立图书馆充当小职员，借以糊口。后来，酆景福对陈果夫的叔父陈其采大献殷勤，获得了后者的好感。陈其采便写信给陈立夫、陈果夫，让他们帮忙给酆谋个一官半职。陈立夫遵从叔父之命，写信将酆景福介绍给湖北省政府主席方本仁。在当时"蒋家天下陈家党"的情况下，北洋军阀出身的方本仁不敢拒绝，不久宣布酆景福为湖北南漳县县长。南漳县系时任武汉行营主任贺国光的故乡，适逢贺父做寿，酆景福大献殷勤，"招待宾客，筹办筵席，弄得顺顺当当，深得贺国光的赞许"。酆景福任满调省后，因方本仁去职，酆考虑到在湖北没有多大活动余地，又请求贺国光写信将他介绍给江西省政府主席熊式辉。依靠贺的介绍，加上酆又是江西人，"并有在湖北一任县长的经历，还伪造了某大学毕业的学历"，酆景福候差不久，熊式辉就任命他为乐平县县长。[1]又据曾任湖南泸溪、新化、长沙等县县长的李惕乾称，当时国民政府关于县长选拔的各种规定在湖南都是走过场，他自己就既未经考试，也未参加甄选，只是托人介绍到湖南省政府主席薛岳那里，薛岳让李直接去见民政厅厅长陶履谦，几个月过后，李就被任命为县长了。[2]全面抗战时期，地方正常秩序遭到破坏，通过保荐出任县长者极为常见。如在巩县，王松岑于 1938 年 9 月靠张钫保荐而出任县长；王去职后，李子俊因系冯玉祥旧属，在河南省政府委员李鸣钟（冯玉祥旧部）保荐下出任县长；而继任者赵芝庭、姚云亭则分别与当时的南阳行政督察专员朱玖莹和省政府主席刘茂恩关系密切，在他们的保荐下当上了县长。[3]

1　回忆录称陈果夫、陈立夫的父亲是陈其采，有误，应为陈其业，陈其采是二陈的叔父。姚甘霖：《我所知道的酆景福》，《景德镇文史资料》（江西）第 8 辑，1992 年，第 34—35 页。

2　李惕乾：《从旧时县政府看国民党的吏治》，《文史资料存稿选编》第 12 辑"政党·政府"，第 575—576 页。

3　陈华策：《民国时期巩县历任县知事、县长简介》，《巩县文史资料》（河南）第 7 辑，1990 年，第 98—99 页。

二是利用金钱买通关节而被私下保荐。入仕之途，单单靠人情还不够，金钱、世故也不可或缺。实际上，金钱和人情往往是交织在一起的。如前文提到的酆景福，他在讨好贺国光时，为贺父办寿礼的金钱是最有力的保障。另一种情况则是，有些省份的军政要员或其戚属私下卖官鬻爵，黑箱运作。1929 年，有舆论称江苏省民政厅厅长缪斌明码标价卖官，三等至一等县县长分别为 4000—6000 元不等，还有说法认为此数远远不够，还得秘密送上名贵古董和其他珍宝。结果不久缪斌就因此而下台。[1] 除江苏外，当时的河南省政府主席刘峙也官声不佳，其夫人伙同省府秘书长私下卖官的故事流传甚广。[2]刘峙夫人卖官说今天已无从查考，但从刘峙在民间的声誉来看，此说恐怕也非空穴来风。以上两例虽是个案，从中却可看出当时官场的风气。

2. 公开举荐

南京国民政府时期，有些省份也曾以公开举荐的方式选拔县长，其具体做法又分劳绩存记和人才登记两种。这种公开举荐与私下保举不同，是合乎南京国民政府关于县长任用的规定的。当然，这种合法外衣之下掩盖的往往仍是人情和金钱关系。

（三）训练

南京国民政府时期，从中央以至地方都非常重视地方行政人员的训练，这成为当时县长人才的来源之一。当时受训对象有二：一是未出任过县长、不具备县政管理经验且将来拟选任为县长者；二是曾任县长，但才能不足尚需提高者。早在 1929 年，内政部就拟定《训政时期完成县自治实施方案》，

1　杨谷：《1929 年江苏省国民党内部的一场派系斗争》，《江苏文史资料选辑》第 9 辑，1982 年，第 75 页。

2　也有刘峙与夫人私下商定卖官之说。有回忆称，周鹏年因贿赂刘峙夫人杨庄丽而出任安阳县县长，后因勒派事发而被解省由刘峙亲自讯问，当周鹏年供认出因贿赂而得官的情节后，刘峙尴尬得无言以对。白应振：《我所知道的冯玉祥、刘峙片段》，《郏县文史资料》（河南）第 3 辑，1990 年，第 38 页。另参见胡连科《刘峙审赃官的丑闻》，《鹤壁文史资料》（河南）第 1 辑，1985 年，第 105—107 页。

计划于 1930 年以前，"督促各省设立地方行政人员训练机关，考试及训练县长以下地方行政人员"，之后至 1933 年，"继续考试及训练地方行政人员，监督各省依法定程序任用地方行政人员"。[1] 但直至 1931 年，各省咨复按章办理者，计有江苏、湖北、四川、贵州、河南、山东、陕西等省，其他省份则因经费不足或地方治安等问题未能举办，而云南、山西两省各自为政，分别设置了训政讲习所和党政学院。1934 年 8 月 4 日，行政院为统筹划一，颁布《县行政人员训练办法大纲》，并于 1936 年 3 月在南京设立县市行政讲习所，计划分批调集各地现任县市行政人员赴所训练。以下分别以湖北、河南为例来管窥这种选拔方式的运作情况。

湖北省县长训练的初衷，主要是储备县长人才。1930 年 12 月，湖北地方行政人员训练所正式开学，次年 3 月学员毕业，共有 50 名县长组学员期满毕业。[2] 1933 年 6 月，湖北省设立湖北地方政务研究会，以求搜罗政治人才。民政厅厅长兼任研究会主任，入会学员资格为：现任县长；高等考试及格分发至湖北的任用人员；县长考试及格经考试院复核合格人员；国内外大学和高等专门学校毕业者；出任过行政官吏且成绩卓著者；学识宏富、品性纯粹且素负声望者。学员入会受训时间为 16 周。第一期入会受训学员有 100 余人，受训内容涉及党务、教育、民政、建设和司法等方面。第一期受训结束，有 97 名学员被择优分发到各机关任用，但出任县长者仅 1 人。1936 年，湖北省政府在武昌设立县政人员训练所，由省主席兼任所长，民政厅厅长兼任副所长，决定对县以下各级行政人员进行训练。这年 10 月，训练所第一期开办，训练期 3 个月，共训练学员 230 名，其中县长 17 名。[3]

1　《训政时期完成县自治实施方案内政部主管事务分年进行程序》，刘振东主编《县政资料汇编》上册，中央政治学校研究部 1939 年版，第 148 页。

2　内政部年鉴纂编委员会编《内政年鉴》（一），第（B）329 页。

3　化贯军：《湖北省人事制度研究（1927—1937）——以县长的选用为例》，硕士学位论文，华中师范大学，2005 年，第 29—30 页。

作为蒋介石的嫡系，刘峙在入主河南后比较忠实地执行了南京国民政府关于县政人员训练的政策。1931 年 2 月，河南省政府开始筹设地方行政人员训练所，省主席刘峙和民政厅厅长张钫分别出任正、副所长。是年 4—7 月，所内对第一期招录的 122 名县长组学员进行训练，训练期满后，经所内组织考评和省政府组织专门的甄用委员会加以甄审，最终有 36 名学员被甄选为合格县长，其中乙等 2 名，丙等 34 名。[1] 9—12 月，第二期受训学员入所完成训练。1932 年 1 月，河南省政府委员和高等法院分期对第二期肄业学员加以考核，依据才识、经验、语言、态度等方面将其分列四等，其中 80 分以上者为甲等，有 4 人；70—79 分者为乙等，有 15 人；60—69 分者为丙等，有 8 人；60 分以下为丁等。[2]

（四）甄审或检定

在南京国民政府时期，以甄审的方式选拔县长也很盛行。

1933 年 10 月，陈果夫出任江苏省政府主席，为慎重任用县长起见，决定对各种符合县长资格的候选人进行甄审，甄审合格者方能以县长存记候用。10 月 27 日，江苏省政府委员会第 605 次会议通过《江苏省县长甄审委员会规程》，对甄审的组织、对象、方法等予以规定。按照规程，江苏省县长甄审委员会负甄审县长专责，甄审委员会由省政府全体委员组成，省政府主席任甄审委员会主席，该会职员由省政府秘书处及民政厅调用。凡请求甄审者除须取得江苏省政府两名委员的介绍外，还必须具备以下条件之一：中央高等考试及格分发至江苏省者；江苏省第一、二两届县长考试及格者；过去在江苏省甄用合格者；由各方举荐者。以下人员则不具备存记资格：存在"反革命"行为者；被开除党籍或在停止党权期间者；有贪污及土劣行为者；曾受撤职

1　三成：《河南三年来之吏治》，《河南政治》第 4 卷第 6 期，1934 年 6 月，第 4—6 页。另参阅河南省政府秘书处公报室编《五年来河南政治总报告》，第 1 页。

2　三成：《河南三年来之吏治》，《河南政治》第 4 卷第 6 期，1934 年 6 月，第 6—8 页。

处分且查明确有罪证者；曾被判刑者；曾宣告破产者；有不良嗜好者。[1] 甄审程序为：先由受甄审人员提出请求，提交履历表及相关证明文件；甄审委员会对相关履历、证件进行验证并查核真伪，同时向其原工作机关行文调查该员的品行、操守、能力及业绩情况；最后由各委员对手续完备者当面考询，就精神、性情、言论、学识、特长这五项标准分别品评，再就上列各项，作一总考语，用书面填具意见后提会讨论；如有的委员是受甄审者的介绍人，则采回避形式，免考询；会议议决以多数通过为原则，通过者交由民政厅存记候用。[2] 在实际运作中，江苏省对县长候选人的甄审可谓非常严格，这从以下几方面可以看出。第一，严查资格。受甄审者在不能提供有效证明文件的情况下，不能参加甄审。甄审过程中有不少人在这一关就被筛选掉。如在第五次甄审会上，有 14 名候选者在资格审查时发现问题，具体表现在：无毕业证书，或伪造毕业证书，或毕业证书与委任状名字不符；资格与证件不符合规定，1927 年以前的任职资格不予承认；年龄在 30 岁以下，不合规定。[3] 第二，注重任官经历。对于现任或曾任县长者，任职在江苏的由苏省民政、财政两厅详细查明其任职经历、功过、官声及交代情况，任职外省的则咨由外省查明。第三，考询时采委员群议制，群议无法决定时由主席定夺，这在一定程度上弥补了举荐制的弊端。因受甄审各员都有省政府委员或其他要人作为介绍人，在背景相差不大的情况下，合议制有助于更公平地选拔县长人才。这里不妨以江苏省县长甄审委员会第七次会议情况为例，以窥其详。此次会

1　以上几条其实是依国民政府颁布的《修正县长任用法》第一条，同时参考了《公务员任用法》第三条及豫鄂皖三省"剿匪"总司令部颁布的《剿匪区内县长任用限制暂行办法》第二条。赵如珩：《江苏省鉴》（上），上海大文印刷所，1935 年，"政治"第 19 页。

2　陈果夫主编《江苏省政述要》"民政编"，沈云龙主编《近代中国史料丛刊续编》第 97 辑，第 4 页。另参阅《江苏省县长甄审委员会第一次会议纪录》（1933 年 11 月 21 日），江苏省档案馆藏，档案号：1001-甲-302。

3　《江苏省县长甄审委员会第五次会议议程》（1933 年 12 月 19 日），江苏省档案馆藏，档案号：1001-甲-302。

议前，屠广钧等12人已经各委员考询完毕并加具结论（具体考询情况见表4-2），经会议议决，屠广钧、祁云龙、黄哲文等3人准予以县长存记候用，杨天寿由主席考询后再定取舍，其他8人则不予存记。存记候用的3人在考询时得到了多数委员的肯定。

表4-2　江苏省县长甄审委员会第七次会议议决考询完毕各员一览（1934年1月9日）

被考询人姓名	各委员及考询结论								
	陈果夫（主席）	辜仁发	赵棣华	沈百先	周佛海	程天放	王柏龄	罗良鉴	余井塘
屠广钧		已署一任,堪以再试	可任小县县长	颇有干才,可备选用	可任小县	曾任川沙县县长,在任颇肯做事,无匪患之县份可令一试	非加训练,精神未可任寄	熟谙县政,勤于著述	勉强可取
杨天寿		胥吏,非县长选		可试以江北小县	可以一试	精力较差,不能任繁剧	不适用	司法界服务二十余年,当然有经验	可任县长
祁云龙		虽精力太差,但堪试小县	县长才	不甚适宜			以不试用为宜	精神、知识俱优,可试用	可任县长试用
鄢某某			非县长才	可以小试	可用	虽为考取县长,但对县政认识少,宜先试以他事,使之练习,再任县长	不适宜	平平	不能胜任
黄哲文		可堪再试	非县长才	可以小试	可用	对县政尚有经验,似缺少勇气,小县或可一试	可试以小县	干练可用	尚可

被考询人姓名	各委员及考询结论								
	陈果夫（主席）	辜仁发	赵棣华	沈百先	周佛海	程天放	王柏龄	罗良鉴	余井塘
沈某某		不足膺选		可备县长之选	理论颇有研究,能力恐不足应付	人似诚实,但缺乏魄力,欠威仪	非百里之器	平平	不能胜任
周某某		可以一试	非县长才	不甚适宜	平庸		以之任佐治人员尚可,寄以县政,才具不胜任,器墨不充分也		平平
施某某		堪以一试	非县长才		幕僚之才,不能当一面	前在省府秘书处服务有年,对各县情形尚熟,惟才具欠缺,独当一面恐不足		在省府服务五年,勤能卓著	平平
杨某某		非县长才		县长才		对于盐务堪有经验,头脑尚清楚,独当一面恐不适宜	寄之百里选,适害之,如必须用,可先以秩序优良之小县试之	稳练,可试用	尚可
陈某某				不适宜	可任县长	曾任法官、推事多年,但系在北京政府时代,与现在情形不相同,任县长嫌不足	不足以寄百里	平平	无可取

续表

被考询人姓名	各委员及考询结论								
	陈果夫（主席）	辜仁发	赵棣华	沈百先	周佛海	程天放	王柏龄	罗良鉴	余井塘
靳某某		庸才		可以小试	可试小缺	行政经验缺乏，但其有勇气，头脑清楚，可一试	宜先使其在行政上学习，骤任县缺恐反折损之也	理论明了	尚可
习某某	可做事务员，非县长之选	非县长才					可试小县	论政极有条理	可任县长

资料来源：《江苏省县长甄审委员会第七次会议议程》（1934年1月9日），江苏省档案馆藏，档案号：1001-甲-302。

　　从表4-2看，江苏省县长甄审的竞争是相当激烈的，各位委员的意见也相当明确，说明县长甄审并加以存记这一过程还是比较严肃的。

　　至1936年9月，江苏省县长甄审委员会共计甄审503人，甄审合格以县长存记者106人，甄审合格者比例达到21%左右。[1]

　　1934年9月，国民政府出台《补充县长任用资格标准实施办法》，规定各省必须组织县长检定委员会，通过公开甄审选拔合格县长。嗣后，在内政部督促下，江苏、河南、陕西、山西、绥远、河北、察哈尔、福建、宁夏、安徽等省相继成立县长检定委员会。[2]

　　总体看来，国民政府时期县长的选拔有两大主要特点：一是方式多样，体现了当时中央与地方的博弈以及中央的妥协；二是地方始终掌控着县长选拔的主动权。

1　陈果夫主编《江苏省政述要》"民政编"，沈云龙主编《近代中国史料丛刊续编》第97辑，第4页。
2　中国国民党中央统计处编《民国二十三年之建设》，正中书局1935年版，第40页。

二　县长的资格

为提高县长的素质，南京国民政府采取的重要手段就是规范县长的资格。

1930 年代前期，针对一般县份和"剿匪"县份，南京国民政府对其县长的资格有不同的要求（可见于 1932—1933 年颁行的《县长任用法》、《修正县长任用法》及《剿匪区内县长任用限制暂行办法》）。为避免诸法令互相抵触，行政院于 1934 年 9 月出台了《补充县长任用资格标准实施办法》，要求以后各省在任用县长时，其资格标准同时参照《修正县长任用法》、《公务员任用法》及《剿匪区内县长任用限制暂行办法》的相关规定，详见表 4-3。

表 4-3　《补充县长任用资格标准实施办法》规定的县长资格

法规条文	《修正县长任用法》第一条	《公务员任用法》第三条	《剿匪区内县长任用限制暂行办法》第二条
县长任用资格具体内容	年龄在 30 岁以上，且必须具备以下条件之一：1. 县长考试及格者；2. 高等考试行政人员考试及格且曾任荐任官 1 年以上者；3. 各省在 1928—1930 年间考试录取的县长，经考试院复核及格且曾任荐任官 1 年以上者；4. 在教育部认可的国内外大学、独立学院或专门学校研究法律、政治、经济、社会各学科，得有毕业证书且曾任荐任官 2 年以上，经甄别审查合格，成绩甲等，得有证书者；5. 曾任简任官 1 年以上，经甄别审查合格，成绩列甲等，得有证书者；6. 曾任荐任官 3 年以上，经甄别审查合格，成绩列甲等，得有证书者；7. 现任县长，曾经内政部呈荐、复经铨叙部甄别审查合格，得有证书者；8. 曾任最高级委任官 5 年以上，经甄别审查合格，成绩列甲等，得有证书者	1. 经高等考试及格或与高等考试相当的特种考试及格者；2. 现任或曾任荐任职，经甄别审查或考绩合格者；3. 现任或曾任最高级委任职 3 年以上，经甄别审查或考绩合格者；4. 对民国有勋劳或致力国民革命 7 年以上而有成绩者；5. 在教育部认可的国内外大学毕业而有专门著作，经审查合格者	1. 考试合格人员，指考试院高等考试及格人员及各省县长考试及格人员，经考试院审查核准者为限，其他人员不在此列；2. 在教育部认可的国内外大学、独立学院或专门学校研究政治、法律、经济、社会各学科 3 年以上，得有毕业证书，并曾任荐任 3 年以上者；3. 曾任县长 2 年以上，确著政绩，且有足够公文书证明者；4. 曾任荐任职 5 年以上，成绩卓著，且有公文书足资证明者；5. 现任最高级委任职，有异常劳绩，受过升级奖励者；6. 曾任委任职 7 年以上，成绩优异，对县政确有研究，有公文书足资证明者

续表

法规 条文	《修正县长任用法》第一条	《公务员任用法》 第三条	《剿匪区内县长任用限制 暂行办法》第二条
备注	以下情形不得任用为县长：褫夺公权、亏空公款者；因贪赃枉法被处罚有案者；吸毒者		

资料来源：《补充县长任用资格标准实施办法》（1934 年 9 月 1 日），中国第二历史档案馆编《国民党政府政治制度档案史料选编》下册，第 33—34 页。

从以上三个法规看，《修正县长任用法》注重甄别审查，而《剿匪区内县长任用限制暂行办法》则对此未予特别规定。

因甘肃、宁夏、新疆、西康、贵州、青海等边远地区对优秀人才吸引力小，南京国民政府被迫降低当地县长的任用资格，其标准如下：在教育部认可的国内外专科以上学校毕业者；于 1935 年 11 月前，在当地官署认可的与专科以上学校相当的学校毕业者；曾任荐任职 2 年以上者；曾任与荐任职相当的军用文官或公立中学以上学校校长 3 年以上者；曾在该省任委任职 5 年以上，成绩卓著，有公文书足资证明者。[1]

虽然国民政府三令五申，但是各省在严控县长资格方面做得并不尽如人意，因而国民党中央政治会议于 1937 年 5 月通过了《县长任用法原则》，再次强调：凡年龄在 30 岁以上，依法参加县长考试及格者应尽先任用；具有法定县长资格且经民政厅考核后认定胜任县长者，由省政府主席报送内政部核转铨叙部审查合格后，以候用县长存记；"未经县长考试及格或资格不合，而才德兼优富有行政上之学识经验者，得由各省政府主席向内政部特予报送，交铨叙部以候用县长存记"；凡取得县长资格人员，均须先经内政部统一训练

---

[1] 《边远省份公务员任用资格条例》（1935 年 11 月 14 日），中国第二历史档案馆编《国民党政府政治制度档案史料选编》下册，第 45 页。

后分发任用；凡经分发候用的县长，如无 1 年以上行政资历者，须在分发省份先以县政府秘书、科长或区长等职实习 1 年，期满经省政府考核成绩优良者，始得任用。[1] 在国民政府看来，县长任用宜制度化和统一化，以消除任用中的种种弊端。

　　1937 年后，在抗日战争和国共内战的大环境下，单纯靠才德和行政经验出任县长已不足以应对时局需要，国民政府不得不调整战区县份县长的任用资格，不再拘泥于县长候选人的政治面貌、学历和资历，更加重视他们的军事才能、领导能力和实际经验。1938 年 5 月，国民政府颁行《战区各县县政府组织纲要》，要求战区各县选任县长时应以富有县政经验和军事学识的干员充任为原则。[2] 1940 年 7 月，国民政府又公布了《非常时期战地公务员任用条例》，赋予战地省份行政长官更多的人事任免权，他们可以不拘资格，根据抗战需要自行拟订辖区内公务员任用暂行标准。[3] 此后，安徽、广东、江西等省分别自订县长资格标准，其特点皆为突出军事和行政经验。[4] 1942 年 11 月，国民政府颁行《非常时期公务员任用补充办法》，[5] 详细解释了各种不合"法定资格"公务员的任用办法，在战争的残酷现实面前实际上变相承认了规范县长资格努力的失败。

　　国民政府时期规范县长资格的努力总体上说是失败的。一位在当时两

　　1　《申报》1937 年 5 月 13 日，第 4 版。另参见李德培《江西县长之分析研究》，《地方建设》第 1 卷第 4、5 期合刊，1941 年 10 月，第 153 页。

　　2　《战区各县县政府组织纲要》（1938 年 5 月 5 日），江西省政府秘书处法制室编印《中央战时法规汇编》（下），1939 年版，"民政类"第 117—118 页。

　　3　《湖北省政府公报》第 415 期，1940 年 9 月 15 日，"法规"第 16 页。

　　4　参见《非常时期安徽省选用县长暂行办法》（1940 年 1 月 30 日），《安徽政治》第 3 卷第 2、3 期合刊，1940 年 3 月，第 116 页；《广东省非常时期战地公务员任用暂行标准》（1941 年），《广东省政府公报》第 763 期，1941 年，"法规"第 2—3 页；《江西省非常时期战地公务员任用暂行标准》（1941 年），《江西省政府公报》第 1236 期，1941 年，第 30 页。

　　5　《非常时期公务员任用补充办法》（1942 年 11 月 6 日），《广西统计月刊》第 2 卷第 11、12 期合刊，1942 年 12 月，第 45 页。

任县长者指出："条文是死的，任何冠冕堂皇的条文，都可以成为植党营私的护身符。文凭可以买，证件可以伪造。即使什么条件都没有，只要和省当局有特殊关系或有坚强后盾，也可以过了六月又六月，长期地代理下去。"[1]

三　县长的任免、任期及出身

南京国民政府时期县长的任免、任期与出身状况如何，与以往相比发生了哪些变化，是我们考察县长群体状况的重要内容。

（一）任免权的变化

与古代县官由中央任命有别，南京国民政府建立后虽试图加强在县官任免上的话语权，却遭到地方当局的强烈抵制，始终难以如愿。

建政初期，因军事未靖和地方实力派的存在，南京国民政府从法理上承认各省拥有县长任免权，这体现在 1928 年 9 月颁布的《县组织法》和次年 6 月修正公布的《县组织法》中。前一法规明确规定县长由省政府任用，综理县政，[2] 但对县长任用的方法和程序并未明确说明；修正后的《县组织法》在秉承原有精神的基础上，指出县长"由民政厅提出合格人员二人至三人，经省政府议决任用"，[3] 除了从法理上肯定省方对县长的人事任免大权，亦对县长任用的具体方法做了说明。

中原大战后，蒋介石在军事上打败了冯玉祥、阎锡山、李宗仁等强大对手，国民政府也开始从法理上对各省的县长人事任免权予以规范和限制。1932年 7 月，国民政府出台《县长任用法》，并于次年 6 月加以修正，其要点如

1　曾新民：《我是怎样出任县长的》，《萍乡文史资料》（江西）第 11 辑，1990 年，第 53—54 页。

2　《县组织法》（1928 年 9 月 15 日），徐秀丽编《中国近代乡村自治法规选编》，第 84 页。

3　《县组织法》（1929 年 6 月 5 日），刘振东主编《县政资料汇编》上册，中央政治学校研究部 1939 年版，第 208 页。

下。第一，从法理上肯定中央对县长的人事任免权。《县长任用法》规定各省任用县长时须"咨内政部转咨铨叙部，经审查合格后，由内政部呈行政院转呈国民政府任命"，修正后的《县长任用法》亦强调了这一点。第二，规范各省县长任免的具体程序，保障县长任期，防止地方大员随意任免县长。依《县长任用法》，县长任用时有试署、署理和实授三种，前两者任期为 1 年，实授县长任期为 3 年，试署期满且考核优良者才能署理县长，署理期满考核优良者才能实授县长，代理县长者时限不得超过 3 个月，依法实授的县长在任期中除违法、失职、依法被惩戒或判刑等情形外，一律不得免职或停职。修正后的《县长任用法》将县长任用分试署和实授两种，前者任期为 1 年，后者为 3 年，试署期满的县长经考核成绩优良者予以实授，成绩差的则予免职；省方在任期内不得随意撤免县长，如欲撤免试署县长，应开具事实，专案咨请内政部核定；对于实授县长，除了自请辞职、县治合并及依法被惩戒等情形，一律不得撤免。[1]

不仅如此，国民政府还建立了县长任免的月报制度，要求各省须于月终将县长任免情况汇报中央，但推行过程中阻碍颇多，难以达到预期目的。[2]

表面上看，国民政府似乎在法理上掌握了县长人事任免上的主动权，但它仅仅体现在中央对地方报表数字的控制上而已，考虑到当时文牍主义盛行的情况，地方政府完全可以在纸面上下足功夫，尽可能地给地方人事运作预留出充足的空间，具体到选谁和任免谁，实际上仍是地方军政大员说了算。

1　参见《县长任用法》（1932 年 7 月 30 日），立法院秘书处编《立法专刊》第 7 辑，民智书局 1933 年版，第 45 页；《修正县长任用法》（1933 年 6 月 3 日），立法院秘书处编《立法专刊》第 8 辑，民智书局 1933 年版，第 35 页。

2　《为请饬民政厅务自本年一月份起按月填送县长月报表以资考查仍希见复——咨广东省政府等》（1937 年 1 月 8 日），《内政公报》第 10 卷第 1 期，1937 年，"民政"第 81 页。

（二）县长任用实况

就任用程序而言，国民政府仅笼统规定由"民政厅提出合格人员二人至三人，经省政府议决任用"，各省在此方面的做法不尽相同。如江西省被划为"剿匪"区域后，未"收复"区域各县县长，"先选定送请行营设班训练，其人选以干练而耐劳苦及熟习当地情形能与军队接近者为合格，由民政厅选保六人，各委员、保安处、高等法院各选保二人，开具名单略历，提省务会议选定"。[1] 河南、山西两省则效法清代吏部铨选官吏办法，将合格人员分班候委，轮流补缺。1932 年 2 月，河南省政府规定县长如有缺出，所有候委县长将按轮期名次排序，送请审查后提用，轮委顺序共四轮：中央分发各厅处特保劳绩存记县长为第一轮；历次甄用及格县长为第二轮；第一期训练甄试及格县长为第三轮；第二期训练甄试及格县长为第四轮。[2] 山西省的做法是将本省县长候委人员按资格分为四班：轮委甲班、轮委乙班、酌委班及插委班，每班之内也按一定标准进行先后排序。如遇县长缺出，每轮优先用轮委甲班 2 人，其次按序用其他三班各 1 人，周而复始，依次任用。[3] 河北省政府在 1928 年成立后，对于县长考试及任用制度的实施，考虑到考试"非短时间所能竣事，各县悬缺待补，缓不济急"，遂仿照江浙两省的举荐办法，拟定县长举荐章程。自 9 月起，第一届举荐审查考询及格者 97 人，在 2 个月内陆续委出 2/3。"复举行第二届荐举"，除依旧审查考询之外，并加笔试，又录取 76 人，遂"按照县长任用条例"相关规定，除第一届已委缺者外，其余均送入训政学院受 3 个星期的短期训练，然后注册委用，该项人员训练及格者共 87 人。至 12 月时，又逢河北现任

1　李德培：《江西县长之分析研究》，《地方建设》第 1 卷第 4、5 期合刊，1941 年 10 月，第 152—153 页。

2　三成：《河南三年之吏治》，《河南政治》第 4 卷第 6 期，1934 年，第 18 页。另参阅河南省政府秘书处公报室编《五年来河南政治总报告》，第 2—3 页。

3　《山西省县长归班任用暂行办法》（1932 年 11 月 28 日），山西省民政厅编印《山西民政刊要》，1933 年，"法规"第 12—15 页。

县长考核，据其成绩优秀者先后予以加委，未加委之各县县长则随时调省接受 3 个月的临时训练。经此训练，总计 1929 年毕业者共 3 期，除去不及格及因案撤销资格者，计得 40 名。以上两项训练人员，经民政厅提议定名为荐举班。此外，河北省于 1929 年 1 月举行县长考试，录取 124 名，根据规定在训政学院训练 6 个月期满后注册委用，至 8 月底，训练期满，考试毕业，计及格者 114 名，经民政厅提议定名为考试班。此外又有省政府各处秘书科长委任县长经历者，定名为酌委班。县长任用时，民政厅根据举荐、考试、酌委三班制情况，相应采用调委、酌委和轮委三种办法。[1] 河北省这一时期县长任用在形式上逐步实现了制度化，当然也存在问题，即那么多的候补县长群体，能够任用的比例偏低，"僧多粥少"这一问题似乎并不容易解决。

　　总体上看，国民政府争取县长任免权的努力似乎取得了一定成效。从形式上来看，各省在任命符合法定资格的县长时在程序上都必须经由中央这一关，但实际上，这仅是"走过场"而已，地方军政大员仍牢牢掌控县长的人事任免大权。一位供职于内政部的官员道出了其中内幕：当时任命的县长，真正符合资格并按程序任命者不及 1/3，为了任用那些不合条件的人员并绕开中央限制，省政府一般命令其权摄代理，不报请审核任命。[2] 全面抗战时期由新桂系控制的安徽省县长任免，在全国来说颇具代表性。负责此事的安徽省政府人事室在县长任免时秉承"因人制宜"的原则，"不是以人的才能，而是要看这个人是什么地方人？什么人介绍的？介绍人的官

1　《河北省民政厅二年以来任用县长之经过》（1928 年 7 月至 1930 年 6 月），国家图书馆编《民国时期县政史料汇编》第 12 册，国家图书馆出版社 2018 年版，第 453—457 页。

2　汪振国：《国民党统治时期的地方政府》，《文史资料存稿选编》第 12 辑 "政党·政府"，第 540 页。

阶怎样？去考虑任用与否"。[1] 另据曾在浙江省民政厅工作的茹管廷回忆，全面抗战初期浙江省县长任免主要由省主席黄绍竑说了算，"县长调动由主席在省府委员会口头提出通过，阮毅成（民政厅厅长——引者注）事先多不知道，只在会议时将主席提出的人临时写出提案附卷而已。但阮毅成如欲任用县长，非经主席允许难以提出"。[2]　在全面抗战时期的沦陷区，一些有坚强武力做后盾的行政督察专员也可以染指县长的任免。如山东省第三区行政督察专员张里元在省主席韩复榘撤走后，自组抗日武装并不断扩充武力，至 1939 年夏所部总人数在 2 万人以上，因实力较强，对辖区内各县县长任命有较大话语权。[3]

（三）县长的任期

南京国民政府一直试图规范县长的任免，保障县长的任期，从而为大规模的县政建设提供保证。但揆诸现实，当时的县长任期又如何呢？

从制度设计上来说，国民政府是想让县长们久任，然而实际情况大违其愿（详见表 4-4）。

1　"最吃香的是李（宗仁）、白（崇禧）介绍来的人，其次是五路军的老干部，根本谈不上什么资历审核，人事法规均被抛到九霄云外，才不才更不论了。有的以专员委派，有的以县长任用，所派的地区，都是安全而富裕的，沦陷区、半沦陷区是不派这些人去的。如果介绍来的不是广西人，则享受不到这种优惠的待遇。"如第五战区长官部高级翻译官胡国泰是安徽怀宁人，哈尔滨大学毕业，与李宗仁相处多年，"经李介绍回安徽以专员任用。回来后，竟发表胡为安徽省企业公司专员，后虽派为岳西县长，因该县地处丛山峻岭之中，交通闭塞，地瘠民贫，广西人不去，才派到这位胡先生。即使是新桂系高级官员介绍的，但也不能与李、白介绍的人并论，如梁侃，广西人，21 集团军总部介绍的，则以半沦陷区巢县县长委用。若是国民党中央院部或其他战区长官介绍的，那就看情况了，或分到皖北，或派往江南。当时皖北一部分地区属一战区汤恩伯防地，阜阳县长廖麟即是他们介绍的。皖南属三战区顾祝同的势力范围，广西人去搞不好关系，就把中央介绍的邓昊明派为六区（芜湖）专员。CC 介绍的蒋慎良则分到皖南当县长。为应付豪绅们介绍以县长录用的，也派往沦陷区，如合肥人路世奎，就是以沦陷区定远县长任用，徒有虚衔而已。另外，人事室对派用人员的评语是极其重要，在表格上必填对李品仙的'向心力'和'离心力'的强弱，强则任用，弱则去之。对广西人尚且如此，对其他的人就更不用说了"。刘逸民：《桂系控制下的安徽省政府人事室》，《合肥文史资料》（安徽）第 7 辑，1991 年，第 35—36 页。

2　茹管廷：《国民党统治时期浙江省的历任县长》，《浙江文史资料选辑》第 21 辑，1982 年，第 108 页。

3　《民国山东通志》编辑委员会编《民国山东通志》第 5 册，台北，山东文献杂志社 2002 年版，第 3027 页。

表 4-4　1931—1932 年各省县长任期情况

省份	年份	县长人数			当年内县长有更动县份占所辖县份之比例(%)	去职各县长每人平均在职天数
		在职	去职	合计		
江苏	1931	61	44	105	55.7	384
	1932	61	14	75	21.3	374
江西	1931	81	33	114	37.0	380
	1932	81	76	157	70.3	349
湖北	1931	68	90	158	86.8	227
	1932	68	105	173	89.7	237
湖南	1931	75	50	125	58.7	414
	1932	75	62	137	68.0	442
山东	1931	108	49	157	38.0	240
	1932	108	71	179	53.7	436
山西	1931	105	93	198	67.6	589
	1932	105	78	183	59.0	454
河南	1931	111	169	280	84.7	155
	1932	113	149	262	82.3	238
河北	1931	120	90	210	60.8	381
浙江	1931	75	52	127	61.3	407
	1932	75	29	104	37.3	486
福建	1931	64	40	104	59.4	348
	1932	64	61	125	75.0	358
吉林	1931	42	12	54	26.2	710
热河	1931	15	5	20	26.7	542
	1932	15	8	23	46.7	646
察哈尔	1931	16	13	29	68.8	287
	1932	16	15	31	68.7	291
绥远	1931	17	7	24	35.3	433
	1932	18	13	31	55.5	502
陕西	1932	92	92	184	77.2	306
广西	1932	94	29	123	29.8	314
贵州	1932	81	68	149	76.5	339
青海	1932	14	10	24	71.4	571
安徽	1932	61	98	159	88.5	241
甘肃	1932	66	61	127	78.8	179

资料来源：内政部年鉴编纂委员会编《内政年鉴》（一），第（B）831—833 页。

从表4-4来看，1931—1932 年吉林、热河、青海等边远省份县长平均任期较长，都在一年半以上，内地省份中河南、湖北两省县长平均任期较短，在半年左右，这与两省的地方大员更换有一定关系。

在国民政府的努力下，县长任期短、更换频繁的情况有所改变。以河南省为例，河南当时共辖 111 县，1931—1934 年 4 年间县长有更动县份占全部县份的比例分别为 84.7%、82.3%、76.6%、66.7%，[1] 呈逐年下降趋势，1934 年更比三年前下降了 18 个百分点。

七七事变后，受战争影响，县长更迭频繁的状况再度恶化。此处且引王奇生先生的统计数据加以说明（见表4-5）：

表4-5　长江流域部分省份县长任期统计（1926—1946 年）

单位：%

省份	年份	0.5年以下	0.5—1年	1—1.5年	1.5—2年	2—2.5年	2.5—3年	3—3.5年	3.5—4年	4—4.5年	4.5—5年	5年以上
江西	1926—1940	22.2	28.1	19.8	9.0	6.2	4.7	4.7	1.8	1.3	1.3	0.8
	1946	32.9	31.7	7.3	12.2	4.9	4.9	6.1				
江苏	1946	18.1	36.1	24.6	8.2		6.6					6.6
浙江	1946	35.3	36.8	4.4	10.3		8.8	2.9				1.5
湖南	1946	33.3	17.5	30.2	4.8	9.5	1.6	3.2				
四川	1939—1944	51.9		26.3		15.0		4.1		2.4		0.3
平均		57.3		26.2		10.4		3.8		0.8		1.5

资料来源：王奇生《革命与反革命：社会文化视野下的民国政治》，社会科学文献出版社 2010 年版，第 363 页。

不难发现，县长更迭频繁和任期短暂是当时基层政治的一大特色，很少有县长能干够法定三年的任期。是什么导致了这种情况的出现呢？

---

[1]　内政部年鉴编纂委员会编《内政年鉴》（一），第（B）831—833 页；《二十二年份河南省各县县长更替统计图》，河南省政府秘书处编《河南省政府年刊》，1933 年，"统计"；《河南省各县县长更替一览表》（1934 年），河南省政府秘书处编《河南省政府年刊》，1934 年，"统计"。

第一，县长更调，最主要的原因是地方大员人事变动。中国古语有"一朝天子一朝臣"的说法，这在民国时期的县长任免中得到鲜明的体现。南京国民政府时期，统治者内部派系纷争严重，既有 CC 系，又有政学系，还有地方实力派，党团斗争也很激烈，处于这种政治漩涡中的省主席和民政厅厅长们为前途考虑都选择了自己的政治立场，因此每次省主席或民政厅厅长更动，几乎都会引起地方政界的"地震"，他们经常借"新政"之机安置"私人"，从而维护及扩大本集团在地方上的利益。1930 年 10 月刘峙主豫后，先进行了一场县长大清洗，在不到 3 个月的时间共委任县长 115名。[1] 1948 年陈仪任浙江省政府主席，到职几个月后，几乎更调全省所有县长。[2] 这种情况下更调县长最常用的理由是"调省"或"另候任用"，这两个词含义模糊，给省政大员们留下了足够的操作空间，"调省"者如果投靠自己，或可再受重用，反之则有可能被闲置。表 4-6 所列几省县长更调统计中"调省"的比例居高不下，也正说明了这种情况的存在。

第二，因政绩不佳而被撤换。在表 4-6 中，四省县长中辞职、免职、停职、撤职等项的比例就占 40% 左右。其具体原因或是任内贪赃枉法、营私舞弊，或是行为不检、废弛职务，或是有"通共"嫌疑，[3] 或是因城池失陷。[4]

第三，因工作业绩而调任他县，基本上属于正常的人事调动。在当时的县长任用中，按县等、县情和县长能力分别任用是一个主要原则，因而会引发县长的更迭：工作能力强、政绩优异者自然会升迁到高一等的县或升任更

1　河南省民政厅编印《河南省民政厅民国十九年度政治总报告》，1930 年，第 12—20 页。

2　诸葛容：《我所知道的汤恩伯》，《浙江文史资料选辑》第 16 辑，1980 年，第 204 页。

3　1931 年 1 月，河南省固始县县长"因有共党嫌疑"而被撤省查办。见河南省民政厅编印《河南省民政厅民国十九年度政治总报告》，第 20 页。

4　如红军征途中攻陷贵州石阡、黔西、大定等县，以上各县县长分别被撤职查办。周朝举编《红军黔滇驰骋史料总汇》下集，军事科学出版社 1991 年版，第 952—953 页。

高一级的职务，[1] 而能力一般、不宜做大县县长者也会被调往小县，亦有县长因人地不宜而被调署他县。

第四，因不可抗因素，如任内亡故、因病去职、殉职等。总的来讲，此类情况所占比例较小（在表4-6中，殉职和病职加起来约占1.5%），殉职的情况也多出现在战争期间。

表4-6 长江流域部分省份县长更调原因统计

单位：人，%

省份	年份		调升专员	调任他县	调省	辞职	免职	停职	撤职	殉职	病职	其他
江西	1928—1946	人数	8	210	497	208	98	52	80	11	12	0
		占比	0.7	17.9	42.3	17.7	8.3	4.4	6.8	0.9	1.0	0
湖南	1937—1942	人数	0	50	64	30	50	1	33	0	2	0
		占比	0	21.7	27.8	13.0	21.7	0.4	14.4	0	0.9	0
湖北	1938—1943	人数	0	72	66	68	21	12	71	0	0	38
		占比	0	20.7	19.0	19.5	6.0	3.5	20.4	0	0	10.9
四川	1940—1944	人数	5	121	67	43	41	4	39	2	4	10
		占比	1.5	36.0	19.9	12.8	12.2	1.2	11.6	0.6	1.2	3.0
总计		人数	13	453	694	349	210	69	223	13	18	48
		占比	0.6	21.7	33.2	16.7	10.0	3.3	10.7	6.2*	0.9	2.3

注：* 此数据有误，应为0.62%。

资料来源：王奇生《革命与反革命：社会文化视野下的民国政治》，第365页。

此外，引发县长的更选的因素还包括县治合并；因资格不符、经铨叙部甄别审查不合格者，虽由省府推荐代任，不久又调任者；[2] 也有虽经任命为县长，但本人坚辞不就的情况。

---

1 如在浙江，因业绩突出，林泽、高德中、汪振国等人先后由小县调任大县，龙游县长周俊甫、分水县长钟诗杰先后升为行政督察专员，鄞县县长陈宝麟升任会计长。茹管廷：《国民党统治时期浙江省的历任县长》，《浙江文史资料选辑》第21辑，第113页。

2 郑澄桂：《民国时期县长的任用与闽南十县县长题名概述》，《龙溪方志通讯》（福建）第1期，1984年，第27页。

（四）县长的出身状况

在南京国民政府努力规范县长资格的情况下，经过各省复杂的任命程序和政治势力角逐，县长们的实际出身情况又如何呢？从表4-7中我们可以管窥一二。

表4-7　1931—1932年各省县长出身情况

单位：人，%

省份	年份	县长人数（包括在职和去职）		县长出身												
				大学毕业		法政专门毕业		军警学校毕业		考取		其他		不明	
		人数	占比	人数	占比	人数	占比	人数	占比	人数	占比	人数	占比	人数	占比
江苏	1931	105	100	63	60.0	18	17.2	14	13.3			10	9.5		
	1932	75	100	43	57.3	9	12.0	11	14.7	2	2.7	10	13.3		
安徽	1932	159	100	38	23.9	29	18.2	43	27.1	28	17.6	21	13.2		
江西	1931	114	100	28	24.6	43	37.7	12	10.5			20	17.6	11	9.6
	1932	157	100	37	23.6	38	24.2	23	14.6	5	3.2	54	34.4		
湖北	1931	158	100	32	20.3	61	38.6	55	34.8			1	0.6	9	5.7
	1932	173	100	37	21.4	35	20.2	62	35.8	2	1.2	37	21.4		
湖南	1931	125	100	4	3.2	31	24.8	5	4.0			68	54.4	17	13.6
	1932	137	100	2	1.5	21	15.3	12	8.8	17	12.4	85	62.0		
山东	1931	157	100	31	19.7	56	35.7	20	12.7			50	31.9		
	1932	179	100	51	28.5	32	17.9	28	15.6	5	2.8	63	35.2		
山西	1931	198	100	44	22.2	92	46.5	5	2.5			52	26.3	5	2.5
	1932	183	100	37	20.2	60	32.8	10	5.5	18	9.8	58	31.7		

资料来源：内政部年鉴编纂委员会编《内政年鉴》（一），第（B）831—833页。

学界对全面抗战前县长的出身有以下几点共识：首先，绝大多数县长接受过新式教育，旧功名和杂途出身者逐渐消失；其次，县长来路五花八门，资格参差不齐；最后，县长出身的省际差异表现明显，江浙两省县长出身较优，其他省份县长出身相对次之。[1]

七七事变后，县长的军事知识及经验被置于重要的地位。在战争的洗礼下，县长的出身有什么改变呢？详见表 4-8、表 4-9、表 4-10。

表 4-8　1939 年广东省各县县长出身及所占比例

单位：人，%

合计		普通学校毕业								军事学校毕业								未详	
		小计		大学		专门		中等		小计		陆军		海军		空军			
人数	占比	人数	占比	人数	占比	人数	占比	人数	占比	人数	占比	人数	占比	人数	占比	人数	占比	人数	占比
101	100	39	38.6	22	21.8	12	11.9	5	4.9	25	24.8	23	22.8	1	1.0	1	1.0	37	36.6

资料来源：《广东省各县市局长资格年龄统计表》（1939 年 7 月），广东省政府秘书处统计室编《广东统计汇刊》第 1 期，1939 年 10 月，第 268 页。

表 4-9　战时川、赣、湘、皖、鄂五省县长资格统计

单位：%

省份	年份	大学	专科	军校	考试	吏治训练	中学	其他	不明
四川	1939—1945	58.1	16.8	10.7			5.6	5.9	2.8
湖北	1939、1943	32.9	14.3	37.9	0.7	5.0	1.4		7.8
湖南	1940	42.7	18.7	36.0	1.3			1.3	
安徽	1939	44.7	12.3	31.6			0.9	10.5	
江西	1939—1940	46.7	20.6	17.3	4.7	4.7	5.6		

资料来源：王奇生《革命与反革命：社会文化视野下的民国政治》，第 347 页。

表 4-10　战后苏、浙、赣三省县长资格统计

单位：%

省份	年份	大学	专科	军校	考试	吏治训练	中学	其他	不明
江苏	1946	54.1	14.8	8.2		1.6	18.0	1.6	1.6
浙江	1946	57.9	15.2	13.2	9.2		3.9		
江西	1946—1947	51.2	16.7	7.2	18.7	3.1	0.6	1.8	0.6

资料来源：王奇生《革命与反革命：社会文化视野下的民国政治》，第 347 页。

---

[1]　王奇生的观点较具代表性，见王奇生《革命与反革命：社会文化视野下的民国政治》，第 345—346 页。

从表4-8、表4-9、表4-10看，全面抗战爆发后县长的出身有如下变化趋势。第一，高等教育出身者比例增加，是当时县长出身的主途。在抗战大后方四川省，大学出身者占全省县长总数的58.1%，而抗战胜利后，大学出身者在江苏、浙江、江西等省县长中也都占一半以上，如加上专科出身者，其比例将更高，表明1937年后县长在学历层次上优化明显。第二，军事背景出身的县长在战区省份比例增加明显。如处于战区的湖北、湖南、安徽等省，军校出身的县长占比达30%以上，在地处大后方的四川省，这一比例则仅为10.7%左右。

通过以上考察，可以发现南京国民政府时期县长的出身变化有以下特点：第一，新式教育已成为官员选拔的权威指标；第二，通过考试出任县长者所占比例极小，难以构成改造基层社会的主体力量。

四　县长的考绩与奖惩

南京国民政府时期的县长考绩，大致可以分为全面抗战前和全面抗战后两大阶段。

在全面抗战前，尽管中央在考绩制度建设上公布了多种法令，但因地方权重，各省的县长考绩地区差异明显。如河南省当时的县长考核分平时考核、临时考核和定期考核三种：平时考核是根据县长平时的办事成绩而做出的考核，临时考核是由各级长官、视察员和委员等就视察情况或专案调查情况而随时进行的考核，定期考核则是于年终对县长一年来办事成绩做出的综合评定。[1] 与河南省有所不同，浙江省当时的县长考核有平时考查、年终考核和"三年考成"三种，其"三年考成"颇有借鉴清代官吏考核的味道，具体做法是在县长任满三年时，由省政府对其三年的施政加以全面评价和考核，成绩

---

[1]　张钫：《民国二十年河南民政之回顾》，《河南政治》第2卷第1期，1932年1月，第1页。

优良者报中央核准备案，相应地予以奖励或升迁。[1] 然而当时县长中任满三年者为数不多，受此政策惠及者数量极少。

与考绩相对应的是奖惩，各省在这方面的差异也较大。如湖北省的奖励措施有记功、记大功、进级或特别加俸、补实、连任、升擢、呈请国民政府明令褒嘉等项，惩戒有申诫、记过、记大过、减俸、降等、停职、褫职等项。[2] 河北省的规定则相对简单，仅有升叙、加俸或嘉奖、照旧供职、申诫或减俸、免职等项。[3]

就县长考绩的内容和标准而言，全面抗战前比较常见的做法是由省政府根据各厅处对县长的平时考核加以综核，最终确定县长的考核等级，常规的考核内容包括民政、财政、建设、教育、保安、司法、治安等，在治安问题严重的县份，治安一项在考核中所占比重更大。

全面抗战爆发后，从中央至地方对县长的考绩都开始量化，考核内容除了原有常规事项，粮政、兵役及推行新县制等被列为重中之重。1939—1943年，国民政府先后颁行了《非常时期公务员考绩暂行条例》《非常时期公务员考绩条例》及其施行细则，要求公务员的考绩分工作、操行和学识三方面进行，取百分制，三项内容的最高分值分别为 50、25、25 分，最后根据考评总分决定对公务员的奖惩。[4] 以中央规定为模板，各省分别出台了县长考核的相关办法，江西省在 1942 年的县长考核标准见表 4-11。

1　苪菅廷：《国民党统治时期浙江省的历任县长》，《浙江文史资料选辑》第 21 辑，第 112—113 页。

2　《两湖行政官吏考成暂行条例》，《湖北民政月刊》第 2 期，1928 年 9 月，"法规"第 71—75 页。

3　《河北省县长考成章程》（1929 年 7 月 16 日），《河北民政汇刊》第 7 编，1929 年 12 月，"法规·吏治"第 8—9 页。

4　《非常时期公务员考绩暂行条例》（1939 年 12 月），《云南省政府公报》第 12 卷第 11 期，1940 年 2 月，"法规"第 4—6 页；《非常时期公务员考绩条例》（1943 年 2 月 26 日），《社会部公报》第 9 期，1943 年 4 月，"法规"第 16—19 页。

表 4-11　江西省 1942 年县长考绩标准

单位：%

类别	民政	财政	教育	建设	保安	粮政	会计	卫生	地政	兵役	司法
安全区	5	5	4	4	4	35	3	2	2	35	1
甲种游击区	6	5	4	4	6	35	2	2		35	1
乙种游击区	15	12	12	12	15	12	6	4		8	4

资料来源：《江西省三十一年份县长考绩工作成绩百分数比率标准》，《江西省政府公报》第 1279 号，1943 年 4 月 16 日，第 12—16 页。

国共内战爆发后，一些地方相继沦为战区，相关省份在县长考绩时依实际情况而分别制定考核标准。以 1946 年江苏省为例，县长的考绩分三种情况：一是政令能推及全境者，计有镇江、江宁、丹阳等 30 县及徐州、连云二市；二是政令尚未推及全境者，计有靖江、海门、如皋等 27 县；三是县长未入境，政令尚未推行县境者，计有盐城、阜宁、涟水、赣榆等 4 县。三类县份的考绩标准，见表 4-12。

表 4-12　江苏省 1946 年县长考绩标准

单位：%

政令能推及全境者												
考核项目	保甲	民政	财政	教育	建设	治安	社会	粮政	卫生	地政	计政	人事行政	合计
占比	20	10	10	10	10	10	5	5	5	5	5	5	100

政令尚未推及全境者												
考核项目	保甲	民政	财政	教育	建设	治安	社会	粮政	卫生	地政	计政	人事行政	合计
占比	20	10	10	10	10	10	5	5	5	5	5	5	100

县长未入境政令未推行者						
考核项目	县府组织	储备区乡镇长	筹划自卫武装	救济难民	搜集情报	复员计划	合计
占比	25	15	15	20	15	10	100

资料来源：《江苏省政府三十五年度县市长工作成绩百分比总标准分组考核表草案》，江苏省档案馆藏，档案号：1001-乙-288。

　　为增加战争储备，地方当局对县长的考核非常严格，兹以江苏省第一行政督察区为例（见表4-13）：

表4-13　江苏省第一行政督察区1946年度各县县长操行年终考核情况

县长所在县	姓名	忠诚（占20%）	清廉（占40%）	公正（占20%）	勤慎（占20%）	总评
丹阳县	王某某	该员学识经验均称丰富，尚能忠于职守(18分)	守正不阿(31分)	对人对事公正无私(17分)	刻苦耐劳,谨慎将事(17分)	83分
江宁县	黄某某	该员经验丰富,处事裕如,县政成绩甚佳(18分)	尚能清廉自矢(32分)	办事精练,态度颇为公正(18分)	处理事务比较各县迅速,可称勤慎(18分)	86分
溧阳县	李某某	对事业堪称努力,成绩显著,对上级亦能服从(18分)	尚称廉正(30分)	处理事务尚称正直(16分)	不辞劳苦,努力工作,勤慎可嘉(19分)	83分
溧水县	谢某	该员对人对事均称忠诚(16分)	该员到差未久,尚无不廉事实(30分)	(原档字迹模糊)(16分)	不畏艰巨,不辞劳苦,努力从公(18分)	80分
镇江县	张某某	该员能力颇强,惟限于环境,一切工作并无优良表现(18分)	尚称清廉(30分)	对地方一切处理尚属公正(10分)	做事、对人均称勤慎(14分)	72分
金坛县	沈某某	该员初任县长,对事尚具热忱(16分)	该员到差未及三月,并无贪污事实(28分)	对地方人事环境认识未清,致遭局部物议(12分)	处理事务尚能周密勤慎(14分)	70分
句容县	祝某某	该员任事尚具热忱,惟欠调理(15分)	操守尚清白(26分)	度量宽大,尚能公正(14分)	该员初任县长,尚能勤慎从公(15分)	70分
高淳县	张某	该员学识能力均较差,惟以人地关系,工作表现尚可(14分)	尚无贪污事实(28分)	社会上层认为公正,民间舆论较差(12分)	尚能勤慎将事(14分)	68分

续表

县长所在县	姓名	忠诚 （占20%）	清廉 （占40%）	公正 （占20%）	勤慎 （占20%）	总评
宜兴县	郭某某	该员缺乏行政经验，虽具忠诚之心，而无成绩表现（13分）	操守尚称廉洁（28分）	认识不清，处置无度（13分）	不能克服困难环境，致有敷衍之嫌（10分）	64分

资料来源：《江苏省第一区行政督察专员公署县长操行年终考核表》（1946年12月），江苏省档案馆藏，档案号：1001-乙-296。

表4-13所列情况至少给我们传递了以下信息：第一，在当时江苏省的县长考核和评价机制中，行政督察专员的地位举足轻重，县长要想政途平坦、发达，必须与专员保持好关系；第二，就考核内容设计来看，"清廉"一项所占比例达40%，说明国民党江苏省当局对贪污舞弊问题的重视。但以上考核机制设计却有着致命伤：设计内容笼统，主观随意性较大，专员在评价时就有很大的操作空间，考虑到当时国民党内部派系林立，身为政治人的县长和专员各有政治立场和利益、派别，这种考评机制在执行时的效果很值得怀疑。如"忠诚"一项，有的县长忠诚于政府，但与专员派别不同、私交很差，县长就有可能被评价为"不忠诚"；有的县长损公肥私，危及政府利益，但与专员同属一派、私交甚好，专员则会想尽办法包庇县长，为其开脱，评价时更不吝赞美之词。

五　县长的籍贯与年龄

南京国民政府时期县长群体的籍贯与年龄状态如何，是我们考察县长群体状况的重要内容与参照。

（一）籍贯

籍贯回避是中国古代行政文化的特色之一，到清代发展得更加严密，强调各州县官任职，距本籍范围 500 里以内之地皆须回避，[1] 此举意在防止官员徇私舞弊。到了南京国民政府时期，因应实际需要，这一原则被打破。

在国民政府的相关法规中，明文规定县长任用时要回避本籍的是 1933 年豫鄂皖三省"剿匪"总司令部所颁行的《剿匪区内县长任用限制暂行办法》。依此办法，县长任职时应回避本籍县份和与本籍相邻的县份，如出于特殊原因不能回避的，经省政府呈明三省"剿匪"总司令部核准后可做特别对待。[2]这即是说，县长任用要回避本县及比邻之县，而无须回避本省，此举毋宁说是对县长任用实际的变相承认，省籍回避制度被彻底打破。

全面抗战爆发前，本省人在省内出任县长的情况比较普遍（详见表 4-14）。

表 4-14　1931—1932 年各省县长年龄、籍贯

省份	年份	县长人数（包括在职和去职）	县长平均年龄（岁）	县长籍贯			
				本省		外省	
				人数	占比（%）	人数	占比（%）
江苏	1931	105	42	55	52.4	50	47.6
	1932	75	42	44	58.7	31	41.3
江西	1931	114	38	76	66.7	33	28.9
	1932	157	37	110	70.1	26	16.6
湖北	1931	158	39	111	70.3	38	24.1
	1932	173	40	128	74.0	28	16.2
湖南	1931	125	40	111	88.8	8	6.4
	1932	137	42	121	88.3	8	5.8
山东	1931	157	34	34	21.7	123	78.3
	1932	179	36	47	26.3	130	72.6
山西	1931	198	42	146	73.7	47	23.7
	1932	183	42	138	75.4	43	23.5
河南	1931	280	38	175	62.5	102	36.4
	1932	262	35	165	63.0	89	34.0

1　魏秀梅：《清代之回避制度》，台北，"中央研究院"近代史研究所 1992 年版，第 14—15 页。
2　中国第二历史档案馆编《国民党政府政治制度档案史料选编》（上），第 447—448 页。

续表

省份	年份	县长人数（包括在职和去职）	县长平均年龄（岁）	县长籍贯			
				本省		外省	
				人数	占比（%）	人数	占比（%）
河北	1931	220	39	81	38.6	129	61.4
浙江	1931	127	37	75	59.1	51	40.2
	1932	104	38	60	57.7	42	40.4
福建	1931	104	39	74	71.2	28	26.9
	1932	125	40	88	70.4	35	28.0
吉林	1931	54	45	11	20.4	43	79.6
热河	1931	20	47	8	40.0	12	60.0
	1932	23	48	9	39.1	14	60.9
察哈尔	1931	29	38	1	3.4	26	89.7
	1932	31	39			31	100.0
绥远	1931	24	38	3	12.5	21	87.5
	1932	31	38	2	6.5	29	93.5
安徽	1932	159	32	94	59.1	63	39.6
陕西	1932	184	28	97	52.7	43	23.4
广西	1932	123	40	106	86.2	17	13.8
贵州	1932	149	41	130	87.2	19	12.8
甘肃	1932	127	38	53	41.7	74	58.3
青海	1932	24	40	6	25.0	18	75.0

注：有些省份县长籍贯不详，所以表中"县长籍贯"一栏"本省"与"外省"人数合计，要比"县长人数"少；表中河北省"县长人数"有误，应为210人。

资料来源：内政部年鉴编纂委员会编《内政年鉴》（一），第（B）831—833页。

从表4-14可知，1931—1932年全国各省县长中，许多省份一半以上的县长系由本省人出任，籍贯回避制度显然已被抛弃。边远省份县长多由外省人担任，这与当地人才匮乏有很大关系。

全面抗战期间，因应实际需要，本地人在本省尤其是本县出任县长者比重增加，战区县份尤其如此。如1937—1945年河南省杞县共有7任县长，有5

任为杞县籍；[1] 湖北省在 1939 年时有 34 县沦陷，"除 4 县县长籍贯不详外，其余 30 县有 19 县县长是由本县人担任"。[2]

抗战胜利后，国民政府在县长任用中也未就籍贯回避原则刻意强调，因而本县籍人出任县长者仍不在少数。如在 1946 年底江苏省的 61 县中，由本县籍人充任县长者有 14 县，比例达 23%。[3]

如何看待当时的本籍人在当地任县长的现象？有学者对之持否定态度，王奇生先生认为它尽管有"容易推行政令""熟悉地方情形""不敢过于贪污或害民、扰民"等优点，但本籍县长也往往容易对地方豪绅土劣势力妥协，造成土劣势力的猖獗。[4] 客观来看，当时的县长在上任之初一般都要去拜访地方大户，同他们搞好关系，为将来施政打好基础。为了博得"人地相宜"的官声，外籍县长对地方豪绅的敷衍妥协丝毫不亚于本籍县长。更何况，国民政府县政建设的目标之一是实现地方自治，县长由地方民选，本籍人出任本地县长似是大势所趋，在此过程中，本籍县长与地方利益集团的关系应如何正确处理，是近代中国县政转型过程中遭遇的一个难题。

（二）年龄

一般来说，年龄与一个人的社会阅历和经验有较大的关联性，在一定程度上可作为反映一个人社会阅历及经验的主要指标。相较于北京政府时期的县知事，国民政府时期的县长要年轻得多。张华军的研究显示，1917 年河南省县知事的平均年龄为 44 岁多；[5] 而国民政府建立后，年轻人出任县长者比例增多，这从表 4-15 可以得到反映。

1　杞县地方史志编纂委员会编《杞县志》，中州古籍出版社 1998 年版，第 1004 页。

2　王奇生：《革命与反革命：社会文化视野下的民国政治》，第 353 页。

3　《江苏省本县人担任本县县长姓名调查表》（1946 年 12 月 4 日），江苏省档案馆藏，档案号：1002-甲-101。

4　王奇生：《革命与反革命：社会文化视野下的民国政治》，第 354 页。

5　张华军：《民国河南县政研究》，第 80—87 页。

表 4-15 苏、浙、赣、湘、鄂、川等省县长年龄统计

省份	年度	35 岁以下（%）	35—38 岁（%）	39—42 岁（%）	43—46 岁（%）	47—50 岁（%）	50 岁以上（%）	未详（%）	最小年龄（岁）	最大年龄（岁）
江苏	1946	8.2	29.5	34.4	23.0	1.6	1.6	1.6	33	54
浙江	1946	10.5	15.8	28.9	25.0	11.8	7.9		26	60
江西	1946	10.8	31.3	22.9	13.3	13.3	6.0	2.4	32	55
湖南	1940	17.3	33.3	24.0	18.7	6.7			30	49
湖北	1939	11.4	28.6	14.3	14.3	11.4	8.6	11.4	30	55
四川	1939—1945	16.9	35.1	20.9	12.6	9.5	3.1	0.3	31	55

资料来源：王奇生《革命与反革命：社会文化视野下的民国政治》，第 351 页。

表 4-15 所列诸省中，60% 以上的县长年龄在 35—46 岁，是当时县长构成的主体，而 50 岁以上县长则为数较少。考虑到当时县政事务的繁杂程度，相对年轻的年龄结构应当说比较合适。

六 县长的薪俸

国民政府时期，公务员薪俸发放主要遵从按官阶给俸原则。在当时的官制体系中，县长属于事务官，应支荐任级薪俸，其薪俸多少与县等高低紧密相关。按照国民政府 1929 年颁行的《文官俸给暂行条例》，县长每月支俸 220—370 元不等，其中共有六级，每级相差 30 元。[1] 1933 年 9 月 23 日，国民政府公布新的官等官俸表，一等县长官阶从荐任四级到简任八级，月支俸 340—430 元；二等县长官阶从荐任五级到荐任一级，月支俸 320—400 元；三等县长官阶从荐任六级到荐任二级，月支俸 300—380 元。[2]

在实际执行过程中，因各省财政状况不同，县长的薪俸收入也有差异。

---

1 《文官俸给暂行条例》，《建设委员会公报》第 4 期，1930 年 4 月，"法规"第 112—113 页。

2 《暂行文官官等官俸表》（1933 年 9 月 23 日），内政部编印《内政法规汇编》第 2 辑，1934 年，"官规"第 24 页。

江苏、广东等省的县长薪俸较优，和中央规定标准差别不大，而其他多数省份县长薪俸则在 160—280 元，低于中央标准。江西省自 1932 年起因财政困难，规定月薪打折发放，300 元以上者按七折发放，100—300 元者按八折发放，50—100 元者按九折发放。当时江西一等县长月薪实支 210 元，二、三等县长月薪实支 200 元。[1] 而在当时的广西等贫瘠省份，县长薪俸甚至有低至每月 80—90 元者。[2]

有学者研究后发现，全面抗战前县长的月薪相当可观，能买米 4000—5000 斤，或猪肉 800—1000 斤，以一人之力可养活 33 口之家。[3] 但在实际生活中，因应酬较多、办理监盘交代及需笼络与自己共进退的县佐治人员，这点收入往往使县长们捉襟见肘。

全面抗战期间，各省财政收入锐减，为达到收支平衡，公务员收入缩减严重。如江西省县长薪俸收入本就不高，实际发放时需要在折扣后再打折。1938 年底赣北各县相继沦陷后，江西省政府拟定了《江西国难薪章》，各级公务员收入均有所减少。[4] 表 4-16 反映了 1932—1939 年江西省县长薪俸的变动。

表 4-16　1932—1939 年江西省县长薪俸变化情况

单位：元

时间	1932 年 7 月至 1935 年 6 月	1935 年 7 月至 1937 年 6 月	1937 年 7 月至 1937 年 10 月	1937 年 11 月至 1938 年 10 月	1938 年 11 月至 1939 年 5 月
一等县	300	240	272	197.7	170
二等县	250	240	256	186.7	160
三等县	250	240	240	175.5	150

资料来源：《民国廿一年以来江西省各等县政府组织及经费变迁表》，《江西统计月刊》第 2 卷第 8 期，1939 年 8 月，"民政"第 16—17 页。

1　李德培：《江西县长之分析研究》，《地方建设》第 1 卷第 4、5 期合刊，1941 年 10 月，第 177 页。

2　栗显运：《新县制的实施》，国民图书出版社 1941 年版，第 9 页。

3　王奇生：《革命与反革命：社会文化视野下的民国政治》，第 355 页。

4　华桐主编《江西省志》第 43 卷 "江西省财政志"，江西人民出版社 1999 年版，第 512 页。

全面抗战中后期，物价飞涨，法币贬值，公教人员的生活受影响极大，当时江西省县长的薪俸收入，还不如一家小型香烟店一个月的利润，"更不如汽车夫一日之所得"。[1] 为维持公教人员的基本生活，国民政府决定对他们发放实物补贴，但在当时疯狂上涨的物价面前，此种举措收效不大。据乐平县政府1945年的统计，1937年上半年时一个四口之家平均每月生活费需14.51元，到1942年12月增加到699.66元，1943年12月为2298.36元，1944年12月为6839.98元，至1945年2月骤增至9945.11元。[2] 与普通公教人员有所不同，县长除了生活压力，在完成各种任务（尤其是推销公债）时还必须起到模范倡导作用，但以他们那点儿微薄的收入显然无法支持这些社会活动，一些县长在压力之下难免会走上贪污之路。[3]

七　县长的职权与施政

国民政府县级权力布局秉承了中国传统县政的特色，强调由县长负责，县长在法理上占据一县治理的主导地位。同时，国民政府宣称秉承"总理遗教"，实现地方自治。因而，县长的职责不但繁多而且巨大，相较于传统县政有明显的扩张趋势。1928年9月颁布的《县组织法》规定县长综理县政，监督所属工作人员。这种规定比较笼统，其后国民政府又印发《县长须知》，极其详细地列举了县长的职责范围。在此之后，国民政府因应形势需要又对县长职权有所调整，但变化不大。总体上来说，"县长一人主持全县政事，所有政务之设施，员役之督察，积弊之廓清"，均集县长一身。其具体职责如表4-17所示：

1　李德培：《江西县长之分析研究》，《地方建设》第1卷第4、5期合刊，1941年10月，第179页。

2　乐平县志编纂委员会编《乐平县志》（江西），上海古籍出版社1987年版，第131页。

3　如赣东某县长自全面抗战爆发后到任，在职不满两年，其全部所得薪金不过4000元，却能在交卸之时付给办理交卸的人员2000元。李德培：《江西县长之分析研究》，《地方建设》第1卷第4、5期合刊，1941年10月，第180页。

表 4-17　县长职责一览

民政	"官治"层面，有政务公开、接近民众、厘定章则、规定施政方针、宣传政令、慎重用人、训练员警、防治匪患、整顿警政、编练民团、注重城防、厉禁烟赌、预防灾害、整顿仓储、救济事业、练习国术、破除迷信、改良恶习、提倡国货、实行新历、取缔娼妓、保存古迹、改良戏曲等； "自治"层面，有宣传要义、解释法规、储备人才、编查户口、厘定经费、划分区域、设置机关、实行自治等
财政	整理田赋、整顿税收、清理附捐、保管公款、清查官产、办理公债、收支公开等
建设	保护农工、维持商业、提倡开矿、筹办工厂、兴办水利、整理盐务、广植森林、修筑县道等
教育	学校教育及社会教育
卫生	公共卫生、监验医药、整理医院、预防瘟疫、卫生宣传等
司法	审理案件及整理监所

资料来源：国民政府内政部编《县长须知》（1928 年 8 月），河北省政府民政厅 1928 年版，第 10—81 页。

县政事务如此烦琐，县长的职权却相对有限。有学者把南京国民政府时期县长之职权归纳为三方面。一是行政权，主要包括任命权和监督权。县长的任命权与北京政府时代的县知事相比较小，"除自治职员外，对于县行政人员皆不能直接任命"，对县政府秘书、科长、各局局长以及公安分局局长虽有提名权，但是须呈请省政府核准委任。县长对所属机关及职员有监督指挥、奖惩之权。二为立法权。县长对县参议会有提交议案之权；对参议会提交的议案，县长如果认为不当，有送交县参议会复议之权。三是司法权。该项权力又分为普通司法权和特种司法权。[1]

在实际情况中，县长的施政重心会因时代不同有所变化，县长的奖惩状况很好地反映了这一点。全面抗战前，县长的施政重心主要在清查田亩和征税上。河南省县长的考绩情况显示，1931 年 9 月到 1933 年底，县长受到嘉奖的共有 45 人次，因为摊款、经费解足以及征税按期、超额完成等原因受奖的就有 29 人次，约占 64.4%。县长被记功的有 216 人次，因摊款以及劝募救国

---

[1]　钱端升等：《民国政制史》下册，第 541—543 页。

捐足额被记功的有 165 人次，约占 76.4%。[1] 1933 年河南省县长考绩结果显示，全年受奖励的有 117 人次，因摊款以及其他经费解足受奖励的有 63 人次，约占 53.8%。同期被惩戒的有 443 人次，因各种经费未解或者未解足额的有 126 人次，约占 28.4%，如果考虑其他各种原因，比例还会更高。[2] 河南省政府主席直言不讳地道出了"好"县长施政的标准："现在当县长的，应努力筹款"，不筹就应撤职惩办。[3] 其言外之意，那些能筹款、会筹款的县长即是"合格"的县长。诚然，财政收入乃国家政权运行的根本，但是仅以此作为评判地方行政人员的核心准则，甚至是唯一准则，难免会使一些官员为了个人功绩对地方涸泽而渔。全面抗战爆发后，军事动员、粮政、役政等在县长考绩、奖惩中占有较高的比例，于是这些成为县长施政的重点。概而言之，当时县长的主要职责不外乎两个方面：一是向民众要钱，二是向民众要人。因而有县长戏称自己为政府伸出的两只扒手，"替上级扒人、扒粮"。[4]

　　那么，经过国民政府着力培育的县长群体，在施政中具体的表现如何呢？从纵向来看，这个时期的吏治状况应当说比以前改善不少。县长们的考绩、奖惩情况能够帮我们深化对这一问题的认识。以河南为例，从 1931 年到 1935 年，全省县长受到惩戒的分别为 180、230、135、119、87 人次，1935 年与 1931 年相比减少了一半还多，被撤职的分别为 57、46、38、10、4 人次，[5] 这从一个侧面反映出县长违法渎职现象有所减少。1931 年河南省县长受嘉奖的有 10 人次，1932 年有 18 人次，1933 年有 17 人次。1931 年记功的有 53 人次，

1　三成：《河南三年来之吏治（续）》，《河南政治》第 4 卷 9 期，1934 年 10 月，第 1—18 页。

2　《河南省政府奖惩各县县长统计表》（1933 年 1—12 月），河南省政府秘书处编印《河南省政府年刊》1934 年，"统计"。

3　刘峙：《县长的责任》，《河南政治》第 2 卷第 8 期，1932 年 8 月，第 5 页。

4　王奇生：《革命与反革命：社会文化视野下的民国政治》，第 373 页。

5　《河南省五年来各县县长奖惩统计表》，河南省政府秘书处统计室编《河南省政府五年来施政统计》（1935 年），沈云龙主编《近代中国史料丛刊三编》第 74 辑，台北，文海出版社 1993 年版，第 12 页。

1932 年有 69 人次，1933 年达到 94 人次，受奖的人次数逐年增多。[1] 这些数字反映出这一时期县长群体素质在逐渐提高。

以上测评标准虽然具有客观性，却不一定能完全反映当时真实的政治状况，"涉及官僚组织人事的评估决策必然在很大程度上依赖主观判断"。[2] 上级主管长官对县长们的施政表现似乎并不是很满意。1932 年，河南省政府主席就直截了当地批评大多数县长存在如下通病：其一，萎靡不振，苟安畏难，敷衍了事；其二，奉行法令不力，任用私人；其三，流于腐化，缺失朝气，官欲熏心，奔竞风气严重。[3] 1934 年，河南省政府秘书长方其道根据一年来自己批阅县长们亲笔报告的经历，总结了县长中存在的一些缺点：一是圆滑，在施政方面毫无成绩，凡事皆敷衍塞责，与土劣勾结，合伙欺骗省政府；二是不学无术，不认法治；三是滥用私人；四是不识时务。[4] 江苏省民政厅厅长余井塘在视察各县之后，认为"年来各县县长虽有进展"，但距省方期望值尚有很大距离：肯干的县长比较多，会干的县长比较少；等事情干的县长比较多，找事情干的县长比较少；说得多的县长比较多，做得多的县长比较少；在城里做县长的比较多，在乡下做县长的比较少；能领导县府工作人员去干的县长比较多，能领导全县民众去干的县长比较少；大呼困难的县长比较多，不唤困难的县长比较少。[5]

县长的表现更易使其成为热心县政的知识分子们批评的对象。解永龄，毕业于南京中央政治学校附设的蒙藏班。他指出，中国一般县长普通的病相有几种：其一，以不做事、不扰民为最高理想；其二，以贪赃纳贿作为当然

1　三成：《河南三年来之吏治（续）》，《河南政治》第 4 卷 9 期，1934 年 10 月，第 18 页。

2　〔美〕安东尼·唐斯：《官僚制内幕》，郭小聪等译，中国人民大学出版社 2006 年版，第 86 页。

3　刘峙：《县长的责任》，《河南政治》第 2 卷第 8 期，1932 年 8 月，第 6—7 页。

4　方其道：《河南各县县长的一个总批评》，《河南政治》第 4 卷第 3 期，1934 年 3 月，第 1—4 页。

5　余井塘：《视察江苏各县县政感想》，《新县政研究》，第 299—300 页。

职责；其三，县长是上级官吏的爪牙；其四，县长是社会的特殊阶级。[1] 当时的一位政治观察家指出：中国的县长中存心做官的比较多，存心事业的比较少；志趣不端的比较多，思想纯正的比较少；能见及小者近者的比较多，能看到大者远者的比较少；一时冲动去干的比较多，有恒持久去干的比较少；不能体会命令、意旨的比较多，及之者比较少。[2]

南京国民政府执政前期，在一般民众的心目中，一些县长还能得到认可，但县长贪腐事件仍不时爆出。1928 年 11 月，河北丰润县县长李德兹因到任后"营私舞弊、贪赃受贿，于本月十五日，奉省政府令，调任昌黎。新县长李熙章，接收账目，首尾不清，亏空二万余元。新县长协同县党部，将李德兹实行看管。不料于十七日晨五时，带领亲随及细软物品，竟行逃走。及至新县长查觉，派警数名，追至城南八里甸子庄，遥见李德兹带二十余名手枪队，徒步前行。警察见人数众多，未敢上前捕获。回禀县长，闻县长一面具实电请河北省政府核办，一面派中区巡官带队追缉"。[3] 此案中，明知该县长有贪腐问题，却以调任他县解决；而新任县长接盘时发现亏空问题而对前县长看管，前县长却能在武装保护下暗中潜逃，可见吏治之乱。抗战胜利以后，随着吏治的日益败坏，县长在社会民众眼中的形象更趋降低。1946 年，河南方城发生县长领到军粮巨款却推托不知一事，"方城县应领的军粮价款为数达一亿二千九百万元，近来该县参议会接到省方通知，才知道省田粮处拨给县府已两个多月了。地方人士觉得有点离奇，会同了党团机关和民众团体的代表问县长朱作安，得到的回答是：'财政事项本人向不过问，均由财政科科长负责……。'人民以该款是民众的血汗钱，不容不发。县府答复既无结果，乃推

1　解永龄：《地方自治与县长（续）》，《新青海》第 1 卷第 9 期，1933 年 9 月，第 42—43 页。

2　陈世航：《县长的人才问题》，《地方自治》（南京）第 2 卷第 1、2 期合刊，1936 年 6 月，第 66—67 页。

3　《丰润——旧县长亏款潜逃》，天津《大公报》1928 年 11 月 21 日，第 8 版。

县参议会秘书孙鲁瞻来汴查询，并偕同粮政科长朱质卿同行。孙、朱抵汴后，向省田粮处查问，得知该项款项由该县县长具有领据，粮政科科员薛斌卿签名盖章经手，于七月十八日以省田粮处开发之中"。[1] 方城县县长否认款额下发，显然有侵吞军粮粮款的用心，这种行为，必然对县长政声造成严重影响。1946 年，有人仿照明朝，按照官员吏品，将之分为十类：一是喜事之官，他们"驱逐乞丐，粉饰市容，朝换牌号，暮改路名"；二是昏庸之官，他们"不看报纸，不理公文，太太吵于闺中，百姓喧于堂下"；三是耗蠹之官，他们"载歌载舞，日食万金，逃难则汽车搬马桶，弃官则船舶运金银"；四是麻痹之官，他们"享乐不知民疾苦，登楼还道做官清"；五是惰慢之官，他们"不关心年岁丰歉，不过问属下弊端，自家捧戏子，书吏造报销"；六是柔邪之官，他们"加派穷民，便宜豪滑，女婿当科长，丈人是秘书"；七是狡伪之官，他们"做报告则文采灿然可观，见上司则应对犁然可听；一面高喊民主，一面封锁新闻"；八是谄谀之官，他们"叫太太走后门，点香烟，递手杖，唯恐不及；拿自己作走狗，打冲锋，代坐牢，无所不为"；九是酷暴之官，他们"些须小事，动辄酷刑严鞫；一有嫌疑，也许身体离头"；十是贪鄙之官，他们"官价买物，贿放壮丁，借题要索，分外罚银"。[2] 这正是当时县长林林总总状况的写照。

第三节　县政府秘书、科局长群体状况

县政建设的好坏，除了与县长个人的素质、能力密切相关，县佐治人员的能力和素质也影响至深。这些佐治人员中，最为重要的就是县长身边的秘

1　《河南人民备受剥削　勉力供购军粮以应国家亟需　政府还钱父母官竟居中克扣》，天津《大公报》1946 年 10 月 8 日，第 4 版。

2　舒茗：《今官十品图》，上海《大公报》1946 年 12 月 30 日，第 12 版。

书室主任、科长和局长，他们的言行直接影响着各种政令的执行程度，有时甚至能左右县长的决策。本节对以上这些群体进行考察，以期更好地了解当时县域上层政治的运行状况。

一　县政府秘书室主任、科局长群体的法律地位及角色

南京国民政府时期，县政府秘书及各科、局、处、室是县政府的有机组成部分，其负责人在县长的领导下，负责特定的具体县政事务，构成当时县级行政体系的重要节点。

县政府秘书是协助县长推动全县政务的首要佐治人员，可以说是县长的"大管家"。1929 年国民政府重订《县组织法》时，规定县政府设秘书 1 人。秘书的职责是秉承县长之命办理机要，总核文件，典守印信，掌管县政会议事项。局科合并之时，在事务较简的县份则由秘书兼任第一科科长。裁局改科后，秘书的职权增加，局科分设时期属于常设科所负责的会计、庶务以及统计等事项，悉归秘书掌理。县长因公外出时，例由秘书代行其职权。[1] 因而秘书被视为当时县政府内首屈一指的幕僚长，地位十分重要。

南京国民政府时期，县之科、局分别是县政府内部和外部的行政组织，但科、局的数目和名称各省各时期有所不同，即使一省之内，各县也根据县的等第，设置不一，科、局长的职掌、地位亦随之各异。大致来说，1928—1933 年为局科分设时期；1932—1934 年，亦有不少县份合署办公，实行局科合并；1934 年以后，从"剿匪"省份开始，各省陆续裁局改科。1939 年《县各级组织纲要》颁布后，县政府设科制度确立，县政府设民政、财政、教育、建设、军事、地政、社会各科，并有秘书、科长、指导员、督学、警佐等人员，但各县设科多寡以及职掌的分配，由省政府自行拟定，报

1　钱端升等：《民国政制史》下册，第 544 页。

内政部备案。

作为县政府内部行政组织的首脑，各科科长是县长处理县政事务的左膀右臂。1928 年国民政府公布《县组织法》，规定一等县政府内设四科，二等县三科，三等县二科。1929 年国民政府重订《县组织法》，规定各县根据事务繁简，设置一至二科，每科设科长 1 人。设二科之县，第一科科长负责公安、教育，并规划考核公安局、教育局掌理的事务，以及地方自治及选举、地方保卫团、禁烟、风俗、宗教、典礼、社会救济、著作出版、保存古物、收发文件及不属于他科的事项；第二科科长负责财政、建设，并规划考核财政局、建设局掌理的事务，以及工商业、度量衡、编制预算决算、保管公物、统计、编存档案、会计、庶务等事项。如只设一科总务科时，以上两科掌理的事务统由总务科科长负责。随着裁局改科的实施，各县有设三科、四科或五科的。设三科之县，第一科科长主要负责民政及公安等相关事项，第二科科长主要负责地方财政及相关事项，第三科科长主要负责建设及教育等相关事项。设四科或五科之县，各科科长的职责，因省份不同而有差异。1939 年后，在《县各级组织纲要》的规制下，民、财、建、教、军等科的科长主要负责与本科相关的县政事务。

身为县政府外部行政组织的首脑，各局局长也在县政事务中发挥重要的作用。1928 年国民政府公布《县组织法》，规定各县政府设公安、财务、建设、教育四局，各县在必要时，还可呈请省政府同意后增设卫生局及土地局。1929 年 6 月，国民政府重订《县组织法》，规定县政府设公安、财政、建设及教育四局。各局有缩小范围之必要时，县政府得呈请省政府改局为科，附设于县政府内；如因县政繁剧，县政府可增设卫生、土地、社会、粮食管理等局。此后，各省县属之局相继成立，以公安、财政、建设、教育四局最为普遍。

各县公安局一般设局长 1 人，并于各区设公安分局，设分局长 1 人。[1]县公安局局长受民政厅及县长的指挥监督，综理全局事务，并指挥监督全县公安分局及所属警员办理一切公安事务。这些事务包括全县警察的编练、调遣、考核、赏恤，警械管理、勤务配备、调查户口、保安、正俗、消防、交通、卫生、渔猎、农林维护、违警处理、司法协助、保甲及其他警卫等。

各县财政局设局长 1 人，受财政厅及县长的指挥监督，综理全局事务，并指挥监督所属职员。县财政局长掌理的事务有征税、募债、管理公产及其他地方财政等事项。[2]

建设局设局长 1 人，受建设厅及县长的指挥监督，综理全局事务，并指挥监督所属职员。具体掌理本县域土地、农矿、森林、水利、道路、桥梁、工程、劳工、公共营业等事项及其他公共事业。[3]

县教育局设局长 1 人，受教育厅及县长的指挥监督，综理局务，并指挥监督所属职员。具体掌理事项包括全县学校、图书馆、博物馆、公共体育场、公园及其他文化社会事业。[4]

作为县长的佐治人员，县政府秘书、科长、局长与县长的关系主要表现为：第一，在任命权上，县政府秘书、科长皆由县长呈请省民政厅委任，县各局局长及公安分局局长，由县长就考试合格人员中遴选，呈请省政府核准

1　局科分设时期，有的县份将公安局组织缩小为公安科，附设于县政府内。局科合并时期，县公安局多并入第一科。裁局改科时期，一些繁盛之县的公安局多未裁撤，其他裁撤县份则将全县公安事务改属第一科办理，另设警佐 1 人掌理公安事务。1936 年，内政部公布《县警察机关组织暂行条例》，县分为设警察局之县和不设警察局之县，设警察局之县，组织与前大致相同，不设警察局之县，于县政府内设警佐 1 人，承县长之命办理相关警政事务。

2　局科分设时期，县财政局有改设为财政科的；局科合并时期，财政局皆并入县政府第二科；裁局改科时期，财政局一部分事务归属县政府第二科，另设经征处、财务委员会及县金库等机关，分掌财政局的事务。

3　局科分设时期，建设局有缩小为建设科的；局科合并时期，建设局多并入县政府第三科；裁局改科后，建设局与教育局合并为第三科，另设技士 1 人办理建设事项。

4　局科分设时期，各县教育局有缩小为教育科的；局科合并时期，教育局多并入第三科或第四科；裁局改科后，教育局与建设局合并为第三科，另附设督学办理教育事务。

委任。但实际上这些佐治人员皆由省政府及各主管厅委派，由此难免降低了县长的权势和威信。1934年前，在事权上，科、局并设时期的各局局长主要对主管厅负责，县长仅为其承转机关，各局局长相对于县长有很大的自主权。1934年各省陆续裁局改科后，以上佐治人员才概由县长遴选后呈请省政府核委，县长的任命权有所提高。第二，县长对科局长等佐治人员有监督权。以上佐治人员违法或失职时，县长可限令其停职并派员暂行代理，呈省政府核准后再将其依法交付惩戒。

二　县政府秘书、科局长群体的基本面貌

国民党之所以能取得全国性的政权，在很大程度上是同各种旧势力妥协的结果。因此在南京国民政府成立之初，尽管由一批沐浴欧风美雨的上层人物建立起一整套"现代化"的政治体制，但这整套庞大官僚体系的运作，在中下层尤其是县级层面主要依赖于从北洋时代继承而来的大量县政人员，在新瓶装旧酒的形势下，南京国民政府开始了蹒跚的县政之路。

因为统计资料的缺乏，我们无法得到当时中国各县秘书、科局长等群体的全貌。此处以江苏无锡县政府为例来窥一斑（见表4-18）。

表4-18　江苏无锡县政府主要负责人情况（1930年2月）

职别	姓名	年龄（岁）	籍贯	经历
秘书	许以松	42	浙江杭县	浙江法政专门学校法律本科毕业，历充浙江东阳县承审员、广东广州地方审判厅推事、北京提署参事
科员	尤励	33	江苏泰县	复旦大学毕业，历任合肥休宁县公署第一科科长、无锡县公安局行政课课长、泰县救济院院长等职
事务员	祝锡祉	35	浙江吴兴	吴兴中学毕业，吴兴统捐局征收员
第一科科长	华昌寿	45	江苏无锡	前清优廪生，江苏南菁高等学堂毕业，曾任无锡北下乡正董、教育会会长、县公署四科主任、实业局局长、蚕业协会常务委员、县款产处主计员
第一科科员	张鉴	63	江苏无锡	前清廪生，无锡师范学校毕业，曾任省立第三师范教职员，无锡县民政署课员、科员，县视学

续表

职别	姓名	年龄（岁）	籍贯	经历
第一科科员	周骏	47	江苏无锡	前清增贡生，无锡师范学校毕业，曾任江苏督署秘书、江西省总司令部书记官、彭泽县公署总务科科长
第一科科员	金婉范	25	江苏无锡	无锡竞志女学师范科毕业，历任学校教员
第二科科长	陆起	35	江苏太仓	上海法政大学法律系毕业，曾任三十三军第十一师秘书、太仓县公署科长等职
第二科科员	吴厚	47	浙江吴兴	前充浙江吴兴县区自治委员、江苏灌云县行政委员
第二科科员	许以槐	19	浙江杭县	高级中学毕业
第二科科员	李秀麟	26	浙江吴兴	杭州弘道中学毕业，沪江大学肄业三年，曾任江苏省党部干事
事务员	斐栋尧	55	江苏无锡	历任无锡政府事务员
事务员	成仲仪	60	江苏宿迁	前清附生，历任南汇、吴江、常熟等文牍员
事务员	顾永赓	35	江苏无锡	无锡警察教练所毕业，前充江苏水警第二区部一等巡官
政治警察长	吴正荣	60	江苏无锡	前江苏水警第二区第三分队队长并代理本区大队长
建设局局长	姚涤新	36	江苏无锡	交通部南洋大学土木工程学士，历任中学主任教员及工程师等职
财务局局长	陈亮东	25	安徽桐城	历充江苏财政厅簿记股主任、无锡县财务局副局长
公安局局长	黄贞白	25	江苏无锡	衡阳讲堂湖南军官团毕业，曾任军队中校科长、中校团副、连长及县警察大队长等职
教育局局长	陆仁寿	27	江苏无锡	师范本科毕业，曾任师范附小教员、本局总务

资料来源：无锡县政府、无锡市政府筹备处编印《第一回无锡年鉴》，1930 年，"政治"第 29—31、60—66 页。

从表 4-18 来看，1930 年的无锡县政府中，秘书、科长共 3 人，皆有在"北洋时代"从政、从军经历，在县政府骨干中占据优势；科员、事务员、政治警察长共 12 人，属于"北洋时代的老吏"有 9 人，而这些人，正是县政事务付诸实施时的主体。对于他们而言，尽管国家政治格局有所改变，但他们长年累月积累的旧的行政技术、行政经验以及接人待物的官场之道，在新政权下仍能适用，且渐渐会感染到从政的新人。不难想象国民政府上层所设计的颇具现代性的县政建设计划交到这些人手中去具体执行时，会产生多大的误读与偏差。

对于继承使用以上"北洋旧吏"，国民政府也颇感无奈。因为出身学校的新秀虽富有"革命精神"、长于理论，却缺乏经验，旧时代的人物尽管昧于"革命政治"、故步自封、安于现状，却比青年人"干练"和"稳重"，更富有县政实践经验，在县政建设中"同样要负起重大的担子"。在这种两难境地和踌躇的用人政策之下，国民政府的基层政风难以得到根本改变。几年过后，基层政府中真正"老朽昏庸"者依然大有人在，他们"冒充了'干练''稳重'的人物，终日终年在政界中鬼混"，新旧人物博弈的结果，新人的"革命精神"非但没有渗透入基层，"老朽昏庸"者反倒运用其数十年的老经验，"专门败丧青年从政的人"。[1] 中国传统官僚政治的旧习气，就像挥之不去的梦魇，给国民政府的县政建设刻下了深深的印痕。

国民政府的上层也意识到依靠传统的县政人员开展"新"的县政建设问题太大，因而自执政伊始，国民政府各省当局相继制定相关法令，对秘书、科长等县佐治人员进行规范和训练，试图通过这种方式塑造一批能够胜任"新政"的合格人才。考诸当时各省的实践，培植合格的县政人才不外两种途径：一是通过考试选拔那些高学历、高素质的人才，一是通过训练来培养他们的行政经验。几年之后，国民政府取得的成绩如何呢？见表4-19。

表4-19　1938年河南省陕县县政府职员情况

职别	姓名	年龄（岁）	籍贯	简历
第一科科长	岳邦荣	30	河南温县	省立第四甲种农校毕业，二届普考及格，历任秘书、科长、区长、局长等职
第二科科长	陈信吾	40	河南临汝	浙江私立法政专门学校经济班毕业，历任武安县政府第一科长，新蔡、登封、临汝县政府第二科科长等职

1　姜旭实：《怎样培植行政人才》，《行政效率》第2卷第12期，1935年6月，第1582页。

续表

职别	姓名	年龄（岁）	籍贯	简历
第三科科长	王文安	37	河南密县	郾阳中学及河南道路工程与度量衡训练毕业，铨叙部及河南省政府登记合格，历任技术员、科长等职
兵役科科长	吕拂尘	40	河南光山	中央军校特训班毕业，历任参谋、副官等职
军法承审	李法斌	36	河南临汝	河南大学法学士，曾任书记官、承审员、军法官、特务秘书、军法承审员等职
会计主任	宋士铭	30	河南修武	北平朝阳大学法学士，历任河南省土地陈报处技士
政警队队长	宋以龙	27	河南温县	河南省立第一中学及中央陆军军官学校武汉分校毕业，曾任连长、义壮常备中队队长等职
看守所所长	杨可观	37	河南沁阳	河南法政专门学校毕业，历充山东胶澳场公署科员、济南市财政局科员、济源县政府科长、孟津县看守所所长、淮阳看守所所长
田赋经征主任	王承铭	28	河南信阳	武昌中华大学高中毕业，河南征收人员训练所毕业，曾任教员、征收主任等职
会计员	郭清明	34	河南滑县	河南税务人员训练所毕业，曾任教员、征收处助理员等职
推收主任	常泰熙	29	湖南衡阳	税务人员训练所毕业

资料来源：根据《河南省第十一行政督查区陕县县政府职员录》（1938年12月）制成，洛阳市档案馆藏，档案号：旧19-1-2。

从表4-19来看，1938年时河南陕县县政府科长等主要骨干年龄都在40岁以下，多受过中等以上的教育并经过国民政府组织的专业训练，大多有较丰富的从政经验。仅从以上方面来看，"旧吏"似乎已被清除出当时的公务员队伍。

从表4-18和表4-19所列情况来看，1930年无锡县政府和1938年河南陕县县政府各局局长都比较年轻，无锡县公安、财政、建设、教育四局长中，最长者36岁，其余3人在25—27岁；籍贯上以本县人为主，有3人，另1人来自外省；4人出身相对较优，且都有一定的从政经历。那么，就更大范围来看，情况又如何呢？

从 1928 年湖北省公安局局长的情况（表 4-20）来看，年龄在 31—45 岁的占有较大比例；在已明籍贯的 39 人中，本省他县担任本县公安局局长的比例几近一半，外省籍和本县籍担任本县局长的比例只有 11%；在出身上，军警院校出身的局长占比例较大，但值得注意的是，这部分局长中有近一半是旧式军队讲武堂出身，有过北洋时代的军事经历，这些人出任局长，可以想象给地方政治带来的影响。

表 4-20　1928 年湖北省各县公安局局长情况

共统计 66 县（市、镇局除外）

年龄段	人数	占比(%)	出身	人数	占比(%)	籍别	人数	占比(%)
21—25 岁	2	3	大学	4	6	本县	4	6
26—30 岁	5	8	专门	10	15	本省他县	32	48
31—35 岁	6	9	军警院校	21	31	外省	3	5
36—40 岁	14	21	中学	1	2	未详	27	41
41—45 岁	8	12	训练所	2	3	共计	66	100
46—50 岁	4	6	旧功名	1	2			
未详	27	41	未详	27	41			
共计	66	100	共计	66	100			

注：未详者 27 人中，有些县份公安局局长系由县长兼代。

资料来源：《湖北省各县镇公安局长一览表》（1928 年），《湖北民政月刊》第 1 期，1928 年 8 月，"附录"第 37—51 页。

有学者研究了 1933 年前后全国各县教育局局长的群体构成，其结论与上列湖北省各地公安局局长的情况又有不同。在籍贯分布上，全面抗战前各县教育局局长"绝大多数为本省籍人士，外省籍者几乎可以忽略不计。在本省籍中，本县籍又占了大多数，16 个省中，本县籍超过外县籍的省份有十个之多，湖北、云南、河北三省中外县籍者如凤毛麟角，而在甘肃、江西两省，竟然无一人是外县籍"。在资格和出身上，各县教育局局长参差不齐，来源较广，既有留学归国者，也有大学、专门学校、中等学校、训练所以及旧功名出身者，但从比例上看，受过新式教育和师范类毕业者占了大多数。任期方面，各县教育局局长更迭频繁，在任以不足一年者居多，占总数的34.94%，任期一年者占26%，仅这两者就超过了60%；达到或超过三年者仅占23.49%。[1]

那么，南京国民政府后期的科、局长情况如何呢？

经过20年左右的统治，南京国民政府负责地方警政事项的警察局局长的面貌有了一定改变。从1947年江西省的情况来看，各县受过警察专业学习或训练的局长占比达95.5%；26—40岁之间者是当时江西省县警察局局长的骨干，比例达84.1%；本省籍出任县警察局局长的比例仍居高不下，占75%，而本县籍出任的则微乎其微。任期方面，各县警察局长更迭频繁，任期不足一年者几近90%，一至两年者7.9%，两年以上者仅有2人。

表4-21　1947年3月江西省各县警察局局长情况

单位：人，%

学历（共计88人）					
类别	国外警官学校	中央警官学校	军校	警官训练班	警政讲习班	其他
人数	1	61	3	2	20	1
占比	1.1	69.3	3.4	2.3	22.8	1.1
年龄（共计88人）					
年龄	21—25岁	26—30岁	31—35岁	36—40岁	41—45岁	46—50岁	未详
人数	1	21	30	23	7	3	3
占比	1.1	23.9	34.1	26.1	8.0	3.4	3.4

任期（共计88人）		
时间	未满1年	1—2年	2—3年
人数	79	7	2
占比	89.8	7.9	2.3

1　田正平、刘崇民：《民国时期（1912—1937）县教育局长群体构成分析》，《浙江大学学报》（人文社会科学版）2006年第5期，第139—144页。

续表

	籍贯(共计88人,其中安远县由本县籍人担任)									
省份	江西	湖南	四川	浙江	湖北	安徽	江苏	河北	广东	未详
人数	66	4	4	3	3	3	2	1	1	1
占比	75.0	4.6	4.6	3.4	3.4	3.4	2.3	1.1	1.1	1.1

资料来源:《江西省各县（市）警察局长年龄、学历及任期》、《江西省各县（市）警察局长姓名略历（表三）》（1947 年 4 月），《江西民政统计》（1947 年），南昌戊子牌新盛祥承印，1947 年，第 28、65—71 页。

可以大致看出，南京国民政府前后期各县秘书、科局长群体的构成有了一定程度的变化。明显之处在于：在出身和资格上趋于优化，高学历、受过专业学习及训练者比例攀升并占据绝对优势，26—40 岁的年富力强者成为县警察局局长的主体。但从始至终，以上人员的更迭都非常频繁，秘书、科长往往随县长而进退，各局局长也往往因为各种因素而难以久任。这表明县政管理并未随县政人员素质提高而有明显的改善，其管理层难安其位，无法实施有效的管理，这必然给县政管理造成不良的效果。

在职级薪俸上，各县政府秘书、科局长因所在省份和县等不同，差异较大。1933 年国民政府公布的《暂行文官官等官俸表》规定，县政府秘书、科局长为委任十一至一级，薪俸 80—200 元不等。[1] 1936 年，国民政府调整了官等官俸，规定一等县秘书、科局长为委任六至一级，薪俸 120—200 元不等；二等县秘书、科局长为委任七至一级，薪俸 110—200 元不等；三等县秘书、科局长为委任八至一级，薪俸 100—200 元不等。[2] 在实际执行中，不同省份和一省之内的不同县份往往差别较大。据 1933 年的统计，全国各县教育局局长薪俸最高者为 192 元，最低者仅 4 元；在云南省，县教育局局长薪俸最高者

1　内政部编印《内政法规汇编》第 2 辑，第 24 页。

2　《暂行文官官等官俸表》（1936 年），中国第二历史档案馆编《国民党政府政治制度档案史料选编》下册，附表。

192 元，最低者 15 元，差距达 10 倍以上。[1]

但无法否认的是，"旧人"虽去，"旧风"犹存，从南京国民政府建立起，旧官场遗留下来的各种不正风气和因其自身管理漏洞出现的新不良之风纠结在一起，日益侵蚀着县级公务员群体。

三　县政府秘书、科局长群体与县域政治

与传统的县官-幕僚理政模式一样，南京国民政府时期的秘书、科长们也往往与县长共进退。在法令规定上，秘书、科长、局长甚至主任科员的最终任命权都在省厅，但同时县长有遴选权，因而在当时的县政生活中，县长每有更替，以上人员尤其是秘书、科长大都随县长而进退。每位县长上任之初，首要任务就是给自己罗致帮手。如顾树森得知自己被任命为江苏武进县县长后，觉得要做的第一件且最为重要之事，就是用人。因此周围亲戚朋友给他写信推荐介绍的，有三四十人。[2] 1928 年，王公玙在出任丰县县长时，也带着朋友逯剑华、夏鼎文、王子兰等一起上任，并让其族弟担任承审员。[3] 1937 年春，林作梅奉命出任贵州某县县长，因地方穷、薪俸薄、交通不便且匪患多，林难以罗致帮手，因此在施政中遇到了不少的麻烦。[4]

施政中，秘书、科长往往是县长最信赖的人。一位在秘书岗位上经验丰富者谈及自己对秘书一职的体会时称，秘书一职是行政组织中的中枢机关，"他与行政首长有分不开的人事关系，有难区别的工作范围，他可以为首长代拆代行，凡是发号施令筹谋策划，他都可以参加意见"，"凡是所属各单位拟具计划，决定办法，他都可以修改变更"，与首长是"同其实而异其名，等其

1　教育部中国教育年鉴编审委员会编《第一次中国教育年鉴·戊编》，第 245—277 页。

2　顾树森：《一百四十天的县长生活（四）》，《生活》第 3 卷第 15 期，1928 年 2 月 26 日，第 164 页。

3　王振山：《王公玙——一位民国书生从政的传奇故事》上卷，华文出版社 2006 年版，第 228、232 页。

4　林作梅：《我如何做穷县的长官》，《服务》（重庆）第 1 卷第 6 期，1939 年 8 月，第 14 页。

事而异其位"。[1] 可见其位置的关键。1936 年夏，江苏丰县新旧县长更替，原第一科科长黄体润继续留任并得到新任县长的信任，他提出的人事和县政改革建议都颇得新县长的肯定。[2]

那些经验丰富的秘书、科长也总是能够给予县长尤其是刚入官场的县长足够的"帮助"，而原本从政"激情澎湃"，试图刷新基层政治的年轻县长也逐渐在这种"帮助"下官僚化。南京国民政府时期，调查统计之风盛行，国民政府上层多以此来彰显自己的现代化内涵，因此县政府经常接到的命令就是于限期内调查某项事务并上报，这给那些初入政界的年轻县长带来了不少困扰。1928 年，初掌丰县的王公玙就遇到了此种难题：省府要求他在 15 日内将丰县情况详细上报。以书生从政的王公玙本着实事求是的态度，认为丰县刚刚"收复"，四乡尚未安靖，根本无法深入摸底调查，15 日内根本无法完成，但为重视省令起见，王公玙将地方实情呈明，并婉请准予县境平静后，着手急办补报。王县长的"实事求是"并未换来省方的理解，反而是一通训斥，认为他"弃髦功令，殊堪痛恨"，同时又提示他"仰即遵令，依限造报，事关通案，毋再推诿，致干未便"。遭到训斥的王公玙茫然无措之际，老于"公事"的科长谢俭斋适时点拨省令的核心在于"造"字，且就哪些地方该多"造"，哪些该少"造"，哪些"造"整，哪些"造"零，当场给王县长示范，不到两个小时就将表造好报省。后来，王县长的忐忑之心在收到省府"殊堪嘉奖"的考核结果时才彻底平息，对中国官场底蕴的了解也更加深入。[3] 从上例可以看出，在国民政府看似现代化的表报制度的要求下，中国传统官场的旧风气、旧习惯恰恰通过熟谙此道的秘书、科长们传给了初掌县政权力的"新人"，国民政府推行的"新政"建设也因此流于形式，发生畸变。

1　张发榕：《我如何做县政府的秘书》，《服务》（重庆）第 5 卷第 5、6 期，1941 年 8 月，第 1 页。

2　《黄体润日记（1933—1939）》第 3 册，国家图书馆出版社 2018 年版，第 104—111 页。

3　王振山：《王公玙——一位民国书生从政的传奇故事》上卷，第 233—235 页。

　　因为与县长的亲密关系，秘书、科长们在违法渎职时，也总能得到县长的庇护。1935年，江西省余江县政府科长王肇基被人告发吸食鸦片，县长彭某某不仅未予惩治，反而给予长假，任其离县。事情告发后，县长也因此受到了记过一次的处罚。[1]

　　国民政府县政府秘书、科长的行事从以上个案中可窥一斑。那么，当时局长群体的素质又如何呢？

　　从始至终，南京国民政府对各县局长的表现并不十分满意。南京国民政府成立之初，各县局长被控案件就迭出不穷。1928年，浙江省各县警所负责人被控案件不断，被控原因有犯法作奸、违法殃民、聚赌抽头、勒罚巨款等，不难看出当时基层警政负责人素质的低下，亦反映出当时各县公安局局长管理监督的混乱。[2] 1929年，浙江省兴化县财政局局长及课长等被控贪赃卖缺、狎妓冶游，且吸食鸦片。[3] 1928年7月至1929年6月，河北省各县公安局局长考核中，获奖者仅25人次，惩戒者达70人次，其中被撤职者多达68人次。[4] 在湖北，县教育局局长的情况也不容乐观，他们"不是地方上的绅士，就是些被淘汰的教员，他们根本不懂教育，他们以做官的态度去办教育，局长到任，照例是委一大批股员、征收员，教育局的开支，至少要占全县教育经费的一半，至对一县教育的推进，则毫无计划，对于各学校腐败的情形，亦无整顿的勇气。有一个教育局长曾经坐在武昌，始终不到局视事；有一个教育局长是一位须发苍白的老翁，因为他平日吃佛，竟徇僧道之请，将几十所学校所在的庙宇，尽数发还庙主，这些学校只有停顿，以致全县的学校，

　　1　《余江县政府科长王肇基吸食鸦片被人告发，县长彭烈武给予长假任其离县，显系有意庇纵，应予记过一次令仰转饬知照》，《江西省政府公报》第280号，1935年8月30日，第9—10页。

　　2　《各县警所长控案行查表》，《浙江民政月刊》第7期，1928年6月，"附录"第1—3页。

　　3　《兴化李县长代电呈财务局长员怪现状》，《江苏省政府公报》第204期，1929年8月，第3页。

　　4　《河北省各县公安局长奖惩统计表》（1928年度），《河北民政统计》（1930年），沈云龙主编《近代中国史料丛刊三编》第74辑，台北，文海出版社1993年版，第60页。

所剩无几"。[1]

局科分设时期，由于各局局长主要向主管厅负责，在县域内难免会对县长权威形成冲击，双方冲突在所难免，更有甚者，酿成将县长杀害的极端事件。1933 年，河北省专设公安管理局，规定各县公安管理局局长直隶于省公安管理局，县公安局局长的地位几与县长平行，双方在职权上难免冲突。广平县公安局局长张某某出身旧式军队，目不识丁且平素狂妄，不将县长和县政府放在眼里，每进县府，必持手枪入内，拍置桌案，纵所欲言。9 月，县长得知张某某擅罚烟犯，严令其将烟犯即日送案。张某某不通文义，"误认令文内羁押要犯之羁字为霸押"，遂带武装警察赴县府寻衅，侮辱县长。事后，因怕县长在赴省述职时控告，张某某指使亲信在护送县长赴省途中将之杀害。[2]

因手中掌握实权，局长尤其是公安局局长往往运用手中的权力，扩张自己的势力。在四川梓潼，黄清源利用自己公安局局长的身份贩烟，逐渐坐大，人称土皇帝，集官、商、匪、烟贩于一身，拥有哥老会众及土匪 2000 多人。再加上与地方上的县长、乡长以及驻军关系密切，黄在地方政治格局中影响很大。[3]

当县域地方派系复杂时，县政府秘书、科长等职位自然成为各派争夺的焦点。在这种形势下，县长难免卷入其中，成为双方斗争的牺牲品。1938 年，安徽省凤台县"收复"后，县长李武德起用本地从事教育多年的张玉琴为民政科科长，因张对安排省干训生的工作推三阻四，干训生"同学会"主任吴仰之遂策划赴省控告县长李武德贪污枉法，以此来打击张玉琴，张吴两派势力逐渐形成且斗争激烈。县长李武德被控撤职后，戚完白继任，表面上一碗水端平，用吴派童真为民政科科长，调张玉琴为军事科科长，实际上是坐山

1　金重威：《怎样改进湖北的地方教育？》，《中兴周刊》（武昌）第 3 卷第 3 期，1934 年 7 月，第 15 页。

2　王铎：《故广平县长孙房被害始末记》，《河北月刊》第 1 卷第 1 期，1933 年 1 月，第 1—12 页。

3　杨开达、赵邦雄、刘长荣：《解放前梓潼的种烟、贩烟、吸烟和禁烟》，《梓潼文史资料选辑》（四川）第 6 辑，1988 年，第 48 页。

观虎斗。张派刘德轩利用族兄任职省财政厅科长的关系，通过戚完白当上县政府科长，挤走了童真。吴派势力锐减，又召集干训生联名赴省告戚，戚完白直接倒向张派，扣押了吴派的乡长李效扬。吴仰之以"同学会"主任的名义亲自赴省上控，县长戚完白以贪污罪被撤职。到 1939 年，曹镜庭出任凤台县县长，以亲信董海若为秘书，韩昂则挤掉刘德轩出任民政科科长。董海若与吴仰之有同学之谊，遂支持吴仰之当上了粮食科科长。县长曹镜庭缺乏主见，在董海若和吴仰之的唱和之下，调张玉琴为凤台中学校长，将后者挤出县政府权力机构，吴派声势大振。[1] 可见在县政权力格局中，县长并非完全一家独大，反而容易受到身为地方精英的科局长群体及其背后的地方实力派的掣肘。

第四节　县党部负责人与委员群体状况

南京国民政府建立后，在中央奉行"以党治国"的方针，在地方一级则实行党政分立的制衡体系，国民党县党部成为县域政治中与县政府平行的一元。在这种二元并立（后加入第三元县参议会）的县政格局中，县党部也具有特定的法制地位和政治能量，县党部委员、书记长群体在当时的县域政治活动中也发挥着重要的作用。

一　县党部负责人的角色定位

南京国民政府时期，国民党县党部组织几经变化，其骨干成员称谓也前后不同。由于中央政府在各地统治力度的不均衡及地方政情差异，各地县党部建立时间及组织机构亦有不同。概括来讲，大多数县份的县党部组织经历了三个阶段。第一，执行委员会时期。北伐前后，在国共合作的局势下，许

1　朱利贞：《张吴两派斗事纪实》，《州来古今》（安徽）第 1 辑，1984 年，第 111—113 页。

多县份陆续成立了国民党县党部，内有执行委员会和监察委员会，实行常委负责制，通常由常委1人，执行委员和监察委员若干人组成。县党部下设有组织部、宣传部及训练部，有的地方还设有工人部、农民部、青年部、妇女部等，各部部长由县党部执行委员和监察委员兼任。第二，党务指导委员会时期。因为早期国民党县党部的成立多与中国共产党和进步青年有密切的关系，第一次国共合作破裂后，国民党发动"清党"，县党部被解散，由省党部派员至各县重整党务。这一时期，各地负责党务的有党务指导委员会、党务整理委员会、改组委员会等组织，其负责人称党务指导委员或特派员，主要任务是负责党员总登记和"清党"。第三，恢复后的执行委员会时期。20世纪30年代后，国民党基层党务陆续趋于正常，县党部恢复了执行委员会和监察委员会的设置。县党部"权力集中于执行委员会，关于全县党务方案与法规之决定，人员之任用与更调及党费之支配等，均由委员会决议"执行。执行委员会设常务委员1人，主持县党部的日常事务。[1] 在有的地方，县党部也实行特派员制或干事负责制。[2] 1938年以后，国民党县党部改为书记长制，书记长成为一县党务的主要负责人。1947年，国民党与三青团合并，县党部组织结构基本如旧，主要负责人仍为书记长。

县党部之下，根据地段和党员数量又划分为区党部和区分部。各区党部和区分部设书记1人、委员2—7人不等，书记和委员均由县党部指派。

县党部的确立，使南京国民政府时期的县级权力结构由传统政治体制下县官主导的一元支配格局，向政党政治下多元政治权力主体分享型格局

---

1 《关于党部组织案》（1930年11月17日），荣孟源主编《中国国民党历次代表大会及中央全会资料》上册，第907—908页。

2 如1933年，国民党江西省都昌县党部由常委负责制改行干事负责制；1937年4月，国民党广东省曲江县党部实行特派员制。邵天柱：《国民党都昌县党部及其组织活动》，《都昌文史》（江西）第4辑，1992年，第260页；谭新就：《民国时期的中国国民党曲江县党部》，《曲江文史》（广东）第19辑，1993年，第40页。

转变，县党部作为其中的重要一员，在县域政治中具有一定的发言权，但在县政府的强势主导面前，党权仅居于"配合"地位。南京国民政府虽然奉行"以党治国"，但主要表现在中央层面，在地方政制设计中，党权并未被置于高高在上的地位，而是和地方政府平行。就县域权力格局而言，县党部与县政府看似平行，但因"国民党中央倾向于将地方政治交给地方政府主控"，[1] 县党部的弱势地位非常明显。这首先表现在两者的职责分工上。训政时期，作为国民党的下级组织，县党部的主要任务是"培植地方自治之社会的基础，宣传训政之方针，开导人民接受四权使用之训练，指导人民努力完成地方自治所必备之先决条件，并促进一切关于地方自治之工作"。作为国民政府的下属机关，县政府负责"实施县自治制及执行一切训政之根本政策与方案"。[2] 不难看出，县党部扮演的是基层民智开启者的角色，至于"治权"的运行，县党部很难插手。

其实，在双方的关系上，县党部对县政府并无多大的制约权。1927 年 6 月，陈果夫的《县党部与县政府之关系》提案经国民党中央政治会议通过，初步明确了县党部对县政府有监督权，县政府对县党部有维护之责，但双方不得强制对方，而分歧由上级分别处理。[3] 1928 年 8 月，国民党二届五中全会通过《各级党部与同级政府关系临时办法案》，规定各级党部对于同级政府之举措如认为不合时，得报告上级党部，由上级党部请政府依法查办；各级政府对于同级党部之举措如认为不满意时，亦得报告上级政府，转咨其上级党

1　王奇生：《党员、党权与党争：1924—1949 年中国国民党的组织形态》，上海书店出版社 2003 年版，第 198 页。

2　《确定训政时期党、政府、人民行使政权治权之分际及方略案》（1929 年 3 月 21 日），荣孟源主编《中国国民党历次代表大会及中央全会资料》上册，第 659 页。

3　《县党部与县政府之关系》（1927 年 6 月 24 日），《浙江民政月刊》第 2 期，1927 年 12 月，"法规"第 9 页。

部处理。次年 6 月，国民党中央对上述关系进一步加以确认。[1] 从中不难看出，国民党中央设计的地方党政原则是：党政分开，党不干政，地方党部间接监督地方政府。国民党中央还规定，县、区党部设监察委员，有稽核在县政府各级部门任职党员政绩之责，[2] 但实际上，这种规定对在行政部门任职的党员毫无约束力可言。

二　县党部负责人群体状况

县党部负责人，负责一县党务的进行和相关工作的开展，这个特殊群体，对县政运作无疑具有重要影响。因此，有必要对县党部负责人群体状况进行考察和分析。

（一）县党部负责人的产生及资格

与国民政府严格选拔县长的程序不同，国民党县党部负责人的产生方式较为简单，大致来说有两种：一是由上级主管机关指定或委派，这种方式贯穿南京国民政府始末，在县党部成立早期尤为普遍；二是随着基层组织的逐渐健全，某些地方县党部负责人开始由党员大会选举产生，不过这种选举只是形式，县党部委员名额事先已由各种势力瓜分，候选人也由上级党部圈定。

不管是以上哪种方式，县党部负责人的产生都引来中央和地方各种政治势力的争夺。尽管其地位不如县长那般显赫，但作为县域政治资源中一个重要组成部分，各派权势人物都试图占领这块阵地。作为国民党的基层组织，县党部负责人产生的背后自然有国民党中央、省各派系斗争的影子。1930 年

1　《各级党部与同级政府关系临时办法案》（1928 年 8 月 11 日第二届中央执行委员会第五次全体会议通过）、《训政时期党务进行计划案》（1929 年 6 月 15 日第三届中央执行委员会第二次全体会议通过），荣孟源主编《中国国民党历次代表大会及中央全会资料》上册，第 543、756—757 页。

2　林代昭主编《中国监察制度》，中华书局 1988 年版，第 273 页。

中原大战时，汪精卫和阎锡山合伙，欲将山西各县党务都抓到手里，蒋派也不甘心放弃，双方都派出特派人员，穿梭往来各县，以致一些县党部内部出现尖锐的矛盾和冲突。[1] 在国民政府统治的核心省份浙江，即使 CC 系内部，也分化成不同的派系，包括以罗霞天为首的浙西系（在南京国民政府统治后期，其势力几乎控制了浙西所有县份，还涉足浙东的绍兴、萧山及诸暨等县）；以方青儒为首的浙东系；以张强、郑亦同等为首的温州系；以许绍棣、胡健中为首的复旦系。各派系为了扩张自己的势力，在县党部、参议会和县政府负责人的争夺上不遗余力。[2] 全面抗战爆发后，国民党在陕西大力扩张力量，陕西地方势力在党政机关中被排挤出去，紧接着 CC 系和复兴社又为争夺各县党政领导权展开争夺，即使在复兴社内部，又有康泽派和胡宗南派之分。[3]

地方势力为攫取县党部的权力也常常不遗余力。山东省掖县县党部成立后，内部就有北障派和三小派之分，两派常常"言合意不合，很难共事"。[4] 在江苏省淮安县，县党部成立伊始即有西乡派和北乡派争夺正统之战，北乡派内部又分裂成牛、刘两派。为打击西乡派，北乡派借着"清党"，将西乡派成员的党籍全部取消，县内保留国民党党籍的，除城区、东乡、南乡三处 10 余人外，全部是北乡派成员。西乡派为了反击，在中央党部取得了党籍，通过国民党江苏省党部，将淮安县党部特派员和特别委员会撤销，改组为"国民党淮安县党部整理委员会"，暂时打败了北乡派。北乡派主要成员则加入国民党中央的"反 CC 派"，于 1934 年重新掌握了淮安县党部。其间，江苏省党部叶秀峰又组织了"FF 派"，其在淮安的代言人葛梁当上淮安县党部常务委

1　杨怀丰：《忆国民党稷山县党部活动情况》，《稷山文史资料》（山西）第 3 辑，1987 年，第 95—96 页。

2　杜伟、于龙：《浙江 CC 的派系纷争》，《浙江文史集萃·政治军事卷》上册，浙江人民出版社 1996 年版，第 183—186 页。

3　中共陕西省委党校党史教研室、陕西省社会科学院党史研究室编《新民主主义革命时期陕西大事记述（1919—1949）》，陕西人民出版社 1980 年版，第 296 页。

4　孙会生：《我与"县党部"和三支队》，《烟台文史资料》（山东）第 16 辑，1992 年，第 136 页。

员后，大肆扩张势力，国民党淮安县党部遂成为"CC""反CC""FF"三派逐鹿的场所。[1] 在江苏省东海县，县党部内形成分别以夏鼎文、庞寿峰为首的两派，他们"长期互相倾轧排挤，争权夺利"。1931年夏，县党部实行选举，夏、庞二人分别投靠了省内的"CC派"与"反CC派"。时值省方第三势力"FF派"掌权，为不让夏、庞两派人捞取权柄，就"指示工作人员采取扩大候选人的措施，将执委应选三人扩大为十二人，监委应选一人扩大为四人"，选举结果，两派都未达到预定目标。[2]

在县党部负责人资格上，国民党中央起初并未设定，导致县党部负责人参差不齐，地方党务进展受阻。县党部负责人资格、能力及品性均无一定标准，"以致各县党务负责人，常因其学识资望不足以负一县党务领导之责"，地方优秀人士遂生轻蔑之心，多数党员与一般民众也缺乏信仰拥戴之忱，地方党务不能达到预期效果。[3]

为改变以上状况，国民党中央于1939年后明确规定县党部委员的出任资格。第一，学历方面。高级中学以上学校毕业，或具有同等学力者；旧制中学毕业，或具有同等学力者；曾受中央及各省之党务训练者；服务社会著有成绩，具有相当学历者。第二，曾为国民党工作而有成绩者。第三，年满25岁以上者。第四，身体健全，具有牺牲精神，确能刻苦耐劳者。第五，信仰坚定，品行纯正者。第六，有活动能力者。第七，县党部委员以具有本县籍贯者为原则，非本籍者如在县区内有特殊关系及深得党员信仰者，"亦得特准其选任"。[4] 从以上各条来看，除了年龄、学历属于硬性规定，其他各条多失于宽泛，执行起来弹性极大。

1　陈幼斋遗稿《解放前国民党淮安县党部派系斗争片断》，《淮安文史资料》（江苏）第4辑，1986年，第107—112页。

2　刘邵安：《东海县国民党内部斗争二三事》，《灌云文史资料》（江苏）第5辑，1991年，第86—87页。

3　朱宜山：《现行党务人事制度》，出版者不详，1944年，第7页。

4　朱宜山：《现行党务人事制度》，第8页。

国民党中央的规定并未能达到预期的目的，县党部负责人的实际情况不尽如人意。有的县党部负责人缺乏管理能力。如在 30 年代中期的四川省剑阁县，刘次瑶负责县党部事务，当时省党部又派来一个干事叫黄伯君，黄到任后独揽大权，仗着党权钻营舞弊，在县党部聚赌抽头，还偕妓女在县党部吃花酒。后来黄被县上各法团控告赶走，刘次瑶也随之下台。[1] 而更多的县党部负责人则缺乏一种"精神"。如 1938 年 2 月日军进逼河南汤阴时，地方恶霸豪绅公然组织"维持会"，准备"迎接"日本人。一些爱国青年找到县党部负责人郭好德，请示抗敌之策，郭竟说："中央军还抵挡不住，我们能顶啥用！武器、给养也无供应。还是等一等，看看形势再说。"[2] 县党部负责人的管理能力不足，事业精神缺乏，加之派系之争，似乎不管什么人，只要背后有后台，即可在县党部谋一职位。

（二）县党部负责人的任期和籍贯

对于县党部负责人的任期，国民党中央并无明文规定，因而各地情况也多有不同。在江苏省东海县，从 1927 年至 1948 年 9 月县党部共有负责人 16 任，1927 年至 1928 年 3 月负责人任期都在 6 个月以内（包括 6 个月），共 6 人次；1928 年 7 月至 1935 年除 1 人任期不详外，其他负责人任期都在半年至 1 年之间，共有 6 人次；1936—1948 年，东海县县党部负责人共有 4 任，4 人次，任期 1—2 年的 1 人，2—3 年的 1 人，3 年以上的 2 人。[3] 在湖北谷城县，1926 年 11 月至 1948 年县党部负责人共有 10 任，任期未满 1 年者 4 人，1—2年者 4 人，3—4 年者 2 人。[4]

与国民政府明确规定县长须回避本县籍不同，在县党部负责人籍贯方

1　张育生：《国民党剑阁县党部从梁骥垮台到袁朝泗的得势》，《剑阁文史资料选辑》（四川）第 2 辑，1983 年，第 67—68 页。

2　孙绳武：《国民党汤阴县党部纪事》，《汤阴文史资料》（河南）第 1 辑，1988 年，第 54 页。

3　连云港市新浦区地方志编纂委员会编《新浦区志》（江苏），方志出版史 2000 年版，第 325 页。

4　《国民党谷城县党部负责人一览表》，《谷城文史资料》（湖北）第 2 辑，1988 年，第 236 页。

面，国民党中央起初并未有明确要求。全面抗战期间，为了大力发展党员，本县籍人在开展党务方面的优势愈加明显，因而各省党部在考虑县党部书记长人选时，更倾向于选本县籍人担任。如 1943—1944 年，河北唐山督导区共辖 10 县市，除了 3 县县党部书记长籍贯不详外，其他 7 县市 9 任书记长中有 6 任由本县人担任。[1] 县党部由地方实力派系控制的情况比较常见。因地方派系复杂，利益不同，党部内的地方派系内争较县政府更为明显。

（三）县党部负责人的经济状况

县党部负责人不仅在职权上不如县长，在经济待遇上与县长也差距较大。就数额上来看，县党部负责人的薪金收入普遍比县长低得多，且不同省份、不同县份书记长薪金差异很大。如在山东省掖县，1929 年县党部刚成立时共有职员 16 人，委员每月薪金 60 元，干事 30 元。[2] 1927 年，国民党县党部的委员每月薪俸不过数十元，[3] 与当时县长月俸 300—420 元相比，简直是天壤之别。在湖北省应城县，1946 年县党部的经费每月约有法币 5000 元，"其来源一是由省党部按核定的在编人员工资、办公费金额下拨，二是由县政府补拨一点事业费，三是由各基层公会上交会费（当时有 30 多个公会，每一公会每月平均上交 100 元左右）"，另外还有每月的报纸发行费可收入 300—500元。县党部职员的薪金就是从以上经费中支出，其中书记长为 120 元，另吃两名"空额"，还可再捞一点以饱私囊。[4] 国共内战时期，物价飞涨，书记长除了薪俸，又有其他补助。在河南洛阳，县党部书记长 1948 年 1 月从县党部共领取 1662220 元，其中薪俸 220 元，加成为 792000 元，基本数 870000 元。[5]

　　1　王建功：《回忆国民党滦县县党部 1941 年以后的组织沿革》，《滦县文史资料》（河北）第 8 辑，1994年，第 44—45 页。

　　2　孙会生：《我与"县党部"和三支队》，《烟台文史资料》（山东）第 16 辑，1992 年，第 135 页。

　　3　王道：《国民党四大问题》，上海三民公司 1927 年版，第 8 页。

　　4　陈延年：《我在国民党应城县党部的点滴见闻》，《应城文史资料》（湖北）第 4 辑，1990 年，第 62 页。

　　5　国民党洛阳县党部：《县党部员役发薪清册》（1948），洛阳市档案馆藏，档案号：旧 2-6。

但由于货币贬值、物价飞涨，看似天文数字的月薪，实际购买力却远不如物价平稳期实在，甚至大为缩水。

与县长相比，县党部书记长收入微薄，其中有一部分又需经由县财政拨付，这就使县党部书记长地位非常尴尬。为增加生活收入和活动经费，书记长们只能各显神通。在抗战时期的江苏江阴，县党部完全依靠地方武装为其掩护，再加上物价暴涨，单靠省党部拨发的经费很难支持其进行活动，书记长只得向地方武装借支经费，处处仰承他人鼻息，也很难久任。当时对于书记长这一职位，有实权者不想干，无地位者则争不到。全面抗战后期，吴宗渊当上书记长，发展起自己的武装，于是就在其势力范围内，由各乡镇保长在田亩捐中带征党务经费，县党部人员生活完全有了保障，省党部的经常费也未再去领取。[1] 但这一举措无疑增加了民众的负担。抗战胜利后，国民政府宣布实行"宪政"，国民党中央令各县党部早做打算，设法自筹经费，县党部的境况愈加艰难，书记长及县党部工作人员都感到前途黯淡，情绪消极。江苏省镇江县党部书记长李守之无奈之余，只得绞尽脑汁成立一个筹募保管基金委员会，利用他与地方势力的关系募集到法币约 1000 万元，以此来放贷生息。后来物价暴涨，李守之认为坐等生息不如囤货，就成立了"党务工作人员供销合作社"，但因经营不善，最后只得关门大吉。[2] 县党部的经济困境由此可见一斑。

由于活动经费不多，且受县政府制约，县党部与县政府难免产生矛盾冲突。有的县党部书记长情急之下，甚至铤而走险，杀害县长。1947 年，陈锡年出任富宁县党部书记长，当时县党部经费由地方自筹，陈锡年开会讨论决定要县政府从积谷利息拨给经费法银 3 万元，而县长李品粹回复要等县参议会

1　黄本仁：《关于国民党江阴县党部的见闻点滴》，《江阴文史资料》（江苏）第 7 辑，1986 年，第 24 页。
2　杨方益：《抗战胜利后的国民党镇江县党部》，《丹徒文史资料》（江苏）第 4 辑，1987 年，第 183—185 页。

开会决定后才能拨给。陈锡年急等用钱，在带领武装到县府找县长要钱无果后，遂起杀心，将县长暗杀。事后，文山行政督察专员公署查知真相，将陈锡年正法。[1] 县党部与县政府竟成这样的关系，似表明是制度的设计出了问题。

三　县党部负责人群体与地方政治发展

县党部负责人多由当地有影响力的国民党人担任，这个群体与地方社会有较深的基础和广泛的联系，作为国民党在该县代表主持县党务并参与县政务活动，故与县域地方政治的发展有紧密的联系，有必要进一步加以研究。

（一）县党部负责人群体与地方党务发展

作为国民党的基层组织，县党部的首要任务就是拓展地方党务。然而，不管是在党务、党员数量还是质量方面，国民党各县党部都没有发挥应有的作用。

就基层组织来说，抗战前期国民党各县党部进展缓慢，且组织多不健全。以湖南为例，北伐期间在国共合作的洪流下全省党务发展迅速，但1927年"清党"后党务一直陷于困顿。至1932年，各县市党务仍无起色：长沙市原为全省党务重心，党员意志向称统一，"清党"后颇有疲劳现象；长沙、桃源两县，党员意志不能统一，党员代表大会上纠纷不断；宁乡县党部陷于停顿状态；耒阳、汝城、零陵三县进行内部整理，未成立正式党部；茶陵、华容、岳阳、临湘、平江、浏阳、南县、安乡等县，党务进展甚难；嘉禾、凤凰、永绥、麻阳、保靖、古丈、江华等县，均系直属区党部，党员人数甚少，党务仅能维持现状；宁远、蓝山、临武三县，党务停顿已久。[2] 即使党部有活动

1　向国祥：《国民党富宁县党部内幕及李品粹之死》，《文山州文史资料选辑》（云南）第2辑，1984年，第72—73页。

2　《二十一年湖南省各县市党务概要》，湖南省政府秘书处编印《湖南年鉴（1933）》，1934年，第43—44页。

者，也只是在无关紧要处做些门面工作，甚至门面工作也往往适得其反。1929
年 1 月，河北玉田县党部在扫除迷信活动中，因不了解民情，受到民众抵制而
酿成风波。彼时，"县党部派干事陈某，参加区分部三次会议。该陈某于十二
日即到，与该镇高小学生协会商议，进行倒佛破除迷信。当即领同该校学生，
至文昌宫先将泥像打倒，正在砸毁之际，被一般乡民闻讯，集合护佛队，意
欲寻殴。陈某知事不妙，领众散去。及其来到已见佛倒人无，群至陈某家中，
适遇其父，大加殴打。及公安分局长廉某赶到，始行劝开。众怒未解，仍举
代表赴县呈控陈某。事被县党部闻知，以陈某此举固属正当，而事前既未陈
明，亦未经区分部议决，有违党章，加以评判，复经人调解，一场风波遂无
事而息"。[1] 在江西省都昌县，全面抗战前十年党员人数不增反减，1934 年时
全县才有党员 145 人，因党员太少，县党部之下所设区分部等基层组织实际上
一直处于有名无实的状态。[2]

全面抗战以后，尽管国民党基层组织从纸面上看有了不小的进步，但与
实际情况相差甚大。以 1946 年的内蒙古临河县为例，这一年全县从纸面上看
至少完成了发展 1000 多名新党员的任务，也新成立了不少区分部，县党部好
像还非常认真地领导区分部开会学习，但这些情况全是县党部秘书坐在办公
桌前绞尽脑汁编造出来的。"党员动态、年龄、性别、籍贯、文化程度等的统
计，移出外地转入本县的党员数目等。无一不是捏造假的。"即使是党员、干
部，也从来不过组织生活。[3] 在云南蒙化县，县党部成立后从未召开过执、监
委员联席会议，县属的所有区分部之间没有联系，同一区分部的党员也互不
相识。因为区分部的活动经费被县党部书记长鲸吞，党员又不缴纳党费，所

1　《玉田·倒佛护佛一场风波》，天津《大公报》1929 年 1 月 22 日，第 8 版。

2　邵天柱：《国民党都昌县党部及其组织活动》，《都昌文史资料》（江西）第 4 辑，第 263 页。

3　《回忆临狼两县国民党县党部的工作片断》，《文史资料选辑》（内蒙古临河县）第 3 辑，1987 年，第
112—113 页。

以区分部形同虚设，县党部下达的指令只不过成为"等因奉此"的形式而已。区分部的书记多由乡镇长兼任，因基层党部无权，"乡镇长只听县长的话，只按县府指示的事去做"。乡镇长与县长上下其手，早把县党部置之度外，不过是表面上的虚与应酬。[1]

就发展党员来说，在南京国民政府成立初期，各县党部在发展党员方面尚严格和认真，有"预备党员"的制度，入党须经甄别，才能转为正式党员。在福建省，甄别党员的途径是进行考试，题目由省党部下发，共有 20 多题，题目内容主要有：你参加国民党要如何替党努力工作？四种民权是什么？五权宪法是什么？三民主义和国家主义如何区别？孙文学说的主要内容是什么？三大政策和四大政策区别何在？在当时的仙游县，参加甄别考试的共有 170 多人，及格的有 90 多人，刚及半数。[2] 由于这一时期控制比较严格，国民党党员的发展速度缓慢。据王奇生先生的统计，1927 年 4 月蒋介石发动政变前，国民党国内普通党员人数约为 60 万人，由于"清党"，一年后急剧缩减到约 22 万人，此后党员人数缓慢增长，至 1937 年时，国内普通党员人数为 526977 人，其中还有预备党员约 16 万人。如果以 1935 年情况为例，当时国民党党员人数与全国人口的比例约为 1∶300，远低于当时国际上一党专政国家党员与人口的比例，这也决定了国民党党力比较低下。[3]

由于国民党在意识形态上的刻意控制，加上各派势力在县党部内部的博弈，一些比较优秀的分子反而被排斥在国民党之外。在福建省仙游县，县党部内部分成乌派和白派。乌派在县党部占据压倒性优势地位，在发展和甄别党员方面也往往利用职权，排斥异己。当地原国民党党员郑某某系燕京大学

1　左富先：《我对国民党蒙化县党部组建情况的回忆》，《巍山县文史资料》（云南）第 3 辑，1989 年，第 126—127 页。

2　林宗汤：《国民党仙游县党部廿四年记》，《仙游文史资料》（福建）第 2 辑，1984 年，第 82 页。

3　王奇生：《党员、党权与党争：1924—1949 年中国国民党的组织形态》，第 248—250 页。

毕业生，身兼县立中学和模范中学教员两职，因不属于乌派，在参加党员甄别时竟以考试不及格而被撤销党籍。郑某某向县党部负责人朱开春（属乌派）提出质疑，要求公开考卷，但朱置之不理，郑亦无可奈何。[1]

抗战全面爆发后，为了同中共争夺基层资源，国民党开始突击发展党员。1939 年，国民党江西省党部鉴于党员只减不增的情况，颁布了《组织工作计划实施方案》，要求各地"切实遵照本令规定每月应征求党员数量，尽量征求，务期达成最高之比额。如在举办期间奉行不力者，一经抽查发觉，定当绳以党纪"。[2] 类似江西省的做法，在其他省份都比较普遍。

为完成发展党员的任务，国民党各县党部不择手段。其手段之一是强令式入党。为了发展党员，有的县党部想尽办法，甚至将入党与个人学业、就业挂钩，如 1940 年国民党曲江县党部声称："凡未参加国民党的机关公务人员，一律要加入国民党，不是国民党员不得任职；高中毕业的学生，都要入党，否则，不予毕业，不发给毕业证书。"[3] 在湖南省临湘县，县党部先是强令全县的各保保长、保校教员集体加入国民党，继则强令全县各群众团体、工会、农会的许多职员参加集训，集训后全部入党。[4] 其手段之二是"拉夫凑数"式入党。在河南省汤阴县，县党部书记长郭英林颇想扩充势力，在发展党员时多系强拉硬拽，甚至有的本人不知，填上名册，即为党员。[5] 1946 年，内蒙古临河县党部接到一年内必须完成 1000 多个新党员的定额任务，县党部就派几名干事带上入党申请表到各乡见人就填写，并找人代按手印，根本不举行宣誓仪式就算入党了，多数人并不知道自己加入了国民党，甚至不知道

1　林宗汤：《国民党仙游县党部廿四年记》，《仙游文史资料》（福建）第 2 辑，第 82 页。

2　邵天柱：《国民党都昌县党部及其组织活动》，《都昌文史资料》（江西）第 4 辑，第 263 页。

3　谭新就：《民国时期的中国国民党曲江县党部》，《曲江文史》（广东）第 19 辑，第 42 页。

4　方伯良、陈振球、杨克文：《国民党临湘县党部活动情况》，《临湘文史资料》（湖南）第 4 辑，1989 年，第 151 页。

5　孙绳武：《国民党汤阴县党部纪事》，《汤阴文史资料》（河南）第 1 辑，1988 年，第 55 页。

入党是怎么回事。[1] 其手段之三是造假式入党。1947 年，广东省高要县党部为了完成任务，直接将全县各职业工会会员名册以移花接木之计，找人誊抄到入党申请书上，"还雕刻三四十个介绍人木头私章，填表时随意盖用"。按规定，申请入党人没有相片的可以用指印代替，专办人员就用其十个手指头轮流交替办妥。当时高要县以这种方式入党的假党员约有 310 人。[2] 其手段之四是封官许愿式入党。当时许多县党部采取利用官职、权位来引诱一批人参加国民党，如宣称加入国民党后，可保障其职位和工作，可在各项选举运动中竞选乡镇长、代表等。[3]

单纯追求数量而漫无标准地发展，国民党基层党员的质量可想而知。借加入国民党程序简便之机，有些劣绅和汉奸轻易地以党员证作为"免死金牌"。如在抗战胜利后的湖北省应城县，一般人只要填个表，交 30 元（光洋）的入党费，就能成为国民党党员，于是一些在抗战时曾在日伪乡镇公所做事的人怕被定成汉奸罪，或遭到人民群众的清算，就纷纷钻进国民党，捞个党证做"护身符"，摇身一变就成为"划时代的人杰"，"不仅能'躲祸避灾'，还能'打火求财'"。临江口有个姓田的，日伪时期当过保长，群众要清算他的汉奸罪时，他就跑到城里花 30 块大洋买了个国民党党证，并回到家向群众昭示："现在是国民党的政府，我老子是国民党的党员！"经他一吓唬，没有人敢再动他了。[4] 加入国民党竟是这样做法，使国民党原本在乡村社会积累的些许权威折损殆尽。

（二）县党部负责人群体与地方社会

作为国民党在地方上的基层组织，县党部在县域内的活动在很大程度上

1　《回忆临狼两县国民党县党部的工作片断》，《文史资料选辑》（内蒙古临河县）第 3 辑，第 112 页。

2　陈厚昌：《国民党高要县党部制造假党员的真相》，《高要文史资料》（广东）第 1 辑，1985 年，第 80 页。

3　方伯良、陈振球、杨克文：《国民党临湘县党部活动情况》，《临湘文史资料》（湖南）第 4 辑，第 151 页。

4　陈延年：《我在国民党应城县党部的点滴见闻》，《应城文史资料》（湖北）第 4 辑，第 63 页。

影响了国民党权威在乡村的树立程度。统观南京国民政府时期县党部的活动，主要有打击土豪劣绅、移风易俗、宣传党义、组训民众以及清除"异党"等。

打击土豪劣绅和移风易俗是国民党县党部早期的主要活动。北伐前后，在国共合作的大潮下，各地县党部展开了打击土豪劣绅运动，这在一定程度上提高了国民党在乡村中的威望。如在江苏省高邮县，县党部控告、检举了两大土豪劣绅王鸿藻和卢安祖，其中卢安祖被送交县政府关押，大快人心。不过，县党部执委对土豪劣绅的打击并不彻底，时而也会包庇自己的亲朋好友。如高邮县著名的土豪劣绅吴鸿勋和耿第先都是律师，两人互相勾结，包揽词讼，鱼肉乡民，乡民对其怨声载道。但因吴鸿勋是国民党县党部特派员吴垣的胞叔，尽管两人被人检举，县党部也不予处理。[1] 在移风易俗方面，县党部的主要活动是打倒"封建迷信"和提倡妇女放足。由于当时农村"封建思想"严重，两项工作也难以开展。在山西省襄汾县，县党部在接到"打倒偶像"的指令后，仅是在城关和赵曲镇等处捣毁了城隍、玉皇等偶像，并没有普及到各村庄。[2] 在河北省衡水县，主持县党部工作的刘子毅年轻气盛、工作经验不足，在拆庙、放足、剪辫活动中引起地方保守势力的极大不满，引发了县党部被砸事件。[3] 在南乐县，县党部成立了放足会，自认为阻力不会太大，但由于没有做好宣传工作，放足队一进农村，群众便关门闭户表示反对，因此有人嘲笑道："放足队一进屯，家家户户没有人。"[4] 放足实际上成了走形式，并未取得实效。

宣传活动是国民党县党部的主要职责之一。如国民党贵州省织金县党部在宣传方面有以下形式：组建宣传委员会和宣传区队，创办民众讲堂、织金

1　崔锡麟：《高邮县的第一个国民党县党部》，《高邮文史资料》（江苏）第1辑，1984年，第22页。

2　李耀天：《我所了解的国民党襄陵县党部》，《襄汾文史资料》（山西）第4辑，1988年，第118页。

3　耿宝元：《国民党衡水县党部被砸记》，《衡水市文史资料》（河北）第6辑，1992年，第193—194页。

4　魏锡瑕：《中国国民党南乐县党部的建立及其初期活动》，《南乐文史资料》（河南）第1辑，1987年，第70页。

旬刊、文化服务社、中山室，开展壁报运动，在纪念日举行纪念集会，等等。纪念集会的主要内容包括宣传推行地方自治，表扬党之史绩，宣传反对武力割据及破坏统一，宣传阶级利益应服从于国家民族利益，宣传"新、速、实"之风尚，宣传四体使用之意义，宣传各项政令及编贴壁报等。[1] 有的县党部在抗战前还把反日宣传作为主要内容。如在山东省沾化县，县党部下设反日会，负责组织宣传队贴标语，喊口号，游行示威。每逢集日检查日货，没收日货，在当时反日宣传工作中起了一些作用。[2]

组训民众和从事社会性活动方面，国民党县党部领导下普遍设有农、工、商、教育、青年、妇女等民众团体。不过在不少县份，这些组织不甚健全，且难以代表这些群体本身的利益。在江苏省宝应县，除商会外，其余团体都是上面有委员，下层无组织。农会委员中多半是地主阶级的代言人，根本没有真正的农民会员。青年联合会、妇女协会徒有其名，有时拉拢一些家庭妇女和学校女生参加大会，不过是凑热闹、摇旗呐喊的拉拉队而已。[3] 1932 年，河北霸县因该地虎疫猖獗，决定成立相应机构以防疫。在此情况下，"县党部特召集各机关开会，决组织霸县防疫运动委员会，公举常务委员一人，专管招集开会事宜。设宣传组、治疗组，各推主任一人，股员二人。公安局担任街市清洁，及禁售腐烂瓜果"。[4] 抗战胜利后，由于县参议会的成立，这些民众团体更被县党部视为安插私人、利于己方竞选的工具。

从始至终，国民党各县党部都把清除"异党"作为其重要职责。县党部

1　张汉时搜集《国民党织金县党部及社会团体组织资料》，《织金文史资料》（贵州）第 3 辑，1992 年，第 114—116 页。

2　王莹心、隆梦华：《国民党沾化县党部的组织和活动概况》，《沾化文史资料》（山东）第 2 辑，1988年，第 31 页。

3　胡礼南：《宝应县国民党组织的初期活动（1924—1931）》，《宝应县文史资料选辑》（江苏）第 2 辑，1983 年，第 41 页。

4　《河北疫势迄未稍杀·霸县》，天津《大公报》1932 年 7 月 20 日，第 5 版。

一方面利用各种机会进行"反共"宣传，另一方面还配合县政府等机关大肆逮捕中共党员并对其进行"感化"。自1929年起，国民党山西省襄垣县党部配合县政府三次抓捕中共党员，破坏中共襄垣党支部。1936年，国民党襄垣县党部又成立"公道团"，大力宣传"防共、反共、灭共"。县里除公安局、警察局外，还专门成立了百十人左右的脱产"防共"组织，配合各村"防共保卫团"在交通要道、集镇设卡布点，两年内共抓捕无辜群众300余人，杀害37人。[1] 1946年9月，国民党江苏省丰县党部书记长彭世亨与县特训调查室主任刘昭祥筹划建立丰县"感训所"，除将抓到的共产党干部、地下通讯员以及无辜的群众活埋500多人外，对其余被抓的2000余人进行"感训"。"感训"的方针以政治为主，军事为辅，其办法有四：精神感召；政治说服；集体训练；个别训练。训练内容包括：经过长官讲话及特约训话，使其精神受到"感召"转化；三民主义与共产主义的比较；撰写对共产党和共产主义的批评文章；军政命令的重要及国法军纪的尊严；国计民生建设的改善及实施民生主义的情况；国内外时事分析。[2] 在国共矛盾尖锐的地区，县党部在"反共"一事上是颇为用力的。

（三）县党部负责人群体与地方党政关系

由于国民党制度安排本身存在的弊端，南京国民政府时期的地方党政关系总体上并不融洽。按照国民党中央的设计，在训政时期的县域权力格局中，党政并行，但政主党从，县政府与县党部互相监督、互相制约。仅从设计本身而言，这个制度无可厚非，但如考虑到政治利益、人事、党派等因素，它为日后国民政府的党政纠纷埋下了伏笔。

其实早在北伐时期，县党部与县政府的控案就不断发生，这种趋势一直

1　张林源：《中国国民党襄垣县党部始末》，《襄垣文史资料》（山西）第3辑，1989年，第108页。

2　杨化民：《国民党丰县军政人员返驻丰城的统治措施》，《丰县文史资料》（江苏）第7辑，1988年，第37—38页。

延续到南京国民政府建立后。其纠纷的起源，不外乎派别与权益的争夺。1925年底，合浦籍北京大学毕业生钟喜赓由陈铭枢推荐出任合浦县县长，其胞弟钟喜焯利用兄长权势在县党部占据一席之地。不久，陈铭枢部他调，陈济棠部十一师接防，于1927年6月将国民党合浦县党部改组，原来把持县党部的钟喜赓、钟喜焯兄弟及其同党被尽数赶走，钟氏兄弟异常气愤，加以外间揶揄，就伺机报复。十一师调走后，合浦县党部失去支持，县政府就开始刁难，对县党部经费不予发放。县党部常委前去交涉，却遭县政府秘书讽刺："县府入不敷支，不能按照规定数额付款，你们很有本领，何必来求县府呢？"为了反击，县党部常委从清查贪污入手，发起了倒钟运动，且获得"北海清党委员会"的支持。结果钟喜赓利用同籍的关系请广州第八路军总司令部参谋长兼广州市公安局局长邓世增出面，直接以"借党营私、滥权渎职"为名拘捕了合浦县党部和"钦廉区清党委员会"全体委员，双方的纠纷最终以县党部的失败而告终。[1] 1932年1月，山东宁津县党部控告县长犯有"包容股匪案嫌疑，以致绑票勒赎之案，竟达八十六起之多。县城西、南、北关皆遭匪祸，民众一夕数惊。该县县党部各机关各法团各区长各学校各区团长现已分别呈请省党部、省政府、民政厅撤职法办"。[2] 股匪与县长是否有勾结不得而知，但股匪严重扰乱社会治安和民众生活已激起民愤，县党部与县长的矛盾是因县长未履行职责而起。1934年1月31日，报载绥远省武川县政府与"县党部发生冲突，县长席尚文被捕。党委张凤翔等数人并解除保卫团武装，双方皆呈报省府、省党部请解决"。[3] 一般在县党政冲突中，县党部相对弱势，此次县长被捕从报道情况来看无疑是个"异数"；不过，据后来武川旅绥同人投函

1　王宝英：《中国国民党合浦县党部成立初期党政内讧剖析》，《合浦文史资料》（广西）第1辑，1982年，第12—19页。

2　《宁津·县长被控》，天津《大公报》1932年1月24日，第5版。

3　《武川县党政冲突·县长席尚文被捕》，天津《大公报》1934年1月31日，第4版。

披露，县长根本未被捕押，反而是该县长因玩忽职守、非法征收被县党部委员揭发，继而县长将该县党部委员扣押，派兵警包围县党部，先捕去委员 5 人后，又逮去党部人员一批，并"捏词将保卫团解散，一时严重异常，彼即虚构事实，呈明省府，希图轻其责任。孰料该县长居心狠毒，于月之一日乘人调解之际将党委张凤翔、白玉润加上刑具，解送来绥"。[1] 武川党政冲突中，实际上还是县政府占据矛盾主导方。抗战胜利后，湖北省巴东县县长宋伯元在与党部冲突中，"突将巴东县参议会议长兼县党部书记长向光明，暨县党部职员十余人无理拘押于县府，原因与详情不明，省党部正积极从事调查真相，并咨请省参议会协助办理中"。[2] 县长冲突的对象主要是县党部方面，因向光明同时是县参议会议长，故对此纠纷省党部主动出面与省参议会协调，此案显示了县长的强势做派。

除了地方利益争夺，各种派系和身份也使党部与县政府及其他党派群体纠纷不断。1936 年，浙江青田县县长为复兴社分子王悦澄，而县党部书记长为本县籍 CC 系分子徐品藩，双方互不相让，纠纷迭起，"徐以'党指导政'为借口，摆出党老爷的架子，把王看成属下，经常掣王之肘；而王则自命一县之主"，也不时对徐进行挑衅，"双方结怨，不共戴天"。为了打击报复徐品藩，县长王悦澄利用陈诚赴浙视察军事之机向陈大献殷勤，并乘机控告徐品藩，徐遂被捕。因怕徐被释后报复，王极力运动速将徐置于死地，旋被陈诚警觉，认为王有小算盘，将王也抓了起来，后经地方士绅力保及陈诚母亲从中劝阻，徐、王二人被释放，一并撤职了事。[3] 1947 年 3 月 6 日中午，浙江中国中和党鄞县支部负责人蒋丙南在宁波"梅龙镇酒楼午餐时，适有国民党鄞

1　《武川县党政冲突·武川旅绥同人投函述经过》，天津《大公报》1934 年 2 月 5 日，第 9 版。

2　《巴东怪事·县长押议长》，上海《大公报》1946 年 10 月 28 日，第 9 版。

3　杜伟、于龙：《浙江 CC 的派系纷争》，浙江省政协文史资料委员会编《浙江文史集萃·政治军事卷》上册，第 196 页。

县县党部书记长沈明才、青年团书记周正祥等亦在座，蒋因与沈等平素意见不合，是日彼借三分酒意，大发牢骚，致与沈同来之其他党员不满，结果双方在三楼展开武斗，杯碗打碎甚多，后在开明池浴室，又展开肉搏战，双方各受微伤，当因人多势众，虽有警察宪兵在场，亦未制止"。[1]

在现实利益面前，县党部与县政府之间也有合作。如江苏省淮安县县党部成立之初，在不到一个月的时间内，每个主要成员都腰包贯满，他们不仅向地方政府无限制地索取党费，还就关税案件"勾结土劣，包揽词讼"，甚至"只顾自己刮钱，把羁押在县府监狱里的多年著匪，释放掉一半以上"，严重影响了社会治安。军阀孙传芳再次占领淮安后，县党部成员又沟通县长，将地方库款悉数卷逃，美其名曰"流亡费"。[2] 抗日战争时期，"安庆不少人避难迁居石牌，使石牌镇人口剧增。国民党怀宁县党部书记长黄定文和县长丁耀南为饱私囊，就在石牌镇开起了戏园子和赌场，抽头聚赌，捞了好多钱"。[3] 但整体看来，县党部与县政府的矛盾是普遍的，党政不和是主流，党部在地方政治中扮演的是阻碍者和破坏者的角色。而三青团的成立及其与党部的分合，更演绎了地方政治的矛盾与冲突。

第五节　县临时参议会、参议会议长群体状况

南京国民政府延续了晚清以来引进西方民主政治的某些形式，在县级层面试行地方自治，陆续成立了临时参议会或参议会。从理论上讲，临时参议会和参议会应是县级代议机关，也是公民行使选举、罢免、创制、复决四权

---

[1]　《亦算党争·两党大闹宁波·酒楼打到浴室》，上海《大公报》1947年3月9日，第7版。

[2]　陈幼斋遗稿《解放前国民党淮安县党部派系斗争片断》，《淮安文史资料》（江苏）第4辑，第108—109页。

[3]　张亭：《抗日战争时期石牌镇的戏曲活动》，《黄梅戏艺术》1987年第2期，第86页。

的体现。作为这个机关首长的议长，其在县域中的地位也应是十分重要的，但受到主客观各种因素影响，国民政府赋予县临时参议会和参议会的权力有限，仅是全县最高民意组织。即使如此，议长在县域政治中仍占有重要地位，与县政府、县党团机关一起，成为南京国民政府中后期县域政治的"三驾马车"。

一 县临时参议会、参议会议长的角色定位

南京国民政府成立后，宣称要遵从总理遗教，实行县自治，其重要环节就是在各县成立县参议会，由于地方自治其他环节进展缓慢，抗战前除少数一些县份外，各省的县参议会迟迟未能建立。

全面抗战中后期，国内要求实行民主宪制的呼声日益高涨。在这种形势下，南京国民政府在新县制的框架下开始筹设县临时参议会。1939年以后，国民政府陆续颁行《县各级组织纲要》《县参议会组织暂行条例》《县参议员选举条例》《县参议会议事规则》，搭建起了县参议会的制度框架。考虑到各地实施起来有一定的难度，国民政府规定各县在成立正式的参议会前，可先成立临时参议会作为过渡。表4-22为1945年前各省县临时参议会成立情况。

表4-22 1942年、1944年各省成立县临时参议会情况

省份	四川	云南	贵州	湖南	湖北	广东	广西	江西	福建	河南	安徽	西康	陕西	甘肃	青海	浙江	共计
1942年	138	70	筹设中	筹设中	—	—	99	14	—	—	筹设中	筹设中	筹设中	筹设中	—	—	321
1944年	142	107	39	75	35	66	100	69	64	—	—	14	24	30	—	19	784

资料来源：南京国民政府行政院新闻局编印《地方自治》，1947年，第22—25页。

抗战胜利后，国民政府要求各省市加紧实施新县制，尤其是推进民意机关的建设，各省的县临时参议会纷纷结束，选举产生正式的县参议会。

到 1947 年 11 月，各级民意机关相继成立。当时全国各省市所辖县市（局）共有 2192 个，已成立正式县市（局）参议会的 1466 个，已成立临时参议会的 300 个，全国已有 80% 以上的县市（局）成立了正式参议会或临时参议会。[1]

在新县制框架下，县临时参议会与县参议会都被定位为县级民意机关，也都置正副议长各 1 人，但两者性质有所不同，因而议长扮演的角色也稍有差异。

县临时参议会是县政府的一种"自治性的辅助机关"，一个备咨询和反映地方民情的机关，其议长是由政府遴选而出的"贤长"。县临时参议会议长的资格相对宽松，只要年满 25 岁、在县内居住 6 个月以上或拥有各该县之籍贯、曾受中等学校教育（或同等教育）且具备下列条件之一就有资格当选：曾在本省所属公私机关或团体服务两年以上著有信望者；曾在本省依法成立的职业团体服务两年以上著有信望者。现任官吏不得担任县临时参议会议长，但办理地方自治及教职人员不在此限。从程序上看，县临时参议会议长遵从政府的意旨而产生。由县政府征询该县国民党党部、地方团体、职业团体的同意后，就符合资格人员中遴选加倍人数呈请省政府委员会议决；省政府委员会如对以上人选不满意，可另择符合条件的人选充任。县临时参议会议长任期一年，必要时由县政府呈准省政府延长一年。县临时参议会的运作方式为召开会议，每半年一次，第一次会议由县长召集，以后则由议长召集，以议长为主席，议长因故缺席时，由副议长代理。议长主持下的县临时参议会职权相当有限，主要表现在以下几方面。其一，议决权。县政府对于年度施政计划、年度地方概算、处分公学产及有关人民负担事项，应于呈请省政府核定前，提交县临时参议会议决。但在县临时参议会休会期内不及提出时，可先呈请省政府核定，再于下次临时参议会会议报告。其二，县政府对于县临

1　中华年鉴社编印《中华年鉴》上册，1948 年，第 567—569 页。

时参议会通过的议案如认为不能执行时，于县临时参议会下次会议时提交复议。复议时，如议员仍有 2/3 赞同原案，除非省政府核准免予执行，县政府应予执行。其三，县临时参议会对于县政兴革事宜有向县政府建议之权。其四，县临时参议会有听取县政府施政报告之权。其五，县临时参议会议员于开会时有向县政府提出质询之权。[1] 议长、议员任期仅有一年，且能否连任要看县长意志，这就决定了议长主持下的县临时参议会在一些重大问题面前根本不敢忤逆县政府的意志。再者，县政府对于那些认为必须执行的重要县政事务，可以利用"休会期"的特殊规定先执行，半年后才提交县临时参议会决议，即使决议未通过，原案已执行过半，议长、议员们也无可奈何；而对于那些不愿执行的议案，县政府完全可以利用"复议权"予以拖延，直至议长、议员们任期终止。事实上，由于临时参议会是咨询性的辅助机关性质，其基本上是个清谈机构。

县参议会被定位为"全县人民代表机关"，其在法律上的地位是县级民意机关，作为这个机关的议长，俨然被赋予了一县民意代表的身份。正、副议长及议员的资格相对较严，公民必须年满 25 岁、具备下列资格之一且经县参议员候选人试验或检验及格者方能成为候选人：有普通考试应考资格者；经自治训练及格者；曾办理地方自治或地方公益事务者；曾任职业团体或其他人民团体职务者；曾任小学教职员者；曾在初级中学或其他同等学校毕业者。而现任本县区域内的公务员、现役军人或警察及现在学校之肄业生均无被选资格。县参议会置议长、副议长各 1 人，由县参议员用无记名方式投票互选，议长或副议长因故去职时，据此方式补选。县参议会议长任期两年，连选连

――――――――――
1　愚夫：《论县临时参议会之性质及其任务》，《陕政》第 5 卷第 4 期，1943 年 12 月，第 37—40 页。关于县临时参议会的职权、议员等条规可参见当时各省公布的县临时参议会组织规程。当时各省普遍规定县临时参议会议长资格的最低年龄限制是年满 25 岁，但也有例外，如云南省的规定是年满 20 岁。见《云南省各县（市）临时参议会暂时组织规程》，《云南民政公报》第 2 卷第 9、10 期合刊，1944 年，第 21 页。

任。县参议会运行的方式为召开会议，开会时，议长为主席。议长主持下的参议会有如下权力。第一，议决权。包括议决完成地方自治事项，议决县预算、审核县决算事项，议决县单行规章事项，议决县税、县公债及其他增加县库负担事项，议决县有财产的经营及处分事项，议决县长交议事项等。第二，建议权。建议县政兴革事项。第三，听取报告及质询权。县政府须以书面或口头形式向县参议会提出施政报告，县参议员认为有疑义时，经主席（一般为议长）许可后可简单提问；"县参议员对县政府有所询问时，应以书面详叙事由向主席提出，由主席送请县政府答复"；以上质询，除涉及公众利益应守秘密者外，县政府应以书面或口头形式答复。第四，接受人民请愿权。第五，禁止旁听权。一般来说，县参议会开会时得邀请县长、县政府秘书、科长或其他负责职员列席报告或说明，但主席或参议员 3 人以上提议经会议通过时，得禁止旁听。第六，监督县财政权。因在产生方式上受县长干扰减小，议长及其主持下的县参议会的独立性增加，对县级行政机关——县政府的制约和监督也加强，对县参议会通过并咨送的议决案，县长应分别执行。如县长延不执行或执行不当，得向县参议会说明理由。如县参议会认为仍不满意时，"得报请省政府核办"，这不可避免地会影响省政府对县长的考核。当然，县长对于县参议会的议决案认为不当时，有送请复议权，如对于县参议会的复议结果仍不满意，"得呈请省政府核办"。[1] 县参议会较临时参议会的权力要正规些，对县政府和县长的权力有一定的制约，在设计上具有一定的监督力。但这一权力能否正常行使，有待于在实际政治中加以检验。

1　《县参议会组织暂行条例》（1941 年 8 月 9 日），徐秀丽编《中国近代乡村自治法规选编》，第 223—225 页。另参阅愚夫《论县临时参议会之性质及其任务》，《陕政》第 5 卷第 4 期，1943 年 12 月，第 38 页；钱端升等：《民国政制史》下册，第 603—607 页。县参议会监督县财政方面，各省程度不一，广东省规定"各县市局每月须于月终经过后十五日内将该县市全部财政收支之总会计报告一份送达各县市局参议会，如未送该项会计报告达两个月以上者，由该县市参议会就近催送，并将欠送情形迳报省政府核办"。《加强县参议会监督地方财政职权》，《广东会计通讯》第 2 卷第 2 期，1947 年 2 月 1 日，第 3 页。

二　县临时参议会、参议会议长群体的构成

县临时参议会时期，因为议长仅是作为民意的点缀，职权不大，且主要由县长和省政府意志决定，这一时期议长多由与政府有关系的地方耆老或政府认为有威望的人士担任。如抗战胜利后，洛阳县组织临时参议会，议长由省方圈定的地方耆老尤绍铭担任。尤系清附贡出身，当时已 75 岁，曾任县长、洛阳县县志馆馆长、县财委会主任等职，[1] 与曾任河南省第十区行政督察专员（驻洛阳）的李杏村有不少联系。抗战胜利后江苏县参议会议长也为省方所定，报载"江苏民意机构迄未成立，刻经省党政联席会议以十小时之长时间研讨，通过成立镇江、无锡、吴县、江都等二十五县参议会，议长均系地方上德高望重者"，[2] 情况与上所述大致相当。

县参议会正式成立时期，由于正、副议长都通过无记名投票选举产生，中央、省、县（政府、县党部）及地方实力派都多少参与其中。本县籍有政治背景人士皆争相奔竞，议长的人选有了较大变数，表 4-23 为当时部分议长情况。

表 4-23　20 世纪 40 年代部分县份临时参议会、参议会议长情况

选举区域或团体	参议长姓名	性别	年龄	籍贯	学历	任职简历	家庭情况	主要社会关系	社会活动及评价
江安县临时参议会、参议会	张乃赓	男	53	江安	中学	二十九军少将参议、绵阳县县长	书香门第	集资开办了济和盐灶、济通轮船公司，合资开发煤矿	保护、掩护、资助中共地下党活动，开办建国小学，协助江安解放

1　国民党河南省洛阳县执行委员会：《洛阳县党部关于参议会确定正副议长、参议员等履历表》（1945年），洛阳市档案馆藏，档案号：旧 1-1-18。

2　《苏省筹设民意机构》，天津《大公报》1946 年 2 月 25 日，第 2 版。

续表

选举区域或团体	参议长姓名	性别	年龄	籍贯	学历	任职简历	家庭情况	主要社会关系	社会活动及评价
北川县临时参议会、参议会	李景澄	男	62	北川	前清贡生	曾任省议员、县佐、公安局局长、财政委员会主任委员			
凤台县参议会	张明诚	男		凤台	安徽省干训团	教过小学，任职税务部门，县货物缉私检查分处主任，凤台县政府主任秘书		与县长张翼飞交好，任县临时参议会副议长，负责常务	
句容县参议会	张雍冲	男	44	句容	农专	曾任县党部执行委员，曾倡办教育，任校长、游击队司令、县长、临时参议员等职			创办银行和地方报纸，设公医院，1947年11月被县府军事科科长谋杀
洛阳县临时参议会	尤绍铭	男	75	洛阳	清附贡	曾任县志馆责任馆长、县财政委员会负责人			
洛阳县参议会	史梅岑	男	40	洛阳	洛阳师范学校	曾任洛阳《河洛日报》副经理兼社长，中央社洛阳分社编辑、特派员			
进贤县临时参议会	胡毅	男		进贤	南昌洪都中学校长			交游广阔，在省里关系广	把持县党部，书记长都由胡提名，以胡毅意志为进退

续表

选举区域或团体	参议长姓名	性别	年龄	籍贯	学历	任职简历	家庭情况	主要社会关系	社会活动及评价
进贤县参议会	胡道绎	男	六旬	进贤		教育界		无丝毫实力,是县长与胡(毅)斗争的棋子	素为县人敬重,从不过问县事
绩溪县参议会	胡钟吾	男	43	绩溪	上海群治大学				
亳县参议会	韩栗生	男	47	亳县	河南大学				
东乡县参议会	徐兼喜	男	47	东乡	法政专校				
浮梁县参议会	余树芬	男	40	浮梁	上海持志大学				
松滋县参议会	胡人佛	男	43	松滋	武昌中山大学				

资料来源:《北川县文史资料选辑》(四川)第 3 辑,1986 年,第 11 页;四川省江安县志编纂委员会编《江安县志》,方志出版社 1998 年版,第 839—841 页;《江安文史资料选辑》(四川)第 4 辑,1988 年,第 30—39 页;《洛阳县党部关于参议会确定正副议长、参议员等履历表》(1945 年),洛阳市档案馆藏,档案号:旧 1-1-18;《洛阳文史资料》第 2 辑,1987 年,第 88 页;刘国铭主编《中国国民党百年人物全书》上册,团结出版社 2005 年版,第 393 页;《进贤风物》(江西)第 9 辑,1988 年,第 22—33 页;张朋园:《中国民主政治的困境(1909—1949)》,吉林出版集团 2008 年版,第 426—428、430 页。

临时参议会时期,部分县份议长年龄偏大,有达七八十岁者,60 多岁的也属常见,这也侧面反映了县临时参议会咨询机构的性质。到竞选正式参议会议长的时候,这些高龄者的身体状况和精力皆不足以支持他们参加激烈的竞选,在一些回忆录中,就有一些参选人竞选中得病晕倒退出竞争的例子,[1]

1　如平和县在进行县参议会正副议长的选举时,团方与党方势均力敌,僵持不下,纷纷去做一中立议员的工作,这位议员"在一次比一次剧烈的斗争中","身心受到极大刺激和损害,因而患了一场大病竟至人事不醒,几乎成为牺牲品"[林冬青:《我所知道的平和县参议会》,《平和文史资料》(福建)第 5 辑,1988 年,第 14 页]。1947 年江西省大余县参议会换届时,杨根甲为竞选议长在县城设宴拉拢乡镇代表,当得知有些人背弃他时,杨在宴席上恼羞成怒,与众痛饮,不久就因饮酒过度,中风七窍流血而死。王朝栋、刘汉英:《建国前大余的派系斗争》,《大余文史资料》(江西)第 2 辑,1988 年,第 72—73 页。

因而能当选正式县参议会议长者多为四五十岁年富力强、社会关系和阅历皆丰富者。

一般说来，曾担任县临时参议会议长者，在竞选正式参议会议长时具有一定的优势。这些人能够被省方圈定为临时参议会议长，本就有一定的社会背景和政治能量，在担任议长后，更能利用这个职位从各个方面拓展自己的社会关系和人脉，增强个人威望，甚至形成自己的集团，从而为他们竞选正式议长创造条件。如表4-23中四川江安县的张乃赓在县临时参议会时期就积累了丰厚的政治资本，形成以其为首的老派人物，即使在正式参议会议长竞选中遭遇县党部书记长李茂林一派的激烈竞争，也能立于不败之地。这样的例子在当时并不少见。

县参议会时期，议长的社会关系要更复杂，背景更深。由于县临时参议会时期议长权力不大，且由省方指定，稍有关系者运作后即可上任，而县参议会权力扩大后，议长一职引来了各方势力的觊觎，在各派势力的冲突和竞争中，也唯有政治底蕴深厚者才能最终胜出。如1946年贵州省安顺县参议会成立时，议长一职主要有戴子儒和董叔明两人竞争。戴子儒系县商会会长，背后有省主席杨森和县长周翰熙支持，董叔明是地方财务委员会主任委员，在全县权绅中关系较深，最终选举结果，地方基础深厚的董叔明当选议长。[1]

不管是县临时参议会还是参议会时期，出任议长者都为本县籍上层人士，且学历层次较高。从表4-23所列议长的出身来看，他们或是在晚清时获得旧功名，或是具有中等以上的学历。从经历上来看，他们要么担任过县长、县政府科局长，要么担任过报社社长，拥有较广的社会资源。从经济上看，议长们的家庭经济条件都相对优越，因为当时中国的政党政治极不健全，候选人背后没有政党和财政的支持，就必须拥有个人强大的财力以应对竞选中的

各种消耗。如在浙江绍兴县参议会竞选议长时，首要人物家里"天天大鱼大肉大摆筵席"，"座上客常满，尊中酒不空"，"一开就是五桌十桌，只要你与选举有关系，能为他们所用，你就可以大摇大摆的进去，并受到殷勤的招待"。[1] 黔江县参议会议长杨瑶泉在竞选过程中，共耗去交通、宣传、请客送礼等活动费用约 800 万元。[2] 这种条件，经济状况一般者只能望而却步。

县参议会正、副议长为有给职，其薪金由县财政拨给，具体标准则各省、各县有所不同。1945 年时江西省弋阳县参议会正议长月薪 200 元，津贴 180 元（法币）；副议长月薪 180 元，津贴 180 元。[3] 这种标准与县长相比明显要低，相当于县政府秘书、科局长的最高额。

另外，在县参议会时期，国民政府对参议员的政治资格控制愈加严格，非国民党员者很难当选为县参议员，[4] 更别提当选为议长了。

三　县临时参议会、参议会议长群体与县域政治

县临时参议会和县参议会的出现，使南京国民政府县域政治格局由原来的县政府、县党部的二元格局向县政府、县党部、县参议会的三元格局转变。在原来的地方政、党二元格局中，县政府一元独大，县党部对县行政不能直接干预，也没有强制执行权，虽美其名曰对县政府有监督和建议权，但相当乏力。而县参议会与县政府的关系则不同。从制度规定上看，在财政预决算、县政建设、施政方式等诸多方面，县参议会对县政府都有强势干预之权，在法定地位上，县政府这一元在相当大程度上受到了制衡。

1　胡铠：《绍兴县参议会的内幕》，《绍兴文史资料》（浙江）第 1 辑，1985 年，第 94 页。

2　段立生：《黔江参议会概述》，《黔江文史资料选辑》（四川）第 4 辑，1989 年，第 73 页。

3　罗道辉：《弋阳县参议会》，《弋阳文史资料》（江西）第 3 辑，1988 年，第 97 页。

4　如 1946 年河南省洛阳县选出参议员和候补参议员共计 62 人，其中无党派者仅 7 人，三青团团员 1 人，余下 54 人皆为国民党党员。《洛阳县党部关于参议会确定正副议长、参议员等履历表》（1945 年），洛阳市档案馆藏，档案号：旧 1-1-18。

对于县参议会这第三元的出现，无论是县长还是县党部书记长都试图对之加以控制，从而建立起在县域政治中的优势地位。对于县政府而言，控制了县参议会，可以减少许多施政障碍，维护县行政在县域政治中的强势地位。1945 年底，湖北省谷城县成立正式参议会，县长朱有凯为了谋取自己施政的便利，全力支持彭金镛竞选议长。[1] 1946 年，李忠锬出任福建省长乐县县长，为减小施政阻力，他支持参议员董世源等人组织戊子俱乐部，企图把持参议会。而参议员黄笋班、林庆垒等也利用拜把换帖的形式，拉拢大部分参议员和一部分乡镇长，支持原长乐县临时参议会议长陈调农以对抗县长。后来，县长支持的势力在竞选县参议会正、副议长和"国大代表"的活动中相继失败，李县长恼羞成怒，于是向不忠实于自己的乡镇长陈惜耕、刘家鼎、陈光金、王任翔等开刀，借故扣押或逼迫其辞去行政职务，直接向参议会集团宣战。"参议会集团则在历次开会期间搜集李的材料，公开提出施政质询并要李亲自出席答复，对县政府所提各种法案百般刁难，不予通过，搞得相当紧张，双方关系愈趋恶化。"不久，李县长在对方的弹劾和控告下去职，被调离长乐县。[2] 县参议会是地方派系，强龙斗不过地头蛇，还是地方派系能操控地方。四川省南部县参议会议长郭汉屏在该县也有很大势力，被控不仅利用手段控制县参议会，甚至有勾结匪徒、私设刑堂、枪杀致死数十人的非法行为。[3]

对于县党部而言，控制县参议会无异于"鲤鱼跃龙门"，可以集党和"民意"机关的优势干预县政，迫使县政府在利益分配中妥协。抗战胜利后，张继武出任河南省汤阴县县长。他"为人跋扈"，上任后将县政府绝大部分要职改由他的亲信担任，且在许多问题上不把县党部的意见放在眼里，从而引起

1　李富强、余国俊：《刘、方、彭派系斗争内幕》，《谷城文史资料》（湖北）第 2 辑，1988 年，第 11 页。

2　王抟九：《"长乐县参议会"与县长李忠锬的派争》，《长乐文史资料》（福建）第 1 辑，1983 年，第 67—69 页。

3　《南部县参议员张致和等代电》（1947 年 12 月 25 日），四川南部县档案馆藏，档案号：22-1726。

了县党部书记长郭英林的恼怒。郭遂在接下来的县临时参议会和参议会的组建中，不遗余力地加以操纵，以增强同县长张继武斗争的实力。1946 年 4 月，县参议员正式选举举行，党部暗中指定的人全部当选，书记长郭英林当选正议长，他身兼党部书记长、参议会议长二要职，增添了与县长张继武对垒的资本。1946 年县参议会例会上，郭利用参议会审查县政府年终结算之机，否决了县政府的财政决算，张县长虽恼怒却不敢言。[1] 在有些地区，中共地下党员有效地利用这种权力制衡，控制县党部和参议会，开展地下斗争。1945 年夏，中共地下党员任致中出任陕西省兴平县党部书记长，当时正值县参议会成立，他便利用党部资源支持议员们选举有清廉之名的孙念先当议长，使恶迹昭著、屠杀成性的边子御落选。孙念先、杨景辉当选正、副议长后，在营救中共地下党员和推荐进步人士方面，都给予任致中一定的帮助。[2]

县参议会的出现，增加了国民党县域政治斗争的复杂性，在有些地方甚至演变成赤裸裸的威胁暗杀。1947 年 5 月 1 日，已被停职的陕西镇安县县长孙浚伯带领数名卫士将县参议会议长李维翰、秘书万武英及其他 2 名参议会工作人员杀害，该案由 "李维翰、万武英等身居民意领袖，负有效劳党国之使命，及为民众除弊兴利之言责，有时难免获罪于当道，以忠言逆耳，时生冲突" 而酿成。[3] 1946 年，洛阳县参议会改选，出现了政府派和党部派之间的争夺。政府派包括行政督察专员公署、三青团、县政府、国民兵团、军统和地方武力各单位，党部派包括县党部、参议会、省调统室（中统）等各单位主要人物。选举前夕，双方施展各自本领，对代表们软硬兼施。"县党部想操纵全县政权，把党部全部职员列入候选人之内"，使他们各回本乡镇活动，并

1　孙绳武：《国民党汤阴县党部纪事》，《汤阴文史资料》（河南）第 1 辑，第 56—57 页。

2　任致中：《回忆解放前夕我在兴平的一段经历》，《兴平解放》（陕西）第 7 辑，1988 年，第 41—42 页。

3　《镇安县长等共同杀人案　最高法院三月不判　副议长王荫棣呼吁依法处刑》，上海《大公报》1948 年 1 月 26 日，第 5 版。

无故将工会主席和农会主席换为党部人员。在乡间选举代表时，"两派各利用当地武装势力，把代表们分别集合，不准自由活动，名为保护安全，实系监视行动。及至写票时，会场内外，满布便衣，手持短枪，来往如梭"。有的乡镇选举时"寨上高架机枪，村中临时戒严，满布岗哨，如临大敌"。选举临近，许多参议员不敢随便外出走动，生怕出现意外，但党部派议员尚叔愚仍在一天晚上被打得头肿眼青，好几天没有起床，不过这位议员仍表示准备抬棺材参加投票。选举揭晓，书记长庞桂馥当选正议长，仍是地方派人物当权，之后两派之间斗争更加激烈。[1] 1947年底，陕西省城固县发生县参议会秘书陈珍珊被杀案，据闻与他和县党部联合控告县长贪腐有关："陈珍珊是县参议会的秘书，据说和县党部关系很好，他之所以能出任县参议会的秘书，也多得力于党部之助。在陈未死之前数月，一度曾联合该县各参议员，由他自己领衔，控告该县县长孟若侗，派'不敷款项'达十三亿之数，当时颇开罪于孟县长。惨案发生的晚上，孟县长到乡下去视察工事去了，和他同行的是县青年团负责人余仙洲及地方治安首长。因此，在事后就有人猜测，孟县长与余干事长之避出，与此案可能有关。陈秘书的妻子在惨案发生后，向警察局报告时，曾说她的丈夫在被杀之前，曾向她慨叹过城固环境之恶劣，并且告诉她，最近有人要谋害他，而主谋者就是县长孟若侗和青年团余仙洲干事长。"[2]县参议会人士与县党部联合，亦不能与县长的暴力政治相抗衡。1947年，江苏省句容县参议会开会时，议长张雍冲因掌握县政府前军事科科长张恨愚贪污证据，要求对方出席参议会报告役政情况，而张恨愚数次均未出席，张雍冲便声称下次开会要公开其贪污罪证。张恨愚杀机顿起，雇人将张雍冲杀

1　刘梦成：《洛阳县参议会的选举内幕》、杨鲁轩遗稿《洛阳县参议会成立始末》，《洛阳文史资料》（河南）第1辑，1985年，第89—98页。

2　《城固新年前血案　参议会秘书遇刺　县长有罪嫌被拘进专署　证人说他与死者有仇隙》，天津《大公报》1948年2月16日，第5版。

害。[1] 双方矛盾激化，导致命案发生。

为了本集团利益，"党""团"之间也互不相让。如 1945 年福建省平和县参议会选举时，因正、副议长人选的问题，"党""团"双方意见分歧，且双方代表各居其半，遂形成僵局。按规定，会议出席人数必须超过半数，否则不能开会。于是"党""团"一方召开会议时，对方均不出席，竞选成为旷日持久的拉锯战。后因增加了民船公会、县商会和县教育会的代表，"团"方最终胜出。[2]

总的来讲，在县参议会和县党部面前，县政府仍然是强势的一方。贵州省贵筑县临时参议会时期，县政府军法承审员许某因在参议会被质询得丑态百出，次日"竟邀约贵大同学百余人"拥入县党部，痛打县党部书记长兼县临时参议会副议长杨安盛，并捣毁县党部。县参议会成立后，风闻县政府有贿卖乡镇长和贪污嫌疑，县长胡哲先因此被议员们在参议会例会上质疑得哑口无言。胡县长恼羞成怒，认为面子受损，后又因其亲信在县党部改选中落选，更加怀恨参议会和县党部中的部分议员，于是借故关押了议员陈光裕。之后，胡县长从"一个关于国民党中央在重庆召开的一次参政会的文件里，找到了一段关于国民党地方党团组织属于群众团体，其经费开支来源自筹，政府不作补助的文字，便以此扣发县党部经常事业等经费，致使县党部工作人员的工薪积欠很久，生活受到影响"，业务也陷入瘫痪。不仅如此，县长胡哲先还以"异党份子打入县政府阴谋捣乱"为由，逮捕了参议会副议长罗浮仙。县参议会在此时期也陷入瘫痪状态。不久，胡哲先调离贵筑县，参议会尽管复会，但遭胡打击后也没能按期召开常会，"参议员大多沉默应付了事"，不再有之前"那种畅所欲言的热烈场面了"。[3] 1946 年，在江苏省镇江县临时

1　秦今宝：《张雍冲被刺前后》，《句容文史资料》（江苏）第 8 辑，1990 年，第 51—52 页。

2　林冬青：《我所知道的平和县参议会》，《平和文史资料》（福建）第 5 辑，第 13—14 页。

3　罗浮仙：《贵筑县参议会纪实》、汪汝衡：《一九四三年至一九四九年国民党统治下的贵筑县参议会概况》，《花溪区文史资料选辑》（贵州）第 7 辑，1990 年，第 9—10、18—19 页。

参议会一次例会上，县政府军事科科长被质询得难于应付，露出了旧军人的原形，拍着台子说："我就是这样办，看你们能把我怎样？"[1] 真是秀才遇到兵，有理说不清，制度规定不如军权的权威大。

此外，地方势力也极力参与控制县参议会，从而巩固和扩大已有的利益。在湖北省谷城县，县政长期以来控制在地方实力派刘慈生手中。刘与国民党军长于学忠有旧交，曾在于的部队任团长、少将留守处处长等职，回到家乡后，四乡绅士都依附于他，是谷城政坛的铁腕人物。1945 年县参议会成立时，刘支持曾任县教育局局长的方近思竞选参议长，对手是有县长支持的县党部书记长彭金镛。竞选前，尽管彭金镛将两派参议员都接到家中盛情款待，甚至县长也在彭家奉陪，但在刘慈生的影响下，方近思仍在竞选中胜出。方当上议长后，一意孤行，专横跋扈，刘慈生无法控制，遂在 1948 年选举中另扶植谷城西南山区"四大金刚"之一的张棣莘参加竞选。最终，这个"山中的大王"当选议长，成了刘慈生控制下的傀儡议长。[2]

作为正副议长主持下的县参议会在实际运作中，其社会功效如何，又是否真正起到民意机关的作用呢？

从实际运行看，县参议会这种民意机关在一定程度上履行了其职责，也取得些许效果。如就对县政监督而言，一些违法渎职、贪污舞弊者受到揭发和检举。1943 年，四川省万县担任扩建梁山飞机场工程出纳主任的何玉书因贪污被群众检举到县参议会，参议会查明后向法院起诉，何玉书被判监禁两年。[3] 1946 年，榆林县参议会弹劾航委会工程处工程师李某某、会计师兼秘书杨某案引发舆论关注。榆林成立机场跑道委员会，赶修机场，该跑道工程费原为 1.7 亿元，后以款项不足，又增 5000 万元，共 2.2 亿元，概由该委会保

<hr>

1　杨方益、杨秉衡：《镇江县参议会始末》，《丹徒文史资料》（江苏）第 5 辑，1990 年，第 87 页。

2　李富强、余国俊：《刘、方、彭派系斗争内幕》，《谷城文史资料》（湖北）第 2 辑，第 11—16 页。

3　严觉生：《万县参议会的组成和活动》，《万县文史资料选辑》（四川）第 3 辑，1989 年，第 33 页。

管。该会所雇工人，不过三四千人，工资本就不多，又被克扣不能按日发放，以致半月后还未获得任何酬金者很多，很多人白做工后甘愿放弃应得工资偷跑完事。因此工人日渐减少，修成的跑道多不坚实。后征用民工6万多人，虽较前为好，但整体质量显然有问题。而李某某、杨某则耽于吃喝嫖赌，不注意工程，且各纳一妾，金屋藏娇，过着豪华生活。"吸大烟，日非数万不能过瘾。此外包工头所雇工人不足额数，对民工发价亦无合理标准。"故榆林参议会特提出弹劾，"李杨二人遂被羁押于警备司令部。西安闻讯，乃派空军飞行科梁科长飞榆考查，但无结果，日前梁带该二人飞返西安，将重行审讯"。[1] 所谓"重行审讯"是否实行不得而知，但县参议会对此案确实发挥了地方监督作用。1946年，包头因入夏后黄河水暴涨形成洪灾，给人民生命财产造成严重损失。面对此状，"包头县参议会于十月二十四日召集地方慈善团体开会，商讨救灾办法，并成立水灾救济委员会，派代表七人赴省垣呼吁救济"。[2] 可以说，在地方共同体面临严重灾害危机时，县参议会出面发挥了维护县域地方民众利益的作用。1948年夏，江苏省镇江县某保安团军官带领刚被抓丁入伍的士兵在一浴室洗澡，有壮丁从浴室后门逃跑。该军官发现后便借机将浴室女店主抓走，企图敲诈勒索。浴室工作人员赴县参议会求援，后者了解情况后同省保安司令部接洽，不久，该浴室女店主被释放回家。[3] 参议会尽了其民意代表机关的监督职责。

再就接受请愿权而言，县参议会也能给予民众一定帮助。如1948年间，物价飞涨，常熟地区公职人员生活难以维持，就推派代表到县参议会请愿。

　　1　《榆林暂告无恙　陕北大战恐难免　大批援军粮秣运抵榆林　地瘠民贫人民濒于死境》，天津《大公报》1946年12月9日，第4版。

　　2　《包头水灾　黄河决口　四乡被淹　尸体漂流　未死灾民待救　参议会召慈善团体商振济》，天津《大公报》1946年11月3日，第4版。

　　3　杨方益、杨秉衡：《镇江县参议会始末》，《丹徒文史资料》（江苏）第5辑，第88页。

经过协商，县政府动用本县积谷变价，"从 1948 年 4 月份起，照底薪 24 万倍发放"。[1] 同年，内蒙古东胜县受灾严重，饿殍遍野，县参议员通过发文章、赴省请愿等方式要求省政府赈济灾民，最终，省政府拨了一部分救济粮款。[2] 此外，有的县参议会就县政兴革事宜提出建议，县政府也予以采纳执行，在一定程度上纾解了民困。1943 年，抗战进入更为艰苦的阶段，抓丁、征粮等要政弊端百出，老百姓视之为毒蝎。贵筑县参议会有鉴于此，建议县政府改善征兵措施，将全县壮丁可服兵役者，根据户籍名册不分贫富，一律编号，采取在参议会礼堂抽签的方法抽取壮丁，并组织监察委员会检查核对。在征税上，县参议会建议改变过去的招标承包方式，改为公布标额，"定期在县府礼堂当众投标、当众开标、当众宣告中标者姓名，并榜示周知"，从而避免徇私受贿和掉标等弊端。对田赋征收量具，县参议会建议统一定制烙印，分发各粮仓应用，征粮时，组织监察委员会，聘请地方公正人士为监察员，临场检查验看，县田粮处也照此执行办理。[3] 县参议会在具体问题上，无疑是做了一些工作，尽了一些努力。

但就整体而言，由于县参议会职能有限，内部派系纷争不断，再加上参议员主要代表县域社会上层群体利益，其社会功能的发挥非常低效，县参议会成为形式，甚至流为贪腐场所。当时参议会讨论的各种事项中，最重要的是上级部门分配下来的筹粮、筹款及征兵。对于这些问题，参议会不得不议，也不敢不决，县政府更是积极执行，因此老百姓把参议会看成"给县政府审议筹款的机关"。[4] 除此事项之外，不少地方县参议会开会时仅是走个过

1　汪青萍：《常熟参议会采访见闻》，《常熟文史资料辑存》（江苏）第 14 辑，1987 年，第 82 页。

2　李先唐：《东胜县参议会始末》，《东胜文史资料》（内蒙古）第 1 辑，1984 年，第 39 页。

3　汪汝衡：《一九四三年至一九四九年国民党统治下的贵筑县参议会概况》，《花溪区文史资料选辑》（贵州）第 7 辑，1990 年，第 19 页。

4　西乡县政协文史委、西乡县档案馆：《西乡县临时参议会和参议会》，《西乡县文史资料》（陕西）第 5 辑，1993 年，第 46 页。

场。黔江县参议会开会时，"都是由县参议会事先拟好了条款，参议员无非是发表点意见，举举手表决而已"，开会期间可以吃几顿饭，会后还可以打麻将、玩纸牌，快活快活。"至于参议员在开会提出的议案大多是议而不决，决而不行。"[1] 在湖北省宜昌县，每次参议会开会时，不少单位都要以联络感情为由纷纷宴请全体参议员。参议会秘书处往往需要合理安排早中晚餐的请主，宜昌县各大酒楼饭庄一时忙得不亦乐乎。参议员们"一个个吃得嘴角冒油，醉态可掬"，但"吃了人家的口软"，对于那些贪污营私、偷税漏税的经济部门的处局长，虽有民间揭发这方面的提案提出，但参议会往往是会而不议，不了了之。[2] 在此情况下，县参议会反而起到了相反的作用，如国共内战时期辽宁兴城，"县当局因物价飞涨，乃由党政机关及县参议会组成物价平抑委员会，但所平抑之价均较现价为高，如高粱米每斗市售四百五十元，平抑价格则为五百五十元……平抑仅为具文"。[3] 平抑之物价均较现价为高，不仅是对民众的敷衍，更是对民众的欺骗。1948年江苏省崇明县参议会在开会期间，一位议员直言"议会等于零"。当时"县参议会第二次大会已于二十五日开幕，参议员总数三十四人，到者仅十九人，议场空气异常消极。开会致辞时，年高德劭的参议员陈连说：'现状使人灰心。'某参议员也说：'议会等于零。'原因是为该会自临参会到现在，一年多的时间中，通过的案子，一件也没有彻底办过"。[4] 在当时政治生态下，县议会整体看确实难有作为，但即使如此，仍为县政府所不容。在江西省鄱阳县，参议员在开会期间遭受县长非法搜捕，此类事情在其他地方也有发生。在武宁县，县长于参议会开会时"率领科长、科员及武装警察等数十人，叫嚣会场，

---

1 李月波：《我对县参议会的点滴回忆》，《黔江文史资料选辑》（四川）第4辑，1989年，第79页。

2 张懋周：《记宜昌县参议会》，《宜昌市文史资料》（湖北）第8辑，1987年，第75页。

3 《东北各地粮运解禁 除稻米外可自由运销 兴城一般物价有波动》，天津《大公报》1946年10月5日，第4版。

4 《议会等于零》，天津《大公报》1948年3月31日，第5版。

殴打县党部书记长兼县参议会副议长"，逼迫参议会通过或不通过某项议案。[1]一位县长在县参议会上的讲话淋漓尽致地揭露了当时县参议会的尴尬地位："参议会，什么民意机关？这是用来哄美国人的，你们（指参议员）硬拿来当真了么？"[2] 事实上，除了"哄美国人"外，更多还是笼络人心。县参议会难以在正面作为，则不免做出与职责相反的行为。1945 年秋，四川省南充县参议会发生侵蚀赈款粮案，据报"川北南充县去秋遭水灾，省府曾拨振谷五万石，现金五千万元，由县参议会主持放振。迄今每一灾民仅得法币五百元，大批余款及粮谷五万石分存县参议会。该会近并将此五万石谷廉价拍卖，多为县参议员所购去。该县士绅对此种不法行为，已搜集确击之证据，向法院起诉。南充旅蓉各大学学生已推定代表向省府及省参议会请求澈查此案真象，俾肃清贪污，以惠灾黎"。[3] 县参议会极易沦为国民政府官场的另一处腐败之地。

第六节　县域内区长、乡镇长、村长及保甲长群体状况

南京国民政府建立后，为了开展大规模的县政建设，开始规划和创设县以下各级组织，将国家政权的触角伸向农村，以利于从基层汲取县政建设所需的大量资源。本节从县以下各级组织负责人入手，考察南京国民政府县政在底层运作的具体情况。

一　乡村控制背景下区长、乡镇长、村里长及保甲长群体的角色定位与演变

20 世纪上半叶，在中国由王朝政治向政党政治过渡的过程中，国家政权

1　李德培：《县各级民意机关论释》，江西宁都生教出版社 1945 年版，"序言"，第 2 页。

2　罗浮仙：《贵筑县参议会纪实》，《花溪区文史资料选辑》（贵州）第 7 辑，第 8 页。

3　《南充振款落入县参议会之手》，天津《大公报》1946 年 5 月 30 日，第 3 版。

都面临探索并重建基层社会秩序的问题。对于标榜"革命精神"和"民治精神"的国民政府来说，建设一个有效的、现代的且具有"民治"精神的基层政权，以最大限度地整合并动员乡村资源，树立起新政权在基层民众心目中的权威，是一个亟须解决的难题。直至在大陆统治终结，国民党政权共实施了三种乡村治理结构：一是自治模式下的县—区—村里—闾—邻结构，后改为县—区—乡镇—闾—邻结构；二是自卫体制下的县—区—保—甲结构；三是新县制规制下的县（区）—乡镇—保—甲结构，这一结构表面与前相同，但法律定位差异很大。

（一）自治模式下区长、村长、乡镇长的角色定位

1928—1934 年，南京国民政府先后颁布《县组织法》《乡镇自治施行法》《区自治施行法》《各省县市地方自治改进办法大纲》《改进地方自治原则》《改进地方自治原则要点之解释》等一系列自治法规，勾勒出县域政治秩序的初步脉络，对区长、乡镇长进行了定位。在自治框架下，县之下组织先被确定为区—村里—闾—邻四级，旋改为区—乡镇—闾—邻四级。各县按户口及地方情形划分为若干区，除因地方习惯或地势限制及有其他特殊情形外，每区由 10—50 乡镇组成；乡镇均不得超过千户；乡镇居民以 25 户为闾，5 户为邻，但一地方因地势或其他情形而户数不足时，得依县政府的规划而成闾邻。

在自治模式下，区为自治层级，有立法、行政、司法、监察等机关之设。[1] 作为这一层级行政组织的区公所，既是一种自治组织，又是介于县政府和乡镇公所之间承上启下的佐治机关，身兼自治行政和国家行政于一身。区公所设区长 1 人，在民选以前暂时由民政厅就训练考试合格人员中委任；区长民选时，区长由区民大会选出，由县政府呈报省民政厅备案。不论委任还是

1　作为自治层级，区的立法机关为区民大会，行政机关为区公所，司法机关为区调解委员会，监察机关为区监察委员会。

民选区长，任期皆为 1 年。委任区长任期 1 年后办事有成绩者可连任，民选区长任期满 1 年后亦可连选连任。区长如有违法失职行为，委任区长由县长呈请省政府罢免，民选区长则由区监察委员向区民纠举，再由区民大会决议罢免。区长为有给职，委任区长的俸给由县政府呈请省政府核定，民选区长的俸给则由县政府根据区民大会的决议呈请省政府核定。区长的职权除了办理本区域自治事务外，还需承办县政府委办事项，就具体内容而言，包括户口调查及人事登记、土地调查、公共建设、教育及文化、保卫、国民体育、卫生疗养、水利、造林及植被保护、农工商业的改良及保护、移风易俗、社会救济、财政预算等事项，几乎是无所不包。凡区民违反政府法令、区自治公约或议决案以及触犯刑法有确凿证据时，区长可分别轻重缓急，报告区务会议，或呈请县政府处理。但如区民违反刑法有确凿证据，区长认为必要时，可先行将其拘禁，同时报告给区务会议或呈报县政府，并函送该嫌疑人到司法机关处理。由于当时各省办理地方自治进展缓慢，除了区公所普遍设立外，其他区级自治机关多不健全。早期的区公所规模不大，除区长外，仅有办事人员 3—5 人。

根据 1928 年的《县组织法》，区之下设村里，为一自治层级，村置村公所，设正副村长各 1 人，里设里公所，置正副里长各 1 人，管理该村里自治事务。正副村长、正副里长由村民大会或里民大会选任，并由区公所呈报县政府备案。他们有违法失职行为时，由村民大会或里民大会罢免改选。区长民选前，正副村长、正副里长由村民大会或里民大会选出加倍人数，报由区公所转请县长择任，并由县长报民政厅备案；以上正副村长、正副里长违法失职时，村民大会或里民大会应报由区公所转请县长罢免，县长也可以自行罢免。[1]

1929 年，国民政府修正公布《县组织法》，主要变化在于将自治层级的村

1　《县组织法》（1928 年 9 月 15 日），徐秀丽编《中国近代乡村自治法规选编》，第 87—88 页。

里改为乡镇。乡镇分别置乡公所和镇公所，设正副乡镇长各 1 人。[1] 正副乡镇长由乡民大会或镇民大会选任，并由区公所呈报县政府备案。正副乡镇长民选前，由乡民大会或镇民大会选出加倍人数，报由区公所转请县长择任，并由县长呈报省民政厅备案。正副乡镇长如有违法失职行为，乡民大会或镇民大会可决议罢免改选。民选前，乡民大会或镇民大会应将违法正副乡镇长报由区公所转请县长罢免，县长也有自行罢免正副乡镇长的权力。正副乡镇长任期皆为 1 年，可连选连任。正副乡镇长为无给职，如情形需要，可支办公费，具体额度由区公所根据乡民大会或镇民大会的决议，呈请县政府核定。与区长稍有不同，乡镇长的职责主要是办理本乡镇自治事务。凡乡镇民违反政府法令或县区命令、违反乡镇自治公约或议决案以及触犯刑法时，乡镇长可分轻重缓急，报由县政府或区公所处理。如有乡镇民触犯刑法事情发生，乡镇长可先行将其拘禁，再分别呈报区公所和县政府，并函送该嫌疑人到司法机关。[2] 需要指出的是，此法公布后，许多省份陆续采行，独山西仍按 1928 年的规制采村里制。

　　总的来讲，自治体系下的区长、乡镇长有以下特点：第一，区长一身二任，除被定位为协助选民筹备地方自治的角色外，还承担了县政府的佐治员角色，而此体系下的乡镇长角色更加专一，主要负责地方自治建设；第二，就职权而言，无论区长还是乡镇长，皆有对辖区内民众的人身处置权，这不可避免地为他们提供了滥施权力、欺压民众、培植私人势力的合法空间；第三，任免权方面，因地方自治进展缓慢，区长、乡镇长的任免权始终掌握在上级行政机关手中。

1　如该乡镇住户在百户以上，每增百户增设副乡长或副镇长 1 人。

2　《县组织法》（1930 年 7 月 7 日）、《区自治施行法》（1930 年 7 月 7 日）、《乡镇自治施行法》（1930 年 7 月 7 日），刘振东主编，焦如桥编辑《县政资料汇编》上册，第 211—214、220—226、232—243 页。

（二）"自卫"体系下区长和保甲长的角色定位

从 1932 年开始，豫鄂皖三省"剿匪"总司令部、国民党中央和国民政府陆续出台了《剿匪区内各县区公所组织条例》《剿匪区内各县编查保甲户口条例》《剿匪省份各县分区设署办法大纲》《各县分区设署暂行规程》等法令，以"自卫"为核心的县—区—联保—甲乡村控制体系建立，区长的角色被重新定位，保长、甲长也在当时政治舞台中抹上浓重一笔。

在这种体系下，区长的名称未变，但其社会定位迥然不同。其变化主要有以下方面。第一，区的名称，由原来的区公所、区办事处，逐渐改称区署。而区的性质，明确定位为官治行政机关，是县之下的一级纯粹协助县长推行政令的机关，区长的定位，也变为纯粹辅佐县长推行政令的官吏。第二，区长的职责，主要是管、教、养、卫，不再负责地方自治的相关事务。第三，明确规定区长为委任职，由县长就合格人员中遴选后呈请行政督察专员或省政府委任，以回避本县籍为原则。省政府对于县长呈请核委的区长认为不当时可驳回，饬县长重新遴选或由省政府直接委派。第四，区长候选人的资格前期较宽松，以后趋于严格。1934 年 12 月公布的《剿匪省份各县分区设署办法大纲》规定，区长必须年龄在 25 岁以上且具备下列条件之一：各省地方政务研究会或县政研究会会员之及格者；豫鄂皖三省总部核定预保县长合格者；候选公务员考试或普通高等文官考试及格者；曾在专科以上学校毕业，且服务党政军各机关满一年以上者；曾在中等学校毕业，且服务党政军各机关或法定人民团体满两年以上确有成绩者。以上人员还须经省政府重加甄别，审查合格后在区政训练班施以三个月的区政训练及军事训练后，根据其毕业成绩造册，分区长、区员两类，备各县候选。以下人员不得充任区长：有危害国家行为，曾被判刑者；褫夺公权尚未复权者；曾经"通匪"，悔过自新，尚在察看管束期内者；亏空地方团体或机关公款，尚未清偿者；吸食鸦片或代用品者；心神丧失不足以胜任者。第五，县长对区长有指挥、监督及考核权，县长在三个月内，每区至少巡视一次。第六，区长任期为三年，任期内非受惩戒处分，不得更换；但在第一年试署期内，如成绩不良或才不胜任者，不在此限。第七，区长任职三年以上且成绩优异者，如已取得县长资格，则以县长尽先任用。如未取得县长资格者，则以县长存记任用。第八，明确区的等级和区长的薪俸，区署分甲、乙、丙三种，区长的薪俸从委任七级至委任四级不等。[1]

保甲长是国民政府为应对内忧外患的危局，在乡村抛弃地方自治体系后，仿照古制保甲，扶植起来的新基层控制群体，其核心在于培植服从精神，强化地方控制。从1929年开始，国民政府就有要求各省创办保甲的训令出台，至1932年8月，保甲制度在豫鄂皖三省"剿匪"总司令部的推广下，逐步在全国其他省份实行。后来，国民党中央、国民政府也在"容保甲于地方自治"的理由下，训令各省切实创办保甲。至1937年底，全国大多数省份保甲已编组完成。[2] 此后，区—保—甲式的乡村控制体制在江西、河南、湖北、安徽、福建、陕西、四川、贵州、云南等"剿匪"省份普遍建立。保甲编组以户为单位，户设户长；10户为甲，甲设甲长；10甲为保，保设保长。编余之户，不满一甲者，6户以上另立1甲，5户以下并入邻近之甲；编余之甲，不满1保者，6甲以上另立1保，5甲以下并入邻近之保。从性质上来看，保、甲长都属于当时乡村基层控制单位，是国民政府强化乡村控制、汲取基层社会资源的基本触角。保、甲长的任免权操之于区长和县长，甲长的推定或变更，

1　参见《剿匪区内各县区公所组织条例》（1932年8月）、《剿匪省份各县分区设署办法大纲训令》（1934年12月29日）、《剿匪省份各县分区设署办法大纲》（1934年12月29日），刘振东主编、焦如桥编辑《县政资料汇编》下册，第679—695页。

2　截至1937年，江苏、浙江、安徽、江西、河南、甘肃、绥远、宁夏、广西、福建、湖北、湖南、四川、贵州、南京、北平等16个省市的保甲已编组完成，广东、陕西两省的保甲尚在编组，青海因经费困难编组后即行停顿，河北、察哈尔两省章则已经拟定，但尚未实施，西康省正在准备办理，山西省呈请缓办，云南省则沿用保卫团制度，新疆、山东两省及天津、青岛两市全未举办，上海市及威海行政区尚未拟订章则。李宗黄：《现行保甲制度》，中华书局1943年版，第30—34页。

由甲内户长（由该户家长充任）联名报告于保长，由区长加给委任；保长的推定或变更，由保内甲长联名报告于区长，再由区长呈报县政府加给委任，并由县政府呈报该管行政督察专员公署及省政府备案。以下人员不具有保甲长资格：未满 20 岁者；非本地居民者；有不良嗜好者；曾被判刑者；褫夺公权，尚未复权者；曾被迫"从匪"，虽悔过自新，尚在察看管束期内者。保长受区长的指挥监督，负责维护本保秩序，其职责包括监督甲长执行职务、辅助区长执行职务、教诫保内民众、辅助军警搜捕疑犯、检举疑犯、救灾御匪、分配保内任务及保内财务收支预算、编组壮丁队等。甲长受保长的指挥监督，负责维护甲内秩序，其职责包括辅助保长执行职务、清查甲内户口、编制门牌、检查甲内奸宄、救灾"御匪"、辅助搜捕疑犯、教诫甲内居民、编组壮丁队等。[1] 该制因被赋予征收办公经费和编组壮丁队之权，为保甲长滥施权力大开了方便之门。

需要指出的是，有的省份在取消闾邻、编组保甲时，在区署下仍保留了乡镇一级的设置。在这种区—乡镇—保—甲的控制体系下，保甲长的上级机关又多了一层。实行这种体系的，有江苏、浙江、云南、湖南、广西、绥远、青海、察哈尔、宁夏等九省。[2] 而乡镇长在这一体制下角色也不再是地方自治的代表，而成为国民政府加强乡村控制的关键一环。

（三）新县制规制下区长、乡镇长、保甲长的角色定位

自 1939 年 9 月 19 日起，国民政府先后颁行了《县各级组织纲要》《各县保甲整编办法》《乡（镇）组织条例》等法令，国民政府的乡村控制体系变为县（区）—乡镇—保—甲结构，区长、乡镇长、保甲长的角色定位再次改变。

1　《修正剿匪区内各县编查保甲户口条例》（1935 年 7 月 19 日），刘振东主编，焦如桥编辑《县政资料汇编》下册，第 611—623 页。

2　魏光奇：《官治与自治——20 世纪上半期的中国县制》，第 206—207 页。

新县制下的区长与前两种体系下所扮演的角色都不同。就性质而言,新县制下,区署既非自治层级,也非行政层级,仅是县政府的辅助机关,或者说是县政府的派出机关。区署设区长 1 人,代表县政府督导各乡镇办理各项行政及自治事务。区的划分以 15—30 乡镇为原则,只有在县域面积过大或有特殊情形时才分区设署,未设区署之区,由县政府直接派员指导。区长为有给职,其资格必须为甄选训练合格人员。同之前相比,区署编制、职权大为缩减,区署除了区长外,有指导员 2—5 人,分掌民政、财政、建设、教育、军事等事项。区署所在地得设警察所,在区长的指挥下执行地方警察任务。这时候的区情形特殊,新县制实施后,区署被普遍裁撤,到 1942 年 5 月,全国被裁撤的区署共 782 个。[1]

在新县制下,乡镇成为一级自治机构和基层民意机关,乡镇长被定位为这个民意机关的代表。乡(镇)的划分以 10 保为原则,在 6—15 保之间,乡(镇)设公所,置乡(镇)长 1 人、副乡(镇)长 1—2 人,由乡(镇)民代表大会选举产生。乡(镇)长候选人必须具备以下资格之一:经自治训练及格者;普通考试及格者;曾任委任职以上者;师范学校或初中以上学校毕业者;曾办地方公益事业著有成绩者。乡(镇)长及副乡(镇)长的任期皆为两年,连选连任。乡(镇)长的职权主要是处理本区域的自治事务,同时亦负责政府交办的各种事项。

在新县制体制下,保甲成为乡镇这个自治层级的内部组成细胞,保甲长则成为这个细胞的核心。与过去规定相比,保甲的编制变化不大,差别主要在于选任方式上——"自卫"时代的保甲长规定由推举产生,而新县制下的保甲长在办理选举以前仍由乡镇公所推定,呈请县政府委任,办理选举后则由选举产生。保设保办公处,置保长 1 人,副保长 1 人,由保民大会在本保内

1　当时尚余区署 1570 个。忻知选辑《各省实施新县制推行地方自治成绩总检讨》,《民国档案》2005 年第 3 期,第 43 页。

选举产生后再由乡镇公所报告县政府备案。正、副保长候选人须具备以下资格之一：师范学校、初级中学毕业或同等学力者；曾任公务人员或在教育文化机关服务 1 年以上著有成绩者；曾训练及格者；曾办地方公益事业者。保长、副保长任职两年，连选得连任。甲长由户长会议选举产生，由保办公处报告乡镇公所备案。[1]

二　区长、乡镇长和村长群体之静态考察

为保障以上体系顺利运转，南京国民政府从中央到地方陆续配套出台许多县政人员选拔、训练办法，试图培养出合格的区长、乡镇长及保甲长，而在不同时段，这些训练的重点也有所不同。

自治体系下的培训，除了技术性、常识性知识外，重点在"党治精神"、"革命精神"和"自治精神"。内政部在提到区长培训时，认为区长须了解党义、须平民化、须力求廉洁以及应有指导人民办理自治的热心和能力。[2]江苏省对乡镇长副的训练，则包括党义纲要、公民教育纲要、现行地方自治制度要义纲要、职业教育纲要、军事训练纲要、公共卫生要义纲要、建设民众运动纲要、乡镇民四权行使之演习纲要、测量常识纲要、统计常识纲要等。[3]

"自卫"体系下的培训，除了技术性、常识性知识外，重在培养其"党治精神"和"服从精神"。如福建省分区设署后，为弥补区政人员的缺乏，开设县政人员训练所，内分财政班、建教班、民政班、督学班、区政班、建筑技副班及三等度量衡检定班。区政班的教学"以党义党纲之宣扬与实施为宗

1　《县各级组织纲要》（1939 年 9 月 19 日），刘振东主编，焦如桥编辑《县政资料汇编》下册，第 601—605 页。

2　《各县设立区长之意义》，《新闻报》1930 年 1 月 17 日，第 9 版。

3　《江苏省各县乡镇长副训练课程纲要》，《区政导报》第 2 期，1929 年，"政令"第 2—11 页。

旨"，课程有党义、党史、民政、警察、福建经济、合作、政府会计、现行法律、调查与统计概要、小学教育、民众教育、农工业常识、医学常识、简易测绘、军事学、军事操等17种。[1] 江西省在抗战时期亦设立江西省地方政治讲习院，其任务专为调训县、区、乡镇干部。讲习院制定了一套"管、教、养、卫"四合一的集训方案，上下午皆安排政治业务课，课目繁多，有"三民主义""总理遗嘱""总裁言行""县政纲要"等必修课，另按不同的职务分工编组，分别授以民政、教育、建设、户口、财政、妇女、征兵与壮丁训练、救济、禁烟等10多个课目。这些课多为空洞政治说教，强调所谓"三个至上"（国家、民族、胜利至上）、"三个集中"（军事、意志、力量集中），以及"三个一"（一个主义、一个政府、一个领袖）理论。[2]

新县制体系下的训练，其内容与以前大致相同，不过重新加入了地方自治内容，作为点缀而已。

其实不管以上哪种体系下的训练，作为组训方来说，都只是希望将这些县政人员控制在自己的派系之下。如江西省政府主席熊式辉在给学员的精神讲话中，总是暗示学员做"公勇"派，忠于自己。[3] 西康省政府主席刘文辉在培训学员时，要求他们"忠于自己，为己所用"，"考察方法是利用干部之间互相了解，互相监视，把情况直接间接报告于刘"，学员们"都知道要在自己头上刻一个刘字"。[4]

这些群体的面貌如何呢？下面分别以1933年安徽省和1935年江苏省的区长为例，以窥一斑（见表4-24、表4-25）。

1　《福建省县政人员训练所工作报告》（1935年2月7日至1936年9月10日），《福建县政半月刊》第1卷第5期，1936年11月，"报告"第1—16页。

2　陈勉哉、吕先春：《"江西地方政治讲习院"受训记》，《赣州文史资料》（江西）第1辑，1985年，第67—69页。

3　陈勉哉、吕先春：《"江西地方政治讲习院"受训记》，《赣州文史资料》（江西）第1辑，第70页。

4　李东川：《西康省县政人员训练所回忆录》，《雅安文史资料选辑》（四川）第3辑，1986年，第65页。

表 4-24 1933 年 9 月安徽省区长情况

单位：人，%

	出身、资格											
类别	大学	专门	中等学校	区长训练所	自治学院	警官学校	军校	高小毕业	儒业	行伍	商业	未详	合计
人数	21	58	127	95	22	23	10	5	26	4	1	19	411
占比	5.1	14.1	30.9	23.1	5.4	5.6	2.4	1.2	6.3	1.0	0.3	4.6	100

	年龄										
年龄段	21—25岁	26—30岁	31—35岁	36—40岁	41—45岁	46—50岁	51—55岁	56—60岁	61—65岁	66 岁以上	未详	合计
人数	4	79	103	74	49	41	23	19	6	2	11	411
占比	1.0	19.2	25.1	18.0	11.9	10.0	5.6	4.6	1.5	0.5	2.6	100

	经历									
类别	教职	区长	保卫团	党务	警职	行政	地方公益	军职	曾办地方自治	未详	合计
人数	120	62	49	46	41	26	26	22	7	12	411
占比	29.2	15.1	11.9	11.2	10.0	6.3	6.3	5.4	1.7	2.9	100

资料来源：《安徽省各县区长姓名资历统计表》，《安徽民政季刊·视察专号》第 1 卷第 1 期，1933 年，第五编"统计·区政统计"，第 1—35 页。

表 4-25 1935 年 8 月江苏省区长情况

单位：人，%

	年龄（共 61 县，江宁除外）					
年龄段	25—30 岁	31—35 岁	36—40 岁	41—44 岁	45 岁以上	不明	合计
人数	60	105	79	41	49	115	449
占比	13.4	23.4	17.6	9.1	10.9	25.6	100

	出身、资格（共 61 县，江宁除外）						
类别	留学	大学	专门	区长训练所	师范	中学	其他	不明	合计
人数	2	54	29	161	71	56	29	47	449
占比	0.4	12.0	6.5	35.9	15.8	12.5	6.5	10.4	100

	经历（共 61 县，江宁除外）							
类别	区长	区行政局长	区保卫团长	区助理	乡镇长	县政	党务	教育	其他	不明	合计
人数	210	13	7	34	9	28	39	53	13	43	449
占比	46.8	2.9	1.6	7.6	2.0	6.2	8.7	11.8	2.9	9.5	100

资料来源：《江苏民政》第 1 卷第 3、4 期合刊，1935 年 12 月，"统计"第 21—34 页。

表 4-24、表 4-25 中安徽、江苏两省在这时期实行的都是"自卫"体系，就出身、资格来看，两省区长的共同点在于：出身于区长训练所、中等学校及同等学力的区长占比达 60% 左右，专门、大学以上出身者也占近 20%。两省的区别之处在于，江苏省区长出身于大学以上者占比是安徽省的一倍以上，反映了江苏省的政治、经济地位在吸引高层次人才方面的优势。

从年龄层次来看，安徽、江苏两省区长的年龄多在 25—45 岁，占比在 60% 以上。根据规定，区长年龄应在 25 岁以上，但安徽省在这方面有所变通，21—25 岁年龄段的区长也有 4 人；年龄在 56 岁以上的区长也占有 6% 左右的比例，他们多获得旧功名，也有少数系晚清时的赴日留学生。

在经历方面，安徽、江苏两省差异较大。安徽省区长中，旧区长能够继续任职者仅占 15.1%，而江苏省旧区长继续任职的比例达 46.8%，这在一定程度上与安徽省被划为"剿匪"省份有关。1932 年 8 月，安徽省抛弃自治体系，按照豫鄂皖三省"剿匪"总司令部的指示创行"自卫"体系，对于自治体系下的区长，蒋介石并不看好，认为他们出自选举，"必求结欢示好于群众"，欲使他们负"自卫"之责，对"妨害治安"的民众严厉干涉，无异于南辕北辙，[1] 因此，这些区长在"自卫"体系下多被舍弃。

与区长相比，乡镇长和保甲长的情况如何呢？

尽管国民政府在制度上规定自治层级的区长、乡镇长及保甲长都由民选产生，但在全面抗战以前，这些人员几乎毫无例外都由上级部门委任。全面抗战以后，虽然乡镇长和保甲长开始由民选产生，但当选者中有相当大部分都是在这些岗位上供职多年者，他们往往能利用多年来积累的政治、经济及人脉资源，为自己的再次当选铺平道路，从而继续利用手中的权势，在地方上扩展自己的利益。

1　《豫鄂皖三省剿匪总司令部施行保甲训令》（1932 年 8 月），刘振东主编，焦如桥编辑《县政资料汇编》下册，第 608 页。

表 4-26　1946 年四川省民选乡镇长情况

单位：人，%

项别	乡镇长		副乡镇长	
	人数	占比	人数	占比
总计	4286	100.0	4286	100.0
新选	1691	39.4	2264	52.8
原任	2245	52.4	1670	39.0
未详	350	8.2	352	8.2

资料来源：《四川省统计年鉴（1946 年度）》第 1 册，出版者及出版年不详，第 149—150 页。表 4-27、表 4-28 来源同。

表 4-27　1946 年四川省民选乡镇长年龄及学历情况

单位：人，%

年龄					学历				
年龄段	乡镇长		副乡镇长		学历	乡镇长		副乡镇长	
	人数	占比	人数	占比		人数	占比	人数	占比
总计	4286	100.0	4286	100.0	总计	4286	100.0	4286	100.0
25 岁及以下	—	—	—	—	大学	191	4.4	58	1.4
26—30 岁	687	16.0	1057	24.7	专科学校	167	3.9	96	2.2
31—35 岁	1246	29.1	1243	29.0	中学	2524	58.9	2651	61.9
36—40 岁	1223	28.6	1057	24.7	师范学校	307	7.2	343	8.0
41—45 岁	596	13.9	488	11.4	职业学校	57	1.3	59	1.4
46—50 岁	342	8.0	266	6.2	小学	98	2.3	210	4.9
51—55 岁	121	2.8	82	1.9	省训练团	50	1.2	32	0.7
56—60 岁	34	0.8	49	1.1	区训练班	254	5.9	171	4.0
61 岁及以上	19	0.4	21	0.5	县训练所	66	1.5	82	1.9
未详	18	0.4	23	0.5	高考普考及格	3	0.1	—	—
					私塾	176	4.1	282	6.6
					军校	198	4.6	92	2.1
					其他	192	4.5	203	4.7
					未详	3	0.1	7	0.2

表4-28　1946年四川省民选乡镇长经历

单位：人，%

经历	乡镇长		副乡镇长	
	人数	占比	人数	占比
总计	4286	100.0	4286	100.0
党务	55	1.2	37	0.8
行政	387	9.0	265	6.2
军职	296	6.9	231	5.4
司法	35	0.8	27	0.6
自治工作	2172	50.7	2134	49.8
团务	129	3.0	102	2.4
教育	1147	26.7	1422	33.2
农	2	0.1	8	0.2
工	4	0.1	3	0.1
商	13	0.3	7	0.2
自由职业	1	0.1	4	0.1
其他	38	0.9	37	0.8
未详	7	0.2	9	0.2

三　区长、乡镇长、保甲长群体与县域政治

对于县政建设，南京国民政府陈义颇高，对于区长、乡镇长及保甲长群体也抱有极大的期望。然而，在现实政治中，这些人表现如何呢？

以上群体中，区长、乡镇长、村里长最初多被国民政府定位为自治人员，这些人中也确有一部分人敢于站出来维护地方利益，然而，从始至终，这些人员的表现都未能让执政者和民众满意。1929年5月，在河北省密云县，区长尚未正式选举而由县长指定，区长多为旧日区董，对乡民"自有曾欠和善者，又加新划区界"，引发乡民不满，"亦有落台之绅士，从中鼓动，于是各区乡民，群举代表，向县政府提控各区长。而新县长孙镜清，莅任未久，乏

能力处置，对此正在束手，一方区长问题不能解决，一方村里始未能着手编制"。对此状况，舆论认为"密云自治之将来，诚堪叹也"。[1] 在山东省各县，区、乡镇长"率多少不更事，不能造福民众，其中狡黠者流，则更遇事把持操纵，培植私人势力，为害乡里。结果各县公正士绅，率皆裹足退隐，不问县事，而各县县长，亦往往为区长等所挟持，动遭掣肘"。[2] 1936 年 9 月一个月内，湖北省因案撤职的区长就有 5 人，这 5 人的年龄在 29—45 岁，正值年富力强，却行为乖张，既有要挟长官擅离职守、玩忽功令贪污渎职者，也有少不更事荒怠异常者。[3] 尽管此前湖北省已经设立区政训练所对区长进行专门训练，区长违法渎职的情况还是难以遏止。据统计，截至 1936 年 9 月 30 日，湖北省区政训练所第一、第二期毕业学员中出任区长的就有 22 人因案被撤职。考虑到区政训练所 1935 年 9 月才成立，这 22 位区长的任期皆不足 1 年，他们被撤职的原因有贪污渎职、废弛要政、泄露军事外交机密、浮收勒索、要挟长官、擅令职守、不明职守、贻害地方、遇事敷衍、玩忽功令、招摇撞骗、包庇烟赌、勒捐吞款、违法敲诈、设卡抽捐、少不更事、怠惰异常等。[4] 而在国民政府监察院收到的控诉中，区长被控几乎成为常态。1933 年 6 月，江苏省无锡县区长杜某某因违令失职被弹劾，同期，河南省宜阳县第一区区长因庇匪滥杀被交付惩戒，类似的情况，不一而足。[5] 至于乡镇长以下的保甲长群体，问题更大。一位县长用"偏""浮""敷"三个字来概括保甲长的特点，

1　杰人：《各区长纷纷被控》，天津《大公报》1929 年 5 月 25 日，第 8 版。

2　《鲁省注重区长人选》，《安徽民政公报》第 32 期，1934 年 1 月 20 日，"一月来国内民政纪要"第 19 页。

3　《各县区署因案撤职区长员一览表》（1936 年 9 月），《湖北省政府公报》第 246 期，1936 年 10 月 26 日，"训令"第 4 页。

4　《湖北省区政训练所第一、第二期受训学员因案撤职一览表》，转引自杨靖《民国时期湖北县级政权研究（1927—1937）》，硕士学位论文，武汉大学，2005 年，第 22—23 页。

5　《提劾河南宜阳县第一区长张玉藩庇匪滥杀案》（1933 年 6 月 29 日）、《提劾江苏无锡县前任县长陈甫德、现任区长杜锡桢、保卫团支队长周文奇违令失职枪伤难民案》（1933 年 6 月 29 日），《监察院公报》第 19 期，1937 年 7 月，第 107—109、112—113 页。

"偏"就是办事不公正、徇私情，"浮"就是浮派浮收，"敷"则是对工作敷衍了事。[1]

国民政府将触角伸向乡村基层，本有打倒土豪劣绅、净化乡村政治的初衷，但事与愿违，执政者在乡村中创造的数以万计的"合法性职位"，反而为一些宵小之徒变身乡村新权贵铺平了道路。时人指出："多年来的地方公事人员，从联保主任以迄于乡镇长，都是由县长委任的，其为人贤与不肖，当县长的多半是照例不管，随便委任，还有些县长甚至专找些坏虫去充任，因此才可以上下呼应，狼狈为奸，当乡镇长的，只要一张委状在手，于是在乡坝里，就可以作威作福，刮尽地皮，人民既把他们无可奈何，也只有咬紧牙关的忍受。"[2] 河南一位区长的情况是这种新权贵成长的典型。陈潜修，河南辉县第五区商庄人，1929—1930年任区副区长，1931—1932年任正区长，短短四年间，积累起自己在乡村中的权势。其权势主要表现在财力和武力两方面。财力方面，陈利用职权，任意摊派，四年间家里田产从10多亩增加到两三顷，帮他摊派的李某某四年中买田也在500亩以上。有钱之后，陈运用活动能力以金钱买通村长，从而再次当选。武力方面，陈利用财势，扩展私人势力。当县长欲撤换陈且亲自送新区长上任时，陈竟聚集百余人，武装拒绝新区长到任。后来新区长虽勉强上任，但一个月后又被陈赶走。积聚起权势的陈潜修，在乡村社会可以说呼风唤雨。据当时农村复兴委员会的调查，这种区长有武力，有司法权，进出县城时也往往带着十几个全副武装的手下，陈潜修在任四年打死的民众就有十多人。[3] 在此情况下，区乡村长掌握特权、欺压良善到一定程度，必然引起人民反抗。据《大公报》特派员在陕南视察情况，1932

1　《郝遇林县长论保甲长不受民众拥护之原因》（1941年），白银市档案局（馆）编《民国时期靖远县情录》第3集，第17—18页。

2　保自春：《关于人民选举乡镇长》，《现代农民》第7卷第1期，1944年1月，第13页。

3　行政院农村复兴委员会编《河南省农村调查》，商务印书馆1934年版，第94—95、98页。

年"四月间，大西区青树子村村长李厚，因浮派烟款溢出正额过巨，被种烟花户李某劫于中途，用菜刀砍毙。又八月间该区上水埧村长黄定一，平日借官府势力，勒逼捐款，无微不至，此次解送捐款赴县缴纳，返归途中，天已傍晚，突来数人，将其拦住，乱刀纷下，身受数十创，当即毙命。又属褒城管辖之南七区区长陈金亭，于七月二十六日下午，在协税区公所，向捐户逼缴款项后，有未缴齐者，即羁押于黑楼（黑楼内容前已述及，乃各区私设之监狱，用以羁押捐户者。一入其中，吃饭、喝水、大小便无不要钱）。陈出公所后，行于街上，闻背后有人呼陈区长，陈即应声，又问你现在办的什么款，陈答地方费，即闻枪声一响，但未中陈，陈尚用大声申斥放枪之人，说你们在街上放枪，这还了得！语声未竟，枪弹连珠而至，街面之人以为匪至，纷纷逃避。枪声止后，放枪之人亦不见。陈则身中数枪，登时身死。该县西区区长王某宅中，亦被人投掷炸弹，并掠劫区公所，及事务员周某之宅"。[1] 可见区乡村长与民众的矛盾激化之程度。

国民政府的基层乡政人员中，也有一些为普通民众着想而不愿"扰民"者，但在当时的乡村政治环境下，他们往往濒于淘汰，权势日衰。如当时一位联保主任邢某某，为应付官差，自家的田产从 10 年前的 70 多亩缩水为 10 多亩，50 多岁的他也颇为无奈地承认"自己反吃了大亏"。[2]

对于普通民众来说，乡村新权贵的成长成了他们的噩梦。南京国民政府时期国家面临的一个特殊形势，就是战争，相应的当时区政、乡政人员的主要任务就是为国家征夫、征税和拉壮丁。抗战以前，乡村政治的主要任务就是派捐，乡政人员的任务，"除派捐外，简直没有什么事可做"，往往这时，也是他们中饱私囊的大好机会。派捐时，乡政人员往往利用一般民众对政令

---

1 《本报特派员陕南视察记（二十）·人民抗税暗杀劣绅 水陆交通多被匪阻 南郑县之见闻》，天津《大公报》1932 年 11 月 7 日，第 5 版。

2 行政院农村复兴委员会编《河南省农村调查》，第 120—121 页。

的隔膜，在数额上任意多派。这种现象在当时各省都非常普遍。如在 1931 年的山西解县，县政府规定征收军事粮秣的标准是每 10 亩起收白面 2 斤、谷草 3 斤，而该县第二区某村副却按白面 2 斤半、谷草 6 斤的标准收。[1] 河南某区长在乡间任意摊派，名目繁多，一年甚至派 10 多万元，而"解县的数目不到二分之一"。某保长在派麦时提高价格，本来麦价每斗只有 4 角，却提至 7 角，全村本来派下 80 元，却收了 200 多元。[2] 在安徽，虽然省方早已下令停止向农民摊派救国公债，可直到 1938 年夏，保甲长们仍旧挨家挨户勒索救国公债，三元五元不等，因为没有任何凭条，这些钱自然落入保甲长们的腰包。[3] 在这种压榨之下，普通民众的生活只能日益贫困，乡村的贫富差距越来越大。全面抗战开始后，除了派捐外，强拉壮丁成为基层民众遭受的另一个灾难性压力，而对保长来说，这反而成为他们大发横财的难得机会。1939 年，四川省永川县居民吴金城赴外打工，过年同舅父回家路过巴县兴隆场时被当地保长拉走充当壮丁，两人打工所挣 40 余元及购买物品也悉数被鲸吞。[4] 陌生人随便走在路上都可以被拉走充丁，可见当时基层百姓的人身安全已无保证。到了国共内战时期，强拉壮丁的行为不仅在乡镇一级普遍存在，甚至连县长都参与其中。1948 年春，怀宁县长储贤卿接到省军管区要求征集 18—22 岁青年壮丁 100 名的命令，他秘而不宣，要求属下加 3 倍征集，连高中、安大学生共抓了 300 多人。关进征集所之后，镇、保长们又借"体格检验"的机会加以敛财。[5]

总之，无论国民政府的区政人员执行何种政令，这些政令施加到普通民

1　王寅生、薛品轩、石凯福：《中国北部的兵差与农民》，国立中央研究院社会科学研究所 1931 年版，第 21 页。

2　行政院农村复兴委员会编《河南省农村调查》，第 90、96 页。

3　延安时事问题研究会编《抗战中的中国政治》，解放社 1940 年版，第 72 页。

4　四川省第三区行政督察专员公署：《郭陈氏诉该县城厢二十三保曾保长强拉独子充当兵役仰查饬已发办理具报》（1939 年 2 月），重庆档案馆藏，档案号：四川省第三区公署 0102-273。

5　方友良等：《怀宁城乡 乱抓壮丁》，《安庆文史资料》（安徽）第 18 辑，1989 年，第 68—69 页。

众身上时，都变为摊派；基层民众的福祉没有增加，负担反而加重。国民政府精心设计的乡村控制体系本是为了增强国家权威，但这套体系在运作中产生了严重的畸变：投机者利用政府的合法性，攫取了政府提供的这些基层职位，为自己谋取私利、增加武力，强化了个人在乡村的权威。农村贫富两极分化严重，下层民众的贫困加剧，乡村权贵的一言一行代表了国家政权在基层民众心目中的形象，其权威在这类人的行为之下日益削弱，合法性日益消解。

本章小结

南京国民政府时期，中国的县政在静态（县政体制）和动态（县政运作者）两个层面经历着向现代政党政治转变的急剧改造。对于静态层面的改造，南京国民政府较容易成功——现代化的县政制度和行政技术在短时期内就可以从西方学习和移植，但对于县政运作者的培养和改造，南京国民政府却面临巨大的挑战。就其制度和政策来说，制度漏洞多，政策更是极为短视，真正的民生关怀缺乏，而榨取民生则多。因而通过本章各节的考察可知，南京国民政府在这方面的实践并不成功。国民党高层设计的县政制度在实际运作中遭遇传统行政文化的强力侵蚀和挑战，基层人事运作表现出偏离制度而重人情、关系和形式的特点，致使其县域政治体现出浓烈的特权、金钱、地缘和血缘等腐化状况。

这一时期，尽管中央试图建立起一套规范的公务员任用体系，但因制度并不健全，其在运作中表现出浓厚的"人情"特色。欲谋取县域内县长、秘书、局长、科长、区长、乡镇长等职，法定的资格虽不可少，强硬的社会关系才是最终的决定因素。就县长而言，尽管有资格和考试诸方面的要求，但符合条件者要想上位，必须"尽量找关系，求得大人物向省主席和厅长介绍推荐。省主席和厅长们也就把委派县长作为官场中的人情应酬，只看介绍人来头的大小，而不考虑所介绍的是什么样的人"。"一朝天子一朝臣"，新县长上任后，"最要紧的事就是组织班底"，物色几个必不可少的亲信，接掌秘书、科长（尤其是财政科科长）以及掌握枪杆子的大队副等重要职位，这样才能放心，好"办事"。[1] 而要入县长的"法眼"，成为县长的亲信，少不了又得拉关系，找人推荐和介绍。这样一来，县长的相关人事制度实际上已经失效，起作用的是与制度背道而驰的权力关系、金钱关系、血缘关系、地方关系和派系关系等"关系"。

受"人情政治"和派系政治的影响，南京国民政府县长的任期普遍短暂，致使其在施政时常存"五日京兆之心"。而县长更迭频繁带来了另一政治恶果——"五层糕的政治"。此语由国民党元老戴季陶提出，意指新长官上台后，总喜欢将旧任的东西完全推翻或停顿，然后自己重新去做，结果往往是前任费尽心力做成功了五层，很容易就被后任推倒了再来五层。[2] 在这种县政建设模式下，当时本就紧张的县政建设资源被浪费殆尽，官长层出不穷的新政带来的是基层民众身上一波又一波摊派的枷锁，贫穷的农村变得更加衰败。

国民政府时期，土豪劣绅并未被"打倒"，导致当时的县政有着浓厚的"豪绅政治"色彩。新县长上任后的第一件事，就是登门拜访县里的绅士，借助他们的能量在民间获得美誉。"县长依靠豪绅作为自己的支柱；豪绅有县长撑腰，更可作威作福，狼狈为奸"。[3] 县政与地方权势紧密结合，成为地方谋取特殊利益的工具。

由于县政表现出的人情政治和关系政治，县政内容表面敷衍，与中国县

1　陈浩中：《抗战时期国民党县政管窥》，《长沙文史》第 16 辑，2000 年，第 33 页。

2　《甘次长在本府讲纪念周演题为"行政程序与工具"》（1934 年 9 月 3 日），《湖北省政府公报》第 53 期，1934 年 9 月，"特载"第 6—7 页。

3　陈浩中：《抗战时期国民党县政管窥》，《长沙文史》第 16 辑，第 34 页。

域农村的实际相脱离，致使县政内容空虚、形式主义盛行，尤其是"纸片政治""公文政治"成为常态。当时上自县长，下至区长、乡镇长和保甲长等，每天除了忙于应酬，就是应付上级下发的各种公文，整天都在闭门造车，在纸面"兜圈子"。[1]

人情政治和关系政治所派生的是派系政治。自始至终，派系纷争贯穿于南京国民政府县政运作，成为当时县政不彰的一大诱因。在党内派系、地方派系阴影的笼罩下，再有能力的县长、书记长、议长、科长、局长上任之后，都需要花费大量时间去琢磨复杂的派系利益，应付微妙的人情世故，从而不可避免地卷入派系纷争中。县域内县政府、县党部、县参议会这种三元政治格局在派系政治的主导下，非但没有达到制度设计者分权制衡、民权昭彰的初衷，反而成为各派政治权贵结党营私、争权分肥的角斗场，基层民众的权益在各方的斗争倾轧中直接被忽视，即使偶尔被某一方提及，也不过是其政治斗争的工具而已。

人情政治和关系政治必然导致腐败之路。贪污腐败是自古以来任何政权都要面临的挑战，南京国民政府时期，这种挑战的压力更大。追究其主要原因，一为制度性的，一为从政人员修养不足。就制度性贪腐而言，在人情政治和应酬政治的主脉下，县政人员欲想久任，不贪污舞弊根本难以维持。拿县长来说，尽管薪俸不薄，但开支同样巨大，随着物价飞涨，县长单靠个人俸给维持生活已竭蹶难支，再加上纷繁的种种酬酢和来自各种层面的派募、捐款，县长要想保持清廉实在是难上加难。"而狡黠者流，乃不得不另图他法，巧为弥补。"[2] 再者，在南京国民政府将触角伸向乡村社会时，国家财政却根本无力支撑庞大的基层行政运作。省政府一方面拨款不足或根本不向地方拨款，另一方面又要求地方必须完成保甲、整理地籍等要政。县长为了获

1　《靖江文史资料》（江苏）第 3 辑，1983 年，第 46—47 页。

2　李德培：《现行县长任用制度述评》，《东方杂志》第 38 卷第 22 号，1941 年 11 月 16 日，第 24 页。

得政绩、保住官位，只得逐级向地方摊派。摊派的恶例一开，上无严密的监督，标准又掌握在县长、区长、乡镇长、保长等权贵手中，即使原来是公正廉明之士，在此种环境下也很容易坠入贪腐的深潭，贪污政治弥漫于官场。就从政人员修养而论，因旧道德受到质疑，新道德又迟迟未能确立，他们在施政时的道德自律性不高，极易为贪腐之风侵蚀。时人指出，官吏贪污"大概也是我们的'本位文化'之一"，国民党新式权贵没有道德的约束，也没有自己作孽子孙受报的迷信，因而在贪腐上比之旧式官僚更加"眼快、心辣、情极、手狠"。"贪污成了当然的应有的现象，政治变为一个洁身自好之士的畏路，这种的腐败状态，积日持久，即使没有外力的侵陵，也足以使民族陷于全盘瓦解的危机。"[1]

以上诸种现象交织的国民党县政，造成了基层"衙署以外无领域，笔墨以外无政治"的怪相。针对此点，时人不禁高呼："中国今日之最大危机，并不在于土匪流寇之充斥扰攘，帝国主义之侵略压迫，而在于国内政治之不良，财政吏治之混乱不堪。"[2] 仅从数据统计上看，国民党的基层从政人员"造"了一个"新"的中国。这个中国看似庞大，实则虚弱；看似不断壮大，实则隐忧不断。在这样县政基础上的南京国民政府，无怪乎被毛泽东冠以"纸老虎"的称号了。

---

[1] 《贪污政治》，《华年》第 5 卷第 19 期，1936 年 5 月，第 341—342 页。

[2] 曾三省：《县政与县长》，《自觉》第 36、37 期合刊，1935 年 7 月，第 2 页。

南京国民政府
县政研究
（下）

翁有为 等 著

社会科学文献出版社
SOCIAL SCIENCES ACADEMIC PRESS (CHINA)

第五章

南京国民政府县政利益相关群体状况

南京国民政府成立后，宣称遵照"总理遗教"开始实行训政，着手进行"现代化"的县政建设。但直到"训政"规定时间将结束，县政建设的成效仍乏善可陈。国民党自己也承认：全国 1900 余县中，"欲求一达到建国大纲之自治程度，能成为一完全自治之县者，犹杳不可得，更遑言完成整个地方自治工作"，是"徒有自治之名，而无自治之实"。[1] 究其原因，以往论者有从制度层面认为其设计存在种种缺陷，导致在实施过程中受阻，"自治"反为"官治"所吞噬；有所谓"政权内卷化"之说。但此种观点仍然是由上到下之视角，缺少自下而上之"回应"。众所周知，任何改革都是对既存利益格局的再分配，它一般发生在原有社会体系矛盾尖锐、各要素之间的不适应和不协调已严重影响社会正常运行的时候。改革的目标是通过平衡各阶级或阶层的利益，使社会各系统得以正常运转。一般来说，如果改革能够使大多数人或至少其统治的社会基础获得利益，统治阶级就会争得"民心"，改革也才能取得成效。那么，在国民政府的县政下，社会各阶层的利益是否得到适当的调整，他们对待县政的态度如何，在县政之下他们的经济状况如何？这是本章着重探讨的问题。

1　《五全会昨开六七两次大会》，《申报》1935 年 11 月 23 日，第 3 版。

第一节　近代县域人口状况与人口变迁

县域人口状况和人口变迁状态是研究县政治理中利益相关群体整体的重要内容。要系统深入研究南京国民政府县政治理过程中相关利益群体状况，有必要首先了解近代县域人口状况和人口变迁状态。

一　近代县域人口状况

清末至北京政府时期，全国行政区划为22省，南京国民政府成立后，出于实行以县为单位的自治及其他原因，对行政区域做了多次的调整和变更，如将热、察、绥三特别区改省，川边改西康省，甘肃原辖宁夏、青海两地设宁夏省和青海省，共28省，1932年又设特别行政区2个，设县共1939个。[1]至于人口数量，由于领土的辽阔和国民政府实际统治辖区的局限等种种复杂因素，缺乏全国性的系统完整的人口调查统计，经查阅各学者关于中国近代以来的人口数量的估计，竟有65种以上，几成一团乱麻。章有义据"官府发布的数字，逐一进行校订取舍，并参考前人的有关估计"对近代以来的人口进行了重新评估，得出如下结果：全国人口1912年、1928—1936年、1949年分别为45524.3万、51078.9万和54583.1万。[2]社会经济发展的迟缓、连年不断的残酷战争和不断恶劣的自然环境成为制约中国人口增长的主要因素，进而形成了民国时期人口的时代特征。

其一，人口分布极不均衡。由于地理环境、历史条件、自然条件、社会

1　《民元以来中国行政区划变迁之梗概》，《申报年鉴》，上海申报年鉴社1933年版，"土地：位置及区划"，第B22页。另有资料显示，1934年，全国总计有1953个县，另有相当于县之市15个、政治局52个，及福建之特种区4个。见萧文哲《县政制度研究》，独立出版社1942年版，第8页。

2　章有义：《近代中国人口和耕地的再估计》，《中国经济史研究》1991年第1期，第24页。

经济发展水平的显著差异以及战争、灾荒等因素，中国人口分布极不均衡。地理学家胡焕庸曾将东南至西北的人口地理做一划分，由黑龙江瑗珲向云南腾冲画一直线，以之为界，仅占全国面积 36% 的东南地区，生活着 4.4 亿人，占全国总人口的 96%；而占全国面积 64% 的西北地区，却只有 1800 万人，只占全国总人口的 4%。[1]

　　其二，人口身体素质差、寿命短，出生率高，死亡率也高。晚清以降，人口身体素质也和国力一样呈严重下降之势，当时的中国人被西方人贬称为"东亚病夫"，这在国人看来是带有侮辱性的说法，但在很大程度上也反映了当时中国人口身体素质差的事实。其最突出的表现就是寿命短。据金陵大学 1936 年对 17 个省的 5499 名已逝男女调查材料的计算，当时男女的平均寿命均为 35 岁，[2] 另有中国人平均寿命 30 岁之说。[3] 在生产力水平及生育观未大改变的民国时期，"多子多福""养儿防老"仍是人们所遵循和信奉的生育观。据 1936 年国民政府实业部对 101 个县的抽样调查，其平均出生率为 38.9‰，个别县达 53.4‰。及至 1949 年，全国出生率平均为 35‰—38‰，[4] 然而由于社会经济落后和卫生水平低下及战争、灾荒、疾病等因素的综合作用，死亡率亦高。1938 年死亡率为 28.2‰，有些年份更高达 30‰，[5] 从而使人口自然增长率始终维持在较低的水平。而婴儿死亡率更高，1919—1925 年，中国婴儿死亡率为 250‰，[6] 有 1/5—2/5 的婴儿活不过周岁。1934 年蒋旨昂对北京郊区卢家村的调查也显示，该村 64 名母亲总共生了 204 个子女，然而存活的只

1　胡焕庸：《中国人口之分布》，《地理学报》第 2 卷第 2 期，1935 年 6 月，第 43 页。

2　转引自吴进义主编《中国人口素质》，中共中央党校出版社 1991 年版，第 14 页。

3　《平均人寿和死亡率》，《时兆月报》第 35 卷第 3 期，1940 年 3 月，第 28 页。

4　转引自忻平《中国人的死亡率》，《全息史观与近代城市社会生活》，复旦大学出版社 2009 年版，第 163 页。

5　《东鳞西爪：中国人的死亡率》，《清华周刊》第 33 卷第 5 期，1930 年 3 月，第 32 页。

6　《小统计：婴孩死亡率》，《现实》（上海）第 5 期，1939 年 10 月，第 401 页。

有 141 个，即死 63 个，死亡率高达 308.8‰。[1]

其三，男女性别比例严重失调。由于中国传统上根深蒂固的"重男轻女"观念和家庭生计的普遍艰难，溺弃女婴和歧视妇女现象极为普遍，从而造成不同时间、不同地域性别比例的严重失调。1934 年和 1935 年，安徽男女比例为 122∶100 和 121∶100。[2] 1937 年四川全省男女性别比例总平均为 113.03∶100，性别比例失调最严重的成都市竟达 150.22∶100，重庆为 142.15∶100。只有在边疆地区的少数几个县份，女子多于男子，如昭化和理番男女性别比例分别为 100∶80.61、100∶82.04。[3] 基于种种复杂因素，民国时期各县域之人口与面积悬殊，即便同一省内各县，大县之面积、人口，常数倍于或数十倍于小县。自然，各县之间在经济、文化、交通等方面的差异，亦十分显著。这里仅列出各省中面积最大与最小之县份，并附其人口（见表 5-1）：

表 5-1 各省面积最大与最小县份面积、人口一览

省别	县别	面积（方市里）	人口	县别	面积（方市里）	人口
江苏	东台	22976	1186140	川沙	417	30997
浙江	青田	11117	261718	南田	980	22222
安徽	六安	15174	761089	黟县	1812	60453
江西	修水	17788	376695	安义	2518	88410
湖北	郧县	23874	412076	云梦	2481	219264
湖南	沅陵	25120	340932	通道	2314	26789
四川	松潘	255740	24401	新繁	634	122060
山东	沂水	17930	630000	观城	846	75109

---

1 蒋旨昂：《卢家村》，李文海主编《民国时期社会调查丛编·乡村社会卷》，福建教育出版社 2005 年版，第 182 页。

2 《统计：本期刊载各统计图表概说》，《安徽政务月刊》第 29 期，1937 年 6 月，第 1 页。

3 《四川省各市县保甲户口之户量性比例与人口密度》，国民政府主计处统计局：《统计月报》第 37 期，1939 年 2 月，第 119、122 页。

续表

省别	县别	面积(方市里)	人口	县别	面积(方市里)	人口
山西	大同	16884	299236	徐沟	777	43320
河南	内乡	23956	480434	临漳	1104	195778
河北	迁安	23120	480284	新镇	373	20001
福建	建瓯	20500	309033	东山	900	89470
广东	合浦	29355	588230	南澳	516	35171
广西	贵县	22342	433846	凭祥	1564	23036
云南	维西	124216	38870	晋宁	1327	49971
甘肃	敦煌	193439	27102	鼎新	4775	9649
青海	玉树	1406730	57910	湟源	14598	23715
新疆	于阗	666073	144066	霍尔果斯	42467	12310

资料来源：萧文哲《县政制度研究》，第8—9页。

表5-1所反映的人口状况，有的是长期形成的，如地区分布不均衡问题，性别比例失调也带有长期的因素；有的则具有鲜明的时代印记，如人口身体素质普遍较差问题。这些问题叠加在一起，对现代社会的发展无疑具有消极影响，也给国民政府县域社会的整体稳定和发展带来了严重挑战。

二 近代农村人口的变迁

鸦片战争后，中国便开始了艰难而漫长的社会转型，处于这一历史进程中的民国时期，较之晚清更呈现明显的加速态势。城市工商业的发展吸引着农村人口流入城市，同时，农村人口的进城又有力地推动了中国社会的转型。但是，在列强压迫下以传统小农经济模式为特征的状况决定了中国社会转型必然是一个缓慢、渐进和动态的过程，呈现出"新旧交替"的"混合型"特征，混合型的社会则决定了混合型的阶级结构。近代社会三个主要阶级——地主、资本家、雇佣工人都没有完成其纯粹身份的转型。资本家阶级集工业、商业、金融、房产、土地经营等多种身份于一身，地主也是"一身多任焉"。

民国时期的苏南社会阶层即呈现出这种典型的"混合性"特征:"有许多人,家庭成分是地主,而本人是知识分子、工程师或学者。不少地主兼营工商业,一些身居大城市的工商业者往往在农村拥有田地,农村土地占有情况、经营方式和阶级关系存在着不同于苏北的许多特点。"[1] 这里仅将农村社会中的两大阶级即地主与农民的变迁做一简要探讨。

(一) 地主城居普遍化

自晚明以来,随着城镇工商业的日益发展,越来越多的地主开始离开农村向城镇移居。近代的中国"常在'天灾、人祸、内忧、外患'的四面楚歌之中"[2]。至民国时期,城市畸形发展和农村社会环境持续恶化的共同作用,有力地吸引和推动了更多的地主离乡城居。所以,无论南方还是北方,无论沿海还是内地,地主或为经营工商业或为躲避匪患、战乱而离村城居,已成普遍现象。

据国民政府实业部1934年的调查,地主离村城居率,江苏(17个县区)为26.9%,浙江(9个县区)为37.2%,山东(36个县区)为23.3%,河南(9个县区)为37.2%,江西(44个县区)为22.1%,安徽(4个县区)为16.2%,山西(5个县区)为25.0%,甘肃(2个县区)为15.0%[3]。在工商业发达的地方,城居地主的比例更高。浙江省20县中,城居地主比例为50.75%[4]。黄宗智研究了河北省良乡县吴店村二三十年代的状况,全村57户,在先后担任村长的9人中没有一户拥有30亩以上的土地,土地多的地主居住

1　陈丕显:《苏南接收工作检查及目前工作与政策——在中共苏南区委员会第一次扩大会议上的总结》(1949年6月17日),江苏省发展计划委员会编《解放初期的江苏经济(1949—1952年)》(下),河海大学2002年版,第13页。

2　程方:《中国县政概论》上册,第71页。

3　实业部中国经济年鉴编纂委员会编《中国经济年鉴:民国二十四年续编》,商务印书馆1936年版,第G114—118页。

4　中华职业教育社:《教育与职业》第101期,1930年1月,第62页。

在城里。[1] 在马若孟讨论的河北省栾城县，12户有名气、有势力的地主全部住在县城或其他大城市里。[2]

地主城居的根本原因在于社会转型时期城乡政治、经济、文化等方面的巨大差距，地主离乡进城体现了社会、经济的发展，是社会、经济发展的趋向性选择。当然，中国地域的辽阔和社会经济发展的不平衡性，决定了各地地主城居具体原因有所不同。

其一，城市工商业的发展是地主离乡城居的主要推动力。曹幸穗比较了工商业投资利润与土地投资利润的差别，得到的结果是抗战前苏南农村的土地投资年利润率只有8.7%左右，而工业投资的平均利润为30.2%，商业投资的平均利润为31.4%。由于工商业投资利润远远超过购买土地的收益，地主失去了对土地投入的热情。[3] 民国时期的调查资料显示，商业化程度较高的地区，其城居地主的比例就较高。乔启明于1926年对江苏昆山、南通和安徽宿县进行调查后发现，三地地主居乡和居外比例分别是34.1%和65.9%，84.2%和15.8%，72.6%和27.4%。[4] 中央政治学校地政学院学员在30年代前期对苏州、无锡、常熟农村调查发现，三地地主不在农村和在乡地主比例分别为95%和5%，40%和60%，85%和15%。[5] 毋庸置疑，地主城居的目的之一是"享受舒服与奢侈的生活"。然而无所事事、游手好闲全赖地租过活的地主毕竟是少数，绝大多数的地主都兼营工商业。

就全国而言，大地主多是官吏，以及钱庄、商店老板和高利贷者。据农

1　黄宗智：《华北的小农经济与社会变迁》，第279—280页。

2　〔美〕马若孟：《中国农民经济——河北和山东的农业发展（1890—1949）》，史建云译，江苏人民出版社1999年版，第72页。

3　曹幸穗：《旧中国苏南农家经济研究》，中央编译出版社1996年版，第46—47页。

4　乔启明：《江苏昆山南通安徽宿县农佃制度之比较以及改良农佃问题之建议》，南京金陵大学农林科1926年版，第42页。

5　何梦蕾：《苏州、无锡、常熟三县租佃制度之调查》，萧铮主编《民国二十年代中国大陆土地问题资料》第63册，台北，成文出版有限公司、（美国）中文资料中心1977年版，第33237页。

民银行 1945 年的调查报告，地主中军政士绅约占 31.3%，商人占 30.9%，农民地主仅占 11.3%。[1] 又据 1930 年江苏民政厅对 514 个大地主的调查，其中文武官吏占 44.4%，当铺钱庄老板及高利贷者占 34.5%，店主及商人占 17.9%。[2] 可以说，国民政府期间的地主，无论大小，他们不少已不是旧式的收租地主，而是集地主、军政官吏、工商业主于一身的多元型地主。

其二，民国时期泛滥的土匪、频繁的战争，是地主离村城居的主要原因。以反"封建地主"为主要任务的中共乡村革命也是原因之一。农村社会在他们看来很不宁静，为了生命财产的安全起见，乡居地主自然会移居到相对安全的城市。

土匪并非近代的特产，而是古已有之。但是民国时期的土匪以其人数之众多、影响之巨大、分布之普遍、组织程度和武装水准之高，为其他时代所未有，以致在 20 年代就有"国家不像国家，简直成了土匪世界"的评价。有人估计，到 1930 年，中国土匪人数为 2000 万左右。[3] 学者戴玄之说："民国创立后，没有一片区域没有土匪，没有一年土匪偃旗息鼓。"[4] 俗语云："兵来如梳，匪来如篦。"而实际上，土匪打家劫舍、绑票勒索之首选对象，往往还是富裕之家。不少地主富户因遭匪劫而破落。在山东胶县空充水庄，1930 年尚存拥有百亩以上土地的地主 3 家，受战乱的影响，"一家析产，成为四个小农，一家变产经商，一家逃居城市，渐次将地卖去"。[5] 据农复会的调查，1933 年河南镇平近城的腰庄，"全村不到 60 户，十年前还有 3 顷多地的人家，

1　转引自罗俊《中国租佃制度的中间人问题》，《中农月刊》第 6 卷第 1 期，1945 年 1 月，第 21 页。

2　《现代中国的土地问题》（1934 年），陈翰笙等编《解放前的中国农村》第 2 辑，中国展望出版社 1987 年版，第 88 页。

3　〔英〕贝思飞：《民国时期的土匪》，徐有威等译，上海人民出版社 1992 年版，"导论"，第 1 页。

4　转引自〔英〕贝思飞《民国时期的土匪》，"导论"，第 1 页。

5　王劲：《鲁东农村土地所有权转移的趋势》，《农村经济》第 3 卷第 7 期，1936 年 5 月，第 90 页。

后为土匪架票，大都破产；现在较富的人家，都住在城里"。[1] 位于中原的河南可谓土匪猖獗的重灾之区，据称："全豫百零八县，欲寻一村未被匪祸者即不可得。"[2] 凡有土匪盘踞的地方，所有的农田往往为之荒芜。[3] 在河南洛阳、陕州，地主"因民国二十年前内战频仍，驻军骚扰，远避城镇"。[4] 一般地主不堪骚扰，相继避居城市。在南阳，乡村中被绑架的危险太大，这几乎成为南阳地主进城居住的唯一原因。自 1919 年开始有土匪在乡间骚扰，不仅大地主，就是较有钱的富农、中农也急速地向城市转移，因此南阳城中由 2 万多人一下子增加到 4 万多人。[5] 苏北的淮安亦是土匪蜂起，有钱的人均徙居城市，田地任其荒芜。[6] 河北自南京国民政府成立后，大小股土匪几乎可以在"每县中见到"。[7] 在山东，"为土匪者，不计其数"。[8] 为避土匪抢劫，地主逃离乡村而迁居城市的现象可谓遍及全国各地，即便是富庶的浙江地区也不例外。在浙江嘉兴县，"年来盗匪遍野，一般稍有资产之自耕者，不能再安居乡间，携带细软，迁移城市，将己耕之田，佃人耕种"。[9] 福建各县亦是"盗匪峰［蜂］起，萑符［苻］遍地，劫掠焚杀，无所不至。农村或地主资本家，因是避住县城"。[10] 可见，社会不稳定是地主普遍离村城居的重要原因。

1　行政院农村复兴委员会编《河南省农村调查》，第 108 页。

2　《蔓延益广之河南匪患》，《晨报》1921 年 11 月 20 日，第 5 版。

3　张锡昌：《河南农村调查》，薛暮桥、冯和法编《〈中国农村〉论文选》（上），北京出版社 1983 年版，第 446 页。

4　孟光宇：《洛阳陕州之租佃制度》，萧铮主编《民国二十年代中国大陆土地问题资料》第 65 册，第 34172 页。

5　冯和法编《中国农村经济资料续编》，黎明书局 1935 年版，第 201 页。

6　童剑尘：《通讯：淮安农村近况》，《农村经济》第 1 卷第 7 期，1934 年 5 月，第 93 页。

7　顾猛：《崩溃过程中之河北农村》，《中国农村》第 1 卷第 4、5 期合刊，1933 年 8 月，第 11 页。

8　朱新繁：《中国农村经济关系及其特质》，上海新生命书局 1930 年版，第 305 页。

9　钱承泽：《嘉兴县之租佃制度》，萧铮主编《民国二十年代中国大陆土地问题资料》第 59 册，第 30255 页。

10　林汶民：《福建乡村生活状况》，《福农月刊》第 1 卷第 5 期，1932 年 11 月，第 4 页。

中共革命是以民族复兴为使命的革命运动，因其以反"封建地主"为主要任务之一，也威胁到乡村地主。因此，凡在中共开展土地革命的湘、鄂、赣等省，地主、富农为逃避打击，无不纷纷逃离农村。如在湖北蒲圻，"较富庶者纷纷外迁，弃其田地而不顾"。[1] 毛泽东在《湖南农民运动考察报告》中说，在农会威力之下，土豪劣绅们"头等的跑到上海，次等的跑到汉口，三等的跑到长沙，四等的跑到县城"。[2] 即便在远离大革命中心的地区，中共秘密开展的"农民抗租斗争"，无疑威胁到地主的人身与财产安全，于是地主纷纷迁居城市。例如江苏武进"大地主及高利贷者，则受农民觉醒之威胁，一部分已迁居城市，留守乡间者仅二三人"。[3] 国共全面内战爆发后，老解放区的农村已开始向地主夺取土地，农村的大地主更是感到恐慌，纷纷逃离家园。据1947年天津《益世报》报道，河北唐官屯镇，"因时局之紧张，本镇温饱之家，乃相率逃津"，以致房屋空闲，田园荒芜。[4]

大量离乡城居的地主随身带走了农村原有的政治、经济、文化等各种资源，加重了农村社会的衰败。在政治上，地主的城居改变了农村社会基层权力结构，加剧了农村基层政权的"土劣化"趋势；在经济上，地主城居带走了相当数量的现金，加剧了农村金融枯竭和农村经济的衰败；在文化上，地主的城居意味着农村"知识人"的减少，加剧了农村文化的荒漠化。

（二）农民离村日趋增多

如果说国民政府时期地主离乡城居主要是为了经营工商业、享受城市生活和确保安全的话，那么，农民离村则主要是为求生存而做出的无奈之举。山西的一曲《走西口》道出了外出农民及其家人无尽的悲苦和辛酸。农民传

1　吴至信：《中国农民离村问题》，《民族》（上海）第5卷第7期，1937年7月，第1175页。

2　毛泽东：《湖南农民运动考察报告》，《毛泽东选集》第1卷，人民出版社1991年版，第25页。

3　冯和法编《中国农村经济资料》，第418页。

4　《唐官屯有房无人住，大地主多逃走》，天津《益世报》1947年12月15日，第2版。

统的"安土重迁"观念，被迫在灾荒、战乱、债务、赋税等的重压下做出痛苦的改变，人口迁移遂成为人们寻找"理想乐土"的一个重要手段。多数农民的离村只是异地迁徙，仍以务农为生，少数靠近大都市之地区或铁路沿线的农民才进城务工。就全国范围而言，各地农民离村的去向大致有四，或谋生海外，或移垦边区，或寄迹都市，或流为兵匪。

大体上，东南沿海省份如福建、广东等省之部分农民，迁移的方向是海外，以东南亚、美洲和澳大利亚为主。其中，移民以往东南亚者为最多，即所谓"下南洋"，从事打鱼、做小生意或垦殖以谋生计。1932 年福建南安县总人口计 635515 人，而"全县出洋谋生者十余万人，占全人口的 17%"。[1] 从 1921 年至 1949 年，沿海地区共移入马来西亚 85 万人，移入越南、柬埔寨近 30 万人，移入泰国近 40 万人。整个民国时期，移去海外的人数为 800 万—1000 万，分布在全世界近 100 个国家和地区，其中 90% 在东南亚一带。[2]

华北地区的农民更多的是从人口稠密之地迁移至人口稀少的偏远地区，仍然从事农业生产劳动，山东、河北、河南等省农民之"闯关东"，山西农民之"走西口"即属此类。这种人口流动往往是双向的，即"此处不足移彼处，彼处不足移此处"。有关资料显示，从 1923 年到 1936 年，关内移往东三省的人口达 871 万人，除去返回的 571.7 万人，定居于东北的约有 300 万人，以每年五六十万人的规模出关。[3] 1934 年仅 3 月 10 日至 4 月 10 日一个月的时间，晋北农民"每日到绥远者，平均每日总有二千人，总计共有六万人"。[4] 据《重修滑县志》记载，1926—1927 年，"滑县天灾人祸并集一时，加以红会之倡乱，大肆抢劫，互相烧杀，村落为墟，十室九空"。1928 年的户口调查发

1　博农：《通讯：南安农村经济调查》，《农村经济》第 2 卷第 9 期，1935 年 7 月，第 82 页。

2　转引自忻平《民国人口特征论》，《江汉论坛》1991 年第 3 期，第 76—77 页。

3　孙本文：《现代中国社会问题》第 2 册，商务印书馆 1948 年版，第 181—182 页。

4　蔚亭：《晋北失业农民赴绥之失望》，《监政周刊》第 5 卷第 6、7 期合刊，1934 年 4 月，第 13 页。

现，滑县离村人数 9390 余人，至 1929 年 6 月，仅迁往东三省者即达六七千人。[1] 另据华洋义赈会报告，1930 年"陕西旱灾以陇县、扶风、武功等 12 县原有 200 万人，因饿死及逃亡者只余 90 万人"。[2]

　　经济较为发达的江南及靠近都市之地，农民离村后以进城市求业为主要目的。江南地区的城镇工商业较为发达，为农民提供的非农就业机会多，因而进城谋生的农民多。如嘉定"凡一家有二个儿子的，一个儿子一定要弄到外面去学手艺或做学徒"。[3] 农民的进城谋生，既有利于缓解农村劳动力过剩问题，又有利于缓解家庭生计问题。尤其在沪宁铁路沿线、城市近郊或市镇，农民从事小商小贩等副业的现象十分普遍，有不少副业实际上成了农民的主业，成了维系农民生活的主要收入来源。占有或使用土地少而不足以维持生计的农民则往往转变经营方式，干脆将土地出租，选择其他谋生手段，形成农民既收租又挣钱的谋生模式，出现了许多小土地出租者。江南土地改革时的调查资料证明，恰恰是人均使用土地少的地方，农民出租的土地较多。如吴江浦西乡人均使用土地为 4.36 亩，非地主阶层（富农、中农、贫农、工人等）出租土地率不足 15%，而邻近的吴县保安乡人均使用土地为 1.95 亩，非地主阶层出租土地达 51%。更为典型的是武进的政成乡，该乡人均使用土地仅为 1.24 亩，而非地主阶层出租土地占 79%，其中，工人占 18%。[4] 一般来说，城市中各项工作工价，均比农村为高。以广东为例，广州市之学校杂役，每月工钱可达十五六元，每年除了伙食，尚余百数十元。而农村雇农之工价，广东全省最高者年亦七八十元，低者只有二三十元。因此壮年农民如有机会，

1　马子宽、王蒲园纂修《重修滑县志》卷七"民政"，滑县县署 1932 年版，第 536—537 页。

2　邹湘：《农村问题与农村小学》，《河南政治》第 5 卷第 6 期，1935 年 6 月，第 3 页。

3　伯：《农村的公民训练》，《申报》1935 年 7 月 7 日本埠增刊，第 2 版。

4　中共苏南区党委农村工作委员会：《苏南土地情况及其有关问题的初步研究》（1950 年 5 月），上海市嘉定区档案馆藏，档案号：1-4-11，第 7—8 页。

必到都市找寻工作。[1] 在河北献县，"每村每年来往都市者起码在三廿人"。[2] 河北乐亭县桑园村全村人口共 301 人，外出经商或务工的人数达 51 人（男 43 人，女 8 人），占总人数的 16.9%。[3] 据《烟台文史资料》载，胶东西部各县 1/5 以上的青年壮丁，变成了各市镇买办商业资本家的店员伙计；大批小商人变成了大买办的小买办；成群结队的车夫、脚夫、肩挑负贩，又变成了小本商人的助手。[4] 苏北的淮安"因为粮食价钱的影响与土匪的扰乱和苛捐杂税的剥削，一般农民均纷纷离开了他的故乡，而到都会中寻觅他工人的生活"，"而农村所余的仅是一些衰弱不堪的老幼"。[5]

　　而在西北、西南诸省，当兵为匪几为农民最要之出路。在西北，兵灾和风旱灾荒交相肆虐，迫使农民走上死亡和逃亡之路。以安西县为例，该县有个二工村，1927 年时，有农民 50 多户，1933 年，骤然减少了近 4/5，只余 11 户，到了 1934 年，仅剩 5 户。而在清代同治兵灾之前，该县农家有 2400 多户，到了 1933 年，全县只剩 700 多户，1934 年再调查时，据说全县仅存 600 多户了。[6] 造成这种局面的主要原因就是兵灾，"即就国军北伐以后而言，民国十八年，驻军兵变，吴廷璋的部队盘踞了半年多，农民除掉供应一切军饷杂物差役之外，军队还到四乡区搜括，稍稍有一点积蓄的农家，军队就借了检查的名义，把需要的东西，通通拿去，以致'十室十空'"。1933 年，"马仲英的部队，从甘肃到新疆，来往了三次，大队人马驻扎在这里不是三四个月就是半年，粮饷完全由农民负担。据调查安西到新疆的哈密共计有 11 站的路程，一切军需完全由安西

1　司徒廉：《农民离村问题之面面观》，《农声》第 172 期，1933 年 12 月，第 23 页。

2　王文宪：《献县农村破产调查记》，天津《益世报》1934 年 2 月 10 日农村问题专页，第 11 版。

3　刘东流：《乐亭县东桑园村调查》，天津《益世报》1936 年 9 月 26 日农村周刊，第 12 版。报纸上计算的比例为 17.6%，有误，应为 16.9%。

4　曹仲敏：《半岛烽火》，《烟台文史资料》（山东）第 25 辑，中国文史出版社 2004 年版，第 14 页。

5　童剑尘：《通讯：淮安农村近况》，《农村经济》第 1 卷第 7 期，1934 年 5 月，第 93 页。

6　耕夫：《安西的人祸和天灾》，《东方杂志》第 33 卷第 10 号，1936 年 5 月，第 109 页。

送去，最后一次曾动支了仓储粮食五百多石，农民摊派军粮二千多石，再加以骆驼七百匹，驴七百多头，马三四百匹，骡二百多只，羊八百多头，牛车五百余辆，搜括去的金钱也有五千多元！"而当时安西仅有 1 万多人口。[1]

广西省政府统计调查该省永淳、北流、容县及信都 4 县 24 村离村农民之职业，发现有 23.05% 投身军警界；[2] 江苏铜山县段庄村，只有百余户农家，但其中当过兵者有 34 人。[3] 传统观念有所谓"好男不当兵"之说，如此多的农民"当兵吃粮"，足以佐证农村经济的衰败。

虽然各地农民离村的具体原因各不相同，但天灾、战争、土匪、官府苛捐杂税等因素成为各地农民离村的共同原因。据时人的调查研究，因天灾匪患而离村者占 44.1%，与天灾匪患有密切因果关系之"贫病生计困难"者占 18.2%，两者合计共占移民总数之 62.3%，即过半数之移民直接或间接与天灾匪患有重大关系，以"耕地面积过小"或"乡村人口过密"为离村原因者，合计仅占 7.3%。由此看来，所谓的耕地不足或人口压力导致农民离村之说，是缺乏充分根据的。[4]

据 1935 年实业部中央农业实验所对全国 22 个省 1001 个县的调查，在总计 3960 余万户农家中，"全家离村之农家"有 190 多万户，"有青年男女离村之农家"有 350 多万户，两者合计 540 多万户，离村户数约占调查总户数的 13.6%。时人估计，在这 540 多万离村户中，平均每户以 3 人计，就达 1600 余万人。[5] 农村不但是国民经济的基础，也是国家政治的基础。农民离村后，

1　耕夫：《安西的人祸和天灾》，《东方杂志》第 33 卷第 10 号，1936 年 5 月，第 109 页。

2　刘宣：《二十四村离村人口之分析》，《统计月报》第 9 卷第 9 号，1935 年 9 月，第 14 页。

3　吴笠夫：《农村调查实录——徐州段庄》，《明日之江苏》第 9 期，1929 年 9 月，第 77 页。

4　吴至信：《中国农民离村问题》，《民族》（上海）第 5 卷第 7 期，1937 年 7 月，第 1173 页。

5　见中国现代史资料编辑委员会编《从"九一八"到"七七"国民党的投降政策与人民的抗战运动》，上海人民出版社 1958 年版，第 82 页。更有估计离村人数达 2000 万人者，见朱义农《十年来之中国农业》，中国文化建设协会编《抗战前十年之中国》，龙田出版社 1948 年版，第 198 页。

农村组织受到严重的破坏，乡村政治更无人负责，必然为少数的土豪劣绅把持，为地痞光棍包办。农民离村除导致农村金融枯寂、生产减少、组织破坏、政治废弛、土匪滋扰等外，还导致了农村文化的沙漠化。离村的农民大多为青壮年，是农村中的"能人"。广西省政府调查四县之离村农民，其中男性占94.5%，年龄在20—39岁者占74%。[1]　河北定县离村之农民中有95.1%是男性。[2]　经济学家何廉对1925—1929年经过大连之内地移民的性别结构调查也证实，离村农民的80%以上是成年男子。[3]　正如陈达分析的："虽迁移者老少男女均有，但其中亦有选择：大致男子少壮者，富于冒险性，智力较强者，往往愿意离家他去，另谋生路。老年人、女子、孩童、保守者、无志气者、意志薄弱者，往往不愿离家。前者不怕艰难，向前努力，其结果，常常得了新职业，组织新社会，或创造新文化，但在灾荒期间不肯离家的人，有些当时死去，有些侥幸生存；以大体论，他们是体弱或无能之人。"[4]　另一学者也有如此看法：农民离村不仅减少了农业劳动力数量，还降低了质量，因为从农村移住都市的农民，大都是农民中间比较勤劳、聪明、有才力的青年，质言之，就是在农村中最优秀、最能干、最理智的人，中间有些是由农村供给而在都市中读书的青年子弟，等到学业完成之后，都留在都市生活，很少愿意回到农村中去工作，结果农村中比较优秀一点的劳动力，都被都市吸收，于是在农村中负担生产责任的，只剩下些故土难离的"老农老圃"。[5]

如前所述，盗匪骚扰也是农民离村的重要原因。中国乡村盗匪之所以扰乱，主要因为农业生活无法维持。生活不能维持，便不得不铤而走险，杀人越货，扰害社会的安宁。所以农民流为盗匪，大部分是经济的原因，愈是地

1　刘宣：《二十四村离村人口之分析》，《统计月报》第9卷第9号，1935年9月，第10—11页。

2　李景汉：《定县人民外出谋生的调查附表》，《民间》（北平）第1卷第7期，1934年，第8页。

3　何廉：《东三省之内地移民研究》，《经济统计季刊》第1卷第2期，1932年6月，第233页。

4　陈达：《人口问题》，商务印书馆1934年版，第259页。

5　浩萍：《中国农村经济问题的研究及其解决之途径》，《农村经济》第2卷第11期，1935年9月，第81页。

瘠民贫的地方，匪患愈烈，民匪不分。典型的例子当属江苏。苏南经济较为发达，农民生活安定，社会也相对安宁。而苏北经济落后，匪患十分严重，以至于苏北百姓口中流传着如下俗谚："捉不完的虱子，剿不完的匪。"[1] 这里匪氛之炽，可见一斑。在这匪祸蔓延的局势下，一些农民只有弃田不耕，离开农村，移居别处。

中国农民离村率，就全国而言，北部最高，南部次之，中部最少。北部可以山东省为代表。1927—1928 年，山东省农民离村率最高的地区，为南部费县、莒县和临沂县一带，其中莒县离村率在 60% 左右。[2] 九一八事变前，南开大学经济学系在东三省调查移民问题，其时调查的 1149 个农业移民家庭中，90% 来自山东，其离村的各种原因可见表 5-2。

表 5-2　九一八事变前南开大学经济学系调查农户离村原因分类统计

离村原因	户数	占比（%）
经济原因	753[1]	69.0
生活难	569	49.5
土地狭小、人口过剩、食粮不足	109	9.5
缺乏耕作土地	56	4.9
负债	8	0.7
赚钱的关系	8	0.7
无恒产	39	3.4
营业上失败	4	0.3
天灾人祸	314	27.3
其他原因	42	3.7
合计	1149	100

注：[1] 原表有误，此数据应为 793。

资料来源：董汝舟《乡村病态与乡村建设》，《建国月刊》（上海）第 13 卷第 1 期，1935 年 7 月，第 10 页。

1　《黄克诚传》编写组：《黄克诚传》，当代中国出版社 2012 年版，第 168 页。

2　见董汝舟《乡村病态与乡村建设》，《建国月刊》（上海）第 13 卷第 1 期，1935 年 7 月，第 10 页。

由表 5-2 可见，山东农民离村的主要原因，一为经济压迫，二为天灾人祸。山东省离村的农民，中小农都移往东三省，大地主都移往青岛。总之，中国农民离村，使农村劳动力日渐减少，田地荒芜，农业生产锐减。农民离村现象，折射的是农村经济的衰败和凋零状况。在此状况下，农民维持自身生活尚不能够，农村社会又如何发展？农村是县政的基础，农民是县政管理的主体，农民的这种状况，既是县政管理不良所致，又导致县政更加不良。

（三）知识人的城市化

近代中国大规模的教育改革始于清末新政，当时的学堂是由诏书推广的，学堂的层次和位置自然是按"计划"安排的："着各省书院于省城改设大学堂，各府厅、直隶州学均设中学堂，各州县均设小学堂。"[1] 自此，县城、府城、省城便成了新学堂的汇集之地，而且学堂的高低层次和数量几乎与城市的大小呈正比。农村的知识人求学必须沿着既定的路径前行，正如有学者所分析的："学堂是一条远走的长路，走在这条路上的人沿着等序从农村到县城，从县城到府城，从府城到省城，而后入南北都会。其中一部分脚力更健的，则能够游学彼邦，愈走愈远。"[2] 这样，学堂就把有志进取的读书人召集到城市里，知识人城市化成为一种必然的趋势。

第一，旧式知识人即所谓士绅的离乡进城。早在明代，江南就有不少富裕地主开始向城市迁居。清道光年间的《苏州府志》云："江南多地主，然居县城城郊者十之四五，居市镇者十之三四，其十之一二，则散居乡村。"[3] 文中提及的"地主"自然应包括部分士绅。自鸦片战争后，随着商品经济的发展和社会动荡的加剧，地方士绅的流失进一步加速。科举的废除，既中断

1　朱有瓛主编《中国近代学制史料》第 2 辑上册，华东师范大学出版社 1987 年版，第 520 页。
2　杨国强：《二十世纪初年知识人的志士化与近代化》，《浙江社会科学》2001 年第 6 期，第 134 页。
3　宋如林等纂修《苏州府志》，道光四年刻本。

了士人进身之阶，也动摇了他们作为四民之首的传统地位与权威。不甘寂寞的士人便开始向城市寻求新的出路。20世纪二三十年代以后，随着城市近代工商业和文化教育事业的日益发展，乡村士绅向城市迁徙的人数也日益增多，由此旧式知识人开始了身份和角色的转换。以往，中国传统的绅士与农村和土地有着密切的联系，他们即使人进了城市，早已成为城市居民，但仍在乡下广有田产，其财富的主要来源往往是在乡下征收的地租，故被称为"城市地主"。所谓的"亦绅亦商"、"儒商"、"地主、商人兼高利贷者三位一体"或"一身多任焉"等之说，实际上，正是士绅或地主身份转换的典型例证。清末民初，不少绅士开始与农村和土地疏离，一般很少添置田产，而是"以田养商"，用田税收入扩大商业性收入，并逐渐增大对新式工商业的投资。如苏州著名绅商尤先甲虽以长子名义继承了尤家的房产和田地，但在乡下的田产主要由其弟尤先声管理，尤先甲则侧重经商，并长期出任苏州商会总理，广泛参与各种城市公共事务。当时，士绅进城经营工商业的风气不限于江南，其他地区也是如此。据《退想斋日记》记载，山西"近来吾乡风气大坏，视读书甚轻，视为商甚重，才华秀美之子弟，率皆出门为商，而读书者寥寥无几，甚且有既游庠序，竟弃儒而就商者。亦谓读书之士，多受饥寒，曷若为商之多得银钱，俾家道之丰裕也。当此之时，为商者十八九，读书者十一二"。[1] 进入民国，"差不多的绅士，在县城内一定开设着'银号'、'花店'、'洋货庄'之类，自然有的是因为他有许多的商店而做了绅士，也有的在做了绅士之后，才一下大开其商号起来"。[2] 据王奇生估计，20世纪二三十年代湖北各县有科举功名的士绅离开乡村，迁居都市或外省者约占30%。[3]

1　刘大鹏：《退想斋日记》，山西人民出版社1990年版，第17页。

2　悲茄：《动乱前夕的山西政治和农村》，《中国农村》第2卷第6期，1936年6月，第61页。

3　王奇生：《民国时期乡村权力结构的演变》，周积明等编《中国社会史论》下卷，湖北教育出版社2005年版，第556页。

第二，新型知识人的进城求学。民国时期，中国的教育体系延续了清末由诏书所建立的金字塔式的教育系统：大学建立在省会等大城市，中等以上的学校建立在中等城市和县城，高等小学建在县城和城镇。国民政府时期虽然开始关注农村教育，但也没有从根本上改变这种学校的总体布局。据 1935 年中央农业实验所对 22 省 961 县的农村教育机构调查的结果，中学平均仅占乡村教育机构的 0.7%。[1] 沿海开埠以后，城乡之间的差距越来越大。大量的财富、权力、名位等社会稀缺资源日益集中于城市，畸形繁荣的城市远比日趋衰败的农村更具吸引力。这种情况必然导致农村知识分子的日益城市化和农村人才的稀缺，时人描述道："教育机关，既集中于都市，则乡村人才，均负笈都市，久惯都市生活，对乡村风况，自生鄙弃心理，掉头弗愿，而蛰伏乡村之较智分子，亦思一展胸怀，趋赴都市，待价而沽，以期发挥能力，农村人才，阊巷一空。"[2] 对此，教育家陶行知曾批评道："中国乡村教育走错了路！他教人离开乡下向城里跑，教人吃饭不种田，穿衣不种棉，做房子不造林。"[3] 广西教育厅厅长雷宾南也痛斥这种教育的弊端，称"结果只养成了一批不与社会生产发生关系的高等游民"。[4] 1933 年，国民政府行政院农村复兴委员会在江苏常熟农村调查的日记中亦有记载："我们跑过的乡村并不少，碰到中学生却是第一次。"[5] 常熟是闻名全国的经济、文化发达地区，其农村竟然难以遇到一个中学生，不难想象同时期的中国其他地区的农村文化会衰败到何种程度。

　　20 世纪二三十年代，中国城市化潮流已粗具规模。此时，不仅中等学校

---

[1]　实业部中央农业实验所：《各种乡村教育机关所占之百分比》，《农情报告》第 4 卷第 9 期，1936 年 9 月，第 236 页。

[2]　曲宪汤：《乡村衰落之原因及其救济》，《并州学院月报》第 1 卷第 3 期，1933 年 3 月，第 75 页。

[3]　陶行知：《中国乡村教育之根本改造》，《陶行知全集》第 1 卷，四川教育出版社 2005 年版，第 85 页。

[4]　千家驹：《桂省经济调查印象记（一）》，《申报》1934 年 2 月 25 日，第 10 版。

[5]　行政院农村复兴委员会编《江苏省农村调查》，商务印书馆 1934 年版，第 88 页。

以上的毕业生不愿待在农村，即便是一些受过小学教育的学生，其求学的目的也是为将来能到城市中谋生做准备。据蒋旨昂对昌平县卢家村的调查，"在外人口28人，有75%是20—40（岁）之间的。他们识字的占75%，就是占全村同年龄的识字的95.5%"。[1] 1934年湖北省襄阳县县长称："近数年来，士大夫阶级类多全家去乡，侨居他埠，而无产失业之徒，或从戎，或附匪。其土著大多数为自耕农，识字甚少，程度极低。故甲长中什九不识字，保长虽较优，而识字人数亦不逮半数。保甲制度难于推行，实亦原因之一。"[2] 对于当时这种农村人才的流失现象，梁漱溟描述道："像今天这世界，还有什么人在村里呢？有钱的人，多半不在村里了。这些年内乱的结果村兵灾匪祸，乡间人无法安居，稍微有钱的人，都避到城市都邑……。再则有能力的人，亦不在乡间了。因为乡村内养不住他，他亦不甘心湮没在沙漠一般的乡村，早出来了。最后可以说好人亦不在乡村里了。"[3] 而有钱人、有能力的人、有知识的人相继离开乡村后，乡村人口主要由两类人组成：一是贫弱老幼无助之人，一是游手好闲、地痞无赖之徒。其结果是乡村教育日趋退化，乡村自治日趋衰败，乡村宗族组织日趋萎缩，乡村社会生态日趋恶化。这样的乡村人口结构，如何去管理和建设好？

第二节　县政下的地主

土地问题被称作中国革命的中心问题。关于农村土地占有情况，过去一个颇为流行的观点认为，近代土地高度集中到地主手中，地主的剥削程度非常高。但近年随着史学研究不断推进，学界对上述论断做出了不少补充并达

1　蒋旨昂：《卢家村》，李文海主编《民国时期社会调查丛编·乡村社会卷》，第226页。

2　湖北省民政厅编印《湖北县政概况》（四），1934年，第1104页。

3　梁漱溟：《北游所见纪略》，《村治月刊》第1卷第4期，1929年6月，第16页。

成了广泛的认同。

第一，地权分配并非如以前所说的那样高度集中。关于民国时期全国地权分配的变动状况，郭德宏分析了新中国成立前后的各种统计数据，并得出结论：1925—1936 年地主、富农占地 60.56%，1937—1948 年占地 56.64%，新中国成立前，地主、富农占地已降为 45.91%，而中农、贫农、雇农及其他劳动者三个时期占地则分别为 39.44%、43.36% 和 54.09%。[1] 乌廷玉根据所梳理的各省土地档案和各时期调查资料，得出了这样的认识："从全局看，旧中国之地主、富农只占全国 28% 到 50% 的耕地，他们从来没占有 60% 以上之耕地，但个别县、乡是例外。"[2] 温铁军认为，以往的调查大多只涉及一两个省，不足以对总体做出估计，只有 1933 年农复会的调查覆盖面最广，涉及河南、陕西、江苏、浙江、广东和云南等 6 个省的 62 个村庄。因此他重新对这"62 个村庄"的资料进行了研究，结果发现，地主、富农、中农、贫农这四个阶层占有的土地数量大致平均，占比分别为 24.75%、25.86%、25.35% 和 23.67%。由此他认为："土地占有关系并不表现为向地主集中，而是约略向富农和中农为代表的自耕农集中。"[3] 就苏南而言，樊树志认为江南地区地权的分散化进程实际上从明末清初即已开始，清中叶商品经济的冲击更加速了这一进程。[4] 曹幸穗的研究表明，进入 20 世纪后，由于人口繁衍所带来的人口压力和商品经济的发展，苏南乡村地权分散化程度进一步加剧。[5] 典型的例子可见 1931 年《大公报》记者的调查，当时丹阳拥有土地"五十亩以上者，寥

1　郭德宏：《中国近现代农民土地问题研究》，青岛出版社 1993 年版，第 61 页。

2　乌廷玉：《旧中国地主富农占有多少土地》，《史学集刊》1998 年第 1 期，第 62 页。

3　温铁军：《中国农村基本经济制度研究——"三农"问题的世纪反思》，中国经济出版社 2000 年版，第 81—82 页。

4　樊树志：《上海农村土地关系述评》，《上海研究论丛》第 8 辑，上海社会科学院出版社 1993 年版，第 110—111 页。

5　曹幸穗：《旧中国苏南农家经济研究》，第 41—47 页。

寥无几"。[1] 因而，该记者认为该县已无大地主。最为权威的资料当属土改时期的调查。据 1950 年的调查统计资料，苏南 25 个县 973 个村的地权分配情况是：地主占地 36.2%，富农占地 6.5%，二者合计占地 42.7%；中农与贫雇农占地 51.0%，其他阶层占 6.2%。尽管地主仍占有较多的土地，但绝没有原来认定的那么高。

表 5-3　1950 年苏南 25 县 973 村的地权分配情况

单位：%

阶层	户数占比	人数占比	土地占比
地主	3.6	3.1	36.2
富农	2.1	2.9	6.5
中农	30.6	34.9	31.6
贫雇农	54.5	50.6	19.4
其他	9.2	8.5	6.2

资料来源：严中平等编《中国近代经济史统计资料选辑》，科学出版社 1955 年版，第 278 页。

　　苏南土改时期对典型乡的调查资料显示，在苏南 20 个县 1722 个乡，地主平均占有全部耕地的 26.63%，其中，地主占地最多的前 5 个县依次为昆山县 52.55%、太仓县 46.28%、金坛县 43.2%、吴县 42.02%、常熟县 37.00%；地主占地最少的 5 个县分别为扬中县 11.19%、丹阳县 11.51%、南汇县 13.29%、高淳县 14.19% 和川沙县 14.98%。如果将农村中最大两个阶层中农和贫农合并计算，那么占有土地超过 50% 的县有 12 个，占 20 个县的 60%，其中最多的 5 个县为扬中县、丹阳县、南汇县、武进县、江阴县，分别占 71.7%、68.84%、67.15%、66.21%、60.53%。中农贫农占有土地最少的 5 个县为昆山县、太仓县、金坛县、吴县、宜兴县，分别占 33.77%、41.59%、42.22%、44.89%、

1　《调查：丹阳农村概况》，《农业周报》第 1 卷第 13 期，1931 年 7 月，第 498 页。

45.75%。这些数据说明，占有一定量土地的地主与拥有分散小块土地的大量个体小农同时并存，自耕农经济占有绝对优势，而这种局面绝非一朝一夕就能形成的。

表 5-4　1952 年 8 月苏南区 1722 个乡土地改革前各阶层占有土地情况统计

地区	统计范围（乡）	各阶层占有土地比例（%）								
		地主	公地	工商业资本家	小土地出租者	富农	中农	贫农	雇农	其他
总计[1]	1722	28.3	5.90	1.14	3.68	7.01	31.61	20.86	0.44	1.06
丹阳县	110	11.51	7.59	1.39	4.30	4.66	43.94	24.9	0.48	1.23
江宁县	115	30.51	6.66	1.61	4.93	6.99	28.95	19.03	0.43	0.89
句容县	92	25.09	3.94	1.22	4.05	8.02	32.26	24.04	1.02	0.36
溧水县	67	29.57	4.69	0.84	4.47	8.09	29.43	20.94	1.09	0.88
高淳县	64	14.19	21.87	1.07	2.80	6.45	31.20	21.19	0.47	0.76
扬中县	57	11.19	3.76	1.35	3.34	7.45	43.98	27.72	0.12	1.09
无锡县	77	24.50	4.48	2.39	8.40	4.20	34.71	18.01	0.08	3.23
武进县	187	18.18	3.37	0.70	4.05	6.05	35.12	31.09		1.44
江阴县	101	19.55	3.64	1.67	6.67	5.56	33.49	27.04	0.93	1.45
宜兴县	116	29.32	9.14	0.14	5.31	7.79	26.76	18.99	0.96	1.59
溧阳县	97	21.39	19.41	0.24	2.16	7.14	25.57	23.50		0.59
金坛县	14	43.2	4.15	0.04	2.61	7.68	24.36	17.23	0.22	0.51
常熟县	210	37.00	1.79	0.89	2.27	7.53	31.64	17.72	0.22	0.94
吴　县	106	42.02	1.30	1.42	1.11	7.95	29.14	15.75	0.37	0.94
吴江县	37	30.20	0.73	3.26	1.49	5.37	28.60	29.18	0.96	0.21
太仓县	107	46.28	1.14	0.71	1.47	6.78	27.94	14.28	0.29	1.11
昆山县	101	52.55	2.27	1.13	1.48	8.09	25.29	8.48	0.26	0.45
南汇县	11	13.29	0.14	0.44	6.35	11.84	44.78	22.37	0.48	0.31
川沙县	10	14.98	0.59	5.56	11.08	6.45	40.12	18.19	0.84	2.19
上海县	44	18.00	1.98	2.69	4.57	13.29	40.30	18.03	0.47	0.76
平均[2]		26.63	5.13	1.44	4.15	7.37	32.88	20.88	0.54	1.05

注：[1] 笔者统计为 1723 个乡。[2]"平均"一行的数据为笔者计算的结果，与原表"总计"一行的数据稍有差别。

资料来源：中共苏南区委员会《苏南土地改革工作总结》（1952 年 8 月 28 日），嘉定档案馆藏，档案号：1-4-11。

第二，地主的剥削程度也并非以前所说的那么高。章有义对徽州租佃关系进行了个案研究，认为该地区租佃经营的比重较高，不过也很难说占到

50%以上；从发展趋势上看，近代以来租佃户数和租佃经营的比重没有什么变动。曹幸穗对苏南的研究证实，如果把佃农的冬夏两季作物的产量合并计算，平均地租约占年收获物的 44%；若以夏作物计算，则地租率均超过产量的 50%。高王凌着重研究了地租的实际征收即"实收率"的情况。他对近代的地租率估计得更为大胆，认为只有单位面积产量的 30%—40%。[1]

既然地权没有以前所说的那么集中，地租也没有通常所说的那么高，那么，地主土地上的实际收入究竟有多少，他们的经济状况究竟如何？这些问题显然有做进一步探讨的必要。

一　地主、富农收益逐渐下降

不少调查资料显示，北京政府时期，无论是北方的经营性地主还是南方的出租性地主，其土地的收入尚有保障。因而该时期土地买卖频繁，土地价格亦呈上升趋势。进入南京国民政府时期，随着现代国家政权建设的逐步推进，田赋和苛捐杂税加重，加上天灾人祸频仍，土地生产减少，农民为生存而同地主进行了各种形式的斗争，从而使地主的收益大大减少。地主土地上的纯收益既能反映出地主对农民的剥削程度，也能反映出地主的生活状况。以往我们对地主的研究，重在揭露他们"剥削和压迫农民"的残酷性，对地主土地的纯收益的研究则缺乏详细的剖析，以下我们将以经营性地主和出租性地主为例，对此问题加以简单探讨。

地主的纯收益是指地主除去所有"成本费用"后的实际收入，从地主土地的经营方式来分，大致上说，北方的地主以雇工经营为主，南方的地主则以出租为主。雇工经营地主的纯收益是指除去种子、肥料、雇工费、田赋后的收入。我们先看北方经营性地主的案例。

---

[1]　高王凌：《租佃关系新论：地主、农民和地租》，上海书店出版社 2005 年版，第 177 页。

　　1934 年 6 月 2 日，天津《益世报》登载了一篇题为《一个地主的家庭经济》的文章，详细地记述了河北省大名县某"地主"家庭的收支实况。据称文中的材料，是作者从"一位三世的友人处得来的。这位友人，他是每天有一文钱的收支，都要登在账册上的。这样的账册，已有三十余年的历史。本文所用的，只是其中的最近六年"。文中的"地主"，其家有 10 口人，土地 1928 年是 176 亩，此后，1929—1933 年均是 161 亩（亩为 240 方步）。父子两人在家经营产业，一个儿子在小学读书，此外便是妇女孩子们。妇女们的职业是裁缝、厨娘兼老妈子，每天劳动时间均自天亮至深夜。这正是大名一带典型的"经营式地主"的状况。而大名县位于河北省东南部的冀、鲁、豫三省交界处，因而该案例颇为典型，可以作为华北平原一般地主阶层的代表。该地主的收支情况见表 5-5 至表 5-8。

表 5-5　1928—1933 年大名县某"地主" 的收入情况

年份		1928	1929	1930	1931	1932	1933	每年平均
麦	量（石）	17.6	5.1	22	21.6	19.2	48.2	22.3
	收入（元）	332.00	76.50	308.00	432.00	402.40	801.40	392.10
	占比（%）	50.7	10.9	24.0	31.1	21.5	46.1	30.8
杂粮	量（石）	22.8	46.7	85.2	93.7	33.8	65.2	57.9
	收入（元）	323.40	510.40	648.64	812.64	1230.00	742.40	711.2
	占比（%）	49.3	72.9	50.6	58.5	65.6	42.7	55.9
棉花	量（斤）		100					16.7
	收入（元）		50.00					8.3
	占比（%）		7.1					1.2
瓜子	量（斤）		384	1493	570	1018		577.5
	收入（元）		63.00	226.50	111.72	179.00		96.7
	占比（%）		9.0	17.7	8.0	9.6		7.3
菜籽	量（石）			8.2	2.7			1.8
	收入（元）			98.40	32.40			21.7
	占比（%）			7.6	2.3			1.7

续表

年份		1928	1929	1930	1931	1932	1933	每年平均
副产品	收入（元）					63.50		10.6
	占比（%）					3.4		0.6
杂款	收入（元）						195.40	32.6
	占比（%）						11.2	1.9
总计	收入（元）	655.40	699.9	1281.54	1388.76	1874.90	1739.20	1273.3
	占比（%）	100	100	100	100	100	100	100

表 5-6　1928—1931 年大名县某"地主"的支出情况 I

单位：元，%

年份		1928		1929		1930		1931	
总部门	总目	合价	占比	合价	占比	合价	占比	合价	占比
生产费用	种子	70.82	5.3	25.6	2.4	38.1	2.9	48.47	3.3
	雇工	190.42	14.2	231.32	21.4	294.43	22.6	313.73	21.1
	肥料	96	7.1	10	0.9	22	1.7	43	2.9
	牲口饲料	142.4	10.6	108.5	10	84.2	6.5	97.8	6.6
	建筑		0	108.92	10.1	119.6	9.2	124.8	8.4
	农具		0	15.92	1.5	14.4	1.1	25.75	1.7
	杂费	55.15	4.1		0	66.3	5.1	86.6	5.8
	合计	484.79 (554.79)	41.3	53.56 (500.26)	46.3	639.03	49	740.15	49.8
生活费用	食粮	463.5	34.5	444.84	41.2	267.5	20.5	356.4	23.9
	煤炭	15.5	1.2	354 (3.54)	0.3	10.4	0.8	15.35	1
	煤油	3	0.2	3.6	0.3	4.9	0.4	6	0.5
	盐	8.8	0.7	3.4	0.3	9.7	0.7	12.5	0.8
	油	2.4	0.2	9	0.8	3.2	0.2	6	0.5
	肉	14	1	3.6	0.3	30.7	2.4	22	1.5
	建筑		0	12.5	1.2	29.9	2.3	31.2	2
	衣服	7.2	0.5	3.98	0.4	60.4	4.6	37	2.5
	教育		0	14	1.3		0	8	0.5
	婚丧		0	8	0.7	85	6.5	100	6.7
	杂费	52.85	3.9	44.5	4.1	85.3	6.5	99	6.6
	合计	567.75 (567.25)	42.2	455.58 (550.96)	51	558 (587)	45	693.45	46.5

续表

年份		1928		1929		1930		1931	
总部门	总目	合价	占比	合价	占比	合价	占比	合价	占比
税捐	地丁	19.3	1.4	17.7	1.6	1770 (17.7)	1.4	17.7	1.2
	杂捐	12.7	0.9	0		28.9	2.2	23	1.5
	地丁附加	28.2	2.1	10.8	1	32.3	2.5	13.9	0.9
	合计	60.2	4.5	28.5	2.6	78.9	6	54.6	3.7
特别费		162.3	12						0
总计		1275.04 (1344.54)	100	929.92 (1079.72)	100	1215.93 (1304.93)	100	1488.2	100

表5-7　1932—1933年大名县某"地主"的支出情况Ⅱ

单位：元，%

年份		1932		1933		每年平均	
总部门	总目	合价	占比	合价	占比	合价	占比
生产费用	种子	59.8	3	64.44	4.2	5.12(51.12)	3.5
	雇工	432.21	22.2	320.26	20.5	297.06	20.3
	肥料	86.35	4.4	63.5	4	53.48	3.7
	牲口饲料	120	6.1	96	6	108.15	7.4
	建筑	56	2.8	68	4.4	79.55	5.4
	农具	141.4	7.3	10	0.4	34.58	2.4
	杂费	71.99	3.6	70.59	4	58.44	4
	合计	967.75	49.4	692.89	43.5	682.39	46.7
生活费用	食粮	475	24.2	74(367.2)	23.1	395.74	27
	煤炭	15.1	0.7	19.2	1.2	13.18	0.9
	煤油	10.7	0.5	3.2	0.2	5.23	0.4
	盐	13	0.7	13	0.8	10.06	0.7
	油	4.6	0.2	5	0.3	5.03	0.3
	肉	22.7	1.1	24.7	1.5	19.62	1.3
	建筑	14	0.7	17	1.1	17.43	1.2
	衣服	23	1.2	19.8	1.3	25.23	1.7
	教育	40	2	48	3.1	18.33	1.3
	婚丧	123	6.1	241	15.1	92.83	6.4
	杂费	112.53	6	92.39	5.8	81.09	5.5
	合计	853.63	43.4	850.49	53.5	683.77	46.8

续表

年份		1932		1933		每年平均	
总部门	总目	合价	占比	合价	占比	合价	占比
捐税	地丁	17.7	0.9	17.7	1.1	17.97	1.2
	杂捐	99.32	5.1	10.92	0.7	29.14	2
	地丁附加	17.18	0.9	17.18	1.1	19.93	1.4
	合计	134.2	6.9	45.8	3	67.04	4.6
特别费						27.05	1.9
总计		1955.58	100	1589.18	100	1460.25	100

表 5-8 1928—1933 年大名县某"地主"六年收支对照

单位：元

年份	收入	支出	盈亏比较
1928	655.40	1344.54	-689.14
1929	699.90	1079.72	-379.82
1930	1281.54	1304.93	-23.39
1931	1388.76	1488.20	-99.44
1932	1874.90	1955.59	-80.69
1933	1739.20	1589.18	150.02
六年总计	7639.70	8762.16	-1122.46
每年平均	1273.28	1460.36	-187.08

注：以上表 5-5 至表 5-8 中原数据有数处计算有误，现已更正，改动数据容不一一指出；原表中数据有误的，更正在括号内；表中的 1 石粮食约等于 300 斤。

从表 5-5 来看，这是一个典型的以种植粮食为主要收入的经营性地主，六年间，平均每年收入为 1273.3 元，以每年平均耕种 163.5 亩计，平均每亩收入约为 7.79 元。从表 5-6、表 5-7 来看，支出方面主要有三项：一是直接用于生产上的费用，约占 46.7%；二是用于生活上的消费，约占 46.8%；三是捐税，约占 4.6%，如以土地数目折合，则每亩约合 0.41 元。另外，具有临时性质的特别支出，约占 1.9%。从表面上看，该地主的"收入不菲"，但这只是"毛收入"，若去掉生产性支出和捐税支出，每年的纯收入约有 523.87 元，人均收入

52.4 元，每亩仅有 3.2 元。在这六年中，收支相抵，亏空者竟有五年，盈余者仅一年，且为数甚少，六年总计，亏空 1122 余元，平均每年亏空 187 元余。观其生活费用，粮食消费居首位，占总支出的 27%，占纯收入的 75.5%，若计粮、油、盐、肉四项，则食物支出占到纯收入的 82.2%，能够视为"奢侈性"消费的肉类，平均每年为 19.62 元，每人平均仅 1.962 元，仅据上述收入与支出的数据来看，该地主列入富农也勉强。该地主连年收入平平，很大程度上因为"天公不作美"。相关资料显示，与上述年份同时期，大名县较小的灾荒不计，仅水、旱、蝗灾等大灾，可谓是无年不有，无灾不重。[1]

中国本来就是个多灾的国家，灾害的种类、强度、频率均居世界首位。进入近代，各种自然灾害呈越来越严重的态势，即便是自然条件优越的江南亦不例外。这里我们仅以财赋重地松江为例。据《松江县情论丛》记载，1913 年 8 月，台风过境，拔树坍屋，稻棉受损；1915 年 11 月，连日风雨，稻穗受浸发芽歉收；1917 年入夏，奇旱，河水浅涸；1919 年遭水灾，天马山迤西径至异苍地区，3000 多亩粮田被淹，颗粒无收；1921 年，天久旱，乡民迎草龙祈雨；1922 年 9 月，台风暴雨为灾，街道水淹，水稻受损严重；1932 年 8 月，台风袭击，海塘多处毁坏；1933 年水灾，全县被淹农田 41.6 万亩，其中水稻 28.3 万亩、棉田 2.5 万亩，均歉收。[2] 其实，作者还漏掉了两次规模和程度更大的灾害，这就是 1931 年发生在长江流域的大水灾和 1934 年的大旱灾。农业是个严重依赖自然条件的产业，本身具有非常脆弱的特性，任何一种灾害的发生，都有可能导致其生产的受损。在现代农业技术得到利用和普及之前，依靠祖祖辈辈传统经验生产的农业，其单位产量又具有相对的稳定

1　郭淮清：《冀南农村现状的一个考察——大名县马陵村之实况》，天津《益世报》1937 年 1 月 9 日，第 12 版。

2　陈大年：《松江地区的自然灾害》，松江县地方史志编纂委员会编《松江县情论丛》，上海社会科学院出版社 1989 年版，第 180—184 页。

性和有限性，即在一个相当长的历史时期内，粮食的常年亩产量相对恒定，即便增产，也十分有限。

无论是经营性地主还是出租性地主，其收入均难以做到"旱涝保收"，如定县，1930年每亩租价是10元，至1933年只有5元。[1] 租佃关系发达的江浙稻作区，城居地主较多，地主收租大多委托被称作"租栈"的中介机构代理。

日本学者夏井春喜根据苏州某租栈被称作"报销备查"的收租册的记录，详细地归纳并计算了从光绪年间（自光绪十九年开始）到1928年该栈的经营收支状况。我们摘录了收租册中1911—1928年所记载的各年地丁、漕粮、租米折价以及洋钱比价，将租米全部换算成洋元，算出了各项开支数额与所占的比例（见表5-9）。

表5-9　1911—1928年苏州租栈业主地租收支统计

年份	面积(亩)	米（石）	合洋（元）	支出（元）	占比（%）	盈余（元）	占比（%）	每亩纯收入（元）
1911	542.887		289.595	51.602	17.82	237.993	82.18	0.44
1912	1486.89	1036.378	4627.043	1462.629	31.61	3164.414	68.39	2.13
1913	1207.01	1019.024	4326.651	1216.444	28.12	3110.207	71.89	2.58
1914	1220.74	946.091	4227.409	1279.222	30.26	2948.187	69.73	2.41
1915	1226.4	1003.73	4667.224	1322.939	28.35	3344.285	71.65	2.73
1916	1056.12	923.114	4097.324	1153.613	28.16	2943.711	71.84	2.79
1917	1060.84	769.978	3443.761	1000.003	29.04	2443.758	70.96	2.30
1918	958.83	766.133	3329.057	955.185	28.69	2373.872	71.31	2.48
1921	904.097		6071.02	1539.81	25.36	4531.215	74.64	5.01
1922	859.895	716.143	4720	875.253	18.46	3844.747	81.54	4.5
1923	859.895	736.549	5174.059	917.38	17.73	4256.679	82.27	4.95
1927	890.665	676.34	5613.702	1587.308	28.28	4026.394	73.64	4.64
1928	886.158	669.206	5630.991	1953.978	34.7	3677.013	65.3	4.15

资料来源：根据日本学者夏井春喜《近代江南的地主制度研究——基于租栈关系簿册的分析》一书中的资料编制（汲古书院2001年版，第422—423页）。对原表中的若干数据误差已做更正。

---

[1]　康诚勋：《经济恐慌下的河北定县农村》，《新中华杂志》第2卷第16期，1934年8月，第86页。

以往我们在谈及出租性地主收入时，不免将其收入和生活水平设想得过高，其实，无论是经营性地主还是出租性地主，均要付出一定"成本"。表5-9显示，地主通过租栈收租，也要付出各项费用，这些费用包括田赋、"栈费"（即付给租栈的劳务手续费）、"派差账费"（即付给负责追讨欠租佃户的"租差"的费用）、"役费"（即付给催租人员"催甲"的费用）等，这些费用历年不一，少者占租收的17.73%，多者占租收的34.7%，平均约占总收入的27%。除去这些开支，余下的才是地主领到手中的实际收入，若按亩计算，每亩最高纯利润为5.01元（1921年），最低仅0.44元（1911年），平均为3.16元。我们再将苏州租栈的折价还原成租米，大致通过租栈收租的地主每亩纯收入为0.5—0.7石，平均约为0.59石。以上租收可视作常年的收入。进入30年代，天灾人祸频仍，农民生活更加艰难，因而农民抗租、欠租成为普遍现象。1934年，常熟县追租处接到的申请书达14000余份。每份按开追佃农6人计算，已有84000余人，羁押佃农600余人。[1] 在这种情况下，地主阶层的地租很难足额征收，相应地，地主阶层的收入必然出现下滑。如无锡农村地主、富农1929年人均收入分别为357.11元、139.98元，1936年为305.83元、134.47元，1948年下降到187.18元、104.32元，两者收入都呈现大幅度下降趋势，1948年较之1929年，地主的收入降幅高达47.58%。[2] 地主、富农们收入的下降，明显地表征着农村经济整体性的衰败。

对南京汤山的调查发现，"照常理说，兼佃农及纯佃农之农场支出，应比自耕农之农场为巨，因彼等须缴一部分田地或全部分田地之租金也。此次调查则以自耕农之农场支出为最巨。盖自耕农之田赋及工资支出，占农

　　1　俞觐如：《常熟农村现状调查》，上海《大晚报》1934年10月10日，冯和法编《中国农村经济资料续编》上册，第32页。

　　2　旧国立中央研究院社会科学研究所、原中国科学院经济研究所：《无锡县（市）农村经济调查报告》，陈翰笙等编《解放前的中国农村》第3辑，中国展望出版社1989年版，第328页。

场支出之一大部分，而兼佃农及纯佃农之租入田地，因天旱歉收，多不能照约缴租，故每亩之支出减少"。[1] 一方面农民收入下降导致地主租佃收入减少，另一方面地主所交的税赋却在不断增加，在这种情况下，"中等地主之能收支相抵不致沦入债丛者，亦已寥若晨星"。"留居乡间之中小地主，日渐没落，其自身反受高利贷之压迫。今年农民、新华两银行之抵押放款，几全以地主为其对象，且所借款项，无一投资农业，多用于还债、押会及各种消费事项。"[2] 在生态条件优越的江南地区，地主阶层尚且"日渐没落"，那么，在生态条件较差的西北、华北等地区，地主阶层的状况更不可能有例外。

英国皇家亚洲学会华北分会会报中说："一般的年成，每亩富饶的土地可收田租八百文至一千二百文。但由于佃户对租额的拖欠，地主实收田租一般不超过上数的十分之八。投入土地的资金的利息，不超过百分之三至百分之五。"[3] 20 世纪 30 年代，卜凯对全国 7 个省 15 个县的地主农场研究显示，地主投资土地的年利润"平均八厘半"。[4] 据 1928 年黄炎培对其家乡川沙县的调查所得，"川沙田主从资本上取得之利息，除去粮税，所得不过 7% 左右，亦不算优厚"。[5]

1934 年 3 月，国民政府参谋本部国防设计委员会在《试办句容县人口农业总调查报告》中写道："佃农固然很苦，地主也不算好。按租钱与地价的比例，地主投资买地每年所得的利息，不到八厘。完粮纳税须得费去二厘，有些时候，连这点微利也收不到。假如这些地主能把田卖去，把所得的钱存入

1　孙枋：《南京汤山二百四十九农家经济调查》，《教育与民众》第 6 卷第 1 期，1934 年 9 月，第 198 页。

2　薛暮桥：《江南农村衰落的一个缩影》，《薛暮桥文集》第 1 卷，中国金融出版社 2011 年版，第 19 页。

3　《英国皇家亚洲学会华北分会会报》（*Journal of the China Branch of Royal Asiatic Society*）第 23 卷，1889 年，转引自李文治编《中国近代农业史资料》第 1 辑，生活·读书·新知三联书店 1957 年版，第 266 页。

4　〔美〕卜凯：《中国农家经济》上册，商务印书馆 1936 年版，第 211 页。

5　中华职业教育社：《农民生计调查报告》，1929 年，第 48 页。

银行，至少年息可得一分，又无完粮纳税及催租收租的麻烦。所以资本由乡村流入城市易，由城市回到乡村很困难。"[1] 这一平均利润还是正常年份的利润，若遇灾歉之年，或粮价发生波动，地主连这点利润也无法保障。所以，单纯依靠地租收入的一般地主生活并不宽裕。

灾荒频仍的南京国民政府时期，农民因歉收而生活维艰，田主也因租收锐减而收益大跌，甚至租不抵赋，这种现象在苏南是极为普遍的。关于当时中小地主的处境，《太仓农村经济崩溃的写真》中描述道："年来政府的粮，催缴很严，农民的租，却无力缴纳的很多。一般大地主和有势力的地主，还可拖欠些粮，最苦的是些小地主。一家生活都靠租米，现在自己收不到租，又不能不缴。有了田，反赔了钱，真是有苦说不出。没有办法，只得托催征吏押追农民的刁顽抗租，结果，反有赔贴饭钱的冤事，要想卖田，虽每亩一二十元，还没有人要，真是啼笑皆非的事。"[2] 1933年浙江吴兴"农田因米价低贱，农民所获除缴租外，所余尚难抵偿种子肥料人工等费。田主亦因赋税奇重，每亩所收之租米，除纳税完粮及交其他杂捐外，所余不及一元。因此，田价降落，问津无人。农民有'种田负债'之叹，田主亦有'置田受累'之慨"[3]。浙江平湖"在二十二年佃户缴租成数为六成，二十三年为五成，去年为三四成，甚至有完全不缴或积欠数年之久者，此种情形，真有每况愈下之势"[4]。

在日本殖民统治下的东北地区，地主阶层更是受到了严重的打击。"苛捐杂税，收购出和［荷］，以至于什么思想犯、经济犯等，随时可以安在有闲阶

1　参谋本部国防设计委员会参考资料第四号：《试办句容县人口农业总调查报告》，1934年3月，第188页。

2　杨公怀：《太仓农村经济崩溃的写真》，《沪农》第4卷第3、4期，1936年7月，第9页。

3　建设委员会经济调查所统计课编印《中国经济志（浙江省吴兴、长兴）》，1935年，第32页。

4　段荫寿：《调查及统计：平湖农村经济之研究》，萧铮主编《民国二十年代中国大陆土地问题资料》第45册，第22700—22701页。

级地主的头上。"抗战胜利之后，即便在"国军收复区"，地主依然担心实行"民生主义"，对于穷人也分外敷衍，结果租金仅有 5%。[1]

全面抗战期间，在交战地区，地主大多逃亡，不少地主只收到很少的地租，有的甚至多年"颗粒未收"。如山东章丘旧军镇一个叫孟联宇的地主长期居住济南，全面抗战期间，其所有地租皆充作国民党王连仲抗日游击队的军饷粮糈。[2] 1938—1940 年，芜湖的地主无法收租，自 1941 年起，租务渐渐恢复，每亩可收 120 斤，但须缴纳保甲捐、保安队捐、自卫团捐、警察捐、区公所捐、驻军捐、圩费等杂捐 80 斤，故实得仅 40 斤。[3]

东南沿海诸省大片领土沦丧，国民政府的财政基础受到严重的打击。为了解决战时财政问题，国民党不得不将原属地方财政收入的田赋重新收归中央，于是，大后方农村负担急剧增加。重要的是，为了动员各种资源支持抗战事业，国民党加强了农村基层政权的建设，大力推行所谓新县制，在县以下建立起乡（镇）、保、甲的组织，这些基层组织的主要任务就是"要钱、要粮、要命"，对农民进行空前的横征暴敛，不少中小地主亦不能幸免。

据估计，"三十三年收入三十到五十市石稻谷的小粮户的赋税捐献等支出将达收入总额的 60%，而地方杂派尚不在内"，如再将地方杂派计算在内，恐怕要占中小地主总收入的 70% 以上。这种地方杂派称得上巨额，在四川璧山、富顺等县的乡镇摊派中，动辄被派十万二十万。一个收 50 市石的小粮户，除去上粮纳税占收入的 70% 即 35 市担稻谷，剩下来的只有 15 市担稻谷。假定一家四口，按照最低消费计算，每月需米 7 市斗，一年需要的米量

1　芃园：《行将没落之东北地主》，《经纬生活》第 1 卷第 5 期，1947 年 4 月，第 3 页。

2　见李培峰《我为孟家在浅井村收稻租的经过》，《文史资料（章丘）》（山东）第 4 辑，1987 年，第 14—15 页。

3　杨幼陶：《调查及统计：芜湖附近农村经济综合报告》，《中国经济》（上海）第 2 卷第 9 期，1944 年 9 月，第 34 页。

为 8.4 市担，折成稻谷为 16.8 市担，则剩下来的 15 市担稻谷，连口粮都不够。再如，四川有一家大小五口人的小地主，在抗战前，每年收土租洋二百八九十元，除完纳粮款百四五十元外，尚可得到半数以上；至 1944 年，土地收入虽增加到 35000 元，但各种正附税和征借，共纳去 25000 余元，竟占收入的 71%，这还不算种种保甲税和杂税苛捐，[1] 而当时的小麦价格每老石为 15000 元。赋税苛重之外，负担也不平均，拿应征壮丁来说，四川省训团教育长孙则让调查大竹县 500 保的结果是：50 石租以上的地主，反负担出征壮丁 1%，而 99% 应征壮丁却落在 50 石租以下的中小地主及广大农民肩上。川北的一个通讯说道："在以前他们本可以把赔本的担子转嫁到佃农身上去，而现在佃农们实在是穷得不能再穷，这样，小绅粮们唯一的办法就是向大绅粮或大商人告贷。"[2] 中小地主唯一的收入就是收租谷，而日用品的上涨幅度远高于粮食，他们的生活水平势必受到严重的影响。宛南农村"破落户和大多数小地主，他们自己不能生产，更不会经营，可是一般日用品涨价五六倍，消耗品简直涨了几倍以至几十倍，他们所仅靠的一点粮食的价格只涨了一倍上下，日用品既不能减少，入不抵出的亏空便要加大，破产和没落的速度更为加快"。[3] 在川北的遂宁、乐山、安岳、中江、盐亭、射洪、三台、蓬溪、潼南等县，"在小绅粮同小自耕农把谷子卖尽而需要再买转来食用时，谷价一天天上涨，如在遂宁阴历（三十三年）腊月初的谷价不过二千多元一新担，而月底就涨到五千左右，一个月不到谷价就上涨了一倍"。于是，只好走最后一条路——出卖土地。大地主则往往乘机压低地价进行收购。中小地主，特别是小地主们所遭受的命运——破产、没落的过程，和广大农民比较

1　苏讴：《小地主的实情》，《新华日报》1944 年 11 月 13 日，第 3 版，转引自史敬棠《国民党区地主阶级概况》，《参考资料》第 12 期，1945 年 6 月，第 74 页。

2　史敬棠：《国民党区地主阶级概况》，《参考资料》第 12 期，1945 年 6 月，第 76 页。

3　史敬棠：《国民党区地主阶级概况》，《参考资料》第 12 期，1945 年 6 月，第 74—75 页。

起来，好不了多少，这就形成了大地主与中小地主的对立。[1]

双十协定被撕毁后，国民党为打内战，对反对征粮的粮户采取了严厉打击的措施。据报道，驻四川的国民党中央军某军罗某某军长就曾以"剿匪""清毒"为名，在下川东和小川北的邻水、广安等十几个县，对反对征粮的粮户"格杀打捕了几百人"。[2] 国统区的中小地主或富农，经过了三年征实、征借、征购和通货贬值等有形无形的勒索，大都早已没落。[3] 在东北和华北国民党与中共交战地区，1946 年冬至 1947 年春，国民党在其统治区抓兵征粮，共产党已普遍地发动反奸清算和初步的分田斗争，地主阶级的势力受到了空前的打击。

一位自称出身于地主家庭的作者描述当时苏北的落魄地主心态称："地主一群大量的逃向江南，逃向都市，成为典型的'漏网之鱼'、'丧家之犬'，除不死之身外，别无长物，不消说，毁灭的命运，悲哀的心情，犹如影之随身，跟踵出奔了。昔日的豪华，昔日的气焰，昔日的安富尊荣，昔日的财产土地，昔日的一切，如同春梦如同轻烟般地消逝了！烦恼，急躁，憎恨，懦怯，愚昧、低能、萎缩……复杂的情绪，多种的因素，像一条漫长的毒蛇，缠缚着他们的肉体和灵魂，充分地显示了末世纪的悲哀，失国王孙的凄楚！"[4]

二　地主、富农的负担日趋加重

民国以后，田赋、兵差、捐税等各种名目的苛捐杂税大幅增加，一般中小地主承担的赋税也随之加重。至 20 世纪 30 年代前期，国内战争、水旱灾荒

1　史敬棠：《国民党区地主阶级概况》，《参考资料》第 12 期，1945 年 6 月，第 76—77 页。

2　屠西：《反对征粮罪该万死，四川捕杀数百粮户》，《评论报》第 7 期，1946 年 12 月，第 8 页。

3　姜庆湘：《论中国的地主》，《中国建设》（上海）第 6 卷第 2 期，1948 年 5 月，第 29 页。

4　丕谷：《略论地主与土地问题》，《再生》第 170 期，1947 年 6 月，第 10 页。

以及世界经济危机的波及，致使农村经济更加衰败，农民收入锐减，生计困难，抗租欠租的现象增多，地主的田租收入减少，从而大大降低了地主对土地投资的兴趣，土地买卖一度出现停滞。

民国时期关于田赋及附税增加的史料充斥报端。这类资料表明，农民的负担一是繁重，二是附税种类繁多。对此我们不拟做全面详细的讨论，关于"苏省附税"的报道也许可以代表全国的情形："苏省田赋于民十四以前，规定每两征二元零五分，现在已增加数倍，少如无锡征收四元三角，多如江浦竟征至十五元二角一分，再以田赋与地价比，多数地方已超过百分之一，苏省农民对于田赋正税负担已感觉艰困，而民十六以后，苛捐杂税，相继频仍，因各县田赋附税日有增加，超过正税有数倍者，有十数倍者，甚至有二十六倍以上者，盖省正税银每两一元二角八分，米每石二元六角，县正税每两三角，米每石一元，原有一定标准，惟近年以来附税名目繁多，故农困更益加剧，兹将苏省三十种田赋附税探录于下：教育费、公安亩捐、自治亩捐、党部捐、农业改良捐、普教亩捐、抵补金亩捐、芦课自治捐、芦课保甲捐、清丈费、保卫团捐、水巡队经费、建闸费、治运亩捐（江北各县征收）、塘工及浚河亩捐（江南各县征收）、国省选举费、警察队经费、户籍费、习艺所亩捐、教育特捐、师范经费、防务费、区经费、区圩工捐、乡镇经费、村制费、保坍费、公益费、卫生捐、修志费等。"[1]

像江苏省各种附加税远超正税的现象在全国极为普遍，繁重的田赋负担已成当时社会的毒瘤，严重威胁了农民的生存，更遑论农村经济的发展。史料记载，在四川隆昌县，1930年度每两正税10.5元，附加税为12元，附加税为正税的114%，同年奉节县为每两正税的768%。[2]

1　《苏省附税：田赋正税日渐增多，附税繁重农困益剧》，《农村经济》第1卷第3期，1934年1月，第14页。

2　许达生：《苛捐杂税问题》，《中国经济——中国农村经济专号》第1卷第4、5期合刊，1934年，第4页。

在安西，"中小地主更加不易立足，自耕农虽很普遍，但因为田赋和摊派的繁重，他们也很快没落了。譬如种田一'户'（约六十亩，是这里田地的单位），平均每年可以收粮三十多石，价值三百多元。但是每年田赋正款就需麦粮四石，加上无限制的临时摊派，每年往往摊到三百元以上。因此成本、工资都不能收回。所以农民常常说'多种多赔本，少种少吃亏'。在这种残酷的压迫之下，土地就不会有人领教，因此地价贱得料想不得。现在最好的田地，每'户'只值六十元，即合一元一亩，至于中下等田地，即使倒贴房屋、耕牛、器具，还很少人承种，甚至有倒赔少女或青孀寡妇给承种田地的农民的事情，因为经过兵乱之后，军队任意拉夫的结果，在这里简直闹着男性恐慌哩！"[1]

在湖北的通城县，地主除了缴纳各种正税和附加税，还要负担一年一次两次甚至数次的名目繁多的临时费，诸如壮丁费、义勇队服装费、军毯费、驻军给养费、电线费、宣传费等，这些"临时费十九取自地主，在这样苛捐之下，小地主之没落殆为必然的趋向了"。[2] 此外，在社会不靖的情况下，地主、富农还要承担许多额外的开支："有队伍来时，保长带人来，还要交一点。我们（指普通农民——引者注）交得很少，地主、富农交得多……都是土匪队伍来收。"[3]

山东招远的一些大地主"因年来的谷贱与其自身的奢侈，都差不多将土地卖完了，没落的官僚后裔，为生计的逼迫，有似于民国成立后的旗人了"。[4]

由于田赋及一些捐税是以田亩为单位征收，赋、捐的不断增加，必致占有田亩较多的地主、富农的负担增加。浙江崇德摊派公债"均以有田五亩以

1　耕夫：《安西的人祸和天灾》，《东方杂志》第 33 卷第 10 号，1936 年 5 月，第 109—110 页。

2　薛武英：《湖北捐税实录》，《申报》1934 年 1 月 29 日，第 16 版。

3　李学昌主编《20 世纪南汇农村社会变迁》，华东师范大学出版社 2001 年版，第 500 页。

4　晓梦：《山东招远农村概况》，天津《益世报》1935 年 1 月 26 日，第 11 版。

上为标准"；[1] 萧山县规定征收保甲特捐，"以田亩多寡为征收标准计分为四等：（一）二百亩以上者为甲等征收特捐二元；（二）一百亩以上者为乙等征收一元；（三）五十亩以上者为丙等征收三角；（四）五十亩以下者为丁等征收一角"。[2]

作为地主，一方面灾荒民穷致使地租减收，另一方面政府增加的沉重田赋和苛捐杂税又必须缴纳，其收入越来越下降，甚至出现因田赋过重，无力负担，"挂田契于门，弃地而逃"的现象。[3] 陈立夫也承认"田赋之重，日复一日；附加之多，超过正税而数倍，甚有田赋之重，无力负担，挂田契于门、弃地而逃"之事。[4] 1934 年 1 月 9 日《申报》第 5 版刊登了一篇昆山地主代表请求政府救济的特别宣言，该宣言名为《昆山县西北乡田业代表赵平侯、许子春、周天度、龚步青、陆士方、冯钟齐等为税重租轻白户累累所收田租不敷纳税提出弥补办法三项吁请政府予以救济事特别宣言》，文中称："年来因米价惨落，西北各乡租务益陷于不可收拾之境。其上栈照缴租米者，假定平均每亩以五斗计，照今年折价每石五元计，实收二元五角，除纳税约一元二角及各项费用三角外，每亩所余至多不过一元，而况白户累累，赔累滋多（凡白户之佃，除由业主赔完地税外，又有追租费用之担任，每户需二元数角），欲田主不转沟壑以死，殊不可得。去年西北各乡业主以白户增多之故，所收田租不敷纳税，莫不叫苦连天，今年佃农借口农村经济破产，相率抗租不缴，开仓愈月，征起实数不及十分之一。而公家催征，急于星火，新税陈粮，均丝毫不容短欠，业户点金乏术，欲鬻田以应，又苦无人过问，

1　行政院农村复兴委员会编《浙江省农村调查》，第 148—149 页。

2　《地方通讯·萧山》，《申报》1930 年 11 月 22 日，第 9 版。

3　祝平：《民元来我国之土地问题》，银行学会编印《民国经济史》，1948 年，第 365 页。

4　陈立夫：《举行全国土地调查之经过及其所得结果》，《地政月刊》第 4 卷第 7 期，1936 年 7 月，第 1043 页。

辗转思维，现拟办法三项，请求政府予以救济：（一）请求准予将田亩收归国有，（二）请求准予将田亩抵完地税，（三）请求准予向欠租佃户直接征税。"[1] 文中所言地主收租困窘之程度与县赋税负担使田主"转沟壑以死"，虽不无夸张成分，以求政府减免催征，但也道出了地主生计越来越陷于困顿的一面。

1935 年《沪农》亦载有一江宁业主因无力赔赋而愿将田作抵的实例："具呈人严和谦等四人呈称：为无力赔垫赋课，只得将产抵案，恳请迅予派员交割以解倒悬事。窃民等有祖遗庄田一业，坐落第九区和宁乡王家桥徐家圩等处，圩田一百十一亩，于二十二年度秋季悉遭淹没，颗粒无收，除在土地陈报单备考栏内业经注明该田无秋收等字样外，忆被淹没伊始，迭禀原委二十余次，俱未能邀，钧府按情恤准，刻因催征吏警接踵登门，势难容缓须臾，窃思赋赖租供，田既无收，赋何由出，又兼农村破产，经济恐慌，鬻产无受主，借贷已无门，民等实无力筹措巨款赔赋课，迫不得已，只得将田抵赋，以免罹法，并恳迅予派员莅庄，俾便检点交割，借解倒悬，而释懦虑，不胜感德，谨呈江宁自治实验县政府。"[2]

江宁业主卖田抵赋的现象并非特例，苏州官绅费仲琛在吴江有祖遗田地1600 余亩，但其后连遭水灾，他又不忍向灾民榨取高额田租，自己卖掉家产完税还不够，自请以田归公而不得允。1935 年春他再次作长函请求将田归公，但在信发出前，他突患脑出血病故。[3] 富庶的江南尚且如此，其他地区就更不乏类似实例。

例一："陕西西乡县，一般农民受捐税剥削，乃自愿将田地捐给地方团体及学校，最初团体及学校尚敢收受，继则捐税日多，而所收之地，仍须向官

1　《昆山县西北乡田业代表特别宣言》，《申报》1934 年 1 月 9 日，第 5 版。

2　童雪天：《复兴农村与田赋问题》，《沪农》第 3 卷第 3、4 期合刊，1935 年 10 月，第 7 页。

3　张学群等：《苏州名门望族》，广陵书社 2006 年版，第 374 页。

厅照缴捐税，乃不敢再受，农民见举地赠人，无人敢领，于是纠令乡里，各执农器及地契，拥向县政府，向县长缴纳。此种风潮，愈演愈烈，且有将地契乘黑夜之中，贴于县府执照壁者，用意均系表现异地不要，求免其税。"[1]

例二："四川长寿县，驻军某师，苛捐太重，无力缴纳，农民将田契缴县府，全家远走他乡，至若因苛捐之被逼自尽者，数见不鲜焉！"[2]

例三："河南内乡东乡张家村三百多户，因负担太重，相率离村者有七十多家。某农家有地一顷，实际多是坏地，去年（1932）只产二担多稞子，而内乡自治办公处，派他十担，因负担不起，乃携妻带子离家他去，临行时，愤愤地对人说：'谁要地拿地，谁要房子拿房子，我一辈子不回来了。'"[3]

可见上述中小地主家道中落的主要原因正是官府沉重的田赋。

更甚者，由于地主租收锐减，而政府催粮又急如星火，一些地主的生活也陷入窘境。如1934年扬州一"大户"催粮政警称，"东乡业户，多半绝粮，前至王姓家，见其全家煮草围食，见之殊觉惨然"。[4] 此消息的内容有可能夸张、渲染，但若尽斥其为"无耻谰言"亦未免过于武断。1936年7月19日《申报》报道了一则"田主杨评玉自缢"的新闻，称田主杨评玉系晏城高中毕业，在苏州渭泾塘有田400亩，生活全赖于此，上年平均每亩仅收租1元，而缴粮则须每亩1元2角，杨因之对田租深感失望，今夏在家设立暑期补习馆，招收男女学生20名，借兹挹注。因其境况不若昔时，加之杨患有神经衰弱症，终至自缢。杨自缢之原因，非此处所关注之点，但文中所述1935年农民抗租以致田主的受灾田地每亩仅收到"贴粮"1元之事，却有史料可证。同时期《申报》报道称："苏地各田业栈家，对于征收本年田租，因农灾歉收，致

1　辛玉堂：《苛捐杂税与农村经济》，《农村经济》第1卷第2期，1934年1月，第37页。

2　陈锡纯：《四川农村衰落之原因及其救济刍议》，《农村经济》第2卷第9期，1935年7月，第33页。

3　行政院农村复兴委员会编《河南省农村调查》，第115页。

4　《扬州：东乡业户断粮吃草》，《申报》1934年5月22日，第8版。

收数奇短，开仓至今，尚不及四成，且各乡闹租风潮迭起，县府虽设法努力催追，亦无效果，现闹租风潮已息，经各乡区长出任调停，各栈家对收租成色已允酌减，灾重者免租，仅酌贴地价税一元。农民亦大都表示满意，现各栈家为便利农民起见，决联合各栈，在四乡遍设公栈，合作收租。"[1] 南方地主的窘况是如此，北方的地主亦不可能自外于时代。例如，察哈尔的"地主大半亦破产"，其主要原因是："民国十五六年的兵祸，十七八年的旱灾，十九年的雹灾，更加上近三年来的谷价下落，差不多地主们，已均破产，他们的地租收入，抵不了自己的负债，一部分地主即破产还债，另一部分对土地仍抱着希望的，则借着自己在城市里工作的收入，以偿还债务，而保存土地。"[2]

1934 年天津《益世报》读者来函《一个小地主之陈诉》的作者自称其家位于距天津 75 里的农村，家中雇工种地 200 亩，过去收成不恶，家内除雇佣人及牲口为消费者外，别无消费者。其家眷亦住居天津，衣食住靠天津收入，不用地亩收入补助，因而田地收入年有余裕。"惟近几年以来，每年必须由在外收入，寄回乡间数百元，补助种地工价，及官府花费之用。"该作者还称："在先年凡农民有地 50 亩 8 口之家，可以衣食自足，近来有地三四百亩之农民，每年必须出卖一二十亩地，或二三十亩地，方能维持。"[3]

以往我们在谈及田赋及苛捐杂税负担之时，常常认为地主阶级可以将其负担转嫁给农民，但是能够凭借权威逃税、避税或"赖税"者，大多是官僚、军阀、拥有一定武装势力的所谓地方强人。其典型者如天津县小站一带的水田，不少即为"曾任总统、督办、省长、总长等要人所有者，此辈自民十七年后都均不完纳粮赋，县府委婉催征，亦置而不问"。[4] 但他们在整个地主阶

1　《苏州：各乡遍设田租公栈》，《申报》1936 年 1 月 14 日，第 7 版。

2　方大曾：《察哈尔视察记》，天津《益世报》1936 年 6 月 6 日，第 3 版。

3　《王士奇来函：关于农村经济破产，一个小地主之陈诉》，天津《益世报》1934 年 1 月 6 日，第 11 版。

4　《津县地亩虽多，赋税滞收》，天津《益世报》1936 年 2 月 14 日，第 5 版。

级中毕竟占少数，实际上，不少地主、富农、商人不但没有多少逃避的特权，反而常受到地方贪官污吏和反动军阀的盘剥勒索。

这种情况在南阳也非常典型，一些地方上掌握武装的民团首领之类的人物，往往依靠其手中的"枪杆子"，或巧取豪夺，或与征收人员狼狈为奸，肆意浮收摊派。他们不但压迫普通的农民，甚至对一般无权无势的地主也进行敲诈。在宛属十三县联防司令别廷芳统治内乡时期，"土地集中和地权变更的情况极为严重，无权无势的老地主老财东，大部没落，中产以下变为赤贫，而无立锥之地者所在多有"。[1]

抗日战争胜利后仅仅一年，国共内战爆发，国民党出于尽快消灭共产党军队的需要，继抗战时期之遗绪，再度实施"三征"田赋政策，包括自耕农、富农、地主在内的"田主们"均承受了巨大的压力。据《三征交迫下的中山》一文记载，广东全省的征率普遍规定"每亩原征税一元的，征实三市斗，征借一市斗五市升，带征公粮一市斗五市升，代收积谷五市升，共征六市斗五市升"。"所征田赋，与业主每亩所收的租谷是一与二之比，因此大地主还不成问题，自耕农不用说是叫苦连天，一般中小地主被压得喘不过气来。"如此沉重的田赋，可谓骇人听闻！该县集贤乡一老农气愤地骂道："丢那妈，我七十几岁略，都唔曾见过收税收得咁惨嘅，真系老糠都榨出油，而家又唔系打日本仔。咸家产！"[2] 另据华东军政委的调查，江苏武进县梅港乡第二保田赋及捐税的负担情况是：地主、富农平均每人负担米 0.268 石，每亩负担 0.067石；中农平均每人负担 0.213 石，每亩负担 0.15 石；贫农平均每人负担 0.145石，每亩负担 0.173 石。[3] 地主、富农相比其收入的实际负担要低于中、贫

1　别光典：《河南内乡土皇帝别廷芳》，全国政协文史资料研究委员会编《文史资料选辑》第 38 卷，中国文史出版社 1980 年版，第 165 页。

2　杨伙：《三征交迫下的中山》，《正报》第 19 期，1946 年 12 月，第 12 页。

3　《武进县梅港乡农村情况调查》，华东军政委土地改革委员会编印《江苏省农村调查》，1952 年，第137—138 页。

农，但人均负担则远高于中、贫农。[1] 在所谓"戡乱建国"时期，国民党推行更加严厉的"三征"政策，对抗不交粮者实施拘捕。《江南地主的忧郁》一文这样描述当时地主们的窘况："农村已破碎支离接近经济崩溃前夕，虽是最善良的佃农，他们也无力再忍受地主的剥削，因此，地主们的'特权'已被'赤贫'击败，去岁的租米尚未收齐，今年的田粮又在严催了；地主们已担负不起高物价的压力，什么都涨，只有田地无人顾问，真可说是只有'死路一条'，横泾有地主'自杀避捐'、木渎有地主'出亡逃税'，少数地主囤积粮食保持币值，当局又要搜查惩罚，多数地主连粮食也变卖殆尽，债台高筑，赋税又是不敢短缺，某村一个地主曾对我感慨地说：'想不到会搅到这般地步，我还怕什么共产党要来呢？'"[2] 在各种负担和压力之下，依靠土地为生的地主生计确实大不如前，以致一些普通地主也对国民党政权逐渐绝望。

三　地价跌落财产缩水

地价是农村经济发展的一张"晴雨表"，农村地价的波动在一定程度上反映着农村经济和整个社会经济的变化趋势，也反映了业佃关系的变动。影响田地价格的因素很多，诸如粮食的价格、银行利率、天灾人祸、战争、供需关系，以及田地本身的性质、特征、位置等，但就"耕地"而言，田地的质量及其产出的效益是影响土地价格高低的最基本因素，这一因素的影响无论是对地主或是对农民都是相同的。马克思早有论断，"土地的价值无非是资本化的地租"，[3] "购买土地，即购买地租"。[4] 南方水田的价格普遍高于北方旱

1　《杨克敏关于湘赣边苏区情况的综合报告》（1929 年 2 月），《中央革命根据地史料选编》（上），江西人民出版社 1982 年版，第 17—18 页。

2　小石：《江南地主的忧郁》，《展望》第 2 卷第 16 期，1948 年 8 月，第 10 页。

3　《资本论》，《马克思恩格斯全集》第 26 卷第 1 册，人民出版社 1974 年版，第 384 页。

4　《资本论》，《马克思恩格斯全集》第 26 卷第 1 册，第 20 页。

地的价格，其原因就在于前者收益高于后者。反之亦然，田地价格低落意味着田地收益的减少。

20世纪30年代，地政学员谌琨对近代以来青浦地价的变动做了描述："青邑自洪杨兵燹后，户口稀少，田地荒芜，几至有地无人耕种，每亩价值有贱至一两或制钱二千者，厥后生齿日繁，需地日广，渐增至十两或一二十千文，光宣之间，良田增至五六十元。自辛亥革命后，又遭水灾，田价忽然降落。民国八年以前，米价尚廉，各则田每亩仅三四十元，良田约值五六十元，自八年起，米价日昂，地价亦随之高涨，至十五年每亩有超过百五十元者，是为该县地价最高时代，迨国府成立后，颁布缴租条例，地价渐次下跌……至到近年以来，民间田地买卖，似呈停顿状态，加以谷贱伤农，故膏腴之田，每亩已不满百元矣。"[1] 其关于青浦近代地价变动轨迹的分析是令人信服的，苏州的情况亦大体如此。苏州"太平天国后清政府整理田籍，颁发田单，确保其'田底'所有权，有钱的人，以为是好产业，买田收租，当时每亩租田约值十三四元。辛亥前后提高到四十元左右。尔后收租顺利，在上海经商获利者，也有来苏买田以为'不动产'，辛亥革命前后，每亩高达一百元以上"。1931年遭遇水灾后，农民抗租情绪日益高涨，地主"收租渐感棘手，田价遂逐步下落。解放前十余年间，几至无人问津"。[2] 常熟清代同光以后，城乡地主以地租等剥削所得，巧取豪夺，不断收买土地，土地进一步大量集中。当时除地主外，富商、富农也竞相买田，咸认为"田地是干没不掉的产业，是最可靠的投资"。因此，土地价格逐年上涨。辛亥革命前夕，每亩价30余元，1926年达到了140余元的最高峰。[3] 以前，"江阴普

1　谌琨：《嘉定实习调查日记》，萧铮主编《民国二十年代中国大陆土地问题资料》第99册，第52373—52374页。

2　尤建霞：《苏州的地主与农民》，《苏州文史资料》（江苏）第1—5期合辑，1990年，第347页。

3　朱孟谋：《常熟的封建地主》，《常熟文史资料辑存》（江苏）第5辑，1964年，第41—42页。

通的田价，田底田面一起在内，起码要卖到 200 元，而且主顾不愁缺乏，但最近几年来，降到 80 元左右，还是一个无人过问"。[1]　无锡地区的土地价格如以田底田面联系在一起的土地来看，1926 年平均地价每亩 110 元，1927 年降为 100 元，1928 年又下降为 80 元，到 1936 年全面抗战爆发前夕又回升至 96.6 元。[2]　另据蒋杰对江宁县秣陵镇 180 户农户地价的调查统计，1924 年平均为 59.8 元，至 1934 年为 35.1 元。中央农业实验所农情报告中称："农村地价之涨落，犹如都市地价，涨则象征农村之繁荣，农业之兴盛，跌则反映农村之贫乏，农业之衰颓。"[3]　如此说来，20 世纪 30 年代的农业经济状况的确不如 20 年代。

浙江田价的变动态势与苏南的情况基本一致。1935 年冯紫岗的调查亦显示，嘉兴玉溪镇和渠东乡的水田，"过去民十二至民十五，地价最高"，每亩普通可卖 60 元，"嗣后二五减租实行，地价低降"，至 1931 年，每亩仅值 30 元；后又因"谷贱伤农"，水旱频仍，1934 年每亩跌至仅 25 元。地价尽管如此低廉，事实上却仍是买者少而卖者多。[4]　而受中共革命影响的地区，如福建的漳州，"土地的买卖转移，全部停止"。[5]　因土地已被视为系累，田地虽以贱价出售，亦不易找得到买主。

江西万载中下等田，"地主企图摆脱粮税捐款，只欲收一两元代价，即可成交，然亦无人顾问也"。[6]　南昌"下等之地，其地主有愿倒贴数元出卖以图

1　子愚：《江阴通讯：江阴的农村》，《新生周刊》第 1 卷第 12 期，1934 年 4 月，第 226 页。

2　王庚唐、章振华：《1911—1949 年无锡地区的土地关系》，江苏省中国现代史学会编印《江苏近现代经济史文集》，1983 年，第 357 页。

3　蒋杰：《京郊农村社会调查》，李文海主编《民国时期农村调查丛编·乡村社会卷》，第 350 页。

4　冯紫岗：《嘉兴县农村调查》，国立浙江大学、嘉兴县政府 1936 年版，第 36 页。

5　朱博能：《闽南农村现状》，《东方杂志》第 32 卷第 2 号，1935 年 1 月，第 82 页。

6　陈赓雅：《赣皖湘鄂视察记》，上海申报月刊社 1935 年版，第 26 页。

避免捐税者……许多地主宁愿放弃土地不肯登记"。[1] 闽北也有报告："有田之人，多以田产为累，且繁重的租税与低下的农田收益，再复增长其势，故购置田地这一观念，在一般农民中并不发生作用。"[2] 同时期，"鄂省土地价格低落，较五年前差十之四"。[3] 北方旱地的土地价格跌落的幅度更大，在山东，"鲁东向称富庶之区，地价每亩百元者，刻已低落至四五十元；鲁西、鲁南瘠贫之区，向之每亩五十元者，现竟落至二十元，或十余元，尚无人过问"，"农民破产之普通，痛苦之深刻，实为近古以来所未有"。[4] 在章丘明水一带，1917 年以前每亩水田（每亩 720 方步，合 3 市亩）最高时需价九百余元，至 1934 年时仅值四五百元。[5] 在陕西、甘肃一带，因灾荒关系，每亩数十元或数百元之田地，当时跌至十余元，又跌至三五元者亦有之。1934 年南和县的地价，"惨跌三分之二"，"往年每亩百四五十元之园地，今仅卖四十余元"。地价狂跌的原因是"一般农民，无力偿债，争相卖田，无人问津"。[6] 1932 年冬至 1933 年春，河北的一些地方，地价虽一落千丈，每亩降至二三十元，仍找不到买主。起初，"卖主必须肯给介绍人若干钱，介绍人方为之去奔走介绍"，后来，"有钱者"感到土地除施肥、雇工、纳赋、受捐以外，决没有赚利，死也不再收买田地。因此，卖地者"情愿以重利借债，到偿还期以土地缴还，因此以不收地为目的之债权者，时和债务家发生冲突"。[7] 该省的阜平县亦是如此，"往昔一亩好地，能卖到二百余元，现在最高也不过值 50 元"，"地价虽

1　王世琨：《南昌实习调查日记》，萧铮主编《民国二十年代中国大陆土地问题资料》第 170 册，第 84988 页。

2　徐天眙：《闽北农村社会分化之一形态》，陈翰笙等编《解放前的中国农村》第 3 辑，第 414 页。

3　《国内要闻：鄂省土地价格低落》，《银行周报》第 17 卷第 20 期，1933 年 5 月，第 3 页。

4　《全国经济委员会第二次委员会议关于救济农村破产提案》（1934 年 3 月 26 日），彭明主编《中国现代史资料选辑（1931—1937）》第 4 册，中国人民大学出版社 1989 年版，第 144 页。

5　《通讯：山东农村经济之衰落》，《农村经济》第 1 卷第 10 期，1934 年 8 月，第 108 页。

6　《南和农村危机：地价惨跌三之二》，《农村经济》第 1 卷第 5 期，1934 年 3 月，第 6 页。

7　王文宪：《献县农村破产调查记》，天津《益世报》1934 年 2 月 10 日，第 11 版。

仍一直狂跌，然鲜有问津者"。[1]

我们从上述的资料中不难发现：其一，无论地主还是农民购置土地均是"买贵不买贱"，以往所谓的地主趁田地价值低落之时大量购置土地的现象似乎并不完全符合事实，由此造成所谓土地分配"越来越集中"的说法从整体而言缺乏事实根据。其二，民国时期各地的地价都经过了一个先升后降的过程，尽管各地"升降拐点"的时间不尽一致，但大体上是以1927年南京国民政府成立为界，在此之前的北京政府时期，田价呈稳步上升之势；之后田价开始逐步下降，至1931年长江大水灾之后田价则是一路狂跌。其三，南京国民政府成立后田价跌落的原因甚为复杂，除自然灾害、土地革命等因素外，还与田赋不断增加以及国民党推行"二五减租"政策存在密切的关系，浙江表现得最为明显，江苏也受到一定的影响。"自二五减租实行后，地主利息较薄，昔日求田问舍之心理，均一改而投资于都市，故田地价格虽然低落，仍无人过问。"[2] 再则，"二五减租"的推行，使农民的抗租有了"依据"，造成业佃关系的恶化。1930年，浙江瑞安一地主反映说："去年瑞安殷户以及中下之家，因佃农借口灾歉，抗租不交，收入毫无，或仅收几微，不敷食用，又加以各种派募公债，急如星火，以及正税杂捐，陈报登记，平棠兵差等费，莫不依照田亩之多寡而分派，故纷纷将田出卖，田价虽一落千丈，仍然无人顾问，经济惶恐，达于极点，告贷无门，点金乏术，上无以完国税而急要公，下无以偿私债而维生活，富者变贫，贫者变赤，饥寒交迫，叫苦连天，有田之家既若是。"[3]

一方面，土地收益的不断下降，使一些地区的地主对土地的兴趣大大降

1　李小民：《通讯：阜平县农村素描》，《农村经济》第2卷第4期，1935年12月，第91页。

2　行政院农村复兴委员会编《浙江省农村调查》，商务印书馆1935年版，第244页。

3　《国民政府文官处检送浙江瑞安郭弼等要求取消二五减租以歇佃业纠纷函》（1930年2月26日），中国第二历史档案馆编《中国民国史档案资料汇编》第5辑第1编"政治"（3），第506—507页。

低；另一方面，工商业与高利贷收益的相对丰厚，必然会对地主造成极大的诱惑，当时不少地主富农认为"买地不如放钱"。[1]《周庄镇志》分析说："民国十七年前，周庄有一定数量的地主占有百亩以上土地，以陈姓与赵姓为多。时经商办厂思潮影响日深，一些地主卖田作资本改营工商。民国后期，大地主对时局失去信心，抛售土地，往上海等地经商办厂。到土改时，周庄已无百亩土地的地主。"[2] 该分析基本符合当时地主对待土地的心态。曾任浙江省主席，本身家庭也是地主的黄绍竑就谈道："民国以后，政治军事上得势的地主，他们得来的钱，大都在商业上谋发展，或存放在外国银行里，因为那时地租的收入有限，在地方上发展已成末路了。"[3] 安徽省霍邱县有人作"田"字诗一首，描写了当地地主以田多为忧的窘境：

　　昔日田为富字足，今日田为累字头。

　　拖下脚来为甲长，伸出头来不自由。

　　田在心上常相思，田置当中虑不休。

　　当初只望田为富，谁知田多叠叠愁。[4]

马若孟对华北地主的研究也发现，"不在地主对管理他们的地产没有什么兴趣，因为他们主要从事的是经营店铺和放款"。[5] 除此之外，社会的舆论也给地主造成颇大的压力，无论是调查报告、新闻报道还是文学作品，所刻画的地主的形象均是贪婪、吝啬、刻薄、残酷，他们常被描写成"四体不勤五谷不分""为富不仁"的"寄生虫"和"社会赘瘤"，"地主"或"富户"似

1　韩昭：《农村通讯：山东泗水县的四下涧》，《新中华》第 2 卷第 20 期，1934 年 10 月，第 83 页。

2　昆山市周庄镇镇志编纂委员会编《周庄镇志》，上海三联书店 1992 年版，第 112 页。

3　黄绍竑：《李宗仁代理总统的前前后后》，《文史资料选辑》第 60 辑，中华书局 1979 年版，第 26 页。

4　《地主以田多为忧》，《合作讯》第 108 期，1934 年 7 月，第 10 页。

5　〔美〕马若孟：《中国农民经济——河北和山东的农业发展（1890—1949）》，第 263 页。

乎已不是什么好名词。[1] 江阴地主"仁慈的千不得一，而刻薄的，比比皆是也！"[2] 抗日战争胜利后，苏南的地主成立自己的组织"田业改进会"，下设田租公栈，实行集体收租，但被视为"非法"而遭到取缔。地主一则不能足额收租，二则被迫"承购军粮亏蚀为数达一万余万元"，因而哀叹道："欲加之罪何患无辞，匹夫无罪，怀璧其罪，田地无罪，收租其罪，举世滔滔，宁有公是非之可言！"[3]

　　以上的地价是指田地"所有权"的价格即田底的价格。我们知道，在江南等地的稻作区，租田有相当大部分是分作田底与田面的，田面权是与地主所有权并行的，与所有权分离而独立存在，田面权属于佃农所有。在清末民初，田面价大都低于田底价，"其价值大约底值一面值半"，即田面价相当于田底价的一半，而且田面与田底的升降步调是一致的。大致上，南京国民政府成立之后，"田底""田面"的比价就逐渐发生了变化：田面价呈现逐渐上升的态势，甚至出现田面价高于田底价的"倒挂"现象。以常熟为例，全面抗战爆发前夕，"田亩所有权的买卖，每亩稻田最高30元，田面权尚值60元。棉田所有权最高20元，田面权值30元"。[4] 更具体的实例还可见于华东军政委对常熟三个乡的调查：全面抗战前每亩田底5—10石米，田面亦5—10石米；抗日战争胜利后，每亩田底3—4石，田面5—8石。松江新农乡调查也反映了这种变动态势：全面抗战前每亩田底8—9石，田面2—4石；抗日战争后每亩田底7—8石，田面2—4石；至新中国成立前夕每亩田底1—4

1　高王凌：《地主：在国家和农民的夹击之下》，《南方周末》2006年6月1日。

2　胡川如：《各地农民状况调查（征文节录）江阴（江苏省）：田主的待遇佃农情形》，《东方杂志》第24卷第16号，1927年8月，第113页。

3　《吴县田业改进会收支报告·序言》（民国三十四年十一月起至民国三十六年一月底止），苏州市吴中区档案馆藏，档案号：L01-01-201。

4　冯和法编《中国农村经济资料续编》，第30页。

石，田面 3—5 石。[1]　费孝通在谈及田地价格变动情况时说："从地主的观点来看，土地的价值寓于佃户缴租的能力之中，土地的价格随着可供土地投资的资本量以及收租的可靠性而波动。"[2]　那么，田地底面价格"倒挂"的"反常"现象，恰是地主收租"不可靠性"的明证，也是地主经济衰落的另一明证。

时人董时进在《没有人要的土地》一文中，谈及有业主以田地抵押向银行贷款而不愿赎回的现象："有的人家前几年将田地出当了，照常理说，他们是想早日赎回，但是现在可大不然，债主催他们赎地，他们就教债主收为己有，永远享业。因为他们知道，他们所借的钱，比土地所值的钱还多，即是有钱，也不肯拿去赎地。"[3]　国共两党大决战前夕，江南拥有较多土地的地主，被人嘲讽为"死货"，因为"廉价拍卖无人收受，银钱界中拒作抵押，秋收征租七折八扣，还粮征税十足摊派"。[4]　事实也正是如此，吴江县江丰农工银行有 11 个债务人，质押田地 41.805 亩，押款 825 元，每亩平均 19.734 元，至 1948 年，质押时间最长者达 26 年，短者亦有 17 年，该银行"屡向催赎，置之不理"。[5]　如果说土地为地主的主要财产的话，那么，土地价格的跌落，无异于地主"不动产"的缩水和经济地位的下降。

四　地主权威受到一定限制和削弱

南京国民政府成立后，为了缓解地主与农民的矛盾，国家逐步加强对业佃关系的干预，相继出台了一系列法令法规，包括革除地主虐待农民的私刑、

1　华东军政委员会土地委员会编印《江苏省农村调查》，第 9 页。

2　费孝通：《江村经济》，商务印书馆 2002 年版，第 163—164 页。

3　董时进：《没有人要的土地》，《地政月刊》第 1 卷第 10 期，1933 年 10 月，第 1346 页。

4　小石：《江南地主的忧郁》，《展望》第 2 卷第 16 期，1948 年 8 月，第 10 页。

5　《伪吴江县地方法院关于钱长生孙寿宝等欠租支付命令等卷》，吴江市档案馆藏，档案号：206-1-505。

废除地主额外剥削的陋规陋习、限制租额等。尽管这些法令法规多为具文，但客观上对地主的私刑和暴力多少起到了一定的约束作用，地主明目张胆地残害佃农的行为逐渐减少，地主的剥削程度亦有所减轻，相应地，农民的地位有所提高。大体而言，这些法令包括如下内容。

第一，禁止地主拷打佃户之私刑。

据高王凌的研究，至迟18世纪清王朝即开始插手租佃事务，雍正五年条例即规定了佃户欠租，业主不得擅自责罚，至清朝垮台前夕，江苏省巡抚还重申了这一规定：严禁士绅对欠租佃户"滥用私差传捕，擅自链锁，私自拷打"。[1] 南京临时政府成立后颁布的临时约法规定了"人民享有人身、居住、财产、言论、出版、集会、结社、通信和信教的自由"，尤其是孙中山以临时大总统的身份要求内务、司法两部责令其所管各单位，在审讯或处理民事案件或刑事案件时，一律严格禁止惩罚肉体，宣布其罪当笞、杖、枷号者，悉改罚金、拘留。1916年北京政府司法部训令江苏省高检厅："追租官吏不得滥用刑讯。"[2] 国民党一再标榜自己负有援助被压迫阶级之使命，表示要解除农民的痛苦。南京国民政府成立之后即宣示要实施"耕者有其田"的主张，因此颁布了大量关于农民土地问题的法规条例。有学者统计，1927—1937年南京国民政府制定和颁布的"地政法规及各省市地政单行章则不下240余种"。[3] 各省也制定了相应的条例细则，虽然多为纸上谈兵，大多没有切实执行，但若言毫无成效，亦非事实。如史料所载，"民国以前，佃户欠租之时，可送官署究办，或由田主自命奴仆加以笞责。今日则颇为罕见，盖笞刑已废，视为违法。田主虽有请求而地方官吏往往不许。故田主颇有咎官宪过于宽缓，以致佃户难

---

1 《革除业主私刑拷打佃户之恶风》，《申报》1911年5月29日，第3版。

2 《追租官吏不得滥用刑讯令》，《司法公报》第67期，1916年10月，第27页。

3 朱子爽编著《中国国民党土地政策》，国民图书出版社1943年版，第72页。

于约束者。然由社会之观点言之，此实为一种进步也"。[1]

第二，明文禁止或革除地主额外剥削的陋规恶习。

以往各地均普遍存在额外剥削的现象，诸如押租、预租、"力米"、"大斗进小斗出"等，这些陋规恶习无疑加重了农民的负担。国民政府成立后，不少地方政府出台了相应的政策予以废除或禁止。例如，江苏省府先后发布了如下训令，"严禁地主收租使用大称大斗"，[2] "业主不得无故撤换佃户"，[3] "严禁田主征收脚销费"。[4] 上海县政府先后发布了革除"田主预征田租及借端另召佃户"等恶习以及"严禁业主索取小租"的布告。[5] 宝山县做出了废除地主征收牛稻陋规的法令。[6] 云南省训令各县长"取缔境内地主苛待佃农"。[7] 陕西省府"禁止地主无理压迫佃农"，通令"各县相机将租课改为八成收租"。[8] 其他各省亦有类似之法令，兹不一一列举。这些法令并非尽为具文，有不少逐渐得以贯彻执行，且有明显的成效，诸如过去地主额外浮收"力米"，[9] 地主收租用"大斗大秤"，地主用"空白长单"（即变相拘票）私自拘捕佃农，地主私设"押佃所"[10] 等陋规恶习逐渐得到了革除。这些法令在

1　刘大钧：《我国佃农经济状况》，太平洋书店 1929 年版，第 31 页。

2　张燀：《令各区区长：严禁地主收租使用大秤大斗》，《丹阳县政公报》第 6 期，1929 年 8 月 28 日，"公牍·建设·训令布告"，第 20 页。

3　《业主不得无故撤换佃户》，《江苏省政府公报》第 477 期，1930 年 6 月，第 3 页。

4　《训令吴县政府严禁田主征收脚销费以苏农困文》，《江苏省农矿厅农矿公报》第 1 期，1928 年 11 月，第 23 页。脚销费，又称"力米"，是江浙一带地主付给催租人员"催甲"的跑腿费，本应由地主负担，却转嫁到了佃户，每田一亩田主收力米三四升，若以米折洋则一元收脚销费六分。

5　《县政府严禁业主无故退田另召》，《申报》1929 年 4 月 10 日，第 16 版；《县政府布告严禁业主索取小租》，《申报》1929 年 9 月 9 日，第 13 版。

6　《宝山县农民部废除地主征收牛稻陋规》，《申报》1927 年 11 月 12 日，第 14 版。

7　朱旭、金在镕：《公牍·县政·训令各县长设治局长取缔辖境内地主苛待佃农以免发生事变由》，《云南民政季刊》，1933 年 5 月 16 日，第 22 页。

8　《陕省府禁止地主压迫佃农》，《晨嘉旬刊》第 1 卷第 24、25、26 期合刊，1935 年 10 月，第 36 页。

9　据 1928 年 11 月 12 日《申报》第 10 版所载《各田业栈定期开仓》的报道：力米（即脚销）遵奉建设厅令取消，在租款项下每洋抽收四分，津贴栈司催甲。此后租册中很少发现有浮收"力米"的记录。

10　这里的"押佃所"特指租栈或地主私家设立的关押欠租佃农的变相监狱。

客观上抑制了地主为所欲为的盘剥和压迫，或多或少地减轻了农民的负担，提高了农民的身份和地位，也为农民反抗地主的过分剥削、无端压迫提供了合法依据。民国时期，江南各地农民群体性抗租事件的频繁发生，应与上述这些法令法规的颁布存在密切的关系。吴江县属十区六都心字圩佃户沈阿奎和沈阿毛租种同圩孙森玉田七亩余，欠租十余年计米五十余石，1932 年业主孙森玉提起民诉，被告将田退还，然而当原告雇工车水，预备插秧之时，被告竟将已耕之田，擅自栽种，孙森玉无法可施，不得已再提刑诉，岂知沈阿奎等仍置之不理并"声称现在官厅并不保护业主，大家可不必完租，吃官司亦不过如此等语"。[1] 这一现象虽非普遍，却也反映了限制地主过分剥削农民的趋势。

第三，限制地租额。

随着政府干预租务的加强，不仅地主的政治特权受到一定的限制，其经济特权同样受到了某种限制。传统上租佃关系主要依靠习惯法来加以规范和维持，但政府的介入，使得地主的租额确定之权、地租折价之权以及收租之权均受到一定的约束，不要说地主随意加租了，即便是保持原租额征收也已十分困难。国民党称减租问题是"解放农人第一声"，是"解放农民最低限度之政纲"，[2] 此即著名的"二五减租"政策。该政策主要推行于国民政府统治的核心区江浙地区，相关资料显示，浙江自实行"二五减租"以后，佃户被业主欺压的程度略见减轻；佃户对于业主得依据"减租条例"以三七五的标准交租外，又得到"业主不得无故撤田"及"非在一定条件内，佃权不得随产权的转移而转移"的保障，佃户只要不是自己怠荒——惰农，不欠少业主应得的田租或地租，业主绝对不能撤回土地不让佃户耕种；同时，业主不得已而变卖其土地时，佃户有购买的优先权，倘佃户无力购买，则土地所有权

1　《吴江：佃户霸租之风势将扩大》，《申报》1933 年 10 月 6 日，第 9 版。
2　《国内要闻二：浙建厅严禁利米恶例》，《申报》1928 年 11 月 1 日，第 11 版。

虽然易主，而佃户的种植权仍不变更。地政学员潘泅在其日记中写道，吴江"业主常不能任意撤佃，即欠租亦惟有控告欠租一法，而田仍常不能撤（按此即所谓永佃权），盖业主前已得批金也，此迨即为农人压迫业主之来由乎"。[1] 尽管"二五减租"虎头蛇尾，没有得到彻底贯彻，但地方政府干预租务的努力却也明显。特别是租佃关系较为发达的江浙一带，不少县政府开始介入"议租"事宜。

1927 年 10 月，常熟县政府召集各市乡行政局长开县行政会议，会议的一项议程就是确定该年度花米租价成色案。会议议定："（甲）稻田折租，参照现在市情，规定本年折价，每石以十元为度，愿还米者业主不得无故拒绝；（乙）米租成色，由业户按照市乡收成丰歉情形，于限内酌量减让，逾限得由业户照额征收，但不得超过本年折价；（丙）棉地九市乡二麦八豆之花田折租，因本年花价较高，规定每亩以二元六角为限；（丁）米租限期以阴历十月十五日为限。"[2]

1932 年吴江县第 96 次县政会议讨论通过了"租米折价应由县政府拟具划一办法的议案"。[3] 同年松江县政府区长会议议决"征租折价不得私自增加，由县令各区转知业户遵照"。[4] 国民党掌握政权后，太仓县国民党党部曾采取措施，限制任意提高租价的行为。[5] 此后，政府议租的做法成为惯例，一直延续至 1949 年。在奉贤，大中地主出租土地，大多亦是活租制。每年农历九月中旬，官方议定租价，公告于众，并有"头限""二限""三限""寒租""春

1　潘泅：《实习调查日记》，萧铮主编《民国二十年代中国大陆土地问题资料》第 118 册，第 62986 页。

2　《常熟：县行政会议两日纪》，《申报》1927 年 10 月 10 日，第 10 版。

3　《划一收租折价》，《吴江日报》1932 年 10 月 31 日。

4　《松江：县府召开区长会议》，《申报》1932 年 11 月 30 日，第 8 版。

5　徐梦梅等：《回忆国民党在太仓的党务活动》，《太仓文史资料辑存》（江苏）第 2 辑，1984 年，第 38、42 页。

租"等规定。[1] 由县政会议议决租价，这在历史上当属先例，是国家权力深入基层的一个重要表现，政府介入租务表明租佃关系已发生重大变化。政府力量的介入，势必对地主在乡村的权威造成限制和削弱。

上述地主富农收益逐渐下降、地主富农负担日趋加重、地价跌落地主富户财产缩水和地主权威受到一定限制现象的出现，是受社会整体经济运行和政治局势发展限制的客观反映。整体上看，地主、富农的经济利益与政治权威和以前相比均有所失，因而他们产生了对国民党统治的不满与反感，这表明了国民党统治基础的松散。但是，与普通农民相比，地主、富农的境遇要好得多，是社会的既得利益者。即使他们在土地上的利益受到了一些损失，但实际上他们往往并不仅仅依靠土地的收入，还多兼营乡村的金融和店铺等以谋利，甚至交结党政阶层以强化在乡村的力量。因而，尽管他们对国民党统治有不满和反感，但由于是既得利益者，他们害怕革命的到来，只能跟上国民党前行。而国民党政府虽然反感并提出"打倒土劣"，但对地主、富农阶层，从根本上说还是眷顾的。国民党执政后之所以未真正实施曾经许诺的"二五减租"，更未曾进行土地改革，就是向地主阶层妥协，害怕减租和土地改革会彻底失去地主阶层这个虽然松散却必须依靠的社会基础。因此，二者虽互有不满和矛盾，整体上又是妥协的；地主阶层这个"基础"，对国民党政权来说，是松散的，对国民党的改革冲动从相反的方向则是牢牢束缚着的。

第三节　县政下的农民

南京国民政府县政治理的主要对象，无疑是占县域人口最大多数的农民。

---

[1] 上海市奉贤县县志修编委员会编著《奉贤县志》，上海人民出版社 1987 年版，第 316 页。

在南京国民政府"县政建设"框架下，农民生活和生存状态到底如何呢？这是研究县政治理问题不可回避而必须深入探讨和分析的。

一　农民的负担——"自古未闻粪有税，而今只有屁无捐"

当代中国社会流行"国民党税多"的民谣，是人民在"新旧社会"对比中，对国民党税多一面的切身感受，也是历史的真实写照。时人讥讽说，"自古未闻粪有税，而今只有屁无捐"，词虽不雅，意却真实。寥寥14字，可谓道尽中国苛捐杂税怪状。[1] 从清末至南京政府时期，历届政府所征之苛捐杂税，课税名目与货物种类，既随地百异，竹木有税，鸡鸭有税；而课税之机关，又多架床叠屋，省中征之，县府征之，镇市征之，驻军亦征之。人民所承担的田赋（主要为附加）、苛捐杂税、临时摊派等负担可谓骇人听闻，而且一直呈现不断加重的态势。累民之深，可谓已极。陈翰笙综合统计了各省的农业税率、债额、军用票等，指出"中国农民负担已超过世界农税最高额的印度国的七倍"。[2]

其一，田赋逐年增加。清末以来，巨额的对外赔款、新政的推行及民国初期的政治混乱，使农村负担明显加大。南京国民政府成立后，虽正税无大变化，五花八门的附加税和摊派却不断增加，农民负担继续加重。1928年川沙县西南乡70多岁的老农对黄炎培说："前清漕粮，每石五千零七十二文永不加增。民国元年改为五元。其时每元换制钱一千二三百文，而上年起漕粮，每石骤增加两元，连前共七元，合钱二十一千文。其带征各税，尚不在内。小民有口无处诉苦，可否请为长官说说？"[3] 民国时期的田赋，虽然因地因时

1　《苛捐杂税甚于外患》，《晨报》1934年3月14日，转引自《农村复兴委员会会报》第10期，1934年3月16日，第10页。

2　见吴笠夫《宿迁事件之记述与论断》，江苏民政厅：《明日之江苏》第4期，1929年4月，第23页。

3　黄炎培：《民国十七年的川沙农民》，《农民生计调查报告》，中华职业教育社1929年版，第49—50页。

高低不一，但总体上的上升态势十分明显，举《农村复兴委员会汇报》所载无锡11年的每亩田赋为例（见表5-10）：

表5-10 无锡县1923—1933年田赋增加情况

年份	每亩田赋（元）	指数
1923	0.626	100
1924	0.726	116
1925	0.648	108
1926	0.986	157
1927	0.936	149
1928	0.962	153
1929	0.948	151
1930	1.118	178
1931	1.036	165
1932	0.916	146
1933	1.182	189

资料来源：孙晓村《苛捐杂税报告》，《农村复兴委员会会报》第12期，1934年，第59页。

由上"老农"所言和表5-10资料即可看出，田赋"骤增"时期恰在国民党开始执政之时，且田赋增加的速度与幅度远远超过北京政府时期。大量的史料也表明，南京国民政府成立前后与民国元年相比，田赋至少要高出一倍。光绪二十八年（1902），全国最好的稻田，每亩纳税尚不过四角，但至1936年，据国民政府主计处统计局所统计，每亩农田捐税，青海水田最高的有至四元五六角，旱田最高者有在二元以上；陕西水田最高的有至五元五六角以上六元以下者。[1] 1926年至1933年的七年间，江苏武进的田赋契税附加总计增加近四倍。[2] 1933年"在无锡的东乡，每亩平均收入二十二元，田赋是二

1　董汝舟：《乡村病态与乡村建设》，《建国月刊》第13卷第1期，1935年7月，第3页。

2　万国鼎等：《江苏武进南通田赋调查报告》，参谋本部国防设计委员会1934年版，第101—102页。

元五角，所以田赋已经占去总收入的百分之十一"。[1]

其二，附加税繁重。整个民国时期，田赋正税增加速率还不算为过，真正使农民不堪重负的还是田赋附加税。一是名目繁多苛细，可谓五花八门，不可胜数。统计资料显示，江苏各县田赋附加共有 105 种之多，浙江亦有 74种，江西则为五六十种。[2] 江苏泰县田赋附加共有 29 种，其中治安费一项即有公安亩捐、水巡队经费、警察经费、防护费、保安团捐。在自治附加一项中又有区经费、乡镇经费、自治亩捐、积谷亩捐、党部民众捐、芦课党务捐、农业改良捐、户籍捐、村制费。教育附加一项中则有普教亩捐、教育特费、师范经费、工艺所认捐。此外，尚有国省选举费、修志费、建厕费、公益费、开河费、保坍费，另有省教育专款、水利专款、筑路专款等。[3] 二是田赋附加税繁重。"江苏灌云县芦课小粮之附加，超过正赋 31 倍，灶田地亩捐及大粮附加，各超过正税 30 倍，海门县附加超过正赋 26 倍，灌云县附加超过正赋20 倍。"[4] 徐州附税本已超正税 3 倍，而 1933 年江苏省却令再增 3 倍，[5] 湖北附加税甚至有超过 80 倍者。[6]

在河南兰封，"地丁附加超过正税六七倍之多，而临时摊派尚不在内"，该省田赋正税每两二元二角，但"在内乡县内，田赋附加即达五十元之巨，据谓其他各县附加有达八十元者"，[7] 超过正税三四十倍。沉重的田赋附加成

---

1 《解放前无锡的农民生活》，无锡县志编纂委员会办公室编印《无锡地方资料汇编》第 5 辑，1985 年，第 21 页。

2 贾士毅：《废除苛捐杂税与发展国民经济》，《东方杂志》第 31 卷第 14 号，1934 年 7 月，第 20 页。

3 《苏各县正附税比较，十六年后旧制打破，田赋附税超过正税》，《中央日报》1933 年 10 月 24 日，第6 版。

4 行政院决议案：《废除苛捐杂税案》（1934 年 2 月 27 日行政院第 149 次会议），《农村复兴委员会会报》第 10 号，1934 年 3 月 26 日，第 1 页。

5 《附税超过正税三倍省令再增三倍》，《京报》1933 年 10 月 1 日，第 2 版。

6 孙晓村编《苛捐杂税报告》，《农村复兴委员会会报》第 12 号，1934 年 5 月 20 日，第 6 页。

7 转引自莫乔《减轻田赋和废除苛杂》，中国经济情报社编《中国经济论文集》第 2 集，生活书店 1936年版，第 248—249 页。

为农民贫困的催化剂。

在 1933 年的湖南邵阳，田赋正银一两须纳洋 14 元余。该县政府的布告规定数目据报如下："每正银一两，应完正供三元三角，券费三角三分，地方附加一元零五分，自治附加洋二元，团款附加洋四元五角，教育附加洋二元二角一分，带征义勇队亩捐八角，以上每两应共完正附洋十四元一角九分之多云。"[1]

在湖南临武，1934 年之前的几年，赋税每两正供为 2.612 元，但实际征收大洋为 16.400 元，附加超过正供 5 倍余，其详情如下：正供 2.612 元，团队饷款 5.000 元，教育基金 3.000 元，自治捐 1.000 元，义勇饷款 1.200 元，工厂津贴 0.100 元，地方临时费 2.313 元，汽车路股 0.784 元，券价 0.385 元，共计 16.394 元。1935 年，全县又增加了飞机场工款、义勇队出剿费等项目，田赋每两实收 19.200 元，超过了正供 6 倍余。除以上"田赋"外，农民还须负担如下的捐税：救国公债、县碉堡捐、区碉堡捐、电话捐、国防抵借、殷实抵借、钞票抵借、仓谷储捐、义勇队出剿费等。[2]

其三，兵差与催征军需繁重。整个民国时期，国内战争的频繁达到了惊人的程度："自从民国初年一直到现在（1935 年——引者注），除去民国三四两年以外，简直是无年无月不在战争着；同时，作战的区域，也就随枪烟炮雾而日趋广阔。从民国五年到民国十三年，每年战区所及的地方，平均有七省之多。而自民国十四年到民国十九年，这六年之中，战区更展到了十四省左右；再说十九年到现在……也同样是无年不有。"[3] 更有学者指出："自民国成立以来，二十年之中，几无一年不在内战混沌中，无一省一地不受战争的影响。历观每次大战所在的地点，无一不是发生于农村田畴之间。"每

1　《骇人听闻，田赋正银一两，纳洋十四元余》，天津《大公报》1933 年 9 月 6 日，第 6 版。

2　关后秀：《捐税重压下的湖南临武农村》，《中国农村》第 1 卷第 8 期，1935 年 5 月，第 77—78 页。

3　陶定国：《农村中兵差问题之检讨》，《农村经济》第 2 卷第 7 期，1935 年 5 月，第 4 页。

次战争，战区所在地的老百姓在战前、战中、战后，均要承担繁重的"特捐"——兵差，而征派兵差的区域，可以说是二十余年，全国二十八省，无一省无一县没有征派过。仅以 1930 年和 1932 年两年为例，全国各省 1941县中，就有 851 县被征派过兵差，可见征收范围之广。而兵差征收数量之大更是令人震惊。如 1930 年中原大战期间，从 4 月至 10 月，河南商丘、陕县、柘城三县所负担的兵差，平均就占到地丁正税的 4016%，即 40 倍于地丁税。[1] 此外，各地的军阀为了抢占地盘和扩充军队，往往不顾民力，实行田赋之预征。由于军阀混战，时局不定，"乱哄哄，你方唱罢我登场"，甲军阀预征钱粮之后，乙军阀取而代之，又重新征收，农民往往在一年之内缴纳钱粮两三次。而且预征漫无限制，有预征一二年者，有预征三四年者，甚有预征数十年者。这种预征遍及山西、山东、福建、湖南、湖北、广东、河南、安徽、陕西、四川等省，其中尤以四川为甚。四川因军阀连年混战，田赋预征次数，每年自三四次以至十余次，田颂尧防区射洪县，一年竟征 14年之粮；邓锡侯防区崇宁县，一年亦十余征，至 1933 年 1 月，已征至 1972年。[2] 这种肆无忌惮、毫无章法的预征必然加重农民的痛苦并加速农村的衰败。曾任国民革命军十九路军参谋长的黄强以讽刺的语调形容兵灾之处的惨状："鸡犬不警，路不拾遗，夜不闭户。……何以言之，盖匪来如梳，兵来如篦，犬已尽，当然不警。庐舍为墟，无遗可拾。室无长物，不必闭户矣。"[3]

其四，田赋征收员的浮收中饱现象严重。众所周知，田赋在实际征收中，由于区书、粮书和图正（地保）等经征人员的种种舞弊，往往会高于

1　陶定国：《农村中兵差问题之检讨》，《农村经济》第 2 卷第 7 期，1935 年 5 月，第 7—9 页。

2　〔日〕天野元之助：《中国田赋之考查》，邓伯敬译，《地政月刊》第 2 卷第 12 期，1934 年 12 月，第 2423—2424 页。

3　芳洲：《快人快语》，《申报》1932 年 6 月 18 日，第 11 版。

官方公布的数额。宿县田赋每两折二元余,"然而地保向各户征收,每两有达十元余的"。[1] 另据《无锡东南乡农民的田赋负担》载,无锡有 9 个花户,田地 54 亩 5 分。串面正附税合计 32.817 元,实际支出法币 75.5 元,糙米 2.48 石,小麦 1.85 石,折合法币 26.61 元,合计 102.54 元。实际支出相当于正税八倍强,相当于正附税三倍强,浮收额相当于附税三倍半弱(详见表 5-11)。

表 5-11　无锡县 9 户农民缴纳田赋情况一览

花户	田地(亩)	串面正(元)	银额附(元)	合计(元)	实际支出米麦已折合货币(元)	相当于正税的比例(%)	相当于正附税的比例(%)	浮收额(元)	相当于附税的比例(%)
甲	7.30	1.082	1.732	2.814	8.64	798	307	5.826	336
乙	2.50	0.770	1.232	2.002	4.80	623	240	2.798	227
丙	2.50	0.723	1.159	1.882	4.80	663	255	2.918	251
丁	7.50	1.785	2.855	4.640	14.40	806	310	9.760	342
戊	5.00	1.195	1.913	3.108	11.00	920	386	7.892	413
己	6.00	1.426	2.282	3.708	11.60	813	312	7.892	349(346)
庚	8.50	2.021	3.234	5.255	15.92	795(787)	303	10.695(10.665)	337(310)
辛	6.04	1.439	2.304	3.743	12.88	895	344	9.137	396
壬	9.16	2.179	3.486	5.665	18.50	845(849)	326	12.835	368

注:表中原数据计算有误,括号内数据为笔者更正后的数据。

资料来源:翁祖善《无锡东南乡农民的田赋负担》,俞庆棠主编《农村生活丛谈》,申报馆 1937 年版,第 190—191 页。

1935 年,南通每银两照章应纳洋 10 元,征收员却收了 28.831 元,其原因是"眼前米价是十四元,但过去最高的是二十三元一角二,所以照最高的计算"。[2] 据汪汉忠的研究,萧县 1930 年的田赋实际收入为 30 万余元,

1　苏农:《宿县田赋征收的积弊》,《东方杂志》第 32 卷第 16 号,1935 年 8 月,第 92 页。
2　童欣:《农村的一角:社会调查》,《骨鲠》第 55 期,1935 年 2 月,第 8 页。

而催征吏仅从"卖灾"中就至少中饱 10 万元之巨，相当于该年萧县实收田赋的1/3。[1] 时任江苏省政府主席的叶楚伧也承认："江苏之田赋收入，年约一千余万元，以全省之田亩实数计，每亩只须年纳银一角，今在事实上人民所纳十倍于此，相差十分之九，此种相差之数，就是田赋流弊所致。"[2]

20 世纪 30 年代中期以后，南京国民政府对农民的榨取变本加厉，赋税及各种摊派继续增加，农民负担有增无减。抗日战争胜利后，田赋的增加势头仍然强劲，1946—1948 年，江南一带田赋比 1933 年增加了 170%。[3] 上述资料说明，北京政府时期的田赋税率高于晚清，而南京国民政府时期又明显高于北京政府时期。国民政府对田赋的征加率十分显著，不断加重的农村负担，较之地主、富农，对于自耕农和贫农来说无疑更为沉重甚至更为致命。

二　县乡财政的钱花在了何处

综观国民政府时期五花八门的苛捐杂税，我们可以清楚地看出，相当多的新增捐税名目是打着举办县政的旗号征收的，对于这些捐税，一方面民众苦不堪言，怨声载道；另一方面地方政府也感到捉襟见肘，竭蹶万分。那么，这些公共资源究竟是如何使用的，在各部门、各利益群体间是如何分配的？以下分别以县、乡财政为例做一简要的分析。

1　汪汉忠：《试论民国时期的催征吏——苏北个案研究》，《民国档案》2001 年第 3 期，第 107 页。

2　《苏省党整会纪念周》，《申报》1930 年 10 月 15 日，第 10 版。

3　段本洛、单强：《近代江南农村》，江苏人民出版社 1994 年版，第 466—468 页。

表 5-12　1930 年江宁县之岁出

单位：元，%

省税支出	每月支出数	全年支出数	各项支出占比
县市行政经费	2010	24120	5.04
县财政局经费	1030	12360	2.58
司法费		约1500	0.31
江宁地方法院看守所囚粮费		约1200	0.25
第一监狱续加一分囚粮费		约1500	0.31
县府治蝗费		约400	0.08
遗族恤金费		约3000	0.63
教育划拨费		68732	14.36
县税支出			
教育费	8433	101200	21.15
公安费	8566	102800	21.48
内务费	1009	12108	2.53
县府村政股暨区乡镇经费	4083	49000	10.24
建设费	2750	33000	6.90
党务费	4010	48120	10.06
农业改良费	1100	13200	2.76
防务费	520	6240	1.30
合计		478480	

资料来源：汪绰然《江宁财政概况及其批评》，《政治月刊》（南京）第 2 卷第 1 期，1934 年 10 月 15 日，第 130 页。

　　江宁县是当时国民政府重点推行县政的模范县，实验经费相对充足。观表 5-12 所列之岁出，省县税支出之中，教育费占总支出的 35% 强，位列第一，由此可以看出，江宁县对教育的重视是无可否认的事实。公安费及防务费约占 22% 强，若再加上行政经费、财政局经费、内务费、司法费等，约占总支出的 33%，位列第二。另外，党务费竟占总支出的 10% 强，位列第三。江宁县民众 90% 从事农业，然而农业改良费、治蝗费，每年支出共计不过 13600 元，仅占总支出的 2.8%。其显著特征是用于建设费少，行政事业费多；生产费少，非生产费多，基本上为"吃饭财政"。更详细的财政支出内容可见表 5-13。

表 5-13　1933 年江宁自治实验县支出概算书提要

单位：元，%

科目	年度预算数	各项目支出占总支出的比例
第一款　岁出经常费	606745.2	69.74
第一项　行政费	86112	9.90
第一目　俸给	68472	7.87
第二目　县长办公费	3600	0.41
第三目　办公费	11640	1.34
第四目　预备费	2400	0.28
第二项　民政费	124491.96	14.31
第一目　自治费	78756	9.05
第二目　保卫费	45735.96	5.26
第三项　公安费	127716	14.68
第一目　分局所经费	92352	10.62
第二目　保安警队经费	29436	3.38
第三目　特务警队经费	5928	0.68
第四项　教育费	155511	17.88
第一目　行政事业费	7220	0.83
第二目　学校教育经费	109163	12.55
第三目　社会教育经费	39228	4.51
第五项　建设费	31824	3.66
第一目　测量队费	10584	1.22
第二目　养路工程队经费	7116	0.82
第三目　农业改良场经费	9396	1.08
第四目　合作事业费	2304	0.26
第五目　统一度量衡经费	624	0.07
第六目　无线电话播音事业费	1800	0.21
第六项　土地费	35794.8	4.11
第一目　清丈队经费	35794.8	4.11
第七项　财务费	45295.44	5.21
第一目　地税经征费	41856	4.81
第二目　杂税经征费	2466	0.28
第三目　预备费	973.44	0.11
第二款　岁出临时费	263229.77	30.26
第一项　民政费	4423.5	0.51
第一目　保卫团训练费	4423.5	0.51

科目	年度预算数	各项目支出占总支出的比例
第二项　公安费	7926	0.91
第一目　警士教练所费	7926	0.91
第三项　教育费	16264.81	1.87
第一目　学教教育费	5380	0.62
第二目　社会教育费	10884.81	1.25
第四项　建设费	231355.44	26.59
第一目　筑路经费	90000	10.35
第二目　人民自动建设补助费	2500	0.29
第三目　浚河筑路工程局经费	7560	0.87
第四目　植树费	6607	0.76
第五目　工商调查费	250	0.03
第六目　特别费	4438.44	0.51
第七目　水利费	120000	13.79
第五项　财务费	3260	0.37
第一目　临时开办费	3260	0.37
总计（第一款+第二款）	869975	100.00

资料来源：成自亮《江宁自治实验县实习报告》，萧铮主编《民国二十年代中国大陆土地问题资料》第 106 册，第 55933—55938 页。

再看乡村财政的收入与支出情况。表 5-14 是 1932 年河北省高阳县第四区五个村的公共收支清单，表中显示，高阳县第四区五个村的公共收入基本上全靠亩捐，仅有个别村有地租、牙税附加等少量收入。

表 5-14　河北省高阳县第四区五个村 1932 年村公款的收支清单

单位：元，%

村别	303 村		307 村		301 村		402 村		302 村	
收入	银额	占比	银额	占比	银额	占比	银额	占比	银额	占比
地亩捐	537.49	87.33	826.89	98.10	395.12	91.40	323.85	100.00	626.62	97.49
地租					2.00	0.46				
牙税附加			16.00	1.90	6.84	1.58				
旧存	78.00	12.67			28.34	6.56			16.13	2.51
总计	615.49	100.00	842.89	100.00	432.30	100.00	323.85	100.00	642.75	100.00

续表

村别	303 村		307 村		301 村		402 村		302 村	
支出	银额	占比	银额	占比	银额	占比	银额	占比	银额	占比
膳费	118.53	24.18	43.78	5.26	66.30	24.09	5.00	1.54	28.47	5.75
旅费	8.21	1.67	6.55	0.78			13.70	4.23	2.22	0.45
区摊款										
警款	60.00	12.24	53.00	6.36	60.00	21.83	32.00	9.88	60.00	12.12
保卫团款	85.95	17.54	88.00	10.59	70.00	25.43	53.00	16.37	70.00	14.14
其他	3.00	0.61	16.10	1.95	2.00	0.72	2.00	0.62	4.50	0.91
县摊款	20.00	4.09			20.00	7.26	33.65	10.39	20.00	4.04
书籍文具	8.77	1.79	8.84	1.10	4.41	1.60	12.40	3.83	5.50	1.11
宗教	2.53	0.52	5.29	0.65	1.80	0.65	0.80	0.25	41.90	8.47
学款	107.00	21.83	202.44	24.33			64.00	19.76	7.60	1.54
建设	26.30	5.36	8.40	1.05	4.00	1.45	5.50	1.70	54.80	11.07
招待	1.36	0.28	1.30	0.16	2.50	0.91	6.20	1.91	0.95	0.19
杂项	7.23	1.48	86.98	10.45	6.20	2.25	75.20	23.22	26.28	5.31
自卫团款	33.10	6.75	210.40	25.38	38.00	13.81	18.00	5.55	165.76	33.49
旧欠			97.42	10.54						
防灾	8.15	1.66	3.70	0.44			2.40	0.74	7.00	1.41
总计	490.13	100.00	832.20	100.00	275.21	100.00	323.85	100.00	494.98	100.00

资料来源：冯华德《河北省高阳县的乡村财政》，天津《大公报》1933 年 11 月 29 日，第 11 版。表中村子的编号为原文。

乡村的公共支出，如表 5-14 所示。支出用款第一者为乡村治安费（包括区保卫团、公安分局及村自卫团三种组织的经费）。有两个村此项用款竟超过全村总支出之半，如 302 号村占总支出的 59.75%，301 号村的同项支出占其总支出的 61.07%；另外三个村，此项用款占全村总支出的 30% 以上，如 303 号村占 36.53%，307 号村占 42.33%，402 号村占 31.80%，这种现象反证了乡村社会秩序的不宁：为维持乡村治安，村设自卫团，区设保卫团和公安分局，治安组织叠床架屋，重复设置，徒增乡民负担。至于各村的自卫团用款，大多是冬季巡更及秋季看青的用款。

第二为膳费，也占很大的比重。例如 303 号村中因办公而用的膳费，占全村总支出的 24.18%，301 号村占 24.09%。该村的细账显示，村中每举一事，就得请吃饭，诸如选举村长、征收田赋、县政府差人下乡、缮写收支清单等均要请饭。膳食就成为村中办公应有的报酬。其他三村，307 号村膳费占全村支出的 5.26%，302 号村占 5.75%，402 号村则仅占 1.54%。

第三是学款。高阳乡间，每村都有一个初级小学校，学校的经费或出自学费，或出自学田租，其余不足之数，则由乡公所津贴。这里的学款，就是指这些津贴而言，因此表中学款的总额不足以表示各乡小学校的全部经费。303 号、307 号及 402 号三村，由乡公所津贴小学校的学款，在各村的总支出中所占比重显示其地位颇重要，303 号村的学款占全村总支出的 21.83%，307 号村占 24.33%，402 号村占 19.76%。其他两村，301 号村在 1932 年度内并没有津贴学校费用，302 号村的学款则仅占 1.54%。

第四为乡村的建设费，可谓微乎其微。乡公所做几块招牌，添一把水壶，修理房子，栽几棵树，和邻村分担些修理桥梁的费用，这些均为建设费。即便如此，这五个村的建设费占本村总支出的比例分别为 302 号村 11.07%，303 号村 5.36%，307 号村 1.05%，301 号村 1.45%，402 号村 1.70%。以如此些微的经费来从事乡村建设，能办成什么事呢？

由上可知，地方政府的各项支出中，行政费、公安经费及保卫团经费占比最高，而用于建设的费用却最少。这是各省普遍的情形，全国各地只有具体数量上的不同，并无本质上的差异。如衡山实验县月支经费 4738 元，"然悉用之于事务费，其他关于建设上之事业费，则尚无着"。[1] 曾任兰溪实验县县长的胡次威说："浙江各县财政上有一个普遍的毛病，就是公安经费的浪费，各县经费，大部分支出在公安上。"[2] 农复会的调查称，浙江各县地方经

---

[1] 《湘省创办县政实验　衡山实验县成立　实验经费困难》，《大公报》1936 年 7 月 6 日，第 10 版。
[2] 胡次威：《一年来之浙江兰溪实验县》，《江苏月报》第 3 卷第 3 期，1935 年 3 月，第 11 页。

费的支配，保卫公安等经费平均占到 40% 左右，[1] 他省情形自不难推知。马若孟对华北乡村的研究也证明，"从村庄征得的税收主要用于军队、警察和行政管理"。如果计算用于维持地方行政的必要开支，则"警察，教育和自治这三个主要项目，几乎用去了地方政府总支出的十分之九，其余十分之一用于建设、党务、财务管理、度量衡管理、救济等等"。[2] 据冯华德的研究，1928—1933 年，静海县警务类岁入占全县岁入的比例分别为 49.67%、27.32%、19.36%、33.25%、20.78%、23.59%。[3] 地方政府用了太多的财力扩大警察武装，却没有足够的经费修筑道路和辅助地方工业。官僚机构的大部分额外税收只是用于"维持其组织之存在"。[4] 李恭忠对 20 世纪 40 年代后期山西"国统区"交城、翼城、安邑、大同四县的年度财政预算的研究也得出了"吃饭财政"的结论：一方面，县级财政预算岁出高度集中于公职人员的人头费方面，占比均在 80% 以上；另一方面，这种人头费开支又高度集中于保安与警察、政治与行政、财税这三个部门的公职人员身上，占比多在 75% 以上。结果，县级财政支出主要流向一个数量有限的基层官吏群体，他们在全县人口中所占比例不过百分之二三，却拥有全县政权系统 80% 以上的公职机会，其人头费开支高达全县财政预算岁出总额的 2/3。[5] 事实再清楚不过，老百姓所纳的捐税只是养活了一群压榨他们的行政人员，至于"建设"的成效，不说也可以知道十之八九了。

三　"老百姓最怕听'建设'这句话"

南京国民政府的县政建设内容繁杂，项目众多。1934 年 3 月，蒋介石电

1　孙晓村编《苛捐杂税报告》，《农村复兴委员会会报》第 12 期"捐税专刊"，1934 年 5 月，第 9 页。

2　〔美〕马若孟：《中国农民经济——河北和山东的农民发展（1890—1949）》，第 306—307 页。

3　冯华德：《县地方行政之财政基础》，《政治经济学报》第 3 卷第 4 期，1935 年 7 月，第 729 页。

4　冯华德：《县地方行政之财政基础》，《政治经济学报》第 3 卷第 4 期，1935 年 7 月，第 747 页。

5　李恭忠：《谁之县政——民国后期山西四县财政预算岁出结构的案例分析》，《中国社会历史评论》第 10 卷，天津古籍出版社 2009 年版，第 299 页。

令苏、浙、闽等十省主席限期完成所谓"四大要政"，[1] 即清丈土地、清查户口、办理警卫保甲、修筑道路。此后，县政建设的主要内容又被概括为"管教养卫"。[2] 这些"要政"从其内容来看本应是利国利民的"善政"，然而这些所谓"要政"的实施既没有使国民政府的统治得到巩固，也没有让民众获得些微好处，反而成了基层官吏敲剥搜刮老百姓的敛财手段，致使老百姓对"县政"或漠不关心、冷眼旁观，或深恶痛绝、公然反抗。国民政府大力推行县政，只落得个众叛亲离、人心丧尽的下场。

"管教养卫"，表明国民政府推行县政之目的在于使国家权力下沉至社会基层尤其是广大的农村，以便有效地掌控和汲取农村人、财、物力等各种资源，进行所谓的现代国家建设。然而，国民政府进行的所有县政建设等政策，老百姓几乎都不买账，致使其自治也好，保甲也好，均是徒有形式，而无实质。

保甲制度是南京国民政府时期施行的县以下基层行政组织制度，与农民切身利益最为密切。按照国民政府的顶层设计，保甲组织既要建成一种政治组织，又要成为一种经济组织。正如一学者所言，"保甲制度之精义，自狭义言之，为共同担保，相互督责，以谋安定社会，充实人民自卫力量，若就广义言之，实为教、养、卫三者并施之组织"。[3] 对这样的"善政"，农民本应报以积极的拥护与热情参与之态度，但实际情况如何呢？且看1935年《申报》的一则嘉定通讯："有一次，县长亲自下乡抽查考验。至某甲长处，问

1　见《蒋令各省草拟四大要政计划》，《申报》1934年3月26日，第7版；《蒋电十省主席完成四大要政》，《现代警察》第1卷第4期，1934年4月，第146页。

2　徐旭：《论战时的县政建设——管教养卫合一实施》，《新中国》第1卷第1期，1938年7月，第10页。关于国民政府时期"管教养卫"之内涵及演变，可参阅曹成建的《对同一政纲的理解差异：试析国民政府各级人士对管教养卫的宣讲与运用》一文，中国社会科学院近代史研究所编《中国社会科学院近代史研究青年学术论坛》（2008年卷），社会科学文献出版社2009年版，第344页。

3　高荣钪：《民众学校与县政》，《县政研究》第2卷第3期，1940年3月，第69页。

道：'你知道甲长做些什么事？'该甲长见官长下临蓬荜，诚惶诚恐的，几乎瞠目结舌，不知所对，继而谓：'做纸作骗饭吃。'县长等相与大笑。盖这位甲长确是靠糊糊纸作活命的。又至另一甲长处，问：'你这一甲包括哪几家？'答：'对门张三郎，隔壁黄书观，再过去是豆腐店，李家酒店，……'原来豆腐店以北已不是属于这甲了。又至又一甲长处，问：'你自家是第几保第几甲？'该甲长两眼直睁，忙道：'让我去看门牌来！'"[1]

　　该段通讯的内容，犹如笑话，但新闻通讯来源于实际生活，反映了民间实情。江浙地区为国民政府的核心统治区，是推行保甲制最为着力的地区，嘉定毗邻上海，经济文化较为发达，甲长对自身的性质、任务、所辖家户甚至连自己的门牌号都茫然不知。福建亦有此种现象，因一些县份仅知应付公文或在表册上敷衍了事，竟有"编查工作人员托人代查或任意填报者，至民众则尤不知自己隶于何牌、何甲、何保。对于保甲人员人选，亦尝凭编查工作人员识某为某乡人，即自行填报为某乡之牌长、甲长或保长，不但滥竽充数，且有用花名之类，是以公务员下乡时，欲觅保甲人员，恒苦不得其人"。[2]

　　江西省"农民在保甲生活中所领会到的是，区署是大衙门，联保办事处是小衙门，派款是名目烦多，征收是层级增加，负担是贫富同例，服劳征调则不敢叫苦！"[3] 他们无不认为"我们养了保长和保联主任，而他们是帮助政府派我们的款"。[4] 在农民的眼中，乡政府和村政府，无非不同级别的税捐摊派的征收机关，基层组织愈健全，剥夺他们愈得力。行政院农村复兴委员会在浙江崇德的调查也发现，农民"对于一切新政，并未感到若何利益，所谓区公所、乡镇公所云者，不过多几个机关，多几层负担而已"。[5] 当农村复兴

1　伯：《嘉定通讯：农村的公民训练》，《申报》1935 年 7 月 7 日本埠增刊，第 2 版。
2　陈国喜：《改善保甲之刍见》，《闽政月刊》第 4 卷第 6 期，1939 年 8 月，第 46 页。
3　立人：《保甲生活中的江西农民》，《中国农村》第 2 卷第 10 期，1936 年 10 月，第 78 页。
4　章有义编《中国近代农业史资料》第 3 辑，生活·读书·新知三联书店 1957 年版，第 386 页。
5　行政院农村复兴委员会编《浙江省农村调查》，第 148 页。

委员会调查员向农民"详述中央轸念民生之至意"及调查的意义时，农民却表现出惊人的冷漠。农复会调查员感慨道："盖北伐完成后，空头支票签出太多，一般人在失望之余，实已久不作此想矣。故在农民意见之中，但求无为之治而已。"[1] 正如梁漱溟在《北游所见纪略》中所言："山西近几年参加几次战争，一切征发人夫、车、马、粮、草、筹饷、募债，得力于村政者非常之大。一个命令，立时可办。这几乎是政府中人交口赞叹的。"[2] 陕西省参政员吕向晨更尖锐地指出："保甲制度现在成了一种压迫人民，剥削人民的组织。"[3] 区长们也是牢骚满腹，正如某区长所言："谓区公所原系自治机构，但因上级机关委办事件太多，时间人力不足，只有因循敷衍。最伤脑筋者，目前各区公所因办委托事件，几乎完全变为行政机构，不能办理自治。"[4]

河北沧县"一农民份子"投函天津《益世报》，痛陈河北省各县办理区自治，反为农民之大害，请求政府撤销。该信函中称，各县设区已经四年，但"预定应办各项，迄今一事未办，即户口之调查，人事之登记，以及农村应办一切事宜，各该区长完全按期伪造"。继之该信函列举了11项区治弊害：①区公所成立之后，设区之前，农民之附加税已达昔年7倍之数，各县区公所成立之后，统计丁地附加竟达11倍有奇；②各县各区区长，多为地方土劣，只知鱼肉乡民，不能督促自治，且无指导之能；③各区长对于开渠、造林及改良农器等建设事项，多是阳奉阴违；④各县各区，对于公民宣誓登记以及人事之登记，完全按月伪造；⑤各县各区，对于办理国民补习学校，仅令各乡高悬招牌；⑥各县盗匪充斥，各区长反从中造谣滋事，横征暴敛，把持财政，假公济私；⑦对于乡民讼争，各县区长多有视为利薮，威吓敲诈，弊窦丛生；

1　行政院农村复兴委员会编《浙江省农村调查》，第222页。

2　梁漱溟：《北游所见纪略》，《村治月刊》第1卷第4期，1929年6月，第15页。

3　转引自史敬棠《国民党区地主阶级概况》，《参考资料》第12期，1945年6月，第82页。

4　《区公所变了质，应付委办事件，不成自治机构》，天津《益世报》1947年10月4日，第4版。

⑧遇有虫蝗等灾发生，各区长不惟不能维持协扑，反加一层滋扰；⑨对于各县官荒、公产或不认真调查或知而不报，甚有从中榨取者；⑩不按自治实行法对乡长依法改选；⑪各县地方财政向为地方办事人员自行支配，办事人员之薪津，恒有四五十元之数。[1] 河北区长的所作所为，并非个例，而是一种遍布全国各地的现象。当时的大量调查显示，区长大多出身于地主或富农家庭，如"滑县十个区长中，有地一顷以上的三个，两顷以上的五个，四顷以上的一个，差不多90%是地主"。[2] 1933年江苏无锡第六区235名乡镇长副中，除14名未详外，地主占78.3%，富农占13.6%，中农占8.1%。其中119名乡镇长平均每户占地146.6亩，116名乡镇副平均每户占地63.1亩。[3] 国民政府鉴于县域辽阔，国家政令难以直达乡村，在县与乡、镇之间设立了区级政权机构，便于更有效地进行所谓的自治建设。由于政治腐败，国民政府每增添一级组织，就是给农民增添一项加倍的负担。豫皖交界处的鹿邑、淮阳、项城、沈丘等四县区长们主要的职务是派款，豫北滑县区长们的主要任务"除派捐外，简直没有什么事可做"。[4] 常熟的区长们也是如此，"他们大都只要钱，不做事，居在城里，一个月之中，偶尔也去区公所走几趟"。[5] 时人评价道，河南的区长们"派款时不浮收滥派已算上上"。[6] 徐海的区长们"能少作几件恶事少派几次捐款便算幸事了"。[7] 农复会的调查者发现各地普遍存在区长借县政名义浮派勒收、中饱私囊以致发家的现象。如河南的正阳县"乡村中最有

1　《何以河北各县办理区治反为农民之大害?》，天津《益世报》1934年1月27日，第11版。

2　西超：《农村通讯：高利贷支配下的滑县农村经济》，《中国农村经济研究会会报》第1期，1934年，第4页。

3　李珩：《中国农村政治结构的研究》，《中国农村》第1卷第10期，1935年7月，第35—38页。

4　行政院农村复兴委员会编《河南省农村调查》，第89页。

5　行政院农村复兴委员会编《江苏省农村调查》，第81页。

6　西超：《农村通讯：高利贷支配下的滑县农村经济》，《中国农村经济研究会会报》第1期，1934年，第4页。

7　《江苏徐海之农业与农民生活》，农村经济月刊社：《农民阵线》，日期不详，第104页。

势力的区长和保卫团的队长，他们往往狼狈为奸，浮派税捐，薪金都很有限（每月三四十元），可是一年的额外进款，总要四五千元"。[1] 最为典型的当属辉县，该县第五区区长陈潜修，原先家中仅有田十余亩，当区长四五年，田地竟增至二三顷，甚至帮他摊派的人，"四年中买田竟在五百亩以上！"[2] 可见区长劣化之程度。

对于当时的政治，时人评论道："民国二十多年来的政治，是愈往下层愈黑暗。中央政治比各省较光明些，省政比县政光明些，县政的黑暗还不如区政，乡政更为黑暗。许多下层行政的官吏如同县长、区长、征收局长、征收员、联保主任等等，其压迫人民的程度迥出人意想之外。人民的财产可以随意敲诈，身体可以随意吊打，几乎没有一点的保障。"[3] 对于基层组织的黑暗，国民党也承认："今日一般保甲长之为非作歹，蠹国厉民者，实缘于保甲职务太重，权利太大，经费太少，人事太劣，贤能不愿担任，土劣则操纵把持，有以致之。"[4]

再看"道路建设"。毫无疑问，修筑道路对一个国家的国防建设、经济发展、社会整合均有极大意义。1926 年全国的公路长度仅为 2.6 万余公里，至 1935 年已达将近 10 万公里，十年间增加近 3 倍，公路建设的成绩相当显著。然而，对沿路附近的农民来说，他们出钱、出力、出汗，却没有从中得到什么直接好处，他们切身感受只是自身负担的增加和生活的痛苦。

第一，为筑路他们失去原本就很少的土地，却得不到任何的补偿。政府虽然规定征用民田，应酌量给以代价，但这实际上只是一纸空头契约，很少

---

[1]　行政院农村复兴委员会编《河南省农村调查》，第 86 页。

[2]　行政院农村复兴委员会编《河南省农村调查》，第 94—95 页。

[3]　惠之：《下层民意机关设立的必要（短评五）》，《国论》第 6 期，1938 年 11 月，第 6 页。

[4]　《李卓关于上海人民团体联合会马叙伦等请废止保甲制度呈》（1946 年 5 月 31 日），中国第二历史档案馆编《中华民国史档案资料汇编》第 5 辑第 3 编"政治"（2），第 936 页。

兑现。而且，有的田地被征用了，赋税本应照章蠲免，但各省并未遵章执行。[1] 如"苏常、锡常、常太等路，动工多年，地价还没发放，农民用自己的锄头，掘祖宗的坟墓，拆自己屋舍，田亩，而结果一无所获。其残酷呼号之情状，岂笔墨所能形容"。[2] 时人估计，修筑 100 公里的公路，约需占地 1000 亩，至 1936 年 10 月，统计全国 25 个省业已修筑的公路达 10 余万公里，那么所占田地即达 1 亿亩。[3] 因此，"公路愈发达，而构怨民众亦愈深"，因为"一般贫农，仅恃数亩薄田，相依为命，一旦收用，无异夺其衣食之资。况无土生产，年须赔粮，呼吁无门，纵不委于沟壑，亦惟有铤而走险。夫孰知交通建设，造福人民，而结果之不幸，一至于此！"[4]

第二，修路增加了农民的负担。各地修路大多按户摊派民工，实行义务劳动，派工并不以财产多寡为准，"有二三十亩田的人家，派工三百个；租种二三亩的佃农，或自耕农，也是派三百个工"，"平日以劳力换饭吃的贫农们，现在要吃了自己的饭，白送劳力。帮运石子，还要自己出钱"。[5] 如家中无出工壮丁，则需缴纳代工费，如重庆每一壮丁的筑路代役费为 3 元。[6] 对此，千家驹《桂省经济调查印象记》一文做了详细记述：广西的筑路资金来源于所谓的三种股本，其一为"田股"，即凡公路所经过之处，按田价没收农民的田产作为股本，但所谓"股票"，多未发给，只是张空头支票，农民不但没有得到任何补偿，而其原额田赋依旧负担。其二为"工股"，即征发农民筑路，名义上每天工钱 4 角，但事实上往往仅发一二角伙食费，余 2 角作为工股。其三

1　《时论撮要：征用民地筑路应即给价免赋》，《道路月刊》第 48 卷第 2 期，1935 年 10 月，第 4 页。

2　俞颧如：《常熟农村现状调查》，上海《大晚报》1934 年 10 月 10 日，转引自冯和法编《中国农村经济资料续编》上册，第 32 页。

3　万巨渊：《公路建设与中国农民》，中国经济情报社编《中国经济论文集》第 2 集，第 294 页。

4　田文彬：《公路建设与农村经济》，天津《益世报》1936 年 3 月 21 日，第 3 版。

5　阎志龄：《云南农村生活写实》，俞庆棠主编《农村生活丛谈》，第 140 页。

6　《各地新闻：由有财无政变为"苛而不扰"之下川省财政状况》，天津《益世报》1936 年 6 月 8 日，第 9 版。

为"路股"，即"商股"，"名虽商民自由捐输，实际带强迫劝募之意"。[1] 浙江亦是如此，"凡有田地五亩以上的农民或地主，每亩强制认缴二元"。[2]

第三，农民既无能力又无权利享用公路之便利，筑公路并非为当时县域农民所急用与必用。南京国民政府时期兴筑的公路，"主要原是为了军事的需求，因而对于经济上的商业运输尚无多大作用，除掉赣粤诸线之外，黔桂公路主要只是运输鸦片；浙省最近兴筑的富春、天目诸路，大多只是供给达官巨绅游山玩水之用，至于一般农民，因为运费昂贵，非但不能利用公路宣泄农产，而且还要忍受各种苛重负担"。[3] 广西的公路建成之后，其运输能力极为有限，因为"广西所使用的汽车，载重量大率在二吨半以下，除便利行旅外，不但于运输农产品上一无用处，就连运输商品，也作用甚小，因为运费太贵，与不能载大量物品的缘故，所以除少数物品如烟土洋纱等可由公路运输外，其他的商品，是不能享公路之利的"。更甚者，公路筑成后，当地政府因担心路面受损，禁止农民之牛车马车通行。结果，他们生产与生活更加不便。

关于乡村公路之修筑的具体办法，行政院农村复兴委员会在广西柳州的调查中记载得甚为详细，兹摘录相关内容如下："1. 道路路线，一经测定，其在界标内所有畲田，无论公私管业均得收用不给价银，如系建筑物及冢墓等，由本府布告限期迁拆，倘逾限不迁者，得由该段区乡村长副等再向各主劝导，勒令即日迁拆，如敢延抗，即仰该乡村甲长会同督率壮丁迁拆，一面呈报县府备案。2. 道路路线所经过之区乡村，即由各该段区乡村甲长副召集开会，遵照规定工程分段分组支配工作，各段务须依限完成，乡长任段长，村长任

1　千家驹：《桂省经济调查印象记（五）》，《申报》1934年3月1日，第10版。

2　韦任之：《浙江溧水县的农村》，中国农村经济研究会编《农村通讯》，第92页。

3　莫乔：《国民经济废墟上的公路建设》，中国经济情报社编《中国经济论文集》第1集，生活书店1934年版，第207页。

监工……管理指挥该段民工，区长则负督率及统筹一切事宜，不得以区乡界限为辞互相推诿。3. 就测定之县乡村道路经过之区乡村界，该区乡村甲长副切实统计壮丁分配义务筑路工作，凡年在十八岁至五十岁之男子均系应征，惟所用工具如锄头、钎针、泥箕、扁担一切等应用物为被征者自备。4. 应征调之壮丁，以在测定路线所经距离二十五里内之村落内之壮丁为限。5. 道路种类与宽度。（略）6. 测量各道路所需之木桩，应由各该区乡负责备足。7. 路线经过之私产得向各该区乡工作登记，汇呈县政府转呈财政厅豁免粮赋，但以测量所得之面积为准。8. 桥梁及涵洞，桥分砖拱桥、石拱桥、木板桥等，涵洞分石拱、砖拱、石箱、瓦筒等类，上项建筑费得由区长召集乡村甲长副开地方会议提拨公款一部或派捐，并呈报县府备核。"[1]

可见，农民出钱出力进行"建设"，却没有从中受益，甚至还有"卸磨杀驴"之感。对此有人评论说："公路对人民经济生活有什么好处是值得我们疑问的，人民的田产被没收了，但田赋仍负担着，路是筑起来了，但他们自己的牛车马车反不许通行，他们仍旧要挑着担在公路上慢慢地走，一当汽车过去时，晴天还好，一当雨天便溅得满身都是泥，躲避得稍微缓一点，司机就是一阵叱骂，汽车能够运输什么商品，至多不过能运烟土罢了。"[2] 在江西，人民出力修路，却因车票和运费的昂贵，无钱买票坐车，"试问农民得到公路的利益在哪里？"[3] 在广东花县，"农民眼中的公路，在目前只是有害无利，既割了田，又赔了钱，更被汽车夺了自己推车及挑担的生意"。[4] 在陕甘，一般农民因为西兰公路不便运输，而称之为"稀烂公路"。在四川龙州，"农民过去可用马车

1　行政院农村复兴委员会编《广西省农村调查》，商务印书馆1935年版，第369—370页。

2　千家驹：《桂省经济调查印象记（续）》，《申报》1934年6月4日，第8版。

3　蝶媒：《匪区写真》，《政治月刊》（南京）第3卷第3期，1935年8月，第133页。

4　江莘：《广东花县农村经济概况》，《中国农村》第1卷第4期，1935年1月，第70页。

运带货物，自从改为公路以后，马车禁止通行"。[1] 在云南，"公路修成了，老百姓照例应享公路的方便了，但是若有老百姓的牛马践踏公路，县衙门是制定罚款的，于是小百姓因吃不起罚款，只得驯服地绕着走小道"。[2] 像这样除非农民把他们的大车个个都换上橡皮轮子，否则是没有"福气"利用公路的。

公路建设对农民而言成了"劳民伤财"的事业，持这种看法的不仅是农民和一些学者，江宁县县长梅思平亦有同感，他在一次报告中介绍他的"很深刻的经验"，就是"各县办建设，千万不要造路"，因为公路所需经费实在太多，不如用在农业改良上，可以做很多的事。[3]

其他方面的建设诸如土地清查和整顿，也是虎头蛇尾，不了了之。土地的清查和整顿，是农村一切政策性调整的基础。南京国民政府鉴于地籍紊乱，以致各地普遍存在有田无粮、有粮无田、田多粮少、田少粮多，以及大户逃税、小户多纳、册书浮收操纵等弊，更是出于保证国家税收的需要，决定对全国的土地进行调查和整理，并把土地整理看作"国计民生一个生死关键"。[4] 20 世纪 20 年代末，国民政府便制定了整理土地计划方案，在全国范围内开展了地籍整理工作。浙江省从 1928 年起进行土地陈报，历时一年多，耗资 300 万元，动员 122800 人，陈报结果，虽"田增于旧 1700 余万亩，实不足凭，杭、鄞及海宁三县，陈报亩数，且多于实测总面积"。[5] 陈报不准，只得改为土地测量。结果直到全面抗战前，10 年间仅测量了全省土地的 17%。1934 年的《申报》载，"苏省自十六年开始筹备整理土地以来，迄今已逾六载，但户

---

1 转引自田文彬《公路建设与农村经济》，天津《益世报》1936 年 3 月 21 日，"农村周刊"第 106 期，第 11 版。

2 阎志龄：《云南农村生活写实》，俞庆棠主编《农村生活丛谈》，第 140 页。

3 梅思平：《两年来之江宁实验县》，《江苏月报》第 3 卷第 3 期，1935 年 3 月，第 8 页。

4 《整理土地是我们国计民生一个生死关键》（1932 年 11 月 15 日），张其昀主编《先总统蒋公全集》第 1 册，第 652 页。

5 编者：《土地陈报查报查丈平议》，《地政月刊》第 2 卷第 8 期，1934 年 8 月，第 1124 页。

地清丈，尚未有一县全部完成"。[1] 就全国而言，据地政学家汤惠荪估计，"全国农地约有二十万万亩，而进行了二十年的土地测量，现在尚只测到一万万余亩"。[2] 整理土地与田赋实际上是对地主利益的重新调整，因此，在土地清查过程中，难免遇到地主的种种阻挠，其清丈工作之困难自在预料之中。事实上，所谓"整理田赋"，在农民看来是进一步搜刮民财，不过又是增加附税的手段。当时有学者也明白地指出："现实当局之言地政者，咸着眼于为整理田赋，而未着眼于为促进生产一点儿。"[3]

一些地方土匪猖獗，维护农村社会秩序，成了县政的一项重要职责，然而匪愈剿愈多，一遇到剿匪，即拉夫抓车，人民因此负担更重，又有少数兵士暗中抢劫或绑票，农民不特未能去害，反而添害。

在四川，"一切建设事业，徒有其名，无非是借此剥削民脂民膏，如修筑马路，创办团练，都有捐款，而马路则随处毁坏，几乎不能通车，团练也仅具组织，并无实力，往往民众自办的团练队，为军队缴械，或者遣为剿匪的前驱，无辜牺牲"。[4] 曾任武昌县县长的杨适生深有感触地说："数年来到处提倡建设农村运动，但大家只肯在都市嚷，办公室里拟方案，这如何能搔着问题的核心呢！"[5] 冯玉祥提出的"三多三少"的批评可谓切中了国民政府所谓"建设"的要害，他说："现在的政府：一、议论多而成功少；二、为官多而为民少；三、花钱多而办事少。"[6]

所以，乡村建设越是急速地进行，农民的负担越是沉重，农村也就越加衰落。正如梁漱溟所言，"现在全国党政各界，有句时髦的话叫作'建设'，

1　《苏省地政工作实施近况》，《申报》1934 年 6 月 13 日，第 9 版。
2　汤惠荪：《政府对土地政策之实施》，《中央周刊》第 10 卷第 11 期，1948 年 3 月，第 9 页。
3　庞树森：《地政通诠》，新中国建设学会 1935 年版，第 3 页。
4　叶翔之：《川行散笔》，《政治周刊》第 3 卷第 1 期，1935 年 5 月，第 201 页。
5　武昌县县长杨适生：《我的县政经验报告》，湖北省立武昌职业学校 1935 年版，第 18 页。
6　《冯玉祥将军口中的三多三少》，《兴华》第 30 卷第 11 期，1933 年 3 月，第 23 页。

不知老百姓最怕听建设这句话"，因为"在政治腐败的情况下，所谓建设反而会成为官员敛财的借口"。[1]

四　农民生活状况持续恶化

农民的生活水平是农业生产力和生产关系状况的集中反映，它涉及如何看待民国社会与经济发展的问题。学界对民国时期农民生活水平的研究尚存在两个极端的现象，即一部分学者认为农民生活极端贫困化，另一部分则认为民国时期尤其是全面抗战前农民生活有了较大的提高。[2] 之所以产生如此之大的差异，究其原因诚如有学者所指出的：第一，我们尚缺乏长时段的连续系统的调查统计资料，大致说来，晚清和北京政府时期的调查资料明显不足，而较为丰富的调查集中在 20 世纪二三十年代。第二，中国地域辽阔，各地情况千差万别，加之各学者的调查缺乏统一的标准，其调查的结果必然会大相径庭。第三，"以往所谓'农家经济'的研究，实际上是从经济学的学科视野对农家生计做单一化的学科分析，离农民的日常生活尚有一定的距离"。[3] 其实，无论是前人的调查还是后人的研究，恐怕都不如农民的切身感受更有说服力，且让我们耐心地倾听那个时代各地农民的心声吧。

据调查，苏州唯亭乡的农民，"前清时的生活费很低，六七个制钱就可以泡一壶茶，三十个制钱就可以上一次苏州去，人工又贱，租税也轻，牲畜、

1　转引自雷颐《历史：何以至此——从小事件看清末以来的大变局》，山西人民出版社 2010 年版，第 114 页。

2　如美国学者马若孟主要以满铁和卜凯的调查资料为依据，对河北、山东农村经济状况进行了考察，认为华北土地分配状况没有进一步恶化，也没有证据说明商人和高利贷者阻碍了农村经济的发展。因此，他认为农民生活水平并未下降，相反有改善的可能。参见 Raman Myers, *The Chinese Peasant Economy: Agricultural Development in Hopei and Shantung*, 1870-1949, Harvard University, 1970, pp. 123, 212, 288, 转引自慈鸿飞《二十世纪前期华北地区的农村商品市场与资本市场》，《中国社会科学》1998 年第 1 期，第 91 页。国内学者王玉茹、李进霞亦认为，"1936 年以前农村经济是在不断改善的，农民的生活水平也有所提高"（《近代中国农民生活水平分析》，《南开经济研究》2008 年第 1 期，第 116 页）。

3　张佩国：《近代江南的农家生计与家庭再生产》，《中国农史》2002 年第 3 期，第 68 页。

农具又很便宜，虽然大都种的租田，但是有了七八亩薄田也就可以维持一家的生活了"。而且佃农的"日常的享受也还不差"。[1]　"在民六以前，昆山农民之生活，颇为安定。"[2]

广西镇结县的农民，民国以前，"佃农除去纳租地主以外，尚堪自给，八口之家，丰衣足食，每至旧年正月，到处乡村，人人集酒相庆"。民国以后，"从此生活日蹙，谋食亦愈益困难"。[3]　根据对安徽嘉山农民的调查，20 世纪 20 年代前，"在未遭惨无人道的土匪蹂躏以前，个个农村，家给人足，农民生息期间，固不啻在洞天福地"。但到了 30 年代之后，以前能吃"鱼肉荤腥"的富裕之家，"也不过粗茶淡饭"了。[4]　对山西襄陵农民的调查显示，"凡农村五六年前，种地百亩上下称为小康之家者（各地因土壤关系，不大一律，如雁北须在百亩以上，省南则五六十亩即是），今皆变为负债之家"。[5]　山西襄垣县在 20 年代，全县农工副业等各项收支相抵，每年尚有 9.6 万余元的盈余，因此，那时"人人有饭，家家有余，虽无丝竹管弦之乐，却有鼓腹击壤之庆，农村中无处不表现绰裕之象"。进入 30 年代，全县收支相抵外，全年尚不足 202975.853 元。[6]　据载，1919 年时，在陕西关中地区，自耕小农占 60%，1928 年以后，小农就大批地没落了。小农经济的崩溃，是 1928 年灾后到 1933 年几年间最根本的一个转变。灾前关中农户所耕地普通在 30 亩左右，灾后所耕的普通在 20 亩以下。[7]　以上农民对两个年代经济生活变化感受的记述不免带有偏激、夸张等情绪化的成分，但也大致反映了当时的总体状况。20 年代，

1　施中一编《旧农村的新气象》，苏州中华基督教青年会 1933 年版，第 12 页。

2　朱学淳：《农村经济破产后之昆山平民状况》，《农村经济》第 1 卷第 7 期，1934 年 5 月，第 103 页。

3　凌得俊：《镇结县农民生活状况》，《火线》第 1 卷第 2 期，1926 年 4 月，第 62 页。

4　毛泺尘：《安徽嘉山农民生活近况》，《农报》第 2 卷第 23 期，1935 年 8 月，第 831 页。

5　景阳：《山西农村问题探讨：由山西农村经济现况探讨其破产原因与出路》，《监政周刊》第 3 卷第 9、10 期合刊，1933 年 10 月，第 7 页。

6　铁拳：《襄垣县经济情况之概观与意见》，《监政周刊》第 4 卷第 3、4 期合刊，1933 年 11 月，第 9 页。

7　冯和法编《中国农村经济资料》，第 803 页。

粮食亩产总体而言相对稳定，粮价呈上涨趋势，相应地，农民尚可维持糊口的生活。即便是佃户完租之后亦多有一定的剩余，正如《太仓农村经济状况》中所言："前数年，佃农完租，花田每亩缴洋三元三角五分，稻田每亩缴米六斗九升，去年（1934年——引者注）花田缴洋二元二角，稻田缴米四斗五升，但往年佃农缴租之余，尚可糊口，今缴数虽低，转而无力完纳。一则以年岁荒歉，一则以财力日益不支也。"[1] 即便有些年份收支不抵，其亏折部分尚可仰赖副业及副产收入弥补。中华职业教育社在其实验区昆山、上海郊区的连续调查也清楚地显示了农村经济生活恶化的态势：1926年昆山徐公桥的"五口之家只需种田二十亩即可谋得丰足之生活，现在生活程度虽较往年（如十五年前）加高两三倍，然一切收入相抵，仍是有利之生产事业。当地极贫之户绝无仅有，而多数均系小康之家"。[2] 至1930年，徐公桥全区农民收入为234506元，支出为196579元。盈余之农家为328户，收支适合之农家为55户，负债之农家为128户。[3] 农民经济生活恶化已有明显显现。到了1935年，对"沪郊农村改进区"[4] 的调查结果更是"触目惊心"：全区户口944户4094人，全年总收入139721元，平均每户每年只有148元；全年总支出143978元，全年收支相抵不足3978元，全年负债44614元，平均每户要负债47元。[5] 1935年无锡每亩全年收支统计为：自田盈10.61元，租田反亏0.979元。[6] 浙江的吴兴"往昔物阜民殷，农村经济尚觉充裕，各地客民纷纷迁入，咸视为

1　《太仓农村经济状况》，《中央日报》1935年1月8日，第6版。

2　联合改进农村生活董事会：《昆山县徐公桥乡区社会状况调查报告书》，中华职业教育社1926年版，第9页。

3　《三周岁之徐公桥》，陆叔昂编著，姚惠泉校订《昆山县徐公桥乡村改进事业实验第三次报告》，中华职业教育社1931年版，第6页。

4　沪郊农村改进区是中华职业教育社在上海县境内选定的实验区名称，包括赵家塘、金家塘、张家塘、毛家湾四个区。

5　问渔：《值得注意的一个农村经济调查——触目惊心的调查统计》，《国讯》第114期，1935年12月，第158页。

6　《解放前无锡的农民生活》，无锡县志编纂委员会办公室编《无锡地方资料汇编》第5辑，第16页。

乐土。今则屡遭天灾人祸，且受世界经济之压迫，丝茧价低，绸绉滞销，农村经济几濒破产"。[1]

如果说这只是 30 年代大危机的特殊时期，尚不足以代表整个国民政府时期的话，那么抗日战争胜利后的农民情况如何呢？且听农民私下的交谈。

1946 年，常熟的一老农叹息道："咳！在这年头，我活了六十七岁，从没有像近十年来这般难过！东洋鬼子经过几次，已弄得一无所有，胜利后又遭劫两次，现在横也捐，竖要借，还要像上客一般款待他们，方能得到暂时的安宁，否则祸不旋踵！自己弄得穿的没有，食息不安，这日子怎样过呢？"[2]

20 世纪 30 年代经济危机时期，无论是北方旱作区还是南方水作区，包括中小地主、自耕农、半自耕农及佃农在内的各类农户，其耕地的收入均出现严重下降，几乎是无利可图甚或赔本。一方面，大危机时期地价、各类农产品价格以及雇工价格均出现急剧跌落，导致农民收入减少；另一方面，农民所需的工业日常用品及借贷利息却一直呈上升趋势。

表 5-15　1930 年、1933 年河北定县地价、农产品价格及利息之变动情况

年份	每亩地价	利息	麦（每斗）	稻（每斗）	黄豆（每斗）	小米（每斗）	红粮（每斗）	棉花（每百斤）
1930	150 元	0.61—5 分	1.5 元	2.0 元	1.0 元	1.3 元	0.9 元	24.0 元
1933	50 元	2.5—5 分	0.8 元	1.1 元	0.5 元	0.7 元	0.4 元	16.0 元

资料来源：康诚勋《经济恐慌下的河北定县农村》，《新中华杂志》第 2 卷第 16 期，1934 年，第 86 页。

表 5-15 显示，1930 年与 1933 年相比，地价相差两倍，粮价相差将近一倍，棉价相差一半，而借贷利息却上涨了三倍多。如此，即便两个年份农业

1　建设委员会经济调查所统计课编印《中国经济志（浙江省吴兴、长兴）》，第 32 页。

2　龙子：《还乡观感》，《再生周刊》第 151 期，1947 年 2 月，第 15 页。

产量一样，农民的收入减少了一半。同时期的江南亦是如此，无锡的米价在1927—1928 年平均每担值 12 元，1930 年最高值 20 元，1933—1934 年只值5—6 元之谱。1927 年每担丝价值 1900 余元，1930 年每担丝价值洋 1300 余元，至 1933—1934 年，每担丝价仅值 500 余元，前后相差几将三倍。农民养蚕，大都亏本，以致"愤恨之极，锄去桑树，改种稻田"。[1] 农民收入的减少必然导致农民购买力的下降，但另一个方面，农民所需的日常零用之工业品诸如纱布、肥皂、火柴，却一直呈上涨趋势。如果以农产品在上海对于日用品的购买力为例，农民要买一匹粗布，在 1931 年仅用米 0.59 石，1932 年用米0.64 石，1933 年则需用米 0.78 石。若买硫酸铔做肥料，1931 年买一担肥料仅用米 0.54 石，1932 年需用米 1.45 石，1933 年需用米 1.38 石。[2] 1936 年一调查者称，太仓的各种日用品价格较之十数年前，真有霄壤之别，"柴米油盐酱醋茶糖，都涨起八九倍"，[3] 而米价增长不到一倍。1943 年苏州、常熟一带的米价虽较 1937 年已涨 20 余倍，但肥料已涨至四五十倍至 60 倍，日用品衣料已涨至 70 倍至 120 倍。战前一斗米可换衣服一件，其时则需两斗。[4] 全面抗战时期与之前的 1937 年的情况可见表 5-16：

表 5-16　芜湖 1937 年及 1944 年春农产与三种日用品对换比例

时间	米每石可换布	米每石可换肥皂	米每石可换火柴
1937 年	4—5 丈	60—120 块	400—600 盒
1944 年春	1.8—2 丈	30—35 块	68—80 盒

资料来源：杨幼陶《调查及统计：芜湖附近农村经济综合报告》，《中国经济》（上海）第 2 卷第 9 期，1944 年 9 月，第 35 页。

---

[1] 顾振中：《无锡农村经济衰落现状》，《农行月刊》第 1 卷第 2 期，1934 年 6 月，第 19 页。

[2] 钱俊瑞：《中国目下的农业恐慌》，《中国农村》第 1 卷第 3 期，1934 年 12 月，第 4—5 页。

[3] 杨公怀：《农村通讯：太仓农村经济崩溃的写真》，《沪农月刊》第 4 卷第 4 期，1936 年 7 月，第 8 页。

[4] 洪洞：《必须品及肥料价格狂腾中，农民陷入想象以上之苦境》，《华股研究周报》第 3 卷第 8 期，1943 年 5 月，第 5 页。

这种农产品与工业日用品交换价格"剪刀差"的状况一直持续到国民政府垮台。如 1946 年与 1937 年比较，白粳米、面粉、豆油和黄豆分别上涨了 7.5、6.7、5.4 和 6.8 倍，而火柴、洋烛、肥皂、12 磅细布则分别上涨了 11、17.8、17 和 21.3 倍。[1]

仅据以上的描述性资料，我们大致可做如下判断：由于战争、灾荒、国际性经济危机以及沉重的苛捐杂税等重重复杂因素交相作用，农民收入不断下降，生活状况总体上呈现"今不如昔"持续恶化的态势。就整个民国时期而言，北京政府时期的农民生活水平低于晚清，而南京国民政府时期又低于北京政府时期。

经济是政治的基础，"假如大家都闹得食不饱腹，衣不蔽体，易子而食的时候，社会充满了'混乱'，谁还来睬你上层建筑的政治理论呢？"[2] 提及农村破产和农民困苦的根源，一向温文尔雅、心平气和的胡适也难抑心中的愤怒："农村最感痛苦的是抽税捐太多，养兵太多，养官太多。纳税养官，而官不能做一点有益于人民的事；纳税养兵，而兵不能尽一点保护人民之责。剥皮到骨了，吸髓全枯了，而人民不能享一丝一毫的治安的幸福。在这种苦痛之下，人民不逃亡，不反抗，不做共产党，不做土匪，那才是该死的贱种哩！"[3] 生活优越的高级知识分子胡适，以他的"科学主义"态度确是看到了农民生存的悲惨状况的真相。

第四节　县政下的工商业者

国家的统一，社会的安定，全国统一市场的形成，以及政府符合民意的

1　狄超白：《江南农村的崩溃》，狄超白主编《中国经济年鉴（1948）》，太平洋经济研究社 1948 年版，第 61 页。

2　蓝名诂、陈一：《乡村建设的新认识》，《中国建设》第 16 卷第 2 期，1937 年 8 月，第 103 页。

3　胡适：《从农村救济谈到无为的政治》，《独立评论》第 2 卷第 49 期，1933 年 5 月，第 2 页。

良好政策，乃是任何国家发展现代工商业所必备的基本条件。但南京国民政府时期，客观上中国始终处在国内混乱动荡和外敌入侵的局势之中。在此背景下，中国民族工商业经历了一个曲折艰难的发展过程。国民政府政治上腐败无能，经济上只知一味索取，罔顾工商业者之利益，实施经济垄断、通货膨胀等倒行逆施政策，民族工商业的发展受到种种限制、摧残乃至扼杀，最终将民族工商业者推向了自己的对立面。

一　"既已破产，何惧共产？"：工商业者上层与国民政府

了解上层工商业者即民族资产阶级上层人物与南京国民政府的关系，有助于我们更好地了解中下层工商业者的生存状况及其政治立场。不过我们不拟对民族资产阶级做详细深入的展开，这里仅以《陈光甫日记》和荣德生《乐农自订行年纪事》为资料，略加分析，以达"一叶知秋""一斑窥豹"之目的。陈光甫（1881—1976）是上海商业储蓄银行和中国近代旅游业创始人，被誉为"中国最优秀的银行家"，又是所谓"江浙财阀"的代表人物之一。1909 年陈光甫毕业于美国宾夕法尼亚大学，留美的背景，使陈光甫终生向往美国式的"经济自由"，他主张独立自由地发展民族工商业，希望政府不要过于干预私人经营。陈光甫是典型的民族资产阶级代表，尽管他力主与国民政府保持若即若离的关系，但还是被深深地卷入当时的政治旋涡之中。他历时20 余年的私人日记，蕴藏丰富的涉及中国近代史各个领域的第一手资料，我们仅选取其日记中若干关于他个人的政治立场、社会关系以及时政议论等方面的记述，来了解他的政治观点以及与南京国民政府之关系的心路历程。荣德生（1874—1952），号乐农氏居士，他从事纺织、面粉、机器等工业垂 60年，享有"面粉大王""棉纱大王"的美誉，为中国最大的民族实业家。他的《乐农自订行年纪事》以生动、具体的材料，真实地记载了他在旧中国半个世纪中从事实业活动的艰辛历程，实为一部实业史，内中亦不乏关于他对国民

政府看法的记述。

北京政府时期，军阀割据，战乱频仍，市场分离，民国工商业的发展深受其害。民族资本家希望国家统一，社会安定，为发展资本主义工商业提供一个良好的外部环境。所以，北伐时期，以陈光甫为代表的江浙金融资本家曾以其雄厚的财力予国民革命军以积极的支持；而中共在城市领导的工人运动，危害了资本家的利益，令他们感到恐惧，直到1948年，陈光甫回顾其这段经历时还"心有余悸"："宁汉分裂之时，汉口共党政府主动组织各业公会，清算斗争，颇有令人难以终日之苦。"[1] 正是出于维护自身利益的考虑，蒋介石进行"清党"时期，他们以财力支持过蒋介石"反共"，并希望蒋介石能够建立一个强有力的政府，幻想在它的庇护下发展民族资本主义。对此荣德生说得更加直白："初上海募公债，兄言'实业仗政府帮助'，决买百万。"[2] 因此在南京国民政府建立前后，这些民族资产阶级上层与之确实有过短暂而愉快的密切合作。不过，南京国民政府成立后的所作所为很快便使民族资产阶级的幻想烟消云散。陈光甫的日记和荣德生的《乐农自订行年纪事》中均有不少关于对南京国民政府失望、不满、抱怨与无奈的记述。南京国民政府成立仅仅两个月，陈光甫即在1927年6月11日的日记中委婉地表达了对蒋介石的不满："今后蒋介石之政府能否成立，乃在为人民做一二件事（孙传芳到江浙一事未办，以致失败），如完成粤汉铁路、整理淮河流域。此二事如即日着手，十年后生产可加增之无量倍也。若仍照张作霖之管理东三省办法，虽日言打倒军阀，打倒帝国主义，不二三年，自有他人起而代之。张之失败在：（一）不恰舆情；（二）滥发奉票，以之扩充军备；（三）不善用人；（四）不代人民做事；（五）以个人为本位，视东三省如张家天下。蒋之政府成立时间虽尚早，不觉已有七（成）张作霖之办法：（一）不顾商情，硬向中

1　上海档案馆编《陈光甫日记》，上海书店出版社2002年版，第204页。

2　荣德生：《乐农自订行年纪事》，《荣德生文集》，上海古籍出版社2002年版，第101页。

国银行提款一千万元；（二）以党为本位，只知代国民党谋天下，并不以天下为公；（三）引用一般半无政府党之信徒扰乱政治。"[1]　1928 年 1 月 18 日他在给下属伍克家（时任上海储蓄银行驻长沙办事处主任）的信中则毫不掩饰地斥责了国民党的腐败："国民党为人民之指导者，而一入政治舞台，贪钱卖法不顾廉耻，大言不惭自私自利，较之前人更坏。"[2]　该年陈光甫游历武汉，指导分行工作，在谈起"两湖应兴应改诸事项"时又具体地指出："民国以来，政局每经一次之变更，则苛捐杂税亦随之而增加，人民原冀从政治改革得以解除倒悬，不料经一番之牺牲，多一重之痛苦，无怪乎怨声载道，失望愈甚。""今往往商民有完付捐税，而由此口岸到彼口岸者，仍受种种无理之留难。此乃政府不保商安民之铁证。在此状况之下，商业万难发达。"[3]　陈光甫在其 1928 年 8 月 3 日的日记中，特别对南京政府搜刮民财、穷兵黩武提出了批评："自革命军占有南京以来，用钱如泥沙，不惜物力。财部仰承意旨，在沪筹款，其唯一之方法在搜索新税，不顾民力。朝增一税，夕发千百万之债，在财政当局以为已筹了款，在军事当局已得了款，但党人方面觉借款期短息重，成了全国卖身契，一方面埋怨财部无政策，一方面恨银行家剥削政府与人民，势必唤醒民众群起反对，结果仍是银行家自作孽。"[4]

上述日记清楚地表露了陈光甫对蒋介石和其政府不满的原因：一是国民党官员的腐败；二是苛捐杂税的繁重；三是无理的摊派和勒索。对于苛捐杂税之繁重，荣德生也提出了严厉的批评："历观前代，凡物贵税重之时代，无一不乱。王道无他，省刑罚、薄赋敛而已。今反此道而行之，且事事限制，不啻无形之桎梏！层层苛税，何异万民之锁链！社会何能安谧？事业何从发

1　上海档案馆编《陈光甫日记》，第 57 页。
2　上海档案馆编《陈光甫日记》，第 11 页。
3　上海档案馆编《陈光甫日记》，第 40—41 页。
4　上海档案馆编《陈光甫日记》，第 50—51 页。

展？国家何由富强？当国政者，务望三致意也。"[1]

1947 年 4 月，南京国民政府改组，容纳了青年党、民社党以及无党派人士进入国民政府，声称为"多党政府"。陈光甫也被任命为"国府"委员。对于国民政府的改组，陈光甫颇为感慨，他认为促成蒋介石改组政府的原因有二："一方面是因为二十年来执政表现不出好成绩来，尤其是抗战胜利之后，失尽民心，于是在各方面不断地攻击之下，而不得不有改组之举。另一方面是因为受世界潮流所逼迫而不得不作还政于民的表现。"他把国民政府比作一家银行，说："国民党办了二十年没有办好，生意做差了，或是不能兑现，或是怎样，这家银行岌岌可危，于是总经理蒋先生不得不去拉些新股东来，或者比传的更确实些，请几位新董事而总经理不变，希望因为这些新分子而银行可以暂渡难关，依然维持下去。"[2] 此后，"这家银行"的生意不但未稍改善，而且是日趋恶化。1948 年 8 月 19 日，国民党政府颁布《财政经济紧急处分令》，宣布自即日起，以金圆券代替法币，限期收兑。严禁私人持有黄金、白银和外汇，限期于 9 月 30 日以前收兑黄金、白银、银币和外国币券，违反规定不于限期内兑换者，一律没收。9 月 6 日，蒋介石又在南京扩大纪念周上宣布，各大商业银行必须在本月 8 日以前将所有外汇自动存入中央银行。第二天，蒋特派专人赴沪，强迫商业银行交出全部外汇。刘鸿生回忆说："一九四八年国民党政府搞的金圆券政策从我们的手中捞去了大量的美钞和黄金。当时我的一个老朋友的儿子被关了进去，用几百根金条才赎了出来。"[3] 这样倒行逆施的政策，当然触动了民族资产阶级的利益。抗战胜利以后，外国资本、官僚资本发展了，但民族资本受挤压，《财政经济紧急处分令》的出台和实

1　荣德生：《乐农自订行年纪事》，《荣德生文集》，第 196 页。

2　上海档案馆编《陈光甫日记》，第 184 页。

3　刘鸿生：《为什么我拥护共产党？》，上海社会科学院经济研究所编《刘鸿生企业史料》下册，上海人民出版社 1981 年版，第 466 页。

施，加剧了国民党政权与广大人民的矛盾，也加剧了国民党与上海金融资产阶级的矛盾，商人们对国民党政府已感到绝望，他们痛苦地说："既已破产，何惧共产？"他们又说："大局既然要变，最好快点变。"[1] 1949 年 4 月 21 日，陈光甫在日记中抒发了积郁其胸中的对国民党的怨愤："共产党的政策是穷人翻身，土地改革，努力生产，清算少数分子……所以有今天的成就。"[2] 我们从上述陈光甫零散的日记摘录中基本上可以断言，国民党的统治不但没有有效地保护民族资产阶级的利益，反而严重地损害了他们的利益，抗战胜利后大批的工商企业和银行纷纷破产即是明证。国民政府对待民族资产阶级的上层尚且如此，那么民族资产阶级的下层即中小工商业者的处境会好到哪里去呢？

二　"像这样的世道，共产党怎么不快来"：工商业者中层的生存状况

南京国民政府建立之后，为解决连年发动的消灭异己的军阀战争和"反共"战争所造成的军费开支浩繁、财政亏空问题，即着手采取统一财政行政、整顿税务、整理债务等重大举措，相应地又颁布了一些有利于民族工商业发展的政策，诸如关税自主、整顿交通、保护商人财产、处理劳资纠纷和提倡国货等。1925 年五卅运动掀起了全国性的反帝怒潮，全国人民抵制外货的爱国热情空前高涨，给民族资本主义的发展提供了难得的发展机遇，正如"火柴大王"刘鸿生所言："真正使我第一个企业成功的主要原因，那时的爱国运动推动了这个企业的发展，因为当时每个人都愿意买国货。"[3] 大体上，南京国民政府成立后至 1931 年初，中国的民族工商业出现了一段繁荣的局面。然而，好景不长，短暂的发展之后，迎来的是大萧条时期。造

1　王岑：《中国商人的觉醒——纪念 1948 年商人节》，《光明报》新 2 卷第 5 期，1948 年 11 月，第 12 页。

2　《陈光甫日记》，转引自杨天石《南京政府崩溃时期的陈光甫》，《近代史研究》1992 年第 4 期，第 243 页。

3　刘鸿生：《为什么我拥护中国共产党？》，上海社会科学院经济研究所编《上海资本主义典型企业史料——刘鸿生企业史料（1937—1949）》下册，上海人民出版社 1981 年版，第 462 页。

成衰落和萧条的主要因素，一是世界经济危机真正波及了中国，各资本主义国家为了尽量减少危机的影响，开始向中国转嫁危机，而南京国民政府对本国的民族工业则无意保护、扶植。二是日本于1931年发动九一八事变，直接占领东北，然后又侵入华北，民族工商业雪上加霜。直到1935年南京国民政府实行币制改革，连续5年的萧条才有了转机。物价的回升，直接刺激了民族工商业的复苏，迎来再次发展的一线曙光。应当承认，南京国民政府成立后的前十年，中国民族工商业在极其艰难的环境中得到了一定程度的发展，一些企业也确实利用这个大好机会扩大了规模，积累了丰厚的资本。可惜的是，继之而来的日本全面侵华战争，又给中国的民族工商业以毁灭性的打击。由于沿海富庶发达区相继沦陷，一部分企业被迫内迁，更多的企业则落入日本人之手。在国统区，国民政府为了支撑惨烈的抗日战争，实行了战时经济统制，但这一体制实施的结果是膨胀了国家资本，却束缚和限制了民族资本。战时体制是为适应民族战争之需而采取的非常制度，其种种潜伏弊端还能为工商业者所谅解，那么抗战胜利之后，民族工商业总体上却呈持续恶化之势，直至陷入发展的绝境，这就不能简单归之于"客观"因素了。

抗日战争胜利后，国民政府加紧掠夺，捐税苛重，社会经济破产。通货性膨胀，物价飞涨，商人做生意越来越难，因为国民党"法币"贬值，物价一日数涨。商人售货收入的现金，必须很快换成实物，否则就买不回售出的等价物资了，中小商户大批破产倒闭。

阻碍民族工商业正常发展的因素众多，但对一般工商业者来说，最为直接和首要的因素当为多如牛毛的苛捐杂税。以蒋介石为首的国民政府打着国家统一的旗号，把"军事"作为一切工作的重心，军费的开支过于庞大，财政入不敷出，连年亏欠。为解决财政赤字的问题，国民政府只知加捐增税，无度苛敛，与田赋附加税一样，国民政府征收农产品及货物捐税可谓达到了雁过拔毛的程度。一是捐税种类苛细。在四川，"税捐是三里一关，五里一卡，远道的货物，常至税款超过本钱"。[1] 由四川资中运白糖至重庆销售，沿途要经过 12 道关卡，拦收糖税、护商费、乐捐、清乡费、印花税、过道费、公益费、联军费、验票费、正费等 20 多种捐费，每包共征杂捐杂费计 12.42元，占其销货成本的 45% 以上。[2] 天津市设立之捐税各局，达 40 余处。[3] 漳州一只猪，有所谓猪胎捐、猪种捐、小猪捐、汤水捐、屠宰捐、牲畜税等 14 道捐税。由于商品的附加捐沉重，"至卖价有超过制造费六十倍者！"[4] 苛捐杂税名目繁多，工商业者经营惨淡，赚钱不易，甚至亏蚀"血本"，造成倒闭破产，叫苦不迭。据实业部中央农业实验所对商业经营状况的调查，1930 年至1935 年的 6 年间，全国 22 个省商店经营状况分别相当于平常年之平均 62%、61%、59%、55%、50%、45%。[5] 这固然与当时世界性经济危机的冲击有着密切的关系，但恶税恶捐亦难辞其咎。福建省龙岩县木商恒大隆公司经理张文康在致财政部的呈文中称，由龙岩八区至浦南销售，水程 400 里，沿途须纳税捐费共 17 种，每排纳捐费合计 117 元。而小杉、小松每排售价仅 240 元，捐费复加运费水脚，几与售价相埒，商民血本无归。[6] 山西的商人们说："过去的商业，我们知道只要开门，便能赚钱，赔累是很不多见的。那时固然由于没有外国货的侵略等大原因，而赋税的轻微，实给予一个赚钱的大机会。而今外货的倾销，不得不看利轻；赋税方面，除了零零碎碎的苛捐杂税而外，

　　1　《地方新闻：由有财无政变为"苛而不扰"之下川省财政现况》，天津《益世报》1936 年 6 月 8 日，第9 版。

　　2　金鑫等主编《中华民国工商税收史纲》，中国财政经济出版社 2001 年版，第 263 页。

　　3　《豁免苛捐杂税之福音》，天津《益世报》1930 年 10 月 5 日，第 2 版。

　　4　《苛捐杂税如何废除？》，《世界日报》1933 年 12 月 26 日，转引自季啸风等主编《中华民国史史料外编——前日本末次研究所情报资料》第 94 册，广西师范大学出版社 1997 年版，第 561 页。

　　5　《近六年来商店营业状况占平常年之百分率（1930—1935）》，《农情报告》第 5 卷第 7 期，1937 年 7月，第 228 页。

　　6　金鑫等主编《中华民国工商税收史纲》，第 263 页。

又加了所得税，营业税，担负之重较过去加重十倍。获得的几个利润，尚不敷缴税，焉能谈到赚钱！"[1] "厦门原为通商大埠，华洋杂处，外籍人民对于各项税捐，均特强抗不缴纳。官厅失之东隅，收之桑榆。结果华商负担益加重，维持益感困难，倒闭者日有所闻。华商为避免繁重负担计，相率加入外籍，景象殊为险恶。"[2] 据 1933 年 12 月 7 日《大公报》中《四川捐税苛细的一个实例》的报道，某旅客，本身亦是商人，在重庆办完业务后乘船到万县，因携带了朋友赠送的被面三幅和印花布三匹，上船时被捐税局人员硬是逼缴了5.45 元方才归还，该乘客气愤地向其他旅客宣讲道：诸位，你们看这几件东西就要我 5 元多的税，我们商人怎么活的出来，所以重庆的商店大都关门了。"像这样的世道，共产党怎么不快来。"[3]

工商业经营中苛杂的泛滥引起商民普遍不满，人民反对苛政。抗税罢市浪潮风起云涌，甚至发展成以武力抗税。在南京国民政府成立不久的 1927年 12 月 21 日，南方各省商联会召开了该年的第二次会议，提出了"废除苛捐杂税的议案"，值得注意的是，提议者颇为广泛，除上海、苏州、宁波、南京、九江、厦门、南昌、芜湖、广州 9 个总商会外，另有上海、镇江、闸北、海门、郎溪、崇明、外沙、江浦、松江、海盐、嘉兴、镇海、永嘉等13 个分商会。[4] 1929 年 1 月 7 日，上海总商会等 80 多个商业团体为反对举办特种消费税，致电国民党中央政治会议及国民政府、行政院、财政部、工商部，指出，"消费税和产销税成为变相厘金，并非裁厘加税，实乃增厘加

1　严：《一周评论：商联会开幕》，《监政周刊》第 112 期，1935 年 9 月，第 3 页。

2　转引自莫乔《减轻田赋和废除苛杂》，中国经济情报社编《中国经济论文集》第 2 集，第 259 页。

3　凡夫：《四川捐税苛细的一个实例——从重庆到万县在船上的所见所闻》，《大公报》1933 年 12 月 7日，第 9 版。

4　《各省商会联合会议之第二日》，《申报》1927 年 12 月 21 日，第 13 版；《各省商联会请废除苛捐杂税》，《申报》1928 年 3 月 2 日，第 14 版。

税"，要求"通令全国、厘金产销及二五附税等税同时一律裁撤"。[1] 继之，上海总商会、厦门总商会等各地众多商界团体以各种方式表达不满，强烈要求裁撤。3月，全国商会联合会召集全国各省总商会代表会议，各代表均积极反对特种消费税，决定向国民党第三次全国代表大会请愿，务达取消之目的。1929年浙江省政府决定将营业税率由2‰提高至10‰，杭州市丝绸业、新药业等纷纷电呈行政院，要求予以取消。[2] 1930年，在天津"中外各商业团体"具函张学良，一致呼吁豁免苛捐杂税，这些商业团体包括英美日德诸国商会、洋商总会、中国总商会、中外各银行公会、华商公会等。[3] 1932年河北先后有80余县的商会代表联名呈请省政府，反对提高营业税税率。[4] 上述事例说明，在国民政府竭泽而渔式的压榨下，城乡中小工商业者的生存均极感其困难。

三　"做生意折本""寻死少条绳"：工商业者下层的生存状况

整个近代，中国的民族工业发展十分缓慢，现代性的工厂主要集中于沿海沿江的少数几个口岸城市，广大的内陆地区则十分稀少。国民政府经济部对1932—1937年所办理的工厂做过统计，详见表5-17。

表5-17　全面抗战前工业分省统计

省别	厂数	占比（%）	资本数（千元）	占比（%）	工人数	占比（%）
总计	3935	100	373359	100	456973	100
四川	115	2.93（2.92）	2145	0.58（0.57）	13019	2.85
云南	42	1.07	4216	1.17（1.13）	6353	1.49（1.39）
贵州	3	0.08	144	0.04（0.03）	229	0.05

1　《再请停办消费税》，上海《时事新报》1929年2月3日，第1版。

2　《浙人纷起反对增税》，《申报》1932年5月7日，第8版。

3　《中外各商业团体请豁免苛捐杂税》，天津《益世报》1930年10月24日，第6版。

4　《冀商人反对营业税增加税率》，天津《益世报》1932年11月11日，第3版。

续表

省别	厂数	占比(%)	资本数(千元)	占比(%)	工人数	占比(%)
广西	3	0.08	913	0.14(0.24)	174	0.04
陕西	10	0.25	2757	0.74	4635	1.01
甘肃	9	0.23	295	0.08	1152	0.25
察哈尔	3	0.08	17	0.01	486	0.16(0.11)
广东	101	2.57	1427	0.38	10814	2.36(2.37)
福建	170	4.33(4.32)	3843	1.03	2597	0.57
湖南	55	1.39(1.40)	4764	1.29(1.28)	7546	1.65
湖北	206	5.24	20023	5.47(5.36)	30072	6.58
河南	100	2.54	8642	2.31	13330	2.92
河北	19	0.48	22049	5.91	7662	1.68
山东	228	5.79	23127	6.2(6.19)	18818	4.12
山西	82	2.09(2.08)	14056	3.76	12699	2.78
江西	7	0.18	4382	1.18(1.17)	2397	0.53(0.52)
安徽	2	0.05	300	0.08	136	0.03
浙江	781	19.85	27183	7.37(7.28)	39795	8.71
江苏	318	8.08	39562	10.58(10.60)	105223	23.03
上海	1235	31.39	148464	39.73(39.76)	145226	31.78
南京	102	2.59	10213	2.73(2.74)	4462	0.97(0.98)
北平	101	2.56(2.57)	10629	2.75(2.85)	4565	0.99(1.00)
天津	52	1.32	17952	4.8(4.81)	10976	2.38(2.40)
青岛	148	3.74(3.76)	6041	1.61(1.62)	10458	2.16(2.29)
威海卫	43	1.09	215	0.06	4149	0.91

注：原资料数据有误，括号内为修正后的数据。

资料来源：李紫翔《抗战以来四川之工业》，《四川经济季刊》第1卷第1期，1943年，第20—21页。

从表5-17的数据我们不难算出，位于西南、西北地区的四川、西康、云南、贵州、广西、陕西、甘肃、青海、宁夏、新疆等十个省份，合乎工厂法规定条件进行登记的工厂，一共只有182家，仅占全国工厂总数的4.6%；资本合计1047万元，仅占全国工业资本总额的2.8%；工人数合计

25562 人，仅占全国工厂工人总数的 5.6%。实际上这还只是四川、云南、贵州、广西、陕西、甘肃六个省的数字。表中没有西康、青海、宁夏、新疆四省的近代工业的统计数据，我们推测，这不可能是作者疏忽遗漏所致，而是该四省根本就没有"合规"之工厂。1935 年河南省建设厅统计显示，全省共有商办企业 128 家，总资本 1035.55 万元，平均每家 8 万余元，在地域上主要集中于开封、郑县、新乡、许昌等少数几个县，但若按照《工厂法》第一条之规定，[1] 全省符合标准的工厂仅 31 家。[2] 另据1949 年初对开封市的统计，"当时全市私营工业行业 42 个，共 4017 家，其中，中小手工业者占 90% 以上。且资金短缺，原料不足，销路不畅，技术和设备更差"。[3] 另有资料显示，1934 年开封商业荟萃的鼓楼街 125 家商号中，资金 1 万到 2 万元者仅有 2 家，占 1.6%；500 元以下者占 60.8%，最少者仅有 10 元。[4] 省会城市工商业规模尚且如此，一般的小县城的工商业规模就更小了。如兰封县则几乎没有大的店铺，[5] 20 年代，商城县城除牙行外，仅有坐商 80 余家，大多系小本生意，仅能维持生计，很难有所发展，三四家较大商号，也是惨淡经营，如履薄冰。[6] 因此，本节中所谓的民国时期工商者下层主要指的是具有独立或半独立性的手工业者和小商小贩。当时中国的手工业者中，十有八九为小商人。"中国的小商人和小手工业者，有最大部分是无分别的，小商人即手工业者，手工业者即小商人。"[7] 在城镇这些工商业多

---

[1]　1929 年南京国民政府颁布的《工厂法》第一条规定，"凡用汽力、电力、水力发动机器之工厂，平时雇佣工人在 30 人以上"符合《工厂法》。见中国第二历史档案馆编《中华民国史档案资料汇编》第 5 辑第 1 编"财政经济"（5），江苏古籍出版社 1994 年版，第 39 页。

[2]　《河南省各业工厂统计表》，《河南统计月报》第 3 卷第 5 期，1937 年 7 月，第 6 页。

[3]　开封市地方史志编纂委员会编《开封简志》，河南人民出版社 1988 年版，第 60 页。

[4]　河南省地方史志编纂委员会编《河南省志·商业志》第 42 卷，河南人民出版社 1993 年版，第 2 页。

[5]　兰考县商业志编辑组编印《兰考商业志》，1986 年，第 16 页。

[6]　河南省商城县商业局编印《商城县商业志》，1987 年，第 4 页。

[7]　周谷城：《中国近代经济史论》，复旦大学出版社 1987 年版，第 217 页。

为"工商合一"的"前店后坊";在农村,他们或"亦农亦商",或"亦农亦工",或"农工商合一"。作为小商小贩,有的自购自销,以货郎担挑摇铜锣、拨浪鼓的形式,常年走街串巷,跟集赶会;有的以现金交易又以货易物,收购农副产品,运销城镇集市出售,其经营本小利微,多为一种养家糊口的谋生手段,生活困苦。作为手工业者,他们主要是以农产品为原料进行家庭式的生产加工。在整个社会经济贫困化的制约下,中国近代工业化既缺乏必要的资金,又缺乏先进的技术,资本有机构成低,工业化进程极其缓慢,这种状况势必又制约着手工业生产工具的改进和商业的发展。因而,县域范围内的手工业基本上还是传统手工业,南方一些行业,如织袜业,尽管使用了改良性的"机器",但仍以人力操纵,最多只能称得上是"半机械化"。据此,本节中的工商业下层,也应包括较小的民族资本。

近代的中国农村,人地关系紧张,耕地严重不足,农村经济普遍贫困化,而劳动力严重过剩。所以,从事手工业就成了中国农村剩余劳动力的天然出路,也成了农民维持生计最为重要的一种副业。在一些较为发达的地区,手工业甚至成为一部分人谋生的"主业"。据1935年对全国22个省952个县的调查统计,农民家庭无不广泛经营着各种手工业生产。其中最为普遍的手工业为纺织土布者,占23.3%,经营丝蚕者占10.4%。在经济相对发达的苏南,农民的各类副业收入约占总收入的30%。[1] 据1929年中华职业教育社对无锡36家农户的调查统计,"农民之农产收入与副业收入之比为0.57,即副业收入相当于农产收入的57%,占总收入的36%"。[2] 过去,人们多关注江南农村副业的发达,其实,农民经营家庭副业的现象在中国各地均极为普遍。无论南方北方,小农家庭兼营各种副业的现象十分普遍,河北的高阳县,平均每家

1 　欧阳惠林:《苏南土地改革工作的报告》,江苏省档案馆藏,档案号:402-64-7。

2 　《农民生计调查报告》,第27页。

有一台织布机。据《1947年华北区农村经济调查》所载，副业收入（包括工资、山货的收入）占家庭总收入的比例，冀、鲁、豫平原区8县10村合计为28.07%，冀南平原区5县6村的副业收入合计为22.48%，太行山地的10县13村合计为37.84%，太岳山地5县5村合计为27.28%，全区28县34村的总合计为31.74%。可见，农村副业是农村经济不可或缺的重要组成部分，是整个城乡经济链条上的重要一环。民国时期农村经济衰落，除农业减产，粮价跌落，农民收入减少外，农民副业的衰败亦是一重要的因素。正如陈果夫所言："副业发达的农村，即使正产无收，尚有副业可以维持生活。如果没有副业，生活无着，即难免铤而走险。"[1] 所以，在现代工商业较为发达、城乡关系密切的地区，农民收入下降的幅度更为明显，农民感受的痛苦更加直接。费孝通认为，中国农村传统的经济模式是"男耕女织，农工相辅"。农业和手工业密切结合，是人多地少的乡土中国的一个特点，这一特点在江南表现得更加突出。正是农村副业的发展，调节了人多地少的矛盾，吸收了农村过剩劳动力，副业的收入无论是对农村手工业的发展，还是对农民生活的改善，都有举足轻重的意义。有人估计，中国日常生活用品中，手工艺产品要占到75%。而其中的纺织品，据中央工业试验所所长顾毓琇的估计，约有一半还是手工业纺纱。[2] 家庭手工业对农民的重要性不言而喻。

中小工商业与整个民族工业和农业的生产存在相辅相成的密切关系，自然，民族工业和农业的兴衰会影响中小工商业的兴衰。在整个民国时期，尽管某些行业的中小工商业经过新陈代谢，也获得过一定程度的发展，但总体上和农业经济一样，呈现"今不如昔"的状况。明言之，20年代的中小工商

---

1 陈果夫：《弁言》（节录民国廿六年四月六日陈会长在江苏省党政各机关联会·总理纪念周上之训辞），《国民经济建设》第2卷第4期"农村副业专号"，1937年4月，第1页。

2 罗敦伟：《统制经济与手工业》，《政问周刊》第73期，1937年5月，第3页。

业要好于 30 年代，抗战胜利之后，则陷于彻底的崩溃。

遍布于全国各地的土布业，当最具说服力。据童润夫的估计，1931 年以前，全国土布的营业额，每年平均达 2000 余万元，到 1935 年以后，只有 1000 万元。[1] 河北高阳是华北最为著名的手工织布产地，在第一次世界大战期间至 1928 年，曾十分兴盛。每年出品二三百万匹，行销华北和西北各省乃至长江流域和西南各省，每年输出土布的价值，不下二三千万元之巨，在产布区域内直接从事生产的工人，多至十数万人。自 1928 年以后，屡遭打击，几至一蹶不振。江西宜黄小县，亦是著名产夏布的地方。在 1927 年以前，从事织夏布的人有五六万，全年产量约有 30 万匹，可是到了 1935 年，全县织布的只有三十几个人，产量不足 200 匹，[2] 萎缩至此。南通农民所产土布，运销各地，久负盛名。当极盛之秋，曾远售朝鲜、新加坡，故每年输出达 2000 万匹。以每匹 3 元计，合 6000 万元。[3] 太仓农村妇女约有半数从事纺织，每逢农闲，则轧轧机声，彻夜不绝，所产土布远销东北、朝鲜。但自九一八事变之后，太仓的土布业一落千丈，农村经济随之衰竭。[4] 其他行业也是如此，具体史料举不胜举。1933 年，南通的纱带业"销路仅及十年前四分之一"。[5] 1927—1928 年，杭州大井巷经营天竺筷之批发业有 16 家，但至 1937 年时仅剩 3 家。[6]

全面抗战爆发以前，各业衰落的时间及原因不尽相同，一业有一业的特殊情形，除手工业本身的落后性之外，与民族工商业的遭遇相同，自 30 年代中期以后，外国资本在加强商品倾销措施的同时，又相继在本国采取关税壁

1　转引自恽中《关于中国的手工业问题》，《中国世界经济情报》第 1 卷第 13 期，1937 年 5 月，第 4 页。

2　恽中：《关于中国的手工业问题》，《中国世界经济情报》第 1 卷第 13 期，1937 年 5 月，第 4 页。

3　缪青萍：《南通农村主要副业——土布副业之复兴》，《中国建设》第 13 卷第 4 期，1936 年 4 月，第 83 页。

4　《太仓农村经济状况》，《中央日报》1935 年 1 月 8 日，第 2 版。

5　蔡正雅：《手工业试查报告》，油印本，出版时间不详，第 153 页。

6　《全国手工艺特产品调查》，《实业部月刊》第 2 卷第 6 期，1937 年 6 月，第 238 页。

垒政策，限制非本国产品进口，致使中国传统手工业产品丧失了许多国外市场。在国内方面，日本武装侵略东北，并不断将势力伸进华北，东三省退出传统贸易圈，华北交通受阻，原有的市场不断丧失。随之，各种手工副业都呈现一片衰败景象。应当说，在这一时期，南京国民政府对工商业的发展基本上持放任自流的态度，没有积极有效的支持，但也很少过度的干预，中小工商业经济的衰败更多的是外部因素造成的，一旦这些外部因素得以减少，工商业也会随之得到缓慢的复苏和改善。因此，尽管中小工商业的发展道路崎岖，兴衰交替，有时甚至奄奄一息，但还能苟且生存。然而，从抗战后期开始，国民党统治区实行商业统制和战时经济统制，限制中小商人，放纵官僚资本，形成官僚资本垄断市场。抗战胜利后，国民政府变本加厉地强化这一政策，官僚资本操纵和控制了国民经济的几乎所有领域，挤压了民族工商业的生存空间，中小企业和手工业更无存身之地，以致完全陷入了绝境。

全面抗战期间，无论沦陷区还是国统区，生产工具均受到严重的破坏。日寇曾"不计市镇农村迫令献钢献铁，是以乡村农具几被搜括殆尽"。[1] 在河南西部，有些地方的农民"连简单的民用纺花车织布机都没有了"。[2] 据战后调查，山东潍县在七七事变前，织布机约有 10 万台，战后所余不及二千分之一。[3] 在民间生产工具损失如此严重的情况下，作为政府，本应采取切实有效的措施，尽快协助予以恢复生产，医治战争创伤，然而相反的是，国民党政府为了"消灭"中共而不顾一切地挑起了大规模内战，并为此实施了一系列倒行逆施的政策，诸如增加捐税、肆意摊派、通货膨胀、商品限价等，每一措施都足以致中小工商业者于死地。我们知道，许多手工业尤其是农村家庭

　　1　《敌伪时代农具搜括殆尽，行总分署觅厂制造中》，《交通部津浦区铁路管理局日报》第 158 期，1946 年 9 月，第 4 页。

　　2　范鸿：《赶快恢复民间工业》，《工商新闻》复刊第 4 期，1946 年 6 月，第 3 页。

　　3　《复兴潍县织布业》，《鲁青善救月刊》第 29 期，1947 年 2 月，第 34 页。

手工业，都是充分利用家庭的劳动力资源，其生产只是为了糊口，根本谈不上什么工资报酬，也不以获取最大利润为主要目的，从中不难看出中国手工业所具有的极其顽强的坚韧性特征，也不难想象中国手工业者生存的艰难与困苦。然而即便如此，抗战胜利后，大部分手工业竟然纷纷停业，陷入了绝境。

商城县商会诉称当时经济的情况是：由于逼命的税捐和恶性通货膨胀，"商户摊贩有的早晨开张，傍晚盘点之后即宣告破产"，致使"商务低落，市容凋敝，门可罗雀，倒闭相继"，商户或"鬻妻卖子，破产捐献"，或因难以完税而被"追捕镣押，道路凄然"。[1] 在云南富民县，从1946年开始，许多农兼商经营者就不得不弃商从农，或转操他业。[2] 川省原有织户2万家，至1946年时，关门者已达五分之四。[3] 其后，随着国共内战规模和范围的日益扩大，国民政府财政日益困难，经济濒临崩溃。为解决军费问题，国民政府对底层民众实行了近乎公开的掠夺和疯狂搜刮，可谓达到了杀鸡取卵、竭泽而渔的程度。洛阳市档案馆藏有一册名为《洛阳县安国镇十二保摊派通知清册及第十甲户口簿》的档案。该档案实分三个部分，第一部分为洛阳县安国镇第十二保"第十甲户口册"，户口册中共有15户121人（包括家人、亲属、伙计、学徒在内），其中有7户雇用了伙计及学徒28人。由于安国镇位于洛阳县城之中心，是工商业集中之地，因此，这15户均应为小工商业户。第二部分为《民国三十六年派款缴物登记簿》。第三部分为《民国三十七年派款缴物登记簿》，登记簿的记录时间为1947年3月至1948年2月，共12个月。"登记簿"分上下两行，上行记载了保甲长实际征收的日期、摊派项目与数额，下行记载了"保财字"的日期、应缴项目与数额。现按"原样"摘录两户"寇河书"和"利达照相社"记录情况（见表5-18）。

1　河南省商城县商业局编印《商城县商业志》，1987年，第6页。

2　谢逊主编《富民县商业志》，云南人民出版社1995年版，第1页。

3　彭泽益编《中国近代手工业资料》第4卷，生活·读书·新知三联书店1957年版，第466页。

表 5-18　1947—1948 年洛阳安国镇部分派款缴物登记

寇河书:欠麦七斤十二两,四,三斤五两(过);五,四斤七两(过);谷九合

依据"保财字"应缴			农民实缴		
日期	项目	数额	日期	项目	数额
1947 年三月八日 （第一次）	款洋	二千五百一十元	（过）1937 年三月卅日	收洋	一千一百五十元
	小麦	三斤八两	（过）四月廿九日	收洋	一千三百六十元
	麸、料各	八两	（过）六月廿二日	收麦	三斤八两
四月十四日 （"保财字"二号）	款洋	三千三百一十八元	（过）四月廿九日	收洋	三千三百二十元
	小麦	五斤十四两	（过）六月廿二日	收麦	五斤十四两
	小米	一斤	（过）五月卅一日	收米	一斤
五月七日 （"保财字"三号）	款洋	二千七百元	（过）四月十三日	收洋	二千七百元
五月十八日 （"保财字"四号）	款洋	二千五百一十元	（过）五月廿六日	收洋	二千五百一十元
	小麦	四斤九两	（过）六月廿二日	收麦	四斤五两
五月廿七日 （"保财字"五号）	款洋	一千五百五十元	（过）六月十日	收洋	一千五百六十元
六月十四日 （"保财字"六号）	款洋	八千六百元	六月廿六日	（过）收洋	七百七十二元
	小麦	三斤六两	以上挽住共欠	谷	九合
				麸料	八两
				麦	三斤六两
七月十五日 （"保财字"七号）	款洋	三千七百元			
	小麦	四斤七两			
八月十八日	款洋	三千九百元	七月十四日	收洋	八千元
	小麦	八斤六两	八月廿日	收洋	三千七百元
	麸、料各	一斤十两	八月廿四日	收洋	二百元（四至六月 退麦价）
	草	五斤十两	又	收洋	三千七百元
九月七日	款洋	一万零二百元	又	收麦	十六斤三两
九月廿八日	款洋	一万一千二百元	九月十五日	收洋	一万零五百元
十月十二日	款洋	九百元	八月廿五日	收麸	六斤十一两
	小麦	十四斤六两		收柴	三斤十一两
补八月廿五日	麸、料各半	十二斤四两	以上代前挽住共欠	收洋	一万一千七百二 十八元
	草	十二斤四两		收麸	一斤九两
八月廿八日	柴	三斤十一两		收料	八斤四两
				收麦	十四斤六两

续表

依据"保财字"应缴			农民实缴		
日期	项目	数额	日期	项目	数额
			以上代前挽住共欠	收草	十七斤十四两
				收杂粮	十五斤
				收谷	九合
十月十四日	杂粮	十五斤			
十月卅日	洋	一万五千八百元	十月十五日	收麦	十四斤六两
	麦	一斤一两	十月廿二日	收洋	一万二千元
	麸、料各	一斤六两	十月十三日	收洋	一万五千五百元
	草、柴各	五斤六两	十月七日	收柴	五斤六两
十一月十日	洋	六十六元	十月廿七日	收麦	十斤五两
	麦	十斤五两	十二月十八日	收洋	二万元
十二月八日	洋	三万四千一百元	以上挽欠	洋	一万四千七百二十八元
十二月十日	麦	十五斤十两		料	九斤十两
				谷	九合
				麦	十六斤十一两
				草	十七斤十四两
				麸	二斤十五两
				杂粮	十五斤
			十二月廿七日	收洋	一万五千元
			十二月廿九日	收麦	十六斤十一两
1948年元月八日	派款	二万七千七百元	1948年元月廿一日	收麦	十八斤十四两
	派麦	十八斤十四两	元月二日	收草	三十四斤
	派麸、料各	四斤一两	元月五日	收麦	十四斤十二两
	派柴、草各	十六斤三两	元月六日	收洋	四万元
二月三日	派款	三万九千五百元	三月十日	收料	十三斤十一两
	派麦	十四斤十二两	欠	麸	二斤十五两
				草	十七斤十四两
				谷	九合
				料	九斤十两
				杂粮	十五斤

续表

利达照相社:欠洋一万六千一百,麦廿五斤十二两(过),谷二升九合

依据"保财字"应缴			农民实缴		
日期	项目	数额	日期	项目	数额
1947 年三月八日 （第一次）	款洋	八千三百六十元	（过）1947 年三月卅日	收洋（一号）	三千八百元
	小麦	十一斤十三两	（过）六月廿二日	收洋（一号）	三千元
	麸、料各	一斤十三两	（过）六月廿六日	收洋	一千五百六十元
四月十四日	款洋	一万一千零六十一元	（过）五月十九日	收麦	二十斤(一号文十斤十三两,补三号一斤十二两;二号文六千九百元)
	小麦	十九斤九两	（过）五月廿二日	收麦	二十四斤二两(补镇)
	小米	三斤六两	（过）五月五日	收麦	十三斤(二号文)
五月七日 （三次）	款洋	八千九百元	（过）六月廿六日	收洋	六百七十八元(二号文,四至六月退麦价)
五月十八日 （"保财字"四号）	款洋	八千二百五十元	（过）五月廿六日	收洋	八千二百五十元
	小麦	十五斤四两	（过）六月廿二日	收麦	十五斤四两
五月廿五日 （"保财字"五号）	款洋	五千二百元	（过）六月五日	收洋	二千元
六月十四日 （"保财字"六号）	款洋	二万八千七百五十元	（过）六月十日	（过）收洋	三千二百元;五千二百元
	小麦	十斤三两	以上挽住共欠	谷	二升九合
七月十五日	款洋	一万二千五百元		麸料	一斤十三两
	小麦	十四斤十四两		小米	三斤六两
				麦	三十斤三两
八月十八日	款洋	三千九百元	七月廿二日	收小米	三斤六两
	小麦	八斤六两	八月廿四日	收洋	七百元(四至六月退麦价)
	麸、料各	一斤十两		收洋	七万五千五百元(保十万元,补七月二十五城壕二万四千五百元)
	草	五斤十两	以上代前挽住共欠	洋	二万六千六百三十三元

依据"保财字"应缴			农民实缴		
日期	项目	数额	日期	项目	数额
九月七日	款洋	三万三千八百元		麦	四十八斤十三两
九月廿八日	款洋	一万一千二百元		谷	二升九合
十月十二日	款洋	九百元		麸、料各半	十九斤二两
补八月廿五日	麸、料各	四十斤十四两		草	十七斤十四两
	草	四十斤十四两		木柴	三斤十一两
八月廿八日	柴	十二斤五两		杂粮	十五斤
十月十四日	杂粮	十五斤			
十月卅日	洋	一万五千八百元	十月十八日	收杂粮	十五斤
	麦	一斤一两		收洋	二万五千九百元
	麸、料各	一斤六两	十一月七日	收柴	五斤六两
	草、柴各	五斤六两	十一月十一日	收柴	三斤十一两
十一月十日	洋	一千八百元	十一月廿六日	收洋	一万元
	麦	卅四斤四两	十二月四日	收麦	七十四斤六两
十二月八日	洋	十一万三千七百元	十二月七日	收洋	五万元
十二月十日	麦	五十一斤十三两	十二月十七日	收麸	廿二斤八两
补八月十八日	款	九千二百元	十二月十八日	收洋	五万元
	麦	十九斤九两	又	收麦	十四斤十二两
	麸	三斤十二两	十二月十九日	收麦	十七斤
	料	三斤十二两			
	草	十三斤三两			
九月七日	款	二万三千六百元			
九月廿八日	款	二万六千元			
十月十二日	款	二千元			
又	麦	三十三斤九两			
补八月廿五日	麸、料各半	廿八斤十两			
八月廿八日	草	廿八斤十两			
十月卅日	柴	八斤十两			
	麦	二斤九两			
	麸、料各	三斤二两			
	草、柴各	十二斤九两			

续表

依据"保财字"应缴			农民实缴		
日期	项目	数额	日期	项目	数额
1948 年元月八日	派款	九万二千五百元	1948 年元月廿一日	收麦	廿五斤
	派麦	六十二斤十四两	又	收麦	廿斤
	派麸、料各	十三斤七两	元月廿四日	收麦	廿斤
	派柴、草各	五十三斤十四两	又	收麦	廿四斤
二月三日	派款	十三万一千四百元	二月二日	收料	廿斤九两
	派麦	四十九斤四两		收麦	十四斤二两
			二月三日	收草	五斤十一两
			又	收麦	廿斤
			二月五日	收麦	廿斤
			又	收洋	十六万八千元
			二月七日	收麦	十七斤
			三月十日	收料	廿五斤
			欠	洋	一万四千七百元
				麦	六十斤八两
				麸	九斤十两
				料	三十二斤二两
				柴	廿一斤三两
				谷	二升九合

资料来源：《洛阳县安国镇十二保摊派通知清册及第十甲户口簿》，洛阳市档案馆藏，档案号：15-1-7。

据表 5-18，在 12 个月中，派洋共 14 次，派麦至少 10 次，派麸、料、草各 4 次，此外尚有柴、小米、杂粮、谷一两次不等，其摊派的次数之繁多、项目之繁杂、数额之繁重令人震惊。在经济极度衰败的情况下，这些工商业户缴不胜缴、不堪重负，所以该 15 户中没有一户能够缴清。

1947 年《再生》周刊第 152 期载有《还乡观感》一文，该文作者署名"龙子"，自称 1934 年离家羁留在外 13 年，直到 1947 年才回到家乡"江阴西乡的首镇"探亲，记录下与乡亲们吃饭时的谈话。我们认为，该段乡民们的"私下议论"颇为真实，它既反映了当时农村各阶层的困苦生活状况，也反映了造成他们生活困苦的原因，还透露出了他们对政府、对时局的真实心态，因此，特录长文如下：

数巡酬饮之后，一位乡老叹了一口气说："做生意折本，开支不能节省，捐款接二连三地派收，大年小夜，没有收入，怎么应付呢？"

"你嘛，比我得好多，我才寻死少条绳，活又不能活，只好听吃官司，宣告破产，没有第二路可走！"一个做粮食生意的老板说。

"自己吃了八号头拆息作本做生意，而生意这般清淡，物价逐日上涨，全家开支已不能维持，更加冬防捐，军队草料捐，营业税捐，印花税捐，所得税捐，区乡保甲经费捐，房捐，清洁卫生捐，嗨，捐得我昏天黑地，又不能不捐。"

好在镇长先生在座，"请他耽待一下，明年缴吧！"我对镇长说。

"咳！'不当公人，天下太平'，我已辞职六七次，终辞不掉，上面催逼得非常紧，我已垫缴了廿余万，还在催逼，我也没有办法！"镇长说。

"××先生：这个局面究竟要到什么时候停止呢？我虽种了二三十亩田，现在每亩田连田费要缴三十斤左右，被征数在十担左右，叫我哪里缴得起？我一个大儿子已被抽中签，家中少了一个重要的当家人，必须请人种田，请一个长工要十五担米，还要先缴半数，各种项款又重捐，种田人还有命吗？"

"我听得说，废了皇帝改了民国就能安享乐业了，不料民国世界比皇帝世界加了几万倍的难过，我只怨自己活到怎大年岁还不早死，眼看着子子孙孙受罪，怎么办呢？我想非有真命天子出来，这世界决不能太平！"张老伯慨叹地说。

"不！现在虽号称民国，实际还不是民国，在这国家多难，兵荒撩乱的时代，一切不上轨道，国家未有生养休息的机会，开支浩繁，不捐老百姓，哪里来开支呢？皇帝时代若遇这样的局势，也要向老百姓捐的。我们的祖先在皇帝时代过的苦日子，或许比现在更甚，我们不知道罢了！"我对他们解释。

"……皇帝时代，如果做官的人这样乱搅钱，已不知斫了多少脑袋，敢这样胡横颠倒做吗？……现在只要有本事括，把老百姓括到要死不活，他们安富尊荣，有谁斫了头呢？所以我说：在民国世界，子子孙孙都没有出头的日子了！"[1]

上文中参与座谈的至少包括小商人和基层官吏。该段谈话道出了他们生活的艰难和困苦，他们的切身感受是"今不如昔"，认为当时社会的腐败和生活的艰难超过了他们所经历的任何时代：一个小商人做生意亏本，不知如何度过"大年小夜"，另一个小商人因破产陷入了"寻死少条绳"的境地；"镇长先生"也被苛捐杂税催逼得"没有办法"，难言之隐，溢于言表。而一句"民国世界比皇帝世界加了几万倍的难过"，既是对农民辛酸生活的感叹，更是对国民政府无能统治的有力控诉与鞭挞。这样的时代，是"大乱"的时代，人人在这样的时代盼望"真命天子"，这就是社会发生"时代"根本变动的心理基础。

四　一切以军事为中心，民生主义成了"民死主义"

实言之，南京国民政府对底层民众的疾苦是知晓的，对民生主义的重要性也是有所认识的，其成立后即制定和颁布了不少促进民族工商业发展的相关政策，诸如收回关税自主权、废除厘金、统一度量衡、改革币制等，但是，由于军费和债务支出庞大，财政连年赤字，用于建设的支出微乎其微，即便是进行一点"经济建设"，亦是围绕"军事"进行的建设，所以

1　龙子：《还乡观感》，《再生》第152期，1947年2月，第15页。

许多愿望良好的政策因缺乏财政的支持而难以有效推行和贯彻，只能成为纸面上或口头宣传上的"文本政策"，即便有些政策得到了执行，往往也是大打折扣或变味走样，甚或倒行逆施。这种说一套做一套、口惠而实不至的失信行为，终致国民政府丧失了一个政府所必备的诚信品质，而必然沦为只能依靠欺骗民众过一时说一时而维持统治的短命政权。

1927 年刚任财政部部长的孙科即发表了"敬告全国商人"书，信誓旦旦地向商民保证："我国民政府，今后之唯一理财方针，在尽力祛除社会经济之障碍，措民生于安定之境域……此后财政收支必力求公开无隐，使全国民众均可以实行其监督之天责。对于征收方法必务期予民便利，杜绝一切官吏营私中饱之流弊。"[1] 然而，这些动听诱人的"理财方针"和具体政策，对照事实，不仅无一兑现，而且均为变本加厉地反其道而行之。抗战时期，蒋经国曾向赣州的商人承诺：政府"不敲诈商人"，"不许任何人压迫商人"，"保障商人正当营业"。[2] 抗战胜利后，山东省政府主席何思源给商会的手谕中说："军政机关不得向商会摊派任何款项，违者可由商会扭送省府究办。"济南市市长王崇五说，"要根除过去商会为政府附属金库的弊病"，"政府决不妄用商会一文钱"。事实证明，何、王的许诺全是空头支票。[3]

在国民政府统治的整个时期，中国的民族工商业大多处于一种不利的环境之中，其发展极其艰难而曲折，虽有少数企业一度辉煌，但大多数企业呈下滑状态。其原因甚为复杂，除西方列强商品的冲击和历时 14 年的日寇野蛮侵略，以及中国民族工商业自身缺陷等因素外，南京国民政府的无能与腐败统治负有不可推卸的责任。

1　《杂纂：孙科告全国商人书》，《银行周报》第 11 卷第 40 期，1927 年 10 月，第 2—3 页。

2　蒋经国：《养成官商合作创造新商人精神——民国二十九年十二月二十四日在赣县商人讲习会第一期结业典礼暨第二期开学典礼讲话》，刘景星辑录《蒋经国先生建设新赣南重要文献辑录》上册，台北，章贡学会 1997 年版，第 315 页。

3　徐畅主编《鲁商撷英》，山东人民出版社 2010 年版，第 102 页。

（一）统制经济的恶性发展遏制了工商业发展的活力

南京国民政府一方面依靠国家权力的强制手段垄断稀缺资源，为其统治提供经济基础，另一方面，又在客观上为各级官员提供了滋生腐败的土壤，反过来，政府的专制与官员的腐败助推和加速了国家垄断，形成一种恶性循环。

从政府层面上说，国民政府对于民族工商业一味索取而不承担应尽的责任，遑论积极的协助，对于处于困境中的企业不但见死不救，反而落井下石。直到 20 世纪 50 年代，一些资本家在谈起 30 年代经济大危机的情景时，依然色变。全面抗战初期，一批工厂内迁，国民政府不但不予积极的协助，一些军事机关还借抗战之名抢夺这些爱国资本家的运输工具，或扣留机器设备。这些内迁的工厂因战时需要，方勉强开工生产，并有了一定的发展。1942 年后，国民政府开始逐步实施战时经济统制政策。这一政策本是在特定的历史条件下，为了稳定和发展战时经济、保障军民供给而采取的一种非常措施，国民政府的战时经济统制，却是借"统制"之名，行官僚资本独占之实。加之，国民政府腐败严重，各统制负责人员贿赂公行，勒索成风，不少人借机侵吞渔利，民族资本家备受压迫。抗战胜利后，政府取消了对民营工厂的订货，加上物价的狂跌等因素，大后方的各厂生产很快陷入困境。到 1946 年底，迁川工厂联合会的 390 家会员厂中仅存 100 家，开工者只 20 家。[1] 这些迁川工厂均为抗战事业做出过重大的贡献和牺牲，国民政府却卸磨杀驴、过河拆桥，采取了任其自生自灭、不管不问的漠然态度。时任行政院院长的宋子文在接见这些请愿资本家代表时竟然说："老实讲，中国以后的工业，希望寄托在美国的自动化机器上。你们这批破破烂烂的废铜烂铁，

---

[1]　王相钦、吴太昌主编《中国近代商业史论》，中国财政经济出版社 1999 年版，第 678 页。

济得什么事呢？你们要办工业，也要跟上时代，才不至于被外国人所淘汰。"[1] 腐败的上层官僚以"统制""托管""兼并"等手段对较大的民族工业进行鲸吞，而下层的地方官绅则以"建设""抗战""戡乱"等名义巧立名目，勒索工商业户。莆田政协委员周文铁回忆他家数十年企业经营的过程时说："我家企业经营的过程，曾受到反动统治和土豪劣绅的层层欺压和敲诈，并历经帝国主义的政治、经济侵略，使我家的工商业遭受到严重的打击，回想过去，甚为痛心。"[2] 当政者的垄断经济遏制了民族工商业的发展生机，他说的话虽不免带有那个时代的意识形态烙印，但大致内容无疑是真实的。政治愈黑暗勒索榨取愈严重，民族工商业的发展空间被严重挤压。

（二）实行饮鸩止渴的通货膨胀政策，加速了经济的崩溃

1935 年 11 月 4 日，国民政府宣布实行法币制度。法币政策的实施，统一了当时全国紊乱的货币，客观上有利于全国统一市场的形成和工商业的发展，本为历史的一大进步。但是，国民政府以行政手段使法币的发行权完全集中于其所控制的中、中、交、农四大银行手中，确立了国家资本在全国金融界的垄断地位，为其实施通货膨胀政策奠定了基础。全面抗战爆发后，国民政府的军费开支大为增加，而同期的财政收入因沦陷区的日益扩大而大为减少，为了平衡战时收支、弥补财政赤字，国民政府实施了通货膨胀政策，大肆滥发纸币。和平的社会环境是发展经济最基本的前提条件，抗战胜利后，民族资本家和广大人民一样，都渴望和平安定，以便能集中精力从事建设，医治战争创伤，恢复国家元气。而国民党却反其道而行之，公然再次挑起大规模的内战，对于这一不得人心的战争行为，普通的老百姓和民族工商业者均抱着不拥护和不赞成的态度。1947 年南京成立全国商会联合会，在南京开会时，

1　胡西园：《抗战胜利内迁工厂陷入困境》，《工商经济史料丛刊》第 2 辑，文史资料出版社 1983 年版，第 99 页。

2　周文铁：《我家企业经营的回顾》，《莆田文史资料》（福建）第 8 辑，1985 年，第 58 页。

遵义代表曾提出"请停止内战，休养生息案，大会三百多人副署"。[1] 荣德生对于国共内战，亦是希望"化干戈为玉帛，早日协商，共谋人民幸福"。[2] 陈光甫在 1948 年 11 月 23 日的日记中也表达了这样的愿望："全国人民莫不要和，今日要打者惟南京耳，此为吾在各地观察之结果。"[3] 持续的战争给经济带来严重的影响，使本来已十分困难的财政支出绝大部分花在军费开支上。巨额军费的开支，势必造成严重的财政赤字。1946 年的财政赤字已近 4 万亿元，1947 年上升为 27 万亿元，1948 年竟达 900 万亿元。[4] 为满足内战所需，国民党千方百计地运用税收工具，筹措战费，不断修正各税税法，扩大征收范围，提高税率，改变计税或征收方法，强化执法力度，不遗余力地聚敛民财。然而经过八年对日全面作战，民力已竭，人民亟待休养生息，恢复元气，如此杀鸡取卵式的苛敛只能使经济更加恶化。随着国共内战规模的扩大和升级，国民政府的军费开支亦日益激增，致使其财政开支大都用于军事开支，财政赤字愈趋严重，征税不能满足内战的全部需用，乃不惜以膨胀通货为主要手段，强行榨取，破坏经济，进一步加重人民负担，因而税收在通货膨胀的恶性影响下又被严重削弱。1947 年有人一针见血地指出：一面说挽救经济危机，一面却继续内战，继续发钞，这等于一个患梅毒的病人一面打"盘尼西林"针，一面却继续狂嫖滥狎，其结果是不堪想象的。[5]

如果说抗战后期国民政府为坚持抗战而实施通货膨胀政策是迫不得已之举的话，那么，抗战胜利后，国民党为打内战而继续推行这种政策，就得不到人民的谅解和同情了。至 1948 年初，法币已经形同废纸，有些地方小贩把

1 曾仲常：《我所知道的遵义商会》，《遵义文史资料》（贵州）第 13 辑，1988 年，第 19 页。
2 荣德生：《乐农自订行年纪事》，《荣德生文集》，第 189 页。
3 上海档案馆编《陈光甫日记》，第 196 页。
4 白寿彝总主编《中国通史》第 12 卷（上），上海人民出版社 2015 年版，第 576 页。
5 梁现：《评"经济紧急措施方案"》，《经济导报》第 9 期，1947 年 2 月，第 4 页。

100 元的法币当作废纸收购，每斤作价 2000 元，而废旧报纸每斤售价 6000 元，[1] 这说明法币已贬值到不及它本身纸张和印刷费的价值了。法币信誉扫地到了如此程度，以至于上海金山的群众称它"擦屁股太硬、糊窗洞不亮"。[2] 质言之，通货膨胀的整个过程，就是国民政府对人民进行疯狂掠夺和积累官僚资本的过程；同时，恶性的通货膨胀彻底将民族工商业逼上了绝路，导致了国民政府财政经济的全面破产。

在物价飞涨、货币贬值的情况下，工商业户朝忧夕虑，工厂的利润往往是虚盈实亏，广大商户难以把握行情，正常的经营十分艰难，而买办性、投机性和垄断性的商业却大行其道。工商业普遍陷入困境之中，脆弱的手工业更是走上了崩溃之路。

还应该提及的是，抗战胜利后，国民政府宣布实行汪伪发行的中储券与法币 200∶1 的折合率，华北伪政权发行的伪联银券与法币 5∶1 的折合率。这两种折合率，远远脱离了当时法币与两种伪币的实际购买力。此时若按实际购买力估算，伪中储券对法币的折合率不及实际购买力的 1/4，伪联银券对法币的折合率只及实际购买力的 3/10。[3] 显然，如此"合法"的货币兑换实际上是对沦陷区广大人民手中辛苦积累的一点血汗财富的"合法"掠夺；1948 年法币改金圆券，国民政府如法炮制，以法币 300 万元折合金圆券 1 元、东北流通券 30 万元折合金圆券 1 元的比率，收兑已发行之法币及东北流通券，金圆券流通不到一年，即形同废纸。可见，每改一次，人民即受盘剥一次。荣德生 73 岁寿辰时，赋诗一首，其中有"课税横征猛于虎，金融诡计狡如猱"，[4] 充分表

1　陆安：《青岛近现代史》，青岛出版社 2001 年版，第 221 页。

2　俞国英：《币制"天方夜谭"——忆建国前夕的金圆券》，《金山文史资料》第 5 辑，1988 年，第 38 页。

3　黄逸峰：《旧中国民族资产阶级》，江苏古籍出版社 1990 年版，第 571 页。

4　荣德生：《乐农自订行年纪事》，《荣德生文集》，第 204 页。

达了他对国民党政策的不满和气愤。国民党虽然对工商业者和广大民众的压榨"猛于虎狡于猱"，但当把经济"害"到崩溃之时，其政权也就随之而到覆灭之境了。

（三）国民党军政各机关贪腐普遍，严重干扰了工商业的正常发展

南京国民政府时期，各级官员的腐败始终是一个难以去除的毒瘤，且愈演愈烈。这种腐败不限于行政领域，而遍及党、政、警、军等各个领域以及从中央到地方各级层级，可谓是大官大贪、小官小贪，而基层官员的贪腐对工商业的危害更加直接和严重。民国时期，县长贪污的现象十分普遍，他们往往借"剿匪""抗战"或所谓"戡乱"之名，巧立名目，勒索商民，大肆征收苛捐杂税和抽丁派夫，商民叫苦不迭，"稍有怠慢便会有被拉壮丁或派夫的危险。更有甚者，是被胡乱罗织个罪名而关进衙门"。[1] 据上海《新民晚报》载："湖北有70位县长，被控贪污者32名，换句话说贪官的比例几乎占了50%，另半数的官，只是未被检举罢了。"[2] 不惟湖北省如此，其他各省亦如此，如安徽和县县长常派武装卫队四出敲诈，纵使警察勒迫贫民纳捐，又委派亲属宁静斋等为行帖委员，大肆勒索，威迫经营小本生意之王明义夫妇纳费数十元，王妇以无法筹措，惧而服毒丧命。[3] 另据《唐纵日记》记载，1932年河南省安阳县县长舞弊被民众告发。省主席刘峙提讯，指责其贪污应该治罪。县长回答："县长是由钱买来的，若不弄钱，岂不蚀本？"并取出其省政府秘书长张廷休收条一纸呈上。刘峙问张"有无此事？"张说"姨太太手中有账可查"。刘亦无奈。此类事件，当时可谓比比皆是。[4] 1947年时任江西

1　雷必昌：《屠宰业同业公会琐记》，《应城文史资料》（湖北）第10辑，1992年，第81页。

2　《文抄·读报杂抄：贪污实验省》，《公民》第2期，1946年7月，第27页。

3　《弹劾案：提劾安徽和县县长宁康浮征勒索枪毙民命案》，《监察院公报》第7—12期合刊，1931年11—12月，第337—338页。

4　公安部档案馆编注《在蒋介石身边八年——侍从室高级幕僚唐纵日记》，群众出版社1991年版，第31页。

省民政厅厅长的李中襄请教前任江西省主席曹浩森，江西各县之县长以何人为贤良，曹答以无一好县长。[1] 各省县长品行之下劣可以想见。最基层的税吏更是凶暴，当他们收税之时，往往"以枪刀缧绁监牢罚款相威胁，声势汹汹，形同绑票"。[2] 此类史实，俯拾即是，毋庸赘述。

各地的商会本来是商人们为维护自己合法权益、协调商人之间关系建立的民间组织，但南京国民政府各级政府加强了对商会的渗透和控制，将商会变成了各地军政机关摊派敛财的重点对象和工具。在贵州遵义，当时的捐款摊派方式，是先由县政府召集各商、公会等单位负责人到县府开会，宣布捐款总数，再由各团体会议后派定各自应承担的具体数额。有时"商会负担捐款总数一般都在80%以上，尔后商会再分派各公会，由公会分配给每一个会员个人"。[3] 在汉川县的商民中曾流传这样一句话："天不怕、地不怕，只怕会长来讲话。会长一讲话，就得把钱拿。"[4]

全面抗战爆发后国民党曾允许、倡导成立"军队生产合作社"和"军队消费合作社"，原意是减少中间商人的盘剥以改善士兵生活，但不少国民党军人却借"合作社"的名义去从事经商和走私活动，牟取私利。第三战区副司令长官顾祝同就是个走私的巨头，"虽然顾祝同坐镇江西上饶，其太太却出面搞了个'成记公司'，操纵了18个洋货商人囤积居奇，顾的侍卫队为她收集商业情报，威吓敲诈商人"。上梁不正下梁歪，其所属战区各部队将领也大多从事走私活动，大发国难财，[5] 其结果是不但严重地败坏了军风与军纪，加剧了腐败，而且扰乱了正常的经济秩序，恶化了军民关系。抗战胜利后，"官倒"依然盛行。更甚者，一些军、警、特人员为谋私利竟肆无忌惮地敲诈勒

1　胡先骕：《论整饬县政》，天津《益世报》1947年9月17日，第1版。

2　亚军：《河南通讯·豫政之现状》，《商人公论》第13期，1933年7月，第12页。

3　张子正：《遵义商会及商业概况》，《遵义文史资料》（贵州）第13辑，第187页。

4　胡三元；《汉川县商会简史》，《汉川文史资料》（湖北）第6辑，1992年，第16页。

5　《民国江苏的督军和省长》，《江苏文史资料》第49辑，1993年，第233—234页。

索工商业者。隶属于国民党第二十一集团军总司令部的特务组织"安徽党政大队"人员常以"暗通新四军""私通共党""私藏枪支"等罪名，敲诈勒索商人的钱财。[1] 1941 年下半年，军统遵义查缉所借口检验税票，查封花纱、绸缎业贮货仓库，为敲诈勒索竟抓捕关押近 20 名商人，吓跑县商会主席刘瑞冀。[2] 全面抗战时期，一些特务借搜集情报之便，竟然利用手中掌控的电台搜集经济情报，经常勾结商人做投机生意，或包庇走私百货、粮食、医药等，从中敲诈勒索，大发国难财。[3] 抗战胜利后，许多国民党军政大员以抗战有功的姿态，傲视沦陷区人民，以沦陷区人民为"汉座"（即"汉奸"之意），进行敲诈勒索。对工商业者的迫害摧残，无所不用其极。据载，山东桓台县有一个印染厂叫东元盛，其营业部每日的主要工作就是应酬国民党的军政人员，筹措捐款。不但如此，在东元盛印染厂附近国民党驻军竟以修筑军事要塞为名，要拆除工厂，这明显是在进行敲诈，经企业经理人多方奔走，托人说项，始避免了拆厂之祸。[4] 无独有偶，1948 年冬，商人张鹏升从山西运城携眷至西安经商，西安市警察局刑警队区队长王玉长以共产党嫌疑为名将张逮捕关押。张以 30 万元（值黄金 10 两）和金条、首饰（黄金 35 两）暗中疏通，才被放回。[5]

从全面抗战中期起，各级官员的贪腐愈演愈烈，终至抗战胜利后，在"接收"敌伪财产过程中，上演了一出"全方位"的腐败丑剧。日本投降了，全国人民无不欣喜若狂，人民盼望自己政府来临，犹若大旱之望云霓。此时，国民政府的声望可谓如日中天，但令人意想不到的是，重庆政府派出的形形色色的接收大员纷纷拥入南京、上海、北平和天津等各大城市，负责对敌伪

1　安徽省地方志编纂委员会编《安徽省志·公安志》，安徽人民出版社 1993 年版，第 137 页。

2　张子正：《遵义商会及商业概况》，《遵义文史资料》（贵州）第 13 辑，第 189 页。

3　陈玉明主编《世界间谍绝密档案》，吉林摄影出版社 1999 年版，第 909 页。

4　张东木：《东元盛印染厂概述》，《桓台工商经济专辑》（山东），1990 年，第 61 页。

5　西安市地方志编纂委员会编《西安市志》第 5 卷"政治·军事"，西安出版社 2000 年版，第 674 页。

财产的接收。这些接收大员人人以胜利者自居，忘乎所以，肆无忌惮地捞取眼睛能见到的一切东西——房子、车子、条子（黄金）、女子、票子等，往往一处敌伪财产，几个军政部门争抢接收或轮番接收。由于这些官员的严重腐败，"接收类于劫收"，"人民莫不寒心"。[1] 荣德生在回顾他接收无锡企业的曲折经历时气愤地说，"手续之烦，过于创建。当年兴办，三言两语，即告成功，今则周折多端，来往公文，奔走联络，接收到手，时逾三月"，其间"层层推诿，官说官话，不顾民瘼，比之日人，不相伯仲。数年之间，变质至此，大可慨叹"。[2] 中国最大的民族资本家在收回自己企业时竟遭如此"层层推诿"，一般的工商业者不知要受到何等的刁难了。沦陷区老百姓的切身感受是，国民党的"劫收""使老百姓蒙受了比敌人窜扰更惨重的灾难"。[3] 所以，抗战胜利不久，国民党收复区的不少地方流行着如下民谣："想中央，盼中央，中央来了更遭殃！""望胜利，盼胜利，胜利以后愁倒闭。"这些歌谣是历史的真实写照，充分反映了广大人民和工商业者对国民政府的怨愤和不满，是对国民政府无情的讽刺与批判。这种无政府式的接收，给工厂、企业造成了极大的破坏，使接收后的工厂无法迅速复工。据一般粗略估计，"生产机构经接手后继续生产者，沪市约占十分之一，平市倍之，津市约十分之四"。[4] 一家报纸甚至以"人心思汉"为题发表评论，认为"在这一年来每况愈下的现象里，人心是思念敌伪时代的。当年人民虽处于异族铁蹄之下喘息，究竟没有比一年来更坏，更不堪其苛扰"。[5] 此话说得近乎背离大义，却以"极言"的形式道出了国民政府压榨沦陷区人民的实情。据云青岛有一农场，经过三个机关辗转接收后，不但牛一头都没有了，连树都拔光去烧了，所谓农

1　荣德生：《乐农自订行年纪事》，《荣德生文集》，第219—220页。

2　荣德生：《乐农自订行年纪事》，《荣德生文集》，第176页。

3　王健行：《化劫收为接收》，《京沪旬刊》第4期，1946年8月，第2页。

4　笪移今：《一周经济：敌伪资产接收的纷纭》，《客观》第6期，1945年11月，第9页。

5　花西里：《广东的内幕》，《评论报》第3期，1946年11月，第10页。

场，只剩了一块不毛之地，所以青岛民间流行一副对联，云："打打打，拼拼拼，公说公有理，婆说婆有理；抢抢抢，夺夺夺，你来你接收，我来我接收。"[1] 这种全局性的腐败已经渗透了整个政府，时人对这次"接收"情形有种种的形容和比喻，如"劫收""劫搜""滥抢""乱抢""对争""抢的世界"，即便是"最高领袖"蒋介石，也无力扭转这一趋势。1945 年 11 月 29 日蒋介石在日记中写道："魏德迈来见，告我以中央派往华北人员之如何贪污不法，失却民心，闻之惭惶无地，不知所止。"[2] 其无可奈何可见一斑。曾任上海警备司令和国民党监察委员的杨虎虽然其政治立场乏善可陈，但他 1947 年在香港发表的一段谈话却点到了问题的要害处："祖国胜利一年了，人民不但没有享受到胜利的幸福，甚至所受的痛苦，较之抗战期间，更为重大。其主要原因，就是许多官僚份子，在抗战期间，利用政治权力发了国难财，现在又利用内战机会，更加垄断和包办一切，把农工商的经济生命，弄到绝望境地。"[3]

国民政府在经济接收中的种种弊端，给收复区人民带来了无穷的灾难，是其政治统治的大败笔。对此，1946 年《读者文摘》的评论可谓中肯："政府的信誉，因此扫地，而政府在收复区里所失去的人心，其损失，远较接收到的物资的价值为大。"[4] 负责经济接收的重要人物邵毓麟不得不向蒋介石当面进言："像这样下去，我们虽已收复了国土，但我们将丧失人心！"[5]

总之，全面抗战期间及抗日战争胜利后，国民政府推行了一系列倒行逆施的政策，严重地影响和制约了民族工商业应有的发展，造成国统区全面性的经济危机和经济的崩溃。

1　青士：《青岛民间新对联》，《海涛》第 8 期，1946 年，第 7 版。

2　转引自杨天石《反贪——蒋介石的严刑与空言》，《同舟共进》2013 年第 12 期，第 34 页。

3　《短评：和平的道路》，《经济导报》第 7 期，1947 年 2 月，第 1 页。

4　《半月微言：清查接收》，《读者文摘》第 2 卷第 3 期，1946 年 9 月，第 5 页。

5　邵毓麟：《胜利前后》，台北，传记文学出版社 1967 年版，第 76 页。

第五节 县政下的知识分子

20 世纪 20 年代，社会上流行着"无绅不劣有土皆豪"之说，这一口号显然有一概而论的偏颇，但也反映出绅士在人民心目中的地位。绅士在传统社会是权力、地位、财富及道德荣誉的化身，这种权力是皇权的自然延伸。在大革命中，绅士一变而为革命的对象，但问题是，这个社会上曾经受人尊重的阶层怎么一下子全都劣化了呢？

一 传统士绅的消逝

学界研究认为，传统士绅是与皇权共生的社会集团。1905 年科举废除，尤其是帝制倾覆之后，士绅的"继替常轨"中断。据张仲礼的推算，清代士人考上生员、举人、进士时的平均年龄分别为 24 岁、30 岁和 35 岁，而士绅的平均寿命为 57—58 岁。[1] 不难推测，至 20 世纪二三十年代，这一阶层中真正有"功名"的所谓"前清秀才"、"前清举人"和"前清进士"已所剩无几。晚清以来，随着社会的转型，社会上弥漫的功利思潮也影响了士人的心态，山西刘大鹏的日记清楚地记载了早在科举废除之前一些士人读书动机与态度的微妙变化。当时，太原县书院在读士子的情况是"专攻时文以习举业者亦寥寥无几"，而大多士子"或直录成文窃取奖赏，或抄袭旧文幸得膏火"。[2] 刘大鹏发现一方面是县试考生的逐年减少，如光绪二十八年十二月十五日的日记中称当年太原县"应童生试者才二十三人，较前锐减太甚"。而光绪三年"应童试者尚百数十人"，光绪四年"应童试者尚八十余人，自是而

1　张仲礼：《中国绅士——关于其在 19 世纪中国社会中作用的研究》，上海社会科学院出版社 1991 年版，第 105、190 页。

2　刘大鹏：《退想斋日记》，第 21 页。

后，屡年递减"。[1] 另一方面是弃儒就商者逐渐增多。刘氏分析其原因是"读书之士，多受饥寒，曷若为商之多得银钱，俾家道丰裕也"。[2] 他们不再把苦读四书五经作为追求功名利禄的唯一手段，在刘大鹏看来，这是"士风甚坏"的表现。他感到心痛不已："近来吾乡风气大坏，视读书甚轻，视为商甚重。才华秀美之子弟，率皆出门为商，而读书者寥寥无几；甚且有既游庠序，竟弃儒而就商者。"[3] 另外，"国家取士以通洋务、西学者为超特之科"，"凡有通洋务、晓西学之人，即破格擢用，天下之士莫不舍孔孟，而向洋学"。[4] 显然，国家对"取士"政策的调整，是有意识地引领传统士子向现代知识分子转型，重要的是，这一转型早在科举废除之前就已经开始，传统士绅逐渐式微成为历史的必然。

那么，20世纪二三十年代所谓的"士绅"更多的是一种"敬称"，从知识结构上划分，一类是受过旧式私塾教育的"准士绅"即"童生"们，另一类是受过现代教育的知识分子，在民国初年社会转型中，他们大多进行脱胎换骨式的弃旧图新和分流改行。他们或进入商界，成为绅商、买办；或进入报馆，从事翻译，撰写小说，成为自由职业者；或出国留学，成为新型的知识分子；等等。1926年，彭湃在《海丰农民运动报告》中写道："二十年前，乡中有许多贡爷、秀才、读书、六寸鞋斯文人。现在不但没有人读书，连穿鞋的人都绝迹了。"[5] 这种情形不是广东一隅的独特现象。1930年5月，毛泽东调查江西寻乌农村时也发现，"近数年来，秀才们大多数无所事事"，"这班人多半是收租的小地主，一小部分教书，又一小部分以行医为生"。[6] 此时期，

1　刘大鹏：《退想斋日记》，第118页。

2　刘大鹏：《退想斋日记》，第17页。

3　刘大鹏：《退想斋日记》，第17页。

4　刘大鹏：《退想斋日记》，第102页。

5　彭湃：《海丰农民运动报告》，《中国农民》（广州）第1期，1926年1月，第54页。

6　毛泽东：《寻乌调查》，《毛泽东文集》第1卷，人民出版社1993年版，第227页。

这些人之所以还被称为"绅士"，很大程度上是传统科举观念的余韵，是一种荣誉上的称号，其实这些人学术根底甚浅，只是相对于乡村大部分文盲的农民而言，他们还算作有学问的"士绅"。例如，上海附近沈家行有五位被称作"绅董"的人均为"没有受过功名的读书人"，[1] 他们或出身于商人、实业家，或出身于地主。另据季羡林回忆，20世纪30年代，"封建科举的思想，仍然在社会上流行，人们把小学毕业看作是秀才，高中毕业看作是举人，大学毕业看作是进士，而留洋镀金则是翰林一流"。[2] 由此可以看出，民国时期的士绅成了泛化的概念，"此绅已非彼绅"，他们的文化水平、道德人格或社会声望较之以往的"正绅"不可同日而语。20世纪二三十年代的乡绅大概可分作两类，一类是前清遗下的恩贡生、廪附生、监生、童生之类，科举制的废除中断了他们追求功名的梦想，传统礼仪道德的约束力逐渐式微，社会上物欲横流之风把他们从"君子"之列吹入了"小人"之辈，追求物质利益成为其主要的目标。他们"不是包揽诉讼，从中渔利，就是出入衙门，愚弄市民；不是勾结贪官，胡增苛捐，就是献媚污吏，乱抽田赋"。[3] 所以，刘大鹏针对此类"绅士"痛斥道："民国之绅士多系钻营奔竞之绅士，非是劣衿、土棍，即为败类、村蠹，而够绅士之资格者各县皆寥寥无几，即现在之绅士，多为县长之走狗。"[4] 另一类为新式学校毕业或肄业者，例如，山西稷山县被称为"区绅"的某区长屈名驹"出身微贱，学识毫无，但凭钻营手段"，被选为区长。[5] 襄陵县北关有一"劣绅"叫乔某某，"其资格原系中学未毕业"。[6] 在黎城，凡在教育上"有一中等资格，即可在县中蔚然称绅士，此种绅士率皆不

1　张镜予：《社会调查——沈家行实况》，商务印书馆1924年版，第36页。

2　《季羡林自传》，江苏文艺出版社1996年版，第85、86页。

3　杨逸农：《安徽和县西南乡十一都的分析》，《农学杂志特刊第三种》，1929年12月，第241—242页。

4　刘大鹏：《退想斋日记》，第336页。

5　《稷山通讯：稷山县之区绅》，《监政周刊》第112期，1935年5月，"各县通讯"，第11页。

6　《襄陵通讯：劣绅乔福田》，《监政周刊》第131期，1935年10月，"各县通讯"，第8页。

学无术"。[1]

可见，民国这种带有"尊称"意味的所谓"士绅"群体较之明清时期"功名"士绅阶层要宽泛得多。这样的"新型士绅"，是个鱼目混珠的大杂烩。随着传统农村绅士阶层的消失，农村基层的权力结构发生了变化，从而给乡村社会的土豪劣绅提供了填补权力真空的机会。正如美国学者杜赞奇所指出的："到了本世纪三十年代，村政权落入另一类型的人物之手。他们大多希望从政治和村公职中捞到物质利益，村公职不再是赢得公众尊敬的场所而为人所追求。传统村庄领袖不断被赢利型经纪人所取代，村民们称其为'土豪'、'无赖'或'恶霸'。这些人无所不在，影响极坏……进入民国之后，随着国家政权的内卷化，土豪劣绅乘机窃取各种公职，成为乡村政权的主流。"[2] 传统的士绅消失了，各种鱼目混珠的权势者以"士绅"之名而行，而群体品行发生了变质。

二 "家有二斗粮，不当孩子王"的乡村知识分子

落后的农村给人们提供非农就业的机会极其有限，从事教育可能是农村知识分子最主要的出路，因此，要明了民国时期农村知识分子的状况，我们需首先了解当时整个的教育状况。国民政府时期的各类教育均较以前获得较大的发展，尤其是高等教育所取得的成绩至今仍为人们所津津乐道。然而，一个不容置疑的缺陷是民国时期的教育是一种城市化的精英式教育，广大农村的教育则几乎处于边缘化的状态。具体表现在农村教育经费严重不足且极不稳定，农村学校规模小、数量少，教学设施简陋，适龄儿童入学率低，农村教师薪水微薄且不公平。不但高等、中等、初级等不同级别

1　痛心：《建设期中应彻底惩治贪污》，《监政周刊》第 3 卷第 11、12 期，1933 年 10 月，第 2 页。

2　〔美〕杜赞奇：《文化、权力与国家——1900—1942 年的华北农村》，第 114—115、182 页。

的学校之间教师待遇存在巨大的差别，即便是同一级别内部也存在城乡之间、地区之间的巨大差别，农村优秀知识青年不愿从事教育，农村教育衰败不堪。

第一，国家公共教育资源的分配存在极端的不公平性。

平心而论，南京国民政府对教育的重视程度还是值得肯定的。南京国民政府刚一成立，即着手建立教育财政体制，多次召开全国性的教育会议，试图以法定形式保障教育经费的支出。即便在全面抗战开始后，国民政府教育部于 1937 年还做出了"中央及各省市教育经费在战时仍应照常发给"的规定。[1] 在抗战最为艰难的时期，蒋介石站位尚高，指示道："我们切不可忘记战时应作平时看，切勿为应急之故而丢却了基本，我们这一战，一方面是为争取民族生存，一方面就要于此时期改造我们的民族，复兴我们的国家，所以我们教育上的着眼点，不仅在战时，还应当看到战后。"[2] 1946 年 12 月国民大会通过的《中华民国宪法》规定"教育、科学、文化经费在中央不得少于其预算总额之百分之十五，在省不得少于预算总额之百分之二十五，在市县不得少于预算总额之百分之三十五，其依法设置之文化教育基金及产业，应予以保障"。[3] 但是这些法规政策只是惠及城市里的各类国立学校，广大的农村则几乎成了被遗忘的角落。

从国家层面来看，高等教育资源和基础教育资源配置呈现头重脚轻、脑大体小的畸形状况。20 世纪 30 年代《东方杂志》所载国内五所国立大学和五省教育经费的情况，可做一比较（见表 5-19）。

1　《行政院核发〈总动员时督导教育工作办法纲领〉的指令》（1937 年 8 月 11 日），中国第二历史档案馆编《中华民国史档案资料汇编》第 5 辑第 2 编 "教育"（1），凤凰出版社 1997 年版，第 2 页。

2　蒋中正：《第三次全国教育会议训词》，《教与学》第 4 卷第 1 期，1939 年，第 38 页。

3　徐辰编《宪制道路与中国命运——中国近代宪法文献选编（1840—1949）》下卷，中央编译出版社 2017 年版，第 370 页。

表 5-19　1933 年五所国立大学和五省市教育经费对照

大学	经费(元)	省市	经费(元)
国立中央大学	2017700	安徽	2994186
国立中山大学	1804164	河北	2994866
国立北京大学	1677340	河南	1955201
国立清华大学	1086428	热河	56791
东北大学	1258237	陕西	176267

资料来源：张思明《经济破产中之中国教育》，《东方杂志》第 30 卷第 18 号，1933 年 9 月，第 8 页。

表 5-19 清晰地显示了国家教育资源分配的极端不公，如国立中央大学一个学校的经费竟然超过了河南全省的教育经费，是陕西省教育经费的 11.4 倍。另外，各"国立"大学之间也在资源分配上存在巨大的差距。就一个省内来说，大部分的教育资源也是集中在几个主要城市中，例如，湖北全省的教育费，几乎有 60% 以上用在武汉三镇。[1] 国家对自上而下各级学校资源的配置犹如沙漠中的河流，愈往下游河水愈少，以至于断流。对于当时教育资源分配的严重不公，1931 年国联教育考察团予以特别指出："依据近似之估计，中国每个学生每年所占之教费，在初级小学为三元五角至四元，在高级小学为十七元，在初高级中学约为六十元，师范学校及职业学校达一百二十元，而在高等学校（大学、专科学校）则升至六百至八百元。是以国家金钱用于一小学生及一大学生之差数，在欧洲各国尚未超过 1∶8 或 1∶10 者，在中国则达 1∶200 之数，实为前所未闻也。由此观之，中国对于为大众而设之初等学校，较之中等学校，尤其较之高等学校，实非常忽视。"[2] 当时国内的不少有识之士对于这种教育不公平现状也提出了严厉的批评。陶行知说："不平均是城乡学校的相差，城里学校林立，乡下一个学校都没有。以赋税论，乡下人出钱，

1　单维藩：《北平私塾的研究》，《新北辰》第 2 卷第 10 号，1936 年 10 月，第 1063 页。

2　〔德〕C. H. Becker 等：《中国教育之改进》，国立编译馆译印，1932 年，第 45—46 页。

比城里人多些；他们的代价，至少也应当和城里平均，才是公允的办法。"[1]
陶希圣斥责道："今日的教育仍然是最惠阶级的教育，从小学到大学的几层阶
级，逐渐把贫苦子弟剔除下来，最贫苦农工业儿童没有受到初级小学教育的
机会，初级小学的学生有多少能升学的儿童？"[2] 据 1930 年 7 月教育部的统
计，每百万人口中之专科以上学生数，全国为 89 人，以省而论，占比例较多
的省福建 196 人、山西 189 人、江苏 165 人、广东 156 人、浙江 155 人；占比
例较少的省安徽 79 人、河南 33 人、山东 43 人、河北 110 人，[3] 其中四年制的
大学本科生更是凤毛麟角。"一个人假如能升到大学，他不过是百万人中的幸
运之儿。"[4] 如此看来，不要说贫穷家庭的子女绝缘于大学，即便是一般小康
之家的子弟，升入大学的机会也相当渺茫。

从地方层面看，各地县财政的教育费支出依然存在"重大轻小"、重城
市轻乡村的问题，县教育经费也是主要用于少数几所公立学校，且用于中学
的支出要远多于小学的支出。如浙江的新昌县立中学占全县教育经费
44%。[5] 而私立小学的费用多系庙产、祠产拨充，或来源于私人捐助。其余
区立及保立等小学多由区乡镇任意筹集。南京国民政府成立初期，各县设有
县教育款产委员会负责管理，经费尚有一定的保障。其后，教育经费专款制
度改为统收统支，农村教育经费一部分由县及乡、镇自筹，一部分由上级补
助，但上级补助毫无保障，出现逐年递减的态势，故重要来源仍为自筹自
给。[6] 以浙江为例，1936 年县教育经费占地方总经费的 23% 强，1937 年度

1　顾明远、边守正主编《陶行知选集》第 1 卷，教育科学出版社 2011 年版，第 80 页。

2　转引自任时先《中国教育思想史》，商务印书馆 1937 年版，第 379 页。

3　《申报年鉴·教育》，上海美华书馆 1933 年版，第 30 页。

4　张思明：《经济破产中之中国教育》，《东方杂志》第 30 卷第 18 号，1933 年 9 月，第 8 页。

5　薛裕生：《提高教师待遇以发展地方教育——一个小学教师的呼声》，《教育短波》第 22 期，1939 年 8
月，第 11 页。

6　彭雨新：《县地方财政》，商务印书馆 1945 年版，第 56—57 页。

即降至17%强，1938年度再降至11%强。[1] 这种带有歧视性的教育政策必然会导致整个国家教育的畸形化和两极分化：一方面，集中于城市的各类学校获得较快的发展，另一方面则是广大内陆地区尤其是农村地区基础教育的衰败落后。

第二，城乡教师待遇悬殊。

教育资源分配的不公决定了不同地域和不同层级间教师待遇的悬殊，更决定了底层乡村教师待遇的菲薄。一方面，全国各省城市中小学教师的工资普遍高于农村中小学教员的工资；另一方面，从全国范围看，经济较发达的东南沿海省份小学教员的工资往往高于经济落后的内陆省份。

提及民国时期教师的待遇，至今有人大加羡慕而津津乐道，其中2013年发表于《羊城晚报》的一篇题为《民国时期的教育投入》文章影响颇大，文中声称："上世纪三十年代初，大中小学教师的平均月薪分别为220元、120元、30元。当时一般工人的月薪约为15元，普通警察一个月两块银圆，县长一个月20块银圆，而小学老师一个月可以拿到40块银圆。这就是说，民国时期小学教师的最低工资竟是县长工资的两倍。"[2] 实际情况究竟如何，我们有必要做一澄清。1928年的《小学教员薪水制度之原则》规定，小学教员应以"两倍衣食住（以舒适为度）三事之所费为最低限度之薪水"。该法规还以江宁县城为例，认为江宁地区教师年俸为432元。[3] 这些纸面上规定的薪水的确诱人，但实际情况绝非如此。且看下面国联教育考察团关于中国教师待遇的报告："中国乡村初级小学教师，有时固有每月得三十元至四十元者，但就一般而论，每月皆仅得十元至十五元，薪水较高者，实为非常之例。至城市初

1　薛裕生：《提高教师待遇以发展地方教育——一个小学教师的呼声》，《教育短波》第22期，1939年8月，第10—11页。

2　见史飞翔《民国时期的教育投入》，《羊城晚报》2013年9月4日，第B5版。

3　《大学院对小学教员生活两令》，《申报》1928年8月3日，第12版。

级小学教师，通常每月可得二十元至卅元，罕有超过此数者。反之，中等学校之低年级教师，每月通常可得八十元至一百二十元，而高级中学教师则可得一百五十至二百元。至于大学或专科学校教授，每月通常得三百元至四百元，有时且超过此数……据欧洲小学教师与大学教授薪水之差，未有超过 1∶3 或 1∶4 之比者，而在中国则至 1∶20，或且过此，此种薪水标准之差别，应设法减少；并应增高小学教师之薪水，因即在生活费极低之中国，小学教师之薪水，亦嫌过低也。"[1] 由此可以看出，民国时期只是高校教师和少数小学教师待遇丰厚，而绝大部分小学教师待遇则是相当微薄，这才是民国时期教师待遇的真相。这里，限于主题我们不拟讨论高校及中等学校教师待遇的问题，仅就小学教师的待遇情况，再做一点探讨。

整个民国时期，小学教师尤其是农村小学教师薪水低微是普遍性的。1931年余杭县各区小学教师每月薪给之最高额为 32 元，最低额为 8 元。除少数小学教师每人月收入达 20 元以上外，其余所入均不能维持其适当生活，甚至穷一年之力，而所得不能糊一口者，比比皆是。[2] 据 1933 年的调查，浙江省除杭州市及少数县份之外，大部分地区教师每月平均工资只有 10.84 元，全年工资不超过 150 元，平湖的小学教员，每月教薪自 8 元至 12 元，如此区区薪水，有时还拖欠数月，如"乍浦区有已达 18 个月，尚未领得分文的"。[3] 同年，"长兴的小学教师，苦得竟比灾民都不如"，因为该年拖欠了 9 个月的薪水。"在这种情况之下的小学教员，除中途停闭打铺盖滚蛋外，其余都是靠当当头吃山芋、烧饼等度日……但是这倒还不算什么，最可怜的，是某校某教师，因为当局不发款，一家老小维持不下，竟将他十四岁的妹子（现已五年级了）

1　〔德〕C. H. Becker 等：《中国教育之改进》，第 46—47 页。

2　《一旬间的党务　余杭县执委会呈请提高小学教师待遇》，《浙江党务》第 115 期，1931 年 1 月，第 4 页。

3　吴晓晨：《格格不相入之平湖农村建设》，《农村经济》第 3 卷第 1 期，1935 年 11 月，第 151—152 页。

以八十元的代价，卖给渔船里做小媳妇！"[1] 经济相对发达的浙江省尚且如此，其他地方可想而知。我们再看地区之间和城乡之间的差别，即不同省之间甚至同一个省或同一个县的小学教职员之薪金，县立各小学与乡村各小学教职员待遇也存在极大的差距。例如，同是小学教师，以年薪计，全国最低者陕西省仅 24 元，最高者湖北省达 1800 元，两者相差 75 倍。[2] 在湖北省，"同在省会且同样资格"，师范生县立小学毕业的教员薪水每月为 12—15 元，仅"等于省立小学公役待遇"，而省立小学教员待遇每月可至 60 余元。[3] 浙江余杭县县城教职员，以年计，12 个月，月给平均在 25 元以上；乡以月计，10 个月给薪，月薪平均在 15 元以下，每月平均相差 10 元，每年平均相差 150 元。[4] 河南省立小学教师的待遇 1929 年为每位教师月薪 36 元，1930 年为 42 元。[5] 但同期，濮阳县的小学教员，每年按两学期，分甲、乙、丙、丁四等发薪，分别是 50 元、40 元、30 元、20 元，而又往往不按时发给。所以，濮阳教员中流行着"家有二斗粮，不当孩子王，手中一元钱，不当穷教员的歌谣"。[6] 清丰县的小学教员薪水，有"明八暗六实际四"之说，即名义上每月 8 元，但县里只发 4 元，村里自筹 4 元，由于苛捐杂税加灾荒，村里自筹的 4 元，教员难得一半，甚至根本得不到，所以实际多数教员薪水是 4 元。[7] 1935 年山东菏泽农村小学教员称，"前几年尚以成绩的优劣，分为甲乙丙三个等级，甲等者 12 元，乙等者 11 元，丙等者 10 元，那时尚能糊口"，但此后的月薪一律落至 7 元，已不足以养家糊口。[8] 四川小学教师待遇之薄，有月薪仅四五元者，

1　张钟元：《中国师范教育的总检讨》，《教育杂志》第 25 卷第 7 期，1935 年 7 月，第 82 页。

2　李朋：《改善教师待遇与良师兴国运动》，《四川教育》第 1 卷第 6 期，1937 年 6 月，第 40—41 页。

3　武昌县县长杨适生：《我的县政经验报告》，第 13 页。

4　《一旬间的本省党务：余杭县执委会呈请提高小学教师待遇》，《浙江党务》第 115 期，1931 年，第 4 页。

5　《建议教厅修改现行省立小学教师待遇标准提案》，《开封教育旬刊》第 1 卷第 9 期，1933 年，第 225 页。

6　孙直岭主编《中共直南冀、鲁、豫边区前期革命史》，中国方正出版社 1997 年版，第 98 页。

7　孙直岭主编《中共直南冀、鲁、豫边区前期革命史》，第 98 页。

8　毛建章：《与一个小学教师的谈话》，《农业周报》第 4 卷第 5 期，1935 年，第 161 页。

不及普通机关之公差及人力车夫之收入。[1]　教师薪水如此微少，各级政府往往还拖欠。而且，经济越是落后的地方，拖欠薪水的现象就越是严重，因而各种形式的索薪活动层出不穷。在江苏，"各县教育经费，能按月发放者，百不得一；欠二三月者，不足为奇；四五月者，属甚多；有最多之某县，已积欠近二年！"[2]　农村教师菲薄的待遇很难吸引知识分子投身教育，农村教师整体素质自然低下。优秀的青年不愿报考师范学校，师范毕业生更不愿从事农村教育。无锡县立完全小学共计有教师 271 人，受过师范训练者共计 119 人，经检定合格者仅 5 人，两者之和约占总数的 45.75%，其余未受师范训练或未经检定者共 124 人，约占总数的54.25%。[3]　无锡有"小上海"之美称，是中国较为发达地区，其"县立"学校教师状况尚且如此，全国其他地区的状况不难想象。浙江也是如此，青年人大多不愿报考师范学校，1939 年浙江两个最有名的师范学校"联中师范科"和"湘湖师范"招生的名额均为 40 名，而投考联中的师范生恰是 40 人，投考湘湖的亦不过 45 人而已。而师范类的毕业生宁肯做"机关里的听差和号房"，也不愿回乡从事小学教育，因为"做号房也有 12 块钱一月"的收入。当时"一个邮差的生活费会比小学教师的薪给多到几倍"。[4]

　　发达地区的师范毕业生不愿从事农村教育，偏僻的落后地区更是如此。统计资料显示，广西贺县师范类毕业生在小学服务者不及半数，[5]　因为一个乡村教师的待遇"竟不如一个理发匠"。[6]　而一般私立小学的教师，大都是五六十元的年薪，这样的收入，连基本的生活也难以维持。所以，在职的小学教

1　李朋：《改善教师待遇与良师兴国运动》，《四川教育》第 1 卷第 6 期，1937 年 6 月，第 39 页。

2　李锡珍：《啼饥号寒之生活》，《中华教育界》第 20 卷第 8 期，1933 年 2 月，第 13—28 页。

3　王尚：《乡村教育视导问题》，《教育杂志》第 25 卷第 1 期，1935 年 1 月，第 327 页。

4　舒石林：《小学教师待遇问题》，《江西地方教育》12 月号，1941 年 12 月，第 26 页。

5　王祥琬：《写在"小学教师待遇问题"后》，《教育周报》（桂林）第 23 期，1932 年 10 月，第 7 页。

6　民魂：《小学教师待遇问题》，《教育周报》（桂林）第 14 期，1932 年 7 月，第 2 页。

员，很难专心于其本职工作，"他们无时无刻不在等候着有其他机会，使他能够离开这一个坐冷板凳的生活"。[1] 1932 年贺县县政府为调查户口，招考调查委员 8 名，每员每月给薪膳费 30 元，半年为期。而报名投考者 124 人中，竟有小学教师 50 人，占投考人数的 41.13%。[2] 抗战时期，"各方需才孔亟，新兴事业机关，多向小学教育界延揽人才，所定报酬超过小学教师薪俸常达数倍，且多升进机会"，[3] 以致出现了"改行潮"的现象："农村中有才干的教师们，只要有其他门径可走的，差不多都弃其教书匠的生活而改行了。"[4]

无机会改行的不少小学教员，为了生计而不得不兼职，"天台某私立小学教师兼做了邮差，江山县的一个教师来金华做了报贩"。[5] 1930 年，"苏州市立胥江小学教师单鼎襄、孙信良等，以生活维持无方，学童课业，又不能任其中辍，故决定于每日课后，习拉人力车，以维生活"。[6]

还应指出，整个南京国民政府时期，因索薪问题而发生的罢教或抗议运动接连不断。1928 年，铜山县市（县）立学校教员因薪金不能维持生活而决定一律罢教："向例级任教员月薪二十八千（合洋 6 元零），科任教员月薪二十千（洋 4 元零），一人之生活，亦不足维持。"[7] 该年 11 月，嘉定、金山、如皋、宝应四县的小学教师为"索欠减薪"相继罢课。[8] 1929 年江都县教师

1　薛裕生：《提高教师待遇以发展地方教育——一个小学教师的呼声》，《教育短波》第 22 期，1939 年 8 月，第 10 页。

2　王祥琬：《写在"小学教师待遇问题"后》，《教育周报》（桂林）第 23 期，1932 年 10 月，第 7 页。

3　舒石林：《小学教师待遇问题》，《江西地方教育》12 月号，1941 年 12 月，第 26 页。

4　许警众：《农村小学教师的苦劳》，《河北棉产汇报》第 29 期，1937 年 7 月，第 13 页。

5　薛裕生：《提高教师待遇以发展地方教育——一个小学教师的呼声》，《教育短波》第 22 期，1939 年 8 月，第 10 页。

6　《苏州通讯：小学经费积欠，教员欲拉人力车，呈请市当局备案》，上海《时报》1930 年 4 月 14 日，第 3 版。

7　《小学教员之罢教运动》，《教育杂志》第 20 卷第 6 期，1928 年 6 月，第 20 页。

8　《教育界消息：此伏彼起之罢教潮，小学教员生活改善问题之紧张》，《教育杂志》第 20 卷第 12 期，1928 年 12 月，第 4 页。

因拖欠月薪而集体向教育局"暂行请假"。[1] 同年，溧阳、苏州小学教员均发生罢教事件。[2] 1930年辽宁桓仁县110余名教职员为要求增薪，全体辞职罢教。[3] 1931年濮阳县全县教师因薪金过低难以维持生活而一齐罢教，时间长达半年之久。[4] 同年芜湖县立二小及中心小学二部因欠薪3个月有余而决定一致罢课。[5] 1934年江宁实验县积欠小学教师薪金亦达10个月左右。[6] 西宁市也发生了各校教职员因索欠薪不得而一致罢教的事情。[7] 诸如此类的农村小学教师索薪罢教事件可谓此起彼伏，遍及全国。

全面抗战爆发后，国统区大片领土沦丧，各级财政收入急剧减少，而物价却不断上涨，许多地方的农村小学教师靠微薄的薪水难以为继，不得已而实行实物工资。如1940年江西省决定"自本年八月起各县保学教师，每人每月由县统筹发给谷五斗，年计六石"。[8] 抗战胜利后，由于国民党发动内战和通货膨胀，教师的待遇难以维持起码的生活，导致教育界"大闹罢教"，"教授们的薪金，竟犹不如一个写字间的茶房的收入之好"。[9] 另有对比说，"在沪各国立大学教授，以所得薪给，远不及国家银行一普通员工"。[10] 那么，农村的小学教师的待遇会好到哪里呢。

民国时期已出现"毕业即失业"的现象，农村经济的衰落和生活条件的艰苦使得中等学校以上的知识分子不愿待在农村，农村教师待遇的微薄使得

1　《江都之教员罢教潮》，《教育杂志》第21卷第12期，1929年12月，第139页。

2　《教育界消息：小学教员之罢教潮》，《教育杂志》第21卷第1期，1929年1月，第182页。

3　李金荣主编《桓仁之最》，辽宁省桓仁满族自治县地方志办公室1992年版，第64页。

4　冀鲁豫边区革命史工作组编《冀鲁豫边区革命史》，山东大学出版社1991年版，第35页。

5　《芜湖县校之索薪罢教潮》，《教育杂志》第23卷第1期，1931年1月，第186页。

6　《县政述评：江宁小学教师索薪》，《新苏政》第1卷第3期，1934年3月，第50页。

7　毅：《最近青海之罢教索薪问题》，《新青海》第2卷第12期，1934年12月，第17页。

8　《教育要闻：提高保学教师待遇》，《江西地方教育》第192、193期合刊，1940年，第44页。

9　欧阳金：《罢教有感》，《海潮周报》第7期，1946年，第4版。

10　毅：《抢救读书人》，《再生》第108期，1946年，第2页。

他们对农村教育不屑一顾，他们宁愿在家赋闲或在城市中游荡也不愿做一个小学教师。其结果是农村人才缺乏，城市人才"过剩"。一方面，中等学校以上的知识分子毕业后拥挤于城市，因很难找到工作而被称作"高等游民"。据载，财政部在武汉登报招考二三十名书记录事，报名投考的竟有 3000 多人，其中受过高等教育的几占半数。[1] 那些找不到工作的知识分子自然对现状心存不满，他们"组织职业运动，向政府要事做，曰：'既用不着我们，即不应培养我们，既培养了我们，就该用我们'"。[2] 另一方面，农村学校缺乏合格教师。民国时期小学师资的标准，大致规定为师范学校或简易师范学校毕业生。若对照此标准，1927 年江苏大学区对全省小学教师任教进行调查，当时全省各县的小学教员总数是 20600 人，其中合格者为 8927 人，占总数的 43.33%，不合格者 11673 人，占 56.67%。这些不合格者中，绝大多数是未受师范专业训练的中学毕业生或学历未达标者。各县纯粹由师范专业培养的师资为数很少，如句容、青浦、宿迁、东海等 15 县，竟无一人于高等教育修毕复受师范教育者。[3] 兰溪县全县教师 500 余人中，有 240 人不合格，占总数的 48%。[4] 这是全县的总体情况，农村教师不合格率肯定会远超城市。山西"太谷县之小学教员，率皆高小毕业生充任之，此外清季秀才退伍军人失业商人亦占多数"。[5] 所以当时的农村教师素质自然低下，教育界不乏滥竽充数、学识拙劣之教师。这必然会给教育造成负面的影响：一是教师不负专责，二是优秀教师改就他业，三是减低教学效率，四是教育难成为专业。[6] 县域教师的贫困，

1　琴石：《狠可忧虑的知识青年职业问题》，《民声旬报》第 4 期，1928 年，第 21 页。

2　李畅生：《三害教育》，《监政周刊》第 125 期，1935 年，第 5 页。

3　江源岷：《江苏地方小学教员资格的统计研究》，《江苏教育》第 1 卷第 3、4 期，1932 年 5 月，第 4 页。

4　胡次威：《一年来之浙江兰溪实验县》，《江苏月报》第 3 卷第 3 期，1935 年 3 月，第 15 页。

5　子规：《山西农村问题探讨：太谷现状之一瞥》，《监政周刊》第 3 卷第 9、10 期合刊，1933 年 10 月，第 15 页。

6　林维新：《小学教师的待遇问题》，《教育学报》（北平）第 2 期，1937 年 2 月，第 68 页。

一则使他们无法安心教育，致乡村教育基础动摇；二则使他们对政府不满以致反抗，并把这种情绪和思想传播到小学教育中，无疑滋生了反抗国民党统治的土壤。

三　农村教育的衰败

上文已经述及，南京国民政府在教育制度设计上存在种种的偏差：教育资源分配重城市轻农村，重上层轻下层，重公立轻私立，农村教育经费严重不足，农村学校设施简陋不堪，农村教师工资收入微薄且极不均衡，教员对乡村缺乏依恋之心，不愿意过乡村生活，不安心低微的待遇等；加之乡村教育西化倾向严重，不适应乡村的需要，民众对新式教育缺乏信仰。所有这些综合因素，最终导致了农村教育的极端落后。

第一，新式教育成本远高于传统私塾教育，而在绝大部分家庭收入尚处于仅能维持生存"糊口"的经济状况时，大部分家庭无力供养其子女接受新式教育。

因大部分学校集中于城镇，就学的成本增加，无形中将贫苦家庭子女拒于校门之外，国民政府大力提倡的所谓"义务教育"就只能是一句口号而已。时人称这种教育为"文雅教育"、"消费教育"或"贵族教育"。[1] 据对前国立中山大学各部科各年级学生每学期用费的统计，附小学生平均六学年每人共需 606.26 元，平均每年每人 101.04 元；附中学生平均四学年每人共需1138.20 元，平均每年每人 284.55 元；大学预科学生平均四学年每人共需804.40 元，平均每年每人 201.1 元；大学生平均四学年每人共需 1897.4 元，平均每年每人 474.35 元。合计自小学至大学毕业平均每人共需 4446.26 元。[2] 如果说这些统计数据只是反映了大城市或发达地区之国立学校的情况的话，

1　邹湘：《农村问题与农村小学》，《河南政治》第 5 卷第 6 期，1935 年，第 7—8 页。

2　徐传麟：《农村经济破产与我国之教育》，《农村经济》第 1 卷第 7 期，1934 年 5 月，第 67 页。

那么不发达地区的一般情况则是，"进大学每年至少要花三百元，进中学每年至少要花百五十元以上，进小学每年至少要几十元"。[1] 教育家庄泽宜认为民国的教育"完全与国民经济力不合"，他说："现在的人受教育，非中产以上的人不可，进大学每年要五六百以至千元，进中学每年二三百元，进小学也要数十元至百元，照这样计算，家庭中每年的收入除衣食住以及一切杂费外，非有百元的余款子弟不能进小学。"[2] 据对福建教育的统计，福建全省男女学生数为228020人，其中中学生206414人，中学以上学生21607人，全省农家子弟中学生33026人，中学生2592人，能接受教育者共计35618人，占总数的15.6%，平均每1000农村人口尚不及3人，况且这千分之三的受教育者，多属地主或富农的弟子。[3] 就全国而言，平均每1700人中，方有中学生1名。[4]

第二，教育内容脱离农村实际，民众缺乏对教育的信仰。

近代中国的教育体制最初模仿自日本，其后仿照于美国。至南京国民政府时期，废科举改学堂已经20余年。照理说，当时应是私塾衰亡和学校兴旺发达之时，可是，农村私塾不但没有退出历史舞台，反而却在"恶劣的环境"之下依然顽强地生存着，几乎形成了与学校分庭抗礼之势。私塾依然遍及农村各个角落，在淮安，"一般思想顽固的农民，愿把子弟送到私塾，而不入学校"。[5] 在山西屯留县，"至顽固一点的父母，不佩服学校，不赞成'念洋书'，宁使儿童失学，也不肯让他去学'洋先生'"。[6] 农民何以会对新式教育不信任呢？

1　邹湘：《农村问题与农村小学》，《河南政治》第5卷第6期，1935年6月，第9页。

2　转引自夏沧涛《国难中教育应有之途径》，《政治月刊》第2卷第3期，1934年12月，第99页。

3　林汶民：《福建乡村生活状况》，《福农月刊》第1卷第5期，1932年，第5页。

4　杨季华：《皖北农村社会经济实况》，李文海主编《民国时期社会调查丛编·乡村社会卷》，第150页。

5　童剑尘：《通讯：淮安农村近况》，《农村通讯》第1卷第7期，1934年5月，第94页。

6　高苗：《屯留农村经济实况》，天津《益世报》1934年12月1日，第11版。

自西方移植的教育完全是一种现代性的城市化教育，相比而言私塾教育基本上是单纯性的识字教育，而新式教育则是以培养现代公民为目标的全面性教育，其教育内容丰富而广泛，包括声光化电以及音乐、体育、美术之类。毋庸赘言，这些内容应是每个现代学生所必备的基础性知识，但相对于当时中国农村的现状来说过于超前，与农村实际严重脱节。农民认为学校所教的东西在农村社会中毫无用处，"小学毕业生，在社会上办事，每不能游刃有余，甚至家庭社会常用之便条账簿不能做"。[1] 因而他们对学校教育和教师均不信任，而受过现代性教育的教师也看不上农民，认为农民顽固愚昧，不可理喻。他们"以'人上人'自居。一到农村里的全身充满着汗臭的农工们，不惟不肯和他们说话，连接近他们都不屑"。[2] 时人对这种新式教育亦颇多微言，有的议论道："现在的农村小学课程，太觉深泛，不切实际生活，应教的不教，不教的反而去死教。"[3] 有的评价说："现在的学校真不成了，小学毕业，甚至中学毕业，国文都做不通，倒不如把子弟送进私塾去，多读点古书还好。"[4] 湖南的农民也反映说："乡村小学校的教材，完全说些城里的东西，不合农村的需要。小学教师对待农民的态度又非常之不好，不但不是农民的帮助者，反而变成了农民所讨厌的人。故农民宁欢迎私塾（他们叫'汉学'），不欢迎学校（他们叫'洋学'），宁欢迎私塾老师，不欢迎小学教员。"[5] 这种状况长期存在。一些地方的农民因不喜欢新教材的内容，甚至亲自插手教材的选定。[6] 时任兰溪实验县县长的胡次威更具体地指出："现在小学校的教材，倒成为一个问题，以公民教材而言，商务、中华、世界、各书

1　缪序宾：《乡村小学之缺点及其病原之补救法》，《中华教育界》第 14 卷第 4 期，1924 年 10 月，第 2 页。

2　柴锡圭：《谈谈农村小学衰败的原因》，《进修半月刊》第 2 卷第 16 期，1933 年 6 月，第 34 页。

3　江问渔：《乡村教育》，《中华教育界》第 18 卷第 4 期，1930 年 4 月，第 6 页。

4　涂生：《怎样改良私塾》，《西南教育》第 10 期，1927 年 6 月，第 9 页。

5　毛泽东：《湖南农民运动考察报告》，《毛泽东选集》第 1 卷，第 40 页。

6　涂生：《怎样改良私塾》，《西南教育》第 10 期，1927 年 6 月，第 10 页。

局所出的课本，都以政治法律为教材，连教员也不一定懂得清楚，不要说小学生了。至于定县邹平等县的公民教材，讲的都是些理论问题，更其使人难懂了。"[1]

上述议论批评虽不尽符合实情，但在一定程度上反映了当时乡村新式教育内容与乡村的现实需求的背离。所以，农民对新式教育极不信任。

第三，新式教育所灌输的公民道德、公民意识等现代性思想理念大大超出了乡村农民的认知能力和接受程度，致使其接受新教育的积极性不高。

受传统教育模式影响的农民倾向于认为，新式教育不但没有教会学生实用知识和技能，反而让学生学坏了。《山东农村经济之衰落》一文中的一段话就颇能说明这一点：山东章丘的"居民生计方面多仗商业，向不注重文人，为其显达后，每易为乡里害也"。[2] 害乡里的"显达"文人，其行为显然与其学到的洋知识有一定关系。超前的教育内容，使得学生在农村感到无用武之地，导致大量受新式教育的知识分子脱离农村，与社会背离。许多有识之士批评这种教育为"游民士大夫教育"。有人说："小康之家，遣子弟入学，一到小学毕业，即好着长衫，喜文雅，再也不愿土布赤足，入田操作。农村中徒增多了文雅消费士大夫游民，减少了忍劳耐苦的生产者，而且这班士大夫游民，又增加了农民的负担，这不能不说是我国所谓随时代而转换之新教育的失败。"[3] 还有人说："现在之学校教育，不合农人需要，专门造就消费份子，致使农人疾首痛心，亦为学校教育不能发表［达］之故……农人子弟，步入学校，受中等教育或大学教育者，固不肯力田而食，即受小学校教育者，亦不肯再赤足荷锄，俨然以士子自居。农人口中所谓'良不良，莠不莠'，'文不像秀才、武不能当兵'，士的职业无能力担任，农人职业，有不屑为之

1　胡次威：《一年来之浙江兰溪实验县》，《江苏月报》第 3 卷第 3 期，1935 年 3 月，第 15 页。

2　《通讯：山东农村经济之衰落》，《农村经济》第 1 卷第 10 期，1934 年 8 月，第 108 页。

3　熊梦非：《农村教育问题》，《农村经济》第 1 卷第 2 期，1934 年 1 月，第 63 页。

气概。消费力膨胀，生产力毫无，反不若私塾数年，略识之无，仍能不脱农夫面目，保守家园之为愈矣。"[1] 也有人认为："以往的教育不但不能教人生产，本来有职业能生产的人，往往一入学校之后，反而变成游民，以操作为辱。"[2] 费孝通也有如此看法："受新式教育的学生，一是他们并没有利用新的知识去改良传统社会，一是产生了一批寄生性的'团阀'阶层，既不能从生产中去获取生活，只有用权势去获取财富了。从这方面说，现在这种教育不但没有做到实现中国现代化的任务，反而发生了一种副作用，成了吸收乡间人才外出的机构，有点像'采矿'，损蚀了乡土社会。"[3]

　　农民不喜欢"洋学堂"还有一个原因，就是私塾的假期短少，全年不过50来天，用于念书的时间长达10个多月。而学校仅寒暑假和各种节日，一年就去半年了。其余的半年又要去掉26个星期，还有各种的纪念日，加上学潮太盛，今天开会一次，明年游行一次，还有什么春季、秋季的旅行，一年实际上课的日子，不过4个月罢了。这4个月只有120天，一天只上6点钟的功课，统计只有720钟点，要与私塾比较，一天可以读12点钟的书，这算起来，又只有两个月实在功课。[4] 加之，学校花费高，农民经济困难，无力供养子女就学。安徽一刘姓小学教师家访动员儿童入学时，家长们都异口同声地说："我们家里穷苦的很，男孩子，要放牛，要砍柴，女孩子要看门啦，带领弟妹啦，实在不能入学，还望刘先生原谅，积积德啊。"[5] 因家庭经济困难，许多农民选择让子女就读费用低廉的私塾。所以，当"劝乡下人送子弟到学校读书，他们往往会回答：'我们这样人家的子弟，不要上什么学堂，到私塾里念

1　尘：《农村教育之情况》，《农村经济》第1卷第2期，1934年1月，第1页。

2　刘振东：《县政建设》，《新政治》第3卷第6期，1940年，第13页。

3　费孝通：《乡土重建》，《费孝通文集》第4卷，群言出版社1999年版，第359页。

4　张曜瀍：《校学与私塾的比较（未完）》，《安徽教育月刊》第36期，1920年12月，第11页。

5　刘济：《筹办启田短小的经过种种》，《安徽教育辅导旬刊》第1卷第26期，1936年1月，第23页。

二年书识几个字就算了'"。[1]

正是新式教育自身的缺陷、农村经济的衰落、农民实用主义的思想和其传统保守的观念等因素的作用，给私塾留下了广阔的天地。科举制废除后，尽管私塾受到众多知识分子们的口诛笔伐，被批得可谓是体无完肤、一无是处，诸如"教师昏庸封建"，"设备简陋不堪"，教材"三、百、千""与现代的时代潮流相差十万八千里"，教法"念、背、打""全然不合儿童的生理和心理"，"私塾教师是'误人子弟'的人"，私塾是"误人子弟"的场所，等，[2] 历届政府也三番五次下令取消或改良私塾，然而，农民们却对私塾"一往情深"。在整个民国时期，私塾不但在广大的农村十分普遍，在现代化的大都市中也十分常见，几乎与学校形成并立之势。

据 1935 年教育部对全国 24 个省市私塾的粗略统计，私塾共 85291 所，塾师 86034 人，学生 1542961 人。与 1933 年度全国初等教育统计相比，则私塾数约当小学校数的三分之一，塾师数约当小学教职员数的六分之一，学生数约当八分之一。[3] 另有材料显示，当时全国各大都市中的私塾数量也十分惊人，例如，南京有私塾 332 所，学生 14236 人；而市立小学 43 校，有学生 14103 人，市立义务小学 25 校，有学生 4064 人，受市款补助的私立学校 29 校，有学生 2895 人。按学生的数量说，私塾的学生几占半数，而学校的数量，尚不及私塾的五分之一。[4] 南京为国民政府首都所在地，学校教育不能算不发达，可是私塾却如此发达。[5] 私塾在国际化大都市的上海也未退出历史舞台。据上海社会局 1936 年的调查，上海有私塾 452 所，每所教员 1 人，故共有私

1　邱冶新：《改良私塾的新途径》，《河南教育月刊》第 5 卷第 7 期，1935 年 5 月，第 2 页。

2　《本埠私塾调查述要》，《安徽民教月刊》第 1 卷第 2 期，1932 年 12 月，第 50—51 页。

3　《国内民教通讯：全国私塾统计》，《湖北民教》第 1 卷第 2 期，1936 年 10 月，第 111 页。

4　《社言：学校与私塾》，《兴华周刊》第 29 卷第 46 期，1932 年 11 月，第 2 页。

5　戴子钦：《改良私塾的理论与实际》，《安徽教育辅导旬刊》第 1 卷第 5 期，1935 年 4 月，第 5 页。

塾教员 452 人，以男子占绝大多数，女塾师仅有 6 人；私塾教员的籍贯，以六合、高邮、盐城、东台、泰兴等一带为最多，占全部的 80% 以上；私塾教员的年龄，大半为 40 岁左右，最高有 82 岁，最小有 16 岁；受此种私塾教育之学生，全市合计 1 万余人。[1] 大都市的私塾尚如此众多，而在乡村私塾更如蔓生的苜蓿，到处皆是。据 1930 年安徽潜山等 12 县的调查，当地共有私塾 2586 所，学生 23508 名，平均每一私塾有 9 名，而同年潜山等 12 县只有小学校 726 所，学生 31896 名。[2] 1935 年江西南昌市、九江市及永修等 34 县私塾尚有 2642 所，学生 38957 名。[3] 由此可见私塾的众多和普遍。

私塾的普遍从反面说明了初级教育的不发达，农村则更甚，其最突出的表现就是文盲的众多，甚至农村文盲人数还较私塾时代有所上升。时人谈起农村教育时说："数十年前乡村盛行私塾，学究先生俸给便宜，到处普及，农孩尚有识字机关，后以塾师不良，改行新教育，往往因经济关系……没钱的乡村尚无学校；反使乡间孩子少识字机会。"[4] 当时 "所谓文盲，系指十岁以上不能认识三民主义千字文者为标准"。[5] 照此标准，科举制度废除以后的确出现识字率下降的情况。美国学者罗友枝（Evelyn Rawski）估计，清代的识字率，男子为 30%—45%，女子则为 2%—10%。另有学者估计，20 世纪初期广东农村男子识字率为 40%—50%，广州城则达到 80%—90%。据卜凯的调查，在 20 世纪 30 年代，7 岁以上的中国男子中，有 45% 的人或多或少地上过学（平均为 4 年），识字率达到 30%。[6] 全面抗战时期，国民政府教育部统计，在全国总人口约 4.5 亿人中，不识字者约占 80%，计 3.6 亿人，其中 15—45

1　聂海帆：《上海市私塾教育的现状》，《初等教育》第 1 卷第 2 期，1937 年 6 月，第 40 页。

2　见单维潘《北平私塾的研究》，《新北辰》第 2 卷第 10 期，1936 年 10 月，第 1063 页。

3　卢祝平：《本省的私塾问题》，《江西地方教育》第 30 期，1935 年 12 月，第 4 页。

4　徐乘溽：《农民离村问题的商榷》，《河南教育日报》1932 年 1 月 31 日，第 4 版。

5　程启盘：《地方自治中的文盲问题》，《中华基督教教育季刊》第 6 卷第 4 期，1930 年 12 月，第 111 页。

6　转引自李伯重《八股之外：明清江南的教育及对经济的影响》，《清史研究》2004 年第 1 期，第 8 页。

岁之文盲有 1.4 亿人。[1]

　　据 1935 年对江苏省 60 个县识字人数的统计，全省男女识字人数占总人口的 15.2%，其中男子占 13.6%，女子占 1.6%。[2] 局部的资料可见 1934 年江苏省立徐州民众教育馆在坝子街及下淀区的调查。下淀位于乡间，人口总数计 1537 人，识字者只 75 人，余皆为文盲，占 95% 强；坝子街地接城市，人口总数 4051 人，识字者共 850 人，约占总数的 21%，此外 79% 皆为文盲，然这 850 个识字者，其中有 527 人是仅在私塾中读书的，若将其数目除去，则真正受过国家法定教育者，只有 323 人，即占人口总数的 8% 而已。[3] 1933 年出版的《旧农村的新气象》称，苏州唯亭山在 5 年之前，全村识字者仅 20 余人，占总人口的 16%。而且，这些所谓识字者"没有一个人受满最低限度的四年的初等教育，没有一个人会看报纸，没有一个人能写一封信"。[4] 镇江"农民粗识文字，连儿童计算，约占 20%，女子不足 2%，若以成年者计算，男子仅 15%，女子寥寥可数"。[5] 据冯紫岗对嘉兴 5 个乡镇的挨户调查，当地识字人数仅占总人口的 8.11%。[6] 在河南省统计的 27 个县中，识字率最高者为开封 40.38%，最低者为民权 3.65%，平均仅 12.02%。[7] 由此亦可见，当时的文盲以女子为多，乡村多于城市，成年多于幼年。据安徽省部分县的调查统计，该省识字者占总人口数的 17.4%。不识字者占总人口数的 82.6%。[8] 落后地区

---

　　1 《我国文盲尚有一万四千万》，《抗战月报》第 2 卷第 3、4 期，1940 年 3 月，第 5 页。

　　2 据《江苏省各县识字人口统计数（1935 年度）》计算，江苏省民政厅：《江苏省保甲总报告》，镇江江南印书馆 1936 年版，第 114—116 页。

　　3 蓝渭滨：《江苏徐海之农业及农民生活》，《农村经济》第 1 卷第 10 期，1934 年 8 月，第 19 页。

　　4 施中一编《旧农村的新气象》，第 17 页。

　　5 谢仁溥：《镇江县农村经济概况（1930 年调查）》，《农村经济》第 1 卷第 5 期，1934 年 3 月，第 115 页。

　　6 冯紫岗：《嘉兴县农村调查》，国立浙江大学 1936 年版，第 12 页。

　　7 《人口统计·表 4：识字与不识字人数》，《河南统计月报》第 2 卷第 7 期，1936 年 7 月，第 12 页。

　　8 《本省各县识字与不识字人数》，《安徽教育辅导旬刊》第 2 卷第 18、19 期合刊，1936 年 11 月，第 50 页。

的识字人数就更低了。据估计，山西屯留全县 12 万余人中成人识字的至多有
5000 人，识字人数占总人口数的 4%，全县妇女识字者，至多不过 30 人。[1] 贵
州全省识字人数为 956632 人，占全省总人口数的 9.1%。其中男子识字人数为
850832 人，占全省男子总人数的 15.7%，女子识字人数为 105800 人，占全省
女子总人数的 2.0%。[2]

　　在民国社会急速转型时期，中国社会、经济、文化的发展极端不平衡，
城市教育犹如一个家庭中的"宠儿"，而乡村教育则恰似一个"弃儿"。"宠
儿"时常得到家长的关爱和呵护，优先享用着各项稀缺资源，而"弃儿"则
无人问津。城市与乡村的差距越拉越大，加之，20 世纪 30 年代农村经济凋
敝，主要依靠地方经费维持的乡村教育也随之陷入衰败。教育象征着未来和
希望，当乡村教育普遍衰竭之时，乡村中的人们在没有未来和希望的生活中，
必然有寻求新的未来和希望的冲动与欲望。

四　农村知识人才缺乏

　　相对于传统时期县政的无为而治，现代政治则是将国家权力下沉到乡村
的各个角落，以便为现代化建设汲取各种资源。国民政府为此进行了各种尝
试性的努力，各省县（市）以下组织系统虽不尽一致，但大体上分为区署、
联保、保、闾、邻五级，或分作区、乡、村、街、牌、甲六级，其后又一律
改为区、乡（镇）、保、甲四级制。推行现代化的基层组织建设，不仅需要一
定的经济做基础支撑，也需要相当的文化教育做智力支持，但农村教育落后、
农村知识分子外流，必然导致县政人才的缺乏。

　　南京国民政府成立后，即在管辖的江浙地区着手县以下区、乡镇的组织

1　高苗：《屯留农村经济实况》，天津《益世报》1934 年 12 月 1 日，第 11 版。

2　《贵州省保甲户口编查与统计之考察报告摘要（续）》，国民政府主计处统计局：《统计月报》第 36
期，1938 年 11、12 月，第 55 页。

建设，但因经济与人才交困，虽颇有声势，至训政结束之时，也仅搭起个空架子而已。以上海县为例，据 1929 年统计上海县乡镇长副题名录，该县六区共设乡镇 213 个，设乡镇长副共 436 人。[1] 按规定，每乡镇尚须设监察委员 3 人，候补监察委员 3 人。县乡镇如此众多，每一乡镇户数不过百户左右，甚或六七十户为一乡，在区域过小、户口过少之乡，人才缺乏，选举有无人可选之感，即令勉强充数，亦仅徒具虚名而已。[2]

1939 年 9 月国民政府颁布《县各级组织纲要》，正式在国统区实施"新县制"建设。新县制之特点，在充实基层组织，纠正过去"倒形宝塔"式之政治，县以下的基层政权为乡（镇）—保—甲，在面积较大或特殊情况的县还设区，作为县的派出机构，所需人才之数量，特别庞大。据估计，"实施新县制，全国共需政治工作人员 11187367 人"。[3] 按内政部 1938 年统计，苏、浙、皖、赣、鄂、湘、川、冀、晋、豫、陕、甘、闽、粤、桂、滇、黔、绥、宁、京、平、津、威等 23 个省市已编成之保为 779581 个，以十进计，约需乡镇长 78000 人、保长 780000 人、甲长 7800000 人，仅各级首长一项，已达 8658000 人之巨。以当时教育落后之农村社会状况，一时求此大量干部，确属严重问题。[4] "一省之中，省政府主席及民政厅厅长常觉到县长人选困难，能够一肩担起筹备一县地方自治的人才，极难物色。"[5] 一县之中，县长又感觉到区长人选困难，一区之中，乡镇长人选亦复困难。至闾邻长则更是人选困难。对此领导乡村建设运动的梁漱溟感受更为深刻："所最感困难的问题：一就是村

1 《（上海）县属六区乡镇长副题名录》，《申报》1929 年 11 月 18 日、19 日，第 14 版。
2 《上海县第二区彭区长呈请划并乡镇》，《申报》1931 年 3 月 9 日，第 10 版。
3 孙善甫：《新县制中基层组织问题》，《地方行政季刊》第 2 期，1941 年 7 月，第 266 页。
4 孙善甫：《新县制中基层组织问题》，《地方行政季刊》第 2 期，1941 年 7 月，第 266 页。
5 徐德嶙：《地方自治之理论与实施》，会文堂新记书局 1935 年版，第 131—132 页。

中无人，一就是村中无钱。"[1] 可见，农村人才的奇缺成了普遍困扰各地的一个难题。第一，农村教育落后，文盲人数众多，再加上一些青壮年离乡外流，符合保甲文化程度标准的人数根本就不足，在一些文化落后的地方，保甲内住民甚至找不出一个识字者充任保甲长。第二，保甲任务繁重，待遇低微，身份低贱，有资历、能力者大多不愿充任。保甲长类多义务职，保甲办公处之经费，每单位每月支一两元，最多亦不过数元，而一切"管教养卫"要政，皆聚于保甲推行，致有"管教养卫四件事，盐油柴米一元钱"之讥。[2] 全面抗战期间，兵役、工役、禁烟、治安、征粮诸要政，全赖保甲长推动，责任更加重大、任务更加繁重，而待遇却未有丝毫改善，社会地位低微，至贤者不为，为者不贤。以四川而论，保甲长每月仅办公费两元，犹需打八折发给，实得一元六角，上述嘲笑保甲长境况的对联就改为："管、教、养、卫四件事，十分；油、盐、柴、米，两元钱，八折。"[3] 第三，保甲之连坐切结之法有违传统情谊伦理，使得有品行与真才实学者不屑于担任。然而，迫于上级的压力，为完成"组织建设"的任务，保甲长无论是选拔还是任命，就只好敷衍应付，如贵州的甲长年龄最高者达70岁，最小者仅14岁，[4] 这显然与规定不合，结果导致基层保甲长队伍素质严重低下。一是整个基层保甲长的文化水平低，大多不合学历的要求。如苏北的赣榆县在总计744名保长中，初中以上学校毕业之保长及有同等学力经县长面试及格、准予免训者28名，占3.76%。[5] 江西各县区之保甲长，多数目不识丁。[6] 福建亦是如此，"保甲长程

1　梁漱溟：《北游所见纪略》，中国文化书院学术委员会编《梁漱溟全集》第4卷，山东人民出版社1991年版，第883页。

2　萧文哲：《县政制度研究》，第123页。

3　《嘲保甲长》，《陆军经理杂志》第2卷第6期，1941年12月，第106页。

4　《贵州省保甲户口编查与统计之考察报告摘要》，国民政府主计处统计局：《统计月报》第35期，1938年，第29页。

5　蒋井良：《赣榆县保长训练概况》，《淮海》第2期，1935年7月，第31页。

6　黄葆鹰：《保甲长轮充之浅见》，《县训》第5卷第7、8期合刊，1936年8月，第11页。

度不齐，甚有目不识丁者"。该省规定的保甲长"文化程度"条件为："保长最低须有小学毕业程度，甲长须认识百字以上，便可执行政令。"[1] 贵州省有些地方的保甲长文化程度低得令人吃惊，"甲长约有十分之八不识字，保长约有十分之五系文盲，仅联保主任大致上能粗通文义"。[2] 四川乡村建设学院院长高显鉴曾检查某乡的甲长，在130余人中，竟"有80多个人是一个字也不认识的"。[3] 高显鉴还曾负责调训实验乡的甲长工作，在所训练的保甲长中能粗识文字者不及三分之一。[4] 安徽保长中学毕业者占8%，小学毕业者也仅占17%，不识字者占18%，其余是所谓"同等学力"者（详见表5-20）。

表5-20　安徽省各县保长职业及教育程度调查统计

职业	人数	占比（%）	教育程度	人数	占比（%）
农	12386	43.02	小学毕业	4871	16.92
工	1764	6.13	小学同等学力	11423	39.68
商	6387	22.19	中学	2173	7.55
自由	7038	24.45	中学同等学力	5087	17.69
其他	1214	4.22	不识字	5235	18.18
综计	28789	100		28789	100

资料来源：《廿日大事记》，《安徽教育辅导旬刊》第2卷第18、19期合刊，1936年11月，第50页。

一般来说，保长需要办理文书工作，但不识字的保长如何处理文书事宜呢？在四川，保长办理公文常到数里外请人为之，而上级机关公文层层而来，事必躬亲，势难办完，请人帮助，费无所出，狡黠者敷衍塞责，庸厚者受官

1　《闽省积极训练保甲长》，《申报》1938年10月8日，第2版。

2　《贵州省保甲户口编查与统计之考察报告摘要》，国民政府主计处统计局：《统计月报》第35期，1938年10月，第21页。

3　高显鉴：《保甲在政治上的重要性及其改进》，《现代读物》第4卷第6、7期合刊，1939年7月，第4页。

4　高显鉴：《如何推行新县制》，《现代读物》第5卷第1期，1940年1月，第4页。

府传押呵斥。[1] 下面的一则消息读来真令人感到可笑又可悲：参政员萨孟武在福建遇一不识字的保长，问他"如何处理公事？"他的答复是："一天收到几十件公事，那里要件件都办，只拣几件重要的，请人代办。"萨又问："你既不识字，怎能知公事的轻重？"保长答："我以鼻先嗅公事，凡是有油墨气味的，理合归档不办，无油墨气的指令，才去看看。"[2]

二是基层人员的道德水平低下。由于保甲长主要任务就是征捐、征粮、征壮丁，有知识且公正廉洁之士多不屑为之，当时即有"好铁不打钉，好人不当保甲长"之说。正是因为有文化有能力的正直人不愿干这份苦差事，这就为投机钻营者提供了可乘之机。在整个保甲队伍中，的确混进了不少心怀不轨的土劣地痞流氓无赖之徒，基层组织随之严重劣化。即便是号称村政建设成绩显著的"模范省"山西，其村长的流品亦乏善可陈："在过去之各地村长，不是无业的高等流氓，便是目不识丁瞎庄稼老头，前者是能为不为固然混蛋，后者是根本没有知识。"[3] 贵州省因"知识分子公正绅士及城区居民，多不愿为保甲人员，而无业游民，奸猾流痞，反不乏厕身保甲者，致得擅作威福，鱼肉乡民"。[4] 抗战胜利后，"苏北各县之还乡团多为敌伪时期之奸爪，回乡后多充区乡保长"。[5] 镇江城外大港区的"乡保长还是日寇在此的一班人，保长是个强占别人妻子的恶棍，第一甲的甲长是流氓，第二甲第三甲的甲长是土棍，第四甲甲长是瞎子，第五甲甲长是老者。最奇怪的是这些保甲长，一个也不识字"。若遇到要调查户口或登记田亩等公务，他们会到别的地方请

1　萧文哲：《县政制度研究》，第 123 页。

2　郑道：《保长以鼻办公》，《青年生活》（上海）第 8、9 期合刊，1946 年 11 月，第 138 页。

3　庶人：《对本省村长的一点建议》，《监政周刊》第 2 卷第 11、12 期合刊，1933 年 6 月，第 6 页。

4　《贵州省保甲户口编查与统计之考察报告摘要》，国民政府主计处统计局：《统计月报》第 35 期，1938 年 10 月，第 21 页。

5　《国防部新闻局关于苏北各地自卫武力摊款购枪等情致绥靖政务委员会秘书处电》（1946 年 12 月 17 日），中国第二历史档案馆编《中华民国史档案资料汇编》第 5 辑第 3 编"政治"（2），第 973 页。

一个助手来经办。[1] 负责过乡镇保甲长训练的高显鉴对基层人员的"品质不齐"深有感触："我们所知乡镇保甲长，大体上生长于乡间，有的竟是袍哥大爷，如果他们是读过书的人，则具有村学究气味；如果他们是未曾读过书的人，则又饱染'江湖豪杰'，要给他们讲一套自治道理，往往是南辕北辙。"[2] 基层领袖作为一个阶层，毕竟算得上农村的"能人"，其水平尚且如此，那么一般老百姓的情况如何呢？《南阳唐河间的农村现状》一文的作者赵纯，1934年春节回到老家唐河县，以下是他会晤老乡时的记述："'宣统现在什么地方？金銮殿是什么样子？现在什么人在里边住？''现在有没有大总统？'至于日本之侵占东北，注意者仅为地主小学教员及地方公务人员，至于榆关失陷，滦东危机的消息，尚未达到他们任何一个人的耳鼓。"[3] 唐河县尚不算太过闭塞之地，其农民的观念尚且如此，现代性的政治建立在如此基础之上，何其难也！农村人才缺乏，文盲占绝对多数，对国家、社会、县政、建设等问题知之甚少，长期处于经济贫困、政治受压、文化落后、消息封闭之中，是被现代化抛弃的待开发之地。而要建设国家就要建设县政、建设农村、动员农民、教育农民。农村需要一场新的社会变动。

本章小结

本章主要讨论了县政下的地主、农民、知识分子和工商业者四大相关群体的生活状况。中国地域辽阔、人口众多，各地自然条件、经济水平差异极大，县域面积和人口数量极不平衡。南京国民政府时期，天灾、人祸、内乱、外患交相肆虐，共同发酵，农村经济增长缓慢以至于衰败，人民生活极端艰

1 　静峰：《镇江郊外的保甲长》，《现代农民》第 11 卷第 3 期，1948 年 3 月，第 17 页。

2 　高显鉴：《申论县干部训练》，《现代读物》第 9 卷第 1、2 期合刊，1944 年 2 月，第 1 页。

3 　赵纯：《南阳唐河间的农村现状》，《河南政治》第 4 卷第 4 期，1934 年 4 月，第 2—3 页。

难困苦，农村各阶层被迫离乡外出另觅生路。首先是普通地主离乡城居。其主要原因有二：一个是经济因素，即城市的畸形发展对地主产生的诱惑力，地主为经营工商业而离乡进城；另一个是政治因素，民国时期频繁的战争、土匪的泛滥和政局的多变等，迫使地主纷纷离村避居城市。地主离乡城居，带走了农村的文化和财富资源，城市得以畸形发展，而农村却因各种资源的流失呈日益衰败之势。其次是农民离村。各种严重的灾荒和繁重的苛捐杂税造成农村经济的衰败和农民生活的困苦，迫于生活的压力，农民离乡外出，或异地开荒务农，或进城从事低贱工作。由于这些离村农民多为青壮劳力，他们的离村势必减少农村劳动力，造成田园荒芜，使得农业生产雪上加霜。最后是知识分子离村进城。知识分子群集都市，一方面造成了都市各部门人浮于事，另一方面冲击了农村原有的文化生态和权力结构。总之，在农村凋敝的推力与城市工商业发展的拉力的综合作用下，大批"能人"纷纷离开家乡，留在农村的就只有两类人了：一类是贫弱无助的穷人，一类是游手好闲、作恶乡里的流氓地痞。结果导致农村经济更加衰败，农村文化更加落后，农村社会秩序更加混乱。

为挽救农村秩序的混乱和农村经济的破败，也为了对付中共的革命，国民政府着手进行县政建设，先后推行所谓的农村自治和保甲制度，以便有效地控制农村，汲取现代化建设所需的各种资源。然而从农村汲取的资源只是单向性流向了城市，只汲取而无回报，建设不足，破坏有余，农村各阶层的生活状况普遍下降。国民政府的县政建设因"口惠而实不至"，受到农村各阶层的冷遇。

南京国民政府时期，地主、富农阶层的经济与社会地位均出现不同程度的下降趋势。一是地主、富农的土地收入出现严重下降的趋势；二是地主、富农的田赋及各种捐税负担日趋加重；三是土地价格跌落，地主、富农财富缩水；四是国民政府颁布了种种土地政策，不同程度地限制了地主的经济剥削和政治权威。当然，这里应当指出，尽管地主和富农的经济状况不大如前，但在那个农村整体衰败的大背景下，其处境整体上还是农村社会的上层，他们对社会虽然不满，但还是一个不愿意发生社会根本变动的群体。

关于知识分子，至20世纪二三十年代，有功名的传统士人或年老死亡或寓居城中，作为一个阶层已从农村基本消失，受过中等学校以上教育的知识分子大多留居城市寻找生路，留在农村中的多为受过小学教育者，他们主要从事农村小学教育。然而，由于政府教育政策的偏差，他们的待遇极为微薄，连起码的生存都难以维持。整个南京国民政府时期，全国各地的小学教师为索薪而发动的罢课、请愿运动连续不断，农村教育陷入衰败，农民的文盲率不但未能减少，还较私塾时代有所增加，整个农村的文化生态陷入整体性的危机之中。他们由于有知识，关心时局，把自己的处境与时局结合起来，希望一个更公平、更能把国家治理得好的新政治的出现。他们希望社会变革。他们多多少少地会把其想法传播出去。

南京国民政府大力推行县政建设，却将其上层建筑立于沙漠似的根基之上。就经济基础而言，虽然南京国民政府进行了一定程度的现代化建设，并在金融、交通、教育、国防和轻工业领域等方面取得了一定的成绩，但这种建设局限于城市和国防等有限的领域，广大农村的农民和工商业者不但没有从这种"建设"得到好处，反而受到严重的危害，农村经济的持续衰败使县政建设缺乏有力的经济支撑。就阶级基础而言，南京国民政府成立初期，民族资本家的确对其抱有极大幻想，但随着国民政府的日益腐败和苛捐杂税的日益繁重，民族工商业出现短暂的发展之后又陷入了长期的危机之中。小工商业者的生存环境进一步恶化而纷纷破产，他们叫苦连天，怨声载道。因此，中小工商业者也希望社会变动。至于县域最广大的农民群体因国民政府始终未能进行有效的社会经济改革，痛苦有增无减，生活无望，不得不铤而走险，他们为社会大变革储备了基本的力量。

1946 年 3 月 1 日至 17 日，国民党在重庆召开六届二中全会。会后，国民党中央常委吴铁城和陈立夫根据"党内同志对于党务革新颇多建议"，整理汇编出《党务革新方案》。"方案"中有一段关于其统治基础的论断，颇为深刻和精辟："党无社会基础，既不代表农民，亦不代表工人，又不代表正常之工商，甚至不代表全体官吏，而只是代表少数人之利益。"[1] 可以说，南京国民政府几乎成了"孤家寡人"和"光杆司令"，失去了各阶层支持和同情的政党及其政府怎能不垮台？

1　汪朝光：《关于"官僚资本"的争论与国民党执政的危机——中国国民党六届二中全会再研究之三》，《民国档案》2008 年第 2 期，第 111 页。

第六章

社会转型背景下各界对县政及相关问题的讨论

在孙中山的政治理论中，县政具有举足轻重的地位。他说："今假定民权以县为单位……三千县之民权，犹三千块之石础，础坚则五十层之崇楼不难建立。建屋不能猝就，建国亦然……竭五年、十年之力，为民国筑此三千之石础，必可有成。"[1] 南京国民政府成立后，县政受到前所未有的重视。在整个南京国民政府时期，关于县政的讨论从未停止。这些讨论不仅反映了当时人们对于县政的认识水平，而且在一定程度上影响了南京国民政府县政的调整与运行。本章将从西方现代政治理论的传入对中国地方政治改革的影响、县政改革、县自治、县政建设、县政实验五个方面对南京国民政府时期有关县政的讨论情况展开论述，考察时人对县政的认知及其对县政的现实影响。

第一节　西方现代政治理论的传入对中国地方政治改革的影响

自秦至清，中国实行的是专制主义的中央集权制度。这种政治制度之下，皇帝专断独裁，权力几乎不受他人制约。在中央权力强固期，地方几无独立性，必须严格服从中央政府的命令，一切受中央控制。但当中央权力衰微时，

1　孙中山：《在沪举办茶话会上的演说》（1916年7月17日），《孙中山全集》第3卷，中华书局2006年版，第329页。

往往出现一个时期的地方割据现象。这种高度集权体制是与中国长期的小农经济模式和生活水平相适应的，基本上维护了国家与社会的长期稳定、延续和缓慢发展。当然，它是与现代工商业经济模式不兼容的。鸦片战争后，国门被打开，西方政治制度开始为中国人所了解。本节将就宪政思想、地方自治思想、科学主义、行政效率理论的传播及其影响展开讨论。

一　西方民主思想的传播及其影响

较早把西方政治制度介绍到中国的是魏源、徐继畬等人。魏源在《海国图志》中介绍了英国的议会制度和美国的民主共和制度，并对"不设君位，惟立官长、贵族等办理国务"、民政"皆推择乡官理事，不立王侯"的瑞士推崇备至，称之为"西土之桃花源"。[1] 徐继畬在《瀛环志略》中对欧美国家的议会制度做了较为系统的介绍，并对美国的民主制度给予高度评价。魏源在介绍英国议会政治时说："国中有大事，王及官民俱至巴厘满衙门，公议乃行……大事则三年始一会议，设有用兵和战之事，虽国王裁夺，亦必由巴厘满议允。"[2]

19 世纪 70 年代前后，随着资本主义的发展，中国出现了一批早期改良主义者，他们把更多的西方资产阶级社会政治学说引入中国。有人提出"天下之权，唯民是主"，认为"苟无民何有国？苟无国何有君？苟无议院何有朝廷？"[3] 早期改良主义者理想中的政治模式是君民共主。王韬认为君主和民主都有弊端，只有君民共主才是完美无缺的。他说："君为主，则必尧、舜之君在上，而后可久安长治；民为主，则法制多纷更，心志难专一，究其极，不

1　魏源：《大西洋瑞国改革》，《海国图志》卷 47，岳麓书社 1998 年版，第 1356—1360 页。

2　魏源：《大西洋英吉利国总记》，《海国图志》卷 50，第 1404 页。

3　何启、胡礼垣：《劝学篇书后·正权篇辩》，郑大华点校《新政真诠——何启　胡礼垣集》，辽宁人民出版社 1994 年版，第 397、411 页。

无流弊。惟君民共治，上下相通，民隐得以上达，君惠亦得以下逮，都俞吁咈，犹有中国三代以上之遗意焉。"[1] 郑观应也认为君民共主优于君主和民主。他说："盖五大洲有君主之国，有民主之国，有君民共主之国。君主者权偏于上，民主者权偏于下，君民共主者权得其平……其立法之善，思虑之密，无逾于此。"[2] 薛福成也认为："夫君民共主，无君主、民主偏重之弊，最为斟酌得中。"[3]

早期改良主义者主张仿效西方国家，实行议会制度。曾出使美国、西班牙和秘鲁的崔国因认为，"设议院者，所以因势利导，而为自强之关键也"。[4] 郑观应认为，"议院者，公议政事之院也。集众思，广众益，用人行政一秉至公，法诚良，意诚美矣"，有了议院，"昏暴之君无所施其虐，跋扈之臣无所擅其权，大小官司无所卸其责，草野小民无所积其怨，故断不至数代而亡，一朝而灭也"。[5]

甲午战争后，维新运动勃兴，康有为等提出了较为系统的治国理想。康有为认为日本与西方国家之所以富强，是因为它们开国会、定宪法，中国"行专制体制，一君与大臣数人共治其国，国安得不弱"。[6] 因此，只有仿效日本和西方国家召开国会、制定宪法，才能走上富强之路。

辛亥革命前后，以孙中山为代表的资产阶级革命派的政治改革开始实行，并逐渐形成五权宪法的治国理论。1906 年，孙中山在《民报》创刊周年纪念会上首次提出了"五权分立"的构想。他说："兄弟的意思，将来中华民国的

1　王韬：《重民下》，《弢园文录外编》，辽宁人民出版社 1994 年版，第 35 页。

2　郑观应：《盛世危言·议院上》，夏东元编《郑观应集》上册，上海人民出版社 1982 年版，第 314 页。

3　薛福成：《出使日记续刻》，丁凤麟、王欣之编《薛福成选集》，上海人民出版社 1987 年版，第 606 页。

4　崔国因：《枭实子存稿》，《清代诗文集汇编》编纂委员会编《清代诗文集汇编》（719），上海古籍出版社 2010 年版，第 186 页。

5　郑观应：《盛世危言·议院上》，夏东元编《郑观应集》上册，第 311、312 页。

6　康有为：《请定立宪开国会折》，汤志钧《康有为政论集》上册，中华书局 1981 年版，第 338 页。

宪法是要创一种新主义，叫做'五权分立'……这不但是各国制度上所未有，便是学说上也不多见，可谓破天荒的政体。"[1]

1922年，孙中山提出了"分开权与能"的构想。在孙中山看来，西方三权分立有议会独裁、政府无能的流弊，欲除此弊，唯有实行权能分治，即使人民有权、政府有能。他表示，在他的制度改革计划之中，要把新的民国的政治大权分开成两个：一个是政权，要把这个大权完全交到人民手中，要人民有充分的政权可以直接去管理国事，这个政权，便是民权；一个是治权，要把这个大权完全交到政府的机关之内，使政府有很大的力量治理全国事务，这个治权，便是政府权。[2] 孙中山把民权分为四个部分，即选举、罢免、创制、复决四权。孙中山又把治权分为五个部分，分别为立法、行政、司法、监察和考试五权。五权分别由立法院、行政院、司法院、监察院和考试院五个行政机关来执掌。南京国民政府成立后，孙中山"权能分治""五权分立"的理论成为政权组织的基本原则，是南京国民政府的基本政治理论和组织理论，这一基本理论对南京国民政府县政的组织建制也必然具有影响。

二 地方自治思想的传播及其影响

地方自治起源于古罗马的自治城市，后成为近代西方政治制度不可或缺的组成部分。传统上的中国则是一个专制集权国家，故而与西式地方自治可谓风马牛不相及也。鸦片战争后，一些中国人开始关注地方自治问题。林则徐是较早注意到这个问题的人。他说："数百年来，育奈士迭（美国——引者注）遽成富强之国。足见国家之勃起，全由部民之勤奋。故虽不立国王，仅设总领，而国政操之舆论，所言必施行，有害必上闻，事简政速，令行禁止，

1　孙中山：《在东京〈民报〉创刊周年庆祝大会的演说》（1906年12月2日），《孙中山全集》第1卷，中华书局2006年版，第330—331页。

2　孙中山：《民权主义·第六讲》（1924年4月26日），《孙中山全集》第9卷，第347页。

与贤辟所治无异。此又变封建、郡县官家之局，而自成世界者。"[1] 林则徐虽未言民主自治，但已认识到美国与"官家之局"的中国是迥然不同的。魏源则注意到美国的联邦共和制度。他说："二十七部酋分东西二路，而公举一大酋总摄之，匪惟不世及，且不四载即受代，一变古今官家之局，而人心翕然，可不谓公乎！"[2] 认为这种制度"可垂奕世而无弊"。[3] 陈炽提出在地方机构中采取乡官制度，"邑中有大政疑狱，则聚而咨之；兴养立教，兴利除弊，有益国计民生之事，则分而任之"。[4] 何启等认为在省、府、县设立地方议会，可将地方利弊、民情好恶上达于朝廷，起到"中转民情"的作用。[5] 黄遵宪则对日本"仿于泰西，以公国是，而伸民权"[6] 的地方制度艳羡不已。

19 世纪末 20 世纪初，人们进一步认识到了地方自治的重要性。"谈国事者，咸以地方自治为立国之基础"。[7] 严复认为欲谋中国自强，必须实行"地方自治"。他说："居今而为中国谋自强，议院代表之制，虽不即行，而设地方自治之规，使与中央政府所命之官和同为治，于以合亿兆之私为公，安朝廷而奠磐石，则固不容一日缓者也。"[8] 在他看来，地方自治不仅应该而且需立即实行，可见他内心对实行地方自治的渴望。

黄遵宪在南学会演讲时说："官民上下，同心同德，以联合之力，收群谋之益，生于其乡，无不相习。不久任之患，得封建世家之利，而去郡县专政之弊。

1　林则徐：《育奈士迭国》，张曼评注《四洲志》，华夏出版社 2002 年版，第 155 页。

2　魏源：《外大西洋墨利加洲总叙》，《海国图志》卷 59，第 1611 页。

3　魏源：《海国图志后叙》，《海国图志》，第 7 页。

4　陈炽《庸书·乡官》，中国史学会主编《中国近代史资料丛刊·戊戌变法》第 1 册，上海人民出版社 2000 年版，第 234 页。

5　参看何启、胡礼垣《新政议论》，郑大华点校《新政真诠——何启　胡礼垣集》，第 115 页。

6　黄遵宪：《日本国志》卷 14 "职官制二"，上海古籍出版社 2001 年版，第 178 页。

7　柳诒徵：《中国文化史》，上海古籍出版社 2001 年版，第 934 页。

8　严复：《〈法意〉按语》，王栻主编《严复集》第 4 册，中华书局 1986 年版，第 985 页。

者古德诺（Frank Johnson Goodnow）出版《政治与行政》一书，系统地提出了行政与政治分离理论。此后，越来越多的学者开始把行政管理学作为单独的学科加以研究，逐渐形成了科学管理学派、功能学学派以及官僚制理论学派。这些学派在理论观点上有不小差异，但都以提高行政效率为依归，强调行政管理的科学化，对行政机构设置、行政工作程序、行政人员选拔和行政目标等问题进行了广泛的研究，提出了许多有价值的观点。

20 世纪一二十年代，一些学者开始将科学管理理论引入中国。1916 年，穆湘玥将泰勒的《科学管理原理》译成中文，书名为《学理的管理法》。1919 年，由黄士恒、萨君陆合译的《能率增进法》出版。该书共七章，分别是"能率增进法之基础""科学的经营法原理""能率增进法之创行""能率增进法之实例""能率增进法及经营者职工及社会公众之共同利益""增高能率之最大条件及适任者采用法""应用于一般及个人之能率增进法"。[1] 在此前后，杨铨、曹云祥、莫若强、张廷金等也积极宣传科学管理理论，为其传播做出了很大贡献。1915 年，杨铨创办了《科学》月刊，并先后发表了《人事之效率》《效率之分类》《科学的管理方法在中国之应用》《增进个人效率之原理与方法》《科学的办事方法》《工厂管理法》《改良成本会计的方法与困难》等关于科学管理问题的文章。曹云祥不仅翻译了《科学管理的实施》，而且著有《科学化的事业管理》一书及《〈工商管理月刊〉发刊词》《制度与人才》《农林复兴与实业的关系》《召开全国管理会议》等文章。莫若强著有《科学管理的意义和价值》一书，该书对企业部门设计、劳工考察、劳动心理和科学的管理、疲倦与工作效能、工业的标准化等实际问题进行了讨论。穆湘玥等人对于科学管理的宣传为后来提高行政效率的理论与实践奠定了基础。这表明"管理效率""行效效率"理论，已经得到中国科学家和学者的广泛关注

1　许康、劳汉生：《中国管理科学化的历程》，湖南科学技术出版社 2001 年版。

和认同。

20世纪三四十年代，行政效率理论在西方盛行一时。在西方行政效率理论的影响下，中国一些学者乃至官员开始重视行政效率问题。1934年7月，行政院设立行政效率研究会，专门研究各种行政效率问题。是年，该会创办了《行政效率》半月刊。行政效率研究会的设立大大提高了行政效率理论的社会影响。有人这样评价："行政效率研究会，先事调查研究，出版刊物书籍，为之倡导鼓吹，未及一载，风起云涌，'行政效率'之名词，普遍全国。"[1] 抗日战争全面爆发后，行政效率研究会被迫停止活动。国民政府迁都重庆后，重新设立了行政效率促进委员会，许多省市也相继设立了行政效率促进委员会，一些大学也设立了行政效率的专门研究机构。这些专门机构的设立在一定程度上推动了行政效率的研究工作，并进一步扩大了行政效率理论的影响。

四　科学主义的传播及其影响

"科学"一词中国古已有之，意为"科举之学"。而国人通常用"格致"作为"science"的对应词。甲午战争后，康有为、严复等人开始使用"科学"作为"science"的对应词。此后，国人使用"科学"一词的频率逐渐增加，出现了"科学"与"格致"并用的局面。

新文化运动对于科学主义的传播起到了关键的作用。该运动高举"民主""科学"两面大旗，宣传了科学、民主思想。陈独秀在《敬告青年》一文中提出"当以科学与人权并重"。[2] 李大钊也提出："此种精神（科学精神——引者注）即动的精神，即进步的精神……以施于用。时时创造，时时扩张，以

1　林炳康：《江宁县行政效率研究委员会组织概况》，《行政效率》第3卷第6期，1935年11月，第602页。

2　陈独秀：《敬告青年》，《青年杂志》第1卷第1号，1915年9月，第6页。

期尽吾民族对于改造世界文明之第二次贡献。"[1] 至 1925 年前后，科学观念和科学精神逐步深入人心，科学乃成为全社会的价值标准。胡适在《科学与人生观序》中说："这三十年来，有一个名词在国内几乎做到了无上尊严的地位，无论懂与不懂的人，无论守旧和维新的人，都不敢公然对他表示轻视或戏侮的态度。那个名词就是'科学'。"[2]

随着科学的逐步推广，一些人主张将自然科学的方法应用到社会政治生活中。陈独秀认为："科学有广狭二义：狭义是指自然科学而言，广义是指社会科学而言。社会科学是拿研究自然科学的方法，用在一切社会人事的学问上。"[3] 丁文江更是认为科学及其方法是无所不能的。他说："科学的万能，科学的普遍，科学的贯通，不在它的材料，在他的方法。"[4] 因此主张将科学方法应用于军事、经济、教育乃至人生、社会诸领域。

1922 年 5 月，《努力周报》发表了《我们的政治主张》一文。该文提出政治变革中要求一种"有计划的政治"，计划是效率的源头；一个平庸的计划，胜于无计划的瞎摸索。[5] "有计划"，表明作者已把政治的运作与技术性的程序联系起来。胡适在《我们走那条路？》一文中更是明确提出要将科学知识和方法应用到社会变革中去。他说："认清了我们的问题，集合全国的人才智力，充分采用世界的科学知识与方法，一步一步的作自觉的改革。"[6]

南京国民政府成立后，吸收了一批有留学欧美经历的知识分子进入政界，

1　李大钊：《东西文明根本之异点》，中国李大钊研究会编注《李大钊全集》第 2 卷，人民出版社 2013 年版，第 315 页。

2　胡适：《科学与人生观序》，张君劢、丁文江等：《科学与人生观》，山东人民出版社 1997 年版，第 2、3 页。

3　陈独秀：《新文化运动是什么》，《新青年》第 7 卷第 5 号，1920 年 4 月，第 1 页。

4　丁文江：《玄学与科学——评张君劢的〈人生观〉》，张君劢、丁文江等：《科学与人生观》，第 53 页。

5　胡适等：《我们的政治主张》，《努力周报》第 2 期，1922 年 5 月 14 日，第 1 版。

6　胡适：《我们走那条路？》，《胡适论学近著》第 1 集（下），商务印书馆 1935 年版，第 452 页。

因此，科学主义俨然成为当时一种时尚的政治理论，这一理论在南京政府县政治理中也体现出来。尤其是科学主义对于乡村建设运动以及县政建设实验运动产生了很大影响。一些人主张在社会改造上，也可以像在实验室做科学实验一样，先在小范围进行实验，然后将实验成果在大的范围内进行推广。时人指出："所谓实验县，就是一种新制度，新方法，新策略，拿来试验是否可行；犹如理化实验室中试验一种原料，实验县便是试验新制度新方法新策略的实验室。"[1]

第二节　南京国民政府时期关于县政制度改革的讨论

传统上，作为国家管理体系的末端，中国县级政府机构十分简单，职能也不过于复杂。从清末地方自治开始，县政制度就具有了一些近代因素，但与建立近代化的县政制度距离尚远。到了南京国民政府时期，县政的重要性逐渐凸显，现存县政制度的不足也日益暴露。人们在批评县政制度的同时，围绕如何发展县政展开了讨论，为县政改革献言献策，对促进县政的改革起到了一定作用。本节拟以当时对县政改革的讨论为研究对象，考察时人对县政改革的认知及其对县政改革的实际影响。

当时的讨论主要围绕县政机构、县政职能、县政人事制度这几个方面展开，据此，笔者将人们在这几个方面的讨论作为研究重点。

一　关于改革县组织机构的讨论

南京国民政府成立之初，县政府组织基本沿袭了北京政府时期的制度。这种组织机构在实际运行中，县长与各局（所）关系不够顺畅，县政府组织

1　麦柏流：《实验县的意义及其使命》，《政治评论》第 151 号，1935 年 4 月，第 749—750 页。

机构过于简单等问题逐渐显现。针对这些问题，人们就怎样改革县组织机构，提高效率、发展县政进行了讨论。

（一）裁局改科的意见

1928 年 9 月 15 日，南京国民政府公布了《县组织法》。该法第十一条规定："县政府设县长一人，由省政府任用之，综理县政，监督所属职员。"第十六条规定："县政府设左列各局：一、公安局掌警卫、消防、防疫、卫生、森林保护等事项；二、财务局掌征税、募债、管理公产及其他地方财政事项；三、建设局掌关于土地、森林、水利、道路、桥梁工程及其他公共事业之事项；四、教育局掌关于学校、图书馆、博物馆及其他文化事业之事项。县政府除前项各局外，于必要时得呈请省政府设置卫生局、土地局，专理卫生及土地事项。"[1]

第十七条规定："县政府各局各设局长一人，由省政府主管各厅考选委任之。"[2] 按照该组织法，各局局长的任用完全由省决定，县长无任何权限。1930 年 7 月 7 日，南京国民政府公布经过修正的《县组织法》，其第十一条规定："县政府设县长一人，由民政厅提出合格人员二人至三人，经省政府议决任用之，综理县政，监督所属机关及职员，县长资格另定之。"第十七条规定："县政府各局各设局长一人，由县长（就）考试合格人员中遴选，呈请省政府核准委任之。"[3] 该法虽明确规定各局直接隶属于县政府，由县长管辖指挥，各局局长亦由县长遴选呈请省政府核准委任，但事实上，各局局长多由省政府主管厅直接委任，各局对其主管厅负责，省之各厅也把县政府各局视为自己的直属机关，彼此直接行文。

县长对各局虽有监督、指挥之名，而无监督、指挥之实。此一问题，在

1　徐秀丽编《中国近代乡村自治法规选编》，第 84—85 页。

2　徐秀丽编《中国近代乡村自治法规选编》，第 85 页。

3　徐秀丽编《中国近代乡村自治法规选编》，第 132—133 页。

事实上造成县长的管理困难问题，引起政界和学界的关注。对此，张济民有比较精到的论述，他认为"自县政府分立各局以后，组织上与职权上之争点，即以［已］发生。因为县政府中之各局，就表面上言之，虽隶于县政府，似亦为县长分掌职责者；然实际上各局却直接受省政府各该厅之指挥，尝使县长失却统驭之职权，而成一空间［闲］之职位"。[1] 不仅如此，省政府各厅对县的各局政令不一，"往往厅处交县办理之事，彼此隐含矛盾扞格，甲厅以为甲项事业之重要性超过一切，非迅速完成不可；而乙厅又以乙项事为当前急务，非从速竣事不可，使县长顺［顾］此失彼，无所适从，为面面俱圆计，只有敷衍因循"。[2]

人们认为"四局（所）"模式的县政府组织模式严重影响了县政的行政效率，应改变这种制度，裁局设科，即将各县现设之公安、财政、教育、建设等局一律裁撤，其主管公务设科办理，在县府合署办公。这样，"权力集中，则一切政令，可以免除分歧之弊。行政官长之权力增大，行政机关的层次减少，则可以免去政令稽延之弊。所以裁局并科，正所以增进行政上的效率"。[3]

1936年10月，前由内政部拟定裁局改科的草案呈行政院，行政院修正通过《县政府裁局改科暂行规程》。该规程第三条规定："在人口众多事务繁剧之县分，其原已设置之某一局，或某数局，如确有保留之必要时，得由各该县政府开明理由，呈经省政府核准，并转咨内政部备案后，暂缓裁并。"[4] 1937年7月，国民党中央将该项暂行规程第三条加以修正，规定"在人口众

1　张济民：《改良县制与县政》，《自觉》第36、37期合刊，1935年7月，第20页。

2　何鲁瞻：《改革县政之研讨》，《民钟季刊》第2卷第1期，1936年4月，第9页。

3　碧笙：《绥远各县裁局并科问题平议》，《西北春秋》第13、14期合刊，1934年10月，第14页。

4　《县政府裁局改科暂行规程》（1936年10月8日），《县市自治法案关系文书》，中央政治委员会秘书处，1937年1月，第39页。

多事务繁剧之县分，有设局之必要时，得由省政府决议设置之"。[1] 这样就确定了在人口众多、事务较繁县设局，在人口较少、事务较简县设科的基本原则。主张裁局设科者对此并不满意，他们认为"实则以人口较多事务较繁而主张必须设局者，并非至论"，[2] 即使是事务较多的县仍可设科办理，只不过要在科内多设置人员，分股办事，所以各局应彻底改局设科。在裁局改科后，实行合署办公，既可增进行政效率，又可裁减冗员、节省经费。

（二）充实县政府组织问题的规定和意见

传统上，虽然中国县域广大、人口众多，一个县少则管辖几十里，多则管辖百余里，甚至数百里，但因县政职能单一，在组织简陋的情况下，尚能承担应有职能。到了近代，尤其是南京国民政府成立后，县政需要负起吏治、保甲、征兵、户籍、土地、赋税、振兴农业、开垦荒地、发展工艺、修筑道路、发展教育等多种重要任务，原有的县政组织愈来愈不能承担应有的职能。1928 年公布的《县组织法》第十二条规定："一等县政府设置四科，二等三科，三等二科，各科置科长一人，科员若干人，科员额数由民政厅定之，科长由县长呈请民政厅委任，科员由县长委任，并呈报民政厅备案。"[3]

1930 年公布的修正后的《县组织法》第十三条规定："县政府设秘书一人，并依事务繁简设置一科或二科，各科置科长一人，科员二人或四人，其设科多寡及科员额数，由省政府定之，并报内政部备案。"[4] 按照《县组织法》组织的县政府，虽然规模较以往有所扩大，但仍不能满足现实的需要，对此有人提出要进一步扩大县府规模，充实县府组织。具体措施如下。

1　《县裁局改科暨分区设署事项》，《内政公报》第 10 卷第 7—12 期，1937 年 7—12 月，第 117 页。

2　施宏勋：《改进县政机构刍议》，《民意》（汉口）第 45 期，1938 年 10 月，第 8 页。

3　徐秀丽编《中国近代乡村自治法规选编》，第 84 页。

4　徐秀丽编《中国近代乡村自治法规选编》，第 132 页。

1．酌情增加秘书人数

秘书每天要处理大量文件，还要处理一些不属各科管理的事务，一个秘书难以应付，应在县长之下设政务和常务秘书：政务秘书负责辅助县长判决公文，决定政务；常务秘书则负责辅助县长处理县政府内日常事务；县份小、事务简的，可只用一个秘书，辅助县长处理政务与常务。[1]

2．酌情设定科数

实行裁局改科后，县政府应根据实际事务繁简情况及性质，分别酌量增加科数，县组织法不应限定科的数额以及科员人数，留下伸缩余地。[2]

3．设置医疗机构

与欧洲人相比，中国人体质较弱，死亡率也较高，之所以如此，是因为欧美各国十分注重卫生行政，而中国人卫生知识少，大部分人甚至根本不知卫生为何物，既不知如何预防疾病，也不知如何合理医治，至于如何增强体质、如何增进健康，更一无所知。对于政府而言，虽有卫生行政之名，但受人才和经济的限制，毫无进展。农村一旦暴发传染疾病，常常导致数十数百人或数千万人死亡。为减少死亡，增进健康，应重视县乡卫生事业，努力推行卫生行政。各县已经设立卫生医疗机构的，县政府应随时督促，切实办理；尚未设立的，县政府应选派合格卫生人员，设立卫生医疗机构，推进卫生医疗工作。[3]

（三）增设民意机关的意见

在现代县政体系中，民意机关是一个重要的建置。全面抗战时期，施宏勋提出仿照国民参政会在县设立县参政会作为民意咨询机关，认为这样有三利：其一，可以集思广益，辅助县政；其二，县长职权提高之后，上级机关

1　张天福：《国防与地方行政》，汗血书店1936年版，第54页。

2　施宏勋：《改进县政机构刍议》，《民意》（汉口）第45期，1938年10月，第7页。

3　施宏勋：《改进县政机构刍议》，《民意》（汉口）第45期，1938年10月，第7—8页。

的监督或有不周，设立民意咨询机关，可以起到监督的作用；其三，可以培养人民的政治兴趣，树立民主政治的基础，有助于早日完成地方自治。[1] 施还对县参政会的组织、职权、召集进行了具体设计。

1. 县参政会的组织

（1）参政员的名额。参政员分为甲、乙两种，甲种参政员每区一人。若该县尚未划区，可暂时划全县为若干区。乙种参政员从全县重要文化或经济团体中选出，其名额与各区推出的参政员总名额相等。（2）参政员的产生。甲种参政员由各区甲长联席会议按其本区应出参政员名额加倍提出参政候选人，也就是每区提出参政员候选人两人。乙种参政员由县党政联席会议提出候选人，其名额与各区提出候选人的总名额相等。甲乙两种候选人经提名后，其名单由县政府汇送至县参政员资格审议会，由该会审议并决定最终人选。县参政员资格审议会设委员7—9人，其人选由省党部及省政府双方推出。（3）参政员任期及待遇。县参政员之任期为一年，必要时得延长一年。县参政员为无给职，但得酌给公费。（4）议长、副议长。县参政会设议长、副议长各一人，由县参政员资格审议会在县参政员中指定。

2. 县参政会的职权

施宏勋认为县参政会毕竟不是正式民意机关，且地方自治尚在草创时期，人民能否运用政权还是问题，所以县参政会的职权不宜过大，仅作为民意传达机关和政府咨询机关，以免因权力运用不当，阻碍县长行使职权。县参政会之职权如下：（1）建议县政兴革事项；（2）听取县政府施政报告暨向县政府提出询问案；（3）审议县长交议事项，但县长得不受审议结果之拘束。

3. 县参政会会议的召开

县参政会每三个月开会一次，但经县长、议长或参政员1/4请求，得召开

1　施宏勋：《改进县政机构刍议》，《民意》（汉口）第45期，1938年10月，第9页。

临时会，开会时由议长主持，议长有事时，由副议长主持。议长、副议长俱有事时，由参政员互推一人为临时主席，县长及县政府秘书科长得出席县参政会，临时会亦请县长或秘书科长出席报告或说明。[1]

施氏关于县参政会的这类意见，对于后来成立的县参议会，显然是具有启发和借鉴意义的。

二　关于扩大县职能权限的讨论

自秦以后，中国即实行中央集权。唐藩镇割据以后，中央政府为了防止地方尾大不掉，"把省和县的权，减得很轻，中央的权，扩充得很大，恰好像一个缠脚的女人"。[2] 南京国民政府新县制颁行后，县行政权有所扩大，但行政制度头重脚轻的状况并未根本改变。时人指出："县政府还是一个权小责重，官小事大的机关，做消极的'与民休息'的工作，还勉强可以，要积极的政治进步，根本就不可能！"[3]

县政府权限太小，成为阻碍县政发展的重要因素，一些人因此提出调整省县关系，扩大县政权限。

（一）关于扩大县长职权的意见

不少人认为县长职权太小是县政不能充分发展的重要原因，南京国民政府既以民主自我标榜，就应该按照均权原则，既不偏于中央集权也不偏于地方，实行合理分权，在不抵触中央法规的前提下，酌量扩大县长职权，具体如下。

1. 县长应有呈请变通办理的权力

县政府上级机关有省政府、民政厅、财政厅、教育厅及区行政督察专员公署等，这些机关下达的命令、任务，往往有的互相矛盾，有的要求过于急

1　施宏勋：《改进县政机构刍议》，《民意》（汉口）第 45 期，1938 年 10 月，第 9—10 页。

2　杨露：《中国的根本问题——县政》，《新西康》第 3、4 期合刊，1946 年 4 月，第 47 页。

3　杨露：《中国的根本问题——县政》，《新西康》第 3、4 期合刊，1946 年 4 月，第 47 页。

迫，有的受环境限制难以做到。遇到这种情况，比较负责任的县长据实呈报上级机关，变通办理；不负责任之县长既不呈报实情，又不进行办理，根本置之不理，等到上级机关催促的时候，就以一纸文书敷衍塞责。所以，县组织法中应明文规定"县长遇上级机关令办事项发生困难时，得申叙理由，呈请核准，停止或变通办理；上级之机关须考察事实环境，不得以碍于全盘计划予以驳斥"。[1]

2. 县长应有相当便宜行事的权力

省政府各厅、处对于县政府限制太严，县政府没有丝毫自由决定的权力，致使事无巨细都必须请示。如果遇到需要紧急处理的事项，也要请示后才能实行，结果不免辗转迟缓，贻误事功。所以，应在一定范围内给予县长以便宜行事的权力，这样县长可以比较自由地运用其权力，发挥所长，推进县政。[2]

3. 县长应有自由任用人员的权力

在时人看来，县长综理全县行政，所以对各科科长及其他佐治人员应有自由任用的权力。不过所谓自由任用有一定限度，应依公务员任用法及县行政人员任用条例的规定遴选合格人员呈请核实委用。[3] 其实，就县各科科长的任命来说，县长并非没有权力，而且在事实上有任用私人现象，因此，此建议从扩大县长权力来说有其必要，而就制度的公平性和组织性来说，在人事任用问题上，是必须严格制度化的。

（二）划分省县权限

除扩大县长职权之外，有人提出要对省县权限进行划分。

其一，明确规定哪些事项应该由县办理，由省负责考其成；哪些事项应该呈请省政府办理；哪些事项应该由省县共同办理。权责划分明确，自然可

1　施宏勋：《改进县政机构刍议》，《民意》（汉口）第45期，1938年10月，第9页。

2　施宏勋：《改进县政机构刍议》，《民意》（汉口）第45期，1938年10月，第9页。

3　施宏勋：《改进县政机构刍议》，《民意》（汉口）第45期，1938年10月，第9页。

以避免争权及上下推诿的弊病。

其二，各县应于年前三四个月，拟定本年度的施政方案，呈请省厅核准。如果方案有不完备的，省厅负责补充。如果人力、财力不足，由省补助。省厅对县的监督，即看方案是否执行，对县呈请的批准或驳斥，也以施政方案为根据。

其三，遇有临时事项，可一面呈请，一面去做。如果是小事，仅于事后备案就可以了。县政施行即使有不当的地方，事后可加以督责，不必事事在未做之前就加以限制，使得工作不能顺利开展。[1]

其立意是立足县政，以较完备的制度来保证县政的顺利实施。

三 关于改革人事制度的讨论

有人指出，县政效率低下，人才问题是重要原因，应在人员选任、待遇、工作保障、考核、奖惩、升迁等方面进行改进。

（一）改进人员的选任

中国向来以贤人政治为理想。孔子说："夫政也者，蒲卢也……故为政在人。"[2] 孟子也说："徒善不足以为政，徒法不能以自行。"[3] 到了民国，这种重视"治人"的思想仍极具影响。

天下没有绝对好或坏的行政制度，很大程度上还在于行政人员是否善于运用，民国时期县政腐败，县政制度固然有问题，县吏之得其人与否也是一个原因。在县政人员中，县长尤为重要，"一县政治之得失，完全维系在县长一人的身上"，[4] "有一好县长，即不啻登若干万人于衽席；有一不良之县长，

---

1 参看孚国维《县行政组织革新论》，《新县政研究》，第 19、20 页。

2 （宋）朱熹注《新刊四书五经·四书集注》，第 27 页。

3 万丽华、蓝旭译注《孟子·离娄上》，中华书局 2007 年版，第 145 页。

4 麦赓明：《惩办县长与整顿县政》，《桂潮》第 4 期，1932 年 9 月，第 127 页。

即不啻陷若干万人于水火"。[1]

县政人员至关重要，但其选任却弊端重重。民政厅委任县长，不是根据学识、人品和经验，而是"惟视其所依赖之后台"，县长考试制度徒有虚名。县佐治人员，或者是县长携带的私人，或者是上级请托的关系，"凡此等人，为行政而求官者，百不有一；为做官而求官者，所在皆是"，所以，"见利则争先恐后，遇事则互相推诿"，"县政遂不堪问矣"。[2]

时人提出通过改革选任制度，改善选任方法来革除积弊，选贤任能。

1. 关于慎选县长的认识

其一，要严格考试制度。时人认为委任、荐任容易滋生弊端，任用县长以考试为宜。但自《县长考试暂行条例》颁布后，大多地方"持之不坚，始严终弛"，[3] 甚至举行考试不是为了选拔真正的人才，而是因为各方荐引者甚多，难以应付，不得已而袭考试之名以搪塞，实际上仍开方便之门，任情安插，所以应严格县长考试制度。

其二，县长还应具备下列条件。一是高尚的道德。一县人民的生命财产，虽要靠法律保障，但如果执行法律的县长没有高尚道德，就会利用法律的弹性，做枉法、害民、损公的事。二是广博的知识。世界潮流汹涌澎湃，国际风云变化莫测，做县长的必须具备国际形势、国内大势、本省政情、本县民情等各方面的知识，还须具有军事、外交、司法、理财方面的知识，才能顺应潮流，应付裕如。三是强健的体格。县长负责管理全县的事务，执行各上级机关的命令，有时兼职达二三十个之多，任务相当繁重。在战时，还要承担补充兵员、调剂粮食、组训民众、修筑防御工事等事务，做县长的须具有健强的体格才能胜任。四是丰富的经验。县长推行县政应该知道哪一件事宜

1　张济民：《改良县制与县政》，《自觉》第36、37期合刊，1935年7月，第21页。

2　曾三省：《县政与县长》，《自觉》第36、37期合刊，1935年7月，第4、3、1页。

3　曾三省：《县政与县长》，《自觉》第36、37期合刊，1935年7月，第3页。

急办，哪一件事宜缓办，哪一件事宜先办，哪一件事宜后办。这种权衡轻重缓急的能力，只有从实际工作中才能获得，所以县长应从下层工作做起的人中选任。

其三，县长应具有责任心和创造力。县长作为一县行政首脑，既要对上级机关负责，又要对人民负责，如果缺乏责任心，仅保持位置，不事进取，敷衍上司，愚弄人民，因循苟且，"是一县之治，必为所误"。欲发展县治，县长还必须具有创造力，否则只会因循往例，毫无建树。

其四，县长应具有领导自治能力。在训政时期，县长负有领导自治之责，所以县长必须有领导地方自治的能力。这样宪政才能实现，否则自治基础不稳，人民不知道如何运用政权，不可能达到宪政的目的。

另外，县长还必须服膺领袖，具有爱民的热忱和治民的兴趣。[1]

2. 关于严格选择佐治人员的认识

佐治人员在县政中也十分重要，仅有好的县长，没有好的佐治人员，县政也不能取得优良的政绩。选择佐治人员，首先要建立并严格执行考试制度。其次还要注重德行的考察，否则"未入官门，先营家计"，是不能做好工作的。[2]

（二）改善县政人员待遇及工作保障

1. 关于提高县政人员待遇的认识

中国县吏俸给向来微薄，到了民国时期，这种情况并未改变。20 世纪 30 年代末，各县佐治人员中秘书科科长月薪最高不过 100 元左右，少的甚至只有四五十元，科员和办事员薪水更低，多者四五十元，少者仅二三十元。[3] 县政人员薪水看起来还不算少，但此时因通货膨胀，物价上涨，实际购买力严重下降，一般工薪人员生活普遍困顿，政府维持原工资额固然可以减少财政负

1　吏廉：《县长人选问题之检讨》，《苏衡》第 22 期，1930 年 1 月，第 4—7 页。

2　张济民：《改良县制与县政》，《自觉》第 36、37 期合刊，1935 年 7 月，第 21 页。

3　参看董大闲《论战时县政改革》，《民意》（汉口）第 65 期，1939 年 3 月，第 7 页。

担，但也滋生很多弊端。（1）不专心工作。想使不能仰事俯蓄，甚至无法维持自身温饱的县政人员全心投入工作实非易事。（2）枉法渎职。县政人员妻无衣、子无食，为本能需要所逼，容易起贪污枉法的念头，贪污、受贿、敲诈等种种恶行由此而生。（3）人员流动性过大。县政人员夙夜从公，所得报酬远不如一个商店学徒，因而形成轻官重商，宁为奸商不为贤吏这种不正常的社会心理。于是县政人员改行经商者有之，冒险图利者有之，三月换一工作、五月改一地方者有之，地方行政的推进很受影响。（4）缺乏专才。县政人员待遇菲薄，难以吸引受过专业训练的人员，结果县政各部门工作多由未受专业训练的"特殊幕僚阶级"担任，这些人或为公文老手，但对"专业"则属茫然。长此以往，县政府无法打破"幕僚式"枷锁，"现代化"遥遥无期。使县政人员安心工作，奉公守法，最好的办法就是优其待遇，厚其俸给。[1] 除提高物质待遇外，还要提高县政人员的精神待遇，"为长官者，绝不宜于用待遇仆役或士兵之方式，而施之于县长"。[2] 对工作努力，政绩优良的县长，应给以精神上的奖励，精神上的安慰，"庶几使其兴奋，而不灰心"。[3]

2. 关于加强县政人员工作保障的认识

首先，确定县政人员任期。县政人员没有固定的任期，"久暂去取，每无若何之标准"，[4] 常常出现一年之间数次更换县长的情况，甚至交接尚未完成，县长又已更换。由于任期没有保证，再有才干也无法施展，当县长的"咸怀五日京兆之心，视官署为传舍，贪污作恶，尽力搜刮以去，致人民饱遭其害"。[5] 所以应确定县政人员任期，县政人员只要无重大过失得满任期。

1　参见河南第一区专员王光临《改进地方行政管见——几个有关县政的问题》，《民权政治集刊·地方制度改进专刊》第1期，1943年11月，第105—107页。

2　曾三省：《县政与县长》，《自觉》第36、37期合刊，1935年7月，第5页。

3　吴石仙：《县长与县政》，《地方行政》（福建崇安）第1期，1941年1月，第38页。

4　张济民：《改良县制与县政》，《自觉》第36、37期合刊，1935年7月，第22页。

5　海平：《关于整顿县政的几点意见》，《自觉》第36、37期合刊，1935年7月，第7页。

其次，应保障县政人员的地位。南京国民政府时期，宗族势力相当强大，县长常常受制于地方世家大族。泗溢在《青阳县政一瞥》一文中说："本县县政，向来操在几个巨室的手里，任何县长到任后，非得与他们勾结一气不可。倘若你不与他们勾结，那么，你的官运，充其量也做不到一年半载，结果不是被控，亦是被撵，反之，只要你是一个绅士官，你的官运，包你长发其祥。假若你能帮着他们，拉着几个不合他们意思的或是孝敬不周的老百姓，打他几下板子，替他们露露场面，那么，你的政绩，马上就可以张扬出来；有时还得给你呈请上峰，传令嘉奖。"[1] 在此情况下，"不得罪于巨室"，成为县长为官秘诀。因此，时人认为，应保障县长的地位，绝不可因当地巨室谣言诬告而随意更调，这样县长才可以放手做事，政治风尚也可以因之好转。

（三）对实行考核与奖惩的认识

工作人员的考核奖惩制度，对于促进工作、提高工作效率有着重要作用。南京国民政府虽建立了县政人员考核奖惩制度，但还很不完善。人们对于如何改进考核奖惩进行了探讨，其中何景元的观点较具有代表性。

何景元，浙江金华人。曾任国民党龙泉县党部首任书记长，龙泉县三青团宣传股长等职务，著有时政论文多篇。

他认为考核奖惩制度存在"五不"缺陷。（1）不普遍。考核未被足够重视，有的地方从未实行考核，有的地方考核仅限于科员以上。（2）不按期。既缺乏平时的经常的考核，又不按照规定时期实行考核。（3）不确实。或者只重外表，不重实际；或者笼统评价，填表了事。既没有周密的方法，又没有客观的标准，不肯认真考核、敷衍塞责。（4）不公平。考核者缺乏大公无私的精神，或者仅凭喜怒好恶任意评判，或者党同伐异、怀有成见偏见，或

1　泗溢：《青阳县政一瞥》，《青年评论》第27期，1933年3月，第10页。

者瞻徇被考核人靠山情面，甚至将考核作为猎官晋级的手段。（5）不起作用。或者有考核而无奖惩，或者奖惩不依据考核，或者甚少提拔，因而赏不足以劝善；或者因人事未能统一管理，各机关的考核缺乏联系，狡黠者可以通过变换工作规避惩戒处分，因而罚不足以惩戒。[1]

针对这些问题，何景元提出订立周密的办法与客观的标准，对县政工作人员进行考勤与考绩。考勤主要是考查人员是否按时到公及工作勤惰，并详细记录，分析其迟到、早退、缺席及请假的真实原因，图谋补救方法。他认为，考查工作人员是否按时到公，除签到外，可采取使用公钟警示、职员本人报告、专人负责监察等方式。考查职员之工作勤惰，可采取调查工作数量、预定工作进度并限期完成、缴阅工作日记与工作报告、就地按验等方式。在考绩方面，可参用臆断考绩法、人与人比较法、卡片淘汰法、因素臆断法、因素级评法、图表测度法、浦洛布士考绩法、欧特伟氏考绩法等。考核之后，依据情况对工作人员分别进行奖惩。对工作人员奖惩，以"奖励重于惩戒，教育重于处罚"为一般原则，在人数较少、组织简单的机关中，可以"奖多于惩""明奖暗惩"，而在人数众多组织复杂的机关中，为严明纪律，必须有适度的惩戒。[2]

何氏看到的是具体的考核问题，想消除考核的形式主义的做法，进而收到实效，用意是好的，但真正实行却并不容易。

（四）建议建立明确有效的升迁制度

升迁的机会对于行政人员十分重要，对于机会相对较少的县行政人员来说尤其如此。规范合理的升迁制度对于提高工作人员的积极性有重要作用，

---

[1]　参看何景元《新县制下县政人员之考核与奖惩》，《浙江省地方行政干部训练团团刊》第14、15期合刊，1941年2月，第52—53页。

[2]　何景元：《新县制下县政人员之考核与奖惩》，《浙江省地方行政干部训练团团刊》第14、15期合刊，1941年2月，第53—60页。

反之，则会影响他们的工作积极性。南京国民政府成立后，一直没有建立有效的县政人员的升迁制度，影响了县政的实施。全面抗战后期，有人开始认识到建立升迁办法与制度的重要性。

王光临先后在夏邑、确山、郑县等县任县长多年，深悉县政情形。他认为由于县政人员升迁办法或没有明文规定，或有规定没能认真实行，产生四种不良结果。（1）妨碍进取心与向上心。县政人员到职后经过努力工作，发现没有确定的升迁办法，于是"进取心收起，向上心幻灭"，[1] 抱着多一事不如少一事的思想，不求有功，但求无过。（2）降低工作效率。因升迁办法未定，县政人员普遍缺乏工作兴趣，公事几乎成为"枯燥""乏味"的代名词，他们的兴趣似乎只存在于戏院、酒馆、娼寮、牌场之中。一进公门即心成死灰，工作效率自然也因之降低。（3）造成暮气。只有有了合理的奖励，行政系统中才会有朝气，而升迁就是奖励之一，因升迁办法没有确定，县政人员多颓然观望，半死不活，浑身暮气。（4）埋没人才。县政人员常常困于下层工作，即使有调动，也不过是在类似的工作中往复循环，无出头之日。偶有提升，只是例外的少数，且未必是人才。王光临指出，必须确定升迁办法，才能除去这些弊端。[2]

以上这些关于县政组织机构改革、县职能权限扩大和县人事制度改革的讨论，多是从技术的角度提出的一些具体的改革建议或设想，从根本上说是改良性质的，而就具体的机构和制度来说，这些建议对于县政制度的改革和"修补"，是具有一定的推动作用或启发意义的，而这些历史记录，对于我们进一步了解县政制度及其改革的全貌，是有其历史价值的。

1　王光临：《改进地方行政管见——几个有关县政的问题》，《民权政治集刊·地方制度改进专刊》第1期，1943年11月，第108页。

2　参看王光临《改进地方行政管见——几个有关县政的问题》，《民权政治集刊·地方制度改进专刊》第1期，1943年11月，第107、108、109页。

第三节　南京国民政府时期关于县自治的探讨和设计

地方自治理论是孙中山政治理论的重要组成部分，而县自治无疑是地方自治的基础和中心。彼时，时人围绕县是否为自治单位、县能不能为自治单位、县自治如何推行、县自治与保甲能否相容诸问题，进行了设计、探讨和分析。这些设计、探讨和分析体现了时人对县自治问题的思考和认识水平，在一定程度上深化了前人对县自治的认识，为南京国民政府推行县自治事宜提供了思路，对政府社会治理与制度整合产生了一定的推动和影响。

一　县能否为自治单位？

县自治的相关理论，对南京国民政府来说，关键处在于它是孙中山政治理论的重要组成部分。以孙中山衣钵继承者自居的南京国民政府，不得不考虑县自治如何推进和实施的问题。然而，在南京国民政府成立初期，围绕着能不能以县为自治单位就发生了一场争论。

争论由陈公博在《革命评论》杂志发表的《县自治单位的讨论》一文所引发。陈公博在文中对孙中山有关县自治的设计方案提出了质疑。他认为，在国民党的党纲第三条中，已经包含了关于民生主义和民权主义的设计。但存在这样一个问题："假使县不能成为单位时，则此种设计将永无完成之日，到底县能不能成为自治单位呢？"[1]

陈公博认为彼时县尚不能说是自治单位，因为县缺失相关的制度、经济和政治等方面的基础。一是缺乏制度基础。制度是否确立不能仅根据官样文章来判定，而要看在实际上县有没有预算，如果一个县还没有确立真正的预

1　陈公博：《县自治单位的讨论》，《革命评论》第4期，1928年5月，第20页。

算，甚至全国还没有一个县有真正预算，就不能说制度确立了。二是缺乏经济基础。中国尚是一个农业国，因此各县的经济仍以田赋为中心，但因各县田赋制度没有确定，有田者可能并不纳税，纳税者却不一定有田，因此县的经济基础尚未确立。无经济基础何谈自治？甚至作为行政单位也够不上。三是缺乏政治的基础。现代的国家在政治上，必须使法令深入民众，但中国的现实情况是家族制度阻碍着国家和民众间的联系，在乡村民众只知道有族长和劣绅土豪而不知有国家的情况下，去谈县作为自治单位问题，实在是离事实太远。[1]

在陈公博看来，除县自治缺乏上述基础外，以县为自治单位还面临六个方面的困难。一是尚缺乏造就县长的人才机制，现行的县长考试制度以及行政人员养成所制度还只是表面的安排。二是各省县长在军事时期所养成的由军队的军师部参谋、秘书、副官等来担任的现象，表明县不是省军政当局的施政中心，只是辅助性的甚至只是装饰品。三是由于省财政基础还不稳固，县便成为省财政的筹款机构，导致县域经济的紊乱。四是省当局不顾县财政实际状况，超过县财政能力索取无度。此外，县党部及民众团体的成立，其所需费用使县财政负担进一步加重。五是各县的行政经费，仍是根据国民政府成立前民国五六年的概算，行政经费无法满足形势发展，县政事务无法正常展布与实施。六是由于行政经费不足，于是有了所谓肥缺、瘠缺，大县、小县的分别，"其肥者高卧而取俸外之金钱，其瘠者皇皇终日，希望可以弥缝稍得额外之收入。奔竞之风起，贿赂之事生"。[2]

由于面临这些困难，在陈氏看来，"所谓以县为自治单位，真是二十四史，从何处读起？"他认为，要想使县能够成为自治的单位，就要首先确立和

1　陈公博：《县自治单位的讨论》，《革命评论》第 4 期，1928 年 5 月，第 20—21 页。
2　陈公博：《县自治单位的讨论》，《革命评论》第 4 期，1928 年 5 月，第 21—22 页。

巩固三个基础，"否则无论如何高谈，终还摸不着实际"。[1] 陈公博甚至提出要对国民党对内对外的政纲逐条地加以讨论和阐明，实质上是主张修正孙中山的建国理论。

随后，周谷城、龙鼎和陆几沉等人分别著文，对陈公博的观点进行驳斥。

周谷城在《革命评论》发表了《发展县自治与恢复民众运动》一文。与陈公博的意见不同，周主张通过民众运动来建立县自治基础，从而克服陈公博所说的六种困难。

周谷城一方面承认陈公博所说的缺乏三种基础、存在六种阻碍自治的问题，但另一方面他认为这些问题是可以克服的。他认为自治是另有基础的，其基础就是民众运动。在他看来，制度上、经济上和政治上的基础缺乏，实际上并不影响县作为自治单位，因为通过自治运动，这些基础是可以建设并加以巩固的。[2] 基于此，周谷城认为，县能够而且必须为自治单位，因为旧县署是乡村"封建势力"的最上层建筑，如果不以县为自治单位，乡村自治无论取得多少成绩，都不会有好的结果，因为都会被封建的县政取消。反之，如果以县为自治单位，恰好可以把乡村"封建势力"的最上层建筑旧县政摧毁。

周谷城还认为，陈公博所称的六种困难可以通过民众运动方式与方法解决。对于第一种困难的解决，周氏认为可以通过恢复民众运动的方式，消除土豪劣绅包围县长的现象，进而使县长消除"不得罪于巨室"的观念，县长便可逐渐转变为地方办事的"公仆"。对于第二种困难的解决，周氏认为要消除军人支配县长的现象，一方面需用提高民众的力量，另一方面需提高党权，共同来监督县长。对第三种困难的解决，周氏认为要使省当局不再向县超额

1　陈公博：《县自治单位的讨论》，《革命评论》第4期，1928年5月，第22页。

2　周谷城：《发展县自治与恢复民众运动》，《革命评论》第6期，1928年6月，第15—16页。

度筹款，就需要省政府做到廉洁行政，减去不当财政开支。而要做到这些，就要使党权高于政权，就需要振作革命精神，从而建立起民众基础。对于第四种困难的解决，周氏认为，要消除县长与民众的隔阂，就需要使民众运动发展到相当的程度，使县长与民众进一步合作，以往那种由一方索款的状况可以通过由双方共同协商筹划而得到改革。对于第五、第六种困难的解决，周氏认为，不是因为经费不够用，而是因为没有县自治，完全没有民众监督。

龙鼎赞同周谷城以民众运动力量来建设县自治基础的主张，进而提出特别重要的是农民运动。他认为县行政的对象就是农民，治安、教育、振兴实业、卫生、交通等都是为了农民。[1] 因此，县自治主要就是农民自治，农民运动对于县自治是十分必要和至为重要的。

龙鼎认为，县自治体现了孙中山思想的伟大之处，而在国民党取得了政权以后，县自治如果不能实行，国民党政治生命就会死亡。在国民党执政后，已不存在应不应该把县作自治单位的问题了，而是如何去实施县自治的问题。[2]

对于如何去实施县自治这一问题，龙鼎的办法是通过农民运动，去建立县自治的基础。一是建立自治的制度基础。即建立县预算制度，而县预算要依靠农民参加才能完全确立，因此制度的基础有待农民来建立。二是自治的经济基础。农业时代，县经济收入以田赋为主，要统计耕地、整理赋税，当然需要农民起来。三是政治基础。要建立政治基础，打破国家与人民之间的隔阂，铲除国家与人民之间的障碍物——乡村的封建势力，就需要致力于乡村自治的养成，这尤其离不开农民。

农民要形成有组织的运动才有力量，龙鼎还对农民运动的组织问题及农民运动人才的培养问题提出了自己的见解。对于农民运动的组织，龙氏认为

1　龙鼎：《县自治与农民运动》，《革命评论》第15期，1928年9月，第16页。
2　龙鼎：《县自治与农民运动》，《革命评论》第15期，1928年9月，第15页。

要做四个方面的工作：一是使农民能够认识军阀的罪恶性质，从而协助国民党在军事上铲除军阀这一革命的障碍势力；二是使农民能够认识乡村封建土豪劣绅的罪恶性质，尽力铲除这一势力；三是灌输农民以普通的现代政治知识，使他们能够行使选举、罢免、创制、复决四权；四是要对农村的县情、乡情进行调查统计，这方面的人才要从下层民众中找，不要在学生中找，农民运动的骨干要从农民里边寻。[1]

对于如何训练农民运动的人才，龙鼎还提出了具体的方法。他认为，首先要由各省党部创办一所党务学校，各县举办一所农民运动人员的养成所。关键是养成所的学员，要从农民中选拔略识字的优秀人员充任，训练时间为两三个月，学习科目要简明易懂，学习内容主要为：关于三民主义、国民党纲政策中的农民有关政策、帝国主义、军阀等基本政治常识，关于县党部的区分部如何组织、农民协会如何组织、四权如何运用等组织常识，关于乡村自治之实施、人口与耕地之统计等自治常识。待这些人才训练完成后，回到乡村做实际自治工作，便可奠定县自治的人才基础。

陆几沉也不同意陈公博关于县自治的观点，认为陈提出的问题皆是可以解决的。而他提出的具体办法，就是由政府分发一批乡村政治家到各县去做自治工作。其具体职责主要有：一是办理乡村党务、农民运动以及买卖合作事业；二是训练乡民运用四权；三是参与该乡一切乡政；四是办理乡村教育；五是调查该乡田亩、田赋以及经济状况。他认为，这样做下去不出一年，不仅可以解决长期以来未能解决的田赋问题，还可以确立县自治的基础。[2]　与陈公博把县自治看得过难相比，显然陆氏又把县自治看得过分容易了。

陆氏还从"革命"的角度论述了县自治的实施问题，认为实行县自治是孙中山的革命理想，如果不实行县自治，革命永远不能成功，甚至会走向反

1　龙鼎：《县自治与农民运动》，《革命评论》第 15 期，1928 年 9 月，第 18—19 页。
2　参见陆几沉《我对于县自治的意见》，《革命评论》第 8 期，1928 年 7 月，第 50—51 页。

面。他说："我以为假使县自治不实行，革命永不会成功……现在和过去的各省，如广东等已经脱离了军政时期，但当局仍没有丝毫行县自治的闲心，将来种出反革命的恶果，真不知是'伊于胡底'！"[1] 论者对县自治尽快实施的要求是明显的。

二　必须且只能以县为自治单位？

关于自治的单位是县还是省的问题，孙中山在其《建国大纲》与《地方自治实行法》中有原则性规定，认为"县为自治之单位，省立于中央与县之间，以收联络之效"，[2] "以一县为充分之区域。如不得一县，则联合数乡村，而附有纵横二三十里之田野者，亦可为一试办区域"。[3] 在他的这些表述中，只说到县为自治单位问题，并没有明确说明县以下和县以上是否还是自治单位，而这些问题又都与县自治的关系十分紧密，无法回避，因此对这些问题，时人进行了讨论和分析。

在王维显看来，县之外和县之内均不能有地方自治单位，县为唯一之地方自治单位。这是因为：第一，以县为自治单位系孙中山的遗教及夙愿；第二，这种以国家为主体并受中央指导监督的地方自治单位数不宜过多，区域既不能过大也不宜过小，以县为自治单位最为适宜；第三，较之县之上的省与县之下的乡，县因历史、乡土意识浓厚及政治、社会、经济、文化宗族等诸方面因素，已变成一个不可分割的自然单位。[4]

孔大充的看法与王维显的观点明显不同，在他看来，县为地方自治单位，但并不具有唯一性。根据美、英、法、德诸国的自治情况，其相同处是人口

1　陆几沉：《我对于县自治的意见》，《革命评论》第 8 期，1928 年 7 月，第 49 页。

2　孙中山：《国民政府建国大纲》（1924 年 1 月 23 日），《孙中山全集》第 9 卷，第 128 页。

3　孙中山：《地方自治实行法》（1920 年 3 月 1 日），《孙中山全集》第 5 卷，中华书局 2006 年版，第 220 页。

4　王维显：《论"县为地方自治单位"》，《政治知识》第 1 卷第 9 期，1941 年 11 月，第 6—8 页。

较为密集的地区，便为一个自治单位。根据中国的情况，地方自治单位应该包括省、直隶行政院的市、直隶于省的市、县以及乡镇。其中县为主要的自治单位，乡为基本的自治单位。[1]

抗日战争结束后，在全国人民要求和平建国的呼声中，政治协商会议于1946年1月在重庆召开，会议通过了《宪法草案案》，其中规定省为地方自治的最高单位。这一规定，引起了以县为地方自治单位合适，还是以省为地方自治单位合适的争论。在争论中，一些人主张以县为自治单位，不宜以省为自治单位；另一些人则主张以省为自治单位。

在郑彦棻看来，以省为自治单位合适，他称这"将为我国省制开一新纪元"，实行省自治在政治上不独符合孙中山关于省制的遗教，而且符合现代民主政治的世界潮流，是进步的、合理的。[2]

以省为自治单位的论者和以县为自治单位的论者都有其各自的理据。其中，主张以省为自治单位的根据和理由主要有：一是以县为自治单位则数量过多，国家难以执简驭繁进行监督，因此以省为地方自治单位为宜；二是随着工业化的进步，交通日益发达，人民的活动范围和联系大为扩展，省域范围不再是限制，省可以作为地方自治之单位；三是根据中国区域广阔和民众素养尚缺乏的现实情况，不宜采用直接民主制，而宜采用间接民主制，间接民主制而以省为地方自治单位最为合适；四是随着现代社会的不断发展，以狭小县域为自治单位已无法应付现代政务繁杂、专门行政人员精细化和充足的人力财力等压力和要求，而以省为自治单位最为适合；五是比较世界各国，中国自治单位以省为宜。而主张以县为自治单位论者，

1　孔大充：《中国地方政制导论》，《地方行政》（福建崇安）第 2 期，1941 年 7 月，第 174、175 页。

2　郑彦棻：《省自治的意义和特质》，《中央日报周刊》（南京）第 4 卷第 9 期，1948 年 6 月，第 1 页。郑彦棻（1902—1990），广东顺德人，早年留学法国，1935 年回国任国立中山大学教授兼法学院院长。1939 年进入政界，历任广东省政府委员兼秘书长，国民党中央委员副秘书长、秘书长等职。

也有他们的根据和理由：一是以县为自治单位在政治上是孙中山先生的遗教；二是县制在我国历史悠久，因此县为自治单位最符合我国历史传统，而省域内大都有山水的阻隔，省内的语言习惯也不甚相同，省不适宜作自治单位。三是以县作为自治单位，区域大小最为适宜；四是根据政治学的学者主张，地方自治单位以较小范围为宜，以县为自治单位最符合科学要求；五是如以县作为自治单位，则无地方割据的危害，历史上的"藩镇割据"和北洋时期的军阀尾大不掉的割据现象均是镜鉴，如以省为自治单位难保历史上的割据称雄现象不会重新上演，而以县作为自治单位则无后顾之忧。[1] 以县还是省为自治单位的讨论，在当时既有学理上的不同认识，还有政治观念的分歧。后来和平的形势很快发生逆转，国共内争转入内战，这种讨论很快便被湮没。

三　分歧：保甲与县自治能否相容

1932 年，基于"剿共"的现实需要，鄂豫皖三省"剿匪"总司令部决定在其辖区内实行保甲。其辖区内各省正在举办的地方自治活动因此而停顿。随后，其他一些省份因举办地方自治流于形式、难以有实际成效，便仿效鄂豫皖三省转而举办保甲。1934 年 10 月，国民党中央政治会议认为地方保甲工作关系到地方治安和秩序维护，为地方自治的基础，决定由行政院通令各省市政府提前切实办理，从而确定了优先推行保甲这一原则。

南京国民政府推行保甲制度后，便受到各界批评与质疑。在任和声看来，保甲是官治，不是自治。他认为，从性质上来看，保甲是行政机构的最下层组织，其活动完全是在政府指挥命令下进行的，在法律上无独立的人格，不具有自治性质。从保甲的运用来看，是以完成自卫为目的，其价值多在军事

1　郑拔驾：《地方自治单位研究》，《民意》（福建永安）第 5 卷第 5、6 期合刊，1947 年 4 月，第 5—7 页。

上而少在政治上。从保甲的组织来看，以户为组织单位，而自治是以公民个人为单位，两者是不同的。保甲的办理人员虽得从民众中推选，但最后委任之权则掌控在政府手里，况且在非常时期，保长、联保主任均得由县区指派，不必经过保甲选举，这些都不是自治，官治的色彩极其浓厚。[1]

保甲虽还保留有自治名义，但南京国民政府推行保甲制度的目的，是加强对基层政权的控制，而保甲制度的设计和运行均以政府主导为依归，当然是与自治的基本原则相背离的，任和声批评其官治是有道理的。

也有论者支持实行保甲制度，其根据和理由主要如下。一是保甲制度不是官治，而是适合于中国特殊国情的自治制度。在他们看来，保甲制并不是封建的残余。其他国家的自治以个人为单位，而根据中国的国情，以家庭为单位的保甲自治更适合。该组织更能够将家庭、社会组织与国家政治组织结合在一起。二是根据中国的乡村现实情况，保甲长不能够通过选举产生。针对有人认为甲长应该采用民主选举产生的看法，他们认为在中国这样民众政治素养不高的国家，乡村选举不能解决问题，反而容易被土豪劣绅所操纵。他们主张将大量的知识分子训练后派到各地基层去领导民众，这样效果会更好。[2]

还有论者试图将地方自治和保甲融合起来。针对有人提出以自卫代替自治的观点，陈柏心指出自治与保甲有着本质的不同。一是自治事务中，包括了除国家行政机关职权之外的一切事务，自卫工作只是自治的一项内容，因此自卫无法代替自治。二是办理保甲的目的及功用主要是安定社会秩序，而自治则是让人民参政的地方政府体制变革。三是保甲制是一种应急性的辅佐官治的制度，自治是长久的百年大计，不能以自卫代替自治。解决之道在于将保甲与自治加以调适，容保甲于自治之中，使二者融通为一。具体做法是：

1　任和声：《今后县政底动向》，《新赣南月刊》第 1 卷第 2 期，1940 年 2 月，第 56 页。

2　阮毅成：《保甲与自治》，《民意》（汉口）第 33 期，1938 年 7 月，第 1 页。

以县及乡、镇、村自治组织为主体，在自治组织以下实行保甲，这样不仅自治与保甲都能兼顾并筹，而且不会改变自治组织的系统。[1] 程邻芳的观点与陈柏心类似。他认为，"闾邻和保甲，名称虽不同，而编制则相吻合"；"保甲与自治，实可通力合作，保甲谓为自治之基础可，谓为民众组织方案亦可"。如果将保甲与自治分开，"保甲自为保甲，自治自为自治，编制重复，人力财力亦感不足"。[2]

1947 年 1 月 1 日，国民政府公布了《中华民国宪法》，并没有对保甲存废做出明文规定。于是关于保甲存废的争议再起。主张废除保甲者的理由包括以下三点。一是保甲制度不符合宪法规定。认为宪法所规定的地方制度，只分省、县两级，并未规定县以下的基层保甲制度，如果县以下再有这类基层组织，是与宪法规定相抵触的。二是现在的保甲制度有弊无利，应予废除。三是保甲制度为落后的封建专制时代的产物，是统治者统治人民的工具，与现代的民主政治、自治制度是根本不相容的。[3]

王蔚佐不同意上述观点，他主张保留保甲，其理由如下。一是保甲制度本身与宪法并不相抵触。他认为，虽然宪法对于地方制度只规定了省、县两级，但对县以下的基层组织并无明文的限制，可见县以下如设置保甲这类基层组织，与宪法并不相抵触。二是保甲制度本身并无问题。保甲制度受到批评主要是因为保甲人员不良，保甲制度好坏是另外一回事。制度无绝对的好与坏。应提高保甲人员素质，培养民力，利用保甲制度还自治工作的本来面目。三是保甲制度与自治制度和民主精神在本质上是能够相容的。保甲制度虽然在"封建专制时代"实行过，但国民政府成立后所推行的保甲已与自治

1　陈柏心：《地方自治推行问题》，《地方自治》（南京）第 2 卷第 1、2 期合刊，1936 年 6 月，第 8 页。

2　程邻芳：《对于县市自治法草案之我见》，《地方自治》（南京）第 4 期，1935 年 12 月，第 680、681 页。

3　王蔚佐：《行宪以后保甲制度的存废问题》，《地方自治》（上海）第 2 卷第 2 期，1948 年 2 月，第 10 页。

融为一体，与历史上的"封建专制"保甲制度有着本质的区别。尤其是在抗战时期新县制实施以后，保甲组织完全按照民主、自由的精神加以改造，不存在保甲与自治本质上不能够相容的问题。四是现实需要保留保甲制度。保甲制度是历史上被证明能够有效维持乡村统治秩序的制度，在"行宪"以后，由县立法并执行的事项共有 11 种之多，单靠县级机构来管理是不够的，还要有乡、镇等县以下机构来辅助，而保甲作为这些辅助机构的细胞更是不可废除。[1] 显然，赞同保持保甲的论者虽有理论的论证理由，但更看重的还是现实政治和军事需要，而不是出于推行地方自治的需要。

四　关于如何推行县自治的认识

随着北伐成功、军政时期结束，按照训政纲领，训政时期开始，县自治开始实施。时人开始对县自治实行中的问题展开探讨。

（一）关于县自治推行初期如何实行县政的认识

在自治推行的初始时期，时人对如何推行自治进行了思考和探讨。其中以饶健生的观点较具代表性。饶氏认为以往的地方自治是官僚式、封建式和绅士式的，只是形式上的，没有丝毫的实际效果。在训政时期开始后，应克服以往地方自治中的缺点，以民权和民生主义作为目标，培养人民自治的能力，最终实现现代政治。

在饶健生看来，县自治主要包括以下几个方面：一是训练人民的自治能力。他指出，我国现在国势较弱，其原因固然很多，但人民对国权的麻木无知是其中的重要原因。因此促进民心的觉醒，使之涵养自治之精神，乃是实施地方自治的最大要务。二是普及乡村之教育。真正的县自治，必须以人们受到相当的教育为基础，否则自治亦难以实现。因而，在地方自治开始的时

1　王蔚佐：《行宪以后保甲制度的存废问题》，《地方自治》（上海）第 2 卷第 2 期，1948 年 2 月，第 10—11 页。

候，首先应当普及乡村教育，提高人们的受教育程度。三是要救济乡村失业的游民。应当注意开展失业救济，恢复地方经济，然后才可能完成地方自治。四是运用土地政策解决土地问题。土地是农民的主要生活资料和生产资料，运用土地政策，做好整理耕地、改良土地和对土地进行清丈登记的工作。五是扶持、保障农民的基本生活。地方自治也是以乡村为基础的自治，首先应当重视的就是乡村建设和保障农民的生活。扶植农民要从经济着手，而开展合作事业是唯一的途径。因此在地方自治开始之时，应当积极提倡合作事业，以谋求地方经济的发展。此外，卫生、保安、交通、地方习俗等事项亦为地方自治进行中亟待实施的。[1]

饶氏的设计可以说是孙中山县自治理论之具体化。但是，其设计与孙中山的理论也有差异，如在推行的次序上，孙中山的理论是在清查户口等六项事务完成以后，再发展各项合作事业，饶则主张在训政的初始时期就发展合作事业。在土地政策问题上，孙中山明确提出平均地权，饶则仅仅笼统地说运用土地政策。

（二）县自治推行阶段（20 世纪 30 年代中期）受挫后的反思

1928 年 9 月，南京国民政府颁布《县组织法》，此乃推行县自治的开始。第二年，国民党召开了第三次全国代表大会，宣布军政结束，训政时期开始，并且规定训政期限为 6 年。依照该规定，地方自治要在 1934 年完成。但期限到后，全国 1900 多个县中尚没有一个能够达到孙中山《建国大纲》所规定的自治程度的，县自治实施严重受挫。时人对于县自治的推行进行了反思，并且对推行方案进行了再设计。

陈柏心认为，办理地方自治失败的原因是多方面的，他总结为七个方面的问题：一是社会环境恶劣因素，二是县行政窳败因素，三是经费筹措困难

1　饶健生：《实施县自治之要点》，《大声月刊》第 74 期，1931 年 5 月，第 3—8 页。

因素，四是自治机关事权虚悬因素，五是人民知识薄弱因素，六是立法上之缺陷因素，七是限期实施之流弊。[1] 陈柏心分析的地方自治，主要指的是县自治情况。

在范师任看来，县自治推行之所以受到挫折，不仅由于天灾人祸和内忧外患等外在原因，也不完全在于自治法规不符合实际情况，各省地方当局推行不力亦是重要原因。首先，各省当局对于地方自治缺乏决心与诚意，也缺乏实干的勇气。其次，自治工作人员大多只知刻板地遵守有关法规，缺乏足够的经验与学识，不能够根据各地的实际情况采取符合实际需要的自治推行程序和方式。再次，各级负责推行地方自治的人员，未能真正调动起民众参与地方自治的热情，民众感受不到参加地方自治的必要。[2]

时人在反思的基础上，对县自治的推行进行了再次设计。范师任提出应该从县自治所需政治文化和物质环境改进、自治人才体系培养和训练、自治程序按设计逐步有序推进、具体而详尽的技巧方法等四个方面入手，对改进县自治推行事业进行详尽的设计。

范氏提出了不少有意义的观点，比如县自治应分期进行，并且规定了每一时期的工作内容。在自治实施程序方面，主张先在条件比较好的县开始，待有了成绩再逐渐推广到条件较差的县；县自治推行时间的长短应根据各地的实际情况而定等。必须将地方自治与人民的日常生活融合在一起，使形同虚设的自治机关变为处理人民日常生活的组织机构，并且成为人民行使自治权力的机关。[3] 这些都是具有一定合理性和积极意义的。当然，范的设计也有其局限性，如他将人治转为法治作为县自治之条件。人治转为法治是一个极其复杂问题，需要一个相当漫长的过程，如果以之作为县自治条件，县自治

1　陈柏心：《近六年来之中国地方自治》，《时事月报》第 12 卷第 3 期，1935 年 3 月，第 270—274 页。
2　范师任：《关于县自治的几个根本问题》，《政治月刊》（南京）第 2 卷第 5 期，1935 年 2 月，第 51 页。
3　范师任：《关于县自治的几个根本问题》，《政治月刊》（南京）第 2 卷第 5 期，1935 年 2 月，第 50—62 页。

必将遥遥无期。又比如儿童免费入学，设立乡、镇、区图书馆或阅报室，设立乡、镇、区电影院，创办乡、镇、区自治通俗日报，这些主张显然脱离了当时的社会条件。

（三）抗日战争胜利后对县自治施行方案的再设计

1946年1月1日，国民政府宣布年内召开国民大会，并制定宪法。此后，政治协商会议决定于是年5月5日召开国民大会并制定宪法。宪法制颁在即，但是作为实施宪政的重要条件的县自治尚未完成，时人遂就如何实现县自治展开讨论，其中汪德裕对于县自治的设计颇具建设性。

汪氏在《县自治中心问题之研讨》一文中提出，现行的自治法规虽然有《县各级组织纲要》《地方自治实施方案》《乡镇组织暂行条例》《县市参议员选举条例》《乡镇民代表选举条例》等多种，但尚缺乏对自治中的一些实际问题以及实行方法的详细规定，应当根据实际的需要制定《县自治法》，用以代替原来颁布的《县组织法》，并对县自治中的各项重要问题予以明确规定。他提出如下设计。一是县自治单位内应当采取县、乡（镇）两级制。县与乡（镇）分别在上级政府监督下，在法定范围内处理自治事务。二是划分县、乡（镇）的自治权责。按照孙中山遗训，采用均权制，用列举方法来划分县、乡（镇）的自治事项。按照其设计，县自治包括指导、督促各乡镇办理户籍以及人事登记、整理地籍和规定地价、全县社会福利事业、现代化建设事业、指导推行新生活运动的事项、县公墓的规划设置、县警卫消防、县卫生保健等20项事项。乡镇自治事项应包括办理户籍以及人事登记、办理警卫消防、修理境内道路水利、举办公共造产、办理境内公共卫生、推行新生活运动等9项事项。这些设计面面俱到，具有远景和近景规划结合的味道。三是设立民意机关。汪氏认为，现行的县参议会还不是真正的自治机构，仅是县民意愿机关，而要真正实行县自治，应设立具有全县公民行使政权最高机关性质的县民大会以及县议会。县民大会以及临时县民大会举行时，于各乡镇公所所在地设分会场，由乡镇民代表会主席任会议主席。四是具体设计了县公民行使四权的方式与方法。五是划分县和乡镇财政。[1]

汪德裕的设计有两点值得注意。一是没有像以往那样强调县自治的条件。以往之设计始终没能摆脱孙中山地方自治理论关于地方自治条件的限制，而那些条件在事实上是难以达到的。二是确定自治单位为县乡两级的基本原则，并对县乡权责的划分、民意机关的设立、公民四权的行使、县乡财政的划分进行了十分具体的设计。这些设计既在一定程度上体现了孙中山的民权思想，又能根据实际需要有所变通，既具有较强的实用性，又颇具独见，虽不免有理想成分，但还是很有价值的，还是很值得肯定的。

第四节　南京国民政府时期县政实验模式的理论探讨

县政实验，即县政建设实验，其目的是通过实验找到一个能够推而广之的县政改革或乡村建设的理想模式。当时人们对如何进行县政实验议论颇多，其中以邹平、定县、江宁、兰溪等处最具代表性，形成了各自的一套理论。本节以县政实验的理论为重点，围绕邹平、定县、江宁、兰溪等处的主要理论观点，以及当时人们对各处县政实验理论与实践的批判展开讨论，考察当时人们对于县政实验的认知状况。

一　邹平的实验理论

邹平的县政实验理论主要由梁漱溟等人的乡村建设理论发展而来。梁漱溟等人目睹农村的衰败以及国势的衰弱，思考为何出现以及如何改变这种状

1　汪德裕：《县自治中心问题之研讨》，《胜流》第 4 卷第 12 期，1946 年 12 月，第 313—315 页。

况，逐渐形成了自己的乡村建设理论。其理论主要围绕为何进行和如何进行乡村建设进行构建。

（一）关于为何进行乡村建设问题的认识

梁漱溟认为中国是一个伦理本位、职业分立的社会，这种散漫、消极、和平、无力的社会因缺乏科学技术和团体组织，在遇到个人本位、阶级对立的这种集团的、积极的、斗争的、强有力的西洋社会时便走向失败，旧有社会组织构造也随之崩溃。相沿千年的社会组织构造既已崩溃，而新的社会组织构造又未形成，是中国问题的症结所在。乡村建设运动就是要为中国重建新的社会组织构造的运动。梁漱溟之意，乡村建设运动不是一种简单的建设乡村的运动，而是整个中国社会的建设运动，或者说是建国运动。换句话说，就是通过乡村建设运动建设一种新的社会组织、建设一个新的国家。深受梁漱溟影响的公竹川[1]认为中国既不能走俄国的路，也不能走美国、日本的路，"我们不要阶级斗争，因为中国非阶级统治，斗来斗去没有积极结果"，"我们不要资本主义，因为资本主义是落伍的东西，是制造阶级不平国际大战的根源"。[2]中国应该走自己的道路——乡村建设。乡村建设研究院的重要成员杨效春认为，"今日中国一切问题，都与农村破产问题有关"，"欲得澈底的办法，非从乡村建设着手不可"。[3]

（二）如何进行乡村建设的认识

梁漱溟主张构造新的社会组织结构应遵循如下原则。

第一，靠礼俗形成。梁漱溟认为建设一个新的社会组织构造就是建设新的礼俗。因为中国社会与西洋社会不同，西洋社会秩序靠法律来维持，而过

---

1 公竹川，原名公懋淇，山东蒙阴县人，在第一次国共合作时期曾经参加中国共产党，后因国民党"清党"和托派纷争脱离中共。1931年春考入山东乡村建设研究院，成为梁漱溟的忠实追随者。

2 公竹川：《我们不要阶级斗争也不要阶级制造》，《乡村运动周刊》第7期，1937年5月，第1页。

3 杨效春演讲，周智记录《中国前途与乡村建设》，《中华季刊》（武昌）第2卷第1期，1932年11月，第1、4页。

去中国的社会秩序主要是靠礼俗来维持的，所以将来中国的新社会组织仍然需要靠礼俗，完全不能靠上面颁行法律来形成。新礼俗的开发与培养成功，也就是新的社会组织的开发与培养成功。

第二，中西沟通调和。所谓新礼俗是什么呢？一言以蔽之，"就是中国固有精神与西洋文化的长处，二者为具体事实的沟通调和"。[1] 具体来说就是在中国原有的父子、君臣、夫妇、朋友、兄弟此五伦之外，再加上团体对分子、分子对团体这一伦。这一个组织是一个伦理情谊的组织，而以人生向上为前进的目标，以中国固有的精神（理性）为主而又吸收了西洋人的长处的新的社会组织。

第三，从理性上建造。梁漱溟认为，"一般的社会秩序，每是少数人造成，少数维持之"，"因为是少数人造成秩序，少数人去维持，则天然地要用强制力方可收效；这是非理性的"。中国将来的秩序，"是大家慢慢磋商出来的，是从理性上慢慢建造成的一个秩序，仿佛是社会自有的一种秩序，而非从外面强加上去的"。[2]

第四，由乡村入手。梁漱溟主张由乡村入手，主要有三个理由。其一，"中国这个国家，仿佛是集家而成乡，集乡而成国"，"若组织家则嫌范围太小，但一上来就组织国，又未免范围太大；所以乡是一个最适当的范围"。其二，这个新组织"是要每一个分子对于团体生活都会有力的参加，大家都是自动的，靠多数人的力量组织而成；那末，为团体主体的多数人既都在乡村，所以你要启发他自动的力量，启发主体力量，只有从乡村作工夫"。其三，中国的经济建设必从复兴农村入手，决定了"现在我们的新机构是要从农村开端倪，从乡村生长苗芽"。[3] 梁漱溟认为中国不仅过去未能，而且将来也永不

1　梁漱溟：《乡村建设理论讲演录》，中国文化书院学术委员会编《梁漱溟全集》第 2 卷，山东人民出版社 1990 年版，第 278 页。

2　梁漱溟：《乡村建设理论讲演录》，中国文化书院学术委员会编《梁漱溟全集》第 2 卷，第 312、313 页。

3　梁漱溟：《乡村建设理论讲演录》，中国文化书院学术委员会编《梁漱溟全集》第 2 卷，第 313 页。

能像日本那样走上近代资本主义的道路，只能走农业引发工业的道路。理由有三。一是近代资本主义的道路，今天已经过时；人类历史到现在已步入了反资本主义的阶段，因此不能再走此路。二是近代工商业道路是私人各自营谋而不相顾的，不符合现在国家统制、计划经济的趋势。在如今国际间盛行倾销政策的情况下，所受威胁太大，也无发展的余地。三是中国没有近代工商业发展所需要的政治环境，所以不能走此路。[1] 邹平乡村建设实验之所以主张从乡村着手还有一个重要原因，那就是他们反对通过革命解决中国的社会问题。虽然"机械的、暴力的、阶级专政的革命是快捷的、省事的"，乡村建设"是迂缓的，是费力的，是在探索创造而无前例的"，但"中国历史演变到今天，散乱的社会，法国式的革命，俄国式的革命均不能有真正成功"，只有从社会方面、乡村方面下功夫。[2]

梁漱溟提出通过对宋朝时"乡约"的补充改造来构造新的社会组织构造。补充改造之点包括如下几点。其一，"把消极的相顾恤，变为积极的有所进行"。[3] 就是不等患难来了再去相恤，而是要进一步来做。譬如贫乏问题，不单是周济贫乏，更要积极地使其不贫乏。其二，注重志气的提振。秩序的建立不外靠强力与理性二者互相维持，而强力和理性这两个东西是彼此冲突的。如果借重强力，就破坏了理性；当真要靠理性的时候，就需要拒绝强力。当真要用理性来建立社会秩序的时候，那么这个维持社会秩序的力量不是在外而是在内，不在于人而在于己，所以这个时候，如何能够使理性得以伸张、发挥、开启，是非常必要的。这种理性的开启、伸张、发挥，主要靠人们志气的提振。其三，要联络外面。梁漱溟说，"我们的乡约非只一乡之约，不是一乡之人能共勉于为善就行了。我们是要往外去，与外边的远近各地联络"，"因为我们是要改造社

1　梁漱溟：《乡村建设理论》，中国文化书院学术委员会编《梁漱溟全集》第 2 卷，第 157 页。

2　公竹川：《乡村运动是中国民族的一幕悲剧》，《乡村运动周刊》第 8 期，1937 年 5 月，第 1 页。

3　梁漱溟：《乡村建设理论讲演录》，中国文化书院学术委员会编《梁漱溟全集》第 2 卷，第 331 页。

会，创造新文化，不是单为个人的善。单为个人的善不必如此；若要改造社会，则我们自己改造不了，非联络不可"。[1] 其四，不可以借助政治力量来推行。梁漱溟认为，乡约组织不可以借政治的力量来推行，"至少他是私人的提倡或社会团体的提倡，以社会运动的方式来推行，政府只能站在一个不妨碍或间接帮助的地位，必不可以政府的力量来推行"。[2] 因为乡约需要志愿，而不能用强制。用官府的力量就是强制，强制则使乡约成为假的，沦为官样文章而真义已失。在梁漱溟等人看来，使用政治力量是弊大于利，"从政治入手，是有利也有弊，不过利终抵不过弊。利呢？是易于推行法令；弊呢？是人民没有自动"。[3]

梁漱溟理想中的社会组织是乡农学校——一种"推进社会""组织乡村"，寓有自治之意的教育机关。[4] 最初的乡农学校由校董事会、校长、教员、乡民（学生）四部分构成。具体地说，在一百五六十户至三四百户的范围内，先成立校董会。校董会成员都是当地的领袖人物，校长从校董会中推出，主持教育。教员可以从外边去聘请。学生即本地农民。[5]

邹平成为实验县后，梁漱溟对乡村组织进行了进一步设计，新的乡村组织虽沿用了乡农学校的名称，但其实质内容已发生很大变化。这个组织由乡长、乡农学校、乡公所、总干事、乡民会议几个部分组成。乡长由原乡农学校校长发展而来，掌教训而负行政责任。乡农学校由原乡农学校发展而来，负责"推动设计"。乡公所为原乡校董事会，负责行政事务。总干事由原乡校董事会常务董事演变而来，为事务领袖，相当于行政上的乡长。乡民会议，由原乡农学校全体学众组成，为立法机关。[6]

1　梁漱溟：《乡村建设理论讲演录》，中国文化书院学术委员会编《梁漱溟全集》第 2 卷，第 333 页。

2　梁漱溟：《乡村建设理论讲演录》，中国文化书院学术委员会编《梁漱溟全集》第 2 卷，第 334 页。

3　王伯平：《邹平实验县概况（续第四期）》，《复兴月刊》第 2 卷第 5 期，1934 年 12 月，第 5 页。

4　张石方、张晶波、石卓五：《邹平乡学概述》，《乡村建设》第 5 卷第 4 期，1935 年 9 月，第 1 页。

5　梁漱溟：《乡村建设理论讲演录》，中国文化书院学术委员会编《梁漱溟全集》第 2 卷，第 347 页。

6　梁漱溟：《乡村建设理论讲演录》，中国文化书院学术委员会编《梁漱溟全集》第 2 卷，第 360 页。

邹平的理想是"政""教""富""卫"合一，就是将行政机关教育机关化，用村学代替村公所，用乡学代替区公所，形成县政府、乡学、村学三级自治机关系统。乡学、村学一方面是乡村自治机关，一方面也是乡村教育机关。除此之外，乡学、村学还通过推广农作物优良品种及提倡组织各种合作社以发展乡村经济，并教育训练农民以养成民众武力，平时自卫，一旦国家有事，即可作为国家后盾。

梁漱溟等人看到了中国农村社会的落后无序，希望构造一种新的先进而有序的社会，认识到新的社会应处理好传统与现代、西洋与中国、国家与社会的关系，这些是值得肯定的。但其理论的设计有如下缺陷。（1）过于偏重中国传统，带有很强的复古倾向。（2）过于强调社会的自我构造，排斥政治力量，将社会构造与政治力量置于对立地位。他没有认识到，伦理关系是中国传统，国家政治力量强大又何尝不是国之传统呢？将国家政治力量排斥在外去构造社会的想法是偏颇和不切实际的。（3）机械地认为中国必须走农业引发工业的道路，没有考虑到农业发展和工业发展可以并行，互相促进。

二　定县的实验理论

定县的县政实验理论来源于以晏阳初为首的中华平民教育促进会（简称"平教会"）的乡村建设理论。平教会初以"除文盲，作新民"为宗旨开展平民教育运动，后来认识到中国的平民教育重点在农民的教育，设立了乡村教育部，并选择河北定县作为平民教育的实验试点，逐渐发展起一套认识和改造中国社会的完整理论。

（一）乡村改造问题的症结——愚、穷、弱、私

晏阳初认为，中国农村的基本问题有四：愚、穷、弱、私。愚主要是指大多数中国农民缺乏知识，有的甚至目不识丁；穷主要是指大多数中国农民

处在饥饿的边缘，甚至在生与死的夹缝中痛苦地挣扎；弱主要是指大多数中国农民是病夫，身体状况差，"一年之中，不应该死而死的人，仅就经济的损失，就要好几千万"；"私也可以说是'散'，中国四万万人，便是一盘散沙，各顾各的毫无集团生活，毫无团结力量"。[1] 在认定乡村四大基本问题的基础上，晏阳初提出了解决问题的方法，那就是用文艺教育攻愚，以培养农民的知识力；用生计教育攻穷，以培养农民的生产力；用卫生教育攻弱，以培养农民的强健力；用公民教育攻私，以培养农民的团结力。希望"人人都是富有知识力，生产力，强健力，讲团结力的新民"。实施的方式有三种："一种是学校式的：实施以文字教育为主。注重于工具知识之传授与基本训练，注重在个人的教学；二是社会式的：实施以讲解表演及其他直观与直感教育的方法为主，注重团体的共同教学；三是家庭式的：此种方式为中国特殊而必须的一种方式，家庭在中国社会结构上占有特殊的地位，欲改善中国的生活方式，必须从家庭做起。"[2]

（二）乡村建设的使命——民族再造

与邹平一样，平教会所开展的运动虽名为乡村建设运动，但其目标并不局限于乡村建设，他们最终的目标是实现民族的再造。晏阳初在《农村运动的使命》一文中指出，因为"中国今日的生死问题，不是别的，是民族衰老，民族堕落，民族涣散，根本是'人'的问题，是构成中国的主人，害了几千年积累而成的很复杂的病，而且病至垂危，有无起死回生的方药的问题……对于民族的衰老，要培养它的新生命；对于民族的堕落，要振拔它的新人格；对于民族的涣散，要促成它的新团结和新组织。所以说中国的农村运动，担

1　晏阳初：《中华平民教育促进会工作的演进》，宋恩荣主编《晏阳初全集》第1卷，第433页。

2　陈筑山演讲，徐兴五记录《定县之工作报告与参观无锡邹平之感想》，《乡村建设》第2卷第16期，1933年1月，第12页。

负着'民族再造'的使命"。[1] 陈筑山也说："今日中国的一个大问题，就是我们都站在死亡线上。"乡村建设就是为解决民族问题应运而生的。陈筑山认为乡村建设的使命有三：培养民力，救老、救死，以及改造基本政治。[2]

如何实现民族再造的使命呢？晏阳初认为，最有效力的方法莫若"教育"。而这种教育既不是中国式的古董教育，也不能是西洋式的舶来教育，而是"实验的改造民族生活的教育"。因为"中国式的古董教育，与民族生活不相干，只能造成三家村的乡学究；西洋式的舶来教育，与民族生活不相应，只能造成外国货的消费人。只有实验的改造民族生活的教育，才能造成国家中兴发强刚毅有作为有创造的民族"。为什么叫"改造民族生活的教育"呢？晏阳初解释说："这种教育，以培养民族的新生命，振拔民族的新人格，促进民族的新团结新组织为目标；以适应实际生活，改良实际生活，创造实际生活为内容。前者'教育即生命'，使接受这种教育的人，自己决心要改造他的身心，来发扬民族的精神；后者'教育即生活'，使接受这种教育的人，自己决心要改造他的生活，来适应民族的生存——所以叫做改造民族生活的教育。"为什么叫"实验的改造民族生活的教育"呢？晏阳初进一步解释说："要实现上段所说的'教育即生命'和'教育即生活'的两个原则，绝不是在书本上言语上的教育可以做得到的，教者和学者，都要在实际生活上去实地历练才成……所以叫做实验的改造民族的教育。"[3]

（三）"调查研究—研究实验—表证推广"的实践模式

平教会为进行"实验的改造民族的生活的教育"，实现"民族再造"，设计了一个"调查研究—研究实验—表证推广"的实践模式。

该模式的第一步是社会调查。平教会十分重视社会调查。李景汉在《定

1　晏阳初：《农村运动的使命》，宋恩荣主编《晏阳初全集》第 1 卷，第 294 页。

2　陈筑山：《从县政建设的使命说到定县的县政》，《民间》（北平）第 2 卷第 11 期，1935 年 10 月，第 3 页。

3　晏阳初：《农村运动的使命》，宋恩荣主编《晏阳初全集》第 1 卷，第 297、298 页。

县社会概况调查·序言》中指出："平民教育工作既是以实际生活为研究的对象，就必须到民间来实地工作，在实际生活里研究实验，在民间生活里找出生活的缺憾，寻求具体的方案。具体的方案必须以事实为根据，而事实的根据必须以实地社会调查的结果为材料。否则拟定的方案不能与社会的情形适合，就不能对于人民的生活上行为上发生若何影响，易犯药不对症或削足适履之病。"[1]

该模式的第二步是研究实验。在深入调查的基础上，平教会的晏阳初等人开始将工作转入乡村建设的第二步——研究实验阶段。1929 年秋，平教会总会机关由北平迁至河北定县县城。平教会之所以选择定县作为乡村建设的实验区，是因为"县内的农民生活，乡村组织，农业等情形可以相当地代表中国的农村社会，尤其是华北的各县情形，也可以大致说明全国农村社会的缩影"。[2]

该模式的第三步是表证推广。所谓表证推广，即将实验所取得的经验和成果用表证的方法推广至全国的广大乡村。平教会在定县设置实验区，并不仅仅是为了把定县建设好，而是把定县当作一个实验室，要找出一套以县为单位的教育与建设的原则、方法、技术与制度，然后推广到各县。

（四）政治与学术相结合

平教会在《六年计划大纲》中明确规定：乡村建设"纯粹为'社会的'，'教育的'，'学术的'，由下而上的——与政治尽量合作，而不倚赖政治"。[3]平教会的重要成员陈筑山在和李天民等人谈话时曾言："江宁的地方财政，过去因为土劣的把持，每年只收二三十万元，经县府整理后，每年增收至八九十万，但我们并不希望像江宁，我们不主张用政治力量，主张用学术力量。"[4]

1　李景汉编著《定县社会概况调查》，上海人民出版社 2005 年版，第 13 页。

2　李景汉编著《定县社会概况调查》，第 15 页。

3　李景汉编著《定县社会概况调查》，第 766 页。

4　李天民：《实验县的展望》，《国闻周报》第 12 卷第 25 期，1935 年 10 月，第 4 页。

可见，定县虽不像邹平那样排斥政治，但为保持乡村建设的独立性，还是对之怀有高度警惕，与之保持相当的距离的。

河北县政建设研究院与定县县政建设实验县成立后，平教会在定县的实验便进入了县政建设实验的阶段，平教会开始调整与政治的关系，提出"政治与学术结合""政教合一"。对于平民教育为什么要与政治结合，晏阳初曾解释说："我们以定县为实验区，最初仅站在学术及私人团体的立场去研究实验，以期改进整个的农村生活，从工作中找教育的内容。但是根据我们在定县工作数年的经验，似乎感到有一种必要：就是由学术的立场去建设乡村，是由下而上的工作，是基础实验的工作，即以学术的立场去找教育的内容，建设的方案，当然是可以的，不过如欲将研究所得的推广出去，则非借政府的力量，政治的机构不可。因为不利用政治，则一方面地方政府在那里剥削农民，另一方面我们帮助农民加增生产，改良品种或组织合作增加他们的收益。可是这种收益有限，而地方政府的剥削则无穷。所以从消极方面说，如单以县为单位而帮助农民，救济农村，则非改革政治不可；从积极方面，要把我们研究实验的成果——教育的内容及农村建设的方案——推到民间去，亦非利用政治机构不可。研究与实施根本上是相异的，我们感觉学术与政治打成一片，然后实施才可以行得通。政治须学术化，学术要实验化。如单单研究，做几本研究的报告，则无须要政治的力量，倘要把研究的结果，施行于民间，使成为民间生活的改造，民间生活整个的一套要素，则非借政治的力量不可。"[1]

晏阳初认为乡村建设的问题是根本没有"好的机器"——政治机构不良，所以必须改革县政，使专事收税的政治机关转为实施平教、建设农村的机构。为此，平教会开始研究如下问题：（1）如何转变现在的政治机构为服务民众施行农村建设方案的机关；（2）如何利用实施农村建设的机关与人

---

[1]　晏阳初讲，宋延栋、丛光祖笔记《平民教育促进会工作演进的几个阶段——晏阳初先生在无锡江苏省立教育学院讲演》，《民间》（北平）第 2 卷第 12 期，1935 年 10 月，第 3 页。

才；（3）如何训练技术人员，运用县政权的力量从事改良生产、农业经济以及文化教育等事项。改革之后，还需要训练能运用这机器的人员。"学术是政治的材料，政治是学术的辅导，两者相辅而成，相依为命。政治由学术为根据，学术因政治力量而推动，这样才可以打成一片。"平教会工作的目的由研究乡村建设实验转为"研究学术与政治的合流，希望产生一套改造民族生活的方案贡献给国家"。[1]

平教会之所以改变原来的立场是因为如不用政治的力量，平教会的研究成果推行很难达到效果。对此，李天民在文章中明确指出，平教会的研究成果"各地采用还多，却不一定先实行于定县，这就是由于平教会没有政治的力量"。[2]面对现实困境，晏阳初等人开始修改理论，提出进行县政建设，就要使政治完全学术化，使学术与政治二者打成一片。

定县的实验理论总体上是与邹平相近的，也是从民族复兴着眼、从乡村建设着手，侧重社会，主张依靠社会力量由下而上地进行社会改造的实验。但二者之间也有一些差异，如在如何进行乡村建设方面，定县以教育为中心，邹平则注重于伦理、情谊基础上的人格感化；在与政治的关系上，邹平始终坚决反对使用政治力量，而定县一开始就不完全排斥政治力量，后来更是提出了"政教合一"。

三　江宁、兰溪的实验主张

（一）江宁、兰溪两实验县的设立

江宁和兰溪两个实验县是根据蒋介石指令，按照中央政治学校拟具的组织条例和实验计划先后设立的。

1　晏阳初讲，宋延栋、丛光祖笔记《平民教育促进会工作演进的几个阶段——晏阳初先生在无锡江苏省立教育学院讲演》，《民间》（北平）第2卷第12期，1935年10月，第3—4页。

2　李天民：《实验县的展望》，《国闻周报》第12卷第25期，1935年1月，第4页。

1933 年 7 月，江宁实验县成立。关于江宁实验县设立的经过，南京国民政府内政部文件中解释说："该省在未奉部颁县政建设实验区办法以前，于二十二年六月间即奉军事委员会蒋委员长所发中政校拟具之江宁县政设计委员会组织条例及实验县计划，七月间省府第五○九次会议，即有以江宁为自治实验县之决议，同时聘定委员，设立县政委员会，推荐县长，实验县于焉成立。"[1] 8 月，浙江省兰溪县奉蒋介石命令，"依照江宁县成规，以兰溪为自治实验县"。[2]

蒋介石为什么对县政实验如此热心？据胡次威说："中央政治学校校长蒋中正先生，深知我国现行县地方行政制度以及各种法律规章不合时宜，要想改变办法试验一下，于是接连的找了两个实验的地方——便是江宁和兰溪。"[3] 显然，蒋介石看到了当时县政制度与实际不相适应的问题。

关于为什么设立实验县，李宗黄的解释是："自从中国国民党统一全国以后，因为有许多问题尚未澈底解决，在政治上不能用全副精力实行本党主义，最近本党已逐渐将国内障碍铲除，正好借此机会探求政治的改进，推行本党主义，所以中央方面由蒋先生发起……在江宁县设立实验县政府，其设立目的，乃在完全推行三民主义及总理的遗教学说和政纲政策。"[4]

由此可见，江宁和兰溪实验县是完全按照国民政府高层意图，依靠政权力量自上而下设立的，意在通过实验，重点改革不符合国民党统治需要的地方行政制度以及各种规程，然后将改进后的县地方行政制度及规程推广到全国，虽然名义上为了实现地方自治，但其根本目的在于加强对地方的控制。

（二）实验的范围、使命和目的

江宁、兰溪两实验县是按照国民党高层意图设立的，因而也是完全站在

1　《江宁实验县成立之经过》，《县政建设实验区资料汇要》（上），南京市行政讲习所 1935 年编印，第184 页。

2　《兰溪实验县设立之经过》，《县政建设实验区资料汇要》（上），第 186—187 页。

3　胡长清：《什么叫做实验县》，《时代公论》第 140 号，1934 年 11 月，第 8 页。胡次威又名胡长清。

4　李宗黄：《考察邹平、青岛、定县后的感想》，《众志月刊》第 1 卷第 3 期，1934 年 6 月，第 39 页。

官方的立场上进行实验的。

关于实验的范围，胡次威认为："一切的实验，只应为方法的实验，而不应为主义的实验；因为在中国国民党所领导的国民政府之下，除了总统［理］所手创的三民主义之外，不容许更有什么主义，甚且进一步而为这种主义的实验。"[1] 兰溪的实验也是按照这个方针去做的。兰溪实验县县政府章程规定："实验县政府受省政府及主管厅处之监督指挥，处理全县行政事务，并督促推进地方自治事务。"[2]

关于实验的使命，在江宁实验县县长梅思平看来："一、是制度上的实验，研究县的制度，如何最适宜？二、是政策上的实验，研究县政的推行，其先后缓急的程序，如何最合理？实验县要达到这两项实验的使命，他本身的设立，才有意义。"[3]

关于实验的目的，胡次威说："一是实验改制后的县地方行政制度是不是较合于目前我国一般地方政治环境的需要。二是实事求是，忠实的执行中央及省政府的法律和命令，如有干不通的地方，则呈请中央或者省政府予以通融或修正。"[4] 胡次威认为，由于中央及省政府的法律和命令没有得到忠实地执行，所以无法知道这些政策和法律是否可行，兰溪实验县就是要忠实执行中央及省政府的法律和命令，发现法律和政策存在的问题，为中央及省政府修正法律和政策提供依据。

（三）实验原则、步骤

在实验的原则上，与定县、邹平的做法相反，江宁、兰溪主张不与社会

1　胡次威：《兰溪县政实验的理论与实际》，《东南日报》1935 年元旦特刊《东南大观》，第 96 页。

2　《浙江兰溪实验县县政府章程》，刘振东主编《县政资料汇编》第 5 册，中央政治学校研究部 1939 年版，第 805 页。

3　梅思平：《江宁实验县两年来的经验与感想——在苏省党政联合纪念周报告》，《苏声周刊》第 2 卷第 2 期，1935 年 2 月，第 45 页。

4　胡长清：《什么叫做实验县》，《时代公论》第 140 号，1934 年 11 月，第 8 页。

运动发生关系，他们"用政府的力量去推动乡村，而不是用社会的力量去促进乡村组织"，因为他们认为，"用社会运动的方式，或者从精神方面去训练民众，都来不及，所以用政府的力量，一边作事，一边造人"。[1] 兰溪实验的第一步是整顿公安。认为如果地方治安无法维持，则一切建设均将无从着手。第二步是整顿财政。整顿财政就要整理田赋，整理田赋就要清查土地，因为一个县财政的主要来源是田赋，田赋征收的依据是土地，如果地籍不明，整理田赋绝难奏效。财政整理有了把握以后便是建设，建设有了基础以后便是教育。兰溪之所以把教育放在建设之后，是因为在他们看来富然后才能教，如果只管扫除文盲而不先改善整个的社会生活，尤其是经济生活，其结果不但徒劳无功，甚至会加重社会问题。兰溪县实验的主持者胡次威认为，"公安既无问题，财政有了办法，建设已立根基，教育又收了相当的效果，然后才是人民行使四权，实行地方自治。实验大业，于是完成"。[2]

四　对邹平、定县的批判

邹平、定县经过探索形成了各自的一套完整的实验理论。时人在肯定其探索的同时，也对其理论提出了一些质疑和批评。

张炳钧对江宁、兰溪、邹平、定县等实验县进行了介绍和比较。他虽然对定县、邹平实验县的乡村建设运动者能够深入乡间表示敬仰，但认为通过乡村建设解决农村问题的想法只不过是一种"新的乌托邦"，因为"二十世纪的中国，已然是'世界的中国'了，中国任何一县或一地域的企图谋'一套''新村'式的建设，是绝不可能的事"。[3]

张炳钧认为定县、邹平存在共同的缺陷。第一，对于中国社会问题的观察，

1　梅思平：《中国五个实验县的比较》，《乡村建设》第 4 卷第 12 期，1934 年 11 月，第 10 页。

2　胡次威：《兰溪县政实验的理论与实际》，《东南日报》1935 年元旦特刊《东南大观》，第 96 页。

3　张炳钧：《五个实验县的介绍与批判》，《众志月刊》第 3 卷第 2 期，1935 年 5 月，第 26 页。

没有抓住根本问题。定县平教会把愚、穷、弱、私当作农村基本问题，只是看到了中国社会的表面现象，以四大教育来救治四大病象，只能头痛医头，脚痛医脚。梁漱溟关于乡村建设的观点，"虽似新鲜，若剥去了外皮，也不过是我们孔老先生的'王道'学说之重光而已"。在张炳钧看来，"中国病根的造成，主要的是由于外来的国际帝国主义的侵略，与内在的封建残余势力的存在"，"不从根本上着想，谋根本的解决，即或有点滴的实验的成绩，整个民族经济破产的浪潮，也势必将这点滴的成绩冲毁"。第二，忽视了中国经济与世界经济的联系。张炳钧认为，"现在的中国已不是一个自足自给的经济，每一农产物的产销，都受到世界市场的支配和影响，在一个外货可以任意倾销，市场毫无保障的所在，提倡家庭工业已不是一个简单的'生计教育'所能解决的了"。张炳钧还对梁漱溟"振兴农业以引发工业"的经济建设理想进行了批评。他认为因为梁漱溟提倡乡村建设，便无处不从乡村着眼，并力图维持发展旧有的机构，于是就基于"农本论"的观点，企图以农业的振兴引发工业的发展，这是把中国当作一个闭关自守的国家，殊不知中国已是世界各国中的一员，并且在国际竞争的关系上已丧失了独立自主的地位。因为受不平等条约的束缚，失去了关税屏障，不仅各国的工业品可以在中国倾销，就是农业产品也大量地在中国倾销。即使以发展农业论，也绝不是再用原始的经营方式，而必须使用新的科学方法，使用先进工具，实行电气化，采取集团的大规模耕作方式。总之，农业的工业化才是必由之路。第三，忽视了社会改造与中国革命的联系。张炳钧认为，在帝国主义与封建势力重重的压迫下，乡村建设运动绝对不容易顺利进行。所以应以反对帝国主义和铲除封建主义为初步的工作，至少也应该双管齐下，一边进行乡村建设一边"反对封建主义，铲除封建主义"。乡村建设运动者"应有反帝铲封，改造现在社会制度的基本认识，并将此基本认识，灌注到全部工作过程中，而后才有远大的前途"。[1]

---

[1]　张炳钧：《五个实验县的介绍与批判》，《众志月刊》第 3 卷第 2 期，1935 年 5 月，第 26、27 页。

除此之外，张炳钧还对平教会的"教育万能论"和梁漱溟的"人格感化论"进行了批评。张氏指出，"定县识字的人多起来了，但说空话在地方上争权夺利的人也多起来了，而无补于定县的农村破产，无补于定县农民大量的离村——甚至大量的奔赴东北"，"社会条件不改造，只凭教育是无济于事的"。他认为，邹平想通过人格感化建设"出入相友，守望相助，疾病相扶持"的社会，"含有人类一体之情的社会"是根本行不通的。在帝国主义和封建主义的剥削和压迫之下，广大民众处于饥饿状态，在此状况之下，说教式的人格感化，"充其量也只是有宗教式的麻醉作用，所谓人类一体，是无从寻觅的"，梁漱溟的那一套"不过是'秀才造反'的'土八股'而已"。[1] 张炳钧认为，"平教会（当然也适用于邹平——引者注）的一套能否为实现三民主义之路，终成疑问"。他主张："中央政府对全国的县政建设实验，应有全盘的一贯筹划；对各地乡建运动也应有相当的统制作用；因为这是要在社会上发生或大或小的实际影响的，不同于空泛的学术思想的倡导。""各地乡建运动者，不必过分的自负，与其自造一套建设新村式的理论，莫若以三民主义的国家建设为鹄的，以'建国大纲'、'地方自治开始实行法'中所罗列的事项与步骤为标准，以在实际工作过程中为方法技术的发现，或可更有利于整个民族国家的建设。"[2] 这种看法，颇有站在国民政府角度立论的意味。

1934 年，国民党中央委员、江宁县党务指导委员会主任委员李宗黄在考察邹平、定县等地后，对邹平和定县提出了"建议"。他对邹平"贡献"的意见如下。第一，乡村建设理论之出发点如何？其归宿何在？其理论系主义抑是方法？第二，乡村建设的事业，应少谈理论，多做事业。第三，该实验区系和平建设而非革命建设，工作当有一定范围，希望不要超乎中国国民党的主义和国家的法令。同时希望他们少创些名词，如称县政为村治，中学为县

1　张炳钧：《五个实验县的介绍与批判》，《众志月刊》第 3 卷第 2 期，1935 年 5 月，第 28 页。
2　张炳钧：《五个实验县的介绍与批判》，《众志月刊》第 3 卷第 2 期，1935 年 5 月，第 29、30 页。

学，高小为乡学，初小为村学，监察委员为学长，村长乡长为理事，民众为学众，毕业为结业。因为制度与名词本身并无罪恶，若只知尽量翻新，而加之于民众简单头脑中，乃有更增民众的厌烦与疑虑。[1]

他对定县"贡献"的意见如下。第一，平民教育理论，以何为据？深盼勿以办法认为主义，造成社会之畸形风气。第二，平教会用款及人才，与所得成绩比较，不能平衡，希望能逐渐将行政费减少，事业费增加，以最经济的款项及人力，多做事业。第三，以平民团体来办平民教育，一定费力大而成功少，现在已取得一县政权，希望善用政权，以求费力少而成功。第四，地方舆论对平教会尚多不满，望能融洽各方意见，减少阻力。第五，机关设立愈多，费用愈增，宜能使组织合理化，即以平教会人员兼办县政建设研究院工作，不必另外耗费分文。[2]

张炳钧、李宗黄的意见相近，核心是要求邹平、定县服从国民党三民主义，按照孙中山自治理论、国民党党义和国民政府法令做事，不要标新立异。

在时人看来，张炳钧、李宗黄对定县、邹平的评价显然有失公允。李宗黄高高在上、以势压人的态度，尤引起了一些人的不满。冯华德批评他"成见太深"，"对于定县及邹平的事业，实是不公平的判断，而一方面适足显示作者非妄自尊大固执偏见，便是对于两处的事业，还缺乏精细的观察和审慎的判断"。[3]

千家驹运用经济基础与法制礼俗的关系理论，对邹平和定县的理论进行了批判。他认为，社会的法制礼俗是由社会经济基础决定的，一个社会有怎样的经济制度就会相应产生怎样的法制礼俗。中国固有的旧的道德伦常即是封建经济制度的产物，受西方资本主义的冲击和影响，旧的经济制度到了崩溃阶段，旧道德伦常自然而然要趋向于混乱破产。要产生新的"社会秩序"，

1　李宗黄：《考察邹平、青岛、定县后的感想》，《众志月刊》第1卷第3期，1934年6月，第40页。
2　李宗黄：《考察邹平、青岛、定县后的感想》，《众志月刊》第1卷第3期，1934年6月，第41—42页。
3　冯华德：《中国乡村运动》，《政治经济学报》第4卷第1期，1935年10月，第217页。

养成新的"法制礼俗"必须先建立新的经济制度。而现在的问题是，"如何造成一新的社会经济制度以培养新的法制礼俗，而不是先发明一套现成的法制礼俗（社会秩序）而后改造我们的经济组织，与政治组织"。梁漱溟无视乡村的阶层矛盾和利益冲突，而妄想构建"出入相友，守望相助，疾病相扶"的社会。其所设想的新治道"表面上看来虽然好似尽善尽美，仿佛可以令'学众'一踏而入'自由平等博爱之王国'，但说穿了却也不过是孔老夫子'民可使由之不可使知之'的老把戏"。其所设计的乡学、村学，"虽然披了美丽的外衣，挂上了'组织农民教育农民'的新招牌，但骨子里还不是维持现存制度之巧妙的设计者？"梁漱溟"虽然口口声声说要深入农村，组织农村，然而农民假如真的组织起来，他却是一个民众武装害怕者，所不同的，他是要'用软工夫'去对付，以别于'硬功夫'对付者而已"。[1]

千家驹认为农民需要组织，但这种农民组织绝不是乡学和村学。他心目中的农民组织应遵循如下原则。第一，这种组织必须是能够代表最大多数农民的利益的，要考虑到中国最大多数农民不是地主、富农，而是贫雇农以及一部分中农。第二，这种组织必须是自下而上的。中国的政权，尤其是地方政权，仍掌握在代表豪绅地主利益的人手里，这种组织决不能希望由他们来领导发动，它必须是一个自发成立的组织，而不能由上而下由政府机关通令成立。第三，这种组织必须是能适应世界潮流的。现在的世界已经不再是孤立的、闭关自守的世界，倒行逆施、开倒车固然是行不通的，而自作聪明、独创一格也同样为时势所不许。第四，这种组织必须以"反帝国主义与反封建主义为其主要任务。因为假如我们承认我国农村破坏的主要因素是由于帝国主义者与封建残余剥削"，肃清这两者应该为农村建设的第一步工作。[2]

关于定县理论，千家驹认为有三个主要缺陷。第一，对中国社会的整个

1　千家驹：《中国的歧路——评邹平乡村建设运动》，《中国农村》第 1 卷第 7 期，1935 年 4 月，第 8、14 页。

2　千家驹：《中国农村的出路在那里》，《中国农村》第 2 卷第 1 期，1936 年 1 月，第 22—23 页。

认识是错误的，"愚、穷、弱、私"只不过是中国社会病态的一个表现，"资本帝国主义之长期的经济侵略与国内封建势力之残酷剥削是造成中国今日农村破产之主要的原因"。第二，"平教会对于中国社会的整个认识既然是错误的，他们根据这种错误认识而开出来的方案当然也会药不对症"。如果不解决"帝国主义侵略的深入（巨额入超之增加），军阀混战的扩大，水旱天灾的频仍，重利盘剥的加甚，与苛捐杂税的繁重"这些基本问题，"结果岂仅止于实验自实验，破产自破产；而且有一天破产的浪潮会将实验的一点点经济基础，打击得粉碎呢！"第三，"他们绝不是把定县工作仅视为单纯之一种教育制度的试验，而是把它视为解决中国社会之一切经济的与政治的问题之张本"，把实验运动评价得太高了。[1]

千家驹的评论，基本是运用唯物史观的理论与方法进行分析的，能抓住主要问题所在。

梁漱溟对定县"政教合一"的主张也提出了批评。1937年前后，长江一带实验区提出"政治与学术结合""政教合一"，梁漱溟认为，"既说社会改造，那就不应当接近政权"，因为"如果你（我们自己）承认现在的政权是一个革命政权，你所要完成的社会改造，也就是他所要完成的社会改造；那末，就用不着你再作什么社会改造运动了！你现在既作社会改造运动，则明明是你看他（现政权）改造不了。他既改造不了，你就应当否认他，你就应当夺取政权来完成社会改造！你既不否认他，而又顺随在他底下活动；那末，你本身就失掉了革命性，又怎么能完成社会改造呢？你不但在他底下活动，而且依附于他，这怎么能完成社会改造呢？照例，政府和社会比较：政府最代表那个惰性，不进步性的；而大凡新的潮流，新的运动，新的创造，都是从社会发生的。除去他是一个革命政权；否则，那个政权只代表惰性，不进步

1　千家驹：《定县的实验运动能解决中国农村问题吗？——兼评〈民间〉半月刊孙伏园先生〈全国各地的实验运动〉》，千家驹编《中国农村经济论文集》，中华书局1936年版，第25—30、35页。

性的……如此结果下去，有让乡村工作行政化的趋势——乡村工作变成地方下级行政。乡村工作果真变成这样，那还有什么社会改造可谈呢？"[1] 值得注意的是，梁漱溟在这里提到了"革命性"，他所说的革命性当然还是温和的社会性改造，但是在他看来这样的改造仍不能在政府底下活动并将社会工作变成地方政府的附庸，而要有自己的独立性。梁的这一批评与他主张的邹平实验的相对独立性，也是颇为一致的。梁漱溟表面上是批评南方一些地方，实质上是在批评定县，因为这些地方采用的是定县的实验理论。

五　对江宁、兰溪的质疑、批判和反思

江宁、兰溪两个实验县有三大优势。一是人员上有优势。两县的主政者梅思平、胡次威都是有现代行政知识的专家，其他行政人员很多也是中央政治学校的毕业生，县长和同事之间，在私人关系上有师生之谊，在工作关系上是上下级，且这些学生在四年时间里共同学习和生活，有协同一致的步调。二是有充足的经费。江宁县全年税收百余万，概不解省，全部留县自用。兰溪经费全部由省库支出，除普通行政经费外，每月还有五千元的建设费。三是自主权力大。江宁"县政府得发布县令，并经县政委员会之核准，得制定县单行规则"，[2] 拥有相当大的自主权限。兰溪的自主权限虽没有江宁大，但也比普通县大多了。

虽然江宁、兰溪凭借这些优势，在县政实验上取得了一些成绩，但社会上还是有不少批评和质疑的声音。有的指出江宁、兰溪凭借这些优势取得的成绩和经验不具有普遍意义，很难在其他县推广。他们说："一个'权'特别高，'财'特别富，'人'特别多的实验县县长能做到的事，叫一个'权'特别低，'财'特别弱，'人'特别少的普通县县长去仿行，当然是有点儿困难，甚而至于办不通。"[3]

1　梁漱溟：《我们的两大难处》，《乡村建设》第 6 卷第 14 期，1937 年 1 月，第 1—2 页。

2　《江宁自治实验县县政府暂行组织条例》，刘振东主编《县政资料汇编》第 5 册，第 802 页。

3　张炳钧：《五个实验县的介绍与批判》，《众志月刊》第 3 卷第 2 期，1935 年 5 月，第 25 页。

"当推广于其他县份时，虽不克具备同样的财力与人力，也能相当的畅行，一种新制度新方法，才是值得珍贵的。"[1]

梅思平也对江宁的县政实验进行了反思。他说："江宁现在所有建设事业，可说是百分之百是以政府为唯一推进机。江宁的县政府，确然能够做到令出必行的程度；人民对于政府号令，也确然能够不怀疑的服从。政府自身也确然有充分的力量，健全的组织，和灵敏的活动。但是民众自身则完全处于被动的服从的地位；自动的力量不但是没有培养，并且是几乎完全的消失了。这不但是我们的缺陷，并且是我们很大的一个危机。我们已经很深刻地感觉到有'人存政举人亡政息'之恐怕。我们已极透澈的认识到，政府的力量必有时而穷，政府的工作确乎有相当的限度。超乎一定的限度，不但是效能减退，并且有时是不可能。"[2] 梅思平毕竟是知识型官员，能够比较客观、理性地认识官办自治存在的重大甚至致命缺陷，经过几年的实验，他已经认识到由上而下进行县政实验的严重局限性，并感到了一种"人亡政息"的危机。

第五节　南京国民政府时期关于县政建设的讨论

目前学界关于县政建设的研究，主要集中在20世纪30年代的县政建设，尤其是30年代的县政实验运动，对县政实验运动开展的原因及实践等的研究较为充分。其实，县政建设几乎贯穿于整个南京国民政府时期，也不局限于一些实验县。在南京国民政府时期，人们围绕着县政建设进行了探讨和设计，笔者拟以这些探讨和设计为对象，做一探讨。

1　张柏香：《抗战建国中县政实验之途径》，《新西北月刊》第2卷第6期，1940年7月，第39页。

2　梅思平：《江宁的农村建设》，《民间》（北平）第2卷第11期，1935年10月，第22页。

一　"三民主义的县政建设"问题

南京国民政府成立后，开始按照孙中山的政治理论进行国家建设，县政既为国政基础，县政建设自然为国家建设这一命题中的应有之意。在孙中山的政治理论中，虽然没有对县政建设的直接论述，但从其对国家建设的论述中可以看出相关的大概思路。孙中山在《建国大纲》中对国家建设做了如下设计："一、国民政府本革命之三民主义、五权宪法，以建设中华民国。二、建设之首要在民生。故对于全国人民之食衣住行四大需要，政府当与人民协力，共谋农业之发展，以足民食；共谋织造之发展，以裕民衣；建筑大计划之各式屋舍，以乐民居；修治道路、运河，以利民行。三、其次为民权。故对于人民之政治知识能力，政府当训导之，以行使其选举权，行使其罢官权，行使其创制权，行使其复决权。四、其三为民族。故对于国内之弱小民族，政府当扶植之，使之能自决自治。对于国外之侵略强权，政府当抵御之；并同时修改各国条约，以恢复我国际平等、国家独立。五、建设之程序分为三期：一曰军政时期；二曰训政时期；三曰宪政时期。"[1]

结合孙中山先生的有关县自治理论，可以看出其县政建设的大致思路是：（1）按照三民主义、五权宪法进行建设；（2）建设内容为民生、民权、民族，而以民生居首，民权次之，民族再次之；（3）建设分为军政、训政、宪政三期，在训政时期，县自治为建设中心工作；（4）县自治不仅包括民权，而且包括民生。

时人在孙中山建国理论的基础上，对什么是县政建设进行了阐释，根据有关资料可概括如下：（1）"县政的建设，乃是为完成地方自治的准备工作"；[2]（2）"县政建设既为实施地方自治之代名词……"；[3]（3）"总理所言

1　《国民政府建国大纲》（1924 年 1 月 23 日），《孙中山全集》第 9 卷，第 126—127 页。

2　郭宗弗：《警保联系与县政建设》，《现代读物》第 8 卷第 3、4 期合刊，1943 年，第 14 页。

3　伍直平：《三民主义县政建设之特点》，《行健月刊》第 4 卷第 4 期，1942 年 6 月，第 22 页。

之地方自治建设，即今日我们所说的县政建设，二者名虽稍异，然本质则同一"；[1]（4）"所谓县政建设者，即自治单位之建设也。自治单位者，不仅表现主权在民之意，凡在此单位中的人民，可依据国家所限的权力范围，更斟酌本地方的特殊需要，大家直接参与本地方自治事务，以完成其日常的政治、经济、社会等生活，整个地方自治的活动，无主权作用之可言，故地方自治，不能与一般宪政所谓自治政府之自治混为一谈"。[2] "究竟县政建设，是建设些什么呢？总理也曾明白的召〔昭〕示给我们，就是政治的建设与经济的建设。政治建设的终极目的，是要使民众均能运用四权，造成全民的廉洁政治，经济建设的终极目的，是要使民众于'衣、食、住、行'四大需要，都能获得完满。"[3] 这些论述各有侧重，但对县政建设的目的、县政建设的内容上的认识是基本一致的：（1）认为县政建设的目的在于解决民权、民生问题，完成地方自治；（2）认为县政建设的主要内容一是民权，二是民生。

在此基础上，人们又就如何进行县政建设做了一些具体设计，其中以伍直平和以鑫的设计较具有代表性。

1. 伍直平的设计

伍直平认为，数十年来的经验证明，只有孙中山遗教才是适合中国国情的政治学说。只有按照孙中山遗教，才能将国家建设起来。县政建设是全部政治建设的一部分，其实施当然需要依照孙中山遗教，以实行三民主义为最终目标。

孙中山在《建国大纲》中将建国分为军政时期、训政时期和宪政时期，伍直平以此为据，将县政建设分为三个时期：发端时期、准备时期和完成时期。

1　以鑫：《县政建设与国家建设》，《自觉》第 36、37 期合刊，1935 年 7 月，第 74 页。

2　黄炎：《训政时期的县政建设》，《大夏》第 1 卷第 7 期，1934 年 12 月，第 14 页。

3　宋文熙：《云南县政建设三年实施方案的检讨》，《云南民政月刊》第 13 期，1935 年 1 月，第 2 页。

伍直平认为，军政时期的县政是纯粹的行政。因为这一时期的主要工作是扫除政治的障碍，而此时民智尚未开通，既无地方自治团体可资利用，亦非地方自治团体所能胜任，所以非有强有力的政府不足以达成其目的。所谓军政，就是一种最集权、最有效率的政府组织形式。此时施政的主体，绝对是政府而非人民，即县政为单纯的行政工作而无自治的成分。

训政时期的县政虽然仍是单纯的行政工作，但已经开始为地方自治做准备了。因为单纯有一个健全的政府，并不是县政建设的唯一目的，同时还要使地方自治能够实施。然而地方自治的实施，需要种种条件，如人民对于主义的认识、民权的运用、社会秩序的安定、交通建设的完成，等等。而这些工作，又不是自治团体所能完成的，仍要靠健全的政府来推动。此时县政的主体仍然是"政府"，而不是"人民"，不过是政府协助人民自治而已。

宪政时期的县政具有行政与自治两种性质。因为经过训政时期，到宪政时期，地方人民已有能力根据自己的意见来管理自己的事务了，政府不必再把全部的工作都拿在自己的手里，而可以根据实际需要由行政机关或自治团体分掌了。[1]

2. 以鑫的设计

以鑫的县政建设方案基本上是按照孙中山政治理论设计的。

第一，经济建设的设计。

以鑫主张县政经济建设实行计划的统制经济。他认为，在经济的领域内有以个人利益为出发点、自由放任的经济活动，和以社会利益为出发点的、计划的统制经济的活动，县政建设中的经济建设应当实行计划的统制经济。其理由有三："第一，因为中国生产落后，致受帝国主义之经济侵略，故非实行计划经济，急起直追，即无以自存。第二，因为各方面的浪费太多，非实

1　伍直平：《三民主义县政建设之特点》，《行健月刊》第 4 卷第 4 期，1942 年 6 月，第 22、23 页。

行计划经济，不能够提高生产效率。第三，因为中国欲使全国社会有利，必须各项生产互相调剂后始有宏大之收效，但是各项生产之能够协剂，非实行计划的统制经济不可。"以鑫认为除实行计划的统制经济之外，县政经济建设还应遵守三个基本原则：（1）取缔不正当的生产；（2）节制非必要的生产；（3）发展基本生产。[1]

在具体实施上，以鑫认为县政经济建设内容主要为 6 项。（1）修筑道路，开发交通。（2）兴修水利。（3）开垦荒地。县中的官山公地，应一律由人民领用，以免利遗于地之弊。（4）整理耕地。目前各县的土地，不但零零碎碎不易于推广新的生产技术，而且由于匪祸天灾，荒地逐渐增加，耕地有所减少。所以在县政经济建设中，整理耕地、恢复生产，扩大生产规模，也十分重要。（5）创立民生工厂。国民经济的主要意义，不但是消极的恢复原有的农业生产，而且是要积极的推进工业化的生产。所以县政经济建设应注意民生工厂的设立。（6）推行合作事业。中国的生产多系以个体为单位，极少以组织为单位，且这极少的生产组织也是以个人利益为前提的，这种情况下，适合于全体人民之利益当然是办不到的。因此应在县政建设的工作中，致力合作事业的推行，以谋社会的利益，不使私人垄断。[2]

第二，政治建设的设计。

以鑫认为，历代统治者都是"宁使民由之，不使民知之"，在这种长期"愚民政策"的影响下，广大人民不但没有政治的要求，而且根本就不知道政治为何物。辛亥革命虽然在形式上推翻了专制政体，但是因为民权思想的落后，"政治上仍为少数的封建军阀，及大夫阶级所把持"。这些军阀互相为战，陷人民于水深火热之中，比清代的帝政专制为害有过之无不及。中国内战是由于军阀专政，军阀专政是因为人民没有政治的能力，民权不发达。因此孙

1　以鑫：《县政建设与国家建设》，《自觉》第 36、37 期合刊，1935 年 7 月，第 76 页。
2　以鑫：《县政建设与国家建设》，《自觉》第 36、37 期合刊，1935 年 7 月，第 76—77 页。

中山设想在训政时期，以中国国民党为民权的保姆，训练人民练习使用四权，以期实现宪政。政治建设就要依据孙中山民权主义的原理，即权能按照分开的原则，人民掌握四权管理政治，政府运用五权为人民服务，以实现民治理想。

县政政治建设，以鑫认为除按照上述的原理外，更应该结合国内外情势，把握住民族复兴的总目标。在他看来，县政政治建设工作必须以如下五点为中心工作。

其一，确立县长威权。县是中华民国的基础，县长是中国政治上的中坚干部，全国政治的善恶与否，要看县政之善恶与否；县政之善恶与否，要看县长的能力与人格如何。要想提高县政的效率，首先要提高县长的权威。因为县长是全国政治上乃至社会上的中心领袖，是最高领袖的代表，所以应赋予适当权威，以免县长受恶势力牵制而失去其领导政治的作用。

其二，慎选县长。县长为亲民之官，内政的重要执行人员。过去各省任用县长，很少注意贤能，大多凭私人关系，结果滥用私人，贪者居要津，无能者临重位，政治一团糟，县政建设也无从谈起。因此，建设县政要慎重选择县长。

其三，严禁武人干政。县政工作要不断向上发展，首先要具备发展的条件。过去工作之所以没有成绩，固然与县长能力有关，但武人以枪杆剥夺县长的职权也是一个重要原因。所以在县政建设中要反对武人干涉县政，应军政分开，在党的指导下各负其责。

其四，厉行保甲运动。保和养是人生两大问题，解决养的问题是经济建设，解决保的问题是政治建设，以政治的力量维持社会的治安，保全人民的生命财产。现在乡里之间盗匪横行，民不安全，为解除人民痛苦，急需保卫民众、安定社会。而保卫民众、安定社会的具体措施就是厉行保甲运动。

其五，革新民团。过去的民团、团防局等，大都受土豪劣绅的操纵。土豪劣绅利用民团，一面勾结贪官污吏替军阀做走狗，一面愚弄乡民，欺压良懦。在县政政治建设中理应革新民团，使之成为真正的民众自卫的武力。[1]

第三，关于文化建设的设计。

以鑫认为，在县政建设中，"政治建设是以人民的政治地位平等为目的，达到'保'的工作为出发。经济建设是以人民的经济地位平等为目的，达到'养'的工作为出发"，而文化建设的目的在于：发扬民族的固有文化，提倡民族的生产教育，介绍科学的智识与方法，培养新的道德，创立新的风纪，破除迷信，扫除文盲。

在以鑫看来，文化建设就是以教育为中心的建设。教育是改造国家的利器，教育发达与否，关系到国家民族的强弱。中国因教育不普及，人民的智识程度低下。就全国一般的情形而言，其病有四种。第一贫穷。中国近年遭受天灾人祸，农村破败不堪，十室九空，一贫如洗。第二病弱。中国人民身体素不健康，故西人常称我为"东亚病夫"。第三愚昧。中国人民大半未受教育，是以智识简陋，见理不明，非常愚昧。第四私贪。中国人民因无公民训练，故多不讲公德，自私自利，贪求无厌。因为人民有这四大病症，所以国家衰败不堪。所以文化建设的积极意义在改革人心，治疗此四大病症。其具体方案有四项：以生计教育治贫、以健康教育治弱、以文艺教育治愚、以公德教育治自私。

至于这四项教育的推行，应该采取义务教育的方式教育适学龄童，采取民众教育的方式教育成年民众。除学校教育外，还应设立图书馆、阅报馆，创办演讲团、研究会、俱乐部、公共体育场，以弥补学校教育的不足。[2]

以鑫的设计虽然总体上是根据孙中山的政治理论进行的，但他的很多建

1　以鑫：《县政建设与国家建设》，《自觉》第36、37期合刊，1935年7月，第77—78页。

2　以鑫：《县政建设与国家建设》，《自觉》第36、37期合刊，1935年7月，第79页。

议是根据南京国民政府时期的县政状况而提出的，看到了国民党县政治理中存在的问题，因而他的一些具体改革和改良建议，是有其价值的。

二　县政建设的"异化"——管教养卫合一

在县政建设和治理过程中，南京国民政府出于维护其统治秩序和应对中共革命的需要，提出了"管教养卫"的应对策略，这既是其县政治理的内容，也是其办法，而其立足点是控制。对县政建设而言，这无疑是一种异化。

（一）"管教养卫"的提出

20世纪30年代初，蒋介石在《复兴民族之根本要务》的演讲中提出了"教养卫"的问题。蒋介石所说的"教"是指教育。蒋特别强调人格道德的教育，认为"学术技能乃教育之末，而做人的道理，即人格道德才是教育的根本"。蒋介石所说的"养"，是指衣食住行四个方面。蒋介石主张，"我们固然要使所有的人民都能获得基本生活的资料，但先要使他们具备基本生活的修养"。所谓基本生活的修养就是："无论是食衣或住，总要'整齐'、'清洁'，而一切的行动态度总要'正直'。"他并且将生活修养与德行、人格联系起来，提出"我们做校长县长以及党政军学各界同志，一定要随时随地以身作则来教导一般青年学生和一般人民，使他们都能懂得衣食住行四项基本生活的要领，从而实践礼义廉耻！涵养高尚之德性与人格！"蒋所说的"卫"是指"地方保卫"，即"能够以自己的力量，维护本地的安宁与公共的福利，不至于受本地的贼盗或外来的匪寇所侵扰"。[1]

1934年2月12日，蒋介石在出席南昌行营扩大纪念周训词中，再次谈到了"教养卫"。此次的解释同以前有所不同。在这里，蒋所说的"教"是指教育，但不是一般意义上的教育，是"生聚"和"教训"。他说："在一个国家

1　蒋介石：《复兴民族之根本要务》，行政院县政计划委员会编《总裁地方自治言论》，中央训练团1940年印行，第19、20、22、24—25页。

被人侵略，贫弱到不能用武力或武力已经用完的时候，要复兴国家和民族，只有舍弃武力来充实并运用其他的力量，即古人所谓'十年生聚十年教训'，生聚就是育（养育），教训就是教。"他还特别讲道："我们要使江西能成为复兴民族的基础，自然不好专注重军事，必须效法古人的办法，大家负起生聚教训的责任。"

蒋介石此时所说的"养"是和"剿匪"紧密联系的。他说"养"即是衣食住行的基本生活素养，其必须合乎礼义廉耻，"衣食住行如违反礼义廉耻，那就不是人的生活，不配做人！如同禽兽一样！现在的土匪就是如此，我们'剿匪'就是要扑灭禽兽，来维护人类的文明生活！我们要能剿灭土匪，也必须我们大家的生活，随时随地以礼义廉耻为准则，力求整齐、清洁、简单、朴素"。

蒋这时所说的"卫"已不再局限于地方保卫，开始和民族复兴联系起来。他说："今后我们对症下药，务必用一个'严'字，使一般国民能切实做到'严守纪律，服从命令'这八个字！才能团结精诚，共同一致，以达到'卫'的目的，而完成复兴民族的使命！"[1]

1936年5月，蒋介石在高级行政人员会议闭会训话中，对"养、教、卫、管"进行了全面的解释。关于"养"，蒋介石认为"养"即"养民"，即经济建设，对于建国至关重要。他说："经济建设——'养民'是建国最急要的事情。"关于"教"，蒋介石认为"教育乃国家民族精神与文化亦即永久的生命根基之所托"，"我们要救国，非根本上从发展教育着手不可！"关于"卫"，蒋介石认为"卫"即"保卫"，"又分为两方面：一方面是对于外来侵略的防御，一方面是对于内发扰乱的平服。前者所谓'国防'，后者即所谓'治安'"。关于"管"，蒋介石认为"管"就是"执行法纪，纳民轨物"，"管"

1　以上三段引文分别出自蒋介石《教养卫》，行政院县政计划委员会编《总裁地方自治言论》，第26—27、31—32、33页。

所要达到的目标是"人尽其才，地尽其利，物尽其用，货畅其流"。要达到这种目标就要实行"统制"。所谓统制就是"对于管区内某种某多种事业与物品，无论官营民营，皆须在主管人员统筹监督之下，预计其一定的功用与相互关系，从而斟酌损益……发挥其最高的效用"。[1] 当然，他这里"剿匪"主要是指"围剿"革命根据地的工农红军，在他看来，要"剿灭"红军，必须和"养民"的功夫相联系。

（二）国民党对管教养卫的阐发

在蒋介石提出管教养卫的过程中，国民党一些理论家对管教养卫进行了阐发，其中以李宗黄的阐发最为全面和系统。

关于管教养卫的由来。李宗黄提出管教养卫不是蒋介石创造的，"它是我国古圣先贤政治哲学中的宝贵遗产，是我国文化精英的主要部分，但后来专制皇帝却把它抛开了"。孙中山继承了这个道统，在理论上做进一步发展。他引用孙中山《地方自治开始实行法》中的一段话："此所建议之地方自治团体，不止为一政治组织，亦并为一经济组织。近世文明各国政府之职务，已渐由政治兼及于经济矣。中国古之治理，教养兼施，后世退化，政府则委去教养之职务，而任人民各家之自教自养，政府只存一消极不扰民者便为善政矣。及至汉唐，保民理民之责，犹未放弃，故对外尚能御强寇，对内尚能平冤屈。"他说："这里面所说的'经济组织'，所说的'教养兼施'，所说的'保民理民'，就是管教养卫。'保'就是'卫'的意思，'理'就是'管'的另一说法。"最终，蒋介石"在艰苦的领导建国过程中，从工作上面把这些理论统一化，明朗化，实际化了"。[2]

关于管教养卫的要义。李宗黄认为管教养卫的要义就是"礼义廉耻"四

1　蒋介石：《养教卫管四政为建国基本要务》，行政院县政计划委员会编《总裁地方自治言论》，第33、39—40、43、48—49页。

2　李宗黄：《管教养卫之由来及其运用》，《现代读物》第5卷第3期，1940年3月，第7、8页。

个字。"管"须从礼义廉耻入手。他说："管是治理事情的，治事的人必备的条件是什么？大家想都能指出来，是严密，是负责，是廉洁，是不苟，如果一个人做事不严密，不负责，不廉洁，一切马马虎虎，那他根本就不配治事，不配做管的工作。所以要使管的工作做得有效，就必先从礼义廉耻入手。""教"须注意礼义廉耻的教育。教的目的，是要真能建设国家，复兴民族，绝不止在讲堂里教一点书本子上的知识，也不止在操场上练一点普通的技术。一定要除这些科目之外，能将受教育者教成一个"人"，懂得"做人的道理"——礼义廉耻。使受教者养成"高尚的人格"。这教育才是人格教育、人的教育，才是真正完善的教育。"养"要符合礼义廉耻。李宗黄认为，"养"就是衣食住行四项基本生活的修养。衣食住行是人人都需要的，但真懂得衣食住行要领的人却实在少得很。在他看来，"真的生活，革命者的生活，是整洁的，简朴的"，但"许多人一谈到养，往往引出一大套发展经济事业的理论，他不知道若只求经济的发展，而不教导一般的国民，使他们具备基本生活的修养，也不足以真正解决'养'的问题"。所以，"要解决衣食住行的问题，首先须研究衣食住行的道理，一定要使我们的衣食住行合乎礼义廉耻！然后才算真懂得养的要领"。

"卫"要注意礼义廉耻的训练。李宗黄认为卫和教养本来是分不开的，教育人民不仅要教以做人的道理，教以基本生活的修养，而且要使他们具备自卫的力量。如何具备自卫的力量呢？要有枪支，有子弹，有经费，但还有比这更重要东西，就是组织、训练、精神、纪律。而训练的时候，最重要、最基本的东西仍旧在于精神，即须首先教训一般人民明礼义、知廉耻，懂得做人的道理和衣食住行四项基本生活的规范，这才可以随时随地遵守纪律，服从命令，团结一致，捍卫乡邦。[1] 李宗黄主要从道德精神、礼义廉耻层面对管

---

1 李宗黄：《管教养卫之由来及其运用》，《现代读物》第 5 卷第 3 期，1940 年 3 月，第 9 页。

教养卫做了理论上阐述，并把其视为核心"要义问题"。

关于管教养卫的关系，李宗黄强调管教养卫的相辅相成。他说："他们不是各自为谋的，而是相辅相成的，所谓管，就是'管理'，目的为政治建设；所谓教，就是'教育'，目的是文化建设；所谓养，就是'养育'，目的为经济建设；所谓卫，就是'保卫'，目的为军事建设。这四种建设中，每一种建设都不能离开三种建设而单独成功，所以管教养卫决不能离开其他三项而孤立运用。"[1] 李宗黄进一步说，"所谓管，就是管人如何的教、如何的养、如何的卫。教，就是教人如何的管、如何的养、如何的卫。养，就是养人如何的管、如何的教、如何的卫。卫，就是卫人如何的管、如何的教、如何的养。四者有密切的关系，有极大的连环性"，其中以纵的管为主体，而以横的教养卫为内容，"有时分工合作，有时相需相成"。[2]

蒋介石在1939年8月12日《再告全国绅士书》中将"管教养卫"和"地方自治"联系在一起，他说："惟自九一八以后，吾人鉴于外侮凭凌，深觉自卫尤急于自治，乃改行保甲制度，先从组训民众入手，副以管教养卫之必要设施，实即为地方自治奠其基础。迄于今兹，保甲规模已具，民众组训亦有条理，改行自治，有若顺水推行，益形便利，因之中央最近业在拟订县以下各级组织规章，订定推进自治程序，不久即将颁行。"[3] 1939年9月，国民政府颁布了《县各级组织纲要》，要求在从上到下的组织监管下，从下到上建立户长会议，保民大会，乡、镇民大会，县临时参议会（县参议会）等各级民意机构，原来的保甲组织和乡、镇组织在"法理"上就变成了地方自治组织，他们原来承担的管教养卫职能就分别转变成为地方自治的各项基本任务，从而在理论上把管教养卫与地方自治、新县制融合在一起。蒋这里试图

1　李宗黄：《管教养卫之由来及其运用》，《现代读物》第5卷第3期，1940年3月，第8—9页。

2　李宗黄：《新县制与管教养卫的运用》，《训练月刊》（成都）第2卷第4期，1941年4月，第20页。

3　《节录总裁二十八年八月十二日再告全国士绅书》，《地方建设》第1卷第1期，1941年2月，第125页。

将具有集权性质的"管教养卫"举措与具有分权要素的"地方自治"两种治理方式融会在一起，把管教养卫和保甲制融入地方自治之中，用民主的形式，包裹集权的内容，成为一个矛盾混杂体。

三　国防化的建设——对抗战时期县政建设的认识

全面抗战爆发后，动员一切力量进行抗战成了南京国民政府的首要任务。为此，南京国民政府进行了一系列的政策调整，国家转入战时体制。在此背景下，为配合抗战，县政建设也需要进行相应的调整。

如何调整？刘平江提出"县政建设立体化"。

刘平江认为，第二次世界大战的初期，之所以侵略国家占了优势，"其原因在于其国家立体政治建设的成功，其政制由上而下，把全国的政治、经济、军事、外交之权，集中在国家统治之下管理运用，甚至全国人民之精神，亦统摄于其领袖之身"。我国"为保证抗战必胜，建国必成起见，必须使国家政治成为立体的组织，才能配合军事，集中力量，一致的奋斗"。何谓立体的县政建设？"就是无论在机构组织上，在物质运用上，在信念坚定意志统一上，均由平面上的各个细胞，组成整个的有机体。在一县的最高组织之下支配运用，发挥全部的力量"。其实施原则有三：在组织运用上实行民主集权制，在业务推行上实行四位一体制，在意志统一上实行精神动员制。

第一，在组织上实行民主集权制。所谓集权，就是"统一组织，统一事权，统一用人的标准"。所谓民主，就是"推行一切政令及举办公共事业训练民众行使四权，均透过各级民意机关，使能深切了解而表示其意见，一经决议之后，授权政府切实执行"。这样，"民意机构由下层而达于上层，执行的机构由上层而推行于下层。在组织运用上采取民主集权制，建立了权能分立的立体的政治"。

第二，在业务上实行养卫管教一体制。刘平江认为，县政的内容不外乎养、卫、管、教四项，而养、卫、管与教实在不能并立。养是民生，是目的；卫是民族自卫，是民生的保障；管是民权，是实现养、卫的手段；养、卫、管都靠教来推行、来发展。所以教应以养、卫、管的事项为内容，并不是三者之外还有教。总之，县政实施必须"养""卫""管""教"四位一体制，"由平面设施而为立体的推进，以教育发挥其力量，培养其精神，使县政为人力集中，事物的管理的有机体，这才成为立体的县政建设"。

第三，在意志上实行精神动员制。刘平江认为，"我国抗战建国的基础，在广大的农村，欲用人民力量来守土，非从国民精神总动员不可"。通过精神动员，"使能觉悟自己为中华民族之一份子，抗战与自己有切身的关系，能在国家至上，民族至上；军事第一，胜利第一；意志集中，力量集中，共同目标之下而参加抗建工作"。[1] 国民精神总动员为政治建设的另一种方式，应运用它来统摄人民精神的建设。

张崇楷提出县政建设国防化的问题。张崇楷认为，在国家进入抗战时期的情况下，县政的主要问题是如何根据三民主义的原则，在"一个政府"和"一个领袖"的领导与指挥监督之下，配合现阶段国民革命的任务，使县政建设国防化，以完成"使全国成为一个统一强固的战斗体"，而达到现代化之目的。要使县政建设实现国防化，就要进行政治、文化、经济、军事方面的调整。具体如下。

第一，在政治方面，努力健全基层组织是县政的中心工作。要以战斗精神来推动民众、组织民众，使之能在艰苦险恶的局面下刻苦奋斗，政府一定要对自身的机构进行合理的调整，尤其是要注重效率的提高。

第二，在文化方面，必须特别注意县的文化建设，建立新的抗战教育的基础。（1）在方针上，以三民主义为最高原则，配合"抗战建国"的实际需

1　刘平江：《立体的县政建设》，《政治知识》第 4 期，1941 年 12 月，第 21—23 页。

要，制定具体纲领，厘定远大的教育计划，迅速推行。（2）在制度上，改革教育行政机构，使它和政治、经济、军事各部门，取得更密切联系。（3）在方法上，为了适应教育的新方针、新制度，必须废止过去各种个人主义、形式主义和工具主义的不健全的训练方法，实施集体主义的训练方法和自我教育，采取最经济的方式，在最广大的范围上推行起来。（4）在教材方面，也要根据新的教育方针、制度和方法，组织大规模的编审团体，罗致专门人才，在"三民主义"理论指导下，编著并审核各种切合实际的教材，源源不断地向全国民众提供丰足而有益的精神食粮。

第三，在经济方面，要树立国防经济的基础。张崇楷认为，没有经济的国防，军事的国防是无所附丽的。一切外来的军事侵略都是经济侵略的延伸，讲求军事的抵抗，就应该以建立国防的经济阵线作为基础。因此，县经济建设应该根据国防的要求，采取各种适宜的步骤，以建立国防经济的基础。（1）经济机构的调整。必须根据三民主义的最高原则，健全生产组织，以保证战时生产品的自给，确立国民经济合理发展的基础。（2）经济政策的树立，就是经济建设具体方针的确定。工业方面，应该集中力量，集中资本，来建设几种不依赖外人势力而生存的基本民族企业。农业方面，应该特别重视下列几点：①扩充耕地面积，改进农业技术，增加粮食生产；②推广合作事业，流通农村金融，发展交通运输；③奖励并扶植农产物出口，并迅速恢复战区收复后的生产。（3）统制经济的实行。统制经济分对内、对外两方面，对外是国际贸易的统制，其目的在于限制现存经济资源的自由利用，将现时可以利用的一切经济资源集中起来，发展与国防有关的基本的民族企业。对内是对私营企业和资本、原料、劳工的统制。张崇楷认为，这种统制，在国家经济制度没有彻底改革以前，唯一可行的方式是由基层的政治机构，在县的范围内，妥善进行统制计划和管理，才能达到预期的目的。

第四，在军事方面，必须通过县政机构的动员，提高全体国民对国防的认识及信仰，使全体国民的思想行动与智能都能合乎民族战斗的需要，共同为加强国防力量服务。[1]

总之，在全面抗战时期，县政机构就是国力的动员机构，县政建设就是国防建设，国防是目的，县政是手段；县政是形式，国防是内容。没有国防化的县政建设，就等于取消抗战救国的前途。要想取得抗战的最后胜利，就要抱定决心，努力从事县政建设的工作，以"完成绝对安全的国防"，"使全国成为一个统一强固的战斗体"，[2] 保障"三民主义"理想的实现，而达到现代化的目标。这里的建设，主要是支持战时体制"国防化"建设。

四 建设本义的回归——对战后的县政建设的认识

抗日战争后期，胜利在望。此时，"因为人才、经费，及事业种种问题，新县制虽已行了许多年，可是还没有达到理想的境地"。[3] 倪渭卿认为，如果能使全国1950多个县都完整而健全，那么对中国的富强、民权民生主义的推行，都会有促进作用，因此有必要对战后县政的整理和推动进行设计和探讨。

倪渭卿从县行政、县财政和县事业三方面对县政建设进了设计和探讨。

关于县行政，倪渭卿认为县有两种职责，一种是受上级政府指挥，执行上级政府的命令，如征兵、征粮等工作；另一种是县自治的工作。这两种工作，前者是被动的，只要根据命令去执行，就有结果；后者则是主动的，必须主动设计，是一件十分繁重的任务。县自治工作要想很好地满足社会的要求，第一要讲求效率，要有完善的法律；第二要有适当的组织；第三要有开明的人民。这几个方面相互联系，必须协调互动，才能产生理想的县地方自治。

1　张崇楷：《县政建设国防化》，《地方自治》（成都）第20、21期合刊，1941年10月，第27、28页。

2　张崇楷：《县政建设国防化》，《地方自治》（成都）第20、21期合刊，1941年10月，第28页。

3　倪渭卿：《战后中国县政建设——探讨将来中国县政建设之途径》，《军事与政治》第4卷第4期，1943年4月，第34页。

关于县财政，倪渭卿认为自实施新县制以来，县财政已有制度上的保障，但仍有下列困难：第一，各级行政机构的充实以及管教养卫的推进在在需款，支出由是增加；第二，财政收支是以预算作为依据，而粮价、物价的腾贵使应办各项事业无法在核定预算内完成。这些困难在很大程度上限制了新县制的实施，所以应整理财政以满足实施新县制及建立健全县政的需要。

财政收入的整理办法如下。

第一，关于田赋。按照各级组织纲要的规定，在土地税没有实行以前，各县仍以田赋附加为主要收入，因此田赋之整理刻不容缓。整理之原则是使"户""地""粮"三者相符合，其方法有土地呈报和土地测量两种，根据时间、经费及人才等情况，对农村以采用土地呈报为便，对城区以采用土地测量为宜。第二，契税。正税税率应依照法定的卖六典三原则，附加不得超过正税一半，同时严定追缴、惩罚隐匿逃税的办法以增加收入。第三，屠宰税。实施新县制之后，屠宰税完全划归县有，其收入仅次于田赋附加，其整理之要点包括：（1）在城区及大场镇由政府直接征收，使涓滴归公；（2）各乡场由政府用复式投票法公开招商包收，使收入可靠；（3）民间年节婚丧及宴会宰杀猪羊，一律照章征税，以杜偷漏。第四，公学产。公学产收入颇为可观，但各县公学产仍大多为地方有势力者所把持，亟须彻底清厘。清厘办法：（1）清丈公学产或查勘其产量以杜隐匿；（2）公开标佃以提高租额；（3）严禁转租，使地方有势力者不得从中取利；（4）退押、加租以增收入。

倪渭卿还考虑了战后县财政的支出整理问题。他认为，中国工商不甚发达，地方财政极为枯窘，除尽量开源以外，更须设法节流，其办法如下。第一，裁并骈枝机关。抗战结束以后，集中全力进行县政建设，如果县中机关林立，就会因经费不足，致使重要事业无法推动。为提高行政效率和节省财力起见，应将县之骈枝机关一律裁撤，以求集中事权，而符行政一元化的原则。第二，缓办不急之务。各县财力有限，如欲百废俱兴，势将一事无成，故必须斟酌缓急轻重，根据地方财力，次第实施。第三，确定支出程序。财政收入有淡旺月之分，在淡月期间，税收短绌，无法应付预算开支，各机关因经费拖欠，加上请款核支稽延时日，各领款机关大多不能按月接到支令，于是挪款坐扣，弊窦丛生，财政陷入纷乱，亟应整饬。整饬的办法是筹设县银行以调节财政，经常费由县政府会计室根据预算按月填通知单，由财政科发支令，以免各机关请款之烦而给予事业上之便利。

县之事业方面。倪渭卿认为以县为单位来举办的事业，才可以成为县的事业，凡是不适宜于以县为单位举办的事业都不应当成为县的事业，也不应当由中央授权地方政府去办理。他主张：（1）在试办县事业的初期，范围应当狭隘一点，可以首先将县为单位来办的事情次第排列出来，由中央政府授权地方政府来办理；（2）中央政府对于县的事业要制定一个适当的标准，并严密监督考核。

倪渭卿特别强调，要完成以县为单位的事业，首先需要完成以县为单位的经济建设，这个问题是战后最值得研究的。在经济建设上要重视孙中山的遗教，尤其是《建国大纲》和《地方自治开始实行法》中关于户籍、警卫、教育、卫生、道路、土地公用事业、农工生产、合作、救济、城市规划和乡村改立的部分，把研究的结果用来建设先进的县政，建立国家的坚固基石。[1]

可以说，倪渭卿对县行政、县财政和县事业单位的设计均十分具体，其所设计的内容虽然为县政建设的常识，但他是在抗战后期就为将来新的县政做具体的思考与探讨，而且有些内容还是有其价值的。抗战胜利后，虽然人心思治，期盼在和平的环境下进行国家建设，但不久国民党即发动内战，此后"县政建设"的声音便淹没在国共决战的军事斗争之中了。

1　倪渭卿：《战后中国县政建设——探讨将来中国县政建设之途径》，《军事与政治》第4卷第4期，1943年4月，第34—36页。

本章小结

鸦片战争后，随着民族危机的加深，中国旧体制的落后日益彰显，有识之士越来越怀疑，甚至否定旧有的制度，认为唯有效法西方国家才有出路。从晚清至民国，西方宪制理论、地方自治理论、行政效率理论、科学主义等先后传入中国，并逐渐被一些人奉为不移至理。这些理论传入后，对中国现实政治产生了重大影响，戊戌变法、清末立宪运动、辛亥革命、南京国民政府成立及其相关改革都和这些理论传入有重要关系。

南京国民政府成立后，国人依据西方理论和中国县政的实际，从多方面对县政进行了较为深入的探讨，这些探讨对于推动县政制度的变革有一定的影响，对于今天的县政改革也不无借鉴价值。

第一，关于县政制度的讨论，对于县政制度的发展具有一定的推动力和影响力。南京国民政府时期是中国现代化过程中的一段重要历史时期，而县政制度的现代化是中国现代化的应有之义。时人在批评既存制度的基础上，围绕如何改革、发展县政制度，就省县关系、县政职能、县政机构、人事制度、财政制度提出了很多建设性的意见。在省县关系上，主张改变省对县限制太严的状况，给县必要的权限，以便于县政展布；在县政职能上，主张扩大县政职能，由消极的县政转为积极的县政；在县政机构上，他们主张扩大县政组织，充实县以下组织机构并建立民意机构；在人事制度上，论者在县政人员选任、待遇、工作保障、考核、奖惩、升迁等方面进行了具体设计，实际上是主张建立现代化的人事制度；在财政制度上，他们主张对省县财政进行合理划分，建立独立的县财政体系。

讨论中的一些观点，有的符合南京国民政府加强统治的现实需要，在一定程度上为南京国民政府所接受，成为县政制度改革的重要参考，客观上起到了为南京国民政府推行改革造势的作用。如裁局设科，虽然因对于地方自治而言是一种倒退而受到批评，但南京国民政府还是在全国推行，不过允许地方可以根据需要保留局的设置。这种具有一定弹性的规定，考虑到了地方的差异，具有一定的合理性。

第二，关于县自治的讨论在理论原则与现实需要之间架起一座桥梁，在一定程度上来说对推进该历史时期的县自治发展是有益的。时人对县自治的讨论必然围绕孙中山的县自治的理论原则来进行。值得指出的是，陈公博在孙中山威望如日中天，几乎被奉为神明的情况下，对他的县自治理论提出质疑，主张对其进行修正，是颇具见解的，也是相当大胆的。我们不能因为其后来的为人而完全否定他在这一问题上的讨论的价值。周谷城等人虽然驳斥了陈公博，却并不能拿出有效的办法。经历过大革命以及国共分裂后，国民党早已将民众运动，尤其是农民运动视若洪水猛兽，周谷城、龙鼎通过恢复民众运动、发展农民运动，来建立县自治基础、实现县自治的想法，显然脱离了当时的实际环境。而陆几沉提出的通过分发一批乡村政治家，来确立县自治基础的主张，则更是把问题看得过于简单了。陈公博等人关于当时县能不能作为自治单位的争论，并不是要不要实行县自治，而是如何推进县自治。陈公博主张渐进，周谷城等人则倾向急进。比较来看，陈公博关于县自治的看法更切合实际。从实践上来看，南京国民政府在训政之初，从现实出发，以乡、镇为自治单位，而并没有把县作为自治单位，符合陈公博的观点，而与周谷城等人的主张相去较远。

南京国民政府为了"剿匪"、加强社会控制，推行了保甲制度。有论者根据民主自治理论，对保甲制度进行了批判。有人则站在国民政府立场上，支持保甲制度，为之进行辩护。陈柏心提出将自治与保甲合二为一，这一设想既能满足安定社会秩序的现实需要，又能使自治不被停办，作为特定时期的一种折中方案，是比较可行的。基于现实的考虑，王蔚佐保留保甲的主张也是具有一定合理性的。传统国家治理体系中民众只是治理的旁观者与承受者。作为以民众为主体的一种新的国家治理体系，县自治要具有现代化因素，同时又不能不结合中国的历史传统，这是一个很大的难题。当然，保甲制在那个时代，其设置有维护南京国民政府统治的目的是毋庸置疑的，与民主时代的要求也是相脱节的。关于县自治与保甲制度能否兼容、如何兼容的讨论，涉及中国传统的治理制度能否与现代治理制度相结合、如何结合的问题，为今天在改革中如何处理传统与现代的关系，实现二者的合理结合提供了有益的借鉴。

国民党训政之初，不少人以为只要按照孙中山的自治理论去做，就能很快达到县自治，乃至宪政的康庄大道，因此对县自治实施方案的设计基本是按照孙中山地方自治理论进行的。在县自治实施遇挫之后，人们仍对孙中山的自治理论深信不疑，认为是推行中存在的问题导致县自治遭遇挫折，只要改进县自治的方案就行了，因而按照孙中山自治理论，对县自治实施方案进行了再设计。这些设计依然没有能够摆脱孙中山理论中在自治条件方面的局限。抗日战争结束后，时人对于县自治实施方案的设计突破了自治条件方面的原有局限，对孙中山地方自治理论做了较大变通。这种变通一方面反映了人们在县自治认识上的变化，另一方面是因为"宪政"实施在即，需要尽快实现县自治。

综观南京国民政府时期人们对县自治的讨论，大致可分为两种立场和观点：一种从孙中山的政治理念出发，主张严格按照其有关理论推进县自治的实施，对南京国民政府"背叛"总理遗志的一些做法提出批评；另外一种则从国民政府现实统治需要出发，主张对孙中山的自治理论做比较大的变通和修正，并为政府的做法进行辩解。这两种立场和观点有着很大的不同，但都以县自治的实现为圭臬。这两种立场和观点，前者侧重理想，后者侧重现实，各有各的道理，也各有各的局限和不足。通过这些讨论，时人深化了对县自治理论与现实的认识，两种观点的距离有所缩小，推动了县自治的设计渐趋切合现实和具体可行。这些讨论也从侧面反映了在中国这样一个经济、文化、政治上都比较落后国家里实施县自治的艰难。

第三，关于县政实验的讨论辟荆开榛，对现代社会治理体系的建立具有重要的开创意义。传统中国治理体系重政治、轻社会，主体行政机构至县而止，又缺乏有效的社会治理体系，社会往往处于一种涣散、自为的状态。近代以降，中国农村的社会活力与经济活力在各种压力下进一步衰竭，为乡村社会改造理论的实验提供了契机。20世纪二三十年代，在乡村社会现实问题的刺激与引进的西方政治与社会理论的启发下，人们开始认识到下层社会的重要性，尝试对乡村社会进行改造，建立起一种适应现代的乡村社会体系，邹平、定县的乡村建设实验就是在这种背景下产生的。南京国民政府决定设立实验县，固然是为了实验如何加强对地方的控制，实质上也是为了实验如何掌控建立社会治理体系的主导权。在县政建设实验的实践中，代表政府立场的江宁、兰溪模式和代表社会立场的定县、邹平模式，对县政实验的使命、目的、方式、步骤方面的认知差异很大。江宁、兰溪从加强社会控制着眼，从县行政着手，侧重政治，主张依靠政治力量由上而下地进行制度、政策的实验。定县、邹平从民族复兴着眼，从乡村建设着手，侧重社会，主张依靠社会力量由下而上地进行社会改造的实验。邹平、定县与江宁、兰溪虽然立场殊异，但都进行了大胆的探索，也都取得了一定效果。县政实验后期，定县认识到不用政治的力量其经验难以推广，提出"政教合一"；江宁认识到"政府的力量必有时而穷"，不培养民众自动的力量会人亡政息，二者有接近的趋势，从某种意义上来说，此亦为县政实验的成果之一。

毋庸讳言，南京国民政府时期关于县政的讨论也有一定的局限和不足。

第一，受传统人治思想的影响，过于强调"治人"的重要性，在很大程度上忽视了制度的重要性。如认为县政的好坏系于县长一身，县长好坏固然和县政有一定的关系，但制度的好坏更为关键。县长要在制度框架内施政，没有好的制度就没有真正好的县长。他们理想中的十全十美的县长在现实中是难以寻觅的，所设计的选择县长的标准根本难以落实，寄托于贤能县长的希望也是终究要落空的。

第二，无论邹平、定县，还是兰溪、江宁，关于县政实验的理论探讨都有失偏颇，且忽视或回避了贫苦农民的利益诉求。江宁、兰溪片面强调政治以及为政府服务，而忽视了社会改造以及对民众的训练和培养，结果出现号称自治运动而民众不动的尴尬。邹平、定县——尤其是邹平，则过于强调社会及民众，而将政府置于无关或对立的地位。在中国国情之下，没有国家力量的支持，民间自发的理论是难以成功实践的。社会治理体系的建立既离不开政府，也离不开民众。这些实验理论有一个共同的缺陷，即忽视或回避了农民的诉求。旧的土地制度和农民负担过重是农村衰败的重要原因，而这些理论都没有触及这两个问题，忽视了农民，尤其是贫苦农民的利益诉求。之所以如此，是因为这些实验理论的设计者都没有站在农民的立场上思考问题，这也是其实践得不到农民响应与支持的根本原因所在。这些实验理论的另一个共同缺陷是各执一端，定县强调教育，邹平侧重礼教，江宁与兰溪则强调政治、政府、政策、法令，这些理论各有侧重，但没有从整体上去思考社会的构建。

第三，关于县政建设的讨论虽在一定程度上起到了推动县政发展的作用，但在相当长的时期内一度偏离了主旨。南京国民政府成立之初，一方面还带有一定程度的孙中山理想主义的色彩；另一方面出于其赢得人心、巩固政权的需要，根据孙中山的建国理论对县政建设进行了探讨和设计。其后随着稳固其统治的需要，再加上理想主义色彩逐渐褪去，南京国民政府开始收紧权力，加强社会控制，管教养卫合一的理论就是在这种背景下出台的。管教养卫重心在"管"，就是对社会的控制，这种控制不仅包括政治控制，而且包括心理控制。蒋介石等人试图用传统礼义廉耻的说教来从精神层面对人们进行有效控制，带有明显的专制色彩，这与孙中山的"民权"理论中的民主精神是相背离的，此时南京国民政府虽仍然标榜县政建设，而其实质发生了明显变化。全面抗战期间，中华民族遭到空前的民族危机，倾全国之力，实行全民族抗战，打败日本侵略者成为当务之急。在这种情况下，国家开始转入战时体制，县政也需要随之进行调整。此时，时人关于县政建设的讨论集中在如何动员、集中力量为抗战服务上，此时的县政建设，则为国防化的县政建设。抗战胜利之后，尽管人们期盼和平，尤其期盼在和平的环境下转入国家全面建设，但由于国民党很快即发动了内战，这样，县政建设的讨论不能不被战争所吞没，国民政府的重心转向与中共决战的战争状态，直到其在大陆的统治告终。

第七章

县政背景下乡村社会的灾荒、战祸和乡村危机

1927 年，南京国民政府建立后，为了控制基层县级政权，迅速地实施了县政建设。然而由于基层政权的传统政治经济势力的强大，加之南京国民政府时期的各种灾荒、战祸接连不断，该时期的县政建设在乡村社会领域里的成效并不明显。甚而建设只是一个空名，乃至相反。事实上，中国近代乡村社会危机并没有随着南京国民政府的建立而减弱，相反还日益加重。虽然南京国民政府与部分社会精英（如乡村建设派们）曾试图推行乡村建设以挽救日益严重的乡村社会危机，但均无法减少乡村社会危机对县政建设的不良影响。本章试图从乡村社会的视角，研究在灾荒、战祸等乡村危机形势下国民政府推行县政建设所遭遇的困境。

第一节　中国传统的乡村社会与近代以来的战乱、灾荒

中国传统的乡村社会是一个平衡的、二元式社会控制结构，这与中国传统的政治、经济与文化因素密切相关。然而自从进入 19 世纪中期之后，这种看起来似乎非常平衡的社会控制结构却被西方的坚船利炮打破。与此同时，近代以来连绵不断的战乱与灾荒也加速了看似平衡的社会结构的解体。

一 中国传统的乡村社会

中国传统的乡村社会是一个典型的小农经济社会，中央政府建立在小农经济的根基之上，统治阶级唯有将基层政权牢牢控制，国家才会长治久安。从社会系统而言，中国传统的乡村社会是一个二元制的社会系统，即由国家政权与乡村权威共同控制的社会系统。如许纪霖所指出的那样，乡村社会的控制系统有二：“一种是官方的行政控制系统；另一种是非官方的控制系统。”[1] 前者属于制度层面的控制，自中央政府开始，直至县一级，均有一整套完整的官僚机构实施统治；后者属于非制度层面的控制，更多的则是由乡村权威实施统治。这一看法基本反映了中国传统乡村社会的真实情况。

对中国传统乡村社会实施控制的“官方的行政控制系统”，是指中央政府直至县级的各级行政管理机构。以清朝为例，地方行政制度基本上是省、道、府、县四级制，县为最基层的行政单位。然因“皇权不下县”，以至于“在州县级以下没有任何类型的正式政府存在”。[2] 县的最高行政长官称为知县，为正七品官职。知县下设县丞、主簿及典史等人协助知县料理一县政务。在清代，“知县掌一县治理，决讼断辟，劝农赈贫，讨猾除奸，兴养立教。凡贡士、读法、养老、祀神，靡所不综”。[3] 由此可见，清代知县所负事项颇多，但管理最多者则为维持治安、负责税收以及审理案件。到民国初期亦是如此，梁漱溟根据对乡村社会的调查，认为“事实上，老百姓与官府之间的交涉，亦只有纳粮、涉讼两端”[4] 而已，别无其他事宜。

实际上，中央政府对乡村社会的基层控制，仅有县级政权的管理是远远

---

1 许纪霖、陈达凯主编《中国现代化史》第 1 卷，生活·读书·新知三联书店 1995 年版，第 78 页。

2 瞿同祖：《清代地方政府》，第 5 页。

3 赵尔巽等撰《清史稿·职官三》，中华书局 1976 年版，第 3357 页。

4 梁漱溟：《中国文化要义》，中国文化书院学术委员会编《梁漱溟全集》第 3 卷，山东人民出版社 1990 年版，第 158 页。

不够的，还须有非制度层面的控制方能奏效。根据研究，如下几个基本要素发挥着地方政府所不具备的独特作用，即宗族、乡约、士绅以及保甲。

在传统聚族而居的社会里，自古以来宗族组织就颇为庞大，宋代以后更甚。在乡村社会的管理中，具有相近血缘的宗族始终担负着政府所无法承担的管理角色。即使"兄弟析烟，亦不远徙，祖宗庐墓，永以为依，故一村之中，同姓者至数十家或数百家，往往以姓名其村巷焉"。[1] 这种长期聚族而居的状况使宗族在社会管理中的作用十分凸显。较大的宗族均有祠堂、族规等。宗族通过祠堂将家族的意志或族规贯彻下去以达到管理宗族的目的。若遇宗族的重要事项，概由族长召集家族成员商议，以做出符合宗族整体利益的重大决策。"凡事属兴废大节，管理者俱要告各房家长，集家众，商确干办。如有徇己见执拗误事者，家长家众指实从公纠正，令其即行改过。如能奉公守正者，家长核实奖劝，家众毋许妄以爱憎参之，以昧贤否。"[2] 这种遇有重大事务须共同商议的民主原则与奖惩分明的管理制度使整个宗族的延续成为可能。另外，宗族还经常对家族成员实施教化和管理。定期向族众宣读族规家训甚至处理家族事务，"镇江赵氏宗族有二万余丁，其族有总祠一人，族长八人佐之，举族人之聪明正直者四人为评事，复有职勾摄行杖之役事者八人。祠有祠长，房有房长，族人有讼，不鸣之官而鸣之祠，评事议之，族长判之，行杖者决之"。[3] 如有宗族成员违反族规者，族长判之而"终不改，度不可容，则言之官府，屏之远方焉"。[4] 更有甚者，"贫人有犯，并不鸣官，或裹以竹篓沉置水中，或开掘土坑活埋致死"，并令死者亲属"写立伏状，不许声张"。[5]

1　（清）冯桂芬等纂《同治苏州府志》卷3，江苏古籍出版社1991年版，第368页。

2　（明）程昌著，周绍泉、赵亚光校注《窦山公家议校注》卷1《管理议》，黄山书社1993年版，第13页。

3　（清）刘献廷：《广阳杂记》卷4，商务印书馆1957年版，第102页。

4　（元）脱脱等撰《宋史》卷434《陆九韶传》，第12899页。

5　（清）嵇璜等修《清朝文献通考》卷198，浙江古籍出版社2000年版，第6625页。

足见宗族对家族成员管理之严。

如果两个宗族间发生纠纷，则按乡约处理。乡约是村民在生产生活中根据当地风俗与现实需要共同约定和自我约束规范而形成的。乡约虽非国家正式颁布的法律，却在乡村社会的实际生活中被视同法律，发挥着独特的作用。由于乡约提倡以儒家伦理纲常教化乡民，对稳定民间秩序起重要作用，国家对乡约极力提倡，尤其宋以后，乡约稳定地方秩序的作用更为明显。若邻里之间"偶有口角是非，（县府）批令该处乡约会同公正绅耆查覆"。[1] 甚至一些执法性案件也由乡约具报。此处的乡约，是指由乡村文化而形成的力量体系。不仅如此，在偏远乡村，乡约甚至像官府一样处理民间纠纷。根据《牧令书》记载，四川偏僻之地的乡约，"民间称为官府，词讼必先经其判断，然后闻于官"。[2] 更有甚者，乡约所判之案，至官府亦无可奈何。清朝道光年间江西吉安府的地方乡约，即可以不与县政府直接沟通而自行审理盗窃之类的案件，并且处罚甚重，如凡"有指为偷窃者，辄于公所用刑审讯，且将箧篓包裹，沉入深潭"。即便如此，如有"受其害者，多不敢经官控告。即有时控告，该乡约众口一词，州县亦无从申理"。[3] 可见乡约承担了基层几乎所有的司法职能。虽如此，由于乡约不具备完全意义的政府强制力，还需取得宗族的支持，充分发挥其作用。

宗族势力或者乡约如欲对乡村社会实施有效统治，均需通过乡村社会中的士绅来完成。对于士绅在乡村社会中所发挥的作用，时人有过调研，认为："一乡中的是非曲直，由他来判断。"[4] 中央政权需要以儒家伦理加强对乡村社会的统治，通过科考取得功名的士绅无疑是最佳人选。虽然乡间士绅是一个

1　《合水县志》下卷，兰州古籍书店 1990 年版，第 215 页。

2　（清）徐栋：《牧令书》卷 8《屏恶》，道光戊申年兴国李炜校刊本，第 44 页。

3　《宣宗成皇帝实录》第 3 册，中华书局 1986 年版，第 560 页。

4　郑彦棻主编《乡村服务实验区报告书》（1），国立中山大学出版部 1936 年版，第 10 页。

有所变化的阶层，但是基本包含如下人员，即现任政府官员、卸任政府官员和府州县学的生员、国子监监生、乡试及第的举人和会试及第的进士中未曾做官者。由于士绅拥有政治、经济与法律上的许多特权，且可荫及亲属，尤其后两类士绅对乡村社会的影响更大。明洪武十二年，朱元璋规定："'内外官致仕还乡者……其居乡里，惟以宗族序尊卑如家人礼，于其外祖及妻家亦序尊卑。若筵宴，则设别席，不许坐于无官者之下。如与同致仕官会，则序爵，爵同序齿。其与异姓无官者相见，不次（应为须）答礼。庶民则以官礼谒见，敢有凌侮者论如律。'着为令。"[1] 故至明清时期，士绅"是惟一能合法地代表当地社群与官吏共商地方事务参与政治过程的集团。这一特权从未扩展到其他任何社群和组织"。[2] 这样一来，就在广大的乡村社会之中形成一种官绅同治的状况，实则是中央政治权力向乡村基层政权延伸的结果，亦为专制王权下官僚体制与地主体制相结合的必然产物。由此亦可看出，士绅对乡村社会的管理效能较为明显。

宗族、乡约与士绅之间的关系，就本质而言是三位一体的。宗族是靠血缘相近的家族成员维系的社会组织，具有处理宗族内部事务的权力；乡约是地方出于管理需要而形成的规范地方成员的组织，因其对地方宗族有管理职能，亦具有某种宗族性质；而士绅属于乡村社会的重要人物，大多是各地名门望族的代表人物，于官于民，均有其他社会阶层所不具备的便利条件来处理地方事务。即使有上述三类要素管理乡村社会，中央政府犹嫌不足，深感必须将统治力量深入乡村社会的基层以加强控制，保甲等一系列乡官制度便随之出现。

秦汉以降，亭长、三老、里正与甲长等一系列基层官员的出现，说明中央政权已日益向乡村社会渗透，至清代更为完备。事实上历代统治者均想方

1　（明）余继登撰《典故纪闻》，中华书局 1981 年版，第 60 页。

2　瞿同祖：《清代地方政府》，第 283 页。

设法在乡村社会建立稳固统治，出身贫寒的明太祖朱元璋于洪武三十年曾对户部尚书郁新、吏部侍郎张迪说："人有恒产，斯有恒心。今天下富民，生长田里之间，周知民事，其间岂无才能可用者！其稽诸户籍，列名以闻，朕将选用焉。"[1] 说明中央政府对基层政权建设的重视，仍欲从乡村社会寻找"可用"者为其服务。至清代保甲制度日益完善。十户为一牌，设立牌长；十牌为一甲，设立甲长；十甲为一保，设立保长。要求各家均挂牌标示。如此一来，各家各户均编入保甲，以保证对乡村社会实施严格管理，因为"什伍其民，条分缕析，令皆归于约长，凡讼狱、师徒、户口、田数、徭役，一皆缘此而起"。[2] 保甲制度使政府将管理的触角延伸至宗族之内，起到了加强基层政权的效果。乾隆时期的江西巡抚陈宏谋认为："族房之长，奉有官法，以纠察族内子弟。名分既一定，休戚原自关，比之异姓之乡约保甲，自然便于觉察，易于约束。"[3] 关于宗族与乡里、保甲等乡官制度相结合的管理效果，清代张望曾评价如下："里有长，乡有约，族有正，择其贤而才者授之，然后县令之耳目股肱备也。县令勤于上，约与正与长奉于下，政令有与行矣，威惠有与遍矣。"[4]

至清朝中晚期，保甲制度在乡村社会实施的效果渐不如前。清朝嘉庆年间，时任河南巡抚马慧裕曾向嘉庆奏称地方保甲发生蜕变的情形："保甲一法，本系各省奉行成例……然每有未能尽收实效者，缘保正一役，民间视为在官贱隶，稍知自爱者相戒不肯充当。其承充者均非诚实可靠之人，既不见重于乡党，亦不取信于有司。"[5] 这段史料即充分说明，在清中后期保甲等乡官制度正逐渐发生蜕变，部分保甲长并非原来意义上的乡官，无法实现教化

1　戴逸总主编《二十六史大辞典·事件卷》，吉林人民出版社 1993 年版，第 644 页。

2　陆世仪：《论治邑》，（清）徐栋辑，张霞云校点《保甲书》，安徽师范大学出版社 2012 年版，第 91 页。

3　《皇朝经世文编》卷 58，陈宏谋：《选举族正族约檄》中册，中华书局 1992 年版，第 1480 页。

4　张望：《乡治》，（清）徐栋辑，张霞云校点《保甲书》，第 97 页。

5　中国第一历史档案馆藏档案，朱批奏折，档案号：04-01-02-0024-001。

乡民之目的。

在传统的乡村社会里，灾荒与战乱是无法摆脱的两个常见的现象。灾荒的出现不仅有其不可抗拒的自然原因，也有社会生产力日趋停滞或增长极为缓慢的社会因素。战乱则多是王朝末期所常见的现象。

由于气候与地理形态等特点，中国的灾荒历来是比较多的。人口压力过大导致的毫无限制地垦荒，毫无疑问也是灾荒出现的重要原因之一。过度垦荒使各种资源几近耗竭，灾荒便在条件具备时爆发，不可阻遏。而传统的乡村社会对此虽有相应的救助方法，如官方的赈灾活动与民间的自救活动，但是终究无法摆脱社会生产力低下所导致的社会生产几近停滞的局面，从而使这些救助活动缺乏目的性与长远性，于是灾荒过后，依然如故。一般性的规模较小和局部的灾荒，是传统社会难以避免的常见现象。当然，大的灾荒则是在特定气候变异和政治腐化状况下才发生的异常现象。

与灾荒不同的是，战乱的出现主要是人为的因素。由于战乱对农业的破坏极大，传统中国乡村社会的战乱发生频次并不高，不到王朝山穷水尽之时，波及广泛的战乱很少发生，但战乱一旦发生，则很难制止，会对社会造成很大的破坏，而且往往持续较长时间。

近代以降，在欧风美雨的冲击下，中国传统君主专制制度已走到了尽头，开始向近代国家体制逐步转变，一种新型的县级政权管理模式势必应运而生。在这种新旧转型的时代，战乱与灾荒的情况如何呢？

二　中国近代以来的战乱

自 1840 年中国进入近代社会至 1949 年新中国成立止，战乱就如妖魔般一直在神州大地上肆意横行，给广大人民带来了不可估量的灾难，既严重影响了人民的物质生活水平，加剧了乡村经济的凋敝，也给人民带来了极大的精神创伤，抑制了中国现代化的正常进程。

（一）中国近代以来战乱在县域社会的表现

中国近代以来战乱不断，既有外敌入侵，亦有内战，均给人民带来了深重的灾难。每次战乱都会造成大量平民的伤亡，外敌入侵杀害平民是极其常见的现象，而内战中的炮火也常伤及无辜，而战乱时代之下的匪乱更是直接祸害乡村民众。伴随着血腥战争的进行，不可避免地出现疯狂抢掠民间资财的现象，造成地方社会经济凋敝的局面。难民流徙是战乱造成的又一惨象。几乎每场战乱都会造成大量的难民迁徙，造成社会的更加不稳和动荡。尤其是 20 世纪 20 年代，战乱频仍，造成了大量流民。有研究者认为："本世纪最大的国内移民运动之一发生在 20 世纪 20 年代。"与灾荒相比，战乱造成的损失更大，灾民对付灾歉和洪水的方式，一般是带着财产逃到其他地方去躲避，及至灾害过去后再返回。然而战乱中"军队的掠夺是另一回事，它通常意味着财产和生命的双重损失"。[1]

随意军事摊派是战乱时期的又一伴生现象。伴随着战乱，必然会有超出常规之外的军事摊派。军事摊派多为以下三种形式：力役、实物与货币。虽有力役之类的军事摊派，实际上军队征用实物还是最多，包括衣食住行的各个方面，如军服、面粉、床板、车子、牛马等，凡是军队所需物品，均随时征调。除上述兵役与实物征用外，货币亦会经常征用。

（二）中国近代以来战乱之祸的影响

中国近代以来的战乱之祸连绵不断，不仅造成了国家政局不稳，而且给老百姓带去了无尽的灾难，加剧了农村经济的破产。

战乱严重地破坏了农村经济。农业重要的生产力要素便是牲畜，而牲畜恰是军队经常征用的对象。由于军阀混战不间断征用，以至于离城较近的乡

1　〔美〕马若孟：《中国农民经济——河北和山东的农业发展（1890—1949）》，第 314 页。

间，"鲜有畜养骡马者"。[1] 可以设想，对于农民而言，没有牲畜则如同断其手足，进行农业生产是非常困难的。

战乱也必然使农民的生活更加艰难。由于近代战争不断，尤其民国成立之后战乱更加频繁，农民生活益加艰辛，这从表 7-1 河北定县的田赋附征情况中可见一斑。

表 7-1　1926—1928 年河北定县田赋附征情况

单位：元

年份	征收名目	数额
1926	"讨赤"费	107813.409
1927	"讨赤"特捐、"讨赤"军事善后特捐	215626.818
1928	"讨赤"军事善后特捐、战役抚恤特捐	65717.994

资料来源：李景汉编著《定县社会概况调查》，第 477—478 页。

由表 7-1 可知，河北定县于 1926 年在田赋之外又附征了"讨赤"费，计征收 107813.409 元。1927 年又征"讨赤"特捐，另外加收"讨赤"军事善后特捐，两者共计竟达 215626.818 元。至 1928 年，又征收"讨赤"军事善后特捐和战役抚恤特捐，虽不多，亦达 65717.994 元。但过去"平常一两粮银一忙只征 1.15 元的，现在却要征 3.55 元，加增三倍有多。负担之重，于兹可见"。[2] 定县当然并非孤例，其他战争波及区域县份也大概如此。因此在 20 世纪前半期的中国，农民生活的负担本已十分沉重，若再加上军事摊派，可以想见农民生活益加困苦。

1　〔美〕卜凯：《河北盐山县一百五十农家之经济及社会调查》，《金陵大学农林科农林丛刊》第 51 号，1929 年 9 月，第 66 页。

2　李景汉编著《定县社会概况调查》，第 474 页。

三 中国近代以来的灾荒

中国地域非常辽阔，地理与气候条件也相当复杂，自然灾害频繁发生。有学者指出："我国灾荒之多，世罕其匹，就文献所可征者言，则自西历纪元前十八世纪，直至纪元后二十世纪之今日，此三千数百余年间，几于无年无灾，从亦无年不荒；西欧学者，甚有称我国为'饥荒之国度'（The Land of Famine）。"[1] 至近代以来，由于政治、经济与社会各种因素的影响，中国灾荒的发生益加频繁，灾荒所带来的社会灾难较之以前更为严重。

（一）中国近代以来的灾荒概况

近代以来中国各种自然灾害一直未断，甚至超过历史上的任何一个时期。从鸦片战争爆发至新中国成立的 110 年间，有学者做过不完全的统计，竟有各种自然灾害 3185 次之多。关于具体各种灾情与地域分布详情，请看表 7-2。

表 7-2　1840—1949 年中国各省区灾害数量统计

单位：次

地区		水	旱	虫	风	雹	冷	震	疫	共计
华北地区	河北	89	48	34	8	34	10	6	13	242
	山东	83	46	40	28	31	2	1	8	239
	河南	67	46	24	12	30	5	1	10	195
	山西	51	42	12	4	37	17	5	7	175
	小计	290	182	110	52	132	34	13	38	851
西北地区	陕西	45	32	16	12	42	14	2	15	178
	甘肃	37	33	3	6	40	11	24	8	162
	青海	4	3	1	1	4	1	1	3	18
	宁夏	3	1			3				7
	新疆	8	5	4	1	4	7	11	2	42
	小计	97	74	24	20	93	33	38	28	407

1　邓云特：《中国救荒史》，上海书店出版社 1984 年版，第 1 页。

续表

地区		水	旱	虫	风	雹	冷	震	疫	共计
长江中下游地区	江苏	74	45	17	24	4	2	6	19	191
	浙江	72	45	23	40	9	6		20	215
	安徽	71	39	21	14	7	1	2	7	162
	江西	72	34	11	10				8	135
	湖北	81	39	13	12	9	2	8	13	177
	湖南	93	34	20	12	10	5	4	16	194
	小计	463	236	105	112	39	16	20	83	1074
西南地区	四川	52	29	3	4	24		18	8	138
	贵州	27	18	4		11	3	2	6	71
	云南	39	19	7	2	12	5	41	11	136
	小计	118	66	14	6	47	8	61	25	345
华南地区	广东	55	6	6	30	4	1	4	11	117
	广西	33	17	9	4	1		2	11	77
	福建	48	9		31			43	15	146
	小计	136	32	15	65	5	1	49	37	340
东北地区	黑龙江	19	4	2	1	1		3	8	38
	吉林	31	6	3		6	3	1	5	55
	辽宁	48	5	2	1	3	2	5	9	75
	小计	98	15	7	2	10	5	9	22	168
总计		1202	605	275	257	326	97	190	233	3185

注：（1）统计以次为单位，分省区进行统计，一年中一省同一时间发生的同一类灾害算为一次，不同时间发生的灾害，以实际发生次数来计算；（2）史籍中仅言"歉收"者未加收录，"水雹""雨雹"等未说明具体灾害者不予列入，笼统说明"连遇大雨""大旱""大水""被水""被淹""被雹""被霜""地震"而未言成灾、未详细记载或未说明具体成灾地点者一般也不予列入，但"被水""被旱"而清廷"蠲缓""展缓""蠲免"钱粮的列入；（3）纯粹为"兵灾""匪祸"的不予列入；（4）冷害包括"霜灾""雪灾""大凌"；（5）史籍中凡"疾疫""时疫流行""大疫"等均计入；（6）省区：河北包括京兆、察哈尔、热河等，山西包括绥远，福建包括台湾，缺内蒙古、西藏等省区。

资料来源：本表根据李文海《近代中国灾荒纪年》（湖南教育出版社 1990 年版）与《近代中国灾荒纪年续编（1919—1949）》（湖南教育出版社 1993 年版）整理编制而成。转引自谯珊《近代中国自然灾害与城市衰落》，《四川师范大学学报》2007 年第 4 期，第 134—135 页。

由表 7-2 可知，中国近代以来的灾荒具有以下特点。

第一，灾害频繁，次数众多。自鸦片战争以来至新中国成立前的 110 年间，中国共发生较大规模的自然灾害即达 3185 次之多。其中尤以长江中下游地区灾害发生的次数最多，为 1074 次，占 1/3 稍弱。东北地区灾害发生的次数为最少，为 168 次。然而上表只统计了八类主要的自然灾害，而且并无西藏与内蒙古等省区的灾害数据，实际上近代以来的灾害情况比这要严重得多。

第二，灾害数量具有空间地理分布上的不平衡性与灾害时间上的周期性。从表 7-2 可知，长江中下游地区为中国近代以来自然灾害发生次数最多的地区，达 1074 次之多，占自然灾害总数的 33.7%。其次为华北地区，为 851 次，占 26.7%。接下来依次是西北地区（407 次）、西南地区（345 次）、华南地区（340 次）与东北地区（168 次），所占比例分别为 12.8%、10.8%、10.7%、5.3%。另外，从表 7-2 亦可看出，近代以来长江中下游地区水、旱灾发生的数量占总量的 38.5% 与 39%，而华北占 24.1% 与 30%，位居其次。由此可见，灾害数量在空间地理分布上具有不平衡性。如再从灾害时间上分析，"近代 110 年的自然灾害存在着两个高潮期，第一个高潮期大约在 1840—1890 年间及附近年代，第二个高潮期大约在 1920—1937 年间。说也凑巧，前一个峰期经 1879 年前后发生的大震大旱的交织而达于极点，后一个峰期则是以 1920 年的旱震并发揭开了序幕"。[1] 因此有学者将 20 世纪 20—30 年代称为"灾害群发时段"。[2] 这一群发期持续到全面抗战爆发前，而这一时期正是南京国民政府统治的前期。总之，这 110 年间的两次灾害的周期性是十分明显的。

1　夏明方：《民国时期自然灾害与乡村社会》，中华书局 2000 年版，第 46 页。

2　中国灾害防御协会、国家地震局震害防御司编《中国减灾重大问题研究》，地震出版社 1992 年版，第 47 页。

第三，灾害种类具有明显的地域特点。这是因为自然灾害与地理空间分布有着极大的关系。例如沿海地区由于临海等因素，多风灾和海啸等灾害。而华北与西北地区则受天气多变等因素影响，多雹灾、寒潮和虫灾。西南地区由于受地理板块迁移的影响多震灾，有时也因天气变化剧烈而有雹灾。水灾在长江流域和黄河流域居多，华中、华北地区因为夏季雨水较多，且较为集中，这一情况尤其明显。

第四，近代以来的灾害数量基本上呈上升趋势。虽然表7-2统计的数据无法显示该特点，但考察近代灾荒史实，明显感到自然灾害的发生数量呈现上升的趋势，特别至20世纪20年代较为突出，各种灾害发生的数量快速增多，而且水、旱、震等多种灾害同时出现，加剧了乡村社会的贫困与民众生活的艰难。

（二）中国近代以来灾荒的影响

近代以来乡村社会受自然灾害的影响较大。连绵不断的灾荒不仅造成了大量的人口死亡，也使乡村社会的土地大面积荒芜，造成了农村经济的严重凋敝。

灾荒严重的后果之一是人口的大量死亡与灾民流亡现象。邓拓统计显示，1920—1927年因灾荒而死亡的人数大致如表7-3所示。

表7-3　1920—1927年因灾荒而死亡的人数

年份	1920	1922	1923	1924	1925	1927
死亡人数	500000	50000	100000	100000	578000	37136

资料来源：邓云特《中国救荒史》，第142—143页。

从表7-3可知，因灾荒死人最多的年份是1925年，达到578000人，主因乃当年震灾。1920年12月16日，甘肃海原发生了近百年来破坏最大的一次地震。地震之后损失极大，海原县城"全城房屋荡平，全县死七万三千零二十七人，伤者十之八九，牲畜被压毙者四万一千六百三十八头。海原东南的固原县，城区也全部被毁，所有建筑物一概坍塌，崩落的山石将河道壅塞，水流四溢，滨河之地亦多裂缝，全县死三万人（一说三万九千一百七十六人），压毙牲畜六万余头……会宁县除房屋大部倒塌外，也因山崩土裂出现整个村庄被湮没之事，形成'数十里内人烟断绝'之惨象，全县死亡一万三千九百四十二人。通渭县城乡房屋倾圮无余，河流壅塞，平地裂缝，涌水喷沙，有全村覆没者，也有阖村仅一二户存留者，死者达一万余人，伤者三万余人"。[1] 这只是震源附近的损失。由此可见，此次地震的损害极大。而每次大灾之后死人最多者为男性。有学者将中国农村人口死亡的情况与国情相类似的印度做过对比，指出中国"平均每年每千人中约死二十五人至二十六人。除印度外，此实世界各国最高之死亡率。而绵延不断之灾荒，实即为造成此最高死亡率之一主要原因"。[2]

灾荒也严重影响了工农业经济的正常发展。农村人口的流失最为明显，流民成为大灾之后的最显著的现象，如1899—1900年罕见的直隶旱灾过后，灾民"辘轳转饥肠，嗷嗷哀鸿雁，十户九流亡，老弱转沟壑，壮者散四方"。[3] 农村人口的大量减少和劳动力、畜力的严重缺乏，加上农田水利的长久废弛不修，以及由于大片田地无人耕种导致的土壤碱化和沙漠化现象，造成了生态失衡，自然灾害的发生也就循环不已，农村经济日益凋敝。

近代以来，无论战乱或灾荒，均对中国传统的乡村社会产生了严重冲击，使本已很脆弱的乡村社会更加难以承受更多的灾难冲击。

1　李文海等：《中国近代十大灾荒》，上海人民出版社1994年版，第147页。

2　邓云特：《中国救荒史》，第134页。

3　田汝汾主编，南皮县地方志编纂委员会编《南皮县志》，河北人民出版社1992年版，第782页。

第二节　战乱对县政发展状态的影响

南京国民政府时期是近代以来战乱至为频繁而严重的时期，而战乱之区和被灾之区受影响的对象，除了军事上处于攻守的城市目标外，主要是广大农村地区和广大农民。

南京国民政府自建立伊始便处于战争的包围中。虽然蒋介石提出"管教养卫"，可事实上，不仅蒋所提出的"教民养民卫民三件大事"根本无法完成，就连基本的县政事务也无法开展。"军队本为政治之工具，惟在革命初成功，而政治未完全上轨道之时期，则军队常有侵害政治权力之举动，此种事实，尤以县政府为特甚。"[1] 事实上也正是如此，而南京政府始终在政治上未步入正轨，战争、战乱的环境对推行县政建设产生了诸多不利影响。

一　军队长官任命县长

按照 1930 年 7 月 7 日国民政府修正公布的《县组织法》第二章规定，县长的任命是由"民政厅提出合格人员二人至三人，经省政府议决任用之，综理县政，监督所属机关及职员"。[2] 然而在南京国民政府建立初期，由于战乱频仍，由军队长官随意任命县长的行为却是司空见惯之事，而此种做法对于县政的正常推行显然不利。

关于军事长官干扰县长的人选，在国民政府建立初期，按照国民党战地政务委员会的解释，是因"军队刚才克复的地方，举凡关于该地的民政、财政、外交、司法、交通各政务，觉得没有适当的人才去负责，此不特影响于

1　内政部第一期民政会议秘书处编《内政部第一期民政会议纪要（民国十八年）》，沈云龙主编《近代中国史料丛刊三编》第 53 辑，台北，文海出版社有限公司 1989 年版，第 119 页。

2　甘豫源：《乡村民众教育》，商务印书馆 1934 年版，第 383 页。

作战时的便利，这种混乱的状态，将予民众以深切之苦痛"。[1] 实际上，在地方管理上，省政府方面也愿意考虑让具有军事经验的人担任县长，"现在地方治安在若干地方还成大问题，任县长者最好能有些军事经验，省政当局如为军职人员所兼任时，有军事经验的人亦较多"。[2] 例如 1930 年 2 月，江苏省就因"江北匪患日甚，睢宁、萧县、邳县等尤为盗匪之渊薮，该三县县长非文士所能胜任，拟调省任用，遗缺将委总司令部分发来苏之三军官充任，俾便痛剿，消弭匪患"。[3]

但是，军队长官随意任命县长的行为也给地方的县政建设带来诸多混乱。1928 年 2 月，江苏沭阳出现两个县长的怪事即反映了军队对县政事务干预之程度。据 1928 年 2 月 6 日《中央日报》报道，1927 年 12 月国民革命军二十六军占领沭阳，任命单心田为沭阳县代理县长。未久，省政府又任命了李宜吉担任沭阳县长。当李宜吉到达沭阳时，单心田无奈之下交出县印，但心中并不服从，便与"土豪劣绅"、曾任鲁军骑兵十六旅参议的王俊清和时任公安局局长周佑民等人密谋，又私下串通好警备队长宝庆珍等人，以武力强行复职。复职后先假共产党名义拘禁省政府任命的县长李宜吉，接着枪毙"士绅"周谷陈等 4 人。[4] 然而同样是《中央日报》，21 日的报道却大相径庭。当日报道称，国民革命军第二十六军 1927 年 12 月攻克沭阳县，陈军长委任单心田为沭阳县长，未几日东南乡人周谷陈、王相和带兵数十人拥戴李宜吉任县长。一个县出现两个县长，双方自然会理论一番，单心田提出，未奉省政府与第二十六军陈军长的命令不能交印，必须再候省令。至 1928 年 1 月 5 日凌晨，周谷陈与王相和两人带一队人马硬将沭阳县印抢去，并将单心田拘禁在县党

1　《战地政务委员会条例通过》，《中央日报》1928 年 3 月 11 日，第 1 张第 4 版。

2　陈之迈：《中国政府》第 3 册，第 114 页。

3　《镇江快信》，"要闻二"，《申报》1930 年 2 月 17 日，第 3 张第 9 版。

4　《沭阳县长摧残党务》，《中央日报》1928 年 2 月 6 日，第 2 张第 3 版。

部。翌日中午，"适有"第二十六军派人到沭阳"剿匪"，"周等误会"，关闭城门，进行抵抗，以致出现了"党部向外开枪，军队向党开枪"的闹剧。双方交战中周谷陈被击毙，王相和等人被捉拿，奉第二十六军军长命令，王相和被"就地正法"。其余从犯均解送军队等候处决。[1] 5 月，沭阳县土劣、同时担任直鲁军参议的王莲溪、宝庆珍等人，鼓动所在直鲁军，连同地方警察，逮捕国民党党员，并率兵枪杀地方平民百姓多人，焚毁民众房屋多间。不仅如此，在省政府任命新县长赴任之时，他们还率县警队发动暴动，不仅毒打了新任县长，为威吓地方民众，又杀死五六人，占领各政府机关。"省方闻讯，咸为震怒"，为严惩地方劣绅干涉县政，省政府特派省政府委员刘云昭代表省政府赴江北巡视，将王莲溪等人治罪。[2] 从这一个案的前后演变可见，军事力量肆意干涉地方县政，不仅任命县长，而且这些军方任命的县长或者拥护县长的地方士绅还利用军方力量甚至利用旧有军事力量，争夺地方权力，挑战地方党政权威，严重威胁基层县级政权的统治秩序。

由此可见，军队长官随意任命县长的弊端十分明显。时人曾有批评，"有许多县政府，其县长竟由该地方军事长官委任，或必须由其保荐，方可委任，而各县政府，大都以办理兵差事务为最应当心之公事，因为稍不如意，则护兵马弁，蜂拥而至，不但殴打县政府员役，且有辱及县长者，凡此等事，皆已视为惯常，毫无足怪"。[3]

南京国民政府统治渐趋稳固后，军队干预县长的做法则受到政府方面的抵制与反对。例如，1929 年陆军新编第二师师长卢兴邦，私自任命了福建顺昌县县长蔡仰文、沙县县长田应时、永安县县长江汉、蒲城县县长黄赵，以至于福建省民政厅任命的县长来接任时，"或被拒绝接任，或被暗迫去职"。

1　《沭阳县长与党务》，《中央日报》1928 年 2 月 21 日，第 2 张第 2 版。

2　《沭阳大批土豪劣绅被捕》，《中央日报》1928 年 5 月 28 日，第 2 张第 3 版。

3　内政部第一期民政会议秘书处编《内政部第一期民政会议纪要》，商务印书馆 1929 年版，第 119 页。

省政府主席杨树庄对此十分恼火，迅速于 3 月 22 日召开福建省政府第 41 次会议，议决"呈请中央转饬卢师长不得干涉行政，省委派县长应着克日赴任"。国民政府收到福建省政府的汇报后，明确表示："查任免县长系属民政范围，该师长分属军人，何得任意侵越，迫令去职。"并令行政院转军政部"严饬该师长不得干涉行政，以明权限而重纪纲"。[1] 实际上，此后军队任命地方县长并干涉县政的事情仍层出不穷。究其原因，是因为整个南京国民政府是由军队建立起来的，军权强势，同时地方政权的稳固与治安事务还需要借助军队的协助才能完成。

二　战乱危害县政各项建设

地方军队对县政干涉最多者，除随意任命县长外即是军费筹措。军务费开支庞大的状况在南京国民政府建立后的两三年内最为明显，在以后所占开支比例亦不算少。在其成立初期，军费浩繁主要是蒋介石与其他地方军阀作战之结果。例如，1928 年 9 月国民党中央常务委员会拨付给北方七省灾区的赈款只有 14.5 万元，不及每月兵费的零头多。[2] 1931 年 5—10 月的中原大战，双方投入兵力在 100 万以上，华北地区为重灾区。豫东、豫中的"军事征发约当田赋四十倍之多"。[3] 1934 年，调查者在江苏铜山县第十二区调查捐税情况时发现"1933 年一年中，所额外征收的捐税名目有：乡镇公所办公经费、子弹费、牛车费、伕［夫］子费、抚恤费、区公所临时借款、

1　《中华民国国民政府行政院训令（第 1252 号）　令转饬福建卢师长兴邦不得干涉行政案由》（1929 年 4 月 15 日），《行政院公报》第 40 号，1929 年 4 月，"训令"，第 22—23 页。

2　李文海等：《中国近代十大灾荒》，第 199 页。

3　陈翰笙：《现代中国的土地问题》，中国农村经济研究会编《中国土地问题和商业高利贷》，黎明书店 1937 年版，第 29 页。

区公所招待费、保卫团防卫费、区团部车马费等"。[1] 从上述所列的名目中可以看出，征收费用多与军事有关。县政府忙于给驻军筹款，哪有余力推行县政民生建设？实际上，在有驻军的县，县政府"仅为驻防军之附属机关"，遇见驻军违法乱纪等行为，"县政府皆莫如之何"。[2] 而县政事务早抛掷脑后。

县政府为军队筹饷本是沉重负荷，而地方驻军制造的劫狱事件，对县政权更是极大威胁。1931 年 12 月 12 日，驻甘肃会宁的甘肃暂编第三师残部后退至靖远县时，地方民众"惊慌失措"，时县长正在参加甘肃暂编第三师召集的紧急会议，"忽有溃卒多人拥入监狱摧毁监门抢放狱囚，狱员警役寡不敌众，该溃卒竟将监狱内叶潘儿、张炳臣二名囚犯裹挟逃走"。[3] 虽政府规定"驻扎各该县部队，如有外出官兵不守军纪并扰及地方秩序者，该县长兼军法官得纠正之，若情节重大，得加以拘捕"。[4] 事实上地方政府根本无法执行。

地方驻军不仅干扰县政，亦严重危害地方民众的正常生活。例如，据《禁烟委员会公报》报道，1931 年 4 月 4 日《中央日报》所载，山西省翼城县驻军"向县政府借一万八千元，尽数在天津购买制造金丹机器数架，由津运到翼城，在北关创设大规模金丹公司，日可制出金丹三万余粒，即以该师各级长官名义分送本地有资望商富缙绅等代售，但须先由代售者一次将款交清，官绅逼于权势，现已代售半月之久，售出金丹当在五十万粒

1　刘承章：《铜山县乡村信用及其与地权异动之关系》，萧铮主编《民国二十年代中国大陆土地问题资料》第 90 册，第 47507—47508 页。

2　内政部第一期民政会议秘书处编《内政部第一期民政会议纪要（民国十八年）》，沈云龙主编《近代中国史料丛刊三编》第 53 辑，第 119 页。

3　《暂编三师残部至靖远县城抢走监犯》，白银市档案局（馆）编《民国时期靖远县情录》第 3 集，第 149 页。

4　《豫鄂皖三省剿匪总司令部公布〈豫鄂皖三省剿匪总司令部加委各县县长兼本部军法官暂行条例〉》（1933 年 1 月），中国第二历史档案馆编《国民党政府政治制度档案史料选编》上册，第 448 页。

以上，最近该军又以烟土一万二千两强迫县府代为出售，并由该军指定分派商会五千两，富户绅士二千两，各乡村五千两，每两售现洋三元，各村按间分派，平均每间分派四两，共计现洋三万六千元，在限期三日内已由县府将款垫清"。[1] 更疯狂的是，某些驻军还强迫农民卖田以获利。1930 年 11 月 23 日，甘肃省靖远县砂梁堡的乡民任宗礼状告靖远驻军七旅三团团长王建元等人，称："王（建元）团长等三人合伙劝其纳银洋一千元买职营副未合，七旅开拨调省之前二日，营长在团长处诡称任宗礼为营副愿纳银洋一千元，团长即派兵将其抓在团部，在索财未果情况下，将任缚绑悬吊棒打致昏厥数次，随后将其所养骡子三头赶在团部。又合谋草拟地契一张（45×45cm），将任宗礼祖上大水田地六亩卖于寇副官名下，威逼任宗礼画字。"[2] 这种明目张胆的抢劫行径，反映了驻军对地方社会正常秩序和民众生活的严重危害。

　　驻军危害地方民众的情况不仅引起了社会舆论的广泛不满，也引起了部分地方军政领导人的注意，《大公报》呼吁"务使军队勿有占夺民财损坏民物及骚扰民宅等事实"。[3] 1931 年，时任陕西省政府主席的杨虎城即明确告诉陕省各地县长，"无论是否属于十七路军的基本部队，如有不法行为，即可用不客气的态度，据实报告，省府自有办法，绝不要碍着面子"，[4] 反映了省政府防止驻军干扰县政的情况，可惜此等事例实属凤毛麟角，所能产生的实际影响甚微。

　　1　《禁烟委员会第 82 次委员会会议纪录（摘）》（1931 年 4 月 16 日），《禁烟委员会公报》，禁烟委员会 1931 年 4 月编印，第 97 页。

　　2　《驻军王团长吊拷勒索威逼乡民立约卖地》，白银市档案局（馆）编《民国时期靖远县情录》第 3 集，第 39 页。

　　3　《缩小战祸之呼吁》，天津《大公报》1931 年 7 月 25 日，第 2 版"社评"。

　　4　杨虎城：《目前汉南应注意之县政——对汉南十二县县长之训话》，《新陕西》第 1 卷第 3 期，1931 年 6 月，第 75 页。

三　战乱之祸影响了农业生产

南京国民政府建立初期，军队长官不仅任命地方县长，影响县政的正常推进，而且战火一开，也势必严重影响农业的正常生产活动，使作为县政基础的乡村社会失去农业生产的生机。战争之祸对农村的影响不仅包括对农村牲畜与农村财物的掠夺，也体现在摊派兵差、掠夺农村劳动力等方面，这些行为使农村生产无法进行，造成了乡村社会的大片土地的荒芜。

连绵不断的军阀混战不仅造成生灵涂炭，同时也会严重影响农业生产的正常进行，兵差就是一个显著的影响。以冀鲁豫三省为例，1929—1930 年时山东全省 107 个县就有 77 个县负有兵差，所占比例高达 72%，同期的河南较之山东更为严重，因为河南全省有 112 个县，负有兵差者即有 92 个，高达82.1%。而最为严重的是河北，全省 130 个县均负有兵差。[1] 兵差额度也是令人吃惊，就以兵差额度最低的山东而言，1928 年上半期各县兵差最少为11445.00 元，最多为 107878.86 元，兵差多按照地丁税额进行摊派，如按兵差对地丁正税的百分比来计算，山东各县上半年平均在 81%，下半年平均高达 141%。[2] 实际上除了上述货币兵差之外，还有实物兵差，1929—1930 年仅见诸报端的实物兵差的种类就有近百种，涵盖了衣食住行的方方面面。可以说，军队将所到之处，搜刮得一干二净。[3]

毫无疑问，牲畜是农村耕作的主要动力。战争期间牲畜被大量抢掠的情况十分普遍，直接影响了农业生产。我们以 1928 年河北定县实验区为例说明牲畜被掠夺的情况（见表 7-4）。

1　王寅生、薛品轩、石凯福：《中国北部的兵差与农民》，中央研究院社会科学研究所 1931 年版，第 10 页。

2　王寅生、薛品轩、石凯福：《中国北部的兵差与农民》，第 11 页。

3　王寅生、薛品轩、石凯福：《中国北部的兵差与农民》，第 7 页。

表 7-4 1928 年河北定县 40 村被兵丁掠去之各种牲畜数目及价值

牲畜种类	数目	价值（元）	百分比（%）
骡	127	11388	55.5
驴	144	5817	28.4
马	61	2969	14.4
牛	10	345	1.7
总价	342	20519	100

注：另有赎回被掠夺之牲畜用款计 1145 元，因此牲口所受之损失共计 21664 元。
资料来源：李景汉编著《定县社会概况调查》，第 731 页。

战乱之祸的来临，不仅往往会使农业耕作所依赖的牲畜遭到强征，甚至劫掠，严重影响了正常的农业生产活动，而且农家生活的必需品，如粮食、被褥衣物也成为他们掠夺的对象，当然农民出售农产品后获得的现款亦在掠夺之列。我们仍以上述河北定县实验区为例，了解战祸对地方农业生产所造成的损失（见表 7-5）。

表 7-5 1928 年河北定县 40 村因兵丁掠夺所受之各项损失

损失类别	牲畜	现款	衣服被褥	车辆	农产	杂类	总计
损失数（元）	21664.00	7659.31	4259.80	1495.00	838.00	3946.10	39862.21
百分比（%）	54.2	19.2	10.7	3.8	2.1	9.9	100

资料来源：李景汉编著《定县社会概况调查》，第 731 页。

由表 7-5 可知，"牲口所受之损失为 21664 元，占一切损失总数 39862 元的 54%，现款损失共计 7659 元占 19%；衣服被褥等物损失共值 4260 元；车辆损失共值 1495 元；农产物损失共值 838 元；其他杂类损失共值 3946 元。被掠 40 村平均每村损失约 997 元"。[1] 在名目众多的军事强征乃至掠夺下，乡村社会如何能够正常地进行农业生产？

---

1 李景汉编著《定县社会概况调查》，第 731 页。

　　驻军对地方不仅任意索取，而且对县政具体事务也往往肆意干涉。例如强力干涉县政的行政司法事务，"无罪之民，指为有罪，而请科刑，有罪之犯，指为无罪，而请释放；欺压良懦，庇护豪强，莫此为甚，甚至因买卖而殴打商人，因劝解而侮辱警察，其他吸食鸦片，运贩烟土，包庇赌博等事，在在与县政府功令有碍，而县政府莫之能禁"。除此之外，还有借名缉匪，实行绑票者等，"此种现象，凡有驻军之县，大概相同"。[1] 有驻军的县，县政府"实际上仅为驻防军之附属机关"。[2]

　　除此之外，频繁的军事征发也是乡村社会日益走向困境的原因之一。20世纪前半期的中国，军事征发大多按照地亩实施摊派，对农民而言，实际即是变相田赋。根据报载，"1929 至 1930 两年之间，全国所有 1914 县之中，有 823 县，皆为此等苛税所苦"。[3] 根据陈翰笙 1928 年对山东 5 个县的军事征收的研究情况表明，"1928 年田赋正税总数为 468789 元，而军事征发却达 1286395 元之多。换言之，军事征发约当田赋之 274%"。[4] 如果遇见战争则军事征发会比这更高一些。1929 年河南省的北部遇见战事，地方军事征发所占的田赋数立即"增至 432%"。1927 年 11 月至 1928 年 5 月"山西北部及长城以北等地，有 15 县的军事征发，约当田赋的 225 倍"。[5] 1929 年 5 月与 10 月，两次蒋冯战争期间，陕西旱荒最重，20 多万冯军云集于关中 30 余县等地，军需所用，"无一人能安其家，能谋生活，以致富者必穷，穷则不逃必死"。[6] 战

　　1　内政部第一期民政会议秘书处编《内政部第一期民政会议纪要（民国十八年）》，沈云龙主编《近代中国史料丛刊三编》第 53 辑，第 120 页。

　　2　内政部第一期民政会议秘书处编《内政部第一期民政会议纪要（民国十八年）》，沈云龙主编《近代中国史料丛刊三编》第 53 辑，第 119 页。

　　3　陈翰笙：《现代中国的土地问题》，中国农村经济研究会编《中国土地问题和商业高利贷》，第 28 页。

　　4　陈翰笙：《现代中国的土地问题》，中国农村经济研究会编《中国土地问题和商业高利贷》，第 29 页。

　　5　陈翰笙：《现代中国的土地问题》，中国农村经济研究会编《中国土地问题和商业高利贷》，第 29 页。

　　6　全国政协文史资料研究委员会、中国国民党革命委员会中央宣传部编《于右任文选》，中国文史出版社 1987 年版，第 226 页。

争带来的农业损失更为惊人，"以河南一省而论，民国十九年的大战，洛阳等二十七县兵灾的损失竟占该省常年农产所值百分之一六〇二，计二万六千二百八十九万余元"。[1] 连年不断的军事征发使本已毫无生机的乡民生活更是艰难不堪。对此，陈诚在其日记里亦有所描述："据说土匪来，仅土豪劣绅倒霉，军队到，连穷苦老百姓均遭殃。证此过去所谓'军不如匪'之口号，信然。"[2]

连年的战乱，使本应为县政建设基础的乡村社会已没有一点生机。例如，中原大战期间，南京国民政府的军队东自兰封、杞县、通许、尉氏、洧川、长葛、新郑，西至荥阳、汜水，对敌方形成了庞大的包围圈。这次大战使豫东一带，"战沟纵横，尸骨遍野，禾稼未收，房屋倒塌，十室十空，疾疫流行，满目凄凉"。[3] 农村遭如此洗劫，大耗其生机，结果造成了农村的大片良田变为荒芜之地。作为县政建设基础的乡村社会，受战乱之破坏极其严重。全面抗战爆发后和战后的内战环境，使战争所需各种费用多为乡民承担。

四　匪患影响县政建设

地方匪患是近代中国比较严重的社会现象。匪患不仅频繁，而且分布极广，几乎无处无匪，对县政建设的影响十分直接。匪徒的打家劫舍有时不仅将地方县长吓得逃离县域，甚至猖狂到将县长杀死。匪患造成的县政混乱的局面，使县政无法在基层社会正常推行。

进入民国之后，土匪可谓泛滥成灾。土匪不仅人数众多，而且活动范围极广，土匪活动的范围主要是比较落后的农村地方，因此对乡村社会为害尤

1　陈翰笙等编《解放前的中国农村》第 2 辑，第 405 页。

2　《陈诚先生日记》，1931 年 7 月 6 日，林秋敏、叶惠芬、苏圣雄校订，台北，"国史馆" 2015 年版，第 27 页。

3　郭廷以：《近代中国史纲》，上海人民出版社 2009 年版，第 406 页。

深。20 世纪二三十年代之交，华北农村秘密结社风气大兴，土匪泛滥。中原大战后出现了灾荒，土匪人数急剧壮大。"1933 年的一份乡村调查表明，豫西诸县几乎人人卷入土匪活动。1937 年，据政府剿匪司令张钫估计，河南土匪达到 40 万。"[1] 对于土匪的生活，时人有精确的描述："土匪之生活，杀人放火之生活也；奸淫掳掠之生活也；吃惊受吓，朝不保夕之生活也；饿死饱死忽苦忽乐之生活也；东奔西窜，飘忽靡常之生活也；见弃社会，不齿人类之生活也；只图利己，不顾他人之生活也；虽生存于现社会而不与社会合作之生活也。"[2] 由此可知，土匪不仅是寄生于社会的非生产者，更是社会生产的破坏者。

为平息匪患，南京国民政府制定了一系列的应对条例。1927 年 11 月，南京国民政府成立不久便颁布了共 12 条内容的《惩治盗匪暂行条例》。其中规定惩治盗匪的 25 项死罪。凡"强占公署、城市、乡村、铁道或军用地"者一律处以死刑。针对土匪绑票盛行的情况，1928 年 11 月，又颁布了《惩治绑匪条例》，规定绑、匪皆处死刑。1936 年 8 月，南京国民政府又重新制定了《惩治盗匪暂行办法》，把土匪与绑票合二为一，一律严惩。1944 年 4 月 8 日，为有效治理匪患，国民政府公布了《惩治盗匪条例》，共 11 条 26 项，要求对犯有盗匪各项罪行者均要严厉惩处。由于县政败坏、县政警务废弛，有些县长"一闻匪警，便望风奔逃，匪未至而城先弃，民未逃而官先遁"。[3] 政府对此虽然处分很重，但效果甚微。

是时，许多县官是军事长官的傀儡，而驻军又常常是过去的土匪，或者由兵匪收编而来。而实际上大多数的县官只是关心自己的官位能否保住和聚

1　〔英〕贝思飞：《民国时期的土匪》，第 83—84 页。

2　何西亚：《中国盗匪问题之研究》，泰东图书局 1925 年版，第 41—42 页。

3　"中华民国史事纪要编辑委员会"编《中华民国史事纪要（初稿）》（1931 年 4—6 月），台北，"中华民国史料研究中心" 1986 年版，第 1052 页。

敛财富。当时有首民谣对于匪情民疾的描述甚为贴切："县知事，他不管，玩罢麻雀玩妓院；民不睬，匪不铲，惟知往家拿俸钱。"[1] 其下属官员，也大多数以鱼肉百姓为能事。对于辖区内土匪，刚有苗头之时，多视若无睹，或者轻描淡写地上报，这是因为如果据实上报就意味着承担解决问题，即消灭土匪的责任，如不能解决土匪问题就会毁了自己的前程。当土匪问题实在是纸里包不住火之时，他们往往会提出一些建议，如收编土匪等。这样的结果只会使土匪的活动更加合法化。及至匪情闹大无法掩盖时，县政府也会拘捕一些真的或者假的土匪完差，满足于将土匪活动压制到不致引起上司注意的限度内或者驱赶到别的辖区之内，除非确有十分的把握才会真去剿匪。在剿匪的过程中，也往往会出现内部有人泄密的情况，当然其中也有官府与土匪勾结的情况，或致匪逃脱，或剿匪不成反为匪所"剿"。例如，热河一带即出现"官匪一家，兵匪不分，形成一种彼此依赖和互相利用的特殊社会关系"。[2] 而在江苏睢宁，"乡长通匪和敲诈农民，已成为一般的现象"。[3] 在江苏沭阳，更有甚者，"卖枪械子弹给匪，勾通土匪去抢劫百姓等事，都是当地官兵的拿手好戏"。[4]

在县政建设中，还有一个奇怪的现象，即地方豪绅与地方人民均有可能与土匪"处好"关系。地方豪绅有时候也会与土匪联系在一起，使县政府的剿匪计划无法真正实施。土匪与地方民众亦有互相"包容"的现象。距江苏萧县西北山城集二里之遥就是土匪的巢穴，"匪与该区内农民结约，不在此间架票，以供给饮食为交换，有时赛神演戏，匪民杂处娱乐，民间有斗殴事项，匪首为之评判曲直，悍匪乃一变而为法官矣"。[5] 总之，南京国民政府始终没能解决匪患问题，这一直是困扰县政的一个严峻的社会问题和治安问题。

---

1 经苇：《河南民歌中的匪灾与兵灾》，《民俗》第 110 期，1930 年 4 月 30 日，第 10 页。

2 《河北文史资料》编辑部编《近代中国土匪实录》中卷，群众出版社 1992 年版，第 2 页。

3 苏冷：《睢宁的农民生活》，《农村经济》第 2 卷第 8 期，1935 年，第 91 页。

4 端木霞贞：《沭阳县农业概况》，《申报月刊》第 4 卷第 12 期，1935 年 12 月，第 73 页。

5 《徐海剿匪之近况》，《申报》1928 年 11 月 24 日，第 11 版。

第三节　灾荒对县政发展状态的影响

"灾害遍地"四字形容南京国民政府统治时期可谓恰切，在全面抗日战争爆发前的所谓"黄金十年"时期更是如此。"黄金十年"在中国的乡村没有丝毫的影子。灾荒一直困扰着国民党向基层政权的延伸。虽然灾荒危及国民党对基层政权的建设，但灾荒也在一定程度上刺激了南京国民政府的基层县政建设，因为其对灾荒的应对措施，使其统治基础逐渐向乡村社会延伸。

一　南京国民政府时期的灾荒

1927 年 4 月 18 日，南京国民政府成立。当时大江南北正闹灾荒，此后，灾荒连绵不断，在全面抗战爆发前的十年里尤为严重。

南京国民政府成立最初的三年内，灾荒以北方为严重。1928 年，"水旱被灾区达 21 省，共 1093 县，灾民约计达七千万人以上，被灾县份占全国百分之十四，灾民占百分之八"。1929 年"陕甘豫晋察绥皖等大旱，灾民三千四百万人"。1930 年，"陕晋察甘湘豫黔川热苏赣等均水旱，被灾县份达五一七县，灾民 21113078 人，死亡人数 10860 人，损失 201829628 元。"[1] 1929 年至 1930 年的灾荒表现出两个特点，一是以旱灾为主，多灾并发，如河南、山西与察哈尔等省。二是旱灾与水灾交替出现，如绥远、河北等省。有些地方的灾情严重到无人敢去调查的地步。如 1929 年甘肃因"察灾者多不敢深入，恐粮绝水尽，而不生还"。[2] 进入 20 世纪 30 年代，全国受灾情况较 20 世纪 20 年代末期更加严重。我们可从 20 世纪 30 年代全国受灾地区及灾民统计情况看出（见表 7-6）。

1　邓云特：《中国救荒史》，第 44 页。
2　《一年来之天灾人祸 外患内忧》，天津《大公报》1929 年 10 月 10 日，第 3 版。

表 7-6　20 世纪 30 年代全国受灾地区及灾民统计

年份	灾害类别	受灾省(县)数	被灾人数
1930	水灾、旱灾、虫灾	830 县	46686452
1931	水灾	16 省	7000 万以上
1932	水灾、旱灾、虫灾、瘟疫	300 余县	不详
1933	水灾	15 省 476 县	3642514
1934	水灾、旱灾	652 县	不详
1935	水灾	17 省 324 县	22087326(9 省未详)
1936	水灾、旱灾、地震	354 县	不详
1937	旱灾	225 县	3000 余万
1938	水灾(黄河决口)	3 省 44 县	1250 万
1939	水灾	198 县	1000 万左右

资料来源：1. 魏宏运：《1939 年华北大水灾述评》，《史学月刊》1998 年第 5 期，第 94—95 页；2. 李文海等：《中国近代十大灾荒》，第 341—346 页；3. 中国第二历史档案馆：《民国以来历次重要灾害纪要（1917—1939）》，《民国档案》1995 年第 1 期，第 1—6 页；4. 吴毓昌：《中国灾荒之史的分析》，《中国实业杂志》第 1 卷第 10 期，1935 年 10 月，第 1826—1835 页。转引自谭玉秀《战争、自然灾害与失业——以南京国民政府十年期为例》，《吉林师范大学学报》2006 年第 4 期。

从表 7-6 可知，在整个 20 世纪 30 年代，中国几乎无年不灾，无论灾害种类或受灾面积，或受灾人数，均创历史新高。这是灾害频仍的十年，也是中国近现代史上灾害最为集中爆发的时间段之一。

全面抗战爆发后至新中国成立前的历史时期，各种灾荒较之抗战前十年的确少了许多。据相关研究，这大概是中国由相对干旱期进入了相对湿润期之故。有趣的是，在该时期也没有大规模的水灾发生，即使是经常泛滥的黄河，除 1938 年发生了国民党制造的花园口决堤的惨剧之外，也没有出现大规模水灾。长江流域则平静无灾，珠江流域在国共内战期间有过两次水灾，分别发生于 1947 年与 1949 年，其他时间则无大的水灾发生。这一时期不仅水旱灾害较少，即使其他大规模的灾害亦不多见。"大规模的地震有两次，分别是 1943 年与 1948 年"，[1] 且灾害影响不大。至于蝗灾，仅发生过一次，即

---

[1]　张家诚主编《地学基本数据手册》，海洋出版社 1986 年版，第 206—207 页。

1942—1947 年出现的蝗灾，主要发生在河南、安徽与河北一带，此次蝗灾与 1929—1933 年的那次蝗灾相比，虽然时间较长、受灾程度稍重，但无论受灾面积与人口均大大减少。[1]

有学者对 1928—1948 年的灾荒次数进行了统计。结果显示："从 1928—1937 年间，各年受灾县次均不低于 467 个，年均有 771 县次。1938—1941 年间，各年受灾县次呈急剧下降态势，1938 年仅 88 县次，为最低年份，最高的 1940 年也仅有 298 县次。年均 215 县次。1942—1948 年间，各年受灾县次呈波动型态势。1942 年后开始攀升，最低的是 1945 年 346 县次，最高的 1943 年 654 县次。年均 494 县次。"[2] 总体而言，在全面抗战爆发后，灾害次数较之七七事变前减少，受灾程度较事变前亦减轻了。不过，局部性的灾荒还是经常发生。

二　灾荒对县政发展状态的破坏性影响

南京国民政府时期，尤其是全面抗日战争之前的十年时间内，灾荒频仍，而该时期又正是国民党县政建设努力推行之时，因此研究该时期的灾荒对于县政建设的影响颇具意义。虽然南京国民政府按照孙中山"县自治"的治国思想，进行其县政建设。但是，由于灾荒始终是困扰国民政府推进基层政权建设的难题，尤其是全面抗战之前灾荒连绵不断的局面，不仅使大量的灾民离村远赴他乡，成为流民，而且导致了农村经济的破产，使县政发展面临着严峻的局面。

（一）灾荒造成了乡村社会经济的严重破产

近代中国灾荒频仍，灾荒导致的一个严重后果是乡村社会经济的破产，乡村社会失去生机与活力，县政建设缺乏必要的物质基础。

1　吴福桢：《中国的飞蝗》，上海永祥印书馆 1951 年版，第 2—8 页。
2　夏明方：《民国时期自然灾害与乡村社会》，中华书局 2000 年版，附表一，第 371—384 页。

灾荒首先造成了大量农村土地的荒芜，尤其是河水泛滥导致的土地荒芜更为明显。如1938年花园口事件之后，黄淮交汇地区豫、皖、苏数十县的土地开始荒芜。同时此次黄河决口也使生态环境日趋恶化，"黄水槽内，积沙成丘，耕地冲毁很广，而黄淤与盐碱土的地带……甚至变为荒地"。[1]

在20世纪30年代，除了土地荒芜之外，农村环境的恶化使普通农民失去土地的现象也非常突出。"许多农民不等到买卖，已经从抵押典当的过程中失掉他们土地的大半。"[2] 众所周知，对于农民而言，土地就是他们的命根子，不到万不得已，绝对不会卖地。但是农民抵押土地、典当土地，以致最后出卖土地，均是不得已而为之，正如行政院农村复兴委员会调查后所总结的那样："近年来中国北部，特别是灾荒区域的农民所有的土地，很快地在那里流入城市地主和商业高利贷者的掌握中去。"[3] 据当时在陕的美国记者埃德加·斯诺记载，陕西"在1930年的灾荒中，三天口粮可以买到二十英亩（折合121.4市亩）的土地。该省有钱阶级利用这个机会购置了大批地产，自耕农人数锐减"。[4] 反映了农村土地兼并的严重情况。

土地严重荒芜使得农村物价飞涨，不景气的经济雪上加霜。1929年河南大旱，豫西和豫南灾情甚为严重，物价高得离谱，邓县"小麦斗价二十三千，小米每升五千"，南召的"小麦斗价三十余千，为平日的二十倍以上"。[5] 再如，1942年夏季，郑州各种粮食价格平均上涨一倍左右，每市斗由40元上涨至80元，入冬之后，粮价更是急剧上涨，而且有时还有价无市。而与此相对照的则是农村中被视为"命根子"的土地价格却低得令人难以相信：在花园口事件之后，黄泛区的"每亩也就是二百元左右，而米的价钱是三百多元一

1　罗来兴：《1938~1947年间的黄河南泛》，《地理学报》第19卷第2期，1953年12月，第240页。

2　西超：《高利贷支配下的滑县农村经济》，《新中华》第2卷第1期，1934年1月，第262页。

3　行政院农村复兴委员会编《河南省农村调查》，商务印书馆1934年版，第48页。

4　〔美〕埃德加·斯诺：《斯诺文集》第2卷，董乐山译，新华出版社1984年版，第197页。

5　李文海等：《中国近代十大灾荒》，第180页。

市斗，卖一亩地，只能换十几斤粮食"。[1] 足见地价低得可怕。

由于灾荒的打击，农村中的人口贫困程度日益加深。根据调查，因为土地价格低廉，"富农变为中农，中农变为贫农，贫农沦为无产者的事实，已似狂涛一般地不可遏止"。[2] 农村经济因灾荒导致的普遍贫困化的破产状况也随之日益严重。

（二）灾荒造成大量人民死亡或离村

南京国民政府时期，尤其是全面抗战前的十年内灾荒不断，因灾荒而导致的灾民死亡与离村四处流动现象日益严重，使基层县级政权缺乏劳动力和财力的坚实基础。

民国建立后灾荒十分严重，南京国民政府建立以后灾荒情况更为严重。1927 年春，华北各省"雨水极少……秋收无着，加以蝗虫滋生，区区田禾，尽被其害"。[3] 1928 年，西北与华北继续发生重大旱灾，以陕、甘为中心，遍及河南、河北、察哈尔、绥远、山西等省份，并波及江南。1929 年的旱灾，根据当时的记载，惨不忍睹，河南南阳一带，"十室十空……无男女老幼，瘠不可支，面黄肿，目为闭，久食树叶，毒使之然，有人之村如此，无人者邱墟矣"。[4] 据旅平河南赈灾会所移送的灾民报告中所言：当年受灾最重的地方，"首推豫西一带，豫南之南阳，豫北之全境，亦大略相同，次则豫南汝光、豫东全属，人民大半十室九空"。[5] 1929 年的甘肃受灾情况更是严重，据一个兰州内地会传教士说，仅兰州一地，"每日饿死达三百人"，另一个在岷县的传教士记载，1929 年的"灾惨现已十倍于昔，居民绝食或缺种子者已达百分之

1　梅桑榆：《花园口掘堤前后》，中国广播电视出版社 1992 年版，第 363 页。

2　行政院农村复兴委员会编《河南省农村调查》，第 18 页。

3　《直鲁灾情重大，灾区六十余县，灾民九百万人》，天津《大公报》1927 年 11 月 18 日，第 2 版。

4　《豫南饥民记》，天津《大公报》，1929 年 6 月 24 日，第 4 版。

5　《旅平河南赈灾会移送灾民事实报告（一）》，天津《大公报》1929 年 8 月 20 日，第 7 版。

八十，故多以婴儿烹食充饥"，灾情之惨令人发指。"刻收灾童二百名，俾免宰割烹食之苦。其最惨者日必饿死数千人"。[1] 据甘肃赈务委员会代表杨作荣向中央赈务会、中央执行委员会及国民政府所呈："全甘民众，年来死于荒旱疫疾地震兵匪之灾者，为数已逾二百五十余万，而嗷嗷待哺之劫后灾黎，尚不下三百一十余万之众。"[2] 陕西原有人口一千三百万，在1928—1930年的三年大荒中，沦为饿殍、死于瘟疫者（1930年关中、陕北和汉中北部约数十县流行瘟疫），高达三百万人，流离失所的六百多万人，两者相加占全省人口的70%。1930年所余灾黎，"有乞丐二十万，患病者百万"。[3] 由于灾荒导致人口的下降，"在灾荒中结婚率肯定有所下降，而且处于灾荒中的人口由于营养不良，生育能力也会受到影响，这些必然导致生育率的下降。因此这些灾荒对人口增长的抑制作用远远超过直接造成的死亡人口数"。[4]

为了生存，农民大多选择离村逃亡，或者入伙为匪。据1934年统计，"江苏安徽浙江等地农民逃亡者占38.5%，河北山东等省占49%，且多为壮年男子"。[5] 这表明乡村社会的劳动力大量减少。1936年根据对22个省的统计，导致村民离村的主要原因包括：农村经济破产（3.8%）、耕地面积减少（3.7%）、乡村人口过密（3.6%）、农村金融困难（2.6%）、水灾（9.8%）、旱灾（13.2%）、匪灾（14.3%）、其他灾患（6.8%）、贫穷而生计困难者（18.2%）、捐税苛重（4.8%）、佃租率过高（0.6%）、农产歉收（3.7%）、农产品价格低廉（1.5%）、副业衰落（0.5%）、求学（2.9%）、改营商业或

1　《上海华洋义赈会披露豫陕甘大旱之奇惨》，《申报》1929年4月28日，第2版。

2　《甘代表为灾民呼吁》，《申报》1931年2月9日，第7版。

3　《国闻周报》第7卷第19期，1930年5月，第8页，转引自李文海等《中国近代十大灾荒》，第174页。

4　葛剑雄主编，侯杨方著《中国人口史》第6卷，复旦大学出版社2001年版，第585页。

5　归廷铨：《农村经济没落之原因及其救济方案》，《东方杂志》第32卷第1号，1935年1月，第87页。

其他职业（1.6%）、其他（7.0%）、不明（1.4%）。[1] 可见水旱与匪祸是农民离村的最为主要的原因，占 37.3%。至全面抗战前夕，"中央农业实验所，兹就察、绥、甘、宁、青、晋、陕、鲁、豫、苏、浙、皖、赣、鄂、川、湘、滇、黔、闽、粤、桂等二十二省（实有 21 省）一千零一县之报告，至离村农民之去路百分率，往城市者占五十九，往别村者占三十二，其他去处不明，或往他处垦荒者，约占九"。[2] 实际上传统中国的"农民对于徙出居住，是绝对厌恶的。也曾迁居的人，所得的以及所知的事情，殊感不便"。[3] 但生活所迫，为了活命也只有离开家乡。如果这些流民进入城市，也会引起各种社会问题。由于受灾人民无处求生，入伙为匪是一些人无奈的选择。贝思飞对中国土匪形成原因进行考察的时候就发现，"当人们挨饿时，弱者为丐，强者为匪"。[4] 因为大多数受灾农民"为侥幸免死起见，大批地加入土匪队伍，土匪的焚掠……使更多的贫农破产而逃亡"。[5]

虽说大量农民"自动离村的，决不出经济困厄与不耐劳苦两种"，[6] 实际上，灾荒奇重与田赋摊派沉重才是乡村社会大量农民或地主选择离村的重要原因，而这也导致了县政管理的民众基础的脆弱。因为农村没有农民，县政就失去管理对象。正如研究中国官僚政治的学者王亚南所分析的那样："农民的生活本来是很苦的，早已经把他们的生活资料压缩到了仅够维持生存的限度的。他们一旦遇到自然的灾害，或额外的差遣、或摊派或需索，就只好尽可能的缩减其生产支出；生产支出减少，收入将相应减少，而他们对于官僚

1　《各省农民离村调查（续）》，实业部中央农业实验所编《农情报告》第 4 卷第 7 期，1936 年 7 月，第 179 页。

2　洛亚：《农村破产与农民教育》，《浙江民众教育》第 4 卷第 6 期，1936 年 9 月，第 3—4 页。

3　戴乐仁等：《中国农村经济实况》，王建祖等校，李锡周编译，李文海主编《民国时期社会调查丛编二编》"乡村经济卷"（上），福建教育出版社 2009 年版，第 14 页。

4　〔英〕贝思飞：《民国时期的土匪》，第 57 页。

5　冯和法编《中国农村经济资料》（下），台北，华世出版社 1978 年版，第 812 页。

6　李鸿怡：《改良农具与复兴农村》，《农村》第 1 卷第 3 期，1934 年 12 月，第 51 页。

扩大消费、增繁刑政、加重摊派所必然导出的负担却可能加多……假使这时……为了救济贫困流亡而再增大支出，那就无异叫那些生产收入愈来愈少，人数也愈来愈少而还勉强留在生产过程中的农民，除了负担原来各种各色的消费者以外，又去负担那般脱离生产过程的新消费者。结局，能继续在生产上挣扎的人将愈益减少，流亡匪盗队伍将愈益增大。"[1] 由于灾荒与过分的"差遣、摊派或需索"，使"能继续在生产上挣扎的人将愈益减少"，尤其是能够留在乡村土地上耕作和生活的农民越来越少，即使较为富裕的地主也选择了离村趋往城市生活，农村中大量人口的流失，使南京国民政府的县政管理缺乏民力基础和必要的人力和财力支撑。

（三）暴露了南京国民政府治理的无能与腐败，失去民心基础

各种灾荒接连发生的现象，折射的不仅是异常的天象和气候问题，更反映了政府应对灾荒的乏力和无效，也是政府不能履行其责任的表现，自然性的灾害进而发生为社会性的灾荒。更为严重的是，在频繁的大规模灾荒发生后，虽然政府出于责任，对于灾荒也有多方救助的姿态和行动，但这些救助普遍存在贪污腐化问题，弱化了国民政府统治的道义基础，破坏了其县政治理的合法性，使得县政在基层的推行效果大打折扣。

灾荒期间，负责救济的县政主管的县长，其贪污腐化行为往往就十分严重，这使县政的运行渐渐失去了民心支持。1933 年 8 月 28 日《申报》报道："鄂省堤款，数年未加清理，侵蚀挪借视为故常……各县县长，财政局长，各征收局长，亏欠或挪移捐款者，多或愈万"，[2] 触目皆是。1943 年，奉命视察河南灾情的张光嗣发现"各县乡长及保甲长大多数人选极坏，关于赈款赈粮耕牛贷款及其他一切征物派款之营私舞弊已成最普遍之现象，甚至县长虽明

1　王亚南：《中国官僚政治研究》，中国社会科学出版社 1981 年版，第 131—132 页。
2　《鄂省堤款清理完竣》，《申报》1933 年 8 月 28 日，第 10 版。

弊端百出，亦故作痴聋，以致民怨沸腾"。[1] 县长、局长如此对待赈款赈粮，而基层的乡保长之贪污状况亦可想见。例如，在江苏导淮救灾期间，一些保长则"借此机会少给工夫方土费"，克扣灾民，以至于当时苏北流传着一首民谣："乡长盖楼房，保长盖瓦房，甲长两头忙。"[2] 此类事件不胜枚举，县政官员的如此作为，必导致人民对其政权的不满与质疑。民心至此，县政统治基础岂能牢固？

各县县长、局长纷纷挪用侵蚀赈款的同时，省政府也同样挪用赈款。1931年9月，江淮大水期间国民政府拨给安徽省急赈款30万元，但省政府主席陈调元却先将此款归其支配，而以办理工赈的名义扣留不发，使皖北26县灾民死亡达6万余人，以致引起皖省各界的公愤，安徽各界纷纷召开驱陈救省大会。此种情况不仅安徽一省出现，而是普遍现象。据1934年5月12日《上海大晚报》载："运河沿岸各县治运亩捐，大多为各县当局所挪用，即有少数解省之款，又被省府当局挪充急需。"[3]

灾荒期间，县政府大多有救助灾荒的机构，如义仓等，但很多地方的义仓因管理不善而失去作用。例如浙江瑞安县的谷仓原有县仓、镇仓和义社仓等，但后两种均为"董亏民欠，弄到有仓无谷，或是无仓无谷的程度"。[4] 故南京国民政府时期本为救灾所设的义仓等，在灾荒到来时所起的作用实际上甚微。这也是政府管理的失职与地方政治的腐败所导致的。至于灾后虽然政府提出建设义仓等，并大力推广，实际上在抵御灾荒方面其效果并不明显。

1　《张光嗣关于河南省旱灾情况及救灾情形的调查报告》（1943年9月27日），中国第二历史档案馆编《中华民国史档案资料汇编》第5辑第2编"财政经济"（8），凤凰出版社1997年版，第561页。

2　王乃扬：《民国时期涟水导淮工地纪实》，涟水县政协文史资料研究委员会编《涟水文史资料》第3辑，1984年，第14页。

3　邓云特：《中国救荒史》，第98页。

4　《瑞安县二十八年全县区乡镇长第二次会议记录》，浙江省档案馆藏，档案号：L033-1-565，转引自方新德《国民政府时期浙江县政研究》，第203页。

国民政府的地方各级官吏在救灾期间的贪污腐化行为，直接影响了救灾的实际效果，因为"贪污盛行就会使政府功能受到削弱，消耗官僚的公益精神……贪污也会引起公众对政府的疏远和不信任，因而不愿与政府合作"。[1]在很大程度上弱化了本已脆弱的国民党的政治权威，使基层县政建设日益缺乏统治基础。

三　国民政府对灾荒的应对

面对自然灾害，南京国民政府也被迫应对救灾挑战。南京国民政府对灾荒的救助行为，虽然弊端重重，但在乡村灾荒频繁发生的情况下，也起到了一定的作用，也让国民党收获了部分的信任和民心。从大历史的角度与国家政治的现代化发展而言，南京国民政府时期进行的灾荒救助活动仍具有一定的进步意义。恩格斯在《反杜林论》指出："政治统治到处都是以执行某种社会职能为基础，而且政治统治只有在它执行了它的这种社会职能时才能持续下去。不管在波斯和印度兴起或衰落的专制政府有多少，每一个专制政府都十分清楚地知道它们首先是河谷灌溉的总管……只有文明的英国人才在印度忽视了这一点；他们听任灌溉渠道和水闸毁坏，现在由于周期发生饥荒，他们才终于发现，他们忽视了唯一能使他们在印度的统治至少同他们前人的统治一样具有某种合理性的那种行动。"[2] 应对自然灾害的这类社会管理的职责，是任何政府都不能逃避的也无法逃避的统治义务。

社会救济是政府对人民的一种重要责任。因此，赈济灾荒是统治者都须履行的社会职能，国民政府也不例外。当时就有人指出："国家为人民聚集而成……人民有所困苦，则应加以救济，人民有所需要，自当俾与协助，此乃

1　〔美〕易劳逸：《流产的革命：1927—1937年国民党统治下的中国》，陈谦平、陈红民等译，中国青年出版社1992年版，第27页。

2　恩格斯：《反杜林论》，《马克思恩格斯选集》第3卷，人民出版社1995年版，第523页。

贤明政府所应负之责任也。"[1] 国民政府作为当时的统治者，有责任把县政建设与救助灾荒问题联系起来，这对灾荒救助和县域社会的发展，无疑具有一定的积极影响，使县政建设向基层推进，从而扩大了其统治基础。

（一）灾后县政府直接实施救助

"国家救荒，所费者财用，所得者人心"，[2] 此语说明了对于灾荒实施政府救助的必要性。处于基层的县政府在灾荒到来时也往往采取一系列的措施，使灾荒的影响尽量减小至最低限度。

针对灾荒的频繁发生，国民政府采取了一些应对的长效机制和临时性救助措施，如成立赈灾委员会这一长效救灾机构，为防止官员在赈灾中的贪污腐化行为，制定并公布了"放赈十诫"制度，要求实施放赈的人员"要知赈款丝毫为重，侵吞舞弊，罪在不赦，移借挪腾，并干国纪"。[3] 行政院也颁布了《办理赈务公务员奖惩条例》《办赈人员惩罚条例》。各省也相继颁布了办赈人员的惩治条例。例如，《湖北省办赈人员犯罪惩治规则》规定："凡各县县长及受命令之办赈人员，侵蚀赈款500元以上者，处死刑或无期徒刑；百元以上者，10年以上有期徒刑；50元以下者，3年以下有期徒刑或拘役。"[4] 这些规章制度，对救灾和赈灾无疑发挥了积极作用。

灾荒之后，灾民往往流离失所，饥寒交迫。对于此种状况，县政府往往采取措施，申请上级政府给予减免赋税，以稳定民心。1936年6月，山东新泰县的禾苗受灾奇重，国民政府在县政府的要求下，立即减免其县赋税，以保护灾民的正常生产与生活。[5] 一般而言，县政府遵照省政府的要求，对未能

1　陈凌云：《现代各国社会救济》，商务印书馆1937年版，"序"，第1—2页。

2　徐光启：《农政全书》（下），岳麓书社2002年版，第714页。

3　《赈委会公布放赈十诫》，《申报》1931年9月8日，第13版。

4　湖北省水利厅编《湖北省一九三一年水灾档案选编》，湖北省档案馆1999年版，第170页。

5　《国民政府公报》（第109期第2064号公报），国民政府文官处印铸局出版，台北，成文出版有限公司发行，第7页。

离开灾区的灾民，采取以急赈为主，工赈、平粜、移民为辅的策略；灾民离开灾区后，县政府采取设立收容所等方式以解决灾民的生存问题。

急赈是灾荒发生后县政府首先采用的方式之一。急赈分为赈款和施粥等形式。赈款虽然快捷，但满足不了灾民的直接生存需求。1940 年福建省海澄等地水灾后，海澄县政府仅筹拨一千余元交赈济会会同地方人士，按灾民经济状况，分赤、中、贫三级分别赈济。此次赈款下发虽快，数额却极其有限，无法完全解决灾荒之后的各种问题。施粥是当时最为普遍与适用的方法。在江淮大水灾期间，国民政府在重灾区设立了芜湖区、宁属区、江北区、湖南区与河南区等 5 处粥厂。[1] 各级县政府亦纷纷设置赈灾机构拯救灾民。1938 年4 月，江西省婺源县政府成立难民救济会，在城郊东溪、赋春、中云、江湾等处设立 5 个难民收容营，在各区中心小学设难童班，收容难民和难童，并在主要道路沿线设立茶水站、稀饭站、住宿站共 78 处。至 1941 年，全县共收容、救济难民达 88398 人次，发放大米 5376 石。[2] 各地县政府面对救灾这一急务而临时采取各种应对措施，整体上看还是尽力的。

工赈也是县政府积极救济灾民的一个重要方式。灾情过后，县政府往往通过组织灾民修建地方水利、公路等公共工程的方式来以工代赈。1932 年水灾后，河南省为改善灾民生计状况，举办筑路、浚渠工程的有"鄢陵、孟津、信阳等 43 县"。[3] 1937 年大旱之后，河南省政府指定洛阳、洛巩、洛孟、偃登四公路铺设路面，灾工日给二角钱以为救济。采取工赈时，大多由各县县长亲自担任工赈负责人，因为工赈"事关实惠，款不虚糜，防患恤灾，一举两得"。[4] 各级县政府举办的工赈大多采取先发放赈品后务工的方

1　邓云特：《中国救荒史》，第 329 页。

2　叶义银主编《婺源县志》，档案出版社 1993 年版，第 115 页。

3　《豫省二十一年度工赈之成绩》，天津《大公报》1933 年 1 月 3 日，第 5 版。

4　邓云特：《中国救荒史》，第 296 页。

式，深受灾民欢迎。据不完全统计，1931 年全国赈款赈粮发放地区多达 224 个县。[1]

办理平粜与仓储亦是县政府救灾的常备措施之一。在南京国民政府的要求下，部分省政府在受灾的各县专门组织了平粜委员会，号召一些殷实之家办理平粜事宜，但其价格受省政府控制，以免不安分的大户趁机掠夺灾民。为保证运价之低，中央政府要求铁道部对于平粜事业，无论官办或者商办，一律免费转运。如地方有灾时，有财力的县政府可组织平粜，遇到重大灾荒或超过县政府救灾能力时可向省政府求援。一般而言，通过平粜平抑粮价，基本上可以使地方不因受灾而粮价升高，减轻了灾后粮荒。此项措施不仅使靠领取赈款买粮求生的灾民受益良多，也使地方百姓深受其惠。1933 年，福建省德化县遭遇水灾后发生饥荒，县政府设平粜局，"每户日限一次三升"，可惜未及一月平粜局即因库存不足而关门。1946 年，德化县粮食歉收，乡民躁动不安，省政府了解灾情后迅速下拨赋谷 5000 石，迅速碾成糙米，首次分乡平粜，第二次以 1/3 分配各个社团与公教人员，余下给灾民。[2] 此举使灾情的蔓延有所缓解。

由灾区向外移民，也是县政府尝试的救灾办法之一。1934 年，国民政府在包头成立一村，名为河北村，专门接收河南长垣、濮阳与冀南等地灾民垦殖。[3] 1937 年，国民政府复在江西泰和、吉安等地划拨出荒地 7 万余亩，安置灾民垦荒。[4] 1933 年大灾之后，为解决灾民生活，河南省政府组织各县政府将灾民"移至于平汉路两侧未受灾而稍富裕地区，以每富户养一灾民为准则，

1　邓云特：《中国救荒史》，第 302 页。

2　德化县志编纂委员会编《德化县志》，新华出版社 1992 年版，第 520 页。

3　《土地署编印中国移垦政策及抗战前垦务概况稿》，中国第二历史档案馆编《中华民国史档案资料汇编》第 5 辑第 1 编 "财政经济"（7），江苏古籍出版社 1994 年版，第 277 页。

4　《土地署编印中国移垦政策及抗战前垦务概况稿》，中国第二历史档案馆编《中华民国史档案资料汇编》第 5 辑第 1 编 "财政经济"（7），第 281—282 页。

其愿多养者听之"。[1] 此次河南省内移民以滑县为最多。据《大公报》载，从1934 年 2 月至 3 月 7 日，滑县"移外就食人数，计移往浚县 1523 人，新乡第一批 841 人，第二批 403 人，郑县第一批 412 人，第二批 566 人，汲县第一批 714 人，第二批 816 人。安阳第一批 694 人，第二批 888 人。淇县 442 人，许昌 497 人，郾城 780 人，获嘉 537 人，汤阴第一批 428 人，第二批 610 人，延津 866 人，总计 11017 人"。[2] 至 5 月底，滑县政府"共移出灾民二万余"。[3] 省政府动员各县民众救济受灾最重的滑县灾民，同心协力帮助滑县灾民度过这百年一遇的灾荒。这种活动，均是在上级政府的指导下，由县政府分别实施的。

当灾民离开受灾区域成为流民时，县政府也采取了办理收容院等方式以帮助灾民度过灾荒，并以法规的形式要求各地必须办理收容所与救济院，以稳定灾民。当然这种救济活动必须得到省政府的同意或者安排才行。1935 年年底，为救助灾民度过严冬，河南省政府特地制定并颁布《河南各县灾民临时收容所章程》，主要内容如下：（1）在临近铁道及交通便利之县城或镇市得设立灾民临时收容所，并择定偃师、巩县、南阳、郑县、开封、新乡、许昌、汉川、道口、郾城、淮阳、封丘等 12 处为必设之处。（2）收容所所收灾民之数额以县之大小为标准，一等县收容 2000 人，二等县收容 1000 人，三等县收容 500 人。凡各县收容所对于到境灾民应即收容，但额满时得给予馒头二斤，并遣送邻县。（3）凡各县收容所经费除灾情奇重之县份得河南水灾救济总会赈款项下拨发外，其他或截留该县赈款及该县原有施粥厂之经费，或就地劝募。收容所设立时间，自 1935 年 12 月起至 1936 年 3 月底止，结束之后分别

1　刘峙：《我的回忆》，沈云龙主编《近代中国史料丛刊续编》第 87 辑，台北，文海出版社 1982 年版，第 119 页。

2　《滑县移民万余人到郑浚等县就食》，天津《大公报》1934 年 3 月 18 日，第 9 版。

3　《滑县水退尽，灾民返乡从事耕种》，天津《大公报》1934 年 5 月 30 日，第 9 版。

遣送回籍。[1]

从上述内容可知，河南省政府为防止饿死灾民采取强制性措施，指定县政府设立收容所，并对收容人数与时间做出规定以帮助灾民度过寒冬。为了鼓励各县政府积极办理收容所，河南省政府曾下令凡是设立收容所的县份，所负担的赈款可先拨作收容所经费使用。这样就提高了各县政府设立收容所的积极性和主动性，在某种程度上减少了灾荒的损失。

在灾后的救助工作中，县政府大多能采取救助措施，救助灾民渡过难关，这也是其应尽之责。国民政府及一些省政府的有关政要对此也有所认识。1930年10月，刘峙担任河南省政府主席，上任伊始即宣布以"救济灾民"[2] 为主豫的首要施政方针。当时亦有人指出："今日的社会救济，并不纯是一种以悲天悯人为基础的慈善舍施，而是在义务与权力对待的观念中，以及在社会的连带责任观念中，政府与人民应有之职责。"[3] 这种救灾认识对于灾荒频发地区的县长来说，也有影响。县政当局灾前准备、灾后救济的努力，使得县政府在民众中的威望得到一定的提升，也为其县政的推行提供了一定的群众基础。

（二）灾前在县域建立仓储制度

中国古代社会遇有灾荒时，在各地设有防备灾荒的仓储以备急用，同时也采用平粜与施食的方式对灾民实施救助。而至南京国民政府时期，各地仓储设施保留者已不多，为此，国民政府严令各县级政府积极恢复建立仓储制度，以保证灾后的民食问题。

1　《河南各县灾民临时收容所章程》，《河北省民政月刊》第 1 期，1936 年 1 月，"公牍·救济"第 8—11 页。

2　刘峙：《我的回忆》，沈云龙主编《近代中国史料丛刊续编》第 87 辑，第 117 页。

3　《抗战时期各项社会事业之推进与发展（续）》，秦孝仪主编《革命文献》第 100 辑，台北，中央文物供应社 1984 年版，第 2—3 页。

当时，各县仓储建立的情况，并不乐观。据赈务委员会 1930 年对全国所存仓储的调研发现，"各地仓舍幸完储谷未散者，百不获一"。[1] 国民政府意识到 "仓储乃防灾之要政，且收效最巨，故未容一日忽视"。[2] 为此，1930 年 1 月 15 日，内政部公布了《各地方仓储管理规则》，要求以 "侧重备荒恤贫" 为要旨，规定 "各地方为备荒恤贫设立之积谷仓分为县仓、市仓、区仓、乡仓、镇仓、义仓六种"，其中，县、乡、镇、义四种仓为必须设立的。仓储之设立和修葺以及积谷均用公款办理，如在公款不支时也可使用派收或者募捐方式。考虑到乡村社会的实际情况，派收亦有严格规定："派收应于丰年粮贱时以公平方法起集，其贫乏之户不得派收。" 积存的谷数则 "乡镇各仓以一户积谷一石为准"。[3] 翌年，《中华民国训政时期约法》公布，其中再次要求各地 "实施仓储制度，预防灾荒，充裕民食"。[4] 经过努力，各地的仓储制度得以逐渐重新确立。各省中建立仓储制度效果最明显的是河南省，由于河南连年灾荒，民穷财困，仓储办理难度颇大。省民政厅鉴于仓储之重要，加之河南灾荒频仍的严重局面，极力推行仓储建设。遇有办理不力的县长则严加惩处。1934 年，为了解各县政府建立仓储制度的情况，省政府将全省划分为 10 个区，分别派人督促检查仓储建立情况。结果显示，"是年积谷达 80 余万石。虽未达到规定的限额，但与四年前毫无仓储的局面相比则有天壤之别"。[5] 仓储的建立，对防止灾荒和灾后实施救济显然是极为必要的。

1936 年 11 月，由于灾荒频仍，加之日本侵华步伐加快，内政部未雨绸缪重新颁布了《各地方建仓积谷办法大纲》，该大纲在《各地方仓储管理规则》

1　赈务委员会编《二十一年份之灾荒与救济》（油印本），南开大学图书馆藏。

2　赈务委员会编《二十一年份之灾荒与救济》（油印本），南开大学图书馆藏。

3　徐百齐编《中华民国法规大全》第 1 册，第 807—808 页。

4　《中华民国训政时期约法》（1931 年 6 月 1 日公布），中国第二历史档案馆编《中华民国史档案资料汇编》第 5 辑第 1 编 "政治"（1），江苏古籍出版社 1994 年版，第 271 页。

5　内政部统计处编《仓储统计》，战时内务行政应用统计专刊第 3 种，内政部统计处 1938 年印行，第 4 页。

的基础上，根据实情做了较大修改。包括：（1）各种积谷仓以"备荒恤贫"与"辅助农村生产事业"为主要宗旨，除用于贷放平粜外，如认为有辅助农村生产发展必要的也可以存谷向金融机关抵押借款。该内容体现了积谷仓设立的两个宗旨，即"备荒恤贫"与"辅助农村生产事业"，实际上也反映了南京国民政府利用积谷仓来发展农村的生产事业以救助灾荒的新理念，因为积谷仓过去仅有"备荒恤贫"之用，而无"辅助农村生产事业"之举。（2）奖励输谷。人民或私人团体一次捐助50石以上或者累计500石以上，由省政府援照褒扬条例给予褒奖。（3）严定检查办法。各县建仓积谷的成绩，每年分三部分实施检查，由内政部派员分赴各地抽查，省政府派员分赴各县逐仓查验，县长本人或派员分别查验区、乡、镇仓。（4）规定积谷处置方法。"各仓积谷防止发霉变质，应逐年加以翻晒，至少每三年更新一次，由县长督同保管人员一同管理"。[1]

在国民政府颁布《各地建仓积谷办法大纲》后，各省政府均按照本省实情，制定了本省的仓储管理办法。例如，福建省政府制订了《修正福建省仓储管理实施办法》，规定采取"派收"和"募捐"两个渠道征收，派收的积谷按县仓三成、乡镇仓七成的比例进行分配。募捐的积谷，在县捐募者归县仓所有，在各乡镇捐募者归各乡镇仓所有。1936年，福建省内已举办积谷的长乐等52个县送省政府的积谷数据表明，共建有积谷仓1076座，积谷16.44万石，这些积谷仓分布于7个行政区。[2] 1938年1月，福建省全面实施了《仓储管理办法》。由于措施得力，储谷量猛增为26.8万担，"1939年、1940年、1941年分别为24.1万担、31.8万担、26.9万担"。[3] 说明各县储谷数量均有所增加。如果各县市"遇有灾情重大，应行赈济时，各仓经呈转上级主管机

1　内政部统计处编《仓储统计·附录》，第51—53页。

2　福建省政府秘书处统计室编印《福建省统计年鉴》，1937年，第十四类，第630页。

3　福建省地方志编纂委员会编《福建省志·粮食志》，福建人民出版社1993年版，第186页。

关核准后，得使用仓谷办理散放……散放之标准及范围由各仓管理委员会，视灾情之轻重、存谷之多少决定之"。[1]

至全面抗战之前，按照内政部的规定，全国各县相继设立积谷仓以防受灾之需，说明仓储措施已初见成效。具体仓储详情可参见表7-7。

表 7-7　1931—1935 年各省仓储积谷数、谷款数及仓库数比较

年份	积谷数（石）		谷款数（元）		仓库所数	
	本年积谷数	较上年增加数	本年谷款数	较上年增减数	本年仓库所数	较上年增加数
1931	2886154		848445			
1932	3901025	1014871	1002395	增 153950		
1933	5557185	1656160	49195	减 953200		
1934	7233106	1675921	1500403	增 1451208	25697	
1935	8225451	992345	1131297	减 369106	52367	26670

资料来源：农本局编《中国仓储问题》，第 22 页，转引自杨琪《民国时期的减灾研究（1927—1937）》，齐鲁书社 2009 年版，第 224 页。

从表7-7可以看出，从1931年至1935年间，积谷、谷款及仓库数量均有大幅度增长。另外还需要考虑的是，当时灾荒频仍，县政府经常开仓赈济灾民，会出现仓储时多时少的情况。

县政府在上级政府的领导下，将各县设立仓储的制度逐渐恢复，这为受灾民众的生活和生存提供了一定保障，在一定程度和范围内缓解了灾民的生存压力，改善了灾民的生活环境，也利于国民党向基层政权推行县政建设。

（三）灾后县政府积极兴修水利

南京国民政府各省、县的救灾之举不仅有急赈与建立仓储制度，同时亦着眼于生产性的救济活动，如建设水利设施。此等措施虽不能完全防止灾害

1　《福建省仓储管理办法》，福建省政府秘书处法制室编印《福建省单行法规汇编》，1936 年，第三类"民政"，第 142 页。

的发生，但在一定程度上能起到预防、减缓或遏制灾情的作用。

就自然灾害而言，水、旱是主要灾害种类。建设好水利工程既可防御水灾，又可抵御旱灾。因此，水利工程是防灾救灾的重要举措。对于灾害的水利防治措施，国民政府救济水灾委员会灾区工作组所拟定的《灾区工作方针》中指出："灾区工作，以救命为前提，但不以救命为止境……灾区工作，注重标本兼治，除散放急赈外，实施各项防灾计划，如水利、移垦等，以为根本之救济……以谋引起人民对于农业复兴之兴趣与决心。"[1] 1931 年，国民政府委托全国经济委员会制定了"水利建设方案"，分别对淮河、黄河、长江、海河、永定河等进行勘测治理。江淮水灾过后的 1931 年，河南省建设厅即开始对境内河流统一整治。在各县政府的积极组织下，不但修治了惠济河、夹河泄水渠、洛宜渠、洛河、贾鲁河、双洎河、复兴渠等河道，对各县境内的河流，建设厅也积极督促各县政府进行整治。除此之外，还积极地修筑了一些灌溉工程，如白马寺灌田场、富赢湖灌溉工程与大港口水闸工程。同时对一些河流的堤坝进行加固与培育，如对卫河、漳河等。[2] 江苏各县在省政府的指导下，也对水利设施进行了积极整治。时任江苏省政府主席陈果夫认为："言建设最高之意义，与用款之合理，义应先以农村为对象，农田所重，在于灌溉，则水利其根本也。"[3] 1935 年，苏北徐、淮、海三属各县，"二麦均称丰收，惟售价极廉"。[4] 这是因为"近年来，因六塘疏浚，导淮兴工，乡村农民，亦渐知水利之重要，加之各县设局亦不时征工疏浚乡区各小河，农民亦即自动挖掘建田亩间沟渠，使之通达小河，作旱涝之调剂"。陈果夫还对未来的水

1　朱庆澜：《灾区工作大纲》，《申报》1931 年 9 月 4 日，第 13 版。

2　《河南省之经济建设》，中国国民党中央党部国民经济计划委员会编《十年来之中国经济建设》，南京扶轮日报社 1937 年版，第 5—9 页。

3　陈果夫主编《江苏省政述要》，"建设篇弁言"，沈云龙主编《近代中国史料丛刊续编》第 97 辑，第 1 页。

4　《苏北农村情况转佳》，《农村经济》第 2 卷第 10 期，1935 年 8 月，第 118 页。

利建设事业充满期待："将来导淮完成，各县乡村河槽亦具，农田灌溉称便，江北情况，不难转入佳境。"[1]

水利建设筹建之初，民众并不积极参与，当目睹水利建设后农业丰收之情景时，民众方迅速改变看法，积极参与其中。如苏北高邮县在征工浚河时，民众开始颇具抵触情绪，不想参加，"当经再四宣传，督促指导，始克观成。然自各河竣工后，适值天时亢旱，多日不雨，濒河农田，多赖河道浚深，得以车水救济，颇受实惠，引起兴趣与信仰不少"[2]。此后，深受水旱灾害的民众对水利建设便积极起来，"工作效率，大致以治淮工苦的地方，办理征工较易而费省，如淮阴、泗阳、涟水等县民夫，或无津贴，或仅有少数津贴，每人每日，可做土方二公方"[3]。

县政府有时还利用民众的荣誉感，来激发其热爱家乡的朴素情感，为兴建水利工程所用。在20世纪30年代的苏北导淮工程中，宝应县县长周敦礼在召集区乡镇长会议时，提醒各位乡村基层官员要注意发挥人民热爱家乡的朴素情感："此次导淮工程，关系更巨，尤赖各方士绅民众，协助进行，踊跃赴工，毋存观望，毋落人后，为自身谋利益，为本县争光荣，惟共听而共勉旃！"周敦礼在向导淮工夫训话时，则提出"此番征工导淮，各县工夫云集，不仅宝应一地，尤望各守纪律，服从指挥，毋贻他人讥笑"[4]。将地方荣誉感应用于地方水利兴修工事，也是一动员之法。

县政府通过对水利工程的修筑，在一定程度上降低了水、旱灾害祸及民生的程度。但是由于缺乏全国一盘棋的整体救灾意识，以及县力弱小、政治信仰的缺失和政府的治理理念局限等原因，在救灾过程中出现了诸如灾民安

1　《苏北农村情况转佳》，《农村经济》第2卷第10期，1935年8月，第118页。

2　《高邮县二十二年度征工浚河报告》，《江苏建设月刊》第2卷第1期，1935年1月，第91页。

3　王乃扬：《民国时期涟水导淮工地纪实》，涟水县政协文史资料研究委员会编《涟水文史资料》第3辑，1984年，第15页。

4　宝应县地方志编纂委员会编《宝应历代县志类编》，江苏人民出版社1991年版，第530页。

置不妥等现象。同时，也必须指出，在水利工程建设中，屡屡出现工程质量低、工程款挪用和贪污等问题，这些问题是南京国民政府整体的政风问题在水利建设中的必然反映，无疑是经常性存在的。

20世纪30年代的中国乡村社会，已处于"不仅歉收成灾，丰收也成灾"的境地，时人戏称之为"已陷于东不是西不是的走投无路的状态中"。[1] 国民政府既要高姿态地采用西方的救灾责任和保障灾民的权利与义务的理念，与此同时又沿袭传统的德政话语。例如，1931年江淮大水实施工赈时，在100斤、500斤的粮票背面印有如下话语："国民政府，垂念苏灾，重洋籴麦，救我鸿哀，借工代赈，修堤安澜，子子孙孙，世守永怀。"[2] 国民政府希望通过救济灾民活动，达到树立政权合法性的目的，从而巩固和加强自身的政治权威，使其政治势力浸入乡村社会的基层。然而，南京国民政府的救灾举措虽然付出了一定的努力，但其预防、抵御、应对和救治灾害的工作，整体上还是局部的、零碎的，没有整体的规划和长期的、统一的国家战略与行动。因此，造成了灾荒随其政权而始终的局限。

第四节 乡村危机与乡村社会的自救运动

乡村危机一般而言是指中国乡村贫困落后下的存续危机，主要表现为乡村的发展迟滞和广大农民的生活极端贫困，以及在此基础上整个农村社会的日渐衰敝。南京国民政府时期出现的乡村危机与历史上的乡村危机有明显的不同，前者是伴随着现代化、工业化发展过程而出现的乡村社会危机。与此同时，乡村社会也迅速开展了一系列的自救运动。其中既有政府支持下的乡村社会自救运动，亦有民间团体领导主持的乡村社会自救运动，当然也有乡

---

[1] 《谷贱伤农乎?》，《东方杂志》第29卷第6号，1932年11月，第1页。

[2] 国民政府救济水灾委员会编印《国民政府救济水灾委员会工振报告》，1933年，第101页。

村社会的乡民自救运动。这些自救运动均在一定程度上改变了乡村社会的某些面貌，也在 20 世纪前半期的乡村建设史上留下了难以磨灭的印记，为当代中国的乡村建设提供了许多有益的镜鉴。

一　乡村危机的表现

南京国民政府时期乡村社会危机重重。农民对此亦深有感触："倒是专制时代好，民国所给予我们的苦痛太大了！"[1] 这一时期的乡村危机，不仅表现在经济破产与政治纷乱，而且体现在文化失范和社会失序等方面，时人称之为"农村崩溃"。[2] 这话虽不免有激愤的情绪，却更有翔实的事实作根据，也有冷静的分析作支撑，考之当时的历史实际，符合农村社会发展的总体趋势。这种乡村危机，严重地困扰着国民党政权在乡村社会的统治基础，不利于其政权在乡村基层社会的延伸，弱化了国民党县政在基层乡村的权威。

（一）乡村社会的经济危机

南京国民政府时期，乡村的经济危机主要指农民的贫困化日益加剧，具体表现为农村经济的严重破产、土地集中现象日益加剧与农民生活的极端贫困。

民国时期的农村破产，时人称之为"中国的危机"，这种"危机"，"决不是因为民族的精神不振，也不是因为国民缺乏礼义廉耻种种的美德，而是因为农村经济的基础，已逐渐的动摇，且有濒于破产的趋势"。[3] 南京国民政府建立的第二年，即有人撰文指出乡村社会的破产情况。1928 年 10 月 20 日，上海《民国日报》载："直隶有千万贫农受饿死逼迫……据最近调查，该省充

1　文公直：《中国农民问题的研究》，上海三民书店 1929 年版，第 23 页。

2　古楳：《乡村建设与乡村教育之改造》，《东方杂志》第 30 卷第 22 号，1933 年 11 月，第 8 页。

3　董汝舟：《中国农村经济的破产》，《东方杂志》第 29 卷第 7 号，1932 年 12 月，第 14 页。

当土匪者，有五百万之众。乡村破坏，十室九空。即大名一带，经数十乡村之多，而不见一人！大多房屋倒坏，土地荒芜。"[1] 可见乡村社会破产之严重。农村中靠借贷度日的农户越来越多，农民生活日益艰难。据李景汉对河北定县的调查发现，"5 村 526 家中，1929 年借贷的计 171 家，占总家数的 33%，1930 年借贷的计 230 家，占 44%。至 1931 年时则计 305 家，占 58%"。[2] 农村中农民负债户的日益增多，充分说明农民的生活水准在持续下降。江宁县地处首都南京附近，"以常理度之，江南农村状况，宜必家富户足，欣欣向荣，顾乃不然；一出城外，村落凋零，试与农夫接谈，异口同声，谓经济破产"。[3] 首都附近的农村经济尚且如此，偏僻乡村又该如何？

　　20 世纪 20 年代末到 30 年代，土地集中的现象非常严重，农民占有的土地数量十分可怜。各类军阀、官吏与地主依仗军事、政治和经济特权大肆侵占公地，霸占民田，致使土地高度集中。当然，由于战乱、灾荒和赋税增加，一些地主的经济实力遭到冲击和损失，土地集中的现象有所下降；同时，整体上看，官僚和地主控制土地的局面并没有发生改变。因此，土地集中现象仍是存在的，在一些地区甚至是严重的。1929 年，马札亚尔曾对中国土地占有状况做过一次调查，结果显示，20 世纪 20 年代末期 "操在地主手中之全部土地，在华南各省约占 60%—70%；在华中各省约占 50%—60%；在河南与陕西约占 50%，山东约占 30%—40%"。[4] 至 20 世纪 30 年代中期，根据行政院农村复兴委员会对苏北的调查，"在农村人口中平均占到百分之六十以上的贫农——这农村社会的基础层，每户平均只耕种 5 亩（常熟、启东），情形稍好的也只使用到 6.1 亩（盐城），其下者甚至仅只 3 亩（邳县），而这些土地，

<hr />

1　章有义编《中国近代农业史资料》第 3 辑，生活·读书·新知三联书店 1957 年版，第 902 页。

2　章有义编《中国近代农业史资料》第 3 辑，第 767 页。

3　江宁自治实验县县政府秘书室编《江宁县政概况》，大陆印书馆 1934 年版，"建设"第 30 页。

4　〔苏〕马札亚尔：《中国经济大纲》，徐公达译，新生命书局 1933 年版，第 11 页。

大部分还是租来的"。[1] 其他地区的土地兼并情况也十分严重。请看表7-8中1929年、1934年广西苍梧、桂林与思恩三地的土地变化情况。

表7-8　1929年、1934年广西苍梧、桂林与思恩三县土地变化情况

所有田亩	苍梧		桂林		思恩	
	1929年	1934年	1929年	1934年	1929年	1934年
0亩	47.8%	49.2%	22.6%	24.5%	7.2%	8.3%
0.1亩至4.9亩	30.8%	32.1%	23.9%	24.5%	33.4%	34.8%
5.0亩至9.9亩	10.0%	7.7%	19.7%	18.1%	29.4%	26.9%
10.0亩至19.9亩	4.6%	5.0%	18.4%	18.8%	21.2%	20.6%
20.0亩至29.9亩	1.5%	2.2%	7.6%	7.4%	4.8%	5.0%
30.0亩至49.9亩	2.3%	0.7%	4.8%	4.2%	3.1%	3.5%
50亩以上	3.0%	3.1%	3.0%	2.5%	0.9%	0.9%

注：本表包括地主农户。

资料来源：薛雨林、刘端生《广西农村经济调查》，《中国农村》创刊号，1934年10月，第61—63页，转引自章有义编《中国近代农业史资料》第3辑，第737页。

从表7-8中我们可以看出，上述三个县的无地农户与所有耕地不满5亩的小土地所有者都在普遍增加。其中，三县无地农户从1929年至1934年分别增加了1.4、1.9和1.1个百分点。

面对日益严重的土地集中现象，1936年5月10日，蒋介石在十省行政会议上专门提醒各级政府要高度重视土地问题，认为"土地问题是政治上一个根本问题，土地行政是政治上一种基本工作；如果土地行政不能举办完善，土地问题不得相当解决，政治建设不但不能成功，而且无法推进！"[2] 这表明蒋介石是十分关注农村土地集中问题的。但国民党统治期间始终未曾解决广大农民缺少土地的问题。

1　行政院农村复兴委员会编《江苏省农村调查》，第13页。

2　《在十省行政会议上，蒋院长训辞全文，阐述会议之宗旨与要点》，上海《中央日报》1936年5月11日，第1张第4版。

农民生活也在这一时期陷入了极端贫困状态。1934 年对河南南阳农民的饮食调查表明："农民们平日以甘薯、高粱馍、豌豆馍、小米、绿豆汤为其主要食品，能吃小麦馍者甚少，贫穷的且有以肥田的芝麻饼为其寒冬及春荒之充饥品者。前年欲收食树皮树叶草根及碎石粉者，所在皆是。"[1] 据记者在苏北沭阳见到的农民生活，从衣食住等方面看是非常贫穷的，"一般农民有棉袍棉裤者，不过可有百分之二三十"。住房是土墙草顶的低矮房屋，这些低矮的房屋，"不能够经久，年年要修理，不幸遇到水灾的时候，立刻就倒塌了，每个农民最多不过四五间，二三间为最多"。住房条件如此，被褥呢？实际上"农民是没有被褥的，晚上睡的时候，脱得精光，蜷伏在草堆上就是了"。[2] 如果就其消费结构上而言，据 20 世纪 30 年代对河南、河北两省的调查，"农家全部生活支出，食料要占到百分数之六十或八十"。[3] 说明农民收入除能维持温饱外，所剩无几，再除去衣物、生产资料等支出，不欠债已是幸事。可以说农民普遍已陷入极端的贫困状态。

农村经济的严重破产引起了社会各界的广泛关注。一直关注乡村社会的梁漱溟指出："许多杂志都在大出其农村经济专号，开头没有不谈农村经济破产的。"基于此，才有"政府方面组织农村复兴委员会及上海的银行界都是在极力倡导救济农村"。[4] 而这也恰恰反映了乡村社会经济危机的严重程度。

（二）乡村社会的信任和统治基础危机

南京国民政府建立后，乡村呈现出严重的政治危机。农村赋税日益加重，导致乡村社会对国民党政权的不信任感。根据调查，南京附近的江宁农村的

1　冯紫岗、刘端生：《南阳农村社会调查报告》，《国际贸易导报》第 6 卷第 4 号，1934 年 4 月，第 128 页。

2　《通讯：沭阳农业农村农民之概况》，《农村经济》第 2 卷第 6 期，1935 年 4 月，第 79 页。

3　章有义编《中国近代农业史资料》第 3 辑，第 789 页。

4　梁漱溟：《乡村建设理论》，中国文化书院学术委员会编《梁漱溟全集》第 2 卷，第 149 页。

田赋税额即高得难以接受，遑论远离首都的全国其他地方了。江宁县 1931 年的"正附二税总额，每亩实征一元一角，而每亩所收的谷，不过二石有奇，若照是年市价，每石值钱二元，则田赋竟占去全收获的四分之一"。[1] 更有甚者，田赋在"许多地方是一年征收数次，有的一次预征数年，各地农民每年收获之米谷，大部分均用以为完纳田赋之需，一家衣食，便无着落，是以多不愿安居耕种，宁可出外谋生"。[2] 不仅如此，有些土地已被政府征用修路，仍须缴纳赋税。政府虽提"二五减租"等口号，但无意实行。政府与乡村地主豪绅势力的妥协，农民自难对政府产生充足的信任。当时即有人尖锐地指出，江苏盐城灾后"政府一方面办理秋勘救民水火，一面则增加附捐仍取于民，一减一加，民困犹在，其意若曰：民虽受灾，奈政费无着何，亦不得已也。呜呼！为政之道，固在是欤？"试想"蠲减与附加同时进行，而附加且甚于蠲减，反加重人民之负担，毋宁弗蠲减之为愈也"。[3] 最终结果，减轻农民负担是假，增加赋税是真。沉重的赋税让农民无法接受，徒增人民对政府的不信任感，国民党政权的县政基础变得越来越薄弱。

由于乡村社会的赋税繁重，加之乡村生活不安定等生存压力，大批乡村社会的地主乃至农民，逐渐选择离开乡村，趋往可生存之处，农民离村现象渐渐变得十分严重。"1931 年江淮大水灾时，根据调查，皖南农民离村率达 61%，皖北达 19%。"[4] 河北省定县是平民教育会进行"复兴农村"实验的模范县，本来应该好些，但其离村率从 20 世纪 20 年代中期到 30 年代中期却急

---

[1]　许涤新：《农村破产中底农民生计问题》，《东方杂志》第 32 卷第 1 号，1935 年 1 月，第 47 页。

[2]　骆传华：《今日中国劳工问题》，上海青年协会书局 1933 年版，第 265—266 页。

[3]　何新铭：《盐城田赋及灶课之研究》，萧铮主编《民国二十年代中国大陆土地问题资料》第 12 册，第 6018—6022 页。

[4]　章有义编《中国近代农业史资料》第 3 辑，第 889 页。

剧上升，"1934 年竟是 1924 年的 10 倍"。[1] 全面抗战爆发后，战火使农村人口的流动更加无序，规模亦日益庞大。

无地贫苦农民离村是为了生存，而地主在农村中的生活也并不如意，大多会选择离村而去。由于土地负担过重，有些地主对土地不再感兴趣。江西省万载县的中下等田，地主企图摆脱粮税捐款，只欲收一两元代价，然亦无人顾问。[2] 更有甚者，南昌"下等之地，其地主有愿倒贴数元出卖以图避免捐税者，参以南昌有许多地主宁愿放弃土地不肯登记之事实，似属可信"。[3] 在这种情况下，出现地主离村现象也就不难理解。1933 年，农村复兴委员会对江苏邳县、常熟、盐城、启东等地的调查发现，"中等地主以上，绝少再居住在农村。我们九百五十二户挨户调查中所得到的地主这样少"。[4] 因为此时"稍为富厚之家，类皆挈眷他徙；而所留者，率多财力屡薄之人"。[5] 可见留在乡村社会的地主的经济状况与农民已相差无几。

在这种情况下，地主与农民均逐渐选择离开乡村，根据自己的劳动、知识或才能选择不同的生活门路，"有知识有门路者，均出外谋生。无知识之健壮者，亦弃农当兵"。[6] 农民与地主的普遍离村现象，造成大量的流民与城市人口陡增，不仅出现了农村土地无人耕种的现象，也导致了乡村社会的不稳定状态，形成底层社会时刻涌动的暗流，这在无形之中造成了乡村社会的治理危机。

1　李景汉等：《定县经济调查一部分报告书》，第 99 页；章有义编《中国近代农业史资料》第 3 辑，第 882 页。

2　陈赓雅：《赣皖湘鄂视察记》，申报月刊社 1935 年版，第 26 页。

3　王世琨：《南昌实习调查日记》，萧铮主编《民国二十年代中国大陆土地问题资料》第 170 册，第 84988 页。

4　行政院农村复兴委员会编《江苏省农村调查》，第 7 页。

5　默：《乡镇之自卫谈》，《申报》1929 年 11 月 29 日，第 5 版。

6　章有义编《中国近代农业史资料》第 3 辑，第 903 页。

（三）乡村社会的文化危机

南京国民政府建立后，随着统治的渐趋稳定，政权向基层延伸的趋势在日益加强，随之其文化统治亦欲在乡村社会逐渐确立。但其势力在乡村社会的发展并不如愿。地主与农民的大量离村，不仅导致乡村社会的底层人力与人才困乏，更重要的是，乡村社会的文化产生了严重危机。梁漱溟曾言："中国社会是以乡村为基础，并以乡村为主体的；所有文化，多半是从乡村而来，又为乡村而设，——法制、礼俗、工商业等莫不如是。"[1] 至近代以来，实际上中国"相沿不变的社会构造，却已根本崩溃，凤昔之法制、礼俗悉被否认，固有文化失败摇坠不堪收拾，实民族历史上未曾遭遇过的命运"。[2] 乡村社会的文化危机即为这种背景下的产物。

钱穆在《政学私言》中曾论及中国社会的特殊性有三，其中之一便是"士常出于农民之秀者，后世之所谓耕读传家，统治阶级不断自农村中来"。[3] 因此乡村中那些有科举经历但未能被授予官职的绅士仍居住于乡村，教书或著述。也有在任之官者，但他们退职返乡后即成为绅士。上述绅士是乡村社会文化生活的主导者和组织者，尤其在创立和管理一些满足地方乡村社会的教育、宗教和娱乐活动所需的学校、庙宇等文化机构设施方面，发挥着极为重要的作用。而清末科举制的废除对乡村社会的文化影响甚大。有学者认为："科举制度的取消，实际上只是中国农村文化生态失衡的开始，农村智力资源向城市的单向流动。"[4] 民国以后，随着各种军阀走马灯似的更换，乡村政权也随之更迭。乡村政权的痞化现象也日渐突出。"我国自革命以后，新土豪劣绅代出，横行于地方，而公正之绅者，多隐而不出……对于县政，更若远遗。

1　梁漱溟：《乡村建设理论》，中国文化书院学术委员会编《梁漱溟全集》第 2 卷，第 150 页。

2　梁漱溟：《乡村建设理论》，中国文化书院学术委员会编《梁漱溟全集》第 2 卷，第 162—163 页。

3　钱穆：《政学私言》，商务印书馆 1946 年版，第 116 页。

4　萧功秦：《从科举制度的废除看近代以来的文化断裂》，《战略与管理》1996 年第 4 期，第 17 页。

而县长县佐，每从外县而来，不谙当地之情事，故有所举，不得不与土豪劣绅相往来"。[1] 由于乡村社会大量精英的离村出走，使"原来应该继承绅士地位的人都纷纷离去，结果便只好听滥竽者充数，绅士的人选品质自必随之降低，昔日的神圣威望乃日渐动摇"。[2] 太原塾师刘大鹏在其日记中也有如此记载："民国以来凡为绅士者非劣绅败商，即痞棍恶徒以充，若辈毫无地方观念，亦无国计民生之思想，故胥官殃民之事到处皆然。"[3] "痞棍恶徒"占据着乡村社会的政权，乡村社会的文化无人引领，处于真空状态，乡村文化危机亦随之产生。虽然有开明人士提出："深望今后政府，奖励正绅之远乡，而县长更须效三顾茅庐之精神，请其襄理政事；诚如是，则官民能得切实合作之效，而百废可以俱举矣！"[4] 此种想法固然美好，事实上并无县长"三顾"正绅之举，而乡村的正绅亦在逐渐减少中。

劣绅的逐渐增多本已十分可怕，而南京国民政府对乡村社会的文化教育关注亦较少，且投入有限，以至于农民识字者少，文化层次低。这对乡村文化的发展极为不利。下面以首都南京附近的江宁县为例说明当地农民受教育的程度（见表7-9）。

表7-9　江苏江宁县659个农民教育程度统计

教育程度	不识字	略识字	能写信	总数
人数	547	86	26	659
占比（%）	83	13.1	3.9	100

资料来源：张履鸾《江宁县四百八十一家人口调查的研究》，李文海主编《民国时期社会调查丛编·人口卷》，福建教育出版社2004年版，第82页。

1　徐慧中：《县政弊端及其补救》，《中国新论》第1卷第7期，1935年10月，第109页。

2　吴晗、费孝通：《皇权与绅权》，天津人民出版社1988年版，第145页。

3　刘大鹏：《退想斋日记》，第322页。

4　徐慧中：《县政弊端及其补救》，《中国新论》第1卷第7期，1935年10月，第109页。

此时的乡村社会，"风气闭塞，文化落后"。虽然管理乡村的县政府欲对乡村社会的文化空间进行占领，事实上县政基层教育欠费现象十分严重，物质基础极其薄弱。以首都南京所在的江苏为例，"各县教育经费，能按月发放者，百不得一……欠二三个月者，不足为奇；四五个月者，亦属甚多；甚有最多之某县，已积欠近二年，如此情形，宁非怪事！"[1] 经济基础较好的江苏尚且如此，何况其他省份？经费不但拖欠，而且各县"要减少经费，首当其冲的，便是教育经费，因为有些县长，根本就不认识教育的重要，他对于教育是漫不经心的，所以教费就首先遭难"。[2]

由于政府对于乡村教育投入极少，农民文盲增多，乡村文化教育的落后，使得国民政府在县政中推行的新生活运动与农村的现实严重脱节，国民党的意识形态教育也无所依附。农民的思想与县政的设想产生了严重的隔膜和对立。农村是国民党思想文化延伸不到的地方，农民有自己的生活逻辑。因此，能与国民党合作者，多是农村的另类，也是农民所鄙视之人。曾任江苏省主席的陈果夫在该省举办的县市行政讲习所的讲演中指出："现在社会上好人都不愿意问事，歹人则喜欢出来干涉地方事务，这一方面是民德不竞的结果，一方面也是民意销〔消〕沉的现象。"[3] 其实这种现象表明了基层政权已开始痞化。基层保甲长显然不受地方民众支持。1941 年 12 月，甘肃省靖远县长郝遇林在全县保甲长行政训练班开学典礼上发表了以"告县以下各级行政人员"为题的讲演，指出："乡镇保甲人员在社会上取不到尊敬及信仰，最主要的原因是本身不健全，及本身有不足以取信于民

1　陆仁寿：《改进地方教育的几个实际问题》，《江苏教育》第 1 卷 3、4 期合刊，1932 年 5 月，第 70—71 页。

2　《小学教师待遇与全省师资调剂的问题——许厅长在省府纪念周报告》（1935 年 5 月 27 日），浙江省政府秘书处编《浙江省政府公报》第 2352 期，1935 年 5 月，第 8 页。

3　陈果夫：《如何树立县政上三民主义之基础（在县市行政讲习所讲）》，《江苏教育》第 5 卷第 7 期，1936 年 7 月，第 2 页。

的地方，可以用'偏'、'浮'、'敷'三个字来代表。所谓偏，就是办事不公正，徇私情……所谓浮，就是浮派浮收……所谓敷，就是敷衍了事。保甲人员对下骄纵，对上敷衍，总不脚踏实地的负责去干，这种行政人员对上对下都不能取得信任。"[1] 郝遇林县长道出了基层政权的痞化现象。对此，蒋介石也表示了担忧："区乡镇长之地位，率皆为土劣所把持，以之推行政令则不足，压迫民众则有余。"[2] 如此基层政权，怎会不引起乡村社会的各种危机？

　　对于乡村社会的危机，陶行知认为主要问题是乡村教育的瘫痪。因此他提出了"乡村学校做改造乡村生活的中心，乡村教师做改造乡村生活的灵魂"的乡村教育理念，试图通过乡村教育来解决乡村危机，决心"募集一百万元基金，征集一百万位同志，提倡一百万所学校，改造一百万个乡村"。[3] 陶行知意欲通过乡村教育提升乡村文化，进而提升民族凝聚力，但实际上，在20世纪30年代，农村的经济如潮水一般倒下来，一切建设在经济上的社会、政治、教育等等事业，也因之而崩溃。[4] 按照梁漱溟的说法，此乃乡村社会文化的调节功能失调之故，事实上反映了乡村社会的全面危机。因为梁漱溟曾言，"中国问题并不是什么旁的问题，就是文化失调"，其表现出来的就是"社会构造的崩溃，政治上的无办法"。[5] 因此乡村社会的文化危机，是南京国民政府县政建设面临的严重挑战。

　　1　《郝遇林县长论保甲长不受民众拥护之原因》，白银市档案局（馆）编《民国时期靖远县情录》第3集，第17—18页。

　　2　程方：《中国县政概论》，第59页。

　　3　陶行知：《中华教育改进社改造全国乡村教育宣言书》，《陶行知全集》第1卷，第83页。

　　4　金轮海编著《农村复兴与乡教运动》，商务印书馆1934年版，第34页。

　　5　梁漱溟：《乡村建设理论》，中国文化书院学术委员会编《梁漱溟全集》第2卷，第164页。

二 乡村社会的自救运动

南京国民政府时期，乡村社会出现了各种严重的危机。为挽救乡村社会的各种危机，各种自救运动相继出现，既有政府支持下的乡村社会自救运动，亦有民间团体主导的乡村社会自救运动，更有乡村社会的乡民自救运动。

（一）"乡村建设派"主导的乡村社会自救运动

中共领导的轰轰烈烈的土地革命战争，严重动摇了中国乡村地主阶级的统治基础。而同时，国民党政权统治下的农村经济，在前述多种因素的影响下濒临破产的边缘。在这种历史背景下，有志于推动乡村建设的梁漱溟、晏阳初等人主导的诸多"乡村建设"发动了影响深远的乡村社会自救运动。

自誉"应着民族不幸的命运而出世的一个人"[1] 的梁漱溟认为："乡村建设运动，实是乡村自救运动。"[2] 因为进入民国后，"谁来顾惜乡村？自然反逼出乡村自救。乡村自救正为寻不出一个超于乡村而能救顾他的力量"。[3] 梁如此认为的原因是，中国社会系"以乡村为基础，并以乡村为主体的"社会。鸦片战争爆发后，中国连年遭受外国侵略，广大乡村社会深受其害，"所以中国近百年史，也可以说是一部乡村破坏史"。[4] 乡村破坏使农业生产落后和发展迟滞，农民生活贫困与流民增多，乡村社会矛盾日益尖锐，各种冲突不断。梁漱溟认为中国本是一个"伦理本位"与"职业分立"的传统社会，根本不存在阶级对立，只是文化失调而已，"中国近百年来的乡村破坏，是一种绝对破坏，为世所仅见。此破坏之所以成为绝对的，都为中国近二三十年

---

[1]　梁漱溟：《中国民族自救运动之最后觉悟》，中国文化书院学术委员会编《梁漱溟全集》第 5 卷，第 102 页。

[2]　梁漱溟：《乡村建设理论》，中国文化书院学术委员会编《梁漱溟全集》第 2 卷，第 153 页。

[3]　梁漱溟《乡村建设理论》，中国文化书院学术委员会编《梁漱溟全集》第 2 卷，第 155 页。

[4]　梁漱溟：《乡村建设理论》，中国文化书院学术委员会编《梁漱溟全集》第 2 卷，第 150 页。

间政治上之无办法"。[1] 因此乡村社会唯有进行自救才能摆脱这种局面，"乡村建设派"所推行的"乡村自救运动"，是中国乡村社会自救运动的一种表现形式。

梁漱溟主张以恢复法制、礼俗等推行乡村建设，而非依靠武力。他认为，中国社会改造的方法只能根据"伦理本位"的特点，用教育方法改革政治，培养新的政治习惯，结成团体，加强社会的组织性，普及教育文化，引进科学技术。经济上"必走乡村建设之路者……必从复兴农村入手，以达于新社会建设的成功"。[2] 基于这样的认识，1929 年梁漱溟在河南辉县开办了村治学院。1931 年又在山东邹平、菏泽等处创办了乡村建设研究院和实验区，"或从平民教育入手，或从农村经济入手，或从乡村自卫入手"，[3] 将伦理、经济、教育、科技、政治与治安等融为一体，举办的乡学和村学既是乡村教育机关也是乡村自治的机关，由乡学和村学统一全村的经济、政治以及自卫活动，倡导组织各种各样的合作社，推广农作物优良品种等。在梁漱溟的倡导下，"乡村建设"的思想风行一时。

另一个推行乡村建设运动的著名人物晏阳初认为，中国乡村社会落后的最根本原因，根本不是什么帝国主义和地主买办阶级的压迫和剥削，恰恰是农民的"愚、贫、弱、私"，因此，晏阳初提出采用教育的方式改造中国乡村社会。1923 年，晏阳初开始在北京设立中华平民教育促进会，来推动平民教育活动。1926 年，他又选定河北定县作为实验区，采用学校、社会和家庭三种不同的教育方式，与此同时，又大力推行乡村社会的文艺、生计、卫生和公民教育工作，以挽救日渐严重的乡村社会危机。

"乡村建设"派在乡村建设活动中遇到了前所未有的困难，尤其是缺乏政

1　梁漱溟：《乡村建设理论》，中国文化书院学术委员会编《梁漱溟全集》第 2 卷，第 153 页。

2　梁漱溟：《乡村建设理论》，中国文化书院学术委员会编《梁漱溟全集》第 2 卷，第 158 页。

3　乡村工作讨论会编《乡村建设实验》第 1 集，中华书局 1934 年版，第 2 页。

府与农民的支持与积极有效配合。晏阳初在推行乡村建设的实践中，深感如欲推行乡村建设实验须利用政府力量，"根据我们在定县工作数年的经验……如欲将研究所得的推广出去，则非借政府的力量、政治的机构不可。因为不利用政治，则一方面地方政府在那里剥削农民，另一方面我们帮助农民增加生产，改良品种或组织合作增加他们的收益。可是这种收益有限，而地方政府的剥削则无穷"。[1] 另外，解决农村问题还需农民自己。晏阳初认为："乡村问题的解决，一定要靠乡村里的人；如果乡村里的人自己不动，等待人家来替他解决问题，是没有这回事情的。"[2] 对此梁漱溟也颇有感触，深感"号称乡村运动而乡村不动"，[3] 是因为中国民众的"无团体、无组织"[4] 之故。这也是乡村建设运动成效不大的主要原因。

对于乡村建设派存在的问题，当时即有人指出其"在肯定'现存社会制度'的前提之下，在不改变'现实的生产关系'底范围之内，仅为对抗或缓和'农民运动'，甚至对抗或缓和'反帝国主义的运动'而出现的一串以'和平'的'渐进'的'合法手段'，进行一点一滴的'改良工作'及'建设运动'，而企图中国农村底'复兴'。所以在历史的、社会的意义上，可以统而名之为'农村改良运动'"。[5] 这种乡村建设运动，当然并不能完成建设乡村的任务。

（二）政府支持下的乡村社会武装自救运动

南京国民政府建立后，为挽救乡村社会日益严重的政治、经济与文化危机，开展了官方支持的乡村社会的自救运动。其主要表现形式之一为自卫团（保卫团）的建立。

1　晏阳初：《平民教育促进会工作演进的几个阶段》，宋恩荣主编《晏阳初全集》第1卷，第391页。

2　晏阳初：《十年来的中国乡村建设》，宋恩荣主编《晏阳初全集》第1卷，第562页。

3　梁漱溟：《我们的两大难处》，梁漱溟：《乡村建设理论》，上海人民出版社2006版，第369页。

4　高践四：《民众教育任务与方法之探讨（一）》，《江苏教育》第3卷第9期，1934年9月，第18页。

5　章有义编《中国近代农业史资料》第3辑，第938页。

民国时期的保卫团最早出现于民初袁世凯执掌北洋政府时期。1914 年 5 月 20 日，北洋政府颁布了《地方保卫团条例》。要求凡各县未设警察地方，必须尽快设立保卫团；同时各县知事按《地方保卫团条例》将原有的乡团、保甲进行切实整理，改编为保卫团。从此，北洋政府以法律形式将组织地方保卫团作为一项强制性措施，即各地或从无到有地设立保卫团，或将原各地方武装整合为由政府控制的武装组织。保卫团制度亦由此创立。

南京国民政府建立之后，根据实际需要，内政部于 1929 年春拟定了《地方保卫团条例草案》，经审议通过后易名《县保卫团法》，于是年 7 月 13 日明令公布，11 月 1 日施行。《县保卫团法》对各地保卫团的编制、训练、任务、奖惩与经费等做出了详细规定。1931 年 4 月 11 日，南京国民政府对《县保卫团法》进行了修正，规定"每区为一区团，以区长为区团长，县为总团，以县长为总团长"。[1] 依据该法规定：凡各县地方原有乡团及其他一切自卫组织，均应依本法之规定改组为保卫团；各省政府得依照本法之规定，参合本省地方情形，拟具施行细则，报内政部备案。[2] 翌年 8 月，蒋介石要求《县保卫团法》不区分"团"与"练"，笼统规定凡壮丁均须编入保卫团受训。

但随着时局的发展，尤其是日本侵华的步伐加快，南京国民政府日益认识到保卫团的重要作用，逐渐将保卫团纳入政府的严密管理之中，这样遂使保卫团由从过去民间自卫组织发展成为政府统一管理的武装队伍。

梁漱溟也认为乡村社会确有武装自卫的必要。"乡村自救运动，其工作第一步就要防止直接的破坏，对于土匪赤匪和杂牌军队的骚扰，必须武装自卫。"[3] 乡村实行自卫是由中国的特殊性决定的，在当时战乱频仍的环境下，

1　《县保卫团法》第 4 条，内政部年鉴编纂委员会编《内政年鉴》（二），第（C）1678 页。

2　戴鸿映：《旧中国治安法规选编》，群众出版社 1985 年版，第 208 页。

3　梁漱溟：《乡村建设理论》，中国文化书院学术委员会编《梁漱溟全集》第 2 卷，第 155 页。

唯有如此，才能够保证乡村社会的稳定与发展，"现在中国却要乡村与土匪以武力赌其命运，这就证明中国国家在一特殊状态中，乡村之自卫、自救，在任何国家可以没有，也不应有，独于今日中国乃必然发生，不能不有"。[1]

虽然自卫团成立之初起着保卫乡村社会的职能，但其本身也有许多弊端，从而使其效果大打折扣。例如，豪绅多占据自卫团团长的职位，且大多与地方盗匪、帮会有着或多或少的联系。不仅如此，某些地方的自卫团还利用征收田赋之便任意派加田赋，对乡民不是保卫，简直就是袭扰。更有甚者，由于政府号召办理自卫团，致使"各县团丁名额少者数千，多者竟逾万人，假借国防经费之名，日事抽削，土劣利以自肥，人民益不堪命"。[2] 这样的自卫团名为"自卫"，实是对县政的剥削与摧残。1928 年 11 月 23 日，湖南省政府主席何键在视察湖南各县后，向行政院与武汉政治分会汇报自卫团的劣迹："团款由田赋附加……团局局长各自为政，附加之外，又有苛派、捐款，抽收货税，不能御匪，而扰民反甚于匪者。"[3] 由此可见，其负面影响十分严重。

乡村社会出现自卫团这种武装"自卫"性质的组织有其历史必然性。首先，从大历史层面上而言，近代以降，乡村社会的不稳定为其出现提供了可能性。在时局动荡的形势下，社会秩序发生严重混乱，而国家又没有办法为民众的安全提供切实的保障，在此背景下，具有地方武装性质的自卫团便应运而生，并在创立之初受到了地方民众的热烈欢迎，在维护治安上发挥了重要作用。其次，从政府的态度上而言，自卫团从成立便得到了政府的承认，是一种公开的武装团体。尤其南京政府成立后，在政府支持下，自卫团势力

1　梁漱溟：《乡村建设理论》，中国文化书院学术委员会编《梁漱溟全集》第 2 卷，第 155 页。

2　"中华民国史事纪要编辑委员会"编《中华民国史事纪要（初稿）》（1932 年 7—9 月），台北，"中华民国史料研究中心" 1980 年版，第 343 页。

3　《湖南清乡公报十二期》，湖南省档案馆、西南军阀史研究会湖南分会资料组编印《何键统治湖南史料》第一部分（1927 年 11 月—1929 年 4 月），1981 年，第 23 页。

得以迅速发展。政府支持的这种自卫组织，虽是一种武装组织，也带有乡村自卫、自救的色彩和性质，是政府主导下乡民自救的一种特殊组织形式。但由于仅限于以武力维持乡村秩序的功能，且在实践中有"甚于匪者"，并不能真正完成保卫乡村的任务。

（三）乡村社会的乡民特殊"自救"行为

乡村社会的乡民自救运动，既有灾荒之年自发举办的义仓或社仓等自救活动，亦有为生存而采取的抢种、抢粮等自救活动。

中国传统乡村社会遇有贫困或灾荒之年，自古即有义仓或社仓这类相互救助形式。义仓或社仓等救助机构均属民办性质。但至南京国民政府时期，由于各种原因，这种义仓或社仓等民间救灾机构逐渐停办。例如，1915 年成立的河北定县东亭"目的在预防荒灾奇变"的义仓，有"职员共十余人，村长与公直代管义会一切事务"。规定村中"凡 20 亩以上的农家，每亩纳粮 1 升，或半升，20 亩以下的农家，得免纳粮"，"遇有荒年，贫寒之家，可随意借用，但还时须稍加微利"。然而至 1927—1928 年，义仓"因闹兵灾，所储粮食都已借出，近年没收新粮，无形停办"。[1]

事实上，乡村社会的义仓或社仓至南京国民政府时期大多数已停办，当灾荒或其他社会动乱导致乡民无法获取基本食物以维持生存，以及当所有救助行为都无法解决乡民生存问题时，乡民难免会铤而走险，武力抢粮、抢劫，甚至入伙为乡匪。

因时局动乱不安，农民到田里耕种或收获还需带着武器以防土匪的侵扰。20 世纪 20 年代末期，记者吴寿彭等人在苏北等地考察，"经过沭阳县的时候，有人告诉我们说有农民背了枪耕地的，原因是会有土匪持枪到田里去劫夺他的耕牛或耕驴的。萧县的农民又告诉我们，到收获的季节，一面许多壮男到

1　李景汉编著《定县社会概况调查》，第 111 页。

田里割麦，必须留一部分壮丁在围子附近放步哨，不然收回去的麦子，会有土匪来劫去的。据说这样的情形，不但在徐海属可听见，安徽各县也常闻"。[1]不仅农民耕种、收获如此，农民赴集市交易，也警戒万分。他们"赶着骡车或小车，运送米谷布帛去上'集'，作原始的交易，车上插着威武的红缨标枪。倘使半路上遇到盗匪的截击，就得一场血战"。[2] 足见乡村社会混乱至何等程度！

由于土匪猖獗，一些本应安静的庙宇也不得安生，纷纷修筑炮楼防匪。在江苏省滨海县的如来庵，"出家之人也和百姓一样，怕匪徒抢劫，在庵院的西南、西北两角都建了'炮楼'……和尚买枪防匪，也是一件奇事"。[3] 这恰恰说明了土匪的猖獗与地方人民生存状态的危机，无奈之下，唯有以此方式自救。

当乡民的上述自救方式均告无效时，他们也会铤而走险，到处抢夺食物以维持生命，甚至加入匪徒与会道门行列。1932年1月28日《大公报》记载："河南确山与正阳交界之留庄及与汝南交界之张教庄、刘店、大庙乡等处，有贫民千余，或数百人结队成群，各执口袋，沿村夺食。其他各地贫民亦纷纷响应。"[4] 1931年江淮大水灾，太湖流域一带蚕麦俱荒，水乡灾民弱者捞取水草充饥，强者铤而走险，"就食大户"。[5] 灾民流亡过程中经常与地方军警发生冲突，江苏"吴江浦房村等乡民往震泽抢米时，有些人拿了锄头等物，警察到场开枪弹压的时候，有些人且夺取了枪械，与官警冲突，殴伤多人"。[6]

1　吴寿彭：《逗留于农村经济时代的徐海各属（续）》，《东方杂志》第27卷第7号，1930年4月，第65页。

2　吴寿彭：《逗留于农村经济时代的徐海各属》，《东方杂志》第27卷第6号，1930年3月，第66页。

3　刘大卫：《清末民办"民达中学堂"简史》，《滨海文史资料》（江苏）第1辑，1985年，第125页。

4　《确山劫后民生》，天津《大公报》1932年1月28日，第5版；章有义编《中国近代农业史资料》第3辑，第1030页。

5　忏庵：《赈灾辑要》，广益书局1936年版，第110页。

6　中国经济情报社编《中国经济论文集》第1集，第133—134页。

灾荒也使部分民众为了生存，不得不去做土匪，从而增加了县政建设的难度。

从以上内容可知，乡村社会的民众在政府无法对其实施救助时，会铤而走险，采取非常手段"自救"。据统计，1934 年，豫、皖、苏、浙、粤、桂等省即发生灾民抢米事件 125 起。1936 年发生灾民反抗虐待的斗争事件达 21 起之多，灾民和军警的冲突事件则属司空见惯之事。这些"自救"是对国民政府乡村治理不良的反抗。"时代使老百姓变成'顽民'。"[1] 今天看来，其实乡民变成"顽民"亦属生存环境使然，正如 1930 年 5 月 16 日《大公报》评论所言，"近年来中国之恶劣的政治，实为厉阶也"。[2] 这种状况，伴随国民政府在大陆统治的始终。国民政府解决不了农民的生存问题，使农民陷于饥饿与死亡的边缘，农民别无选择，只有反抗以求生存。

第五节　乡村社会的危机与县政建设

面对严重的乡村危机和乡村社会与国家政权严重疏离的状况，作为执政者的南京国民政府亦必然采取种种措施以挽救乡村社会的危机。在时人看来，乡村社会的危机是全面性的，正如论者所言："中国农村的衰落是整个的衰落，破产是整个的破产……它是物质的衰落也是精神的衰落，是经济的破产也是文化的破产；经济问题是急待解决，教育问题也是同样急待解决。"[3] 要解决乡村危机，重要的措施就是推行县政建设。本节拟从国民政府推进县政的三个方面加以论述。

1　徐盈：《饥饿线上的农村旅行——从连云港到海州》，《国闻周报》第 13 卷第 21 期，1936 年 6 月，第 30—31 页。

2　李文海等：《中国近代十大灾荒》，第 195 页。

3　李景汉：《中国农村问题》，商务印书馆 1937 年版，第 125 页。

一　加强县政基层政权，挽救乡村社会的政治危机

孙中山认为，国家"建设之事，当始于一县，县与县联，以成一国"。[1] 说明孙中山对县的重要地位的高度重视。南京国民政府建立后，从思想认识上十分重视基层的县政建设，"深觉民族国家的复兴大业，应从'庶政'改革入手，而改革庶政的基础，是在于为'政治骨干'的县政建设"。[2] 为挽救同时也为控制乡村社会，南京国民政府主要是从培植乡村社会精英与打击土豪劣绅势力两方面入手进行县政基层建设，以便维护国民党在乡村社会的政治统治。

（一）培植乡村社会精英，推行县政

为加强在乡村社会基层政权的统治，南京国民政府非常注意加强乡村社会的基层政权建设，试图通过培植乡村社会的精英人物逐步充实县级政府以下的乡村级政权组织，以便让其在乡村社会顺利地执行国民党的各项政策。当时，由于国民政府在乡村基础统治力量的薄弱，其政令很少能够真正传递至乡村社会。时人对基层政权状况有直白的描述，称中央政令"往往传到省政府时打了一个折扣，传到县政府时再打一个折扣，落到区乡长的手里的时候，便已所剩无几"。即使传达至地方基层政权，由于"地方政府尤其是乡村政治组织充满着豪绅封建势力，很难希望它来忠实地执行反封建的改良政策"。[3] 蒋介石也深感"区乡镇长之地位，率皆为土劣所把持，以之推行政令则不足，压迫民众则有余"。[4] 此时乡村社会基层政权的日益弱化，是当时国民政府执政层面的共识。因"乡村中主要的政治机构是在区公所，县政底一

1　陈旭麓、郝盛潮主编《孙中山集外集》，第36页。

2　程方：《中国县政概论》上册，第71页。

3　薛暮桥、冯和法编《〈中国农村〉论文选》（上），人民出版社1983年版，第313—314页。

4　程方：《中国县政概论》上册，第59页。

切设施大都通过区公所而到达地方"。[1]　在此情势之下，国民政府高层认识到，必须积极培植乡村社会的精英人物，以控制县政的基层政权。这对国民政府县政而言，是一个急迫的政治任务。

1928 年 9 月，南京国民政府公布《县组织法》，规定担任区长须满足以下三个条件：接受过中等以上的新式教育者；曾任行政职务或办理地方自治事务三年以上者；国民党忠实党员，具有政治学识或经验者。1930 年 7 月修正并颁布《修正乡镇自治施行法》，要求乡长、副乡长、镇长、副镇长及乡镇监察委员的候选人须具备以下六个条件之一方能担任：候选公务员考试或普通考试、高等考试及格者；曾任国民党服务者；曾任国民政府统属之机关委任官以上者；曾任小学以上教职员或在中学以上毕业者；经自治训练及格者；曾办地方公益事务著有成绩经区公所呈请县政府核定者。[2]　从上述区乡领导职务的任职条件看，要么属于国民党党员，要么在地方办理过自治事务，或接受过新式教育。由于区长"为直接亲民之官吏，训政干部之人才，一举一动均须为民表率"。[3]　基于此，国民政府通过办理区、乡训练所来灌输国民党的党义教育，加强三民主义的意识形态精神培育，以便使区、乡长能够按照国民党的理念顺利地实施对乡村政权的控制，从而达到其县政建设的目的。

按照 1928 年第一期内政会议的有关规定，各省必须办理区长训练所与自治训练所，以满足日益增长的乡村基层政权人员培训需要，通过培训，以达到国民政府对基层政权和基层社会的牢固控制。区长训练所由各省民政厅自行举办，乡镇公职人员训练所由县政府举办。为规范和保证区、乡镇等公职人员的训练活动，稍后内政部又相继颁布了《区长训练所条例》《区乡镇现任

1　行政院农村复兴委员会编《江苏省农村调查》，第 61 页。

2　《修正乡镇自治施行法》（1929 年 9 月 18 日公布，1930 年 7 月 7 日修正），中央民众运动指导委员会编印《地方自治法规汇刊》，1935 年 7 月，第 310 页。

3　江苏省区长训练所编印《区长须知》，1930 年，第 2 页。

自治人员训练章程》《自治训练所章程》等一系列章程。上述训练章程分别对区长与乡镇长训练所的课程内容有明确规定。因这些人员毕业后要任职于乡村社会的基层，肩负推行国民党在基层的政治统治的重任，因此对区乡长尤其是区长的训练颇为重视，虽然训练时间短暂，但对课程内容却十分注意。对区长培训的课程，有关于国民党的精神教育课程，如《三民主义撷要》《建国大纲》《建国方略》《五权宪法》《国民党重要宣言及决议案》《中国革命史略》《帝国主义侵略中国史略》等；有关于国民党在基层实施自治与控制的课程，如《政治学概要》《地方自治概要》《经济学概要》《社会问题概论》《地方自治概要》《各国地方自治制度述略》《地方自治实施法》《现行地方自治制度》等；另外，还安排有现代公文的各种写作课程。从上述培训内容可知，区长所学内容相当广泛。但因时间短暂，加上各训练所可根据课程"酌量增减，但是增减数目不得逾三分之一"，上述安排恐很难一一落到实处。[1] 相较区长，对乡镇长的培训课程较为简单，"仅五门课程：《党义撷要》、《民权初步简习方法》、《地方自治实施办法》、《现行自治法规》与《民法及刑法要义》等"，多为普及国民党的知识，培训国民党三民主义意识形态，以及如何在基层实施自治等实际需要的内容。训练时间缩减为"二十天"，即予毕业。[2] 以这种书本、课堂教育，欲使培训者脱胎换骨地成为国民党的忠实捍卫者，显然是不大可能的。

经过国民党对区乡镇各级政权任职官员的培训，至20世纪30年代中期，据1936年公布的《内政年鉴》统计，各地培训区长为12200余人。[3] 根据对江苏省169个区长的调查，这些区长"尚称严格，省立区长训练所毕业的居

---

1 《区长训练所条例》，内政部年鉴编纂委员会编《内政年鉴》（一），第（B）994页。

2 《区乡镇现任自治人员训练章程》，内政部年鉴编纂委员会编《内政年鉴》（一），第（B）995页。

3 内政部年鉴编纂委员会编《内政年鉴》（一），第（B）747—752页。12200余人只是估算人数，因为有的省份没有明确培训区长人数，如浙江等省。

多"。[1] 江苏为国民党统治的中心区域，仅从教育程度上看，基层乡镇长基本达到国民政府的任职要求，也是可以理解的。其实其他地方的区长，从学历和培训看，也大多符合国民党所要求的任职条件。下面以河南为例说明当时区长受教育或培训的情况（见表7-10）。

表7-10 河南辉县等地87名区长出身情况

出身	区长训练所毕业	自治训练所毕业	农村组织训练所毕业	政训学院训练班毕业	专门学校毕业	大学毕业	中学毕业	其他	总计
人数	34	19	3	3	8	1	5	14	87
占比（%）	39.08	21.84	3.45	3.45	9.19	1.15	5.75	16.09	100

资料来源：行政院农村复兴委员会编《河南省农村调查》，商务印书馆1934年版，第75页。

从表7-10可知，河南省有近40%的区长是经过区长训练所毕业的，自治训练所毕业的亦占约1/5，大多数区长和乡镇长是经过各种机构的培训或新式教育后任职的，基本符合国民政府区长、乡镇长的任职条件。

在培训的过程中，各省对县、区长的培训效果表现出地区上的不平衡。在国民党统治中心区域，例如江浙一带，培训效果较为明显；而在其他省区，因其控制势力难以达到，有的省份就没有举办培训，或即使有培训，但因种种原因，效果不佳。而且，由于所学课程与当时的实际脱节，培训往往流于形式，但也成为乡村基层某些人的晋身之阶。

经过国民党区长、乡镇长培训班毕业合格的人员，或接受过新式教育的人员，抑或曾从事党务或退职的军官等无须培训的群体，基本上担任了乡村社会的基层官员之职。另外，广泛分布于乡间各处的中小学校长、地方商会会长或者地方公益机构重要主持人等，即使他们不直接担任政府官职，因其具有乡村社会其他一般人所不具有的知识、身份、声望或财产等，在实际乡

1　行政院农村复兴委员会编《江苏省农村调查》，第61页。

村生活中亦具有很重要的发言权或社会地位，随时左右着乡村社会的政治经济生活。乡村社会里的区长、乡镇长与左右乡村社会潜在势力者的形成，说明国民党培养的乡村社会精英人物已开始登上乡村政治舞台，逐渐对乡村社会实施了控制，为其县政的实施提供了必要的人事基础。但是，这个基础在乡村结构中只占很小的成分，而且是并不稳定的成分，因此其产生的作用也十分有限。

（二）打击地方土豪劣绅，巩固县政

土豪劣绅是中国 20 世纪前半期的一个重要的政治力量。南京国民政府成立之后，在培植乡村社会精英人物的同时，不遗余力地打击地方土豪劣绅势力，以推动并加强县政的基层政权建设，从而挽救乡村社会危机。

土豪劣绅势力对国民党政权危害甚大。北伐时期，"江北各处土豪劣绅之勾结军阀（孙传芳）阻碍革命发展"。[1] 国民党江苏省党部指责土豪劣绅为"挟持政治上、经济上之势力，武断乡曲，压迫农工，剥削农工，无所不用其极"。[2] 但在很多地区，土豪劣绅"对于地方事，操纵把持，长县政者，亦无法制止"。[3] 他们往往不把县长放在眼里。在地方赋税改革中，即"有恶劣势力及向不完粮之豪劣大户，深感不利于己，极端反对破坏"。[4] 例如，20 世纪 30 年代江宁县政建设中所推行的土地陈报与赋税改良中，来自豪绅大户的阻力甚大。土豪劣绅不仅在国民党施政过程中予以阻挠，而且还发不义之财。例如，徐海地区发生土豪劣绅联合前任县长倒卖海洛因一事，经查"其创办人，竟为其地著名绅商。其中有前任县知事，有前商会会长，有医院院长，有慈善会会长，有其他绅商界要人"。[5] 亦可见土豪劣绅势力盘根错节，能量

---

1 《苏省特种刑事法庭成立纪》，《申报》1928 年 2 月 3 日，第 9 版。
2 《苏省党部令各县铲除土豪劣绅》，《申报》1927 年 5 月 16 日，第 5 版。
3 湖北省政府民政厅编印《湖北县政概况》第 5 册，1934 年，第 1565 页。
4 李宗黄：《考察江宁邹平青岛定县纪实》，第 15 页。
5 《徐州破获海洛因巨案》，天津《大公报》1932 年 12 月 3 日，第 2 版。

惊人。

　　土豪劣绅不仅以种种方式阻挠国民党县政在基层的施政，还以团练武装为基础，以暴力和强权称霸乡村社会。湖北省第三行政督察专区专员辜仁发在一份呈文中揭露出土豪劣绅在乡村社会的恶劣影响："盖社会上如有多数土豪劣绅之存在，其平日所作所为，实予农民以深切痛苦印象，一遇鼓惑，随时随地，可使良民变为匪。"[1] 说明土豪劣绅欺压乡民的状况。

　　由上述分析可知，对土豪劣绅容忍甚至与之合作的态度，直接影响着国民党在基层政权的稳定。国民党也意识到，"长此以往，国民党之元气，不伤于共产党之捣乱，亦将伤于土豪劣绅之手矣"。[2] 为加强县政的控制，国民政府自成立之初就决定采取对土豪劣绅执行严厉打击的政策。1928 年 8 月 4 日，国民党中央政治会议通过了《惩治土豪劣绅条例》，明确规定了以下 11 种属于土豪劣绅的行为必须受到惩处："一、武断乡曲欺压平民致伤害者；二、欺人之孤弱以强暴胁迫行为而成婚姻者；三、因资产关系而剥夺人身体自由者；四、重利盘剥；五、包庇私设烟赌者；六、挑拨民刑诉讼从中包揽诈欺取财者；七、胁迫害民为一定或不为一定之处分者；八、逞强纠众妨害地方公益或建设事业者；九、伪造物证指使流氓图害善良者；十、恃强怙势勒买勒卖动产或不动产者；十一、盘踞公共机关侵蚀公款或假借名义敛财肥己者。"[3] 上述条例按内容可大致分为两类，前 4 种属土豪劣绅欺压民众的行为，后 7 种属土豪劣绅把持地方政治、侵吞公款、包庇烟赌等危害社会统治秩序的行为。上述 11 种行为均严重影响到县政的正常实施。

　　为惩治和打击土豪劣绅，南京国民政府要求各省成立专门的特种刑事临

1　《第三区行政专员原折呈（一）》，《湖北省政府公报》第 37 期，1934 年 1 月，"公牍·通案"第 4—5 页。

2　《南京清党审判委员会开幕第一日》，上海《民国日报》1927 年 6 月 7 日，第 2 张第 3 版。

3　《惩治土豪劣绅条例》，《浙江省政府公报》第 90 期，1927 年 8 月 26 日，"特载·法规"第 3—4 页。

时法庭。1928 年 2 月 1 日，江苏省特种刑事临时法庭成立，由省政府委员刘云昭担任庭长。刘云昭谈及该法庭成立的缘由时说："土豪劣绅，其恶势力之植于地方者，比从前之讼棍地痞为尤大，在普通法院内不易尽法惩治，故亦归本庭处理，以期根本铲除革命上之障碍。"[1] 江苏省党部委员祁善勇亦坦陈成立江苏省特种刑事临时法庭的原因："因土豪劣绅特多之故，遂致江苏几成为土豪劣绅之大本营……惟其潜势力极厚，殊不易肃清。政府为谋巩固党基计，乃有特种法庭之设立。"[2] 有关学者对江苏省打击土豪劣绅的研究表明："南京国民政府或军队头目很少简单地立刻处死让他们感到头痛的地方名宿。"但是，一些罪大恶极的土豪劣绅还是受到了制裁，"江苏省数以百计的名宿发觉他们面临这样的指控，即使法庭最终证实他们清白无辜，他们也得坐上数周或数月的监狱，以等候法庭的终裁"。[3]

为惩治土豪劣绅，国民党政府不仅成立了江苏省特种刑事临时法庭，与此同时也颁布了特别针对中国工农红军革命省区的《剿匪区内惩治土豪劣绅条例》。1932 年，豫鄂皖三省"剿匪"总司令部颁布了《剿匪区内惩治土豪劣绅条例》。翌年又颁布了《修正剿匪区内惩治土豪劣绅条例》。国民政府之所以如此注重打击土豪劣绅，盖因土豪劣绅欺压农民过甚，导致阶级矛盾激化，致使国民党统治在地方失序乃至崩溃。国民党中政会和三省总部的惩治土豪劣绅法规为打击土豪劣绅势力提供了法律的强力保障。因此，各县政府便欲通过遏制土豪劣绅势力加强基层政权。如江苏海门县"地方积弊之最著者，无过于豪绅之把持公款，阻挠行政。盖因历任宰官，假以事权，若辈遂得互相递嬗，逞其伎俩。钦明（时任海门县县长——引者注）到任后，即相

1　《苏特种刑庭长刘云昭之谈话》，《申报》1928 年 7 月 10 日，第 8 版。

2　《苏省特种刑事法庭成立纪》，《申报》1928 年 2 月 3 日，第 9 版。

3　〔美〕盖斯白：《从冲突到沉寂：1927—1937 年间江苏省国民党党内宗派主义和地方名宿》，《史林》1993 年第 2 期，第 86 页。

度机宜，渐渐夺其事权，近自各市乡行政局成立，而若辈事权已收回十之八九，而地方公款公产及积谷社仓等项，现正彻底清查，冀祛积弊"。[1] 又如，湖北省第七行政督察专员分署在江陵县通缉著名劣绅周瑞卿，"自周案发生后，所有大小土劣，相率敛迹，一年以来，尚无豪劣作恶之显著情事"。[2] 虽然磨刀霍霍，但用力却轻，所谓惩治土劣，只是以遏制、压制为主，并未有铲除之举动。事实上，土豪劣绅与国民党政权已盘根错节，是难以动大手术的，只能有限度打击，竟致该劣绅逃脱，也并不意外。不过如此敲打土豪劣绅，可使县政在基层稍显"正规"。

对土豪劣绅实施严厉打击的政策，使国民党逐渐获得了对基层政权的控制力，为县政的推行扫清了障碍。在打击土豪劣绅的同时，国民党要求地方党部根据训令对于"地方上纯正老成、办理社会事业著有成绩、乡望素孚之人士"加以延揽，[3] 在政治上予以重任，使其加入地方政权。全面抗战期间，国民政府实施新县制的主要目的之一，即通过某种形式的自治来"让地方绅士豪宿能分享权力，以笼络这些人并利用他们的影响来推行有关抗战的法令和法规，以利于完成征兵、征粮、征工等重大任务，并消除或削弱地方有力份子对国民党政府的不满"。[4]

虽然南京国民政府先后颁布了《剿匪区内惩治土豪劣绅条例》与《修正剿匪区内惩治土豪劣绅条例》，对土豪劣绅有所弹压与遏止，但在执行上远达不到规定的程度，如此一来，法规威力自然大打折扣。湖北省第三行政督察专区专员辜仁发就此指出："自总部颁布剿匪区域惩治土豪劣绅条例，以谋救济后，土劣之活动，虽可借以制止，惟凡属土劣，在地方上均席有一部分潜

1　文钦明：《海门县县政概况》，《江苏旬刊》第 7 期，1928 年 11 月，第 38 页。

2　湖北省政府民政厅编印《湖北县政概况》第 4 册，1934 年，第 912 页。

3　《对各级党部训令》（1931 年 6 月 15 日），荣孟源主编《中国国民党历次代表大会及中央全会资料》上册，光明日报出版社 1985 年版，第 1007 页。

4　吴剑洲：《刘文辉与蒋介石明争暗斗的片段》，《成都文史资料选辑》第 3 辑，1988 年，第 39 页。

势力，当县长查明恶迹，予以处分时，其攀附分子，恒借辞鼓惑，号召愚民，盲从其后，与［予］以重大打击，各上级机关，视听为之淆惑，亦每易与县长以难堪，故圆滑之县长，不敢轻易得罪权绅，以失其位，而有法与亡［无］法等矣。"[1] 新县长上任均要拜访地方土豪大户以求支持，否则"土劣必处处刁难，使政治推动迟滞，或且蜚语毁人，出无名之宣言，或且捏词上控，造假名之状纸，此种情形，层见迭出"。[2] 到头来，打击土豪劣绅成为国民政府的空头许诺。

南京国民政府在乡村社会努力培植一种新的社会精英取代土豪劣绅的同时，也欲执行严厉打击土豪劣绅势力的政策，一破一立，想法固然可称，但土豪劣绅根深蒂固，国民党的政策遭遇顽强抵抗，不得不做事实上的妥协退让，致使土劣势力仍得把持乡村。当然，在国民党党治的旗帜下，乡村新精英与旧绅宿老取得了妥协与合作，国民党在乡村社会可以行使基本的政治统治，但这种统治的基础是脆弱的。

二 复兴农村经济，挽救乡村社会的经济危机

面对南京国民政府时期乡村社会的经济危机，时人对县政视域下的农村经济建设关注甚多。时人认为："中国是以农立国的……所以中国今日最严重而迫切的问题，莫过于农村的救济和复兴。县政是建筑在农村社会基础上的政治，接近农村民众的政治，故所谓经济建设，自亦以此为其范畴。"[3] 对农村救济，国民政府也认为应立即恢复为急务。宋子文在江淮水灾后曾向国民政府报告：大祲之后，必有凶年，恢复农村尤为急务，是以本会（全国经济委员会）以急、工二赈外，更须裕筹财力，借贷种子，补助春耕，所有湖北、

1　《第三区行政专员原折呈（一）》，《湖北省政府公报》第 37 期，1934 年 1 月，"公牍·通案"第 5 页。

2　李静应：《所望于王应榆者》，《旭光》第 1 卷第 1 期，1935 年 5 月，第 2 页。

3　程方：《中国县政概论》，第 348 页。

湖南、安徽、江西、江苏各省农赈事务，虽经委托华洋义赈会办理，而本会（全国经济委员会）分配麦款均须按照各地灾情，俾灾民得以从速复业。[1] 宋的救助措施与传统的荒政措施有很大不同，尤其农赈一项，后来发展为 20 世纪 30—40 年代国民政府救济农民、复兴农业、建设新农村的三位一体的农村复兴措施。国民党第三次代表大会也规定："必须以人民在社会生存上之需要为出发点……必须以扶植农村教育、农村组织、合作运动及灌输农业新生产方法为主要之任务。"[2] 考虑到乡村经济是乡村统治的重要基础，因此南京国民政府在推行县政、对乡村社会政治进行控制的同时，在经济方面进行了复兴农村经济的活动。

1933 年 4 月 11 日，为加快农村经济的复兴，行政院院长汪精卫在行政院第 96 次会议上提出"救济农村"一案。该案后经实业部部长陈公博、内政部部长甘乃光和行政院政务处处长彭学沛等人联合会商后，决议以下四项内容：第一，成立隶属于行政院的农村救济委员会，由行政院院长兼任农村救济委员会委员长，各部部长、各委员会委员长为该会的当然委员。主要职责为农村救济的设计工作。其决议事项由行政院核定执行。第二，除当然委员外，由院长另外聘任一些著名的工商界人士为委员。第三，规定农村救济委员会主要计划事项如下：（1）农业金融；（2）农业技术；（3）粮食调剂；（4）水利。第四，农村救济委员会的章程由政务处负责起草。[3] 稍后，上述三人即拟具农村救济委员会章程，并将会商报告交行政院第 97 次会议议决。18 日，在行政院第 97 次会议上，决议将"农村救济委员会"易名"农村复兴委员会"，任命彭学沛为秘书处主任并负责筹备成立活动。针对乡村社会的经济困境，

1　《宋子文呈国民政府》，中国第二历史档案馆藏，档案号：1–1969。

2　《对于二届中央执行委员会党务报告决议案》（1929 年 3 月 27 日第三次全国代表大会通过），荣孟源主编《中国国民党历次代表大会及中央全会资料》上册，第 635 页。

3　实业部中国经济年鉴编纂委员会编《中国经济年鉴》，商务印书馆 1934 年版，第（A）128 页。

农村复兴委员会主要在农业技术改良、推行合作经济、水利建设与乡村交通建设等方面做出了一定成绩。由于前两项成绩较为突出，本节选其为例说明国民政府挽救乡村社会经济危机的努力。这些努力对国民党在乡村社会的统治有一定的夯实作用，也在一定程度上缓解了乡村社会的经济危机，为县政在基层政权的实施创造了一定的条件，当然其不足和局限性也是明显的。

（一）农业技术改良——以棉种推广为例

近代以来，中国农村经济的破产情形十分严重。而农民"对于田亩之经营及管理，在在皆墨守旧法，不谋改良。益以知识浅陋，虫病的灾害，委诸天命"。[1] 因此，要挽救农村经济，由上而下地推广农业技术改良，是一个比较可行的办法。为挽救乡村社会的危机，国民政府采取积极措施，实施农业技术改良。此时的农民"以言农事新知识，如机制农器改良种子之类，我内地向无连阡累陌之大农，改良智识，有待指导"。[2] 此处以国民政府的棉种推广为例，探讨推广良种上的得失。

1929 年 12 月，实业部根据形势需要成立了中央农业推广委员会以负责全国农业的推广事宜。随后江苏等省亦成立省级农业的推广机构。翌年实业部决定"实施全国农业推广计划"，拟定四期在 20 年之内实施全国农业推广事宜。与此同时还成立了模范农业推广的附属实验机构和农事试验场。1931 年，为研究农业改良的综合性实验，又设立了中央农业实验所。[3] 不过"中央对于改进棉业机关，尚付缺如，而各省设立之农棉场所，亦因政治问题，经费不确定，人员无保障，仅可维持最低之基础工作，难有长足之进展"。[4] 为了统

1　刘承章：《铜山县乡村信用及其与地权异动之关系》，萧铮主编《民国二十年代中国大陆土地问题资料》第 90 册，第 47486 页。

2　罗文干：《关于复兴农村之意见》，行政院农村复兴委员会秘书处编《农村复兴委员会会报》第 1 号，1933 年 6 月，第 56 页。

3　实业部国民政府经济年鉴纂委员会编《中国经济年鉴》，第（F）280—282 页。

4　《议案》，《中华棉产改进会月刊》第 2 卷第 4、5 期合刊，1933 年 12 月，第 121 页。

一领导棉种推广工作，1933 年 10 月 16 日，全国经济委员会成立了棉业统制会，以陈光甫为主任，管理全国棉业事项。[1] 其中棉业统制委员会工作最为重要者即为推广美棉事业。棉业统制委员会成立之后，主要工作体现在以下几个方面。

第一，大规模驯化与繁育美棉。

为了在全国推广美棉，棉业统制委员在南京成立了中央棉产改进所，分别在河南、陕西、江苏等 9 省设立分所，各省以下设立区植棉指导所，区以下又设立繁殖场。经过近三年的不懈努力，推广成效甚大。

表 7-11　棉业统制委员会在各省推广美棉情况（1934—1936 年）

单位：亩

年份	江苏	河南	陕西	山西	湖北	河北	甘肃	合计
1934	330204	40427	191000	8569	——	——	——	570200
1935	463112	192396	548208	64441	——	20297	——	1288454
1936	608760	345522	1026973	90000	200000	400000	4770	2676025

资料来源：邹秉文《棉统会棉产改进工作概况》，《棉业月刊》第 1 卷第 1 期，1937 年 1 月，第 5 页。

从表 7-11 可知，经过三年的培训与推广，美棉种植面积迅速增长。1936 年种植面积是 1934 年的近 5 倍，增速可谓快矣。在上述省区中，增速最快者为黄河流域等地。1936 年"美棉在黄河流域占棉田面积 66.5%，在长江流域，占 31.5%"。[2] 当然这也与黄河流域的自然条件适合种棉有关。

第二，设立棉种管理区。

为保证棉种的品质纯正，各区指导所在棉种繁殖场附近指定棉田 1 万至 5 万亩为棉种管理区，统一种植与收购棉种。培育的"斯字棉"比各地原有棉

1　《棉业统制会昨日成立》，《申报》1933 年 10 月 17 日，第 9 版。

2　朱斯煌主编《民国经济史》，上海银行学会 1948 年版，第 226 页。

花品种平均增产约 1/3，品质又好，平均每亩增收约 8 元。[1] 以至于后来有学者对此有很高的评价："没有民国期间国家机构有意识地推动优质长纤维品种棉的种植并奠定种植的基础，当代中国的棉纺织工业可能就不会居于世界第一。"[2] 此评价虽有夸大，但也反映了美棉推广的深远影响。

第三，组织美棉运销合作社。

为加强美棉的种植与管理，棉业统制会在美棉种植区组织了美棉运销合作社。经过努力宣传与推广，至 1935 年 7 月，美棉运销合作社已遍及主要美棉产区。一些主要银行，如中国银行、交通银行与农民银行等均相继投资该领域以支持美棉的种植与推广。例如，"1934 年 7 月至 1935 年 6 月间，江苏省农民银行在陕西省棉业贷款即达 1446976.74 元"。[3] 经过棉业统制委员会的不懈努力，至全面抗战前，黄河流域的河北、河南与山西三省几乎成为"吾国纺织界优良原棉之取给中心"。[4]

美棉种植虽取得上述巨大成就，但不足之处亦十分明显。有学者当时即指出："（一）输入之品种未加选择；（二）购买之种子不纯洁；（三）输入后不加驯化之手续即行推广；（四）推广后不知选种，以致日行退化。"[5] 更有学者尖锐指出政府与主持棉业推广者缺乏计划性，指责其"对于棉业之如何改进，究应采用何种方法，并无一定计划、一定步骤；又不考查何处适于何类棉种，何类棉种合于何处需要，只听何处棉种好，便大批买进，向各地发散，至于风土之如何，环境之宜否，皆不计也。及至后来，或因风土之不同，

1　《中央棉产改进所棉产改良状况及今后计划》（1937 年），中国第二历史档案馆编《中华民国史档案资料汇编》第 5 辑 1 编"财政经济"（7），第 439 页。

2　〔美〕陈意新：《重新认识民国时期农业经济》，刘东主编《中国学术》第 1 辑，商务印书馆 2000 年版，第 228 页。

3　林和成：《中国农业金融》，中华书局 1936 年版，第 245 页。

4　陈洪进：《走向典型殖民地经济的中国棉业》，《中国农村》第 2 卷第 11 期，1936 年 11 月，第 20 页。

5　赵连芳：《今后我国棉作育种应取之方针》，《中国棉产改进统计会议专刊》，华商纱厂联合会、中华棉产改进会 1931 年版，"演讲"，第 10 页。

或因环境之变化，不但无好影响，反而结下许多恶果"。[1] 上述种种问题也影响了棉业技术改良的效果。

（二）推行合作运动

孙中山早在 20 世纪 20 年代即推崇合作运动，认为应以"合作社来解决社会问题"，[2] 从而使农村经济复苏。接过孙中山衣钵的南京国民政府自然会贯彻实施孙中山的合作思想。而此时农村经济破产的情况日益加剧，人民生活状况恶化，各省农家负债十分严重，这就更需要合作运动帮助贫困农民走出农村经济破产的困境。

农村经济的困窘情况可见表 7-12。

表 7-12　1934 年各省负债农家统计

单位：%

省别	察哈尔	绥远	宁夏	青海	甘肃	陕西	山西	河北	山东	江苏	安徽	河南
借钱	79	48	51	56	63	66	61	51	46	62	63	41
借粮	53	33	47	46	53	56	40	33	36	50	56	43

省别	湖北	四川	云南	贵州	湖南	江西	浙江	福建	广东	广西	平均	
借钱	46	56	46	45	52	57	67	55	60	51	66	
借粮	51	46	49	47	49	52	48	49	52	53	48	

资料来源：国民政府实业部中央农业试验所经济科编《农情报告》第 2 卷第 4 期，1934 年 4 月 1 日，第 30 页。

由表 7-12 可知，全国几乎半数以上的农家均有负债现象，且负债均在 50% 左右。欲挽救日益破产的农村经济，使农民逐渐摆脱贫穷的境况，进而加强国民政府在乡村社会的有效统治，蒋介石认为："欲挽救中国今日经济上之最大危机，舍推行合作制度，以推进农业生产，发展国民经济，此外实

1　方君强：《棉业合理的推广》，《中国棉产改进统计会议专刊》，"演讲"，第 79 页。

2　孙中山：《三民主义》（1924 年 1 月至 8 月），《孙中山全集》第 9 卷，第 375 页。

无他道。"[1] 正是在南京国民政府的积极推动下，合作事业在农村逐渐发展起来。

1928年2月，国民党中央第四次执监会通过了《组织合作运动委员会建议案》，指出"今日最切要的问题，便是如何解决民生的问题"，而"解决民生问题的方法，虽不止一种，但合作运动（消费、生产或屋宇合作社及合作银行等运动）却是最稳妥的，最切实的，最合于民生主义的一个重要方法"[2]。是年4月，国民党中央候补执行委员会朱霁青向中央政治会议第137次会议提交了《改善劳动生活建议案》，提议"（一）由国民政府速令各省省政府各省捐基金依江苏省政府创立农民银行办法，县立分行，乡村设信用合作社；（二）产业合作社条例，政府应依社会与时代的要求而从速颁布"[3]。同年8月，中国合作运动协会又提出《提倡合作运动案》，要求"（一）中央设合作训练学院，（二）在民众训练委员会下设立合作运动委员会，（三）选派合作同志出洋考察合作事业，（四）训令政府颁布合作法，（五）训令全国学校注重合作课程"[4]。1929年3月，国民党三大又通过了开展民众运动的基本原则。其中第三条规定："农业经济占中国国民经济之主要部分，今后之民众运动，必须以扶植农村教育、农村组织、合作运动及灌输农业新生产方法为主要之任务。"[5] 事实上，在20世纪30年代之前，合作社事业发展并不顺利，合作运动基本处于放任状态，中央政府虽有一些措施，但是推广不力，加之"一般人士尚多视其为救灾恤贫之工具，并未视其为改造社会之手段"[6]。

1　蒋介石：《推行合作制度之要义》（1937年1月），秦孝仪主编《总统蒋公思想言论总集》卷14"演讲"，第483页。

2　寿勉成、郑厚博：《中国合作运动史》，正中书局1940年版，第106—107页。

3　寿勉成、郑厚博：《中国合作运动史》，第108页。

4　寿勉成、郑厚博：《中国合作运动史》，第108页。

5　《人民团体组织方案》（1929年6月17日第三届中央执行委员会第二次全体会议通过），荣孟源主编《中国国民党历次代表大会及中央全会资料》上册，第763页。

6　彭莲棠：《中国农业合作化之研究》，中华书局1948年版，第125页。

20 世纪 30 年代以后，南京国民政府逐渐把举办合作社作为挽救乡村危机、增加社会生产与实现其民生主义的重要途径。1931 年 5 月，国民会议通过《训政时期约法》规定："为发展农村经济，改善农民生活，增进佃农福利，国家应积极……设立农业金融机关，奖励农村合作事业。"[1] 11 月，国民党四大通过的《依据训政时期约法关于国民生计之规定确定其实施方针案》指出："中国为农业国家，今后固须尽力于基本工业之建设，而尤不能不注意于农业之发展、合作事业之提倡。"[2] 翌年 12 月，国民党四届三中全会通过了冯玉祥等人提出的救济农村、设立农村银行与合作社的提案。[3] 1934 年 2 月，立法院通过了《合作社法》，此乃南京国民政府关于合作运动的最高法律性文件。翌年 5 月，实业部内设立合作司负责合作社管理。10 月，全国经济委员会下设合作事业委员会，以负责合作技术推广等业务。伴随着政府对合作社管理的加强，时论也多认为："运用合作方法，可以增加农业生产，可以发展农民机能，亦可以调剂农业金融，乃一种和平奋斗而非急性治疗，大别于单纯救济之工作，为积极的而非消极的。能包含农业各项问题，予以合理之解决，无论农村组织、农业生产及农民生活各方面，莫不形成一体，沿为一炉，使各个农民，对于生产消费，共受其利，共享其福。"[4] 对于合作社的前景，给予了期待和向往。

20 世纪 30 年代中期，南京国民政府开始运用政治、经济、金融与教育等各种措施推行合作运动。由于有了政府支持，1936 年前后合作运动在全国发展迅速，出现了合作运动的高潮。这从表 7-13 可以看出。

1　《中华民国训政约法》，荣孟源主编《中国国民党历次代表大会及中央全会资料》上册，第 947 页。

2　《依据训政时期约法关于国民生计之规定确定其实施方针案》，荣孟源主编《中国国民党历次代表大会及中央全会资料》下册，第 48 页。

3　《救济农村案》（1932 年 12 月 19 日第四届中央执行委员会第三次全体会议通过），荣孟源主编《中国国民党历次代表大会及中央全会资料》下册，第 181 页。

4　曾济宽：《国民经济建设与合作运动》，《江苏建设月刊》第 2 卷第 11 期，1935 年 11 月，第 3 页。

表 7-13 1931-1935 年全国主要省市合作社发展概况（ 1931 = 100 ）

省别	1931 年		1932 年		1933 年		1934 年		1935 年	
	社数	指数	社数	指数	社数	指数	社数	指数	社数	指数
总计	2796	100	3978	142.3	3087	110.4	14649	523.9	26224	937.9
江苏	1265	100	1798	142.1	1284	101.5	2937	232.3	4077	313.3
河北	711	100	999	140.5	518	72.8	1935	272.2	6240	877.6
浙江	622	100	782	125.7	543	87.3	1793	288.3	1972	317
山东	81	100	202	249.4	414	511.1	2472	3051.9	3637	4490.1
安徽	7	100	22	314.3	56	800	1463	20900	2284	32628.6
江西	12	100	15	125.0	194	1616.7	1077	8983.3	2038	16983.3
其他	98	100	160	163.3	78	79.6	2971	3031.6	5976	6098.0

资料来源：郑厚博《中国合作社实况之检讨》，《实业部月刊》第 1 卷第 7 期，1936 年，第 37—38 页。

由表 7-13 可知，在全面抗战爆发前的几年中，合作社数量急速增长，从 1931 年的 2796 个发展到 1935 年 26224 个，增长了 23428 个，增幅为 837.91%。成立合作社的地域也在不同程度地扩大。例如，1931 年时，江苏省合作社数量几乎占全国一半（45.24%），而一些省区，如山东仅为 2.9%，江西与安徽更少，分别为 0.42% 和 0.25%。经过三年的宣传与推广，至 1935 年合作社无论在数量上还是在地域上均有大幅度变化。江苏省合作社占全国的比例由 1931 年 45.24% 降至 1935 年 15.54%，而山东则从 1931 年 2.9% 升至 1935 年 13.87%。安徽则从 1931 年 0.25% 上升至 1935 年 8.7%，江西则从 1931 年 0.42% 上升至 1935 年 7.77%。这说明实施合作社的地域在逐渐扩大，数目亦在增多。

合作运动是南京国民政府为挽救乡村社会的经济危机而采取的一项重要措施，合作社从无到有，从规模和数量上均呈不断壮大的趋势。但全面抗战爆发后因战事的进行，正在推广的合作运动深受冲击。抗战胜利后，南京国民政府仍大力鼓动合作运动，在县政府专设合作室主任专任其事，但实际效果并不理想。同时，合作社也存在着严重的问题，"乡之豪强，常假名组织合作社，乃向农民银行借得低利之借款，用之转借于乡民，取利之高，条件之酷，实罕其匹。此种合作社非特无益于农民，反造成剥削农民之新式工具"。[1] 这种现象具有一定的普遍性。而且，合作运动虽然不能从根本上解决农民的所有问题，完全复兴农村经济。但也应该看到，它还是起到了缓和社会矛盾、挽救乡村社会经济危机的作用，是中国农村现代化进程的一次重要尝试，也为当代中国的合作运动提供了重要借鉴和深刻启示。从此意义上而言，时人"合作事业不是一种普通的行政工作，而是一种社会建设或者社会改造运动"[2] 的评价不无道理。

三　发展乡村教育，挽救乡村文化

在南京国民政府解决乡村社会的政治危机与经济危机的同时，也开始了挽救乡村社会文化的努力。有学者指出，乡村社会的改良与进步急需乡村教育，实际上当时的"一般教育家，只知有城市教育，而不知有乡村教育"。[3] 由此可见，乡村教育在很大程度上被漠视。实际上乡村教育在乡村社会的作用巨大，由于"乡村在政治生活中，常占有巩固之实力……乡村生活为中国国家之大潜力……然欲谋改良其生活，进步其出产，又非教育不为功"。[4] 南京国民政府为加强对乡村社会的控制，不仅在政治与经济上采取了诸多措施解决乡村危机，在乡村文化的教育上亦采取了一系列相关措施以挽救日益破产的乡村文化。在挽救乡村文化的过程中所推行的乡村教育既有政府行为，

1　杜严双：《浙江之农村金融》，《申报月刊》第 3 卷第 9 期，1934 年 9 月，第 53 页。

2　薛暮桥：《抗战时期的合作事业》，中国农村合作出版社编《农村合作月刊》第 3 卷第 1 期，1937 年 10 月，第 20 页。

3　傅葆琛：《中国乡村小学课程概论》，陈侠、傅启群编《傅葆琛教育论著选》，人民教育出版社 1994 年版，第 46 页。

4　喻谟烈：《乡村教育》，商务印书馆 1927 年版，第 40—41 页。

亦有民间行为。两者均对 20 世纪前半期的乡村文化建设起到了一定的推动作用。

（一）政府推行乡村教育

应该说，国民党非常清醒地认识到了乡村教育在国家政治生活中的重要作用。1930 年 3 月 4 日，国民党三中全会通过的，由胡汉民、刘庐隐与陈立夫提出的《实施三民主义的乡村教育案》中，指出了乡村教育极为重要的原因：（1）三民主义必须依赖乡村教育方能将政权根基植入民间；（2）实施三民主义乡村教育，可使三民主义深入至乡村平民、儿童；（3）乡村人口占中国总人口的 80% 以上，推行乡村教育，可巩固国家的政治基础；（4）《建国大纲》规定县为自治单位，由于县的基础在乡村，从这个意义上而言，乡村教育是地方自治推行成功与否的关键因素。据此提出乡村教育的方式与步骤："第一必须训练健全之师资，第二必须分期开办乡村学校于各省"。[1] 为提供师资，提出由中央政治学校增设乡村教育系，采用军队编制，课程以养成能够切实从事三民主义乡村教育及社会教育的人才为目的，并须适合乡村教育的实用。开设的知识类课程有："（一）党史及孙文学说，（二）党义，（三）中国外交史，（四）中外条约研究，（五）中国现行法令，（六）中国史地，（七）乡村教育原理，（八）农村经济学，（九）教育浅说，（十）中国教育思想史，（十一）西洋教育思想史，（十二）美国乡村教育，（十三）丹麦农业教育，（十四）教育心理学，（十五）山歌、土白、手势之心理及哲学之根据。"[2] 从上述可知，国民党推行乡村教育的主要目的是加强对乡村社会的控制，欲将其意识形态和政治力量延伸至乡村社会的基层。

为加强乡村教育建设，南京国民政府采取了多项措施，例如，设立国民

1　《中国国民党第三届中央执行委员会第三次全体会议宣言及议决案宣传大纲》，中国国民党中央执行委员会宣传部 1930 年版，第 56—57 页。

2　《中国国民党第三届中央执行委员会第三次全体会议宣言及议决案宣传大纲》，第 58—59 页。

小学或者训练所、改良乡村社会的私塾与增加教育经费等方式，并取得了一定的效果，在某种程度上对乡村社会的文化危机起到了缓冲作用。

第一，普遍设立国民小学或训练所。

南京国民政府成立后，在乡村大力推进此项工作。1930 年 10 月 27 日，甘肃省"靖远县政府按照县党部常委（书记长）冯占骤的旨意，由徐春航县长签署，于十月二十七日发布布告：变卖火神庙老沙地 70 亩，作为民众训练班开办经费"，[1] 每亩以 6 块大洋的价格出售，卖地价共 420 元，用以补助民众训练班的经费。这个案例显示，县政当局对乡村社会的教育还是积极的。河南省政府于 1932 年重订《乡村教育自治办法》，并公布《乡镇小学校校董会组织章程》，要求各村成立校董会并立即就地筹款，有条件地创办学校。与此同时，对于侵占学田庙产的土豪劣绅严办。为严格推行乡村教育，河南第十一区行政督察专员公署专员欧阳珍，曾亲自在渑池等地查访出一些侵占学田庙产的土豪劣绅，将其拘案审办，布告鼓励人民检举，"于是检举与自行投报者，相率踵接"。[2] 此举为乡村教育的举办消除了诸多障碍。这些努力的收效也十分明显，以至于时人评价说："纵观我国几十年来的小学教育：量的方面，既年有增加；质的方面，也逐年改善；不能说没有进步。"[3] 当然，这种乡村教育的成就，亦不可估计过高，根据全面抗战期间河南第一专区记载，"查各县保民学校，虽多能达到一保一校之原则，但经派员考察，率皆设备简陋，桌凳不全，各种应用图表，尤感缺如，师资亦感缺乏"。[4] 乡村教育的设施及师资都存在很大的问题。

1　《靖远县政府发布布告卖庙产为民众训练班筹集经费》（1930 年 10 月 27 日），白银市档案局（馆）《民国时期靖远县情录》第 3 集，第 4 页。

2　河南省第十一区行政督察专员公署编印《欧阳专员十年督政纪实（经验实录）》，1943 年，第 94 页。

3　吴研因、翁之达：《中国之小学教育》，商务印书馆 1934 年版，第 45 页。

4　河南省第一行政督察区：《五年来工作纪要》，1947 年，开封市档案馆藏，档案号：旧 4-2-38，第 16—17 页。

第二，按照办理三民主义乡村教育的要求，大力改良乡村私塾。

地方政府按照国民政府要求采取了相关措施。如河北省在 1928 年时有私塾 6040 处，学生 70649 人。[1] 至 1931 年即降至 1165 处，学生 18568 人。[2] 私塾数量的减少说明了私塾改良的进展。再如，山东省政府 1936 年制定的《山东各县市改良私塾办法》中规定：凡有初级小学之地，私塾学生一律并入初小；凡无初小之地，其私塾均按照短期小学或普通小学形式办理。此举迅速使私塾数量减少，私塾逐渐转化为乡村小学，这在不同程度上增强了国民党在乡村社会的文化统治地位。

第三，增加乡村教育经费。

南京国民政府建立后即通令各省增加教育经费投入。国民党三大召开后，要求各地增加教育经费的指示更为坚决。1930 年，教育部公布了《确定教育经费计划及全方案经费概算》，其中对教育经费的来源及其分配做出了明确规定，完全用于乡村教育经费的收入有下述五种：两成沙田官荒收入；三成遗产税；全部屠宰税、牙帖税；全部田赋教育附加税；五成烟酒教育附加税。此外，规定中央补助教育款项的原则，省、市、县的新增教育税收，县、市应提 80% 做义务及成年补习教育经费。县、市义教及成年补习教育经费不足时应由省政府补足其数额。

国民政府非常清楚，仅靠学校教育不能完全消除乡村社会的文化危机，因此必须加大社会教育的投入，"若民众体育场、民众阅报所、民众问字及代笔处、家事讲习会、新剧场、古物保存所、民众茶园、公园、各种展览会等"。[3] 这些举措固然有利于乡村文化的发展，但问题是如何才能使之与农民

1　河北省政府秘书处编《河北省政统计概要（民国十七年度）》，1930 年，"教育类"，第 25 页，"河北省各县私塾及其学生数目统计表（续）"。

2　河北省政府秘书处编《河北省统计年鉴（民国二十年度附十八十九年度）》，1934 年，"教育类"，第 55 页，"河北省各县私塾统计表"。

3　卢绍稷：《中国现代教育》，商务印书馆 1935 年版，第 130 页。

的现实需要密切联系，使其真正在乡村扎根。一些县长甚至将教育作为县政的中心工作，如军人兼文人出身的刘剑魂于 1936 年接任贵州省贵阳县长后，"他参照山东省邹平县，河北省定县，和金陵兰溪等实验县政的经验，结合当时贵阳县实际情况，拟定新政计划，提倡'管、教、养、卫合一'的行政机构，以教育为中心，推动政治、经济、军事等工作，公教人员佩带'管教养卫合一'证章"。[1] 要求"县政建设计划，以教育为中心，推动政治、经济、军事，把学校教育、社会教育、家庭教育打成一片。教育方针，注重实用，使其劳动生产化与纪律军事化"。[2] 全面抗战爆发后，国民政府为提高民众文化水平、唤醒民众抗战情绪，又相继组织了一定规模的社会教育机构，譬如演讲所、图书馆、民众教育馆、平民学校与民众学校等。为使乡村社会教育适应抗战形势的变化，政府也要求各学校开设各种有利抗战的课程。如甘肃就要求学校开设编制手工业制品的课程。1937 年 12 月 29 日，甘肃省靖远县教育局发出第 12 号训令："现在我海口被封锁，输入较难，输出也不易，基于以上原由，在平时即有提倡手工业之必要，倾值外侮侵袭，全面抗战，物质供给尤感困难，本局主张教育职业化，关于学校手工一层，应切实增加毛棉手织物品，如帽子、手套、袜子、卫生衣的编制（织），既可供给生活的需要，更能杜（堵）塞漏洞，不惟原料不至外流，经济也会活跃……各校务必于民国二十七年开学之始，实行教授。"[3] 这些教育活动的开展，在一定程度上切合了广大乡村社会民众对教育的现实需要，既培养了学生的生产技能，又培养了乡村社会民众的爱国抗日心理。

南京国民政府通过采取上述政策与措施，有效地改善了乡村社会部分地

1　宋俊生：《解放前贵阳县教育概况》，《花溪区文史资料选辑》（贵州）第 3 辑，1985 年，第 21—22 页。

2　贵阳县政府编《贵阳县政府建设第一期工作报告书》，1937 年油印本，第 16 页。

3　《靖远县教育局令各学校在抗战期间增加手工编制课程》，白银市档案局（馆）编《民国时期靖远县情录》第 3 集，第 27 页。

区的教育风气。随着乡村教育状况的实际改观，在一些地区"民众知识渐开，迷信渐除。各村多能利用神社底款，筹办教育，凡往昔迎神，赛会之需，均移作兴学育才之用"。[1] 当然，由于地区间不平衡，对乡村教育忽视的现象在一些地区仍普遍存在。如河北唐县"历来教育局长对于初小教育，异常漠视，初小教员，亦未经检定；故新旧杂处，优劣并用，教育程度，实有江河日下之势"。[2] 而且，由于农村经济的困乏，一般农民求温饱而不得，哪有余力供养子女读书甚而自己抽出时间再去读书？在乡村读书者，亦只能是农村的中上之家。抗战期间和抗战胜利后，由于受到战争环境的影响，乡村教育仍难以有新的发展，整体上甚至不如战前。

（二）民间推行乡村教育

由于国民党主要统治力量分布于大中城市，在乡村社会的影响甚小，故民间力量能乘隙在乡村推行自己的一套教育主张。1931 年，南京国民政府通过了《三民主义教育实施原则》，第五章对乡村社会教育的目标及其实施纲要做出了比较全面的规定，[3] 为知识分子团体以及民间组织自主地从事乡村社会教育活动提供了空间。

20 世纪二三十年代，南京国民政府积极推行乡村教育，在乡村社会中树立官方三民主义正统思想的同时，一些致力于乡村改造的知识分子精英也开始了他们理想中乡村教育的事业。其中影响较大者为晏阳初在河北定县推行的乡村教育实验，梁漱溟在河南、山东推行的乡村教育实验，陶行知举办的南京晓庄师范学校，以及黄炎培在江苏昆山徐公桥举办的农村职业教育等。他们试图以改良的手段实施乡村社会教育改造农村，提升乡村社会的文化教

1　王春元：《孟津县教育视察报告（1934 年 6 月）》，《二十三年上期河南地方教育视察报告》，1934 年，第 218 页。

2　《小学教员之逐鹿》，《河北月刊》第 1 卷第 3 号，1933 年 3 月 1 日，"地方新闻"（二十二年二月）（二）"教育杂讯"，第 4—5 页。

3　《三民主义教育实施原则》，《云南教育周刊》第 1 卷第 33 期，1931 年 11 月，第 9—11 页。

育水平，促进乡村社会的全面发展，最终促进国家的现代化，达到救国救民
的目的。对此，余家菊认为："乡村教育运动，乃所以救济社会的危机，直接
是救济乡村的危机，间接就是救济全社会的危机。"[1] 由此可见，拯救乡村和
社会是民间推行乡村文化教育的最终目的。

　　梁漱溟推行乡村教育的组织是村学和乡学。他希望通过乡农学校这种政
教合一的团体组织来推行西方的知识技能教育，以彼之长补己之短。梁漱溟
对村学和乡学的理解与众不同："村学、乡学的教育是广义的；教员的责任亦
即是广义的教育功夫——村学、乡学的教育，本以阖村人众为教育对象，要
在推进社会为主，而亦将通常学校教育归包在内。"[2] 因此在梁漱溟所办的村
学与乡学和平常的教育机构有很显著不同。村学下设有成人部、妇女部与儿
童部等。乡学下设有升学预备部和职业训练部，部分乡学还设有高级部。村
学与乡学除开展生活必需的教育之外，还要倡导本村所需要的各项社会改良
运动，兴办本村所需要的各种社会建设事业。由此可知，在梁漱溟的乡村教
育思想里，县级政权"整个行政系统悉已教育机关化，应知以教育力量代行
政力量"。[3]

　　晏阳初在乡村教育方式上与梁漱溟有更多的不同，并且与后者相比似有
更多的实用性。晏阳初根据乡村社会的实际情况，将乡村教育划分为三种不
同教育方式，即学校式教育、社会式教育与家庭式教育。学校式教育以文字
教育为主，注重工具知识的传授与基本训练，尤其注重个人教育，对象多为
平民学校招收的14—25岁农民。社会式教育以讲解表演和其他直观教育的方
法为主，注重团体的共同教学，这是为解决平民学校毕业同学的继续教育问

　　1　余家菊：《乡村教育运动底涵义和方向》，《余家菊景陶先生教育论文集》（下），台北，慧炬出版社
1997年版，第402页。

　　2　梁漱溟：《村学乡学须知》，中国文化书院学术委员会编《梁漱溟全集》第5卷，第459页。

　　3　梁漱溟：《村学乡学须知》，中国文化书院学术委员会编《梁漱溟全集》第5卷，第462页。

题。另外，晏阳初还提出了家庭式教育的理念，主张改善中国人的生活方式，对象是非平民学校的学生。家庭式教育除与上述两种教育联络外，主要工作即为家庭会，"用家庭方式的教育，在家庭每个分子里，施以公民道德的训练，使每一个分子，了解一个人与社会的关系，以发扬他们公共心的观念。其次我们在这困难严重的局面下，还要注意唤醒人民民族意识，把历代伟大人物，可歌可泣的故事，用通俗的文字写出来，用图画画出来，激励农民的民族意识"。[1]

南京国民政府时期的乡村教育，无论从政府或民间层面而言，均在乡村社会发展历史进程上占据重要地位。教育家古楳综合不同乡村教育流派的观点，把乡村教育的途径和任务归结为六点，并指出此六点须同时并进才能取得很好的社会效果："一曰培养乡村教育人才；二曰改良乡村小学；三曰注重乡村基本教育；四曰实施乡村平民教育；五曰改良乡村生活；六曰改进农业。必此六者同时并进，然后村教运动乃有成功之望也。"[2] 无论政府层面，还是民间层面，在乡村教育问题上均做过一些探索和努力，乡村教育也取得了一定成绩，但这些成绩的程度是很低的，也是零碎的。因此，从整体上看，乡村教育是极其落后的，农民的识字率是很低的，乡村教育还是远远不够的。同时，在没有乡村经济和社会的全面的发展的情况下，乡村教育也是孤掌难鸣的。

本章小结

根据对南京国民政府时期县政背景下乡村社会灾荒、战祸和乡村危机状

---

[1] 晏阳初：《中华平民教育促进会定县实验工作大概》（1933 年 7 月），宋恩荣主编《晏阳初全集》第 1 卷，第 249 页。

[2] 古楳：《中国之乡教运动》，古楳：《乡村教育新论》，上海民智书局 1933 年版，第 35—36 页。

况的考察和研究，可形成如下几个方面的认识。

南京国民政府时期的县政建设面临两大难题，一是长期的战乱，二是频繁的灾荒。这两大难题，是县政自身难以克服的。首先是战乱问题。南京国民政府成立于北伐战争之际，其后又一直存在于战争与战事之中。关于这些战争，第一种是国民党军事集团内的战争，这类战争和战事从南京国民政府成立到1931年中原大战基本结束，但事实上直到全面抗战爆发前各种规模的内斗性战事仍没有停止。本来，一个负责任的政府是能够也必须避免这类体制内战争的发生，是可以进行内部和解的，但是，国民党政府不但没有避免内战，反而大打特打，给国家和社会造成极大的破坏和创伤，给人民带来巨大的灾难。这样的战争消耗所形成的沉重负担和战争所带来的灾难，南京国民政府在很大程度上推给了县政下的广大农村和农民，农村和农民成为没有意义的战争的承担者和受害者。第二种是国共内战，战争所消耗的大量人力和财力，使县域内本已不堪重负的农村和农民又承受了更大的负担。第三种是对外抵抗日寇侵略的战争，战争当然是日本侵略者造成的，但国民党政府在战略和政略上不重视对民众的动员和帮助，只是消极地把县域内农民作为军队军粮缴纳、兵役征召和政府田粮征收甚至经济榨取的对象。身处战区和大后方的广大农村和农民，在为国家贡献赋税、军粮和兵源之际，并没有得到应有的尊重与优待，不但土地改革没有实行的希望，减租减息也未落到实处，广大农民在战乱之下被地方贪官污吏和基层保甲任意强取豪夺。此外，频繁的匪患也同战争一起向农民施以重压，县政当局能给他们治下的民众提供的仅是对小股土匪采取剿灭和驱离的行动，对大股土匪则往往束手无策。广大农民财产和生命安全难以得到保障。在频繁的战争、战乱和匪患的威胁下，县域内的农村和农民失去正常的生产秩序和生活秩序。而长期的战乱问题，是县域社会自身难以解决的。

灾荒问题也是长期困扰县域社会发展的难题。自然灾害的发生是任何时期和任何社会都难以避免的，是人力不可抗拒的自然现象，是不以人的意志为转移的。但是，从自然灾害到形成社会性的灾荒现象，却在很大程度上是可以避免的。如果政府采取及时、全面和有效的救灾措施，可以把灾害降低至最小的程度，大大降低灾荒的衍生，而不致形成较长时期和较大范围内的灾荒年景现象。但是，南京国民政府时期，每一次较大范围的地方灾害，几乎都形成了严重的灾荒现象，而由于农村经济的衰败和官吏的无能与腐败，既缺乏对江河堤坝的整修和巩固，也缺乏沟渠的疏通与修建，更缺乏必要的农业技术与防治农作物病虫害的技术，一遇水、旱、虫、蝗等灾害，缺乏防御和抵御各类自然灾害的能力。因此，一旦自然灾害降临，便束手无策，以致较小的灾害演变成为较大的灾害。县政当局虽然也对灾害和灾荒进行了救灾和赈灾，但是灾害和灾荒往往是大面积的、大范围的，多数情况下远远超过了单个县域的范围。在此情况下，以县为单位的救灾与赈灾，往往是杯水车薪，效果并不明显。频繁的灾荒，给乡村社会造成了极大的破坏，是造成乡村社会贫困和经济枯竭的重要原因。当然，政府扶植乡村不力，甚至将繁多的赋税负担重压在乡村农民之上，使本已破败的乡村经济更加一蹶不振。

长期的战乱和频繁的灾荒，必然造成乡村社会的各种危机，乡村经济的枯竭必然造成经济的危机，经济危机也必然引发县政当局乃至南京国民政府的统治基础危机和文化危机。在各种危机下，尽管南京国民政府利用县政建设进行了县政经济自救、政治自救和文化自救，但由于南京国民政府并不想在农村进行全面、深刻的社会变革，因此这些自救多流于形式，收效甚微。在这种情况下，各种危机导致了农民阶级矛盾的激化和贫困农民为自身生存进行的抗争和对新的生存道路的选择。就此而言，南京国民政府县政治理是失败的，南京国民政府的统治基础始终是极其脆弱的。

第八章

南京国民政府县政综论

南京国民政府的县政治理具有什么样的历史地位和价值，同时又存在什么样的问题和缺陷，是我们在本书将结束时要全面深入探讨的一个重要问题，也是不可回避的问题。只有厘清了这个问题，我们才能对其县政历史有更进一步和更清晰的理解。

第一节　南京国民政府县政治理的地位和价值

南京国民政府县政的历史是中国近代地方政治制度史的一个重要阶段，是中国近代制度转型的一个环节，对其地位和价值，是有必要进行探讨和研究的。

一　初步建立了现代县政体系

南京国民政府建立后，在自晚清以来由传统向现代转型的历史背景下，县政机构的政务制度和政务活动，已经处于步履维艰但同时变化巨大的过程之中。南京国民政府县政机构里充实了崭新的内容，传统单一式的县衙门变成了复合式的县政权机构，县政府是现代行政治理机构，县党部是移植苏俄的现代执政党秉政的党务治理机构，县议会是移植于西方议会制度中的现代立法或民意性的机构，还有其他社团机构。这些机构和制度，是一套系统性的现代政治框架，也是现代政治合法性的一种表征。

就其权力结构来说，县政府作为现代行政机关，一方面，它与中国古代的县衙门在形式上和管理内容上具有历史的联系性和继承性；另一方面，它又确实增加和创制了与传统完全不同的新的形式和新的内容，其设置与官员任免依据和所管理的内容及其内部制度的组成，已与县衙有了很大的不同，尤其是县政府制度法制化和科局设置的现代化倾向已十分明显。如，就县长及县政府人员任用来看，国民党中央或国民政府就先后制定或公布了《注重县长人选案》（1930 年 3 月 6 日）[1]、《县长任用法》（1933 年 6 月 2 日）[2]、《在修正县长任用法公布施行前所用县长清理办法》（1933 年 7 月）[3]、《补充县长任用资格标准实施办法》（1934 年 9 月 1 日）[4]、《县行政人员任用条例》（1935 年 12 月 7 日）[5] 等法规；就县政府组织的规定看，国民政府及其内政部等就先后制定或公布了《县组织法施行法》（1929 年 10 月 2 日）[6]、《修正各省厘定县等办法草案》（1929 年 12 月 4 日）[7]、《县组织法》（1928 年 9 月 15 日公布，1929 年 6 月 5 日修正公布，1929 年 10 月 10 日施行，1930 年 7 月 7 日又修正公布）[8]、《设治局组织条例》（1931 年 6 月 2 日）[9]、《县各级组织纲

1　中国第二历史档案馆编《国民党政府政治制度档案史料选编》下册，第 9 页。

2　中国第二历史档案馆编《国民党政府政治制度档案史料选编》下册，第 19—22 页。

3　中国第二历史档案馆编《国民党政府政治制度档案史料选编》下册，第 26—27 页。

4　中国第二历史档案馆编《国民党政府政治制度档案史料选编》下册，第 33—36 页。

5　中国第二历史档案馆编《国民党政府政治制度档案史料选编》下册，第 47—49 页。

6　中国第二历史档案馆编《国民党政府政治制度档案史料选编》下册，第 504 页。

7　中国第二历史档案馆编《国民党政府政治制度档案史料选编》下册，第 505—506 页。

8　中国第二历史档案馆编《国民党政府政治制度档案史料选编》下册，第 524—529 页；徐秀丽编《中国近代乡村自治法规选编》，第 83—89、90—96、131—137 页。

9　中国第二历史档案馆编《国民党政府政治制度档案史料选编》下册，第 534—535 页。

要》（1939 年 9 月 26 日）¹ 等法规。

就县参议会组织的规定看，国民政府及其内政部等也先后制定或公布了《县参议会组织法》（1932 年 8 月 10 日）²、《县参议员选举法》（1932 年 8 月 10 日）³、《扶植自治时期县市参议会暂行组织办法》（1934 年 8 月 11 日）⁴、《县参议会组织暂行条例》（1941 年 8 月 9 日）⁵、《县参议员选举条例》（1941 年 8 月 9 日公布，1944 年 10 月 4 日修正公布）⁶、《县参议会议事规则》（1943 年 6 月 24 日）⁷，等等。这些法规的制定和实施，为县政的依法实施和依法治理提供了法制的依据和规矩。

关于县党部，国民党也制定了一系列的制度和规定来规范其组织和党员活动，如在国民党第三次全国代表大会上通过修正的《中国国民党总章》中，其第七章对"县党部"的县代表大会、县执行委员会、县监察委员会的运行及其职权做了具体规定。⁸ 在国民党三届三中全会上通过的《训政时期党务工作方案案》中，规定了县党部之工作性质、任务和内容，并对县党部所属的区党部及区分部的相应工作做了规定，由于区党部和区分部是县党部的下级组织，可以说整个文件就是针对县党部工作的专门规定。⁹ 在国民党三届四中

1　徐秀丽编《中国近代乡村自治法规选编》，第 215—222 页。

2　徐秀丽编《中国近代乡村自治法规选编》，第 171—173 页。

3　徐秀丽编《中国近代乡村自治法规选编》，第 174—180 页。

4　徐秀丽编《中国近代乡村自治法规选编》，第 209—211 页。

5　徐秀丽编《中国近代乡村自治法规选编》，第 223—225 页。

6　徐秀丽编《中国近代乡村自治法规选编》，第 226—231 页。

7　徐秀丽编《中国近代乡村自治法规选编》，第 255—258 页。

8　《中国国民党第三次全国代表大会重要决议案·中国国民党总章修正案》（1924 年 1 月 28 日国民党第一次全国代表大会通过，1929 年 3 月 27 日国民党第三次全国代表大会修正），中国第二历史档案馆编《中华民国史档案资料汇编》第 5 辑第 1 编"政治"（2），第 103—111 页。该总章同时对县之下的"区党部"的区党员大会（或代表大会）、区执行委员会、区监察委员会的运行和职权也做了明确具体的规定，并以第八章专章规定之，见该书第 111—113 页。

9　《中国国民党三届三中全会重要决议案·训政时期党务工作方案案》（1930 年 3 月 4 日），中国第二历史档案馆编《中华民国史档案资料汇编》第 5 辑第 1 编"政治"（2），第 155—157 页。

全会上通过的《关于党务经费案》中，对县党部、区党部、区分部之经费的来源做了规定。[1] 抗战开始后举行的国民党临时全国代表大会上通过的《对于党务报告之决议案》规定党政关系在县市级采取"党政融化"的形态，以区别于中央层面的"以党统政"形态和省的"党政联系"形态，[2] 这是根据以往党政关系存在问题而做的新的明确化的制度界定。国民党五届八中全会通过的《增进各级党部与政府之联系并充实本党基础案》和《恢复省县党部选举制度案》，对县党部与县政府的关系、县党部执监委的选举问题做了明确具体的规定。[3] 全面抗战后期国防最高委员会第 153 次常会通过的《战地党政军组织配合运用办法》，规定了县党部的主事者及其管辖的分支组织、县级党政人事关系、县级人选的任命机关等，[4] 是对战地县党部组织及人事的制度化的规制。抗战胜利后国民党六届二中全会通过的《对于党务报告之决议案》，规定县（市）以上各级党部，设政治委员会，负责政治之设计运用及指挥监督从政党员之责，[5] 是对县级组织增设及其职能的制度化规制。国民党六届三中全会通过的《关于训练党务经费及党政关系之综合决议案》，强调和省级一样，"迅速"成立县级党部的政治委员会，加强其组织，以"指导监督"行

1　《中国国民党三届四中全会重要决议案·关于党务经费案》（1930 年 11 月 17 日），中国第二历史档案馆编《中华民国史档案资料汇编》第 5 辑第 1 编 "政治"（2），第 177 页。

2　《中国国民党临时全国代表大会通过重要决议案·对于党务报告之决议案》（1938 年 3 月 31 日），中国第二历史档案馆编《中华民国史档案资料汇编》第 5 辑第 2 编 "政治"（1），第 385 页。

3　《中国国民党第五届中执会第八次全体会议通过重要决议案·增进各级党部与政府之联系并充实本党基础案》（1941 年 4 月 1 日）、《中国国民党第五届中执会第八次全体会议通过重要决议案·恢复省县党部选举制度案》（1941 年 4 月 1 日），中国第二历史档案馆编《中华民国史档案资料汇编》第 5 辑第 2 编 "政治"（1），第 511—514 页。

4　《国防最高委员会第 153 次常会通过〈战地党政军组织配合运用方法〉》（1944 年 10 月），中国第二历史档案馆编《国民党政府政治制度档案史料选编》下册，第 389—391 页。

5　《中国国民党六届二中全会通过重要决议案·对于党务报告之决议案》（1946 年 3 月 15 日），中国第二历史档案馆编《中华民国史档案资料汇编》第 5 辑第 3 编 "政治"（1），第 456 页。

政，并"严格管理从政党员"。[1] 从以上国民党历次中央会议对县级党部的规定看，其制度化设计规定是比较系统和具体的。

就国民党县级政权治理体系的法制建设而言，无论是关于县政府和县议会的国法国规，还是党部的党规党制，都初具了法制化的规模。这在中国政治架构从传统的遵守祖宗之成法到现代的因势兴革的立法立制的转型过程中，具有转折性的历史价值。这些条规，为国民政府县政的实际运作，初步铺设了治理体系架构的系统性规则。

二　在现代公共事业尤其大后方抗战方面发挥了基础性作用

南京国民政府作为特定历史时期的中国国家政权，在外交上获得了合法承认，在内政上在其治理的绝大多数时间内对中国的大部分区域实施了统治和治理，对于国民政府的历史，我们在历史研究中，也要实事求是地进行研究、探讨和评价。对于南京国民政府的县政问题，也应如此。无疑，国民党及其政府对中国的治理是很不成功的，是有着重大缺陷和严重问题的，但这也并不是说它一无是处。民国史的研究对此已经做出了很好的努力，无论李新总主编的《中华民国史》还是张海鹏主编的《中国近代通史》，或是张宪文主编的《中华民国史》，都尽力对南京国民政府统治的历史进行实事求是的探讨，并对其历史的意义和价值给予了应有的评价。我们研究南京国民政府的县政问题，也要把其放到当时的历史条件下，看其给历史增添了哪些新的有意义的内容，对维护当时的社会状况具有什么样的价值，尽力给予其全面和客观的探讨。

要全面和客观地研究南京国民政府县政的历史，就要把其县政治理放到当时极其复杂的历史环境条件下进行考察。国民政府的县政治理，处于近代

1　《中国国民党六届三中全会通过重要决议案·关于训练党务经费及党政关系之综合决议案》（1947 年 3 月 23 日），中国第二历史档案馆编《中华民国史档案资料汇编》第 5 辑第 3 编 "政治"（1），第 594 页。

以来中国从传统向近代转型的缓慢演变中，它承继的是晚清和北洋政府时期县政的历史遗产，而实际上还处于中国几千年传统治理模式的巨大惯性的影响之中，未能全面步入现代化治理的新阶段，可谓新旧参半、亦新亦旧。所谓旧的传统的影响，主要是传统的县政看守型的粗疏型治理的影响。县政在中国是一个具有悠久历史传统的治理层级和治理单元，其结构的稳定性和在治理网络体系中的重要性在历代已被充分认识。中国古代就有"州县治，天下安"的说法，可见中国古人在治理地方时把对县域社会的治理上升到关乎国家安危的高度。在传统中国，对县级权力的认识基本上延续了这样的一种认识。到了清代，历任工部主事、工部郎中和陕西兴安府知府的徐栋，有多年的吏治经验与心得，在其编纂的《牧令书》中，对县级管理单位的重要性就有深刻的揭示，他指出："天下事，莫不起于州县。州县理，则天下无不理。"[1] 在他看来，就县级主官的作用来说，"州县亲民之官，较诸督抚司道，尤为切近"。[2] 正因为县级政权的重要，所以历代县官的任用权都直接掌握在国家最高统治者手中。虽然自古以来中国的县政治理备受国家重视，但传统的县政治理模式一直是"一人政府"[3] 的治理框架，除一县之首的县官（知县或县令等）外，其他正式的佐僚官员数量很少。[4] 县官治理的主要事项，瞿同祖认为"除了维护治安这一首要职责以外，最重要的是征税和司法"。[5] 维持治安被列为县官的首要职责，是因为历代的"家天下"模式，使得统治者特别警惕，预防和重点打击可能对"家天下"构成任何威胁的行为，因此作为管理国家基本行政单元的县官，必须将社会的治安作为首要的日常任务高度重视。此外，税收（钱谷）和司法（刑名）也是县官的主要政务，而司法

1　（清）丁日昌辑《牧令书辑要》，陈生玺辑《政书集成》第 9 辑，第 15 页。

2　（清）丁日昌辑《牧令书辑要》，陈生玺辑《政书集成》第 9 辑，第 21 页。

3　瞿同祖：《清代地方政府》，第 28、334 页。

4　瞿同祖：《清代地方政府》，第 22 页。

5　瞿同祖：《清代地方政府》，第 31 页。

又多少是与治安联系在一起的。县域的经济建设、教育发展和其他社会公共事务，则属于可多可少的一般性事务，县官一般关注不多。因此，传统政治中的县政治理，是一种"求稳定甚于发展"的"牧民政治"，[1] 是一种粗疏型、看守型的治理方式。

这种传统的治理在理念上和实际行动上，深刻地影响了南京国民政府的县政治理思想及其实践。但是，这种以小农经济为基础的传统治理模式已经不适应 20 世纪三四十年代中国社会的发展需要。当时的中国，处于在经济上需要超速发展以尽快扩充国家实力为国防与国家建设服务的历史条件下；在政治上处于由传统精英型治理向民众动员、广泛参与过渡，进而为现代战争动员与现代政治建设服务的历史背景下；在思想上处于民族革命和阶级革命以满足国民身份转型、民族国家建设和社会阶层整合的历史环境下。由晚清同盟会演变发展而来"先天不足"的国民党，在国共分裂、国民党"清共"后虽执政而发育不良，变得益加保守，益受传统粗疏型和看守型治理模式的影响，甚至等而下之，在经济、政治和思想上无法承担变革时代所赋予的任务和责任。

但是历史是丰富而复杂的，国民政府县政治理尽管有先天不足和后天发育不良的局限，而历史赋予它的任务却是如此艰巨，它既然承担了统治治理的角色，尽管常常愤己不争，也因而蹒跚而行，但在某些方面也有所成、所得，在历史上留下了深深的脚印。

例如，在教育上，其县政治理下的县域新式中小学教育就获得了较大发展。河南 1928 年建立公立初级小学 8513 所，高级小学 60 所，完全小学 368 所。到 1929 年初级小学发展到 12745 所，比上一年增长了 49.7%；高级小学 115 所，比上一年增长了 91.7%；完全小学发展到 553 所，比上一年增长了 50.3%。到 1930 年，公立初级小学发展到 15996 所，比 1929 年

1　翁有为：《专区与地区政府法制研究》，第 6 页。

又增长了 26%。[1] 这些小学，除少数为城市所办或省立外，绝大多数是县、区办的。据统计，1930 年，在共计 170982 所公立小学中，全国县（市）立或区立小学共 170025 所，[2] 县（市）立或区立公立小学占公立总数的 99.4%；该年度小学（公私立合计）比上年度增加了 46483 所，[3] 同理，这些学校中，县区所办者无疑占绝大多数。到 1936 年，全国国民学校及其他小学 320080 所，[4] 县区初等学校同样应占绝大多数。全面抗战开始后，大部分地区受到战争影响，学校教育受到损失，尽管如此，在后方，1944 年国民学校和其他小学有 254377 所，到 1945 年有 269937 所。[5] 在战争的艰难条件下，仍照常坚持办学，其中绝大多数仍为县区所办。

中学教育也有了一定发展。1936 年，全国有中学 1956 所（全国各类中等学校则达 3264 所），有师范、乡师或简易师范共计 1628 所，[6] 其中部分亦为县立或在县所办。全面抗战期间，到 1942 年，各类中等学校有 3187 所，大体恢复到 1936 年的数量；1943 年有各类中等学校 3455 所，超过了全面抗战爆发前的发展规模；1944 年又有了发展，达到 3745 所；1945 年又进一步跃升到 5073 所。[7] 全面抗战期间，由于东部地区城市的沦陷，故大部分中等学校是在

1　马固生：《河南各县初等教育与义务教育概况》，《河南教育月刊》第 3 卷第 1 期，1933 年，转引自河南省教育志编辑室编《河南教育资料汇编（民国部分）》，1984 年，第 98—99 页。

2　《民国十九年度全国初等教育概况》（1930 年），中国第二历史档案馆编《中华民国史档案资料汇编》第 5 辑第 1 编 "教育"（1），第 552—553 页。

3　《民国十九年度全国初等教育概况》（1930 年），中国第二历史档案馆编《中华民国史档案资料汇编》第 5 辑第 1 编 "教育"（1），第 552 页。

4　《历年度全国国民学校及小学概况表》（1936—1945 年），中国第二历史档案馆编《中华民国史档案资料汇编》第 5 辑第 2 编 "教育"（1），第 560—561 页。

5　《历年度全国国民学校及小学概况表》（1936—1945 年），中国第二历史档案馆编《中华民国史档案资料汇编》第 5 辑第 2 编 "教育"（1），第 560—561 页。

6　《全国中等学校二十五学年度概况》（1936 年），中国第二历史档案馆编《中华民国史档案资料汇编》第 5 辑第 1 编 "教育"（1），第 518—519 页。

7　《抗战期间全国中等教育概况表》（1936—1945 年），中国第二历史档案馆编《中华民国史档案资料汇编》第 5 辑第 2 编 "教育"（1），第 690—691 页。

县域发展起来的。全面抗战期间的教育，在某种程度上是中国后方农村支撑起来的。从这个意义上说，以农村治理为主体的县政治理为中小学教育特别是全面抗战期间的中小学教育提供了坚实的支撑。其实，全面抗战时期相当一部分高校迁到了后方的农村县城乃至乡镇，县域的环境为全面抗战时期高校的办学也有特殊的付出。整体看来，县域社会无疑是南京国民政府时期教育事业发展的主要阵地。

除教育成绩外，县政治理还为南京国民政府国家机器的运转和国家各项公共事业的建设，筹措了必要的物质基础。在南京国民政府时期，国家的收入主要取之于县政府管理的农业收入，从某种意义上说，是农业与农民支撑了国民政府国家机器的运转和诸项事业的进行。

县政所积累的巨大力量，对于维护抗战、坚持抗战，也具有不可忽视的价值。中国抗战所需要的兵力，主要是靠县政管理的渠道得到了源源不断的补充，尽管其兵役制度有种种弊端甚至严重的弊害，但是，是县政所管理的广大农村给抗战提供了充足的兵源。不仅如此，抗战所需要的为军队服务的大量民夫、所需要的包括军粮在内的大量军需供给，也是县政管理渠道供给的。这些管理活动，对于维护民族的生存无疑是十分重要的。

南京国民政府的县政，在整体上虽然存在多方面重大问题乃至致命的缺陷，但历史又是十分复杂的，就其县政的管理来说，也不无合理的因素。就南京国民政府县政结构中的县政府县长、参议会议长以及县党部书记长这些治理群体来说，整体看是属于具有现代新式知识的精英群体的。南京国民政府为改进县政而进行的县政改革和县政实验，在县政治理历史上具有探索意义和制度创新的价值。南京国民政府所进行的县地方自治乃至新县制，作为试图将地方政治现代化与中国传统治理方式相结合的一种改革和探索，也是有其历史价值的。其所进行的对于社会的行政管理、经济管理、文化管理乃至医疗卫生管理，也在一定程度上履行了其统治和治理之责。尤其是在县域灾荒预防、灾荒救治和赈灾等问题上，县政所发挥的地方治理作用，更是其他机构和团体所无法代替的。南京国民政府的县政管理，在国民政府的地方治理结构中，无疑具有基础性的地位和作用。

三　是中国近代地方制度转型的重要过渡和转折

中国近代从传统到现代的地方治理转型经历了清末新政时期、民初北洋时期和南京国民政府时期三个阶段。在这三个阶段中，清末新政时期的县级政权改革多停留在酝酿阶段，县自治的实验也只是刚刚开始便因辛亥革命爆发、清朝的覆灭而夭折。民初，县政府的改革也多停留在名称上的改变，继1914年1月通过政治会议解散国会，2月3日，袁世凯又下令停办各级地方自治，县议事会均被解散。虽然袁死后县议会在各省一度恢复，但因政局不定，朝令夕改，县议会制度并未发生实际作用。不过，在宣布省自治或联省自治的南方一些省份，自行颁布地方自治的单行法规，规定设立县议会并选举县议员，但实际上亦易被利用为地方军阀割据的工具。整体看，虽然有县议会的新尝试，县制在北洋时期实际上还是传统的县衙门的模式。

南京国民政府成立后，县制才由过去的衙门模式改造为现代县政制度模式。县政府由传统私人性的幕僚式管理体制，被改造为具有公共性和制度化的公务式的县政管理体制，此后，沿着这一现代化的方向，县政制度不断进行调整和改革。此外，县参议会制度虽然在全面抗战时期才全面推行实施，但全面抗战前就已经颁布了相关法规和条例，并在某些地区进行了实验，到全面抗战时期进行全面推广和实行。这一制度的全面实施，是对中国固有治理框架的突破，形成了中国县政治理的新内容和新体制。党部制度的逐步推行和实施，也与议会制度一样，在中国的政治框架中是一个新事物、新体制。至此，从清末开始启动的政治制度改革在县级层面形成了由传统的县令、知县"一人政府"[1]的单一式权力结构转变为现代县政府、县党部、县议会等多机构并立共治的复合式县政新模式。这种模式，对于当代中国地方政权的结构框架及其治理体系，也有其参考的价值。因此，从制度意义上看，说南京国民政府的县政治理及其演变，是中国近代制度转型的一个重要阶段，是能够成立的。

第二节　县政治理体系松弛、紊乱，治理能力低下

在传统时代，县令、知县是由朝廷任命的，代表中央政府管理地方，而在新的时代，县长主要是由省政府任用的（有的经过考试再任用），县党部主任或书记长是经县党部选举后由省党部任命的，而县参议会议长则是经过选举产生的。县政首脑产生的机关层次及方式与传统也有了很大的不同。传统县政体现的是如何贯彻朝廷对县域的统治意志，是一种高度集权的管理模式；现代县政体现的是如何贯彻省对县域的管理，从制度设计上看，具有分权制衡的特性，具有一定的民主色彩。民主是相对于原来一人独自决策和管理而言，一人决策的体制，决策错误不易纠正，政治体系的发展往往带有局限性。而民主体制，则是多元制衡、协商性体制，如果决策发生错误，有纠错的机制及时予以纠正；同时民主还是一种选举制度，通过选举排除了世袭和垄断权力的特权阶层，使具有管理能力的优秀人才通过选举而成为管理者，选举制度也可以罢免不称职的官员。因此，民主制度在近世成为世界性潮流。就县政制度来说，县自治潮流就是这样的一种潮流，体现自治的县议会制度就是这样的一种制度安排。县政府制度、县议会制度和县党部制度的制度网络体系所体现的制度精神，是具有民主、分权和自治性质的制度体系。从理论

1　瞿同祖：《清代地方政府》，第334页。

上说，这种制度较之历史上的县政"一人政府"体制是一种历史的进步。但是，一种制度的进步并不是仅从纸面上的设计来获得的，它要经受实践的考验，要接受特定历史条件的制约和影响。南京国民政府的县政从体系上看具有法制化特色和民主制衡色彩，但在实际运行中、在中国复杂的社会实践中，却远非如此，以至于由西方近代制度派生的多元县政体系，在民初的实践成绩就十分有限，到南京国民政府时期，则同样经历了走形变样的困扰。

一　县政治理体系空虚，内耗严重，治理成本高

根据南京国民政府县政模式建立的县政府、县议会、县党部多元共同治理的复合式新框架较之历史上的县政"一人政府"体制是一种历史的进步。但是，如我们所一再强调的，一种制度的进步和优势并不是仅从纸面上的设计就能获得的。南京国民政府时期的县政治理，在实际运作中出现了严重的治理问题和弊病，尤其是其治理体系的松弛与派系之争，成为其县政制度运作的重要症结。

其治理体系松弛空虚的表现之一，县域"党治"名不符实，重心缺失。由于其县政多元系统各自是独立的，没能确立体系的重心，以致各自为政，不能成为一个有机的整体，在体系上表现为不能衔接与联系，在运作中各自分割甚至对立。因而，从整体效果上看，其党治下的制度体系有其名无其实，无法整合其"体系"的效能。就县政系统的行政系统看，主要是由省民政厅系统把持的。此系统与县党部系统是互不联系的两个自成体系的独立系统，县党部则主要是由省党部系统把持的。虽然是一个县的政府和党部，但二者的关系是松散的，甚至没有建立真正的制度联系。

国民党执政期间虽号称"党治"，对于如何在政府中体现党的治理，并未建立有效的制度，而是极其松散的有名无实的一种设置。早在1926年广州国民政府建立不久的广东根据地时期，1926年1月14日的通令规定除中央党部有权指导、监督政府之施政外，其所属各级党部等"对于财政收入及一切行

政事项，不容直接干涉；否则破坏行政统一，纪纲不存，国无以立……如有违抗，以破坏统一论罪"。[1] 可见，自国民党建政伊始，就排除地方党部参与地方政府的行政治理事宜。

南京国民政府成立后不久，就迅速制定了关于地方党政关系的临时办法，规定："凡各级党部对于同级政府之举措有认为不合时，得报告上级党部，由上级党部请政府依法查办。各级政府对于同级党部之举措有认为不满意时，亦得报告上级政府，转咨其上级党部处理。"[2] 这一规定，等于把同级党部与政府的关系建立在其上级党部与政府的关系之上，是一种松散的间接关系。这种规定，实际上是对国民党地方党政关系的一种模糊化处理，并没有解决国民党治理体系内存在的党政关系问题。1929 年国民党三届二中全会上通过的决议中，对各级党部与政府的关系仍做了如前的模糊化规定。正是这种模糊化的规定，使其党政关系无法处于正常的运行状态。

对此问题，国民党中央到全面抗战爆发后 1938 年的临时全国代表大会上才承认存在"本党执政以后，党政似成为两个重心，除中央有正常之党政关系外，各级地方，此两个重心始终处于似并立而非并立之地位"的问题。[3] 因此，在这次代表大会上，国民党对于其党政关系，才有了较为明晰的规定，这就是在"中央采取以党统政的形态"；在"省及特别市采取党政联系的形态"；而在县（市），则"采取党政融化的形态"。[4] 而这一规定中，对中央党政关系的规定是明确的，对省级的规定仍是比较模糊的，如何联系，并无具

1　《国民政府通告各属党部及各团体不得干涉财政及一切行政令》（1926 年 1 月 14 日），中国第二历史档案馆编《国民党政府政治制度档案史料选编》下册，第 260—261 页。

2　《二届五中全会关于各级党部与同级政府关系临时办法之决议》（1928 年 8 月 11 日），中国第二历史档案馆编《国民党政府政治制度档案史料选编》上册，第 1 页。

3　《临全大会关于中央采以党统政省市采党政联系县市采党政融化三种形式之决议》（1938 年 3 月 31 日），中国第二历史档案馆编《国民党政府政治制度档案史料选编》上册，第 5 页。

4　《临全大会关于中央采以党统政省市采党政联系县市采党政融化三种形式之决议》（1938 年 3 月 31 日），中国第二历史档案馆编《国民党政府政治制度档案史料选编》上册，第 5 页。

体规定。而对于县级的"党政融化"的规定，则更是模糊的。在县级政权中，县政府与县党部仍是两个机构，如何"融化"呢？党政两个机构无法"融化"为一个机构，事实上还是两个重心。

从制度规定上，所谓国民党的"党治"是虚化的。蒋介石也不得不承认："我们的党实在是空虚散漫。"[1] 这一点在县一级表现得更为突出。其县党部之设置，因国民政府所秉持反苏的立场，原移植的苏联模式所要求的执政党在政治和社会治理中的中心领导作用，被南京国民政府决策层有意地忽略了，党部虽然在形式上设立了，但以党治模式所建立的党部的灵魂却被抽空了，党部只成为政府治理中无足轻重的辅助性官僚机构，在政治和社会治理中起不了真正的治理作用，只能处于边缘的角色和地位。县党部不仅功能和能量有限，而且职级和待遇设计均难以为时人所重。

其治理体系松弛空虚的表现之二，在于国民党县党部的空虚散漫，具体表现在县党部的设置、党员入党、人事安排与具体工作上。国民党统治期间虽然号称是执政党，但国民党执政后在很多县份并未能建立起县党部系统，有的"清党"后数年才建立，有的直到全面抗战期间甚至抗战胜利后才陆续建立。国民党县党部的设置可有可无、时设时废，其所主要负责的工作往往是社团登记与监督、移风易俗、赈灾活动、举行总理纪念会、新生活运动活动等边缘性事务，县域内的大权掌握在县政府、县长手中，因此导致县党部的工作难以见到实绩。在此情况下，县党部反而无事生非，陷入争权夺利中无法自拔。如河北深县党部因人事调整而发生严重冲突，县党部前指委负责人杨清泉以新执委非亲即私不予承认，鼓动下级党部控告新执委，省党部派人给新执委监誓亦无法举行，交接延迟数月之久。新执委后在省党部派人监誓就职后，旧指委仍盘踞党部拒不交接工作，双方争执之下，旧指委竟然

---

[1] 蒋介石：《目前党的要务》（1939年11月17日），秦孝仪主编《总统蒋公思想言论总集》卷16 "演讲"，第471页。

"出手枪向王委射击，王受伤颇重"，并欲枪击其他新执委，其他新执委退避后，旧指委率武装仍"持大枪手枪追来"，"一时恐怖空气，震动全城"。如此内斗，自然"党务不能进行"。[1] 党务不能进行，自然党务空虚散漫无实效可言。而甘肃永登县 1940 年才正式建立县党部。[2] 云南姚安县到 1942 年才成立县党部筹备处，到 1947 年 9 月才在姚安县城召开"中国国民党云南省姚安县第一次代表大会"。[3] 在发展党员入党上，更是虚化松散，有些国民党员是被迫拉入党的，[4] 有的入党手续连同入党指印也是由别人代办的，[5] 更有的入党者连本人尚不知道入了党。[6] 此种情况在国民党内极为普遍，并非县级独然，但县这方面的问题更为突出。

而国民党县党部乃至县政府的人事安排，则是"用人唯亲"，"只要是同一派系（包括这个人是属于'自己的'，如亲朋故旧等）虽然无能或屡犯错误，总是身居高位要职；如果这人不是同一派系，虽有才能，也不会任用"。[7] 人事任用的私人随意性极大，制度约束的空间极小。在工作中，经常性的是走过场，敷衍应付了事。如根据有关国民党县党政小组会议的记录，讨论的事项多是模棱两可，议决的结果也多是模棱两可，明显表现为一种敷衍态度。[8] 国民党党员对党部，也采取敷衍应付的态度，甚至实行党团合并时宣布

1　《深县党部流血　旧指委枪击新执委》，天津《大公报》1929 年 10 月 31 日，第 8 版。

2　鲁钧等：《国民党时期永登县政府及党部的主管》，《兰州文史资料选辑》（甘肃）第 5 辑，1986 年，第 118 页。

3　张世功：《我所知道的国民党姚安县党部》，《姚安文史资料选辑》（云南）第 1 辑，1991 年，第 19、20 页。

4　张世功：《我所知道的国民党姚安县党部》，《姚安文史资料选辑》（云南）第 1 辑，第 20 页。

5　谢载青：《抗日战争后期至解放前夕的国民党海宁县党部》，《海宁文史资料》（浙江）第 2 辑，1983 年，第 11 页。

6　姚质发等：《国民党浦城县党部的形形色色》，《浦城文史资料》（福建）第 2 辑，1982 年，第 93 页。

7　谢载青：《抗日战争后期至解放前夕的国民党海宁县党部》，《海宁文史资料》（浙江）第 2 辑，第 10 页。

8　《尉氏县执行委员会党政特别小组会议记录》（1946 年 1 月至 1947 年 4 月），开封市档案馆藏，档案号：旧 1-1-0027-001。

党员重新登记一事，也遭到党员的普遍漠视，如浙江海宁县党部虽然在《海宁报》上登载党员重新登记办法十条，又发文到区分部，后并发文去催，但都没有回文，甚至连直属区分部各机关的国民党党员也没有一个人参加登记。最后县党部便只好"伪造一本总登记名册，寄省了事"。[1] 可见其党部工作之空虚散漫。

国民党党部散漫空虚，不做实事，而所做的事，要么是文书式的形式主义东西，要么是对人民的控制，因此时人给县党部算过这样一笔账："一、经费：县党部每年数千元，或数万元；省党部每年数万元或十数万元；中央党部和政府每年数百万元或数千万元。二、工作：开会，贴标语，拥护反对，分配位置，借公债，发公债；太原枪杀学生，广州枪杀学生；无办法，不抵抗。三、成绩：赤祸，水灾，内乱，东三省失陷，约法，各种宣言计划书。"[2] 可谓对国民党及其政府对卫国理民敷衍而祸国殃民尽力的辛辣控诉。

其治理体系松弛空虚的表现之三，县参议会制度设置的一再延误与实施后的散漫无力。本来，南京国民政府县参议会的设置，早有法律规定，但国民党执政后很长时期内并没有在现实政治生活中设立参议会这一机构，只有纸面上的空头许诺。全面抗战爆发后，迫于严峻形势的需要，才开始陆续成立临时县参议会和县参议会，但基本上还只是临时机构而已；[3] 类似机构在现实政治生活中的普遍设立是在抗战胜利尤其是政协会议后，国民党为和中共争夺政权需要这个民主的形式，才普遍建立了县参议会。设立这一机构是为体现民主和民意，但无论从其设立过程还是设立后的运作看，仍然体现了国民党治理体系的空虚和散漫。时人直指："现在的省参议会、县参议会只可说

1　谢载青：《抗日战争后期至解放前夕的国民党海宁县党部》，《海宁文史资料》（浙江）第2辑，第19页。

2　陈级三：《算算账》，天津《大公报》1932年1月5日，第4版。

3　黄万贵：《邕宁县历届参议会成立的竞选斗争》，《邕宁文史资料》（广西）第6辑，1989年，第103页。

是一种装饰品。"[1] 先是在县参议会成立过程中进行的县议员选举和议长选举环节，就显示了国民党敷衍应付、派系之间互争短长的松散状态。如东胜县议员的选举，"名义上交各乡选举产生，实际上各乡的老百姓连拳头都没有举过，这些人就当选了所谓的县参议员"。[2] 有的县进行了议员、议长选举，但各派相互竞争，互相攻击，甚至无所不用其极，整体上则加剧了国民党内部的矛盾和散漫分离状态。[3]

县参议会成立后的工作活动，除进行派系斗争或以派系斗争的方式选举国大代表、立法院立法委员或省议员外，[4] 并无其他实质性的活动，难以对县政府进行真正有效的监督。如曾任东胜县议长的李先唐认为："参议会主要活动是每年举行四次例会……会上首先由县长及各科室负责人作工作报告，然后听取议员提出咨询或动议，最后把多数议员通过的咨询或动议集中起来，提交县政府，执行不执行由县长决定。参议员所提出的问题，实际上是有名无实。"[5] 县参议会的活动多是有名无实，而如果"有实"，就可能因冒犯县长及其下属而遭打击。东丰县一位参议员谭引古因直言提出了冒犯县长私利的两项议案，后虽获得决议通过，但竟遭受到县长所下的毒手，险些送命，

1　王典谟：《军人与民主政治》，上海《大公报》1946年11月24日，第2版。

2　李先唐：《东胜县参议会始末》，《东胜文史资料》（内蒙古）第1辑，1984年，第36页。

3　黄万贵：《邕宁县历届参议会成立的竞选斗争》，《邕宁文史资料》（广西）第6辑，第104—111页；邢哲安：《县参议会长竞选丑剧》，《江阴文史资料》（江苏）第1辑，1983年，第30—31页；周梦生：《怀仁县参议会概况（1945—1948）》，《仁怀县文史资料》（贵州）第1辑，1984年，第8—20页；黄心一：《国民党在舞阳选举中的派系斗争》，《舞阳文史资料》（河南）第3辑，1989年，第32—37页。

4　芦茂林：《刘澄宇竞选国大代表的内幕》，《阳新文史资料》（湖北）第2辑，1987年，第72—76页；刘明佑：《汉寿"国大代表"竞选闹剧》，《汉寿文史资料》（湖南）第5辑，1988年，第134—139页；梅福：《国民党"国大代表"竞选内幕》，《庆元文史》（浙江）第3期，1985年，第35—36页；杨学端：《解放前襄阳选举的争夺战》，《襄阳文史资料》（湖北）第8辑，1989年，第183—187页；晓林整理《鄱阳县周、姜两派竞选内幕》，《江西文史资料》第25辑，1987年，第10—15页。

5　李先唐：《东胜县参议会始末》，《东胜文史资料》（内蒙古）第1辑，第38页。

而事实上谭引古所提议案县长"根本就不执行"，"参议会决议无效"，[1] 县长仍我行我素，议会的真正监督无从落实。其机构的空虚散漫可见一斑。

其治理体系松弛散漫的表现之四，县政治理内耗严重，县政府无力与县长难为。事实上，县政府与县党部、县参议会的状态相近，其因循保守性也特别明显，新制度中保存了传统人治政治中的地缘、亲缘、业缘和学缘关系等非制度性因素，致使本应以现代法治精神为特征的现代政治体系失去了严格的法治精神而与人治的传统相妥协。

本来，根据法规设计，以县长为核心的县政府是县政的主轴，而县长是县政实施的关键因素。因此，县长权力体系与县长权力运作是县政管理中的顶层设计问题。国民政府1930年修正公布的《县组织法》规定，"县政府设县长一人"，"综理县政，监督所属机关及职员"。[2] 其权力主要体现在"综理"上。考南京国民政府所颁省政府和专署的组织法规，由省主席"综理"全省政务、专署专员"综理"辖区内各县行政及相关军事事务（后专员的"综理"之责改为"监督、指导暨统筹"）。应该说，"综理"为"总负责"之近意。

所谓"综理县政"即县长对本县的县政总负责。"县政"也是一个需要略加解释的概念，在当时是一个相对稳定、有较为具体内涵的词语，主要指当时县行政所要进行的具体事项。考察当时关于县政的有关著作，县政的内容大致有民政类、财政类、建设类、教育类等几大类，具体包括：（1）调查户口；（2）测量土地；（3）办理警卫；（4）修筑道路；（5）训练地方自治或编练保甲；（6）整顿教育；（7）注意公共卫生；（8）办理贫民救济事业；（9）办理实业；（10）提倡合作社；（11）整理租税；（12）改良与辅助农业；

1　谭引古：《言者有罪 决议无效——我参加国民党东丰县参议会的二三事》，《东丰文史资料》（吉林）第1—4辑选刊，1986年，第88—93页。

2　《国民政府修正公布〈县组织法〉》（1930年7月7日），中国第二历史档案馆编《国民党政府政治制度档案史料选编》下册，第525页。

（13）整理治安；（14）禁烟禁毒（新生活运动）；（15）改良司法。[1] 这里的"县政"内容，就是县长施政所覆盖的行政管理事项。对上述事项进行管理是县长的施政范围。

此外，县长还有"监督所属机关及职员"之权责。而对于所属职员，县政府之秘书、科长由县长呈请民政厅委任，科员由县长委任并报省民政厅备案；对于县政府所设的各局局长，县长就从考试合格人员中遴选，[2] 呈请省政府核准委任之。可见对于县政府所属的秘书、科长、科员以及各局局长的任用，县长是有一定权限的，以此保障县长的权威和权力的行使。此外，县长还是由秘书、科长、各局局长组成的县政会议的主席，县政会议审议县预算决算、县公债、县公产处分、县公共事业之经营管理诸事项。县长对于县参议会可提出交议事项。县长对于违法失职之区长可以罢免，并呈报民政厅备案。[3] 选举之乡长、副乡长、镇长、副镇长由区长转请县长择任并报民政厅备案。[4]

从以上规定看，县长在县政体系中的权力，是比较突出和重要的。一是行政权。"举凡县内公安、财政、建设、教育等事项"，及下级行政之监督与

1　可参考谢守恒《县政建设》，神州国光社 1931 年版；陈冰伯《今日之县政》，同文图书印刷公司 1933 年版；胡鸣龙《非常时期之县政》，中华书局 1937 年版；孔充《县政建设》，中华书局 1937 年版；以及有关南京国民政府县政府档案中的"县政报告"资料。

2　《国民政府修正公布〈县组织法〉》（1930 年 7 月 7 日），中国第二历史档案馆编《国民党政府政治制度档案史料选编》下册，第 525—526 页。对于县各局局长，在国民政府 1928 年 9 月 15 日公布的《县组织法》规定县长由民政厅选委任，未有"县长（就）考试合格人员中遴选"的规定，而在 1930 年修正后公布的《县组织法》中，特有此增补，显然在于提高县长的权威与权力。见徐秀丽编《中国近代乡村自治法规选编》，第 85、133 页。

3　规定区长改选，但实际上区长并未改选，区长当然仍由县长委任，同时有撤职权规定。《县组织法》（1928 年 9 月 15 日国民政府公布），见徐秀丽编《中国近代乡村自治法规选编》，第 86—87 页。

4　《国民政府修正公布〈县组织法〉》（1930 年 7 月 7 日），中国第二历史档案馆编《国民党政府政治制度档案史料选编》下册，第 525—528 页。

自治之筹办，"莫不由其综理"。[1] 行使其综理权，一要依靠人事任命权，从以上所述可看出县长的人事任免权也在突出和加强；二要依靠监督权。县长对"所属机关及职员皆有监督权"，[2] 并有对违法人员先行停职、直接罢免或呈请罢免之权；此外，县长除临时抽查外，还定期巡视县内各区乡施政、民间疾苦及地方豪绅行为等情况，根据考查有无违法、有无应惩情况而相应处理。有人事任命权和监督权，县长"综理"县政的权力才能得以实施。二是立法权。[3] 县长对于县参议会有提案之权，如县参议会对该提案延不审议，县长于本届参议会闭会后可呈请上级机关核准办理。三是司法权。[4] 县长之司法权有两种，一种是普通司法权，为县长兼理司法；另一种是特种司法权，即兼办军法事务之权。四是其他职权，如县政会议之主席、县参议会选举委员会之委员长，县各种委员会之当然委员或主席。[5]

但是，尽管县政赋予县长以上诸多重要的权力，但那只是纸面上的规定，要将纸面上的权力转化为现实的权力，还必须有忠实可靠的人去执行、去维护。就此情况来说，县长身处的政治生态环境是十分复杂的，在法治还未真正确立、人情关系尚浓、地方势力错综复杂的县域社会中，新上任县长要行使自己的职权，还必须有自己亲近的班底。其中，最重要也是与县长权力最密切的是秘书。秘书是县政体系中权力仅次于县长的一个职位，"秉承县长办理机要，总核文件，承办职员进退，典守印信，并掌管县政会议事项，及其他不属于各科等事项"。当县长因公外出时，"秘书可代行其职务"。[6] 鉴于县政府秘书一职的重要性，秘书一职的人选，"一般由县长自带一位同乡公务人

1　钱端升等：《民国政制史》下册，上海人民出版社 2008 年版，第 541 页。

2　钱端升等：《民国政制史》下册，第 541—542 页。

3　钱端升等：《民国政制史》下册，第 542 页。

4　钱端升等：《民国政制史》下册，第 542—543 页。

5　钱端升等：《民国政制史》下册，第 543 页。

6　钱端升等：《民国政制史》下册，第 544 页。

员担任，随县长同任同离"。[1] 不仅秘书如此，县政府内的其他重要科长的职务，县长都会重新尽力安排其亲密得力人员。

县长权力的行使，与县域地方政治势力如县党部、县参议会的状况以及县长个人的状况有关。1929 年夏，山东省政府派张耀任曹县县长，因恐张耀与曹县旧派人物有勾连，县党部向省党部发电表示抗议张耀之任职，张耀到曹县后被接到县党部住了几天后就被调回省。此例显示了县党部在地方政治冲突中的力量。[2] 这种情况我们在研究中较少看到，却真实存在，体现了制约县长的不可忽视的一种地方势力。1929 年甘肃靖远县县党部呈请省党部依法惩治县长吴允中侵吞巨额赈款案，[3] 也显示了县党部的力量。就国民政府县政体制设计而言，县党部本有对县政府监督之职责，故在国民政府成立初期，县党部对县政府颇发挥了一定监督作用，不过后来这种作用渐渐消失，变为纯粹权力倾轧与内争，制度的原初设计已走形。1933 年，山东曹县县党部常务委员李子仪密告县长魏汉章专断，事泄，有省政府主席韩复榘为靠山的县长魏汉章，仗势将李子仪扣押，"镣解济南"报请省政府严惩，恰因李子仪堂兄李文斋在省党部任委员职而从中斡旋，李才被释放，一场党政间内斗方告息。[4] 这种斗争无论谁胜谁负，其实都无真正赢家。高应笃在陕西省眉县做县长，由于不了解当地的大族势力，被控告到上峰处，后由于提前知道了被控告情事而预先防范，才未被撤职。[5] 1947 年安徽沭阳县县长汤仪南到任后，对

1　《靖远县县长秘书罗集庆巧批公文趣事》（1937 年 1 月），白银市档案局（馆）编《民国时期靖远县情录》第 1 集，第 8 页。这里举的是靖远县的例子，但这一例具有普遍性，从南京政府各县政府的通讯录中，可以看到绝大多数县长和秘书是同乡县至亲属关系。

2　王楚才、阎文景：《国民党曹县历届组织及其部分活动》，《曹县文史资料》（山东）第 3 辑，1987 年，第 9—10 页。

3　《靖远县党部呈请省党部依法惩办县长吴允中鲸吞巨额赈款之事》（1929 年 1—8 月），白银市档案局（馆）编《民国时期靖远县情录》第 1 集，第 2—3 页。

4　王楚才、阎文景：《国民党曹县历届组织及其部分活动》，《曹县文史资料》（山东）第 3 辑，第 15—16 页。

5　高应笃：《内政春秋》，台北，华欣文化事业中心 1984 年版，第 67 页。

在该县"树大根深"的县党部书记长潘锡珍"分外器重"，以至于"把县里的一切大事统统交给他处理"，便"惹恼了"县参议会议长吴筱柴。吴联合县三青团书记长晏寿峰，抓住汤不下乡视察民情、不理政务、接受贿赂等情事，以"通共"之名，秘密上告到安徽省政府，将汤告倒。[1] 同样是安徽的当涂县，1948 年也发生内讧，当时被认为"当涂虽小，首长虽少，县长、参议会议长兼国民党县党部书记长、副议长兼国民党县党部秘书兼委员三个人之间的明争暗斗也够复杂！廿七日的情势更为惊人，已由民事闹成了刑事，这一闹惊动了南京的高级党政军机关和国大禁卫组、宪兵司令部。合肥的省政府和芜湖的六区专员公署自更不在话下了"。[2] 为了攻击和打击对方，给对方扣上"共党"帽子成为国民党地方派系残酷内斗的常用方式。县域地方派系复杂，各派力量盘根错节，对县政的压力和影响是不可忽视的，县长的权力如何在这其中发挥其效力，不是一个轻松的问题。在这种情况下，由于地方势力颇大，制度约束无力，做县长为官不易[3]的说法，并非个案和偶然，而带有一定的共性。

尽管县长难为，其他机构，无论县党部、县三青团还是县参议会，都只是担负县政的某一方面的事务，而县政府和县长毕竟是县政体系的主体。因之，在当时县域各种社会问题丛生且一时无法解决的情况下，县长无疑处于矛盾中心的位置。因此，就出现了这样的吊诡现象：一方面，县长是一县之首的强人，权力和地位在全县最为重要；另一方面，县长又容易成为县内各种势力反对和攻击的对象，相当脆弱，县长被控告现象相当普遍，乃至成为

1　邵振华：《两年五易县长——解放战争初期国民党沭阳政界倾轧情状》，《淮阴文史资料》（江苏）第 8 辑，1989 年，第 213—214 页。

2　《皖省当涂宦海惊涛　县长宣布正副议长是共党　议长在京表示决搞垮县长》，天津《大公报》1948 年 5 月 7 日，第 5 版。

3　《靖远县第三区区长职务几易变动及黄尔琮被"通缉"之内情》（1940 年 2 月），白银市档案局（馆）编《民国时期靖远县情录》第 3 集，第 43—44 页。

那个时代政治上的一道特殊景观。如甘肃靖远县就发生过几起对县长的控告案，如1930年12月靖远县县民14人、旅兰学生8人控告该县县长徐春航派粮派款案，县长任职4个月即被省政府免职；[1] 1936年4月至8月靖远县旅兰公民控告县长萧世棻及科员等"贪毒劣迹""违法舞弊"案，萧县长去职，省政府命新任县长核查之。[2] 1940年7月至1941年2月查禁种烟督察团团员4人控告县长邹介民及其科长职员"私制烟棒强销摊收复以分配烟土"案，省政府命新任县长将邹县长及徐所长、王科长一并解交省保安司令部。[3] 1943年1月靖远县县民控告县长郝遇林"私存大烟"案，此案县长未受到惩处，而由县长呈报省政府刷清自己。[4]

在上述几个案例中，多数情况是县民控告县长，一般情况下，控告的主要问题是县长的贪腐违法行为。尽管县长有一定的背景，但控告的一方也会有一定的背景、财力和人力，如果县长的贪腐违法行为被坐实，县长就会面临离职甚至被惩办的结局；即使控告案件不被坐实，控案本身也是对县长任职的不小打击，有的县长为安全计也往往会选择在适当时机主动辞职。因此，在这种情况下，县长既能做事又能安于其位，是一挑战。在此情势下，以县长为核心的县政府，也势必处于敷衍应付和散漫的状态。

除县党部、县参议会、县政府这几个系统内部散漫、松弛外，它们相互之间也互不协调，无法成为一个互相支撑的有机框架体系。此外，还有一个更不协调的系统，就是全面抗战时期成立的三青团体系。三青团组织设计的

---

1 《控告徐春航县长派粮借款案》（1930年12月19日），白银市档案局（馆）编《民国时期靖远县情录》第4集，第17页。

2 《靖远籍旅兰公民控诉原任县长萧世棻及其任内科长科员等"贪毒劣迹""违法舞弊"案核查结果及过程》（1936年4月至8月），白银市档案局（馆）编《民国时期靖远县情录》第4集，第18—23页。

3 《控告县长邹介民及其科长职员私制烟棒强销摊收复以分配烟土案》（1940年7月31日至1941年2月20日），白银市档案局（馆）编《民国时期靖远县情录》第4集，第23—26页。

4 《控告郝遇林县长私存大烟案》（1943年1月8日），白银市档案局（馆）编《民国时期靖远县情录》第4集，第26—27页。

本意是作为国民党的辅助性、后备性的组织，是国民党的基层组织，是为国民党服务的。然而，三青团成立后亦自成体系，不受国民党的领导，名义上是国民党的党中之组织，但党、团各有各的从上到下的组织系统，三青团实际上是国民党外独立的乃至对立的组织。这一点，曾实际操控国民党组织体系的陈立夫在晚年回忆录中也认为，三青团和国民党"竟变成了两个党"，三青团"新陈代谢的作用未得到，反而变成两个互相冲突的组织"，"党部和团部变成对抗的形态，自己和自己找麻烦"。[1]

在县政治理体系中的三青团分支机构，不但与国民党县部对立，也与县政府对立。如曾在国民政府体系内任高位的何廉所说，"大批三青团的分支机构，大大加剧了派系和个人之间的争吵"。[2] 这在县一级同样表现得十分明显。

在浙江海宁县，三青团方面"一开始就和县党部不通气，并且常常攻击县党部"，团方攻击的是县党部书记长程森士和县长凌华，后县长凌华被调离海宁也与"团派"乘省政府视察团到海宁视察期间，在县政府附近暗中贴上标语攻击县长有关。[3] 在广东新会县，三青团与国民党是"平衡的、对立的组织"，因而"彼此明争暗斗，越来越激烈"。在国民党实行党团合并时，三青团力图实行"以团并党"，故在县党部召开的第十一届党员代表大会上，揭发国民党城镇区党部的选举舞弊，攻击县党部书记长刘禹卓，县党部则予以抵抗。因三青团的力量整体上不如县党部力量大，未能实现以团并党的目的，但在党团合并时团方不予合作，"弄成僵局"，党团统一"拖延数月之久"才合并，而合并后党为报复前嫌，将团方移交的团方名册一律封存，不按规定将团员转为党员，不编入区党分部，"简直把他们全部解散"，而对此情况，

1　陈立夫：《成败之鉴——陈立夫回忆录》，台北，正中书局1994年版，第226页。

2　何廉：《何廉回忆录》，中国文史出版社1988年版，第207页。

3　谢载青：《海宁县国民党与三青团的勾心斗角》，《海宁文史资料》（浙江）第3辑，1983年，第3、6页。

"上级也不闻不问"。[1]

在湖北阳新县，三青团与军人出身的县长马辉祖产生了矛盾，马辉祖以其少将资格作风专横、性情粗暴，故马与党部、议会也不和，三青团联合党部和参议会上告到省，最后把马免职。[2] 在湖南新宁县，三青团与县党部因领导权问题产生矛盾，在国大代表选举问题上，暗中与议会和县长联系，用借刀杀人的办法扳倒县党部书记长，致使县党部支持的国大代表候选人自动宣布"退出竞选"，三青团支持的候选人获得南京国民党中央"圈定"。[3] 在湖北襄阳金华乡，"党宣传队派"与"三青团服务队派"在选举乡财政保管会主任委员、县参议会议员时，相持不下，竟致"各邀集100多人枪，在张湾街上火并，闹得街上关门闭户，路断人稀"。[4] 三青团可谓一个成事不足败事有余的组织，以致最后蒋介石又不得不再把它合并到国民党组织之内。曾受邀参加三青团上层策划的何廉后来回忆认为，"三青团从来没有成功，它从没有完成开始时要它办的事"。[5] 由上可见，在县一级也是如此。

在国民党县政结构中，国民党县党部、县参议会、县政府和三青团这些组织之间，存在着普遍性的松弛、散漫、派系倾轧、无原则冲突、严重内耗等问题，对于这些问题，不能说国民党没有看到、没有认识到，事实上，包括蒋介石在内的国民党上层人士，对这种现象是有比较深刻的认识的。

蒋介石对这些现象多次提出严厉甚至是激烈的批评，他认识到问题的出现与制度不健全有一定关系，他说："我们人事制度的未健全，一方面虽是由

1　林瑞尧：《我县国民党与三民主义青年团的矛盾及其合并的回忆》，《新会文史资料》（广东）第11辑，1983年，第49—51页。

2　本刊资料室：《战后阳新三青团攻倒马县长的闹剧》，《阳新文史资料》（湖北）第2辑，1987年，第62—71页。

3　李荣：《我县国民党三青团内部斗争点滴》，《新宁文史资料选辑》（湖南）第3辑，1984年，第125—129页。

4　杨学端：《解放前襄阳县选举的争夺战》，《襄樊文史资料》（湖北）第8辑，1989年，第185页。

5　何廉：《何廉回忆录》，第207页。

于各机关对于这一制度尚缺乏深切的理解，而另一方面也是由于我们推行制度本身的欠缺……一般工作人员最容易受人情的牵制。徇私避怨，就不能忠于职守；甚至于蔑视法令，轻弃责任。于是制度不能真正推行。"[1]　除了制度本身存在的问题，蒋还认识到执行中因"人情"而不按制度办事的问题。对于国民党内部的地方党团矛盾，蒋也是洞若观火，他批评说："地方的党部团部则互相摩擦，互相牵制。"[2]　他对于各个机构之间互不协调的状态指出："党政军各自为谋，毫无联系。"[3]　所谓"毫无联系"，应是指相互间正常的、制度框架的联系毫不存在，而非正常的、非制度性要求的联系却是想避免也难以避免的。为什么会出现上述现象呢？在蒋介石看来，这就是私心、私利造成的。他指出："一般党员团员，不顾党国的存亡……只为个人的权利地位而争执，只为发展自己的势力来斗争，每一个人被派到一地工作，首先就替自己打算，如何培植自己的实力，巩固自己的地位。各省的情形，莫不如此。"[4]他又批评道："对于公家的事情，不是袖手旁观，不闻不问，就是争权夺利，互相防范，甚至对同志的斗争比对共产党的斗争还要激烈……这种毛病，在军队和各级政府方面都有，不过在党内情况更是严重。"[5]　他还批评道："对于党内工作，只要与自己无关，一概袖手旁观，不闻不问，不是互相推诿，就是互相攻击。"[6]

1　蒋介石：《健全人事制度》（1947 年 1 月 26 日），秦孝仪主编《总统蒋公思想言论总集》卷 22 "演讲"，台北，中国国民党中央委员会党史委员会 1984 年版，第 14 页。

2　蒋介石：《本党对于改革内政应负之责任》（1947 年 7 月 7 日），秦孝仪主编《总统蒋公思想言论总集》卷 22 "演讲"，第 201 页。

3　蒋介石：《本党对于改革内政应负之责任》（1947 年 7 月 7 日），秦孝仪主编《总统蒋公思想言论总集》卷 22 "演讲"，第 201 页。

4　蒋介石：《本党对于改革内政应负之责任》（1947 年 7 月 7 日），秦孝仪主编《总统蒋公思想言论总集》卷 22 "演讲"，第 201 页。

5　《当前时局之检讨与本党重要之决策》（1947 年 6 月 30 日），秦孝仪主编《总统蒋公思想言论总集》卷 22 "演讲"，第 189 页。

6　《目前党的要务》（1939 年 11 月 17 日），秦孝仪主编《总统蒋公思想言论总集》卷 16 "演讲"，第 469 页。

　　蒋介石这里批评的就是国民党各系统内各自为政、各为自己和派系谋私利、派系之间互相倾轧斗争的问题。而其病根，除制度不健全外，就是个人和派系私欲、私利泛滥造成的。而怎么去建立完善、系统、严格的制度以防止私欲，怎么教育各系统的官员和党员克制个人私欲、消除派系，对此蒋介石自己没有提出过带有根本性的解决办法。而实际上，他本身就是支持派系的，而支持派系，就避免不了私心和私利的膨胀乃至泛滥。有些派系正是在他支持下，才发展起来的，如国民党内所谓的 CC 系（二陈）、黄埔系、三青团系、政学系，还有所谓陈诚系、胡宗南系、汤恩伯系。可以说，蒋介石是靠派系起家的。这些都是蒋介石的嫡系，为蒋争夺天下立了大功，故蒋虽痛恨派系，但又不能亲自去消除，甚而故意予以扶植。[1] 而那些历史上反对蒋介石的桂系、粤系、阎系等更是蒋虽欲除之却不得。因此，派系内耗是国民党的一个痼疾，无法消除，这一痼疾从国民党中央滋生，一直传染到县级及其所属的乡镇基层，内耗严重成为县政治理中的一个无法消除的病灶。

　　国民党上述多元复合式治理结构，只是在形式上合法地建构起管理机构，较之传统体制远为庞大，管理成本较之传统体制远为高昂，管理效能较之传统体制却未见其效率，徒具现代管理标志。它的管理结构，从县政府通过其下的区、乡一直延伸到乡村内部家户结成的保与甲。除了县政府、县党部、县参议会、区乡、保甲管理组织，还有警察、司法、监狱管理人员和为数甚多的保安团队人员，此外还有教育和医疗等公共服务事业管理人员。县域社会这些脱离生产的管理人员，尤其是行政管理人员，与以往传统县政管理人员相比，显然数量庞大得多。中国传统社会的管理模式可谓"小政府"的管理，不仅管理机构小、管理人员少，管理的事务范围也比较简单；而至国民政府时期，不仅县政管理机构庞大，管理人员也大大增加，成为国家权力渗

　　1　陈立夫指出，蒋"好使部下力量对立（如党与团、政校与干校等等），虽双方均对蒋公拥护，终致力量抵消，效率低落，非良策也"。见陈立夫《成败之鉴——陈立夫回忆录》，第 456—457 页。

透到县域乡村社会基层的"大政府"，但内耗严重、效率低下。上述状况决定了其县政是一个治理成本极高而效率极低的管理体系。

二　县长任期制和县长任用制等县政主体制度力严重不足

南京国民政府县政制度的主体是县长制度，县长制度的核心和关键在于县长的任期制度和任用制度。从法律上看，县长的任期制度和任用制度是明确的，但在实际运作中，却严重地背离了制度的规定。

其一，县长的任期制度在实际运作中未被有效执行，实际运作与制度规定相比，呈现出了严重的背离状态。

从关于县长和县政府的法律制度规定看，本已建立了比较系统的法律和法规体系，如关于县长任用，国民政府建立后不久制定了《县组织法》《县长任用法》《补充县长任用资格标准实施办法》[1] 等，但这些制度并没有得到有效的实行。从县长的任期规定和执行情况来看，无论是《县组织法》，还是《县长任用法》，都规定县长任期为3年，《县长任用法》还规定对非立即实授者另有试用期1年，《县组织法》则规定成绩优良者得连任。可见，根据规定，县长一届任期3年者应为常态，任期4年也符合规定，而如果再连任一届则是6年至7年，如果再连任两届则是9年至10年。而实际上却并非如此。

在山东曹县，从1928年到1948年的20年间，有24位县长先后任职，平均任期为0.83年，和法律规定的任期3年差距甚大，有的县长竟"连县印的影儿也没见到"。[2] 在甘肃靖远县，从1928年到1949年的21年间，有24位县长先后任职，平均任期为0.88年，其中，任期1年以下者19人，占县长总数的79.17%（其中，1个月到5个月的8人，占县长总数的33.33%）；任期1年以上不到两年的有2人，占县长总数的8.33%；任期2年以上不到3年的有

1　中国第二历史档案馆编《国民党政府政治制度档案史料选编》下册，第524、19—22、33—37页。

2　李子周等：《民国年间的曹县县长》，《曹县文史资料》（山东）第3辑，第44页。

3 人，占县长总数的 12.50%；任期 3 年以上的没有一人。[1]

与山东曹县、甘肃靖远的县长任期相比，据四川同时期的全省县长任期统计，任期 1 年以下者占 24.29%，[2] 情况相对曹县、靖远较好，但这组数字仅是某一年份县长任期的统计，尚不能说明南京国民政府统治时期内的整体状况。即便如此，其中任期为 1 年以下者仍是所有县长任期时长中所占比例最高的，同样表明县长任期较短是较为普遍的现象。

根据王奇生对南京国民政府时期长江流域县长任期的研究，任期 1 年以下者占县长统计数的 58.5%，[3] 县长任期短暂的情况也很普遍。西北甘肃武都县 1928 年至 1949 年的 21 年间，先后有 29 人担任县长，平均任期为 0.72 年。[4] 西南贵州剑河县从 1928 年到 1949 年共 21 年间，先后有 22 人任县长，平均任期为 0.95 年，[5] 也在 1 年以下。东南福建上杭县从 1928 年到 1949 年的 21 年间，先后共 31 人任县长，平均任期为 0.68 年。[6] 根据福建南安县从 1926 年 12 月 6 日到 1938 年 5 月 12 日近 12 年县长任职的统计，除去 1938 年 5 月 12 日刚任职的县长不在统计数内，其间共有 22 任县长任职，其中任职 1 年零两个月的仅 1 人，1 年以下、半年及以上的 6 人，半年以下者 15 人，占其总数的 68.18%，有的任期甚至在 1 个月之下。对此情况，当时即有评论说："多数月或一月，或仅二十余天者，此实因地方变乱结果而有此五日京

1　白银市档案局（馆）编《民国时期靖远县情录》第 3 集，见"民国时期靖远县县长（知事）名录"。

2　胡次威：《四川民政》，《县政》第 4 卷第 2 期，第 23 页，转引自王春英《民国时期的县级行政权力与地方社会控制》，第 182 页。

3　王奇生：《民国时期县长的群体构成与人事嬗递——以 1927 年至 1949 年长江流域省份为中心》，《历史研究》1999 年第 2 期，第 108 页。

4　甘肃省武都县地方志编纂委员会编《武都县志》，生活·读书·新知三联书店 1998 年版，第 649—650 页。

5　贵州省剑河县地方志编纂委员会编《剑河县志》，贵州人民出版社 1994 年版，第 309 页。

6　上杭县地方志编纂委员会编《上杭县志》，福建人民出版社 1993 年版，第 552—553 页。

兆之特殊现象也。"[1] 根据研究者对 1932 年各省县长更换的统计，在内政部 1932 年统计的 18 个省份中，有 14 个省份在当年的更换率高于 50%，湖北、安徽的县长更换率分别高达 89.70% 和 88.50%，几乎所有县份的县长都有变动。[2]

根据对河南 13 个专区所辖县份 1928 年至 1948 年 20 年间县长任期情况的统计（材料中未达 20 年条件的县不进行统计），在满足 1928 年至 1948 年 20 年条件的 49 个县份的材料中，有 46 个县在此 20 年间的县长平均任期为 1 年以下，仅有 3 个县平均任期 1 年或比 1 年稍多点。[3] 而从 1930 年 11 月至 1931 年 12 月河南县长更换的情况看，一年间共更换 226 人次，1932 年较上年减少了一些，也达 148 人次。[4] 如此频繁地更换县长，必然造成县长任期短暂的现象。

南京国民政府时期绝大多数县份的县长任期十分短暂。这种现象与此前后的历史情况相比显得十分明显。在清代，知县任期二年半左右为较为普遍的情况。[5] 清代县长的任期规定，大致以三年为一期，实际情况与规定有所出入，但差距不大，基本上是符合规定的。考之明代，明代县长的任期又较清代为长。有学者对明代州县官任期进行了统计，明代的知州、知县以永乐年间和宣德年间任期最长，分别为 8.8 年和 8.4 年；其他正常任期在 3 年以上至 8 年以下；到了崇祯年间，任期才降到 3 年以下，但仍是 2.9 年。[6] 据统计，

1　县长任职数据根据《南安县政》第一节中"民元来历任县官"表（一）（二）统计而得。《南安县政》，《民国时期县政史料汇编》第 19 册，国家图书馆出版社 2018 年版，第 432—433 页。

2　夏娜：《南京国民政府前十年县政府组织结构及其效能的考察》，硕士学位论文，河南大学，2008 年，第 21 页。

3　翁有为：《南京国民政府县长任期管窥》，《史学月刊》2017 年第 10 期，第 135 页。

4　张燕燕：《民国时期河南省县长群体研究（1927—1937 年）》，硕士学位论文，河南大学，2012 年，第 43—44 页。

5　翁有为：《南京国民政府县长任期管窥》，《史学月刊》2017 年第 10 期，第 135 页。

6　何朝晖：《明代县政研究》，北京大学出版社 2006 年版，第 35—36 页。

在明代，从 1370 年（洪武三年）到 1642 年（崇祯十五年）的 272 年间，浙江省建德县先后有 68 任知县，平均任期为 4 年。[1] 从 1368 年（洪武元年）到 1641 年（崇祯十四年）的 273 年间，山西平遥县先后有 44 任知县，平均任期为 6.2 年。[2] 从 1374 年（洪武七年）到 1645 年（崇祯十八年）271 年间，山西灵石县先后有 62 任知县，平均任期为 4.37 年。[3] 整体看来，明代知县的平均任期比清代知县长是无可疑问的，至于长多少是可以进一步研究的，如有的学者认为明代知县的平均任期为 5.2 年。[4]

南京国民政府时期的县长任期与明清两代知县的任期相比，显然是过于短暂了，这是极不正常的，如有学者分析认为，"县长更迭频繁，是贯穿 20—40 年代中国各省基层吏治的一大顽症"。"据江西、江苏、浙江、湖南、四川 5 省平均计算，县长任期在一年以内者最多，占 57.3%，一年以上至两年者次之，占 26.2%，二年以上至三年者占 10.4%，三者合计占 93.9%。也就是说，90% 以上的县长未能干满法定的三年任期。"[5] 我们常说中国古代"封建社会末期"的制度腐朽问题，实际上从明清两代县长的任期情况看，其任期制度是比较稳定、有效和健全的，整体上看是正常的，这种被冠之以"封建性"的制度反而比"现代性"的南京国民政府县长任期制度健全得多，这一事实说明仅从概念的角度对历史事实做定性的研究，往往并不符合历史的真相。

南京国民政府县长任期普遍短暂，考其原因有如下几点。第一，这一时期大多有战事背景，因战事影响政局稳定进而对县长的更替产生影响的因素

1　建德县志编纂委员会编《建德县志》，浙江人民出版社 1986 年版，第 531—532 页。
2　平遥县地方志编纂委员会编《平遥县志》，中华书局 1999 年版，第 509—510 页。
3　灵石县志编纂委员会编《灵石县志》，中国社会出版社 1992 年版，第 385—386 页。
4　何朝晖：《明代县政研究》，第 35—36 页。
5　王奇生：《民国时期县长的群体构成与人事嬗递——以 1927 年至 1949 年长江流域省份为中心》，《历史研究》1999 年第 2 期，第 108 页。

是不可忽视的。第二，省政府主席和省民政厅厅长的更替，对县长的进退、更替也会产生重要影响。而省政府主席和省民政厅厅长的更换和进退，是政坛上常常发生的、不可避免的，因此也导致县长更换的现象发生，如全面抗战时期阮毅成就任浙江省民政厅厅长后，各县县长"皆系"由他"亲自选派"，[1] 尽管阮毅成厅长这样的处理方式并非"私心自用"，但却不能不在客观上造成"一朝天子一朝臣"的现象；而那些"私心自用"借县长更换来敛财者，为私利不惜破坏县长任用制度，这样的现象是南京国民政府省一层政府当局的常态。第三，因办事不力、任内曾记大过、有舞弊情形被控告等原因被撤换的也不在少数，如浙江省1928年4月到8月间42位离职的县长中因被控告而撤职的就有21位。[2] 第四，县长制度不健全、任期制度无力是县长任职难以安位、更换频繁的重要原因。县长的撤换，除了违法舞弊的情形，其他的情形本来是可以避免的，尤其是省政府主席、民政厅厅长的更替更不应成为更换县长的因由。如果有健全的县政制度，县官群体就不会出现如此众多的违法违纪问题。

任期三年的规定与县长实际任期状况几乎完全相背离，这样的任期规定毫无权威可言。它不仅体现了县长任期制度权威性的流失，也象征着国民党政治制度权威性的流失。

其二，县长任用人情化、利益化，制度被严重腐蚀。

南京国民政府县长的任用，没有建立公平有效的法治制度，是任人唯"亲"为主的人治制度。这里所谓的亲，指的是派系、地缘、血缘、金钱等因素。这种"亲"，就是任用上的"后台"。

从浙江省1938年4月至8月任用县长的资料看，其间调整新任的42位县

1　阮毅成：《八十忆述》，台北，联经出版事业公司1984年版，第469页。
2　《附录：浙省各县县长任免调迁及介绍人一览表》（1928年4月—8月），《浙江民政月刊》第9期，1928年8月，第1—4页。

长中，通过"后台"援引介绍的就有 23 人，占新任县长总数的 54.76%；由中央指令任用的有 3 人，占新任县长总数的 7.14%；经考取任用的有 11 人，占新任县长总数的 26.19%；其他由县长或民政厅科员、技士调任的 5 人，占新任县长总数的 11.90%。可见，经"援引"而任县长的占新任县长总数的半数还强。23 位通过援引而任县长的，有的有一位介绍人；有的则同时有几位介绍人，如缪斌、陈其采、马寅初三人介绍金建宏任瑞安县县长；有的介绍人则是连续介绍了几位新任县长。这些介绍人绝大多数是权要人物，如何应钦、张静江、陈其采、蔡元培，甚至蒋介石，他介绍的是天台县新任县长。[1]

　　这类经介绍任用的县长，很难保证没有派系、地缘、血缘乃至金钱的"亲力"作用。而且，这种"援引"在国民党训政时期是合乎规定的，[2] 这就为人情关系打开了通道。如卫立成依仗本家弟兄卫立煌当上安徽霍邱县县长，后因与省府不和被解职时仍拒新任县长接任，新任县长李佩珩无奈之下利用县域土匪武装攻破县城赶跑卫立成，卫立成又借用卫立煌的军队到霍邱驻防，镇压了县城的自卫队武装。[3] 卫立成所运用的，显然是"血缘亲力"作用。刘峙任河南省政府主席期间，河南省的县长任命，多由其夫人操纵，这其中，起作用的是"金钱亲力"。[4] 据曾经任县长的沈清尘的回忆，在其任期内，新任民政厅厅长赵启騄依仗其是新任江苏省主席顾祝同的亲信和儿女亲家，"卖官鬻缺，公开标卖县长，在上海租界交款，且对各县县长，公然索贿，以满

　　1　《附录：浙江省各县县长任免调遣及介绍人一览表》（1928 年 4 月—8 月），《浙江民政月刊》第 9 期，1928 年 8 月，第 1—4 页。

　　2　沈清尘遗稿，沈建中整理《任奉贤县长三年的回忆（1930—1933）》，《档案与史学》1998 年第 5 期，第 60 页。

　　3　陈允中：《狗咬狗的争斗——记国民党新旧两任县长的争斗》，《霍邱文史资料》（安徽）第 2 辑，1986 年，第 121—123 页。

　　4　参见胡连科《刘峙审赃官的丑闻》，《鹤壁文史资料》（河南）第 1 辑，1985 年，第 105—107 页。

足其私欲。如有不能满足其者，则假借惩治贪污之名而打击之……赵氏之流，借整顿吏治之名，随意更换以致拘押县长，时苏省六十一县县长，更调者竟达四十四位，几占全部三分之二以上"。[1]　可见主管县长任命的民政厅赵启录，以"金钱亲力"作为县长任用的条件。这种公然卖官鬻缺的行为——无论是刘峙的夫人，还是顾祝同的亲家，均未受到任何的惩罚，由此更加助长了政治的腐败与黑暗，县长的任用制度也就难以有效实行。

1944 年至 1945 年在湖南担任过县长的李惕乾后来回忆认为，南京国民政府的县长任用虽然有相关的规定，需要通过甄审、考试录用等程序，但实际上决定县长任用的主要是官员的条子。以他的经验，"一切甄审、考选办法不过是一个幌子，并未见诸实行。任免县长的实权总是操在省主席之手。例如，抗战前后，中央就分发过好几批高等文官考试或县长考试合格人员到湖南，湖南本省也甄选过几批县长，但都只有几个有背景的合格人员走马上任，很多人钻营候差几年，也过不了县太爷的瘾"。李惕乾自己就依靠薛岳的"条子"，未经甄选、考试而当了县长。[2]

事实上，南京国民政府的县长任用是有明确具体的制度规定的，国民党高层也认识到了县长任用的重要性，如在国民党三届三中全会通过的《注重县长人选案》认为"县长人选比诸任何官吏为重要"，国民政府也制定了《县长任用法》（1932 年 7 月 30 日公布，1933 年 6 月 2 日修正公布）、《在修正县长任用法公布施行前所用县长清理办法》（1933 年 7 月）、《补充县长任用资格标准实施办法》（1934 年 9 月 1 日）等一系列法规。[3]　但实际上起主要作用的并不是制度，而是"条子政治"，即被滥用的权力。在"条子政治"通行的

<hr />

1　沈清尘遗稿，沈建中整理《任奉贤县长三年的回忆（1930—1933）》，《档案与史学》1998 年第 5 期，第 66 页。

2　王春南：《荐举之滥——民国人事制度弊端之一》，《书屋》2005 年第 10 期，第 52 页。

3　中国第二历史档案馆编《国民党政府政治制度档案史料选编》下册，第 9、19—21、26、33—36 页。

情况下，考试制度从总体上看流于形式，其象征意义远远大于实际意义，"形式上的制度"极其脆弱，很容易受到"任性"权力的破坏而变形，而且在制度受到破坏时由于破坏者不受任何制裁，制度的力量和权威就难以有效地发挥和树立，制度本身也就难以得到认真贯彻和有效实行。

考之中国古代，县长的任用是有比较严格的条件的，县长官阶虽然低微，但由于县级管理层的重要地位历来被统治者充分认识，国家把对县官的任用权抓在中央政府手中，因此，县官的任用的制度性特征是较为突出的。而在强调"法治"的民国时期，县长任用权力下移，不仅由中央下移到省，甚至下移到省下的专署，有的师长、旅长亦依仗其军事武装随意派任下属官佐为县长，县长任用的权威不复存在，县长任用的制度虽然在形式上建立起来了，但在实际上却并没"有效"执行，反而被"条子政治"取代。可见，建立制度，并非如所想象的那样通过颁布一纸规定就能奏效，实际上政治权威既靠信仰、精神和正面宣导所成，也靠对违法者的追究和制裁来树立。

在由传统向近现代转型的过程中，新的制度如何有效建立，确是一个必须慎之又慎的重大战略性问题。但是，在县长任用问题上，南京国民政府显然是太过于轻忽了，县长任用之权完全操于省厅之个人甚或省级以下之个人，虽然1933年《县长任用法》规定县长任用由省政府咨内政部复咨铨叙部合格后，由内政部呈行政院转呈国民政府任命，但实际上任用之实权，仍操之于省。县长任用问题上各种弊端自然也就呈现出来。

可见，在县长的任期和任用问题上，制度性权威流失过多，制度严重弱化，人治现象严重。具体人事没有衔接制度，县长任期短暂，县长和县政的重要性大大降低。在此种情况下，县长地位看似重要，但实际上县长难为。正因为县长难为，一个县长便可以随意辞职和离职，而在县党部方面，也经常出现党部停止活动的现象。这种非常状况经常化、常规化，反而成为一种"常态"，这就很难说是一种制度了。

三 县政中心工作严重缺位，治理能力低下

县长负责的事项是全面的，可谓事事都管。所谓要"综理"县政，以县长一人之力，如何能"综理"好，确是一个问题。我们根据甘肃靖远县政府政务报告所述管理事项和县政会议的主要议事事项，可见县长管理的内容之多。

一是根据县政务报告方面看。在 1930 年 1 月的县政务报告中，县长管理的事项有：（1）党务情况；（2）驻军情况；（3）民众团体情况；（4）农事情况；（5）手工业情况；（6）植树；（7）剪发（剪短发）；（8）放足；（9）卫生；（10）其他建设。[1] 根据 1934 年 8 月至 9 月政务报告，县长管理的事项如下。（1）内务类，发布告禁止骡马会，布告严禁后"停止演戏，免滋事端"；厉行新生活运动。（2）教育类，改正全县小学名称；拟设完全小学 2 所，民校 8 处，并筹备经费；拟以自治经费等为基金开办乡村师范。（3）财政类，8 月 1 日开征本年六成本色粮食。（4）建设类，筹修监狱；拟修北湾河工；修筑沙河大车道 7 里；赶修五水车一带被冲毁河工，以备冬灌。（5）司法类，因斗殴羁押 1 人十数日；羁押一偷窃者数日，游街示众。[2]

二是根据县政会议方面看。如靖远县 1934 年 4 月 7 日第一次县务会议：会议主题是成立县保卫团常备大队善后事宜及经费款项事宜。1940 年 4 月 5 日召开本年度第一次行政会议，县长报告中即有保甲、兵役、禁烟、植树造林、战时民众教育、县财政预算、水利、保甲经费 8 项。[3] 1941 年上半年的县

---

1 《民国十九年靖远县地方情形及政务工作报告》（1930 年 1 月），白银市档案局（馆）编《民国时期靖远县情录》第 4 集，第 73—74 页。

2 《靖远县奉令自行办理政务工作报告》（1934 年 8 月至 9 月底），白银市档案局（馆）编《民国时期靖远县情录》第 4 集，第 75 页。

3 《靖远县政府召开本年度第一次县行政会议》（1940 年 4 月 5 日），白银市档案局（馆）编《民国时期靖远县情录》第 1 集，第 13 页。

政会议有五次，第一次县务会议（1月16日）的主要议题：财政税收问题；插花地处置问题；简易师范学生经费问题；组建新公司投资聘专家等问题；军队过境费用平摊办法；春节劝储问题。[1] 第二次县务会议（2月11日）的主要议题：受训乡镇长人选及决定代理人；设立支应差车处，拟定办理军用车辆负责人；配征1941年度各乡镇兵额及抽签办法；根据本县押运军粮额8000石（每石押运费5分），共应领押运费400元。[2] 第三次县务会议（4月5日）的主要议题是：送受训乡镇人员46名；押运军粮两乡领出尚未交省，星夜送省后领押运费；请各乡领取经费；全县奉令送宪兵60名，集中县城听候考试。[3] 第四次县政会议（4月19日）的主要议题是：财政收支；预算；小学教师工资；分配公债；保护县境北区一带森林。[4] 第五次县务会议（5月22日）的主要议题是：征雇民工构筑国防工事；组织人民抗敌自卫队（20队，每队100人）；总复查户口。[5] 1941年7月15日新任县长郝遇林召开了他到任后第一次行政会议，会议议案35件，主要有：乡镇公所应与学校设在一处，以期政教合一；普及政治常识，乡镇应征款项公示；成立短期救护人员训练班；指派乡镇长兼任房地产交易监证人并厉行过户；乡镇公所办公室内应挂应有图像与表簿等。[6] 1938年甘肃临洮第一区行政督察专员召开所辖六县县长

1　《靖远县本年度县务会议主要议题》（1941年1—5月），白银市档案局（馆）编《民国时期靖远县情录》第4集，第77页。

2　《靖远县本年度县务会议主要议题》（1941年1—5月），白银市档案局（馆）编《民国时期靖远县情录》第4集，第77—78页。

3　《靖远县本年度县务会议主要议题》（1941年1—5月），白银市档案局（馆）编《民国时期靖远县情录》第4集，第78页。

4　《靖远县本年度县务会议主要议题》（1941年1—5月），白银市档案局（馆）编《民国时期靖远县情录》第4集，第78页。

5　《靖远县本年度县务会议主要议题》（1941年1—5月），白银市档案局（馆）编《民国时期靖远县情录》第4集，第79页。

6　《郝遇林县长召集靖远县政府三十年度第一次行政会议》（1941年7月15日上午8时至16日下午3时），白银市档案局（馆）编《民国时期靖远县情录》第3集，第19—21页。

行政会议，主要议题为六项：（1）整理保甲；（2）训练知识分子；（3）建设电话通讯网；（4）完成县与县间公路网；（5）肃清股匪；（6）监督农贷增加生产。[1]

就以上情况看，县长的管理是十分具体的，从社会性的理发、放足，到政治性的保甲、公民教育、训练知识分子、乡镇人员培训，到建设性的植树、水利、筑路、架设电话，到教育性的兴办学校、学校经费与师资，到军事与司法性质的兵役、军队过境与征用、国防工事、县地方自卫武装与监狱管理，到经济性的税费征收、财政预算、手工业与农业，上述事项都要县长一人"综理"。而实际上，县长主要看重的是保甲问题，税费、田赋征收问题，征兵与军粮问题、地方武装问题。这些都是上面督查紧迫的问题。而这些问题，十分棘手，多与民争利，要完成这些事项，就要伤害民众利益，就会遭到民众的反对乃至反抗。而在一县之中，中心工作为何？就客观来说，当时的中心工作，无疑是发展县域农业的生产和改善县域农民的生活，从而奠定县政发展和国家治理的基础。然而，纵观南京国民政府的县政治理，其中心工作严重缺位，实际所进行的治理，恰恰是对中心工作的背离。

在南京国民政府的县政治理过程中，充分显现了其治理能力的低下。说国民党县政治理能力低下，并不是说国民党县长及其县政群体个人素质都很低下。事实上，国民党的县政群体多是受过高、中等新式专业教育的群体，也都有一定的政治阅历，其个人素质在当时的情况下，在县、乡级应属于精英型。但是，由于国民党固化的政治生态，在整个政治网络内派系利益相互倾轧，形成了特定的政治文化，个人的能力无从发挥，导致整体上县政治理能力的低下。

---

[1] 《靖远县实施六县县长行政会议六项要政》（1938年6—9月），白银市档案局（馆）编《民国时期靖远县情录》第2集，第4—5页。

　　其县政治理能力低下的突出表现之一是在社会秩序治理上，一直没有消除乡村土匪问题。

　　南京国民政府成立初期就没有解决土匪问题，甚至因国民党县党部打泥菩萨行为引发了寺院和尚勾结土匪作乱。1929年宿迁县寺院因对县党部打砸泥菩萨怀恨，勾结该县小刀会会众8000人进攻县城，于"二月十三日分四路骚扰，省中学、县中、县指委会、公共演讲厅悉被捣毁，并将县指委徐政、汪云、王志仁、陈树义、宋植、蔡克瑶六人，县中张德锋、省中周宣德二人捕去，剥衣苦打，生死不明。并持绳索沿户搜查党员"，"拘党员捣学校围困县城、其猖獗披靡"。当小刀会聚集时，"县政府公安局不加干涉"，"该匪等愈聚愈多，现下已达万余。匪首张某，自称总司令，并号召鲁东豫东一带之大小刀会，麇集斯邑，占领城池。童县长既被拘困，第九师一团及清江新编一师虽已到宿，亦未剿办。匪等近复以印刷布告传单，声言替天行道，并派会匪替代警察站岗"。[1]

　　全面抗战时期，大后方的贵州本该是安定的地方，但贵州省第一专署所辖数县境内于1939年出现了多处散匪、股匪，甚至号称万人的大队流窜土匪，活动于贵州、四川、湖南三省交界处。[2] 可见匪势之盛与地方治安机构之无为。这些股匪甚至大队土匪是从散匪和小股逐渐发展而来的，当土匪尚为散匪和规模较小时，依靠县的治安力量是可以治理的。但是，县警政力量对于土匪却姑息养患，事事敷衍，当匪势养大无法收拾时再去治理，为时已晚，这时警政当局采取的办法往往是招抚、收编，但用此法并不能根治土匪，往往随形势变动，被招安的土匪故态复萌，重新流为土匪。在四川的一些县份，土匪不仅拦路抢劫客商，甚至抢劫庙宇、寺院，将关押在县城监狱的匪

　　1　《宿迁刀匪起因　打倒迷信之反动》，天津《大公报》1929年2月25日，第4版；《宿迁匪乱　学生教员被拐甚多　代表等到徐之谈述》，天津《大公报》1929年2月27日，第4版。

　　2　《贵州省第一区行政督察专员公署工作报告》（1939年4月），贵州省档案馆藏，档案号：8-207。

犯抢走。[1]

浙江海宁县抗战胜利后的匪患状况，更体现了县政治安的无力。据载，从 1946 年 4 月至 1947 年 7 月短短 1 年 3 个月时间内，就发生了十数起武装土匪抢劫事件：1946 年 4 月 24 日，大批械匪一夜两次洗劫袁花镇；同月 27 日，武装匪徒洗劫湖塘镇，全镇损失严重；同月 28 日夜，大批武装匪徒拥进县治所在地，在破坏电线后，洗劫硖石南市店铺达 3 个小时之久。同年 7 月 16 日，持械土匪百余人阻拦火车，两节车厢内乘客财物被洗劫一空；同年 8 月 31 日，宁长客运汽车被抢劫，全车旅客无一幸免。1947 年 1 月 2 日，海宁县境内铁路沿线及邻县交界处接连发生拦路抢劫事件；同年 4 月，县境内接连发生盗劫事件；同年 5 月，杭宁汽车在翁家埠以东遭盗劫；同年 7 月 3 日，匪徒白昼抢劫桐乡至硖石汽轮。[2] 上述抢劫事件，有的抢劫店铺，有的抢劫汽车、汽轮甚至火车，有的抢劫乡镇，甚至抢劫县治所在地；抢劫接连在夜间甚至在白昼发生，有的持续数小时之久，有的出动百人以上的武装。如果海宁县政府与警政部门加以治理，即使土匪一时不能消除，亦不致如此连发性地明目张胆、为所欲为地大肆抢劫。在治理劫匪连续抢劫问题上，海宁县显然是典型的无政府状态，这无疑是其治理能力低下的体现。这种现象并不是孤立的，在南京国民政府其他县的县政治理中也是经常性存在的，只是程度略有不同而已。

其县政治理能力低下的突出表现之二，是对县域社会各种灾害和疫病的漠视与救助不力。县官既是管理县区乡之官，更是亲民之官。一个县的民生无疑是县政的中心工作，然而在县政治理中，此项工作普遍不力，处处敷衍，甚至出现腐化行为。

1　王守义：《民国时期剑阁专区贫、烟、匪现象》，《剑阁文史资料选辑》（四川）第 7 辑，1986 年，第 90、91 页。

2　《海宁史事录要》（1945.10—1949.5），《海宁文史资料》（浙江）第 34 辑，1989 年，第 3—11 页。

浙江海宁县 1946 年、1947 年两年的情况显示了民生疾苦的普遍和县政对民生问题的无所作为。据载，1946 年 2 月，海宁黄湾头圩、二圩一带盐民生计濒于绝境（盐务局硬性限定盐价每担 950 元，并以 115 斤为 1 担）；同年 4 月，芦湾、许村等地发生流行性脊髓脑膜炎；同年 7 月 28 日，数百万红蜻蜓飞经丰镇等地上空成灾，同月硖石、长安、盐官等地发现真性霍乱，赤痢一度猖獗；同年 9 月，因天气干旱，又加螟害，袁花、黄湾、丰镇、丁桥、郭店、春富、龙吟、塘南等地"灾象严重，尤以塘南为最，部分乡镇收成或不及四成"，长安发现真性霍乱。1947 年 3 月 8 日，路仲等地发现脑膜炎；同年 4 月 20 日，丰镇脑膜炎猖獗，螟害严重，稻根发现螟虫者竟达 94%；同年 5 月，蚕农大受损失，土种因无人收购，有农民愤而将蚕茧倾倒进河里；同年 7 月 8 日，上塘河一带干旱，灾情严重；同年 11 月 16 日，袁花区发生螟灾。[1] 对于上述频繁出现的流行性疾病和自然灾害，海宁县政府显然并没有进行有效治理，而是采取放任和漠视的态度。

甘肃成县 1928 年、1929 年连续两年大旱，1928 年冬天，县民"饥寒交迫"，"更兼官府差役繁杂，粮款无度，不论贫富，按户摊派"，贫民无法交纳，官府"动辄管押，严刑威逼，如审囚犯"，人民经此"双重压迫，生活已告绝望，迫不得已，挺而走险，或为盗窃，或当土匪……而安份守己者……只好死守家中，坐以待毙"；[2] 1929 年旱灾更为普遍严重，"饥民遍野，饿殍载道"，饿死者集中掩埋之地被称"万人坑"，后县政府虽被迫设粥场赈济灾民，但因"经理不善，人员复杂，中饱贪污，鼠窃狗偷，由上而下，层层剥削，节节克扣，及至落在灾民口中，为数无几"。[3]

1　《海宁史事录要》（1945.10—1949.5），《海宁文史资料》（浙江）第 34 辑，1989 年，第 3—13 页。

2　汪作炎：《民国初年成县经过的三次自然灾害》，《成县文史资料》（甘肃）第 1 辑，1994 年，第 110、111 页。

3　汪作炎：《民国初年成县经过的三次自然灾害》，《成县文史资料》（甘肃）第 1 辑，第 111—113 页。

河南浚县政府在灾害的治理中缺位，也体现了吏治的无能和腐败。1941年秋，河南北部灾荒，省拨款赈灾，浚县县长余文华派县党部书记长武士印赴三角村一带捏报赈册，仅将部分赈款交付县第六、七、八区区长代发，结果又为区政人员"中饱私囊"。[1] 时人投书报社反映亲身经历："近来天寒，贫民时有饥死冻毙的，而参议老爷们还大吃大喝的在舒适的礼堂内，开着首届大会，外面的死人呻吟，是看不见，听不到的。县长手下皂隶，常到民家狐假虎威的乱行，更每每有些过路官兵强占民房，一住数天，还有些驻军，强居民间，床铺、桌椅、大门任其乱搬，稍有怨言，轻者受骂，重者遭打，不问人民如何痛苦。"[2] 从参议会到县长手下，均对民间疾苦漠然视之。

以上这些事件虽是个案，却带有相当的普遍性，大体上反映了国民党县政治理的一般情况。当然，也并不排除个别县或个别时期的某些县治理较好的特殊状态，但整体上看，国民党县政无疑体现了国民党所检讨的"组织涣散，纪律废弛，工作松懈""一切孤立，一切空虚""无由发挥组织的效用"[3] 的普遍状况，集中体现了国民政府县政治理的松弛乃至治理能力的低下。

第三节　县政管理本末倒置，农民被"逼上梁山"

县政是南京国民政府推进现代社会治理过程中的基础性环节。在由传统的"看守型"政府转变为现代"治理型"政府的过程中，其县政管理本末倒

1　刘式武：《抗日战争时期国民党浚县政府情况概述》，《浚县文史资料》（河南）第 5 辑，1994 年，第4 页。

2　《怀远参议老爷未替人民说话》，上海《大公报》1946 年 12 月 27 日，第 11 版。

3　《中国国民党六届三中全会通过重要决议案·现阶段的党务方针》（1947 年 3 月 23 日），中国第二历史档案馆编《中华民国史档案资料汇编》第 5 辑第 3 编"政治"（1），第 585 页。

置，徒托现代治理的虚名，愈治愈乱，遭到基层社会的普遍反抗，不但未达到现代治理的初衷，而且空耗了其治理的能量与合法性基础。

一　苛捐杂税繁多，榨取成为县政中心工作

从表面上看，南京国民政府不能说不重视县政，因为南京国民政府建立后，就相继进行了"县政改革""县政实验""县政建设"等各项以县政为主题的全国性的运动，在中央、省和县各级办有县政研究机构和县政培训机构，关于县政的全国性和省级会议也不断召开，关于县政的法律、法规也颇为详备，县级政权机构的设置也颇为系统。从形式上看，实在不能说南京国民政府对县政治理问题没有重视。但是，从实际上考察，南京国民政府对县政问题远未给予应有的重视。即使有所谓重视，也只是停留在"纸面的文章"或"口上的功夫"，对县政的深层次问题与根本性问题并未涉及，甚至在实践层面反其道而行之。

县政问题从表面上看，是县级政权的设置问题。而从深层看来，则是如何管理或者说如何治理好县域社会的问题。再进一步言之，是如何在县域社会以农业为主体状况下实现社会生产力的迅速提升和社会的全面迅速发展，以为应对国家和社会面临的各种严峻挑战提供必要的物质、人力和道义基础。

而南京国民政府县政所呈现的问题，是在实际运作中没有考虑县域社会的生产力发展问题，而主要或全部所做的是如何将县域社会的全部资源汲取到国家机器之中，以做国家应对各种政治危机和军事危机的统治基础。这样，在实际上是严重破坏了县域社会的创造能力、发展能力，生产力很难有机会得到发展，甚至连正常的维持都难以进行。对乡村生产力破坏最大的是苛捐杂费的无限度膨胀。据朱汉国等的研究，河北省1934年仅废除的苛捐杂费项

目就达 181 种，[1] 足见税种之多。根据刘五书研究，1934 年全国各省田赋附加税的税种由 20 世纪 20 年代的 300 余种增加到 3609 种，河南一省的田赋附加税有 67 种。[2] 根据杨奎松的研究，山西平顺县 1933 年和 1934 年的捐税每年都有 20 多种。[3] 这显示出南京国民政府时期的税收名目之多，农民负担之多、之重。根据刘五书对河南农民负担的研究，1928 年田赋税收增长指数是光绪二十八年的 7.5 倍，河南农民田赋附加税的增加情况也颇能说明南京国民政府赋税的严重问题：民初规定，地方征收的田赋附加税不能超过正税的 30%，实际上 1914 年山东、河南两省为黄河决口征收的田赋附加税税额为田赋正税的 10%。而到 1932 年，河南太康县的田赋附加税已超过正税的 2 倍以上，而平时的临时摊派还未计算在内。豫南的田赋附加税增加更多，1933 年信阳超过正税 7 倍以上，而罗山第六区则在 10 倍以上。[4]

　　民国时期一些学者对农村问题的研究，也证明了当代学者对南京国民政府时期农民负担情况的研究结论是成立的。根据陈翰笙 1928 年的研究，就田赋一项计，当年比光绪十四年"增十倍余"。[5] 说明南京国民政府对农民赋税的过度抽取。

　　朱其华 1936 年完成的《中国农村经济的透视》一书，对农村衰败及其原因有深刻的分析，他认为"农村破产"的重要原因之一就是"超越法理人情的负担"。他指出，"中国农民的繁重负担，是超越一切法理人情的"，"在繁重的负担中，首先要说到的，是关于田赋方面，特别关于田赋附加"，"正税之外，附

　　1　朱汉国、王印焕：《民国时期华北乡村的捐税负担及其社会影响》，《河北大学学报》2002 年第 4 期，第 8 页。

　　2　南京国民政府财政部：《全国各省市减轻田赋附加废除杂费报告书》，转引自刘五书《二十世纪二三十年代中原农民负担研究》，中国财政经济出版社 2003 年版，第 80 页。

　　3　杨奎松：《阎锡山与共产党在山西农村的较力——侧重于抗战爆发前后双方在晋东南关系变动的考察》，《抗日战争研究》2015 年第 1 期，第 11 页。

　　4　刘五书：《二十世纪二三十年代中原农民负担研究》，第 89、76—78、59 页。

　　5　陈翰笙：《中国农民担负的赋税》（1928 年 8 月），陈翰笙等编《解放前的中国农村》第 2 辑，第 42 页。

加名目之多，税率之重，出乎情理之外。总之，今日中国的田赋制度，成为世界税收制度中最腐败最苛细也是最病民的一种"。[1] 朱其华根据各省公布的资料对田赋附加税情况的系统研究发现：江苏省61县中，田赋附加税超过正税2倍以上的有39县，海门最多为18倍；浙江省1933年度的田赋附加税平均约当正税的2倍；安徽省的附加税平均约当正税的1.5倍；江西省最低者为正税的30%，最高者为正税的3.6倍；湖北省附加税实际在正税的4倍以上；湖南田赋附加税超过正税2倍到4倍，有的县更多，慈利超过正税10倍，沅江超过正税12倍；福建省超过正税3倍；绥远省约当正税2倍；河南省为正税的125%以上。而其他各省，山东、山西、宁夏、察哈尔未超过正税；河北省未超过正税，但临时摊派为民所痛苦；陕西、甘肃情况则不甚明了。[2]

由此我们可以了解到上述各省田赋附加的大致情况，但这并不是完全的情况，尤其是北方四省未超过正税的省税收实际情况如何，是令人存疑的。杨奎松研究20世纪30年代山西的农村问题时认为，山西省的田赋征收额"明显又高于华北其他各省"。[3] 这显然与朱其华所研究的山西田赋附加低于河南和绥远两省的情况不符。事实上，仅从当时的资料很难比较哪一省的田赋税收更重或更轻些，因为当时的资料很可能是不完整的。朱其华亦指出："这里所指出的各省田赋附加情形，依然是不完全的，因为各县任意加征的，往往没有列入，所以去实在情形，还是很远。"[4]

赋税担负的关键问题是"任意加征"的摊派，对于这一问题，国民政府也视为弊政，如河南省财政厅厅长在第二次财政会议上的报告中就指出："本

1　朱其华：《中国农村经济的透视》（二），孙燕京、张研主编《民国史料丛刊续编》第539册，大象出版社2012年版，第7页。

2　朱其华：《中国农村经济的透视》（二），孙燕京、张研主编《民国史料丛刊续编》第539册，第21—24页。

3　杨奎松：《阎锡山与共产党在山西农村的较力——侧重于抗战爆发前后双方在晋东南关系变动的考察》，《抗日战争研究》2015年第1期，第10页。

4　朱其华：《中国农村经济的透视》（二），孙燕京、张研主编《民国史料丛刊续编》第539册，第24页。

省田赋正附税捐统计，不过二千万元，比量民力，非为过重，人民最感受痛苦者，即为临时私擅派款，各县驻军，地方团队，以至地方机关，如有需用，随时摊派，标准如何，数目若干，均无可稽核，身受者倘或反抗告发，即有报复之虞，此风由来已久，人民敢怒而不敢言。"[1] 二千万元的税费在那个时代是一个巨大的数字，但财政厅长所说的比这个巨大数字更重的还是"临时私擅派款"，其实田赋正附税已给河南人民带来沉重负担，而临时派款更加"任意"，农民成为任人宰割的羔羊。这里主要说的是田赋及其附加。此外，还有盐税、契税、煤油税、农产品税、通过税等，外债和国债也是农民额外的负担。[2]

每一种税捐，对于农民都是超越法理和人情的掠夺。根据 1933 年的《广西省农村调查》，广西的赋税，"不但是繁重，而且是非常苛细，因为他是量出为入，所以每遇需要的时候，便要征收新税，或在各项上面附加，有省的附加，有县的附加，更有区和村的附加，叠床架屋各自为政"，"统计捐税名称，国税十二项，省税二十五项，而县之项目，计二百余种，区公所之捐共计七十六项"。即使如此，调查者仍谓因"就所有材料，加以整理，诚知时间匆促，所遗漏者，必且甚多"。[3] 繁重的赋税，将农民一年的收获剥夺殆尽，超越了农民的承受限度，绝大多数农民的生活陷入困境，致使其生产能力受到极大破坏。

二　全国性农村灾荒使县域农业雪上加霜

在农民被国家和各级地方政府的沉重赋税剥夺得无法生存之际，更有各种天灾（自然灾害）相伴而来。水、旱、冰雹、地震、山崩、泥石流、蝗虫

1　朱其华：《中国农村经济的透视》（二），孙燕京、张研主编《民国史料丛刊续编》第 539 册，第 43 页。

2　陈翰笙：《中国农民担负的赋税》（1928 年 8 月），陈翰笙等编《解放前的中国农村》第 2 辑，第 33—47 页。

3　行政院农村复兴调查委员会编《广西省农村调查》，张研、孙燕京主编《民国史料丛刊》第 761 册，大象出版社 2009 年版，第 361 页。

害、鼠灾、瘟疫等各种灾害极其频繁和严重，加上战乱和匪患，本已生活极端困难的农民的生存更加艰难。关于灾荒，时人指出："在世界任何国家，灾荒是偶然的，特殊的现象；但是在中国，近数十年来，灾荒已成为经常的普遍的现象了。""灾荒是那样普遍而深刻地继续不断的发生。灾荒往往是全国性的，每次的灾荒的发生，往往有数十万人乃至数百万人立刻死亡，数千万人沉沦在饥饿线之下。""就以最近几年来的事实说，几乎没有一年没有灾，而每年的灾荒都是严重得可怕。即以一九二七年国民革命运动中止以后来说，一九二八年的灾区，达二十一省之广。据一九二九年二月，国民政府赈务处的调查报告，一九二八年全国被灾区域，达二十一省，共一千○九十三县，灾民的数目，除湖南、湖北、江苏、贵州、四川、福建、热河、江西八省未有报告，及陕西、广东两省报告不完全外，已有六五六二二五○○人。"[1] 以地处偏远、受灾并不严重的甘肃靖远县个案看，1928 年靖远全县因旱灾、匪害死亡人数 3110 人，待赈灾民 16396 人（全县总人口 61000 余人），东区"灾民流难，十室九空"，南区"旱地全荒，人逃，十庄九空"，西区"旱地人民率多逃亡"，北区多处"久旱无雨"，[2] 其受灾情况是相当严重的。

　　1929 年的灾情不仅没有减轻，反而比 1928 年更重，特别是西北的旱灾。举例来说，1928 年陕西的灾民仅有 530 余万人，而 1929 年陕西的灾民超过 1000 万人。1928 年河南的灾民仅有 400 万人，1929 年则有 1550 余万人之多。虽然关于 1929 年的灾害情况缺乏全国整体性的调查，但从各种部分的报告统计中可知 1929 年全国灾民的数目，当在 1 亿人以上。[3] 1929 年 2 月，甘肃靖

1　朱其华：《中国农村经济的透视》（一），孙燕京、张研主编《民国史料丛刊续编》第 538 册，大象出版社 2012 年版，第 188 页。

2　白银市档案局（馆）编《民国时期靖远县情录》第 3 集，第 52—54 页。

3　朱其华：《中国农村经济的透视》（一），孙燕京、张研主编《民国史料丛刊续编》第 538 册，第 190 页。

远县的论古村因灾逃亡人户情况为：王家庄 20 余家只剩 1 家，武家砂河 20 余家只留 2 家，八泉庄 8 家只留 1 家，侯家白崖 12 或 13 家只留 3 家，武家源 40 余家只留 5 家，小崖子 10 余家只留 2 家，王家川 6 家只留 1 家，石门儿 20 余家只留 5 家，白崖沟 20 余家只留 1 家，红崖湾 8 家只留 2 家，九队庄 20 余家只留 5 家，四队庄全逃，木厂沟 10 余家只留 2 家，小川子 7 至 8 家只留 2 家，论古街 70 余家只留 20 余家，蔡家拐子 15 或 16 家只留 2 家。[1] 可谓十室九空。同年 8 月，靖远县第二区因旱灾和水灾，"各村居民，死故逃亡已过大半"，"就中打拉池及牛家拜较为完善之区，居民死亡不过十分之一二。其红水川、小四五甲、甘盐池等处死亡者十之八九，甜狼堡等处死亡者十之七八，马饮□等处死亡者十之六七，山后各村死亡者十之五六"。[2] 靖远二区灾情可谓相当严重。

有的年份，灾荒和战乱相交而来，人民生活更加困苦与险恶。如在 1930 年，时人指出，"因发生中国历史上范围最大，战线最长，动员人数最多之最剧烈内战，再加以水旱兵匪，故灾况较一九二九年为尤甚。一九三〇年的战灾，以河南、山东、河北、山西四省为最烈，安徽、陕西、甘肃、福建、广东、广西、湖南次之；其余各省，亦间接直接，受其影响。再加上水旱匪蝗等灾，全国被灾人民，当亦不下一万万人，而此项战祸，所予以社会经济的摧残，甚于历年灾荒百倍！"[3] 时论所指的 1930 年的"剧烈内战"，即中原大战，战争持续数月之久，战火覆盖华北数省广大地区，给华北各省人民造成了巨大的灾难。战乱与灾荒相交而发，广大民众难以生存。在甘肃靖远县，1930 年 1 月，第五区胡麻水世居务农者 50 家，因水灾死亡 170 余人，逃难他

1　《靖远县论古村因灾逃亡人户》（1929 年 2 月），白银市档案局（馆）编《民国时期靖远县情录》第 3 集，第 55—56 页。

2　《靖远县第二区因灾死亡情况》（1929 年 8 月 15 日），白银市档案局（馆）编《民国时期靖远县情录》第 3 集，第 57 页。

3　朱其华：《中国农村经济的透视》（一），孙燕京、张研主编《民国史料丛刊续编》第 538 册，第 196 页。

方者有 11 家到 12 家。[1] 战乱和灾情，都致人民于无法存活的境地，而战乱尤堪问责。

除了广东、广西、湖南、河北各地的内战和九一八事变的外患，"一九三一年的天灾，尤较历年惨重，初为旱灾，继于大水。单就这年的大水灾来说，计有十九行省之多"。[2] 此水灾波及湖北、河南、江苏、广东、四川、湖南、安徽、江西、贵州、河北 10 省，灾民数目，即达 7200 万人，再加上陕西、浙江、福建、山东、山西、广西、吉林、黑龙江、云南 9 省的灾民，"当在一〇〇〇〇〇〇〇人以上，而直接死于洪水之中者，当不下五〇〇〇〇〇人；间接死于水灾者自然更无法估计。至于一九三一年大水灾中的物质方面的损失，据赈务委员会专家的估计，当在五十万万元以上。如果用数目字来计数，则有下列的许多圈圈：5000000000 元。这种天文学家所用来计算星球距离的数目字，现在用来计算灾荒的损失，真是骇人听闻的数目！"[3] 而对于这一损失的数目字，作者强调"一点也没有夸张的意味"，[4] 是有事实依据的。以 1931 年靖远县为个案，6 月有三角城上中滩和第四区各村受到冰雹袭击，"高地水田一扫而空"。[5] 灾情的程度是严重的。

到了 1932 年，灾情虽然较上一年轻，但灾区"极广，计有吉林、黑龙江、陕西、河南、安徽、江西、甘肃、青海、河北、山西、湖南、湖北、山东、广东等十四省"。其中，吉林水灾之严重，"空前未有"；黑龙江水灾，灾

1　《靖远县北区胡麻水受灾情况》（1930 年 1 月），白银市档案局（馆）编《民国时期靖远县情录》第 3 集，第 59 页。

2　朱其华：《中国农村经济的透视》（一），孙燕京、张研主编《民国史料丛刊续编》第 538 册，第 196—197 页。

3　朱其华：《中国农村经济的透视》（一），孙燕京、张研主编《民国史料丛刊续编》第 538 册，第 197—201 页。

4　朱其华：《中国农村经济的透视》（一），孙燕京、张研主编《民国史料丛刊续编》第 538 册，第 201 页。

5　《靖远县第四区各村遭受冰雹袭击》（1931 年 6 月），白银市档案局（馆）编《民国时期靖远县情录》第 3 集，第 59—60 页。

区较吉林为广，"损失较吉林为重"；陕西灾况包括黑霜、冰雹、风、旱，灾区普遍；河南灾况包括水、风、黑霜、蝗等，灾区极广；安徽以旱灾为重，水、风、蝗次之，受灾县份较多；江西有水灾、雹灾等；甘肃有旱灾、雹、地震等，受旱灾和雹灾区域甚多，有 7 县遭震灾；河北水灾为主，区域达 50 多县；山西以水灾为主，受灾达 65 县；湖南遭水灾的计有 20 县；山东有水灾、旱灾、蝗灾和雹灾，受灾达 22 县；广东遭水灾的有 12 县，但"灾情奇重"；青海以旱、雹灾为主，计有 8 县受灾；湖北有水灾。[1] 以甘肃靖远个案来看 1932 年的灾情，当年农历六月，大庙堡乡营盘台、川口庄遭受大水灾，"淹没之人畜屋舍未遑计其数，树株之漂折尤为不可胜数，奇惨状不堪言闻。古云桑田变沧海，故斯区千百年未有奇灾也"。[2] 同年 12 月，靖远连年旱灾和匪害，"倾家绝户者十之三、四"，"哭啼之声遍村野，死亡之躯遍道途"，第三区"有大、小羊营等 14 个村落饿死人口大半，绝户和逃户甚多"。[3] 靖远县的灾情比过去有增无减。

1933 年的灾荒较 1932 年为重。据当时赈务委员会调查报告，"以水灾而论，长江水势，虽未及前年泛滥之巨，而夏季以来，沿河各地，淫雨为灾，破堤冲围者，数见不鲜。黄河流域各省，无年不灾：上游各地，入春以来，始而久旱不雨，继而大雨滂沱，各支河水势猛涨，各处堤防，多已溃决，沿河两岸，尽成泽国；而下游以宣泄不畅，决堤冲坝，洪水横流，为害更烈。各项农产，十之七八，完全绝望；田庐漂没，厥状甚惨。余如广东之北江，浙江之钱塘江，河北之永定河、滹沱河，以及运河沿岸，均有水灾情报。此

1　朱其华：《中国农村经济的透视》（一），孙燕京、张研主编《民国史料丛刊续编》第 538 册，第 202—209 页。

2　《大庙堡营盘台、川口庄、马尾沟遭受百年未见大洪灾》（1932 年古历六月初九日），白银市档案局（馆）编《民国时期靖远县情录》第 1 集，第 141 页。

3　《靖远县第三区因多年重灾诸多村落绝户弃耕》（1932 年 12 月），白银市档案局（馆）编《民国时期靖远县情录》第 2 集，第 46 页。

外，虫灾、风灾、雹灾、旱灾等，各地层出迭见，目下虽无详确统计，约略损失之巨，较之前年（1931年——引者注），恐有过之，无不及也"。[1] 甘肃靖远1933年3月报告高崖子、古城子"天道亢旱，渠水不应，饿毙黎民大半"；6月报告"三角城田地被水冲毁"。[2] 可见灾情不断。

　　1934年的灾荒是"严重"的，据8月份统计受灾的省区，计被旱灾者有14省343县；被蝗灾者有8省68县；被雹霜灾者有12省89县；被水灾者3省12县。这些统计，当然是不完全的，"但就这些不完全的统计，已经表现得一九三四年的旱灾非常可怕"。具体来看，安徽省被旱灾县份46县，受灾人口不下1000余万人，农作物损失在3.46亿元以上，此外另有被蝗灾者15县。江苏省旱灾为70年来所未有，灾区遍及全省，灾民在1000万人左右，主要作物损失在2.18亿元以上，此外另有遭蝗灾者30县。浙江省旱灾严重，与江苏同为70年所未有，灾民当在800万到1000万之间，农作物损失约值1.64亿元，受灾面积占总亩数的53%，此外有13县遭蝗灾。湖北省旱灾严重，仅粮食一项，损失达25974290公担，垂毙灾民达3526500余人，灾民保守估计在1000万人，受灾县份有38县。江西旱灾严重，灾民在900万人。以上5省的灾民人数，已有约5200万。其他水旱各灾比较严重的省份，有河北、山东、湖南、陕西、河南、山西、四川、广东、甘肃等。河北1934年灾区损失2.40548791亿元，灾民人数在500万人，蝗灾26县，水灾19县；山东以旱灾为主，农作物损失1.50615695亿元；湖南以旱灾为重，农作物损失在1.82521892亿元；四川以水灾为主，另有旱灾、雹灾，灾民在千万以上。就"安徽、江苏、浙江、江西、湖北、湖南、河北、山东、四川等九省，灾民总

　　1　朱其华：《中国农村经济的透视》（一），孙燕京、张研主编《民国史料丛刊续编》第538册，第209—210页。

　　2　《靖远县西区高崖子、古城子灾情》（1933年3月）、《靖远县三角城田地被水冲毁》（1933年6月），白银市档案局（馆）编《民国时期靖远县情录》第3集，第61页。

数，当在八千万人以上；损失总数，在三十万万元左右。此外尚有广东、广西、陕西、甘肃、绥远、山西、福建、青海、贵州、河南等十省，及东北四省未列入。如全国总计，则灾民当在一二〇〇〇〇〇〇〇人以上，损失在四〇〇〇〇〇〇〇〇元以上"。[1]

除了以往的灾区外，1934 年还有一个值得注意的问题是，江苏和浙江两省灾情也特别严重，这是以往未曾有的新情况。再以甘肃靖远的灾情为例，据该年 6 月的报告，一是古城子有水地 1100 余亩，禾苗被雹者约占 9/10；二是高崖子有水地 1000 余亩，田禾被雹者约占 3/5，受灾八成；三是北湾村有水地 1000 余亩，田禾被雹者 7/10，受灾八成；四是太安堡有水地 1200 余亩，被雹之禾苗占 3/10，受灾七成；五是下蒋滩有水地 1300 余亩，田禾被雹者约占 1/5，受灾五成；六是平滩堡有水地 1800 余亩，田禾被雹者约占 1/20，受灾五成。此外，该县另有第五区炭窑子雹灾等。[2]

1935 年，又出现了空前的大水灾。根据中央赈务委员会委员长许世英 1935 年 7 月对长江流域湖北、湖南、江西、安徽 4 省和 8 月对黄河流域山东、河南、河北 3 省的视察报告，湖北有灾民 710 万人以上，损失价值 6 亿元以上；湖南有灾民 410 万人以上，损失价值 7500 万元以上；江西有灾民 180 万人以上，损失价值 500 万元以上；安徽有灾民 30 万人，损失价值 600 万元以上；山东有灾民 350 万人以上，损失价值 2500 万元以上；河南有灾民 160 万人以上，损失价值 6000 万元以上；河北有灾民 20 万人以上，损失价值 500 万元以上。[3] 上述灾情，只是 7 月份、8 月份的统计，实际上灾情还在继续扩展，

1　朱其华：《中国农村经济的透视》（一），孙燕京、张研主编《民国史料丛刊续编》第 538 册，第 216—223 页。

2　《靖远县西区各村受灾地亩统计》（1934 年 6 月），白银市档案局（馆）编《民国时期靖远县情录》第 3 集，第 62—63 页。

3　朱其华：《中国农村经济的透视》（一），孙燕京、张研主编《民国史料丛刊续编》第 538 册，第 227 页。

整体的情况要严重得多，估计灾民在 2800 万人。[1] 此外，还有江苏、广东、福建、浙江、陕西、四川、云南、广西、绥远等省，"灾民总数，当亦不少"。[2] 以上仅是水灾的统计，此外有一些地方还遭旱灾。就 1935 年灾民总数，"当在四〇〇〇〇〇〇〇以上。而且这个数目，是指非赈济不能生存的极重灾民而言，如果广义的说，则一九三五年全国灾民，当在一五〇〇〇〇〇〇人以上"。灾民在水灾中被淹死者，仅湖北、湖南、山东、河南、河北 5 省，估计在 50 万人以上。[3]

此外，根据全国各省的报告，1935 年冬季农作物受灾损失情况为，损失小麦 19 亿多担，大麦 4 亿多担，豌豆 4 亿多担，蚕豆 1 亿多担，燕麦 1942 万担。[4] 甘肃靖远县 1935 年 5 月，各乡村遭受雹灾，计有泰来车、西滩、吴家湾、独石头、碾子湾、北湾村、泰安堡、砂河村、头寨子、论古村、东明乡打拉池等。同年 8 月，武家夹滩等处黄河暴涨成灾，耕地、禾苗、牛羊、房舍被淹没、冲毁，有的土地被冲毁后长期难以复耕。[5] 灾情相当严重。

以上仅是 1927 年至 1935 年全国性灾情的大致情况。由全国来看，灾情在各省是普遍存在的，而且一年比一年严重，一年比一年扩大。必须指出，面对这种普遍的持久的全国性严重灾害和灾荒，向人民征收了苛刻赋税的国民政府却基本放弃了有效抵御灾害的责任和努力，否则，灾害的面积和程度决不会发展到这样的程度。在严重的灾害和灾荒面前，国民政府没有对天下黎民的生命有真实的眷顾，在此期间大开杀戒、大打内战，国民党内的内战持续到九一八事变前，对中共的内战持续到七七事变前。这里梳理的只是全面

1　朱其华：《中国农村经济的透视》（一），孙燕京、张研主编《民国史料丛刊续编》第 538 册，第 235 页。

2　朱其华：《中国农村经济的透视》（一），孙燕京、张研主编《民国史料丛刊续编》第 538 册，第 235 页。

3　朱其华：《中国农村经济的透视》（一），孙燕京、张研主编《民国史料丛刊续编》第 538 册，第 236 页。

4　朱其华：《中国农村经济的透视》（一），孙燕京、张研主编《民国史料丛刊续编》第 538 册，第 237 页。

5　《靖远县民国二十四年灾情》（1935 年 9 月）、《靖远县武家夹滩等处黄河暴涨成灾》（1935 年 8 月 5—25 日），白银市档案局（馆）编《民国时期靖远县情录》第 3 集，第 63—65 页。其中材料 1 是 9 月记载 5 月灾情。

抗战前的灾情，而后全面抗战爆发，抗战胜利后又爆发大规模的国共内战，实际上，战争之中，灾荒并没有消失，各种规模的灾害和灾荒仍在持续，只是因为战争的残酷，灾荒的危害不再那么受到舆论的注意了。

三　西北、华北农村经济严重恶化

上述情况是1928—1935年受灾的一般情况统计，进一步考察各地区农民的生存状况，更能说明农民生存问题的严重性。在全国的农村中，西北和华北地区的农民生存条件和经济条件比较落后，经济衰败的情况比较显著，能说明问题的严重程度。

先从陕西来看，陕西是历年中农村经济恶化比较严重的地方，自1929年起，在《申报》、上海《民国日报》等报刊不时可以看到陕西被饿死数千人甚至数万人的消息，南京《中央日报》刊登的赈灾委员会赴西北视察的报告称"陕西全省，饿毙者已二百五十余万人"。[1] 在成千成万人饿毙的可怕饥荒中，出现了人吃人的惨剧。上海《新闻报》报道，"华洋义赈会调查北方各省灾情之委员"，确认陕西"确有食人肉之事"。[2] 《申报》报道，陕地"遍地饥民载道，死亡日增，遗弃儿童，尪脊待毙，甚至人相屠食，惨不忍闻……某地曾见一饥民，饿毙倒地后，方将气绝，即有无数饥民，操刀拥至，争割其肉，归以煮食"。[3] 除人吃人现象外，还有卖人、买人现象。在武功、扶风等县，每县有人市至少3处，"卖买以妇女为中心"，而"儿童买卖，初时尚可，日后多数父母，只须其子女能得温饱，即愿举以相赠，不索报酬，无奈待沽儿童，每处数百，而应者寥寥"。陕西连年的灾荒，导致"陕西农村，已经十室十

1　朱其华：《中国农村经济的透视》（一），孙燕京、张研主编《民国史料丛刊续编》第538册，第239页。

2　朱其华：《中国农村经济的透视》（一），孙燕京、张研主编《民国史料丛刊续编》第538册，第243页。

3　朱其华：《中国农村经济的透视》（一），孙燕京、张研主编《民国史料丛刊续编》第538册，第243页。

空"，"农民仍然只能以树皮草根充饥，农村经济，永远没有发展的可能"。[1]

甘肃的情况与陕西相近，"而且较陕西更为严重。自一九二七年至一九三〇年间，甘肃连年灾荒，农村经济，已完全崩溃。甘肃全省人口，本为九〇〇〇〇〇〇人，自宁夏青海分省以后，甘肃人口，尚有七〇〇〇〇〇〇人，但一九三二年统计，甘肃全省人口，仅剩五七六二一〇九人"。短短二年，该省人口锐减了 100 多万，主要原因是"灾荒中饿死与逃往他省的众多"。据 1931 年 1 月 28 日《中央日报》所载，甘肃饿死、病死的人口在 240 万人以上。甘肃财政厅厅长朱镜宇在《甘肃最近三年间贸易概况》一文中指出，"今日全国农村，整个破产，经济基础，全部崩溃"。甘肃 1934 年的贸易入超较 1933 年减少了 2800 万元之巨的原因是，甘肃"农村破产，社会经济日绌，人民购买力日减"。关于农村经济的破产，《申报》1934 年 11 月 11 日以甘肃安西农村的情况为例报道："安西种地一户（为六十亩）（户为土地面积单位——引者注），收粮三十余石，价值三百余元，而每年田赋官款，即达三百余元。罄其地之所出，供应粮款，犹虞不足。况种地尚需资本、人工，不得不鬻卖牲畜、器物，以给粮款，故有多种多赔本、少种少赔本之说。因此地价奇跌，上等土地之最高价，每户只值六十元（约合一元一亩）。其中下等田地，即倒贴耕牛房屋器具等，尚无人承种，甚有倒贴少女或青年孀妇，以与承耕人为妻之事。田地累人，竟至如此！"[2]

北方的河南省与河北省同样面临农村社会经济的崩溃，农民过着"奴隶生活"。河南连省会开封农村的农民都"户鲜盖藏，途有饿莩，年壮力富者，多铤而走险，致盗贼起于郊野，哀鸿遍于村原，耕者离其阡陌，织者离其机

1　朱其华：《中国农村经济的透视》（一），孙燕京、张研主编《民国史料丛刊续编》第 538 册，第 244—245 页。

2　朱其华：《中国农村经济的透视》（一），孙燕京、张研主编《民国史料丛刊续编》第 538 册，第 246—248 页。

杼，扶老携幼，逃亡四方"。河北的实验县、"模范县"定县，到 1935 年时"绝食之农民，竟普遍全县"。定县的经济情形本较他县为好，"是农村改良主义者的理想中的天堂"，但"真相是：大部分农民绝食"。[1]

山东与山西两省虽都在地方实力派控制下，农村经济情况与上述其他省却是相近的。山东自 1930 年以后，"农村经济，崩溃尤速。就是在平素称为富庶之区的县分，也不能不以树皮草根作为农民主要的食粮"。在此情景之下，"人口的廉价售卖，离村逃亡的日益增多，土匪的充斥"，与河南是一样"典型的"。在 1927 年以后，山西农村经济的破产，"已经造就了与河北、河南、山东诸省同样的成绩了"。[2] 绥远与察哈尔两省的农村破败严重，绥远 300 万人中有 150 万的饥民吃不到正规的粮食，只能以草根、树叶、秕糠、地鼠、野菜等东西充饥。由于饥荒，人口的贩卖现象极为普遍，1929 年在包头卖出的妇女就有 3 万余人，统计全省有 10 万之多。察哈尔的情形，"完全与绥远一样"。《赈务月刊》载："察省僻处口北，地瘠人贫，四年以来，灾荒迭告，富庶迁徙，十室九空。老弱转乎沟壑，少壮流为盗匪。各处报灾文件，纷至沓来。曾经赈贷兼施，并分设粥厂，以资救济，无如灾民过多，粮少款拙［绌］。"[3]

至于青海与宁夏，出现了以"草根树皮"充饥、"投河坠井自刎服毒及冻饿而死"、"转死沟壑"、"卖妻子儿女"，以致"人肉已成为人类之常用品"等惨象。[4] 以上陕、甘、豫、冀、鲁、晋、绥、察、青、宁 10 省系黄河流域西北、华北各省份，其经济基础薄弱，在受到天灾人祸接踵袭击后，农村经济破败的情况

1　朱其华：《中国农村经济的透视》（一），孙燕京、张研主编《民国史料丛刊续编》第 538 册，第 249—251 页。

2　朱其华：《中国农村经济的透视》（一），孙燕京、张研主编《民国史料丛刊续编》第 538 册，第 253—255 页。在有的学者看来，山西农村经济的破产程度要重于华北其他省份。见杨奎松《阎锡山与共产党在山西农村的较力——侧重于抗战爆发前后双方在晋东南关系变动的考察》，《抗日战争研究》2015 年第 1 期，第 10 页。

3　朱其华：《中国农村经济的透视》（一），孙燕京、张研主编《民国史料丛刊续编》第 538 册，第 256—257 页。

4　朱其华：《中国农村经济的透视》（一），孙燕京、张研主编《民国史料丛刊续编》第 538 册，第 257—258 页。

是极其明显的。对于黄河流域农村破败的情况，即使国民政府也不回避。主政"模范省"山西的阎锡山在 20 世纪 30 年代中期也不能不承认："年来山西农村经济，整个破产，自耕农沦为半自耕农，半自耕农沦为佃农雇农，以致十村九困，十家九穷。"[1] 山西的农村经济情况与整个黄河流域省区农村的情况是一致的。

撰诸史册，20 世纪 20 年代末到 30 年代中期前，西北和华北农业经济恶化之普遍与严重，确是不争的事实。

四 富庶长江流域农村经济大受打击

自宋代中国经济重心南移后，长江流域就成了中国最富庶的区域，然而自 20 世纪 20 年代末到 30 年代中期，长江流域农村经济亦处于迅速衰败的过程之中。

先以江浙一带来看，江浙一带原本是"人间天堂"的代名词，晚清至民初，虽一度受到战乱影响，但仍为中国最富裕的地区，浙江社会经济"那种繁荣发展的程度，较之西北甘各省，真有天渊之别"。1927 年的河南与浙江相比，"实在相差太远，浙江真不愧是人间的天堂"。然而仅仅时隔几年，江浙的经济的破产状况也竟与北方一样，"人间天堂，也就变成了地狱"。[2] 浙江省自 1928 年后，"农村经济总崩溃的悲运，乃以特别快的速度展开着"。

以原富庶的浙西旧杭、嘉、湖三属为例，"在十数年前，浙西三属，极贫之农民极少，在荒年时，无充分米粮，而不能不以南瓜、番薯等杂粮，佐米粮之不足；此类贫农，即在荒年时亦不多，至于平常年成，农民虽贫，总不致无衣无食。至于以树皮草根充食料，在浙西人士闻之，简直以为是海外奇谈。可是年来情形大变，即以素号极富之浙西而论，在平常年成，农民有90% 以上，米粮不足，而不能不以南瓜、芋头、番薯等杂粮充饥；至于⋯⋯经常挨饿以苟延残生者，占全部农民 50% 以上；于是 10% 左右的农民，亦不能

---

1 《申报年鉴》，申报年鉴社 1936 年版，第 898 页。

2 朱其华：《中国农村经济的透视》（一），孙燕京、张研主编《民国史料丛刊续编》第 538 册，第 259—260 页。

不步陕甘灾民的后尘，以树皮、草根及观音粉充饥"。浙江农家原有习惯是每日三餐都是大米饭，"但现在则有70%以上农家，每日只一顿大米饭，早晚两餐，则代以极薄之粥，借以糊口。十数年前，浙西各县乡村中，每一乡至少有一二户小康之家；今则平均每十个村庄，能勉强维持衣食饱暖者，不过一二家而已。十数年前，浙西数百户或千余户之市镇上，极贫之家，至多二三户而已，其余均可维持温饱；但近年以来，数百户或千户之市镇上，能勉强温饱者，已不足十分之一二；至于能衣食无虑，号称小康者，一镇上一二家而已。以前浙江农民，有薄田数亩，力耕勤织，即可勉维温饱；至于三四十亩之家，号称小康，可以年有余羡；至于有一二百亩者，则号称大地主，可以过极富盛之生活。但数年来，昔之三四十亩小康之家，今均沦为赤贫；即有一二百亩者，日常生活之维持，亦颇困难"。[1]

往年，灾荒是农民的祸害，而到此时，由于"洋米大批进口"之故，丰年反而"丰收成灾"。[2] 根据冯紫岗对浙江嘉兴农村经济的调查，无论小经营户、中经营户还是大经营户，"三类农户，无论大小经营，均为入不敷出，而以经营愈大，每家平均之亏损愈多"。"至于三类农户全体平均，其亏损额，每家均在100元以上"。"农家经济收支不能相符，负债乃必然之结果"，以致"农家穷困，农村破产"，"农民只有在远低于水平线下的生活度日"。[3] 整体看来，"民之穷困愈甚，农村之破产尤烈"。蚕农和粮农一样也陷入困境，"因为捐税太重"等原因，育蚕愈多、收成愈丰，赔本愈多。"而年来丝茧方面之收入，不及往年什一。"由于粮产业和蚕丝业的破败，农村的当铺、油坊、木

1　朱其华：《中国农村经济的透视》（一），孙燕京、张研主编《民国史料丛刊续编》第538册，第259—262页。

2　朱其华：《中国农村经济的透视》（一），孙燕京、张研主编《民国史料丛刊续编》第538册，第263页。

3　冯紫岗编《嘉兴县农村调查》，李文海主编《民国时期社会调查丛编二编》"乡村经济卷"（上），第363、423、424页。

行、米行、布行、南北货业（海味、山货、糖类为主）、洋货业，乃至手工业，呈整体衰败状态。浙江虽然现在"还没有发生人食人的惨剧，但其他的一切人间惨事，在浙江都是普遍地发生了。人口的贩卖，自杀的日多，盗匪的充斥，一切恶罪与丑剧的增涨，都是把浙江经济总崩溃的真相暴露出来。虽然浙江是号称最优秀文明的区域，但在总崩溃的进程中，一切'非法'的事情，例如抢米，吃排家饭（即吃大户），乃至暴动等等，是普遍地在各处发生了"。[1]

　　原为富庶之乡的江苏，其破败程度与浙江是相同的。1934年常熟县的农民生活被描写为"在饥寒与颓废状态之中"。本为"著名之人间天堂"的苏州，"年来经济破产"，"常有饥民闹荒抢米以及暴动等事发生"。最富庶的苏南尚是如此，苏北"徐海各属，惨遭水灾，经济破产情形，更不堪收拾"。[2]

　　除江浙两省外，长江流域其他省农村同样经历了经济破败的过程。安徽"本为产米之区，地方虽不及江浙之富庶，但农村经济，素称安定。唯近年以来，农村破产，每况愈下。甚至此全国第一产米省分，农民竟至于绝粮，不得不以树皮草根充饥"。"在此种情状之下，夺米暴动，自然难免发生；尤其是一九三四年大旱灾以来，此类不幸事件尤多，且动辄数千人乃至万余人，形势严重"。而安徽之茶叶如同江浙之蚕业，"茶市厄运重重"，如祁门"近五年来……祁茶销路，一落千丈"。在农村处于饥饿状态之下，出现人口买卖以至有"妇女售价如猪"的报道亦不足为奇，标志着安徽农村经济破败的程度。[3]

　　1　朱其华：《中国农村经济的透视》（一），孙燕京、张研主编《民国史料丛刊续编》第538册，第263、265、273页。

　　2　朱其华：《中国农村经济的透视》（一），孙燕京、张研主编《民国史料丛刊续编》第538册，第274、275、278页。

　　3　朱其华：《中国农村经济的透视》（一），孙燕京、张研主编《民国史料丛刊续编》第538册，第279—281页。

江西农村破败，同样十分严重，举两则史料说明。一则是《申报》1930 年 5 月 26 日的报道："江西原为产米之区，不谓今年米谷之荒，为向来所未见……流离饿殍，触目皆是……至外县方面，临川前因饥民觅食不得，将全城米店百余家，抢掠一空……宜黄县卸任县长周某，因带米一船来省，竟被当地民众，绑捆游街。德安县农民某，因多谷十余担，不肯借给村人，被族中绑至祠堂杀死。"可见农民饥饿之情形。另一则是《申报》1935 年 6 月 15 日对赣东情形的报道："最为富庶之赣东……农民多放下禾镰，无米为炊……平均农民有谷吃者，不及十分之二三；榆树叶、观音土、苦叶根、野生毛菜、野草根之类，为贫民和糠之唯一食料，惨不堪言。据各方来信，各地米价，每担均在十二元之间，并非绝对无米，不过农民在此破产状况之下，虽二三元一担之米，亦无力购买，是则国民经济之普遍破产，较暂时米荒为尤可虑也。"[1] 赣省最富庶之赣东尚且如此，可知其他地方饥饿更为严重。

湖北 1935 年大水灾"为害最烈"，湖北的农村经济破坏之严重，在"长江流域，应占第一位"。[2] 农民生活之困苦程度由此可以想知。

湖南农村经济情况，"较之江浙，只有更加严重。虽然关于人食人的惨剧，我们在湖南还没有听到，但因农村破产所造成的惨剧，如绝粮、自杀、饿毙，以草根、树皮、观音土充饥，贩卖人口、抢米、吃大户、铤而走险等等，是普遍地在湖南各县发生了"。"现在湖南全省人民，至少有80%以上的人口，完全沉沦在饥饿线以下。"[3] 长江流域有"天府之国"之称的四川农村

---

1 朱其华：《中国农村经济的透视》（一），孙燕京、张研主编《民国史料丛刊续编》第 538 册，第 282—284 页。

2 朱其华：《中国农村经济的透视》（一），孙燕京、张研主编《民国史料丛刊续编》第 538 册，第 285 页。

3 朱其华：《中国农村经济的透视》（一），孙燕京、张研主编《民国史料丛刊续编》第 538 册，第 285 页。

"已达不可收拾之境"，"破产之趋势，益以高速度发展"。[1]

以上长江流域 7 省农村的状况，其破败程度并不亚于黄河流域各省。从有关调查材料中，也可以得出与上述同样的结论。据 1931 年李克访对江苏铜山的调查，"现今各区农户负债者之成数既已不低，然因地方不宁，天灾屡至，既不能安居乐业，又难以使生产增加，故负债者日见其多，此种趋势，实至可怖"。[2] 而中国经济统计研究所对江苏吴兴 1931—1934 年农村的调查，也得出结论，"吴兴农村最严重之现象……实为普遍之日趋贫穷"。此两处个案与上述 7 省的情况大致接近。[3]

薛暮桥 20 世纪 30 年代对江苏农村的个案研究与上述 7 省的情况是可以互为印证的。薛暮桥根据对其家乡礼社的调查分析，认为农村经济处于"地主之没落与农民之破产"的状态。民国初年礼社有 2000 亩以上土地者有两人，放款数万；1927 年后"急激衰落，今最大之地主亦仅拥田 900 亩，放款之数，甚且不及负债矣"，"薛姓 200 余户中，10 亩以上之地主及农民各占四分之一。其余半数，即稍有土地，亦已不能糊口"。其中，"半地主每值灾荒或婚丧疾病等意外变故，常致举债做会，永陷困境"。受灾荒年景影响，"农民生计更濒绝境"。"今年春茧大荒，农村经济更危险万分。然而天灾、人祸、内乱、外患，仍随时随地与[予]农村经济以重大威胁。谋生乏术，借贷无门。凄惨实不堪设想！""在此末日穷途之中，地主既不得不加紧剥削，苟延残喘，农民亦已忍无可忍，蠢然欲动。""去夏洪水暴涨，农民愤小火轮之鼓动巨浪冲击田岸，一唱百合，不期而会者二三百人。聚石两岸，欲加痛击。适区长

1　朱其华：《中国农村经济的透视》（一），孙燕京、张研主编《民国史料丛刊续编》第 538 册，第 286—288 页。

2　李克访：《铜山农村经济调查》，李文海主编《民国时期社会调查丛编二编》"乡村经济卷"（上），第 875 页。

3　中国经济统计研究所编《吴兴农村经济》，李文海主编《民国时期社会调查丛编二编》"乡村经济卷"（上），第 765 页。

在船，急出阻止，乡民竟破口大骂，责区长不能保护农民，反左袒船主，石如雨下。小火轮竟被迫停驶两月，并出修岸费200元。隔数日，堤岸崩溃，农民鸣锣告警，集议善后：有责土豪侵吞筑岸费致酿巨灾而欲加痛惩者，有主张向区长、镇长及本乡地主要求救济者。卒以无人领导，纷扰半日，未能提出具体办法。然而农民愤懑之情绪，已洋溢村间，溃决之期，当在不远矣。"[1]薛暮桥不仅看到了农村的破败情况，更敏锐地看到了农民的艰难处境及其所蕴藏的对社会秩序的反抗力量。

向称富庶的长江流域的农村，本有很好的经济基础，这一时期也处于经济普遍崩溃、农民走投无路的境地，这不仅是天灾使然，也表明南京国民政府县政对农村治理的严重缺位和失职。

五　华南、西南各省经济转为萧条破败

珠江流域的农村经济破败情况也极严重。在广东，原最富庶的中路东江一带，也经济萧条，人民生活恶化，灾民以树皮草根果腹，"数日不得一饱"，出现"各地妇孺贩卖"的情形。东江潮梅各县原属广东最富之区，"现在亦整个破产，农民不能不以蕃薯等杂粮为主要食料，甚至以树皮草根糊口，而卖男鬻女、自杀饿毙、抢掠暴动之事，乃书不胜书……社会经济之总崩溃，已至异常严重之程度"。富庶之潮梅各县尚且如此，广东其他地区"更不堪问闻了"。[2]

广西情形以怀集县为例。《中华日报》1934年12月6日报道："现在米价，虽平至每石（六十四斤）二元六七角，亦无力量籴米。各村居民，衣服都已典完，甚至每日必用之刀斧农具，可值一二角者，亦已变卖，以维日食。

1　薛暮桥：《江南农村衰落的一个缩影》，《新创造》第2卷第1、2期，1932年7月；《薛暮桥学术论著自选集》，北京师范学院出版社1992年版，第17—23页。

2　朱其华：《中国农村经济的透视》（一），孙燕京、张研主编《民国史料丛刊续编》第538册，第290—291页。

乃至近今月余，各乡农民，相率入山，探掘草根木薯以充饥者，每日不下千余人"。由其一处，"亦可概其余"。[1]

而"福建农村破产情形，完全与广西广东及国内其他各处相同"。[2] 西南云贵地区的经济破产也十分严重。云南自 1928 年水灾后，"农村破产，乃益急激展开"，"年来云南农村，广植鸦片"，"以致其他农产，日益减少，而农村经济之破产，乃益为严重"。[3] 而贵州经济"较云南更为恶劣"。贵州本即贫瘠省份，自 1928 年"大水灾以后，一九二九、一九三〇、一九三一、一九三三、一九三四、一九三五各年，无年无灾，以致农村经济，完全崩溃"。[4]

华南农村的情况还可以海南乐会县石头村为个案。海南的气候条件和地理环境十分适宜于农业生产，而石头村离县城仅 6 里地，交通并不闭塞，对外开放程度很高，男子十有八九出过洋，多有由外面寄回的钱款，石头村应该说有不错的经济基础。然而，调查者到此考察后发现，"荒凉凄惨的农村，鸠形鹄面的农民，令人心肠欲裂，惨不忍睹"。根据调查，该村每家每年不足105 元，"南洋汇回的钱平均每家每年还有 50 余元，以资弥补不足，但是依此扣除，不足尚有 55 元。这样，农家的生活，仍然不能维持，是很明白的了。况且现在南洋胶锡跌价，在外谋生的只有 50 户，计全村 89 户中，还有 39 户是受不着这种补充的，那末，他们究（竟）怎样能够维持呢？村民生活之前途，真不堪设想了"。[5] 调查者指出，"这村的崩溃，正在继续着……虽然一村

1　朱其华：《中国农村经济的透视》（一），孙燕京、张研主编《民国史料丛刊续编》第 538 册，第291—292 页。

2　朱其华：《中国农村经济的透视》（一），孙燕京、张研主编《民国史料丛刊续编》第 538 册，第292 页。

3　朱其华：《中国农村经济的透视》（一），孙燕京、张研主编《民国史料丛刊续编》第 538 册，第292 页。

4　朱其华：《中国农村经济的透视》（一），孙燕京、张研主编《民国史料丛刊续编》第 538 册，第292—293 页。

5　林缵春：《琼崖农村》，琼崖农业研究会丛书之二，广州中山大学琼崖农业研究会 1935 年版，李文海主编《民国时期社会调查丛编二编》"乡村经济卷"（上），第 1088、1089 页。

之灭，本不足惜，但是星星之火，足以燎原，今日全琼的农村几乎都是如此"。[1] 调查者写出这些事实是为了让"当局者加以注意"，[2] 显然并不是号召去革命，由此来看，调查的情况应是比较客观的，指出农村处于崩溃的状态大体应是符合实际情况的。

华南西南地区诸省，本来气候条件优越，天然适易于农业生产的发展，然而，实际上同样处于农村经济破产之列，且其程度不亚于北方各省。农民的出路在哪里？

六　整个县域农村经济呈山穷水尽，农民被"逼上梁山"

由以上整体情况与个案情况综合来看，县域经济的普遍恶化主要发生在 20世纪 20 年代末到 30 年代中期。这一时期南京国民政府进行了一定的农业技术改良和农村公共设施建设，但技术改良的成绩和公共设施所发挥的作用与以上所列的官方与民间言之凿凿的大量调查所呈现的损失相比根本是不成比例的。

农村所以普遍严重衰败，如前面已经指出的那样，主要是由于政府沉重、苛刻的赋税严重地超过了农民的承受能力，严重剥夺了农民生存和继续进行生产的能力，严重减弱了农民抵抗天灾人祸的能力。诚如千家驹当时所尖锐指出的那样，那些天灾"决不是偶然的，因频年的战乱而使沟渠长年失修，河工的疏于防范，因农村的凋敝与衰败而使水利与植林事业无人注意，这些都是发生水旱重要的条件。其次，更因农民过度的穷困与饥饿，平时既不能讲求卫生，病时更无力延医服药；复加以饥饿致毙的人，弃尸遍野，锋［烽］火兵灾之余，暴骨平原，这些都是发生疫疠［疬］重要的原因"。[3]

1　林缵春：《琼崖农村》，李文海主编《民国时期社会调查丛编二编》"乡村经济卷"（上），第 1090 页。

2　林缵春：《琼崖农村》，李文海主编《民国时期社会调查丛编二编》"乡村经济卷"（上），第 1090 页。

3　千家驹：《救济农村偏枯与都市膨胀问题》（1933 年 4 月），陈翰笙等编《解放前的中国农村》第 2 辑，第 402 页。

对海南乐会县石头村的调查也指出，农村经济崩溃除自然灾害原因外，主要是贪官污吏和苛捐杂税的人祸。就苛捐杂税来说，"乡团第一次买枪支，每家富者要出 30 元，贫者 10 元。第二次买枪支富者出 10 元，贫者数元。团费分甲、乙、丙、丁数等，甲等每家每月出 1 元，乙等 0.8 元，丙等 0.6 元，以下照此类推。现在团费已改名为警卫队费，每月仍照数征收，且现在又有区公所费，也分甲、乙、丙数等征收，甲等每家每月 0.45 元，乙等 0.4 元，丙等 0.35 元，以下亦照此类推。查村中负担甲等月费（因团费与区公所费按月征收故名）者无一家，乙等者约有 10 余家，丙等者最多，丁等者次之。此外，还有所谓后备队费及婚姻费，后备队费是近来加设的，亦是分甲、乙、丙等级征收，但不按月，费额与警卫队费差不多，婚姻费是补助县中学的经费，已实行了 10 余年，分再醮、定婚二种方法，再醮又按年龄的多少分为数种，娶再醮妇由 20 岁至 25 岁的 10 元，25 岁至 35 岁的 7 元，定婚费每名 2.6 元，近日又因区公所之设，经费的维持也由婚姻费中附加，按再醮定婚而定数元几角不等。被县兵、乡团蹂躏后的这村，不消说，这种繁重的月费已是不能缴纳了，还有什么余力来缴纳这笔婚姻费而娶老婆呢？所以，村中因拖欠月费而被禁监或挨打的，大不乏人，记得村中某家因积欠了仅 2 个月的月费，就被送到县里去。后来这人不但身受重伤，而且还多枉费了数十元始能回家。'无饭食还可以，月费若拖欠，还了得？'这是村中一般农民互相戒惧的说话呵！"[1]

之所以引述这段冗长的资料，是因为这段史料非常具体、详细地体现了乡村捐费之多之苛。捐税之多，致使农家民穷财尽，而捐费之苛则令农民生活在恐惧之中。乡民们"无饭食还可以，月费若拖欠，还了得？"的戒惧之声，生动地表明孟子"苛政猛于虎也"的告诫在此已成为乡村的事实。海南

1　林缵春：《琼崖农村》，李文海主编《民国时期社会调查丛编二编》"乡村经济卷"（上），第 1087 页。

琼崖一个乡村的个案调查表明，乡村经济破败的原因主要是苛捐杂税的过度榨取。

在北方的山西，晚清时中举后隐退乡间的刘大鹏的切身观察与日记中的记载，更详细地表明了苛捐杂税过度抽取所造成的困境。这里，简要选取南京国民政府建立后几年间刘对这一方面问题的有关记载。

1928年1月20日，刘在日记中记曰："粮秣之款，吾邑已缴二万二千元，金以为可以到来年再缴其半数矣，不料官厅逼迫，限三日即行缴此半数，合邑人民莫不警〔惊〕惶失措，痛恨官不念民之苦也。"[1] 这则日记透露了当政者不顾人民承受能力只知强征，招致民众普遍怨恨的事实。

1929年2月22日，刘在日记中记曰："阳邑镇昔为繁华之村，富户甚多，今则村中……大为雕〔凋〕零，楼院折毁十分之七八。"[2] 这则记载，与前引薛暮桥所记该时期其故乡礼社镇的衰落极其相似，除天灾外，过度的苛捐杂税是导致繁华集镇迅速衰败的重要原因。

1930年6月22日，刘在日记中记载："军事特捐，由钱粮米豆起派，急切不能救征齐，乃变法向各村措办。吾邑派七万余元，现又令各村分任其款。"[3] 所谓"特捐"即为临时向乡民征派，且数量巨大。

1931年7月15日，刘又记曰："于去秋七月底闹荒以来，百物为之腾贵，市面大形困难。风俗益靡，人情益坏，驻晋之军队为数甚巨（三、四十万）……供给驻军之费，按村催缴，按户起派，自冬及夏，层出不穷，贪官污吏，劣绅村长，借此侵渔，民不聊生。"[4] 此则所记，是庞大的军事费用的征收和乡村管理层的"借此侵渔"，导致了乡民的困顿。

1　刘大鹏：《退想斋日记》，第364页。

2　刘大鹏：《退想斋日记》，第383页。

3　刘大鹏：《退想斋日记》，第412页。

4　刘大鹏：《退想斋日记》，第427页。

1932年刘大鹏在11月3日的日记中又记载了苛捐杂税问题："时世之危险，已在眼前，厚征厚敛年胜一年，世困民穷日甚一日。"[1] 刘大鹏虽然为一介平民，但他深受儒家思想熏陶，对治道问题是有其独特的观察的，他一方面看到当政者的横征暴敛，另一方面看到民众的穷苦，得出了"时世之危险，已在眼前"的认识，他的认识是深刻的。

1933年9月18日，刘大鹏在日记中记载了充斥时论的"农家破产"问题，并提出了他个人的认识："'农家破产'四个字是现在之新名词，谓农家颓败不得保守其产也。当此之时，民穷财尽达于极点，农业不振，生路将绝，即欲破产而无人购产，农困可谓甚矣。"[2] 刘大鹏的认识颇有特别之处，在他看来，所谓"破产"状态是尚有富裕者可以购置他人资产，然而"当此之时"则是没有人有购买能力的极端、普遍贫困状态，比他理解的"破产"贫穷程度更甚。

1934年5月23日，刘大鹏日记记曰："今年商号多因亏累倒闭者十之七八，商人困在家中即欲再觅一啖饭之处而不能，商业失败由于农业大衰，农商两业为世间紧要之业。"[3] 刘大鹏的日记流露了他对社会与国家前途的忧虑，具体是对世间生计之衰的忧虑。

1935年1月5日，刘大鹏在日记中又记云："'民穷财尽'四个字跃跃然活现眼前，仍无救济之方法，民已到九死一生之地位，而大小官员毫无忧恤民瘼之意，仍然严征钱粮，需索公款，加增捐税，逼迫村款，以致小民鬻妻卖子，典房卖地，纳粮缴款，迫不容缓。各村乡长且因村民所欠村款，率领保卫团丁到欠款之家夺民口粮，劫取物件，抵补村款。否则呈控于县，拘留于看守所，家中缴纳村款，方准讨保释放。拘留之人，竟有被拘染病，由看

1　刘大鹏：《退想斋日记》，第460页。

2　刘大鹏：《退想斋日记》，第477页。

3　刘大鹏：《退想斋日记》，第483页。

守所出不数日而即死者，各县皆然。"[1] 刘大鹏在这里谈到几个重要问题：一个是农村已是民穷财尽，乡民已是九死一生，已到了极点；另一个是大小官吏无视农村已至这个极限，为征粮征款不惜逼乡民卖田地卖妻女，拘压逼人致死，官民矛盾已同水火，不能相共。

1936年4月21日，刘大鹏在日记中又谓："阎西山（阎锡山之贬称）现充中央政府之副委员长，权限甚大……只是令各县迅速征粮，供给军饷耳……即以吾太原县之征收钱粮，现在办法，每两银原系二元六角，现加一元五角，今年完银一两必须大洋四元一角，此外又按户起派保卫团费，民穷财尽已经数年，又加如此巨大之担负，即欲望世之安，能乎否乎？"[2] 刘在此处看到的，是阎锡山征收钱粮之无度，其严重后果是"望世之安，能乎否乎？"他看到了农民造反乃至起而革命的巨大可能，只是他未进一步阐明而已。

从以上自1928年到1936年7年间刘大鹏日记所记载情况即可清晰地看出当时乡村经济逐年恶化和衰败的历程。刘的记载多是亲历、亲见、亲闻，他不仅真实地记载了民穷财尽的实际情况，还记载了造成民穷财尽的重要原因在于当权者对农村经济无限度、超负荷索取乃至掠夺，而且，在记事后他还对具体事件发表了评论。如他在叙述了执政者在"民穷财尽已经数年"的情况下，重征钱粮后又征派"团费"，"又加如此巨大之负担"，而发出了"即欲望世之安，能乎否乎"的疑问和认识。刘大鹏虽然隐退乡里，未从事实际政治活动，但他饱读经史之书，明晓修齐治平的治国之理，因此他对世事发展的体认是相当准确而深刻的。

尽管上述材料很难说是完备无漏的，以中国之大、情况之复杂还会有很

1　刘大鹏：《退想斋日记》，第492页。

2　刘大鹏：《退想斋日记》，第495页。

多的例外，但无论从整体上看还是从个案上看，大量的事实表明，南京国民政府建立后到全面抗战前这一时期，农村经济是极其脆弱和衰败的，当然，在部分地区也有经济发展和农业技术得以改良、农业生产基础设施得以建设与生产力得以提高的案例，但整体而言，农村经济的衰落是普遍性的。造成这种状况的原因，除频繁的自然灾害外，政府的过度榨取是主要的原因。而频繁的自然灾害的发生也与政府对农业和农民的严重忽视有重要关系。因此，关于全面抗战前十年农村经济衰败的看法是符合历史实际的。"黄金十年"的说法虽也不无道理，到 1936 年，中国的农业年产量较前确有增长之势，但那是相对 20 世纪 30 年代初期农业极度衰落而言，同时因这一时期尚处于小安局面，城市经济尤其是教育事业有了一定的发展，知识分子在这十年间尚能在社会上处于衣食无忧的"优越"境地，而使得后来的史家得出这十年是"黄金十年"的认识。实际上，"黄金十年"的说法是相当片面的认识。[1] 因为，当时中国的经济基础是农业，而建筑在农业衰败基础上的国家和社会不可能出现"黄金时代"的整体景象，是毫无疑问的。全面抗战前十年，南京国民政府的农村经济整体即呈现衰败的状态。

而以后接踵而来的全面抗日战争时期及抗战胜利后的国共内战期间，农村经济则处于更加困难的境地。对于 1937 年到 1949 年间的农村经济，没有如 20 世纪 30 年代那样系统的统计资料，但从当时的社会局势状况和有关经济史料看，虽然重大自然灾害的频次确实比战前大大减少了，但由于战争对农事生产的严重影响，农村经济状况至少不会比全面抗战前的情况更好。而且，国民政府在抗战期间和国共内战期间统治区域减少，而其军队人数、公职人员数并未减少；长期的大规模全面战争，军费开支更加庞大，尽管公职人员

1　说"黄金十年"者往往说 1936 年的农业收入比 1931 年或 1935 年前高出了多少，但其实这只是 1936 年一年的发展状况，不但不足以说明全面抗战前十年间发展的"黄金"状况，反而说明其他九年恰恰与"黄金"状况是相反的事实。

薪俸折扣发放，但所需财政经费仍然是巨量的，而身处前线与后方有限区域的农民是政府税赋的主要承担者，农民较之以往生存更加艰难，他们不仅生活在战争所带来的恐惧之中，还要生活在各种苛捐杂税的盘剥压力和自然环境的进一步恶化之中。

据严中平对抗战期间四川省佃农租额增加情况的统计，以 1938 年的地租指数为 100，1940 年为 108.3，1941 年为 114.6，1942 年为 122.9，1943 年为 152.1，1944 年为 195.8。[1] 这一时期，地租愈来愈重，并非仅仅是地主贪婪，实际上是地主竭力将经济恶化造成的压力转加到佃农身上的反映。

这一时期农民的经济和生活状况，还可以从片段的资料中窥知大体状况。朱希祖 1939 年 1 月 7 日在日记中记到其家乡农民的情况："浙西地当战区，民困已极，尤以海盐县城三失三得，县城、乡镇尽化焦土，被敌残杀者不计其数。继又发生厉［疠］疫，蔓延颇广，死亡枕藉，加以海塘坍坏，河水尽咸，近且流达嘉属各县，若不及时抢修，不但明年田稻不能下种，浙西各县且有陆沉之虞，而各县行政当局又复到处设卡收捐，民力实有未逮。"[2] 朱氏在千里之外的重庆中央大学，仍关心家乡农民的生存状况，"民困已极"是他对农村状况的定位。1939 年 11 月 20 日，朱又在其日记中记道："巴蜀民众颇追念旧军阀，而非薄中央政府。盖旧军阀虽横征暴敛，预征租赋至八九十年，商税亦甚重。然平民大抵租田耕种，租赋由田主纳，商税亦系间接出之，平民故无直接利害冲突。中央政府来此，既须征兵役，而所办新政如保甲、兵役以及其他，中央只有命令而无经费。县知事奉令办此等新政，既无经费，只好责成保甲长，保甲长欲成其事，只好按户派捐。平民无不受其勒索。政令愈多，勒索亦愈多，故征兵捐款即至民恨也。"[3] 朱希祖在这里所记的重点是

1　严中平等编《中国近代经济史统计资料选辑》，中国社会科学出版社 2012 年版，第 216 页。

2　朱元曙、朱乐川整理《朱希祖日记》下册，中华书局 2012 年版，第 973 页。

3　朱元曙、朱乐川整理《朱希祖日记》下册，第 1118 页。

遭民众所痛恨的新政（新县制）造成的"按户派款"问题。

吴宓在 1939 年 9 月 30 日的日记中也记载了这方面的资料："陈铨来，甫由蜀携眷飞回……述蜀中强征壮丁之各种流弊。总之，好利恃强，备极残虐。"[1] 吴宓这里的"好利"二字，无疑是指在强征壮丁过程中的勒索枉法等问题。这些勒索与贪腐行为，必然使已陷入贫困状态的农民更加贫困。贫困的乡民一遇灾荒，便面临灭顶之灾。如河南省 1942 年的大灾荒，给豫省多地造成严重浩劫。以河南省第一专区的灾情为例。据载，该区"遭空前旱灾，自春徂秋，雨泽缺乏，宜以风霜蝗虫为灾，遂致二麦歉收，平均不及一成，食粮恐慌，陷民生于绝境"。"蝗旱为灾，可谓无县不灾，无灾不重，其中尤以郑县、广武、荥阳、汜水、密县、禹县等县为重，其他各县次之。其灾民或逃亡他省，或流离异县，辗转沟壑，死亡载道，灾情之重，空前未有。""农村经济，根本破产，情景之惨，洵为近数百年来所未有之浩劫也。"[2] 河南重灾不仅是天灾，更有在豫驻军的强征与过重摊派。甘肃靖远县发裕堡 1943 年"惨遭水灾，田禾土地悉被泥淤殆尽，水泥皆被崩毁，灾民已至山穷水尽时期"。该堡"居民原有二百余户，遭灾以后已经逃亡者七十余户，老幼嗷嗷待哺，其状之惨诚属空前未有"。[3] 1947 年甘肃靖远县大庙乡芦沟保与东宁保"旱情特重，秋夏毫无收成，后虽落雨为时已迟，依然赤地千里，寸草无根，人既无食畜亦无草，农业已告破产"。[4]

在死亡线上挣扎的农民，如果实在无法继续求生，就会铤而走险。兹举几则史实。

1　吴学昭整理《吴宓日记》第 7 册，生活·读书·新知三联书店 1998 年版，第 80 页。

2　河南省第一区编《近五年来工作纪要》，1947 年，第 1—2 页，开封市档案馆藏，档案号：旧 4-2-8。

3　《靖远县永安乡发裕堡上年遭灾过重》（1943 年），白银市档案局（馆）编《民国时期靖远县情录》第 2 集，第 46—47 页。

4　《靖远县参议会向省上报告灾情》（1947 年 12 月 26 日），白银市档案局（馆）编《民国时期靖远县情录》第 1 集，第 146 页。

一是四川中江县农民 1938 年 12 月因受压迫过重而发生暴动。该暴动自 12 月 5 日至当月 11 日，"经过七昼夜，波及一一区十余乡场。暴民陆续聚集县城，城内武器甚感缺乏。城郊诸高地又先后为暴民所占，电线断，话报皆不通，后经冒险修理，得通三台，闭城困守，粮缺水断，人心惶惶，夜不安枕"。事件死区员 1 人、自卫队壮丁 14 人，失踪自卫队壮丁 18 人，死联保主任、保长眷属 20 余人，暴动民众死 100 多人。事件原因有："县区长官，联保主任，平时压迫乡民过甚"；"征丁不公平，征贫免富，营私舞弊，勒索肥私"；"已征壮丁在营受到待遇太苦，衣不得暖，食不得饱，来信向家中诉苦"；"催粮过急，地主串同粮柜虐待贫佃，法峻刑酷，激起民怨"；等等。[1] 而其主因，还是强征强派致使贫苦农民无法生存，农民遂起而暴动。暴动者不仅使勒索乡民的基层办事人员及其眷属在事件中丧命，还围攻县城，可见民愤之深之大。

二是湖北竹山县民众 1941 年 7 月至 8 月间"反对新县制及征粮抽丁"发生暴动事件。据竹山一当事官员报呈事件道："民众发生暴动，反对政府口号以反对新县制、不纳粮、不抽壮丁为辞。鄂边区各县均如是，组织大多类似以前红枪会神兵之流，到处抢掠……领导者大多地方绅士及保甲长，无论男女老少，均许参加……遍地民众，喊杀之声如雷贯耳，沿途经百四十里之苦战，幸脱于难……离竹之第三日，民众已围攻竹山矣。"[2] 据事后调查竹山事件起因主要有："（一）竹山县开办垦荒，不由有无荒地可开，而令每甲必须交苞谷五石，甲长无奈，遂有垦坟播植之举，多因公耕而荒私也。（二）倡办造产由乡发每户鸡卵一枚，而令一年之内交鸡一只，鸡卵百枚，否则纳五元

1　《承德芳关于四川中江县农民暴动情形报告》（1938 年 12 月 12 日），中国第二历史档案馆编《中华民国史档案资料汇编》第 5 辑第 2 编"政治"（5），第 160—164 页。

2　《江静修关于湖北竹山县民众反对新县制及征粮抽丁发生暴动情形呈》（1942 年 7 月 1 日），中国第二历史档案馆编《中华民国史档案资料汇编》第 5 辑第 2 编"政治"（5），第 197 页。

则免，每甲饲羊豕一头，纳贿三十元者可免。（三）倡办合作社，凡境内各种土产均须卖于社内，不准私自运售，违者充公，但合作社所给之价，系由官定，不及市价之半。造纸原料构皮亦在统制之例，每石市价四十元，社价则二十元。但出售则照市价；猪肉不准私宰，每斤由社出价二元购入，以四元售出。（四）统制食粮，凡一户所收食粮除自吃外，一律公购，禁止私卖，公粮多腐，私食无处可购。（五）清理公产，凡各姓祠堂及祠产均归公有。"[1] 可见竹山民众暴动，主要是竹山县政府的上述做法有违常情常理，借推行新县制之机营私舞弊，严重损害了乡民的利益，使人民不堪其苦，因此愤而起事。

　　三是陕西山阳县县民 1943 年 2 月至 3 月间为抗粮抗丁发生的暴动事件。此次暴动"变民"五六百人，"杀害"乡长，"抢劫征收分处粮食，焚毁粮簿，其他枪枝公用物品掳掠一空"。为镇压此次暴动，第八师派第二十四团黄营长率步兵两个连和小炮一个排，山阳县金县长率保甲 500 余人，及保安大队率两个中队，进行镇压和安抚，事件从 2 月下旬开始到 3 月下旬，历经一月有余。关于此事件进展，军方一直用密电向蒋介石汇报情况，可见事件一直受到蒋介石的关注。[2] 此次暴动被称为"抗粮抗丁"，即表明事件起因于政府的高压和过度勒索。

　　四是 1946 年 9 月河南新蔡农民反抗压迫围攻政府军事件。当时，政府军暂五军预八师所部在新蔡一带"纪律荡然，民怨沸腾，屡请上峰解救无效，以致激起该地民变，集合枪枝二千余，竟攻破团部，团长被戮，师部亦于哿

　　1　《军委会关于湖北房竹两县因推行新县制激起暴动电呈》（1942 年 8—11 月）中国第二历史档案馆编《中华民国史档案资料汇编》第 5 辑第 2 编"政治"（5），第 198 页。

　　2　《熊斌等关于陕西山阳县民为抗粮抗丁举行暴动及被镇压情形电》（1943 年 2—4 月），中国第二历史档案馆编《中华民国史档案资料汇编》第 5 辑第 2 编"政治"（5），第 203—206 页。

日被围攻破，该部为民众杀伤者达五百余人"。[1] 此次事件中军队的"纪律荡然"以致激起民众公然围攻军队，必然是当地乡民在军队包括经济掠夺在内的各种蹂躏下无法生存，而不得不铤而走险，与手握重兵的军队血战以求生机。这些事件，都是农民自发的暴动，虽然是局部的行为，但真实地反映了政府盘剥下民众的生存状态。

七 农村建设失败，县政治理失败

无疑，国民政府乡村治理的这样一种状况，绝不是当局者所希望的。他们进行一系列的县政改革和县政实验，其目的是进行"乡村建设"，时人甚至提出了"县政以经济为中心条件"，"以农民为中心对象"，"县政是县民所有、县民所治、县民所享"的事业，[2] 并拟出了"设立农民银行与合作社""注重垦荒""兴办水利""改进生产技术""整顿田赋""发展交通""振兴工商业"七项具体措施。[3] 其县政"以经济为中心条件"的思路是符合当时中国农村发展最紧迫的需要的，其"以农民为中心对象"和"民有""民治""民享"的设计更是令人向往的蓝图，其七项措施中除"整顿田赋"一项有涉政府吸纳财力外，其他六项均是有利于农业发展的，而其中的"设立农业银行""兴办水利""改进生产技术""振兴工商业"如切实实行，都会有力推进农业的发展。

然而事实上，不仅"农业银行"对一般农民来说如隔天渊，像"兴办水利"这样可大可小的惠民工程也竟如旱天的雨露那样稀少，否则各种水旱灾害所造成的灾难程度就会大大降低。而"改进生产技术"和"振兴工商业"

1　《第十战区司令长官部关于河南新蔡农民反抗压迫武装围攻国军情形日记》（1946 年 9 月 6 日），中国第二历史档案馆编《中华民国史档案资料汇编》第 5 辑第 3 编"政治"（4），第 145 页。

2　孔充：《县政建设》，第 5 页。

3　徐炽廷：《县政经济建设的中心问题》，《自觉》第 36、37 期合刊，1935 年 7 月，第 15—17 页。

这样现代农业的规划多留在纸面文章的阶段，虽然有个别生产技术的改良实践和现代化工商业的推行，但在那个动乱的时代，根本没有条件全面地推行与实施，其效果自然不彰。而有的措施表面上对发展农业有利，而实行过程却如湖北竹山县的情况，所谓"垦荒""合作社""造产"，反而成为变相剥夺农民财产的借口，这样的县政实验和县政建设，口惠而实不至，农村经济未得好转，反而日益恶化。这样，应对农村经济衰败之举的县政改革与县政建设，虽然在个别问题上有所成、有所得，但就整个农村经济建设而言，无疑是失败的。其所以失败，归纳以上所述，大致可有如下几点。

第一，政府向农民征派的各种赋税、费捐、徭役过繁多重，严重剥夺了农民生产与生存的基本能力。陕西农民侯永禄在日记中说得很形象很真切很典型："时局这么乱，抓兵、要款子、支差事，能让人安安宁宁种庄稼吗?"[1]没有人种地、没有钱种地的农业会是什么样的农业，就可想而知了。

第二，国家对农业投资杯水车薪，农业基本设施建设极其薄弱，致使农业基本停留在传统农业"靠天吃饭"的水平。农业严重缺乏抗击各种自然灾害的能力，尤其是由于缺乏财力支撑以及战乱影响，江河湖泊防护堤坝常年失修，基本水利设施难以具有防灾抗灾能力，致使一遇水灾与旱灾，脆弱的农业经济便面临灭顶之灾。而南京国民政府时期，自然灾害频繁发生，受灾区域广大，而且情况愈来愈严重，加之战乱等所导致的对水利设施的人为破坏，进一步加剧了农业生产环境的恶化。[2] 县域农村经济这样一种生态状况，决定了县域经济的脆弱性与病态性，农业不具备进行正常生产活动的物质以及社会条件，乡村经济自20世纪20年代末后即逐渐走上了衰败之路，到全面

1　侯永禄:《农民日记——一个农民的生存实录》，中国青年出版社 2006 年版，第 11 页。

2　根据夏明方的研究，民国时期水、旱、雹、地震、山崩、泥石流、蝗灾、鼠灾、瘟疫、沙漠化等各种自然灾害范围极其广大，年均约有 1/4 县境受灾。其中，尤其水旱两灾最为严重，水灾年均 200 县次，旱灾年均 161 县次。夏明方:《民国时期自然灾害与乡村社会》，中华书局 2000 年版，第 35—37 页。而民国时期的自然灾害状态，南京国民政府时期较之北京政府时期更为严重。

抗战前夕"农村经济破产"的呼声不绝于耳，充斥于各种媒体的舆论之中，到全面抗战期间以及其后的国共内战期间，舆论之所以对"农村经济破产"问题不再讨论，在很大程度上是因为抗战期间国人面临民族生死存亡的大劫难及国共内战期间两种政治军事力量的大搏斗，"农村经济破产"问题在客观上被掩盖住了。而实际上，中国农村经济破败的危机不但没有消除，而且在进一步加深、加剧之中。这样的农业状况本已无法在农民生存之外给县域和国家提供物质支撑，而当县域政权和国家却强制其提供无限度的物质和经济支撑时，必然遭到农民群体的普遍反抗。

第三，南京国民政府在农业改良问题上虽然做出了一些努力，但其推广和成果极其有限，没有发挥实质性作用。国民政府在其中央设置了农业改良机构专负其责，在省级地方政府也设有农业改良技术推广机构，一些综合性高等院校设立有农学院，在一些地区还设立了专门的农业技术学校，应该说这些举措对改良农业技术、推动农业生产力的发展是有意义的。[1] 但是，整体看来，由于推广有限、力度过小，这些技术改良的效果也是有限的，难以真正产生推动农业发展的作用。

以粮食单位产量而言，籼粳稻 1931 年亩产是 336 斤，1932 年亩产是 383 斤，1933 年亩产是 351 斤，1934 年亩产是 281 斤，1935 年亩产是 347 斤，1936 年亩产是 355 斤，1946 年亩产是 339 斤，1947 年亩产是 247 斤。[2] 可见，籼粳稻的产量在 20 世纪 30 年代多数年景是 330 多斤到 350 多斤之间，只有 1932 年的亩产是 383 斤，但随后产量又低了下来，显然与技术改良无关。以 1936 年的亩产 355 斤为界，10 年后的 1946 年的籼粳稻亩产减产到 339 斤，而

1　可参见郑起东《抗战时期大后方的农业改良》，《古今农业》2006 年第 1 期，第 52—66 页；黄正林：《论抗战时期甘肃的农业改良与推广》，《史学月刊》2014 年第 9 期，第 77—91 页；陈国生：《战时四川的农业改良与农村经济》，《抗日战争研究》1999 年第 4 期，第 106—119 页；黄长义、徐凯希：《20 世纪 30 年代湖北汉江流域的农业改良》，《湖北大学学报》2004 年第 3 期，第 351—356 页；等等。

2　严中平等编《中国近代经济史统计资料选辑》，第 242 页。

1947 年产量又大为降低，只有 247 斤。从上述情况看，显然籼粳稻品种没有经过以增产为目的技术改良的改造，即使改造了，也没有显示其成效。

从小麦的亩产情况看，同样也没有看到技术改良方面的印迹。1931 年小麦亩产为 146 斤，1932 年亩产是 146 斤，1933 年亩产是 154 斤，1934 年亩产是 153 斤，1935 年亩产是 137 斤，1936 年亩产是 151 斤，1946 年亩产是 140 斤，1947 年亩产是 138 斤。[1] 全面抗战前的 6 年间的小麦亩产大致在 140 多斤到 150 多斤，而 10 多年后的 1946 年和 1947 年的亩产均低于 20 世纪 30 年代的生产水平，显然也看不到技术增产的影子。

其他高粱、小米、玉米、大豆、油菜籽、棉花等各种农作物的亩产情况，在 20 世纪 30 年代整体上看不到技术改良带来的增产，在 1946 和 1947 年两年的亩产中也同样发现不了因技术革新而增产的影子。[2] 当然其中的原因比较复杂，如自然灾害影响，但 1931 年同样有自然灾害和战乱。其他因素是有影响，但技术增产没有发挥效用无疑是成立的。

上述情况表明，南京国民政府显然没有把农业科技放在国家经济发展的应有地位上。实际上，国民政府时期的农业经济仍是国家的基础经济，国家税收来源的主体仍是农民和农业，在当时西方农业技术明显高于中国传统农业的情况下，国家有必要也有责任将西方现代农业生产技术和农作物改良技术系统地引进，推进中国农业作物的改良，推进中国农业技术的现代化。但是，国民政府在农业技术改良这个问题上没有给予应有的重视，虽然也在农业技术改良问题上进行了某些工作，但以中国面积之大、问题之急迫，点点滴滴的作为是难以收到显著效果的。南京国民政府时期，中国的农业，基本上还是传统的农业技术和传统的农业耕作方式。这样的生产技术和生产方式是难以支撑一个现代政府的财政需要的。

1　严中平等编《中国近代经济史统计资料选辑》，第 242 页。

2　严中平等编《中国近代经济史统计资料选辑》，第 242 页。

　　第四，南京国民政府时期的乡村经济，仍是以传统农业为主的经济模式，工商业基础极其薄弱，在政府的过度压榨和自然灾害的袭击下极度脆弱，没有建立起支撑国民政府统治大厦的县政基础，县政治理整体上是失败的。南京国民政府时期，农村以现代化市场为目的的农业规模有限，农村的工商业经济十分薄弱，而实际上，一个现代化的政治运作体制必须以现代工商业经济力量为基础，才能支撑其发展。但是，国民政府对县域的工商业体系并没有给予应有的扶持，甚至反而采取了如同对待农业那样的过度榨取的政策，致使乡村工业和商业处于停滞的状态，迟迟难以向现代工商业的规模和水平发展。县域的工业，多数仍是传统的手工业和规模较小的作坊，现代化的工业在县域社会基本上还停留在计划阶段，并没有扶持县域工业发展的切实行动。如刘大鹏日记所记载的那样，由于县域农业衰败，商业同样处于衰败的状态。可以说，正是国民政府对农民的过度征派、榨取，致使农民处于贫困状态；频繁的自然灾害致使农业的生态环境极其脆弱，严重影响了农业生产和农产品丰收；农业技术落后，农业经济无力创造和提供支撑现代政治体系所需的庞大财政基础；工商业幼稚和滞后状况，不足以成为农村经济的重要成分——这样几种因素及其相互作用，使得国民政府的县域经济基础极其薄弱，而建筑在县域经济基础之上的国民政府的财政经济，也必然是极其薄弱的。这种状态，对于一直以县政改革和县政建设标榜的南京国民政府县政来说，不能不说是严重的失败。

本章小结

　　综而论之，县政虽然是南京国民政府政治体系中的一个层级，但集中反映了其政治制度的综合性问题。一方面，南京国民政府的县政体系是"新式的"，是近代转型进程中的"现代的"制度体系，带有制约权力的民主形式，是符合国际"潮流"的一个权力结构，且具有"革命党"的党治与话语优势；另一方面，其县政体系的弊端在治理过程中也充分地暴露出来。这一庞大的体系成为看似很好而实际上很糟的治理体系。为什么会有这样的结果？这是值得深思的问题。

第一，县政治理体系的紊乱问题。南京国民政府县政治理体系是多种制度、体系的混合，然而合在一起却产生了制度的紊乱，不但不能有效地发挥作用，甚至相反，产生了制度性内耗。首先，县长治理这一中国古代县政治理模式的延续与国民党执政后实施党治的党部产生了严重的不适应，二者不能有效合作，反而出现了种种的冲突。其次，县政府与县参议会之间也相互处于不适应的状态。县参议会是引进的西方的新事物，但南京国民政府对实施这一制度的诚意不足，致使县参议会制度的实践遭遇了诸多困境，后来虽然在各种压力下勉强实施了这一制度，但也相当简陋，制度力不强，与县政府的制度联系难以畅达有效。再次，县政府、县党部、县参议会三者之间权力关系如何协调，缺乏制度框架界定，三者的关系处于无规则的状态，实际上是各自行事。这种多重机构叠床架屋的机制，并不能形成有效的配合和进行正常运作，反而使县政制度处于紊乱和内耗状况。尤其是这种制度的紊乱、内耗，导致了政治势力间的派系纷争和权势腐化的普遍化，地方治理秩序混乱。国家成为权势集团剥夺人民利益的暴力机器，县政走向自己的反面，人民被逼上了"梁山"。

第二，作为县政中轴的县长制度的脆弱问题。在南京国民政府县党部党权弱势的情况下，根据管理需要，以县长为核心的县政府无疑应是制度的中轴。但是，南京国民政府的县长制度却是十分脆弱的制度。首先，从县长任期制度看，整体上的实施状况与任期制度规定严重脱节，任期制普遍不能落实，县长任期不能稳定、任职时间过于短暂的现象，竟为被称为"落后的封建社会"的中国历朝历代所未见，是对被称为"先进的现代社会"实则混乱无能政治形态的讽刺，充分体现了县长任期制度的脆弱和无效。其次，从县长任用制度方面看，县长任用的实际严重背离了制度的规定。国民政府最初规定县长由省政府任用，后来又规定由省政府咨内政部、铨叙部经审查合格后呈行政院转国民政府任命。显然，从制度设计上看，国民政府试图通过审查与任命的程序，加强中央政府对县长任用的管理与控制。而实际上看，县长任用是由省政府主席、省民政厅厅长甚至专员及其他军政实力人员操纵的。从某种意义上说，正是为了规避内政部、行政院乃至国民政府对县长任用的制度限制，各省县长的任用多用代理的方式，由于县长代理，故县长任期都十分短暂，与县长关系密切的各科科长也多任期不定，"一朝天子一朝臣"现象在县一级人事任用中非常普遍。这种"一朝天子一朝臣"的任人现象，其实就是任人唯亲的表现。县长任用虽有各种经历、学历等资格上和考试等程序上的制度限定，但是这些制度限定因多种缘故同样大打折扣。任人唯亲的"条子政治"是上述制度失效的突出原因。这种任期和任用乱象，在中国古代的历史上也是比较少见的，是一种典型的"弱制度化"乃至"非制度化"体现。县长制度本来是县政体系最为重要与中枢性的环节，而这一环节在实际上却表现了弱制度乃至非制度的特征，这就必然导致整个县政制度运行的弱制度化乃至非制度化。

第三，县政治理中的民生措施缺失问题。民生是一个政权维持和发展的核心问题。一个政权要维持、巩固和发展，必须把民生放在首位。中国几千年历史的兴衰，都与民生有着紧密的关系。但在南京国民政府县政治理中，县政成为其国家政权榨取县域财力、人力的主要工具，国家对县域社会的生存和发展问题严重忽视，县域社会的生产力遭到严重破坏，县域经济日渐枯萎，县域农民成为现存社会体制的最大受害者。在南京国民政府建立后，他们的生存越来越艰难，长期挣扎在贫困、饥饿和死亡的边缘，于是匪患丛生，社会失序，整个社会实际处于风雨飘摇之中。

结　语

南京国民政府的县政治理，是中国近代政治制度转型过程中的重要阶段。就南京国民政府的政权结构来看，县政在其政权体系中具有基础性的地位。其治理的成功与否，不仅关系到县政制度本身的演变，更关系到国民政府统治的安危和成败。

一　县政治理的重要性

县政治理的重要性，在本书前面几章已有所涉及，本部分作为总结，再做一系统归纳与分析。

第一，在南京国民政府时期，县政治理仍是中国行政区划层级中最基本的治理单元。历史上，尽管中国政区大、管理层级叠加、人口众多、民情复杂，但是管理的重中之重在县一级。县的重要性历来为统治者所充分认识。在中国的治理体系中，县级治理是一个功能独立的重要分治单元，所谓"天子以天下之人牧治之，不能遍也，于是命州县之官，分土而治，其命其责任不亦重乎？"[1] 所谓的"中国"与"朝廷"是由一个个"分土而治"的"县级"单元组成的，其上叠加的州、府、道、省结构只是县级单位的监督与管理机构，其下包纳的村、乡、镇结构则是县单元的内在组成部分。离开县，任何一个机构无从直接治理广大的乡村。南京国民政府时期，虽然在地方行

1　（宋）陈襄撰《州县提纲》，陈生玺辑《政书集成》第3辑，第1121页。

政区划体制方面于省、县之间进行了增设行政督察专员区的制度改革，但其治理思路仍是强化以县为基础单元的区划管理体制，是为了加强对县级单元的管理。从地方区划管理体制上说，此时的县与以往历代一样，仍是最为基础的区划管理单元。这是近代县政制度在中国制度大变革中仍延续传统而"未变"之处。

第二，县政仍是国家进行社会治理的重点和基础。在中国历史上，由于历代皆以农立国，所谓国家治理，从根本上说，重点是县政对农村社会的治理。南京国民政府时期，中国的社会结构并未发生根本的改变，虽然新兴的工商业城市在中国不断崛起，但整体来说汪洋大海似的农村仍然是中国社会的主体和基础，"农民在全国总人口中大约占百分之八十"。[1] 与管理工商业的城市市政相对应的，就是管理农村和农民的县政。农村众多的人口，意味着农民仍是国家的主体性力量，把农村人口管控好、治理好，使农村人口能够生活得较前安康，社会主体就处于稳定与发展的良性状态。这一问题，是关系到南京国民政府能否得到社会绝大多数民众拥护与支持的重大战略问题。孙中山早在20世纪20年代改组国民党时提出"扶助农工"的政策，就是充分认识到农民对稳定广东革命政权并进一步夺取全国政权的极端重要性。南京国民政府成立后，对于农民问题，是如何"扶助"的，尤其是对于作为"弱势"群体的贫农和雇农，采取了哪些"扶助"性措施，制定的"二五减租"政策实施效果如何，曾规划的"耕者有其田"蓝图推行如何，我们从前几章研究中已经找到了答案。当然，南京国民政府对农村问题并不是一点工作没做，但问题是纸面上规划得太多、口头上说得太多，做得太少、真正落实的太少，在整体上并未产生多少真正有实际意义的效果。事实上，尽管国民政府敷衍了农民，但县域农民问题却是关乎南京国民政府统治安危的重

---

1 《中国革命与中国共产党》（1939年12月），《毛泽东选集》第2卷，人民出版社1994年版，第642页。

大战略问题。县域治理是南京国民政府国家治理的重大课题。

第三，农业经济被认为"是现时中国国民经济的主要力量"，[1] 说明了农业经济在国家生存发展问题上的战略地位。有研究显示，全面抗战前"黄金十年"的中国工业经济占国民经济总值的比重为 10% 左右，[2] 由此也反证了农业经济在国民经济中的主体地位。农业经济主要是县域经济，县政的主要工作目标之一就是发展农业经济。然而，恰恰相反，国民政府县政尽管有县政建设、县政实验的计划及推行，但实质上其建设和实验的目标与重心并非发展农村经济或者说以发展农村经济为中心，其真实目的是尽最大可能吸取农村资源以供国民政府在政治、军事、国防、教育、医疗、卫生等各个方面庞大的"吞吐"之需，以支撑国民政府在各方面的巨大的财力、物力和人力消耗，其措施竟然是远远超出农业经济承受能力的过度榨取。在当时以小农经济为主体的情况下，家庭农业经济的利润极其有限，农民的积累基本上是依靠极力节约劳动成果、省吃俭用的传统理财方式形成的，经不起任何额外压力和风浪的冲击。因此，在国家强制性的各种征收、榨取的重压之下，在各种自然灾害突发乃至频发的袭击下，在外国商品大肆倾销的冲击下，农民普遍陷入生存困境乃至绝境。而这就是国民政府极为脆弱的经济和社会基础，也正是县政所面对的问题。尽管脆弱，县政治理却又关系到南京国民政府的生存和安危问题。因此，县政治理对南京国民政府统治而言，具有极为重要的意义。

二　南京国民政府县政治理在现代政治制度转型过程中所遭遇的主要困难和问题

南京国民政府在县政治理中，没有能够处理和解决好在现代制度转型过

1　《中国革命与中国共产党》（1939 年 12 月），《毛泽东选集》第 2 卷，第642 页。

2　凌耀伦等：《中国近代经济史》，重庆出版社 1982 年版，第 334 页；张宪文等：《中华民国史》第 2 卷，南京大学出版社 2005 年版，第 186 页。

程中所遭遇的主要困难和问题，县政的重要地位在县政实践中无法得到体现和落实。

第一，南京国民政府县域现代化过程中，面临新旧治理模式转换的困境。除当时面临的特定军事和政治环境外，南京国民政府县政治理过程中遇到的一个重要问题，就是转换传统治理模式遭遇的困境。在传统县政治理中，中国历来的常态治理方式，可以概括为"无为政治"。[1] 县令或知县这类县官是中央政府派到地方管理的主官，一般简称"县官"。按规定，县官任职回避籍贯地，须到外地任职，以防止县官凭借地缘和亲缘形成特殊个人势力，影响县务的公正与县政的正常运行。县政机构属员较少，其最重要的治理任务是税收和司法。[2] 从某种意义上看，甚至可以说古代的县官就是收税官和司法官。税收是中央政府财政收入的来源，是一个政府维持与发展必不可少的物质条件；司法管理，是维持县域社会稳定进而维持国家安定的必要手段，所谓"州县治，天下安"，其"安"就是指国家与社会的稳定，司法管理是维护地方安定的针对性之策。只要这两项"要务"做好了，县政就尽到主要的责任了。盖中国传统社会，朝廷关注的主要内务性事务就是稳定局势，时刻防范农民的造反，故县官的任务除为中央提供财政支撑外，"居官守在安民，安民必先弭盗"。[3] 由于中国传统治理模式的目的在于维持社会的稳定，是一种"看守型"的政府模式，管理粗疏，县官懈于对民间进行直接管理，如有需要也往往以绅士阶层作为桥梁，因此，不到山穷水尽的王朝末期，就常态而言，官民大致处于相安之局。

近代以后，中国社会突然处于一种百病并发的状态。之所以出现这样一种现象，是因为近代中国在遭遇数千年未有之大变局之过程中，内忧外患频

---

1 参见费孝通《乡土中国·生育制度》，北京大学出版社 1998 年版，第 62—63 页。

2 瞿同祖：《清代地方政府》，第 334 页；何朝晖：《明代县政研究》，第 276 页。

3 （清）许乃晋撰《州县事宜》，陈生玺辑《政书集成》第 10 辑，第 41 页。

仍，各种矛盾空前激化，社会严重失序，从传统治理模式向现代治理模式的转型变得异常艰难，国家治理遇到严重挑战。这主要表现为近代中国所援引的西式治理模式与传统县政治理为基础的模式及中国的乡村状况的不适和冲突矛盾。西式的现代化管理模式，是以地方自治为基础、以社群契约与法治为原则、以工商业生产与流通为主导的新型社会管理方式。中国传统虽然有从形式上看与西式地方自治相近的乡村治理现象，但实际上却缺乏现代地方自治所具有的民主与法治精神，且契约法治和工商业经营在传统中国亦抑而未彰。因此，由传统向现代转型的道路极不通畅。尤其是国民政府建立后，面临国内外形势和社会转型的多方严峻挑战与需求：向现代工商社会转型，需要大量的财力和专门的技术人才与管理人才；向现代教育文化社会转型，需要大量的财力和各类各层次的尤其是高水平的文化教育专业人才与管理人才；向现代政治管理转型，需要大量的财力和各层次富有现代治理经验和能力的公共管理人才；向现代军事、国防转型，需要大量的财力和各层次富有现代军事思想和素质的军事和国防人才。这种与传统社会相比"百业俱兴"、史无前例的新旧"转型"局面，远远超出了传统小农社会管理所能达到的物质基础、管理能力和水平。表现在县政管理层面，主要有两方面的问题。一方面，县政建设所需要的物质基础——现代县域农业和现代县域工商业的发展，极其薄弱；县政需要的大量财力和专门技术人才及其管理人才，严重不足，甚至根本上是缺乏的。另一方面，县政建设所需要的现代教育和科学技术也刚刚起步，整体看还处于培养、发育和养成时期，基础十分脆弱，甚至是勉强而为之。同时，县政建设所需要的以现代法治性和民主性为基础的政治架构更是徒具形式，与其有效运作要求距离甚远，而现代县政管理所需要的大量符合用人要求的党政、司法和财务管理人才严重匮乏。

当然，任何一个由传统社会向现代社会转型的国家都会遇到上述问题，这些问题也不是不可以解决的。如果南京国民政府能够给县政以足够的重视，按照逐步发展县政的经济基础以解决县域民生问题，逐步发展县域的教育和科技以解决县域文化教育现代化问题，逐步培养社会的法治、民主习惯并逐步建立和完善现代县政政制架构，逐步培养党政人才以解决政治现代化问题，即使国民政府处于内忧外患的环境下，这些也不是不可为的。其县政的现代化建设与转型，或有较好的效果。这样，县政建设的巩固，必然会强化国民政府统治的基础。

然而，国民政府在县政治理问题上，走的却是与此相反的路。南京国民政府时期，县域社会虽然受到西方模式的冲击，但传统力量仍然巨大。农村社会仍是自给自足的小农经济占主体地位，县政官员缺乏对农业、农村和农民进行现代化全面改造的准备、经验和勇气，更有甚者，在这样一场新旧社会大转换之际，县政官员往往还沉迷于传统县政的"看守型状态"，习惯于粗疏管理，甚至因利益形成不同的派系而互相内耗，以致县政几流于无政府状态。这种状况远远落在时代大转型的要求之后，不能不被历史无情抛弃。对于这条路，本书在各个章节做了梳理，在综论部分又做了进一步的归纳和阐释，可以一言以蔽之：整体上看其县政治理道路是失败的。

第二，南京国民政府县政治理无力解决作为县政治理主体的农民出路问题，县政治理体系和治理能力内耗严重，其自身痼疾已无法克服。在南京国民政府既有政策下，县政无力解决农村中的土地经济关系、广大农民和地主的社会对立关系等焦点和核心难题，因此广大农民生产和创造社会财富的积极性无法调动，导致农村阶级关系和矛盾呈越来越尖锐的趋向。而政府的繁重赋税，使农民生活更加困难。加之频繁的天灾和战乱，农民生存环境进一步恶化。广大农民面临严重而频繁的饥荒，农民群体没有生活与生存出路，流离失所。面对此种危境，南京国民政府县政治理群体以至政府高层却熟视无睹，反而因派系纷争，内耗严重，不仅在县政公务人员任用问题上以个人和派系利益为标准，在县各权力机关相互关系上亦处于互相排斥状态。"关系"泛滥，腐败丛生，县政治理常常处于混乱乃至无秩序状态，县政治理无法正常进行。在这种情况下，县政整体上无法在现代化转型过程中解决其自身面临的这些困境。

三 南京国民政府县政治理与国民党政权失败的关系

对于这一问题，前面已屡加讨论，在此再做一统合讨论。

第一，南京国民政府的县政体系与制度，在一定程度上反映了国民党政权的综合征：在现代"科学主义"旗帜下的治理结构整体性紊乱，在西方"行政效率"理论指导下的治理虚化，在现代法条详备明定下的制度失效。这一方面体现了现代治理理念及其制度的困窘，即西方治理理论及其制度与中国实际情况的相背离和脱节；另一方面也体现了制度设计者的内在矛盾与思想混乱，更显示了与现代法律、制度相背离的人治主义和特权主义的横行与泛滥。从时代性上说，国民政府县政管理的这一套体系，较之以往传统县政体系无疑是"现代化"的，是与时代进程相符的。但是，它结构多、层次多，如县政府及其科局、县党部及其下级区乡党部、县参议会机构，以及各社会团体组织等，其内部权力关系未能理顺，表现出普遍严重的相互矛盾与紊乱状态，使县政结构内部无法形成有机体系，从而使其治理效果大打折扣，严重虚化，只做表面文章，以致被戏称为"表册政治"，这真是对其所标榜的"科学主义"与"行政效率"观念的无情讽刺。

当然，其县政体系的这种结构性矛盾与紊乱，从根本上显示了国民党整体制度设计的矛盾，这种状况既与其早期的历史渊源及执政后治理理念的前后矛盾有关，也与国民党自身缺乏明确、系统、完备的治国纲领有关，更与国民党缺乏在政治上荡涤旧污、确立新制大局的治国能力有关，于是在空泛的三民主义概念下，制度混杂而矛盾，"旧污"在现代制度的掩饰下大肆复活，如人治主义、人情主义和特权主义充斥政坛，虽非县政独然，不过在具体的县政范围内，其症结表现得更为突出与明显。县长任期制与任用制无效，县党部的"党治"陷于困局，县自治与县参议会制度在实施中受到层层阻碍，"条子政治"占据主导地位，均表明制度弱化、旧污隆起、传统人治严重的社会现实无所不在。这样，具备现代化形式要件的县政治理体系和制度，却在实际上形成了治理权威严重缺乏、制度真空的状态，最终制度走向了自己的反面。

蒋介石曾激烈批评道："我们一切计划，多不能实现，一切制度，多徒有形式！"[1] 这是蒋介石对其治理体系与制度不能发挥有效作用的承认。蒋介石的情报高官唐纵也对国民党治理框架脱节、虚化有深刻认识。他在日记中记道："党与政府脱节，政府与民众脱节"，"组织失灵，党政军不能互相配合，各机关分工不清，职责不明，考核不实，法纪不伸"，"工作形式化、空虚化"。[2] 唐纵说的，主要是指国民党治理体系之间互不配合、组织松弛、虚化无效的问题。尽管蒋、唐的言论是从整体上着眼的，但从其县政角度看，这些也是符合县政治理体系及其运作之弊实情的。

第二，在县政公权力的行使中，充斥着私利与派系之争，政治糜烂和人事腐败造成了治理的严重空耗，由此既使其失去进行社会治理的基本能力，也使其失去了秉持政权的合法性基础。国民政府的县政派系之争，既有来自其中央党政最高系统的派系矛盾，也有来自省级党政派系的矛盾，还有县地方各实力派系与私人之间的矛盾和冲突。这种矛盾和冲突，不是出于公共利益、法律制度等原则性分歧，而是由派系或私人利益和权力斗争而引起的，人们以派系、学缘、地缘和人缘结成不同私利团体，派系关系复杂，权力体

1　蒋介石：《目前党的要务》（1939 年 11 月 17 日），秦孝仪主编《总统蒋公思想言论总集》卷 16 "演讲"，第 469 页。

2　公安部档案馆编注《在蒋介石身边八年——侍从室高级幕僚唐纵日记》，群众出版社 1991 年版，第 612 页。

系各不相同，各种矛盾交织作用，使得县政运作治理往往沦为赤裸裸的私利和权力竞技场，县政治理失去了合理性和公平性。用人不公现象、用权不公现象普遍，违纪违法现象弥漫于包括乡镇在内的县政整体结构之中，不仅是严重的人事性腐败，还是严重的制度性腐败，更是制度的严重空耗。唐纵1945年5月8日在日记中记道："党内派系对立，门户森严，有人调停，终无希望。"[1] 唐是蒋介石的情报高官，对于派系林立一事，他的记载必然是有根据的，他本人也应是深有体会的，故他断言要消除这种现象的"调停"是必无结果的。唐纵1945年3月16日在日记中还记道："党政军机构均已糜烂。"对于国民党腐败，唐在日记中记道："本党政治的腐化不但引起党外的反感，亦且失了党内的同情。"[2] 这里所称的"均已糜烂"和"腐化"，显然是指制度性的糜烂和人事的腐化，这种糜烂和腐化的结果，不但摧毁了其自身治理能力，也必然招致社会的普遍反抗，使其失去了治理合法性。

第三，县政治理偏重于形式主义，严重忽视治理能力与勤政担当作风。在南京国民政府县政治理过程中，普遍存在过分注重形式而严重忽视实际的现象，如县政治理的各种文件可谓应有尽有，但往往是上下级之间"等因奉此"的官样文件"旅行"。一方面，此等文件与县政实际要求多相背离，另一方面，这些文件从制定到结束"旅行"并未考虑去认真执行。所谓"空虚"问题、"敷衍"问题，带有传统县政粗疏管理、无为而治的痕迹，与现代社会所要求的效率观念相去甚远，这在文件的制定与落实效果严重相背离的问题上表现得十分明显。在县政人事上，过分重视学历和名望，不重视历练和基层工作经验。县政管理者虽然拥有较高学历或在较高机关工作的资历，但由于缺乏基层管理经验，无法应付基层复杂的人事和县域全面事务的管理之需，尤其缺乏应急管理的能力，一旦遭遇突发事变，作为一县之首的县长有的竟

1　公安部档案馆编注《在蒋介石身边八年——侍从室高级幕僚唐纵日记》，第508页。

2　公安部档案馆编注《在蒋介石身边八年——侍从室高级幕僚唐纵日记》，第497、522页。

致望风而逃，这种情况时常发生在遇到战事或乡民暴动之时，逃跑者实际上放弃了县长作为一方"守吏"的职责，暴露了片面注重学历和资历而忽视实际能力和实践经验而造成的弊端。另外，县政治理作为基层治理，必须要求公务人员有勤政担当之风，但在实际上县政人员却恰恰忽视勤政担当的要求，导致形式主义、敷衍主义横行。唐纵在日记中记载了他对国民党整体的观察，认为官场充斥着官僚习气，不做事、不负责，称这样下去"政治真是危险"。[1] 考之县政治理的整体面貌，与唐的批评是相符的。

第四，县政治理过程中核心理念问题没有解决，"为了谁"的目标严重缺失。唐纵在日记中认为，国民党存在的问题是"革命精神消逝，革命意识模糊，党丧失领导作用，政府失却民众信仰"。[2] 这显然是更深层的治理问题。任职国民党中央党部的王子壮于 1933 年 4 月 30 日在日记中谈到信仰问题："回想当年工作于张宗昌恐怖政策之下，舍身为国之念转足增加个人工作之勇气。及北伐告成，党的中心以散，个人信仰动摇，随后日处平庸，为衣食奔走……亲友以社会地位取人，每以余升迁为贺。然信仰不立，国势濒危中，心实苦矣难言。盖余平日既退而难谋独善其身，时加自修已耳，但何以当此国难严重之任耶？"[3] 王子壮的解剖是坦率而真诚的，也是相当深刻的，这就是北伐前能"舍身为国"，北伐后那种"舍身为国"的"个人信仰"在"平庸"的工作中和亲友的期许下"动摇"了，甚至"独善其身"都不能做到。因此，他发出了难以担当国难大任的感叹。但如何改、如何能恢复信仰，王子壮是迷茫的。这是国民党内普遍存在的问题，是唐纵所谈的"革命精神消失"的问题。

在县政治理上，所以出现种种问题，就是没有解决县政工作的中心目的

1　公安部档案馆编注《在蒋介石身边八年——侍从室高级幕僚唐纵日记》，第 486 页。

2　公安部档案馆编注《在蒋介石身边八年——侍从室高级幕僚唐纵日记》，第 612 页。

3　王子壮：《王子壮日记》第 1 册，台北，"中央研究院"近代史研究所 1990 年版，第 359 页。

问题。县政工作主要所对应的是县域农村问题和农民问题，因此最急切和重要的当然是最大多数农民的利益、生存和发展问题。当时中国县政最大的问题是农村普遍落后、农民普遍贫困，因此，发展农村经济、解决农民贫困问题，无疑是国民政府县政最核心和最紧迫的任务，也是国家的重要任务。

然而，国民政府的县政却恰恰反其道而行之，虽口口声声喊着革命、主义和"县政建设"的口号，但实际上却严重剥夺农民的利益，甚至不管农民死活，窒息了农村经济的发展生机，把农民逼到死亡线上，只管其特殊集团、派系和个人的利益。这样的治理，是必定不会成功的，在遭遇外部冲击时，是注定会失败的。张克侠 1937 年 11 月 5 日在日记中记道："自国民党执政以来，生聚者为何？教训者为何？一切兴造，名为国家，利归私室，三民主义，空相标榜，总理遗嘱只作口禅。人民平时赋役繁重，以自生自灭为幸，一遇凶灾祸乱，不转于沟壑，即流为盗贼。"[1] 国民党完全背离了自己曾公告的"扶助农工"的承诺，而变为"利归私室"的"权利团体"。[2] 陈立夫晚年在其回忆录中曾有简明的剖白："政权之维持，不能靠军队，如施政有违民心，终必失败。盖军队亦为人民所组成，而违民意之措施，乃自杀也。'兵败如山倒'者，无斗志以拥护其不愿拥护之政权也。故曰：'得民心斯得民矣'。"[3] 陈立夫对国民党失败原因的探讨，应该说是很深刻的。他力图阐释的是，未维护人民的利益，是国民党政权失败的根本原因。这种思想认识，无疑是陈立夫写作回忆录的主旨。诚哉斯言。

县政治理的权力是一种公权力，对公权力行使的基本要求是忠公、奉公，而县政的忠公就是忠于农民，奉公就是服务于农民。尽管国民政府县政治理中要求县、区、乡公务人员就职时举行宣誓仪式，但并没有真正解决"为了

1　张克侠：《佩剑将军张克侠军中日记》，第 12 页。

2　张克侠：《佩剑将军张克侠军中日记》，第 70 页。

3　陈立夫：《成败之鉴——陈立夫回忆录》，第 456 页。

谁"的问题，而是实际上如张克侠所说"利归私室"，又如陈立夫所指"有违民心"，县政治理显然背叛了"为民"的基本政治要求，也违背了其宣誓的诺言，在陈立夫看来，其失败是必然的。由于县政治理在南京国民政府统治中占有基础性地位，这在相当程度上决定了其统治的最终命运。其县政对农村和农民治理的失败，诚为国民党统治在大陆失败诸原因的重中之重。历史一再昭示："得民心者得天下，失民心者失天下。"南京国民政府县政治理也证实了这样一条千古不变的真理，其留给后人的启示是深刻的。

主要参考文献

一 档案、资料汇编、志书、文集、日记、回忆录

（一）未刊档案

贵州省档案馆藏档：8－27。

湖南省档案馆藏档：33－1－374、35—1—68。

江苏省档案馆藏档：1001－甲－302、1001－乙－92、1001－乙－288、1001－乙－293、1001－乙－296、1002－甲－101、402－64－7。

开封市档案馆藏档：旧3－152、旧1－1－0020－001、旧3－0036－003、旧19—1－2、旧4－2－38、旧3－0012、0012－007、旧3－0036、旧1－35－33、旧1－44。

洛阳市档案馆藏档：1－1－18、15－1－7、旧2－6、旧19—1－2。

上海市嘉定区档案馆藏档：1－4－11。

四川省档案馆藏档：0102－273。

中国第二历史档案馆藏档：1－1969、711（5）－91。

（二）已刊文献

安徽省地方志编纂委员会编《安徽省志·公安志》，安徽人民出版社1993年版。

白银市档案局（馆）编《民国时期靖远县情录》第1集，白银日报社印刷厂2002年印行。

白银市档案局（馆）编《民国时期靖远县情录》第 2 集，白银兴瑞票证印刷有限公司 2003 年印行。

白银市档案局（馆）编《民国时期靖远县情录》第 3 集，白银兴瑞票证印刷有限公司 2004 年印行。

白银市档案局（馆）编《民国时期靖远县情录》第 4 集，白银兴瑞票证印刷有限公司 2005 年印行。

宝应县地方志编纂委员会编《宝应历代县志类编》，江苏人民出版社 1991 年版。

蔡鸿源主编《民国法规集成》，黄山书社 1999 年版。

昌平县政府编《昌平县政况古迹概略》，1937 年印行。

常导之：《增订教育行政大纲》，中华书局 1935 年版。

陈诚：《陈诚先生日记》，台北，"国史馆" 2015 年版。

陈赓雅：《赣皖湘鄂视察记》，上海申报月刊社 1935 年版。

陈果夫主编《江苏省政述要》，沈云龙主编《近代中国史料丛刊续编》第 97 辑，台北，文海出版社 1983 年版。

陈翰笙等编《解放前的中国农村》第 1、2、3 辑，中国展望出版社 1985、1987、1989 年版。

陈立夫：《成败之鉴——陈立夫回忆录》，台北，正中书局 1994 年版。

陈明光主编《中国卫生法规史料选编（1912—1949.9）》，上海医科大学出版社 1996 年版。

陈生玺辑《政书集成》，中州古籍出版社 1996 年版。

陈旭麓、郝盛潮主编《孙中山集外集》，上海人民出版社 1990 年版。

陈学恂主编《中国近代教育史教学参考资料》（上），人民教育出版社 1986 年版。

戴鸿映：《旧中国治安法规选编》，群众出版社 1985 年版。

狄超白主编《中国经济年鉴（1948）》，太平洋经济研究社1948年版。

峨眉县政府编《峨眉县政实录》，1942年印行。

番禺县政府总务科编《番禺县政纪要》，1935年印行。

费孝通：《费孝通文集》第4卷，群言出版社1999年版。

丰南县志编纂委员会编《丰南县志》，新华出版社1990年版。

冯尔康主编《清代宗族史料选辑》（下），天津古籍出版社2014年版。

冯和法编《中国农村经济资料》（下），台北，华世出版社1978年版。

冯和法编《中国农村经济资料续编》，黎明书局1935年版。

冯紫岗：《嘉兴县农村调查》，国立浙江大学、嘉兴县政府1936年印行。

福建省地方志编纂委员会编《福建省志·粮食志》，福建人民出版社1993年版。

福建省政府秘书处统计室编印《福建省统计年鉴》，1937年。

甘肃省武都县地方志编纂委员会编《武都县志》，生活·读书·新知三联书店1998年版。

公安部档案馆编注《在蒋介石身边八年——侍从室高级幕僚唐纵日记》，群众出版社1991年版。

顾明远、边守正主编《陶行知选集》第1卷，教育科学出版社2011年版。

广东省社会科学院历史研究室等合编《孙中山全集》第1、3、5、9卷，中华书局2006年版。

贵州省剑河县地方志编纂委员会编《剑河县志》，贵州人民出版社1994年版。

贵州省政府教育厅编印《贵州教育》，1943年。

郭廷以：《中华民国史事日志》第2册，台北，"中央研究院"近代史研究所1984年版。

国家图书馆编《民国时期县政史料汇编》第 1、12、19 册，国家图书馆出版社 2018 年版。

国民政府救济水灾委员会编印《国民政府救济水灾委员会工赈报告》，1933 年。

国民政府内政部编《训政问答》，美利生印书馆 1928 年版。

汗血月刊社：《新县政研究》，汗血书店 1936 年版。

《河北文史资料》编辑部编《近代中国土匪实录》，群众出版社 1992 年版。

河南省档案馆编《民国时期河南省县长名录》，郑州大学印刷厂 1991 年印行。

河南省民政厅编印《河南省民政厅十九年度政治总报告》，1930 年。

河南省商城县商业局编印《商城县商业志》，1987 年。

河南省政府秘书处公报室编《五年来河南政治总报告》，河南省政府秘书处 1935 年印行。

河南省政府秘书处统计室编《河南省政府五年来施政统计》（1935 年），沈云龙主编《近代中国史料丛刊三编》第 74 辑，台北，文海出版社 1993 年版。

侯永禄：《农民日记——一个农民的生存实录》，中国青年出版社 2006 年版。

湖北省水利厅编《湖北省一九三一年水灾档案选编》，湖北省档案馆 1999 年印。

湖北省政府民政厅编印《湖北县政概况》第 5 册，1934 年。

湖南省政府秘书处编印《湖南年鉴（1933）》，1934 年。

华东军政委员会土地改革委员会：《福建省农村调查》，1952 年 12 月印。

华东军政委员会土地改革委员会：《江苏省农村调查》，1952 年 12 月印。

华东军政委员会土地改革委员会：《浙江省农村调查》，1952 年 12 月印。

黄体润：《黄体润日记（1933—1939）》第3、6册，国家图书馆出版社2018年版。

季啸风等主编《中华民国史史料外编——前日本末次研究所情报资料》第94册，广西师范大学出版社1997年版。

建德县志编纂办公室编《建德县志》，浙江人民出版社1986年版。

建设委员会经济调查所统计课编印《中国经济志（浙江省吴兴、长兴）》，1935年。

江宁自治实验县县政府秘书室编《江宁县政概况》，大陆印书馆1934年版。

江苏省民政厅：《江苏省保甲总报告》，镇江江南印书馆1936年印。

江苏省区长训练所编印《区长须知》，1930年。

江西省档案馆编《中央革命根据地史料选编》（上），江西人民出版社1982年版。

江西省政府编印《赣政十年》，1941年。

焦如桥编《县政资料汇编》上册，中央政治学校研究部1939年印。

教育部参事处编《教育法令汇编》第1辑，商务印书馆1936年版。

教育部社会教育司编《社会教育法令汇编》，商务印书馆1936年版。

教育部中国教育年鉴编审委员会编《第一次中国教育年鉴》，开明书店1934年版。

昆山县政府编《昆山县县政报告》，1936年印行。

乐平县志编纂委员会编《乐平县志》，上海古籍出版社1987年版。

李景汉编著《定县社会概况调查》，上海人民出版社2005年版。

李文海主编《民国时期农村社会调查丛编》（乡村社会卷），福建教育出版社2005年版。

李文海主编《民国时期社会调查丛编二编》"乡村经济卷"（上），福建教育出版社 2009 年版。

李文治：《中国近代农业史资料》第 1 辑，生活·读书·新知三联书店 1957 年版。

李宗黄：《考察江宁邹平青岛定县纪实》，正中书局 1935 年版。

立法院秘书处编《立法专刊》，民智书局 1933 年版。

连云港市新浦区地方志编纂委员会编《新浦区志》，方志出版社 2000 年版。

灵石县志编纂委员会编《灵石县志》，中国社会出版社 1992 年版。

刘大鹏：《退想斋日记》，山西人民出版社 1990 年版。

刘景星：《蒋经国先生建设新赣南重要文献辑录》上册，台北，章贡学会 1997 年版。

南京国民政府行政院新闻局编《地方自治》，行政院新闻局 1947 年印行。

南京市行政讲习所编印《县政建设实验区资料汇要》（上），1937 年。

内政部编印《内政法规汇编》第 2 辑，1934 年版。

内政部编印《卫生统计》，1938 年版。

内政部第一期民政会议秘书处编《内政部第一期民政会议纪要》，商务印书馆 1929 年版。

内政部年鉴编纂委员会编《内政年鉴》（一）（二），商务印书馆 1936 年版。

内政部统计处编印《仓储统计》，1938 年。

内政部总务司第二科编《内政法规汇编》（警政类），1941 年版。

潘光旦、全慰天：《苏南土地改革访问记》，生活·读书·新知三联书店 1952 年版。

彭泽益编《中国近代手工业史资料》第 4 卷，生活·读书·新知三联书店 1957 年版。

平遥县地方志编纂委员会编《平遥县志》，中华书局1999年版。

杞县地方史志编纂委员会编《杞县志》，中州古籍出版社1998年版。

秦孝仪主编《革命文献》第100辑，台北，中央文物供应社1984年版。

秦孝仪主编《总统蒋公思想言论总集》，台北，中国国民党中央委员会党史委员会1984年版。

璩鑫圭等编《中国近代教育史资料汇编》，上海教育出版社2007年版。

荣德生：《荣德生文集》，上海古籍出版社2002年版。

荣孟源主编《中国国民党历次代表大会及中央全会资料》上、下册，光明日报出版社1985年版。

阮华国编《教育法规》（第2版），大东书局1946年版。

上海社会科学院经济研究所编《刘鸿生企业史料》下册，上海人民出版社1981年版。

上海市档案馆编《陈光甫日记》，上海书店出版社2002年版。

上杭县地方志编纂委员会编《上杭县志》，福建人民出版社1993年版。

邵毓麟：《胜利前后》，台北，传记文学出版社1967年版。

申报年鉴社编辑《申报年鉴》（1933年），美华书馆1933年版。

申报年鉴社编辑《申报年鉴》（1934年），美华书馆1934年版。

沈鹏编《永川县教育概况》，永川县政府1938年印行。

施中一编《旧农村的新气象》，苏州中华基督教青年会1933年刊行。

实业部中国经济年鉴编纂委员会：《中国经济年鉴：民国二十四年续编》，上海商务印书馆1935年版。

实业部中国经济年鉴编纂委员会编《中国经济年鉴》，商务印书馆1934年版。

四川绵竹县志编纂委员会编《绵竹县志》，四川科学技术出版社1992年版。

四川省政协文史资料委员会、成都军区军事百科全书编审室编《回忆四川解放》，四川人民出版社 1988 年版。

宋恩荣主编《晏阳初全集》第 1 卷，湖南教育出版社 1989 年版。

孙彩霞等编《中国近代史资料丛刊之十三·抗日战争》第 3 卷，四川大学出版社 1997 年版。

泰宁县地方志编纂委员会编《泰宁县志》，群众出版社 1993 年版。

万国鼎等：《江苏武进南通田赋调查报告》，台北，传记文学出版社 1971 年版。

汪熙、杨小佛主编《陈翰笙文集》，复旦大学出版社 1985 年版。

王东胜、黄明豪主编《民国时期健康教育文集》，江苏人民出版社 2008 年版。

王栻主编《严复集》，中华书局 1986 年版。

王韬：《弢园文录外编》，辽宁人民出版社 1994 年版。

王欣之编《薛福成选集》，上海人民出版社 1987 年版。

王云五编《中华民国现行法规大全》，商务印书馆 1933 年版。

王子壮：《王子壮日记》第 1 册，台北，"中央研究院"近代史研究所 2001 年版。

无锡县志编纂委员会办公室编《无锡地方资料汇编》第 5 辑，无锡市太湖印刷厂 1985 年印。

吴学昭整理《吴宓日记》第 7 册，生活·读书·新知三联书店 1998 年版。

武乡县县志编纂委员会编《武乡县志》，山西人民出版社 1986 年版。

西安市地方志编纂委员会编《西安市志》第 5 卷，西安出版社 2000 年版。

夏东元编《郑观应集》上册，上海人民出版社 1982 年版。

夏邑县志编纂委员会编《夏邑县志》，河南人民出版社 1989 年版。

萧铮主编《民国二十年代中国大陆土地问题资料》，台北，成文出版社有限公司、（美国）中文资料中心 1977 年印行。

谢逊主编《富民县商业志》，云南人民出版社 1991 年版。

行政院农村复兴委员会编；《江苏省农村调查》，商务印书馆 1934 年版。

行政院农村复兴委员会编《广西省农村调查》，商务印书馆 1935 年版。

行政院农村复兴委员会编《河南省农村调查》，商务印书馆 1934 年版。

行政院农村复兴委员会编《浙江省农村调查》，商务印书馆 1935 年版。

行政院县政计划委员会编《总裁地方自治言论》，正中书局 1942 年版。

徐百齐编《中华民国法规大全》第 1、5 册，商务印书馆 1936 年版。

徐秀丽编《中国近代乡村自治法规选编》，中华书局 2004 年版。

薛暮桥：《薛暮桥文集》第 1 卷，中国金融出版社 2011 年版。

薛暮桥：《薛暮桥学术论著自选集》，北京师范学院出版社 1992 年版。

严中平等编《中国近代经济史统计资料选辑》，中国社会科学出版社 2012 年版。

偃师县志编纂委员会编《偃师县志》，生活·读书·新知三联书店 1992 年版。

叶义银主编《婺源县志》，档案出版社 1993 年版。

俞庆棠主编《农村生活丛谈》，申报馆 1937 年版。

曾宪章编《卫生法规》，大东书局 1947 年版。

张家诚主编《地学基本数据手册》，海洋出版社 1986 年版。

张克侠：《佩剑将军张克侠军中日记》，解放军出版社 2007 年版。

张枬、王忍之编《辛亥革命前十年间时论选集》第 1 卷上册，生活·读书·新知三联书店 1960 年版。

张其昀主编《先总统蒋公全集》第 1 册，台北，中国文化大学出版部

1984 年版。

章有义编《中国近代农业史资料》第 3 辑，生活·读书·新知三联书店
1957 年版。

章元善等编《乡村建设实验》第 2 集，中华书局 1935 年版。

长安县地方志编纂委员会编《长安县志》，陕西人民教育出版社 1999
年版。

长安县政府第三科编《长安从政汇刊》下卷，长安县政府 1929 年印行。

赵如珩：《江苏省鉴》，上海大文印刷所 1935 年版。

赈务委员会编《二十一年份之灾荒与救济》（油印本），南开大学图书
馆藏。

郑彦棻主编《乡村服务实验区报告书》（1），国立中山大学出版部 1936
年版。

中共陕西省委党校党史教研室、陕西省社会科学院党史研究室编《新民
主主义革命时期陕西大事记述》，陕西人民出版社 1980 年版。

中国第二历史档案馆编《国民党政府政治制度档案史料选编》上、下册，
安徽教育出版社 1994 年版。

中国第二历史档案馆编《中华民国史档案资料汇编》第 5 辑第 1、2、3
编，江苏古籍出版社（凤凰出版社）1994—2010 年版。

中国第二历史档案馆整理编辑《政府公报》（影印本），上海书店 1988
年版。

中国国民党中央党部国民经济计划委员会编《十年来之中国经济建设》，
南京扶轮日报社 1937 年版。

中国国民党中央统计处编《民国二十三年之建设》，正中书局 1935 年版。

中国经济情报社编《中国经济论文集》第 1、2 集，生活书店 1934、1936
年版。

中国李大钊研究会编注《李大钊全集》第 2 卷，人民出版社 2013 年版。

中国农村经济研究会编《中国土地问题和商业高利贷》，黎明书店 1937 年版。

中国史学会主编《中国近代史资料丛刊·辛亥革命》第 4 册，上海人民出版社 1957 年版。

中国文化建设协会编《抗战前十年之中国》，龙田出版社 1948 年版。

中国文化书院学术委员会编《梁漱溟全集》，山东人民出版社 1989—1993 年版。

中国现代史资料编辑委员会：《从"九一八"到"七七"国民党的投降政策与人民的抗战运动》，上海人民出版社 1958 年版。

中国灾害防御协会、国家地震局震害防御司编《中国减灾重大问题研究》，地震出版社 1992 年版。

中华年鉴社编印《中华年鉴》上册，1948 年。

中华职业教育社：《农民生计调查报告》，1929 年。

周朝举：《红军黔滇驰骋史料总汇》下集，军事科学出版社 1991 年版。

朱其华：《中国农村经济的透视》（一）（二），孙燕京、张研主编《民国史料丛刊续编》第 538、539 册，大象出版社 2012 年版。

朱元曙、朱乐川整理《朱希祖日记》下册，中华书局 2012 年版。

二　公报、报纸、期刊及县市文史资料

（一）公报及报纸

《安徽省政府公报》《福建省政府公报》《广东省政府公报》《广西省政府公报》《河北省政府公报》《河南省政府公报》《湖北省政府公报》《湖南省政府公报》《监察院公报》《建设委员会公报》《江苏省政府公报》《江西省政府公报》《禁烟委员会公报》《立法院公报》《山西省政府公报》《社会部公报》

《云南省政府公报》《浙江省政府公报》等

《大公报》《国民日报》《申报》《益世报》《中央日报》等

（二）期刊

《安徽教育辅导旬刊》、《安徽教育行政周刊》、《安徽教育月刊》、《安徽政治》、《安徽政务月刊》、《参考资料》、《初等教育》、《村治月刊》、《大声月刊》、《地方建设》、《地理学报》、《地方行政》（福建崇安）、《地方行政季刊》、《地方自治》、《地政月刊》、《东方杂志》、《东南大观》、《读者文摘》、《法令周刊》、《服务月刊》、《福建县政半月刊》、《福农月刊》、《复兴月刊》、《革命评论》、《工商新闻》、《公民》、《骨鲠》、《广东卫生》》、《广东行政周刊》、《广州党务旬刊》、《桂潮》、《国风半月刊》、《国光杂志》、《国论》、《国闻周报》、《国讯》、《合作讯》、《河北棉产汇报》、《河北省民政月刊》、《河北月刊》、《河南教育》、《河南统计月报》、《河南政治月刊》、《湖北地方政务研究半月刊》、《湖北民政月刊》、《沪农月刊》、《华股研究周报》、《华年》、《淮海》、《火线》、《监政周刊》、《建国月刊》、《建民周刊》、《江苏建设季刊》、《江苏建设月刊》、《江苏教育》、《江苏社会月刊》、《江苏旬刊》、《江苏月报》、《江西地方教育》、《教育短波》、《教育辅导》、《教育视导通讯》、《教育通讯》、《教育学报》（北平）、《教育研究》、《教育与民众》，《教育杂志》、《教育周刊》、《金陵大学农林丛刊》、《进修半月刊》、《进修半月刊》、《京沪旬刊》、《京师教育月刊》、《经济导报》、《经济统计季刊》、《经纬生活》、《军事与政治》、《开封教育旬刊》、《康导月刊》、《客观》、《鲁青善救月刊》、《陆军经理杂志》、《民间》（北平）、《民声旬报》、《民俗》、《民意》（福建永安）、《民意》（汉口）、《民钟季刊》、《闽政月刊》、《明日之江苏》、《南海县政季报》、《南京日报周刊》、《农报》、《农村》、《农村复兴委员会会报》、《农村经济》、《农村通讯》、《农工旬刊》、《农行月刊》、《农情报告》、《农声》、《农业周报》、《青年评论》、《青年生活》（上海）、《清华周刊》、《区政导报》、《陕政》、《社会工作通讯月刊》、《社会卫生》、《申报月刊》、《生活》、《胜流》、《时事月报》、《蜀评》、《四川教育》、《四川经济季刊》、《苏衡》、《苏声周刊》、《统计月报》、《吴江教育月刊》、《西北春秋》、《西南教育》、《县训周刊》、《县政研究》、《现代读物》、《现代农民》、《现代司法》、《乡村建设》、《乡村卫生》、《乡村运动周刊》、《新北辰》、《新创造》、《新赣南月刊》、《新教育旬刊》、《新民丛报》、《新南康统计提要》、《新青海》、《新陕西》、《新生周刊》、《新苏政》、《新西康》、《新政治》、《新中国》、《新中华》、《行健月刊》、《行政效率》、《兴华》、《兴华周刊》、《银行周报》、《游学译编》、《云南教育周刊》、《云南民政月刊》、《再生周刊》、《展望》、《浙江党务》、《浙江民政月刊》、《浙江省建设月刊》、《政问周刊》、《政治经济学报》、《政治评论》、《政治月刊》、《政治知识》、《政治周刊》、《中国建设》,《中国经济》、《中国经济月报》、《中国农村》、《中国农民》（广州）、《中国世界经济情报》、《中国新论》、《中华基督教教育季刊》、《中华季刊》、《中华教育界》、《中农月刊》、《中兴周刊》（武昌）、《中央党务月刊》、《中央周刊》、《众志月刊》、《自觉》等

（三）文史资料

《安庆文史资料》《安顺文史资料选辑》《宝应县文史资料选辑》《滨海文史资料》《曹县文史资料》《常熟文史资料辑存》《成都文史资料选辑》《成县文史资料》《大余文史资料》《丹徒文史资料》《东丰文史资料》《东胜文史资料》《都昌文史》《丰县文史资料》《高要文史资料》《高邮文史资料》《巩县文史资料》《谷城文史资料》《灌云文史资料》《海宁文史资料》《汉寿文史资料》《合肥文史资料》《衡水文史资料》《花溪区文史资料选辑》《淮安文史资料》《淮阴文史资料》《霍邱文史资料》《稷山文史资料》《郏县文史资料》《剑阁文史资料选辑》《景德镇文史资料》《浚县文史资料》《兰州文史资料选辑》《临湘文史资料》《滦县文史资料》《罗源文史资料》《洛阳文史资料》

《南乐文史资料》《平和文史资料》《萍乡文史资料》《浦城文史资料》《黔江文史资料选辑》《庆元文史》《曲江文史》《仁怀县文史资料》《上杭文史资料》《苏州文史资料》《汤阴文史资料》《万县文史资料选辑》《巍山县文史资料》《文山州文史资料选辑》《西乡县文史资料》《仙游文史资料》《襄樊文史资料》《襄汾文史资料》《新会文史资料》《新宁文史资料选辑》《兴平解放》《阳新文史资料》《姚安文史资料选辑》《弋阳文史资料》《应城文史资料》《沾化文史资料》《长乐文史资料》《遵义文史资料》等

三　著作

（一）中文著作

（汉）司马迁：《史记》，中华书局 1959 年版。

（汉）班固撰《汉书》，中华书局 1962 年版。

（南朝宋）范晔撰《后汉书》，中华书局 1965 年版。

（北齐）魏收撰《魏书》，中华书局 1974 年版。

（唐）魏徵等撰《隋书》，中华书局 1973 年版。

（唐）房玄龄等撰《晋书》，吉林人民出版社 1995 年版。

（后晋）刘昫等撰《旧唐书》，中华书局 1975 年版。

（宋）李焘撰《续资治通鉴长编》，中华书局 1985 年版。

（宋）王溥撰《唐会要》，中华书局 1955 年版。

（元）脱脱等撰《宋史》，中华书局 1977 年版。

（明）宋濂等撰《元史》，中华书局 1976 年版。

（清）张廷玉等撰《明史》，中华书局 1974 年版。

（清）黄本骥撰《历代职官概述》，中华书局 1965 年版。

赵尔巽等撰《清史稿》，中华书局 1977 年版。

白钢：《中国政治制度通史》，人民出版社 1996 年版。

柏桦：《明清州县官群体》，天津人民出版社 2003 年版。

曹幸穗：《旧中国苏南农家经济研究》，中央编译出版社 1996 年版。

陈柏心：《中国县制改造》，国民图书出版社 1942 年版。

陈冰伯：《今日之县政》，同文图书印刷公司 1933 年版。

陈达：《人口问题》，商务印书馆 1934 年版。

陈凌云：《现代各国社会救济》，商务印书馆 1937 年版。

陈瑞云：《现代中国政府》，吉林文史出版社 1988 年版。

陈寅恪：《隋唐制度渊源略论稿》，生活·读书·新知三联书店 1954 年版。

陈之迈：《中国政府》第 1—3 册，商务印书馆 1946 年版。

程方：《中国县政概论》，商务印书馆 1939 年版。

程幸超：《中国地方行政制度史》，四川人民出版社 1992 年版。

储劲：《乡村教育》，商务印书馆 1932 年版。

邓云特：《中国救荒史》，上海书店出版社 1984 年版。

段本洛、单强：《近代江南农村》，江苏人民出版社 1994 年版。

方新德：《国民政府时期浙江县政研究》，浙江大学出版社 2012 年版。

费孝通：《江村经济》，上海人民出版社 2007 年版。

费孝通：《乡土中国·生育制度》，北京大学出版社 1998 年版。

甘豫源：《乡村民众教育》，商务印书馆 1934 年版。

高王凌：《租佃关系新论：地主、农民和地租》，上海书店出版社 2005 年版。

高应笃：《内政春秋》，台北，华欣文化事业中心 1984 年版。

葛剑雄主编、侯杨方著《中国人口史》，复旦大学出版社 2001 年版。

顾颉刚、史念海：《中国疆域沿革史》，商务印书馆 1999 年版。

郭德宏：《中国近现代农民土地问题研究》，青岛出版社 1993 年版。

何朝晖：《明代县政研究》，北京大学出版社 2006 年版。

何西亚：《中国盗匪问题之研究》，泰东图书局 1925 年版。

侯建新：《农民、市场与社会变迁：冀中 11 村透视并与英国乡村比较》，社会科学文献出版社 2002 年版。

胡次威：《民国县制史》，大东书局 1948 年版。

胡恒：《皇权不下县？——清代县辖政区与基层社会治理》，北京师范大学出版社 2015 年版。

胡鸣龙：《非常时期之县政》，中华书局 1937 年版。

华章：《百年沧桑：中国民族工商业史话》，民主与建设出版社 2005 年版。

黄逸峰：《旧中国民族资产阶级》下册，江苏古籍出版社 1990 年版。

黄宗智：《华北的小农经济与社会变迁》，中华书局 1986 年版。

黄宗智：《长江三角洲小农家庭与乡村发展》，中华书局 2000 年版。

季羡林：《季羡林自传》，江苏文艺出版社 1996 年版。

冀鲁豫边区革命史工作组：《冀鲁豫边区革命史》，山东大学出版社 1991 年版。

金轮海编著《农村复兴与乡教运动》，商务印书馆 1934 年版。

金耀基：《从传统到现代》，中国人民大学出版社 1999 年版。

孔充：《县政建设》，中华书局 1937 年版。

孔庆泰等：《国民党政府政治制度史》，安徽教育出版社 1998 年版。

李德芳：《民国乡村自治问题研究》，人民出版社 2001 年版。

李德培：《县各级民意机关论释》，江西宁都生教出版社 1945 年版。

李国维：《县行政组织革新论》，汗血书店 1936 年版。

李华兴：《民国教育史》，上海教育出版社 1997 年版。

李景汉：《中国农村问题》，商务印书馆 1937 年版。

李伟中：《20 世纪 30 年代县政建设实验研究》，人民出版社 2009 年版。

李文海等：《中国近代十大灾荒》，上海人民出版社 1994 年版。

李晓杰编《九州郡县——中国历代地方行政制度变迁》，沈阳出版社 1997 年版。

李学昌主编《20 世纪南汇农村社会变迁》，华东师范大学出版社 2001 年版。

李宗黄：《现行保甲制度》，中华书局 1943 年版。

梁漱溟：《乡村建设理论》，上海人民出版社 2006 年版。

廖从云：《中国历代县制考》，台北，台湾中华书局 1969 年版。

林代昭主编《中国监察制度》，中华书局 1988 年版。

林和成：《中国农业金融》，中华书局 1936 年版。

凌耀伦等：《中国近代经济史》，重庆出版社 1982 年版。

刘大钧：《我国佃农经济状况》，太平洋书店 1929 年版。

刘君德主编《中国行政区划的理论与实践》，华东师范大学出版社 1996 年版。

刘寿林等编《民国职官年表》，中华书局 1995 年版。

刘伟：《清季州县改制与地方社会》，北京师范大学出版社 2019 年版。

刘五书：《二十世纪二三十年代中原农民负担研究》，中国财政经济出版社 2003 年版。

柳诒徵：《中国文化史》，上海古籍出版社 2001 年版。

卢绍稷：《中国现代教育》，商务印书馆 1934 年版。

骆传华：《今日中国劳工问题》，上海青年协会书局 1933 年版。

马允清：《中国卫生制度变迁史》，天津益世报馆 1934 年版。

毛佩琦、陈金陵：《明清行政管理制度》，山西人民出版社 1995 年版。

梅桑榆：《花园口掘堤前后》，中国广播电视出版社 1992 年版。

孟森：《明清史讲义》上册，中华书局 1981 年版。

庞树森：《地政通诠》，新中国建设学会出版社 1935 年版。

彭莲棠：《中国农业合作化之研究》，中华书局 1948 年版。

彭雨新：《县地方财政》，商务印书馆 1945 年版。

钱端升等：《民国政制史》，上海人民出版社 2008 年版。

钱穆：《国史大纲》，商务印书馆 1994 年版。

钱穆：《中国历代政治之得失》，生活·读书·新知三联书店 2001 年版。

群众出版社编《历代刑法志》，群众出版社 1988 年版。

任时先：《中国教育思想史》，上海书店 1984 年版。

寿勉成、郑厚博：《中国合作运动史》，正中书局 1947 年版。

苏俊良：《汉朝典章制度》，吉林文史出版社 2001 年版。

粟显运：《新县制的实施》，国民图书出版社 1941 年版。

孙本文：《现代中国社会问题》第 3 册，商务印书馆 1948 年版。

孙培青主编《中国教育史》，华东师范大学出版社 2000 年版。

唐进、郑川水主编《中国国家机构史》，辽宁人民出版社 1993 年版。

田昌五、臧知非：《周秦社会结构研究》，西北大学出版社 1996 年版。

王成、谢新清：《中国地方政府发展史》，山东大学出版社 2011 年版。

王春英：《民国时期的县级行政权力与地方社会控制》，四川大学出版社 2012 年版。

王奇生：《党员、党权与党争：1924—1949 年中国国民党的组织形态》，上海书店出版社 2003 年版。

王奇生：《革命与反革命：社会文化视野下的民国政治》，社会科学文献出版社 2010 年版。

王先明：《变动时代的乡绅——乡绅与乡村社会结构变迁（1901—1945）》，人民出版社 2009 年版。

王亚南：《中国官僚政治研究》，中国社会科学出版社 2005 年版。

王寅生、薛品轩、石凯福：《中国北部的兵差与农民》，国立中央研究院社会科学研究所 1931 年版。

韦杰廷、陈先初：《孙中山民权主义探微》，广西师范大学出版社 1995 年版。

魏光奇：《官治与自治——20 世纪上半期的中国县制》，商务印书馆 2004 年版。

魏源：《海国图志》，岳麓书社 1998 年版。

温铁军：《中国农村基本经济制度研究——"三农"问题的世纪反思》，中国经济出版社 2000 年版。

文公直：《中国农民问题的研究》，上海三民书店 1929 年版。

闻钧天：《中国保甲制度》，商务印书馆 1935 年版。

翁有为：《行政督察专员区公署制研究》，社会科学文献出版社 2012 年版。

翁有为：《专区与地区政府法制研究》，人民出版社 2007 年版。

吴福桢：《中国的飞蝗》，上海永祥印书馆 1951 年版。

吴寄萍：《改良私塾》，中华书局 1939 年版。

吴进义主编《中国人口素质》，中共中央党校出版社 1991 年版。

吴研因、翁之达：《中国之小学教育》，商务印书馆 1934 年版。

吴永章、田敏：《鄂西民族地区发展史》，民族出版社 2007 年版。

夏明方：《民国时期自然灾害与乡村社会》，中华书局 2000 年版。

萧文哲：《县政制度研究》，重庆独立出版社 1942 年版。

肖如平：《国民政府考试院研究》，社会科学文献出版社 2008 年版。

谢国兴：《中国现代化的区域研究——安徽省》，台北，"中央研究院"近代史研究所 1991 年版。

谢守恒：《县政建设》，上海神州国光社 1931 年版。

忻平：《全息史观与近代城市社会生活》，复旦大学出版社 2009 年版。

徐畅主编《鲁商撷英》，山东人民出版社 2010 年版。

徐德嶙：《地方自治之理论与实施》，会文堂新记书局 1935 年版。

徐矛：《中华民国政治制度史》，上海人民出版社 1992 年版。

许纪霖、陈达凯主编《中国现代化史》，生活·读书·新知三联书店 1995 年版。

许康、劳汉生：《中国管理科学化的历程》，湖南科学技术出版社 2001 年版。

薛暮桥、冯和法编《〈中国农村〉论文选》，人民出版社 1983 年版。

俞松筠：《卫生行政概要》，正中书局 1947 年版。

喻谟烈：《乡村教育》，商务印书馆 1933 年版。

袁刚：《中国古代政府机构设置沿革》，黑龙江人民出版社 2003 年版。

张海鹏主编《中国近代通史》，江苏人民出版社 2007 年版。

张皓：《中国现代政治制度史》，北京师范大学出版社 2004 年版。

张晋藩：《中华法制文明的演进》，中国政法大学出版社 1999 年版。

张晋藩总主编《中国法制通史》，法律出版社 1999 年版。

张利民等：《近代环渤海地区经济与社会研究》，天津社会科学院出版社 2003 年版。

张天福：《国防与地方行政》，汗血书店 1936 年版。

张宪文等：《中华民国史》，南京大学出版社 2005 年版。

张玉法：《中国现代政治史论》，台北，东华书局 1988 年版。

张玉兴：《唐代县官与地方社会研究》，天津古籍出版社 2009 年版。

张仲礼：《中国绅士——关于其在 19 世纪中国社会中作用的研究》，上海社会科学院出版社 1991 年版。

章开沅、马敏、朱英主编《中国近代史上的官绅商学》，湖北人民出版社2000年版。

郑海麟、冼剑民编《中国历代官制概要》，湖南教育出版社1990年版。

周保明：《清代地方吏役制度研究》，上海书店出版社2009年版。

周谷城：《中国近代经济史论》，复旦大学出版社1987年版。

周积明等编《中国社会史论》，湖北教育出版社2005年版。

朱斯煌主编《民国经济史》，上海银行学会1948年版。

朱新繁：《中国农村经济关系及其特质》，上海新生命书局1930年版。

朱子爽编著《中国国民党土地政策》，国民图书出版社1943年版。

（二）外文翻译著作

〔美〕安东尼·唐斯：《官僚制内幕》，郭小聪等译，中国人民大学出版社2006年版。

〔英〕贝思飞：《民国时期的土匪》，徐有威等译，上海人民出版社1992年版。

〔美〕卜凯：《中国农家经济》，张履鸾译，商务印书馆1936年版。

〔德〕C. H. Becker等：《中国教育之改进》，国立编译馆译，国立编译馆1932年版。

〔日〕池田雄一：《中国古代的聚落与地方行政》，郑威译，复旦大学出版社2017年版。

〔美〕杜赞奇：《文化、权力与国家——1900—1942年的华北农村》，王福明译，江苏人民出版社2008年版。

〔德〕弗里德里希·卡尔·冯·萨维尼：《论立法与法学的当代使命》，许章润译，中国法制出版社2001年版。

〔美〕孔飞力：《中国现代国家的起源》，陈兼、陈之宏译，生活·读书·新知三联书店2013年版。

〔美〕李怀印：《华北村治——晚清和民国时期的国家与乡村》，岁有生、王士皓译，中华书局 2008 年版。

〔美〕马若孟：《中国农民经济——河北和山东的农民发展（1890—1949）》，史建云译，江苏人民出版社 1999 年版。

瞿同祖：《清代地方政府》，范忠信、晏锋译，法律出版社 2003 年版。

〔美〕塞缪尔·P. 亨廷顿：《变化社会中的政治秩序》，王冠华等译，生活·读书·新知三联书店 1989 年版。

〔美〕杨联陞：《中国制度史研究》，彭刚、程刚译，江苏人民出版社 2007 年版。

〔美〕易劳逸：《流产的革命：1927—1937 年国民党统治下的中国》，陈谦平、陈红民等译，中国青年出版社 1992 年版。

〔美〕詹姆斯·R. 汤森、布兰特利·沃马克：《中国政治》，顾速、董方译，江苏人民出版社 2003 年版。

〔日〕纸屋正和：《汉代郡县政制的展开》，朱海滨译，复旦大学出版社 2016 年版。

四　论文

白贵一：《论 20 世纪 30 年代南京国民政府县政改革》，《江苏大学学报》（社会科学版版）2010 年第 6 期。

陈国生：《战时四川的农业改良与农村经济》，《抗日战争研究》1999 年第 4 期。

陈剑：《论县制起源的时间》，《古籍整理研究学刊》2009 年第 4 期。

〔美〕陈意新：《重新认识民国时期的农业经济》，《中国学术》第 1 辑，商务印书馆 2000 年版。

房列曙：《民国时期特种考试的运作及其特点》，《衡阳师范学院学报》

2014 年第 4 期。

〔美〕盖斯白、徐有威：《从冲突到沉寂：1927—1937 年间江苏省国民党党内宗派主义和地方名宿》，《史林》1993 年第 2 期。

黄长义、徐凯希：《20 世纪 30 年代湖北汉江流域的农业改良》，《湖北大学学报》（哲学社会科学版）2004 年第 3 期。

黄正林：《论抗战时期甘肃的农业改良与推广》，《史学月刊》2014 年第 9 期。

李伯重：《八股之外：明清江南的教育及其对经济的影响》，《清史研究》2004 年第 1 期。

李恭忠：《谁之县政——民国后期山西四县财政预算岁出结构的案例分析》，《中国社会历史评论》第 10 卷，天津古籍出版社 2009 年版。

李继业：《传承与更新：1912—1937 年吴县县政研究》，博士学位论文，苏州大学，2013 年。

刘椿：《抗战前国民政府的农村信用合作运动》，《南京社会科学》2005 年第 6 期。

刘鹏九、王家恒、余诺奇：《清代县官制度述论》，《清史研究》1995 年第 3 期。

刘鹏九：《中国古代县官制度初探》，《史学月刊》1992 年第 6 期。

鹿谞慧：《中国县官制度沿革述略》，《文史哲》1991 年第 2 期。

孙家洲：《楚汉"复封建"述论》，《贵州社会科学》1990 年第 6 期。

田正平、刘崇民：《民国时期（1912—1937）县教育局长群体构成分析》，《浙江大学学报》（人文社会科学版）2006 年第 5 期。

汪朝光：《关于"官僚资本"的争论与国民党执政的危机——中国国民党六届二中全会再研究之三》，《民国档案》2008 年第 2 期。

汪汉忠：《试论民国时期的催征吏——苏北个案研究》，《民国档案》2001

年第 3 期。

　　王春南：《荐举之滥——民国人事制度弊端之一》，《书屋》2005 年第 10 期。

　　王奇生：《民国时期县长的群体构成与人事嬗递——以 1927 年至 1949 年长江流域省份为中心》，《历史研究》1999 年第 2 期。

　　王奇生：《民国时期乡村权力结构的演变》，周积明等编《中国社会史论》，湖北教育出版社 2005 年版。

　　王先明、李伟中：《20 世纪 30 年代的县政建设运动与乡村社会变迁——以五个县政实验县为基本分析样本》，《史学月刊》2003 年第 4 期。

　　魏光奇：《近代县制问题的历史思考》，《博览群书》2005 年第 10 期。

　　魏光奇：《晚清州县官任职制度的紊乱——透视中国传统政治的深层矛盾》，《河北学刊》2008 年第 2 期。

　　翁有为：《国民政府县政问题探析》，《史学月刊》2011 年第 1 期。

　　乌廷玉：《旧中国地主富农占有多少土地》，《史学集刊》1998 年第 1 期。

　　夏娜：《南京国民政府前十年县政府组织结构及其效能的考察》，硕士学位论文，河南大学，2008 年。

　　萧功秦：《从科举制度的废除看近代以来的文化断裂》，《战略与管理》1996 年第 4 期。

　　忻平：《民国人口特征论》，《江汉论坛》1991 年第 3 期。

　　杨国强：《二十世纪初年知识人的志士化与近代化》，《浙江社会科学》2001 年第 6 期。

　　杨奎松：《阎锡山与共产党在山西农村的较力——侧重于抗战爆发前后双方在晋东南关系变动的考察》，《抗日战争研究》2015 年第 1 期。

　　杨天石：《反贪——蒋介石的严刑与空言》，《同舟共进》2013 年第 12 期。

袁刚：《秦汉县政府机构设置与行政职能》，《南都学坛》（哲学社会科学版）2000年第2期。

曾凡贞：《新桂系县政改革研究》，博士学位论文，苏州大学，2011年。

张华军：《民国河南县政研究》，博士学位论文，南开大学，2009年。

张佩国：《近代江南的农家生计与家庭再生产》，《中国农史》2002年第3期。

张燕燕：《民国时期河南省县长群体研究（1927—1937年）》，硕士学位论文，河南大学，2012年。

章有义：《近代中国人口和耕地的再估计》，《中国经济史研究》1991年第1期。

郑起东：《抗战时期大后方的农业改良》，《古今农业》2006年第1期。

朱汉国、王印焕：《民国时期华北乡村的捐税负担及其社会影响》，《河北大学学报》（哲学社会科学版）2002年第4期。

后　记

从 2011 年本课题获国家社科基金立项，到今天全部书稿核对完毕，要交出版社，不觉已有十三个年头。这十三年，感觉时间是那么慢，在研究遇到瓶颈时甚至感到煎熬，有不知何时才能完成的焦虑；现在回头看，感觉时间又快得如弹指一挥间，过往的一切就像是在昨天。其实，时间长度是客观的，现在感觉"快"，显系历史过往经过记忆过滤而浓缩的结果。实际上，这项研究确实进展很慢，无法快起来，因为涉及问题太多。历史就像谜团，越要清理，就感到越难理清。而要想把历史从浅到深的谜团理清，就要耗费相当多的精力和时间。尤其在研究中，感觉有一个很深很深的谜底有待揭示，需要考析琢磨。近代中国面临数千年未有之"大变局"，这个"大变局"到了南京国民政府时期，表现得最深刻、最激烈、最彻底，而县政问题应是此"大变局"表现的聚焦之点，这就需要通过研究加以实证与阐释。因为县政是近代中国国家治理下沉到政权基层、社会深层、权能触底的表现，通过县政能够看到近代中国深层、底层的广大农民、农业和农村社会的原生样态及其变动的真实轨迹，而这恰是揭示近代中国"大变局"之"何以变""如何变""向何变"诸谜题最直接、最基本、最真实的珍贵素材与线索。在仍以农业为经济基础、以农民为人口主体的近代中国，这就是近代中国最大的国情，而近代中国所有重大变动都必须以此项国情为依据才有解，否则无解。甚而可以说，研究南京国民政府时期的县政，实系研究近代中国之钥匙，探讨近代中国问题之重心。此项研究所触及的，乃是近代中国研究中一个非常重要的核心性问题。

　　对于这样一个课题，首先，要向读者交代的是关于本课题是如何构思的。在笔者看来，鉴于课题研究之重要性，因而需要一种能够相应地体现课题内容的适当架构，既不能遗漏重要方面，又不能超越其县政实际添加想象的部分，在实事求是的基础上，把南京国民政府县政的历史实际予以充分、系统、全面展现。基于此，笔者认为，如果按照时间顺序来设计框架，那样尽管基本线索分明，但可能写成一部线性平面化的南京国民政府时期县政演变之历史，课题应有的历史深度和问题聚焦点则难以发掘。近人恽毓鼎曾云："若仅见平面，人云亦云，何必多此一重纸墨，用此一番心神。"在他看来，古今人之书应非"仅见平面"之书，如是则"识见深一层，笔力透一层，意象远一层，读之方有馀味，有大益"。[1] 恽氏此言实具新意，颇可留意。恽氏所谓"识见"最为紧要，当与今所谓能提出自己的新见解、形成新的问题意识之意大致接近。本书的设计，如以问题意识为中心，以专题方式加以呈现，围绕全书主题设计不同专题，根据专题性质架构章节，按照逻辑关系安排章节顺序，依据专题章节框定全书结构，则既可将县政所含括诸方面内容予以系统和立体展现，又可将若干相关重要问题深度发掘和聚焦处理。本书是这样构思和处理的，至于本书的写作是否达到了我们的设想，还要请读者诸君来评判。

　　其次，要向读者说明的是本书分工和执笔者情况。本来，一部著作由个人独立完成是至为理想的方式，自己的设计自己最能充分理解，可达到俗谓"随心所欲"的那种写作"自由"（是说自己能尽力按自己理解的程度去完成，实现自己的写作意志和目的）。但由于笔者烦琐的编辑工作及教书和指导硕博士研究生工作诸事叠加，确恐难有充足时间独立来完成这项课题，因此

　　1　恽毓鼎著，史晓风整理《恽毓鼎澄斋日记》第 2 册，浙江古籍出版社 2004 年版，第 480 页。

本书便采用了以前实行过且效果还不错的合作完成模式。笔者以往所完成的《行政督察专员区公署制研究》一书，限于当时时间和精力，就采取了合作撰写的方式，该书完成后于2010年入选"国家哲学社会科学成果文库"，受到学界好评。既然有上次的合作经验，我便采用每人承担一章撰写任务的合作完成方式。全书由我担任主编，负责组织、统筹和统稿事宜。具体分工如下：

撰写大纲　翁有为，河南大学历史文化学院

绪　　论　翁有为，河南大学历史文化学院

第一章　张雷，商丘师范学院法学院

第二章　白贵一，郑州大学公共管理学院暨黄河科技学院马克思主义学院

第三章　周志刚，河南大学马克思主义学院

第四章　崔跃峰，郑州航空工业管理学院马克思主义学院

第五章　邱建立，河南财经政法大学马克思主义学院

第六章　李学峰，河南大学马克思主义学院

第七章　谭备战，河南中医药大学马克思主义学院

第八章　翁有为，河南大学历史文化学院

结　　语　翁有为，河南大学历史文化学院

作者均受过专业学术训练，以研究中国近现代史为主业，有扎实的研究基础，具有完成本课题的专业素养与研究工作条件。

再次，要向读者说明本书的写作情况。本课题2011年夏获批国家社科基金一般项目，经过筹备后，即启动写作工作，原计划2014年12月完成初稿，设定书稿规模在30万字左右，实际初稿延至2016年7月才完成。之所以未能按原计划时间完成，是因为书稿内容量大，所需史料浩繁，在写作阶段进一

步补充收集史料占用较多时间，而按原定篇幅不能完成本课题的研究。为保证本项目的深度和质量，必须扩展书稿的篇幅。到最后完成时，实际达到 75 万多字，超过原设计篇幅一倍多。初稿完成后，经过了三次系统修改：2016 年 8 月至 11 月我做了第一次系统修改；第一次修改后，各位作者根据我提出的意见于 2016 年 12 月至 2017 年 2 月进行了第二次系统修改；2017 年 3 月至 4 月，我对书稿又做了第三次全面修改。2017 年 5 月提交全国哲学社会科学工作办公室，8 月经专家鉴定通过结项并评为"优秀"等级。这既出乎我们的意料，又在我们的盼望之中，因为我们在研究、写作和修改中确实尽了很大的努力。高兴的同时，我们也深知，书稿还存在这样那样的问题。

经过思考，2018 年后，我又对书稿进行了全面加工，压缩了凸出部分的篇幅，补充了薄弱部分的内容，新增了不少细节性史料，加强了分析。在项目结项前，河南大学中国近现代史专业冯巧霞博士专对第二章的史料进行了全面核对及适当补充，结项后河南大学中国近现代史专业博士生陈晶晶对第二章史料进行再次核对及补充，原参加《行政督察专员区公署制研究》一书第一章撰写工作的中国古代政治制度史研究专家、东南大学张小稳教授系统审读并参与修改了本书第一章的部分内容。我还邀请和请教了多位古代史各段研究专家对第一章的相关内容进行订正。其实，在结项前的每次修改中，我均要求每位作者一一核对史料，并请我指导的硕士生和博士生协助校对史料。本书对史料不厌其烦地一再核对，是尽最大努力避免出现史料上的问题。这一次的修改，从 2018 年春开始到 2022 年 4 月，时断时续地进行，全书又较前有了较大幅度的调整。书稿于 2022 年 4 月提交申报该年度"国家哲学社会科学成果文库"评审。我们只做努力，愿意为此付出劳动和耐心去尝试。说实在的，尽管我们相信匿名专家通过成果会看到我们的付出，但其实并没敢抱多大希望，甚至窃以为有的专家可能对这个不甚合时宜的学术选题不感兴趣甚至排斥。事实证明，从全国哲学社会科学工作办公室返回的专家匿名评审意见看，专家们看到了我们劳动的付出，对这个选题并没有偏见，是认可的。我们的成果再次得到"国家哲学社会科学成果文库"评审专家的承认。在我看，我们只是踏实去做，还有很多更深的学术未知等着我们去探索，我愿意在学术的世界里用劳动的辛苦换取获得新知的快乐，如我曾言："苦亦苦矣，乐亦乐矣，苦乐之味惟有自知。"[1] 又如近代学术先驱熊十力所言："惟真志于学者，乃能忘其苦而知其乐。"[2] 诗圣所说的"文章千古事，得失寸心知"揭示的更是自知不足文章才能有进之理，尽管当下已经不奢望再有能历经千古磨砺而不朽的篇章，而"得失寸心知"的警示价值仍可做座右铭警醒自己。实际上，"知不足"正是我们这部书写作过程中的驱动力量。

复次，我还要表达内心并非客套的真诚感谢。首先要感谢我们的写作团队。本写作团队成员为本书付出了大量时间和精力。十三年来，在年轮更替中，在这个课题的学术世界里，各位作者深知自己的不足而努力研究，奋力开拓，辛勤耕耘，深入探索，坚守寂寞，在寻求历史真相的道路上，书稿几度修改，质量得到明显提升。团队成员精诚合作，没有怨言，共同度过了这段为时不短的难忘时光，结下深厚的友谊，也结出丰硕的学术成果。我既要祝贺我们的写作团队，更要感谢每一位成员的辛勤耕耘和默默坚守。其次要感谢给本成果写作提供"食粮"的有关图书馆、档案馆和网络数据库，尤其是中国第二历史档案馆、重庆市档案馆、江苏省档案馆、贵州省档案馆、湖南省档案馆、开封市档案馆、洛阳市档案馆、上海市嘉定区档案馆、苏州市吴中区档案馆、苏州市吴江区档案馆等单位为我们写作本书提供了珍贵的档案材料。我还要感谢社会科学文献出版社在申报文库过程中给予的支持。早在 2011 年，我主持完成国家社科基金项目《行政督察专员区公署制研究》，经杨群总编和徐思彦编审鼓励，申报了当年度《国家哲学社会科学成果文

　　1　翁有为：《专区与地区政府法制研究》，人民出版社 2007 年版，"后记"，第 284 页。
　　2　熊十力：《十力语要》（二），辽宁教育出版社 1997 年版，第 332 页。

库》，后经专家严格评审，幸运入选。该成果于 2012 年由社会科学文献出版社出版，在出版过程中，徐思彦老师付出了很多心血。在今年文库申报时，我又联系徐思彦老师，徐老师和宋荣欣老师在材料申报过程中给予指导，尤其宋老师对我提交的申报材料进行了细致修改，付出不少心血，这些都令我十分感动。我还要感谢在不同评审阶段匿名评审专家对本书给予的肯定和评审机构转回的专家宝贵意见，使得本书能以今天的面貌呈现在读者面前。在本书具体编辑过程中，社会科学文献出版社历史学分社编辑团队在文字润色和校对中，付出大量劳动和心血，这是本书出版中最为关键的一个程序，字里行间都流淌着编辑人的汗水和耐力，同样作为编辑人的我对这样默默无闻的劳动和创造怎能不感同身受，深致敬意和谢意！感谢我所任职的河南大学暨历史文化学院和《史学月刊》编辑部的领导、同事和老师们的帮助和支持！感谢长期给予我支持和帮助的众多师友！河南大学历史文化学院在读博士研究生和硕士研究生陈晶晶、李志、邵泽龙、朱明礼、周子航、沙金泽、安琪、张龙飞、关逸飞和上海师范大学历史系博士研究生李金晖等同学为清样核校付出了很大精力，也深致谢意！

此外，还必须说明，本书写作团队成员尽管尽了最大努力，但由于能力、水平和精力所限，书中不当和错误之处恐仍难以避免，幸识者教焉！

书此而想，人生有涯，而学无涯，学术世界无论何时都是一个无限广阔的空间，它激励着志于学者继续前行。余借用屈子"路漫漫其修远兮，吾将上下而求索"之言，虽知己力之微薄，但仍愿载欣载奔，在史学研究之路上不断探求历史之真实与真理。所思所想，特记于此。

翁有为

2022 年 12 月 26 日于古城开封